DICTIONNAIRE TOPOGRAPHIQUE

DU

DÉPARTEMENT DES DEUX-SÈVRES

COMPRENANT

LES NOMS DE LIEUX ANCIENS ET MODERNES

PAR

Bélisaire LEDAIN

CORRESPONDANT DU MINISTÈRE POUR LES TRAVAUX HISTORIQUES ; OFFICIER DE L'INSTRUCTION PUBLIQUE ;
LAURÉAT DE L'INSTITUT; ANCIEN PRÉSIDENT DE LA SOCIÉTÉ DES ANTIQUAIRES DE L'OUEST

PUBLIÉ

PAR

Alfred DUPOND

ARCHIVISTE DES DEUX-SÈVRES

POITIERS

SOCIÉTÉ FRANÇAISE D'IMPRIMERIE ET DE LIBRAIRIE

4 ET 6, RUE DE L'ÉPERON

M DCCCC II

DICTIONNAIRE TOPOGRAPHIQUE

DU

DÉPARTEMENT DES DEUX-SÈVRES

COMPRENANT

LES NOMS DE LIEUX ANCIENS ET MODERNES

DICTIONNAIRE TOPOGRAPHIQUE

DU

DÉPARTEMENT DES DEUX-SÈVRES

COMPRENANT

LES NOMS DE LIEUX ANCIENS ET MODERNES

PAR

Bélisaire LEDAIN

CORRESPONDANT DU MINISTÈRE POUR LES TRAVAUX HISTORIQUES ; OFFICIER DE L'INSTRUCTION PUBLIQUE ;
LAURÉAT DE L'INSTITUT; ANCIEN PRÉSIDENT DE LA SOCIÉTÉ DES ANTIQUAIRES DE L'OUEST

PUBLIÉ

PAR

Alfred DUPOND

ARCHIVISTE DES DEUX-SÈVRES

POITIERS

SOCIÉTÉ FRANÇAISE D'IMPRIMERIE ET DE LIBRAIRIE

4 ET 6, RUE DE L'ÉPERON

M DCCCC II

AVERTISSEMENT.

M. Bélisaire Ledain, le regretté érudit dont les nombreux travaux sur l'histoire et l'archéologie du Poitou sont si justement appréciés, a suivi, dans la rédaction du présent Dictionnaire, le plan de Rédet pour le DICTIONNAIRE TOPOGRAPHIQUE DE LA VIENNE. L'ouvrage soumis au Comité des Sociétés savantes fut, après certaines modifications que l'auteur s'empressa d'adopter, approuvé par lui. Puis, le Comité ne disposant pas de crédits suffisants pour la publication immédiate, M. Ledain se résolut à faire cette publication à ses frais. Il devait l'entreprendre aussitôt après avoir terminé son ÉTUDE SUR LES MAIRES DE POITIERS. Mais cette étude fut son dernier travail. Restée inachevée, elle a été publiée par les soins de M. Alfred Richard, archiviste de la Vienne, dans les Mémoires de la Société des Antiquaires de l'Ouest. Ce fut alors que Madame Ledain, soucieuse de répondre à ce qu'elle savait être le désir de son mari, nous fit demander, par l'intermédiaire de M. Richard, de nous charger de la publication projetée. Notre besogne personnelle s'est réduite à dépouiller les fonds d'archives de la Vienne (Pouzay, Béceleuf, Brosse-Guillegault) et des Deux-Sèvres (suppléments des séries E, G, H), acquis depuis la mort de M. Ledain ou qu'il n'avait pu consulter, à ajouter au corps du Dictionnaire ses compléments indispensables : introduction, bibliographie, table des formes anciennes. Nous nous sommes efforcé de rendre cette publication aussi exempt d'erreurs que possible. Guidé par M. Richard, qui a bien voulu revoir les épreuves et qui nous a lui-même fourni de nombreuses additions, nous avons procédé à certaines corrections que l'auteur n'aurait pas manqué de faire ; quelques-unes toutefois, malgré notre attention, ont pu nous échapper.

Le DICTIONNAIRE TOPOGRAPHIQUE DES DEUX-SÈVRES ayant été approuvé par le Comité des Sociétés savantes, et rentrant par suite dans la série entreprise par le Ministère de l'Instruction publique, l'imprimeur s'est rapproché le plus possible du type officiel, tant pour le format que pour le papier et les caractères.

A. DUPOND,

ARCHIVISTE DES DEUX-SÈVRES.

5 Avril 1902.

INTRODUCTION.

I

Situation géographique ; superficie. — Le département des Deux-Sèvres, situé entre les 46° 26' et 47° 7' de latitude septentrionale, et entre les 2° 10' et 3° 15' de longitude occidentale du méridien de Paris, est borné au nord par le département de Maine-et-Loire, à l'est par celui de la Vienne, au sud par ceux de la Charente et de la Charente-Inférieure, à l'ouest par celui de la Vendée. Sa plus grande étendue du nord au sud est de 125 kilomètres, et sa plus grande largeur de l'est à l'ouest, de 68 kilomètres. D'après le cadastre, sa superficie est de 599,954 hectares 83 ares 34 centiares, qui se subdivisent ainsi qu'il suit :

	h	a	c
Terres labourables.	399.833	90	66
Prés.	74.572	97	80
Vignes.	21.563	55	49
Vergers, pépinières, jardins.	9.791	06	64
Oseraies, aunaies, saussaies, châtaigneraies. . . .	668	92	84
Bois imposables.	37.904	04	57
Forêts nationales.	7.893	64	76
Landes, pâtis, bruyères.	22.098	20	37
Carrières et mines.	13	03	67
Propriétés bâties imposables.	3.904	80	91
Cimetières, églises, presbytères, bâtiments publics.	202	93	61
Routes, chemins, rues, places publiques.	18.178	40	72
Rivières et ruisseaux	2.146	69	27
Étangs, abreuvoirs, mares et canaux.	1.238	98	22

Climat. — Au point de vue météorologique, le département des Deux-Sèvres appartient au climat girondin qui comprend tout le territoire situé entre la Loire, les Pyrénées et l'Atlantique. Les vents dominants sont : 1° les vents du nord-est qui se rattachent au courant polaire : ils sont secs et froids ; 2° les vents du sud-ouest qui dérivent du courant équatorial : ils sont ordinairement humides et chauds. Les plus stables sont ceux du sud-ouest ; les moins stables sont ceux du sud et du nord qui ne tiennent que quelques heures, rarement un ou deux jours. La moyenne thermométrique de la saison chaude, calculée pour la période 1878-1890, est de 15° 5, la moyenne de la saison froide est de 5° 8, soit une moyenne générale annuelle de 10° 6. Il y a toutefois une différence notable à signaler entre Niort et Parthenay (Niort, 12°; Parthenay, 10°). De 1878 à 1892, l'été le plus chaud a eu pour moyenne 16° 1. L'hiver le plus rigoureux a été celui de 1887-1888, dont la moyenne a été 4° 2. Les mois de juillet et d'août ont pour moyenne 19° 2, et 19° 3. Le mois de janvier est le plus froid de l'année avec la moyenne 3° 6. De 1878 à 1899 le minimum de température, — 13, a été noté le 5 janvier 1894. La température maxima de la même période a été de 38° 5, observée le 5 août 1899.

Relief du sol. — Le sol du département des Deux-Sèvres présente une grande variété de configuration. Une chaîne de collines assez élevées le coupe diagonalement du sud-est au nord-est. Cette chaîne s'étend ensuite en largeur et forme dans la partie septentrionale qu'elle occupe presque entièrement un vaste plateau traversé par un nombre prodigieux de coteaux et de ravins. C'est ce plateau que l'on désigne particulièrement sous le nom de *Gâtine*. Son élevation moyenne est de 150^m. Deux crêtes principales le dominent. L'une, la plus importante, naît dans les environs de Saint-Martin-du-Fouilloux, où elle atteint immédiatement sa hauteur maximum de 272^m au *Terrier du Fouilloux*, sommet le plus élevé du département; elle s'infléchit ensuite vers le sud-ouest dans la direction de Mazières-en-Gâtine, puis se dirige vers le nord-ouest par Allonne, 210^m, Secondigny, Vernou, l'Absie, 250^m. L'autre crête commence au nord de Parthenay dans les communes de Viennay, Adilly et Fénery, où elle varie de 172^m à 227^m, puis elle vient parallèlement à la première dans la direction de Bressuire et de Saint-Aubin-de-Baubigné, atteignant 238^m à Bretignolles.

La Plaine occupe le nord-est et le sud-est du département. Les hauteurs boisées du Parc d'Oiron sont encore à 123^m, mais la grande et belle plaine qui s'étend entre le Thoué et la Dive descend à 66^m. La plaine du sud est à peu près à la même altitude moyenne que celle du nord. Cependant il importe de signaler les plateaux qui s'allongent de Saint-Maixent à Sauzé-Vaussais et qui dominent de 50 à 60 mètres les plaines qu'ils séparent. Ces hauteurs rattachent au point de vue du relief les derniers contreforts du Limousin au massif de la Gâtine. Le reste de la plaine s'incline doucement, d'une part, vers le nord-est du côté de Lusignan, d'autre part vers le sud-ouest dans la direction de Saint-Jean-d'Angély et de Niort. (Chizé est à 52^m, Niort à 28^m.)

Tout à fait à l'ouest s'étend *le Marais* de la Sèvre, « découpé d'autant de canaux que la Gâtine l'est de chemins creux ».

GÉOLOGIE. — La géologie détermine trois grandes régions naturelles dans les Deux-Sèvres :

1° La Gâtine granitique, comprenant un peu plus du tiers du département.

2° La plaine calcaire du nord-est, qui aboutit au marais de la Dive du nord, du Thoué et de l'Argenton.

3° La plaine calcaire du sud, qui aboutit à son extrémité occidentale au marais de la Sèvre niortaise.

Les granits occupent donc la plus grande partie des arrondissements de Bressuire et de Parthenay ; les calcaires jurassiques, la plus grande partie des arrondissements de Niort et de Melle. Mais la répartition géographique des granits et des calcaires est loin d'être régulière. C'est ainsi que la plaine calcaire du nord-est est traversée par la vallée granitique du Thoué, que les granits apparaissent dans l'arrondissement de Niort à Champdeniers, à Augé, sur certains points des communes de Saivre, d'Exireuil, de Souvigné, et dans l'arrondissement de Melle à Fressine et à Soudan.

En dehors de ces deux grandes espèces de roches, on trouve les micaschistes à l'extrême nord du département entre Genneton, Massais et Saint-Pierre-à-Champ, et à l'ouest entre Saint-Paul-en-Gâtine, le Beugnon, Puyhardy, la Boissière-en-Gâtine, le terrain houiller à Saint-Laurs, les terrains crétacés à Tourtenay, à Saint-Jouin-de-Marnes, à Saint-Léger-de-Montbrun, et dans le pays entre Saint-Martin-de-Sanzay et Montreuil-Bellay.

Les terrains tertiaires forment le sol des forêts de Chizé, d'Aulnay, de Chef-Boutonne, de la Saisine, d'Autun et d'Oiron. Ils sont répartis du sud-est au nord-est, dans toute la longueur du département, par morceaux irréguliers dont les principaux sont, dans l'arrondissement de Melle, ceux des Alleuds et de Saint-Vincent-de-la-Châtre ; dans l'arrondissement de Parthenay, ceux de la Pérate et de Lhoumois ; dans l'arrondissement de Niort, la vallée de la Sèvre entre la Mothe-Saint-Héraye et Saint-Maixent.

Les terrains d'alluvions sont limités au Marais, et au cours supérieur du Thoué et de l'Argenton.

La pierre calcaire, la roche jurassique, fournit d'abondants moellons, et parfois de très belles pierres de taille. La pierre à chaux se trouve dans les deux tiers du département ; le sable, résultant de la décomposition du granit, se rencontre en grande quantité dans l'autre tiers ; différentes argiles se trouvent un peu partout. Il y a des gisements de fer en assez grand nombre ; quelques mouches de galène argentifère à Melle, une source minérale sulfureuse à Bilazais.

Les sources nombreuses qu'on trouve dans les Deux-Sèvres surgissent, pour la partie méridionale, des couches argileuses des terrains jurassiques ; dans la partie nord, elles sortent du granit ou du schiste. Les premières, étant alimentées par des nappes souterraines très étendues, sont en général plus abondantes que les secondes. C'est du lias surtout que sortent quelques belles sources, comme celles d'Exoudun, près de la Mothe-Saint-Héraye, de Coulonges, du Vivier, près de Niort. Les sources du granit sont en général plus faibles, et aucune d'elles n'a un grand volume dès son origine.

Hydrographie. — Au point de vue de l'écoulement général des eaux, le département des Deux-Sèvres est divisé en cinq versants principaux : le nord-ouest est drainé par la Sèvre nantaise, le nord-est par le Thoué, le sud-est par les affluents du Clain, le sud par la Boutonne, et le sud-ouest par la Sèvre niortaise.

Suivant la nature des terrains d'où elles sortent, les rivières présentent des caractères fort différents. Dans le sud, terrains calcaires, elles coulent, limpides et lentes, alimentées par des sources abondantes presque en toute saison ; dans le nord, terrains granitiques, elles sont torrentueuses et troubles.

Formée par la réunion de deux branches qui se réunissent près de Vernou-en-Gâtine, la Sèvre nantaise prend sa source dans le granit, reçoit de nombreux affluents qui surgissent du même terrain, et sort du département près de Mortagne. On voit dans son lit quelques lambeaux de terrain schisteux ; sauf ces parties peu nombreuses, elle ne traverse que le granit. Elle se jette dans la Loire à Nantes, après un parcours de 140 kilomètres.

A un kilomètre à peine de la source méridionale de la Sèvre nantaise naît le Thoué, long de 135 kilomètres. Le Thoué sort aussi du granit ; son cours, d'abord dirigé vers le nord-est, s'infléchit vers le nord près de Lhoumois, et conserve cette direction générale jusqu'à son confluent avec la Loire. Jusqu'au-dessous d'Airvault, il coule dans le granit ; plus loin, il traverse le terrain jurassique, mais en mettant à nu le terrain primitif. Un peu avant de sortir du département, ses bords s'aplatissent, il coule sur des alluvions, reçoit l'Argenton et entre dans le département de Maine-et-Loire. Il se jette dans la Loire à Saumur. Les affluents du Thoué sont : rive gauche, le Palais qu'il reçoit à Parthenay, le Cébron qu'il reçoit près de Saint-Loup, le Thouaret qui passe à Saint-Varent et qu'il reçoit entre Airvault et Thouars, enfin l'Argenton, le plus important, formé de la réunion de l'Argent qui naît à l'ouest de Bressuire et du Ton qui passe à Bressuire même. L'Argenton a plus de 70 kilomètres de longueur. Il porte au Thoué toutes les eaux de la partie septentrionale du plateau de Gâtine. Il arrive au Thoué tout près de Montreuil-Bellay. Il coule sur le granit dans la plus grande partie de son cours ; un peu au-dessous d'Argenton-l'Église, il atteint les alluvions. Les affluents du

Thoué, rive droite, sont moins nombreux. Le principal est la Dive du nord, qui prend sa source dans le département de la Vienne, et fait la limite des deux départements dans une grande partie de son cours. La Dive du nord traverse l'oolithe inférieure et moyenne, mais son lit est rempli d'alluvions. Elle se réunit au Thoué entre Montreuil-Bellay et Saumur. Un peu en amont de Parthenay, le Thoué a reçu la Viette, petit ruisseau venu de Soutiers et de Beaulieu.

Trois rivières assez importantes ayant respectivement 50, 52 et 35 kilomètres, l'Auzance, la Vonne et la Dive du sud, portent au Clain les eaux de la partie sud-est du département.

La Boutonne, longue de 100 kilomètres, prend sa source près de Chef-Boutonne. Elle traverse l'oolithe inférieure et moyenne, sort du département au-dessous de Chizé et va se jeter dans la Charente. La Belle et la Béronne lui portent les eaux de Melle et de Celles.

La Sèvre niortaise prend sa source près de Sepvret dans le lias ; son lit est creusé profondément ; jusqu'au-dessous de Saint-Maixent elle coupe le terrain jurassique. On voit même près de Saint-Maixent le terrain primitif à découvert dans son lit ; plus loin, elle n'a creusé que l'oolithe ; près de Sciecq on aperçoit le lias sur ses bords dans une petite étendue ; au-dessous de Niort, elle coule dans les alluvions qui forment le Marais de la Sèvre. Ses affluents de gauche sont : le Lambon qui ne lui arrive que dans les crues, la Guirande qui vient de Prahecq, et le Mignon qui prend sa source entre Deuil et Saint-Étienne-la-Cigogne et arrose Mauzé. Ses affluents de droite lui envoient beaucoup plus d'eau que ceux de gauche. Ce sont : le Pamprou, la Ligueure, qu'elle reçoit à François, l'Égray qui vient de Champdeniers et qu'elle reçoit près de Saint-Maxire, l'Autise, venue des hauteurs d'Allonne et qu'elle ne reçoit que dans la Vendée, enfin la Vendée elle-même qui est née sur les hauteurs de l'Absie. Elle se jette dans l'Océan au dessous de Marans après un cours de 165 kilomètres.

La Sèvre est canalisée à partir de Niort ; la Dive du nord, à partir de Pas-de-Jeu ; le Mignon, à partir de Mauzé. Cela fait une cinquantaine de kilomètres à peine de voies navigables.

Étangs. — Les étangs sont en grand nombre et tous situés dans la Gâtine. On en comptait 196 en l'an X.

Les principaux sont l'étang de Beaurepaire, 27 hectares, et l'Étang-Neuf, 24 hectares, commune de Genneton, l'étang de la Grue, commune d'Ulcot, 24 hectares, l'étang de la Madoire, commune de Saint-Porchaire, 36 hectares, l'étang Fourreau, commune de Boussais, 25 hectares, et l'étang des Châtelliers, commune de Chantecorps, 23 hectares. Depuis quelques années un certain nombre d'étangs, et non des moindres ont été désséchés, notamment l'étang de

Jugny, commune de Mauzé-Thouarsais, 33 hectares, et l'Étang-Vieux, commune de Genneton, 44 hectares.

Marais. — Il y a dans les Deux-Sèvres trois groupes de marais : deux dans les plaines calcaires du midi, et un dans la plaine calcaire du nord-est ; le plus important est celui du sud-ouest qui comprend sur les bords de la Sèvre niortaise les marais de Bessines, Magné, Coulon, le Vanneau, Arçais, Saint-Hilaire-la-Palud, et sur les bords du Mignon, les marais de Vallans, d'Épanne et du Bourdet. Les travaux de desséchement, commencés dès la fin du XII° siècle, ont été exécutés d'une façon régulière et complète vers 1760. Les marais de la Dive du Nord s'étendent sur les territoires de Tourtenay, Saint-Martin-de-Mâcon, Pas-de-Jeu, Saint-Jouin-de-Marnes, Brie et Oiron ; ceux de la Dive du Sud, sur les communes de Lezay, de Sainte-Soline, de Vançais et de Rom. Des syndicats de propriétaires, pour l'amélioration et l'entretien du desséchement des marais de la Sèvre niortaise, ont été créés par ordonnance royale du 24 août 1833, et d'autres pour le desséchement des marais de la Dive du Nord et de la Dive du Sud, par arrêtés des 24 septembre 1864 et 15 janvier 1877.

Bois et Forêts. — Les bois et forêts occupaient, au commencement du siècle, une superficie de 29.005 hectares, dont l'État possédait 15.730 hectares. Les forêts domaniales sont aujourd'hui :

1° La forêt de Chizé qui contenait en l'an X 4688 hectares, et qui en a maintenant 4826 ;

2° La forêt d'Aulnay, située en partie sur le territoire de l'arrondissement de Melle, qui contenait en l'an X 2041 hectares, et qui en a maintenant 1962 ;

3° La forêt de l'Hermitain et du Fouilloux : 558 hectares en l'an X, 614 aujourd'hui ;

4° La forêt de Secondigny : 500 hectares en l'an X, 413 aujourd'hui.

Les forêts non domaniales, ayant une superficie de plus de 500 hectares, sont celles de Chef-Boutonne dans l'arrondissement de Melle, de Chantemerle, de l'Absie, d'Autin dans l'arrondissement de Parthenay, et du Parc Châlon dans celui de Bressuire.

Les principales essences sont pour les forêts de Chizé et d'Aulnay, le chêne et le hêtre. Le chêne et le châtaignier sont les seuls arbres qui prospèrent dans la Gâtine.

En 1667 la forêt domaniale de Chizé comptait 7386 arpents (3693 hectares environ), et celle d'Aulnay, 4000 arpents (2000 hectares).

INTRODUCTION.

II

Temps préhistoriques. — *a*) Période paléolithique. — Les âges prodigieusement lointains de la préhistoire sont représentés dans les Deux-Sèvres par des débris qui témoignent de l'existence de l'homme en cette contrée, dès l'époque de la pierre éclatée. Des haches amygdaloïdes ou coups de poing, des pointes et des lames de silex ont été recueillies en grand nombre, et un peu partout dans le département. La grotte de Loubeau, fouillée en 1868 par Babert de Juillé, n'a donné qu'une riche série d'ossements d'animaux.

b) Période néolithique. — La période de la pierre polie, des dolmens, des cités lacustres, est représentée dans les Deux-Sèvres par le tumulus de Bougon. Des fouilles pratiquées en cet endroit en 1840 et depuis par Ch. Arnaud, Baugier et Sauzé, ont fait découvrir une grande quantité d'ossements humains, des vases, des débris de poteries, des couteaux, des haches en silex, des ornements en corne de cerf, des instruments en os, des débris de collier, un magnifique marteau en serpentine, etc. Des dolmens, de la même période, existent encore disséminés sur divers points du département : à la Villedieu-de-Comblé près de Saint-Maixent, à Saint-Éanne, à Exoudun, à Limalonges, à Messé, à Vanzay, à Amuré, à Nanteuil, à Noizé, à Faye-l'Abbesse.

Temps historiques. — Époque celtique. — Les populations néolithiques furent recouvertes, à une époque relativement récente (500 ans au plus avant l'ère chrétienne), par l'invasion des tribus celtiques ou galates, venues des bords de la mer Noire et de l'Asie-Mineure. Avec les Celtes, dont les Gaulois sont l'une des branches, s'introduisit l'usage des métaux et commencent les temps proto-historiques. Des haches celtiques en bronze ont été découvertes dans les communes d'Aiffres, Amuré, Ardin (Cimetière des chiens), Brelou, Brioux, Clussais, Exoudun, la Ferrière, Largeasse, Marigny, Niort, Pamprou, Parthenay, Rom, Vasles. Des bracelets de même métal ont été trouvés dans la cachette de fondeur fouillée à Pamprou en 1812.

Époque gallo-romaine. — Le territoire formant aujourd'hui le département des Deux-Sèvres était, au temps de César, compris dans le pays des Pictons. Ce pays, lors de la conquête, fit partie de la Gaule celtique, puis, sous Auguste, de l'Aquitaine, et sous Dioclétien, de la Seconde Aquitaine, dont la métropole était Bordeaux.

Villes. — La ville principale des Pictons était Limonum, qui à partir du IVe siècle prit le nom du peuple dont elle était la capitale et s'appela Pictavi

(Poitiers). Outre les stations de Brioux (Brigiosum) et de Rom (Rauranum) sur la voie de Poitiers à Saintes, d'Ensio (Saint-Jouin) et de Ségora (Saint-Clémentin) sur la voie de Poitiers à Nantes, d'autres centres de populations existaient certainement dans notre région et nous ont été révélés par la découverte d'importantes substructions aux Crânières près de Faye-l'Abbesse, par la présence de cimetières gallo-romains, au Luc, commune de Verrines, à Nanteuil, à Gourgé, à Pas-de-Jeu, d'un *sepulcrum* à Louin, par des restes de villas à Ardin, à Auboué près de Saint-Généroux, à Brejeuil près de Rom, à Brelou, à Champ-Férou, commune de Surin, au Clos-du-Vicomte près de Thouars, à Épanne, à Mazerolles, commune de Périgné, à Nanteuil, à Romans, à Vanzay, etc.

Voies romaines. — *a)* Voie de Poitiers à Nantes. — Elle traversait Marnes, puis venait en ligne droite passer devant l'église de Saint-Jouin. Dans la traversée de la plaine de Noizé, la voie ne présente plus qu'une espèce de sentier couvert de pelouse et envahi par des terres en labour. De là, elle continue vers l'ouest en séparant la commune de Maulais de celle de Saint-Généroux, et après avoir franchi le Thoué, elle rencontre un de ses affluents près du hameau de Volubine, où existait un pont dont on voyait encore les restes du temps de Dom Fonteneau. Au delà de Volubine, la ligne passe à Coulonges-Thouarsais et à la Chapelle-Gaudin, traverse ensuite la Madoire au pont de Bréchoux et un peu plus loin le Douet, puis le Ton au pont Grolleau, et arrive à Voultegon et Saint-Clémentin. C'est en cette dernière commune que M. Lièvre place la station de *Segora* de la table de Peutinger, identifiée jusqu'à présent avec les localités les plus diverses : Segré, Sigournay, Mortagne, Montreuil-Bellay, Airvault, Faye-l'Abbesse et la Sigoure. En sortant de Voultegon, la chaussée franchit l'Argent, puis elle remonte sur le plateau et se dirige vers les Aubiers qu'elle laisse un peu à gauche, puis de là vers Maulévrier.

b) Voie de Poitiers à Saintes. — Cette voie venait de Vivonne à Rom (Rauranum). Elle a gardé en cet endroit le nom de Chemin-Chaussé, et c'est à elle que le village de la Chaussée, bâti à quelques centaines de pas de la ligne, doit son nom. Du pont de Rom, qui a duré jusqu'à 1847, à Tresvées c'est-à-dire dans toute la traversée de l'ancien Rauranum, la voie subit une inflexion à gauche. A Tresvées, elle reprend sa direction normale, et jusqu'à Sainte-Soline elle coupait autrefois la plaine en ligne droite. L'église de Sainte-Soline a été construite en partie sur la chaussée même. Après Sainte-Soline, la ligne passe à Croloux, simple hameau, puis à Brioux (Brigiosum), et de là se dirige vers Aulnay.

De cette voie de Poitiers à Saintes, une route se détachait, qui passait par Lusignan, Chenay, Chey, Saint-Léger-de-Melle, et aboutissait à Brioux.

c) Voie d'Angers à Saintes. — Cette voie passait par Étusson, Saint-Clémentin (Segora), Breuil-Chaussée, Clazay, Courlay et l'Absie, où elle croisait la route de Nantes à Rom. Au sortir de la Gâtine, on la retrouve entre Saint-Laurs et Ardin. Elle franchissait la Sèvre à Coulon, passait entre Sansais et le pont d'Épannes. D'Épannes à la Rochenard, et de la Rochenard à Usseau, la chaussée est presque partout reconnaissable. Entre Usseau et la Petite-Chaussée, elle formait autrefois la limite de l'Aunis et de la Saintonge.

d) Voie d'Angers à Poitiers. — Cette voie passait près d'Oiron et venait se confondre à l'entrée de Saint-Jouin avec la ligne de Nantes à Poitiers.

e) Voie de Nantes-Périgueux. — Cette voie longeait au sud-ouest la forêt de Chantemerle et coupait près de l'Absie la ligne d'Angers à Saintes ; après l'Absie elle traversait la forêt de Secondigny, passait au sud d'Allonne, au nord de la Boissière, et de Mazières descendait dans la vallée de la Ligueure qu'elle traversait au pont de Maunay. Elle devait franchir la Sèvre à La Mothe-Saint-Héraye, et arriver à Maxient, commune d'Exoudun, d'où elle se rendait presque en ligne droite à Rom, et de là gagnait Ruffec. Les anciens textes la désignent sous le nom de Chemin-Chaussé ou des Chaussées.

A côté de ces voies romaines destinées à mettre en communication aussi rapide que possible tous les centres administratifs ou militaires (camps fixes) nouvellement créés, de nombreux chemins gaulois subsistaient, les *minora itinera* de César. Sur le passage de ces anciens chemins, dans l'intervalle entre les voies romaines, il était nécessaire d'avoir des postes militaires. Ces postes, répandus sur toute la surface de la Gaule, sont connus dans l'Ouest sous le nom de châtelliers.

CHATELLIERS. — Des châtelliers ou châtelets, châteaux, châtros, forts, mottes, les uns servaient d'abris momentanés aux troupes en marche, aux colonnes envoyées sur tel ou tel point pour surveiller ou pacifier le pays, les autres étaient occupés par des soldats-colons qui s'y fixaient à demeure et y séjournaient plus ou moins longtemps. C'est ainsi que des lètes d'origine sarmate, les Taifales, ont laissé leur nom à certains camps des Deux-Sèvres : Tuffau (Genneton), la Mothe-Tuffeau (Chef-Boutonne). On ne peut fixer de date précise aux châtelliers. Étant donnée leur destination, il est évident que les Romains ont dû en élever à toutes les époques, et dès les premiers temps de la conquête. Peut-être leur nombre s'est-il considérablement accru sous Dioclétien pendant les insurrections des Bagaudes. Quoi qu'il en soit, on en connaît plus de 70 dans les Deux-Sèvres. Les plus remarquables sont : 1° le bois des Châtelliers, non loin de Faugeré, dans la commune de Nanteuil ; 2° le Châtelet de Thouars ; 3° les Forts, lieu-dit de la commune de Saint-Martin-du-Fouilloux. Au bois des Châtelliers, le

INTRODUCTION.

camp est en forme de rectangle, avec ses retranchements et ses fossés. Ses dimensions sont de 125 mètres sur 80 ; les fossés ont environ 10 pieds de profondeur. A Thouars, le camp romain, assis sur le plateau du château moderne (une grande motte de 40 pieds de hauteur fut rasée en 1635 pour la reconstruction du château), a donné naissance à la ville. Aux Forts, le camp, de forme rectangulaire, a 105 mètres de longueur sur 92 mètres de largeur. Les fossés existent encore sur tout le périmètre. Les remparts en terre ont 6 mètres d'épaisseur.

DIVISIONS ECCLÉSIASTIQUES.

CLERGÉ SÉCULIER. — Le territoire des Deux-Sèvres, sauf 34 paroisses du diocèse de Saintes et 52 paroisses du diocèse de la Rochelle, appartenait au diocèse de Poitiers.

D'après le pouillé de l'évêque Gauthier de Bruges (premières années du xiv⁰ siècle), les divisions ecclésiastiques de la région qui nous intéresse étaient les suivantes :

1° L'archidiaconé de Briançay ou Brioux (archidiaconatus Briocensis) comprenait 12 archiprêtrés et 3 doyennés. Les archiprêtrés de Saint-Maixent et d'Exoudun étaient les seuls de l'archidiaconé de Brioux qui fussent entièrement compris dans les Deux-Sèvres. Les archiprêtrés de Chaunay, de Rom, de Sanxay, avaient 25 paroisses dans les Deux-Sèvres et 34 dans la Vienne. L'archiprêtré de Bouin avait 9 paroisses dans les Deux-Sèvres et 14 dans la Charente ; l'archiprêtré de Melle, 62 dans les Deux-Sèvres et 15 dans la Charente-Inférieure.

2° L'archidiaconé de Thouars comprenait les archiprêtrés de Thouars (39 paroisses dans les Deux-Sèvres, 6 dans la Vienne, 19 dans le Maine-et-Loire) et de Parthenay (41 paroisses dans les Deux-Sèvres, 15 dans la Vienne).

L'archiprêtré de Niort ne date que des temps postérieurs à l'épiscopat de Gauthier de Bruges. Les paroisses qu'il contenait sont classées dans le pouillé de Gauthier parmi celles qui étaient *extra decanatus et archipresbyteratus*. Telles furent les paroisses de Notre-Dame, de Saint-André et de Saint-Gaudent de Niort, de Saint-Maurice, de Sainte-Pezenne et de Sciecq. En 1317, la création de l'évêché de Maillezais (transféré à la Rochelle en 1656) enleva au diocèse de Poitiers les archiprêtrés d'Ardin, de Bressuire et de Saint-Laurent-sur-Sèvre (44 paroisses dans les Deux-Sèvres). Quant à l'archiprêtré de Mauzé, il appartenait au diocèse de Saintes.

Il y avait des églises collégiales à Melle, à Magné, à Ménigoute, à Oiron, à

Parthenay (Sainte-Croix et Saint-Laurent), à Thouars (N.-D. du Château et Saint-Pierre du Château).

Constitution civile du clergé. — La constitution civile du clergé, décrétée le 12 juillet 1790 par l'Assemblée constituante et sanctionnée par le roi le 24 août suivant, établissait un évêché par département et soumettait aux électeurs politiques l'élection des curés et des évêques. Le siège de l'évêché des Deux-Sèvres fut fixé à Saint-Maixent. Après le refus de Jallet, curé de Chérigné, et la démission de Prieur, vicaire de l'évêque d'Angers, Jean Mestadier, curé de Breuilles, était élu évêque constitutionnel du département. Dans les quatre districts de Niort, Melle, Saint-Maixent et Parthenay, la presque totalité des ecclésiastiques prêtèrent d'abord le serment, et furent maintenus curés par le vœu de leurs concitoyens. Mais les lettres de protestation des évêques réfractaires déterminèrent bientôt le plus grand nombre d'entre eux à se rétracter et à se démettre. Le recrutement du clergé constitutionnel devint extrêmement difficile, et dès le mois de juillet 1791, on pouvait à grand'peine pourvoir aux cures.

Concordat. — Le Concordat de 1801, qui constitua le diocèse de Poitiers avec les départements de la Vienne et des Deux-Sèvres, enleva aux anciens diocèses de la Rochelle et de Saintes les paroisses qu'ils possédaient dans ce dernier département.

Les divisions ecclésiastiques alors établies pour les Deux-Sèvres furent les suivantes : *l'archiprêtré de Notre-Dame de Niort*, 85 paroisses, avec les doyennés de Notre-Dame et de Saint-André de Niort, de Beauvoir, de Champdeniers, de Coulonges, de Frontenay, de Mauzé, de Prahecq, de Saint-Maixent et de Sainte-Néomaye ; *l'archiprêtré de Melle*, 72 paroisses, avec les doyennés de Melle, Brioux, Chef-Boutonne, Chey, Celles, la Mothe-Saint-Héraye et Sauzé-Vaussais; *l'archiprêtré de Parthenay*, 80 paroisses, avec les doyennés de Parthenay, d'Airvault, de Mazières-en-Gâtine, de Moncoutant, de Saint-Loup, de Secondigny, de Thénezay et de Vasles ; *l'archiprêtré de Saint-Médard de Thouars*, 87 paroisses, avec les doyennés d'Argenton-Château, de Bressuire, de Cerizay, de Châtillon, de Saint-Varent et de Thouars.

Petite église. — On donna ce nom aux catholiques, peu nombreux du reste, qui dans plusieurs départements et pour diverses raisons, dont la principale fut l'absolution donnée aux acquéreurs de biens ecclésiastiques, refusèrent de reconnaître le Concordat de 1801. Les dissidents des Deux-Sèvres, disséminés surtout dans les cantons de Bressuire, de Châtillon-sur-Sèvre, de Cerizay et de Moncoutant, résistèrent aux préfets de l'Empire comme aux évêques de la Restauration et au pape. Ni les poursuites judiciaires, ni les emprisonnements, ni la mise en interdit de leurs curés ne les firent céder. Quand ils n'eurent plus de prêtres pour leurs cérémonies (le dernier, Ousouf, est mort aux Aubiers en 1847), ils les remplacèrent par des laïques, et continuèrent à vivre à l'écart de l'église officielle. C'est à la Plainelière près de Courlay, où en 1823 ils se sont bâti une chapelle, qu'ils célèbrent leur culte. Courlay est maintenant le principal centre de la secte, et comptait encore en 1891 plus de 1000 schismatiques.

CLERGÉ RÉGULIER. — Le clergé régulier était représenté dans les Deux-Sèvres par les ordres de Saint-Benoît, de Saint-Augustin, de Cîteaux et de Grandmont. L'ordre de Saint-Benoît possédait les abbayes de l'Absie, des Alleuds, de Chambon, de Ferrières, de Saint-Jouin-de-Marnes, de Saint-Liguaire, de Saint-Maixent, de Saint-Jean-de-Bonneval (abbaye de femmes), et les prieurés conventuels de Sainte-Madeleine de la Fougereuse et de Puyberland; l'ordre de Saint-Augustin possédait les abbayes d'Airvault, de Celles, de Mauléon, de Saint-Laon de Thouars; l'ordre de Cîteaux, l'abbaye des Châtelliers; l'ordre de Grandmont, les prieurés de Bandouille, du Bois-d'Allonne, de la Carte et des Bonshommes.

Il y avait, de plus, un grand nombre de maisons religieuses occupées : par les Augustins à Parthenay; par les Capucins à Melle, Niort, Parthenay, Saint-Maixent et Thouars; par les Cordeliers à Bressuire, Niort, Parthenay, Saint-Maixent et Thouars; par les Feuillants à Mauzé; par les frères de la Charité et les pères de l'Oratoire à Niort; par les Jacobins à Thouars; par les Bénédictines à Niort, à la Mothe-Saint-Héraye et à Saint-Maixent; par les Carmélites et les Hospitalières à Niort; par les Clarisses à Thouars; par les Filles de Saint-François à Bressuire, Niort, Parthenay et Thouars; par les Filles de l'Enfant Jésus à Saint-Maixent; par les Dames de l'Union chrétienne à Parthenay, et par les Ursulines à Niort, Parthenay et Thouars.

Pendant le cours du XIXe siècle, les communautés religieuses que la Révolution avait abolies, se sont reformées, avec ou sans autorisation. Les congrégations actuelles des Deux-Sèvres sont pour la plupart enseignantes; quelques-unes, comme les Filles de la Sagesse, les Filles de la Croix-de-Saint-André, les Filles du Saint-et-Immaculé-Cœur-de-Marie, sont à la fois enseignantes et hospitalières; d'autres, comme les Petites-Sœurs-des-Pauvres, les Servantes des Pauvres, les Sœurs de l'Espérance, les Religieuses dominicaines, simplement hospitalières ou charitables.

Les communautés d'hommes sont représentées, à Niort, par les Pères Oblats de Saint-Hilaire et les Frères de la Doctrine chrétienne ; à Saint-Maixent, par les Frères de la Miséricorde ; à Argenton-Château, à Bressuire, à Châtillon-sur-Sèvre et dans 10 autres communes, par les Frères de Saint-Gabriel ; à Melle, à

Parthenay et dans 9 communes, par les Clercs de Saint-Viateur ; à Cerizay, à Luché-Thouarsais et à Saint-Clémentin, par les Frères de la Société de Marie.

Les communautés de femmes comptent, à Niort, les Dames du Sacré-Cœur, les Filles de la Sagesse, les Filles de la Croix-de-Saint-André, les Filles du Saint-et-Immaculé-Cœur-de-Marie (maison-mère), les Sœurs de l'Immaculée-Conception (maison-mère), les Sœurs de l'Espérance, les Petites-Sœurs-des-Pauvres. La congrégation des Filles de la Sagesse a des religieuses à Bressuire, à Chizé, à Melle, à Ménigoute, à Oiron et à Saint-Maixent ; celle des Filles de la Croix-de-Saint-André, à Argenton-Château, à Saint-Maixent et dans 22 communes du département ; celle des religieuses de la Salle-de-Vihiers, dans 48 communes ; celles des Filles du Saint-et-Immaculé-Cœur-de-Marie, des Sœurs de l'Immaculée-Conception, des Sœurs de Sainte-Philomène, des Sœurs de Saint-Joseph, des Sœurs de la Charité de Sainte-Marie, dans 69 communes. Il y a des Dames de l'Union chrétienne à Champdeniers (maison-mère) et à Pamplie ; des Religieuses Ursulines de Chavagnes, à Parthenay et à Thénezay ; des Religieuses des Sacrés-Cœurs-de-Jésus-et-de-Marie, au Busseau, à Saint-Laurs, à Coulonges-sur-l'Autise, à Villiers-en-Plaine, à Bressuire, Soulièvre et Vernou-en-Gâtine ; des Religieuses Dominicaines et des Sœurs de la Retraite d'Angers, à Thouars et à Saint-Maixent ; des Sœurs Franciscaines oblates du Cœur-de-Jésus, à Châtillon-sur-Sèvre ; des Sœurs de l'Instruction du Sacré-Cœur, à Coutières ; des Sœurs minimes de la Doctrine chrétienne, à la Pérate ; des Sœurs du Saint-Cœur de Marie, à Sainte-Soline et à Cherveux ; des Sœurs de la Providence, à Bressuire, Thouars, Noireterre, Soulièvre, Vernou, Largeasse ; des Sœurs de l'Enfant-Jésus à Vançais ; des Servantes des Pauvres à Parthenay.

A la suite de la loi du 1er juillet 1901 sur les associations, les Carmélites de Niort et les Chanoines Réguliers de Beauchêne se sont dispersés ; les Pères Oblats de Saint-Hilaire à Niort et les Assomptionnistes du Breuil d'Aigonnay, ont été remplacés par des prêtres séculiers.

Ordres militaires. — L'ordre des Hospitaliers de Saint-Jean de Jérusalem, qui reçut en 1312 la plus grande partie des biens des Templiers, qui devint l'ordre de Malte en 1530, et auquel en 1777 fut incorporé l'ordre de Saint-Antoine de Viennois, possédait les commanderies de Bagnaux, de la Barre-Clairin, de la Boissière-en-Gâtine, d'Ensigné, de l'Ile-de-Sazais, de la Lande de Gourgé, de Saint-Mard-la-Lande, de Prailles (Saint-Martin de Sanzay), du Puy-de-Neyron, de Puy-Pirault, de Saint-Rémy, de Sauzé-Vaussais, du Temple, de Virollet, de Vitré (Assais), et la commanderie de Cenan qui, unie à la commanderie de Sainte-Gemme (Vendée), formait l'une des quatre chambres prieurales du grand-prieuré d'Aquitaine.

Protestants. — Sous le régime de l'édit de Nantes, les protestants eurent dans notre région de nombreuses églises. Le synode tenu à Saint-Maixent le 26 août 1598 et qui régla l'administration de la province de Poitou, nous fait connaître les églises de Niort, Saint-Maixent, la Mothe et Exoudun, Melle, Mougon, Chef-Boutonne, Chizé, Saint-Gelais et Cherveux, Champdeniers et Saint-Christophe, Thouars, Parthenay. La plupart des églises avaient des temples. Celui de Saint-Maixent fut bâti vers 1601. L'édit de Nantes reconnaissait aux protestants le droit de tenir des assemblées publiques dans tous les lieux qui jouissaient de cette faculté au moment de la promulgation, et en outre dans deux villes et villages de chaque bailliage. Les seigneurs haut-justiciers jouissaient également de ce privilège dans leurs châteaux. Pour garantie du traité, des places de sûreté furent laissées entre les mains des protestants. Thouars, Saint-Maixent, Niort, furent confiés à des garnisons huguenotes soldées par l'État. Une partie des frais de l'entretien des ministres fut même mise à la charge du trésor public. Cette subvention, très irrégulièrement payée, ne fut pas renouvelée à partir de la mort de Henri IV. Après la prise de la Rochelle, 1628, et la suppression par Richelieu du privilège des places de sûreté concédées par Henri IV, les persécutions commencèrent et se continuèrent progressivement jusqu'à la révocation de l'édit, 1685. De cette date jusqu'à la fin de l'ancien régime, l'exercice public du culte réformé fut interdit. Malgré la rigueur des ordonnances, les protestants, dont les temples avaient été détruits (celui d'Exoudun dès 1667), continuèrent à tenir des assemblées. Mais ils les tenaient la nuit, dans les bois, les endroits écartés, des granges (assemblées du Désert). Dans la seconde moitié du xviii° siècle, le gouvernement revint à la tolérance. Vers 1767, les assemblées du Désert se firent librement. Il y avait alors en Poitou sept pasteurs desservant 28 églises, 6 en Bas-Poitou, 10 dans le quartier ou colloque de Saint-Maixent et de Niort, 6 dans celui de Chey ou Lusignan. Chaque église comprenait en moyenne 1400 âmes.

Actuellement, le département des Deux-Sèvres comprend 5 consistoires : Niort, Saint-Maixent, Lezay, Melle et la Mothe-Saint-Héraye, 36 pasteurs officiels, 39,030 protestants.

Juifs. — Avant 1306, date probable de la dispersion des juiveries de Niort et de la Rochelle, il existait dans les principaux centres commerciaux des Deux-Sèvres, Niort, Saint-Maixent, Parthenay et Thouars, des communautés juives plus ou moins florissantes. Les seuls renseignements que nous ayons sur elles se trouvent au xiii° siècle, dans les comptes d'Alfonse de Poitiers.

INTRODUCTION.

Le décret impérial du 17 mars 1808, qui organisa en France l'administration du culte israélite, avait décidé qu'il serait établi une synagogue et un consistoire dans chaque département renfermant 2000 individus professant la religion de Moïse. La population israélite des Deux-Sèvres, étant très inférieure à ce nombre, a été rattachée à la synagogue de Bordeaux.

Hôpitaux et maladreries. — De nombreuses aumôneries ou maisons-Dieu existaient au moyen âge sur le territoire actuel des Deux-Sèvres, pour recevoir les malades, nourrir les pauvres et les pèlerins. Résultat de fondations pieuses, entretenus par des dons et des legs, ces établissements charitables, indépendants les uns des autres, étaient, pour la plupart, administrés par des religieux.

La lèpre, très fréquente aux xiie et xiiie siècles, nécessita la création d'asiles spéciaux, léproseries ou maladreries. Ces maisons, dès le xive siècle, commencèrent à perdre de leur importance. Les archives hospitalières nous ont gardé les noms des maladreries de Taillepied (commune de Saint-Porchaire), de Champdeniers, de Niort, de Parthenay, de Saint-Maixent et de Thouars.

Au xviie siècle, toutes ces aumôneries et maladreries furent supprimées et leurs biens réunis aux hôpitaux généraux que diverses ordonnances et lettres patentes du roi établirent de 1681 à 1698 à Argenton-Château, Bressuire, Château-Bourdin, Chizé, Niort, Parthenay et Saint-Maixent. D'autres hospices avaient été créés en 1531 et 1649 à Ménigoute et à Thouars. Mme de Montespan fonda celui d'Oiron en 1703, Jacques Boyer de la Boissière celui de Saint-Loup en 1710, et l'aumônerie de Châtillon-sur-Sèvre fut érigée en hôpital par le duc de Châtillon, en 1747. (Voy. au *Dictionnaire*.)

Jusqu'à l'ordonnance de mai 1579, et malgré les tentatives faites antérieurement par le roi, le clergé et les ordres religieux restèrent les seuls administrateurs et possesseurs du bien des pauvres. Au xvie siècle, il n'y avait guère d'aumônerie qui ne fût érigée en prieuré, et de maladrerie en chapelle. L'ordonnance de 1579 fut le premier sérieux essai de sécularisation, et donna l'administration responsable des hospices à de simples bourgeois, marchands et laboureurs, à l'exclusion du clergé, des nobles et de tous officiers publics.

Collèges. — Avant la révolution, chaque ville du département, Châtillon excepté, avait son collège.

Les collèges de Bressuire et de Thouars étaient sous la direction de prêtres séculiers, et tous les professeurs étaient ecclésiastiques. Le premier comptait 50 élèves, presque tous pensionnaires ; le second, 60 pensionnaires et 30 ou 40 externes.

A Parthenay, le collège était confié à un principal et deux régents. Il y avait 40 élèves, dont moitié pensionnaires.

INTRODUCTION.

Les Oratoriens dirigeaient le collège de Niort où 100 externes et 80 pensionnaires étaient instruits.

A Saint-Maixent, le collège fondé en 1566 par la ville fut gouverné jusqu'en 1779 par des prêtres et des laïques. A cette date la municipalité le plaça entre les mains des Bénédictins. En 1789, trois d'entre eux se livraient à l'instruction d'environ 45 élèves, tous externes.

Le collège de Melle, fondé en 1623, n'avait que deux professeurs. Le nombre des élèves était de 60, dont la moitié pensionnaires.

Les pauvres trouvaient dans quelques villes des moyens gratuits d'instruction. A Thouars et à Parthenay, les religieuses Ursulines enseignaient à lire et à écrire à 50 jeunes filles. A Niort, les religieuses Hospitalières et Ursulines instruisaient 60 enfants du même sexe. A Saint-Maixent, les Dames de l'Enfant Jésus avaient un pareil nombre d'élèves.

DIVISIONS CIVILES.

Sous la domination romaine, la *civitas Pictavensis,* comme les autres *civitates,* était divisée en *pagi.* Les *pagi* étaient de véritables divisions territoriales ayant une administration propre, et une étendue à peu près égale à celle de nos cantons modernes. Nous ignorons quels étaient les *pagi* romains du pays des Pictons. Peut-être faut-il faire remonter à cette époque quelques-uns de ceux qui existaient dans les premiers siècles du moyen âge, tels que le *pagus Briocensis* et le *pagus Toarcensis.*

Au temps de Grégoire de Tours, le mot *pagus* désignait le Poitou dans son entier, l'ancienne *civitas Pictavensis,* identique au diocèse de Poitiers. Le territoire de ce *pagus* était régi par un comte. Mais le mot *pagus* désigne aussi des localités d'ordre inférieur, telles, par exemple, que les *vici,* le territoire d'une cité, une fraction de la cité dont un *castrum* est le chef-lieu, quelquefois une région naturelle. Ce mot était alors un terme incertain et vague, que traduirait parfaitement notre mot pays.

Voici les *pagi* de l'époque franque dont les chartes et les chroniques nous ont gardé le souvenir :

1° *Pagus Briocensis,* pays de Brioux, appelé *pagus Briosinsis* dans une charte de l'abbaye de Nouaillé de 799, *territorium Briossium* dans la Vie de saint Junien écrite au temps de Louis le Débonnaire par Vulfin Boèce. Il avait pour chef-lieu Brigiosum (Brioux). On y a battu monnaie sous les Mérovingiens, et on y a trouvé des antiquités romaines. Ce pagus avait une grande étendue et comprenait peut-être tout le territoire des archiprêtrés de Melle, Bouin, Ruffec, Ambernac, Gençay, Chaunay, Rom, Lusignan, Sanxay, Saint-Maixent et Exoudun. Brioux n'était pas chef-lieu d'un archiprêtré, et dépendait de celui de Melle.

2° *Pagus Toarcensis*, pays de Thouars. Il n'est pas nommé avant le commencement du x° siècle ; mais son chef-lieu, Thouars, existait au temps du roi Pépin, c'est-à-dire au milieu du vııı° siècle. Ce pagus renfermait, dans ses limites, les doyennés de Thouars et de Bressuire et l'archiprêtré de Parthenay.

3° *Pagus Metulensis*, pays de Melle. Il paraît dans des chartes du x° siècle. C'était une fraction du *pagus Briocensis*. Le cartulaire de Saint-Cyprien indique, en 983 ou 984, la *villa Venziacus in condita Briocensi, in vicaria Metulensi*. Toutefois les autres documents qui mentionnent la viguerie de Melle la placent dans le pagus Pictavus ou le pagus Metulinsis, sans qu'il soit question du pagus Briocensis.

4° *Pagus Niortensis*, pays de Niort. Il paraît ne dater que de la fin du x° siècle, de l'époque où Niort en s'agrandissant devint aussi chef-lieu d'une viguerie.

Les *pagi* étaient divisés en *vicariæ*, circonscriptions dans lesquelles les viguiers, délégués des comtes, exercèrent leur juridiction. Cette organisation fut en vigueur en Poitou pendant les ıx°, x° et xı° siècles, mais elle déclina rapidement au xı°. Voici la liste des vigueries qui existaient dans le territoire actuel des Deux-Sèvres :

Vicaria Africa ou *Africensis*, Aiffres, c°ⁿ de Prahecq.

Vicaria Bassiacensis, Bessac, cⁿᵉˢ de Niort et Sainte-Pezenne. Bessac formait, il est vrai, une viguerie de l'Aunis, mais le pagus de l'Aunis comprenait une partie de ce qui devint la ville de Niort.

Vicaria Bomocinsis ou *Bonni, in pago Briocinsi*, Bouin, c°ⁿ de Chef-Boutonne ; fut le chef-lieu d'un archiprêtré.

Vicaria Briocinsis, in pago Briocinsi, Brioux, siège d'un archidiaconé.

Vicaria Calriacensis, Chauray, c°ⁿ de Niort.

Vicaria Colniaci, Caunay, c°ⁿ de Sauzé-Vaussais. Cette viguerie paraît avoir été démembrée de Châtain ou de Blanzay : *Culniacus*, Caunay, était *in vicaria Castanedo* en 937.

Vicaria Exuldunensis, in pago Briocinsi, Exoudun, c°ⁿ de la Mothe-Saint-Héraye.

Vicaria Jaulniacinsis ou *Jozniaci, in pago Briocinvi*, était la même que la *vicaria Colniaci*.

Vicaria Marniaci, Marigny, c°ⁿ de Beauvoir.

Vicaria Metulinsis in pago Metulinse, Melle ; siège d'un vicomte ; le plus ancien qu'on connaisse, Atto, vivait en 925.

Vicaria Natolinensis, Nanteuil, c°ⁿ de Saint-Maixent.

Vicaria Niortensis, in pago Niortensi, Niort ; formée en partie aux dépens de la *vicaria Bassiacensis*.

Vicaria Rodoninsis ou *Rodomni, in pago Briocinsi*, Rom, c°ⁿ de Lezay ; ancienne station romaine sur la voie de Poitiers à Saintes.

Vicaria Sancti Maxentii, Saint-Maixent.
Vicaria Teneacinsis, in pago Toarcinse, Thénezay.
Vicaria Tilloli ou *Telli*, le Tillou, c⁰ⁿ de Chef-Boutonne.
Vicaria Toarcinsis, in pago Toarcinse, Thouars.
Vicaria Undactus, in pago Pictavo, in urbem Bruisensem. Cette viguerie était aux environs de Mairé-l'Évescault, c⁰ⁿ de Sauzé-Vaussais.

Au même temps que les viguiers on voit paraître dans un rang plus élevé les vicomtes, qui devinrent héréditaires presque dès leur origine. Citons les vicomtes de Thouars et de Melle ; mais ce titre étant, dans le principe, attaché à la personne et non à la terre, il n'y avait point de division géographique appelée vicomté. Ce n'est que plus tard que furent désignés par ce nom les domaines du vicomte de Thouars.

FÉODALITÉ ET JUSTICES SEIGNEURIALES. — Au régime des vigueries succède le régime féodal. Dès le commencement du xiᵉ siècle paraissent dans notre région, les vicomtes de Thouars (1019), les seigneurs châtelains de Parthenay (1012). Le premier seigneur de Bressuire dont le nom nous ait été conservé, Thibaud de Beaumont, vivait vers 1060. Les sires de Mauléon et d'Argenton figurèrent à la première croisade. La hiérarchie féodale qui s'établit au xiᵉ siècle, se précisa et s'affermit aux siècles suivants : barons et seigneurs châtelains se multiplièrent et grandirent, exerçant dans leurs fiefs tous les droits de justice haute, moyenne et basse. Mais cette toute-puissance fut, de bonne heure, battue en brèche par la royauté. Considérablement réduite au point de vue judiciaire par l'extension des cas royaux, l'autorité du parlement et le système des appels (1), au point de vue politique par la création des intendants, l'organisation féodale était représentée, dans les Deux-Sèvres, avant 1789, par les grandes seigneuries suivantes :

1° Le duché-pairie de Thouars, créé en 1563, qui avait dans sa mouvance les baronnies d'Airvault, de Bressuire, de la Forêt-sur-Sèvre, de Mauléon, d'Argenton-Château, de Saint-Jouin-de-Marnes, les châtellenies de la Chapelle-Saint-Laurent, Châteauneuf, Merle-Fougereuse, Glenay, Saint-Sauveur-de-Givre-en-Mai, et de qui relevaient des centaines de fiefs répartis dans 61 paroisses du département.

2° Le duché-pairie de la Meilleraye, créé en 1663, et formé par la réunion de la seigneurie de la Meilleraye aux baronnies de Parthenay et de Saint-Maixent, comprenait les châtellenies de Béceleuf, Champdeniers, Châteauneuf-en-Gâtine,

---

(1) Voy. les plaintes exprimées, en 1579, lors de l'enquête pour la réformation de la coutume de Poitou, par les juges seigneuriaux de Thouars, Parthenay, Secondigny, Mauléon, Saint-Loup, Argenton-Château, Bressuire, contre l'abus des appellations, par quoi leur juridiction était « grandement énervée ». (Boucheul. *Cout. gén.* t. I, p. xxi.)

le Coudray-Salbart, Germond et Hérisson pour Parthenay, Salles et Faye pour Saint-Maixent.

3° Le duché-pairie de Rohan-Rohan, créé en 1714, qui comprenait la châtellenie du Bourdet, les seigneuries de Sansais et d'Allerit, et dont la juridiction s'étendait sur les paroisses de Granzay, Saint-Symphorien, Frontenay, Amuré, Saint-Georges-de-Rex et Deyrançon.

4° Le duché-pairie de Châtillon, créé en 1736 et placé dans la mouvance directe de la Tour du Louvre, comprenait Mauléon (Châtillon-sur-Sèvre), le Temple, Rorthais, Saint-Aubin-de-Baubigné, les Aubiers, Nueil-sous-les-Aubiers, la Petite-Boissière.

5° Le marquisat de la Mothe-Saint-Héraye, créé en 1633, formé par la réunion de la baronnie de la Mothe et des seigneuries de la Bosse et de Château-Tizon (commune de Souvigné) et dont la juridiction s'étendait sur les paroisses de la Mothe-Saint-Héraye, Pamprou, Exoudun, et l'Enclave-de-la-Martinière.

6° Le marquisat de Laval-Lezay, créé en 1642, et dont la juridiction s'étendait sur des portions plus ou moins considérables des paroisses de Lezay, Saint-Léger-de-Melle, Saint-Vincent-de-la-Châtre, Saint-Coutant, Sainte-Soline et Clussais.

7° Le marquisat d'Airvault, créé en 1631 par le duc de Thouars, qui comprenait la châtellenie d'Amaillou, et dont la juridiction s'étendait sur les paroisses d'Airvault, Soulièvre, Tessonnières, Maisontiers, Saint-Germain, Clessé, Neuvy, Adilly, Availles-Thouarsais.

8° Le marquisat de Fors, créé en 1682, formé par la réunion des châtellenies de Fors, de Prahecq et de Gript, et dont la juridiction s'étendait sur les paroisses de Fors, Prahecq, Gript, Marigny, Juscorps, Brûlain, Villiers-en-Bois, Saint-Martin-de-Bernegoue, Saint-Romans-des-Champs, la Charrière et Prissé.

9° Le marquisat de Chef-Boutonne, créé en 1714, qui comprenait les châtellenies d'Ardilleux, de Lussay, des Alleuds, et dont la juridiction s'étendait sur les paroisses de Chef-Boutonne, Melleran, Loubigné, Aubigné, Crezières, Saint-Martin-d'Entraigues, Chérigné, Thorigné, Paizay-le-Chapt et Loizé.

10° Le comté de Secondigny, créé en 1567, dont la juridiction s'étendait sur tout ou partie des paroisses de Secondigny, Allonne, Bouin, Traye, Vernou, la Boissière-en-Gâtine, Azay, le Beugnon, Chiché, la Chapelle-Séguin. Ce comté fut réuni au domaine royal en 1729, puis donné au comte d'Artois en 1779.

11° La baronnie de Saint-Loup ou Fief-Franc, créée en 1542, qui comprenait les paroisses de Saint-Loup, du Chillou et de Louin.

Toutes ces seigneuries relevaient immédiatement du roi comme comte de Poitou, et rendaient hommage à la Tour Maubergeon, au châtel royal de Poitiers.

Elles avaient conservé le droit de haute justice, « droit de tenir fourches patibulaires pour pendre et exécuter malfaiteurs, à quatre piliers pour les ducs, marquis, comtes et barons, à trois piliers pour les châtelains ». Mais elles étaient dans la dépendance des juges royaux, et les appels des causes jugées par elles devaient aller soit à la sénéchaussée de Poitiers, soit aux parlements de Paris ou de Bordeaux. L'ordonnance criminelle de 1670, confirmant l'édit de Crémieu de 1536, leur avait réservé la connaissance exclusive en première instance des crimes et délits commis par les gentilshommes, malgré les prétentions contraires des lieutenants-criminels des bailliages.

A côté et au-dessus de ces seigneurs, le roi, comme seigneur suzerain des châtellenies de Niort, de Saint-Maixent, de Melle et de Chizé, avait dans sa mouvance directe une grande quantité de fiefs.

Il faut aussi classer parmi les hautes justices, la baronnie abbaye de Saint-Maixent, qui relevait du duché de la Meilleraye, l'abbaye d'Airvault, qui relevait de Thouars, et l'abbaye des Alleuds, qui relevait du marquisat de Chef-Boutonne.

Marche commune de Poitou et d'Anjou. — Ce territoire, dont une partie était située au nord du département actuel des Deux-Sèvres, entre Louzy et Cersay, était sous la juridiction commune et indivise des vicomtes de Thouars et des seigneurs de Montreuil-Bellay. (Voy. au *Dictionnaire*.)

JUSTICES ROYALES. — Le Poitou, compris presque en entier dans le ressort du Parlement de Paris, ne formait primitivement qu'une seule sénéchaussée. Mais la création de sièges royaux restreignit cette juridiction, qui conserva cependant dans les Deux-Sèvres un ressort très étendu, puisqu'elle comprenait près de 150 communes du département actuel.

Le siège royal de Niort était administré par le lieutenant-particulier du sénéchal de Poitiers, le siège royal de Saint-Maixent par le lieutenant-particulier du sénéchal de Civray.

Thouars et Parthenay, formant le bailliage de Gâtine, faisaient partie de la sénéchaussée de Poitiers, ainsi que Bressuire et Mauléon.

Melle et Chizé étaient des prévôtés royales.

Les appels des sentences des sénéchaussées ou sièges royaux de Niort et de Saint-Maixent allaient aux juges présidiaux de Poitiers, « ès cas de l'édit de leur création », et hors des cas prévus en l'édit, ressortissaient immédiatement au Parlement de Paris. Les appels des bailliages de Thouars, Parthenay et Châtillon, allaient à la sénéchaussée de Poitiers, et de là au Parlement. Les appels des prévôtés royales de Melle et de Chizé allaient à la sénéchaussée de Civray et de là au Parlement.

INTRODUCTION. XXVII

On suivait, dans notre département, la coutume de Poitou, sauf pour quelques paroisses du diocèse de Saintes, où la coutume de Saint-Jean-d'Angély faisait loi, et pour trois paroisses du canton de Chef-Boutonne, Pioussais, Hanc, Bouin, régies par la coutume d'Angoumois. Ces paroisses allaient en appel au Parlement de Bordeaux.

Police. — Le Poitou formait une compagnie de maréchaussée commandée par un prévôt général résidant à Poitiers, et par des lieutenants établis : 1° à Poitiers, d'où dépendaient la sous-lieutenance de Thouars et les brigades de Thouars, Bressuire, Saint-Maixent et Parthenay ; 2° à Fontenay, de qui dépendaient la sous-lieutenance de Niort et les brigades de Niort, Melle et Chef-Boutonne ; 3° à Montaigu, de qui dépendait la sous-lieutenance de Châtillon-sur-Sèvre. On comptait 3 cavaliers par brigade. L'édit du 3 octobre 1544 avait attribué aux prévôts des maréchaux et à leurs lieutenants la connaissance en dernier ressort des assemblées illicites, des falsifications de monnaie, et de tous méfaits commis sur les routes.

Administration financière. — *Élections et Recettes des finances.*— Le territoire actuel du département des Deux-Sèvres faisait, sous l'ancien régime, partie de la généralité de Poitiers, et comprenait les élections de Mauléon, Thouars, Saint-Maixent et Niort. L'élection de Niort renfermait 125 paroisses ; celle de Châtillon, 75 (7 seulement dans les Deux-Sèvres : Châtillon, Rorthais, Saint-Jouin-sous-Châtillon, le Temple, Saint-Aubin-de-Baubigné, les Échaubrognes, le Puy-Saint-Bonnet) ; celle de Thouars, 107 ; celle de Saint-Maixent, 62.

Dans l'élection de Poitiers se trouvaient comprises les paroisses d'Airvault, Amaillou, Aubigny, Avon, Azay-sur-Thoué, Bougon, Caunay, Châtillon-sur-Thoué, Chenay, Chey, Coutières, Doux, Fontperron, les Forges, Gourgé, la Chapelle-Bertrand, la Chapelle-Pouilloux, le Chillou, la Ferrière, Lamairé, la Pérate, Lezay, Lhoumois, Limalonges, Louin, Mairé-Lévescault, Messé, Ménigoute, Neuvy-Bouin, Oroux, Parthenay, Pers, Plibou, Pompaire, Pressigny, Rom, Saint-Germier, Saint-Coutant, Saint-Germain-de-Longue-Chaume, Saint-Loup, Saint-Martin-du-Fouilloux, Sainte-Soline, Saint-Vincent-de-la-Châtre, Salles, Sepvret, Tessonnières, Thénezay, Vançais, Vanzay, Vasles, Vautebis, Vaussais, Vausseroux, Vernou-en-Gâtine, Verruye, Viennay.

De l'élection de Fontenay-le-Comte dépendaient Coulonges-sur-l'Autise, la Chapelle-Thireuil, le Busseau, Puyhardy, Scillé, Saint-Paul-en-Gâtine, Saint-Maixent-de-Beugné, Saint-Maxire, Saint-Pompain, Saint-Rémy.

Dans la généralité de la Rochelle, élection de la Rochelle, étaient compris Mauzé-sur-le-Mignon et Priaires, et dans l'élection de Saint-Jean-d'Angély, Amuré, Épanne, Frontenay, Granzay, la Revêtizon, la Rochénard, Deyrançon,

INTRODUCTION.

Saint-Étienne-la-Cigogne, Thorigny, Vallans, le Vanneau, Usseau, Sansais, Saint-Symphorien, le Bourdet, Loubillé, Magné.

Bagneux faisait partie de l'élection de Saumur.

Ces diverses circonscriptions étaient le siège de tribunaux occupés par les élus conseillers du roi, qui répartissaient les impôts entre les paroisses et jugeaient les procès afférents à cette répartition. Les élus relevaient du Bureau des Finances, composé des trésoriers de France établis à Poitiers, qui faisaient la répartition de la taille entre les élections et jugeaient leurs appels. Les paroisses des élections de Saint-Jean-d'Angély et de la Rochelle relevèrent, à partir de 1694, du Bureau des Finances de la Rochelle. Au chef-lieu de la généralité, se trouvaient également deux généraux des finances qui faisaient alternativement l'exercice d'une année et recevaient le produit de l'impôt des mains du receveur de la taille. Sous les ordres du receveur étaient les collecteurs, chargés de la perception dans les paroisses et nommés par les habitants.

Contrôle. — Les domaines, ainsi que les droits de formule et de contrôle des actes et exploits, faisaient partie des fermes générales. Ils étaient cependant rattachés au Bureau des Finances de Poitiers, et placés sous la surveillance des juges conservateurs des domaines du roi, qui avaient sous leurs ordres des contrôleurs établis à Bressuire, Châtillon, Parthenay, Niort, Saint-Maixent, Thouars, et dans 14 autres villes du département.

Grenier à sel. — Il n'y avait point de grenier à sel dans notre région, le Poitou étant pays de franc-salé, c'est-à-dire exempt de gabelle. Cette exemption lui avait été accordée en même temps qu'à l'Auvergne, au Limousin et à la Marche en 1549, par Henri II, moyennant une certaine somme.

Traites foraines. — Une conséquence de l'exemption de la gabelle pour le Poitou fut de le faire classer par les fermiers-généraux comme pays étranger, et de faire payer à ses habitants des droits d'entrée et de sortie sur les marchandises, comme s'ils étaient véritablement étrangers. De là, l'établissement à Niort d'un bureau des traites foraines.

Fermes générales. — Si le Poitou était exempt de la gabelle, il n'était point pour cela dispensé des aides, des droits domaniaux, des diverses régies et autres impôts indirects que le roi, depuis 1726, affermait par bail à une compagnie de financiers, les fermiers-généraux. Il y avait un entrepositaire des tabacs à Châtillon et à Thouars, un garde-magasin des poudres et salpêtres à Saint-Maixent, etc.

JURIDICTION CONSULAIRE. — Un édit de Charles IX, du mois d'octobre 1565, avait créé à Niort un juge et deux consuls des marchands pour connaître de tous procès et différends « meus entre lesdits marchands pour fait de marchandise ». Leur charge ne durait qu'un an, et ils ne pouvaient être continués, pour quelque cause ou occasion que ce fût.

Voirie. Ponts et Chaussées. — Un bureau pour la voirie établi à Poitiers et dirigé par le grand-voyer avait des commissaires subdélégués à Niort, Saint-Maixent, Parthenay, Melle, Châtillon, Airvault, Bressuire, Chef-Boutonne et Chizé. Le service des ponts et chaussées, organisé en 1716, avait divisé le Poitou en cinq départements : Poitiers, Confolens, Niort, Fontenay et les Sables-d'Olonne. L'ingénieur du département de Niort avait le titre d'inspecteur.

Eaux et Forêts. — La maîtrise particulière de Chizé, Aunay et Fontenay, fut transférée à Niort en 1686, et ses officiers durent faire en cette ville leur résidence et l'exercice de leurs fonctions. Une nouvelle maîtrise fut créée plus tard à Fontenay-le-Comte, et détacha des commis à Parthenay, Châtillon-sur-Sèvre et Champdeniers. Les maîtres des eaux et forêts présentaient aux places de gruyers, verdiers, sergents-gardes, et avaient une juridiction civile et criminelle dans toutes les causes relatives à leur service. Les appels de leurs sentences allaient à la Table de Marbre.

Intendant. — A la tête de tous ces services était le représentant de l'autorité royale, l'intendant de police, justice et finances, qui avait sous ses ordres, à Poitiers, un subdélégué général pour la province, et dans diverses villes, des subdélégués, agents qu'il nommait et révoquait *ad nutum*, dont il réglait à sa guise, maniait et remaniait, suivant les besoins, les circonscriptions. Il y avait des subdélégations à Chef-Boutonne, Melle, Niort, Saint-Maixent, Parthenay, Bressuire, Thouars et Châtillon-sur-Sèvre. En 1787, la subdélégation de Bressuire fut supprimée et les paroisses qu'elle comprenait réparties entre les subdélégations de Thouars, de Châtillon et de la Châtaigneraye. La plupart des subdélégations comprenaient de 30 à 60 paroisses.

Gouvernement militaire. — Dans le gouvernement militaire on distinguait le Haut et le Bas-Poitou, dont la ligne de démarcation suivait le cours de l'Autise et du Thoué ; Parthenay et Thouars étaient du Haut-Poitou, ainsi que Niort, Saint-Maixent et Melle ; Bressuire, Châtillon étaient du Bas-Poitou qui avait pour capitale Fontenay-le-Comte. Les gouverneurs, toujours choisis parmi les membres de la haute noblesse et qui portaient le titre de gouverneurs-généraux, avaient sous leurs ordres des lieutenants-généraux, des lieutenants de roi, des gouverneurs particuliers. Il y avait des gouverneurs particuliers à Niort, à Melle et à Saint-Maixent. Les troupes provinciales du Poitou formaient, d'après l'ordonnance du 7 mai 1778, quatre bataillons: Poitou, Angoumois, Saintonge et Foix. La subdélégation de Saint-Maixent envoyait ses hommes, désignés par le sort à partir de 1743, au bataillon d'Angoumois ; les subdélégations de Melle, Chef-Boutonne et Niort, au bataillon de Saintonge ; les subdélégations de Parthenay, Thouars et Châtillon, au bataillon de Foix. Le corps royal du génie avait une compagnie à Niort, où était également caserné le xviie régiment de cavalerie : les dragons de Lescure.

Maréchaux de France. — Le tribunal des maréchaux de France ou connétablie, qui exerçait sa juridiction, tant au civil qu'au criminel, sur les gens et les affaires de guerre, et qui décidait sans appel dans les querelles de point d'honneur, avait des lieutenants à Niort, à Saint-Maixent et à Thouars, et des commissaires rapporteurs du point d'honneur à Niort, Parthenay, Saint-Maixent et Thouars.

ORGANISATION DU DÉPARTEMENT.

Le département des Deux-Sèvres, ou département intermédiaire du Poitou, créé le 16 février 1790, fut divisé en 6 districts : Niort, Saint-Maixent, Parthenay, Thouars, Melle, Châtillon, et 50 cantons comprenant 366 municipalités. Une polémique des plus vives s'était engagée entre Niort, Parthenay et Saint-Maixent à l'occasion de la fixation du chef-lieu. L'Assemblée nationale, pour contenter tout le monde, décida d'abord que le siège des autorités départementales serait établi tour à tour dans chacune de ces trois villes, puis, par son décret du 16 septembre 1790, elle désigna Niort pour chef-lieu des Deux-Sèvres.

Sous la constitution de 1791, chaque district avait un directoire, un procureur-syndic, un conseil, élus par les citoyens. Cette organisation s'appliquait à toutes les communes. Il y avait partout un maire, un procureur de la commune, des officiers municipaux, un conseil des notables. L'administration du département était aussi confiée à un directoire, un procureur-général syndic, un conseil général, élus. Un tribunal criminel siégeait à Niort. Il y avait un tribunal civil dans chaque chef-lieu de district et un tribunal de paix dans chaque canton. Les juges de tout ordre, comme les officiers municipaux et les administrateurs du département, étaient élus par les citoyens. Il en était de même pour l'évêque constitutionnel et pour les curés. (Voy. *Constitution civile du clergé*.)

Le gouvernement révolutionnaire, organisé le 14 frimaire an II, supprima le conseil général et le procureur-général. Le directoire du département fut dépouillé de la plus grande partie de ses fonctions en faveur des directoires de districts que l'on rendit indépendants. Les procureurs-syndics de districts et les procureurs des communes furent remplacés par des agents nationaux ; des comités révolutionnaires furent établis dans plusieurs communes ; des sociétés populaires devinrent des autorités redoutables, et le pouvoir suprême résida dans un ou deux membres de la Convention, envoyés en mission sous le titre de représentants du peuple, et qui se tenaient, soit à Niort, soit à Rochefort ou à la Rochelle.

Sous la constitution du 5 fructidor an III (22 août 1795), les districts furent supprimés, ainsi que toute espèce de conseil. Le directoire du département fut conservé sous le titre d'administration centrale ; au lieu d'un procureur-général syndic, il y eut un commissaire central du directoire. Chaque commune eut un agent municipal et un adjoint pour remplacer les maires, procureurs de communes, officiers municipaux et conseils de notables. Les agents municipaux des différentes communes de chaque canton se réunirent en administrations municipales, surveillées par un commissaire du directoire. Seules, les villes au-dessus de 5.000 habitants gardèrent une municipalité particulière. Un tribunal civil pour tout le département fut établi à Niort qui conserva le tribunal criminel. Il y eut quatre tribunaux de police correctionnelle, avec des arrondissements particuliers, dont les chefs-lieux étaient Niort, Melle, Parthenay et Bressuire. Les justices de paix furent maintenues.

Des écoles centrales, destinées à remplacer les anciens collèges, avaient été instituées par décret de la Convention du 23 février 1795. Elles furent supprimées le 1ᵉʳ mai 1802. L'école centrale de Niort comptait 9 professeurs et un bibliothécaire. On y enseignait le dessin, les langues anciennes, les mathématiques, l'histoire, la grammaire générale, les belles-lettres, la physique et la chimie, la législation. Il y avait près de cette école un pensionnat dirigé par trois professeurs et un ancien oratorien. Les élèves de l'école centrale étaient au nombre de 150, dont moitié pensionnaires.

La constitution de l'an VIII institua les préfectures, sous-préfectures et arrondissements (Niort, Melle, Bressuire, Parthenay), supprima les municipalités de canton, réduisit les cantons à n'être plus que les sièges des justices de paix et en diminua le nombre qui de 50 tomba à 30. Les cantons supprimés furent ceux de Couture-d'Argenson, Ensigné, Échiré, Magné, Chizé, Verruye, Chenay, Mougon, Cherveux, Sainte-Néomaye, La Ferrière, Saint-Pardoux, Amaillou, la Chapelle-Thireuil, les Échaubrognes, les Aubiers, Chiché, Brion et Oiron. Il y eut dans chaque arrondissement un tribunal de première instance. Telle est encore aujourd'hui la division du département. Les 366 communes qui existaient en 1790 ont été réduites à 354, par suite de diverses réunions indiquées dans le *Dictionnaire*.

Voici le tableau des circonscriptions actuelles et de leur population d'après le recensement de 1901 :

ARRONDISSEMENT DE NIORT

(10 cantons, 92 communes, 107,339 habitants.)

1° CANTON DE NIORT NORD.
(8 communes, 15,835 habitants.)

Niort (partie Nord), Chauray, Échiré, Saint-Gelais, Saint-Maxire, Saint-Rémy, Sainte-Pezenne Sciecq.

2° CANTON DE NIORT SUD.
(6 communes, 21,572 habitants.)

Niort (partie Sud), Coulon, Magné, Saint-Florent, Saint-Liguaire, Souché.

3° CANTON DE BEAUVOIR.
(13 communes, 4,778 habitants.)

Beauvoir, Belleville, la Charrière, le Cormenier, la Foye-Monjault, Granzay, Gript, Marigny, Prissé, la Revêtison, Saint-Étienne-la-Cigogne, Saint-Martin-d'Augé, Thorigny.

4° CANTON DE CHAMPDENIERS.
(12 communes, 7,684 habitants.)

Champdeniers, Champeaux, la Chapelle-Bâton, Cours, Germond, Pamplie, Rouvre, Saint-Christophe-sur-Roc, Saint-Denis, Sainte-Ouenne, Surin, Xaintray.

5° CANTON DE COULONGES.
(14 communes, 15,766 habitants.)

Coulonges-sur-l'Autise, Ardin, Béceleuf, le Beugnon, le Busseau, la Chapelle-Thireuil, Faye-sur-Ardin, Fenioux, Puyhardy, Saint-Laurs, Scillé, Saint-Maixent-de-Beugné, Saint-Pompain, Villiers-en-Plaine.

6° CANTON DE FRONTENAY.
(9 communes, 7,439 habitants.)

Frontenay, Amuré, Arçais, Bessines, Épanne, Saint-Symphorien, Sansais, Vallans, le Vanneau.

7° CANTON DE MAUZÉ.
(8 communes, 7,022 habitants.)

Mauzé, le Bourdet, Deyrançon, Priaires, la Rochénard, Saint-Georges-de-Rex, Saint-Hilaire-la-Palud, Usseau.

INTRODUCTION.   XXXIII

8° CANTON DE PRAHECQ.
(8 communes, 5,933 habitants.)

Prahecq, Aiffres, Brûlain, Fors, Juscorps, Saint-Martin-de-Bernegoue, Saint-Romans-des Champs, Vouillé.

9° CANTON DE SAINT-MAIXENT (1er).
(7 communes, 11,425 habitants.)

Saint-Maixent (partie), Augé, Azay-le-Brûlé, Brelou, Cherveux, François, Saivre.

10° CANTON DE SAINT-MAIXENT (2me).
(9 communes, 10,490 habitants.)

Saint-Maixent (partie), Chavagné, Exireuil, Nanteuil, Romans, Saint-Éanne, Saint-Martin-de-Saint-Maixent, Sainte-Néomaye, Souvigné.

ARRONDISSEMENT DE BRESSUIRE.
(6 cantons, 91 communes, 86.086 habitants.)

1° CANTON DE BRESSUIRE.
(13 communes, 17,105 habitants.)

Bressuire, Beaulieu-sous-Bressuire, Boismé, Breuil-Chaussée, Chambroutet, Chiché, Clazay, Faye-l'Abbesse, Noirlieu, Noireterre, Saint-Porchaire, Saint-Sauveur-de Givre-en-Mai, Terves.

2° CANTON D'ARGENTON-CHATEAU.
(19 communes, 13,180 habitants.)

Argenton-Château, Argenton-l'Église, Boesse, Bouillé-Loretz, Bouillé-Saint-Paul, Breuil-sous-Argenton, Cersay, la Coudre, Étusson, Genneton, Massais, Moutiers-sous-Argenton, Saint-Aubin-du-Plain, Saint-Clémentin, Saint-Maurice-la-Fougereuse, Saint-Pierre-à-Champ, Sanzay, Ulcot, Voultegon.

3° CANTON DE CERIZAY.
(13 communes, 14,190 habitants.)

Cerizay, Bretignolles, Cirière, Combrand, Courlay, la Forêt-sur-Sèvre, Montigny, Montravers, le Pin, la Ronde, Saint-André-sur-Sèvre, Saint-Jouin-de-Milly, Saint-Marsault.

4° CANTON DE CHATILLON-SUR-SÈVRE.
(14 communes, 16,614 habitants.)

Châtillon-sur-Sèvre, les Aubiers, la Chapelle-Largeau, Loublande, Moulins, Nueil-sous-les-Aubiers, la Petite-Boissière, Puy-Saint-Bonnet, Rorthais, Saint-Amand-sur-Sèvre, Saint-Aubin-de-Baubigné, Saint-Jouin-sous-Châtillon, Saint-Pierre-des-Échaubrognes, le Temple.

5° CANTON DE SAINT-VARENT.

(9 communes, 6,513 habitants.)

Saint-Varent, la Chapelle-Gaudin, Coulonges-Thouarsais, Geay, Glenay, Luché-Thouarsais, Pierrefitte, Sainte-Gemme.

6° CANTON DE THOUARS.

(23 communes, 18,484 habitants.)

Thouars, Bagneux, Dilazais, Brie, Brion, Louzy, Maulais, Mauzé-Thouarsais, Missé, Noizé, Oiron, Pas-de-Jeu, Rigné, Saint-Cyr-la-Lande, Saint-Jacques-de-Thouars, Saint-Jean-de-Thouars, Saint-Léger-de-Montbrun, Saint-Martin-de-Mâcon, Saint-Martin-de-Sanzay, Sainte-Radegonde, Sainte-Verge, Taizé, Tourtenay.

ARRONDISSEMENT DE MELLE

(7 cantons, 92 communes, 67.007 habitants.)

1° CANTON DE MELLE.

(13 communes, 9,682 habitants.)

Melle, Chail, l'Enclave-de-la-Martinière, Maisonnais, Mazières-sur-Béronne, Paizay-le-Tort, Pouffond, Saint-Génard, Saint-Léger-lez-Melle, Saint-Martin-lez-Melle, Saint-Romans-lez-Melle, Saint-Vincent-de-la-Châtre, Sompt.

2° CANTON DE BRIOUX.

(21 communes, 9,033 habitants.)

Brioux-sur-Boutonne, Asnières, Availles-sur-Chizé, Brieuil-sur-Chizé, Chérigné, Chizé, Crezières, Ensigné, les Fosses, Juillé, Luché-sur-Brioux, Lusseray, Paizay-le-Chapt, Périgné, Secondigné, Séligné, Vernou-sur-Boutonne, le Vert, Villefollet, Villiers-en-Bois, Villiers-sur-Chizé.

3° CANTON DE CELLES.

(12 communes, 10,390 habitants.)

Celles-sur-Belle, Aigonnay, Baussais, Fressine, Montigné, Mougon, Prailles, Saint-Médard, Sainte-Blandine, Thorigné, Verrines, Vitré.

4° CANTON DE CHEF-BOUTONNE.

(16 communes, 9,014 habitants.)

Chef-Boutonne, Ardilleux, Aubigné, la Bataille, Bouin, Couture-d'Argenson, Fontenille, Gournay, Hanc, Loizé, Loubigné, Loubillé, Pioussais, Saint-Martin-d'Entraigues, Tillou, Villemain.

INTRODUCTION. xxxv

5° CANTON DE LEZAY.

(10 communes, 10,759 habitants.)

Lezay, Chenay, Chey, Messé, Rom, Saint-Coutant, Sainte-Soline, Sepvret, Vançais, Vanzay.

6° CANTON DE LA MOTHE-SAINT-HÉRAYE.

(8 communes, 8,210 habitants.)

La Mothe-Saint-Héraye, Avon, Bougon, la Couarde, Exoudun, Pamprou, Salles, Soudan.

7° CANTON DE SAUZÉ-VAUSSAIS.

(12 communes, 9,919 habitants.)

Sauzé-Vaussais, les Alleuds, Caunay, la Chapelle-Pouilloux, Clussais, Limalonges, Lorigné, Mairé-Lévescault, Melleran, Montalembert, Pers, Plibou.

ARRONDISSEMENT DE PARTHENAY.

(8 cantons, 79 communes, 82.042 habitants.)

1° CANTON DE PARTHENAY.

(11 communes, 14,474 habitants.)

Parthenay, Adilly, Amaillou, l'Ageon, la Chapelle-Bertrand, Châtillon-sur-Thoué, Fénery, Pompaire, Saint-Germain-de-Longue-Chaume, le Tallud, Viennay.

2° CANTON D'AIRVAULT.

(9 communes, 6,569 habitants.)

Airvault, Availles-Thouarsais, Borc-sur-Airvault, Boussais, Irais, Marnes, Saint-Généroux, Saint-Jouin-de-Marnes, Soulièvre.

3° CANTON DE MAZIÈRES-EN-GATINE.

(12 communes, 11,272 habitants.)

Mazières-en-Gâtine, Beaulieu-sous-Parthenay, la Boissière-en-Gâtine, Clavé, les Groseillers, Saint-Georges-de-Noisné, Saint-Lin, Saint-Mard-la-Lande, Saint-Pardoux, Soutiers, Verruye, Vouhé.

4° CANTON DE MÉNIGOUTE.

(10 communes, 9,266 habitants.)

Ménigoute, Chantecorps, Coutières, Fontperron, les Forges, Saint-Germier, Saint-Martin-du-Fouilloux, Vasles, Vausseroux, Vautebis.

5° CANTON DE MONCOUTANT.

(12 communes, 15,111 habitants.)

Moncoutant, l'Absie, Breuil-Bernard, Chanteloup, la Chapelle-Saint-Étienne, la Chapelle-Saint-Laurent, Clessé, Largeasse, Moutiers-sous-Chantemerle, Pugny, Saint-Paul-en-Gâtine, Traye.

6° CANTON DE SAINT-LOUP.

(9 communes, 7,013 habitants.)

Saint-Loup-sur-Thoué, Assais, le Chillou, Gourgé, les Jumeaux, Lamairé, Louin, Maisontiers, Tessonnières.

7° CANTON DE SECONDIGNY.

(7 communes, 11,280 habitants.)

Secondigny, Allonne, Azay-sur-Thoué, Neuvy-Bouin, Pougne-Hérisson, Saint-Aubin-le-Clou, Vernou-en-Gâtine.

8° CANTON DE THÉNEZAY.

(9 communes, 7,057 habitants.)

Thénezay, Aubigny, Doux, la Ferrière, Lhoumois, Oroux, la Pérate, Pressigny, Saurais.

Population totale du département : 342.474 habitants.

INTRODUCTION.

Les renseignements contenus dans l'Introduction ont été empruntés aux ouvrages suivants :

Almanach provincial. — Poitiers, 1788, 1789.
ARNAUD (Charles) : *Monuments des Deux-Sèvres.* — Niort, 1877.
BEAUCHET-FILLEAU : *Dict. géographique du dép. des Deux-Sèvres* — Niort, 1874. (*Introduction*).
BERTRAND (Alexandre) : *La Gaule avant les Gaulois.* — Paris, 1891.
BOUCHEUL : *Coutumier général du comté et pays de Poitou.* — Poitiers, 1727.
CACARIÉ-VERNÈDE : *Description géologique du dép. des Deux-Sèvres* (Mém. soc. stat. 1re série, t. VII).
DESAIVRE (Léo) : *Les Cimetières de Niort.* — Niort, 1896.
DESESSARTS : *Carte géologique du dép. des Deux-Sèvres.*
Dictionnaire archéologique de la Gaule. Époque celtique. — Paris, 1875.
DROCHON : *La Petite Église.* Paris, 1894.
DUMOULIN : *Géographie du royaume de France.* — Paris, 1767, t. V.
DUPIN : *Mémoire statistique du dép. des Deux-Sèvres.* — Niort, an IX.
État militaire de la France. — Paris, 1784.
GARANDEAU : *Étude géographique sur le département des Deux-Sèvres.* (Annuaire des Deux-Sèvres, 1895).
GOUGET : *Des fortifications passagères dans l'ancien Bas-Poitou à l'époque romaine.* (Bull. soc. stat., 1864.)
GOUGET : *Rapport sur les archives hospitalières.* — 1860. (ms. aux arch. D.-S.)
IMBERT : *Documents inédits sur Thouars et les environs de Thouars.* — 1879.
LEDAIN (Bélisaire) : *La Gâtine historique et monumentale.* — Paris, 1876.
— *Histoire de la ville de Bressuire.* — Bressuire, 1881.
— *De l'origine et de la destination des camps romains dits Châtelliers en Gaule.* (Mém. soc. ant. ouest., 1884.)
LE GRAND : *Statuts d'hôtels-Dieu et de léproseries.* — Paris, 1901.
LIÈVRE : *Hist. des protestants et des églises réformées du Poitou.* — Poitiers, 1856.
— *Les Chemins gaulois et romains entre la Loire et la Gironde.* — Niort, 1893.
LONGNON : *Géographie de la Gaule au vie siècle.* — Paris, 1878.
PIGANIOL DE LA FORCE : *Nouvelle description de la France.* — Paris, 1715, t. V.
RÉDET : *Dict. topographique de la Vienne.* — Paris, 1881 (*Introduction*).
RICHARD (Jules) : *Hist. de l'administration supérieure du dép. des Deux-Sèvres.* — Niort, 1846.
SAUZÉ : *Rapport sur les fouilles faites à la Villedieu-de-Comblé.* (Mém. soc. stat, t. VIII, 1re série.)
SIEUR : *Rapport au Congrès de Pau.* (Bull. de la commission météorologique des Deux-Sèvres, 1893.)
SOUCHÉ : *Une visite au tumulus de Bougon.* — Niort, 1892.

LISTE ALPHABÉTIQUE

DES SOURCES

OÙ L'ON A PUISÉ LES RENSEIGNEMENTS CONTENUS DANS CE DICTIONNAIRE.

I. Documents manuscrits.

Archives nationales. — Séries : F. (Administration générale). — J. (Trésor des Chartes : layettes). — J. J. (Trésor des Chartes : registres). — K. (Monuments historiques : cartons des rois). — O. (Maison du roi). — P. (Chambre des comptes). — S. (Biens des corporations supprimées).
Archives départementales. — Charente : série E. — Deux-Sèvres : séries B, E, G, H, et les suppléments ; chartrier de Saint-Loup. — Vienne : séries C, E, G, H ; fonds : Bécouef, Brosse-Guillegault, Chambon, Châteliers, Denian, Drochon, Frère, Fouillants, Fontaine-le-Comte, Moiré, Montierneuf, Nouaillé, Notre-Dame, Petit-Chêne, Saint-Benoît, Sainte-Croix, Saint-Cyprien, Saint-Hilaire, Sainte-Marthe, Saint-Pierre, Sainte-Radegonde, Saint-Rémy, Trinité, Thiors ; pancarte de Rochechouart ; taxe des bénéfices ecclésiastiques du diocèse de Poitiers pour 1383 (coté au pouillé de Beauchet-Filleau D. 1383).

Archives communales. — Niort et Parthenay.
Archives hospitalières. — Argenton-Château et Parthenay.
Archives notariales. — Minutes de notaires de Parthenay et de Saint-Maixent.
Archives diverses et papiers de famille. — Antiquaires de l'Ouest ; Aumônerie (l') ; Barrière (la) ; Beauvais ; Belleville ; M. Blactot ; Bois-Chapeleau ; Bracardière (la) ; Bretonnière (la) ; Brunetière (la) ; Chapelle-Bertrand (la) ; Chapelle-Saint-Laurent (la) ; Châtillon ; M. Coutault ; Durbelière (la) ; Fonteniou (le) ; Forêt sur-Sèvre (la) ; (Duplessis-Mornay); Fresne (le) ; Lhoumois ; Maisontiers ; Maubué ; Nicolas ; Poitière (la) ; Règle (la) ; Rochefaton (la) ; Rochepozay (la) ; Saint-Paul de Parthenay ; Saint-Porchaire ; Salle-Guibert (la) ; Sauvestre ;Soulièvre ; Salinière (la) ; M. Taudière ; Teil (le) ; Thoiré, Vernay, M. de la Villehervé.
Aveu de la Mothe-Saint-Héraye. — (D. Fonteneau, tome 85.)

Bibliothèque nationale. — Collection Moreau ; collection Dupuy ; fonds latin 5451 ; 5480 ; 9231 ; 9935 ; 10918 ; 12757 ; 12780 ; 13616 ; 13680 ; 17127 ; 20230.
Bibliothèque de Poitiers. — Collection Dom Fonteneau ; manuscrit 141 ; hist. manuscrito de l'abbaye de Saint-Maixent par Dom Chazal ; carte alphabétique du Poitou ; pièces originales.
Cartulaires. — Bourgueil (copie du XVIII° siècle), appartient à M. de Bouillé ; Fontevrault (Th. Philippe) ; Saint-Jean-d'Angély (bibl. nat. 5451) ; Saint-Julien de Tours.
Chartrier de Thouars. — Manuscrit Saint-Pierre du Châtelet de Thouars. Dénombrement des justices de la baronnie de Parthenay, 1744.
État des fiefs relevant de la Tour Maubergeon (arch. de la Vienne).
Registre des insinuations du greffe royal de Thouars (arch. nat.).
Registre des rentes du Temple de Mauléon (arch. Vienne).
Titres d'Aubigny (arch. Vienne).

II. Imprimés.

Acta Sanctorum.
Almanach du Poitou : 1775-1790. Poitiers, Faulcon et Barbier, in-8° et in-12.
Annales de Dom Le Couteulx, 1690 (bull. soc. ant. ouest.).
Annales de Saint-Bertin (Les) (publiées par Dehaisnes pour la soc. hist. de France. Paris, Renouard, in-8°).
Archives historiques du Poitou.
Archives historiques de Saintonge.

Augier de la Terraudière. — Trésor des titres justificatifs des privilèges et immunités, droits et revenus de la ville de Niort. Niort, in-8°.
Aveu de la baronnie de Moncontour (mém. de la soc. ant. ouest, 2° série, IV).
Babinet de Rencogne. — Documents relatifs au prieuré de Saint-Martin de Niort (mém. soc. stat. 2° série, V).
Babinet de Rencogne. — Documents relatifs au prieuré de Notre-Dame de

Fontblanche, paroisse d'Exoudun (mém. soc. stat. 2° série, XII).
Bardonnet. — Comptes d'Alfonse de Poitiers. (arch. hist. du Poitou, t. IV).
Bardonnet. — Hommages d'Alphonse de Poitiers. Niort, Clouzot, 1872, in-8°.
Beauchet-Filleau. — Pouillé du diocèse de Poitiers. Niort, Clouzot. Poitiers, Oudin, 1869, in-4°.
Beauchet-Filleau. — Étude sur un point de géographie gauloise. Pa-

INTRODUCTION.

ris, impr. impériale, 1868, br. in-8°.
Beauchet-Filleau. — De Ruffec à Niort en chemin de fer. Ruffec, Picat, 1885, in-12.
Beauchet-Filleau. — Histoire d'Airvau. Poitiers, Dupré, 1859, in-8°.
Beauchet-Filleau. — Dictionnaire des familles du Poitou. Poitiers, Dupré, 1840-1854, 2 vol. in-8°.
Beauchet-Filleau. — Recherches sur Chef-Boutonne (mém. soc. stat. Deux-Sèvres, 3ᵉ série, t. I, 1884).
Beauchet-Filleau. — Mémoire sur les justices seigneuriales du Poitou (mém. soc. ant. ouest, t. XI, 1844).
Beauchet-Filleau. — Recherches sur l'étendue des forêts formant les marches communes entre les Santons et les Pictons (bull. soc. stat. Deux-Sèvres, 1874-75, t. II).
Beauchet-Filleau. — Notes pour servir à l'histoire de l'abbaye des Alleuds (bull. soc. stat. Deux-Sèvres, 1884).
Beauchet-Filleau. — Notes sur Melle. Melle, Lacuve, 1890, in-8°.
Berger. — Notes sur Richard le Poitevin. Paris, Thorin, 1879, in-8°.
Besly (Jean). — Histoire des comtes de Poitou et ducs de Guyenne. Paris, Robert-Berleault, 1637.
Besly. — Évêques de Poitiers. Paris, Gervais Alliot, 1637, in-4°.
Bibliothèque de l'École des Chartes.
Bonaffé. — Les faïences de Saint-Porchaire. Paris, 1888, gr. in-8°.
Briquet. — Les établissements charitables à Niort (publié par Abel Bardonnet) (mém. soc. stat. Deux-Sèvres, XX, 2ᵉ série).
Briquet. — Rapports sur les archives communales de Niort. Niort, Robin, in-8°, s. d.
Carré de Busserolles. — Dictionnaire géographique, historique et biographique d'Indre-et-Loire (mémoires de la soc. archéologique de Touraine (1878-1884), t. XXVII à XXXII).
Carte du Poitou de Duval.
Carte de Cassini.
Carte de l'évêché de Poitiers par Jaillot.
Carte du Poitou de P. Rogier.
Carte de l'État-major.
Cartulaire de l'Absie, publié par Lodain (arch. hist. du Poitou, t. XXV).
Cartulaire de l'abbaye royale de N.-D. des Châtelliers, par Duval (mém. soc. stat. VIII, 2ᵉ série).
Cartulaire de Cormery, publié par l'abbé Bourassé (mém. soc. des arch. de Touraine, t. XII).

Cartulaire de Marmoutiers publié par Mabillo. Paris, Dumoulin, 1874, in-8°.
Cartulaire de l'abbaye d'Orbestier (arch. hist. du Poitou, t. V).
Cartulaire de l'abbaye de Chambon, publié par Imbert (mém. soc. stat. XIII, 2ᵉ série).
Cartulaires du Bas-Poitou, publiés par Marchegay. Les Roches-Baritaud, 1878, in-8°.
Cartulaire de l'évêché de Poitiers, publié par Rédet (arch. hist. du Poitou, t. X).
Cartulaire des sires de Rays, publié par Blanchard, 2 vol., 1898 et 1900.
Cartulaire de Saint-Cyprien de Poitiers, publié par Rédet, 1875 (arch. hist. du Poitou, t. III).
Cartulaire de Saint-Jouin-de-Marnes publié par Grandmaison, 1854 (mém. soc. stat. des Deux-Sèvres, t. XVII).
Cartulaire de Saint-Laon-de-Thouars, publié par Imbert (mém. soc. stat., 2ᵉ série, t. XIV).
Cartulaire de Saint-Nicolas de Poitiers, publié par Rédet, 1872 (arch. hist. du Poitou, t. I).
Cartulaire de Talmont, publié par de la Boutetière (mém. de la soc. des antiquaires de l'Ouest, XXXVI, 1872).
Catalogue de pièces originales sur le Poitou (libraire Clouzot, Niort).
Champollion-Figeac. — Documents historiques. — Paris, Firmin-Didot, 1841-48, 4 vol. in-4° (doc. inédits).
Chartes de Saint-Florent de Saumur relatives au Poitou, publiées par Marchegay (arch. hist. du Poitou, t. II).
Chartes poitevines tirées du cartulaire de Fontevraud, par Marchegay (arch. hist. du Poitou, t. I).
Chénon. — Les Marches séparantes d'Anjou, Bretagne et Poitou — Paris, Larose et Forcel, in-8°. 1892.
Chronique d'Adémar de Chabannes, publié par Chavanon. Paris, Picard, 1857, in-8°.
Chronique anonyme (historiens de France, t. XII, p. 424).
Chronique d'Arthur de Richemont par Gruel (soc. hist. de France. Paris, Renouard, in-8°).
Chronique de Bertrand Duguesclin par Cuvelier (publiée par Charrière ; doc. inédits sur l'hist. de France, 1ʳᵉ série, 2 vol.).
Chroniques de Froissart (publiées par Siméon Luce pour la soc. de l'hist. de France. Paris, Renouard, 10 vol. in-8°).

Chronique de Lefèvre de Saint-Rémy (publiée par Morand pour la société de l'hist. de France. Paris, Renouard, in-8°).
Chronique de Louis de Bourbon, par d'Orronville (publiée par Chazaud pour la soc. de l'hist. de France. Paris, Renouard, in-8°).
Chronique normande du XIVᵉ siècle (publiée par Augusto et Émilo Molinier pour la soc. de l'hist. de France. Paris, Renouard, 1882, in-8°).
Chronique de Pierre de Fenin (publiée par Mlle Dupont pour la soc. de l'hist. de France. Paris, 1837, in-8°).
Chronique de Richard le Poitevin (historiens de France, t. XII).
Chronique du Religieux de Saint-Denis (publiée par Bellaguet : documents inédits sur l'hist. de France. Paris, Crapelet, 1839, 6 vol. in-4°).
Chroniques de France (Les), par Monstrelet (publiées par Doucet d'Arcq pour la soc. de l'hist. de France. Paris, Renouard, in-8°).
Chronique de Maillezais. (bibl. école des chartes. t. II, p. 139.)
Chronique des Valois (publiée par Siméon Luce pour la société de l'hist. de France. Paris, Renouard, in-8°).
Dénombrement de la seigneurie de Mons-en-Prahecq (14 février 1620) (publié par Saint-Marc : mém. soc. stat., 1885).
Dénombrement de 1667, dans : Beauchet-Filleau : Recherches hist. sur Chef-Boutonne (mém. soc. stat., 1884).
Desaivre (Léo). — Inscription de l'église de Champdeniers.
Desaivre. — Saint-Maxire ; recherches sur une commune rurale. Niort, l'auteur, 1894, gr. in-8°.
Desaivre. — Le prieuré de Champdeniers (Notes sur). Saint-Maixent, Reversé, 1886, br. in-8°.
Desaivre. — Histoire de Champdeniers. Niort, chez l'auteur, 1893, gr. in-8°.
Desaivre. — L'élection de Niort. (t. III, 3ᵉ série, 1886, mém. soc. stat.)
Desaivre. — La Gâconnière d'Ardin (bull. soc. stat., t. VI, 1885-1887).
Desjardins. — Géographie de la Gaule romaine. Paris, Hachette, 1867-1893, 4 vol. gr. in-8°.
Desjardins (Ernest). — Table de Peutinger. Paris, 1869.
Documents sur l'abbaye de Mauléon. (arch. hist. du Poitou, XX.)
Drochon. — L'ancien archiprêtré de

Parthenay. Poitiers, Oudin, 1884, in-8°.

Brochon. — Journal de Paul de Vendée, capitaine huguenot (1616-1623). (mém. soc. stat. Deux-Sèvres, 2ᵉ série, XVII).

Brochon. — Notice historique sur N.-D. de Pitié. Poitiers, Oudin, 1881, in-16.

Drouhet (Jean). — Œuvres, 1600-1673. Nouvelle édition, par M. Alfred Richard. Poitiers, Druineaud, 1878. 1 vol. pet. in-8°.

Duchesne. — Histoire des Chasteigners. Paris, Cramoisy, 1634, in-fol.

Dugast-Matifeux. — État du Poitou sous Louis XIV.

Dupin. — Dictionnaire géographique des Deux-Sèvres. Niort, Plisson, an XI, in-8°.

Dupin. — Statistique des Deux-Sèvres. — Paris, an XII, in-fol.

Éginhard (Œuvres d') (publiées par Teulet pour la soc. hist. de France. Paris, Renouard, in-8°.)

Enquêtes faites en Aunis, par Alphonse de Poitiers (arch. hist du Poitou, t. VII).

Espinay (d'). — Le Gouvernement militaire de Saumur. Angers, Lachèze, 1885, in-8°. (mém. soc. agriculture, sciences et arts d'Angers).

Faye. — Notes sur Sivray. — Poitiers, Dupré, 1849, gr. in-8°.

Faye (L.). — Histoire de Mauzé (mém. ant. o., t. XXII, p. 67).

Fierville. — Documents inédits sur Commines. Paris, Champion, 1881, gr. in-8°.

Fillon (B.). — Lettre à M. Dugas-Matifeux, sur quelques monnaies inédites. Paris, Dumoulin, 1853, in-8°.

Fillon (B.). — Lettres à M. de Montaiglon. Paris, Tross, 1861, in-8°.

Fillon (B.). — Études numismatiques. Souvenirs d'un voyage à Poitiers. Paris, J. Charvet, numismatiste, 1855, gr. in-8°.

Fillon (B.) et Rochebrune (O. de). — Poitou et Vendée, études historiques et artistiques. Niort, Clouzot, 1887, 2 vol. in-4°.

Fortunat. — Vita Sancti Paterni.

Fouchier (de). — Moncontour et ses seigneurs (mém. de la soc. des antiq. de l'ouest).

Gallia Christiana.

Grégoire de Tours. — Historia Francorum (publiée par Guadet et Taranne pour la soc. de l'hist. de France, 1836-1841, 4 vol. in-8°).

Historiens des Gaules et de la France.

Imbert. — Histoire de Thouars (mém. soc. stat. des Deux-Sèvres, 2ᵉ série, t. X).

Inventaire et archives de l'église Sainte-Croix à Parthenay, 1889, publié par Ledain (B.) (mém. soc. stat.).

Inventaire de titres sur les familles poitevines (librairie Clouzot, Niort).

Itinéraire d'Antonin, publié par Parthey. Berlin, 1848.

Jouan. — Relation du voyage de Charles IX (Leber).

Journal de l'Estoile (nouvelle coll. de mémoires pour servir à l'hist. de France, par Michaud et Poujoulat. Paris, 1836-1839. t. I, 2 série).

Jouyneau-Desloges. — Affiches du Poitou. Poitiers, Faulcon, 1772-1785, 4 vol. in-4°.

Labbe. — Nova bibliotheca manuscriptorum, 1657, in-fol, 2 vol.

Lacurie. — Histoire de l'abbaye de Maillezais. Fontenay-le-Comte, 1852, in-8°.

La Fontenelle et Dufour. — Histoire des rois et ducs d'Aquitaine et comtes de Poitou. Paris, Deroche, 1842, in-8°.

La Fontenelle de Vaudoré. — Recherches sur les vigueries du Poitou. Poitiers. Saurin, 1835, in-8°.

Largeault. — Le temporel de Notre-Dame de Niort (mém. soc. stat., 1887).

La réformation générale des forests et bois de sa Majesté de la province de Potetou. — Poictiers, Jean Fleuriau, 1667, in-fol.

La Trémoille. — Chartrier de Thouars : documents historiques et généalogiques. Paris, 1877, in-fol.

La Trémoille et Clouzot. — Fiefs de la vicomté de Thouars. Niort, Clouzot, 1893, in-4°.

Lecointre-Dupont. — Essai sur les monnaies du Poitou. Poitiers, Saurin, 1840, in-8°.

Lecointre-Dupont. — Origine du mot maille (revue numismatique 1840).

Lecoy de la Marche. — Œuvres de Suger (publiées pour la soc. de l'hist. de France. 1867, in-8°).

Ledain (B.). — Notes sur l'abbaye de Saint-Jouin-de-Marnes. Poitiers, Tolmer, 1884, br. in-8°.

Ledain (B.). — Notes sur les seigneurs de Vernay, la Bernardière et la Ronde. — Poitiers, Dupré, 1879, br. in-8°.

Ledain. — La Gâtine historique et monumentale. Niort, Clouzot, 1877, pet. in-fol.

Ledain (B.). — Journal historique de Généroux, notaire à Parthenay (xvɪᵉ sc.) (mém. soc. stat. Deux-Sèvres, 2ᵉ série, t. II).

Ledain (B.). — Notice sur Saint-Loup (paysages et monuments du Poitou, livr. 89-91, 1888, in-fol.).

Ledain (B.). — Histoire de Bressuire. — Bressuire, Landreau, 1880, in-8°.

Ledain (B.). — Histoire d'Alphonse de Poitiers. Poitiers, Oudin, 1869, in-8°.

Lévesque. — Le Puy d'Enfer (bull. soc. stat.).

Lièvre. — Les chemins gaulois et romains entre Loire et Dordogne. — Niort, Clouzot, 1893, in-8°.

Luce (Siméon). — Visites faites par les prieurs de Barbezieux et de Saint-Sauveur des monastères de la congrégation de Cluny dans la province de Poitou (bibl. de l'école des chartes, t. V, 4ᵉ série).

Mabille. — La Pancarte noire de Saint-Martin de Tours, brûlée en 1793, restituée d'après les textes imprimés et manuscrits. Paris et Tours, 1866, in-8°.

Mabillon. — Acta sanctorum ordinis S. Benedicti, 1668-1701, 9 vol. in-fol.

Marchegay. — Chroniques d'Anjou, recueillies et publiées pour la société de l'histoire de France. Paris, Renouard, 1856, in-8°.

Marchegay et Mabille. — Chroniques des églises d'Anjou. Paris, Renouard, 1869, in-8°.

Marchegay. — Archives d'Anjou, recueil de documents et mémoires inédits sur cette province. Angers, Labussière, 1843, in-8°.

Mémoire pour la marquise de Saint-Gelais.

Mémoires et bulletins de la Société des antiquaires de l'Ouest.

Michel (Francisque). — Rôles gascons, (doc. inédits sur l'hist. de France. Paris, imp. nat., 1885.)

Moignas. — Registre des titres de la châtellenie de Saint-Porchaire.

Palliot. — La vraye et parfaite science des armoiries. Paris, Léonard, 1664, in-fol.

Piet-Lataudrie. — Papier mémorial de la famille Bastard (mém. soc. stat., 1887).

Pocquet de Livonnière. — Traité des

marches communes d'Anjou et Poitou (Coutumes d'Anjou, Paris, 1725).

Port (Célestin). — Dictionnaire historique, géographique et biogr. du Maine-et-Loire. — Paris, Dumoulin, Angers, Lachèze et Dolbeau, 1878, 3 vol. p. in-8°.

Pressac. — Recherches sur Jacques du Fouilloux.

Prou. — Catalogue des monnaies mérovingiennes de la Bibliothèque nationale. Paris, Rollin et Feuardent, 1892, p. in-8°.

Rédet. — Dictionnaire topographique de la Vienne. Paris. Imp. nat., 1881, in-4°.

Rédet. — Documents pour l'histoire de l'église de Saint-Hilaire de Poitiers (mém. soc. ant. ouest, t. XIV et XV).

Revue poitevine et saintongeaise.

Richard (Alfred). — Études sur les origines du monastère de Saint-Maixent. Saint-Maixent, Reversé, 1880, br. in-8°.

Richard (Alfred). — Inventaire analytique des archives du château de la Barre. Saint-Maixent, Reversé, 1868, 2 vol. in-8°.

Richard (Alfred). — Chartes et documents pour servir à l'histoire de l'abbaye de Saint-Maixent (arch. hist. Poitou, t. XVI et XVIII).

Richard (Alfred). — Mémoire statistique sur l'élection de Saint-Maixent (mém, soc. stat., XIII).

Rôles des tailles de 1434 à 1490. (mém. soc. ant. Ouest.)

Robert de Monte (historiens de France, t. XIII).

Rondier. — Histoire du monastère du Puyberland. Niort, Clouzot, 1868, in-8°.

Rondier. — Vie de saint Junien poitevin et bénédictin, patron des laboureurs du Poitou. Niort, Clouzot, 1866, br. in-8°.

Rymer. — Fœdera et acta.

Sauzé. — La famille des derniers seigneurs de Faugeré (revue poitevine, 1892, t. IX).

Société des archives du Limousin.

Société de statistique des Deux-Sèvres (mémoires et bulletins).

Templiers (Procès des) (docum. sur l'hist. de France).

Teulet. Layettes du trésor des chartes. 3 vol. in-4°.

Thibaudeau. — Histoire abregée du Poitou. 1ᵉʳ vol.

Vialart. — Histoire de la maison de Surgères. Paris, Chardon, 1717, in-fol.

Wulfin Bodée. — Vie de saint Junien (La...)

EXPLICATION

DES

ABRÉVIATIONS EMPLOYÉES DANS LE DICTIONNAIRE

abb.	abbaye.	fam.	famille.
anc.	ancien.	f°	folio.
anc‘.	anciennement.	gr.	grand.
ap.	apud.	h. ; hh.	hameau ; hameaux.
appart.	appartenant.	inv.	inventaire.
arch.	archives.	kilom.	kilomètre.
arr‘.	arrondissement.	m.	maison.
auj.	aujourd'hui.	m. r.	maison rurale.
autref.	autrefois.	marq.	marquisat.
bar.	baronnie.	ms.	manuscrit.
bibl.	bibliothèque.	m‘⁰	moulin.
cab.	cabinet.	nomencl.	nomenclature.
c⁰ⁿ	canton.	p.	page.
cart.	cartulaire.	pr.	preuve.
chap.	chapitre.	relev.	relevant.
ch.	charles.	riv.	rivière.
chât.	château.	ruiss.	ruisseau.
châtell.	châtellenie.	s. ; s‘⁰	saint ; sainte.
ch.-l.	chef-lieu.	seign.	seigneurie.
com‘⁰	commanderie.	s⁰	siècle.
c⁰⁰ ; c⁰⁰⁰ ¹	commune ; communes.	t.	tome.
couv.	couvent.	territ.	territoire.
dénomb.	dénombrement.	v.	vers.
dép.	dépendant.	v°	verso.
dép‘	département.	vic.	vicomté.
dip.	diplôme.	vill.	village ².
f. ; ff.	ferme ; fermes.	voy.	voyez.

¹ Cette abréviation, c⁰⁰⁰, quand elle est suivie des noms de deux communes, signifie que le village ou hameau qui fait l'objet de l'article est partagé entre ces deux communes ; celle qui renferme la plus grande partie du village ou hameau est toujours désignée la première.

² Ce mot désigne un groupe de maisons plus grand que le hameau et consistant au moins en dix habitations ; mais dans les citations d'anciens actes il a un sens plus général et s'applique même à des fermes isolées, composées d'une maison d'habitation et de bâtiments d'exploitation ; le mot hameau n'était pas en usage dans la langue vulgaire du Poitou. On appelait bourg, comme on le fait encore aujourd'hui, le village où se trouve l'église paroissiale.

DICTIONNAIRE TOPOGRAPHIQUE

DE

LA FRANCE

DÉPARTEMENT

DES DEUX-SÈVRES

A

ABBAYE (L'), h. c^{ne} d'Allonne. Anc. prieuré de l'ordre de Grammont fondé par Guill. IV Larchevêque, sgr de Parthenay (1140-1182). — *Capella religiosorum de Alona*, 1177 (cart. de l'Absie, f° 7, ap. Dupuy, 841, p. 247). — *Locum de Bosco Alone*, 1195 (arch. nat. O. 573). — *Prieuré du Bois d'Aslonne*, 1716 (état de l'élect. de Niort). — Le Bois du prieuré avait une étendue de 212 arpents, en 1763 (pr.-verb. de la maîtr. de Fontenay). — *Bois d'Allonne* (Cass.).

ABBAYE (L'), mⁱⁿ. c^{ne} d'Availles-sur-Chizé.

ABBAYE (L'), mⁱⁿ. c^{ne} de Chizé.

ABBAYE (L'), f. c^{ne} de Lhoumois. — *Labbis* (Cass.). — Seign. *de Labbée* réunie à la seign. de la Rochefaton, 1599 (arch. de la Roch.). — Seign. *de la Bie* relev. de la Chapelle-Bertrand, 1723 (arch. Chap.-Bertr.).

ABBAYE (L'), vill. c^{ne} de Missé.

ABBAYE (L'), f. c^{ne} de Tessonnière.

ABBAYE (L'), f. c^{ne} de Tourtenay.

ABBAYE (L'), f. et vill. c^{ne} de Vernou-sur-Boutonne.

ABBAYE de Chaban-Moine, éc. c^{ne} d'Épanne.

ABBAYE DES BOIS (L'), vill. c^{ne} de Secondigny en Gâtine. — Ancien prieuré dépendant de l'abbaye de Fontaine-le-Comte. — *Domus de Nemore Secundiniaci*, 1192 (arch. V. f. de Fontaine-le-Comte). — *Ecclesia beate Marie de Nemore Secundiniaci*, 1225 (idem, 1. 30). — *Ecclesia beate Marie de Bosco Secundigniaci*, 1240 (id.). — *Le Bois de Secondigny*, 1300 (id.). — *Notre-Dame des Bois de Secondigny*, 1580 (id.). — *Notre-Dame des Bois*. (Cass.).

ABBÉE (L'), c^{ne} de Germond, 1560 (arch. V. seign. div. 32). L. disp.

ABETELLERIES (LES), f. c^{ne} d'Ardin. — *Les Herbertelleries*, 1682 (arch. V. Pouzay, 2). — *Les Abretelleries* (Cass.).

ABOUGNÉ, f. c^{ne} de St-Maurice-la-Fougereuse.

ABREVAUX (LES), éc. c^{ne} des Échaubrognes.

ABSIE (L'), c^{on} de Moncoutant; anc. abb. de l'ordre de Saint-Benoit, fondée en 1120. — *Cœnobium Absida*, 1120 (chron. St-Maix.). — *Absia*, 1120 (cart. l'Absie). — *La Sye*, 1255 (arch. D.-S. H. 17). — *Notre-Dame de Lasie en Gastine*, 1301 (id. H. 42). — *La Sec en Gastine*, 1308 (id. H. 24). — *Assia in Vastina*, 1323 (f. lat. 9231, f° 15). — *L'Assye en Gastine*, 1389 (arch. St-Loup). — *L'Absye*, 1553 (arch. Bois-Chap.). — *L'Abscye*, 1716 (état de l'élect. de Niort). — *L'Absie* (cart. de Jaillot, 1704).

La mense conventuelle et les offices claustraux de l'abbaye furent réunis au chapitre de la Rochelle par lettres patentes du roi de juin 1735. Le bourg, dépendant de toute antiquité de la paroisse de la Chapelle-Seguin, a été érigé en chef-lieu de commune le 14 uillet 1836. Il était compris dans l'élection de Niort.

ABSIE (L'), forêt située près du bourg de ce nom, autref. du domaine de l'État, comprend 600 hectares (stat. des D.-S. par Dupin).

ABSIE (L'), f. c^{ne} d'Assais.

ACHAPT (L'), c^{ne} de Faye-sur-Ardin; anc. fief relev. de Faye-sur-Ardin, 1610 (arch. D.-S. E. 267). L. disp.

ACTRIE (L'), f. c^{ne} de Souvigné.

ADILLY, c^{on} de Parthenay. — *Azillé*, 1300 (gr.-Gauthier). — *Adillé*, 1355 (arch. V. cures, I. 163). — *Adhillé*, 1555 (cart. alph. du Poitou). — *Saint-Pierre d'Adilly*, 1782 (pouillé).

Adilly faisait partie des baronnies de Parthenay et d'Airvault par portions diverses (av. d'Airv. de 1630. — dén. just. bar. de Parth. 1744). Son église était à la nomination du prieur de St-Paul de Parthenay. Il dépendait de l'archiprêtré de Parthenay, de la sénéchaussée de Poitiers, de l'élection de Niort en 1555, puis de celle de Parthenay, et enfin de celle de Niort en 1716. Il avait 57 feux en 1750 (cart. alph. du Poitou).

ADILLY (LE VIEUX), h. c^{ne} d'Azay-sur-Thoué.

ADJAR (L'), f. c^{ne} de St-Aubin-le-Cloud.

ADJEU (L'), f. c^{ne} de St-Généroux.

ÂGE (L'), vill. c^{ne} de Messé.

AGEASSE (L'), mⁱⁿ. c^{ne} de St-Éanne.

AGEASSE (L''), vill. c^{ne} de Souvigné. — *Moulin de l'Ajasse*, 1584 (not. de St-Maix.).

AGEON (L'), h. c^{ne} de la Boissière-Thouarsaise. — *Lajaon*, 1403 (pap. de la fam. du Fontenioux).— *Lageon*, 1664 (arch. V. E³, l. 41).

AGEON (L'), vill. c^{ne} de la Chapelle-Bertrand.

AGEON (LE BAS), vill. c^{ne} de la Chapelle-Bertrand.

AGEON (L'), f. c^{ne} de Noirterre. — *Lajaon*, 1439, relev. de la seign. de Cirières (reg. d'aveux, arch. St-Loup). — *Lajon* (Cass.).

AGEOTS (LES), f. c^{ne} de Boismé. — *Les Ajocts*, 1502 (arch. de la Barre, II, 348). — *Les Ajots* (Cass.).

AGIER, vill. c^{ne} de Nanteuil; ferme possédée au XVIIIe siècle par la famille Agier.

AIFFRES, c^{on} de Prahecq. — *Vicaria Afriacensis*, 948 (cart. St-Maix. p. 29). — *Vicaria Africa*, 967; *villa que vocatur Aifra in pago Pictavo in vicaria Marniaco* (Marigny), 968 (id. 54). — *Vicaria Afria*, v. 975 (cart. St-Jean-d'Angély, ap. Fonteneau, LXII, p. 433). — *Aifre in pago Niortensi*, v. 988 (cart. St-Maix. 73). — *Aiffre*, 1166 (Font. IV, 209). — *Aifria, Ayfre*, v. 1260 (hom. d'Alph. de Poit.). — *Effre*, 1261 (hist. d'Alph. de Poit. par Ledain). — *Aiffre*, 1405 (gr.-Gauthier des bénéf. aux arch. Vienne). —

Saint-Pierre d'Aiffres (pouillé de 1782).—*Esfre*, 1703 (arch. D.-S. E. 1185). — *Aiphres* (Cass.).

Aiffres dépendait de l'archidiaconé de Brioux et de l'archiprêtré de Melle ; il relevait de la châtellenie et sénéchaussée de Niort, et faisait partie de l'élection de cette ville dès 1555 (mém. soc. stat. D.-S. 1886). Il comptait 68 feux en 1716 et 104 vers 1750 (état de l'élect. de Niort 1716. — cart. alph. du Poit.).

AIGLEMIER, f. c^{ne} de Goux. — *Aylhimer*, 1406, fief relevant de Saint-Maixent (gr.-Gauthier). — *Aiglemiers* (Cass.).

AIGLERIE (L'), f. c^{ne} de Boismé.

AIGONNAY, c^{on} de Celles. — *Villa Aygonensis*, 995 (arch. V. f. de Nouaillé).— *Aigoneis*, 1097 (cart. St-Cyprien, p. 13). — *Aigonesium*, 1119 (id. 17). — *Agonasium*, 1246 (comptes d'Alph. de Poit., ap. arch. hist. Poit.).— *Augones*,1273 ; *Aygoneis*, 1276 (cart. St-Maix. II, 117, 121). — *Agoneis*,1300 (gr.-Gauthier). — *Aigonès* (id.). — *Aygonnoys*, 1489 (arch. V. C. 560).— *Esgonnay*, 1623 (arch.V. Béceleuf, 11).— *Les Gonnay*, XVIIIe (arch. D.-S. E. 1135). — *Saint-Pierre d'Aigonnay*, 1782 (pouillé).

Dépendait de l'archiprêtré d'Exoudun et de l'élection de St-Maixent. Le prieuré-cure relevait dès l'origine de l'abbaye de St-Cyprien de Poit., était en 1462 membre dépendant du monastère de Lesterp en Limousin (arch. V. prieurés, I), et fut uni par bulle du pape, en 1618, au collège des Jésuites de Roanne (id.). — L'abbé de Nieul était présentateur de la cure en 1782 (pouillé de 1782). — Aigonnay avait 86 feux en 1698 et 76 vers 1750 (état de l'élect. de St-Maix. 1698 et cart. alph. du Poit.). La paroisse est aujourd'hui réunie à celle de Fressines.

AIGONNAY, f. c^{ne} de St-Symphorien.

AIGNÉE, f. c^{ne} de la Chapelle-Bâton. — Hébergement d'*Aigrée*, relev. de Vuzé, 1466 (arch. V. f. du Pet.-Chêne, E^s 400). — *Aigrée* (Cass.).

AIGRÉE, f. c^{ne} de Mazières-en-Gâtine. — *Agreia*, 1098 (cart. St-Maix. 231). — *Aigrée*, 1450 (arch. V. E^s 426). — *Esgrée*, 1518 (id.). — *Aigrée*, 1542 (id.). — *Les Grais* (cad.). — Relev. de la Rouillère.

AIGRÉE (L'), rivière, affluent de la Sèvre-Niortaise. — *L'ayve de l'Aigrée*, 1402 (arch. V. E^s 422). — *L'Egrai* (stat. des D.-S. par Dupin).

AIGUIÈRE (L'), f. c^{ne} de St-Pardoux. — *L'Esgière*, 1563 (arch. V. prieurés, l. 58). — *Laiguière* (Cass.).— *Liguerre* (dict. des D.-S. par Dupin).

AIGUILLON (L'), f. c^{ne} d'Exireuil. — *Léguillon du bourg Chaslon*, 1554 ; *Laguillon*, logis, 1579 (not. de St-Maix.).

Aigues (Les), h. c^{ne} de Belleville. Détaché de la c^{ne} de Prissé-le-Grand par la loi du 27 août 1888.

Aimerière (L'), f. c^{ne} de Menigoute. — *Laumarière*, 1454 (arch. V. f. Ste-Croix, l. 45). — *Lesmerière*, 1483 (id.). — *Lesmerières*, 1699 (arch. de la Barre, II). — *Lémerière* (Cass.).

Ainçay, vill. c^{ne} de Souvigné. — *Inçay*, 1522; *Inceps*, 1524; *Ynçay*, 1527 (not. St-Maix.). — *Insay*, 1650; *Insçay*, 1670 (arch. V. Béceleuf, 11).

Ainerie (L'), vill. c^{ne} de Combrand. — *Laynerie* (Cass.).

Aintré, f. et ham. c^{ne} d'Avon. — *Aimtré*, *Estré*, 1648 (arch. D.-S. E. 1198).

Airable (L'), f. c^{ne} de Goux. — *Layrable*, 1406 (gr.-Gauthier.). — *L'Erable* (Cass.).

Airaudière (L'), f. c^{ne} du Beugnon. — *L'Héraudière*, 1726 (arch. V. dom. div. 13).

Airaudière (L'), f. c^{ne} de Nanteuil.

Airaudières (Les), l. d. c^{ne} de Béceleuf; anc. fief relev. de Beauregard. — *Les Hairaudières*, 1657; *les Héraudières*, 1668 (arch. V. Beauregard, 25).

Airaudières (Les), vill. c^{ne} de St-Georges-de-Noisné. — *Airauderia*, 1161 (cart. des Châtelliers). — *Arauderia*, 1218, 1221 (id. — Font. V, 71). — *Layraudère*, 1421 (arch. V. E^s 412). — *L'Ayraudière*, 1461 (arch. D.-S. E. 4). — *Layraudère*, 1495 (ma coll.). — *Les Héraudières* (Cass.). — *Lesraudière*, 1566 (not. de St-Maix.).

Airaux (Les), f. c^{ne} de Moncoutant.

Aire (L'), f. c^{ne} de Clessé.

Aire (L'), h. c^{ne} du Tallud.

Aire Pavée (L'), f. c^{ne} de Prahecq.

Airière (L'), f. c^{ne} d'Adilly. — *Lesrière*, 1560 (min. de notaires).

Aiript, vill. c^{ne} de Romans. — *Airip*, v. 1222 (cart. St-Maix. II, 52). — *Erip*, 1247, 1269, 1363 (id.). — Relev. de l'abbaye de St-Maixent.

Aironnières (Les), fief en la paroisse de St-Maxire, 1609 (Font. XX, 424).

Airs (Les), vill. c^{ne} de St-Loup. — *Villages des Ayres*, 1444 (arch. de la Berton. de Viennay).

Airvault, arr. de Parthenay, anc. abb. de l'ordre de Saint-Augustin fondée vers 973. — *Vicus qui nuncupatur Aurea Vallis in pago Thoarcensi*, v. 971 (Dupuy, 820, p. 35. — Font. XXVI, p. 143). — *Sanctus Petrus Aureæ Vallis*, 1051 (arch. hist. Poit. II. — chron. de St-Maix.). — *Ville d'Oyrevaud*, 1316 (arch. V. H. 3, 804). — *Oirevau*, 1326 (arch. V. E^s 377). — *Aureval*, 1347 (arch. V. H. 3). — *Orvau*, 1350 (cart. de Chambon). — *Château d'Oirval*, 1371 (hist. d'Airvau par Beauch.-Fill.). — *Oyrevau*, 1397 (arch. de Moiré). — *Oyreval*, 1404 (id.). — *Oyreveau*, 1412 (arch. V. E^s 365). — *Oyrveault*, 1429 (hist. d'Airv.). — *Ayreval*, 1450 (arch. de Moiré). — *Oyrvault*, 1516 (mém. soc. stat. D.-S. 2e sér. XIV). — *Ayrevau*, 1523 (arch. V. Brosse-Guilgault, 8). — *Hervaul*, 1565 (Jouan, rel. voy. Ch. IX). — *Hoirvau*, 1580 (arch. hist. Poit. IV). — *Hoyrvault*, 1584 (arch. V. E^s 501). — *Oyrvault*, 1595 (arch. de Vernay). — *Ervau*, 1642 (arch. V. E^s 63). — *Ouervault*, 1691 (arch. D.-S. E. 1013). — *Airvaut*, 1704 (cart. Jaillot). — *Oirvault*, 1750 (cart. alph. Poit.). — *Airvault*, 1775 (arch. V. E^s 377). — *Airvau* (pouillé de Beauchet-Fill.).

L'abbaye jouissait en 1775 de 15,500 livres de revenus (arch. V. E^s 377). Outre l'église abbatiale, il y avait l'église de Saint-Jérôme, une chapelle des trois Maries du grand cimetière, et une aumônerie ou maison-Dieu. La ville avait 429 feux en 1750 (cart. alph. Poit.).

Airvault faisait partie du doyenné de Bressuire et passa avec lui, en 1317, du diocèse de Poitiers au diocèse de Maillezais, puis de la Rochelle. Il était le chef-lieu du bailliage dit d'*Orvallois*, l'un des six du ressort de la vicomté de Thouars, comprenant les paroisses de Luzay, Maulais, St-Varent, Glenay, St-Généroux en partie, Soulièvre, Availles, Borc, les Jumeaux, Assais, Boussais, Gourgé, Viennay, la Boissière-Thouarsaise. La baronnie fut érigée en marquisat le 24 avril 1651, par le duc de Thouars. Elle comprenait les paroisses d'Airvault, Soulièvre en partie, Tessonnière en partie, Maisontiers, Amailloux, St-Germain, Clessé, Neuvy, Adilly, Availles (aveu de 1630). Airvault dépendait de la sénéchaussée et de l'élection de Poitiers.

Le canton d'Airvault, créé en 1790, dépendait du district de Thouars et comprenait les communes de : Availles-Thouarsais, Borc-sur-Airvault, Boussais, St-Généroux, St-Jouin-de-Marnes, Marnes, Soulièvre, Irais. En l'an VIII, il fut attribué à l'arrondissement de Parthenay.

Airvault, bois, c^{ne} d'Adilly.

Ajaon (Fief de), en la paroisse de Breuil-Chaussée, près la Barbaudère, 1383 (arch. St-Loup).

Ajoncs (Les Grands), h. c^{ne} d'Exireuil.

Ajonneau (L'), vill. c^{ne} de Vouhé.

Alais (Les), f. c^{ne} de Coulonges-Thouarsais. — *In vicaria Toarcense, in villa quæ vocatur Allilias cum capella S^{ti} Severini*, 936 (Besly, évêques de Poitiers). — *Les Aleus* (Cass.). — *Les Alis* (cad.).

Albertière (L'), f. c^{ne} de St-Aubin-le-Cloud. — *L'Aillebertère*, 1292 (arch. hist. Poit. XX, 265)

Albes (Les Vieilles), éc. c^{ne} de Deyrançon.

Aleron (L'), mⁱⁿ c^{ne} de Largeasse.

ALEXANDRE, h. et m¹ⁿ. cⁿᵉ de Paizay-le-Tort.
ALGOND, vill. cⁿᵉ de Cerizay. — *Alegon*, 1401 (arch. V. Eᵃ 189). — *Algon* (Cass.). — *Allegond* (cad.).
ALIÈRE (L'), f. cⁿᵉ de Mazières-en-Gâtine. — *La Lierre* (dict. de Dupin).
ALJOUINIÈRE (L'), f. cⁿᵉ de la Pérate.
ALLERY, vill. cⁿᵉ de Mougon. — *Aleré*, 1269. — *Asleré* ou *Aleré*, 1363, relev. de l'abbaye de S¹-Maixent (cart. S¹-Maix. II). — *Alleray et Petit-Alleray* (cad.).
ALLERY, vill. et chât. cⁿᵉ de Vallans. — *Alery*, 1443 (arch. de la Barre, II, 20). — *Allery*, 1460 (arch. V. f. de Montierneuf, l. 95). — Seign. d'*Allerit*, 1710, relev. du duché de Rohan-Rohan (inv. des arch. D.-S. B). — *Aslerit*, 1746 (arch. D.-S. B. 128).
ALLEU (L'), f. cⁿᵉ d'Oroux. — *Laleu* (Cass.).
ALLEU (L'), f. cⁿᵉ de S¹-Christophe-sur-Roc. — *L'Aleu*, 1423 (hist. des Chasteigners par Duchesne). — *Luleuf* (Cass.). — *L'Aleu* (cad.).
ALLEU (L'), f. cⁿᵉ de Thorigné. — *Alodus de Torgnié*, 1110 (cart. S¹-Maix. 263). — *La Leu*, 1539 (not. S¹-Maix.). — *Laleu*, 1596 (arch. V. E. 3, 40). — *Laleuf* (Cass.).
ALLEUDS (LES), cᵒⁿ de Sauzé-Vaussais ; anc. abb. de l'ordre de Saint-Benoit fondée vers 1120. — *Alodus*, 1120 (chron. de S¹-Maix.). — *Allodia*, 1136 (doc. pour l'hist. de S¹-Hilaire, I, 133). — *Abbacia de Allodiis de Melle*, 1245 (charte de l'Absie). — *Allodium*, 1292 (vis. mon. Clun. ap. Bib. éc. ch. 4ᵉ sér. v). — *Les Alleus*, 1402 (arch. D.-S. E. 253). — *Notre-Dame des Alleuds* (pouillé de 1782).

L'abbaye fut convertie en prieuré-cure et paroisse par ordonnance de l'évêque de Poitiers du 17 sept. 1715, confirmée par lettres patentes d'août 1716. La paroisse fut composée des villages de la Boirie, la Gr. et Pet.-Tranchée, la Gaillochonnière, Chaignepain, la Bissière, la Cossardière et Malassis (arch. V. abb. des Alleuds). Elle dépendait de l'archiprêtré de Melle (pouillé de 1782); état de l'élect. de S¹-Maix ; cart. alph. du Poit.), et relevait du marquisat de Chef-Boutonne.

ALLEUDS (LES), vill. cⁿᵉ de Largeasse. — *Terra Allodiorum et boscum in quo domus de Alodiis ædificata est*, 1156 (cart. de l'Absie, ap. Dupuy, 841, p. 230). — *Moulin des Allus* (arch. de la Charente, E. 148). — *Les Alleux*, m¹ⁿ. (Cass.). — Relev. de l'abb. de l'Absie.
ALLEUFS (LES), f. cⁿᵉ de S¹-Pompain. — *Les Aleux* (Cass.).
ALLEUFS (LES), vill. cⁿᵉ de Surin. — *Les Alleuz*, 1495 (ma coll.). — *Les Aleux* (Cass.).

ALLEUS (LES), m¹ⁿ. cⁿᵉ de Coulonges-Thouarsais, 1486 (arch. V. Brosse-Guilgault, 34). L. disp.
ALLEUX (LES), h. cⁿᵉ de Villiers-en-Bois. — *Alodia*, 1223 (arch. V. f. de Montierneuf, l. 95). — *Les Alleuds* (cad.).
ALLIER (L'), f. et chât. cⁿᵉ de Cours. — *Layllé*, 1278 (arch. V. f. de Fontaine-le-Comte, l. 22). — *Lalier*, 1408 (arch. V. Eᵃ 440). — *L'Alier*, 1608 (id.). — *Lalhier*, 1628 (arch. de la Barre, II). — *Lallier* (Cass.). — Relev. d'Ardin.
ALLIER (L'), f. cⁿᵉ de S¹-Médard (cad.). — *Lalyer*, 1397. (pap. de la famille Aymer.)
ALLONNE, cᵒⁿ de Secondigny. — *Villa Alona in vicaria Toarcinse*, 954-986 (cart. S¹-Cyprien, p. 108). — *Alonne*, 1456 (état des fiefs relev. de la tour Maub.). — *Aslonne*, 1716 (état de l'élect. de Niort). — *Alosne*, 1728 (arch. D.-S. H. 46). — *Aslonnes*, 1746 (arch. D.-S. E. 522). — *Saint-Pierre-ès-liens d'Allonne*, 1782 (pouillé). — La cure était à la nomination du prieur de Parthenay-le-Vieux.

Allonne relevait de la baronnie de Secondigny. Il faisait partie de l'archiprêtré de S¹-Maix. et de la sénéchaussée de Poitiers. Compris d'abord dans l'élection de Niort dès 1555, puis dans celle de Parthenay, il retourna à celle de Niort (état de l'élect. 1716, ap. mém. soc. stat. D.-S. 1886). Il y avait 219 feux en 1716 et 284 en 1750 (cart. alph. Poit.).

ALLON, m¹ⁿ. cⁿᵉ de Germond. — *Moulin Allon*, 1689 (arch. V. E. 1, 8).
ALOUETTE (L'), f. cⁿᵉ d'Aiffres.
ALPIN (LA PIERRE D'), l. d. cⁿᵉ de Parthenay. — *Le mauvais pas de la pierre d'Alpin*, 1573 (journal de Généroux). — *La croix d'Alpin* (cad.).
ALTIÈRE (L'), m¹ⁿ. cⁿᵉ de Fontperron. — *La Guilletière* (Cass.).
ALTIÈRE (L'), f. cⁿᵉ de Thénezay. — *L'Alterière* (cad.).
ALUSSEAU (L'), f. cⁿᵉ de Verruyes.
ALZOM, h. cⁿᵉ du Bourdet. — *Le Zaume* (Cass.).
AMAILLOU, cᵒⁿ de Parthenay. — *Amallo*, 1095 (ch. de Pierre, évêque de Poit., ap. Besly, évêques de Poit.). — *Sanctus Stephanus de Amaillo*, 1113 (Gall. christ. II). — *Amaylle*, 1300 (gr.-Gauthier). — *Amaillou*, 1438 (pièces orig. ap. Bibl. de Poit.).

La châtellenie d'Amaillou relevait de la baronnie d'Airvault. La cure était à la nomination de l'abbé d'Airvault. Amaillou faisait partie du doyenné de Bressuire, de la sénéchaussée et de l'élection de Poitiers, après avoir fait partie de celle de Parthenay au XVIᵉ siècle. Il y avait 185 feux en 1750 (cart. alph. Poit.).

Le canton d'Amaillou, créé en 1790, dépendait du district de Parthenay et comprenait les communes de : Adilly, la Boissière-Thouarsaise, Fénéry et St-Germain. Il fut supprimé en l'an VIII et réuni à celui de Parthenay.

AMANDIER (L'), h. cne d'Aiffres.

AMBREUIL, f. et port cne de Coulon (cad.). — *Ambreuil*, 1660 (arch. de la Barre, I, 213).

AMBROUINIÈRE (L'), f. cne d'Allonne. — *Lenbroynère*, 1243 (arch. V. f. de Fontaine-le-Comte, l. 30).

AMURÉ, con de Frontenay. — *Amuré*, 1237 (arch. hist. Saint. t. X, 29). — *Amuri*, 1244 (comptes d'Alph. de Poit. ap. arch. hist. Poit.). — *Ecclesia B. Mariæ de Am[ur]etto* (panc. de Roch. ap. pouillé Beauch.-Fill.).

Amuré faisait partie de l'archiprêtré de Mauzé et du diocèse de Saintes, de l'élection de St-Jean-d'Angély, généralité de la Rochelle (état de la gén. de la Roch. 1698), et relevait de Frontenay-Rohan-Rohan.

ANCES (LES), f. cne de St-Martin-du-Fouilloux. — *Les Ances*, 1755, relev. de la Barbottière. — *Auzance* (Cass.).

ANDRAUDIÈRES (LES), f. cne de Fontperron (cad.). — *L'Andraudère*, 1363 (cart. St-Maix. II, 147). — *Lendraudère*, 1532. — *Landrodière*, 1561. — *La Lendrodyère*, 1566 (not. de St-Maix.). — *Landraudière* (Cass.).

ANDRAUDIÈRE (HAUTE ET BASSE), h. cne de Vasles. — *Lauderaudère*, 1471 (arch. V. f. de Ste-Croix, l. 46). — *Andraudière* (Cass.).

ANDROLLET, éc. cne d'Échiré. — *Hébergement à Endrollet*, relev. de la Motte d'Échiré, 1636 (inv. d'Aub.). — *Androullet*, 1402 (arch. hist. Poit. XXIV, 414).

ÂNE-BOUIÈRE (L'), f. cne de St-Coutant. — *Lasne-Bouillère* (Cass.).

ÂNE-CUIT (L'), f. cne d'Aiffres.

ANGEBERTIÈRES (LES), f. cne de Fontperron. — *Enjoberteria*, 1178 (Font. V, 33). — *Lenjobertière*, 1363 (cart. St-Maix. II, 147). — *Lengebertière*, 1674 (cart. Chât.). — *Les Langebertières*, 1789 (arch. D.-S. H. 325).

ANGEVINIÈRE (L'), f. cne de Mazières-en-Gâtine. — *Lengevinière*, 1605 (arch. V. Eª 410). — *L'Enjouinière* (Cass.). — Relev. de la baron. de Parthenay.

ANGEVINIÈRE (L'), vill. cne de Messé. — *Langevinière* (Cass.).

ANGEVINIÈRE (L'), f. cne de St-Maurice-la-Fougereuse.

ANGIBEAU, vill. et min. cne de Breuil-Bernard. — *Moulin d'Engibaut*, 1402 (reg. d'aveux, arch. de St-Loup). — *Angibaut*, 1437 (id.). — *Engibault*, 1524 (arch. V. Eª 189).

ANGLÉE (L'), f. cne de Parthenay.

ANGLÉES (LES), tènement cne de Châtillon-sur-Thoué, 1579, l. d. (prieuré de St-Paul de Parth.).

ANGRINIÈRE (L'), f. cne de Boismé.

ANOUILLERIE (L'), vill. cne de Lezay. — *L'Enguillerie* (Cass.).

ANJOU, min. cne de St-Généroux.

ANJOU (L'), h. cne de St-Léger-de-Monbrun.

ANJOUINIÈRE (L'), f. cne de St-Pardoux.

ANNE, min. cne de St-Pezenne. — *Molendinum de Eaneou Eaine*, 1260 (hom. d'Alph. de Poit. publ. par Bardonnet). — *Heane*, 1357 (arch. V. G. 130). — Était de la châtellenie de Niort.

ANNERIE (L'), vill. cne de Genneton. — *Lannerie* (Cass.).

ANNEROUX (LES), vill. cne des Échaubrognes. — *Villa Asneral in comitatu Pictavorum sive Thoarcensium sive Herbadilici incolarum*, 854 (ch. de Charles le Chauve pour St-Philbert, ap. Besly, ctes de Poit., 170).

ANTE, vill. cnes de Ste-Pezenne et Niort. — *Ante*, 1260 (hom. d'Alph. de Poit.). — *Antes*, 1504 (arch. D.-S. E. 24). — *Hante*, 1564 (arch. V. évêché, l. 130). — *Anthe*, 1616 (arch. D.-S. E. 213).

ANTIGNY, vill. cne d'Usseau.

ANTOIGNÉ, min. cne de Mougon. — *Antoigné*, moulin, 1530 (not. de St-Maix.). — *Antoigny*, 1563 (arch. V. prieurés, l. 57). — *Antogné* (cad.).

APPELVOISIN (GRAND ET PETIT), f. cne de Cerizay. — *Peillevezin*, 1287 (Font. XXXVIII, p. 131). — *Pellevezin*, 1300 (hist. des Chast., pr., p. 8). — *Pelevoisin*, 1329 (arch. de la Durb.). — *Le Grand-Pellevoisin*, 1411 (Font. XXXIX). — *Poilevezin*, 1401 (arch. V. Eª 189). — *Appoillevesin*, 1383 (arch. St-Loup). — *Le Petit-Peilvezin*, 1517 (dict. des fam. du Poit. 11, 568). — *Pelvoisin* (Cass.).

APPELVOISIN, f. cne de St-Paul-en-Gâtine. — *Medituria Pellevicinorum*, 1253 (hist. de Maillezais par Lacurie). — Font. XXV). — *Peylevezin*, 1336 (Font. — dict. des fam. Poit. I, 83). — *Appelvesin*, 1418. — *Pelvoisin* (Cass. et cad.). — Relev. de la baronnie de Vouvent.

ARBEC, vill. cne de Pierrefitte. — *Rebec* (Cass.).

ARBONNIÈRE (L'), f. cne de Scillé.

ARÇAIS, con de Frontenay. — *Archaicum*, 1178 (doc. pour l'hist. de St-Hil. I, 192). — *Arcaicum*, 1188 (id. I, 204). — *Arcayum*, 1223 (id. I, 227). — *Arceium*, 1226 ; *Archayum*, 1241 ; *Arçay*, 1261 (id.). — *Arseium*, 1300 (gr.-Gauthier). — *Arczaium*, 1305 (doc. p. l'hist. St-Hil.). — *Arsay*, 1404 (gr.-Gauthier, des bénéf.). — *Arssay*, 1473 (id.).

Il y avait primitivement à Arçais, au XIIe siècle,

deux églises : St-Hilaire et St-Cyr. La cure de St-Cyr était à la nomination du chapitre de St-Hilaire de Poitiers. La seigneurie relevait du château de Niort. Arçais dépendait du diocèse de Saintes, de la sénéchaussée et de l'élection de Niort. Il y avait 74 feux en 1716 et 129 en 1750 (état de l'élect. de Niort en 1716; — cart. alph. Poit.).

Arçais (Mⁱⁿ d'), c^{ne} de Pas-de-Jeu.

Arcanade (L'), vill. c^{ne} de St-Martin-de-Bernegoue.

Archambaudère (L'), en la paroisse de Terves, 1402, relev. de la baronnie de Bressuire (arch. St-Loup, reg. d'aveux).

Archambaudière (L'), f. c^{ne} de Thorigné. — *Larchambaudière près Torigné*, 1489 (arch. V. E^t 12). — *La Chimbaudière* (cad.).

Arche, mⁱⁿ. et pont sur l'Argenton, c^{ne} de St-Clémentin. — *Pont des Arches*, 1550 (arch. chât. Dorides). — *Moulins des Arches*, 1557 (reg. insin. Thouars).

Archeneau (L'), f. c^{ne} de Bressuire. — *Noirchenau*, 1401 (arch. St-Loup). — *Larchenault*, 1556 ; *Larchenauld, alias Noyrchenauld*, 1557 (reg. insin. Th.). — *Larcheneaud* (Cass.). — Relev. de Bressuire.

Archerie (L'), f. c^{ne} du Beugnon.

Archerie (L'), f. c^{ne} de la Chapelle-Thireuil, 1631 (arch. du Bois-Chapeleau).

Archerie (L'), f. c^{ne} de St-Germier. — *Larcherie* (Cass.).

Archerie (L'), f. c^{ne} de Souvigné.

Archerie (L'), f. c^{ne} de Vasles.

Archerie (L'), f. c^{ne} de Vausseroux.

Archileir, l. disp. c^{ne} de Secondigné. — *Archileir in parrochia de Secundigniaco*, XIIIe siècle (censif de Chizé).

Archottet (L'), f. c^{ne} de la Chapelle-Largeau.

Arcis (Les), f. c^{ne} de Clessé.

Arcis (Les), f. c^{ne} de Combrand. — *Les Arsis* (Cass.). — *Les Hercies* (cad.).

Arcis (Haut et Bas), éc. c^{ne} des Échaubrognes.

Arcis (Les), f. c^{ne} de Loublande. — *Les Harsis* (Cass.).

Arcis (Les), f. c^{ne} de Pougnes. — *Les Arseys près le Tablet, paroisse de Poignes*, 1443 (arch. V. f. Pet.-Chêne, E^s 418). — *Les Arcys*, 1532 (id.). — *Les Hersis*, 1600 (id.). — *Les Arcis* (Cass.). — Relev. de Pressigny-en-Gâtine.

Arcis (Les), f. c^{ne} de St-Maurice-la-Fougereuse.

Ardéas, f. c^{ne} de St-Aubin-le-Cloud. — *Village d'Ardéasse*, 1550 (arch. de la Barre, I, 73). — *Ardus* (Cass.).

Ardejus (Le Petit), m^{on}. c^{ne} de Bretignolle.

Ardésière (L'), vill. c^{ne} d'Allonne. — *Lardézière*, (Cass.).

Ardilé (L'), f. c^{ne} de Montigny. — *Lardilière* (Cass.).

Ardilleux, c^{on} de Chef-Boutonne. — *Arzilocus*, 990 (doc. pour l'hist. de St-Hilaire, I, 62). — *Arzilogus*, 1008 (arch. V. f. de Nouaillé, et Font. XXI, 349). — *Villa que vocatur Arzilerias*, 1015 (cart. St-Jean-d'Angély, ap. Font. LXII, p. 521). — *Arzelois, de Arzeleriis*, v. 1087 (id.). — *Arzisilio*, 1093 (arch. V. f. de Nouaillé). — *Ecclesia de Argilosiis*, 1149 (Font. XXI, 594). — *Ardeleux*, 13... (gr.-Gauthier). — *Ardilloix*, 1483 (arch. V. chap. St-Pierre, I, 246). — *Ardileux*, 1667. — *Ardilleux*, 1716. — *Hardilleux* (Cass.).

La paroisse de St-Junien d'Ardilleux dépendait de l'archiprêtré de Melle, de la sénéchaussée de Poitiers, de l'élection de Niort, et relevait de la châtellenie de Chef-Boutonne (mém. soc. stat. D.-S. 1886, p. LIV). Il y avait 45 feux en 1716 et 54 en 1750 (état de l'élect. de Niort).

Ardilliers (Les), f. c^{ne} de Prahecq.

Ardilliers (Les), f. c^{ne} de Villiers-en-Plaine.

Ardin, c^{on} de Coulonges. — *Areduno vico* (triens du VII^esiècle, ap. Fillon. état num. 73). — *Curtis Arduno in pago Pictavense*, 667 (dipl. de Child. II, ap. Mabill. vet. anal. 280). — *Pagus Ardunensis*, 802 (Mab. vet. anal. 295). — *Arduinum*, XIIe siècle (cart. l'Absie). — *Ardinum*, 1197 (Lacurie, hist. de Maillezais). — *Ardunum*, 1246 (doc. p. l'hist. St-Hil. I, 260). — *Ardin*, 1442 (arch. V. E² 157). — *Ardins*, 1453 (arch. D.-S. E. 274).

Ardin était le siège d'un ancien archiprêtré qui fut détaché en 1317 du diocèse de Poitiers pour contribuer à la formation de celui de Maillezais, transporté ensuite à la Rochelle. Il comprenait 78 paroisses, dont les 23 suivantes sont situées dans le département actuel des Deux-Sèvres : Ardin, Xaintray, Sainte-Ouenne, Faye-sur-Ardin, Secondigny, Pamplie, Surin, Villiers-en-Plaine, Coulonges, la Chapelle-Thireuil, Saint-Pompain, le Busseau, Vernou-en-Gâtine, Scillé, Saint-Remy, Béceleuf, Saint-Maxire, le Beugnon, Fenioux, Saint-Maixent-de-Beugné, la Chapelle-Seguin, Saint-Laurs, Saint-Paul-en-Gâtine. Les autres paroisses sont situées dans le département actuel de la Vendée.

La cure de Notre Dame d'Ardin était à la nomination de l'abbé de Maillezais. Le prieuré, de 1,000 livres de revenu, fut réuni à la souschantrerie de la Rochelle. Ardin était du ressort des châtellenies d'Aubigny et Faye (cart. St-Maix., intr. par A. Richard). Toutefois une portion du bourg et de la paroisse dépendait de la châtellenie de Béceleuf réunie à la baronnie de Parthenay (dén. just. bar. de Parth. 1744). Il faisait partie de la sénéchaussée et de l'élection de Niort. Il y avait 312 feux en 1716 et 329 en 1750.

ARDINIÈRE (L'), f. c^{ne} de St-Lin. — *Lardinière* (Cass.). — Relev. de la seign. de Pressigny-en-Gatine, 1600 (arch. du Pet.-Chêne).

ARDOISIÈRE (L'), f. c^{ne} des Aubiers. — *Lardoisière* (Cass.). — *Lardoysère*, XVe siècle (reg. r. temp. Maul.).

ARDONNIÈRE (L'), f. c^{ne} de Chiché. — *Lardoenière*, 1394, ou *Lardoynère* (arch. St-Loup, reg. d'aveux).

ARENNES (LES), l. d. c^{ne} de St-Généroux.

ARGENSON, antique forêt qui séparait la Saintonge du Poitou et dont les forêts de Benon, Chizé, Aunay et les bois de Couture-d'Argenson constituent les restes.—*Silva quæ vocatur Arjezhun*, 1034-1037 (cart. St-Maix. I, 113). — *Silva Argentium*, v. 1060 (ch. de St-Florent, ap. arch. hist. Poit. II). — *Boscum de Argacho*, v. 1070 (id.). — *Silva Ariacum*, v. 1100 (Font. XIX). — *Silva de Argenzun*, 1107 (arch. V. cart. sceaux, 125). — *Nemus qui vocatur Arjathonium*, 1128 (coll. Moreau, t. LIII, p. 144). — *Foresta de Arjazum*, 1135 (lay. tr. des chartes, I, 47). — *Arrjazum*, v. 1135 (Font. XXVII bis).—*Nemus de Argentonio*, v. 1170 (Font. I). — *Argenchum*, 1187 (Font. IX). — *Foresta de Argenconio, Argentonio, Argenzon*, XIIIe siècle (censif de Chizé).—*Foresta de Arjanconio*, 1235 (Dupuy, 805, p. 104). — *Argençon, Argenchon*, v. 1260 (enquêtes d'Alph. de Poit.)—*Foresta de Argenson*, 1261 (hist. d'Alph. de Poit. par Ledain). — *Forêt de Chizé ou d'Argenzon*, 1550 (Beauchet-Filleau, recherches sur les forêts entre les Santons et les Pictons).

ARGENTIÈRES, vill. c^{ne} de Prailles. — *Villa de Argentariis*, v. 1045 (cart. St-Maix. I, 131). — *Argentères*, 1439 (arch. de la Barre, II, 190 ; état du duché de la Meill., 1775). Châtellenie relev. de Saint-Maixent.

ARGENTINE, vill. c^{ne} St-Généroux. — *Argentine*, 1234 (cart. St-Michel de Thouars). — *Argentines*, 1405 (arch. de St-Loup, reg. d'aveux). — Relev. de Thouars à cause de Riblère réuni à Thouars (fiefs de la vic. de Thouars).

ARGENTON, m^{ins} situés dans la paroisse du Beugnon et dépendant de la seign. de Lhérigondeau, 1563 (min. de notaires et arch. V. f. de Fontaine-le-Comte, l. 32).

ARGENTON-CHÂTEAU, arr^t de Bressuire. — *Castrum quod dicitur Argentus*, 1069 (cart. de Bourgueil). — *Argento ; ecclesie de Argentone castro*, v. 1080 (id.). — *Argentonium*, 1179 (cart. de St-Jouin). — *Argentum*, 1223 (arch. hist. Poit. XX, 225). — *Argenton*, 1393 (arch. hôp. d'Argent.). — *Argenton le Chasteau*, 1583 (arch. hist. Poit. XX, 401).

Il y avait autrefois trois églises : Saint-Gilles, Saint-Georges du Château et Notre-Dame ou Sainte-Radegonde du Cimetière, qui étaient à la nomination de l'abbé de Saint-Jouin-les-Marnes. La principale paroisse, Saint-Gilles, a été seule conservée. L'aumônerie d'Argenton fut constituée en hôpital par le comte de Châtillon en vertu d'un arrêt du Conseil de 1693 et de lettres patentes de juin 1698. L'aumônerie de Saint-Clémentin lui fut annexée en 1695, et celle de Mortagne en 1697 (arch. hôp. d'Arg.).

La baronnie d'Argenton relevait de Mortagne-sur-Sèvre (doc. sur Commines par Fierville). Elle comprenait avec le ressort de sa justice les paroisses de Sanzay, Boesse, Voultegon, Saint-Clémentin, Etusson, la Coudre, Massais, Saint-Porchaire (mém. sur les just. seig. du Poit. par B.-Filleau). Argenton faisait partie du doyenné de Bressuire, de la sénéchaussée de Poitiers et de l'élection de Thouars.

Le canton, créé en 1790, dépendait du district de Thouars et comprenait les communes de : Boesse, le Breuil, la Chapelle-Gaudin, Étusson, Genneton, Massais, Saint-Maurice-la-Fougereuse, Moutiers, Sanzay, Ulcot. En l'an VIII, on lui enleva la commune de la Chapelle-Gaudin et on lui adjoignit celles d'Argenton-l'Église, Bouillé-Loretz, Bouillé-Saint-Paul, Cerzay, Saint-Pierre-à-Champ. Après la suppression de l'arrondissement de Thouars en 1805, il fut attribué à celui de Bressuire.

ARGENTON-L'ÉGLISE, c^{on} d'Argenton-Château. — *Argentum*, 1096 (bulle du pape Urbain pour Charroux, ap. Font. IV, 89). — *Argentinnum*, 1210 (Font. IV). — *Argentonium ecclesiarum*, 1300 (gr.-Gauthier).—*Argenton l'Iglise*, 1376 (arch.V. H. 3, 807). — *Argenton les Yglises*, 1403 ; *Argenton l'Église*, 1488 (id.). — *Argenton les Églises*, 1782 (pouillé de 1782).

Il y avait un prieuré annexe de celui de Cléré (Maine-et-Loire) (Font. IV).

La paroisse de Saint-Hilaire d'Argenton-l'Église faisait partie des Marches communes d'Anjou et Poitou (reg. insin. de Thouars). —

Il dépendait du doyenné et de l'élection de Thouars et du gouvernement militaire de Saumur. Il y avait 340 feux en 1750 (cart. alph. Poit.). — Le canton d'Argenton-l'Église, créé en 1790, comprenait : Bagneux, Bouillé-Loretz, Bouillé-Saint-Paul, Cersay, Saint-Pierre-à-Champ. Il fut supprimé en l'an VIII et Argenton-l'Église attribué au canton d'Argenton-Château.

ARGENTON, riv. affluent du Thoué. — *Fluvius Argenton in vicaria Toarcinse*, 965 (cart. St-Cyprien, 114). — *Fluvius Argentum*, 1051 (ch. de St-Florent, ap. arch. hist. Poit. II). — *Rivière d'Argenton*, 1352 (arch. de la Durbel.).

ARGÈRE (LA GRANDE), f. cne de la Chapelle-Bertrand.

ARGÈRE (LA PETITE), mln. cne de la Chapelle-Bertrand.

ARMÉE (L'), *le haut de l'armée, l'ouche de l'armée*, l. d. cne de St-Aubin-de-Baubigné.

ARMÉE (L'), l. d. cne de Secondigny.

ARNAUDIÈRES (LES), f. cne de St-Amand. — *Les Harnaudières* (Cass.).

ARNOLLIÈRES (LES), vill. cne d'Amailloux. — *Le village de Larnolère*, 1364 (arch. Vernay). — *L'Arnollère*, 1364 (arch. St-Loup). — *Les Arnolières*, 1454 (arch. Vernay). — *Les Arnollières*, 1620 (arch. V. Es 367). — *Les Arnolières* (Cass.).

ARNOLLIÈRES (LES), vill. cne de Terves. — *Larnoyère*, 1365 (arch. St-Loup). — *Les Arnoulères*, 1439 (id.). — *Les Arnollères*, 1602 (id.). — Relev. pour la plus grande partie de Bressuire, et pour une borderie, de Cirières (id. reg. d'aveux).

ARNOU (L'), f. cne d'Échiré. — *Larnou Sicard*, relev. de Coudray-Salbart (la Gât. hist. et mon.). — *Larnou ou Champrouart*, 1698 (arch. V. C. 491).

ARONDEAU, mln. cne de Germond. — *Le moulin d'Arondeau*, 1649 (arch. V. E. 1, 11). — *Moulin froust de Breilbon appelé le moulin Arrondeau*, 1659 (id.).

ARPATEREAU, bois cne de la Chapelle-Bâton. — *Bois de Repaterault*, 1546 (not. St-Maix.). — *Bois de Repastairault*, 1579 (inv. d'Aubig.). — *Les bois de Repastairault*, 1630 (arch. de la Barre, 1). — *Bois de Repaterault*, 1635 (arch. V. Es 412). — Relev. en partie de Ternant et en partie de Faye.

ARPENS (LES), f. cne de Prahecq. — *Les Arpends*, 1741 (arch. D.-S. B. 241).

ARPENTIÈRE (L'), f. cne de Chail.

ARPENTIFS (LES), cne de Thouars ; anc. seign., 1578 (arch. V. Brosse-Guilgault, 4). L. disp.

ARSANGES, vill. cne d'Ensigné.

ARSENDEAU, f. cne de Glenay.

ARSIE (L'), vill. cne de la Chapelle-Bâton. — *L'Arssis*, 1406 (gr.-Gauthier).

ANSONNYÈRES (FIEF DES), aliàs *Nirsonnières*, paroisse de St-Remy, 1609 (Font. XX, 412). — *Arsonnières*, 1675 (arch. D.-S. E. 487).

ARTEBOUX, cne de Lhoumois.

ARTHENAY, vill. cne de Vouillé.

ARTIGAUD (L'), f. cne de Lezay. — *Lartigault* (Cass.).

ASNEMORT (L'), cne de Mazières-en-Gâtine ; anc. fief relev. de Pressigny-en-Gâtine (arch. du Pet.-Chêne).

ASNIER, h. cne de Vernou-sur-Boutonne. — *Terra de Asneriis*, 1079 et 1114 (cart. St-Maix. I, 173, 278). — *Anier* (cad.).

ASNIÈRES, con de Brioux. — *Asinaria in pago Briosinse*, v. 696 (Pardessus, diplom. chart. II, 240. — Font. XXI, 11. — ch. d'Ansoald, év. Poit.). — *Villa Asnerias in pago Briocense*, v. 928 (Font. XIII, 41, St-Jean-d'Ang.). — *Asinarias*, 1087 (cart. de St-Jean-d'Angély, apud Font. LXIII, p. 153). — *Asiners*, 1300 (gr.-Gauthier). — *Asnyères*, 1591 (arch. V. H. 3). — *Asnières* (pouillé de 1782).

La paroisse de St-Martin d'Asnières faisait partie de l'archiprêtré de Melle, de la sénéchaussée de Civray, de l'élection de Niort et de la subdélégation de Chef-Boutonne (bull. soc. stat. D.-S. 1884), dépendait en 1555 de la châtellenie de Chef-Boutonne (mém. soc. stat. 1886, p. LIV) et relevait du château de Niort en 1716 (état de l'élect.). Le prieuré, de 2,000 liv. de revenu, était de l'ordre de St-Augustin et à la présentation de l'abbé de N.-D. de Celles (id. — pouillé de 1782). La paroisse est aujourd'hui réunie à celle de Paizay-le-Chapt.

ASNIÈRES, vill. cne de Ste-Soline. — *Asnères*, 1269 (cart. St-Maix. II, 102). — *Villa de Aneriis*, 1312 (arch. D.-S.).

ASNIÈRES, h. cne de Saivre. — *Asneriæ*, 1079 (cart. St-Maix. 173). — *Asnères*, 1209 (id. II, 28). — *Asnière*, 1659 (arch. V. Es 408).

ASPOIX (L'), f. cne de Boismé. — *Lespaus*, XIIe siècle (cart. l'Absie), relev. de la baron. de Bressuire — *La Ceppaye*, 1399 (arch. St-Loup., reg. d'aveux). — *L'Aspoix* (Cass.). — *L'Espoir* (cad.). — Voir LASPOIS.

ASPOIX (L'), h. cne de St-Martin-du-Fouilloux.

ASSAIS, con de St-Loup. — *Archaicum*, 1095 (ch. de Pierre, év. de Poit., ap. Besly). — *Achai*, v. 1120 (cart. de l'Absie). — *Azai*, v. 1150 (id.). — *Achaicum*, 1164 (cart. Fontevrault, II, 421). — *Assay*, 1169 (Gall. christ. II, 367). — *Acayum*, 1236 (ch. de l'Absie, ap. arch. D.-S. H. 40). — *Achayum*, 1249 (cart. St-Michel Thouars). —

Assays, 1441. — *Assay*, 1561 (arch. de la Barre). — *Assayes*, 1664 (arch. D.-S. E. 974). — *Assay* (pouillé de 1782).
Le prieuré-cure dépendait de l'abbaye d'Airvault. Assais faisait partie de l'archiprêtré de Parthenay, de la sénéchaussée de Poitiers et de l'élection de Thouars, et relevait féodalement de la vicomté de Thouars. Il y avait 206 feux en 1750 (cart. alph. Poit.).

Assemblée (L'), f. c^{ne} de Vasles.

Assiette (L'), vill. c^{ne} de la Chapelle-Bâton. — *La Septe*, 1530 ; *la Seette*, 1535 (not. de St-Maix.). — *Lassiette* (Cass.).

Assonne (Fief de L'), *ou fief Martreuil*, c^{on} de St-Maixent. — *Les Assonées* (cart. St-Maix. II, 105) ; 1363 (cart. St-Maix. II, 152). L. ind.

Aubanie (L'), anc. ch. c^{ne} de Limalonges.

Aubarée (L'), f. c^{ne} de Ste-Néomaye.

Aubenelière (L'), f. c^{ne} de Moncoutant.

Auberge (L'), éc. c^{ne} de Maisonnais.

Auberge (L'), f. c^{ne} de Maisontiers.

Aubergère (L'), vill. c^{ne} de Rom. — *Laubergière*, 1680 (arch. V. m.-D. 149).

Aubergière (L'), borderie, c^{ne} de Vausseroux, 1277 (cart. des Châtell.). — *Laubergère*, relev. de la Barre, 1526, 1694 (arch. de la Barre, II, 127).

Aubert, f. c^{ne} des Échaubrognes. — *Aubert*, 1477, relev. de la Durbellière (dict. fam. Poit. I, 703).

Aubert, f. c^{ne} de Loublande.

Aubertière (L'), f. c^{ne} d'Allonne. — *La Lobertera*, 1208 ; *Losbertère*, 1218 (arch. V. H. 3, 869). — *Laubertère*, 1444 (arch. V. prieur., l. 58).

Aubespin, m^{in}. c^{ne} de la Forêt-sur-Sèvre.— *Molendinum de Laubespin*, xiie siècle (cart. de l'Absie, ap. Dupuy, 805, p. 315).

Aubespin, c^{ne} des Fosses. — *Laubespin-Chever*, 1305 (arch. V. f. Ste-Croix, l. 91). L. disp.

Aubier (L'), éc. c^{ne} de la Chapelle St-Laurent.

Aubier (L'), h. c^{ne} de St-Marsault.

Aubier, m^{in}. c^{ne} de Coulonges-Thouarsais. — *Hobbé*, 1520 ; *Hobier*, 1567 ; *Hobiers*, 1672 (arch. V. Brosse-Guilgault, 6, 15, 25). — *Moulin Haubier* (Cass.).

Aubière, f. c^{ne} de Secondigny.

Aubiers (Les), c^{on} de Châtillon-sur-Sèvre. — *Ecclesia Sancti Melanii de Alberiis*, 1123 (cart. de la Trin. de Mauléon et Font. XVII). — *Les Aubers*, 1278 (arch. de la Durb.). — *Les Aulbiers*, 1546 (arch. V. H. 3, 726).
La cure était à la nomination de l'abb. de la Trinité de Mauléon. La haute justice des Aubiers était réunie à la baronnie de la Chassée (mém. sur les just. seig. du Poit. par B.-Fill. . Les Aubiers dépendaient du doyenné de Bressuire et de l'évêché de Maillezais, puis de la Rochelle depuis 1317, faisaient partie de la sénéchaussée de Poitiers et de l'élection de Thouars. Il y avait 304 feux en 1750 (cart. alph. Poit.).
En 1790, les Aubiers, érigés en chef-lieu de canton du district de Bressuire, comprenaient dans leur circonscription les c^{nes} de St-Aubin-du-Plain, St-Clémentin, la Coudre, Nueil sous-les-Aubiers et Voultegon. Le canton fut supprimé en l'an VIII, et les Aubiers attribués à celui de Châtillon-sur-Sèvre.

Aubiers (Les), m^{ins}. c^{ne} de St-Martin-de-St Maixent. — *Molendina Aubers*, 1269, relev. de l'abb. de St-Maixent (cart. St-Maix. II, 98). — *Moulin des Aubers*, 1363 (id.). — *Moulin à tan des Aubiers*, 1567 (not. St-Maix.).

Aubigné, c^{on} de Chef-Boutonne. — *Albiniacum*, vers 1081 (Font. XIX, 243). — *Albinec* (gr.-Gauthier). — *Albigniacum ou Ambeignet* (id.). — *Obignec*, 1455 (arch. V. H. 3, c^{ne} d'Ensigny). — *Obbigné*, 1483 (arch. V. chap. St-Pierre, l. 246). — *Aulbigny*, 1555 ; *St-Cybard d'Aubigné* (pouillé de 1782).
Le prieuré était à la nomination de l'abbaye de Montierneuf de Poitiers. La paroisse dépendait de l'archiprêtré de Melle, de l'élection de Niort et de la châtellenie de Chef-Boutonne. Il y avait 92 feux en 1716 et 124 en 1750 (état de l'élect. — cart. alph. Poit.).

Aubigny. c^{on} de Thénezay. — *Parochia Albiensis*, v. 1060 (cart. de Talmond, p. 78). — *Aubigneiacum*, v. 1092 (id. p. 164). — *Silva Albiniensis*, v. 1094 (id. 151). — *Albigniacum* (gr.-Gauthier). — *St-Aubin d'Aubigny*, 1782 (pouillé).
La cure était à la nomination de l'évêque. La paroisse dépendait de l'archiprêtré de Parthenay, de l'élection de Poitiers et fit successivement partie des sénéchaussées de Poitiers, de Fontenay et de St-Maixent. Il y avait 93 feux en 1750. La seigneurie relevait de la baronnie de Parthenay (de la Gât. hist. et mon.).

Aubigny, chât. c^{ne} d'Exireuil. — *Aubigné*, 1248 (cart. St-Maix. II, 41). — *Albiniacum*, 1294 (cart. des Châtell.). — *Aubignet*, 1363 (id.). — *Aubigny*, 1431 (hist. des Chast.). — *Beugnet* (cart. de l'ét.-major). — Châtellenie relevant de l'abbaye de St-Maixent qui fut réunie à la châtellenie de Faye à la fin du xvie siècle pour former la baronnie d'Aubigny et Faye.

Aubinerie (L'), h. c^{ne} de St-Germier.

Aubinière (L'), f. c^{ne} de Champdeniers.

Aubinière (L'), f. c^{ne} de St-Martin-de-Bernegoue. — Fief de *Laubinerie* 1609 (Font. XX, 415).

AUBONNIÈRE (L'), ff. (GRANDE ET PETITE), cne de Combrand. — *Gr. et Pet. Auboinière* (Cass.).
AUBONNIÈRE (L'), h. cne de Noizé.
AUBOUÉ, vill. cne de Mauiais. — *Albihec in vicaria Toarcinse*, v. 974 (ch. de Guill. duc d'Aquit., ap. Font. X, 175). — *Auboe*, 1184 (cart. St-Laon de Thouars). — *Auboué*, 1359 (chartrier de Thouars). — *Aubohé*, 1401 (arch. de Moiré). — *Aubouhé*, 1407 (arch. V. coll. Ste-Mart. l. 160). — *La Boué* (Cass.). — Relev. de Thouars (fiefs de la vic. de Thouars par de la Trémoille).
AUBOUINIÈRE (L'), vill. cne de l'Enclave. — *Laubouinyère*, 1621 (aveu de la Mothe). — *Laubonnière* (Cass). — Relev. de la Mothe-St-Héraye.
AUBOURGÈRE (L'), f. cne de St-Germain. — *Laubourgère*, 1364 (arch. de Vernay).— *Lauborgère*, 1404 (arch. Moiré). — *Labourgère*, 1459 (arch. de Vernay). — *Lambourgère* (Cass.) — Relev. de la baronnie d'Airvault.
AUBOURGÈRE (L'), f, cne du Tallud.
AUBREGÈRE (L'), f. cne de Vausseroux. — *Laubregère près Vausseroux*, 1468 (arch. V. E. 1, 10).
AUBRETIÈRE (L'), f. cne de Courlay.
AUBRETIÈRE (L'), vill. cne de Vernou-en-Gâtine.
AUBRIÈRE (L'), f. cne de Cerizay.
AUBRIÈRE (L'), f. cne de St-André-sur-Sèvre. — *Lauberrière*, 1412 (arch. V. H. 3, 728). — *Laubrière* (Cass.).
AUBRIÈRE (L'), h. cne de Scillé, 1644 (arch. V. Beauregard, 26. — *L'Oubrière* (cad.).
AUBRIÈRE (L), f. cne de Secondigny.
AUBRIÈRE (L'), vill. cne de Verruyes. — *Laubrière* (Cass). — Relev. de la seign. de Pressigny-en-Gâtine (arch. V. En 415).
AUBRUNE (L'), f. cne de Vasles.
AUBUGES (LES), (GRANDES ET PETITES), cne de Ste-Soline; anc. seign.
AUDEBAUDIÈRE (L'), (HAUTE ET BASSE), cne de St-Aubin-du-Plain; relev. de cette seign. 1605.
AUDEBERGÈRE (L'), f. cne de Vasles. — *Laudbergère* (Cass).
AUDEBERT, vill. cne de Bouillé-St-Paul.
AUDEBERTIÈRE (L'), chât. et f. cne de Saurais. — *Laudebertière*, 1383 (f. lat. 20230). — *Laubertère*, 1400 (arch. nat. O. 19698). — *Laubretière*, 1559 (min. not. de Parth.). — *L'Audbertière* (Cass.) — Relev. de la seign. de Saurais (la Gât. hist. et mon.).
AUDEBRANDIER (L'),f. cne de Secondigny.—*Audebranderia*, 1120-1123 (cart. l'Absie, ap. Gaignères, 180). — *Landebrandier* (Cass).— *Les Brandières* (ét.-maj.).
AUDEBRANDIÈRE (L'). Borderie de L'Audebrandière, paroisse de Neuvy, 1279 (cart. Bourgueil).

AUDEFOIS, vill. cne de Massais.— *Les Defoys*(Cass.).
AUDEGERIE (L'), f. cne d'Ulcot.— *Laudigerie* (Cass.).
AUDÉRIE (L'), f. cne de Largeasse. — *Lauderie*, 1272 (arch. hôp. Parth.). — *Louderie* (Cass.).
AUDÉRIE (L'), f. cne de St-Martin-du-Fouilloux. — *Laudérie* (Cass.).
AUDERIE (L'). Voir LAUDÉRIE.
AUDIÈRES (LES), f. cne de Mauzé-Thouarsais. — *Auderiæ*, 1221 (cart. Chambon).
AUDIN, min. cne de Romans. — *Molinarium Eldini in aqua Marolii*, 1104-1106 (cart. St-Maix. 246). — Aujourd'hui *moulin de la Tine* (id. II, 523).
AUDON, min. cne de Nueil-sous-les-Aubiers.
AUDONNIÈRE (L'), f. cne d'Adilly. — *L'Audohenère*, 1389 (pap. de la Brouardière). — *L'Audoynère*, 1404 (arch. Moiré). — *L'Audouynière*, 1634 (id.). — *Laudonnière* (Cass.). — Relev. de la seign. d'Airvault.
AUDONNIÈRE (L'), f. cne d'Amaillou.
AUDONNIÈRE (L'), f. cne de la Chapelle-Largeau. — *Laudonnière* (Cass.).
AUDONNIÈRE (L'), f. cne de la Chapelle-St-Étienne.— *Laudouinière* (Cass.).
AUDONNIÈRE (L'), f. cne de Chiché. — *Laudoynère*, 1420 (arch. St-Loup, reg. d'aveux). — *Laudouinière* (Cass.).
AUDONNIÈRE (L'), f. cne des Échaubrognes.
AUDONNIÈRE (L'), cne de Nueil-sous-les-Aubiers. — *Lodonière*, 1351 (arch. hist. Poit. XVII). L. disp.
AUDONNIÈRE (L'), f. cne du Pin. — *L'Auduinière*.
AUDONNIÈRE (L'), f. cne de la Ronde.
AUDONNIÈRE (L'), ruisseau, pont et ferme, cne de St-Jouin-de-Milly.
AUDOUINIÈRE (L'), f., cne de Courlay.—*Laudoygnère*, 1292 (arch. de la Durbel.). — *Laudonère*, 1382 (arch. St-Loup, reg. d'aveux). — *Laudonère*, autrement *la Roquemitère*, 1397 (id.). — *Laudouynière*, 1559 (reg. ins. Thouars). — Relev. de la baronnie de Bressuire.
AUDOUINIÈRE (L'), vill. cne de St-Germier.
AUDOUINIÈRE (L'), h. cne de Saivre. — *Laudouynère*, 1531 (not. St-Maix.). — *Laudouinière* (Cass.).
AUDRIÈRE (L'), f. cne de la Chapelle-Thireuil.
AUDUSIÈRE (L'), vill. cne de Gourgé.
AUGÉ, 1er con de St-Maixent. — *Augé*, 1080 (cart. St-Maix. 177). — *Aigec*, 1099 (id. 232). — *Agec*, 1110 (id. 257). — *Augerium*, 1120 (id. 297). — *Sanctus Gregorius de Augec*, 1129 (id. 314). — *Auget* (id. II, 7). — *Augé*, 1260 (homm. d'Alph. de Poit.). — *Augeyum*, 1275 (arch. D.-S. H. 61). — *Angés*, 1300 ; *Sanctus Georgius de Augeyo*

(gr.-Gauthier). — *Augey*, 1375 (cart. des Châtell.). — *Augié*, 1450 (cart. des Châtell.). La cure était à la nomination de l'abbé de St-Maixent. La paroisse dépendait de l'archiprêtré, de la sénéchaussée et de l'élection de St-Maix., et relevait de la baronnie de St-Mauléon. (état du duché de la Meill. 1775). Il y avait 255 feux en 1750 (cart. alph. du Poit.).

AUGEARDIÈRE (L'), f. c^{ne} de Verruyes. — *Laujardière*, 1557 (inv. S^{te}-Cr. Parth.). — Relev. de la seign. de Pressigny-en-Gâtine (arch. du Pet.-Chêne).

AUGEOIRE (L'), f. c^{ne} de St-Jouin-sous-Châtillon. — *Terra Olgerii*, 1120 (cart. Trin. de Mauléon).

AUGERIE (L'), f. c^{ne} d'Allonne. — *Logerie*, 1267 (Font. I, 391). — Village et moulin de *Laugerie*, 1454 (arch. V. f. de Fontaine-le-Comte, l. 30). — *Laugerit*, 1546 (arch. D.-S. E. 294).

AUGERIE (L'), f. c^{ne} de St-Symphorien.

AUGERIE (L'), h. c^{ne} de Secondigny. — *Logerie*, 1240 (arch. V. f. de Fontaine-le-Comte, l. 30).

AUGERIE (L'), f. c^{ne} de Vasles. Voir L'OGERIE.

AUGRENIÈRE (L'), vill. c^{ne} de Boismé. — *Laugrenère*, 1420 (arch. St-Loup, reg. d'aveux). — *Laugrennère*, en la seign. de la Guiraire, 1467 (id.). — *Laugrènière* (Cass.).

AUJARDIÈRE (L'), f. c^{ne} des Moutiers-sous-Chantemerle. — *Laujardière* (Cass.).

AULNAY ou AUNAY (Char.-Inf^{re} et Deux-Sèvres), forêt domaniale dont l'étendue est de 2278 hect. et qui s'étend dans les D.-S. sur les c^{nes} de Ensigné, Paizay le Chapt, Crézières et Aubigné.

AUMELLERIE (L'), f. c^{ne} de Goux.

AUMELLERIE (L'), f. c^{ne} de Genneton; anc. fief rel. de la Haie-Fougereuse, 1598 (arch. D.-S. E. 423).

AUMONDIÈRE (L'), f. c^{ne} de Secondigny. Voir LAUMONDIÈRE.

AUMONDIÈRES (LES), c^{ne} de St-Pardoux. L. disp. — *Les Aumondières*, 1402, relevaient de la baron. de Parthenay (arch. V. C. 491 et la Gât. hist. et mon.).

AUMÔNE (L'), f. c^{ne} des Forges. — *Elemosinia*, 1161 (cart. Châtell.). — *Helemosina Jaquelini*, 1224 (id.). — *L'Aumosne Jacquelin*, 1584 (arch. de la Barre, 11, 292, et arch. V. E. 1, 10). — *Laumône*, (Cass.).

AUMÔNERIE (L'), vill. c^{ne} de Beaulieu-sous-Parthenay.

AUMÔNERIE (L'), f. c^{ne} de Bressuire. — *L'Ausmonnerie*, ou Maison-Dieu *près Bersuyre*, ou *la Maison-Dieu de St-Jacques de Bressuire*, 1307, 1423 (arch. St-Loup). — *Laumônerie* (Cass.).

AUMÔNERIE (L'), f. c^{ne} de Champdeniers.

AUMÔNERIE (L'), f. c^{ne} de Clavé.

AUMÔNERIE (L'), f. c^{ne} de Coulon.

AUMÔNERIE (L'), f. c^{ne} de Courlay.

AUMÔNERIE (L'), f. c^{ne} de Fénéry.

AUMÔNERIE (L'), f. c^{ne} de Fenioux.

AUMÔNERIE (L'), f. c^{ne} de Fors.

AUMÔNERIE (L'), f. c^{ne} de Frontenay.

AUMÔNERIE (L'), f. c^{ne} de Germond.

AUMÔNERIE (L'), f. et mⁱⁿ. c^{ne} de Menigoute.

AUMÔNERIE (L'), f. c^{ne} de Pamplie.

AUMÔNERIE (L'), f. c^{ne} de Prahecq.— *Elemosinaria bona*, 1300 (gr.-Gauthier).— *L'Aumosnerie*, 1620. — Elle fut unie à l'hôpital de Chizé par arrêt du Conseil du 11 février 1695, en fut distraite en 1703 et unie à celui du marquisat de Fors (mém. soc. stat. D.-S. 3e série, VI, 338).

AUMÔNERIE (L'), f. c^{ne} de St-Amand. — *La Monnerie* (Cass.).

AUMÔNERIE (L'), f. c^{ne} de St-Lin.

AUMÔNERIE (L'), f. c^{ne} de St-Loup.

AUMÔNERIE (L'), vill. c^{ne} de St-Marc-la-Lande.

AUMÔNERIE (L'), f. c^{ne} de St-Symphorien.

AUMÔNERIE (L'), f. c^{ne} de St-Varent.

AUMÔNERIE (L'), f. et chât. c^{ne} de Secondigny. — *La Monerie*, 1349 (arch. V. f. de Fontaine-le-Comte, l. 30). — *La Mosnerie*, 1598 (arch. de l'Aumônerie). — Relev. de la baronnie de Secondigny (id.).

AUMÔNERIE (L'), l. disp. c^{ne} de Thénezay. — *Village de Laumosnerye*, 1290 (chronol. des seig^{rs} de Parth., ap. aff. du Poit., 1781, p. 141).

AUMÔNERIE (L'), c^{ne} d'Exoudun; anc. fief rel. de la Chapelle-de-Nanteuil, 1790 (arch. D.-S. G. 95). L. disp.

AUMÔNERIE DE L'HOSPICE (L'), f. c^{ne} de Chizé.

AUNAY (L'), grand et petit, vill. c^{ne} de St-Marsault. — *Launays*, 1556 (reg. insin. Thouars). — *Launay* (Cass.).

AUNE, mⁱⁿ. c^{ne} de Ste-Pezenne. — *Heome*, 1328 (arch. V. évêché, l. 30). — *Moulin d'Asne*, 1564 (id.). Voir ANNE.

AUNÉE (L'), vill. c^{ne} d'Augé. — *Laulnée*, 1592 (not. St-Maix.). — *Launay* (Cass.).

AURAIRE (L'), f. c^{ne} de Breuil-Chaussée. — *Lauraire*, 1621 (arch. V. St-Cypr. 47). — *Lauraire* (Cass.).

AURIÈRE (L'), f. c^{ne} de la Boissière-en-Gâtine. — *Laurrières*, 1570 (not. St-Maix.). Voir LAURIÈRE.

AUTAISIÈRE (L'), f. c^{ne} de Nueil-sous-les-Aubiers. — *L'Auteisière*, 1351 (arch. hist. Poit. XVII). — *Lautaissière* (Cass.). — *Lautaizière* (cad.).

AUTIERS (LES), vill. c^{ne} de Pressigny. — *Les Hautiers* (Cass.). — *Village des Autiers appelé la Touche*, 1668 (arch. V. E^a 371).

AUTIN, forêt, cnes de la Ferrière et de Thénezay, — *Antin*, 1299 (pièces orig. Bibl. de Poit.). — *Autuing*, 1385, relev. des seigneurs de Parthenay (arch. hist. Poit. XXI, 134). — *Aultin*, relev. de l'évêque de Poitiers, 1455 (chartr. de Thouars).

La châtellenie d'Autin comprenait les paroisses de Thénezay, Lamairé, Aubigny, Pressigny et une portion de celles de Cherves et Ayron (Vienne) (dénombr. des justices de la bar. de Parth. en 1744). Elle était réunie à la baronnie de Parthenay avant 1601. La forêt avait 1032 arpents en 14 coupes, en 1775 (état du duché de la Meill.). Elle avait 525 hectares en l'an X (statist. des D.-S. par Dupin). — *Autin* (Cass.). — *Autun* (cad.).

AUTISE (L'), rivière qui prend sa source dans la forêt de Secondigny, passe à Pamplie et se réunit à la Sèvre-Niortaise près Maillé (Vendée) (stat. des D.-S.). — *L'Hostise*, 1612 ; *l'Authize*, 1682 ; *Lottize, Lautlize*, 1694 ; *l'Autisse*, 1732 (arch. V. Pouzay, 2, et Bécelœuf, 33).

AUZAY, vill. cne de Maulais. — *Auzé* (Cass.).
AUZAY, f. cne de Parthenay.
AUZAY, vill. et min. cne de Sanzay. — *Auzay*, 1556 (reg. insin. Thouars). — *Ozais* (Cass.).
AVAILLE, vill. cne de Brulain.
AVAILLE-LES-GROIX, h. cne de St-Gelais. — *Availlia* (d. 1383). — *Availle*, 1390 (cart. des Chât. 149). — *Availlez*, 1405 (arch. soc. ant. ouest, n° 66). — *Prieuré de Ste-Madeleine d'Availle*, ordre de St-Augustin (pouillé de 1782). — *Availle-le-Prieuré* (Cass.).
AVAILLES (VIEIL), h. cne d'Azay-sur-Thoué.
AVAILLES-THOUARSAIS, con d'Airvault.— *Sanctus Hilarius de Avallaia*, 1179 (cart. de St-Jouin). — *Availlia*, 1300 (gr.-Gauthier). — *Availles en Thouarpais*, 1380 (B.-Filleau, hist. d'Airv.). — *Availles-sur-Thouet*, 1604 (dict. fam. Poit. I, 721). — *Avail*, 1664 (arch. D.-S. E. 972).

La cure était à la nomination de l'abbé de St-Jouin-les-Marnes. La seigneurie relevait partie de Thouars et partie d'Airvault. Availles-Thouarsais dépendait de la sénéchaussée de Poitiers, du doyenné et de l'élection de Thouars. Il y avait 70 feux en 1750.

AVAILLES-SUR-CHIZÉ, con de Brioux. — *Avallia*, xie siècle (Besly, ctes de Poit. 350, d'après cart. Vendôme). — *Avaliæ*, 1045-1049 (arch. hist. Saint. XXII, 41). — *Availle*, xiiie siècle (censif de Chizé). — *Avalle in ballia de Chisiaco* (id.). — *St-Eutrope et St-Martin d'Availle-sur-Chizé* (pouillé de 1782).

La cure était à la nomination de l'abbé de la Trinité de Vendôme. L'aumônerie fut réunie à l'hôpital de Chizé par arrêt de 1695. Availles-sur-Chizé dépendait de l'archiprêtré de Melle, de l'élection de Niort, de la sénéchaussée de Civray et de la châtellenie de Chizé (mém. soc. stat. D.-S. 1886).

AVAILLES, bois cne d'Availles-sur-Chizé, contenant 276 hectares (stat. des D.-S. par Dupin).
AVAILLES, chât. cne de François. — *Availle*, 1390 (cart. des Châtell. 149). — *Availhe*, 1438 (Font. XVI, 434). — *Availles*, 1450 (arch. V. E³ 162).
AVANÇON, f. et chât. cne d'Exireuil, rel. de la châtellenie de St-Maixent (cart. St-Maix. I, intr.).
AVAROUX (LES) ou Baluc, cne de Limalonges, relevant de Civray, 1548-1775 (arch. V. C. 2, 144.)
AVENAGES (LES), f. cne de Mauzé-Thouarsais.)
AVERNON, min. cne de Salles. — *Moulin d'Avernont*, 1541 (not. St-Maix.). — *Avernant* (Cass.).
AVON, con de la Mothe-St-Héraye. — *Avun*, 1087 ; *Avum*, 1097-1119 (cart. St-Cyprien Poit. 13, 17, 271). — *Avon*, 1300 (gr.-Gauthier). — *N. D. d'Avon* (pouillé de 1782).

La paroisse est aujourd'hui réunie à celle de Pamproux. Avon dépendait de l'archiprêtré d'Exoudun, de la châtellenie de Lusignan et de l'élection de Poitiers.

AYMERETS (LES), cne de St-Maxire ; anc. fief rel. de la cure de St-Maxire, 1752 (arch. D.-S. G. 74). L. disp.
AYMERIÈRE (L'), f. cne de Xaintray. — *Laymerière*, 1369 (pap. de la Gaconnière d'Ardin, ap. bull. soc. stat. D.-S. 1887, 635).
AYMON, f. cne de Nanteuil.
AYRABLE (L'), l. d. fief, paroisse de Louin, rel. de Vernay, 1449 (arch. Vernay).
AYRANDE (L'), min. cne de Vasles. — *Moulin de Layrande*, 1369 (arch. de la Barre, II). — *L'Ayrande*, 1434 (cart. des Châtell.).
AYRAUDIÈRE (L'), f. cne de Vasles. — *L'Ayraudère*, 1369, relev. de la Barre-Pouvreau. — *Lairauldière*, 1578. — *Léraudière*, 1601 (arch. de la Barre, II).
AZAY (LE VIEIL), f. cne d'Azay-sur-Thoué. — *Le Viel Azai*, 1581 (Font. IX, 466).
AZAY-LE BRULÉ, 1er con de St Maixent. — *Abziacum in vicaria Africacense in pago Pictavo*, 948 (cart. St-Maix. 29). — *Aziacus*, v. 1045 (id. 137). — *Azai*, 1106 (id. 244). — *Sanctus Bartholomeus de Azay*, 1110 (id. 257). — *Azaicum*, 1134-1164 (id. 359). — *Azayum*, 1300 (gr.-Gauthier). — *Asay*, 1688 (arch. D.-S. H. 341). — *Azay-les-Saint-Maixent* (pouillé de 1782).

La cure d'Azay était à la nomination de l'abbé de St-Maixent et la prévôté et ligence relevait de cette abbaye. Azay faisait partie de l'archiprêtré, sénéchaussée et élection de St-

Maixent. 'l y avait 272 feux en 1698 et 295 en 1750.

AZAY-SUR-THOUÉ, c⁰ⁿ de Secondigny. — *Azaium*, 1267 (Font. I, 33⁴). — *Azais*, 1363 (cart. des Châtell.). — *Saint-Hilaire d'Azay-sur-Thouet* (pouillé de 1782).

La cure était à la nomination du prieur de Parthenay-le-Vieux. La châtellenie d'Azay-Poupelinière, érigée en 1731, faisait partie de la baronnie de Parthenay. Azay dépendait de l'archiprêtré de Parthenay, de la sénéchaussée et de l'élection de Poitiers. Il y avait 219 feux en 1750.

AZIRÉ, cⁿᵉ de Béceleuf; anc. fief rel. de Beauregard. — *Aziré*, 1481 ; *Assiré*, 1483, 1668 (arch. V. Beauregard, 25). L. disp.

B

BABAYRÉES (LES), masure de terre, en la paroisse de Gourgé, relev. de la seign. de Gourgé, 1340 (pap. Blactot).

BABILLON, f. cⁿᵉ de St-Pompain.

BABINIÈRE (LA), f. cⁿᵉ d'Azay-sur-Thoué.

BABINIÈRE (LA), f. cⁿᵉ de la Chapelle-Largeau, 1480 (arch. D.-S. H. 368).

BABINIÈRE (LA), vill. cⁿᵉ de Chey.

BABINIÈRE (LA), vill. cⁿᵉ de Lezay.

BABINIÈRE (LA), h. cⁿᵉ de St-Georges-de-Noisné. — *La Babinière*, 1573, relev. du quart de la seign. de la Saisine et réunie à la chât. de Ste-Néomaye, 1751 (arch. V. f. Petit-Chêne, E⁸ 400, 404).

BABINIÈRE (LA), f. cⁿᵉ de Sanzay.

BABINIÈRE (LA), 1430, relev. de la Davière (arch. du Fontenioux), cⁿᵉ de Vernou-en-Gâtine. L. disp.

BABINIÈRE (LA), f. cⁿᵉ de Xaintray.

BABINOTIÈRE (LA), f. cⁿᵉ d'Allonne.

BACAUDIÈRE (LA), f. cⁿᵉ des Moutiers-sous-Chantemerle.

BACHARDIÈRE (LA), f. cⁿᵉ de Pompaire. — *La Baschardière*, 1373 (inv. de Ste-Croix de Parth., ap. mém. soc. stat. D.-S.), relev. de la seign. de Lhérigondeau (la Gât. hist. et mon.).

BACHÉ (LE GRAND), f. cⁿᵉ de Sepvret.

BACHELLIERS (LES), mᵒⁿˢ. cⁿᵉ de Rom, 1680 (arch. V. m.-D. 149).

BACHERIE (LA), f. cⁿᵉ de Lezay.

BACHERIE (LA), hébergement près St-Martin-d'Entraigues, relev. de Chef-Boutonne, 1667 (dén. de Chef-Bout.).

BACHIE (LA), vill. cⁿᵉ d'Augé. — *La Baschere près la court d'Augé*, 1531 (not. St-Maix.).

BADANNE, h. et mⁱⁿ. cⁿᵉ de Vernou-sur-Boutonne. — *Bodane* (Cass.).

BADARD, h. cⁿᵉ de Noireterre.

BADINIÈRE (LA), vill. cⁿᵉ de Fressines.

BADONNIÈRE (LA), f. cⁿᵉ de l'Absie.

BADORIT, mⁱⁿ. cⁿᵉ de Coulonges-sur-l'Autize.

BAFRIE (LA BASSE), f. cⁿᵉ de Bouillé-Loretz. — *Haute et Basse-Baffrie* (Cass.).

BAGATELLE, h. cⁿᵉ de St-Porchaire.

BAGNAC, logis cⁿᵉ de Caunay.

BAGNAULT, vill. cⁿᵉ d'Exoudun. — *Villa Bannogilum*, 898 (cart. St-Maix. I, 21, 59). — *Baniolum*, 917 (Font. XXI, 210, abb. Nouaillé). — *Villa Banoli in pago Briocinse in vicaria Exuldunînse*, 963 (cart. St-Maix. 43). — *Villa Banolium*, 976 (cart. St-Maix. II, 480). — *Bogno*, v. 1130 (arch. V. Nouaillé, pièce 173). — *Bagneos*, 1233 (cart. Châtell.). — *Baygnos, Baygneos*, 1292 (ch. du pr. de Fontblanche). — *Via Baygneyse*, 1396 (arch. V. Nouaillé, l. 34). — *Baigneoux*, 1408 (gr.-Gauthier, des bén.). — *Baignouze*, 1409 (arch. de Nouaillé, l. 34). — *Baigneux*, 1526; *Baignaux*, 1573 ; *Baignau*, 1572 (not. St-Maix.). — *Baignault*, 1621 (aveu de la Mothe).

BAGNEUX, cᵒⁿ de Thouars. — *Villa supra Thoarium sita Benniolus vocata*, 1096 (arch. d'Anjou par Marchegay, I, 374). — *Sanctus Petrus de Bagnois*, 1122. — *Boigneos*, v. 1130 (cart. St-Laon de Thouars). — *Banolium*, 1166. — *Baygneus*, 1300 (gr.-Gauthier). — *L'eustel de Baigneux appelé la Couldraye*, relevant de Montreuil-Bellay, 1396 (arch. hist. Poit. XIX, 204). — *La maison de Bagneux appelée la Caffardrie*, relevant de Thouars, 1634 (chartr. de Thouars). — *Baigneux* (Cass.).

Bagneux faisait partie des Marches communes de Poitou et d'Anjou, de la sénéchaussée et du gouvernement militaire de Saumur. Il dépendait de l'archiprêtré de Thouars et de l'élection de Saumur, généralité de Tours, 1766 (dict. d'Indre-et-Loire par Carré de Busserolles, t. VI, 169).

BAGNON, vill. cⁿᵉˢ de Chey et Lezay.

BAGUENAUDERIE (LA), f. cⁿᵉ de St-Maurice-la-Fougereuse. — *La Bevenauderie* (Cass.).

BAGUILLON, vill., paroisse de St-Maurice-de-Mairé, réunie à Aiffres.

BAIGNEAUX, f. cⁿᵉ de la Ferrière, 1560 (arch. V. seign. div. 32).

BAIGNECANNES, f. cⁿᵉ de St-Florent.

BAIGNECHIEN, f. cⁿᵉ de Prahecq. Relevait en 1620

de Mons-en-Prahecq (dén. 1620 ap. mém. soc. stat. D.-S. 3e série, VI. — *Bagnechien* (Cass.).

BAIGNE-TRUIE, étang cne de St-Laurs. — *Baigne-Truye*, 1547; *Baigne-Truie*, 1785 (arch. D.-S. E. 292, 347).

BAIL (LE), f. cne de Romans.

BAILLAGEAU, mln. cne de Bouillé-St-Paul.

BAILLARGÈRE (LA), f. cne de Clazay.

BAILLARGÈRES (LES), f., cne de Coulonges-Thouarsais. — *La Baillargerie*, 1672 (arch. V. Brosse-Guilgault, 15). — *La Baillargère* (Cass.).

BAILLARGERIE (LA), f. cne d'Azay-sur-Thoué.

BAILLARGERIE (LA), f. cne de Rouvre ; *mét. de la Baillargerie à Breuillon*, 1689 (arch. V. E. 1, 8).

BAILLERIE (LA), f. cne de Vasles.

BAILLE-MALAISE, f. cne de Souché.

BAILLETTE (LA), f. cne de St-Gelais.

BAILLIE (LA) de Romans, fief cne de Romans. — *Balliam apud Rothmancium*, 1108 (cart. St-Maix. I, 329).

BAILLIAGE-BASTON. Ce fief, plus tard châtellenie, était tenu à hommage de l'abbaye de St-Maixent par les seigneurs de Parthenay dès le XIIe siècle. Il comprenait, d'après les aveux de 1130 et de 1265, vingt-deux paroisses de la Gâtine, savoir: Allonne, la Boissière-en-Gâtine, St-Pardoux, Beaulieu, Vouhé, St-Lin, Soutiers, Mazières, Verruyes, St-Marc, les Groseillers, Cours, Champdeniers, St-Denis, Champeaux, la Chapelle-Bâton, Germond, St-Christophe, St-Gelais, Échiré, Ste-Ouenne, Villiers (Font. XVI, 189). Telle était encore sa consistance en 1440, époque à laquelle il s'appelait *la Baillie-Baston* (cart. St-Maix. II, 461). Érigé plus tard en châtellenie dite du bailliage Bâton et réuni ensuite à la baronnie de Parthenay, il perdit beaucoup de son étendue. En 1744, il comprenait les paroisses de St-Pardoux, Soutiers, Vouhé, St-Lin, les Groseillers, St-Marc-la-Lande, Mazières, le village de Réfanne-en-Vautebis, Verruyes, une partie de St-Martin-du-Fouilloux et de Vasles (dén. des just. de la bar. de Parth.).

BAILLIE (LA GRANDE), cne de Fors ; anc. fief rel. du marq. de Fors, 1714 (arch. D.-S. B. 183). L. disp.

BAILLOLIÈRE (LA), h. cne de Cerzay.

BAILLOLIÈRE (LA), h. cne des Moutiers-sous-Chantemerle.

BAILLOTIÈRE (LA), f. cne de Vasles. — *La Baillonnière*.

BAILLOUX, f. cne de Rorthais. — *Abeilluns ou Le Beyllum*, 1270 (cart. Trin. Mauléon). — *Baillou* (Cass.).

BAILLY, f. cne de Nueil-sous-les-Aubiers.

BAINERIE (LA), f. cne d'Aigonnay.

BAINS, h. cne de Melle.

BALADE (LA), f. cne de Fontenille.

BALANGER (CABANE DE), cne de Coulon.

BALAIZERIE (LA), h. cne de Cherveux.

BALDERIE (LA), vill. cne d'Aigonnay. — *La Badillerie* (Cass.).

BALATERIE (LA), vill. cne de St-Vincent. — *La Baraterie* (Cass.).

BALAUDERIE (LA), h. cne de Niort.

BALAUDRIE (LA), f. cne de St-Génard.

BALIN, f. cne du Breuil-d'Argenton.

BALLARDS (LES), f. cne de Mauzé-sur-le-Mignon.

BALLET (LE), f. cne de Faye-sur-Ardin, 1663 (arch. D.-S. E. 672).

BALLET (LE), f. cne de St-Pompain.

BALLET (LE) DE SOIGNON, éc. cne de St-Martin-de-St-Maixent.

BALLIARDIÈRE (LA), f. cne de Chanteloup.

BALLOLIÈRE (LA), vill. cne de Cersay.

BALLON (LE), f. cne de St-Martin-de-St-Maixent.

BALLOTIÈRE (LA), l. d. cne de St-Jean-de-Marigny, 1623 (arch. V. E³, 1. 32).

BALZAN, vill. cne de Rom. — *Balzan*, 1680 (arch. V. m.-D., 149 ; Cass.).

BANC (LE), h. cne de Sauzé-Vaussais.

BANCHEREAU, vill. cne de St-Jouin-de-Milly. — *Le Bouchereau* (Cass.).

BANDON, h. cne de Paizay-le-Chapt.

BANDOUILLE, f. et bois, cne de Chiché. — *Bandoilum*, v. 1090 (cart. St-Jouin). — *Bandugla*, 1122 (cart. Fontevrault, I¸, 8). — *Bandulium*, 1239 (id. 1, 97). — *Prioratus beate Marie de Bandolia prope Berchorium*, 1310 (arch. St-Loup). — *Banduylle*, 1320 (id.). — *St-Maurice de Bandoille près Bersuire*, 1475 (id.). — *Grant Bandouille ou Bandoylle-les-Bersuyre*, 1509 (arch. V. E. 1). — Le prieuré était de l'ordre de Grammont.

BANDOUILLE, éc. cne des Échaubrognes.

BANDOUILLE, f. cne de St-Martin-de-Mâcon. — *Domus de Diva prope Thoarcium, Grandimontensis ordinis*, 1277 (arch. V. f. de St-Hil., 1. 870). — *Bandouille-sur-Dive*, 1277 (cart. des sires de Rays par Marchegay, 29). — *Le Petit Bandouille-sur-Dive*, 1295 (bull. antiq. ouest, 1885, p. 553). — *Diva*, 1326 (pouillé Beauchet-Filleau). — *Parva Bandolia supra Divam; Dives*, aliàs *Bandouille*, 1782 (pouillé).

BANISSIÈRE (LA), f. cne de Baussais. — *La Banycère*, 1470 (arch. V. E. 1, 17). — *La Banissière*, 1566 (not. St-Maix.).

BAPTREAU, mln. cne de Ste-Eanne, 1612 (arch. D.-S. H. 186). — *Moulin Batrou* (Cass.).

BARADEAU, mln. cne des Groseillers.

BARAIL, f. c^{ne} de Courlay. — *Daraille*, 1661 (arch. D.-S. E. 427).

BARAILLONNIÈRE (LA), f. c^{ne} de Moncoutant. — *La Baraillonère*, relev. de Puymarri, 1425 (arch. St-Loup, reg. d'aveux).

BARALIÈRE (LA), f. c^{ne} de St-Aubin-le-Cloud.

BARANGERIE (LA), f. c^{ne} de Boismé. — *La Barangerie*, 1433 (arch. St-Loup). Relev. de la seign. de Noireterre (id.).

BARANGERIE (LA), f. c^{ne} de la Chapelle-Thireuil. — *La Bérangerie* (Cass.).

BARANGERIE (LA), f. c^{ne} de la Pérate.

BARANGERIE (LA), f. c^{ne} de St-Amand-sur-Sèvre. — Chapelle Ste-Croix de la Barangerie bénite en 1780, élevée sur l'emplacement d'une croix du P. Montfort, de 1716 (pouillé B.-Filleau, 373).

BARANGERIE (LA), f. c^{ne} de St-André-sur-Sèvre. — *La Barangerie*, 1412 (arch. V. II. 3, 728.)

BARANGERIE (LA), paroisse de Vouhé, 1522 (not. St-Maix.).

BARANGERIES (LES), f. c^{ne} de Boesse.

BARANGERIES (LES), f. c^{ne} de Chanteloup. — *Les Barangeries*, 1684 (hist. de Bressuire par B. Ledain, 1880, p. 326).

BARAT, m^{in}. c^{ne} de Nueil-sous-les-Aubiers. — *Moulin de la Baratte* (Cass.).

BARATES (LES), borderie paroisse de Gourgé, relevant du Fresne, 1514 (pap. du Fresne).

BARATIÈRE (LA), f. c^{ne} de Bouillé-Loretz. — *La Barattière* (Cass.).

BARATINIÈRE (LA), h. c^{ne} de St-Vincent-la-Châtre.

BARAUDERIE (LA), f. c^{ne} de Breuil-Chaussée.

BARAUDERIE (LA), vill. c^{ne} de Brioux. — *La Baraudrye*, 1593 (arch. V. E^3, l. 4).

BARAUDERIE (LA), f. c^{ne} de Rom.

BARAUDERIE (LA), f. c^{ne} de St-Maurice-la-Fougereuse.

BARAUDERIE (LA), vill. c^{ne} de Vouillé.

BARAUDIÈRE (LA), f. de l'Absie.

BARAUDIÈRE (LA), f. c^{ne} de Pamplie. — *La Barraudère*, 1428 (arch. V. Béceleuf, 10). — *La Beraudère en Pamplie*, 1465 (arch. V. f. Fontaine-le-C.).

BARAUDIÈRE (LA), f. c^{ne} de Pugny. — *La Barrondère*, 1435 (arch. St-Loup, reg. d'aveux).

BARAUDIÈRE (LA), f. c^{ne} de Soutiers.

BARAUDIÈRE (LA), f. c^{ne} de Viennay. — *La Barraudère*, relev. de la Bretonnière, 1378 (pap. de la Bretonn.).

BARAUDIÈRE (LA), c^{ne} de Vouhé.

BARBASTE. — *Furnum de Barbaste*, près St-Maixent, xiie siècle (cart. St-Maix. II, 8).

BARBAUDIÈRE (LA), f. c^{ne} de Breuil-Chaussée. — *La Barbaudère*, 1383 (arch. St-Loup, reg. d'aveux).

BARBAUDIÈRE (LA), f. c^{ne} de Champeaux.

BARBAUDIÈRE (LA), f. c^{ne} de Cherveux.

BARBAUDIÈRE (LA), f. c^{ne} de St-Pompain. — *La Barbaudère*, 1428 (arch. V. Béceleuf, 10). — *La Barbaudière*, 1641 (arch. V. seign. div.).

BARBECANNE, h. c^{ne} de la Mothe-St-Héraye.

BARBÈRE(LA), h. c^{ne} de Boismé.— *La Barbuire*, 1381 (arch. V. Brosse-Guilgault, 1). — *La Barbeyre*, relev. de la baronnie de Bressuire, 1399 (arch. St-Loup, reg. d'aveux). — *La Barboisre*, 1697 (arch. D.-S. E. 1015). — *La Barboire* (Cass.).

BARBIÈRE (LA), f. c^{ne} de la Chapelle-St-Laurent. — *La Barboire* (Cass.).

BARBÈRE (LA), vill. c^{ne} de Courlay. — *La gran Barbaère*, 1403 ; *Barbaères*, 1425 (arch. St-Loup, reg. d'aveux). — *La Barboire en Courlaye*, 1425 (dict. fam. Poit. I, 289, et arch. St-Loup). — *La Barboire* (Cass.). — Relev. de Bressuire.

BARBERIE (LA), f. c^{ne} de Marnes.

BARBETONTZ, fief situé en la ville de Parthenay, comprenant une grande partie du faubourg du Marchioux et s'étendant sur la paroisse de Pompaire. Il relevait de la seign. de Lhérigondeau, aveu de 1542 (arch. V. E^t 12. — la Gât. hist. et mon.).

BARBEZIÈRES, éc. c^{ne} de Niort. — *Barbezière*, 1561-1774, relev. de Niort (arch. V. C. 2, 107).

BARBIÈRE (LA), f. c^{ne} de St-Amand.

BARBIÈRE (LA), f. c^{ne} de Vernou-en-Gâtine. — *La Barbière*, 1663. — Relev. du Fontenioux (arch. Fonten.).

BARBIÈRES (LES), l. disp. c^{ne} d'Allonne, 1267 (Font. 1).

BARBIÈRES (LES), f. c^{ne} de Mazières-en-Gâtine, relev. de Faugeret, 1741 (arch. V. f. Pet.-Chêne, E^5 408).

BARBIN, haut et bas, vill. c^{ne} de Prailles.— *Barbin*, 1584 (not. St-Maixent), 1667 (arch. V. E^3, l. 32).

BARBINIÈRE (LA), f. c^{ne} de Chambroutet. — *La Barbinère*, 1370 (arch. St-Loup).

BARBINIÈRE (LA), h. c^{ne} de Mauzé-sur-le-Mignon.

BARBINIÈRE (LA), f. c^{ne} de Moulins. — *La Barbinière*, 1351 (arch. hist. Poit. XVII).

BARBINIÈRE (LA), c^{ne} de St-Aubin-de-Baubigné. — *La Barbinière*, paroisse des Aubers, 1351 (arch. hist. Poit. XVII, 78).

BARBINIÈRE (LA), f. c^{ne} de Ste-Blandine, 1785 (arch. D.-S. E. 555).

BARBINIÈRE (LA), f. c^{ne} de Thorigné.

BARBINIÈRES (LES), fief c^ne de Louin, 1639 (arch. Vernay). — Relev. de la Ronde.

BARBONNEAU, f. c^ne de la Mothe-St-Héraye.

BARBOTIÈRE (LA), m^in. c^ne de St-Martin-du-Fouilloux.

BARBOTIÈRE (LA), vill. c^ne de Vausseroux. — *La Barbotère*, 1292 (arch. V. f. Ste-Croix, l. 44). — *Les houstels de la Barbotière*, 1471 (arch. V. E. 2, 239). — *Hôtel et place forte de la Barbottière*, relev. de l'abb. de Ste-Croix de Poitiers et de Mongauguier, 1653 (arch. V. f. Ste-Croix).

BARBOTINIÈRE (LA), f. c^ne des Aubiers.

BARBOTINIÈRE (LA), vill. c^ne de la Boissière-en-Gâtine. — *La Barbotinière*, 1346 (arch. chât. Chap.-Bertrand).

BARBOTINIÈRE (LA), f. c^ne de Massais.

BARBOUTE (LA), vill. c^ne de Lezay.

BARCELONNE, h. c^ne d'Amuré.

BARDÉAS, m^in. c^ne de Faye-l'Abbesse. — *Moulin de Barbedéasse*, 1436 (arch. St-Loup, reg. d'aveux).

BARDONNIÈRE (LA), f. c^ne de la Chapelle-St-Laurent. — *La Bardonnère*, 1387, relev. de la Bloère (arch. St-Loup, reg. d'aveux).

BAREDÉ, m^in. c^ne d'Ardin.

BAREILLEAU, m^in. c^ne de Breloux. — *Bareilleau*, 1541 (not. St-Maix.). — *Barillaud*, 1572 (id.).

BARELLE (LA), m^in. c^ne du Beugnon (cad.).

BARETERIE (LA), vill. c^ne de Vançais.

BARETODERIE (LA), f. c^ne de St-Porchaire.

BARETTE (LA), vill. c^ne de Fontenille.

BARETTE (LA), vill. c^ne de Paizay-le-Tort. — *La Barete* (Cass.).

BARGE, h. c^ne de Béceleuf. — *Bargez*, v. 1140. — *Barge*, 1177 (cart. l'Absie, ap. Dupuy, 828, 841). — *Barges*, v. 1260 (homm. d'Alph. de Poit.). — Relev. de la baronnie de Parthenay.

BARGES, bois c^ne d'Aubigny. — Bois de Pressigny et de *Barge* (Cass.).

BARGONNIÈRE (LA), vill. c^ne des Aubiers.

BARILLON, h. c^ne du Breuil-Bernard.

BARLIÈRE (LA), f. c^ne de Fenioux.

BARLIÈRE (LA), vill. c^ne de St-Georges-de-Noisné.— *La Barelière* (Cass.). — *La Barellière*, 1652 (not. St-Maix.).

BARLIÈRE (LA), f. c^ne de Vallans.

BARNIÈRE (LA), h. c^ne du Tallud.

BARNIÈRES (LES), lieu dit où sont situés l'église et le prieuré de Pugny, 1402, relev. de Bressuire (arch. St-Loup).

BARONNERIE (LA), éc. c^ne de Cerizay.

BARONNIE (LA), f. c^ne de Clussais.

BARONIE (LA), h. c^ne de Neuvy-Bouin.

BARONNIÈRE (LA), chât. et vill. c^nes de Lezay et de Vançais. — Relev. de Lusignan, 1562 (Bib. Poit. ms. 141).

BARONS (LES), h. c^ne du Puy-St-Bonnet.

BAROT, h. c^ne du Breuil-sous-Argenton.

BAROTIÈRE (LA), vill. c^ne de Secondigny.

BARRANGERIE (LA), f. c^ne de Sanzay.

BARRAUDIÈRE (LA), f. c^ne du Breuil-Bernard, 1589 (arch. D.-S. E. 436).

BARRE (LA), f. c^ne de l'Absie. — *La Barre*, tenant à la Sèvre et aux bois de l'abbaye de l'Absie et de Vernou, 1763 (pap. de fam. Nicolas).

BARRE (LA), f. et chât. c^ne d'Adilly.

BARRE (LA), f. c^ne d'Ardin.

BARRE (LA), f. c^ne des Aubiers. — *La Barre*, 1174 (cart. Trin. de Mauléon). — *La Barre Nivaut*, 1337 (id.). — Relev. de la Parsonnière, 1519 (arch. du Fontenioux).

BARRE (LA), vill. c^ne de Béceleuf, 1428, 1613 (arch. V. Béceleuf, 10, 26).

BARRE (LA), f. c^ne du Beugnon. — *Barra Marian*, v. 1168 (cart. de l'Absie). — *Terra Marian*, 1177 (id.). — *Borderia terræ juxta Barram Mariam*, 1151, 1173 (id.). — *La Barre-Marion*, 1300. — *Barra*, 1300 (arch. D.-S. H, 41).

BARRE (LA), vill. c^ne du Breuil-Bernard. — *La Barre*, 1379 (arch. St-Loup). — *La Barre*, paroisse de Puygné en 1402 (id.). — Il relevait en partie de la baronnie de Bressuire.

BARRE (LA), f. c^ne de la Chapelle-Thireuil. — *La Barre Bodin*, relev. de Vouvent, 1631 (arch. Bois-Chapeleau).

BARRE (LA), f. c^ne de Cherveux.

BARRE (LA), f. c^ne des Échaubrognes. — *La Barre dite Gelinot*, xve siècle (arch. D.-S. H 368). — *La Barre en St-Hilaire-des-Echaubroignes* (dict. des D.-S. par Dupin).

BARRE (LA), f. c^ne de Fenioux.

BARRE (LA), paroisse des Fosses, tenant au fief des Chastelliers et au chemin de Bruslain à la forêt appelé le chemin St-Jean, 1723 (arch. V. f. Ste-Croix, l. 91).

BARRE (LA), vill. c^ne de Germond. — *La Barre de Breilbon*, 1689 (arch. V. E. 1, 8).

BARRE (LA), f. c^ne de Gourgé, relevant de la commanderie de la Lande, 1613 (arch. V. H. 3).

BARRE (LA), chât. et vill. c^ne de Menigoute. — *La Barre* avant 1318. — *La Barre Pouvra*, 1369. — *La Barre Sauvagière*, 1592, 1660, 1773. — *La Barre Pouvreau*, 1666, 1758. — Relev. de la seign. du Bois-Pouvreau (arch. de la Barre, par Alf. Richard).

BARRE (LA), fief c^ne de Montigny, 1609 (Font. XX, 409).

BARRE (LA), h. c^ne de Plibou. — *La Barre*, 1452 (arch. V. E², 237).

BARRE (LA), étang cne de Pugny. — *La Barre en Pugny*, 1402 (arch. St-Loup). Relev. de Pugny.
BARRE (LA), logis et mét. cne de Rom.
BARRE (LA), h. cne de Rouvre.
BARRE (LA), h. cne de St-Sauveur-de-Givre-en-Mai.
BARRE (LA), f. cne de Saurais.
BARRE (LA), h. cne de Sauzé-Vaussais. — *La Barre*, par. de Vaussay, 1677 (arch. V. f. Nouaillé, l. 38).
BARRE (LA), f. cne de Secondigny.
BARRE (LA), vill. cne de Sepvret ; anc. commle du Temple et anc. paroisse. — *Barra de Clarenc*, 1300 (gr.-Gauthier). C'était un membre dép. de la commrie d'Ensigny, 1439 (arch. V,II. 3, l. 153). — *La Barre Clarain*, 1545 (id.). — *La Barre-Clayrin*, 1550 (id.). — *Saint-Georges de la Barre-Clévin* (pouillé d'Allioz). — *La Barre-Clairin*, 1698 (état de l'élect.).

La paroisse de la Barre étant sans église et sans pasteur de temps immémorial, le service en est transféré dans l'église de Sepvret (v. 1769). Elle était de l'archiprêtré de Melle et de l'élection de St-Maixent. Il y avait 24 feux en 1698 et 1750. Elle forma d'abord une commune du canton de Melle (dict. des D.-S. par Dupin, an XI), puis elle fut réunie à celle de Sepvret.
BARRE (LA), f. cne de Surin. — *Barra*, 1225 (arch. V. f. de Fontaine-le-C., l. 30). — *Barra Galaifre*, v. 1260 (homm. d'Alph. de Poit.).
BARRE (LA), f. cne de Vançais. La Barre de Gourgé.
BARRE (LA), h. cne de Verruyes. — *Les Barres* (Cass.).
BARRE (LA), f. cne de Vouillé.
BARREDÉ (MOULIN DE), cne d'Ardin. — *Baride*, 1682 (arch. V. Beauregard, 26).
BARRE-SANGLIER (LA), f. cne de St-Lin. — *La Barre-Sanglier* ou *Sangler*, 1447, relev. de la bar. de Parthenay (arch. de la Barre, II, 154, et arch. V. 491).
BARRELLE (LA), vill. cne de Vernou-en-Gâtine. — *Moulin à draps de la Barelle*, 1626 (arch. V.). — *La Barelie* (Cass.).
BARRELIÈRE (LA), f. cne d'Allonne. — *La Barelère*, 1316 (arch. V. f. de Fontaine-le-C., l. 30).
BARRELIÈRE (LA), vill. cne de Secondigny. — *La Barelère*, 1281, 1284 (arch. V. f. de Fontaine-le-C., l. 30). — *La Barrellère*, 1433 (id.). — *La Baraillière*, 1691 ; *la Barillière*, 1728 (arch. de la Barre, II). — *La Barlière* (cad.).
BARRÈRE (LA), h. cne de la Chapelle-Bertrand.
BARRÈRE (LA), min. cne de Breuil-Chaussée.
BARRÈRE (LA), min. cne de Chambroutet. — *La Barraire*, 1389 (arch. de St-Loup, reg. d'aveux).

BARRES (LES), vill. cne de Mauzé-Thouarsais.
BARRETIÈRE (LA), f. cne de St-Aubin-le-Cloud. — *La Barretère*, 1262 (ch. de l'Absie). — *La Barretière*, 1426, relev. de Châteauneuf-en-Gâtine (arch. Bretonnière de Chal. et la Gât. hist. et mon.).
BARRETIÈRE (LA), f. cne de Secondigny. — *La Barretère*, 1292 (arch. hist. Poit. XX, 265). — Relev. de la seign. de Secondigny dès 1439 (bibl. Poit. ms. 141). — *La Barretière*, 1427 (arch. D.-S. E. 270).
BARRETIÈRE (LA), cne de Pressigny. — *La Barreterre sita in parochia de Précigné, prope passum velutarum*, 1262 (ch. de l'Absie, ap. arch. D.-S.). L. disp.
BARRIÈRE (LA), f. cne de Chantecorps. — *La Barrère* (Cass.).
BARRIÈRE (LA), f. cne de la Chapelle-Bertrand.
BARRIÈRE (LA), éc. cne de la Mothe-St-Héraye.
BARRIÈRE (LA), f. cne de St-Aubin-le-Cloud. — *La Barreyre*, 1497, relev. de Châteauneuf-en-Gâtine (la Gât. hist. et mon.).
BARRIÈRE (LA), f. cne de Soutiers. — *La Barrère*, 1608, relev. de la seign. de St-Pardoux (pap. de la Barrière).
BARRIÈRE DE REIGNE (LA), l. d. cne de Souvigné.
BARRIÈRE (LA), f. cne de Vanzay.
BARRILLEAU (MOULINS DE), cne de Brelou, relev. de Faye, 1557 (inv. d'Aub.).
BARRILLERIE (LA). — *Hugo Barriller de la Barrillerie in parochia de Baucayo* (Baussais), 1291 (arch. V. f. de Fontaine-le-C., l. 22). L. disp.
BARRITTE (LA), f. cne du Pin.
BARROTIÈRE (LA), f. cne de Largeasse.
BARROTIÈRE (LA), f. cne de Secondigny. — *La Barrotière*, 1612 (arch. de la Barre).
BARROTIÈRES (LES), cne de l'Absie. — *Les Barrotères*, relev. de la seign. de Vernou, 1486 (arch. V. f. Pet.-Chêne, Ea 400). L. disp.
BARROU, f. et étang cne de Beaulieu-sous-Parthenay.
BARROU, vill. cne de Soulièvre. — *Barro*, 1240 (dict. fam. Poit. I, 311). — *Barrou ou Barro*, 1398 (chartr. de Thouars). — *Barro*, 1479 (cart. St-Laon de Thouars, et arch. V. Ea). — *Baroux*, 1576 (arch. de la Barre, I, 103). — *Barou* (Cass.). — Relev. de la vic. de Thouars (chartr. de Thouars).
BARROUX, cne de Boussais-l'Hôpitau. — *Les Barroux*, 1565 (arch. V. Ea 232). — *Les Boisroux*, 1595 (id.). — *Barroux*, 1593 (id.). L. disp.
BARTIÈRES (LES), f. cne de St-Aubin-le-Cloud.

Barut, mⁿ. cⁿᵉ de Clazay.
Bas (Le), mⁱⁿ. cⁿᵉ de Thénezay.
Bas-Courts (Les), h. cⁿᵉ de Breuil-Chaussée.
Bas-Mauzé, mⁿ. cⁿᵉ de Mauzé-Thouarsais.
Bas de Lugée (Le), vill. cⁿᵉ de Pioussay.
Bas de la Ville, éc. cⁿᵉ de Gourgé.
Bas de Vilain, pont, cⁿᵉ de St-Loup.
Bas-Genay, vill. cⁿᵉ de Chérigné.
Bas-Mauzé (Le), l. d. cⁿᵉ de Stᵉ-Radegonde-des-Pommiers, 1583 (arch. V. Brosse-Guilgault, 41).
Bas-Mazière (Le), f. cⁿᵉ de la Boissière-Thouarsaise, 1685 (arch. D.-S. E. 49).
Basse (La), f. cⁿᵉ de St-Porchaire.
Basse-Cour (La), f. cⁿᵉ de Cherveux.
Basse-Rue (La), f. cⁿᵉ du Beugnon. — *La Basse-Rue du Buygnon*, 1369 (arch. de St-Loup).
Basse-Rue (La), f. cⁿᵉ de Glenay.
Basse-Trappe (La), f. cⁿᵉ de Châtillon-sur-Sèvre, 1615 (arch. V. Les Lineaux).
Basse-Viande, f. cⁿᵉ de Noireterre. — *La Basse-Viande* fut réunie à la Guionnière en 1597 (tit. châtell. St-Porchaire).
Basse-Ville, éc. cⁿᵉ de Voultegon. — *La Petite Basse-Ville*, 1646 (arch. V. Eˢ 376). Relev. de St-Aubin-du-Plain (arch. St-Loup).
Basseau, mⁱⁿ, cⁿᵉ de Frontenay. — *Moulin Bassiau* (Cass.).
Bassée (La), f. cⁿᵉ de la Chapelle Largeau.
Bassée (La), vil. cⁿᵉ de Frontenay. — *Bacees, Baces, Bacces*, 1244, 1247 (comptes d'Alph. de Poit., ap. arch. hist. Poit.). — *Bassée*, 1275 (arch. hist. Poit. XI, 152). — *Bossayum prope Frontenayum*, uni au prieuré de Frontenay par l'abbé de Nouaillé le 9 août 1310 (Font. XXII, 427, et arch. V. f. Nouaillé, l. 55).— *Bossay*, 1314 (id.). — *Bascé*, 1457 (cart. St-Maix. II, 254). — *Chapelle de N.-D. de Pitié de la Bassée* (B.-Filleau). — *Bossé* (Cass.).
Basses-Rues (Les), vill. cⁿᵉ de Bouillé-Loretz. — *Les Basses-Rues* relev. de la commⁱᵉ de Puypirault, 1539. — *Les Basses voyes*, 1576 (arch. V. H. 3, 675).
Basses-Rues d'Argentières (Les), vill. cⁿᵉ de Prailles.
Bassetière (La), vill. cⁿᵉ de Fressines. — *La Bastière* (Cass.).
Bassinière (La), éc. cⁿᵉ de Voultegon.
Bassiou (Le), vill. et mⁱⁿ. cⁿᵉˢ de St-Martin-lez-Melle et St-Romans-lez-Melle. — *Le Bossiou* (Cass.).
Bastière (La), f. cⁿᵉ de Secondigny. — *La Bastière*, 1446 (arch. V. f. Fontaine-le-C., l. 30).
Bastière (La), f. cⁿᵉ de Vouhé. — *La Bastière*, 1333 (arch. V. f. Pet.-Chêne, Eˢ 427). — *La Bas-*

setière, 1600 (id.). — Relev. de la seign. de Pressigny-en-Gâtine.
Bastille (La), bois cⁿᵉ de Séligné (dict. des D.-S. par Dupin).
Batafret, h. cⁿᵉ de Montalembert.
Bataille (La), cᵒⁿ de Chef-Boutonne. — *La Bataillie*, 1300 (gr.-Gauthier).—*St-Gilles de la Bataille* (pouillé 1782).
La cure était à la nomination du doyen de la cathédrale de Poitiers. La seigneurie relevait du marquisat de Chef-Boutonne (dén. de 1607). La Bataille dépendait de l'archiprêtré de Melle, de la sénéchaussée de Poitiers et de l'élection de Niort. Il y avait 32 feux en 1716 et 33 en 1750.
Bataille (Lande de la), l. d. cⁿᵉ de Clossé.
Bataille (Champ de la), tenant à la terre du prieuré de Fontblanche, à la garenne de Brillanche et au chemin de ladite garenne à la Villedieu des Cousts, 1621 (aveu de la Mothe-St-Héraye).
Bataille (Pré de la) à Hérisson, cⁿᵉ de Pougnes, 1482, l. d. (arch. soc. antiq. ouest).
Bataille, fief, l. d. cⁿᵉ de St-Jouin-les-Marnes.
Bataille-de-Bar (La), l. d. cⁿᵉ de St-Paul-en-Gâtine.
Bataille (Champ de la), l. d. cⁿᵉ de Secondigny.
Bataille (Champ de la), l. d. cⁿᵉ de Voultegon.
Bataille (Pré de la), l. d. cⁿᵉ de Vausseroux, non loin des Cariottières, 1577 (arch. V. f. Stᵉ-Croix, l. 48).
Batailles (Les), l. d. cⁿᵉ de la Pérate.
Bataillé, vill. cⁿᵉ de Gournay. — *Villa Bataillec*, 1236 (Font. XXIII). — *Bataillé*, 1557 (arch. V. ch. St-Pierre, l. 233). — Relev. de la seign. du Haut-Gournay.
Bataillère (La), vill. cⁿᵉ de Cours. — *La Bataillère*, 1650 (arch. V. Bécoleuf, 11).
Batarderie (La), f. cⁿᵉ d'Availles-Thouarsais.
Batarderie (La), f. cⁿᵉ du Breuil-d'Argenton. — *La Batardie* (Cass.).
Batardière (La), vill. cⁿᵉ de Chantecorps. — *La Bastardère* 1474 (arch. de la Barre, II, 163). — *La Bastardière*, 1614 (arch. V. Eˢ, l. 6).
Bâte (La), vill. cⁿᵉ de Coulonges-Thouarsais. — *La Baste*, 1643 (arch. V. Brosse-Guilgault, 34).
Bâte (La), vill. cⁿᵉ des Echaubrognes. — (Cass.). — *La Baste*, relev. de la commanderie du Temple de Mauléon, 1443 (arch. V. H. 3, 721).
Bâte (La), f. cⁿᵉ de St-Pompain.
Batelières (Les), f. cⁿᵉ de Vasles.
Bâtie (La), f. cⁿᵉ de Champdeniers.
Bâtie (La), h. cⁿᵉ de Fenioux. — *La Batye*, 1638 (arch. V. f. Fontaine-le-C., l. 32).
Bâtie (La), f. cⁿᵉ de Stᵉ-Pezenne.

BÂTIMENT (LE), h. c^{ne} de St-Aubin-de-Baubigné.
BÂTIMENT (LE), f. c^{ne} de St-Maurice-la-Fougereuse.
BATITAN, c^{ne} de Germond. — *Moulin de Batiton*, 1609 (arch. V. E. 1, 9).
BÂTONNIÈRE (LA), f. c^{ne} de St-Christophe-sur-Roc. — *La Bastonnière*, 1517 (arch. de la Barre, II).
BÂTONNIÈRE (LA), f. c^{ne} de Vouhé. — *La Bastonère*, 1354 (arch. V. f. Pet.-Chêne). — *La Bartonnière*, 1600 (arch. V. id.). — Relev. de Pressigny-en-Gâtine.
BATREAU, mⁱⁿ. c^{ne} de Secondigny.
BATTREAU, vill. et mⁱⁿ. c^{ne} de St-Martin-de-St-Maixent. — *Molendini Batirau*, 1269 (cart. St-Maix. II, 99). — *Baterea*, 1296, 1363 (id.). — *Baptreau*, 1522 ; *Bapteraau*, 1530 ; *Moulin de Batereau*, 1561 (not. St-Maix.). — *Battereau* (Cass.). — Relev. de l'abb. de St-Maixent.
BATRELIÈRE (LA), f. c^{ne} de la Chapelle-Bertrand.
BATTERIE (LA), f. c^{ne} de Parthenay.
BATTEVIANDE, h. c^{ne} de Gourgé. — *Bas-de-Viande* (aff. Poit. 1776, p. 212).
BATTEVIANDE, vill. c^{ne} de Massais. — *Basteviande*, 1453 (arch. D.-S. E. 274).
BAUBERIE (LA), f. c^{ne} de Moulins. — *La Baubrie* (Cass.).
BAUBERIE (LA), f. c^{ne} de Secondigny. — *La Bauberie*, 1457. — *La Boberie près les grans Boberies*, 1465 (arch. V. Fontaine-le-C.). — *La grande et petite Baubrie*, 1768 (arch. de la Barre, II).
BAUBETIÈRE (LA), f. c^{ne} de Beaulieu-sous-Parthenay — *La Baubetière*, 1493 (arch. de la Barre, I, 135). — *La Bobetière*, 1579 (journal de l'Estoile). — *La Bauptière*, 1602 (arch. V.).
BAUBERTIÈRE (LA), f. et logis c^{ne} de Vasles. — *La Baubertière*, 1695 (arch. de la Barre, I). — *La Boubertière* (Cass.).
BAUBIÈRE (LA), f. c^{ne} d'Allonne.
BAUBIÈRE (LA), vill. c^{ne} de St-Pardoux.
BAUBIÈRE (LA), f. c^{ne} de Vernou-en-Gâtine. — *Bauberia*, XIIe siècle (cart. de l'Absie). — *La Baubère*, 1458 (arch. du Font.). — *La Bauberie*, 1626 (id.). — *La Bobière* (Cass.).
BAUBREAU, f. c^{ne} de Courlay. — *Beaubreau* (Cass.).
BAUCHEREAU, f. c^{ne} du Breuil-d'Argenton.
BAUDERIE (LA), f. c^{ne} de Surin. — *La Baulderye sise au village des Grands Alleufs*, dépendant de la seign. de la Michelière, 1619 (arch. V. E. 1, 14).
BAUDICHET, f. c^{ne} de Coulon.
BAUDILLONNIÈRE (LA), vill. c^{ne} de Secondigny. — *La Baudoillonnère*, 1432 (arch. V. Fontaine-le-C.). — *La Bodillonnière* (cart. ét.-maj.).
BAUDIN, mⁱⁿ. c^{ne} de Clessé.

BAUDIN, mⁱⁿ. c^{ne} de Courlay. — *Moulin Baudin*, 1556 (reg. insin. Thouars).
BAUDINIÈRE (LA), f. c^{ne} des Aubiers.
BAUDON, vill. c^{ne} de Paizay-le-Chapt.
BAUDONNIÈRE (LA), f. c^{ne} de l'Absie.
BAUDONNIÈRE (LA), vill. c^{ne} de Chanteloup. — *La Baudonnière*, 1383 (dict. fam. Poit. I, 501). — *La Bodinère*, XVe siècle (arch. D.-S. H. 368). — *La Baudounière*, 1717 (arch. V. H³ 728). — Relev. de la Mothe de Beaumont.
BAUDONNIÈRE (LA), f. c^{ne} de Secondigny. — *La Baudonnière*, 1613 (arch. V. Béceleuf, 26).
BAUDONNIÈRE (LA), vill. c^{ne} de Vitré. — *La Baudoynère*, 1470 (arch. V. E. 1, 17). — *La Baudouinière*, 1637 (not. St-Maix.).
BAUDOUELLE, f. c^{ne} de Prailles. — *La Bandouelle*, 1562 (arch. D.-S. 929). — *La Baudenelle* (Cass.).
BAUDOUIN, f. c^{ne} de St-Maurice-la-Fougereuse.
BAUDOUINE, éc. c^{ne} des Échaubrognes.
BAUDRIE, f. c^{ne} de Maulais.
BAUDRIÈRE (LA), f. c^{ne} de la Petite-Boissière.
BAUDRIÈRE (LA), f. c^{ne} de Fénéry. — *La Baudrière*, 1389, relev. de la Brouardière (arch. de la Brouard.).
BAUGE (LA), f. c^{ne} des Aubiers. — *La Bauge*, 1623 (arch. D.-S. E. 1057).
BAUGE (LA), f. c^{ne} de Baussais.
BAUGE (LA), f. c^{ne} du Breuil-d'Argenton. — *La Beauge* (Cass.).
BAUGE (LA), f. c^{ne} de Mougon.
BAUGE (LA), vill. c^{ne} de St-Gelais. — *La Bauge*, 1475 (arch. V. E. 2, 237). — Relev. du c^{té} de Poitou (arch. V. C. 2, l. 94, et ét. des fiefs relev. de la tour Maub.).
BAUGE (LA), c^{ne} de Thénezay. — *Fief de la Bauge sis au village de Puisant*, relev. de Parthenay, 1602 (arch. de la Bret. de Chal.).
BAUGE (LA), f. c^{ne} de Voultegon, 1623 (arch. D.-S. E. 1057).
BAUGÉ, vill. c^{ne} de St-Cyr-la-Lande. — *Baugé-sous-Varennes*, 1396 (chartr. de Thouars). — *Baugésous-Varannes*, 1470 (hist. de Thouars par Imbert, 175). — *Chapelle de Baugé*, 1751 (pouillé B.-Filleau, 378). — Relev. de la vic. de Thouars.
BAULIÈRE (LA), f. c^{ne} du Busseau.
BAUNERIE (LA), f. c^{ne} de St-Sauveur.
BAURIE (LA), vill. c^{ne} des Alleuds. — *La Bourie* (cad.).
BAUSSAIS, c^{on} de Celles. — *Bauchay*, 1243. — *Bauceium*, 1243. — *Baucaia*, *Bausaium*, *Baucaium*, 1244 ; *Bauçay*, 1248 ; *Bauceis*, 1253 (comptes d'Alph. de Poit., ap. arch. hist. Poit.). — *Bacayum seu Baucayum*, 1300 (gr. Gauthier).

— *Baussay*, 1406, relev. de la châtellenie de St-Maixent (gr.-Gauthier, des bénéf., ap. arch. V.) — *Bausay*, 1693 (arch. D.-S. E. 670). — *Baupais*, 1789 (arch. D.-S. C. 64). — *Baussais*, 1698. — *Beaussay* (Cass.). — *Saint-Paul de Beaussay* (pouillé 1782).

Dépendait de l'archiprêtré de Melle et de l'élection de St-Maixent, fit successivement partie de la prévôté de Melle et de la sénéchaussée de St-Maixent. Il y avait 130 feux en 1698 et 108 en 1750 (état de l'élect. et cart. alph. Poit.). La paroisse est réunie aujourd'hui à celle de Celles et l'ancienne église est affectée au culte protestant (rev. Poit. 1891).

BAUSSAIS, f. cne d'Allonne. — *Baucay*, 1369 (arch. V. Fontaine-le-C., 1. 30). — *Baussais d'Astonne*, 1610 (arch. V. Es 233). — *Baussay*, 1598 (id.).

BAUSSAIS (LE PETIT), vill. cne de Mazières-en-Gâtine. — *Borderies appellées Baussay et le Vieil Baussay*, faisant partie de la seign. de la Davière, 1583 (arch. V. E. 1, 15). — *Beaussay*, xvIIIe siècle (arch. D.-S. E. 482). — *Boussay* (Cass.). — Relev. de Pressigny-en-Gâtine.

BAUSSAIS (LE GRAND), vill. cne de St-Pardoux. — *Le Grand-Baussay*, 1587 (arch. de la Barre, II, 184).

BAUVAIS (LE PETIT), vill. cne de St-Génard.

BAUVAIS, chât. cne de St-Léger-de-Montbrun. — *Beavaiz*, 1278 (chartr. de Thouars). — *Beauvoys*, 1556 (reg. insin. Thouars).

BAUVENTRE, f. cne de la Forêt-sur-Sèvre. — *Beauventre*, 1646, relev. de la seign. de la Forêt (arch. chât. de la Forêt).

BAYE (LA), f. cne de Geay.

BAYÉE (LA), vill. cne de Vernou-sur-Boutonne (dict. Dupin).

BAZAUDIÈRE (LA), mon. cne de Germond. — *Maison au village de Breilbon, appelée la Bazaudière*, relev. de Breilbon (arch. V. E. 1, 8).

BAZILLIÈRES (LES), h. cne de la Ferrière. — *Les Bazillières*, 1395 (la Gât. hist. et mon.). — *La Bazillière*, 1560 (arch. V. seign. div., 32). — *Les Petites-Bazillières*, 1625 (inv. de Ste-Croix de Parth.). — *Les Bazilières*, 1698 (arch. V. C. 491).— Relev. de la baronnie de Parthenay.

BAZINIÈRE (LA), f. cne de Montigny.

BAZINIÈRE (LA), éc. cne de St-Clémentin. — *La Bazinyère*, 1539 (arch. des Dorides). — *La Bazinière*, 1601 (aff. du Poit. 1781, p. 22). — Relev. de St-Clémentin.

BAZINIÈRE (LA), vill. et mins. cnes de St-Maixent-de-Beugné et de Coulonges-sur-l'Autize. — Relev. de la Roussière, 1568 (arch. V. C. 2, l. 219).

BAZONNIÈRE (LA), autrement FERRIÈRE près Airvault, relevant de Thouars, 1453 (fiefs de la vic. de Thouars, p. 98). - *L'hôtel de la Basoynère*, 1456 (arch. V. pap. Denieu).

BAZONNIÈRE (LA), vill. cne de St-Pardoux. — *La Bazonnière*, 1398. — *La Basonnère*, 1402. — *La Bazouinière*, 1615 (la Gât. hist. et mon.). — Relev. de la baronnie de Parthenay.

BAZONNIÈRE (LA), f. cne de Saurais. — Relev. en 1754 de Malserpe (arch. V. H. 3).

BAZOTTIÈRE (LA), vill. cne du Breuil-Bernard.

BÉ (LE), ruisseau, cne de Juillé.

BEAUBREAU, f. cne de Moncoutant.

BEAUCHAMP, vill. cne de Mazières-en-Gâtine. — *Les Beauchamps* (Cass.).

BEAUCHAMP, cne de St-Maxire. — *Beauchamp*, 1609 (Font. XX, 424). L. disp.

BEAUCHAMP, f. cne de St-Symphorien. — *Beauchampt*, 1692.

BEAUCHAMP, h. cne de Tillou. — *Pulcher Campus* 1242 (ch. du prieuré de Fontblanche).

BEAUCHAMP (GRAND ET PETIT) vill. cne de Verruyes. — *Le Grand-Beauchamp*, relevant de Pressigny-en-Gâtine, 1600 (arch. V. f. Pet.-Chêne, Es 415).

BEAUCHAMPIERRE (LA), h. cne de St-Pardoux. — *Beauchampère*, dépendant de l'abbaye du Bois-d'Allonne, 1563 (arch. V. abb. All., l. 53).

BEAUCHÊNE, f. cne d'Ardin. — *Beauchesne*, 1425 (arch. D.-S. E. 272). — *Beauchaigne*, 1439, relev. du Petit-Château-en-Béceleuf (pap. de la Gaconn. ap. bull. soc. stat. D.-S. 1887, p. 601). — *Beauchaigne*, 1471 (arch. V. Béceleuf, 33).

BEAUCHÊNE, vill. et chapelle, cne de Cerizay. — *Beauchaigne*, 1346 (dict. fam. Poit. II, 567). — *Notre-Dame-de-Beauchesne*, 1364 (chartr. de Thouars).

BEAUCHÊNE, f. cne de St-Jouin-sous-Châtillon. — *Beauchesne*, 1443 (dict. fam. Poit. II, 71).

BEAUDIGNIÈRE (LA), f. cne de la Petite-Boissière.

BEAUGÉ, vill. cne de Rigné. — *Bogé*, 1660 (arch. V. Brosse-Guilgault, 15).

BEAUGÉ, h. cne de Saivres.

BEAUJOLLIÈRE (LA), f. cne de Vernou-en-Gâtine.

BEAULIEU-SOUS-BRESSUIRE, con de Bressuire. — *Bellus locus prope Bercorium*, 1102 (cart. de Bourgueil). — *Sanctus Petrus de Bello Loco*, 1107 (Gall. christ. II, 373). — *Bealeu*, 1363 (arch. St-Loup). *St-Christophe de Beaulieu*, 1648 (pouillé B.-Filleau).

La cure était à la nomination de l'abbé de Bourgueil. Beaulieu dépendait du doyenné et de la châtellenie de Bressuire, de la sénéchaussée de Poitiers et de l'élection de Thouars. Il y avait 56 feux en 1750 (cart. alph. Poit.).

BEAULIEU-SOUS-PARTHENAY, c^{on} de Mazières-en-Gâtine. — *Dealoc*, 1145-1152 (cart. St-Maix. 354). — *Bellus Locus*, 1265 (Font. XVI). — *St-Benoît de Beaulieu* (pouillé 1782).

Dépendait de l'archiprêtré de St-Maixent, de la sénéchaussée de Poitiers et de la châtellenie de Parthenay. Au XVIe siècle, Beaulieu faisait partie de l'élection de Parthenay et, après sa suppression, fut comprise dans celle de Niort (état de l'élect. en 1716). Il y avait 137 feux en 1716 et 150 en 1750 (cart. alph. Poit.).

BEAULIEU, logis c^{ne} d'Azay-le-Brûlé.

BEAULIEU, h. c^{ne} de Bessines.

BEAULIEU, h. c^{ne} d'Echiré. — *Bieaulieu*, 1402 (arch. hist. Poit. XXIV, 413).

BEAULIEU, f. c^{ne} de Lorigné.

BEAULIEU, f. c^{ne} d'Aiffres.

BEAULIEU, vill. c^{ne} de St-Pierre-à-Champ. — *Beaulieu de Glande* entre Bouillé-Loretz et le Puy-Notre-Dame, dans la Marche commune d'Anjou et Poitou, 1778 (aff. Poit. 1778, p. 140).

BEAULIEU, vill. c^{ne} d'Usseau.

BEAUMONT, h. c^{ne} de Bouillé-Loretz.

BEAUMONT, vill. c^{ne} de Glenay. — *Ville et rivière de Beamont*, 1359 (arch. Vernay). — *Beaumont*, 1480 (chartr. de Thouars). — *Beaumont-en-Glenay*, relev. de la seign. de Riblères, réunie à Thouars, 1417 (fiefs de la vic. de Thouars). — *Beaumond*, 1520 (id.).

BEAUMONT, f. c^{ne} de Nueil-sous-les-Aubiers. — *Hugues de Beaumont*, 1413 (Font. XXXIX, p. 76).

BEAUMONT, c^{ne} de St-Clémentin. — *Fief du Petit-Beaumont*, 1595, réuni plus tard à la châtellenie de St-Clémentin (aff. Poit. 1781, p. 22). — *Le Petit-Beaumond*, 1616 (arch. des Dorides).

BEAUMONTS (LES), c^{ne} de Ste-Verge; anc. fief rel. de St-Laon, 1787 (arch. D.-S. H. 67). L. disp.

BEAUMOREAU, vill. c^{ne} de Tillou.

BEAUNE, fief en la paroisse de St-Gelais, ressort et élection de St-Maixent, 1609 (Font. XX, 415).

BEAUPELIÈRE (LA), section E de la c^{ne} de St-Remy.

BEAUPIN, f. c^{ne} de Châtillon-sur-Thoué.

BEAUPRÉAU, fief, c^{ne} de St-Jean-de-Bonneval, relev. de Thouars, 1494 (fiefs de la vic. de Thouars).

BEAUPUITS, vill. c^{ne} d'Azay-sur-Thoué. — *Beaupui*, 1267, dépendant de l'abbaye du Bois-d'Allonne (Font. I, 391).

BEAUPUITS, mⁱⁿ et f. c^{ne} de Chérigné.

BEAUREGARD, éc. c^{ne} d'Allonne.

BEAUREGARD, chât. c^{ne} de Béceleuf. — *Bearegart*, 1428 (arch. V. Béceleuf, 1). — Relev. de la châtellenie de Béceleuf.

BEAUREGARD, f. c^{ne} de Cirières.

BEAUREGARD, f. c^{ne} de Deyrançon.

BEAUREGARD, h. c^{ne} des Echaubrognes.

BEAUREGARD, f. c^{ne} de Loubigné.

BEAUREGARD, f. c^{ne} de Neuvy-Bouin. — *Beauregard-en-Neuvy*, 1581. — Relev. de la seign. de la Poupelinière.

BEAUREGARD, f. c^{ne} du Pin.

BEAUREGARD, f. c^{ne} de Prissé.

BEAUREGARD, hébergements sis au bourg de St-Jean-de-Bonneval, relevant de Thouars, 1399, 1583 (chartr. de Thouars).

BEAUREGARD, f. c^{ne} de St-Jouin-sous-Châtillon.

BEAUREGARD, c^{ne} de Saivre.

BEAUREGARD, c^{ne} de Villemain. L. disp.

BEAUREPAIRE, vill. c^{ne} de St-Maurice-la-Fougereuse.

BEAUREPAIRE, vill. c^{ne} de Terves. — *Chapelle de St-Georges de Beaurepaire*, 1468 (arch. St-Loup). — *Beaurepaire*, 1432, relev. de la baronnie de Bressuire (id. reg. d'aveux).

BEAUSOLEIL, f. c^{ne} d'Azay-le-Brûlé. — *Boisouleil*, *Boissolleil*, 1554 (not. St-Maix.).

BEAUSOLEIL, éc. c^{ne} de Chail.

BEAUSOLEIL, vill. c^{ne} de Lezay. — *Beau-Soleil* (Cass.).

BEAUSOLEIL, faubourg de Melle.

BEAUSOLEIL, vill. c^{ne} de Thorigné, 1653 (not. St-Maix).

BEAUVAIS, vill. c^{ne} d'Augé. — *Beauvoys*, 1567; *Beauvoir*, 1567 (not. St-Maix.).

BEAUVAIS, f. c^{ne} de Bagneux, relev. de Thouars, 1476 (fiefs de la vic. de Thouars).

BEAUVAIS, vill. c^{ne} de Breuil-Bernard. — *Beauvoys*, 1607 (pap. de Beauvais).

BEAUVAIS, f. c^{ne} de Courlay. — *Beauvoyr*, 1601 (arch. D.-S. E. 929).

BEAUVAIS, vill. et le Petit-Beauvais, c^{ne} de Mazières-sur-Béronne.

BEAUVAIS, vill. c^{ne} de Noirlieu. — *Beabeer*, 1389 (arch. St-Loup). — *Beauvais* (Cass.). — *Beauvoir-en-Noirlieu*, relev. de St-Aubin-du-Plain, 1605 (arch. St-Loup).

BEAUVAIS, f. c^{ne} de Rorthais. — *Pulchra Vallis*, 1135 (cart. de l'Absie). — *Beauvois*, 1615 (arch. V. les Lineaux).

BEAUVAIS, chât. c^{ne} de St-Léger-de-Montbrun. — *Beauvoys*, 1558 (reg. insin. de Thouars). — *Beauvais-le-Cocu*, 1593 (fiefs de la vic. de Thouars). — *Beauvois*, relev. de la vic. de Thouars, 1600 (chartr. de Thouars).

BEAUVAIS, vill. c^{ne} de St-Pompain. — *Urso de Belloverio*, 1161 (cart. de l'Absie). — *Beauvois*, 1513 (arch. V. H. 3, c^{ne} Cenon). — *Beauvoyr*, 1598 (id.).

BEAUVOIR, arr^t de Niort. — *Belveer*, 1228 (ch. du pr. de Fontblanche). — *Villa de Bello Visu*, 1244 (arch. V. Montiern., l. 95). — *Beauvoir*, 1468 (Font. XX, 276). — *Beauvoir-sur-Niort*, 1597, 1682 (arch. V. S^{te}-Cr., l. 92, et cures, l. 165). — *Beauvais-sur-Niort*, 1716 (état de l'élect.). — *Saint-Jacques de Beauvoir-sur-Niort* (pouillé 1782).

Dépendait de l'archiprêtré de Melle, de la sénéchaussée de Civray et de l'élection de Niort, et appartenait au roi (état de l'élect. 1716). Il y avait 52 feux en 1716 et 65 en 1750.

Érigé en chef-lieu de canton en 1790, Beauvoir comprenait dans sa circonscription les communes de Belleville, la Charrière, le Cormenier, Saint-Etienne-la-Cigogne, la Foye-Monjault, Granzay, Gript, Marigny, Saint-Martin-d'Augé, le Grand-Prissé, le Petit-Prissé, la Revétison, Thorigny-sur-le-Mignon. La composition du canton n'a pas varié depuis cette époque.

BEAUVOIR, vill. c^{ne} de Lezay.

BEAUVOIR, f. c^{ne} de Ménigoute. — *Beauvoir*, 1477 (arch. de la Barre, II, 136).

BEAUVOIR, vill. c^{ne} de Prahecq. — *Bellum Visum infra Praec*, v. 1260 (homm. d'Alph. de Poit.). — *Ballia de Bello Visu apud Prahec* (id.). — *Beauvoyr*, 1620 (dén. de 1620).

BEAUVOIS, h. c^{ne} d'Allonne.

BEAUVOYR, c^{ne} de Souvigné; anc. fief rel. de Châteautizon, 1661 (arch. D.-S. E. 43). L. disp.

BÉBINIÈRE (LA), c^{ne} de Vasles. — *La Bébinière* près le chemin du pont Pasgier, 1478, 1626 (arch. de la Barre II) ; anc. fief relev. des Bourdinières.

BÉCAUDERIE (LA), f. c^{ne} de Vouhé.

BÉCELEUF, c^{on} de Coulonges. — *Becelum*, XIIe siècle (cart. de l'Absie, ap. Dupuy, 828, p. 117). — *Beceleu*, v. 1255 (enq. de Xaintray, ap. arch. nat. J. 1028, n° 11). — *Becelou*, 1267 (Font. I, 391). — *Becellum*, 1300 (gr.-Gauthier). — *Becelieu*, 1411 (arch. de la Barre, 11, 421). — *Béceleuf*, 1487 (arch. D.-S. E. K. 73). — *Chastel de Becelou, autrement dit Orcanye*, 1460 (arch nat. O. 19712). — *Besselieu et Besseleuf*, 1515 (inv. d'Aub.). — *Orquenie*, 1409 ; *Orquennie*, 1458 ; *Arcanye*, 1469 (arch. V. Béceleuf, 20). — *Becelou*, XVe s. (arch. V. Béceleuf, 10). — *Bescelleu, autrement Archanye*, 1516 (arch. V. Béceleuf, 11). — *Becelleu*, 1513 (arch. D.-S. E. 282). — *Becelu*, 1515 (arch. D.-S. E. 284). — *Harquenée*, 1517 (arch. V. Béceleuf, 10). — *Bouceleu*, 1595 (arch. D.-S. E. 257). — *St-Maurice de Béceleuf*, 1648 (pouillé B.-Filleau). — *Besceleu*, 1657 ; *Besselu*, 1682 (arch. V. Béceleuf, 11). — *Bessel-leuf*, 1688 (arch. D.-S. H. 346). — *Argenée*, 1708 (arch. V. Béceleuf, 10).

La châtellenie de Béceleuf, réunie à la baronnie de Parthenay dès le XVIe siècle, comprenait les paroisses de Béceleuf, Xaintray, Vernou, le Beugnon, Rouvre, Cours, Germond, la Boissière-en-Gâtine, Pamplie, Champdeniers (hors les Quatre-Croix), et partie de celles de la Chapelle-Seguin, Surin, Ardin, Sainte-Ouenne, Allonne, Fenioux (dén. des justices de la bar. de Parth. 1744). — Le prieuré, de 1200 livres de revenu, était à la présentation de l'abbé de Saint-Liguaire. Béceleuf dépendait de l'archiprêtré d'Ardin, de la sénéchaussée de Poitiers et de l'élection de Niort (état de l'élect.). Il y avait 211 feux en 1716 et 130 en 1750.

BECELUE (LA), anc. fief situé par. de Béceleuf, et relev. de Béceleuf. — *La Becellue*, 1402 ; *la Beceleue*, 1516 ; *la Becelleuhe*, 1549 ; *la Besseleue*, 1645 (arch. V. Béceleuf, 12). L. disp.

BÉCHÉE (LA), f. et mⁱⁿ. c^{ne} d'Augé. — *La Bechée*, v. 1260 (homm. d'Alph. de Poit.). — *La Bechet*, 1443 (arch. V. f. Pet.-Chêne, E^b 410). — *La Beschée*, mⁱⁿ, 1587 (not. St-Maix.). — Relev. de la châtell. de St-Maixent.

BÉCHÉE (LA), vill. c^{ne} de Ménigoute. — *Becheya*, 1318. — *La Béchée*, 1437, vulgairement la Maison-Neuve, 1665, relev. de la Barre-Pouvreau (arch. de la Barre).

BÉCHÉE (LA), f. et mⁱⁿ. c^{ne} de St-Georges-de-Noisné. — *La Vieille-Béchée*, 1532 ; *la Béchée*, 1585 (not. St-Maix.).

BÉCHÈRE (LA), vill. c^{ne} du Breuil-Bernard.

BÉCHEREAU, f. c^{ne} d'Exireuil, 1538 (not. St-Maix.). — *Fief des Tiffornières, autrement Beschereau*, 1638 (id.).

BÉCHEREAU, vill. c^{ne} de Mauzé-Thouarsais. — *Bescherea*, 1406 (arch. V. S^{te}-Cr., l. 74). — *Béchereaux*, 1437, relev. de la vic. de Thouars (chartr. Thouars).

BÉCONS (Les), h. c^{ne} de Genneton. — *Les Bocaux* (cad.).

BÉDANNE, f. et mⁱⁿ. c^{ne} d'Azay-le-Brûlé. — *Bédasne*, 1532 ; *Bec d'Asne*, mⁱⁿ, 1560 (not. St-Maix.).

BÉE (LA), h. c^{ne} de Vernou-en-Gâtine.

BÉFOU, f. c^{ne} de Sanzay. — *Bée-fou*, 1334 (arch. V. Brosse-Guilgault, 7). — *Binfou* (Cass.).

BÉGAUDIÈRE (LA), f. c^{ne} de St-Amand-sur-Sèvre. — *La Bégaudière*, 1450, relev. de la bar. de Châteaumur (Vendée) (arch. V. E⁵ 237).

BÉGLANS, c^{ne} de Béceleuf, anc. fief rel. de la Gâconnière, 1641 (arch. D.-S. E. 315). L. disp.

BÉGNON (Le), f. c^{ne} d'Ardin. — *Béneon*, 1723 (arch. V. Béceleuf, 7).

BÉGROLLE, vill. c^{ne} de la Chapelle-Gaudin. — *Beegrole*, 1285 (chartr. de Thouars, St-P.-du-Chât.). — *Bigrole*,1413 (arch. V. Brosse-Guilgault, 40). — *Bigrolles*, 1681 (arch. V. Brosse-Guilgault, 15]. — *Bigrolle* (Cass.).

BÉGROLLE, f. c^{ne} de St-Aubin-de-Baubigné.

BÉGROLLE, m^{in}. c^{ne} de Ste-Pezenne. — *Molendinum de Begrole*, v. 1260 (homm. d'Alph. de Poit.). — *Besgrolles*, 1564 (arch. V. évêché, l. 130). — *Besgrolle*, 1658 (id. G. 130).

BÉGUERIE (LA), h. c^{ne} de Mossé.

BÉGUIÈRES (LES), vil. c^{ne} de Chizé.

BÉGUSSAUX (LE), h. c^{ne} de Pioussay, 1783 (arch. D.-S. E. 209).

BEITRON, ruisseau de Bougon, affluent du Pamprou. — *Rivus qui vocatur Beitron*, xe siècle (cart. St-Maix. I, 83).

BELAIR, h. c^{ne} de la Bataille.

BEL-AIR, éc. c^{ne} de Béceleuf.

BEL-AIR, h. c^{ne} de Breloux.

BEL-AIR, h. c^{ne} de Brioux.

BEL-AIR, f. c^{ne} de Boussais.

BEL-AIR, vill. c^{ne} de Cerizay.

BEL-AIR, h. c^{ne} de Champdeniers.

BEL-AIR, m^{en}. c^{ne} de Clazay.

BEL-AIR, f. c^{ne} de Coulonges-sur-l'Autize.

BEL-AIR, f. c^{ne} de la Chapelle-Thireuil.

BEL-AIR, vill. c^{ne} de Courlay.

BEL-AIR, éc. c^{ne} de Deyrançon.

BEL-AIR, vill. c^{ne} d'Exoudun.

BEL-AIR, vill. c^{ne} de Frontenay.

BEL-AIR, vill. c^{ne} des Hameaux.

BEL-AIR, f. c^{ne} de Magné.

BEL-AIR, vill. c^{ne} de Mazières-sur-Béronne.

BEL-AIR, h. c^{ne} de Melle.

BEL-AIR., vill. c^{ne} de Moncoutant.

BEL-AIR, f. c^{ne} de Moulins.

BEL-AIR, vill. c^{ne} de la Mothe-St-Héraye.

BEL-AIR, f. c^{ne} de Neuvy-Bouin.

BEL-AIR, f. c^{ne} de Noireterre.

BELAIR, éc. c^{ne} d'Oiron.

BEL-AIR, vill. c^{ne} de Paizay-le-Tort.

BEL-AIR, vill. c^{ne} de Périgné.

BEL-AIR, f. c^{ne} du Pin.

BEL-AIR, vill. c^{ne} de Prahecq.

BELAIR, f. c^{ne} du Puy-St-Bonnet.

BEL-AIR, f. c^{ne} de St-Amand.

BEL-AIR, h. c^{ne} de St-Florent.

BEL-AIR, f. c^{ne} de St-Gelais.

BEL-AIR, f. c^{ne} de St-Germain-de-Longue-Chaume.

BEL-AIR, vill c^{ne} de St-Germain.

BEL-AIR, vill. c^{ne} de St-Jouin-sous-Châtillon.

BEL-AIR, vili. c^{ne} de St-Romans.

BEL-AIR, h. c^{ne} de St-Sauveur-de-Givre-en-Mai.

BEL-AIR, f. c^{ne} du Temple.

BELAIR, éc. c^{ne} de Terves.

BEL-AIR, h. c^{ne} de Vernou-en-Gâtine.

BELAMOINE (LA), h. c^{ne} de Pressigny (cart. ét.-maj.).

BELANOIÈRE (LA), f. c^{ne} de Cersay.

BÉLINIÈRE (LA), f. c^{ne} de Bouillé-St-Paul. — *La Blinière* (Cass.).

BÉLINIÈRE (LA), vill. c^{ne} du Busseau.

BÉLINIÈRE (LA), f. c^{ne} de Clavé, 1583 (not. St-Maix.). — *La Blinière* (Cass.). — *La Bellinyère*, 1452 (arch. de la Barre, II).

BÉLINIÈRE (LA), f. c^{ne} de St-Aubin-le-Cloud, 1492, relev. de Châteauneuf-en-Gâtine (arch. St-Loup, reg. d'aveux).

BÉLINIÈRE (LA), vill. c^{ne} de St-Coutant.

BÉLIVAUDRIE (LA), f. c^{ne} de St-Florent.

BÉLIVAUDRIE (LA), vill. en St-Maurice-de-Mairé, réuni à Aiffres.

BELLAND (LE), éc. c^{ne} des Echaubrognes.

BELLAUDERIE (LA), f. c^{ne} de Terves, 1597 (arch. D.-S. E. 883).

BELLE (LA), rivière qui prend sa source au-dessus de Celles et qui va se jeter dans la Boutonne, près de l'embouchure de la Béronne (stat. des D.-S. par Dupin). — *Fluvium Belane*, 966 (cart. St-Maix.). — *Aqua quæ vulgariter appellatur la Belau*, 1291 (arch. V. la Trin., l. 93).

BELLEAU, f. c^{ne} de Thorigné.

BELLE-ARRIVÉE, h. c^{ne} du Breuil-sous-Argenton.

BELLE-BOUCHE, h. c^{ne} de Gourgé. — *Beleboche*, 1257 (ch. de l'Absie, ap. arch. soc. antiq. ouest). — *Belle bouche*, 1430, 1514 (pap. de la Villehervé et du Fresne). — Relev. de la seign. de Lamairé.

BELLE-CROIX, f. c^{ne} d'Allonne.

BELLE-CROIX, m^{in} à vent, c^{ne} de St-Germier.

BELLE-CROIX (LA), f. c^{ne} de Gourgé.

BELLE-CROIX (LA), h. c^{ne} de Prahecq.

BELLES-CROIX (LES), l. d. c^{ne} de Souvigné, 1670 (cart. St-Maix. II, 386).

BELLE-ETOILE (LA), éc. c^{ne} de Bouin.

BELLE-ETOILE (LA), h. c^{ne} de Chantecorps.

BELLE-ETOILE (LA), éc. c^{ne} de Niort.

BELLE-ETOILE LA), h. c^{ne} de St-Sauveur-de-Givre-en-Mai.

BELLE-FEUILLE (LA), f. c^{ne} de la Forêt-sur-Sèvre.

BELLES-FOYES (LES), f. c^{ne} de Vernou-en-Gâtine. — *Bellefaye*, 1393, relev. de la Salle-de-Fenioux (arch. V.) — *Bellefoys*, 1532 (id.). — *Les Bellesfoys*, 1585.

BELLEGARDE (LA), f. c^{ne} de Prahecq.

BELLEGARDE, f. c^{ne} de Sepvret.

BELLE-ILE, f. c^{ne} de Niort.

BELLE-LANDE, f. c^{ne} de St-Aubin-de-Baubigné. — *Bellande* (Cass. et stat. D.-S.).

BELLE-LUXE, éc. c^ne de Niort.
BELLE-MARION (LA), h. c^ne de Mauzé-Thouarsais.
BELLANOVA (NEMORA DE), *in parrochia de Clessé*, 1275 (cart. de Bourgueil).
BELLE-PLAINE, f. c^ne de Prahecq.
BELLE-PLAINE, f. c^ne de Ste-Blandine.
BELLETIÈRE (LA), f. c^ne de Fontperron. — *Beletère*, rel. de Faye, 1393 (inv. d'Aub.). — *La Belletrie*, 1567 ; *la Belletière*, 1573 (not. St-Maix.).
BELLETIÈRES (LES), f. c^ne de la Pérate.
BELLE-TOUCHE, vill. c^ne d'Assais.
BELLETRIE (LA), f. c^ne de Noirterre.
BELLEVILLE, c^on de Beauvoir. — *Bella Villa*, 1183 (arch. M.-et-L. et mém. soc. stat. D.-S. 2e sér., XIV. — *Bella Villa*, 1235 (Dupuy, 805, p. 104). — *Bellavilla in ballia de Chisiaco*, XIIIe siècle (censif de Chizé).

La paroisse de N.-D. de Belleville dépendait du diocèse de Saintes, de la sénéchaussée et de l'élection de Niort. Le service religieux fut transféré à St-Etienne-la-Cigogne. Relev. de Villeneuve la-Comtesse (état de l'élect. de Niort, 1716). Il y avait 44 feux en 1716 et 52 en 1750 (cart. alph. Poit.).

BELLEVILLE, vill. c^ne des Hameaux. — *Belleville*, par. de St-Médard de Thouars, 1561 (arch. V. f. de St-Hil., l. 874). — *Belleville-Laurent*, 1587 (fiefs de la vic. de Thouars). — Relev. de la vic. de Thouars (chartr. de Th.).
BELLEVILLE, vill. c^ne de Ste-Verge. — *Belleville-en-Thouarçois*, 1437 (cart. Chambon). — Relev. de Thouars, 1470 (fiefs de la vic. de Thouars).
BELLEVILLE, vill. c^ne de Viennay, 1498 (arch. de la Bret.).
BELLEVUE, f. c^ne de Clussais.
BELLEVUE, f. c^ne de Germond.
BELLEVUE, éc. c^ne de Mairé-l'Evescault.
BELLEVUE, vill. c^ne de la Mothe-St-Héraye.
BELLEVUE, f. c^ne de Prailles.
BELLEVUE, f. c^ne de St-Amand-sur-Sèvre.
BELLEVUE, vill. c^ne de Ste-Ouenne.
BELLINIÈRES (LES), f. c^ne de la Pérate.
BELLIVIÈRES (LES), c^ne de Juscorps ; anc. fief rel. du marq. de Fors, 1729 (arch. D.-S. B. 176). L. disp.
BELLIVRIE (LA), f. c^ne de Largeasse. — *La Bellivrie*, relev. de la seign. de Chapelle-Bertrand, 1692 (arch. V.). — *La Beuvrie* (Cass.).
BELLOTIÈRE (LA), vill. c^ne de Marigny. — *La Balotière*, XIIIe siècle (censif de Chizé, dom. d'Alph. de Poit.). — *Adena*, 1307 (arch. V. f. Ste-Croix, l. 92). — *Adène*, 1369 (id.). — *L'hôtel d'Adène-la-Franche et la Bellotière*, 1429 (id.). — *La Bellotère*, par. de St-Jean-de-Marignec, 1427 (arch.

V. coll. Ste-Marthe, l. 109). — *Danne-la-Franche ou la Belotère*, 1449. — *Adane-la-Franche ou la Bellotière*, 1459 (arch. V. Ste-Croix). — *La Bellotière*, appartenant à l'abbaye de Ste-Croix de Poitiers, 1552 (id.). — *Adane-la-Franche*, autrement appelée *la Belotère*, 1457. — *La Belotère*, 1527 (id.).
BELLUTELLES (FIEF DES), c^ne de Louin, l. d., relevant de la Ronde-en-Louin, 1639 (arch. Vernay).
BELTIÈRE (LA), vill. c^ne de Fontperron.
BELUTÈRE (LA), f. c^ne de Neuvy-Bouin, 1390 (arch. V. Brosse-Guilgault, 1).
BELVEDER, h. c^ne d'Allonne.
BENARDRIE, éc. c^ne de Sanzay.
BENAUT, m^in. c^ne de Secondigny, 1428 (arch. hist. Poit. XXIV, 6, n.). L. disp.
BENAY, h. c^ne de Secondigné-sur-Chizé. — *Boinay*, 1776 (arch. V. E^3, l. 33).
BENEST, f. c^ne de Pamplie, 1615 (arch. V. Beauregard, 26).
BENETTE, vill. c^ne de Xaintray. — *Beneste*, 1582 (not. St-Maix.). — *Benest*, 1615 (arch. V. Béceleuf, 7).
BÉNÉTIÈRE (LA), f. c^ne de Combrand.
BÉNÉTIÈRE (LA), f. c^ne de St-Marsault. — *Les Bénétières* (Cass.).
BENILLY (PETIT), f. c^ne de Noirterre. — *Benillé*, 1556 (reg. insin. Thouars).
BENILLY (GRAND ET PETIT), vill. c^ne de St-Porchaire. — *Le Grant Benillé*, 1396 (arch. V. Fontaine-le-C., l. 30). — *Le Grand Benillé*, relev. de St-Porchaire, 1433 (tit. châtell. St-Porch.). — *Le Grand Benilly* (Cass.).
BENNERIE (LA), h. c^ne du Breuil-sous-Argenton.
BENNERIE (LA), h. c^ne de St-Sauveur-de-Givre-en-Mai.
BENOIST (LES), éc. c^ne de St-Clémentin.
BÉQUINIÈRE (LA), f. c^ne de St-Jouin-sous-Châtillon.
BÉRAUDIÈRE (LA), f. c^ne d'Allonne.
BÉRAUDIÈRE (LA), (HAUTE ET BASSE(, f. c^ne de Beaulieu-sous-Parthenay. — *La Burraudère*, 1554 (not. St-Maix.).
BÉRAUDIÈRES (LES). — *Les Béraudères*, par. de Vasles, 1436 (arch. V. f. S^te-Cr., l. 44). L. disp.
BERCHOLIÈRE (LA), f. c^ne de la Boissière-en-Gâtine. — *La Brechotière* (Cass.).
BERDRIE (LA), f. c^ne de la Ronde.
BERGE (LA), f. c^ne de Surin.
BERGEONNE (LA), h. c^ne de Verruyes. — *Berjonne* (Cass.).

BERGÈRE (LA), h. cne de Sansais.
BERGÈRE (LA HAUTE), f. cne de Vasles. — *Laudbergère* (Cass.). Voir LEAUDEBERGÈRE.
BERGERIE (LA), f. cne de l'Absie.
BERGERIE (LA), f. cne de Loublande.
BERGERIE (LA), f. cne de Secondigny.
BERGERIE (LA), f. cne de Verruye, relev. de Ternant, 1530 (arch. V. f. Pet.-Chêne, Eᵉ 412).
BERGERIOUX (LE GRAND), f. cne du Busseau.
BERGILLON, vill. cne d'Assais. — *Bregillon* (Cass.).
BERGNÉ, cabane, cne de St-Georges-de-Rex. — *Brenier* (Cass.).
BERGNIER, h. cne du Bourdet.
BERGUEIL, h. cne de Rom.
BERLANDIÈRE (LA), h. cne de Fenioux. — *La Brelandière* (Cass.).
BERLANDIÈRE (LA), f. cne de Ste Pezenne.
BERLANDIÈRE (LA), f. cne de Soudan, relev. de la châtell. de St-Maix., 1618 (cart. St-Maix. et arch. V C. 2, 106). — *La Brelandière* (Cass.).
BERLANDIÈRES (LES), f. cne de Vasles.
BERLANNE (LA), rivière, affluent de la Béronne (stat. des D.-S. par Dupin).
BERLIAUDRIE (LA), f. cne de Magné.
BERLIÈRE (LA), h. cne de Brulain. — *La Berlère en Brulent*, 1408. — *La Berlière*, 1561, relev. de Niort. (gr.-Gauthier, des bénéf.).
BERLIÈRE (LA), f. cne de Fenioux.
BERLIÈRE (LA), f. cne de Goux. — *Boscus de Berleria* ou *Belleria*, 1245 (comptes d'Alph. de Poit.). — *La Berlère*, 1222, 1269 (cart. St-Maix. II), 1274 (arch. V. abb. de Celles). — *Berleria*, 1285 (arch. V. E. 2, 242). — Relev. de la châtell. de St-Maixent (cart. St-Maix. intr. et ét. du duché de la Meill. 1775).
BERLIÈRE (LA), vill. cne de Nanteuil. — *Belleria*, v. 1260 (homm. d'Alph. de Poit.). — *La Bellère*, 1404, relev. de St-Maixent (gr.-Gauthier, des bénéf.). — *La Brelerye*, 1648 (arch. D.-S. E. 1198).
BERLIÈRE (LA), f. cne de Rom, 1680 (arch. V. m.-D. 149).
BERLIÈRE (LA HAUTE), h. cne de St-Pardoux.
BERLIÈRE (LA BASSE), h. cne de St-Pardoux.
BERLINCHÈRE (LA), h. cne de Secondigny. — *La Brelinchère* (Cass.).
BERLONNIÈRE (LA), f. cne de Soudan, 1623, relev. de St-Maixent (arch. V. C. 2, 106).
BERLUTIÈRES (LES), vill. cne de Thénezay.
BERNARD, mᶦⁿ. cne de Massais.
BERNARDIÈRE (LA), f. cne d'Aigonnay.
BERNARDIÈRE (LA), f. cne de la Chapelle-Largeau.
BERNARDIÈRE (LA), (GRANDE ET PETITE), f. cne de la Chapelle-St-Laurent.

BERNARDIÈRE (LA), vill. cne de la Chapelle-Thireuil. — *La Brenardière*, relev. de Vouvent, 1631 (arch. Bois-Chap.).
BERNARDIÈRE (LA), h. cne de Fenioux, 1577 (arch. hist. Poit. XX, 388). — Relev. de la Braudière (ét. du duché de la Meill. 1775).
BERNARDIÈRE (LA), f. cne de St-Aubin-de-Baubigné.
BERNARDIÈRE (LA), h. cne de St-Coutant.
BERNARDIÈRE (LA), h. cne de St-Vincent.
BERNARDIÈRE (LA), f. cne de Sanzay.
BERNARDIÈRE (LA), vill. cne de Secondigné. — *La Bernardière*, XIIIe siècle (censif de Chizé). — *La Bernadière*, 1703 (arch. D.-S. E. 1186).
BERNARDIÈRE (LA), chât. cne de Tessonnière, 1366 (arch. de Maisontiers). — Relev. de la tour de Maubergeon.
BERNARDIÈRE (LA), f. cne de Vasles. — *La Bernardère*, 1435, relev. de l'abbaye de Ste-Croix de Poitiers (arch. V. Ste-Croix, l. 45).
BERNARDRIE (LA), f. cne de Thénezay.
BERNATIÈRE (LA), h. cne de Saivre. — *La Brenatière*, 1530 ; *la Bernatière*, 1539 ; *la Bernattière*, 1549 (not. St-Maix.).
BERNE, f. cne d'Azay-le-Brûlé.
BERNEGOUE, vill. et logis, cne de St-Martin-de-Bernegoue. — *Bernagoies*, *Bernagoe*, 1244 (comptes d'Alph. de Poit.). — *Bernagouhe*, relev. de la seign. de Prahecq, fin du xve siècle (mém. soc. stat. D.-S. 2e série, XIV). — *Bernegouhe*, 1535.
BERNERIE (LA), vill. cne d'Augé. — *Capella Sti Hilarii que capella statuta est in terra Bernerie sub parrochia Sti Gregorii de Augec*. 1129 (cart. St-Maix. I, 314). — *La Brenerie*, 1528 ; *la Bernerie*, 1537 (not. St-Maix.). Voir St-HILAIRE.
BERNERIE (LA), f. cne du Breuil-sous-Argenton.
BERNERIE (LA), f. cne de Ménigoute. — *La Brenerie*, 1378, 1444. — *La Brunerie*, 1519, relev. de la Barre-Pouvreau (arch. de la Barre, I, II). — *La Brenerye*, 1667 (arch. D.-S. E. 1199).
BERNERIE (LA), f. cne de St-Aubin-de-Baubigné.
BERNIÈRE (LA), f. cne de Brulain. — *La Bernière*, relev. du grand Viron, 1621 (aveu de la Mothe-St-H.).
BERNIÈRE (LA), f. cne de St-Christophe-sur-Roc.
BERNIÈRE (LA), f. cne du Tallud.
BÉRONNE (LA), riv. affluent de la Boutonne. — *Beronna*, 950 (cart. St-Maix., p. 30).
BERRI (HAUT ET BAS), vill. cne de St-Martin-de-Bernegoue. — *Berry* (Cass.).
BERSANCHÈRE (LA), vill. cne de St-Germain-de-Longue-Chaume. — *La Bredenchère*, 1509. — *La*

Bresenchière, 1554, relev. de la seign. de la Ronde de Louin (arch. V. E. 1).

BERSAUDIÈRES (LES), m^{ins}. c^{ne} de Bouillé-Loretz.

BERTALIÈRE (LA), f. c^{ne} de St-Germier. — *La Bretralière*, 1605 (arch. V. coll. Ste-Mart., l. 82). — *La Bretatière*, 1667 (arch. D.-S. E. 1200).

BERTAMERIE (LA), vill. c^{ne} de Lezay. — *La Bertromelière* (Cass.).

BERTAMERIE (LA), vill. c^{ne} de Vitré. — *La Bretamière*, 1585 (not. St-Maix.). — *La Bretonnerie* (Cass.).

BERTAUDIÈRE (LA), f. c^{ne} de la Petite-Boissière.

BERTAUDIÈRE (LA), vill. c^{ne} de Goux. — *La Bretaudière*, 1546 ; *la Berthaudière*, 1567 ; *la Bertauldière*, 1553 (not. St-Maix.).

BERTELIÈRE (LA), f. c^{ne} de Fenioux. — *La Brethellière*, 1577 (arch. hist. Poit. XX, 388). — *La Bertilière* (Cass.).

BERTELIÈRE (LA), f. c^{ne} de St-Amand. — *Breteleria*, 1205 (cart. d'Orbestier, pr. de St-Lambert). — *La Berthelière*, 1662 (arch. V. pr. l. 56). — *La Bretellière* (Cass.).

BERTELIÈRE (LA), f. c^{ne} de St-Aubin-le-Cloud. — *Bertheleria*, 1218 (cart. de Rays, ch. de s. de Maul.). — *La Berthelère*, 1400 (arch. Bret.-Chal.). — *La Berthelière*, 1492. — Relev. de Châteauneuf-en-Gâtine et faisait partie du fief dit des Cinq-Masures (la Gât. hist. et mon.).

BERTENVILLE, f. c^{ne} du Busseau.

BERTHAUDIÈRE (LA), f. c^{ne} de la Chapelle-Largeau.

BERTHELIÈRE (LA), f. c^{ne} de la Chapelle-St-Etienne. — *La Brethelière*, 1776.

BERTHON, mⁱⁿ. c^{ne} du Tallud.

BERTIÈRE (LA), h. c^{ne} de Goux.

BERTIÈRE (LA), f. c^{ne} de St-Aubin-le-Cloud.

BERTIÈRE (LA), f. c^{ne} de St-Georges-de-Noisné. — *La Bertère*, 1452 (arch. de la Barre, II). — *Les Bertières* (Cass.).

BERTIÈRE (LA), mⁱⁿ. c^{ne} de Secondigny. — *La Borelière* (Cass.).

BERTIÈRE (LA HAUTE), h. c^{ne} de Verruye.

BERTIGNOLERIE, f. c^{ne} de Noirèterre.

BERTIN, mⁱⁿ. c^{ne} de St-Romans-lez-Melle.

BERTIN, vill. c^{ne} de la Chapelle-Gaudin. — *Bretin* (Cass.).

BERTINAUD, f. c^{ne} de la Chapelle-St-Étienne.

BERTINEAU, h. c^{ne} de Pugny.

BERTINIÈRE (LA), vill. c^{ne} de Chanteloup. — *La Bertinère*, 1376, 1439, relev. de la seign. de Forges à Bressuire (arch. St-Loup, reg. d'aveux).

BERTINIÈRE (LA), vill. c^{ne} de la Pérate, relev. de Parthenay, 1704 (arch. V. C. 491).

BERTINIÈRE (LA), f. c^{ne} de St-Lin.

BERTINIÈRE (LA), f. c^{ne} de Vernou-en-Gâtine. — *La Bretinère*, 1457 (arch. V.).

BERTOMELIÈRE (LA), h. c^{ne} de Chiché. — *La Berthomelère*, 1419 (arch. St-Loup, reg. d'aveux). — *La Barthomelière*, 1556 (reg. insin. Thouars).

BERTONNIÈRE (LA), vill. c^{ne} d'Augé. — *Britoneria*, 1161 ; *Bretoneria*, 1218 (cart. des Chât.). — *La Bertonère*, 1363 (cart. St-Maix. II, 147). — *La Brethonnière*, 1565 (not. St-Maix.). — *La Bretonnière* (Cass.).

BERTONNIÈRE (LA). — '*La Bertonnère* près la Grellerie-en-Boismé, 1401, 1421 (arch. St-Loup, reg. d'aveux). — *La Bretonnière*, l. disp. (aff. du Poit. 1778, p. 192).

BERTONNIÈRE (LA), vill. c^{ne} de Lezay.

BERTONNIÈRE (LA), f. c^{ne} de St-André-sur-Sèvre. — *La Bertonère*, v. 1000 (Font. VIII, 137, Trin. de Maul.).

BERTONNIÈRES (LES), f. c^{ne} de Mazières-en-Gâtine. — *Le prieur de la Berthonnère*, 1444, 1465 (arch. V. Pet.-Chêne, E^s 402). — *La Barthonnère*, 1458 (arch. V. H. 3,869). — *La Grande et Petite Bertonnère*, relev. de la commanderie de St-Remi, 1613 (id.). — *La Brethonnère*, 1572 (arch. V. Pet.-Ch. E^s 408). — *La Bertonnière* (Cass.).

BERTOTIÈRE (LA), f. c^{ne} de Vouhé. — La moitié de la *Berthottière*, relev. de Pressigny-en-Gâtine, 1600 (arch. V. Pet.-Ch. E^s 413).

BERTRAMELIÈRE (LA), vill. c^{ne} de Lezay.

BERTRAMERIE (LA), vill. c^{ne} de Vitré, 1611 (arch. V. coll. Ste-Mart., l. 112).

BERTRAMIÈRE (LA), vill. c^{ne} de l'Enclave. — *La Bertramière*, 1621 (aveu de la Mothe-St-H.).

BERTRANDIÈRE (LA), f. c^{ne} de Ménigoute.

BERTRANDIÈRE (LA), f. c^{ne} de la Pérate. — *La Bertrandière*, 1442 (inv. de Ste-Croix de Parth.). — *La Bertrandie*, 1419 (arch. nat. J. 183).

BERTRANDIÈRE (LA), f. et logis, c^{ne} de Pompaire. — *La Bretrandière*, 1528 (arch. V. E^s, 1.32). — Relev. de la seign. de Lhérigondeau (la Gât. hist. et mon.).

BERTRANDIÈRE (LA), f. c^{ne} de Pougnes.

BERTRANDIÈRE (LA), f. c^{ne} de St-Germier. — *La Bertandière* (Cass.).

BERTRANDS (LES), f. c^{ne} de Marnes.

BERTRIX, mⁱⁿ. c^{ne} de St-Romans-lez-Melle. — *Moulin de Bertrain*, 1611 (arch. V. coll. Ste-Mart., l. 112).

BESACE (LA), éc. c^{ne} de St-Symphorien

BESSAC, mⁱⁿ. à eau, faubourg de Niort et c^{ne} de Ste-Pezenne. — *Vicaria Basiacinse in pago Alienense*, 939 (cart. St-Cyprien de Poit.). — *Vicaria Bachiacense in pago Auinisio*, xe siècle (cart. St-Maix. 86). — *Villa Bassiacinse in eadem vicaria*, 975 (cart. St-Cypr.). — *Vicaria*

Basiasincse in pago Alienense, 978 (cart. S¹-Maix. 68). — *Vicaria Baciacinse in pago Alninse*, 980 (cart. S¹-Cypr.). — *Vicaria Basiachinse in villa Niortensi*, v. 985 (cart. S¹-Maix. 64). — *Vicaria Bachiacinse in pago Pictavo*, 988-1031 (cart. S¹-Cypr). — *Vicaria Bassiaco sub villa que vocatur Petra*, 990 (id.). — *Moulin de Bessac*, 1511 (arch. V. E⁸ Faudry). — *Moulin de Bessac*, paroisse de S¹ᵉ-Pezenne, 1634 (id. évêché, l. 134).

La situation du chef-lieu de la *vicaria Bassiacensis* est demeurée longtemps incertaine ; il semble que Bessac, faubourg de Niort, convient mieux à tous les points de vue. Bessac formait, il est vrai, une viguerie de l'Aunis, mais le *pagus* de l'Aunis comprenait une partie de ce qui fut bientôt la ville de Niort. Pied-de-Font, situé à une demi-lieue de Niort, y était aussi compris. La viguerie de Niort, qui apparaît en 971, absorbe promptement celle de Bessac, dont elle faisait d'abord partie. Ainsi *Fornax Callidus* en 936 et *Petra* en 990, dépendant d'abord de Bessac, passent en 990 au pagus et viguerie de Niort. Brenier, cⁿᵉ du Bourdet, et Sansais sont attribués, vers l'an 1000, à la viguerie de Niort, qui semble ainsi avoir remplacé complètement, vers cette époque, celle de Bessac. (Voir note de M. Rédet publiée à la suite du cart. de S¹-Cyprien, p. 436.)

Les chartes du xᵉ siècle placent dans la viguerie de Bessac les localités suivantes : Belmont *in territorio Niortinse* (la Grange-au-Mont, cⁿᵉ de Niort), Bessines, Coulon, S¹-Florent, Pied-de-Font, *Fornax Calidos prope* Niort, lieu indéterminé, mais qui pourrait bien être le fort Foucaud ; Frontenay ; *Guarviacus* sur la Guirande, lieu indéterminé, peut-être Cherves ; *Iziacus*, lieu indéterminé, *Lempniacus* (la Leigne près Mauzé) ; — *Malum Pertusum* (peut-être Maurepas près Coulon) ; Néron en la cⁿᵉ de Sansais ; *villa Petra*, lieu incertain ; *Posciolis*, lieu indéterminé ; Sansais, S¹-Symphorien, *Ulmus* (Lormeau en la cⁿᵉ de Magné) ; *Verduniacus* (Verdonnier, cⁿᵉ de Magné). La viguerie de Bessac, qui prit ensuite le nom de Niort, pouvait donc comprendre, comme l'a observé M. Faye, le territoire de l'ancien archiprêtré de Mauzé. Son chef-lieu et quelques-unes des localités de son ressort étaient situés sur le territoire même de ce qui fut plus tard la ville de Niort.

Bessac, vill. cⁿᵉ de Périgné. — *Villa Bibiaco in vicaria Metulinsi*, 969 (arch. V. orig. du fonds de Nouaillé, n° 53). — *Bessat* (Cass.).

Bessé, f. cⁿᵉ de Cherveux. — *Baissé, Boissé*, 1415 (arch.V. la Faugère). — *Seign. de Bessé*, 1507 (Font. IX, 389).

Bessé, f. cⁿᵉ de Thorigné. — *Bessay* (Cass.).

Bessière (La), chât. et vill. cⁿᵉ de Vitré. — *La Veceria*, 1097 (cart. S¹-Cyprien). — *Veceria*, 1117-1134 (cart. S¹-Maix. I, 232). — *La Vecère*, 1248 (cart. S¹-Maix. II, 80). — *Bexeria*, 1300 (gr.-Gauthier). — *La Bessère*, 1396 (arch. hist. Poit. XXIV, 244). — *La Vexère*, 1470 (arch. V. E. 1,17). — *Bissière*, 1646 (arch. V. coll. S¹ᵒ-Marthe). — *Chapelle de la Vexière ou de Salleboeuf* (pouillé 1782). — La Bessière relevait de S¹-Maixent (ét. du duché de la Meill. 1773).

Bessines, cⁿ de Frontenay. — *Villa Sancti Caprasii in vicaria Basiasinese in pago Alienense*, 978 (cart. S¹-Maix. 50). — *Bossia de Vinea*, v. 985 (Font. LXIII, p. 479). — *Villa Bassinas*, 1096 (Font. XIII, 204). — *Baisinia*, 1117-1134 (cart. S¹-Maix. 332). — *S*ᵘˢ *Caprasius de Bessines* (panc. de Rochech., 1401). — *Bassine*, 1390 (arch. V. cⁿᵉ de S¹ᵉ-Gemme). — *Bessines*, 1419 (Font. XX, 227). — *Port de Bessines*, 1468 (id.). — *Baissine*, 1645 (arch. V. Pouzay, 2).

Bessines rel. de l'abbaye de S¹-Liguaire, dépendait de l'archiprêtré de Mauzé, diocèse de Saintes, et de l'élection de Niort. La cure était à la nomination de l'abbé de S¹-Liguaire. Il y avait 37 feux en 1716 et 51 en 1750 (état de l'élect. Niort, 1716, et cart. alph. du Poit.).

Besson, cⁿᵉ de la Chapelle-Thireuil. — *Moulin de Bexon* près le chemin de la Girardière audit moulin, 1436 (arch. V. Fontaine-le-C. 30).

Bessons (Les), mⁱⁿ. cⁿᵉ de Chef-Boutonne.

Bessons (Les), f. cⁿᵉ de Genneton.

Bestière (La), f. cⁿᵉ de la Chapelle-Bertrand.

Bétanie, h. cⁿᵉ de S¹-Sauveur-de-Givre-en-Mai.

Bète (La), f. cⁿᵉ de Prahecq.

Beucodrie (La), vill. cⁿᵉ de Vouhé. — *La Boucaudère*, 1522 (not. S¹-Maix.). — *La Bécauderie* (cad.).

Beugnon (Le), éc. cⁿᵉ de Chiché.

Beugnon (Le), cⁿ de Coulonges-les-Royaux. — *Ecclesia Daubeugnon*, 1300 (gr.-Gauthier). — *Le Buignon-en-Gâtine*, 1396, 1400 (arch. nat. O. 19698).

La cure était à la nomination de l'abbé de Luçon. La paroisse de S¹-Maurice du Beugnon relevait de la châtellenie de Bécœuf réunie à la baronnie de Parthenay (dén. des just. de la bar. de Part. en 1744). Elle fit d'abord partie de l'élection de Niort en 1555, puis de celle de Parthenay en 1579, et retourna bientôt à celle de Niort (état de l'élect. en 1716). Elle dépendait de la sénéchaussée de Poitiers et de l'archiprêtré d'Ardin, qui appartint d'abord au diocèse de Poitiers, puis à celui de Maillezais en 1317, et ensuite à celui de la Rochelle. Le prieuré du Beugnon, de 1,000 livres de revenu, avait été réuni au chapitre de Luçon (id.). Il y avait 145 feux en 1716 et 153 en 1750.

BEUGNON (LE), f. c^{ne} de Boismé, relev. de Puymarri, 1425 (arch. St-Loup).

BEUGNON (LE), f. c^{ne} du Breuil-Bernard. — *Le Buygnon*, 1402, relev. de la baronnie de Bressuire (arch. St-Loup, reg. d'aveux). — *Le Buignon* (Cass.).

BEUGNON (LE), vill. c^{ne} de Germond. — *Le Buygnon*, 1609 ; *le Bégnon*, 1689 (arch. V. E. 1, 11).

BEUGNON (LE), vill. c^{ne} de Mazières-en-Gâtine. — *Bugnum*, 1111 (cart. St-Maix. I, 273). — *Bugnun*, 1208 (arch. V. H. 3, et arch. hist. Poit. XX, 221). — *Le Bignon*, 1547 (not. St-Maix.). — *Le Buignon* (Cass.).

BEUGNON (LE), (GRAND ET PETIT), vill. c^{ne} de Montigny.

BEUGNON (LE), vill. c^{ne} de St-Paul-en-Gâtine. — *Lau Bugno*, v. 1120 (cart. de l'Absie). — Relev. du prieuré de St-Paul, 1687 (arch. de la Barre, II, 226). — *Le Buignon* (Cass.).

BEUGNONET (LE), f. c^{ne} du Beugnon. — *Le Buignonnet appelé Fontaubert*, 1512 (arch. V. Pet.-Chêne, E^3 400).

BEUGNONET (LE), f. c^{ne} de Fenioux, relev. de Secondigny, 1387 et 1716 (arch. V. et pap. fam.).

BEUILLAS, vill. c^{ne} de Vausseroux. — *La Buayllerie*, relev. de la Barre-Pouvreau, 1359, 1436 (arch. de la Barre, II). — *Buaillea*, 1456 (id.). — *Buailleau*, 1468 (arch. V. E. 1, 10). — *Le Beuilleau*, aliàs *Beuillay*, 1601. — *Beuilleau*, 1703 (arch. de la Barre).

BEUILLY, h. c^{ne} de St-Porchaire. — *Le grand et le vieil Beuille*, 1656 (arch. V. Brosse-Guilgault, 8).

BEURE-BALON, m^{on}. c^{ne} de Ste-Pezenne.

BEURNIÈRE (LA), vill. c^{ne} de Massais. — *La Burnière* (Cass.).

BEUVRON (M^{in} DE), c^{ne} de Marnes.

BEUVRON, f. c^{ne} de St-Sauveur-de-Givre-en-Mai. — *Bois de Bévron*, 1376, relev. de Bressuire (arch. St-Loup, reg. d'aveux).

BÉVINIÈRE (LA), f. c^{ne} de Pamplie. — *La Besvinère*, 1493 (arch. V. E. 1, 9).

BÉVINIÈRE (LA), f. c^{ne} de Vouhé.

BEZANÇAIS, f. c^{ne} du Tallud. — *Besançay*, 1556 (pap. de fam.).

BEZOCHÈRE (LA), h. c^{ne} de St-Pardoux. — *La Bazochère*, 1563 (arch. V. prieurés, l. 58).

BIALIÈRE (LA), h. c^{ne} de Moncoutant.

BIALIÈRE (LA), f. c^{ne} de la Ronde. — *La Biaillère*, 1437, relev. de Bressuire (arch. St-Loup, reg. d'aveux). — *La Biaillière* (Cass.).

BIARD, chât. et vill. c^{ne} de Glenay. — *Biart*, 1354 (pap. de Châtillon-Boussay). — *Biars*, 1405 (arch. Vernay). — *Diard*, 1436 (doc. sur les vic. de Thouars, à la suite du cart. de Chambon publ. par Imbert). — *Le Petit-Biard*, par. de Glenay, relev. de Thouars à cause de Riblère réuni à la vicomté, 1538 (fiefs de la vic. de Thouars).

BIARD (LE PONT) sur le Cébron, c^{ne} de Louin. — *Croix de Biart* (Cass.).

BIARD, f. c^{ne} de Prailles. — *Byart*, 1584 (not. St-Maix.). — *Biard* (Cass.).

BIARDIÈRE (LA), vill. c^{ne} de Coulonges-Thouarsais. — *La Biardère*, 1351 (chartr. de Thouars). — *La Byardière*, 1350 (arch. V. Brosse-Guilgault, 1). — *La Biardière*, 1600 (arch. V. H. 3, 810). — Relev. de la seign. de Glenay (arch. St-Loup).

BIAROUE, vill. c^{ne} de Juscorps. — *Biarouhe*, 1644 (arch. D.-S. E. 1174). — *Biarou* (Cass.).

BIAUDIÈRE (LA) ou BILLAUDIÈRE, f. c^{ne} d'Adilly.

BICHAUDRIE (LA), f. c^{ne} de St-Christophe-sur-Roc.

BICHERIE (LA GRANDE), par. de St-Loup, relev. de la Ronde de Louin, 1639 (arch. Vernay).

BICHETIÈRE (LA), h. c^{ne} d'Azay-sur-Thoué.

BICHONNERIE (LA), h. c^{ne} de Verrines-s.-Celles.

BICHONNIÈRE (LA), f. c^{ne} de Viennay, 1567, relev. de la Bretonnière (inv. de Ste-Croix de Part.) ; appartenait aux ursulines de Parthenay en 1744.

BICHOTTIÈRES (LES), f. c^{ne} de Courlay. — *Les Bichotères*, 1292 (arch. de la Durbellière). — *Les Bicholières* (Cass.).

BICOULIÈRE (LA), f. c^{ne} de St-Amand. — *La Bicoullière* (Cass.).

BIDAUDRIE (LA), f. c^{ne} de Rom.

BIDOLIÈRE (LA), logis, c^{ne} de St-Martin-de-St-Maixent. — *La Bidolière*, 1522 (not. St-Maix.). — *La Bidollière* (Cass.). — Relev. de l'abbaye de St-Maixent (cart. St-Maix. intr.).

BIE (LA), vill. c^{ne} de Courlay. — *La Bye* (Cass.).

BIE (LA), h. c^{ne} de Secondigny.

BIEF-BOISSEAU (LE), cab. c^{ne} d'Arçais.

BIGAUDIÈRE (LA), vill. c^{ne} de Cherveux.

BIGNET, vill. c^{nes} de Lezay et de Vançais. — *Bignetum*, 1365 (arch. V. E^3, 237). — *Bignet*, 1641 (arch. V. coll. Ste-Marthe, l. 83).

BIGNOLESSE, logis et vill. c^{ne} de Ste-Soline.

BIGNON, h. cne de l'Enclave.

BIGNONET (LE), f. cne du Beugnon. Voir BEUGNONET.

BIGNONNET (LE), h. cne de Fenioux. — *Buignonnet*, 1487-1716, relev. de Secondigny (bibl. Poit. ms. 141). — *Le Beugnonet* (Cass.).

BIGNONNIÈRE (LA), vill. et rivière, cne de Chanteloup. — *La Bugnonère*, 1399 (arch. St-Loup, reg. d'aveux). — *Pont de la Bignonière*, 1504 (arch. fabr. Chap.-St-Laur.).

BIGORLIÈRE (LA), f. cne de Beaulieu-sous-Parthenay, relev. du Fouilloux, 1661 (ét. du duché de la Meill.).

BIGORREAU, vill. cne de St-Germain.

BIGOTERIE (LA), vill. cne de Prailles.

BIGOTRIE (LA), mon. cne de Niort. — *La Bigotterie*, 1645 (arch. de la Barre, I, 96). — *La Bigotrie*, appartenant aux religieux de la Charité de Niort, 1725 (arch. V. évêché de Poit., 1. 130).

BIGOTTRIE (LA), h. cne de Clussais.

BIGROLE, h. cne de St-Laurs. — *Bégrolles*, relev. de Coulonges, 1568 (arch. V. C. 2, 1. 219). — *Bigrole* (Cass.).

BILAZAIS, con de Thouars. — *Balazaicus*, 1164 (Font. V, ch. d'Alex. III pour Ste-Croix de Poit.). — *Bilazai*, xiie siècle (cart. de l'Absie). — *Bilazaium*, 1239 (cart. St-Michel Thouars). — *Billazay*, 1300 (gr.-Gauthier). — *Billasay*, 1387 (arch. V. Ste-Cr., 1. 77). — *Billazais*, 1518 (arch. D.-S. H. 57). — *Ste-Radegonde de Billazai*, 1782 (pouillé). — *Bilazay*, 1782 (arch. D.-S. E. 98).

La cure était à la nomination de l'abbesse de Ste-Croix de Poitiers. Bilazais relevait partie de la vicomté de Thouars et partie de l'abbaye de Ste-Croix. Il dépendait de la sénéchaussée de Poitiers, de l'archiprêtré et élection de Thouars. Il y avait 44 feux en 1750.

BIJOU (LE), l. d. cne de Ste-Pezenne, 1774 (arch. D.-S. G. 29).

BILLARDERIE (LA), f. cne de St-Marc-la-Lande. — *La Billardière* (Cass.).

BILLARDIÈRE (LA), f. cne de Cerizay.

BILLARDIÈRE (LA), vill. cne de Combrand.

BILLARDIÈRE (LA), f. cne de Cours.

BILLASSON, f. cne de la Coudre. — *Billadon* (Cass.).

BILLAUD, f. cne de St-Aubin-de-Baubigné.

BILLAUDERIE (LA), f. cne de Terves, 1596 ; anc. fief rel. du Bois-Dangirard (arch. D.-S. E. 883).

BILLAUDIÈRE (LA), f. cne d'Adilly.

BILLAUDIÈRE (LA), f. cne de la Ferrière.

BILLAUDIÈRE (LA), vill. cne de Fressines. — *La Billaudère*, 1528 (not. St-Maix.).

BILLAUDIÈRE (LA), f. cne de St-Marc-la-Lande.

BILLAUDIÈRE (LA), f. cne de Parthenay.

BILLAUDIÈRE (LA), f. cne de St-Pardoux.

BILLEPAIN, h. cne de Juscorps. — *Millepin* (Cass.).

BILLET, min. cnes de la Chapelle-Thireuil et de Fenioux. — *Billé*, xiie siècle (cart. de l'Absie, ap. Dupuy, 828).

BILLETTE, étang, cne de Cersay.

BILLETIÈRE (LA), vill. cne de Fontperron. — *La Beletière*, 1707 (arch de la Barre, II).

BILLIÈRE (LA), vill. cne de Combrand.

BILLIÈRE (LA), h. cne de Montravers.

BILLOIRE (LA), h. cne d'Adilly.

BILLONNIÈRE (LA), vill. cne de la Chapelle-Thireuil. — *La Billonnière*, 1631, relev. de Vouvent (arch. du Bois-Chapeleau).

BILLOTERIE (LA), f. cne des Forges. — *La Bilhotière*, 1483 (arch. V. f. Ste-Croix, 1. 46). — *La Blioterie* (Cass.).

BILLOTIÈRE (LA), f. cne d'Azay-sur-Thoué, 1660 (arch. V. seig. div. 32).

BILLOTIÈRE (LA), f. cne de St-Loup. — *La Billotière*, 1784 (arch. D.-S. E. 57).

BILLOUÈRE (LA), f. cne d'Adilly. — *La Bloère* 1404 (arch. de Moiré). — *La Blouère*, 1460 (cart. des Châtell.).

BILLY, h. cne de la Coudre. — *Billé*, 1414 (dict. fam. Poit. II, 844).

BILLY, vill. cne de Maisontiers. — *Billé*, 1581 (min. not. Parth.).

BIMARD, vill. cne de Prahecq.

BIMARD, vill. cne de Vouillé.

BIMBOIRE (LA), f. cne de St-Sauveur.

BINACHERIE (LA), f. cne de Limalonges.

BINCHIN, f. cne de Chanteloup.

BINARDÈRE (LA), cne de Boismé, près de la Bouchetière, 1421, 1. disp. (arch. St-Loup, reg. d'aveux.).

BINIÈRE (LA), h. cne de St-Etienne-la-Cigogne.

BINOCHÈRE (LA), f. cne de Beaulieu-sous-Parthenay.

BIONNIÈRE (LA), f. cne de la Chapelle-Thireuil. — *La Billonnière* (Cass.).

BIRAUDIÈRE (LA), éc. cne d'Allonne, 1609 (arch. V. seign. div. 32).

BIROLIÈRE (LA), f. cne des Moutiers-sous-Chantemerle.

BIRON, étang et min. cne de Vausseroux. — *Moulin Biron*, 1526 (arch. de la Barre, II).

BIRONNIÈRE (LA), vill. cne de Louin. — *La Bironnière*, 1366 (arch. de Maisont.).

BIRONNIÈRE (LA), f. cne de S.-Maixent-de-Beugné.

BIRONNIÈRE (LA), f. cne de Secondigny. — *La Birollère*, 1351 (arch. V. Fontaine-le-C., 1. 30).

BIROTIÈRE (LA), vill. cne de St-Lin.

BISIÈRE (LA), f. cne d'Exireuil.
BISONNIÈRE (LA), f. cne de la Pérate, relev. de Pressigny-en-Gâtine (arch. V. Pet.-Chêne).
BISSÈTRE (LA), ancienne voie romaine partant de Rom et se dirigeant vers l'Océan par Brelou, Chauray, St-Gelais, Échiré, St-Maxire, Villiers, St-Pompain. — *La Brisayse*, 1559 (St-Maxire par L. Desaivre).
BISSIÈRE (LA), h. cne des Alleuds, dépendait de l'abbaye des Alleuds (bull. soc. stat. D.-S. 1884).
BISSONNIÈRE (LA), éc. cne de Nueil-sous-les-Aubiers.
BISSU, h. cne de la Forêt-sur-Sèvre. — *Bissus*, relev. de la seign. de la Forêt-sur-Sèvre, 1646 (arch. chât. la Forêt).
BITIÈRE (LA), f. cne du Puy-St-Bonnet.
BIZON, vill. cnes de Chenay et Lezay. — *Bizon-Teiller*, 1493-1727, relev. de Lusignan (bibl. Poit. ms. 141 et arch. V. C. 2, 134).
BLAISE, h. cne de Vallans. — *Blaisse* (Cass.).
BLAISSE, h. cne de Granzay. — *Feodum de Belesse*. 1236 (cart. des Châtell.).
BLAIZIE (LA), h. cne du Puy-St-Bonnet.
BLANCHARD, vill. cne de St-Martin-de-Sanzay.
BLANCHARD, vill. et min. cne de Ste-Verge. — *Molendinum Blanchardi*, 1107 (cart. de St-Laon de Thouars, et Gall. christ. II, 373). — *Blanchart*, v. 1130 (cart. St-Laon). — *Blanchar*, 1160 (id.). — *La Roche de Blanchart*, 1318 (arch. V. H. 3, 804). — *Moulin Blanchard*, 1398 (cart. St-Laon).
BLANCHARDERIES (LES), h. cne de St-Pierre-à-Champ. — *La Blanchardière* près des Peaulx, 1558 (reg. insin. Thouars).
BLANCHARDIÈRE (LA), vill. cne du Breuil-Bernard. — *La Blanchardière*, 1402 (arch. St-Loup, reg. d'aveux). — Relev. de Pugny.
BLANCHARDIÈRE (LA), h. cne de Brioux.
BLANCHARDIÈRE (LA), vill. cne de Ménigoute. — *La Blanchardère*, 1374 (chartr. de Thouars). — *Blancharderia*, 1430 (cart. des Châtell.). — *La Blanchardière*, 1558 (id.).
BLANCHARDIÈRE (LA), f. cne de Nueil-sous-les-Aubiers.
BLANCHARDIÈRE (LA), vill. cne de Saivre. — *La Blanchardère*, 1260 (homm. d'Alph. de Poit.).— Relev. de la châtellenie de St-Maixent, 1406 (gr.-Gauthier, des bénéf.).
BLANCHARDIÈRE (LA), f. cne de Secondigny.
BLANCHARDIÈRE (LA), h. cne de Vitré.
BLANCHE-COUDRE, chât. cne de Breuil-Chaussée. — *Blanche-Cousdre*, 1382. — *Blanchecosdre*, 1392 (arch. St-Loup, reg. d'aveux, et arch. V. f. de St-Cypr., l. 30). — *Blanchecouldre*, 1614 (arch. D.-S. E. 586). — Relev. de la baronnie de Bressuire (id.).

BLANCHÈRE (LA), vill. cne d'Azay-sur-Thoué.
BLANCHEREAU (LE), vill. cne de St-Jouin-de-Milly.
BLANCHÈRES (LES), f. cne du Tallud.
BLANCHETIÈRE (LA), f. cne de Mazières-en-Gâtine.
BLANCHETIÈRE (LA), f. cne de Nueil-sous-les-Aubiers, 1596 (arch V. les Lineaux).
BLANCHETIÈRE (LA), f. cne de St-Aubin-de-Baubigné, 1597 (arch. V. les Lineaux).
BLANCHETTE, f. cne des Aubiers.
BLANCHIÈRE (LA), f. cne d'Azay-sur-Thoué. — *La Blanchère*, 1531 (arch. V. E² 239). — *La Blanchière*, 1580 (arch. de la Barre, I, 11).
BLANCHON, f. cne de la Petite-Boissière.
BLANDINIÈRE (LA), f. cne du Breuil-sous-Argenton.
BLANDINIÈRE (LA), chât. cne de la Chapelle-Largeau. — *La Blandinère*, 1455 (Font. XVIII, 57). — *Ténement des Blandinères*, 1479 (arch. de la Barre, II, 473).
BLANDINIÈRE (LA), f. cne de Sanzay.
BLANZAY, vill. cne de Prahecq. — *Villa Blanziaco in pago Pictavo in vicaria Metulinse*, v. 1021 (Besly, ctes de Poit. 359). — *Manzames*, 1260 (homm. d'Alph. de Poit.). — *Blanzay* (Cass.).
BLATIÈRE (LA), f. cne de la Chapelle-St-Etienne. — *La Belutière*, 1457 (arch. V.).
BLATIÈRE (LA), vill. cne de la Chapelle-St-Laurent.
BLAYE (LE GRAND), f. cne des Aubiers.
BLEURE (LA), h. cne de Fenioux, 1650 (arch. V. Béceleuf, 11). — Relev. de la Braudière (ét. du duché de la Meill. 1775).
BLEURE (LA), min. cne de Moncoutant. — *La Bloyère*, 1425, relev. de Puymarri (arch. St-Loup, reg. d'aveux). — *La Blure* (Cass.).
BLEURE (LA), min. cne de la Ronde.
BLEURE (LA), vill. cne de St-André-sur-Sèvre.
BLEURE-DE-CHALIGNY (LA), vill. cne de St-Amand. — *La Bluère*, 1388, relev. de la Guierche (Font. IX, 367).
BLEURE-RAMBAULT (LA), vill. cne de St-Amand. — *La Blaire-Rimbault* (Cass.).
BLEURES (LES), vill. cne de Boismé. — *Les Bloyrez et les Petites Bloyrez*, 1421 (arch. St-Loup, reg. d'aveux). — *Les Bleures*, 1556 (reg. insin. Thouars).
BLEURES (LES), vill. cne de Chanteloup. — *La Petite Bloyère*, 1526, relev. de la seign. de Noireterre (arch. V.).
BLINIÈRE (LA), éc. cne de Bouillé-St-Paul.
BLINIÈRE (LA), f. cne du Breuil-Bernard. — *La*

Bélinère, 1437, relev. de la seign. de Pugny (arch. St-Loup).

BLINIÈRE (LA), vill. c^{ne} du Busseau.

BLINIÈRE (LA), f. c^{ne} de Courlay. — *La Blénière* (Cass.). — *La Bloynère*, 1403 (arch. St-Loup, reg. d'aveux). — Relev. de la Bonatière (id.).

BLINIÈRE (LA), h. c^{ne} de St-Aubin-le-Cloud.

BLINIÈRE (LA), h. c^{ne} de St-Maurice-la-Fougereuse.

BLOTERIE (LA), f. c^{ne} de Moncoutant. — *La Blotterie* (Cass.).

BLOTIÈRE (LA), vill. c^{ne} de Marigny.

BLOUÉ, h. et mⁱⁿ. c^{ne} d'Ardin — *Blaoer*, XIIe siècle (cart. de l'Absie). — *Blouyn*, 1447 ; *Bloyn*, 1457 (arch. D.-S. E. 272). — *Blaouhé*, *Blaoué*, *Bloué*, 1472. — *Blaoué*, 1475 (pap. de la Gâconn., ap. bull. soc. stat. D.-S. 1887, p. 645). — *Blaouhé* ou *Bloué*, relev. de Faye, 1533, 1629, 1672 (inv. d'Aub.). — *Blouhé*, 1577 (arch. D.-S. E. 256).

BLUSSIÈRE (LA), vill. c^{ne} de Clussais.

BLUTEAU, mⁱⁿ. c^{ne} de Châtillon-sur-Thoué.

BLUTERIE (LA), f. c^{ne} de Marnes.

BOBELINIÈRE (LA), c^{ne} de Louin, relev. de la seign. de la Ronde de Louin, 1509 (arch. V. E, et arch. Vernay).

BOBIÈRE (LA), f. c^{ne} du Busseau.

BOBETERIE (LA), m^{on}. au bourg de Coulonges-Thouarsais, 1595 (arch. V. Brosse-Guilgault, 25).

BOBINET (LE), f. c^{ne} de la Pérate. — *Le Puy Bobinet*, 1314 (f. lat. 20230, p. 267). — *Le Puy Bobinet*, 1603, relev. de Parthenay (la Gât. hist. et mon.)

BOBINIÈRE (LA), f. c^{ne} de la Chapelle-Thireuil. — Relev. en 1631 de la seign. de Vouvent (arch. Bois-Chap.).

BOBINIÈRE (LA), f. c^{ne} de Neuvy.

BOBINIÈRE (LA), f. c^{ne} de Pamplie.

BOBINIÈRE (LA), f. c^{ne} de St-Aubin-le-Cloud. — *La Boybinère*, 1400 (arch. Bret. de Chal.).

BOBINIÈRE (LA), f. c^{ne} de St-André-sur-Sèvre. — *Bochereau* ; *Pons Bochereya*, 1278 ; *Pons de Bocherea*, 1348 (arch. V. Fontaine-le-C., l. 22, Exireuil).

BODARD, m^{ins}. c^{ne} de Noireterre. — *Moulins de Badard* (Cass.).

BODART, c^{ne} de Chey, 1412 (arch. D.-S.E. 15). L. disp.

BODASSIÈRE (LA), f. c^{ne} de Cirières. — *La Bodazière* (Cass.).

BODETTRIE (LA), f. c^{ne} de St-Aubin-de-Baubigné.

BODILLONNIÈRE (LA), vill. c^{ne} de Secondigny. — *La Baudoillonnère*, 1432 (arch. V. Fontaine-le-C, l. 30). — *La Bodignonère*, 1446 (id.). — *La Bodiglonnyère*, 1548 (arch. V. E² 189). — *La Bodillonnyère*, 1632 (id. Fontaine-le-C.). — *La Baudillonnière* (Cass.).

BODIN (BAS), f. c^{ne} de la Chapelle-Largeau. — *Haut et Bas Bodin* (Cass.).

BODINIÈRE (LA), vill. c^{ne} d'Aubigny. — *La Beaudinière* (Cass.).

BODINIÈRE (LA), f. c^{ne} de la Petite-Boissière. — *La Bodinière*, 1549 (Font. XXV, 797). — *La Baudinière*, 1615 (arch. V. les Lineaux).

BODINIÈRE (LA), m^{on}. c^{ne} de Bressuire. — *La Bodinère*, 1430, 1464 (arch. St-Loup). — *La Bodinière* (Cass.).

BODINIÈRE (LA), f. c^{ne} de Chiché. — *La Bodinère*, 1433, relev. de la seign. de Chiché (arch. St-Loup, reg. d'aveux).

BODINIÈRE (LA), f. c^{ne} de Clessé.

BODINIÈRE (LA), f. c^{ne} des Échaubrognes. — *La Bodinière*, 1246 (cart. Trin. de Mauléon).

BODINIÈRE (LA), f. c^{ne} de Moncoutant.

BODINIÈRE (LA), f. c^{ne} de Noireterre.

BODINIÈRE (LA), f. c^{ne} de St-Jouin-de-Milly. — *La Bodinère*, 1278 (arch. de la Durbell.).

BODINIÈRES (LES), vill. c^{ne} de Courlay. — *La Bodurière* (Cass.).

BOESSE, c^{ne} du canton d'Argenton-Château. — *Buxa*, v. 1069 (cart. de Bourgueil). — *Busseia*, 1179 (cart. de St-Jouin). — *Boysse*, 1300 (gr.-Gauthier). — *Boyce*, 1388 (arch. hôp. Argent.). — *Bouesse*, 1487. — *Boisse*, 1721 (arch. V. Brosse-Guilgault, 15). — St-*Jouin-de-Boisse*, 1648 (pouillé B,-Filleau).

La cure était à la présentation de l'abbé de St-Jouin-les-Marnes. La paroisse dépendait du doyenné de Bressuire et de l'élection de Thouars ; relev. d'Argenton-Château. Il y avait 98 feux en 1750 (cart. alph. Poit.).

BOESSE, vill. c^{ne} d'Avon.

BOESSE, f. c^{ne} de Clazay. — *Bouesse*, par. de Clazay, 1621 (arch. V. St-Cypr., l. 47).

BOESSE (LA), vill. c^{ne} de Goux. — *La Bosse* (Cass.).

BOETRIE (LA), f. c^{ne} d'Aubigny.

BOIDRON, étang. c^{ne} de la Pérate.

BOILEAU (LE), f. c^{ne} de St-Marsault.

BOINTARDIÈRE (LA), f. c^{ne} de St-Marsault. — *La Boitardière* (Cass.).

BOIRELIÈRE (LA), f. c^{ne} de Chambroutet. — *La Bouarlière* (Cass.).

BOIRIE (LA), m^{on}. au bourg de Béceleuf. — *La Boyrie*, autrement *la Parpaudière*, rel. du Plet (arch. V. seign. div. 32).

BOIS (LE), mⁱⁿ. c^{ne} d'Allonne.

BOIS (LE), mⁱⁿ. c^{ne} de l'Absie. — *Moulin du Bois*, 1486 (arch. V. Pet.-Ch. E⁵ 400).

BOIS (GRAND ET PETIT), vill. c^{ne} d'Aubigny.

BOIS (LE), f. c^{ne} du Beugnon. — *Boscum in terri-*

torio dau Buygnon, 1317 (arch. V. Fontaine-le-C , l. 30).

Bois (Le), f. c^ne de Boesse. — *Le bordage des Bois* (Cass.).

Bois (Grand et Petit), f. c^ne de la Boissière-Thouarsaise.

Bois (Le), h. c^ne de Bretignolle.

Bois (Le Grand), f. c^ne du Breuil-sous-Argenton.

Bois (Le), l. disp. c^ne de Brie. — *Le Boys, par. de Brye*, relev. de Thouars, 1627 (chartr. de Thouars).

Bois (Le Petit), f. c^ne de Coulon.

Bois (Le), f. c^ne des Échaubrognes.

Bois (Le Grand), vill. c^ne de la Foye-Monjault, 1460 (arch. V. Mont., l. 95).

Bois (Le Grand), vill. c^ne de Mazières-sur-Béronne.

Bois (Le), f. c^ne de Moulins. — *Boscum*, 1120 (cart. Trin. de Maul.).

Bois (Le), vill. c^ne du Pin.

Bois (Gros), f. c^ne de Prailles. — *Roche Gros-Bois* (Cass.).

Bois (Grand), vill. c^ne de Prissé.

Bois (Le), f. c^ne de St-Aubin-de-Baubigné.

Bois (Grand et Petit), vill. c^ne de St-Aubin-le-Cloud. — *La borderie au Bois*, v. 1400 (arch. Bret. de Chal.). — *L'hôtel du Bois*, 1497, relev. de Châteauneuf-en-Gâtine (arch. St-Loup, reg. d'aveux; la Gât. hist. et mon.).

Bois (Le Petit), f. c^ne de St-Martin-de-St-Maixent. — *L'hébergement du Boys*, 1420, relev. de St-Maixent (gr.-Gauthier, des bénéf.).

Bois (Le Petit), logis c^ne de St-Martin-lez-Melle.

Bois (Le), vill. c^ne de St-Pardoux.

Bois (Le), h. c^ne de St-Pompain.

Bois (Le), m^in. c^ne de St-Clémentin.

Bois (Le Grand), f. c^ne de Sansais.

Bois (Le), f. c^ne de Traye.

Bois (Le Petit), éc. c^ne de Viennay.

Bois (Le), f. c^ne de Xaintray. — *Le Bois du Noier*, 1648 (arch. D.-S. H. 194).

Bois (Les), f. c^ne de Prahecq.

Bois a Madame Bion (Le), l. d. c^ne d'Aiffres.

Bois-Aigu, vill. c^ne d'Augé. — *Beissegux*, 1260 (homm. d'Alph. de Poit.). — *Bessécu*, 1526 ; *Bességu*, 1567 (not. St-Maix.). — *Bois-Ségu* (Cass.). — *Bois-Egu* (cad.).

Boisardière (La), f. c^ne de Moncoutant.

Bois-Arnaud (Le), f. c^ne du Vanneau.

Bois-au-Moine (Le), f. c^ne de Bouillé-Loretz. — *Métairie du Bois au Moyne*, dép. de l'abbaye de Ferrières, 1565 (abb. de Ferr.).

Bois-au-Pin, h. c^ne de Chef-Boutonne. — *Bois au pain* (Cass.).

Bois-Bachelier, vill. c^ne de St-Marsault. — *Le Bois-Bachelier*, 1451 (arch. St-Loup).

Bois-Basset, vill. c^ne de Courlay.

Bois-Basset, vill. c^ne de Ste-Gemme. — *Boy-Basel*, 1607 ; *Boisbasset*, 1615 (arch. V. Brosse-Guilgault, 8).

Bois-Bâton, f. c^ne de Germond.

Bois-Baudran, f. c^ne de Mauzé-Thouarsais. — *Boisbaudran*, 1482 (arch. V. Ste-Cr., l. 74). — *Boisbodran*, 1557 (reg. insin. Thouars). — Relev. de la vic. de Thouars (fiefs de la vic. de Thouars).

Bois-Beket, f. c^ne de Clazay. — *Bois-Benoist*, 1392 (arch. St-Loup, reg. d'aveux). — *Bois-Denays*, 1586 (arch. V. St-Cypr., l. 30). — *Boisjenay*, 1621 (id. l. 47). — *Bois-Beneis* (Cass.).

Bois-Béront, lieu-dit entouré de fossés, c^ne du Vanneau.

Bois-Bertrand, vill. c^ne de Montigny.

Bois-Berthier, vill. c^ne d'Échiré. — *Herbergamentum de Bosco Briterii*, 1260 (homm. d'Alph. de Poit.). — *Boisberter*, 1407, relev. de Niort (gr.-Gauthier, des bénéf.). — *Bois-Bertier*, 1538, 1561 (arch. V. C. 2, 107). — *Bois-Bretier*, 1720.

Boisblanc, c^ne de Courlay, 1403, relev. de Bressuire (arch. St-Loup, reg. d'aveux).

Bois-Bourdet, f. c^ne de Souvigné. — *Boysbourdet*, 1522 (not. St-Maix.).

Bois-Boutiller près Thénezay, 1515, 1606 (arch. V. H. 3, comm. Mong.).

Bois-Brémeau, f. c^ne de Noirterre ; anc. prieuré. — *Boscum Brémaut*, 1225 (cart Trin. Maul). — *Boscum Bormaudi*, 1250 (id.). — *Boscum Bourmander*, 1300 (gr.-Gauthier). — *Bois-Bormaut*, 1418 (arch. St-Loup, reg. d'aveux). — *Boisbrémault*, 1610 (arch. V. Brosse-Guilgault, 15). — *Bois-Brémaud* (Cass.).

Le prieuré était à la nomination de l'abbé de Mauléon.

Bois-Brèneau, h. c^ne d'Ardin.

Bois-Brisson, vill. c^ne de Rorthais, 1351 (arch. hist. Poit. XVII).

Bois-Brulé (Le), h. c^ne de Mazières-sur-Béronne.

Bois-Chabot, f. c^ne d'Exireuil.

Bois-Chaillou (Cabane des), c^ne de Chey.

Bois-Chanteloup (Le), h. c^ne de Pugny. — *Bois-Chanteloup*, 1379 (arch. St-Loup).

Bois-Chapeleau, chât. c^ne de la Chapelle-Thireuil. — Par arrêt du parlement du 23 mai 1332, le Bois-Chapeleau est attribué à la châtell. et ressort de Fontenay contre le sire de Parthenay, qui prétendait que ce fief relevait de la châtell. de Vouvent (arch. nat. f. lat. 12783, p. 369). Mais plus tard on le trouve relevant de

Vouvent. — *Le Bois-Chappelea*, 1380 (arch. Bois-Chap.). — *Boys-Chappelleau*, 1446 ; *le Bois-Chapeleau*, 1631 (id.).

Bois-Charruya. — *Le Bois-Charruya*, 1413 (Font. XXXIX, p. 76).

Bois-Chataignier, f. c^{ne} de St-Liguaire.

Bois-Chauvy (Le), éc. c^{ne} du Breuil-sous-Argenton.

Bois-Clairaux, f. c^{ne} de Rom.

Bois-Clément, vill. c^{ne} de Couture-d'Argenson.

Bois-Coudreau, l. d. sect. de la c^{ne} de St-Gelais.

Bois-Coutant, h. c^{ne} de Vasles. — *Les Bois-Coustaus*, relev. de l'abbaye de Ste-Croix, 1428 (arch. V. Ste-Croix, I. 44).

Bois-Couteau, f. c^{ne} de Chey. — *Boys-Courtault*, 1509 (arch. V. chap. N.-D. 1217). — *Bois-Coutault*, 1562-1716, relev. de Lusignan (bibl. Poit. ms. 141).

Boisdaire, f. c^{ne} de St-Aubin-le-Cloud. — *Boisdaire*, 1497 (arch. V.). — *Boysdayre*, 1511 ; *Bois-d'ayre*, 1550 ; *Boisdère*, 1551 (arch. de la Barre, I, et pap. de fam.).

Bois-d'Allonne. Voir l'Abbaye.

Bois-d'Anne, f. c^{ne} de Nueil-sous-les-Aubiers. — *Bec-d'Asne*, 1351 (arch. hist. Poit. XVII).

Bois-d'Anne, f. c^{ne} de St-Porchaire. — *Boysdenne*, 1383 (arch. St-Loup, reg. d'aveux). — *Bois-Danne* (Cass.).

Bois-de-Beaulieu, h. c^{ne} de Beaulieu-sous-Parthenay. — *Le Bois*, par. de Beaulieu, relev. de Parthenay, 1410 (arch. hist. Poit. XXIV).

Bois-de-Faye, vill. c^{ne} de Nanteuil.

Bois de la Forest, c^{ne} de Noireterre, 1556, relev. de la seign. de Noireterre (reg. insin. Thouars).

Bois de la Roussellière, f. c^{ne} de Vasles.

Bois-d'Hiver, c^{ne} de St-Coutant.

Bois-de-Luché, logis, c^{ne} de Rom.

Bois-de-Messé, vill. c^{ne} de Messé.

Bois-de-Noispin, f. c^{ne} de St-Maurice-la-Fougereuse.

Boisdéri, vill. c^{ne} de Chanteloup. — *Boisderis*, 1420 ; *Boisdayris*, 1436 (arch. St-Loup). — *Boisdéry* (Cass.).

Bois-de-Sanzay, chât. et vill. c^{ne} de St-Martin-de-Sanzay. — *Bois de Sanzay*, 1396, relev. de Montreuil-Bellay (arch. hist. Poit. XIX, 203). — *L'hôtel du Bois-de-Sanzay*, 1487 (cart. St Laon, Thouars).

Bois-de-Terves, f. c^{ne} de Terves. — *Le Bois de Tervez*, 1382, relev. de la baronnie de Bressuire (arch. St-Loup, reg. d'aveux).

Bois-des-Gâts (Le), h. c^{ne} de la Chapelle-St-Etienne.

Bois-des-Grais, h. c^{ne} du Tallud.

Bois-des-Prés, h. c^{ne} de Souvigné. — *Le Boys des Prez*, 1528 (not. St-Maix.).

Bois-des-Terres, f. c^{ne} de St-Jouin-sous-Châtillon.

Boisdochère (La), h. c^{ne} de Genneton. — *Bois-Dochère* (Cass.).

Bois-Dongirard, f. c^{ne} de Clazay. — *Bois-Daugirart*, 1365 (arch. St-Loup, reg. d'aveux). — *Bois-d'Augirard, autrefois la Rondellerye*, relev. de la Brosse-Moreau, 1605 (id.). — *Bois-Dangerat*, 1594 (arch. D.-S. E. 928). — *Bois-d'Angirard, Bois-Dangirard*, 1699 ; *Bois-Drangirard*, 1750 (arch. D.-S. E. 841).

Boisdrouet, c^{ne} de Coulonges-Th. ; anc. fief rel. de la Brosse-Guilgault. — *Boydrouel*, 1672 (arch. V. Brosse-Guilgault, 15). L. disp.

Bois-Dub, f. c^{ne} de St-Jouin-les-Marnes. — *Bois-Dux*, 1664 (arch. D.-S. E. 972).

Bois-du-Pin, f. c^{ne} du Pin.

Bois-Dureau, vill. c^{ne} de Souvigné. — *Bauldureau et Baudureau*, 1554 (not. St-Maix.).

Bois-du-Roux (Le), h. c^{ne} de la Ferrière.

Boisé, f. c^{ne} de Breuil-Chaussée ; anc. fief rel. de St-Cyprien de Poitiers, 1644 (arch. D.-S. E. 516).

Bois-Exon (Le), f. c^{ne} de Genneton. — *Boisesnons* (Cass.).

Bois-Entier, f. c^{ne} de Nueil-sous-les-Aubiers. — *Boisantier* (Cass.).

Boisetière (La), vill. c^{ne} du Pin.

Bois-Ferrand, f. c^{ne} de Fontperron, et anc. chât. — *Boscus Ferrandi*, 1243 (compt. d'Alph. de Poit.). — *Boisférard* (arch. V. C. 2,106). — *Boisferrand*, 1650 (arch. de la Barre, II, 397). — Relev. du comté de Poitou, 1669 (ms. 141, bibl. Poit.) et de la baronnie de St-Maixent en 1584, 1764, 1775 (arch. V. C. 2, l. 94) ; état du duch. de la Meill. 1775). Le château de Boisferrand fut rasé en 1617 (arch. de Thoiré).

Bois-Fichet, c^{ne} de St-Jouin-sous-Châtillon. — *Le Boisfichet*, 1480 (dict. fam. Poit. II, 520). — *Boisfichet, aliàs le Bois près Mauléon*, 1521, 1545 (Font. IX ; dict. fam. Poit. II). — *Boys-Fichet*, 1535 (Font. IX). — *Château de Boisfichet*, 1588 (la prise de Montaigu par le duc de Nevers).

Bois-Fineaux, f. c^{ne} de Champdeniers. — *Hôtel des Bois-Fineaux*, 1566 (arch. D.-Sèv. H. 239). — *Bois-Finaut* (Cass.).

Bois-Follet, vill. c^{ne} de Rorthais ; anc. fief rel. des Lineaux, 1634 (arch. D.-S. E. 1067).

Bois-Frais, chât. c^{ne} de Courlay.

Bois-Frouin, vill. c^{ne} de Caunay. — *Villa de Bosco*, 1270 (Font. XXII, 305).

Bois-Gallard, f. c^{ne} des Aubiers. — *Le Boys-Gallard*, 1556 (reg. insin. Thouars).

Bois-Gallard, f. cne du Pin. — *Bois-Gaillard* (Cass.). — Relev. de Cirières en 1602 (arch. St-Loup).

Bois-Galleux, f. cne de Terves.

Bois-Garais, près Veluché, cne des Jumeaux.

Bois-Garnier, f. cne de Cirières. — *Le Bois-Garner*, 1426, relev. de Bressuire (arch. St-Loup, reg. d'aveux).

Boisgâts, vill. cne de la Chapelle-Largeau. — *Boisgast*, 1388 (arch. V. H. 3,723). — *Boysgast*, par. de Moulins, 1391 (id.). — *Boysgasts*, 1613 (id.). — *Boisgat* (Cass.).

Bois-Gibert, chât. cne de Cours. — *Bois-Gilbert* (Cass.).

Bois-Giffard, h. cne d'Aubigné.

Bois-Girard, f. cne de Moncoutant. — *Bois-Girart*, 1421 (arch. St-Loup).

Bois-Girault, f. cne de Beaulieu-sous-Bressuire.

Bois-Glimet, h. cne de la Chapelle-St-Laurent. — *Le Bois-Guillemet*, 1426 (arch. de la Barre, 11, 16). — *Le Bois-Guillemin*, 1477, relev. de la seign. de la Motte-Couppox (ma coll.). — *Bois-Glumet*, 1516 (pap. fam. du Font.). — *Bois-Glemet*, 1560, 1615 (min. not. Parth. et arch. V. E⁵ 297). — *Bois-Guilmet* (Cass.).

Bois-Goulard, f. cne de la Chapelle-St-Étienne.

Boisgrollier, h. cne de Vouhé. — *Boscum Groler*, 1225 (arch. V. Fontaine-le-C., l. 30). — *Boisgrolier*, 1564, relev. de Parthenay (arch. nat. O. 19703).

Bois-Guérin, h. cne de Souvigné, 1621 (aveu de la Mothe). — *Le Bois-Guérain* (Cass.).

Bois-Guichot, f. cne de Coulon.

Bois-Guillot, f. cne de Terves. — *Bois-Guillot*, 1365, relev. de Bressuire (arch. de St-Loup).

Bois-Jard, f. cne de Frontenay.

Bois-Jaumier, f. cne du Tallud. — *Feodum de Boscojomer*, 1298 (arch. V. Pet.-Chêne, E⁵ 419). — *Boisjousmer*, 1496 (id.). — *Boisjoumier*, v. 1600 (id. E⁵ 415). — Relev. de Pressigny-en-Gâtine.

Bois-Jolly, f. cne de St-Léger-lez-Melle.

Bois-Joubert, f. cne de Cours.

Bois-l'Abbesse, f. cne de Vasles.

Bois-la-Dame, l. d. cne de Faye-l'Abbesse.

Bois-Lambert (Le), cne de Saivre, dépend. de la châtellenie de St-Maixent (cart. St-Maix. intr.).

Boislaudrie, vill. cne de Moulins. — *La Boislaudrie* (Cass.).

Bois-le-Bon, vill. cne de Vançais. — *Bolobon*, 1295 (arch. V. St-B. de Quinç., l. 26). — *Bolbon*, 1529 (id.).

Bois-Léger, h. cne de la Chapelle-Largeau.

Bois-le-Moine, h. cne de St-Maurice-la-Fougereuse.

Boisliet (Le), f. cne d'Allonne, 1565-1580 (arch. V. Fontaine-le-C.).

Bois-Linet, f. cne de Clessé.

Bois-Lot (Le), h. cne de Genneton.

Bois-Loudun, h. cne de Fenioux. — *Petit Bois-Loudun* (Cass.).

Bois-Loudun (Le Grand), f. cne de Pamplie. — *La vieille tonnelle du moulin à vent de Boisloudun*, 1483 (arch. V. E. 1, 9).

Bois-Marand, vill. cne de Pouffond. — *Bois-Morant* (Cass.).

Bois-Marin, vill. cne de Caunay.

Bois-Martin, vill. cne de Courlay, 1435, relev. de Bressuire (arch. de St-Loup, reg. d'aveux).

Bois-Martin, f. cne de Fressines. — *Boscum Martini*, 1260 (homm. d'Alph. de Poit.). — Relev. de Bougouin (état du duch. de la Meill. 1775).

Bois-Martin (Le), sis au fief et seign. de la commanderie de St-Remi, tenant au chemin de St-Remy à Picaillart et au chemin de St-Remy au Puys-Pelisson, 1453 (arch. V. H. 3, 876).

Boismé, con de Bressuire. *Ecclesiæ de Bomniaco, una in honore Sti Petri, alia in honore sanctæ Mariæ, tertia sancti Johannis, quarta Sti Mayrulfi ubi ipse sanctus jacet*, v. 1030 (cart. de St-Cyprien de Poit.). — *Boismeum*, 1186 (cart. l'Absie). — *Boymé*, 1264 (arch. St-Loup). — *Boesmé*, 1300 (gr. Gauthier). — *Boysmé*, 1440 ; *Boismé*, 1457 (arch. V. Brosse-Guilgault, 41). — *Boiesmé*, 1461 ; *Boesmé*, 1503 (arch. de la Barre). — *Boymé*, 1716 (arch. V. Brosse-Guilgault, 43).

Dépendait du doyenné et de la châtellenie de Bressuire, de la sénéchaussée de Poitiers et de l'élection de Thouars. La cure était à la nomination de l'abbé de St-Cyprien de Poitiers. Il y avait 118 feux en 1750 (cart. alph. du Poit.).

Bois-Ménard, mon nobl. à Thouars, 1584 (arch. V. Brosse-Guilgault, 43).

Bois-Méreau, f. cne de Vasles. — *Boisméraux* (Cass.).

Bois-Migou, vill. cne de Coulonges-Thouarsais. — *Boysmigo*, 1479 (arch. V. Brosse-Guilgault, 6). — *Boismigault*, 1687 (arch. V. Brosse-Guilgault, 15).

Bois-Montant, f. cne de Pamplie.

Bois-Moreau, f. cne du Breuil-sous-Argenton.

Bois-Moreau, h. cne de Mazières-sous-Béronne.

Boismort, h. cne de Gourgé.

Boisnalbert, h. cne de Neuvy-Bouin. — *Boisnerbert*, 1460, relev. d'Airvault (hist. d'Airv. par B.-Filleau). — *Boysnerbert*, relev. de Châteauneuf-en-Gâtine, 1470 (reg. d'aveux). — *Bois-Norbert* (Cass.).

Bois-Naudouin, vill. cne de Loubillé. — *Bois-Naudouin* (pp. terr. des Alleuds, ap. bull. soc. stat. 1884).

Boisne, vill. cne de St-Christophe. — *Boynes*, 1561 (not. St-Maix.).

Boisne, vill. cne de St-Martin-de-St-Maixent. — *Doysnes*, 1522; *Boynes*, 1584 (not. St-Maix.). — *Boyne* (Cass.).

Boisnéry, f. cne de Vausseroux. — *Boysnesry*, 1528 (arch. V. E³, l. 32). — *Boisnéry*, relev. de la Barbottière, 1642 (arch. du Coutault).

Bois-Pillon, f. cne de St-Pardoux.

Bois-Pineau, vill. cne de Souvigné. — *Boys-Pineau*, 1530 (not. St-Maix.).

Bois-Pouvreau, cne de Ménigoute ; anc. chât. ruiné et min. — *Nemus Poverellum*, 1134-1164 (cart. St-Maix. 362). — *Lo Boc Posverel*, v. 1204 (id. 26). — *Le Bois Posverel*, 1222 (id. II). — *Boscus Pevrelli*, 1258 (enq. d'Alph. f. lat. 10918. — *Bois-Pouvrel*, 1324 (arch. hist. Poit. XI, 229). — *Boscus Poverellus*, 1346 (id. XVII, 164). — *Le Boys Pouvera ou Pouvrea*, 1356, 1363 (arch. de la Barre, II). — *Bois-Pouvreau*, 1364 (id. II, 16). — *Bois-Povereau*, 1395 (arch. hist. Poit. XXIV, 209). — *Etang du Bois-Pouvreau*, 1450 (arch. de la Barre, II).

Bois-Pouvreau relevait de l'abbaye de Saint-Maixent (cart. St-Maixent intr. 49). Il fut attribué au ressort de St-Maixent par lettres du roi Charles le Bel, de sept. 1324 (arch. hist. Poit. XI, 229).

Boisragon, vill. cne de Brelou. — *Borragunt*, 1260 (homm. d'Alph. de Poit.). — *Terra de Bosco Ragunt*, 1278 (arch. V. Fontaine-le-C., l. 22).—*Boyragun*, 1390 (arch. V.). — *Boisragond*, 1399 (cart. Châtell.). — *Boisragon*, 1406, relev. de St-Maixent (gr.-Gauthier, des bénéf.). — *Boys-Ragon*, 1504, où quelques terres relevaient de Châteauneuf-en-Gâtine (reg. d'aveux). — *Bois-Ragon* (Cass.).

Bois-Ratault, h. cne d'Ardin, 1698, relev. de Parthenay (la Gât. hist. et mon.). — *Bois-Rataux*, 1736 (arch. D.-S. E. 832). — *Bois-d'Ardin* ou *Bois-Rataull*, 1756 (arch. D.-S. E 343). — *Bois-Rateau* (Cass.).

Bois-Renard, vill. cne de Lorigné.

Bois-René, vill. cne de Cerizay. — *Bois-Reigner et Bois-Raynier*, xve siècle (arch. D.-Sèv. H. 368). — *Bois-René*, 1618, relev. du Soulier (Font. VIII, 335).

Bois-Renaud, vill. cne de Geay. — *La Beau-Regnaut*, rel. de Bressuire, 1400 (arch. St-Loup, reg. d'a-veux). — *Boy-Regnaut*, 1447 (arch. V. E⁵ 430). — *Bois-Renault* (Cass.).

Bois-Renaud, vill. cne de Thénezay.

Bois-Renaudeau (Le), bois, cne de Luché, 1608 (arch. V. Brosse-Guilgault, 25).

Bois-Renoux, h. cne de Ste-Blandine. — *Bois-Regnoul*, 1550 (arch. V. E² 162).

Bois-Richard, f. cne de Clazay. — *Boisrichart*, 1403 (arch. St-Loup.). — *Boisrichard*, 1621 (arch. V. St-Cypr., l. 47). — *Boes Richard*, 1768 (arch. D.-S. E. 808). — Relev. des Pasquauderies, maison à Moncoutant (arch. St-Loup).

Bois-Robinet, mon. cne de Marigny, 1753 (arch. D.-S. E. 1196).

Bois-Roger, vill. cnes de St-Vincent, Maisonnais et Gournay. — *Bois-Roger* (Cass.).

Bois-Roquet, f. cne de Genneton.

Boisroux, cne de Faye-sur-Ardin ; anc. seig., 1777 (arch. D.-S. E. 221). — *Boyroux*, 1668 (arch. V. Béceleuf, 7). L. disp.

Bois-Roux, f. cne de St-Aubin-du-Plain. — *Bois-rou*, 1624 (arch. V. E² 236).

Bois-Savary, f. cne de Noireterre. — *Bois-Savari*, 1418, relev. de Bressuire (arch. St-Loup, reg. d'aveux). — *Le Petit Bois-Savarit* en Noireterre relev. de la Brosse-Moreau, 1605 (id.).

Boisse, vill. cne de Chambroutet.

Boisse, cne de St-Remy ; anc. fief rel. de la cure de St-Remy, 1739 (arch. D.-S. E. 489).

Boisse, vill. cne de Secondigné. — *Molendinum de Boysse*, 1296 (arch. V. cart. sceaux, 175). — *Boesses*, 1499 (arch. V. Trin. 95). — *Boisse*, 1638 (arch. V. la Trin. 95).

Boisse, vill. cne de Villiers-en-Bois (dict. des D.-S. par Dupin).

Boisseau, h. cne de Châtillon-sur-Thoué.— *La tour de Boisseau*, v. 1400 (arch. de la Barre, II, 214). — *Boiceau*, 1600 (arch. V. E⁵ 415). — *Boisseau*, 1636 (pap. du pr. St-Paul Part.).

Boisseau (Fief), cne de Coulonges-Thouarsais, relev. de Thouars, 1396 (chartr. Thouars). — *Boiceau*, 1523 (arch. V. Brosse-Guilgault, 22).

Boisseau, h. cne de la Pérate.

Boissec, f. cne de Bessines.

Boissec, vill. cne de Chambroutet. — *Boissecq*, 1618 (Font. VIII, 335).

Boissec, mon. cne d'Exoudun. — *Le Petit-Couhé dit Boissec*, par. d'Exoudun, 1611 (arch. V. E³ l. 13). — *Hôtel noble de Cremilles dit le Petit-Couhé et à présent Boissec*, relev. de la baronnie de la Mothe-St-Héraye, 1447 (av. de la Mothe de 1621. — Font. LXXXV).

Boissec, f. cne de Lezay. — *Boisset*, 1400 (Font.

LXXXIV). — Relev. de la baronnie de Lezay. — *Boissec en l'eau* (cad.).

BOISSELLIÈRE (LA), f. c^ne du Pin.

BOISSELLIÈRE (LA), f. c^ne de Vouhé. — *La Boysselère*, 1333, 1354 (arch. V. Pet.-Ch. E^5 427). — *La Becellière*, 1583 (arch. V. E. 15). — *La Boicelière*, 1600, relev. de Pressigny-en-Gâtine (arch. V. Pet.-Ch.).

BOISSELOTIÈRE (LA), f. c^ne de Cersay.

BOISSEROLES, vill. c^ne de St-Martin-d'Augé. — *Gautier de Boisserolle*, XIIIe siècle (censif de Chizé). — Relev. de Chizé.

BOISSES (LES), h. c^ne de Séligné.

BOISSETTE, chât. c^ne de Cersay. — *Boissette*, 1583 (doc. à la suite du cart. de Chambon).

BOISSIÈRE (LA), h. c^ne du Busseau.

BOISSIÈRE (LA PETITE), c^on de Châtillon-sur-Sèvre. — *Sanctus Honoratus de Parva Boesseria*, 1123 (cart. Trin. de Maul.). — *Buxeria seu Parva Buxeria*, 1300 (gr.-Gauthier). — *Paroisse de la Petite Boyssère*, 1307 (arch. Durbell.). — *La Petite Boessère*, 1410 (arch. V. H. 3, 723). — *La Petite Boessière*, 1615 (arch. V. les Lineaux).

Dépendait du doyenné de Bressuire et de l'élection de Châtillon. La cure était à la nomination de l'abbé de Mauléon. Il y avait 76 feux en 1750 (cart. alph. Poit.).

BOISSIÈRE (LA), f. c^ne de Combrand.

BOISSIÈRE (LA), f. c^ne de Couture-d'Argenson.

BOISSIÈRE (LA), f. c^ne de Rom.

BOISSIÈRE (LA GRANDE), vill. anc. prieuré, c^ne de St-Aubin-de-Baubigné. — *Ecclesia Omnium Sanctorum de Busseria*, 1218 (bull. d'Honor. III, ap. Font. XXIV, 268). — *Buxeria*, 1281 (cart. Trin. Maul.). — *La Grande Boissière*, 1323 (arch. nat. f. Blond. 26318). — *Bois et fief de Boissière*, situés en la justice de Mauléon, 1442, 1466 (id.).

Le prieuré dépendait de l'abbaye de la Réau (Vien.).

BOISSIÈRE (LA), f. c^ne de St-Génard.

BOISSIÈRE (LA), vill. c^ne de Thénezay.

BOISSIÈRE (LA), f. c^ne de Vitré.

BOISSIÈRE (LA) en Gâtine, c^on de Mazières-en-Gâtine. — *Boiseria*, 1145-1152 (cart. St-Maix. 354). — *Buisseira*, 1265 (id. II, 94, et Font. XVI). — *Buisseria*, 1286 (arch. V. Fontaine-le-C.). — *Buxeria*, 1300 (gr.-Gauthier). — *La Buissière*, 1363 (cart. St-Maix. II, 147). — *La Boixère en Gastine*, 1437 (arch. Ch.-Bertr.). — *La Boicière*, 1609 (arch. D.-S. B. 25). — *La Boixeurre*, 1610 (arch. V. E^5 233). — *St Martin de la Boissière* (pouillé 1782).

La Boissière faisait primitivement partie de la châtellenie du bailliage Bâton, et fut ensuite attribuée à celle de Béceleuf (dén. des just. de la bar. Parth. 1744). Elle dépendait de l'archiprêtré de St-Maixent, de la sénéchaussée et de l'élection de Poitiers. Il y avait 98 feux en 1750 (cart. alph. Poit.). — Il y avait autrefois à la Boissière une commanderie de Templiers, qui passa ensuite aux Hospitaliers, d'où le nom de Lôpitault de la Boissière-en-Gâtine.

BOISSIÈRE (HAUTE ET PETITE), vill. c^ne de la Boissière-en-Gâtine.

BOISSIÈRE-THOUARSAISE (LA), c^on de Parthenay. — *Sanctus Benedictus de Boxeria*, 1113 (bull. de Pascal II pour l'abb. d'Airv. ap. Gall. christ. II). — *Buxeria*, 1246 (arch. hôp. Part.). — *La Boixère*, 1374 (arch. hôp. Part.). — *La Petite Boissière* (cart. de Jaillot, 1704). — *La Petite Boissière ou la Boissière-Thouarsaise* (cart. alph. Poit. 1750).

Dépendait de l'archiprêtré de Parthenay, de la sénéchaussée de Poitiers et de l'élection de Thouars. La cure dépendait de l'abbaye d'Airvault. Il y avait 54 feux en 1750. La Boissière était comprise dans le bailliage d'Orvallois, l'un des six composant le ressort du siège de la vic. de Thouars (hist. de Thouars par Imbert, p. 247).

BOISSIQUART, m^on noble, par. de Coulonges-Thouarsais, 1578 (arch. V. Brosse-Guilgault 1). L. disp.

BOISSIVIÈRE (LA), f. c^ne du Puy-St-Bonnet.

BOISSONNIÈRE (LA), f. c^ne d'Allonne.

BOISSONNIÈRES (LES), vill. c^ne de Viennay. — *Les Bossonnières*, 1597 (arch. V. E^3, 1. 44). — *Les Baussonnières*, 1625 (id.). — *Les Boissonnières*, 1664 (id.).

BOISSOTIÈRE (LA), f. c^ne de Cersay. — *La Boisselotière* (Cass.).

BOISSOUDAN, chât. c^ne de Pamplie. — *L'hôtel de Boyssoudan*, 1430 (arch. V. Fontaine-le-C.). — *Château de Boissoudan*, 1577 (arch. hist. Poit. XX, 387).

BOISSOULART (HOUSTEL DE), c^ne de St-Pierre de Chey, 1509 (arch. V. N.-D. Poit. 1. 1217). L. disp.

BOISTAULT, vill. c^ne de St-Génard.

BOISTOLLU, f. c^ne de Vasles. — *Boistolu* (Cass.).

BOIS-TRAPEAU, vill. c^ne d'Ardilleux ; ancien château détruit et châtellenie relev. de Chef-Boutonne - (Beauch.-Fill., de Ruffec à Niort). — *Bois-Tropau* (Cass.). — *Les essarts de Bois-Trapault* (terr. des Alleuds).

BOIS-VASSELOT, c^ne de Prailles, ressort et élection de St-Maixent, 1609 (Font. XX, 420). L. disp.

Boisvert, f. c^{ne} de Beaulieu-sous-Parthenay. — *Boyvert*, 1579, relev. de la Meilleraye (arch. V. P.-Ch. E⁵ 400).

Boisvert (Le), éc. c^{ne} de la Chapelle-St-Étienne.

Boisvert, f. c^{ne} de Combrand.

Boisvert, l. d. c^{ne} de Coulonges-Thouarsais. — *Boievert*, 1681 ; anc. fief rel. de la Brosse-Guilgault (arch. V. Brosse-Guilgault, 15).

Boisvert, h. c^{ne} de Lorigné. — *Boisverd* (Cass.).

Boisvert, f. c^{ne} de la Pérate.

Boisvert, vill. c^{ne} de St-Marc-la-Lande.

Boisvert, f. c^{ne} de St-Sauveur. — *La broce de Bois Vert*, 1364, relev. de Bressuire (arch. St-Loup, reg. d'aveux).

Bois-Vignault, f. c^{ne} de Hanc. — *Bois de Fontoudet*, aliàs *Bois-Vignault* (terr. des Alleuds, ap. bull. soc. stat. 1884).

Boisvinet, f. c^{ne} de Pouffond. — *Bois-Mynet*, 1609 (arch. D.-S. E. 43).

Boitaudière (La), f. c^{ne} de Chail. — *La Boistaudière* (Cass.).

Boitorgueil, mⁱⁿ. c^{ne} de Paizay-le-Tort.

Bonardière (La), f. c^{ne} de St-Maixre.

Bonaudrie (La), f. c^{ne} de Combrand.

Bonaudrie (La), f. c^{ne} de St-Pardoux.

Bonaudrie (La), f. c^{ne} de Ste-Ouenne. — *La Bonnaudière*, 1560 (arch. V. seign. div. 32).

Bonaudrie (La), f. c^{ne} de Vautebis. — *La Bonnaudrie*, 1591 ; la *Bonnauderie*, 1679 (arch. de la Barre, I, II).

Bonaudrie (La), f. c^{ne} de Vitré. — *La Bounaudrie* (Cass.).

Bône (La), h. c^{ne} de Gript.

Bonnauderie (La), éc. c^{ne} d'Ardin. — *Bonnaudea*, 1428 (arch. D.-S. E. 271).

Bonnaudière (La), f. c^{ne} de Chey, 1509 (arch. V. N.-D. 1217). — *La Bonnaudrie* (cad.).

Bonnaudière (La), f. c^{ne} de Cours.

Bonnaudrie, h. c^{ne} de Salles.

Bonnaudrie (La), c^{ne} de St-Varent, relev. de Thouars, 1482 (fiefs de la vic. de Thouars).

Bonnay, h. c^{ne} de la Chapelle-Bâton. — *Villa Bosniacus*, xe siècle (cart. St-Maix. 81). — *Garinus de Botnai*, 1107 (id. 246). — *Hôtel de Bonnay*, 1599 (inv. d'Aub.). — Relev. de la seign. d'Aubigny (arch. V. P.-Ch. E⁵ 400). — *Bomsay* (Cass.).

Bonne, f. c^{ne} de Clessé.

Bonneau, pont sur le Cébron, c^{ne} d'Adilly.

Bonneau, mⁱⁿ. c^{nes} de Mougon et de Thorigné. — *Bousneau*, 1537 (not. St-Maix.).

Bonne-Fontaine, f. c^{ne} de Clessé. — *Bonafontana sive Bernoteria quæ juxta Chaloseriam* (l. disp.), xiie siècle (cart. l'Absie, ap. Dupuy, 828, p. 117). — *Bonnefontayne*, 1524 (arch. V. Moiré, E⁵ 369).

Bonnelière (La), f. c^{ne} de Clessé, 1524 (arch. V. E⁵ 369).

Bonnelière (La), f. c^{ne} des Moutiers-sous-Chantemerle.

Bonnelière (La), f. c^{ne} de Neuvy-Bouin. — *La Bonnelière*, 1358, 1440, relev. d'Airvault (hist. d'Airv. par B.-Filleau).

Bonnelière (La), f. c^{ne} de St-Paul-en-Gâtine.

Bonnennes, c^{ne} de Ste-Néomaye, relev. de la châtellenie de St-Maixent (cart. St-Maix. intr.).

Bonnemort, vill. c^{ne} de la Chapelle-Gaudin. — *La Bonnemorte*, 1660 (arch. V. Brosse-Guilgault, 15).

Bonnemort, f. et mⁱⁿ. c^{ne} de St-Marsault. — *Bonnemort*, xve siècle (reg. des r. du templ. de Maul.).

Bonnetière (La), f. c^{ne} de Fenioux.

Bonnetières (Les), vill. c^{ne} de St-Pardoux. — *La Bonnetère*, 1402 (ma coll.).

Bonnetières (Les), f. c^{ne} de St-Pierre-à-Champ.

Bonnetrie (La), h. c^{ne} du Bourdet. — *La Bonnetterie* (Cass.).

Bonnets (Les), m^{on}. c^{ne} des Aubiers ; anc. fief rel. de la seign. des Forges, 1618 (arch. D.-S. E. 1063).

Bonnette (La), f. c^{ne} de Surin.

Bonneuil, vill. c^{ne} de François. — *Bonneil*, 1535 ; *Bonneuil*, 1578 (not. St-Maix.). — *Boneuil* (Cass.).

Bonneuil, vill. c^{ne} de Rom, 1577 (arch. V. m.-D. 148).

Bonneuil-sur-la-Légère, chât. c^{ne} de St-Génard. — *Herbergement de Bonnuil*, relev. de Melle, 1406 (gr.-Gauthier, des bénéf.). — *Bonneuil*, chât. (Cass.).

Bonneuil, vill., anc. couvent et mⁱⁿ. sur la Dive, c^{ne} de Ste-Soline. — *Terra de Convol*, ou *Cunvol*, 1112 ; *Conollio*, 1127 (cart. St-Cyprien, 304, 305, 306). — *Sancti moniales Cunoliensis cœnobii*, v. 1164 (cart. St-Maix. I, 364). — *Prioratus de Bonolio, Fontis Ebraudi*, 1300 (gr.-Gauthier). — *Bonheuil*, 1454 (arch. V.). — *Bonneuil-aux-Monges*, en l'élection de Poitiers (cart. alph. Poit. 1750). — *Bonneuil* (Cass.). — Ce prieuré dépendait de l'abbaye de Fontevrault.

Bonneuil, vill. c^{ne} de Verrines-en-Celles. — *Complanctum in pago Metulinse in ipsius vicaria, in villa quæ dicitur Bonolio*, 936-963 (documents inéd. II, 482). — *Bonolium in pago Metulinse in ipsius vicaria*, 944, 1032 (cart. S^t-

Maix. I, 39, 111). — *Bonoil*, 1222 (id. II, 52). — *Bonuyl*, 1363 (id. II, 158). — *Bonneuil* (Cass. et cad.). — Relev. de l'abbaye de S¹-Maix. (cart. S¹-Maix. intr.).

BONNEUIL, m^in. c^ne de Vançais.

BONNEVAU, vill. c^ne de Gourgé. — *Bonnevau*, 1581 (min. not. Part.). — *Bonnevault*, 1664 (arch. V. E³, l. 41).

BONNIÈRE (LA), anc. chât. et f. c^ne du Beugnon. — *La Bounière*, 1578 (Font. XXIII, 12). — *La Bonyère*, 1609 (pap. fam. du Font.). — *La Bonnière* (Cass.).

BONNIFOND, f. c^ne des Aubiers. — *Bonifond*.

BONNIFOND, f. c^ne de Largeasse.

BONNINIÈRE (LA), f. c^ne d'Azay-sur-Thoué; anc. fief relev. de la Vergne, 1609 (arch. V. seign. div. 32).

BONNINIÈRE (LA), chât. c^ne du Beugnon. — *La Boninière du Buignon*, 1680 (arch. de la Barre, II). — Relev. de la seign. de Lhérigondeau (la Gât. hist. et mon.).

BONNINIÈRE (LA), f. c^ne de Chanteloup.

BONNINIÈRE (LA), f. c^ne de Fénéry. — *La Bonninière*, 1389, relev. de la Brouardière (arch. de la Brouard.).

BONNINIÈRE (LA), (HAUTE ET BASSE), c^ne de S¹-Amand-sur-Sèvre. — *Hôtel de la Bounynière*, 1493 (Font. IX, 385). — *Les Bonninières* (Cass.).

BONNINIÈRE (LA), vill. c^ne de S¹-Pardoux. — *La Bonninière*, 1398 ; *la Bonynère*, 1402 ; *la Bounynière*, 1615 (pap. de la Bret. Vienn.). — Relev. de Parthenay.

BONNINIÈRE (LA), c^ne de Vasles. — *La Bonninère*, 1362, relev. de l'abbaye de Ste-Croix de Poitiers (arch. V. H. 2, l. 44).

BONNINIÈRE (LA), f. c^ne de Vernou-en-Gâtine. — *La Bonnynère*, dépendance du Fonteniou, 1459. — *La Boninère*, 1714 (arch. de la Barre, II).

BONNINIÈRE (LA), f. c^ne de Voultegon, relev. de S¹-Aubin-du-Plain, 1605 (arch. S¹-Loup).

BONNOLIÈRE (LA), f. c^ne d'Allonne.

BONNOT, m^in. c^ne de Périgné, 1609 (Font. XX, 410).

BON-PUY (LE), f. c^ne d'Arçais.

BONS (LES), vill. c^ne de S¹-Coutant. — *Les Bous* (Cass.).

BONSHOMMES (LES GRANDS), f. et m^in. c^ne de Coutières, anc. prieuré de l'ordre de Grandmont, fondé entre 1140 et 1165, près de l'étang du Bois-Pouvreau, et réuni plus tard au prieuré de la Vayolle (mém. soc. arch. Limousin, t. XXV, 2e sér., 228 ; mém. de M. Guibert). — *Prioratus de Bosco Pulverelli*, 1295 (id.). — *Le placis aux moines de Grandmont*, 1369 (arch. de la Barre, II, 21). — *Les Bonshommes près du Bois Pouverea*, 1374 (chartr. Th.). — *Boscum Poverelli*, 1383 (pouillé B.-Filleau, 312). — *Moulin et prieuré des Bonshommes*, 1407, 1464, 1647 (arch. Barre, I, II).

BONSHOMMES (LES PETITS), f. c^ne de Fontperron. — *Les Petits Bonshommes*, mouvant de la seign. du prieuré des Bonshommes, 1647 (arch. Barre, II, 272).

BOQUET (LE), f. c^ne de Moncoutant.

BORC, vill. c^ne de Pierrefitte.

BORC-SUR-AIRVAULT, c^on d'Airvault. — *Ecclesia de Borco*, dépendant de l'abbaye d'Airvault, 1095 (ch. de l'év. Pierre II, ap. Gall. christ. II, et hist. d'Airvault par B.-Filleau). — *Boiz*, 1300 (gr.-Gauthier). — *Bourg sur Oyrevau*, 1386 (chartr. Thouars). — *Borc sus Oyreval*, 1402 (arch. S¹-Loup, reg. d'aveux). — *Forteresse de Borc*, 1551 (pap. de fam.). — *Borg sus Oyrvau*, 1554 (abb. d'Airv.). — *Borc sur Oirvault*, relev. du Breuil de Geay, 1629 (arch. V. E⁵ 337). — *De Burgo subtus Auream Vallem* (pouillé Alliot). — *S¹-Hilaire de Borc sous Airvaux*, 1782 (pouillé).

Dépendait de la sénéchaussée de Poitiers, du doyenné et de l'élection de Thouars, et du bailliage d'Orvallois, ressort de la vic. de Thouars. La cure était à la nomination de l'abbé d'Airvault. Il y avait 90 feux en 1750 (cart. alph. Poit.).

BORD (GRAND ET PETIT), c^ne de Mauzé-Thouarsais. — *Grand et Petit Boire* (Cass.).

BORD, vill. c^ne de Pierrefitte. — *Bort*, 1515 (arch. Barre, II, 386). — *Bors*, 1556 (reg. insin. Thouars). — *Borc*, 1687 (arch. V. Brosse-Guilgault, 15). — *Baurs* (Cass.).

BORDAGE (LE), c^ne d'Allonne.

BORDAGE (LE), f. c^ne des Aubiers.

BORDAGE (LE), h. c^ne du Breuil-sous-Argenton.

BORDAGE (LE), f. c^ne de Combrand.

BORDAGE (LE), f. c^ne des Échaubrognes.

BORDAGE (LE), f. c^ne de S¹-Aubin-de-Baubigné.

BORDAGE (LE), f. c^ne de S¹-Jouin-sous-Châtillon. — *Le Bourdage*, 1410 (arch. V. H. 3, 72).

BORDAGE (LE), f. et étang, c^ne de S¹-Porchaire.

BORDAGES (LES), f. c^ne du Breuil-d'Argenton.

BORDAGE-BALUD (LE), f. c^ne d'Étusson.

BORDAGE-CHAILLOU (LE), f. c^ne d'Étusson.

BORDAGE-CHUPIN (LE), h. c^ne du Puy-S¹-Bonnet.

BORDAGE-COQUIN (LE), f. c^ne de Loublande.

BORDAGE-DES-BOIS (LE), f. c^ne d'Étusson.

BORDAGE-DES-LANDES (LE), f. c^ne de la Chapelle-Largeau.

BORDAGE-MOQUET (LE), f. c^ne de Combrand. — *Bordage-Mocquet* (Cass.).

BORDAGE-NEUF, h. c^ne du Puy-S¹-Bonnet.

BORDAGE-RÔTI (LE), f. c^{ne} d'Étusson. — *Le Rôty-Dordage* (Cass.).
BORDAGE-ROUGE (LE), f. c^{ne} du Puy-St-Bonnet.
BORDAGE-TERRE (LE), f. c^{ne} de Loublande. — *Le Bordage-Terre* (Cass.).
BORDEAU (LE), h. c^{ne} de Terves.
BORDEAU (LE), h. c^{ne} de Moncoutant. — *Le Bordea*, 1367 (arch. St-Loup). — *Le Bordeau* (Cass.).
BORDEAUX, vill. c^{ne} de Geay. — *Bordea*, 1432, relev. de Bressuire (arch. St-Loup). — *Le Bourdeau*, 1720 (arch. V. Brosse-Guilgault, 6). — *Le Bordeau* (Cass.).
BORDE (LA), f. c^{ne} de Beaulieu-sous-Parthenay. — *La Borde*, 1567 (not. St-Maix.).
BORDE (LA), (GRANDE ET PETITE), c^{ne} des Échaubrognes.
BORDE (LA), f. c^{ne} de St-Aubin-du-Plain.
BORDE (LA), f. c^{ne} de Vasles. — *La Borde*, 1330 (arch. V. Ste-Cr. l. 44). — *Domaine et gué de la Borde*, 1411 (arch. Barre, II).
BORDES (LES), f. c^{ne} d'Allonne. — *Les Bordes*, 1369 (arch. V. Fontaine-le-C. l. 30).
BORDES (LES), vill. c^{ne} d'Assais. — *Les Bordes*, relev. de Thouars, 1404 (chartr. Thouars).
BORDES (LES), f. c^{ne} d'Azay-sur-Thoué.
BORDES (LES), vill. c^{ne} de Boismé. — *Les Bordes*, 1399, relev. de Bressuire (arch. St-Loup). — *Les Bordes ou la gaignerie du Breuil-en-Boismé*, 1420, relev. du Poiron (id.).
BORDES (LES), vill. c^{ne} de Messé.
BORDES (LES), f. c^{ne} de Moncoutant. — *Les Bordes*, 1420, relev. de Puygaillard, à Bressuire (arch. St-Loup, reg. d'aveux).
BORDES (LES), (GRANDES ET PETITES), vill. c^{ne} de St-Aubin-le-Cloud. — *Les Bordes*, 1218 (cart. de Rays, ch. de Sav. de Maul.). — Relev. de Châteauneuf-en-Gâtine, 1497 (reg. d'aveux de Ch.).
BORDES (LES), h. c^{ne} de St-Pardoux. — *Les Bordes en St-Pardoux*, 1360, relev. de la Jallière (arch. Chap.-Bertr.).
BORDELIÈRE (LA), f. et vill. c^{ne} du Pin. — *La Bordellière* (Cass.).
BORDELIÈRE (LA) en St-Aubin-le-Cloud, relev. de Châteauneuf-en-Gâtine, 1498, 1505 (reg. d'aveux de Chât.).
BORDELLIÈRE (L'ESSART DE LA) au fief de Flesme en Chiché, relev. de la Mothe-de-Coupoux, 1508 (arch. St-Loup).
BORDERIE (LA), vill. c^{ne} d'Ardilleux, 1558 (arch. V. E^d 233).
BORDERIE (LA), f. c^{ne} du Beugnon.
BORDERIE (LA), f. c^{ne} de la Chapelle-Largeau. — *La Borderye*, 1581 (Font. VIII, 97).
BORDERIE (LA), f. c^{ne} de Pierrefitte.

BORDERIE (LA), f. c^{ne} de la Ronde.
BORDERIE (LA), f. c^{ne} de Ste-Ouenne.
BORDERIE (LA), vill. c^{ne} de Souvigné.
BORDERIES (LES), h. c^{ne} de Fontenille.
BORDERIES (LES), f. c^{ne} de Noireterre.
BORDERIOUX, c^{ne} de Pougnes. — *Borderioux*, 1407 (arch. Barre, II, 48).
BORDET (LE), f. c^{ne} de St-Marsault.
BORDEVAIRE, f. c^{ne} de St-Porchaire. — *Bordevayre*, 1418 (arch. St-Loup). — *Bordevaire*, 1451 (arch. V. H³ 876).
BORDEVERT, f. c^{ne} de Moulins.
BORETERIE (LA), vill. c^{ne} de Vançais.
BORILLON, f. c^{ne} du Breuil-Bernard. — *Barillon* (Cass.).
BORLIA, mⁱⁿ. c^{ne} de Fenioux.
BORLIÈRE (LA), f. c^{ne} de Fenioux. — *La Borelière* (Cass.).
BORNE (LA), vill. c^{ne} d'Azay-le-Brûlé. — *Maison de la Bonne à Verrères*, sur le chemin d'Azay à Pellevoisin, 1517. — *La Bonne de Verrières*, 1533 (not. St-Maix.).
BORNES (LES), f. c^{ne} de St-Aubin-de-Baubigné.
BORTIÈRE (LA), vill. c^{ne} de St-Varent.
BOSQUET (LE), vill. c^{ne} d'Ulcot. — *Le Bousquet* (Cass.).
BOSSAIS, f. c^{ne} de Chambroutet (cad.). — *Bossay* (Cass.).
BOSSE (LA), f. c^{ne} des Aubiers.
BOSSE (LA), (GRANDE ET PETITE), vill. c^{ne} de Cirières. — *La Grant Bosse et la Petite Bosse*, 1418 (arch. St-Loup). — *La Grande Bosse*, 1601 (Font. IX, 493). — Relev. de la baronn. de Bressuire.
BOSSE (LA), l. d. c^{ne} de Coulonges-Thouarsais ; anc. fief rel. de la Brosse-Guilgault, 1610 (arch. V. Brosse-Guilgault, 15).
BOSSE (LA), f. c^{ne} de Goux. — *Bossiacus*, 1032 (cart. St-Maix. I, 111). — *La Boce*, 1361, relev. de la châtell. de St-Maixent (gr.-Gauthier, des bénéf.). — Châtell. de la Bosse annexée à la baronn. de la Mothe-St-Héraye, 1621 (aveu de la Mothe). — *La Boesse* (cad.).
BOSSUET, vill. c^{ne} de Genneton, 1550 (arch. D.-S. E. 423).
BOTELLERIE (LA), c^{ne} de St-Martin-de-Sanzay. — *Terra Botellerie inter nemus Lerni et nemus Rignei*, v. 1130 (cart. St-Laon Thouars).
BOTTIÈRE (LA), f. c^{ne} de la Chapelle-Gaudin.
BOTTIÈRE (LA), f. c^{ne} de St-André-sur-Sèvre. — *La Botière* (Cass.). — *La Bouatière*, xve siècle (arch. D.-S. H. 368).
BOTTIÈRE (LA), f. c^{ne} de St-Porchaire.
BOTTIÈRE (LA), f. c^{ne} de St-Sauveur. — *La Boactière* (Cass.).

BOUARD (GRAND ET PETIT), vill. cne de St-Aubin-de-Baubigné.
BOUARDIÈRE (LA), f. cne de Ste-Ouenne. — *La Bouardière*, 1428, relev. de Parthenay (la Gât. hist. et mon.).
BOUASSES (LES), vill. cne de Séligné — *Les Boisses* (Cass.).
BOUATIÈRE (LA), f. cne de Moncoutant. — *La Bouatère*, 1435, relev. de Bressuire (arch. St-Loup). — *La Bonatière*, anc. seign., 1644 (arch. D.-S. E. 367). — *La Botière* (Cass.).
BOUC (LE), f. cne de la Chapelle-Largeau.
BOUCARDIÈRE (LA), f. cne de la Coudre.
BOUCAULT, f. cne de Ménigoute.
BOUC-ÉTIENNE, f. cne de Brûlain.
BOUCHAGE. — *Ballia de Bochagio sita in castellania Thoarcii*, 1255 (ch. d'Aimeri vic. de Thouars pour l'Absie). — Le bailliage du Bouchage, l'un des six composant le ressort du siège de la vicomté de Thouars, comprenait les paroisses de Bagneux, Argenton-les-Églises, Bouillé-Loretz, Genneton, Ulcot, Cersay, Bouillé-St-Paul, Massais (hist. de Thouars par Imbert, 248).
BOUCHALIÈRE (LA), vill. cne de St-Georges-de-Noisné.
BOUCHARDIÈRE (LA), vill. cne d'Exoudun.
BOUCHARDIÈRE (LA), (GRANDE ET PETITE), vill. cne de Fontperron. — *La Bouschardère*, 1374 (chartr. Thouars). — Relev. d'Aubigny, 1377 (inv. d'Aub.). — *La Bochardière*, 1572 ; *la Bouschardière*, 1584 (not. St-Maix.).
BOUCHARDIÈRE (LA), vill. cne de Vausseroux. — *La Bouchardière*, 1407 (cart. Châtell.). — *L'oustel de la Bouschardière*, 1471, relev. de Mongauguier (arch V. E² 239).
BOUCHARDRIE (LA), vill. cne de Périgné. — *La Bouchardière*, 1728 (arch. D.-S. G. 2).
BOUCHATIÈRE (LA), vill. cne de St-Georges-de-Noisné. — *La Bouscheratère*, 1535 (not. St-Maix.).
BOUCHAUD (LE), vill. cne de Boismé. — *Boschaux*, 1440 (arch. Barre, II, 107). — *Les Bouchaux*, 1421 (arch. St-Loup). — *Boschaux*, 1447 (arch. V. St-Cypr., 1. 29).
BOUCHAUD (LE), f. cne du Beugnon. — *Le Bouschault*, 1512, relev. de Lhérigondeau (arch. V. Pet.-Ch. Eᵇ 400).
BOUCHAUD, cne de Celles. — *Moulin du Bouschault*, 1587 (not. St-Maix.).
BOUCHAUD (LE), f. cne de Moncoutant. — *Le Bouchaut*, 1382, relev. de Bressuire (arch. St-Loup, reg. d'aveux).
BOUCHAUD (LE), f. cne de Vausseroux. — *Terra dau Bochau*, 1237 (arch. V. H³ 869).

BOUCHAUD-CHAUVET (LE), éc. cne de St-Hilaire-la-Palud.
BOUCHEBLE, vill. cne d'Augé. — *Boucheuble*, 1587 (not. St-Maix.).
BOUCHEDOUX, vill. cne de Vausseroux. — *Bouchezou*, 1362 (arch. V. Ste-Cr. l. 44). — *Bouchezour*, 1452 ; *Bochesour*, 1456 ; *Bouchedou*, 1673 (arch. Barre, II).
BOUCHEREAU, cne de Rom ; anc. fief rel. de la Guessonnière, 1680 (arch. V. m.-D. 149). L. disp.
BOUCHERIE (LA), mon. au bourg de Béceleuf 1723, (arch. V. Béceleuf, 7).
BOUCHERIE (LA), cne de la Boissière, 1539, relev. de l'hôtel noble de la Fretière dans ladite Boissière (arch. de la Brun.).
BOUCHERIE (LA), cne de Ménigoute. — *Bois de la Boucherie*, 1446, relev. de l'abbaye de St-Maixent. — *Hébergement de la Bouscherie*, 1446, 1450, relev. de la Barre-Pouvreau (arch. Barre, II).
BOUCHERIE (LA), vill. cne de Moncoutant, relev. de la Mothe-de-Beaumont, 1605 (arch. St-Loup).
BOUCHERIE (LA), h. cne de la Pérate, relev. de Lhérigondeau.
BOUCHERIE (LA), f. cne du Puy-St-Bonnet.
BOUCHERIE (LA), f. cne de la Ronde. — *La Boucherie*, 1445-1707, relev. de Vouvent (ms. 141, bibl. Poit.).
BOUCHERIE (LA), f. cne de St-Germier. — *La Bocherie*, 1269, relev. de l'abbaye de St-Maixent (cart. St-Maix. II, 106).
BOUCHERIE (LA), vill. cne de St-Pardoux.
BOUCHERIE (LA), vill. cne de Vausseroux.
BOUCHET (LE), vill. et chât. cne d'Aiffres. — *Le Bouschet*, 1405. — Relev. du château de Niort, 1561 (gr.-Gauthier, des bénéf. — arch. V. C. 2, 107).
BOUCHET (LE), f. cne de la Boissière-Thouarsaise. — *Bochet*, 1246 ; *le Boschet*, 1374 ; *le Boschet*, 1568 (arch. hôp. Part.). — Appartenait à l'hôpital de Parthenay.
BOUCHET (LE), f. cne de Chanteloup.
BOUCHET (LE), f. cne de Cours.
BOUCHET (LE), f. cne d'Échiré.
BOUCHET (LE), f. cne de la Forêt-sur-Sèvre. — *Boschel prope Forestam*, 1230 (ch. de l'Absie, ap. arch. D.-S.). — *Le Bouschet*, 1646, relev. du château de la Forêt (arch. de la For.).
BOUCHET (LE), f. cne de Germond. — *Le Bouschet*, 1650, relev. de Germond (arch. V. Pet.-Ch. Eᵇ 400).
BOUCHET (LE), f. cne de Gourgé. — *Molendinum de Boschet in feodo Guntardi de Gurgio*, v. 1100 (cart. de Talmond, p. 170).

DÉPARTEMENT DES DEUX-SÈVRES.

Bouchet (Le), vill. c^{ne} de Louzy. — *Boschet*, v. 1130 (cart. St-Laon Thouars). — *Le Bouchet*, relev. de la vic. de Thouars, 1428 (chartr. de Thouars).— *Le Bouchet, anciennement Puyjourdain, maintenant Bas-Bouchet*, 1633 (fiefs de la vic. de Thouars).

Bouchet (Le), vill. c^{ne} de Mazières-sur-Béronne.— *Le Bouchet de Charzay*, 1670 (arch. V. E³, l. 6).

Bouchet-de-la-Ferlanderie (Le), h. c^{ne} de Mazières-sur-Béronne.

Bouchet-du-Nac (Le), vill. c^{ne} de St-Martin-lez-Melle. — *Bouschet-du-Nac*, 1604 (arch. V. coll. Ste-Mart., l. 112).

Bouchet-Rateau (Le), h. c^{ne} de Mazières-sur-Béronne.

Bouchet (Le), f. c^{ne} de Prailles.

Bouchet (Le), vill. c^{ne} de Taizé. — *La terre du boys do Bochet*, 1354 (arch. V. S^{te}-Cr., l. 77). — *Le Bouchet de Taizé*, v. 1400, relev. de Thouars (chartr. de Thouars). — *Le Boschet*, 1447 (id.). — *L'hôtel du Bouschet*, 1470 (hist. Thouars par Imbert, p. 175).

Bouchet (Le), vill. c^{ne} de Thorigné. — *Le Bouschet*, 1587 (not. St-Maix.).

Boucheterie (La), h. c^{ne} de Ste-Soline.

Boucheterie (La), f. c^{ne} de Villefollet.

Bouchetière (La), f. c^{ne} de Boismé. — *La Bouchetère*, 1433 (arch. St-Loup).

Bouchetière (La), chât. et f. c^{ne} de St-Lin. — *La Bouchetière*, 1689 (arch. V. C. 491). — Relev. de la baronnie de Parthenay (dict. fam. Poit. II, 243-246).

Bouchetière (La), f. c^{ne} de Secondigny. — *Les Bouchetières* (Cass.).

Bouchollière (La), f. c^{ne} de Parthenay. — *La Bouchollière*, 1594 (pap. fam.).

Bouchonnerie (La), vill. c^{ne} de Paizay-le-Tort.

Bouchotière (La), vill. c^{ne} de St-Georges-de-Noisné.

Bouctière (La), vill. c^{ne} de Goux. — *La Boucquetière*, 1533 (not. St-Maix.).

Bouctière (La), f. c^{ne} de Mazières-en-Gâtine. — *La Boutetière*, 1588 (arch. V. E. 1, 15). — *La Bouquetière* (Cass.).

Boucoeur, vill. c^{ne} de St-Varent. — *Bocuer*, 1266 (arch. V. S^{te}-Cr. l. 78). — *Bocur*, XIIIe siècle (id.). — *Bouquer*, 1301 (id.). — *Hôtel de Boucqueur*, 1331, relev. de Thouars (arch. Vernay). — *Boucueur*, 1379 ; maison de l'abbaye de Ste-Croix à *Bouqueur*, 1381 (arch. V. S^{te}-Cr. l. 78). — *Boucur*, 1389 (id.). — *Boucuer*, 1397 (arch. V. E^b 344). — *Boucueur*, 1439 (arch. St-Loup). —

Boucœur, relev. de Thouars, 1599 (chartr. Thouars).

Prieuré dépendant de Ste-Croix de Poitiers, 1615 (Font. V, 772).

Boudardière (La), f. c^{ne} de St-Aubin-le-Cloud. — *La Boudardière*, 1733 (arch. Barre, 11).

Boudonnière (La), f. c^{ne} de Chanteloup. — *La Baudonnère*, 1419 (arch. St-Loup). — *La Baudonnière* (Cass.).

Boudranche (La), vill. c^{ne} de Gournay. — *La Boudranche*, relev. en partie des seign. du Haut et Bas-Gournay (terr. des Alleuds, ap. bull. soc. stat. D.-S. 1884). — *Boudrange* (Cass.).

Boue (La), vill. c^{ne} du Bourdet.

Bougnollière (La), f. c^{ne} de Vernou-en-Gâtine.

Bougon, c^{on} de la Mothe-St-Héraye. — *Villa Bolgoni in vicaria Exulduninse in pago Briosinse*, xe siècle (cart. St-Maix. I, 89). — *Sanctus Petrus de Bolgon*, xe siècle (id. 83). — *Bogont in archipresbyteratu de Exodunio*, 1227 ; *Bogunt*, 1234 (cart. Châtell.). — *Bogons*, 1300 (gr.-Gauthier). — *Bougond*, 1616 (arch. V. coll. Ste-Mart. l. 82). — *Bougonds*, 1648 (arch. D.-S. E. 1198).

Dépendait de l'archiprêtré d'Exoudun, de la sénéchaussée et de la châtellenie de Lusignan, et de l'élection de Poitiers. La paroisse a été réunie à celle d'Exoudun. Il y avait 91 feux en 1750 (cart. alph. Poit.).

Bougondes (Les), m^{on} près de la Ripaille-en-Nauteuil, 1550 (not. St-Maix.).— *Les Bregondes*, 1546 (id.).

Bougontet, vill. c^{ne} de Bougon. — *Bogondet*, 1161 ; *capella de Bougonteil*, 1221 ; *Bougontel*, 1233 ; *Bogunthet*, 1236 ; *Bougontet*, 1420, en la châtellenie de Faye,.ressort de St-Maixent (cart. Châtell.). — *Bougonet, Bougonthet*, 1667 (arch. D.-S. E. 1199 et 1200).

Bougouin, chât. et vill. c^{nes} de Chavagné et de Fressines. — *Begouin*, 1244 ; *Beguouin*, 1245 (comptes d'Alph. de Poit.). — *Bogoin*, 1260 (homm. d'Alph. de Poit.). — *Bougoin*, 1317 (arch. hist. Poit. XI). — *Bougoing*, 1376 (arch. D.-S. E. 385). — *Châtellenie de Bougouin*, 1698, relev. de la châtellenie de St-Maixent (état de l'élect. St-Maix. 1698, et état duch. de la Meill. 1775).

Bougrie (La), vill. c^{ne} d'Allonne.

Bougrie (La), vill. c^{ne} de Cours.

Bougrie (La), vill. c^{ne} de Secondigny.

Bouhas, vill. c^{ne} de Lezay. — *Villagium de Bouhast*, 1365 (arch. V. E^a 237).

Bouhère (La), c^{ne} de Chantecorps, 1534 (not. St-Maix.). L. disp.

BOUHERIE (LA), m⁽ᵒⁿ⁾ au bourg de Noireterre, 1494 (arch. V. Brosse-Guilgault, 1).
BOUILLACHÈRE (LA), vill. c⁽ⁿᵉ⁾ de S⁽ᵗ⁾-Lin. — *La Bouillacraire*, 1598 (arch. Barre, II).
BOUILLÉ-LORETZ, c⁽ᵒⁿ⁾ d'Argenton. — *Bollei Lorez*, 1227 (cart. de Chambon). — *Boylle-Loherez seu Voilhe-Loherez*, 1300 (gr.-Gauthier). — *Boillé-Loreiz*, 1334 (arch. V. H. 3).— *Bouillé-Loeraz*, 1440 (arch. V. H. 308). — *S⁽ᵗ⁾-Pierre de Bouillé-Louretz*, 1527; *Bouillé-Loretz*, 1585 (Id.). — *Bouillé-Loray*, haute justice concédée le 17 déc. 1649, relev. de Thouars (fiefs de la vic. de Thouars). — *Bougté-Lorets*, 1664 (arch. V. Brosse-Guilgault, 6).

Dépendait de la sénéchaussée de Saumur, des marches de Poitou et Anjou, du bailliage du Bouchage, ressort de la vicomté de Thouars, du doyenné et élection de Thouars et du gouvernement militaire de Saumur. Il y avait 250 feux en 1750 (cart. alph. Poit. — Hist. Thouars).

BOUILLÉ-S⁽ᵗ⁾-PAUL, c⁽ᵒⁿ⁾ d'Argenton. — *Boilhé S⁽ᵗⁱ⁾ Pauli*, 1300 (gr.-Gauthier). — *Boullé-S⁽ᵗ⁾-Pou*, 1368 (arch. Durb.). — *Bouillé-Sainct-Poul*, 1481 (arch. V. Brosse-Guilgault, 43). — *Boully-S⁽ᵗ⁾-Paoul*, 1523 (arch. V. H. 3, 810). — *Bouillé-S⁽ᵗ⁾-Paul*, 1528 (cart. Châtel.). — Relev. de Thouars, 1597 (chartr. Thouars). — *Bouillé-S⁽ᵗ⁾-Pol*, 1607 (arch. D.-S. E. 929).

Dépendait des marches de Poitou et Anjou, de la sénéchaussée de Saumur, du bailliage du Bouchage, du doyenné et élection de Thouars et du gouvernement militaire de Saumur. La cure était à la nomination de l'évêque. Il y avait 132 feux en 1750 (cart. alph. de Poit.).

BOUILLÉ, vill. c⁽ⁿᵉ⁾ de S⁽ᵗ⁾-Varent. — *Boulié*, 1319 (arch. S⁽ᵗ⁾-Loup). Relev. de la Roche-de-Luzay (id.). — *Bollyé*, 1556 (reg. insin. Thouars). — *Bouillé*, 1598, relev. de Thouars (chartr. Thouars). — *Bouillé dit la Motte-Bouillé*, 1663 (fiefs de la vic. de Thouars). — *Bouillié, Bouillier*, 1668 (arch. D.-S. E. 1002).

BOUILLÉ, vill. c⁽ⁿᵉ⁾ de Vasles. — *Boulyé*, 1466 (arch. V. P.-Ch. E⁽ᵘ⁾ 400). — *Boulié*, 1471 (id. S⁽ᵗᵉ⁾-Cr. 1. 46). — *Boulhier* (Cass.).

BOUILLÈRE (LA), c⁽ⁿᵉ⁾ de la Chapelle-S⁽ᵗ⁾-Laurent. Voir LES POUILLÈRES.
BOUILLON, h. c⁽ⁿᵉ⁾ de la Chapelle-S⁽ᵗ⁾-Laurent.
BOUILLON, f. c⁽ⁿᵉ⁾ de Terves.
BOUIN, c⁽ᵒⁿ⁾ de Chef-Boutonne. — *Vicaria Bonno in condita Briocense in pago Pictavo*, 937 (arch. V. f. de Nouaillé, orig.). — *Vicaria Bomocinse in pago Briocinse*, 969 (cart. S⁽ᵗ⁾-Cypr. 250). — *Villa Bugnus in vicaria Briozinse*, v. 980 (id. 284). — *Bunniacum*, v. 1080 (cart. S⁽ᵗ⁾-Jean-d'Ang., ap. Font. LXIII, p. 37). — *Boyng*, 1275 (Font. XXIII, 38). — *Archipresbyteratus de Boig*, 1300 (gr.-Gauthier). — *Byog*, aliàs *Boynum*, 1307 (cart. évêch. Poit.) — *Notre-Dame de Bouin* (pouillé 1782).

Bouin était le siège d'un archiprêtré de l'archidiaconé de Brioux. Il relevait féodalement du marquisat de Ruffec et dépendait de la sénéchaussée de Poitiers et de l'élection d'Angoulême, généralité de Limoges (bull. soc. statist. D.-S. 1884). — L'archiprêtré comprenait dans les Deux-Sèvres actuelles les paroisses de Bouin, Melleran, Hanc, Loubillé, Couture-d'Argenson, Pioussay, Loizé, Lussay, la Bataille, Villemain et Lorigné.

BOUIN, vill. c⁽ⁿᵉ⁾ de Neuvy-Bouin. — *Boyn*, 1274 (cart. Bourgueil). — *Bouyn*, 1555; *Bouhin*, 1716; *Boin*, 1783 (arch. D.-S. E. 209). — Château de Bouin appartenant à l'abb de Bourgueil et relev. de la Renaudière, 1737 (cat. de titr. sur les fam. Poit. impr. par Clouzot). Dépendait pour portion de la châtell. de Châteauneuf-en-Gâtine (dén. des just. de la bar. Part. 1744). Compris d'abord dans l'élection de Niort en 1555, Bouin fut placé dans celle de Parthenay en 1579-1620, puis retourna à celle de Niort. La paroisse de Notre-Dame de Bouin, qui était de l'archiprêtré de Parthenay, a été réunie, ainsi que la commune, à celle de Neuvy.

BOUIN (LE PETIT), h. c⁽ⁿᵉ⁾ de Neuvy-Bouin. — *Jouffroy du Petit-Boyn*, 1356 (arch. V. Fontaine-le-C., 1. 30).

BOUJALIÈRE (LA), vill. c⁽ⁿᵉ⁾ du Pin.
BOULANCHÈRE (LA), h. c⁽ⁿᵉ⁾ de la Chapelle-Thireuil. — *La Boulanchière* (Cass.).
BOULARDIÈRE (LA), vill. c⁽ⁿᵉ⁾ de Terves. — *La Boulardève*, 1365 (arch. S⁽ᵗ⁾-Loup). — *La Bouslardière*, xv⁽ᵉ⁾ siècle (reg. de r. de la comm. Templ. Maul).

Dépendait de la commanderie et châtellenie du Temple de Mauléon, 1664 (arch. V. H. 3, 726).

BOULARIÈRE (LA), f. c⁽ⁿᵉ⁾ de S⁽ᵗ⁾-Aubin-le-Cloud. — *La Boyloyrère*, 1400 (arch. Bret.-Chal.). — *La Boullarière*, 1730 (arch. D.-S. E. 832).
BOULASSIER (LE), f. c⁽ⁿᵉ⁾ de Périgné.
BOULAYE (LA), f. c⁽ⁿᵉ⁾ de Baussais. — *La Boullaye*, 1605 (arch. V, E⁽ᵇ⁾ 400).
BOULAY (LA), h. c⁽ⁿᵉ⁾ de Breuil-Chaussée.
BOULAYE (LA), f. c⁽ⁿᵉ⁾ de Châtillon-sur-Thoué. — *La Bouslaye*, 1300, dép. de la m.-Dieu, puis de l'hôpital de Parthenay (arch. hôp. Part.).
BOULAY (LA), vill. c⁽ⁿᵉ⁾ de Cirières. — *La Bouslaie*, xv⁽ᵉ⁾ siècle (reg. de r. du Templ. Maul.). — *La Bouslaye*, relev. de Cirières, 1439, 1602 (arch. S⁽ᵗ⁾-Loup).

BOULAYE (LA), f. c^{ne} de Montigny.
BOULAYE (L^A), f. c^{ne} de Moulins.
BOULAYE (LA), f. c^{ne} de Rorthais. — *La Boulaye*, 1354 (arch. hist. Poit. XVII).
BOULAYE (LA), vill. c^{ne} de Terves. — *La Boulaye*, 1678 ; *la Boulay*, 1732 ; *le Boulais*, 1784 (arch. D.-S. E. 844).
BOULAYE (LA), f. c^{no} de Viennay, 1383 (arch. V. E² 131).
BOULE (LA), f. c^{ne} d'Augé. — *Prioratus de la Boole*, 1309 (gr.-Gauthier). — *La Bausle* (pouillé 1648). — *Prieuré de Notre-Dame de la Boulle*, collateur l'abbé de St-Maixent (pouillé 1782).— *La Bousle*, 1789 (arch. D.-S. H. 340).
BOULE (LA), f. c^{ne} d'Azay-sur-Thoué.
BOULE (LA), f. c^{ne} de Beaulieu-s.-Parthenay.
BOULE (LA), f. c^{ne} du Beugnon.
BOULE (LA), f. c^{ne} de Champdeniers.
BOULE (LA), f. c^{ne} de Ménigoute. — *La Bousle-Pouvrea*, 1414 (arch. Barre, II). — *La Boule*, 1330 (arch. V. S^{te}-Cr. l. 44).
BOULE (LA), f. c^{ne} de Parthenay.
BOULE (LA), f. c^{ne} de St-Pardoux. — *Nemus apud la Boole in parrochia de Buisseria juxta nemus Simonis de Garda*, 1286 (arch. V. Fontaine-le-C. l. 30).
BOULE (LA), f. c^{ne} de Vernou-en-Gâtine.
BOULE-D'OR (LA), f. c^{ne} de St-Marc-la-Lande.
BOULES (LES), bois, c^{ne} de Pamprou. — *Bois des Bouslez*, 1535 (arch. V. coll. Ste-Mart. l. 81). — *Bois des Boules* (dict. des D.-S. par Dupin).
BOULET (LE), f. c^{ne} d'Allonne.
BOULFOLLIÈRE (LA), vill. c^{ne} de St-Vincent-la-Châtre.
BOULIGNÉ, vill. c^{ne} de Lorigny.
BOULIN, h c^{ne} de Coulonges-Thouarsais. — *Boulain* (Cass.).
BOULIN, h. c^{ne} de Noireterre — *Boulain*, 1477, XVIIe s. (arch. V. Brosse-Guilgault, 7, 44).
BOULINIÈRE (LA), f. et anc. chât. c^{ne} des Forges. — *La Bonynère*, 1444 (arch. V. E. 2, 238). — *La Boulinière*, 1722 (arch. Barre, II). — *La Bouninière* (Cass.).
BOULINIÈRE (LA), f. c^{ne} de Nanteuil. — *La Bounimière*, 1573 (not. St-Maix.).
BOULINIÈRE (LA), h. c^{ne} de St-Germier. — *La Boulinière*, 1583 (not. St-Maix.).
BOULINIÈRE (LA), f. c^{ne} de Vernou-en-Gâtine.
BOULITRIE (LA), f. c^{ne} de St-Maixent-de-Beugné.
BOULOGNE, h. c^{ne} de St-Martin-de-Mâcon.
BOULOTERIE (LA), f. c^{ne} de St-Georges-de-Noisné, 1544 (not. St-Maix.).
BOULSATIÈRE (LA), f. c^{ne} de la Forêt-sur-Sèvre ; anc. fief rel. de la Forêt, 1776 (arch. D.-S. E. 8).

BOUNIÈRE (LA), f. c^{ne} de St-Germier.
BOUNIÈRE (LA), f. c^{ne} de Sauzé-Vaussais. — *La Bonnière* (Cass.).
BOUQUETERIE (LA), f. c^{ne} de Montigny. — *La Bouquetrie* (Cass.).
BOUQUÉTIENNE, h. c^{ne} de Brûlain.
BOUQUETIÈRE (LA), vill. c^{ne} d'Aubigny.
BOUQUETIÈRE (LA), f. c^{ne} de Mazières-en-Gâtine.
BOUQUETIÈRES (LES), f. c^{ne} de St-Pierre-à-Champ. — *Les Bouctières* (Cass.).
BOUQUINERIE (LA), f. c^{ne} de Nueil-sous-les-Aubiers.
BOURBELIÈRE (LA), f. c^{ne} de la Pérate. — *Terra Borbel*, v. 1092 (cart. Talmond, p. 176). — *La Bourbelière*, 1648 (arch. Barre, I). — Relev. de Parthenay.
BOURBIA, vill. c^{ne} de St-Gelais. — *Pont de Bourbya*, 1373 (arch. V. C. 2, 106). — *Bourbias*, 1609, 1627, relev. de St-Maixent (état du duch. Meill. 1775).
BOURBIAS, h. c^{ne} de la Mothe-St-Héraye.
BOURBONNIÈRE (LA), vill. c^{ne} de Messé. — *Herbergamentum situm apud Asnères, vocatum la Borbenière*, 1312, relev. de Couhé (Vien.) (arch. D.-S.).
BOURCE (LA), vill. c^{ne} de Surin.
BOURCHENIN, vill. c^{nes} de St-Coutant et Lezay. — *Bourgchenin*, 1727 (arch. D.-S. E. 122).
BOURDANDELIÈRE (LA), f. c^{ne} de l'Absie.
BOURDEAU, pont sur la Béronne, c^{ne} de St-Romans-lez-Melle.
BOURDEILLERIE (LA), f. c^{ne} de Ste-Eanne. — *La Bourdellerye*, 1526 ; *La Bourdeillerie*, 1530 ; *La Bordelère*, 1537 (not. St-Maix.).
BOURDEILLIÈRE (LA), c^{ne} d'Exoudun, relev. de la baronnie de la Mothe-St-Héraye, 1621 (aveu de la Mothe).
BOURDELLERIE (LA), h. c^{ne} de la Charrière.
BOURDELLIÈRES (LES), vill. c^{ne} de Chenay.
BOURDENNES (CAYENNE DES), c^{ne} du Beugnon.
BOURDET (LE), c^{on} de Mauzé. — *Bordet*, 1218 (cart. St-Maix. II, 40). — *Bordetus*, 1237 (arch. hist. de Saintonge, X, 29). — *Bordetum*, 1245, 1246 (compt. d'Alph. de Poit.). — *Bourdet*, 1390 (arch. V. H. 3, Ste-Gem.). — *S^{tus} Jacobus de Bourdeto*, 1782 (pouillé ; — panc. de Rochech., 1402, arch. de la Vienne.

Le prieuré du Bourdet, qui dépendait de Ste-Croix de Mauzé depuis 1237, fut réuni aux Feuillants de Poitiers par bulle de Paul V en 1619 Le Bourdet faisait partie de l'archiprêtré de Mauzé, diocèse de Saintes, et de l'élection de St-Jean-d'Angély, généralité de la Rochelle

(état de la gén. la Roch. 1698).— Rel. de Frontenay-Rohan-Rohan.
BOURDET (LE), f. et mⁱⁿ. c^{ne} de Taizé. — *Bourdet*, 1489 (arch. V. coll. Ste-Mart. l. 160).
BOURDETRIE (LA), f. c^{ne} de l'Absie.
BOURDIGALE, h. c^{nes} de Cours et de Germond. — *Bourdigale*, 1442 (arch. V. P.-Ch. E⁵ 402). — *Bourdigalles*, 1654, relev. à roture de la seign. de Germond (arch. V. E. 1, 11). — *Bourdigal* (Cass.).
BOURDIGALE (LA), c^{ne} d'Aiffres. — *La Bourdigal* (Cass.). L. disp.
BOURDIGALE (LA), vill. c^{ne} de St-Symphorien. — *La Bourdigal* (Cass.).
BOURDILLÈRE (LA), vill. c^{ne} de St-Martin-de-Sanzay. — *La Bourdillère*. 1584 (arch. des Dor.).
BOURDINIÈRE (LA), vill. c^{ne} de Chey.
BOURDINIÈRE (LA), f. c^{ne} de Genneton, 1550 (arch. D.-S. E. 423).
BOURDINIÈRE (LA), éc. c^{ne} de Massais.
BOURDINIÈRE (LA), f. c^{ne} de Parthenay. Relev. de Parthenay dès 1514.
BOURDINIÈRE (LA), par. de la Pérate. 1408 (arch. Bret.-Chal.). L. disp.
BOURDINIÈRE (LA), f. c^{ne} de la Ronde. — *La Bourdinère*, 1382 ; *la Bordinère*, 1420, 1435 (arch. St-Loup, reg. d'aveux).
BOURDINIÈRE (LA), f. c^{ne} du Tallud.
BOURDINIÈRE (LA), vill. c^{ne} de Vernou-en-Gâtine.
BOURDINIÈRE (LA), vill. c^{ne} de Verruye. — *La Bourdinière*, relev. de Pressigny-en-Gâtine, 1600 (arch. V. E⁵ 415).
BOURDINIÈRES (LES), vill. c^{ne} de Vasles. — *La Bourdinière*, 1356, relev. de la Barre-Pouvreau, 1477. — *Les Bourdinières*, 1578, 1764 (arch. Barre, I, 11).
BOURDINS (LES TROIS), vill. c^{ne} de Vouillé.
BOURDOILLÈRE (LA), l. disp. c^{ne} de Vasles. — *L'arbergement et la garenne qui fut Bourdueil*, 1292 (arch. V. Ste-Croix, l. 44). — *La Bordoillère quam tenet Enordis Bordueille in feodo abbatisse*, 1386 (id.). — *La Bourdillère près du Chilleau*, 1440 (id.).
BOURDONNERIE (LA), vill. c^{ne} d'Exoudun. — *La Bourdonnerye*, 1621 (aveu de la Mothe).
BOURDONNERIE (LA), vill. c^{ne} de Caunay.
BOURDONNIÈRE (LA), vill. c^{ne} de Cours.
BOURDONNIÈRE (LA), vill. c^{ne} de Prissé. — *La Bourdonnerie* (Cass.).
BOURÉE (LA), h. c^{ne} de St-Sauveur-de-Givre-en-Mai.
BOURELIÈRE (LA), f. c^{ne} de St-Marsault.
BOURELIÈRE (LA), f. c^{ne} de Cerizay.
BOURELLIÈRE (LA), vill. c^{ne} de Sepvret. — *La Boulière* (Cass.).

BOURETTE, f. c^{ne} de Bretignolle.
BOURG (LE PETIT), vill. c^{ne} de Soudan.
BOURG-GAILLARD, (PETIT ET GRAND), vill. c^{ne} de St-Germier.
BOURGEASSON (LE), vill. c^{ne} de Fenioux.
BOURGEOISIE (LA), m^{on} noble, c^{ne} de Souché, 1641 (arch. D.-S. E. 610). L. disp.
BOURGEON, vill. c^{ne} de St-Martin-de-Bernegoue. — *Bourgeron* (Cass.).
BOURGÈRE (LA), vill. c^{ne} des Aubiers. — *Laubourgère* (Cass.).
BOURGERIT, f. c^{ne} de St-Denis.
BOURGERON (LE), f. c^{ne} de la Chapelle-Thireuil.
BOURG-JARRASSON. — Jean Malemouche, s^r de *Bourg-Jarrousson*, 1470, fief qui faisait partie de la seign. de la Braudière, c^{ne} de Fenioux (arch. V. E⁵ 400 ; — état du duch. la Meill. 1775).
BOURGJOLY, h. c^{ne} de St-Martin-de-Sanzay. — *Bourjolly* (Cass.).
BOURGLABBÉ, c^{ne} de St-Georges-de-Noisné. — *Bourg-Labbé*, 1533 (not. St-Maix.). L. disp.
BOURGNE (LA), h. c^{ne} de Mauzé-sur-le-Mignon.
BOURGNEUF, f. c^{ne} de Bouillé-Loretz (Cass.).
BOURGNEUF, vill. et chât. c^{ne} de Brûlain. — *Bourneuf*, 1405, relev. de Chizé (gr.-Gauthier, des bénéf.). — *Bourneuf* (Cass.).
BOURGNEUF, f. et mⁱⁿ. c^{ne} de la Chapelle-Bâton. — — *Le Bourneuf*, 1400 (arch. V. P.-Ch. E¹ 444). — *Le Bourneuf*, 1457, relev. de la seign. d'Aubigny (id. 400). — *Le Bourgneuf* (Cass.).
BOURGNEUF (LE), f. c^{ne} de Coulonges-Thouarsais, 1612 (arch. V. Brosse-Guilgault, 22).
BOURGNEUF, vill. c^{ne} de Coutières. — *Le Bourgneuf de la Pasgerie*, 1501 (arch. Barre, II). — *Le Bourgneuf* (Cass.).
BOURGNEUF, f. c^{ne} de Faye-l'Abbesse.
BOURGNEUF, vill. c^{ne} des Hameaux.
BOURGNEUF, vill. c^{ne} de Limalonges, relev. de Civray, 1498-1775 (arch. V. C. 2, 145).
BOURGNEUF, vill. c^{ne} de Nanteuil. — *Bourneuf*, 1530 (not. St-Maix.). — Relev. de la châtell. de St-Maixent (état du duché Meill. 1775).
BOURGNEUF, vill. c^{ne} du Pin.
BOURGNEUF, h. c^{ne} de Prailles. — *Burgus novus*, 1299 (cart St-Maix. II, 132). — *Bourneuf*, 1524 (id. II, 279). — *Bournu* (Cass.).
BOURGNEUF (LE), à la Roche, c^{ne} de Chauray, relev. de la châtellenie de St-Maixent (cart. St-Maix. intr.).
BOURGNEUF (LE), c^{ne} de St-Gelais, relev. de St-Gelais, 1595 (arch. V. E. 1, 9).
BOURGNEUF, f. c^{ne} de St-Léger-de-Monbrun.
BOURGNEUF (LE), vill. c^{ne} de St-Paul-en-Gâtine. — *Burgus novus*, 1317 (ch. de l'Absie).

BOURGNEUF, vill. cne du Temple. — *Bourneuf* (Cass.).
BOURGNON (LE), f. cne de la Chapelle-Thireuil.
BOURGOGNE, f. cne de la Chapelle-Bertrand. — *Bourgoigne*, 1509, relev. de la Mothe-Chalandray ou Rochefort (la Gât. hist. et mon.). — *La Bourgouigne*, 1581 (Font. IX, 465). — *La Bourgogne* (Cass.).
BOURGOGNE, vill. cne de Mougon.
BOURGOGNE (LA), vill. cne de St-Georges-de-Noisné. — *La Bourgonerie*, 1495 (ma coll.). — *La Bourgougnerie*, 1532 ; *la Bourgougnère*, 1568 (not. St-Maix.).
BOURGOUILLÈRE (LA), f. cne d'Allonne.
BOURG-PAILLÉ, f. cne de Béceleuf.
BOURGPAILLÉ, h. cne de Surin.
BOURICHÈRE (LA), f. cne de St-Pardoux. — *La Bourinière*, 1560 (arch. V. seign. div. 32).
BOURIE (LA), vill. cne des Alleuds. — *Boueria*, 1175 (cart. Mont. ap. Font. XVIII). — *La Bourie* (terr. des Alleuds). — *La Baurie* (Cass.).
BOURIE (LA), f. cne d'Allonne.
BOURIE (LA), h. cne des Aubiers.
BOURIE (LA), vill. cne de la Boissière-Thouarsaise.
BOURIE (LA), f. cne de la Petite-Boissière. — *La Baurie* (Cass.).
BOURIE (LA), f. cne de Combrand.
BOURIE (LA), vill. et logis, cne de Coutières. — *La Bourie*, 1369 (arch. Barre). — *La Bouherie*, 1431 (cart. Châtell.) — *La Bourye*, 1499 ; *la Bourie*, 1682, relev. de la seign. d'Aubigny (arch. Barre). — *La Bourrie* (Cass.).
BOURIE (LA), f. cne de St-Jouin-de-Milly. — *La Bourrye*, 1593, relev. de la Forêt-sur-Sèvre (arch. de la For.).
BOURIE (LA), vill. cne de St-Jouin-sous-Châtillon.
BOURIE (LA), f. cne de St-Martin-du-Fouilloux. Relev. de la Mothe-Chalandray ou Rochefort (Gât. hist. et mon.).
BOURIE (LA), f. cne de St-Sauveur.
BOURIÈRE (LA), f. cne de Largeasse.
BOURLAIRE (LA), f. cne de Montigny.
BOURLEUF, vill. cne d'Avon. — *Bourleuf*, 1547, 1727, relev. de Lusignan (ms. 141, bibl. Poit.). — *Bourgneuf* (Cass.).
BOURLIÈRE (LA), f. cne de Boismé. — *La Borrellère*, 1437, relev. de Bressuire (arch. St-Loup, reg. d'aveux).
BOURLIÈRE (LA), vill. cne de Luché. — *La Borrelère*, 1408 ; *la Borclère*, 1451 (arch. V. Brosse-Guilgault, 7 et 25). — *La Bourrellière*, 1471, relev. de Hérisson-en-Thouarçois (chartr. Thouars). — *La Bourellière*, 1558 (reg. insin. Thouars). —

La Boureillière, 1658 ; *la Bourelière*, 1681 (arch. V. Brosse-Guilgault, 15).
BOURLIÈRE (LA), vill. cne de Ménigoute. — *La Bourrelère*, relev. de l'abbaye de Ste-Croix de Poitiers, 1428 (arch. V. Ste-Croix, l. 44). — *Herbergement de la Bourrelière*, relev. de la Barre-Pouvreau, 1443 (id.). — *Lq Bourlière*, 1523 ; *la Bourelière*, 1679 (id.).
BOURLIÈRE (LA), f. cne de Pamprou. — *La Bourrelière*, 1446 (inv. d'Aub.). — *La Bourelière*, 1549 ; *la Bourlière*, 1666 (not. St-Maix.).
BOURLIÈRE (LA), f. cne de la Pérate. — *Petrus Borellus miles* donne la terre de *la Bourrelière* à l'abbaye d'Airvault, 1168 (mém. antiq. ouest, 1847, 168). — *La Bourrelière*, 1446, 1702, relev. de Parthenay (inv. titr. de Ste-Cr. Part. — Arch. V.). — *La Bourelière*, 1560 (arch. V. seign. div. 32).
BOURLIÈRE (LA), vill. cne de St-Georges-de-Noisné.
BOURLIÈRE (LA), f. cne de Séligné.
BOURLIÈRE (LA), vill. cne de Vasles. — *Ténement de la Bourrelière*, 1330, relev. de l'abbaye de Ste-Croix de Poitiers (arch. V. Ste-Croix, l. 44). — *La Bourrelère*, anciennement *la Vielère*, relev. de la Barre-Pouvreau, 1453 (id. l. 45). — *La Bourlière* (Cass.).
BOURLIÈRES (LES), (HAUTE ET BASSE), vill. cne de Verruye. — *La Bourlière*, 1583 ; *moulin de la Bourrelière*, relev. de Pressigny-en-Gâtine, 1600 (arch. V. P.-Ch. E° 415, 417).
BOURLOT, pont, cne de Germond. — *Chemin de Breilbon à la chaussée de Bourlot*, 1689 (arch. V. E. 1, 8).
BOURLOTON, h. cne de Salles.
BOURMAUD, cne d'Ardin ; anc. fief rel. du Retail-sur-Vendée, 1453 (arch. D.-S. E. 274).
BOURNAUD, éc. cne de Châtillon-sur-Sèvre. — *Burgus novus*, 1172 (cart. Trin. Maul. ap. Font. LXVI, 946). — *Bournea*, faubourg de la ville de Mauléon (Châtillon-sur-Sèvre), 1410 (arch. V. H. 3, 723).
BOURNAUDIÈRES (LES), cne de Louin, 1619, relev. de Maisontiers (arch. de Mais.).
BOURNAVEAU, h. cne de St-Léger-lez-Melle. — *Bournavau* (Cass.).
BOURNAVEAU, cne de Villemain, 1596 (arch. V. ch. St-P. l. 240). L. disp.
BOURNEAU, vill. cne du Pin.
BOURNEAU, vill. cne de St-Georges-de-Rex, 1772 (arch. D.-S. E. 344).
BOURNIGAL, h. cne de Cerizay.
BOURNIZEAUX, chât. cne de Pierrefitte. — *Borniseas*, 1383 (chartr. Thouars). — *Bornizea*, 1423 (arch. St-Loup). — *Bournezeau*, 1448 (arch. Vernay). —

Bournizeaux, 1473 (cart. St-Jouin). — *Bournizeau*, 1559 (reg. insin. Thouars). — Relev. de la vic. de Thouars.

Bouroche, f. c^{ne} des Échaubrognes. — *Bourochay* (Cass.).

Bourollerie (La), f. c^{ne} de Montigné.

Bouroumière (La), vill. c^{ne} de Ménigoute. — *La Berromère*, 1369, 1378 ; *la Borromère*, 1407; *la Bouromère*, 1457 ; *la Beromière*, 1479 ; *la Berronnière*, 1480; *la Berroumère*, 1516 ; *la Bourromère*, 1520 ; *la Bourromyère*, 1595 ; *la Bouroumière*, 1750 ; *la Bourromière*, 1770. — Relev. de la Barre-Pouvreau dès 1369, et était comprise dans la châtellenie de Lusignan (arch. de la Barre, I, II).

Bourreau, étang, c^{ne} de la Boissière-Thouarsaise.

Bourrière (La), f. c^{ne} de Largeasse. — *La Bourière* (Cass.).

Bourries (Les), h. c^{ne} de Bouillé-Loretz.

Boursaudière (La), h. c^{ne} de Cirières. — *La Boursaudière*, 1439, 1602, relev. de la seign. de Cirières (arch. St-Loup, reg. d'aveux).

Bourse (La Basse), m^{on}. c^{ne} de Boismé.

Bourse (La), f. c^{ne} de Cirières.

Bourse (La), f. c^{ne} de Cours. — *La Brousse* (Cass.).

Bourse (La), f. c^{ne} de Scillé. — *La Bourse*, 1682 (arch. V. Béceleuf, 7). — *La Bource* (Cass.).

Bourses (Les), (Hautes et Basses), vill. c^{ne} de Boismé. — *La Brousse*, 1330 (aff. Poit. 1776, p. 67). — Relev. de Bressuire dès 1399 (arch. St-Loup, reg. d'aveux).

Bourses (Les), h. c^{ne} de St-Porchaire.

Bourserie (La), f. c^{ne} de St-Aubin-de-Baubigné.

Bourtière (La), vill. c^{ne} du Busseau.

Bourrus (Les), h. c^{ne} de Bouillé-Loretz.

Bouscul, mⁱⁿ. c^{ne} de la Mothe-St-Héraye. — *Moulin de Bouteculle*, 1621 (aveu de la Moth.). — *Moulin Boutcuil* (Cass.).

Bousillé (Le), f. c^{ne} de St-Aubin-de-Baubigné.

Boussain, mⁱⁿ. c^{ne} de St-Loup. — *Moulin de Boussay-sur-le-Thoué*, 1532, relev. de la Rochefaton (Gât. hist. et mon.).

Boussais, c^{on} d'Airvault. — *Villa Buziaco*, v. 1000 (cart. St-Jouin). — *Bocaicus*, 1113 (bull. de Pascal II, ap. Dupuy, 820, p. 30). — *Sanctus Hilarius de Buchai*, 1122 (ms. de 1660 de St-Pierre de Thouars). — *Bochaicum*, 1166 (id.). — *Buzaicus*, 1300 (gr.-Gauthier.). — *Bocay* (id.). — *Bouçay*, 1318 ; *Bossay*, 1329 (arch. V. H. 3). — *L'hébergement de Boussay ou Bouçay*, 1365, relev. de Vernay (arch. de Vern.). — *Seign. de Boussay appelée le Vergier*, relev. de Thouars, 1396 (chartr. Thouars). — *Fief de Boussais-Châtillon*, 1494, relev. de Thouars (fiefs de la vic. de Thouars).

Dépendait du doyenné de Bressuire, de la sénéchaussée de Poitiers, de l'élection de Thouars et du bailliage d'Orvallois, ressort du siège de la vicomté de Thouars. La cure était à la nomination du chapitre de St-Pierre du Châtelet de Thouars. Il y avait 165 feux en 1750 (cart. alph. Poit.).

Boussandreau, éc. c^{ne} des Échaubrognes.

Boussantin, h. c^{ne} de Vouillé.

Boussardière (La), f. c^{ne} de Geay.

Boussardière (La), f. c^{ne} de Goux, 1061 (arch. V. Brosse-Guilgault, 15).

Boussay, c^{ne} d'Aubigné, 1564 (arch. V. prieur., l. 59). L. disp.

Bousseau, (Petit et Grand), vill. c^{ne} de la Charrière, 1704 (arch. D.-S. E. 1186).

Boussonnière (La), h. c^{ne} de la Ronde.

Boussotière (La), f. c^{ne} de St-Lin, relev. de la Barre-Sanglier, 1598 (arch. Barre, II).

Boustière (La), h. c^{ne} de Villefollet.

Bout-de-Bois (Le), f. c^{ne} de la Chapelle-Bâton.

Bout-de-Rue (Le), f. c^{ne} d'Augé.

Bout-de-Rue (Le), h. c^{ne} de Sompt.

Bout-de-Ville, vill. c^{ne} de St-Marc-la-Lande.

Bout-du-Pont (Le), h. c^{ne} de Brioux.

Boutarlet, f. c^{ne} de Ménigoute. — *Boutarlet*, 1621 (arch. Barre).

Boutauderie (La), vill. c^{ne} de Mazières-sur-Béronne.

Boutaudière (La), vill. c^{ne} de Chantecorps, 1452, relev. de la châtellenie de St-Maixent (arch. Barre, II. — Cart. St-Maix. intr.).

Boutaudière (La), f. c^{ne} de Pamprou, 1667 (arch. D.-S. E. 1200).

Boutecaillère (La), h. c^{ne} de Chiché. — *La Boutecaillère*, 1408, 1423 (arch. St-Loup). — *Les Bouttescaillères*, 1558 (reg. insin. Thouars).

Bouteillerie (La), f. c^{ne} de Villemain.

Bouteillerie (La), vill. c^{ne} de Pressigny.

Bouteillière (La), métairie près la Frapinière, c^{ne} de Nanteuil (not. St-Maix.).

Bouterie (La), f. c^{ne} de la Chapelle-Thireuil. — *La Boutherie*, 1631, relev. de Vouvent (arch. Bois-Chap.). — *La Boutrie* (Cass.).

Bouterie (La), vill. c^{ne} de Lezay. — *La Boutrie* (Cass.).

Bouterie (La), f. c^{ne} de Rom. — *La Bouttrye*, 1680 (arch. V. m.-D. 149).

Bouterie (La), f. c^{ne} de Souvigné. — *La Boterie*, 1278 (arch. V. Fontaine-le-C. l. 22). — *La Bouterie*, 1541; *la Boultrie*, 1583 (not. St-Maix.). — *La Boutrie* (Cass.).

BOUTERIE (LA), m¹ⁿ. cⁿᵉ de St-Romans-lez-Melle.
BOUTERIE (LA), h. cⁿᵉ de Vasles. — *Terra Boterie domui Brueri contigua*, 1173 (Font. XXVI, 205). — *La Boterie*, 1269 ; *Botarie*, 1277 (Font. V, 189,197).
BOUTERIE (LA), f. cⁿᵉ de Verruye.
BOUTET, m¹ⁿ. cⁿᵉ des Moutiers-sous-Chantemerle.
BOUTEUIL, m¹ⁿ. cⁿᵉ de la Mothe-St-Héraye.
BOUTEVILLE, f. et logis, cⁿᵉ de St-Maxire. — *Boutleville*, 1752 (arch. D.-S. G. 74).
BOUTINE (LA), f. cⁿᵉ de Luzay.
BOUTILLY, f. cⁿᵉ de Beaulieu-sous-Bressuire.
BOUTINIÈRE (LA), f. cⁿᵉ de Béceleuf, 1481, 1613 (arch. V, Beauregard, 15, et Béceleuf, 26).
BOUTINIÈRE (LA), vill. cⁿᵉ de Chantecorps. — *La Boutinère*, 1452 (arch. Barre, II).
BOUTINIÈRE (LA), vill. cⁿᵉ d'Exireuil. — *La Boutinère*, 1536 (not. St-Maix.).
BOUTINIÈRE (LA). — *La Boulhynière*, par. de Louin, 1561 (Font. XXIV, 605). L. disp.
BOUTINIÈRE (LA), vill. cⁿᵉ de Ménigoute. — *La Boutinère*, 1369, 1378 ; *la Botinère*, 1479 ; *la Boutinière*, 1516 ; *la Petite Boutinière*, 1788 (arch. D.-S. H. 373). — Relev. de la Barre-Pouvreau (arch. Barre).
BOUTINIÈRE (LA), f. cⁿᵉ des Moutiers-sous-Chantemerle.
BOUTINIÈRE (LA), h. cⁿᵉ de St-André-sur-Sèvre. — *La Boutinère*, 1412 (arch. V. H. 3, 728). — *La Boutinière*, 1648 (pouillé B.-Filleau).
BOUTISSAC, h. cⁿᵉ d'Azay-sur-Thoué. — *Boutissacq*, 1581 (Font. IX, 466). — *Boutissac*, 1740 (arch. Barre, II).
BOUTONNE (LA), rivière qui prend sa source à Chef-Boutonne et va se jeter dans la Charente, au-dessous de Tonnay-Boutonne. — *Vullumnis*, 830 (chron. St-Maix.). — *Vultonna*, 951, 990 (cart. St-Jean-d'Angél.). — *Vulturna*, v. 1031 (cart. St-Cypr.). — *Vultumna*, 1045, 1050, 1075 (id.). — *Vultona*, 1186 (cart. St-J.-d'Ang.). — *Vollonna*, 1243 (compt. d'Alph. de Poit.). — *Vultunum, Vuturnum, Volunne*, 1244 (id.). — *Vollonne*, 1244 (id.). — *Vultonia*, 1245 (id.). — *Wulturni aqua*, XIIIᵉ siècle (censif de Chizé). — *Vultone*, 1300 (arch. V. Stᵉ-Cr. 1. 92). — *La Voutonne*, 1412 (Font. I). — *La Vieille-Voultonne*, 1473 (rech. sur Ch.-Bout. par B.-Filleau).
BOUTONNIÈRE (LA), mᵒⁿ. cⁿᵉ de Terves.
BOUTROCHÈRE (LA), h. cⁿᵉ d'Azay-sur-Thoué. — *La Bouterochère*, 1573 ; *la Boutrochère*, 1594 ; *la Boutherochière*, 1606 ; *la Boutterochière*, 1638 ; *la Botte-Rouchaire*, 1653 (arch. D.-S. E. 952). — *La Boutrochère*, 1689 (arch. Barre, I, II).

BOUTROCHÈRE (LA), f. cⁿᵉ de Pamplie. — *La Boistrochère* (Cass.).
BOUVANIÈRE (LA), f. cⁿᵉ de Courlay.
BOUVANIÈRE (LA), m¹ⁿ sur le ruisseau de ce nom, cⁿᵉ de St-Jouin-de-Milly.
BOUX (LE), vill. cⁿᵉ de Rom. — *La Roche-Debours*, 1434 (arch. V. St-Ben. 1. 26). — *Boux* (Cass.).
BOUX-NERBERT, vill. cⁿᵉ de Limalonges. — *Boux-Nerbert*, 1498, relev. de Civray (ms. 141, bibl. Poit. et arch. V. C. 2, 145). — *Le Bout*, 1601 (arch. D-S. E. 378).
BOUZENET, m¹ⁿ. cⁿᵉ du Pin.
BOUZIOUX, vill. cⁿᵉ de Villiers-en-Bois. — *Bouziou* (Cass.).
BOUZON, m¹ⁿ. cⁿᵉ de Niort. — *Bouzon ou la Corde*, 1567 (arch. D.-S. H. 205).
BOYLÈVES. — *Terræ prioratus Sti-Lamberti, in guarena de Malleone vulgariter appellatæ Boyleves*, 1309 (cart. d'Orbestier).
BOYNET. — Cours de l'eau du moulin de *Boynet* près le bois de Secondigny, 1446 (arch. V. Fontaine-le-C. 1. 30).
BRACHEMIÈRE (LA), au fief de Flesme-en-Chiché, relev. de la Mothe-de-Coupoux, 1508 (arch. St-Loup).
BRACHETIÈRE (LA), cⁿᵉ de Stᵉ-Verge, 1521, relev. de Thouars (chartr. Thouars).
BRACHIN, chât. et vill. cⁿᵉ de St-Marsault. — *Brachechien*, 1300 (hist. des Chast. pr. p. 8). — *Hôtel de Brachechien*, 1430, 1431, relev. de la seign. de St-Marsault (id.). — *Chapelle de Brachin ou Brachechien* 1648 (pouillé B.-Filleau, 389). — *Brachen* (Cass.).
BRACONNIÈRE (LA), vill. cⁿᵉ de St-Georges-de-Noisné. — *L'Arnollère, autrement la Braconnerie*, 1452 (arch. Barre, II, 161). — Relev. de la châtellenie de St-Maixent (cart. St-Maix. intr.). — *La Braconerie* (Cass.).
BRACONNIÈRE (LA), à la Chaignée-en-Stᵉ-Néomaye, de la châtell. de St-Maixent (cart. St-Maix. intr.).
BRAMFOND, f. cⁿᵉ de St-Martin-lez-Melle. — *Bramefons*, 1611 (arch. V. coll. Stᵉ-Marth. l. 112).
BRAMIÈRE (LA), h. cⁿᵉ de Secondigny, relev. du comté de Secondigny, 1768 (arch. Barre, II, 238).
BRANDAY, vill. cⁿᵉ de Bouillé-Loretz. — *Branday*, 1548, 1576 (arch. V. H. 3, 675). — *Le Branday* (Cass.).
BRANDE (LA), vill. cⁿᵉ de Cerizay.
BRANDES (LES), mᵒⁿ. cⁿᵉ de Boismé (aff. Poit. 1778, p. 192).
BRANDES (LES), f. cⁿᵉ du Breuil-d'Argenton.
BRANDES (LES), f. cⁿᵉ de Noireterre.

BRANDES (LES), f. cne de St-Maurice-la-Fougereuse.
BRANDES (LES), f. cne de St-Pierre-à-Champ.
BRANDES (LES), éc. cne de St-Porchaire.
BRANDES (LES), *autrement la Vermetterye*, par. de St-Varent et de Luzay, relev. de Thouars, 1559 (reg. insin. Thouars).
BRANDES (LES), f. cne d'Ulcot.
BRANDES (LES), h. cne de Vasles.
BRANDES (LES), éc. cne de Viennay.
BRANE. — *Vadium de Bram*, 1364, près Mauzé-sur-le-Mignon (arch. V. les feuill. 1. 58). — *Brane* (Cass.).
BRANGEARD, vill. cne d'Aubigny.
BRANGEARD, cne de Cherveux. L. disp.
BRANGES (LES), f. cne d'Exoudun. — *Les Brenges*, 1566 (not. St-Maix.).
BRANGERIE (LA), cne de Brelou, hôtel noble relev. d'Aubigny, 1562 ; en masure en 1635 (inv. d'Aub.).
BRANGERIE (LA), vill. cne de la Chapelle-Thireuil. — *La Brangerie*, 1631, relev. de Vouvent (arch. Bois-Chap.).
BRANGERIES (LES). — Bois *des Brangeries* près la Grange-Pèlerin en Pamplie, 1483 (arch. V. E. 1, 9).
BRANLE (LA), vill. cne de St-Coutant. — *La Bransle*, 1727 (arch. D.-S. E. 122).
BRARDIÈRE (LA), f. cne de Clazay. — *La Breardière* (Cass.).
BRARDIÈRE (LA), f. cne de Courlay.
BRARDIÈRES (LES), h. cne de Nueil-sous-les-Aubiers. — *Brajarderia*, 1120 (cart. Trin. Maul.). — *La Petite Bérardière*, 1351 (arch. hist. Poit. XVII). — *Les Grandes-Bérardières*. relev. du Fresne-Chabot, 1715 (Font. XLIV, p. 62).
BRAS (PONT DU), cne de St-Martin-de-Mâcon.
BRASSARD, min et chapelle, cne de Parthenay. — *Molendinum de Brassart*, 1281 (arch. V.). — Relev. de Lhérigondeau.
BRASSAY, vill. cne de Thénezay. — *Brassay*, 1500 (arch. Barre, II). — *Brassay*, aliàs *Rigalle*, 1673 (arch. V. P.-Ch. Eb 415). — Relev. de Pressigny-en-Gâtine (id.).
BRASSIOU, vill. cne de Villiers-sur-Chizé.
BRAUD, anc. tén. et min près la Petitière, cne de Secondigny. — *Borderia et molendinum de la Braudère*, 1332. — *Beraut*, min, 1428 (arch. hist. Poit. XXIV, 60, n.). — *Le Brault*, 1618 (pap. de la Petit.). — *Braud* (Cass.). — *Bruault* (cad.).
BRAUD, min, cne de Moncoutant.
BRAUDE (LA), h. cne de Pamplie. — *Brauder* (Cass.).
BRAUDE, fontaine, cne de Champdeniers (le pr. de Champd. par Desaivre, p. 15).
BRAUDERIE (LA), h. cne de Secondigny.

BRAUDIÈRE (LA), f. cne de Chanteloup.
BRAUDIÈRE (LA), vill. cne de la Chapelle St-Laurent. -- *La Braudière*, 1637 (arch. fabr. Chap.-St-L.).
BRAUDIÈRE (LA), f. cne de la Coudre.
BRAUDIÈRE (LA), h. cne de Fénéry.
BRAUDIÈRE (LA), h. cne de Fenioux. — Relev. de la baronnie de Secondigny (état du duch. la Meill. 1775).
BRAUDIÈRE (LA), f. cne de la Ferrière.
BRAUDIÈRE (LA), h. cne de Gourgé. — *La Béraudière*, 1343, dépendance de la commanderie de la Lande de Gourgé (arch. V.).
BRAUDIÈRE (LA), f. cne de Lamairé.
BRAUDIÈRE (LA), h. cne de Moncoutant. — *La Beraudère*, 1376, 1421 (arch. St-Loup).
BRAUDIÈRE (LA), f. cne de Moulins.
BRAUDIÈRE (LA), vill. cne de Moutiers-sous-Chantemerle.
BRAUDIÈRE (LA), f. cne du Puy-St-Bonnet.
BRAUDIÈRE (LA), vill. cne de St-Lin. — *La Béraudière*, 1598 (arch. Barre). — *Lambraudère*, 1538 ; *la Beraudère*, 1583 (not. St-Maix.).
BRAUDIÈRE (LA), vill. cne de St-Vincent-de-la-Châtre.
BRAUDIÈRE (LA), vill. cne de Secondigné.
BRAUDIÈRE (LA), anc. chât. cne de Secondigny. — *La Braudère in parrochia de Segondigné*, 1323 (arch. V. Fontaine-le-C., 1. 32). — *La Braudière*, 1445 (arch. Bret.-Chal.). — *La Braudière*, 1633 (arch. Barre, II, 383). — *La Breaudière* (Cass.). — Relev. pour les trois quarts de la seign. d'Hérisson et pour l'autre quart de Secondigny (la Gât. hist. et mon.).
BRAUDIÈRE (LA), f. cne du Tallud.
BRAUDIÈRE (LA), f. cne de Terves. — *La Béraudière*, 1556, relev. de Bressuire (reg. insin. Thouars).
BRAUDIÈRE (LA), h. cne de Vernou-en-Gâtine. — *Berauderia*, v. 1140, 1173 (cart. l'Absie). — *Arbergamentum Berauderii*, 1190 (id. ap. Dupuy, 828).
BRAUDIÈRES (LES), vill. cne de Secondigny. — *Les Béraudières*, relev. de la Mosnerie (arch. de la Mon.).
BRÉAU, f. cne de Moncoutant.
BREBIS (LA), vill. cne d'Azay-sur-Thoué.
BRECHAIRE (LA), vill. cne de Faye-l'Abbesse.
BRÉCHANTEAU, vill. cne de Bouillé-Loretz. — *Brinchanteau*, 1576 (arch. V. H. 3, 675). — *Berchanteau* (Cass.).
BRÉCHARDIÈRE (LA), f. cne de Ste-Ouenne, 1640 (arch. V. Béceleuf, 7).
BRÉCHARDIÈRES (LES), cne d'Azay-sur-Thoué. —

Borderie et moulin des Bréchardières, 1742 (arch. Barre, II, 201). L. disp.

BRÈCHEPOTE, h. c^{ne} de Faye-l'Abbesse. — *Domus de Berchepota*, 1146 (cart. l'Absie). — *Berthepote*, 1169 (bull. d'Alex. III, ap. Gall. christ. II, 367). — *Terra de Berchepota*, 1188 (cart. l'Absie). — *Berchepote*, 1436 (arch. St-Loup). — *Brechepote*, relev. des Crânières, 1527 (arch. V. E^s 400). — *Brèchepotte*, 1668 (arch. D.-S. E 995).

BRÈCHES (LES), f. c^{ne} du Puy-St-Bonnet.

BRÉCHETIÈRE (LA), f. c^{ne} de Clavé. — *La Breschetière*, 1452 (arch. Barre, II, 166) et 1585 (not. St-Maix.).

BRÉCHOIRE (LA), h. c^{ne} de St-Aubin-le-Cloud.

BRÉCHOTIÈRE (LA), vill. c^{ne} de Cirière.

BRÉCHOU, vill. c^{ne} de Noirlieu. — *Pont de Brechoux*, sur le ruisseau de la Madoire (Cass. et cad.).

BRÉCHOUÈRE (LA), f. c^{ne} de St-Aubin-le-Cloud. — *La Berchouère*, 1532 (pap. de fam.).

BREGEONNIÈRE (LA), vill. c^{ne} de Cirière. — *La Berjonnière* (Cass.). — *La Bergeonnière*, 1602, relev. de Bressuire (arch. St-Loup).

BREGION, f. et chât. c^{nes} de Chey et de Sepvret.

BREILGAULT, m^{on} au bourg de Parthenay, XVIe siècle (arch. V. la Vergne). L. disp.

BREILLAC (LE), h. c^{ne} de St-Gelais. — *Le Breuillat*, 1609 (Font. XX, 411).

BREILLET (LE), h. c^{ne} d'Étusson. — *Le Breuillet* (Cass.).

BREJAUDIÈRE (LA), f. c^{ne} de St-Porchaire.

BREJELONNIÈRE (LA), c^{ne} de Verruye, relev. de Pressigny-en-Gâtine, 1600 (arch. V. E^s 415).

BREJEUILLE, logis, c^{ne} de Rom.

BRELANDIÈRE (LA), f. c^{ne} de la Chapelle-St-Étienne.

BRELAUDERIE (LA), vill. c^{ne} du Pin.

BRELIÈRE (LA HAUTE ET LA BASSE), vill. c^{ne} de St-Pardoux.

BRELINOTTE (LA), h. c^{ne} du Busseau.

BRELOU, 1er c^{on} de St-Maixent. — *Sanctus Petrus de Berlo*, 1110 (cart. St-Maix. 258). — *Berlo*, 1214 (rot. litt. cl. I, 171). — *Berlou*, 1363 (cart. St-Maix. II, 147). — *Prieuré-cure de Brelou*, dépendant de l'abbaye de St-Vincent de Nieuil, 1622 (arch. V. cures, l. 165).

Dépendait de l'archiprêtré et de l'élection de St-Maixent (état de l'élect. 1698). Relev. de Boisragon et de différents seigneurs. Il y avait 249 feux en 1698 et 256 en 1750.

BRELOUZE, vill. c^{ne} de la Chapelle-Thireuil. — *Brelouze*, 1631, relev. de Vouvent (arch. Bois-Chap.). — *Beaulieu, aliàs Brelouze*, 1641 (arch. V. seign. div.).

BRELUTIÈRE (LA), vill. c^{ne} de Thénezay. — *Bourluète*, 1437 (arch. Bret. Chal.). — *Brelutère*, 1504 (id.).

BRÉMAUDIÈRE (LA), f. c^{ne} de Magné.

BRÉMAUDIÈRE (LA), vill. c^{ne} de Ste-Ouenne. — *Aimeri Bormaud, s^r de la Bormaudère*, 1270 (cart. Châtell.). — *La Brémaudière*, 1387, relev. de Parthenay (la Gât. hist. et mon.).

BRENAIRE (LA), h. c^{ne} des Aubiers.

BRÉNELIÈRE (LA), h. c^{ne} de Cerizay.

BRÉNELIÈRE (LA), f. c^{ne} de Cirière. — *La Brenellière* (Cass.).

BRENIER, vill. c^{ne} du Bourdet. — *Villa Briniacus in vicaria Niortinse*, v. 1000 (cart. St-Cypr. 327, 330).

BRENNONIÈRE (LA), vill. c^{ne} de Soudan. — *La Bernonnère*, 1508 ; *la Brennonière*, 1533 (not. St-Maix.).

BRESANCHÈRE (LA), vill. c^{ne} de St-Germain-de-Longue-Chaume.

BRESSANDIÈRE (LA), f. c^{ne} de Châtillon-sur-Thoué. — *La Brexandière ou Bressandière*, 1396 (arch. hist. Poit. XXIV, 240). — *La Bressendière*, 1419 (bibl. éc. chart., 2e sér., IV, 466).

BRESSANDIÈRES (LES), mⁱⁿ. c^{ne} de Bouillé-Loretz.

BRESSAUGÉE, h. c^{ne} de Cersay.

BRESSIÈRE (LA), f. c^{ne} de Boismé.

BRESSONNIÈRE (LA), vill. c^{ne} d'Ardin. — *La Brissonnière* (Cass.).

BRESSUIRE, chef-lieu d'arr^t. — *Castrum Berzoriacum*, v. 1030 (cart. St-Cyprien, p. 110). — *Berzorium*, 1073-1100 (id. 110). — *Sancta Maria de Berchorio*, v. 1090 (cart. St-Jouin). — *Bercorium*, v. 1095 (id.). — *Berceorium*, 1099 (cart. du Bas-Poit. par Marchegay). — *Bercerium*, 1110 (cart. St-Laon Thouars). — *Brochorium*, v. 1150 (cart. Bourgueil). — *Bercerrium*, 1165 (cart. Talmont, 336). — *Berceria*, 1177 (lay. tr. chart. I, 117). — *Berchorium*, 1179 (cart. St-Jouin). — *Bercer*, 1206 (rot. litt. pat. I). — *Bercella*, 1213 (Guill. le Breton, Philipp. X, v. 117). — *Berceriis*, 1242 (lay. tr. ch. II, 472). — *Castrum de Berceres ou Berteres*, 1242 (rôles gascons, p. 38). — *Berteriar*, 1243 (Rymer, I, 251). — *Bercoire*, 1250 (cart. Bas-Poit.). — *Berceures*, 1264 (arch. St-Loup). — *Bercoère*, 1269 (cart. Bas-Poit.). — *Berceire*, 1271 (arch. St-Loup). — *Brecoire*, 1313 (arch. hist. Poit. XI). — *Berceule*, 1318 (id.). — *Bersuyre*, 1320 (arch. St-Loup). — *Berssuyre*, 1333 (arch. V. St-Cypr., orig.). — *Bersuire*, 1339 (arch. de la Durb.). — *Bresseure*, 1350 (arch. St-Loup). — *Brecuère*, 1369 (arch. hist. Poit. XIX, 11). — *Bressières, Brissuère, Bruissière*, 1370 (chron. norm., p. 199). — *Bressuire* (chron. de L. de Bourb.). — *Bressière* (chron. de Duguesclin par Cuvelier). — *Bresuyre*, 1376 (arch. hist. Poit. VIII, 426). — *Bressuyre*, 1391 (arch. St-Loup). — *Bressices*, 1420 (Monstrelet). — *Berceure*, 1481 (cart. St-Laon Thouars). — *Bressuyre*, 1587-1651 (arch. V. St-Cypr.). — *Bercore*, 1648 (pouillé d'Alliot). — *Bressuire*, 1704 (cart. de Jaillot). — D'après M. Alfred Richard, le nom de Bressuire dériverait d'un mot bas-breton, *Berz*, signifiant défense, d'où *Berzoriacum*, c'est-à-dire un défens (*du nom de la ville de Bressuire*, ap. bull. soc. ant. ouest, 2e sér., II, 307).

Bressuire comprenait, dès le xie siècle, trois paroisses : Notre-Dame, St-Jean et St-Nicolas, dans l'enceinte du château, dépendant de l'abbaye de St-Jouin-de-Marnes. Aujourd'hui il n'en subsiste plus qu'une seule, celle de Notre-Dame. Un prieuré, St-Cyprien, relevant de l'abbaye de St-Cyprien de Poitiers, existait dès le commencement du xie siècle au pied du château. Il y avait un autre prieuré, Ste-Catherine, dépendant de l'abbaye de la Réau (Vienne). Il y avait encore une aumônerie ou maison-Dieu dite de St-Jacques. Un hôpital fut créé par lettres patentes de déc. 1698 au moyen de l'annexion des biens de la maladrerie de Taillepied.

Bressuire fut érigé par Jean III, évêque de Poitiers, vers 1180, en chef-lieu de doyenné ecclésiastique, composé de 67 paroisses détachées de l'immense doyenné de Thouars. C'étaient les paroisses de St-Porchaire, résidence et bénéfice du doyen, Chanteloup, Courlay, St-Marsault, Noireterre, Bretignolle, Terves, St-Aubin-du-Plain, N.-D., St-Jean et St-Nicolas de Bressuire, la Pommeraye, St-Mesmin, St-André-sur-Sèvre. St-Aubin-de-Baubigné, St-Georges et St-Gilles d'Argenton, les Échaubrognes, Boesse, Cerizay, Cirière, Chiché, St-Jouin-de-Milly, Soulièvre, les Cerqueux (Maine-et-Loire), Louin. St-Loup, Amaillou, Voultegon, les Aubiers, Breuil-Chaussée, Borthais, Nueil-sous-les-Aubiers, Geay, St-Varent, Tessonnières, Montigny. Combrand, Montravers, St-Clémentin, le Pin, la Forêt, la Ronde. Moncoutant, Clazay, Boismé. Faye-l'Abbesse, Ste-Gemme, Beaulieu, Coulonges, Glenay, Luché, Pierrefitte, Boussais, la Chapelle-Gaudin, Moutiers, Chambroutet, St-Sauveur-de-Givre-en-Mai, St-Amand, Somloire (Maine-et-Loire), la Fougereuse, la Coudre, Airvault, Étusson, la Petite-Boissière, les Jumeaux. En 1317, le doyenné fut détaché de l'évêché de Poitiers pour contribuer à la formation de l'évêché de Maillezais.

La châtellenie de Bressuire, qui relevait de la vicomté de Thouars, comprenait quinze bailliages, la plupart correspondant à des paroisses : Moncoutant, Courlay, Breuil-Chaussée, Clazay, Cirière, Beaulieu, St-Aubin-du-Plain, l'Anglée, St-Sauveur, Glenay, Fief-Mestaier, Chanteloup, Boismé, Terves et Bressuire. La justice y était rendue par un sénéchal (hist. de la ville de Bressuire par B. Ledain, 2e éd., 1880).

Bressuire faisait partie de la sénéchaussée de Poitiers et de l'élection de Thouars, mais était le chef-lieu d'une subdélégation qui comprenait : Argenton-Château, Chambroutet, Noirlieu, Chapelle-Gaudin, Moutiers, Sanzay, Étusson, Boesse, la Coudre, St-Aubin-du-Plain, St-Clémentin, Voultegon, Beaulieu, Bretignolle, le Pin, Cirière, Breuil-Chaussée, Courlay, Pugny, Breuil-Bernard, St-Porchaire, Noireterre, Geay, Faye-l'Abbesse, St-Sauveur, Chiché, Boismé, Chapelle-St-Laurent, Largeasse, Chanteloup, Moncoutant, Terves, Clazay, la Ronde, Montigny, St-André-sur-Sèvre, St-Jouin-de-Milly, Cerizay (mém. sur la subdél. de Bressuire en 1786, par Berthelot). La ville avait 512 feux en 1750 (cart. alph. Poit.).

En 1790, le chef-lieu du district, d'abord placé à Châtillon-sur-Sèvre, fut transféré à Bressuire par décret du 30 août 1792. Mais le siège du tribunal civil y fut établi dès le 16 février 1790. Un décret de 1805 y transféra le chef-lieu d'arrondissement, d'abord placé à Thouars.

Le canton de Bressuire comprenait en 1790 les communes de Beaulieu, Breuil-Chaussée, Chambroutet, Clazay, Noirlieu, Noireterre, St-Porchaire et Terves. En l'an VIII, on y adjoignit les communes de Boismé, Chiché, Faye-l'Abbesse et St-Sauveur-de-Givre-en-Mai.

BRET, vill. c^{ne} d'Aubigné. Il y avait une ancienne maison des Templiers dép. de la com^{rie} du Temple d'Ensigné, et qui passa à l'ordre des Hospitaliers en 1313 (bull. antiq. ouest 1882). — *L'oppitau de Brez.* 1455; *Bretz*, 1456; *Brests*, 1459 (arch. V. comm. d'Ens.). — Bret, h. de 19 feux en 1716 et de 25 en 1750, dépendait de l'élection de Niort (état de l'élect. 1716, et cart. alph. Poit.).

BRETAGNE (PONT DE) sur le Dolo, c^{ne} de St-Porchaire.

BRETAGNE, vill. c^{ne} de Thénezay.

BRETAGNES (LES), l. d. c^{ne} de St-Pardoux.

BRETANDRIE (LA), bois et pré, près St-Léger-lez-Melle, 1543 (arch. V. coll. Ste-Mart. 1 109).

BRETAUDIÈRES (LES), près de l'étang de Courberive, relev. de Pugny (arch. St-Loup).

BRETEIGNE (LA), l. d. c^{ne} de St-Jouin-de-Marnes.

BRETETTE, f. cne de Fénery. — *Bretête*, 1612 (arch. Barre, I).

BRETIGNOLLE, con de Cerizay. — *Sanctus Petrus de Bretonnella*, v. 1092 (cart. St-Jouin). — *Bertegnole seu Berthegnole*, 1300 (gr.-Gauthier.).— *Bertignole*, 1300 (Font. VIII, 39). — *Berteignolles*, 1300 (arch. Durbell.). — *Berteignole*, 1329 (id).

Dépendait du doyenné et de la bar. de Bressuire, de la sénéchaussée de Poitiers et de l'élection de Thouars. La cure était à la nomination de l'évêque. Il y avait 77 feux en 1750 (cart. alph. Poit.).

BRETIGNOLLE, min. cne de St-Maxire. — *Villa Brittaniola*, 996, en la viguerie de Lusignan (Font. LXVI, 205. — dict. top. de la Vienne par Rédet, p. 239). — *Bretignolles*, 1590 (Font. I, 181). — *Bertignolles*, par. de St-Maxire, ressort et élection de Fontenay, 1609 (id. XX, 424).

BRETIGNOLLES (LES), f. cne du Busséau. — *Desertum quoddam trium silvarum, in pago situm Pictaviensi, nuncupatum antiquitus Britanniola, nidum vulturis ubi a abbate Gautherto capella in honore Dei genitricis constructa habetur*, 1004 (cart. de Bourgueil, ap. F. Salmon, I, 228, bibl. Tours). — *Britanola, Britaniola, Bretanola*, v. 1120 (cart. l'Absie). — *Bertignole*, 1473 (cart. Bourg. ap. f. lat. 17127, p. 89). — *Bretignole* (Cass.). — Relev. de l'abbaye de Bourgueil.

BRETINIÈRE (LA), f. cne de Chiché. — *La Bertinère*, 1408 (arch. St-Loup). — *La Bertinère, autrement le Gast*, relev. de Chiché, 1425 (id.).

BRETINIÈRE (LA), vill. cne de Montravers.

BRETINIÈRE (LA), f. et logis, cne de Pamplie. — *La Bretinère*, 1483 (arch. V. E 4, 9). — *La Bertinière* (Cass.)

BRETINIÈRE (LA), f. cne de St-Lin.

BRETINIÈRE (LA), vill. cne de Ste-Ouenne.

BRETINIÈRE (LA), h. cne de St-Paul-en-Gâtine.

BRETINIÈRE (LA), f. cne de Vernou-en-Gâtine.

BRETONNE (LA), cne de la Chapelle-Bâton, 1530 (not. St-Maix.). L. disp.

BRETONNIÈRE (LA). — *La Bretonière, par. de Mautravers*, 1354 (arch. hist. Poit. XVII).

BRETONNIÈRE (LA GRANDE ET LA PETITE), vill. cne de St-Pardoux. — *La Grand Brethonnière*, 1554 ; *Grande-Bretonnière*, 1695 (arch. Barre, II).

BRETONNIÈRE (LA), vill. et logis, cne de Viennay. — *La Bertonère*, 1378 ; *la Bretonnère*, 1386, ou *Bretonère*, 1398 ; *la Brethonnère*, 1429. — *La Bertonnière*, xve s. (arch. V. seign. div. 32). — *La Berthonnière*, 1615. — *La Bretonnière*, 1742. — Relev. de la baronn. de Parthenay (pap. de la Bret.).

BRETREGHE (LA GRANDE ET LA PETITE), cne de St-Aubin-de-Baubigné.

BREUIL (LE), h. cne d'Aigonnay.— *Arbergamentum de Brolio*, 1360 (homm. d'Alph. de Poit.). — *Le Breuil d'Aigonnay, autrement le Breuil de Malicorne*, ressort et élection de St-Maixent, 1609 (Font. XX, 414).

Dépendait de la châtellenie de St-Maixent (cart. St-Maix. intr. 47).

BREUIL (LE), h. cne d'Amuré. — *Brolium*, 1161 (cart. Châtel.).

BREUIL (LE), f. cne de Baussais. — *Le Breuil*, 1646 (arch.).

BREUIL (LE), vill. cne de Boismé. — *Terra de Brolio in Bomniaco*, 1117 (cart. St-Cypr. 113). — *Le Bruil*, 1437 (arch. St-Loup). — *Les Bordes ou la gaignerie du Breuil en Boismé*, relev. du Poiron, 1420 (id.).

BREUIL (LE), h. cne de la Chapelle-Thireuil. — *Le Broil-Charlet*, 1292 (arch. hist. Poit. XX, 265). — *Le Broil Challet*, 1471, ancien fief relev. de la Gâconnière (arch. D.-S. E 289).

BREUIL (LE PETIT), éc. cne de Chail.

BREUIL (LE), vill. cne de Chenay. — *Brolium de Chenayo*, 1286 (arch. V. G 1231). — *Le Breuil ou Brieuil*, haute justice, 1486-1726, relev. de Lusignan (arch. V. C 2, 134 ; et ms. 141, bibl. Poit.). — *Le Breuil de Chenay* (Cass.).

BREUIL (LE GRAND ET PETIT), vill. cne de Cherveux.

BREUIL (LE), cne de Coulonges-Thouarsais, relev. de Thouars 1470 (fiefs de la vic. Thouars).

BREUIL (LE GRAND ET LE PETIT), vill. cnes de Deyrançon et Usseau. — *Le Brueilh Malon*, 1405 (arch. V. feuill. l. 58). — *Le Grand Breuil-Barrabin*, 1741, relev. de la baronnie de Mauzé (inv. arch. D.-S. B, p. 43).

BREUIL (LE), vill. cne de François. — *Brolium Galeri*, 1260 (homm. d'Alph. de Poit.). — *Brolium Galerit*, 1299 (arch. V. Fontaine-le-C. l. 22). — *Le Breuil Galeri*, 1406, relev. de St-Maixent (gr.-Gauthier, des bénéf.). — *Le Breil*, 1475 (arch. V. E 2, 235). — *Le Breuil Galleri*, 1475 (id.). — *Le Breuil de François*, 1534 ; *le Broil Gallerit*, 1566 (not. St-Maix.). — *Breuil Gallerit*, fief dépendant de la seign. de Vauldelaigne, par. de François, ressort et élection de St-Maixent, 1609 (Font. XX, 412).

BREUIL (LE), vill. cne de Glenay.

BREUIL (LE), vill. cne de Lezay.

BREUIL (LE), vill. cne de Luché-Thouarsais. — *Le Bruyl de Luché*, 1344 (arch. V. Brosse-Guilgault, 44). — *Le Grand Breuil de Luché*, 1474 (fiefs de la vic. Thouars). — *Le Grant et le Petit*

Bruéil, 1486 (arch. V. Brosse-Guilgault, 15). — Guill. Olivier, s^r du *Breuil de Luché*, 1513, relev. d'Hérisson-en-Thouarçois (chartr. Thouars). — *Le Bruil*, 1608 (arch. V. Brosse-Guilgault, 25). *Le Breil*, 1694 (arch. V. Brosse-Guilgault, 15). *Haut et Bas Breuil* (Cass.).

Breuil (Le), h. c^{ne} de Luzay.

Breuil (Le), h. c^{ne} de Marigny, 1609 (Font. XX, 413).

Breuil (Le), f. c^{ne} de Messé, 1530 (arch. D.-S. E 232).

Breuil (Le), vill. c^{ne} de Montigny. — *Le Brueil de Montigné*, xve siècle (reg. de r. du Templ. de Maul.).

Breuil (Le), h. c^{ne} de la Pérate. — *Le Grand Breuil*, relev. de Pressigny-en-Gâtine, 1600 (arch. V. E^s. 415).

Breuil (Le), f. c^{ne} de Pougne. — *Le Breuil*, 1492, relev. de Châteauneuf-en-Gâtine (la Gât. hist. et mon.).

Breuil (Le), h. c^{ne} de Prailles. — *Le Bruyl de Prailles*, 1363, relev. de l'abbaye de St-Maixent (cart St-Maix. II, 155). — *Grand et Petit Breuil* (Cass.).

Breuil (Le), h. c^{ne} de Rom.

Breuil (Le), f. c^{ne} de St-Aubin-de-Baubigné.

Breuil (Le), vill. c^{ne} de St-Christophe. — *Le Brevil*, 1407 (arch. D.-S.). — *Le Breuil de Fellés*, relev. de St-Maixent, 1418 (arch. hist. Poit. XXIV, 7, n.). — *Hôtel du Brueil*, 1465 ; *le Breuil de St-Christophe*, 1517 (arch. Barre, II).

Breuil (Le), vill. c^{ne} de St-Clémentin.

Breuil (Le), vill. c^{ne} de St-Éanne. — *Brolium Aient*, 1110 (cart. St-Maix. 267). — *Ballia de Brolio d'Aen*, 1269, relev. de l'abbaye de St-Maixent (id. II, 98). — *Broliun d'Aent*, 1269 (id.). — *Brulium*, 1231 (arch. hist. Poit. XI, 201). — *Le Bruyl Doyen*, 1363 (cart. St-Maix. II, 155).

Breuil (Le), seign. du *Breuil de la Porte*, relev. de Thouars, 1462 (chartr. Thouars).

Breuil (Le), vill. c^{ne} de St-Germier. — *Brolium Riole*, 1269, relev. de l'abbaye de St-Maixent (cart. St-Maix. II, 101). — *Le Bruyl Riote*, 1363 (id. 155). — *Le Broil*, 1484 (arch. V. coll. Ste-Mart. l. 90). — *Le Breul Ryote*, 1532 ; *le Breuil*, 1537 (not. St-Maix.).

Breuil (Le Grand et Le Petit), vill. c^{ne} de St-Léger-lez-Melle.

Breuil (Le), h. c^{ne} de St-Varent. — *Le Bruil*, 1319 (arch St-Loup). — *Le Breuil de Geay*, 1396, relev. de Thouars (chartr. Thouars). — *Le Brueil de Jay*, 1481 (arch. V. Brosse-Guilgault, 41). — *Breuil de Jay*, 1597 (arch. St-Loup). — Seign. du Breuil de Geay annexée à celle de Glenay, 1653 (arch. V.).

Breuil (Le), f. c^{ne} de Sauzé-Vaussais. — *Terre du Bruilh*, XIIIe siècle (arch. V. f. de Nouaillé, 1. 30). — *Le Breuil de Sauzé* (Cass.).

Breuil (Le), bois, c^{ne} de Secondigné. — Grands bois du Breuil appartenant à l'abbaye de la Trinité de Poitiers, à cause de son prieuré de Secondigné, 1603 (arch. V. la Trin. l. 93).

Breuil (Le), vill. c^{ne} de Secondigny.

Breuil (Le), vill. c^{ne} de Séligné.

Breuil (Le Grand et Le Petit), vill. c^{ne} de Sepvret. — *Le Breuil de Sepvret*, 1432, 1621, relev. de la Mothe-St-Héraye (Font. LXXXV, et aveu de la Mothe, 1621).

Breuil (Le Grand), vill. c^{ne} d'Usseau.

Breuil (Le), m^{on}. noble, c^{ne} de Vouhé, 1638 (arch. D.-S. E. 309). L. disp.

Breuil (Le), vill. c^{ne} de Xaintray. — *Le Breuil*, 1450 (dict. fam. Poit. I, 65).

Breuil-Baudet (Le), f. c^{ne} de la Chapelle-Largeau.

Breuil-Bernard (Le), c^{on} de Moncoutant. — *Villa Brolio Bernardi*, 1030 (cart. St-Cypr. 112). — *Le Bruil-Bernart*, 1379, 1402 (arch. St-Loup). — *Ecclesia Beatæ Mariæ de Brolio Bernardi filiola ecclesiæ beati Petri de Puygneyo*, 1476 (arch. V. Nouaillé, 60). — *Le Brueil Bernart*, 1402 (arch. St-Loup). — *Broeid Bernard*, 1588 (arch. D.-S. E 436). — *Le Breuil-Pugny*, 1750 (cart. alph. Poit.). — *Notre-Dame du Breuil-Bernard ou Pugny* (pouillé 1782).

Le Breuil-Bernard relevait de la baronnie de Bressuire et dépendait de l'archiprêtré de Parthenay, de la châtellenie de la Chapelle-St-Laurent et comté des Mothes, de la sénéchaussée de Poitiers et de l'élection de Thouars. La cure était à la nomination de l'abbé de Nouaillé. Il y avait 130 feux en 1750.

Breuilbon, vill. c^{ne} de Germond. — *Prior de Brullebon*, 1213 (compt. d'Alph. Poit.). — *Broillebon*, 1260 (homm. d'Alph. Poit.). — *Bruyllebon*, 1366 (arch. V. H 3, 876). — *Bruillebont, vulgairement appelé le Bois*, 1438 (id. E^s. 419). — *Breuillebon*, 1477 (id.). — *Breuilbon, appelé le Bois*, 1497 (reg. d'av. de Châteaun.). — *Breilbon*, 1598 (bull. soc. stat. D.-S. 1886, p. 284). — *Breillebon*, 1675 (arch. V. Béceleuf, 7). — Relev. de Pressigny-en-Gâtine et partie de Châteauneuf-en-Gâtine.

Breuil-Bousseau (Le), f. c^{ne} de Béceleuf. — *Le Breuil Bousseau*, 1558 (arch. V. Béceleuf, 11.).

Breuil-Chaussée, c^{on} de Bressuire. — *Sancta Maria de Brolio Calcato*, 1123 (bull. de Calixte II, ap. cart. Trin. Maul.). — *Brolium Chauche seu*

Brolium Calciatum, 1300 (gr.-Gauthier). — *Berchaucé*, 1368 ; *Bruel Chaucé*, 1368 (arch. Durb.). — *Bréchaussé*, 1597 ; *Breschossé*, 1627 (arch. V. Brosse-Guilgault, 27). — *Breil-Chaussé*, 1702 (arch. D.-S. E. 883 et 587).

Dépendait du doyenné et de la châtellenie de Bressuire, de la sénéchaussée de Poitiers et de l'élection de Thouars. La cure était à la nomination de l'abbé de la Trinité de Mauléon. Il y avait 92 feux en 1750 (cart. alph. Poit.).

Breuil-Coiffaud (Le), vill. c^{ne} de Hanc. — *Le Breuil-Coeffault*, 1467, relev. de la seign. de Mairé-l'Évescault en 1512 (dict. fam. Poit. I, 50). — *Le Breuil-Coeffault*, 1510 (Font. XXVII, 346). — Relev. du château de Ruffec (terr. des Alleuds, ap. bull. soc. stat. D.-S. 1884).

Breuil-de-Bessé (Le), vill. c^{nes} d'Augé et de Cherveux. — *Baissé*, 260 homm. d'Alph. de Poit.). — *Breuil de Baissé*, 1390 (hist. des Chast. pr. p. 91). — *Le Breuil*, 1540 (arch. Barre, I). — *Le Breuil de Bessé* (Cass.). — Dépendait de la châtellenie de St-Maixent.

Breuil-de-Denans (Le), c^{ne} d'Ardin, 1472 (bull. soc. stat. D.-S. 1887, p. 645).

Breuil-d'Orbé (Le), c^{ne} de St-Léger-de-Montbrun, relev. de Thouars, 1494 (fiefs de la vic. Thouars).

Breuil-Morin (Le), c^{ne} d'Asnières. — *Brolium Morini in villa Asnerias*, 1096 (Font. XIII, 204).

Breuillac (Le), f. c^{ne} de la Chapelle-Bâton. — *Bruyllac*, 1376 (arch. V. E^s 444). — *Le Bruillac*, 1390 (id. I. 402). — *Le Broillac*, 1488 ; *le Brilhac*, 1507 ; *le Breilhac*, 1628 ; *le Brillac*, 1672 (arch. Barre, II). — *Le Breuillac* (Cass.). — Relev. de la châtell. d'Aubigny dès 1429.

Breuillac (Le), vill. et logis, c^{ne} de Caunay. Relev. en 1486-1531 du comté de Civray (ms. 141, bibl. Poit.).

Breuillac (Le), f. c^{ne} de Priaires.

Breuille (La), vill. c^{ne} de St-Georges-de-Noisné. — *La Bruille*, 1389 (arch. V. E^s 446). — *La Breuille*, 1412 (id. 445). — *La Bruylle*, 1452 (arch. Barre, II). — *La Grande et Petite Breuille*, 1528 (not. St-Maix.). — *Le Breuil* (Cass.).

Breuillère (La), f. c^{ne} de Fontperron. — *La Breuillère*, 1537 (not. St-Maix.).

Breuil-Marais (Le), h. c^{ne} de Bessines.

Breuil de la Maucarrière (Fief du), dit aussi *fief d'Amaillou*, dans les paroisses de Tessonnières, Soulièvre et Boussais, faisant partie de la seign. de la Bernardière et relev. de Glenay, 1746-1766 (arch. Vernay).

Breuil-Mérault (Le), f. c^{ne} de Soudan. — *Gaufridus Meraudi dominus de Brolio Mayraudi*, 1158-1182 (arch. V. f. de Nouaillé, p. 181 bis). — *Bruil Mayraut*, 1373 (inv. d'Aub.). — *Le Breuil Mayrault*, 1685 (cart. Châtell.). — *Le Breuil-Mairault* (Cass.).

Breuil-sous-Argenton (Le), c^{on} d'Argenton-Château. — *Breil*, 1179 (cart. St-Jouin). — *Brolium*, 1300 (gr.-Gauthier). — *Le Breuil*, 1368 (arch. Durb.). — *Le Breil près Argenton*, 1606 (arch. V. H 3, 813). — *Le Breuil d'Argenton*, 1750 (cart. alph. Poit.). — *St-Fiacre du Breuil-sous-Argenton* (pouillé 1782).

Dépendait du doyenné et de l'élection de Thouars, de la sénéchaussée de Poitiers et de la baronnie d'Argenton. La cure était à la nomination de l'abbé de St-Jouin-de-Marnes. Il y avait 70 feux en 1750.

Brevière (La), f. c^{ne} de Boussais.

Brézé, f. c^{ne} de St-Porchaire ; ancienne dépendance du domaine de la baronnie de Bressuire (arch. St-Loup, aveu de 1605).

Briaire (La), vill. c^{ne} de St-Amand. — *La Brehaire* (Cass.).

Brialeau, vill. c^{ne} de Boismé. — *Brialot*, 1399 (arch. St-Loup). — *Fontaine et village de Brialot*, 1450, 1500 (arch. Barre, II).

Briandières (Les), vill. c^{ne} de Courlay.

Briardière (La), f. c^{ne} de Chanteloup.

Briardière (La), f. c^{ne} de Terves.

Briaude (La), f. c^{ne} de Germond. — *La Briaude*, 1535 (arch. V. E^s. Faud.). — *La Briaulde*, 1609 (Font. XX, 419). — *La Briaude*, 1650 (arch. V. E. 1, 11).

Briaude (La). — *Dîmes et terrage de la Briaulde*, par. de St-Pardoux, 1311 (inv. tit. Ste-Cr. de Part.).

Briauderie (La), f. c^{ne} d'Availles-Thouarsais. — *La Briaudrye*, 1775 (arch. V. E^s 367). — *La Briaudrie* (Cass.).

Briauderie (La), c^{ne} du Pin.

Briaudière (La), h. c^{ne} de St-Vincent-de-la-Châtre.

Briaudière (La), vill. c^{ne} de Saivre. — *La Briaudère*, 1408 (cart. St-Maix. II, 205). — *La Bryaudyère*, 1567 (not. St-Maix.). — *La Beraudière*, 1609 (Font. XX, 410). — Relev. de l'abbaye de St-Maixent (cart. St-Maix. intr.).

Bribaudet (Le), f. c^{ne} de la Chapelle-Largeau.

Bricotière (La), h. c^{ne} de St-Maixent-de-Beugné.

Bridemoreau, f. c^{ne} de Boesse.

Briderie (La), f. c^{ne} d'Allonne. — *La Briderie*, 1465 (arch. V. Fontaine-le-C. l. 30).

Briderie (La), vill. c^{ne} de Lezay. — *La Bridrie* (Cass.).

Bridilière (La), f. c^{ne} de la Chapelle St-Laurent.
Brie, c^{on} de Thouars. — *Bria*, v. 1125 (cart. St-Laon, Thouars). — *Berria*, xiie siècle (cart. l'Absie, ap. Dupuy, 322, p. 197). — *Brie*, 1253 (cart. St-Mich. Thouars). — *St-Etienne de Brye*, 1412 (arch. St-Loup). — *Berrie*, 1451 (cart. Chât.). — Grande dîme de Brie, relev. de Hérisson-en-Thouarsais, puis de Thouars, 1602 (chartr. Thouars).
Dépendait du bailliage d'Oironnois, ressort du siège de la vicomté de Thouars, de la sénéchaussée de Poitiers, du doyenné et de l'élection de Thouars. La cure était à la nomination de l'évêque. Il y avait 150 feux en 1750 (cart. alph. Poit.).
Brieserie (La), vill. c^{ne} de Magné.
Briette, h. c^{ne} de Celles.
Brieuil, vill. c^{nes} de Chenay et d'Exoudun. — *Brieuil*, 1621 (aveu de la Mothe). — *Briœuil*, 1667 (arch. D. S. E. 1201).
Brieuil-sur-Chizé, c^{on} de Brioux. — *Briolium*, 1164 (bulle d'Alex. III, ap. Font. V). — *Broilh* ou *Brolium*, 1300 (gr.-Gauthier). — *Briolium prope Chisiacum*, 1305 (arch. V, St^e-Cr., l. 89). — *Brieilh*, 1398 (id.). — *Broilh-Chisé*, 1398 (id.). — *Bruoil*, 1402 (id.). — *Bruoil-Chisé*, 1428 (id.). — *Breil-Chisé*, 1514 (id.). — *Le Breuilh de Chizé*, 1590 (id.). — *Le Breuil-Chisey*, 1615 (Font. V). — *Brieuil*, 1679 ; *Brigueil-Chizé*, 1694 ; *Brigueil*, 1708 (arch. V. St^e-Cr., l. 89). — Ste-Radegonde du Breuil-Chizé, 1782 (pouillé).
Relev. du château de Chizé (état de l'élect. de Niort, 1716). Dépendait de l'archiprêtré de Melle et de l'élection de Niort. Il y avait 24 feux en 1716 et 32 en 1750.
Brignon. — Une partie de la forêt de Brignon, ancienne propriété de l'abbaye de Brignon (Maine-et-Loire), est située dans la commune de Bouillé-Loretz. — *Boscum Brignium*, v. 1130 (f. lat. 13816). — *Abbatia Brinonensis*, ou *Brinocensis*, xiie siècle (cart. l'Absie). Voir dictionnaire de Maine-et-Loire par Célestin Port.
Brigouillère (La), f. c^{ne} d'Allonne. — *La Brigoyllère*, 1328 (arch. Chap.-Bertr.).
Brillac, vill. c^{ne} de Coulon. — *Brilliaco vico* (triens du viie siècle). — *Villa Briliaco*, 852 (chron. Engolism. — chr. Adem. Chabann.). — *Port du Breuillac* (cad.).
Brillanché, bois, c^{ne} d'Exoudun. — *La garenne de Brillanché*, tenant au chemin d'Exoudun à la Brosse et au chemin de la Mothe à Fombedoire, dépendant de la baronnie de la Mothe-St-Héraye, 1621 (aveu de la Mothe). — *Breuillachet*, *Breliauchet* 1738 (arch. D.-S. E. 411).

Brillancheau, c^{ne} de St-Pompain ; anc. fief relev. de Mervent, 1641 (arch. V. seign. div.). L. disp.
Brillaudrie (La), f. c^{ne} de Pouffond.
Brillaudries (Les), f. c^{ne} de la Chapelle-Bâton.
Brillauvin, f. c^{ne} de Sansais.
Brillouet, c^{ne} de la Mothe-St-Héraye ; anc. fief relev. de la Mothe, 1731 (arch. D.-S. E. 38). L. disp.
Brin, vill. c^{ne} de Vasles. — *Brens*, 1497 (arch. V. S^{te}-Cr., l. 46). — *Brain*. 1521 (id. E^s 448). — *Breines*, 1567 (dict. fam. Poit. I, 15).
Brion, c^{on} de Thouars. — *Brion*, v. 1120 (id.). — *Brium*. 1238 (cart. St-Michel Thouars). — *St-Germain de Brion* (pouillé 1782).
Brion faisait partie de la sénéchaussée de Poitiers, du bailliage de la Grande Marche de Poitou et Anjou, ressort du siège de la vicomté de Thouars, et dépendait du doyenné et élection de Thouars et du gouvernement militaire de Saumur. La cure était à la nomination de l'évêque. Il y avait 108 feux en 1750.
Le canton de Brion, créé en 1790, dépendait du district de Thouars et comprenait les communes de St-Cyr-la-Lande, Louzy, St-Martin-de-Mâcon, St-Martin-de-Sanzay et Tourtenay. Il fut ensuite supprimé et réuni au canton de Thouars.
Brioux, arr^t de Melle. — *Brigios*, monnaie gauloise (essai sur les monn. du Poit. par Lecointre-Dupont). — *Brigiosum*, station de la voie romaine de Poitiers à Saintes (carte de Peutinger ;— itinér. d'Antonin) — *Briossus vicus*, viie siècle (triens mérov. ap. et. numism. par B. Fillon, p. 30). — *Pagus Briosinsis*, 799 (charte de Nouaillé). — *Briossium*, ixe siècle (vie de St Junien, par Wulfin Boëce). — *In urbe Briocinse*, 834 (Besly, c^{tes} Poit., p. 23). — *Condita Briocensis*, 928 (ch. de Nouaillé). — *In pago Metulinse in vicaria Briosto*, 945 (cart. St-J.-d'Angély ap. Font. LXII. — *Vicaria Briocinsis*, 969 (id.). — *Vicaria Briost*, v. 969 (id.). — *Pagus Briozinsis*, v. 980 (cart. St-Cyprien). — *Pagus Briesensis*, 1059 ; *Brigisensis*, v. 1089 (ch. de St-Flor. ap. arch. hist. Poit. II). — *Briou*, 1412 (Font. I, 129). — *Brioust*, 1449 (arch. D.-S. E. 15). — *St-Laurent de Briou* (pouillé 1782).
Brioux dépendait de l'archiprêtré de Melle et de l'élection de St-Maixent ; relev. de Melle, et faisait partie de la sénéchaussée de Civray. La cure était à la nomination de l'abbé de St-Hilaire de la Celle de Poitiers. Il y avait 156 feux en 1698 et 140 en 1750 (état de l'élect. de St-Maix. — cart. alph. Poit.).

Le pagus de Brioux comprenait les vigueries de Brioux, Exoudun, Bouin, Caunay, Rom, Aunay (Char.-Infér.), Civray, Savigné, Blanzay, Brion, Usson, Vivonne (Vienne) et Anctortus ou Undactus (lieu indéterminé). — L'archidiaconé de Brioux, dit aussi plus tard de Briançay, dont l'existence est constatée dès le commencement du xi° siècle, comprenait les archiprêtrés d'Ambernac, Bouin, Chaunay, Exoudun, Gençay, Lusignan, St-Maixent, Melle, Niort, Rom, Ruffec, Sanxay (pouillé 1782). Son étendue et ses limites représentent à peu près celles de l'ancien pagus. Il embrassait donc la partie méridionale du département des Deux-Sèvres et du département de la Vienne et une portion, au nord, des départements de la Charente et de la Charente-Inférieure.

Les limites de la viguerie de Brioux sont plus difficiles à préciser. Voici, d'après les chartes du x° siècle, les localités qui y étaient situées : villa Usmo (peut-être Ouimes, c^{ne} de Crézières); Maceriolus (Mazières-sur-Béronne) ; villa Vindolemia (Vandeleignes, c^{ne} d'Asnières) ; Vetus Villa (Vieille-Ville, c^{ne} de Hanc) ; Excopiacus (peut-être Coupigné, c^{ne} de Fontenille) ; Nanteuil près St-Maixent, dont la situation est bien éloignée de Brioux pour dépendre de sa viguerie et conviendrait mieux à la viguerie d'Exoudun, mais dont l'identification ne semble pourtant pas douteuse. La viguerie de Brioux, ordinairement placée dans le pagus de ce nom, est indiquée en 945 et 969 comme comprise dans le pagus de Melle. Ce dernier pagus doit avoir été un démembrement de celui de Brioux, puis aura été absorbé par lui et par son archidiaconé.

On ne saurait déterminer exactement la nature et l'étendue de la circonscription dite *Condita* et *Comitatus* de Brioux. La viguerie de Bouin s'y trouve placée en 937. D'un autre côté, ladite *Condita* est indiquée en 983 comme faisant partie de la viguerie de Melle, ce qui paraît inconciliable. Il est vrai qu'en 999 c'est la viguerie de Melle qui est dans le *Comitatus* de Brioux. La *Condita* pourrait bien être une subdivision du pagus, comprenant plusieurs vigueries.

Le canton de Brioux, créé en 1790, dépendait du district, puis arrondissement de Melle, et comprenait les communes de : Chérigné, Juillé, Luché, Lusseray, Périgné, Secondigné, Séligné, Vernou et Villefollet. En l'an VIII, on lui adjoignit le canton de Chizé supprimé, c'est-à-dire Availles, Brieuil, les Fosses, St-Hilaire-de-Ligné, le Vert, Villiers-en-Bois, Villiers-sur-Chizé, qui passèrent ainsi de l'arrondissement de Niort à celui de Melle. Le canton d'Ensigné, supprimé du district de Melle, lui fut en outre réuni, c'est-à-dire Ensigné, Asnières, Crézières et Paizay-le-Chapt.

Brioux, f. c^{ne} d'Avon.
Brissonne (La), h. c^{ne} de François.
Brissonnerie (La), f. c^{ne} de Brûlain.
Brissonnerie (La), h. c^{ne} du Breuil-sous-Argenton.
Brissonnerie (La), vill. c^{ne} de St-Léger-lez-Melle.
Brissonnerie (La), f. c^{ne} de St-Martin-de-Bernegoue.
Brissonnière (La), f. c^{ne} d'Ardin, 1682 (arch. V. Pouzay, 2).
Brizeaux (Les), ff. c^{ne} de Niort. — *Brizeau*, 1557. Anc. fief relev. de St-Gelais (arch. D.-S. E. 66).
Brochain, vill. et mⁱⁿ. c^{ne} de Thorigné. — *Brochin*, 1463 (arch. V. E². 162). — Relev. du château de Ste-Néomaye, 1489 (id.). — *Moulin de Brochin*, 1567 (id.).
Brochemerle, vill. c^{ne} d'Étusson. — *Brochemeule*, 1416 (cart. Trin. Maul.). — *Broche-Merle*, appartenant à l'abbaye de Chambon, xviie siècle (arch. D.-S. H. 52). — *Brochemelle* (Cass.).
Brochetière (La), f. c^{ne} d'Allonne.
Brochetière (La), f. c^{ne} de Champdeniers.
Brochetière (La), vill. c^{ne} de Chenay.
Brodière (La), f. c^{ne} de Montigny.
Brois (Les), vill. c^{ne} de St-Génard.
Broises (Les), vill. c^{ne} du Busseau. — *Les Broizes*, 1611 (journal de Paul de Vendée).
Broissière (La), f. c^{ne} de Couture-d'Argenson. — *La Brasière* (Cass.).
Brondi (Le), ruiss. c^{ne} de Béceleuf. — *Le Braudy*, 1431 ; *Le Brandy*, 1587 (arch. V. Beauregard, 15, et dom. div. 13).
Brossardière (La), f. c^{ne} de Courlay.
Brossardière (La), f. c^{ne} de Geay.
Brossardière (La Grande), f. c^{ne} de St-Jouin-sous-Châtillon.
Brosse (La), vill. c^{ne} de Combrand. — *La Brosse-Guignard*, 1690 (dict. fam. Poit. II, 586).
Brosse (La), chât. c^{ne} de Coulonges-Thouarsais. — *La Broce*, 1339 (cart. St-Laon, Thouars). — *La Brosse*, 1365 (cart. Chambon). — *La Brouce-Guillegault*, 1410 (arch. Vernay). — *La Brosse-Guillegault*, 1468 ; *la Brosse-Gligault*, 1506 ; *la Broce-Guilegault*, 1576 ; *la Bource-Guilgault*, 1577 ; *la Brousse-Guillegault*, autrement *la Brosse-Chénevin*, 1585 (arch. V. Brosse-Guilgault, 7, 22 et 25). — *La Brosse-Guilgault*, 1600

(arch. V. H. 3, 810). — *La Brose-Gligault*, 1601 (arch. V. Brosse-Guilgault, 22). — Relev. de Hérisson-en-Thouarsais, puis de Thouars, 1602 (chartr. de Thouars). — *La Brosse-Ligault*, 1656 (arch. V. Brosse-Guilgault, 8). — *La Brosse-Guilgault* (Cass.).

Brosse (La), vill. cne de Moulins. — *Stephanus de Broca*, 1203 (cart. Trin. Maul.).

Brosse (La), f. cne de la Ronde. — *La Brousse*, relev. de Bressuire, 1430 (arch. St-Loup). — *La Brosse-sur-Sayvre*, 1646 (arch. V. Es 369).

Brosse (La), vill. cne de St-Varent.

Brosse-Andraut (La), f. cne des Échaubrognes.

Brosse-Audebert (La), h. cne de Bouillé-St-Paul.

Brosse d'Enfer (La), vill. cne de St-Pierre-à-Champ. — *La Brosse* (Cass.).

Brosse-Grignon (La), cne de Coulonges-Thouarsais, 1597 ; anc. seign. (arch. V. Brosse-Guilgault, 44). L. disp.

Brosse-Moreau (La), h. cne de Noireterre. — *La Brousse Morea*, 1418, relev. en partie de Bressuire (arch. St-Loup).

Brosse-Naudière (La), f. cne de Moutiers.

Brosses (Les), h. cne des Aubiers.

Brosses (Les), f. cne de la Chapelle-Largeau.

Brosses (Les), h. cne de Clessé. — *Les Brousses*, 1364 (arch. Vernay). — *Les Brouces*, 1364 (ch. de l'Absie, ap. arch. D.-S.). — *La Touche des Bourses*, 1489 (arch. Vernay). — *Les Bourses Payrault*, 1512 (id.). — *Dîme des Brosses*, 1475, relev. d'Airvault (arch. Moiré). — *Les Brousses-Pairaud*, 1524 (arch. V. Es 369). — *Les Brosses-Pérault*, 1561 (Font. VIII, 295). — *Les Brosses* (Cass.).

Brosses (Les), vill. cne de Faye-l'Abbesse. — *Les Brouces de Fayelabasse*, 1371 ; *les Brousses*, 1400 ; *les Brousses de Fayelabasse*, 1433, relev. pour une partie de la baronnie de Bressuire (arch. St-Loup, reg. d'av.). — *Les Bourses*, 1557 (reg. insin. Thouars). — *Les Brosses de Foilabasse*, 1597 (arch. St-Loup). — *Les Grandes Brosses*, 1715 (arch. D.-S. E. 1088).

Brosses (Les), h. cne de Pougne. — *Les Brosses*, aliàs *la Pandillonnière*, 1707, relev. de la Fillonnière (arch. Chap.-Bert.).

Brotelière (La), vill. cne de Soudan. — *La Berrotelère*, 1531 ; *la Brothelère*, 1546 ; *la Brotellière*, 1566 ; *la Brotelière*, 1585 (not. St-Maix.).

Brouard, h. cne de St-Aubin-de-Baubigné.

Brouardière (La), chât. et f. cne de Fénery. — *La Brohardère*, 1389, relev. de la châtellenie d'Hérisson (pap. de la Brouard.). — *La Broardère*,

1404 (arch. Moiré). — *La Brouhardière*, 1555 (pap. de la Brouard.). — *La Brouardière* (Cass.).

Brouassière (La), h. cne de St-Génard.

Brouinière (La), chât. cne de Ménigoute. — *La Broynère*, 1369, relev. de la Barre-Pouvreau ; *la Brouinière*, 1479 ; *fontaine de la Brouinière*, 1768 (arch. de la Barre, I, II).

Broussardières (Les Grandes et Petites), vill. cne de St-Pardoux.

Broussardières (Les), f. cne de St-Sauveur.

Brousse (La), f. cne d'Asnières. — *La Broce*, v. 1082 (cart. St-Jean-d'Ang. ap. Font. LXIII). — *Bois de la Brousse* (dict. des D.-S. par Dupin).

Brousse (La), vill. cne d'Azay-le-Brûlé. — *La Broca*, 1222 (cart. St-Maix. II, 48). — *La Broce*, 1269 (id.). — *Le fief aux Morineaux à la Brousse*, 1363, relev. de l'abbaye de St-Maix. (id.). — *La Brousse d'Azay*, 1443 (id.). — *La Brosse d'Azay*, 1522 ; *la Bourse*, 1552 (not. de St-Maix.).

Brousse (La), f. cne de Chey.

Brousse (Les Vignes de la), l.-d. cne de Chérigné.

Brousse (La), vill. cne de Combrand. — *La Brosse* (Cass.).

Brousse (La), h. cne des Échaubrognes. — *La Brouce-Gramayre*, xve siècle (reg. de r. du Temple Maul.). — *La Brosse* (dict. D.-S. par Dupin).

Brousse (La), vill. cne des Fosses. — *Le Puy de la Brousse au Richard*, 1599 (arch. V. Ste-Cr., l. 91). — *La Brousse*, 1609 (id.).

Brousse (La), f. cne de Loublande. — *La Brosse* (Cass.).

Brousse (La), h. cne de Romans.

Brousse (La), f. cne de St-Aubin-le-Cloud. — *Les Brosses*, 1492, relev. de Châteauneuf-en-Gâtine (Gât. hist. et mon.).

Brousse (La), vill. cne de St-Loup.

Brousse (La), f. cne de St-Maurice-la-Fougereuse.

Brousse (La Grande), vill. cne de St-Romans-des-Champs. — *Grandes et Petites Brosses* (Cass.).

Brousse (La), vill. cne de St-Romans-lez-Melle.

Brousse (La Grande), vill. cne de Secondigné, 1704 (arch. D.-S. E. 1186).

Brousse (La), vill. cne de Vasles. — *La Broce Belet près le bois Simon de Lezay*, 1330 (arch. V. Ste-Cr., l. 44). — *La Brousse* (Cass.).

Brousseau (Le), f. cne de Chantecorps. — *Le Broussault*, 1523, 1659 (not. St-Maix. — arch. Barre).

Brousse-Audebert (La), vill. cne de Massais. — *La Brosse-Audebert*, relev. de Thouars, 1545 (fiefs de la vic. Thouars). — *La Haute Brousse* (cad.).

Brousse-Gallet (La), vill. cne de Massais. — *Haute et Basse Brosse-Gallet* (Cass.).

Brousse-Semousset (La), vill. c^{nes} d'Aubigné et Crézières. — *Semoussay* (Cass.).

Brousses (Les), vill. c^{ne} de Chantecorps. — *Les Brosses*, 1452 (arch. Barre).

Brousses (Les), vill. c^{ne} de Mairé-l'Évescault.

Brousses (Les), f. c^{ne} de la Pérate.

Brousses (Les), vill. c^{ne} de Pouffond.

Brousses (Les), f. c^{ne} de St-Léger-lez-Melle.

Brousses (Les), vill. c^{ne} de Vançais. — *Les Brousses de Bonneuil* (Cass.).

Brousses-Colin (Les), vill. c^{ne} des Forges. — *La Brosse-Collin*. 1664 (arch. V. E. 3, l. 13). — *La Brousse-Colin* (Cass.).

Brousses (Les) de Caulnay, 1605 (arch. V. Nouaillé, l. 38). L. disp.

Broussetière (La), h. c^{ne} de la Pérate.

Broussolières (Les), f. c^{ne} de la Pérate.

Broute (La), h. c^{ne} de Frontenay. — *La Beruste*, 1304 (arch. V. Nouaillé, l. 55). — *La Beroute*, 1318 (id.). — *La Brouste* (pap. de fam.). — *La Broute* (Cass.).

Brouterie (La), f. c^{ne} de Châtillon-sur-Sèvre.

Bruchardière (La), f. c^{ne} de Saivre.

Bruda, mⁱⁿ. c^{ne} de Frontenay.

Bruette (La), vill. c^{ne} de St-Varent.

Brûlain, c^{on} de Prahecq. — *Brulenc ou Prulenc*, 1244 (comptes d'Alph. de Poit.). — *Brullent*, 1258 (hist. d'Alph. de Poit. par B. Ledain). — *Bruillenc; Brulenc*, xiiie siècle (censif de Chizé). — *Ecclesia de Brulent seu de Brulenco*, 1300 (gr.-Gauthier). Elle fut unie à la mense du chapitre de la cathédrale de Poitiers le 26 juin 1340 (Font. II). — *Brulentum, aliàs Brullencum*, 1389 (cart. év. Poit.). — *Brulen*, 1389 (arch. V. E³, l. 4). — *Bruslin*, 1691; *Brullain en Prahet*, 1703; *Bruslain*, 1716 (arch. D.-S. E. 1117, 1185 ; C. 61). — *Saint-Martin de Brulain*, 1782 (pouillé).

Faisait partie du siège royal de Niort; relevait du marquisat de Fors et dépendait de la châtellenie de Prahecq, de l'archiprêtré de Melle et de l'élection de Niort (mém. soc. stat. 1886). La cure était à la nomination de l'évêque. Il y avait 128 feux en 1750.

Brûlain (Vieux), vill. c^{ne} de Brûlain, 1680 (arch. D.-S. E. 1109).

Brûlonnerie (La), f. c^{ne} de St-Léger-lez-Melle.

Brumaudière (La), h. c^{ne} de Magné.

Brumaudrie (La), relev. de la Mothe-St-Héraye, 1444 (Font. LXXXV).

Brunellière (La), f. c^{ne} de Cirière.—*La Brunellière*, 1404, relev. de la seign. de Cirière (Font. XXXIX).

Brunenchelière-des-Chasteliers (La), ou la *Mai-*

rière, f. c^{ne} de la Chapelle-Thireuil, 1397, relev. du Bois-Chapeleau (arch. Bois-Chap.).

Brunetière (La), h. c^{ne} d'Argenton-l'Eglise. — *Seign. de la Brunetière*, 1544, relev. de Thouars (chartr. Thouars).

Brunetière (La), h. c^{ne} de Fenioux. — *Brunateria*, 1170 (cart. l'Absie, ap. Dupuy, 828).

Brunetière (La), c^{ne} de la Chapelle-Thireuil. — *La Brunetère*, 1433 (arch. V. Fontaine-le-C., l. 30). L. disp.

Brunetière (La), h. c^{ne} de St-Aubin-le-Clou. — *La Brunetère*, 1400 (arch. Bret.-Chal.).

Brunetière (La), f. c^{ne} de St-Martin-de-Sanzay.

Brunetière (La), f. c^{ne} de Ste-Blandine. — *La Brunettière*, métairie à Tauscbé, 1636 (not. St-Maix.).

Brunetière (La), h. c^{ne} de Vautebis. — *La Brunetière*, 1375, relev. de la seign. de la Saisine (arch. Barre). — *Etang et moulin de la Brunetière*, 1391 (id.). — *La Brunetère*, 1452, 1687 (id.). — Relev. de St-Maix. en 1775 (état du duch. la Meill.).

Brunetières (Les), f. et étang, c^{ne} de Massais.

Brunetières (Les), f. c^{ne} de St-Pardoux.

Brunetières (Les), vill. c^{ne} de Vasles.

Brunette (La), h. c^{ne} de Clussais.

Brunière (La), h. c^{ne} de St-Amand-sur-Sèvre. — *Bruneria*, 1090 (ch. de la Trin. Maul. ap. Font. VIII, 137).

Brunière (La), f. c^{ne} de St-Aubin-le-Clou. — *La Brunière*, 1303 (arch. Vernay). Relev. de la seign. des Vrignaudières en 1550 (pap. de la Br.).

Brunière (La), f. c^{ne} de St-Maixent-de-Beugné.

Brunière (La), mⁱⁿ. c^{ne} du Tallud.

Brusson, chât. c^{ne} de Fenioux. — *Chapelle de Brusson*, 1299 (Font. LV). — *L'oustel du Veil Brusson*, 1443 (arch. V. Fontaine-le-C., l. 30). — *Eglise de Brusson*, 1469 (arch. V. Béceleuf, 10). — *Seign. du Veil Brusson, appelée le Petit et le Grand Brusson*, 1577 (arch. hist. Poit. XX, 387).

Prieuré de St-Marc de Brusson, uni au prieuré de Parthenay-le-Vieux (pouillé B.-Filleau, p. 271).

Brusson (Le Petit), c^{ne} de Pamplie. L. disp.

Bruyère (La), f. c^{ne} de Clussais.

Bruyère (La), h. c^{ne} de St-Laurs. — *La Vieille Bruère-Vincent*, par. de St-Lors, 1568, relev. de Fontenay-le-Comte (arch. V. C. 2, l. 219). — *La Bruyère aux Grosles* (Cass.).

Bruyère (La), h. c^{ne} de St-Maixent-de-Beugné. — *La Bruère aux Nonnains*, 1568 (arch. V. C. 2, l. 219). — *La Bruyère aux Nonnes* (Cass.).

Bruyère, h. c^{ne} de St-Sauveur-de-Givre-en-Mai.

Bruyères (Les), h. c^{ne} de Cours.

BRUYÈRES (LES), f. cne de la Ferrière. — *Les Bruères*, 1397, relev. de Parthenay (arch. V. E² 233).
BRUYÈRES (LES), vill. cne de Vasles. — *Les Bruères*, 1369, relev. de la Barre-Pouvreau (arch. Barre, II). — *Fontaine des Bruhères en la rivière de Boivre*, 1481 (arch. V. Ste-Cr., 1. 46). — *Les Bruyères du Chilleau*, 1574 (arch. V. Ste-Cr., 1. 48). — *Les Bruères* (Cass.).
BUARDIÈRE (LA), (GRANDE ET PETITE), ff. cne des Échaubrognes. — *Joffrey de la Buordère*, 1315 (arch. Durb.).
BUCHELLERIE (LA), chât. et f. cne du Breuil-Bernard. — *La Bucheillerie*, 1402 (arch. St-Loup). — *La Buschelerie*, 1437 (id.). — *La Bauchellerie*, 1439, relev. de la seign. des Forges à Bressuire (id.).
BUFAGEASSE, bois, cnes d'Availles-sur-Chizé et de Villiers-sur-Chizé.
BUFAGEASSE, h. cne d'Azay-le-Brûlé.
BUFAGEASSE, vill. cne de l'Enclave.
BUFAGEASSE, vill. cne de St-Georges-de-Rex. — *Buffageace* (Cass.).
BUFAGEASSE, vill. cne de St-Symphorien. — *Buffageace* (Cass.).
BUFAGEASSE, vill. cne de Thorigné.
BUFETERIE (LA), f. cne de Sanzay.
BUFFEBALE, h. cne de Rom. — *Buffeballz*, 1722 (arch. D.-S. E. 249).
BUFFERIE (LA), (GRANDE ET PETITE), f. cne d'Azay-sur-Thoué. — *La Buferie*, 1548, relev. de la Colletière (Secondigny) (arch. V. E² 189).
BUFFEVENT, vill. cne de Brelou.
BUFFEVENT, vill. cne de Gournay.
BUFFEVENT, f. cne de Ste-Pezenne.
BUISSON (LE), h. cne d'Aiffres.
BUISSON (GROS), h. cne de Bessines.
BUISSON (LE), f. cne du Puy-St-Bonnet.
BUISSON (LE), vill. cne de Rigné.
BUISSON (LE), h. cne de la Ronde. — *Le Buisson*, 1646, relev. de la Forêt-sur-Sèvre (arch. la Forêt).
BUISSON (LE), f. cne de St-Amand-sur-Sèvre. — *Village du Buisson*, 1679 (arch. V. E² 224).
BUISSON (LE PETIT), h. cne de St-Hilaire-la-Palud.
BUISSON (LE), f. cne de Vasles.
BUISSON-HUGAULT (LE), cne de Béceleuf; anc. fief relev. de la Mairé, 1602 (arch. V. Beauregard, 26). L. disp.
BUISSONNIÈRE (LA), f. cne de Beaulieu-sous-Parthenay.
BURAUDIÈRE (LA), f. cne de Beaulieu-sous-Parthenay.
BURAUDIÈRE-AUDERAUT (LA), cne des Aubiers, 1351 (arch. hist. Poit. XVII, p. 79). L. disp.

BURAUDRIE (LA), h. cne de Thénezay.
BURBAILLON, f. cne de Ste-Pezenne.
BUREAU, h. cne de Couture-d'Argenson.
BURENIÈRE (LA), f. cne de Bretignolle. — *La Burinière* (Cass.).
BURGAILLERIE (LA), vill. cne de St-Martin-de-St-Maixent. — *La Burgaillerie*, 1610, 1659, relev. de St-Maixent (arch. V. C. 2, 106 ; E² 400).
BURGAUDE (LA), vill. cne de St-Coutant.
BURGAUDERIE (LA), h. cne du Breuil-sous-Argenton.
BURGAUDERIE (LA), f. cne de la Chapelle-Largeau.
BURGAUDIÈRE (LA), h. cne de St-Amand-sur-Sèvre.
BURGAUDIÈRES (LES), f. cne d'Azay-sur-Thoué. — *La Burgaudère*, 1267, appart. à l'abbaye du Bois-d'Allonne (Font. I, 391).
BURGAUDIÈRES (LES), l.-d. relev. de la Mothe-St-Héraye, 1621 (aveu de la Mothe).
BURGAULT (LA GRANDE), f. cne du Busseau.
BURGONNIÈRE (LA), f. cne des Aubiers.
BURLIÈRE (LA), vill. cne d'Allonne. — *La Burrelière*, relev. de Pressigny-en-Gâtine, 1600 (arch. V. E² 415).
BURLIÈRE (LA), h. cne de Fenioux.
BURLIÈRE (LA), f. cne de Moncoutant.
BURLIÈRE (LA), f. cne de Pamplie. — *La Burretière*, 1687 (arch. D.-S. E. 839).
BUROLIÈRE (LA), f. cne de Chanteloup.
BURON (LE), f. cne des Aubiers.
BURON (LE), f. cne de St-Aubin-de-Baubigné.
BUROTERIE (LA), h. cne de Rigné.
BUSENIÈRE (LA), h. cne de Bretignolle. — *La Buzenère*, 1090 (Font. VIII, 137). — *La Bozonère* ou *Bosonère* 1300 (arch. Durb.). — *La Bouzinière*, (Cass.).
BUSSEAU (LE), con de Coulonges-sur-l'Autize. — *Bucellum*, v. 1063 (cart. de Bourgueil. — Font. I, 571). — *Buccellum*, 1173 (cart. de l'Absie). — *Le Buceu*, XIIe siècle (id.). — *Bucol*, XIIe siècle (id.). — *Le Buceau*, 1704 (cart. Poit. par Jaillot). — *N.-D. de Busseau* (pouillé 1782).
Le Busseau faisait partie de l'archiprêtré d'Ardin, de la sénéchaussée et de l'élection de Fontenay-le-Comte, après avoir fait partie de celle de Parthenay au XVIe siècle. Il y avait 173 feux en 1750 (cart. alph. Poit.). — Prieuré-cure dépendant de l'abbaye de Bourgueil.
BUSSIÈRE (LA), vill. cne de Clussais.
BUTAUDIÈRE (LA), f. cne de Fenioux. — *La Bitauderie*, relev. de la Braudière, 1775 (état du duch. de la Meill.).
BUTAUDRIE (LA), vill. cne de St-Florent.
BUTRÉ, vill. cne de Clussais.
BUTRÉ (GRAND ET PETIT), vill. cne de Lezay.

DÉPARTEMENT DES DEUX-SÈVRES. 59

Butte (La), h. cne de Ste-Gemme.
Buveron, min. cne de Marnes.
Buzay, logis et vill. cne de Thénezay. — *Buzay*, 1405 (arch. V. Ste-Cr. 44). — *Buzé* (Cass.). — Relev. de Parthenay.
Buzeneau, vill. cne de la Chapelle-Gaudin. — *Bouzineau* (Cass.).

Buzenet, mins. cne de Nueil-sous-les-Aubiers.
Buzet, min. cne de St-Maurice-la-Fougereuse, 1635 (arch. chât. Dorides).
Buzotière (La), f. cne d'Amaillou.
Buzotière (La), vill. cne du Breuil-Bernard.
Buzotière (La), h. cne de Terves. — *La Buzotère*, 1399, relev. de Bressuire (arch. St-Loup).

C

Cabanne (La), f. cne de Bessines.
Cabanne (La), f. cne de Brie.
Cabanne (La), f. cne de Magné.
Cabanne (La), f. cne de St-Porchaire.
Cabanne (La), h. cne de St-Sauveur-de-Givre-en-Mai.
Cabanne (La), f. cne de Sansais. — *La Cabane*, 1343 (arch. V. Feuill. l. 58). — *La Cabane des Rouchis*.
Cabanne-à-Seigneuret (La), éc. cne de Magné.
Cabanne-Baudry (La), h. cne d'Arçais.
Cabanne-de-Chevillon (La), éc. cne de Coulon.
Cabanne-des-Corbineaux (La), f. cne de St-Maurice-la-Fougereuse.
Cabanne-des-Épineaux (La), h. cne de Magné.
Cabanne-Guenon (La), éc. cne d'Arçais.
Cabanne-Jamois (La), éc. cne d'Arçais.
Cabannes (Les), h. cne de Sansais.
Cabannes-d'Amuré (Les), h. cne d'Amuré.
Cabannes-à-Maitre-Jean (Les), f. cne de Sansais.
Cabannes-du-Port-du-Grand-Coin (Les), f. cne de Coulon.
Cabaret, éc. cne de Brion.
Cabaudière (La), cne de Vitré, 1587 (not. St-Maix.). L. disp.
Cabonerie (La), mét. au village de l'Hermitain, 1574 (not. St-Maix.).
Cabournerie (La), h. cne de Souvigné.
Cacauderie (La), f. cne de Ste-Pezenne.
Cachotière (La), f. cne de Rom.
Cacquetière (La), f. et logis, cne de St-Martin-du-Fouilloux. — *La Coquetière* (Cass.).
Cacussière (La), vill. cne de la Chapelle-Bâton. — *La Quacussière*, 1563 (arch. V. E. 401). — *La Catucière* (Cass.).
Cadétrie (La), f. cne d'Échiré.
Cadiou, f. cne de Cirière.
Cadoré, vill. cnes d'Azay-le-Brûlé et de Brelou. — Auberge du K doré au Petit-Vergezay, 1806 (affiche).
Cadorie (La), f. cne d'Allonne. — *La Cadourie* (Cass.).
Cadorie (La), f. cne d'Aubigny.

Cadorie (La), f. cne de Thénezay.
Caduère (La), cne de Luché-Thouarsais, 1466, 1506, 1558, relev. de Hérisson-en-Thouarsais, puis de Thouars (chartr. Thouars et reg. insin. Thouars).
Caffard, vill. et chât. cnes des Aubiers. — *Caffart*, 1510 (pap. fam. Blactot).
Caffarderie (La), cne de Bagneux, relev. de Thouars, 1634 (fiefs de la vic. Thouars).
Cahute (La), h. cne d'Availles-sur-Chizé.
Caillaudrie (La), h. cne du Bourdet.
Caillaudrie (La), f. cne de Pouffond.
Caillaudrie (La), f. cne de St-Martin-lez-Melle. — *La Caillaudrie*, 1666.
Caille (La), h. cne de Villemain. — *La Caille*, 1525 (arch. V. chap. St-P. l. 238).
Caille (La), f. cne de Vouhé.
Caille-Blanchère (La), h. cne de Moncoutant.
Caillebottes (Les), fontaine, cne de Saivre (Cass.) comm. appelée *Gassetarie*.
Caillères (Les), f. cne de Terves. — *Les Caillerez*, 1425, relev. de l'hôtel St-Cyprien de Bressuire (arch. St-Loup). — *Les Caillères*, 1586 (arch. V. St-Cypr. l. 30).
Caillerie (La), vill. cne de Secondigny. — *La Calleria*, XIIe siècle (cart. l'Absie). — *La Caillerie*, 1433, 1450 (arch. V. Fontaine-le-C. l. 30, ap. Dupuy, 828).
Caillerie (La), f. cne de Vouillé.
Cailletière (La), f. cne de Lezay.
Cailletière (La), vill. cne de Saivre. — *La Cailletière*, 1566 (not. St-Maix.).
Caillière (La Grande), f. et étang, cne de Moutiers. — *La Cailletière*, 1431 (cart. St-Laon Thouars). — *La Cailletère*, 1452 (id.).
Caillonnière (La), f. cne de la Boissière-en-Gâtine. — *La Caillonnière*, 1482 (arch. V. Es 403).
Caillonnière (La), f. cne d'Exireuil. — *La Caillonyère*, 1567 (not. St-Maix.).
Caillotière (La), f. cne de St-Georges-de-Noisné. — *Les Cariontières* (Cass.). Voir Les Cariotières.
Cairui près de Leigne, cne de St-Martin-de-St-Maixent, 1096 (cart. St-Maix. I, 221). L. disp.

CALIFORNIE (LA), m^{on}. c^{ne} de Moncoutant.
CALLANDERIE (LA), f. c^{ne} de Lhoumois.
CAMBAUDIÈRES (LES), h. c^{ne} des Moutiers-sous-Chantemerle. — *La Combaudière* (Cass.).
CAMBUSE (LA), éc. c^{ne} de Cours.
CAMELOT (LE), vill. c^{ne} de Chantecorps.
CAMP (LE PETIT), l.-d. c^{ne} de St-Aubin-de-Baubigné.
CANABERILS (LES), *apud Rotmantium* (Romans), 1084 (cart. St-Maix. 187). L. ind.
CANDÉ, mⁱⁿ. c^{ne} de Brelou. — *Cande*, mⁱⁿ. 1572 (not. St-Maix.).
CANNE, mⁱⁿ. c^{ne} d'Épanne.
CANON-D'OR (LE), m^{on}. c^{ne} de Thouars.
CANQUENUCHE, mⁱⁿ. sur le Thouaret, c^{ne} de St-Varent.
CANTAULT, vill. c^{nes} de Mazières-sur-Béronne et de Paizay-le-Tort. — *Quantault*, 1391 (arch. D.-S. E 410). — *Cantaud* (Cass.).
CANTEAU, mⁱⁿ. c^{ne} de la Mothe-St-Héraye.—*Moulin de Cantheau*, 1626 (not. St-Maix.). — *Moulin du Grand-Cantault et moulin à draps du Petit-Cantault*, 1621 (aveu de la Mothe).
CANTINE (LA), h. c^{ne} d'Aubigné.
CANTINE (LA), f. c^{ne} de Brioux.
CANTINE (LA), éc. c^{ne} de St-Etienne-la-Cigogne.
CANTINE (LA), éc. c^{ne} de St-Paul-en-Gâtine.
CANTINE (LA), éc. c^{ne} de Scillé.
CANTINE (LA), f. c^{ne} de Souvigné.
CANTINEAU, c^{ne} de Coulonges-Thouarsais; anc. fief relev. de la Charroulière, 1601 (arch. V. Brosse-Guilgault, 25). L. disp.
CANTINIÈRE (LA), f. c^{ne} de Mazières-en-Gâtine. — *La Quentinère*, 1402 (arch. V. E^s. 422). — *La Quantinière*, 1451, relev. de Ternant (id. E^s.412). — *La Cantinière*, 1583 (arch. V. E. 1, 13).
CANTINIÈRE (LA), f. c^{ne} de St-Aubin-de-Baubigné.
CANTINIÈRE (LA), à Ternanteuil, c^{ne} d'Échiré, relev. de Faye, 1424 (inv. d'Aub.).
CANTON (LE), vill. c^{ne} de Montigné.
CAPINIÈRE (LA), vill. c^{ne} de Mauzé-Thouarsais. — *Quepineria*, 1221 (cart. Chambon).
CAPPONÈRE (LA), en la par. de Noirlieu, 1426 (arch. St-Loup).
CAPUCINS (LES), mⁱⁿ. c^{ne} de Thouars.
CAQUETIÈRE (LA), h. c^{ne} de St-Martin-du-Fouilloux.
CAQUINIÈRES (LES), f. et logis, c^{ne} de St-Aubin-le-Cloud. — *Les Quaquinières*, 1456 (arch. de la Salin.). — *Les Caquinières*, 1501 (reg. d'aveux de Chât.). — *Les Caquigniaux* (Cass.). — Relev. de Châteauneuf-en-Gâtine.
CARDINAUDIÈRE (LA), vill. c^{nes} de Chey et de Lezay.
CARELLE, m^{on}. au bourg de Coulonges-Thouarsais, 1610 (arch. V. Brosse-Guilgault, 41). L. disp.
CARGOUILLE, mⁱⁿ. c^{ne} de Marnes.

CARIE (LA), h. c^{ne} de Massais. — *La Carrie*, 1293-1336 (doc. inéd. sur Comynes, par Fierville, p. 32). — *La Carrie de Massay*, 1545, relev. de Thouars (chartr. Thouars). — *La Carrie* (Cass.).
CARIE (LA), f. c^{ne} de St-Aubin-de-Baubigné.
CARIE (LA), h. c^{ne} de Chantecorps. — *La Caresmère*, 1482 (arch. Barre, II, 164).
CARIMIÈRE (LA), f. c^{ne} de Pompaire. — *La Carremyère*, 1570 (arch. Maisont.). — *La Caremière* (Cass.).
CARIMIÈRE (LA), f. c^{ne} de Xaintray.
CARIOTIÈRES (LES), f. c^{ne} de St-Georges-de-Noisné. — *Lesquariotère*, 1495 (ma coll.).
CARIOTIÈRES (LES), f. c^{ne} de Vausseroux. — *Lescariotère*, 1452 (arch. V. S^{te}-Cr.1. 45). — *Lescaryotière*, 1568 (not. St-Maix.) — *Lescariotyère*, 1577 (arch. V. S^{te}-Cr. 1.'48). — *Les Cariotières* (Cass.).
CARLIÈRE (LA), f. c^{ne} de la Chapelle-Bertrand. — *La Quayrelère*, 1395 (arch. Barre, II, 147). — *La Carlière* (Cass.).
CAROTTE (LA), f. c^{ne} de Combrand.
CARREFOUR (LE), f. c^{ne} d'Aigonnay.
CARREFOUR (LE), f. c^{ne} de Chey.
CARRIÈRES (LES), h. c^{ne} de Salles.
CARROI (LE), f. c^{ne} de St-Aubin-de-Baubigné.
CARTE (LA), vill. c^{nes} de Celles et Vitré. — *Domus de Quarta ordinis Grandimontensis*, 1191 (lay. trés. chart, I, 166). — *Prieuré de la Carte*, 1568 (arch. V. Ste-Mart. 109). — *Notre-Dame de la Carthe*, annexée au collège des Jésuites de Poitiers, le 28 oct. 1605 (id.).
CARTE (LA), vill. c^{ne} de Cherveux. — *La Carte*, 1500 (arch. Barre, I).
CARTE (LA), vill. c^{ne} de Gourgé. — *La Carte* ou *la Quarte*, 1582, relev. de la Mothe de Vendeloigne (not. Part.).
CARTE (LA), vill. c^{ne} de Vasles.
CARTES (LES), vill. c^{ne} de Vausseroux. — *Les Quartes*, 1452 ; *les Cartes*, 1456 (arch. de la Barre, II). — Relev. roturièrement de la Barre-Pouvreau (arch. Barre,II).
CARTES (LES), f. c^{ne} de Verrines-sous-Celles, relev. de l'abbaye de St-Maix. (cart. St-Maix. intr. t, LI).— *Les Quartes au Toche de Bonolio*,1269; *les Quartes de Bonuyl*, 1363 (id. II, 107, 160).
CARTERON (LE), vill. c^{ne} de Chantecorps. — *Le Quarteron*, 1474, 1589; *le Carteron*, 1601 (arch. Barre, II).
CARTIER (LE), f. c^{ne} de Fénery. — *Le Quartier* (Cass.).
CARTIÈRES-DE-MONGEY (LES), c^{ne} de Montigné (cart. St-Maix. intr. 49). L. disp.
CARTHON (FIEF), l.-d. c^{ne} de Tessonnières, 1639, relev. de la Ronde de Louin (arch. Vernay).

CARVILLE, vill. c^ne du Vert. — *Carvillu* ou *Krovillu*, monnaie mérovingienne (Engel et Serrure, traité, I, 127. — Prou, catal.).
CASTROLLE (LA), bois, c^ne de Geay.
CATHELOGNE, f. et m^in. c^nes d'Augé et de St-Georges-de-Noisné. — *Moulin de Cathelogne*, 1535; *étang de Catheloigne*, 1568 (not. St-Maix.). — *Catalogne* (Cass.).
CATONNIÈRE (LA), vill. c^ne de Secondigné.
CATONNIÈRE (LA), vill. et m^in. c^ne de Vernou-sur-Boutonne.
CATROUILLÈRE (LA), f. c^ne de Montigny.
CAUMALIÈRE (LA), h. c^ne de St-Laurs.
CAUNAY, c^on de Sauzé-Vaussais. — *Colnagum in Briosense pago*, 799 (arch. V. Nouaillé, n° 3). — *Culnagum*, 832 (Font. XXI, 111). — *Colniacum*, IX° siècle (vie de St Junien par Wulf. Roëce). — *Culnia*, 937 (arch. V. Nouaillé, orig. 37).— *Villa Culniaco in cognito Briosinse in vicaria Blanziaco*, v. 960 (id. orig. 47). — *Colniacus*, 969 (cart. St-Cyprien). — *Vicaria Jaulniacinsis* (mauvaise transcription de cart. St-Cypr. pour *Caulniacinsis*) in pago Briocinse, 960 (id.). — *Coniacum*, 1119 (Font. XXI, 594). — *Conai*, v. 1150 (arch. V. Nouaillé, n° 180). —' *Conaicum*, 1211 (id. l. 30). — *Cosnai*, 1226 (Font. XXII, 115). — *Conay in castellania de Sivraio*, 1270 (arch. V. cart. sceaux, n° 68). — *Counay*, 1276 (Font. XXII, 327). — *Quonay*, XIII° siècle (arch. V. Nouaillé, l. 30). *Conayum*, 1324 (id.). — *Connay*, 1423 (id.). — *Caulnay*, 1704 (cart. Poit. par Jaillot). — *St-Pierre de Caunay*, 1782 (pouillé).

Après avoir fait partie de la viguerie de Blanzay (Vienne), Caunay devint chef-lieu de viguerie vers le milieu du X° siècle et comprenait dès lors Plibou dans ses limites. Il dépendait de l'archiprêtré de Chaunay (Vienne), de la sénéchaussée et de la châtellenie de Civray, et de l'élection de Poitiers. La cure, à la nomination de l'évêque, était une annexe de l'archiprêtré de Chaunay. Il y avait 111 feux en 1750.

CAUNAY, f. c^ne de la Couarde.
CAUNÈRE (LA), borderie, c^ne de Vasles, 1362 (arch. V. S^te-Cr. l. 44).
CAVE (LA), f. c^ne de Massais.
CAVE (LA), f. c^ne des Aubiers.
CAVE (LA), f. c^ne de Noireterre.
CAVE (LA), f. c^ne de St-Sauveur.
CAVE-AUX-BOURGUIGNONS (LA), c^ne de Maulais; anc. communauté dép. de la seign. d'Auzay, 1785 (arch. D.-S. E. 189). L. disp.
CAVIER (LE), c^nes de St-Martin et Souvigné; anc. fief relev. de l'abbaye de St-Maixent, 1728 (arch. D.-S. II. 104). L. disp.

CAYELLE (LA), éc. c^ne de Frontenay.
CAYENNE (LA), h. c^ne de Scillé.
CAYENNE (LA), f. c^ne de Saurais.
CAYENNE-DE-GAILLARD (LA), f. c^ne de la Pérate.
CÉBRON (LE), rivière affluent du Thoué, qui prend sa source dans les communes d'Adilly et Fénery et se jette dans le Thoué à St-Loup (stat. des D.-S. par Dupin). — *Le Sevron*, XIII° siècle (arch. St-Loup). — *Séveron*, 1453 (arch. de la Bret.). — *Le Cébron* (Cass.).
CELLE (LA), h. c^ne de Boismé. — *La Celle*, 1437, relev. de Bressuire (arch. St-Loup). — *La Celle* (Cass.).
CELLES-SUR-BELLE, arr^t de Melle, anc. abb. — *Cella vico* (triens mérovingien). — *Villa que vocatur Cellula*, v. 1031 (ch. de Châlon d'Aunay, ap. Moreau, t. XX, p. 133). — *Cella*, 1095 (chron. de St-Maix.), prieuré dépendant alors de l'abbaye de Lesterp en Limousin et érigé en abbaye vers 1137 par l'évêque de Poitiers (aff. du Poit. 17 déc. 1778). — *N.-D. de Cele*, XIII° s., *N.-D. de Selle*, 1395 (lettres de rémission de Charles VI, et sacerdotale abbreviatum, ap. Largeault). — *N.-D. de Celles*, 1453 (cart. Chât.). — *N.-D. de Selles*, 1473 (arch. hist. Poit. I). — Outre l'abbaye de N.-D., il y avait une église paroissiale de St-Hilaire (pouillé 1782). Celles dépendait de l'archiprêtré de Melle, de la châtellenie, siège royal et élection de Niort (état de l'élect. 1716). Il y avait 207 feux en 1750.

Le canton de Celles, créé en 1790, dépendait du district, puis arrondissement de Melle, et comprenait les communes de Ste-Blandine, St-Médard, Montigné et Verrines. En l'an VIII, on lui adjoignit le canton de Mougon, supprimé et distrait du district supprimé de St-Maixent, c'est-à-dire les communes d'Aigonnay, Baussais, Fressine, Prailles, Thorigné, Vitré et Mougon.

CELLES (BOIS DE), renfermant 160 hectares, c^nes de Celles, Verrines-sous-Celles, Melle et Beaussais.
CELLES, f. c^ne de Ste-Verge. — *Cellæ*, 1150; *Celle*, 1299 (cart. St-Laon Thouars). — *Selle*, *Scelles*, 1787 (arch. D.-S. H. 67).
CELLIER (LE), h. c^ne de Verruyo. — *Le Cellier*, 1618, relev. de Pressigny-en-Gâtine (arch. V. E^s. 415). — *Le Cellier, autrement les Cousts*, 1656 (id. 419). — *Le Coust* (Cass.).
CENAN, vill. c^ne de St-Pompain, et m^in. — *Sanans*, XII° siècle (cart. l'Absie, ap. Dupuy, 828). — *Domus templi de Thonans cum capella*, 1300 (gr^e. Gauthier). — *Senans* (bull. antiq. ouest), 1882. — *Lospital de Cenans*, 1448; *Cenan*, 1598; *Ce-*

nant, 1668 ; *Senan*, 1700, 1715 (arch. V. H. 3, l. 319, 323).

La commanderie de Cenan formait avec la commanderie de Ste-Gemme, son annexe, l'une des quatre chambres prieurales du grand prieuré d'Aquitaine (arch. D.-S. H. 232).

CENDRIE (LA), f. c^{ne} de Cours.
CERCLERIE (LA), f. c^{ne} de St-Pardoux.
CERCLES (LES), f. c^{ne} de la Couarde.
CERISAIE (LA), h. c^{ne} de St-Martin-de-St-Maixent. — *La Serezée à Lorgné*, 1637 (not. St-Maix.).
CERISIER (LE), f. c^{ne} de Beaulieu-sous-Parthenay. — *Le Serizer*, 1450, relev. de la seign. de Chienmort (ma coll.). — *Le Cerizier* (Cass.).
CERISIER (LE), f. c^{ne} de St-Germain-de-Longue-Chaume.
CERISIER-DE-LA-CROIX-DE-BOIS (LE), f. c^{ne} de Parthenay.
CERISIER (LE), mⁱⁿ. c^{ne} du Tallud.
CERISIERS (LES TROIS), h. c^{ne} de Salles.
CERIZAY, arr^t de Bressuire. — *Seresiacum*, 1179 (cart. St-Jouin). — *Cerezyum*, 1236 (arch. hist. Poit. I). — *Cereseyum*, 1250 (Dupuy, 804, p. 125). — *Serezey*, 1287 ; *Serezai*, 1288 ; *Ceresey*, 1292 (arch. Durbell.). — *Ceresayum*, 1300 (gr.-Gauthier). — *Cerezayum*, 1412 (arch. V. Brosse-Guilgault, 7). — *Serezay*, 1421 (Font. VIII, 171). — *Ceresay*, 1446 (arch. Durbell.). — *Serizay*, 1716 (arch. V. Brosse-Guilgault, 25). — *St-Pierre de Cerizay* (pouillé B. Filleau).

La cure était à la nomination de l'abbé de St-Jouin-de-Marnes. Cerizay relevait de la duché-pairie de Châtillon-sur-Sèvre et dépendait du doyenné de Bressuire, de la sénéchaussée de Poitiers et de l'élection de Thouars. Il y avait 192 feux en 1750.

Le canton, créé en 1790, dépendait du district de Châtillon-sur-Sèvre, puis de Bressuire, et comprenait les communes de Bretignolle, Cirière, Combrand, Montravers et le Pin. En l'an VIII, on lui adjoignit le canton de la Forêt-sur-Sèvre supprimé, c'est-à-dire les communes de St-André, Courlay, St-Jouin-de-Milly, St-Marsault, Montigny et la Ronde.

CERSAY, c^{on} d'Argenton-Chateau. — *Sanctus Hilarius de Cerceio*, 1122 (ms. sur St-Pierre Thouars, 1660). — *Cherchaicum*, 1166 (id.). — *Cercayum*, 1300 (gr.-Gauthier). — *Cerssay*, 1571 (arch. V. H. 3, 676). — *Sersay*, 1664 (arch. V. Brosse-Guilgault, 7). — *Cerzay*, 1782 (pouillé).

Cersay dépendait de la sénéchaussée de Saumur, des marches de Poitou et Anjou, du bailliage du Bouchage, ressort du siège de la vicomté de Thouars, du doyenné et de l'élection de Thouars, et du gouvernement militaire de Saumur. Il y avait 135 feux en 1750.

CERVEAU, chât. c^{ne} des Aubiers. — *Cerveaux*, 1392 (dict. fam. Poit. II, 686). — *Servea*, 1447 (hist. des Chasteig. 165). — *Cervaux* (Cass.). — Relev. du Boisgrolleau près Chollet (aff. Poit. 1779, p. 26).

CERVOLET, éc. c^{ne} de Niort.
CERZAY, vill. c^{ne} d'Assais.
CERZÉ (GRAND), vill. c^{nes} de Caunay, Mairé-l'Evescault et Plibou. — *Villa Cirsiaco in vicaria Blanziaco in pago Briocinse*, v. 987 (cart St-Cyprien, p. 284). — *Cerzet*, 1285 (Font. XXII, 357). — *Cerzé*, 1474 (arch. V. Nouaillé, l. 31). — *Le Grand Serzé*, 1477 (arch. Barre, II). — *Grand et Petit Serzé*, 1490 (arch. V. Nouaillé, l. 31). — *L'ostel du Grand Serzé et métairie d'Avtron*, 1600 (arch. V. C. 2, 147). — *Le Plessis Grand Serzé*, p^{sse} de Caunay, 1741 (Arch. V. C. 2, 147). — *Village des Nafréchoux*, à présent le Grand Cerzé, 1741 (arch. V. C. 2, 147).

CERZÉ (PETIT), vill. c^{nes} de Mairé-l'Evescault et Plibou.
CERZEAU, vill. c^{ne} d'Azay-le-Brûlé. — *Cersiolum*, 1086 (cart. St-Maix. 193). — *Cerseos*, 1130 (id. 316). — *Cerezeoys*, 1269, relev. de l'abbaye de St-Maixent (id. II, 104). — *Cerzeaux*, 1363 (id. II, 153). — *Serzeaux*, 1463 (arch. V. E^u 162). — *Serzeau*, 1584 (not. St-Maix.). — *Cerzeoulx*, 1611 (arch. Barre, II, 365). — *Cerzeaux*, 1639 (not. St-Maix.). — *Serzeau* (Cass.).

CEZAY, vill. c^{ne} de Coulonges-sur-l'Autize.
CEZELLE, vill. c^{ne} de Fenioux.
CHABAN, vill. c^{ne} de Chauray. — *Chabanz*, 1260 (homm. d'Alph. de Poit.). — *Chabans*, 1596 (arch. V. E. 1, 9).

CHABAN-LE-MOINE, vill. c^{ne} d'Épanne. — *Chabanz*, 1161, 1248 (cart. Châtell.). — *Chabans*, 1313, 1406 (id.). — Membre dépendant de l'abbaye des Châtelliers, 1563 (arch. V. Châtell.). — *Seign. de Chaban-Moine*, 1728 (cart. Châtell.). — *Chaban-Moine* (Cass.).

CHABANNES, vill. c^{ne} de Rom. — *Villa ad Kabannas in vicaria Metulinse*, 1021 (cart. St-Cypr. 299). — *Chabanne*, 1576 (arch. V. chap. St-Pierre, l. 231). — *Chabanne* (Cass.).

CHABAUTIÈRE (LA), f. c^{ne} de Clazay. — *La Chabautière*, 1621 (arch. V. St-Cypr. l. 47). — *La Chaboutière* (Cass.).

CHABIRANDIÈRE (LA), f. c^{ne} de Champeaux.
CHABIRANDIÈRE (LA), f. c^{ne} de Largeasse. — *La Chabirondère*, 1380 (arch. St-Loup). — *La Chabirandère*, 1388, relev. de Bressuire (id.). — *La Chabirandière*, 1420 (id.).

CHABIRANDIÈRE (La), h. c^{ne} de Mazières-en-Gâtine. — *Le Chaigne-Chabirand*, 1593 (arch. V. E. 1, 15).

CHABOSSE, h. c^{ne} de St-Aubin-le-Clou. — *Chaboces*, 1400 (arch. Bret.-Chal.). Relev. de Châteauneuf-en-Gâtine en 1493 (arch. V. E² 157).

CHABOSSIÈRE (La), éc. c^{ne} des Échaubrognes.

CHABOSSIÈRE (La), vill. c^{ne} de St-Georges-de-Noisné. — *La Chabossère*, 1530 (not. St-Maix.). — *La Chabossière*, relev. d'Asnières (Saivre), 1679 (arch. V. E² 400). — *La Chabotière* (Cass.).

CHABOSSIÈRE (La), vill. c^{ne} de St-Pardoux.

CHABOSSIÈRE (La), (GRANDE ET PETITE), vill. c^{ne} du Tallud. — *La Chabocière*, 1573 (journal de Généroux). — *La Grande-Chabossière* (Cass.).

CHABOT (LA TOUR), quartier de St-Maixent. — *Turris Chabot*, 1269 (cart. St-Maix. II, 108). — *Tour-Chabot*, 1363, relev. de l'abbaye de St-Maixent (id. II, 147).

CHABOTRIE (La), h. c^{ne} de Noireterre.

CHABOTRIE (La), f. c^{ne} de Ste-Ouenne.

CHABOUREUIL, mⁱⁿ. c^{ne} de Salles. — *Moulin de Chaboureuil*, 1675 (min. de not.).

CHABOURNIÈRE (La), f. c^{ne} d'Etusson. — *La Chabornière* (Cass.).

CHABOUSSAN, mⁱⁿ. c^{ne} de Lezay. — *Chaboussant*, 1567; *moulin de Chaboussan*, 1619 (arch. V. E³, l. 15). — *Chaboussant* (Cass.).

CHABREUIL (GRAND ET PETIT), m^{ons}. c^{ne} de Ste-Pezenne.

CHACHON, f. c^{ne} de Bressuire. — *Chasson* (Cass.).

CHADEAU, f. c^{ne} d'Azay-sur-Thoué.

CHADEAU (LE), f. et mⁱⁿ. c^{ne} de St-Symphorien, 1777 (arch. D.-S. B. 310).

CHADUYL, en la par. de Moncoutant, 1420 (arch. St-Loup).

CHAFFAUD (Le), c^{nes} de Bouin et Traye. — *Le Chaffaut*, 1390, relev. de Secondigny (arch. hist. Poit. XXIV, 113). — *Chafau* (dict. D.-S. par Dupin).

CHAFFAUD (Le), vill. c^{ne} de St-Varent. — *Le Chaffault, le Chaffaux*, 1390 (arch. V. Brosse-Guilgault, 1). — *Chaffau*, 1654 (arch. D.-S. E. 957). — *Le Chaffaut* (Cass.).

CHAGNAIE (La), f. c^{ne} de Moutiers-sous-Chantemerle.

CHAGNASSE (La), f. c^{ne} de Prissé.

CHAGNAYE (La), f. c^{ne} d'Adilly. — *La Chagnée*, 1404 (arch. Moiré). — *La Chagnay* (Cass.).

CHAGNAYE (La), h. c^{ne} de Moncoutant.

CHAGNÉE (La), h. c^{ne} de Bessines. — *Les Chagnais* (Cass.).

CHAGNÉE (La), (GRANDE ET PETITE), vill. c^{ne} de Brûlain. — *Grandes et Petites Chagnayes* (Cass.).

CHAGNÉE (La), f. c^{ne} de Chef-Boutonne. — *Bois de la Chagné* (Cass.).

CHAGNÉE (La), f. c^{ne} de Clavé. — *La Chaignée*, 1452 (arch. Barre, II, 166).

CHAGNÉE (La), f. c^{ne} de Coulon. — *La Chagnée* relev. de l'abbaye de Nieuil-sur-l'Autize (Vendée), 1500 (arch. V. Feuill. l. 74). — *La Chagnaye* (Cass.).

CHAGNÉE (La), f. c^{ne} de St-Coutant. — *La Chaignée*, 1727 (arch. D.-S. E. 122).

CHAGNÉE (La), vill. c^{ne} de Vernou-sur-Boutonne.

CHAGNELAIS (La), h. c^{ne} de Nueil-sous-les-Aubiers.

CHAGNELIÈRE (La), f. c^{ne} des Moutiers-sous-Chantemerle. — *Les Chenelières* (Cass.).

CHAGNELLERIE (La), vill. c^{ne} de Vasles.

CHAGNERIES (Les), (HAUTES ET BASSES), h. c^{ne} de Moutiers.

CHAGNOLÉE (La), f. c^{ne} de Cherveux.

CHAGNOLLET, vill. c^{ne} de Couture-d'Argenson. — *Chasgnolet*, 1711 (arch. V. ch. S.-P. 1. 238).

CHAIGNAY (Le), f. c^{ne} de Noireterre; anc. fief relev. de la seign. de Bellefond, 1654 (arch. D.-S. E. 1088).

CHAIGNEAU (Le), f. c^{ne} des Aubiers. — *Le Chaigneau*, 1599 (arch. V. E² 240).

CHAIGNEAU (Le). — *Herbergement du Chaignea près la Viollière de Noireterre*, relev. de Bressuire, 1418 (arch. St-Loup).

CHAIGNEAU (Le Petit), h. c^{ne} de Melle.

CHAIGNÉES-DE-PARSAY (Les), bois, c^{ne} de Villiers-sur-Chizé (dict. D.-S. par Dupin).

CHAIGNELIÈRE (La), h. c^{ne} du Chillou, 1615. — *La Chaisnellière*, 1643, relev. de Lhérigondeau (ma coll.).

CHAIGNIÈRE (La), f. c^{ne} de Béceleuf, 1557 (arch. V. Beauregard, 26).

CHAIGNELIÈRE (La), vill. c^{ne} de St-Loup. — *Chanellière* (Cass.).

CHAIGNELLE (La), vill. c^{ne} de Gourgé. — *La Chaignelle*, 1639, relev. de la Ronde de Louin (arch. Vernay). — *La Chasgnesle*, 1658 (pap. Blactot). — *Chagnele* (Cass.).

CHAIGNEPAIN, vill. c^{nes} des Alleuds et de St-Vincent-de-la-Châtre. — *Chaignepain*, relev. partie du marquisat de Laval-Lezay et partie dépendant de l'abbaye des Alleuds (terr. des All. ap. bull. soc. stat. D.-S. 1884). — *Chene-Pain* (Cass.).

CHAIGNERIE (La), c^{ne} de Verruye, relev. de Pressigny-en-Gâtine, 1600 (arch. V. E² 415). — *La Chagnerie* (Cass.).

CHAIGNERON (Le), f. c^{ne} de Béceleuf. — *Chaigne-*

Ron, 1634 (arch. V. Béceleuf, 31). — *Le Chaigne-Rond*, 1754 (arch. V. Béceleuf, 7).

CHAIGNONDES, c^ne de Vausseroux, 1362, relev. de l'abbaye de Ste-Croix de Poitiers (arch. V. S^te-Cr. l. 44).

CHAIL, c^on de Melle. — *Villa Chelio in pago Metulo in ipsa vicaria*, 963 (cart. St-Maix. 43). — *Chel*, v. 1079 (cart. St-J.-d'Angél. ap. Font. LXII, p. 675). — *Chelis*, 1300 (gr.-Gauthier). — *St-Pierre de Chail*, 1554 (Font. XXIV).

Chail dépendait de l'archiprêtré et de la prévôté de Melle et de l'élection de St-Maixent. Il relevait du prieuré-cure de Chail. La cure était à la nomination de l'abbé de la Réau. Il y avait 50 feux en 1750.

CHAILS (LES), h. c^ne de Montalembert. — *Le Chail* (Cass.).

CHAILS (LES), éc. c^ne de Viennay.

CHAILLÉ, h. c^ne de Niort. — *Chaillyé*, 1501 (arch. D.-S. E. 236). — *Chaille lez Niort*, 1512 (arch. D.-S. E. 158). — *Chalyé*, 1574 (id. E. 237); *Chaillié*, 1740 (id. B. 353).

CHAILLÉ, chât. c^ne de St-Martin-lez-Melle. — *Caliacum* (ch. du xie siècle) (de Ruffec à Niort par B.-Filleau).

CHAILLERIE (LA), f. c^ne de St-Marsault, 1430, relev. de St-Marsault (arch. St-Loup).

CHAILLOCHÈRE (LA), vill. c^ne de Saivre, 1567 (not. St-Maix.).

CHAILLOT (LE), f. c^ne de la Chapelle-Bâton.

CHAILLOT, éc. c^ne de Chavagné.

CHAILLOT, h. c^ne de Montalembert.

CHAILLOT, fontaine, c^ne de la Mothe-St-Héraye, 1621 (aveu de la Mothe).

CHAILLOTIÈRE (LA), f. c^ne de Thénezay, relev. de Parthenay, 1432, 1699 (arch. V.).

CHAILLOU (LE), vill. c^ne de Chey. — *Le Chillou*, 1411, relev. de la châtellenie de Lusignan (gr.-Gauthier, des bénéf.). — *Chaillou* 1497 (arch. V. C. 2, 135).

CHAILLOU (HAUT ET BAS), vill. c^ne de-Nueil-sous-les-Aubiers.

CHAILLOUÈRE (LA), f. c^ne des Échaubrognes. — *La Petite-Chaillouère*, 1720 (arch. V. H. 3, 721).

CHAILLOUÈRE (LA), f. c^ne de St-Aubin-de-Baubigné.

CHAINAYE (LA), bois, c^ne de Taizé, 1768 (arch. D.-S. E. 1080).

CHAINE (LA), h. c^ne de Bessines. — *Chaine*, 1645 (arch. V. Béceleuf, 7). — *Le Chêne* (Cass.).

CHAINE (LA), f. c^ne de la Chapelle-Largeau.

CHAINE (LA), f. c^ne de Moulins.

CHAINTRE (LA), f. c^ne de la Forêt-sur-Sèvre. — *Hôtel de la Chaintre*, 1598, relev. de la Forêt (arch. chât. la Forêt).

CHAINTRE (LA), f. c^ne de St-Germain-de-Longue-Chaume. — *La Chaintre*, 1404 (arch. Moiré). — *Chaintres* (Cass.).

CHAINTRE-BRULÉE (LA), l.-d. c^ne de Ste-Pezenne, 1774 (arch. D.-S. G. 29).

CHAISE (LA), m^in. c^ne de Chiché. — *La Cheze*, 1421 (arch. St-Loup).

CHAISE (LA), f. c^ne de Germond. — *La Chèze*, 1560 (arch. V. seign. div. 32). — *La Chesse*, 1654 (arch. V. E. 1, 11). — *La Chaise*, 1698, relev. de Parthenay.

CHAISE (LA), m^in. c^ne de Prailles. — *La Cheze*, 1587 (not. St-Maix.).

CHAISE (LA), f. et m^in. c^ne de Terves. — *Moulins de la Cheze*, 1431 (arch. St-Loup). Relev. de Bressuire, 1512 (id.).

CHAISE (LA), m^in. c^ne de Vitré.

CHAISES (LES), f. c^ne de la Chapelle-Bâton. — *Les Chezes*, relev. de Faye, 1413 (inv. d'Aub.). — *Les Chaises* (Cass.).

CHAIX-DU-PAS-DAVID (LE), f. c^ne du Cormenier.

CHAIZEAU (LE), vill. c^ne des Aubiers.

CHALANTON, vill. c^ne d'Azay-sur-Thoué. — *Chalanton*, 1716 (arch. Barre et Cass.).

CHALANTONNIÈRE (LA), h. c^ne de Largeasse.

CHALENDEAU, chât. c^ne de Châtillon-sur-Thoué. — *Perdondalle*, 1469 (arch. de la Salin.). — *Peredandalle*, 1582 (id.). — *Challandeau*, aliàs *Peredondalle*, 1640 (id.). — *Chalendeau ci-devant Perdondalle*, 1648 (id.). — *Pardandalle* (cart. Poit. de P. Roger). — *Pardandale* (cart. Poit. de Duval, 1689). — *Chalandeau* (Cass.). — Relev. de la seign. de la Marche de Chalendray.

CHALENDRAY (LA MARCHE DE), c^ne de Thénezay; anc. seign., 1775 (arch. D.-S. E. 379). Voir ROCHE (LA).

CHALERIE (LA), f. c^ne de Vautebis. — *La Challerie*, 1375, 1452 (arch. Barre, I, II). — *La Chaillerie*, 1511 (id.). — *La Chalerie* (Cass.).

CHALEUIL (LE), h. c^ne de St-Martin-d'Entraigues. — *Chaleuil*, 1635 (arch. V. chap. St-P. l. 242).

CHALEZ (LE FIEF DES) ou *Lousche-aux-Chales*, sis à Pamprou et relev. de l'abbaye de St-Maixent, 1363, 1443 (cart. St-Maix. II, 162).

CHALIGNY, h. c^ne de St-Amand-sur-Sèvre. — *Chalignec*, 1246 (cart. Trin. Maul.). — *Chaligné*, 1269 (arch. V. H. 3, 723). — *Chalingné*, 1416 (hist. des Chasteig. 57). — *Challigni*, 1603 (Font. IX, 497).

CHALLERIE (LA), f. c^ne de Thénezay.

CHALLOIRE (LA), h. c^ne de St-André-sur-Sèvre.

CHALLOTERIE (LA), h. c^ne de Verrines.

CHÂLON (PARC), c^ne de Mauzé-Thouarsais. — *Nemus Cadalonis*; *Boscus Chadalonis*, v. 1138 (cart.

St-Laon, Thouars). — *Prior de nemore Chadelonis*, v. 1185 (chartr. de Thouars). — *Boscus Chaalum*, 1256 (id.). — *Boys Challon*, 1352 (arch. V. Brosse-Guilgault, 7). — *Le parc Chaslon*, 1559 (reg. insin. Thouars). — *Parc Chaslot ; Bois Châslon*, 1567 (arch. V. Brosse-Guilgault, 7 et 25). — *Parc Challon* (Cass.). — Ce bois, ancienne propriété des vicomtes de Thouars, avait une étendue de 700 hectares (stat. D.-S. par Dupin).

CHALONNIÈRE (LA), f. et logis c^{ne} d'Exireuil. — *La Chalonnère*, relev. d'Aubigny, 1374 (inv. d'Aub.). — *La Petite Chaslonnière, autrement la Petite Faye*, 1565 (not. St-Maix.).

CHALONNIÈRE (LA), h. c^{ne} de Rouvre. — *La Challonnère*, 1453 (arch. Barre, II, 308).

CHALONNIÈRE (LA), h. c^{ne} de Sanzay.

CHALOPINÈRE (LA), *tenant aux osches du Chasteller* (en Cirière) et relev. de Bressuire, 1393 (arch. St-Loup). — *La Chaloppinère*, 1496 (arch. V. Brosse-Guilgault, 7).

CHALOTTERIE (LA), vill. c^{ne} de Ste-Pezenne.

CHALOUE, f. c^{ne} de Ste-Blandine.

CHALOUE, f. c^{ne} de Secondigné. — *Chaloux*, 1473 (arch. V. la Trin. l. 100). — *Chaslou*, 1475, relev. de Chizé (Font. XXVII, 305). — *Chaillou*, 1487 (id.).

CHALTIÈRE (LA), mⁱⁿ et f. c^{ne} de Courlay.

CHALTIÈRE (LA), f. c^{ne} de St-Jouin-sous-Châtillon.

CHALUA, f. c^{ne} de Limalonges.

CHALUAUD, vill. c^{ne} de Sauzé-Vaussais.

CHALUMEAU, f. c^{ne} de St-Georges-de-Rex.

CHALUPIÈRE (LA), f. c^{ne} de Fenioux.

CHALUSSON, h. et mⁱⁿ. c^{nes} d'Échiré et de St-Gelais. — *Charusson*, 1475. — *Challuson*, 1626 (arch. Barre, I). — Relev. des Isles.

CHAMACRIÈRE (LA), f. c^{ne} de St-Marsault. — *La Chamacrière*, 1646, relev. de la Forêt-sur-Sèvre (arch. ch. For.). — *La Chimacrière* (Cass.).

CHAMAILLARD, vill. c^{ne} de Bessines. — *Fief de Nyort, autrement Chamaillart de Nyort* en 1389, tenu de l'abbaye de St-Cyprien de Poitiers (arch. V. St-Cypr. l. 48). — *Chamaillard*, 1525 ; *Champmaillard*, 1528 ; *le grand bois appelé Chamaillard, aliàs St-Cyprien*, 1616 (id.).

CHAMAILLARD, f. c^{ne} de St-Gelais. — *Fief de Chamaillard*, 1609 (Font. XX, 424).

CHAMAILLARDÈRE (LA), anc. fief, c^{ne} de Moncoutant, relev. de la seign. de Forges à Bressuire, 1398, 1439 (arch. St-Loup).

CHAMAILLÈRE (LA), bois, c^{ne} de la Chapelle-Thireuil. — *La Chamailleria*, 1247 (ch. de l'Absie). — *La Chamaillère*, 1300 (ch. de l'Absie, arch. D.-S.). — *Bois de la Chamaillère* (dict. des D.-S. par Dupin). — Relev. du Bois-Chapeleau, 1631 (arch. B.-Chap.).

CHAMBARDELLE, tènement, c^{ne} de la Mothe-St-Héraye. — *Campus Barzela*, donné à l'abbaye de St-Maixent, 1060 (cart. St-Maix. I, 152). — *Fief de Chambardelle*, relev. de la Mothe-St-Héraye, 1337 (Font. LXXXV, p. 152).

CHAMBAUDIÈRE (LA), f. c^{ne} de la Chapelle-St-Étienne. — *Village de Larchambauderière*, en la châtellenie de Chantemerle, 1424 (arch. V. E. 2, 180). — *La Chambaudière* (Cass.).

CHAMBAUDIÈRE (LA), h. c^{ne} de Vernou-en-Gâtine. — *La Chambaudière*, 1402-1716, relev. de Secondigny (ms. 141, bibl. Poit.). — *Larchambaudère*, 1444 (arch. du Fonteniou).

CHAMBAUDIÈRE (LA), vill. c^{ne} de Clavé.

CHAMBELLAN, h. c^{ne} de St-Georges-de-Rex.

CHAMBELLE, h. c^{ne} de Prahecq. — *Cambola*, v. 1021 (cart St-Jean-d'Ang. ap. Font. LXII, p. 525). — *Feodum de la Combelle*, 1260 (homm. d'Alph. de Poit.). — *Chambeulles*, 1620 (dén. 1620, ap. mém. soc. stat. D.-S. 3e sér., VI, 337). — *Chambel* (Cass.)

CHAMBERLAND, f. c^{ne} de de Magné.

CHAMBERTRAND, vill. c^{ne} de Villiers-en-Plaine. — *Champbertram*, 1583 (arch. V. H. 3, 869). — *Chambertrand* 1598 (id.).

CHAMBINIÈRE (LA), f. c^{ne} de Cours.

CHAMBIRAUDIÈRE (LA), l. disp. c^{ne} de St-Aubin-le-Clou, 1492, relev. de Châteauneuf-en-Gâtine (aveu de Chât.).

CHAMBON, mⁱⁿ. c^{ne} de Louin.

CHAMBON, vill. c^{ne} de Mauzé-Thouarsais. — *Campus Bonus*, 1212 (cart. Chambon). — *Champbon*, 1363 (arch. D.-S. H. 275). — *Notre-Dame de Chambon* (pouillé 1782).

Chambon possédait une abbaye dont la mense conventuelle fut réunie au grand séminaire de Poitiers, à l'Hôtel-Dieu de Thouars, à l'aumônerie de St-Michel et au collège de Thouars, par décret de l'évêque de Poitiers, du 18 avril 1776 (arch. V. abb. Chamb.).

CHAMBONNEAU, anc. fief relev. de Vernay, 1407, situé par. de Soulièvre (arch. Vernay). — *Grand fief de Chambonneau, autrement fief des Forges*, relev. de Thouars, 1464 (chartr. Thouars).

CHAMBORD, h. c^{ne} de la Boissière-en-Gâtine.

CHAMBORD (GRAND ET PETIT), vill. c^{ne} du Puy-St-Bonnet. — *Petit et Grand Chamborts* (Cass.).

CHAMBORD (LE), f. c^{ne} de Ménigoute.

CHAMBORD, vill. c^{ne} de St-Aubin-le-Clou. — *Chambor*, 1218 (ch. de Sav. de Maul. ap. cart. de Rays). — *Champbort*, 1400 (arch. Bret.-Chal.). — *Chambort*, 1498 (av. de Chât.). — Relev. de Châteauneuf-en-Gâtine, 1565 (arch. Barre, I, 73). — *Chambor* (Cass.).

CHAMBORD, f. c^ne de Secondigny. — *Chambors*, 1156 (cart. l'Absie, ap. Dupuy, 841, p. 230). — *Chamborium*, 1178 (id. 828, p. 117). — *Chambord* (Cass.).

CHAMBORD (GRAND ET PETIT), ff. c^ne de Verruye. — *Chambord*, relev. de Pressigny-en-Gâtine, 1600 (arch. V. E^a 415).

CHAMBOUREUIL, vill. c^ne de Genneton. — *Champboril*, 1589 ; *Champbouroil*, 1606 (arch. V. H. 3 813).

CHAMBRE (LA), vill. c^ne de Missé. — *Chambes*, *Chambles*, 1493 (arch. V. St-Hil. l. 872). — Relev. de Thouars en 1513 (fiefs de la vic. Thouars).

CHAMBRE (LA), h. c^ne de Saivre.

CHAMBREBASSE (LA), f. c^ne de Sciecq.

CHAMBRILLE, l.-d. c^ne de la Mothe-St-Héraye. — *Grand pré de Chambrilles*, dépendant de la baronnie de la Mothe-St-Héraye, 1621 (av. de la Mothe). — *Chambrilles, autrement les Richardières*, 1621 (id.).

CHAMBRON, vill. c^ne d'Ardin. — *Champbron*, 1600 ; *Chamberon*, 1645 (arch. V. Beauregard, 25). — *Chambron*, appartenant à l'abbaye de St-Liguaire, 1697 (arch. D.-S. H. 74).

CHAMBRON (LE), rivière qui prend sa source à Chanteloup et se jette dans la Sèvre-Nantaise, près de St-Jouin-de-Milly (statist. des D.-S. par Dupin). — *Chambrunt*, v. 1150 (cart. l'Absie). — *Chambro*, 1156 (id. ap. Dupuy, 841, p. 230). — *Champberon*, 1397 (arch. St-Loup). — *Le Chanbron* (Cass.).

CHAMBROUTET, c^on de Bressuire. — *Campus Brustelus*, 1122 ; *Campus Brosteth*, 1166 (ms. de 1660 sur St-Pierre de Thouars). — *Campbrocel*, 1300 (gr.-Gauthier). — *Champlbroulet*, 1370 (arch. St-Loup). — *Chambourlet*, 1479 (arch. Barre, II, 473). — *Chambrolet*, 1585 (arch. V. Brosse-Guilgault, 8). — *N.-D. de Chambroulet*, 1648 (pouillé B.-Filleau).

Dépendait du doyenné et de la baronnie de Bressuire, de la sénéchaussée de Poitiers et de l'élection de Thouars. La cure était à la nomination du chapitre de St-Pierre du Châtelet de Thouars. Il y avait 43 feux en 1750 (cart. alph. Poit.).

CHAMELIER (LE), vill. c^ne de Brûlain. — *Chamellier*, 1703 ; *Chameliers*, 1704 (arch. D.-S. E. 1185, 1186). — *Chemelier* (Cass.).

CHAMERIE (LA), f. c^ne de Béceleuf.

CHAMERIE (LA), f. c^ne de Fors.

CHAMIER, vill. c^ne d'Azay-le-Brûlé. — *Chatmer*, 1269, relev. de l'abbaye de St-Maixent (cart. St-Maix. II, 103). — *Chamier*, 1312 (hist. des Chast. p. 190). — *Chamer*, 1363 (cart. St-Maix. II, 152).

— *Chasmyer*, 1628 (not. St-Maix.). — *Chamier* (Cass.).

CHAMILLARDIÈRE (LA), f. c^ne de Moncoutant. — *La Chemignardière* (Cass.).

CHAMP (LE), f. c^ne de Beaulieu-sous-Bressuire.

CHAMP (LE), h. c^ne de la Chapelle-Thireuil. — *Les Champs*, 1631, relev. de Vouvent (arch. Bois-Chap.).

CHAMP (LE), vill. c^ne de Celles.

CHAMP (LE), f. c^ne du Tallud.

CHAMP (LE), f. c^ne de Vernou-en-Gâtine.

CHAMP (LE), vill. c^ne de Verruye. — *Village du Champ*, 1403 (arch. V. E^a 446).

CHAMPAGNE, f. c^ne de St-Aubin du-Plain.

CHAMPAGNE, h. c^ne d'Argenton-l'Église. — *Champaigné*, 1457 (arch. V. Brosse-Guilgault, 1).

CHAMPAGNÉ-SUR-BÉRONNE, f. c^ne de Périgné. — *Prædium Campaniacum*, IXe s. (vie de St Junien). — *Terra de Campanola*, 1079 (cart. St-Maix., I, 173. — *Champanier*, 1703 (arch. D.-S. E. 1185).

CHAMPAIN, f. c^ne de Fénery.

CHAMP-A-L'ERMITE (LE), l.-d. entre Coulonges et Luché-Th., 1555 (arch. V. Brosse-Guilgault, 44).

CHAMPANOISERIE (LA), f. c^ne d'Aiffres. — *La Champenoiserie* (Cass.).

CHAMP-À-RAMBAULT, m^on. noble, c^ne de Cersay, 1707 (arch. D.-S. E. 801). L. disp.

CHAMPBERNEAU, f. c^ne de la Pérate. — *Champbernaui*, 1560 (arch. Barre, II, 283). — *Chambernaud*, 1563 (min. not. Part.). — *Chambernault* (Cass.).

CHAMPBERTIER, h. c^ne de Pouffond. — *Chambretier* (Cass.).

CHAMP-BERTRAND, f. c^ne de Messé.

CHAMP-BERTRAND, vill. c^ne de Villiers-en-Plaine. — *Chanbertrand*, 1723 (arch. V. Béceleuf, 7).

CHAMP-BRÛLÉ, f. c^ne de Prailles.

CHAMP-CLAIRAIN, f. c^ne de St-Vincent-de-la-Châtre.

CHAMP-CLAIROT, f. c^ne de Niort. — *Champclairot*, 1692 (dom. de la cure de N.-D. ap. mém. soc. stat. D.-S.)

CHAMP-DALLOUX, f. c^ne de Marnes — *Chandaloux*, 1657 (arch. V. E. 3, l. 18). — *Champ-d'Alloux* (Cass.).

CHAMPDENIER. — *Le fief Champdenier*, appelé plus tard *la Roche du Maine* en Noizé et Iray, relev. de Vernay, 1382 (arch. Vernay). — *Le fief Champdener*, relev. de Crémille, 1450 (id.).

CHAMPDENIERS, arr^t de Niort. — *Campdinarium*,

1086 (cart. de S¹-Maix., 194). — *Campus Linarius*, 1092 (chron. mon. Casæ Dei). — *Castellum Campolinario*, 1111 (chron. S¹-Maix.). — *Chandiner*, XII° siècle (cart. l'Absie). — *Campilinarium*, 1177 (id.). — *Champdener*, 1200 (cart. év. Poit.). — *Campidenarium*, 1224 (arch. hist. Poit. XX, 226). — *Champdiner*, 1240 (cart. Châtell.). — *Campodinarium*, 1260 (homm. d'Alph. Poit.). — *Campidonis*, 1300 (gr.-Gauthier). — *Conpidenarium*, 1328 (arch. chât. Chap.-Bertr.). — *Chandener, Chamdenier, Champdenier*, 1330 (arch. hist. Poit. XI). — *Champdenyers*, 1566 (id. IV). — *Chenpdenier*, 1615 (arch. V. Beauregard, 25). — *Chandenier*, 1708 (idem). — *Chandeiners*, 1775 (arch. D.-S. E. 379).

Le prieuré de Notre-Dame de Champdeniers, de 1200 livres de revenus, fut réuni au chapitre de la Rochelle (état de l'élect. de Niort, 1716). Il y avait une aumônerie de S¹-Georges antérieure à 1240, et une maladrerie réunie à l'hôpital de Châteaubourdin en 1695 (hist. de Champd. par Desaivre).

La châtellenie de Champdeniers, qui relevait de la baronnie de Parthenay, comprenait les maisons du bourg entre les Quatre-Croix ou portes ; la juridiction y était exercée par un sénéchal et ressortissait par appel du bailliage de Gâtine à Parthenay. En dehors des Quatre-Croix, la paroisse de Champdeniers faisait partie de la châtellenie de Béceleuf réunie à la baronnie de Parthenay (dén. des just. bar. de Part. 1744). Elle dépendait de l'archiprêtré de S¹-Maixent, de la sénéchaussée de Poitiers et de l'élection de Niort, après avoir fait partie au XVI° siècle de l'élection de Parthenay supprimée au commencement du XVII°. Il y avait 217 feux en 1716 et 274 en 1750 (état de l'élect. — cart. alph. Poit.). — Le canton de Champdeniers, créé en 1790, dépendait du district de S¹-Maixent et comprenait les communes de Champeaux, la Chapelle-Bâton, Cours, S¹-Denis, Germond, S¹°-Ouenne, Surin et Xaintray. En l'an VIII, il fut attribué à l'arrondissement de Niort et on lui adjoignit les communes de S¹-Christophe-sur-Roc et Rouvre, détachées du canton de Cherveux supprimé, et Pamplie, détaché du canton de la Chapelle-Thireuil supprimé.

CHAMPDEVANT, h. c™ du Breuil-d'Argenton. — *Chandevent* (Cass.).

CHAMPDEVAUX, f. c™ de la Chapelle-Bâton. — *Champdevaux*, 1411 (arch. V. E⁸ 409). — *Champdevant*, 1597 (arch. V. E. 3, l. 34). — *Champ de Veault* (Cass.).

CHAMP-DORÉ, l.-d. c™ de S¹-Gelais.

CHAMPDORÉ, anc. fief, par. de Vouillé, ressort et élection de Niort, 1609 (Font. XX, 419).

CHAMPDOUILLAT, m™. c™ de Thorigné.

CHAMP-DOULLENT, l.-d. c™ d'Exoudun, 1582 (arch. D.-S. E. 388).

CHAMP-DU-ROI, f. c™ d'Avon. — *Champ du Roy* (Cass.).

CHAMPEAU (LE), f. c™ des Aubiers. — *Le Champieaux* (Cass.).

CHAMPEAU, vill. c™ de Louin. — *Champeau*, relev. de la Ronde de Louin, 1639 (arch. Vernay).

CHAMPEAU DE REIGNÉ, f. c™ de Souvigné.

CHAMPEAU, f. c™ de Villefollet. — *Champeau*, 1498 (arch. V. S¹°-Cr. l. 89).

CHAMPEAUX, c™ de Champdeniers. — *Alodum nomine Campelli habet ecclesiam in honorem sancti Petri*, X° siècle (cart. S¹-Maix. 81). — *Campellus*, 1110 (id. 258). — *Chanpeas*, 1163 (id 358). — *Chenpau*, 1244 (compt. d'Alph. Poit.). — *Champeaus*, 1265 (cart. S¹-Maix. II, 94). — *Champelli*, 1300 (gr.-Gauthier). — *Champeaux*, 1363, 1440 (cart. S¹-Maix. II). — *S¹-Vincent de Champeaux* (pouillé 1782).

Champeaux faisait partie de la châtellenie du Coudray-Salbart, réunie à la baronnie de Parthenay (dén. des just. bar. de Part., 1744). Il dépendait de l'archiprêtré de S¹-Maixent, de la sénéchaussée de Poitiers et de l'élection de Niort, après avoir appartenu à l'élection de Parthenay, au XVI° siècle (état de l'élect. 1716). La cure était à la nomination de l'évêque. Il y avait 46 feux en 1716, et 43 en 1750.

CHAMPENOISE (LA), f. c™ de S¹-Symphorien. — *La Champelerie*, 1296 (arch. V. G. 130).

CHAMPÉPIN, vill. c™ de Fontperron. — *Champépin*, relev. d'Aubigné, 1361 (inv. d'Aub.). — *Champespin*, 1449 (cart. Châtell.). — *Champ-Pépin*, 1455 ; *Chambespin*, 1469 (id.). — Relev. de la seign. de la Blanchardière.

CHAMPFEROU, l.-d. c™ de Béceleuf. — *Champfou*, 1600 (arch. V. Beauregard, 25).

CHAMPFEROU, c™ de Surin. L. disp.

CHAMPFOYEAU, vill. c™ de Loizé. — *Chanfayau*, 1730, relev. de la seign. de Loizé (arch. V. chap. S¹-P. l. 234).

CHAMP-FRICHÉ, c™ de S¹°-Verge ; anc. fief relev. de S¹-Laon de Thouars, 1786 (arch. D.-S. H. 67). L. disp.

CHAMP-GERMAIN (CABANE DE), h. c™ de Coulon.

CHAMP-GUILLEMAIN, vill. c™ de Séligné.

CHAMP-PICARD, vill. c™ de Brelou.

CHAMPIGNY, h. c™ d'Argenton-l'Église. — *Champe-*

niacum, 1227 (ch. de l'Absie, ap. arch. D.-S., et cart. S¹-Michel de Thouars). — *Champaigné*, appartenant à la maison-Dieu de S¹-Michel de Thouars et relev. de la Roche de Luzay, 1383 (arch. S¹-Loup). — *Champeigné*, 1396 (id.). — *Champagné* (cad.).

CHAMPIGNY, m¹⁰. c⁰⁰ de S¹⁰-Verge. — *Champoinne*, v. 1127 ; *Champeigné*, v. 1130 ; *Campoigné*, v. 1130 ; *Champegné*, v. 1160 (cart S¹-Laon de Thouars). — *Champigné*, 1238 (cart. Chambon).

CHAMPIGNY, anc. fief, c⁰⁰ d'Airvault, 1382 (arch. Vernay).

CHAMPILLONNIÈRE (LA), f. c⁰⁰ de S¹-Pardoux.

CHAMPIONNIÈRE (LA), f. c⁰⁰ de la Chapelle S¹-Laurent. — *La Champpionère*, 1421 (arch. S¹-Loup). — *La Champignonière* (Cass.).

CHAMPMAGNAN, h. c⁰⁰ de Montalembert.

CHAMPMARGOU, f. c⁰⁰ d'Augé. — *Champmorgous*, 1393 (inv. d'Aub.). — *Champmargou*, 1410 (arch. D.-S. E. 165). — *Champmergoux*, 1435 (hist. des Chast. pr. p. 182). — *Champ-Margou*, 1652 (not. S¹-Maix.).

CHAMP-MERLE (CAYENNE DU), f. c⁰⁰ du Beugnon.

CHAMP-MIGNON (LE), f. c⁰⁰ de S¹-Aubin-du-Plain ; anc. fief relev. du Bois-Dongirard, 1597 (arch. D.-S. E. 883).

CHAMPMOIREAU (GRAND ET PETIT), ff. c⁰⁰ de Coulon.

CHAMP-MORIN, vill. c⁰⁰ de Chantecorps. — *Champmorin*, 1489 (arch Barre, II) ; 1537 (not. S¹-Maix.).

CHAMPOISEAU, f. c⁰⁰ de Coulonges-Thouarsais. — *Champozeau*, 1350 (arch. V. Brosse-Guilgault, 34). *Champozea*, 1418 (arch. S¹-Loup). — *Champosea*, 1427 (arch. V. Brosse-Guilgault, 8). — *Champoizeaux*, 1524 (Font. VIII, 273). — *Champoizeau*, 1610 (arch. V. Brosse-Guilgault, 15).

CHAMPOISEAU, f. c⁰⁰ de Saurais.

CHAMPOLAN, f. c⁰⁰ de S¹-Maixent-de-Beugné. — *Champoullant*, 1667 (dict. fam. Poit. II, 25).

CHAMPOLY, f. c⁰⁰ de Prahecq. — *Locus Rampolius ou Kampolius in vicaria Africa in pago Pictavo*, 969 (cart. S¹-Maix. I. 55). — *Rampullis in terra sanctæ Marie Grande*, 987-1011 (id. 98). — *Champolly*, 1620 (dén. de 1620, ap. mém soc. stat. D.-S. 3ᵉ sér. VI).

CHAMPOMMIER, h. c⁰⁰ de Vouillé.

CHAMP-POURRI, l.-d. c⁰⁰ de Bessines ; anc. fief relev. de S¹-Symphorien, 1777 (arch. D.-S. B. 370).

CHAMPRAIMBAULT, vill. c⁰⁰ de S¹ᵉ-Soline. — *Champranbault*, 1492-1775, relev. de Civray (arch. V. C. 2, 146, et ms. 141, bibl. Poit.). — *Champrambaut* (Cass.).

CHAMP-RATAULT. — *Fief de Champ-Raitault*, dépendant de Monpalais, par. de Taizé, et relev. de Thouars, 1405 (fiefs de la vic. Thouars).

CHAMPRÉ, f. c⁰⁰ de S¹-Jouin-sous-Châtillon.

CHAMP-ROMARD, h. c⁰⁰ de Secondigné-sur-Chizé. — *Campus Romani, Champ Romain*, XIII⁰ siècle (censif de Chizé). — *Campus Romardi*, 1333 (arch. V. la Trin. l. 95). — *Chanroumard* (Cass.).

CHAMP-ROND, h. c⁰⁰ de Gourgé. — *Champ-Rond*, 1450, relev. du Fresne-de-Gourgé (ma coll.). — *Champron*, 1514 (id.). — *Le Plessis de Champron*, 1576 (min. not. Part.). — *Chavron* (c. étatmajor).

CHAMP-ROSET, terre dépendant du prieuré de S¹-Pierre de Melle. — *Apud Metulum in terra S¹¹ Maxentii et S¹¹ Petri que vocatur Campus Roset*, 1132 (cart. S¹-Maix. I, 322).

CHAMP-ROY, f. c⁰⁰ de Romans. — *Champroy*, 1564 (not. S¹-Maix.).

CHAMP SAINT-PAUL, c⁰⁰ de Baussais, en la châtellenie de S¹-Maixent (cart. S¹-Maix. intr. 48).

CHAMP-SEC, vill. c⁰⁰ de Sompt.

CHAMP-TIBEAU, f. c⁰⁰ de S¹-Sauveur.

CHAMP-TROUVÉ, vill. c⁰⁰ de S¹-Pierre à-Champ. — *Chamtrouvé* (Cass.).

CHAMP-VOISIN, vill. c⁰⁰ de Fontperron. — *Champvoysin*, 1517 (not. S¹-Maix.).

CHAMPS (LES), vill. c⁰⁰ de Chavagné. — *Campi*, 1269, relev. de l'abbaye de S¹-Maixent (cart. S¹-Maix. II, 102). — *Les Champs*, 1539 (not. S¹-Maix.).

CHAMPS (LES), f. c⁰⁰ d Échiré.

CHAMPS (LES), vill. c⁰⁰ de S¹-Georges-de-Noisné. — *Les Champs*, 1457 (arch. V. E³ 404).

CHAMPS (LES), m¹⁰. c⁰⁰ de S¹-Jouin-sous-Châtillon. — *Moulin des Champs*, XV⁰ siècle (reg. de r. Temple Maul.).

CHAMPS-CARRÉS (LES), vill. c⁰⁰ des Aubiers.

CHAMPS-PICARD, h. c⁰⁰ de Brelou.

CHAMPS-ROBIN (LES), h. c⁰⁰ de Bouillé-Loretz.

CHANAY, f. c⁰⁰ de Soudan. — *Chasnay*, 1533 (not. S¹-Maix.). — *Chasnay le Vieil*, relev. d'Aubigny, 1537 (inv. d'Aub.). — *Chanais*, 1765 (id.).

CHANCELLÉE, vill. c⁰⁰ de S¹-Génard. — *Alodum in vicaria Metulinsæ in Villa Cancelada*, v. 986 (arch. V. Nouaillé, p. 57).

CHANCELLERIE (LA), vill. c⁰⁰ de Montigné.

CHANCELLERIE (LA), f. c⁰⁰ de Vasles.

CHANDANT, m¹⁰. c⁰⁰ de Chef-Boutonne.

CHANDELLERIE (LA), f. c⁰⁰ de S¹-Mard-la-Lande. — *La Chandellière*, 1576, relev. de la seign. de S¹-Mard.

CHANDEURIE (LA), vill. c⁰⁰ de Paizay-le-Tort.

CHANDURIÈRE (LA), f. et chât. c^ne de St-Paul-en-Gâtine. — *La Chandurère*, 1571 (arch. V.).
CHANELIÈRE (LA), f. et m^in. c^ne de Montigny. — *La Chagnelière* (Cass.).
CHANGÉ, f. c^ne de Nueil-sous-les-Aubiers.
CHANGEONS, f. c^ne de Luché — *Changeant* (Cass.).
CHANTEBUZIN, vill. c^ne de Vautebis. — *Chantebuzein*, 1260 (homm. d'Alph. de Poit.), relev. de la châtellenie de St-Maixent. — *La Quarte ou Chantebuzain*, 1328 (arch. V. H. 3, reg. 573). — *Champlebuzain*, 1393 ; *le Vieil Chantebusain, autrement Lembrejatière*, 1598, relev. de la Sauvagère (arch. Barre, II).
CHANTEBRAULT, m^in. c^ne d'Oiron.
CHANTECAILLE, f. c^ne de Brelou, 1567 (not. St-Maix.).
CHANTECAILLE, l.-d. c^ne de Soudan, 1648 (arch. D.-S. E. 1198).
CHANTECAILLE, m^in. c^ne de Lusseray.
CHANTECORPS, c^on de Ménigoute. — *Cantacorvus*, 1110 (cart. St-Maix. 258). — *Cantus Corvi*, 1294 (cart. Châtell.). — *Chantecorps*, 1300 (gr.-Gauthier). — *Chantecorp*, 1323 (cart. Châtell.). — *Champtecor*, 1379 ; *Chantecour*, 1474 ; *Chantecor*, 1493 ; *Champtecors*, 1496 (arch. Barre, I, II). — *Chantecors*, 1592 (bull. soc. stat. D.-S. 1874). — *St-Philbert de Chantecors* (pouillé 1782). — *Champtecorps*, 1789 (arch. D.-S. C. 64).
Dépendait de l'archiprêtré, de la sénéchaussée et de l'élection de St-Maixent. Relevait de l'abbaye des Châtelliers. La cure était à la nomination de l'évêque. Il y avait 161 feux en 1698 (état de l'élect. en 1698).
CHANTECOUCOU, h. c^ne de Soudan. — *Chantecoqueu*, 1630 (not. St-Maix.).
CHANTE-GRELET, h. c^ne de Melle.
CHANTEGROS, f. c^ne de Faye-l'Abbesse. — *Champtegro*, 1419, relev. de Chiché (arch. St-Loup).
CHANTEGROS, f. c^ne de St-Martin-de-St-Maixent. — *Chantegruau*, 1529 ; *Chantecruhault*, 1567 (not. St-Maix.).
CHANTELOUBE, h. c^ne de Luché. — *Moulin de Chanteloup* (Cass.).
CHANTELOUP, c^on de Moncoutant. — *Ecclesia Sancti Leodegarii de Cantelupo*, v. 1120 (cart. Trin. Maul. ch. de Guill. év. de Poit.). — *Cantulupum*, 1300 (gr.-Gauthier). — *Champtelou*, 1421 (arch. St-Loup). — *Champtloup*, 1729 (arch. V. Brosse-Guilgault, 43).
Dépendait du doyenné et de la châtellenie de Bressuire, de la sénéchaussée de Poitiers, et de l'élection de Thouars. La cure était à la nomination de l'évêque. Il y avait 162 feux en 1750 (cart. alph. Poit.).

CHANTELOUP, vill. c^nes d'Aigonnay et de Fressine. — *Chantelou*, 1244 (compt. d'Alph. Poit.). — *Chanteller*, 1567 (not. St-Maix.). — *Chanteloup en l'élection de St-Maixent* (cart. alph. Poit. v. 1750).
CHANTELOUP, vill. c^ne de Bessines. — *Cantelou*, 1260 (homm. d'Alph. Poit.). — *Chanteloup*, 1419 (Font. XX, 227. — Élection de St-Jean-d'Angély, 1698 (état de la gén. la Rochelle, 1698).
CHANTELOUP, f. c^ne de Champdeniers.
CHANTELOUP, f. c^ne de St-Clémentin, xve siècle (reg. de r. Temple de Maul.). — *Chanteleux*, 1457 ; *Chanteloux*, 1577 (arch. V. Brosse-Guilgault, 23, 41).
CHANTELOUP, f. c^ne de St-Pierre-à-Champ. — *Chanteroup* (Cass.).
CHANTEMERLE, f. c^ne de Bouillé-Loretz. — *Aimericus de Cantamerlo*, v. 1180 (cart. St-Laon, Thouars, ch. d'Aim. vic. Th.).
CHANTEMERLE, h. c^ne de Baussais.
CHANTEMERLE, éc. c^ne de Celles.
CHANTEMERLE, f. c^ne de la Chapelle-Largeau.
CHANTEMERLE, f. c^ne de Chizé (aff. Poit. 1776, p. 44).
CHANTEMERLE, m^in. c^ne de Mazières-sur-Béronne.
CHANTEMERLE, vill. c^ne des Moutiers-sous-Chantemerle. — *Canta Merula*, v. 1150 (cart. Bas-Poit.). — *Mota de Cantamerula*, v. 1169 (cart. l'Absie). — *Cantamerla*, 1196 (cart. Châtell.). — *Cantumerula*, 1202 (rot. litt. pat. I). — *Cante Merula*, 1225 (arch. hist. Poit. I). — *Chantemerle*, 1318 (id. XI). — *Chantemelle*, 1340 (id. XVII). — *Champtemerle*, 1435 (arch. St-Loup).
La châtellenie de Chantemerle relevait de la baronnie de Pouzauges, 1596 (fact. pour H. de Chât. 1727). La justice, comprenant les Moutiers et partie de la Chapelle-St-Etienne, ressortissait par appel à la justice du marquisat de la Flocellière (mém. sur les just. seig. du Poit. par B.-Filleau).
CHANTEMERLE, forêt autrefois nationale, de 650 hectares, c^nes des Moutiers et de la Chapelle-St-Etienne (stat. D.-S. par Dupin).
CHANTEMERLE, h. c^ne de Plibou.
CHANTEMERLE, vill. c^ne de Ste-Pezenne.
CHANTEMERLE, f. c^ne de Vasles, 1578 (arch. V. S^te-Cr. l. 46).
CHANTIÈRES (LES), f. c^ne de Scillé.
CHANTIGNÉ, f. et chât. c^ne de St-Symphorien. — *Chantigny* (Cass.). — *Chantignec*, 1164 (Font. XXI, 661).
CHANTOISEAU, chât. c^ne d'Amuré.

CHANTOISEAU, f. c^{ne} de la Boissière-en-Gâtine.
CHANTOISEAU, f. c^{ne} de Brelou.
CHANTOISEAU, f. c^{ne} des Échaubrognes. — *Chandoiseau* (Cass.).
CHANTOISEAU, vill. c^{ne} de Montigné.
CHANTOISEAU, f. c^{ne} de St-Maxire.
CHANTRAINE, mⁱⁿ. c^{ne} du Pin, ou *Chantereine.*
CHANVRE (LE), f. c^{ne} de Saivre.
CHAPELENNERIE (LA), f. c^{ne} de Clavé.
CHAPELIÈRE (LA), f. c^{ne} de Béceleuf.
CHAPELIÈRE (LA), vill. c^{ne} de Chantecorps. — *La Chapellière*, 1589, relev. de la seign. de la Saisine (arch. V. E^s 403).
CHAPELIÈRE (LA), f. c^{ne} de Surin.
CHAPELLE (LA), f. c^{ne} de Bougon. — *La Chapelle de Vaulgeneraud*, 1532 (not. St-Maix.). — *La Chapelle de Vaugénerault*, appartenant à l'abbaye des Châtelliers, 1736 (arch. V. abb. Châtell.). — *La Chapelle de Vaugénereaud* (Cass.).
CHAPELLE (LA), f. c^{ne} de Bouillé-St-Paul.
CHAPELLE (LA), h. c^{ne} de la Chapelle-Bâton. — *La Chapelle de Notre-Dame du Sable*, 1429 (arch. V. E^s 444). — *Le Sable*, 1433 (id.).
CHAPELLE (LA), vill. c^{ne} de la Chapelle-Pouilloux.
CHAPELLE (LA), f. c^{ne} de Fénery. — *La Chapelle*, 1389, 1404 (pap. de la Brouard. — arch. Moiré).
CHAPELLE (LA), f. c^{ne} de Magné.
CHAPELLE (LA), mⁱⁿ. c^{ne} de la Mothe-St-Héraye. — *Le moulin appelé le Maignou, autrement la Chapelle, sis sur la Sèvre devant le chastel de la Mothe*, dépendant de la baronnie de la Mothe-St-Héraye, 1621 (aveu de la Mothe).
CHAPELLE (LA), f. c^{ne} du Pin.
CHAPELLE (LA), f. c^{ne} de Bretignolle, 1351 (arch. hist. Poit. XVII).
CHAPELLE (LA), f. c^{ne} de Ste-Soline.
CHAPELLE (LA), f. c^{ne} d'Usseau.
CHAPELLE-BÂTON (LA), c^{on} de Champdeniers. — *Ecclesia Sancte Marie de Capella Bastone*, 1110 (cart. St-Maix. 257). — *Ecclesia S^{ti} Maxentii in villa Capella Baston*, XIIe siècle (id. ll, 6). — *La Chapelle Baston*, 1363 (id.).
Faisait partie de l'archiprêtré, de la sénéchaussée et de l'élection de St-Maixent. Relev. de la seigneurie de Bourgneuf. La cure était à la nomination de l'abbé de St-Maixent. Il y avait 82 feux en 1698, et 101 en 1750 (état de l'élect.).
CHAPELLE-BERTRAND (LA), c^{on} de Parthenay, anc. chât. — *Capella Bertrandi*, 1300 (gr.-Gauthier). —*La Chapelle-Bertrand*, 1443 (arch. chât. Chap.-Bertr.). — *La Chappelle Bertran*, XVe siècle (arch. V. seign. div. décl. fiefs Parthenay).
La cure de St-Saturnin de la Chapelle-Bertrand était à la nomination du prieur de Parthenay-le-Vieux (pouillé 1782). La paroisse dépendait de l'archiprêtré et châtellenie de Parthenay, de la sénéchaussée et de l'élection de Poitiers. Il y avait 94 feux en 1750.
CHAPELLE-DE-GRÂCE (LA), h. et chapelle fondée au XVe siècle, v. 1450, c^{nes} d'Exireuil et St-Maixent. — *Les Grâces* (Cass.).
CHAPELLE-DE-LA-CIGOGNE (LA), f. c^{ne} de Thorigné.
CHAPELLE-DE-TERNAND (LA), f. c^{ne} de Mazières-en-Gâtine.
CHAPELLE-DE-TOUS-LES-SAINTS (LA), éc. c^{ne} de Pierrefitte.
CHAPELLE-DU-COTEAU (LA), c^{ne} de St-Martin-de-St-Maixent. L. disp.
CHAPELLE-GAUDIN (LA), c^{on} de St-Varent. — *Capella Gaudin*, 1166 (cart. St-Pierre Thouars, ms. 1660). — *Capella Gaudini*, 1230 (cart. St-Mich. Thouars). — *Sanctus Gaudinus*, 1300 (gr.-Gauthier). — *Chapelle Godin*, 1594 ; *Chappelle Gauldin*, 1628 (arch. V. Brosse-Guilgault, 15, 25).
Dépendait du doyenné de Bressuire, de la sénéchaussée de Poitiers, de la châtellenie et élection de Thouars et bailliage de Coulonges, ressort du siège de Thouars (rôles des tailles, 1434-1490). La cure était à la nomination du chapitre de St-Pierre du Châtelet de Thouars. Il y avait 33 feux en 1750.
CHAPELLE-LARGEAU (LA), c^{on} de Châtillon-sur-Sèvre. — *Capella*, 1246 (cart. Trin. Maul.). — *Capella Largea*, 1269 (arch. V. H. 3, 723). — *Capella Largeau*, 1283 (Font. XXXVIII, p. 120). — *Capella Largent*, 1300 (gr.-Gauthier). — *N.-D. de la Chapelle Lorgeail* (P. abb.). — *La Chapelle Largeault*, 1434 (rôles des tailles).
Dépendait du doyenné de St-Laurent-sur-Sèvre (Vendée), de la châtellenie de Châteaumur et siège de Thouars, et de l'élection de Châtillon-sur-Sèvre (rôles des tailles, 1434-1490). La cure était à la nomination de l'abbé de St-Michel-en-l'Herm. Il y avait 141 feux en 1750 (cart. alph. Poit.).
CHAPELLE-POUILLOUX (LA), c^{on} de Sauzé-Vaussais. — *Capella*, 1119 (Font. XXI, 594 ; bull. de Gél. II pour Nouaillé). — *Chapella de Polios*, v. 1230 (Font. XXII, 175). — *Capella de Polios*, 1270 (arch. V. cart. sceaux, n° 68). —*La Chapelle de Poulioux*, XIIIe siècle (arch. V. Nouaillé. l. 30). — *Capella de Polyos*, 1310 (arch. V. Nouaillé, l. 30). — *La Châpelle Pouliou*, 1479 (id. l. 31). — *St-Junien de la Chapelle Pouilloux*, 1782 (pouillé).
Dépendait de l'archiprêtré de Chaunay (Vienne), de la châtellenie et sénéchaussée de Civray, et de l'élection et siège de Poitiers (rôles des

tailles, 1434-1490). La cure était à la nomination de l'abbé de Nouaillé. Il y avait 68 feux en 1750.

CHAPELLE-St-ÉTIENNE (LA), c^{on} de Moncoutant. — *Capella Sancti Stephani*, 1272 (arch. hôpit. Part.).

Dépendait de l'archiprêtré de Parthenay, de la sénéchaussée de Poitiers, de la châtellenie de Loge-Fougereuse et du siège de Thouars (rôles des tailles, 1434-1490).

Après avoir fait partie de l'élection de Parthenay en 1579-1621 environ, cette paroisse fut attribuée à l'élection de Thouars (mém. soc. stat. D.-S. 1886, p. XVIII). Il y avait 135 feux en 1750.

CHAPELLE-St-LAURENT (LA), c^{on} de Moncoutant. — *Cappella S^{ti} Laurencii*, 1300 (gr.-Gauthier — *Chapelle St Lorans*, 1724 (arch. V. Béceleuf, 7).—C'était une ancienne annexe de l'archiprêtré de Parthenay. Vers 1620 elle devint la résidence de l'archiprêtre. Elle dépendait au XVe siècle de la châtellenie de Bressuire (rôles des tailles, 1434-1490). Érigée en châtellenie au XVIe siècle, la Chapelle-St-Laurent fut unie ensuite au comté des Mothes, créé en 1650. Après avoir fait partie de l'élection de Parthenay au XVIe siècle, elle fut attribuée à celle de Thouars (mém. soc. stat. D.-S. 1886). Elle dépendait de la sénéchaussée de Poitiers. 280 feux en 1750 (cart. alph. Poit.).

Le canton de la Chapelle-St-Laurent, créé en 1790, dépendait du district de Bressuire et comprenait les communes de Chanteloup, Clessé, Largeasse et Traye. En l'an VIII, il fut supprimé et réuni au canton de Moncoutant, et à l'arrondissement de Parthenay.

CHAPELLE-St-MARTIN (LA), vill. c^{ne} de Chiché. — *La Chapelle-St-Martin*, 1411 (test. de Perc. de Coul. — arch. St-Loup). Relev. de la seign. de Chausseraye (id.).

CHAPELLE-Ste-MACRINE, chap. c^{ne} de Magné. — *Prior Ste Magrine*, 1326 (d.1326, ap. pouillé B.-Filleau, p. 304).

CHAPELLE-SÉGUIN (LA), vill. c^{ne} de l'Absie. — *Capella Seguini*, 1120 (cart. l'Absie).

Dépendait de l'archiprêtré d'Ardin et de la châtellenie de Parthenay (rôles des tailles, 1434-1490). D'après un autre document de 1744, elle dépendait de la châtellenie de Béceleuf réunie à la baronnie de Parthenay (dén. des just. bar. de Part. 1744). La Chapelle-Seguin fit d'abord partie de l'élection de Niort, puis de celle de Parthenay en 1579-1621, et fit retour à celle de Niort. La cure était à la nomination de l'abbé de St-Maixent. Il y avait 101 feux en 1716, et 96 en 1750 (état de l'élect. 1716.— cart. alph. Poit.).

CHAPELLE-THIREUIL (LA), c^{on} de Coulonges-sur-l'Autise. — *La Capella, la Chapella*, v. 1140 (cart. de l'Absie). — *Capella Tirolt*, 1177 (id.). — *Capella Tirolis*, 1300 (ch. de l'Absie, ap. arch. D.-S.). — *La Chapelle Tireul*, 1434 (arch. Bois-Chap.).— *La Chapelle Tireeuil*, 1453 (arch. D.-S. E. 274). — *La Chapelle Tiroil*, 1490 (id.). — *La Chapelle Tireil*, 1600 (arch. V. Beauregard, 25). — *Chapelle Tiroeil*, 1631 (id.).

Le surnom de ce village est emprunté au surnom d'un de ses anciens possesseurs, *Tirols de la Capella* ou *Tirolius de la Chapella*, mentionné dans un acte de 1140 environ, cité plus haut.

St-Étienne de la Chapelle-Thireuil dépendait de l'archiprêtré d'Ardin, de la châtellenie de Vouvent et du siège de Niort. Après avoir fait partie de l'élection de Parthenay au XVIe siècle, elle fut attribuée à celle de Fontenay-le-Comte. La cure était à la nomination de l'abbé de Nieuil-sur-l'Autise. Il y avait 130 feux en 1750.

Le canton, créé en 1790, dépendait du district de Parthenay et comprenait les communes du Beugnon, du Busseau, Fenioux, St-Laurs, Pamplie, Puyhardy et Scillé. En l'an VIII, il fut supprimé et ces communes, sauf Pamplie, attribuées au canton de Coulonges-sur-l'Autise et à l'arrondissement de Niort.

CHAPELLERIE (LA), vill. c^{ne} de Pougne-Hérisson. — *La Chapeleria*, 1266, 1276 (cart. Bourgueil). — *La Chapellerie*, 1407 (arch. Barre, II, 148). — *Laudairie ou Chapellerie*, 1483, relev. de la seign. de la Renaudière (arch. V. pap. Droch.). — *La Chapellerie*, aliàs *la Cherpinière*, 1579, 1642 (id.). — *Laudairie, autrement Chapellerie*, aliàs *Cherpinière*, 1677 (id.).

CHAPELLES (LES), l.-d. c^{ne} de Chail. — *Lieu appelé les Chapelles tenant aux terres de la Chapelle de Menoc et à la métairie de la Petite Tallée*, 1676 (arch. V. E. 3, I. 5).

CHAPELLES (LES), l.-d. c^{ne} de Pamplie.

CHAPERONNIÈRE (LA), h. c^{ne} d'Airvault.

CHAPITRE (LE), f. c^{ne} de la Chapelle-Largeau.

CHAPONNIÈRE (LA), (GRANDE ET PETITE), ff. c^{ne} de Moulins. — *La Chaponière*, 1351 (arch. hist. Poit. XVII). — *Les Chapponières*, 1615 (arch. V. Les Lineaux). — *La Chaponnière* (Cass.).

CHAPONNIÈRE (LA), f. c^{ne} de Terves.

CHAPPE (LA), mⁱⁿ. c^{ne} d'Usseau.

CHAPRONNIÈRE (LA), h. c^{ne} de la Mothe-St-Héraye. — *La Chapronnière*, 1462, relev de la Mothe-St-Héraye (Font. LXXXV). — *La Chappronnyère*, 1621 (aveu de la Mothe). — *La Chapelonnière*, 1790 (arch. D.-S. H. 347).

CHAPROUÈRE (LA), f. cne de Vernou-en-Gâtine.
CHARANTONNIÈRE (LA), cne de St-Aubin-le-Clou, 1492, relev. de Châteauneuf-en-Gâtine (av. de Chât.). — *La Charrantonnière*, consistant en *un emplacement où y avait autrefois un mazurault et principal manoir près la Guittonnière*, 1782 (arch. du Font.).
CHARAY, mon. noble, cne de Niort ; anc. fief relev. de Chaillé, 1667 (arch. D.-S. E. 240). L. disp.
CHARBONNEAU, min. cne de la Chapelle-Largeau.
CHARBONNELIÈRE (LA), (GRANDE ET PETITE), ff. cne de Boismé. —*La Charbonelère*, 1421 (arch St-Loup). Relev. de Bressuire.
CHARBONNIÈRE (LA), h. cne d'Étusson.
CHARCHENAY, vill. cne de St-Martin-de-St-Maixent. — *Charchénay*, 1363 (cart. St-Maix. II, 149). — *Charcenay*, 1641 arch. V. E. 3, 39). — *La Carte-Charchenay*, relev. de Faye, 1629 (inv. d'Aub.).
CHARCOGNÉ, h. cne de Mougon.
CHARCONNAY, f. cne de St-Symphorien. — *Chapelle Ste-Marie-Madeleine de Cherconnay*, 1680 ; *Cherconnay*, relev. de Frontenay, 1680 (pap. mém. des Bastard, ap. mém. soc. stat. D.-S. 1887).
CHARDONNET (LE), f. cne de St-Jouin-de-Marnes.
CHAREUIL (LE), mon. et four à chaux, cne de Nanteuil. — *Fief Chareuil lez Nantheuil*, 1631 (not. St-Maix.).
CHAREUIL, l.-d. cne de St-Martin-de-St-Maixent. — *Chareuil*, 1621 (not. St-Maix.).
CHARGE-DU-FOIN, f. cne de Fontenille.
CHARGELOUP, h. cne de Clazay. — *Moulin de Chargeloup*, 1383 (arch. St-Loup).
CHARIE (LA), h. cne des Moutiers-sous-Chantemerle.
CHARLETÈRE (LA), f. cne de Courlay, 1426, relev. de Bressuire (arch. St Loup).— *La Chaletière* (cad.).
CHARLOTERIE (LA), f. cne d'Azay-le-Brûlé.
CHARLOTERIE (LA), anc. fief près Oriou, cne de St-Maxire.—*La Daroterie*, XVIe siècle (notes Desaivre).
CHARLOTERIE (LA), vill. cne de Verrines-sous-Celles.
CHARNAY, f. cne de Nanteuil. — *Pratum qui Carniacus dicitur*, 1073 (cart. St-Maix. 161).— *Charnai*, 1144 (id. 336).
CHARNERIE (LA), vill. cne de St-Georges-de-Noisné.
CHARNIÈRE (LA), f. cne de Gourgé. — *La Charoignère*, 1340 (pap. Blactot). —*La Charnière*, 1680 (arch. Barre).
CHARON, vill. cne de Noirlieu.
CHARONTONIÈRE (LA), f. cne de Montravers, 1351 (arch. hist. Poit. XVII). — *La Chalantonnière* (cad.).
CHAROUILLÈRES (LES), f. cne de Viennay. — *La Charouilère* (Cass.).

CHAROUILLIÈRE (LA), h. cne de Coulonges-Thouarsais. — *La Charroulière*, 1479 ; *la Charrulière*, 1498 ; *La Charrolière*, 1524 (arch. V. Brosse-Guilgault, 6 et 7).
CHAROULIÈRE (LA), f. cne de la Chapelle-St-Laurent. — *La Charruellière*, 1455 (doc. sur Com. par Fierville, p. 52). — *La Charroulière*, 1597 (arch. D.-S. E. 883). — *La Mothe Charoulière* (cad.).
CHAROULIÈRE (LA), borderie sise au fief de Flesme, par. de Chiché, relev. de la Mothe-de-Coupoux, 1508 (arch. St-Loup).
CHAROULIÈRE (LA), f. cne de St-André-sur-Sèvre. — *La Charuelère*, 1412 (arch. V. H. 3, 728).
CHARPANTERIE (LA), f. cne de Courlay. — *La Charpenterie*, 1435 (arch. St-Loup).
CHARPENTERIE (LA), f. cne de Moutiers.
CHARPENTERIE (LA), chât. cne de Lamairé. — *La Charpenterie*, v. 1564 (arch. de la Péch.). — *La Cherpantrie*, 1607 (pap. du Coutault). — *La Charpentrie*, 1778 (arch. V.). — Relev. de la seign. de Lamairé.
CHARPENTERIE (LA), vill. cne de St-Martin-de-Sanzay.
CHARPIÈRES (LES), f. cne de Pamprou. — *Les Cherpières* (Cass.).
CHARPRE (LE), f. cne de Vitré.
CHARREFAIT, vill. cne de St-Amand. — *Charfait* (Cass.).
CHARRIE (LA), f. cne de la Pérate, 1560 (arch. V. seign. div. 32).
CHARRIE (LA), f. cne de Vernou-en-Gâtine.
CHARRIE (LA), h. cne de Verruye. Relev. de la seign. de Pressigny-en-Gâtine. — *La Charrye*, 1524 (arch. V. Ea 415).
CHARRIÈRE (LA), cen de Beauvoir. — *La Charrère*, 1243 ; *Charreria*, 1245 (compt. d'Alph. de Poit.). — *La Charrière*, XIIIe siècle (censif de Chizé).— *Carriera seu Charerya*, 1300 (gr.-Gauthier). — *St-André de la Charière* (pouillé 1782).
La Charrière, 1561, relevait de Niort (ms. 141 bibl. Poit.) et dépendait de l'archiprêtré de Melle, de la châtellenie, siège royal et élection de Niort. La cure était à la nomination de l'évêque. Il y avait 106 feux en 1750 (cart. alph. Poit.).
CHARRIÈRE (LA), f. cne de Sanzay.
CHARRINIÈRE (LA), f. cne de la Pérate. — *La Charrynière*, 1546, relev. de Pressigny-en-Gâtine (arch. V. Ea 415, 420).
CHARRUAULT, min. cne de St-Varent. — *Charueau* (Cass.).
CHARRUEAU, min. à draps, cne de la Chapelle-St-Laurent.

CHARRUELLE, h. cne du Puy-St-Bonnet — *Molendinum de Charruel*, 1172 (cart. Trin. Maul.).

CHARTRIE (LA), f. cne de St-Germier. — *La Charterie* (Cass.).

CHARUELLIÈRE (LA) ou FIEF-VOUSSARD, cne de Pressigny, anc. fief relev. de la mon.-Dieu de Parthenay, 1464 (arch. D.-S. E. 278). L. disp.

CHARRUSSIÈRE (LA), f. cne de Clavé. — *L'hôtel de la Charussère*, 1438 (arch. Barre, II, 325).

CHARZAY, vill. cne de Mazières-sur-Béronne ; ancienne église, aumônerie et prieuré de St-Nicolas, relev. de l'abbaye de Fondouce en Saintonge. — *St-Nicolas de Charzay* (pouillé 1782).

CHARZÉ, h. cne de Ste-Verge. — *Chersay*, 1553 (reg. insin. Thouars). — *Cherzay*, 1628 (arch. V. Es 373).

CHASEAU, min. cne d'Allonne.

CHASSAIGNE (GRANDE ET PETITE), h. cne de St-Éanne. — *La Chassaigne*, 1532 (not. St-Maix.). — *La Chasseigne*, 1560 (cart. Châtell.). — *La Chasagne*, 1637 (id.). — *La Chassagne*, 1652 (not. St-Maix).

CHASSÉE (LA), chât. cne des Aubiers. — *Chassays*, 1363 (cart. Trin. Maul.). — *La seigneurie de la Chassée*, 1450, relev. de la seign. du Fief-l'Évêque (arch. V. év. l. 154).

La baronnie de la Chassée, 1604, à laquelle étaient réunis le Fief-l'Évêque, le fief Châtain et la haute justice des Aubiers, comprenait les paroisses des Aubiers, Étusson, la moitié de St-Aubin-de-Baubigné et de Boesse (mém. sur les just. du Poit. par B.-Filleau). — Elle relevait de Celle-l'Évêcaut (Vienne), membre de l'évêché de Poitiers (arch. V. év. 154).

CHASSÉE (LA), mon. cne de Thouars. — *Chacayum*, 1275 (chartr. Thouars, St-P. du Chât.).

CHASSÉE (LA), f. cne de St-Maurice-la-Fougereuse. — *La Chassée*, 1382 (mél. hist. t. III, 352).

CHASSEMON, f. cne de Saurais.

CHASSERANDRÉE (LA), f. cne de Sepvret.

CHASSERAT, min. cne de Cirière. — *Chassères* (Cass.).

CHASSERAT, min. cne de Frontenay.

CHASSERAT, min. disp. cne de Boismé (aff. Poit. 1778, p. 192).

CHASSERAT, anc. min. cne de Vasles.

CHASSEREAU, f. cne de la Chapelle-Gaudin, 1557 (reg. insin. Thouars).

CHASSIGNOLES, f. cne de Rom. — *Cassanas*, v. 1027 (Font. XXI, 391, ch. de Nouaillé). — *Kassannas*, 1090 (id.). — *Chasseignolles*, 1401 (arch. hist. Poit. XXIV, 378).

CHASSOTIÈRE (LA), f. cne de Belleville.

CHÂTAIGNERAYE (LA), h. cne de Melleran.

CHÂTAIGNE (LA), f. cne de Rigné.

CHÂTAIGNER (LE), mon. cne de Boismé.

CHÂTAIGNER (LE), f. cne de la Chapelle-Bertrand.

CHÂTAIGNER (LE GROS), f. cne de la Chapelle-St-Étienne.

CHÂTAIGNER (LE), f. cne de Clazay.

CHÂTAIGNER (LE), f. cne de Combrand. — *Le Châteignier* (Cass.).

CHÂTAIGNER (LE), f. cne de la Pérate.

CHÂTAIGNERAYE (LA), f. cne d'Amaillou.

CHÂTAIGNERAYE (LA), f. cne de St-Amand. — *La Chastengneraye*, 1351 (arch. hist. Poit. XVII).

CHÂTAIGNERAYE (LA), h. cne de Ste-Néomaye.

CHÂTAIGNERAYE (LA), vill. cne de Secondigny. — *Nemus de la Chatoygneroye*, 1317 (arch. V. Fontaine-le-C. l. 30). — *La Chasteigneroie*, 1428 (arch. hist. Poit. XXIV, 60, n.).

CHÂTAIGNERAYE (LA), vill. cne de Terves. — *La Chasteigneroie*, 1365 (arch. St-Loup).

CHÂTAIGNERAYE (LA), f. cne de Vasles.

CHÂTAIGNERIES (LES), f. cne de Secondigny.

CHÂTAUDET, anc. chât. cne de Frontenay. — *Château Dailz* (Cass.).

CHÂTEAU (LE BAS), éc. cne d'Amaillou.

CHÂTEAU (LE), h. cne de Baussais.

CHÂTEAU (LE PETIT), f. cne de Béceleuf. Relev. de Parthenay dès 1459. — *Le Petit Chasteau*, 1641 (arch. D.-S. E. 315).

CHÂTEAU (LE), l.-d. cne du Beugnon.

CHÂTEAU (LE), éc. cne de Bouillé-St-Paul.

CHÂTEAU (LE PETIT), f. cne de Chail.

CHÂTEAU (LE), f. cne de Cerizay.

CHÂTEAU (LE PETIT), f. cne de la Chapelle-St-Étienne.

CHÂTEAU (LE), f. cne de la Forêt-sur-Sèvre.

CHÂTEAU (LE), f. cne des Forges.

CHÂTEAU (LE), f. cne de Lezay.

CHÂTEAU (LE), min. cne de Ménigoute.

CHÂTEAU (LE), f. cne de Montravers.

CHÂTEAU (LE PETIT), f. cne des Moutiers-sous Chantemerle.

CHÂTEAU (LE), f. cne d'Oroux.

CHÂTEAU (CHAMP DU), l.-d. cne de la Pérate.

CHÂTEAU (LE), f. cne de la Ronde.

CHÂTEAU (LE), l.-d. cne de St-Aubin-le-Clou.

CHÂTEAU (LE), h. cne de St-André-sur-Sèvre.

CHÂTEAU (LE), f. cne de St-Aubin-du-Plain.

CHÂTEAU (LE), f. cne de St-Gelais.

CHÂTEAU (LE), l.-d. cne de St-Pardoux.

CHÂTEAU (LE), vill. cne de St-Jouin-de-Marnes. — *Sancta Maria et Sanctus Petrus de Castellis*, 1179 (cart. de St-Jouin).

CHÂTEAU (LE), h. cne de St-Martin-de-Sanzay.

CHÂTEAU (LE), f. c^ne de Sanzay.
CHÂTEAU (LE), f. c^ne de Séligné.
CHÂTEAU (LE), f. c^ne de Traye.
CHÂTEAU (LE), l.-d. c^ne de Vautebis.
CHÂTEAU (LE), l.-d. c^ne de Voultegon.
CHÂTEAU (LE), f. c^ne de Xaintray.
CHÂTEAU-BOURDIN, vill. c^ne de St-Pardoux. — *Castrumbordin*, 1218 (cart. St-Jul. de Tours). — *Castrum Bordini*. 1226 (id.). — *Aumônerie de Châteaubordin*, 1284 (gr.-Gauthier). — *Chasteaubourdin*, 1335 (arch. chât. Chap.-Bert.). — *Châteaubourdin*, 1668 (arch. nat. S. 4880).

L'hôpital de Châteaubourdin fut créé par les lettres-patentes de décembre 1695 et l'arrêt du conseil du 23 janvier 1696, qui unissent dans ce but à l'aumônerie de Châteaubourdin l'aumônerie d'Allonne et la maladrerie de Champdeniers. Cet hôpital avait un revenu de 860 livres en 1775. — *Prieuré noir de Notre-Dame des neiges de Château-Bourdin*, 1779 (arch. de la Salin.). — *N.-D. des neiges ou de froidures de Château Bourdin* (pouillé 1782).

CHÂTEAU-CHARDON, f. c^ne du Beugnon.
CHÂTEAU-CHARDON, f. c^ne de Magné.
CHÂTEAU-CHARDON, f. c^ne de St-Florent.
CHÂTEAU-CHARDON, h. c^ne de Verruye.
CHÂTEAUDRIE (LA), h. c^ne de Villiers-en-Plaine. — *La Chaplauderie*, 1657 (arch. V. Beauregard, 26). — *La Chalauderie* (Cass.).
CHÂTEAU-GAILLARD (LE), f. c^ne de Baussais.
CHÂTEAU-GAILLARD, h. c^ne de Boesse, XVIIe siècle (arch. D.-S. H. 52).
CHÂTEAU-GAILLARD, f. c^ne de Bouillé-St-Paul.
CHÂTEAU-GAILLARD, m^on. au bourg de Coulonges-Thouarsais, 1617 (arch. V. Brosse-Guilgault, 25). L. disp.
CHÂTEAU-GAILLARD, h. c^ne d'Échiré, 1678 (arch. Barre). Relev. de la seign. des Iles (Inv. de la Règle).
CHÂTEAU-GAILLARD (LE), f. c^ne de Gript.
CHÂTEAU-GAILLARD, m^on. c^ne de Moncoutant.
CHÂTEAU-GAILLARD, f. c^ne de Nantcuil. — *Chasteau-Gaillard*, 1508 (not. St-Maix.).
CHÂTEAU-GAILLARD, h. c^ne de Paizay-le-Tort.
CHÂTEAU-GAILLARD, h. c^ne de Périgné.
CHÂTEAU-GAILLARD, f. c^ne de St-Christophe.
CHÂTEAU-GAILLARD, f. c^ne de St-Jouin-sous-Châtillon. — *Hôtel de Châteaugaillard*, 1492 (Font. IX, 386).
CHÂTEAU-GAILLARD, l.-d. c^ne de St-Jouin-de-Marnes.
CHÂTEAU-GAILLARD, f. c^ne de St-Martin-de-Sanzay.
CHÂTEAU-GAILLARD, h. c^ne de Thorigné.

CHÂTEAU-GAILLARD, h. c^ne de Thorigny-sur-le-Mignon.
CHÂTEAU-GAILLARD, f. c^ne de Vançais.
CHÂTEAU-GAILLARD, l.-d. c^ne de Vasles.
CHÂTEAU-GAILLARD, f. c^ne de Verruye.
CHÂTEAU-GAILLARD, h. c^ne de Vitré.
CHÂTEAU-GAILLARD, f. c^ne de Voultegon.
CHÂTEAUJON, f. c^ne de Lhoumois. — *Village de Chasteaujon*, 1669 (arch. V. pr. l. 59).
CHÂTEAUNEUF, f. c^ne de la Chapelle-Bertrand.
CHÂTEAUNEUF, vill. et chât. c^ne de Largeasse. — *Castrum Novum*, 1218 (cart. de Rays, ch. de Sav. de Maul.). — *Chasteauneuf*, v. 1400 (arch. Bretonn.-Chal.). — *Chasteauneuf en Thouarçois*, 1444 (chartr. Thouars). — *Chasteauneuf en Gastine*, 1515 (av. de Chât.).

Châteauneuf, qui au XIIIe siècle relevait des châtellenies de Chantemerle et de Hérisson, forma dès le XVe siècle deux châtellenies, l'une dite en Gâtine, la plus importante, relevant de Parthenay, l'autre dite en Thouarsais, relevant de Thouars (pap. de la fam. Sauv.). Celle de Châteauneuf-en-Gâtine comprenait une partie des paroisses de Largeasse, Bouin, St-Aubin-le-Clou et Traye, Longeville-en-Fénery, et partie de Germond, des Groseillers et Oroux. Sa juridiction, exercée par un sénéchal, dépendait du ressort du bailliage de Gâtine à Parthenay (dén. des just. bar. de Parth. 1744). La châtellenie de Châteauneuf-en-Thouarsais s'étendait sur la plus grande partie de la paroisse de Largeasse (mém. sur les just. seig. du Poit. par B.-Filleau).

CHÂTEAUNEUF, vill. c^ne de Vitré. — *Castrum Novum*, 1248, relev. de l'abbaye de St-Maixent (cart. St-Maix. II, 80, ch. d'Hugues de Lusignan). — *Chasteauneuf*, 1417, relev. de Mello (gr.-Gauthier, des bénéf.). — *St-Romain de Châteauneuf*, prieuré dépendant de l'abbaye de St-Cyprien de Poitiers (pouillé 1782).

CHÂTEAU-ROUET, h. c^ne de Montalembert. — *Châteauroy* (Cass.).
CHÂTEAU-ROUX, l.-d. c^ne de Faye-sur-Ardin, 1575 (arch. D.-S. E. 256).
CHÂTEAUROUX, h. c^ne de Gourgé.
CHÂTEAU-TIZON, vill. c^ne de Souvigné. — *Castellum Tizun in silva Savra et parrochia S^ti Martini*, 1111 (cart. St-Maix. I, 274). — *Castrum Tyson*, 1260, en la châtellenie de St-Maixent (homm. d'Alph. de Poit.). — *Chasteatizon*, 1363 (cart. St-Maix. II, 150). — *Chasteautizon*, 1406 (gr.-Gauthier, des bénéf.). — La seign. de Château-Tizon est unie en 1633 au marquisat de la Mothe-St-Héraye (mém. soc. stat. D.-S. 2e sér. XIV).

— St-*Marc de Châteautison*, chapelle à la collation du s^r de la Mothe (pouillé 1782).

CHÂTEAUVERT, h. c^{ne} de la Couarde.

CHÂTEAU-VERT (BRANDES DU), l.-d. c^{ne} de Clessé.

CHÂTEAUX (LES), l.-d. c^{ne} du Busseau.

CHÂTEAUX (LES), l.-d. c^{ne} de St-Sauveur.

CHÂTEAUX (LES), l.-d. c^{ne} de Vernou-en-Gâtine.

CHÂTELET, l. disp. c^{ne} de Louzy. — *Le Chastellet au village de Bouchet*, relev. de Thouars, 1405, 1486 (chartr. de Thouars).

CHÂTELET (GRAND ET PETIT), l.-d. c^{ne} de la Chapelle-St-Laurent.

CHÂTELET (LE), l.-d. c^{ne} de St-Paul-en-Gâtine.

CHÂTELET (LE), l.-d. c^{ne} de Vasles.

CHÂTELLERIE (LA), f. c^{ne} de Vasles.

CHÂTELLERIES (LES), f. c^{ne} de la Ronde.

CHÂTELLIER (LE) ou LES CHÂTELLIERS, l. c^{ne} d'Amaillou. — *Le Chastellier*, 1364 (arch. Vernay).

CHÂTELLIER (LE), l.-d. c^{ne} d'Ardin.

CHÂTELLIER (LE), (GRAND ET PETIT), h. c^{ne} des Aubiers. — *L'hôtel du Chastelér*, 1423 (Font. VIII).

CHÂTELLIER (LE), f. et chât. c^{ne} de Chambroutet. — *Le Châtelier-Berie*, 1626 (arch. V. E^s 337). — Relev. de Vaurenard (Voultegon) (id.).

CHÂTELLIER (LE), f. c^{ne} de Cherveux.

CHÂTELLIER (LE), vill. c^{ne} de Cirière. — *Le Chasteller*, 1393, 1439, relev. de Cirière (arch. St-Loup).

CHÂTELLIER (LE). — *Les douves des Châteliers*, l.-d. c^{ne} de Clussais, vers Chevais.

CHÂTELLIER (LE), l. d. c^{ne} de l'Enclave. — *Le Chastellier* en la terre de Melle, près de la Guillotère, 1400 (arch. hist. Poit. XXIV, 361).

CHÂTELLIER (LE), l.-d. c^{ne} de Faye-l'Abbesse.

CHÂTELLIER (LE), h. c^{ne} de Fenioux. — *Les Chastelliers*, 1505 (arch. Bois-Chap.).

CHÂTELLIER (LE), vill. c^{ne} de la Ferrière. — *Les Chastelliers*, 1597 (arch. V. E^s 370).

CHÂTELLIER (LE), l.-d. c^{ne} des Groseiliers, près de la Tufferie.

CHÂTELLIER (LE), l.-d. c^{ne} de Juillé. — *Château du Chasteler*, 1732 (arch. V. la Trin. l. 111).

CHÂTELLIER (LE). — *Vigne du Chasteler* près la Roche de Luzay, relev. de la Roche de Luzay, 1396 (arch. St-Loup).

CHÂTELLIER (LE), f. c^{ne} de Magné.

CHÂTELLIER (LE), l.-d. c^{ne} de Mauzé-sur-le-Mignon. — *La Mote de Chastelers*, 1343. — *Verger du Chastelers* près le Verger du Chapelain de N.-D. de Mauzé et *du grand bien des Chastelers*, 1382 (arch. V. feuill. l. 58).

CHÂTELLIER (LE), (GRAND ET PETIT), f. et mⁱⁿ. c^{ne} de Mazières-sur-Béronne.

CHÂTELLIER (LE), h. c^{ne} de Missé.

CHÂTELLIER (CHAMP DU), l. d. c^{ne} de la Mothe-St-Héraye. — *Campum de Castellario* à Trémont, 1040 (cart. St-Maix. I, 125).

CHÂTELLIER (LE), l.-d. c^{ne} de Moutiers.

CHÂTELLIER (LE PETIT), f. c^{ne} de Noireterre. — *Les Chastelliers*, 1420; *le Chastellier*, 1418, relev. de Bressuire (arch. St-Loup). — *Le Chastellier au Roux*, 1440 (id.).

CHÂTELLIER (LE GRAND), mⁱⁿ. c^{ne} de Périgné. — *Les Grands Chatelliers*, 1580, relev. de la baronnie de Melle (ms. 141, bibl. Poit.).

CHÂTELLIER (LE), h. c^{ne} de St-Jean-de-Bonneval.

CHÂTELLIER (LE), f. et chât. c^{ne} de Sanzay. — *Le Chastelier-Monbault*, 1556 (reg. insin. Thouars). — *Le Chatellier-Montbault*, 1581 (Font. IX, 466).

CHÂTELLIER (LE), l.-d. c^{ne} de Saurais.

CHÂTELLIER (LE), vill. c^{ne} de Sauzé-Vaussais.

CHÂTELLIER (LE), vill. c^{ne} de Secondigny. — *Les Châtelliers*, 1503, relev. de Secondigny.

CHÂTELLIER (LE), vill. c^{ne} de Sepvret.

CHÂTELLIERS (LES), vill. et anc. abb. c^{ne} de Fontperron. — *Castellaria* (vit. S. Giraudi). — *Castellarium* (chron. de St-Maix.). — *Vetera Castellaria*, 1178 (id.). — *Conventus de Castellariis*, v. 1247 (quer. rec. in Pict. dioc. ap. arch. nat.). — *Abbas Kastellarum*, 1248 (compt. d'Alph. de Poit.). — *Les Chastelers*, 1363; *Notre-Dame des Chastelliers*, 1406; *les Chastelliers*, 1466; *les Chastelliers*, 1681; *les Chatelliers*, 1743, (cart. Chât.).

L'abbaye des Chastelliers, fondée en 1120 par St-Giraud, jouissait en 1742 d'un revenu de 22,000 liv. en 1742 (arch. V.).

CHÂTELLIERS (LES), f. et étang, c^{ne} de Chantecorps. — *Les Petits Châtelliers*, 1591, dépend. de l'abbaye (cart. Châtell.).

CHÂTELLIERS (LES). — *Fief des Chastelliers*, c^{ne} des Fosses près le chemin de Brûlain à la Forêt, 1723 (arch. V. S^{te}-Cr. l. 91).

CHÂTELLIERS (LES), f. c^{ne} de Périgné.

CHÂTELLIERS (LES), c^{ne} de Prahecq, 1620 (dén. de Mons en Prahecq, mém. soc. stat. D.-S. 3e sér. VI). L. disp.

CHÂTELLIERS (LES), h. c^{ne} de St-Éanne. — *Les Chastelliers*, 1452 (arch. V. E^s 233). — *Les Petits Châtelliers*.

CHÂTELLIERS (LES), f. c^{ne} de Sauzé-Vaussais.

CHÂTELLIERS (LES), vill. c^{ne} de Secondigny.

CHÂTELLIERS (LES GRANDS ET PETITS), l.-d. c^{ne} du Tallud.

CHÂTELLIERS (LES), l.-d. nom de sect. E, c^{ne} de Tillou.

CHÂTELLIERS (LES PETITS), mⁱⁿ. c^{ne} de Vernou-lez Melle, 1557 (arch. D.-S. E. 167).

CHÂTELLIERS (LES), l.-d. c^{ne} de Viennay. — *Ténement des Chastellers* près la Rimoire, 1378 (arch. de la Bret.).

CHÂTELLIÈRE (LA), chât. c^{ne} de la Ferrière.
CHÂTELLIÈRE (LA PETITE), f. c^{ne} de Rom.
CHÂTENAY (LE BAS, LE HAUT ET LE MILIEU), ff. c^{ne} de Moutiers.
CHÂTENAY (LE GRAND ET LE PETIT), ff. c^{ne} de St-Aubin-le-Clou. — *Chastenay*, v. 1400 (arch. Bret.-Chal.). — *Le Petit Chastenay*, 1430, relev. de Châteauneuf-en-Gâtine (compt. de R. Denisot). — *Le Grand Chastenay*, 1497 (reg. d'aveux de Chât.).
CHÂTENAY, vill. c^{ne} de St-Léger-lez-Melle. — *Le Chasteney*, 1407 (gr.-Gauthier, des bénéf.).
CHÂTENET (LE PETIT), vill. c^{ne} de Chail.
CHÂTENET, vill. c^{ne} de Limalonges.
CHÂTENET, vill. c^{ne} de St-Vincent-de-la-Châtre. — *Chastenet le Rond*, 1781 (inv. arch. D.-S. E. p. 15). — *Châtenet le Rond* (Cass.).
CHÂTENET, vill. c^{ne} de Sauzé-Vaussais.
CHÂTIÈRE (LA), f. c^{ne} de St-André-sur-Sèvre.
CHÂTILLON, anc. chât. c^{ne} de Boussais. — *Chastillon, autrement la Mothe de Chastillon*, 1396, relev. de Thouars (chartr. Thouars). — *Chasteillon*, 1446 (arch. Vernay). — *Tour de Chastillon*, 1753 (anc. coll. Den. ap. arch. V.).
CHÂTILLON, mⁱⁿ. et pont sur le Thouaret, c^{ne} de Boussais.
CHÂTILLON-SUR-SÈVRE, arr^t de Bressuire. — *Castellum de Maloleone*, v. 1080 (cart. Marmout. f. lat. 5441). — *Mauleonium*, 1090 (cart. Trin. Maul.). — *Malleo*, 1123 (id.). — *Mauleonium*, 1155 (cart. l'Absie). — *Maleonium*, 1182 (cart. Orbest.). — *Mauleum*, 1205 (id.). — *Malus Leo*, 1214 (lay. tr. ch. I). — *Maleon*, 1251 (id. III). — *Malleonium*, 1300 (gr.-Gauthier). — *Mauleion*, 1317 (arch. V. Brosse-Guilgault, 7). — *Maulyun*, 1326 (arch. hist. Poit. XI). — *Molléon*, 1672 (arch. V. Brosse-Guilgault, 15).

Mauléon fut nommé Châtillon-sur-Sèvre en 1736, lors de son érection en duché-pairie en faveur du comte de Châtillon. Cette dénomination nouvelle était assez mal choisie, car la ville est située sur l'Ouin, affluent de la Sèvre-Nantaise.

Châtillon possédait trois églises : celle de l'abbaye de la Ste-Trinité, ordre des Génovéfains, et deux paroisses, St-Pierre et St-Melaine. L'église abbatiale, seule conservée, sert de paroisse. St-Pierre était à la nomination de l'abbé de la Trinité, et St-Melaine avait pour patron l'abbé de St-Jouin-de-Marnes. L'ancienne aumônerie, qui avait peu d'importance, fut transformée en hôpital en 1747 par le duc de Châtillon.

La baronnie de Mauléon relevait de la tour Maubergeon de Poitiers, 1405 (gr.-Gauthier, des bénéf.). Elle comprenait Mauléon, le Temple, Rorthais, St-Aubin-de-Baubigné, les Aubiers, Nueil-sous-les-Aubiers, la Petite-Boissière. Lors de son érection en duché de Châtillon, elle fut placée dans la mouvance directe de la tour du Louvre. La juridiction ducale ressortissait directement au parlement. Il y avait aussi une juridiction des traites (aff. du Poit. 1777).

Châtillon dépendait du doyenné de St-Laurent-sur-Sèvre (Vendée), et de la sénéchaussée de Poitiers. Il était le chef-lieu d'une élection comprenant 75 paroisses en Poitou et 8 paroisses dans les marches communes de Poitou et Bretagne. Sept paroisses seulement de cette élection sont situées dans le département actuel des Deux-Sèvres. Ce sont : Rorthais, St-Jouin-sous-Châtillon, le Temple, St-Aubin-de-Baubigné, les Échaubrognes, le Puy-St-Bonnet.

Il était aussi le chef-lieu d'une subdélégation de l'intendance de Poitiers, qui comprenait 60 paroisses, dont 25 dans le département actuel des Deux-Sèvres, savoir : Châtillon, Beaulieu, Bretignolle, Breuil-Chaussée, Chambroutet, Cerizay, Cirière, Clazay, Combrand, la Chapelle-Largeau, la Petite-Boissière, le Pin, le Puy-St-Bonnet, les Aubiers, le Temple, Montigny, Montravers, Moulins, Nueil-sous-les-Aubiers, Rorthais, St-Amand, St-Aubin-de-Baubigné, St-Clémentin, St-Jouin-sous-Châtillon, Voultegon.

Châtillon comptait 147 feux en 1750 (cart. alph. Poit.).

En 1790, Châtillon devint chef-lieu de district. Mais le décret du 30 août 1792 lui enleva cette qualité au profit de Bressuire. Le canton de Châtillon comprenait les communes de St-Aubin-de-Baubigné, St-Amand, la Petite-Boissière, St-Jouin-sous-Châtillon, Rorthais et le Temple. En l'an VIII, on lui adjoignit le canton supprimé des Échaubrognes, c'est-à-dire la Chapelle-Largeau, Moulins, le Puy-St-Bonnet, St-Pierre et St-Hilaire des Échaubrognes.

CHÂTILLON-SUR-THOUÉ, c^{on} de Parthenay. — *Castellon*, 1300 (gr.-Gauthier). — *Châteillon*, v. 1400 (arch. Barre, II). — *Châtillon en Parthenay*, 1750 (cart. alph. Poit.). — *St-Pierre de Châtillon sur Thoué*, 1782 (pouillé).

Dépendait de l'archiprêtré et baronnie de Parthenay, de la sénéchaussée et de l'élection de Poitiers. La cure était à la nomination du prieur de St-Paul de Parthenay. Il y avait 81 feux en 1750.

CHÂTINLIEU, bois et puits, c^{ne} de Melleran. — *Castuslocus* (vie de St Junien par Wulfin Boèce, IXe siècle). — *Les Brousses des Girons, autrement*

Chastinlieu, 1629. — *Chatinslieu au village de Villeblanche, par. de Melleran*, 1785 ; *Puy de Chatinlieu*, 1785 (vie de S¹ Junien par Rondier).

CHATONNERIE (LA), éc. cⁿᵉ de Niort.

CHATONNET, f. cⁿᵉ d'Ardin. — *Chastonnet*, 1759 (arch. D.-S. E. 832). — *Chatonet* (Cass.).

CHÂTRE (LA), bois et l.-d. cⁿᵉ de Vasles. — *La Chastre*, 1380 (arch. V. E. 1, 10). — *La Chastre en la châtellenie de Lusignan*, 1385 (arch. Barre, II, 449). — *Châtre*, 1456 (id.).

CHATRE (LE), l.-d. cⁿᵉ de Secondigny.

CHÂTRESAC, l.-d. cⁿᵉ de Fors. — *Chatressac*, 1709 ; anc. fief relev. de la cure de Fors (arch. D.-S. B. 195).

CHATREUIL, vill. cⁿᵉˢ de Niort et de Souché. — *Chatreles*, 1260, en la châtellenie de Niort (homm. d'Alph. de Poit.).

CHATRIÈRE (LA), f. et mⁱⁿ. cⁿᵉ de Nueil-sous-les-Aubiers.

CHAUCHÉ, mⁱⁿ. cⁿᵉ de la Chapelle-Thireuil.

CHAUDEVILLE, f. cⁿᵉ de S¹-Aubin-de-Baubigné.

CHAUDRON, h. cⁿᵉ de Caunay.

CHAUDRONNIÈRE (LA), vill. cⁿᵉ de Noireterre.

CHAUDRY, h. cⁿᵉ de Nueil-sous-les-Aubiers.

CHAUDURIÈRE (LA), vill. cⁿᵉ de S¹-Paul-en-Gâtine.

CHAUFETIÈRES (LES), h. cⁿᵉ de Moncoutant. — *Les Chaupetières* (Cass.).

CHAUFFAGE (LE), f. cⁿᵉ de Cersay.

CHAUFFETIÈRE (LA), f. cⁿᵉ de Vasles.

CHAUFFOUR, h. cⁿᵉ de Bouillé-S¹-Paul. — *Chaufour*, 1530 (arch. V. H. 3, 810). — Chapelle domestique de *Chauffour* (pouillé B.-Filleau, p. 217).

CHAUFFOUR, f. cⁿᵉ de S¹-Christophe. — *Chauffours*, 1595 (arch. V. E 1,9).

CHAUFFOUR (LE), tuilerie, cⁿᵉ de Lhoumois.

CHAUFRAINE (LA), f. cⁿᵉ de Verruye.

CHAUME (LA), vill. cⁿᵉ de Bouin.

CHAUME (LA), vill. cⁿᵉ de Caunay. — *Villa Culma in vicaria Castanedo* (Châtain), 938 (ch. de Nouaillé, ap. Font. XXI, 257). — *La Chaume*, 1452 (arch. V. E. 2, 237).

CHAUME (LA), f. cⁿᵉ de Cherveux.

CHAUME (LA), vill. cⁿᵉ de Faye-l'Abbesse. — *Les Chausmes*, 1437 (arch. S¹-Loup).

CHAUME (LA), vill. cⁿᵉ de Fontenille. — *Moulin de la Chaume sur la Boutonne*, 1511 (arch. Barre, I, 94). — La seign. relev. de Chef-Boutonne, 1667 (dén. de 1667).

CHAUME (LA), h. cⁿᵉ de la Couarde.

CHAUME (LA), h. cⁿᵉ de Lhoumois.

CHAUME (LA), vill. cⁿᵉ de Melleran.

CHAUME (LA), mᵒⁿ. noble, cⁿᵉ de Messé. — *Les Chaumes* (cad.). Anc. fief relev. de Couhé-Vérac, 1723 (arch. D.-S. E. 246).

CHAUME (LA), vill. cⁿᵉ de Prahecq. — *Les Chaumes* (Cass.).

CHAUME (LA), f. cⁿᵉ de S¹-Romans-des-Champs.

CHAUME (LA PETITE), f. cⁿᵉ de S¹-Sauveur-de-Givre-en-Mai.

CHAUME (LA), h. cⁿᵉ de S¹ᵉ-Soline.

CHAUME (LA), vill. cⁿᵉ de Sauzé-Vaussais.

CHAUME (LA), h. cⁿᵉ du Vanneau.

CHAUME (LA), h. cⁿᵉ de Vouillé.

CHAUME-À-PELTIER (LA), h. cⁿᵉ de Sansais. — *Chaume du Château* (Cass.).

CHAUME-DE-MONT (LA), f. cⁿᵉ de S¹-Génard. — *La Chaume* (Cass.).

CHAUME-ÉLIE (LA), éc. cⁿᵉ de Coulon.

CHAUMEAU, mⁱⁿ. cⁿᵉ de Loubillé. — *Les moulins Chamauds* (Cass.).

CHAUMEAU (LE), vill. cⁿᵉ de Montigné. — *Choumeau* (Cass.).

CHAUMEAU (LE), vill. cⁿᵉ de S¹-Romans-lez-Melle.

CHAUMELONGE, vill. cⁿᵉ de Rom.

CHAUMES (LES), f. cⁿᵉ de Baussais, 1587 (not. S¹-Maix.).

CHAUMES (LES). — *Les Chausmes*, par. de Boismé, 1437 (arch. S¹-Loup). L. disp.

CHAUMES (LES), f. cⁿᵉ d'Exoudun.

CHAUMES (LES), f. cⁿᵉ de Germond.

CHAUMES (LES), mⁱⁿ. cⁿᵉ de Paizay-le-Tort.

CHAUMES (LES), h. cⁿᵉ de S¹-Médard.

CHAUMES (LES), f. cⁿᵉ de Surin.

CHAUMES-COMMUNES (LES), h. cⁿᵉ de Souvigné.

CHAUMES-DE-MALASSIS (LES), vill. cⁿᵉ de Sompt. — *Les Chaumes, relev. de S¹-Brice près Aunay* (bull. soc. stat. D.-S. 1884).

CHAUMES-DU-CHÂTEAU (LES), h. cⁿᵉ de Sansais.

CHAUMETTES (LES), vill. cⁿᵉ de Fressine.

CHAUMIÈRE (LA), f. cⁿᵉ de Combrand. — *La Chaumenière* (Cass.).

CHAUMITIÈRE (LA), h. cⁿᵉ de Nueil-sous-les-Aubiers. — *La Chaumicère*, 1351 (arch. hist. Poit. XVII). — *La Chaumelière* (Cass.).

CHAUMUSSON, f. et logis, cⁿᵉ de Pompaire. — *Le Plesseys-Viette*, 1410 (aff. du Poit. 1781). Relev. de Lhérigondeau en 1505 (id.). — *Chaumusson ou le Plessis*, 1620, 1629 (pap. fam. du Font.). — *Chaumusson le Plesseys Viette*, 1649 (aff. Poit. 1781). — *Le Plessis-Viette* (Cass.).

CHAURAY, 1ᵉʳ cᵒⁿ de Niort. — *Vicaria Calriacinse*, 904 (cart. S¹-Maix. 18). — *Vicaria Calvacinse*, xᵉ siècle (id. 84). — *Chaurraium*, 1244 (lay. tr. ch. par Teulet, II, 544). — *Charay*, 1245 (compt. d'Alph. Poit.). — *Chauresium*, 1243 (lay. tr. ch. II, 507). — *Charray*, 1300 (gr.-Gauthier). —

Chorray, 1363 (cart. St-Maix. II, 163). — *Chaurai*, 1395 (Font. XX, 207). — *Chaurray*, 1461 (arch. Barre, II, 299). — *St Pierre de Chaurais*, 1782 (pouillé).
Dépendait de l'archiprêtré d'Exoudun, de la sénéchaussée et de l'élection de St-Maixent. Appartenait au comte de Belet (Bourbonnais). La cure était à la nomination du prieur de St-Gelais. Il y avait 132 feux en 1698 et 110 en 1750 (état de l'élect. 1698 ; — cart. alph. Poit.).

CHAURUÈRE (LA), f. c^{ne} d'Allonne.

CHAUSSAUVENT, vill. c^{nes} de St-Martin-du-Fouilloux et de Vasles. — *Seigneurie de Chaussauvent*, membre dépendant de la commanderie de St-Remy, 1530 (arch. V. H. 3, 908). — *Choux-Sauvant*, 1572 (arch. V. E^a 447). — *Chaussauvant*, 1667 (id. H. 3, 905).

CHAUSSÉ, vill. c^{ne} d'Amuré.

CHAUSSÉ, vill. c^{ne} de Séligné. — *Chaussé*, 1398 (arch. V. la Trin. l. 110).

CHAUSSÉE (LA), f. c^{ne} de Genneton.

CHAUSSÉE (LA), vill. c^{ne} de Gourgé. — *La Chaussée*, v. 1100 (cart. Talmond, 168). — *La Chaussea*, 1192 (cart. l'Absie, ap. Dupuy, 828). — *Ste-Catherine de la Chaussée*, 1300 (gr.-Gauthier).

CHAUSSÉE (LA), vill. c^{ne} du Pin. — *Calceia*, 1120 (cart. Trin. Maul.).

CHAUSSÉE (LA), vill. c^{ne} de Rom. — *La Chaussée*, 1457 (arch. V. E. 3, l. 32).

CHAUSSÉE (LA), mⁱⁿ. c^{ne} de St-Germier. — *Moulin de la Chaussée de St-Germier*, 1545 (arch. V. coll. Ste-Mart. l. 81).

CHAUSSÉE (LA PETITE), l. disp. ? c^{ne} de Moncoutant, 1398, relev. de Bressuire (arch. St-Loup).

CHAUSSÉE-FAUBERT (LA), f. c^{ne} de Thénezay. — *La Chaussée*, 1457 (arch. V. H. 3). — *La Chaussée-Faubert*, 1667, relev. de Parthenay.

CHAUSSÉE (CHEMIN DE LA), par lequel on va du Monceau au pont de Volubine, 1568 (Font.); ancienne voie romaine, c^{ne} de Luzay.

CHAUSSÉES (CHEMIN DES), ancienne voie romaine, c^{ne} d'Allonne. — *Caminum de la Chaussée per quod itur apud Alonam et apud la Trichonere*, 1428 (arch. V. Fontaine-le-C. l. 30).

CHAUSSÉES (CHEMIN DES), grand chemin de St-Maixent à la Grande-Lande, appelé le chemin *des Chaussées*, 1673 (pap. de Maubué), c^{ne} de Verruye.

CHAUSSEPYÉ, f. c^{ne} de Coulonges-Thouarsais, 1596 (arch. V. Brosse-Guilgault, 15).

CHAUSSERAIE (LA), f. c^{ne} des Aubiers.

CHAUSSERAIE, vill. et anc. chât. c^{ne} de Chiché. — *Calca rubea*, 1169 (Font. XXVI, 196). — *Chauceroia*, 1188 (cart. l'Absie, ap. Dupuy, 828). — *Chauceroie*, 1192 (id.). — *Chocaroia*, 1197 (Font. XVI, 97). — *Chauceroc* ou *Cauceroc*, 1191 (cart. St-Laon, Thouars). — *Caligarubea*, 1229 (arch. St-Loup). — *Caligua rubea*, 1263 (hist. d'Airvault par B.-Filleau, p. 295). — *Chausse Roye*, 1329 (arch. Moiré). — *Chauceroye*, 1376 (arch. V. H. 3). — *Chausserroie*, 1395 (arch. St-Loup). — *Chausseroye*, 1398, relev. de Thouars (chartr. de Thouars). — *Chausseraye*, 1671 (arch. St-Loup). — *Chausseré* (Cass.).

CHAUSSERIE (LA), f. c^{ne} de Genneton.

CHAUSSEROIE, h. c^{ne} de Marigny.

CHAUSSEROIE, f. c^{ne} de Soudan. — *Causeroe*, 1205 ; *Choceroe*, 1206 ; *Chauceroye* ou *Chauceroie*, 1218 ; *Chauceroe*, 1224 (cart. Châtell.). — *Chausse Roye*, 1373 ; *Chausseroys*, relev. d'Aubigny, 1569 (inv. d'Aub.). — *Chausseroy* (Cass.).

CHAUSSINIÈRE (LA), f. c^{ne} d'Oroux. — *La Chauchenière* (Cass.).

CHAUVELIÈRE (LA), f. c^{ne} d'Échiré ; anc. fief relev. de la Taillée, 1772 (arch. V. dom. div. 43).

CHAUVELIÈRE (LA), f. c^{ne} de Faye-l'Abbesse.

CHAUVELIÈRE (LA), f. c^{ne} de Moulins. — *La Chauvelère*, 1351 (arch. hist. Poit. XVII). — *La Chauvellière* (Cass.).

CHAUVELIÈRE (LA), vill. c^{ne} de Neuvy. — *La Chauvinière* (Cass.).

CHAUVELIÈRE (LA), f. c^{ne} de Pamplie. — *La Chauvelère*, 1434, 1483, relev. de la seign. de Puychenin (arch. V. E. 1, 9).

CHAUVELIÈRE (LA), f. c^{ne} de Parthenay. — *La Chauvelière*, 1685 (inv. tit. de St-Loup).

CHAUVELIÈRE (LA), f. c^{ne} de St-Lin. — *La Grand Chauvelière*, par. de St-Lin, 1421, relev. de Ternant (arch. V. E^a 412).

CHAUVELIÈRE (LA), f. c^{ne} de St-Marsault.

CHAUVERIE (LA), f. c^{ne} de Traye. — *Calveria*, 1173 (cart. l'Absie). — *La Chauverye*, 1620 (arch. D.-S. E. 312). — *Les Chauvries* (Cass.).

CHAUVET, vill. c^{ne} de Gournay. — *Pied-Chauvette* (Cass.).

CHAUVET, f. c^{ne} de St-Martin-de-St-Maixent, 1530 (not. St-Maix.).

CHAUVETONNIÈRE (LA), f. c^{ne} de la Ferrière.

CHAUVEUX, f. c^{ne} de Ste-Pezenne.

CHAUVIÈRE (LA), vill. c^{ne} d'Asnières. — *La Chauvière*, 1462 (arch. V. H. 3). — Châtellenie de la Chauvière relev. de Chef-Boutonne (dén. de 1667, ap. rech. sur Ch.-Bout. par B.-Filleau).

CHAUVIÈRE (LA), bois, c^{ne} d'Asnières.

CHAUVIÈRE (LA), f. c^{ne} de Terves.

CHAUVIÈRE (LA), f. c^{ne} de Vernou-en-Gâtine. — *Villa de la Chauvère*, 1300 (ch. de H. Fromond, ap.

arch. D.-S.) — *L'étang de la Chauvère*, 1352 (arch. V. Fontaine-le-C. l. 30). — *Les Chauvières* (Cass.).

CHAUVIÈRE (LA), h. c^{ne} de Verruye.

CHAUVIÈRE-ROCHÈRE (LA), h. c^{ne} du Busseau. — *La Chauvière* (Cass.).

CHAUVIN, h. c^{ne} de Coulonges-sur-l'Autise. — *Chauvin*, 1568, relev. de Coulonges (arch. V. C. 2, l. 219).

CHAUVIN, h. c^{ne} du Puy-St-Bonnet.

CHAUVINIÈRE (LA), f. c^{ne} de Cours. Relev. de St-Génard, 1618 (arch. V. E^a 403).

CHAUVINIÈRE (LA), f. c^{ne} de Fors. — *La Chauvynère, la Chauvinère*, 1495, relev. de Prahecq (arch. V. S^{te}-Cr. l. 91).

CHAUVINIÈRE (LA), f. c^{ne} de Nueil-sous-les-Aubiers. — *La Chauvinière*, 1351 (arch. hist. Poit. XVII).

CHAUVINIÈRE (LA), f. c^{ne} de Pompaire. — *La Chauvynère*, 1558 (arch. V. E. 3, l. 32).

CHAUVINIÈRE (LA), l. disp. c^{ne} de la Ronde. — *La Chauvinère* 1420, relev. de Bressuire (arch. St-Loup).

CHAUVINIÈRE (LA), h. c^{ne} de St-Germier.

CHAUVINIÈRE (LA), vill. c^{ne} de Sauzé-Vaussais.

CHAUVINIÈRE (LA), h. c^{ne} de Soutiers.

CHAUVINIÈRE (LA), h. c^{ne} de Xaintray — *La Chauvynère*, par. de Cintray, 1512 (arch. V. E^a). — *La Chauvignère*, 1742 (arch. D.-S. E. 1195).

CHAUVREAU, f. c^{ne} de Mazières-en-Gâtine.

CHAUVRIE (LA), vill. c^{ne} de Romans. — *La Chauverie* (Cass.).

CHAUVRIE (LA), f. c^{ne} de Traye.

CHAVAGNÉ, 2° c^{on} de St-Maixent. — *Capella in honore sancti Saturnini sacrata sita in villa quæ nunc vocatur Cavanias, sed antiquitus vocalatur Lapheriacus in Niortensi pago*, 973 (d. Bouquet, IX; Gall. christ. II, 366). — *Cavaniacus in vicaria Calracinse* (Chauray), x° siècle (cart. St-Maix. 84). — *Chavegnies*, 1300 (gr.-Gauthier). — *Chavaigné*, 1486 (arch. Barre, II). — *St-Saturnin de Chavaigné*, 1782 (pouillé).

Dépendait de l'archiprêtré d'Exoudun, de la sénéchaussée et de l'élection de St-Maixent, et relev. de Bougouin. La cure était à la nomination de l'abbé de St-Liguaire. Il y avait 160 feux en 1698, et 146 en 1750 (état de l'élect. 1698. — cart. alph. Poit.).

CHAVAGNÉ, vill. c^{ne} de Nanteuil.

CHAVAGNERIE (LA), h. c^{ne} d'Augé. — *La Chavaignerie*, 1538 (not. St-Maix.).

CHAVANT, f. c^{ne} de Cherveux. — *Chavanz*, 1260, en la châtellenie de St-Maixent (homm. d'Alph. de Poit.). — *Chavan* (Cass.).

CHAVECHERIE (LA), h. c^{ne} de St-Georges-de-Rex.

CHAVIGNY, vill. c^{ne} de St-Martin-de-Mâcon. — *Cha-*

veigné, fin du xiii° s. (arch. D.-S. E. 382). — *Chavennes*, 1396 (arch. hist. Poit. XIX, p. 204). — *Chavigné*, 1399 (chartr. de Thouars). — *Chavigny*, 1470 (hist. de Thouars par Imbert, 175). — *Chavigné appelé Petit Puy*, 1646, relev. de Thouars (chartr. Thouars).

CHAVONNIÈRE (LA), vill. c^{ne} de Beaulieu-sous-Bressuire. — *La Chavonère*, 1420 (arch. St-Loup).

CHAYE (LA), c^{ne} de Surin. — *La Chaye*, sise au village des Grands-Alleuds et dépendant de la seign. de la Michelière, 1619 (arch. V. E. 1, 14).

CHAZAY, vill. c^{ne} de St-Christophe-sur-Roc. — *Chazay*, 1597 (arch. V. E. 3, 34), en la châtellenie de St-Maix. (cart. St-Maix. intr.). — *Chazeiz* (Cass.).

CHEBASSIÈRE (LA), vill. c^{ne} de Lorigné.

CHEBETIÈRE (LA), f. c^{ne} de Fenioux, 1631 (arch. Bois-Chap.). — *La Chopetière* (Cass.) — *La Cheptière* (cad.).

CHEF-BOUTONNE, arr^t de Melle. — *Caput Vultone*, av. 1070 (cart. St-Florent, ap. arch. hist. Poit. II). — *Caput Vultunne*, v. 1080 (cart. St-Jean-d'Ang., ap. Font. LXIII, p. 25). — *Quidam Caput Vultonæ alii Cavitonium nuncupant* (chron. de gestis cons. andeg. ap. chron. d'Anjou, p. 127). — *Castrum quod dicitur Voltunna*, xii° siècle (chron. de Richard le Poit. ap. Muratori). — *Castrum Chevotonum*, xii° siècle (id. 4° réd. ap. not. sur Richard le Poit. par Berger). — *Chevotonne*, 1300 (gr.-Gauthier). — *Chef-Boutonne*, 1317 (arch. hist. Poit. XI, 154). — *Chavacone*, 1326 (fonds lat. 9934). — *Chastel de Chevetonne*, 1372 (arch. hist. Poit. XXI, 92). — *Chefvoutonne*, 1465; *Chiefvetonne*, 1473; *Chiefvoullonne*, 1498; *Chevoutonne*, 1598; *Cheftonne*, 1626; *Cheboutonne*, 1638, 1647 (rech. sur Chef-Bout. par B.-Filleau). — *N.-D. de Chef-Boutonne* (pouillé 1782), dépendait de l'archiprêtré de Melle.

La baronnie et châtellenie de Chef-Boutonne relevait à hommage lige du château de Niort (arch. V. C. 2, 108. — ms. 141 bibl. Poit.). Elle comprenait les paroisses de Chef-Boutonne, Loizé, Ardilleux, Loubigné, la Bataille, Villemain, Aubigné, Crézières, Chérigné, St-Martin-d'Entraigues, Lussay, Javarzay, et partie de Fontenille, Asnières, Paizay-le-Chapt, Gournay, Melleran, Romazières (Char.-Infér.) et Salleignes (id.) (av. de 1667 ap. rech. sur Chef.-Bout. par B.-Filleau). Érigée en marquisat en 1714, elle fut distraite de la mouvance de Niort pour relever du Louvre, et les appels furent attribués au siège de Poitiers (état de l'élect. de Niort, 1716). La juridiction du marquisat de Chef-Boutonne s'étendait sur les paroisses de Chef-Boutonne,

Melleran, Loubigné, Aubigné, Crézières, St-Martin-d'Entraigues, Chérigné, les Alleuds, Thorigné-en-Villemain, partie de Paizay-le-Chapt et de Loizé. Les châtellenies d'Ardilleux, Lussay, les Alleuds ressortissaient par appel de ce marquisat (mém. sur les just. seign. du Poit. par B.-Filleau).

Chef-Boutonne faisait partie de la sénéchaussée de Poitiers et dépendait de l'élection de Niort dès 1555. Il devint chef-lieu d'une subdélégation de l'intendance de Poitiers qui comprenait 50 paroisses, dont 31 dans le département actuel des Deux-Sèvres, savoir : Chef-Boutonne, Ardilleux, Asnières, Aubigné, Availles, Chérigné, Couture-d'Argenson, Crézières, Ensigné, Fontenille, Gournay, Juillé, la Bataille, la Chapelle-Pouilloux, Loizé, Loubigné, Luché, Lussay, Lusseray, Mairé-l'Evescault, Melleran, Lorigné, Paizay-le-Chapt, St-Martin-d'Entraigues, Séligné, Sompt, Tillou, Villefollet, Villemain, Villiers-sur-Chizé.

La maladrerie fut réunie à l'hôpital de Niort par arrêt du conseil du 14 janvier 1695.

Il y avait 256 feux en 1716 et 332 en 1750 (état de l'élect. — cart. alph. Poit.).

Le canton de Chef-Boutonne, créé en 1790, dépendait du district, puis arrondissement de Melle, et comprenait les communes de Javarzay, Ardilleux, la Bataille, Bouin, Fontenille, Gournay, Hanc, Loizé, Loubigné, Lussay, St-Martin-d'Entraigues, Pioussay, Tillou. On lui adjoignit en l'an VIII le canton supprimé de Couture-d'Argenson, c'est-à-dire Couture, Aubigné, Loubillé et Villemain.

CHEF-BOUTONNE (FORÊT DE), contenance de 689 hectares s'étendant sur les communes d'Aubigné, Romazières (Char.-Inf.) et Salleignes (id.). C'est un reste de l'antique forêt d'Argenson (voir *Argenson*). Elle s'appelait forêt *de Bret* en 1498 (rech. sur Chef-Bout. par B.-Filleau, 21).

CHEF-DE-PONT, éc. c^{ne} de Secondigny.

CHEINTRE (LA), h. c^{nes} de Chavagné et de Ste-Néomaye. — *La Chenstra*, 1124-1134 (cart. St-Maix. 231).

CHEINTRE-CORNUE (LA), h. c^{ne} d'Arçais.

CHEMANCHÈRE (LA), vill. c^{ne} de Secondigny. — *La Chonanchère* (Cass.).

CHÉMERAUDIÈRE (LA), vill. c^{ne} de Rom.

CHEMERAULT, c^{ne} de Limalonges, relev. de Civray, 1498-1643 (arch. V. C. 2, 147).

CHEMILLARDIÈRE (LA), f. c^{ne} de Moncoutant.

CHEMILLÈRES (LES), f. c^{ne} de Chantecorps.

CHEMILLIÈRE (LA), h. c^{ne} de Luché-Thouarsais. — *La Chemillière*, 1420 (arch. V. Brosse-Guilgault, 1).

— *La Chemillère*, 1560 (id. Brosse-Guilgault, 7). — *La Chemellière* (Cass.).

CHEMILLY, f. c^{ne} de la Chapelle-St-Laurent.

CHEMIN (LE), f. c^{ne} de Gourgé.

CHEMIN (LE GRAND), h. c^{ne} de Verruye.

CHEMIN (LE), mⁱⁿ, c^{ne} de Scillé.

CHEMIN-CHÂTELAIN (LE) ou VOIE CHÂTELAINE (LA), c^{nes} de Taizé et Noizé, 1328 (arch. V. chap. St-P. 264). — *La Voye Châtellaine*, 1378 (id. S^{te}-Cr. l. 77). — *Chemin Chastellain de Moncontour à Thouars*, 1387 (id.). — *La Voye à la Chastellayne*, 1404, en Taizé (id. coll. Ste-Mart. l. 160).

CHEMIN-DE-RUFFIGNY (LE), éc. c^{ne} de Chavagné.

CHEMIN-DE-St-HILAIRE (LE), c^{ne} de Luzay. — Terre sise près la grand'croix de la Roche, tenant au chemin de la Roche à Parthenay, au chemin de la Roche à Boucqueur *et au chemin de St-Hilaire*, 1627 (arch. V. St-Hil. 1. 875).

CHEMIN-DES-MARCHANDS (LE), *Chemin aux Marchans de Parthenay à Poitiers*, passant en la commune de Vasles, 1471 (arch. V. S^{te}-Cr. l. 46).

CHEMIN-DES-ROMAINS (LE), de Ste-Soline à Couhé (cad.).

CHENAY, c^{on} de Lezay. — *Villa de Chenay*, 1270 (Font. XXII, 305). — *Chenayum*, 1286 (arch. V. C. 1231. — Font. XX, 563). — *Chaney*, 1300 (gr.-Gauthier). — *Notre-Dame de Chenay* (pouillé 1782).

Dépendait de l'archiprêtré d'Exoudun, de la châtellenie et sénéchaussée de Lusignan et de l'élection de Poitiers. La cure était à la nomination du chapitre de Notre-Dame de Poitiers.

Il y avait 221 feux en 1750 (cart. alph. Poit.).

L'aumônerie de Chenay fut réunie à l'hôpital de Lusignan par arrêt du conseil des 21 janvier 1695 et 22 août 1698.

Le canton de Chenay, créé en 1790, dépendait du district de St-Maixent. Il passa plus tard au canton de Lezay et à l'arrondissement de Melle. Il comprenait les communes de Chey, Messé, Rom, Bonneuil-aux-Monges, Verrines, Sepvret, Vançais.

CHENAY, vill. c^{ne} de Mairé-l'Évescault. — *Chanai*, v. 1150 (arch. V. Nouaillé, pièce 180). — *Chenet*, v. 1170 (id. p. 186). — *Chenay*, 1270 (id. cart. sceaux n° 68). — *Chenayum*, 1310, relev. de la seign. de Mairé (id. Nouaillé l. 34). — *Chenais* (Cass.).

CHENAYE (LA), vill. c^{nes} de Fressine et de Ste-Néomaye. — *La Chagnée*, 1260 (homm. d'Alph. de Poit.). — *La Chaignée*, en la châtellenie de St-Maixent, 1384 (arch. hist. Poit. XXI, p. 244). — *La Chesnaye*, 1432 (dict. fam. Poit. II, 776). — *La Chagnaye* (Cass.).

CHENAYE (LA), vill. c^{ne} de St-Coutant. — *La Chagnée* (Cass.).
CHENAYE (LA), f. c^{ne} de Soudan. — *La Chagnée* (Cass.).
CHÊNE (LE), f. c^{ne} de Bagneux. — *Chenie*, v. 1185 (chartr. de Thouars). — *Fons de Chaenie*, 1245 (cart. St-Mich. Thouars).
CHÊNE (LE), f. c^{ne} de Cirière. — *Le Chesne* (Cass.).
CHÊNE (LE), mⁱⁿ. c^{ne} de Deyrançon.
CHÊNE (LE PETIT), h. c^{ne} d'Étusson.
CHÊNE (LE), mⁱⁿ. c^{ne} de Massais.
CHÊNE (LE PETIT), chât. et mⁱⁿ. c^{ne} de Mazières-en-Gâtine. — *Le Petit Chaigne*, 1418, relev. de Ternant (arch. V. E^s. 413). — *Le Petit Chesne*, relev. de la Bouchetière, *aliàs* St-Lin, et ci-devant de la Mothe-Ternant, 1736 (id. 414).
CHÊNE (LE), h. c^{ne} de Ménigoute. — *Le Chaigne*, 1375 (arch. Barre). — *Le Gros Chaigne*, 1484, relev. de la Barre-Pouvreau (id.). — *Le Chesne*, 1633 (id.).
CHÊNE (LE), f. c^{ne} des Moutiers-sous-Chantemerle.
CHÊNE (LE), f. c^{ne} de Nueil-sous-les-Aubiers. — *Chesne* (Cass.). — *Chenez*, 1351 (arch. hist. Poit. XVII).
CHÊNE (LE), vill. c^{ne} de Pamplie.
CHÊNE (LE), f. c^{ne} de Pompaire. — *Le Chesne* (Cass.).
CHÊNE (LE), vill. c^{ne} de Prailles. — *Quercus*, 1269 (cart. St-Maix. II, 112). — *Le Chesne*, 1405, relev. de Chizé (gr.-Gauthier, des bénéf.). — *Le Chaigne*, 1530 (not. St-Maix.).
CHÊNE (LE), vill. c^{ne} de St-Aubin-le-Clou. — *Quercus*, 1218 (ch. de Sav. de Maul. ap. cart. de Raiz). — *Le Chaigne*, v. 1400 (arch. Bret.-Chal.). Faisait partie du fief dit des Cinq-Masures et relevait de Châteauneuf-en-Gâtine (la Gât. hist. et mon. p. 373).
CHÊNE (LE GROS), f. c^{ne} de St-Laurs.
CHÊNE (LE), f. c^{ne} de Vançais.
CHÊNE (LE), c^{ne} de Verruye. — *Quercus super Verrucam*, 1111 (cart. St-Maix. I, 276). L. disp.
CHÊNE-AUX-DAMES (LE), h. c^{ne} de la Ferrière.
CHÊNE-BESSON (LE), f. c^{ne} de Thorigné.
CHÊNE-BILLON (LE), f. c^{ne} de Mazières-en-Gâtine.
CHÊNE-BLANC (LE), f. c^{ne} de Vouhé.
CHÊNE-PENET (LE), vill. c^{ne} de Caunay.
CHENELIÈRE (LA), f. c^{ne} de Montigny.
CHENELIÈRE (LA), h. c^{ne} des Moutiers-sous-Chantemerle.
CHENELIÈRE (LA), h. c^{ne} de la Pérate. — *Les Chennellières*, relev. de Châteauneuf-en-Gâtine, 1501 (aveu de Chât.).
CHENELIÈRE (LA), h. c^{ne} de St-Loup. Relev. de la seign. de Lhérigondeau.

CHENERIE (LA), vill. c^{ne} de Vasles. — *La Chenerye*, 1618 (arch. V. S^{te}-Cr. l. 49).
CHENETIÈRE (LA), f. c^{ne} des Aubiers. — *La Chenetière*, 1351 (arch. hist. Poit. XVII).
CHENETTES (LES), c^{ne} de Mauzé-Thouarsais. — *Chenetes*, 1221 (cart. de Chambon). — *Chenetles*, 1277 (id.). L. disp.
CHENNEBAUDIÈRE (LA), h. c^{ne} de Vasles. — *La Chambaudière*, 1482 (arch. V. S^{te}-Cr. l. 46.). — *Haute Chainebaudière* (Cass.).
CHENNES, vill. c^{ne} de St-Léger-de-Montbrun. — *Terra de Chenis*, 1130, 1185 (cart.-St-Laon, Thouars). — *Chennes* ou *Fromentinière*, 1419 (fiefs de la vic. Thouars). — *Chenne*, XIIIe (arch. D.-S. E. 382). — *Le Chesne*, 1738 (arch. D.-S. H. 337). — *Chennes* relev. de Thouars, 1470 (hist. de Thouars par Imbert, 177). — *Chêne* (Cass.).
CHENOUILLÈRE (LA), f. c^{ne} de la Chapelle-St-Laurent. — *La Chenulière* (Cass.).
CHENULIÈRE (LA), f. c^{ne} de la Chapelle-Bertrand.
CHENULIÈRE (LA), f. c^{ne} de Soutiers.
CHENULLY (HAUT ET BAS), vill. c^{ne} de la Chapelle-St-Laurent. — *Le Chenuly* (Cass.).
CHERCONNAY, f. c^{ne} de Ste-Ouenne.
CHERCOULÉ, mⁱⁿ. c^{ne} de Deyrançon.
CHÉRIGNÉ, c^{on} de Brioux. — *Sanctus Vincentius Charianensis*, 1119 (Font. XXVII bis). — *Charigneo*, 1300 (gr.-Gauthier). — *Chérigné*, 1479 (arch. V. cures, l. 165). — *Sérigné*, 1594 (bull. soc. stat. D.-S. 1886, p. 295).

La seigneurie de Chérigné relevait de la baronnie de Chef-Boutonne, à laquelle elle fut réunie par acquisition du 17 avril 1671 (id. 1884). La paroisse, qui dépendait de l'archiprêtré de Melle, de l'élection de Niort et de la sénéchaussée de Poitiers, était à la nomination du prieur de St-Hilaire de Melle ; elle a été supprimée et réunie à celle de Luché. 40 feux en 1716 et 41 en 1750.
CHÉROUZE, f. c^{ne} d'Allonne.
CHERVELIÈRES (LES), h. c^{ne} de Vouhé. — *La Chervelière*, 1600, relev. de Pressigny-en-Gâtine (arch. V. E^s. 415). — *Les Chervelières*, 1641 (id. 420).
CHERVES, vill. c^{ne} de St-Symphorien.
CHERVEUX, c^{on} de St-Maixent. — *Carvium*, 1110 (cart. St-Maix. I, 258). — *Cherveox, Cheveras*, 1243 (compt. d'Alph. de Poit.). — *Cherveios, Chervex, Chervios*, 1243 (id.). — *Charveios, Chervox, Cherveux*, 1244 (id.). — *Chervio*, 1244 ; *Chervix*, 1244 (id.). — *Charveos*, 1247 (quer. recepte in Pict. ap. arch. nut.). — *Cherviex*, 1253 ; *Cherviox*, 1259 (compt. d'Alph. Poit.). — *Cherveos*, 1300 (gr.-Gauthier). — *Cherveaux*, 1363 (cart. St-Maix. II, 327). — *Chevreoux* 1389 (cart. év.

Poit.). — *Cherveus*, 1603 (cart. St-Maix.). —*St-Pierre de Cherveux* (pouillé 1782). La cure était à la nomination de l'évêque.

La châtellenie de Cherveux relevait de l'abbaye de St-Maixent (cart. St-Maix. intr. p. 48). Elle relevait de Parthenay en 1705 (arch. V.).

Cherveux dépendait de l'archiprêtré, de la sénéchaussée et de l'élection de St-Maixent. Il y avait 255 feux en 1698, et 234 en 1750 (état de l'élect. 1698; — cart. alph. Poit.). — Le canton de Cherveux, créé en 1790 et dépendant du district de St-Maixent, comprenait les communes d'Augé, St-Christophe-sur-Roc, François, St-Projet et Rouvre. Il fut ensuite supprimé et réuni au 1er canton de St-Maixent, sauf Rouvre et St-Christophe, réunis à celui de Champdeniers.

CHERVEUX (LE VIEUX), vill. cne de Cherveux. — *Cherveux le Viel*, 1394 (arch. hist. Poit. XXIV, 167).

CHERVEUX, éc. cne de Béceleuf, 1399 (arch. V. Béceleuf, 40).

CHESNELAIE (LA), f. cne de Cherveux.

CHETEVILLE, f. cne de Combrand. — *Chez de Ville* (Cass.).

CREUSSE, cne de St-Pompain ; anc. fief relev. de Vouvent, 1641 (arch. V. seign. div.). L. disp.

CHEVAIS, vill. cne de Clussais, 1542, relev. de Lusignan (ms. 141 bibl. Poit.).

La châtellenie de *Chevay* fut réunie au marquisat de Laval-Lezay en 1642. Sa juridiction s'étendait sur une partie du bourg de Clussais, sur partie du bourg de Pers, petite partie de Vanzay et de Caunay (mém. sur les just. seign. du Poit. par B.-Filleau).

CHEVAL-DE-BRONZE (LE), éc. cne de Nanteuil.

CHEVALLERIE (LA), h. cne de Chauray.

CHEVALLERIE (LA), f. cne de Fenioux.

CHEVALLERIE (LA), f. cne de Largeasse. — *La Chevalerie*, 1386, relev. de Bressuire (arch. St-Loup). — *La Chevallerie*, 1383, relev. d'Airvault (dict. fam. Poit. II, 676).

CHEVALLERIE (LA), cne de St-Aubin-le-Clou, 1497, relev. de Châteauneuf-en-Gâtine (nv. Chât.).

CHEVALLERIE (LA), h. cne de St-Coutant.

CHEVALLERIE (LA), f. cne de St-Georges-de-Noisné. — *Puyfrabert aliàs la Chevallerie*, relev. d'Aubigny, 1363, 1435 (inv. d'Aub.). — *La Chevallerye*, 1584 (not. St-Maix.). — Relev. de St-Maixent.

CHEVALLERIE (LA), h. cne de St-Maixent-de-Beugné.

CHEVALLERIE (LA), h. cne de Soudan. — *La Chevallerye*, 1605 (arch. V. coll. Ste-Mart. 1. 82).

CHEVALLERIE (LA), vill. cne de Souvigné. — *La Chevallerie*, 1567 (not. St-Maix.). — *La Chevalerie*, 1670 (cart. St-Maix. II, 386).

CHEVALLERIE (LA), h. cne de Terves. — *La Chevalerie*, 1386, relev. de Bressuire (arch. St-Loup). — *La Chevalerye*, 1574 (arch. V. Brosse-Guilgault, 1).

CHEVALLERIE (LA), f. cne de Voultegon. — *La Chevalerie*, xve siècle (reg. de r. du Temple de Maul.).

CHEVALLIER, mln. cne d'Availles-Thouarsais.

CHEVALLONNERIE (LA), h. cne de Sauzé-Vaussais.

CHEVANCHÈRE (LA), h. cne de Secondigny.

CHEVAUCHERIE (LA), f. cne de la Chapelle-Bâton.

CHEVELLERIE (LA), f. cne de Vasles. — *La Chevallière*, 1362 (arch. V. Ste-Cr. l. 44). — *La Chevallerie*, 1436 (id.). — *La Clavellerie* (Cass.).

CHEVILLON, f. cne de Coulon.

CHÈVRE (LA), f. cne des Échaubrognes.

CHEVREAU (LE), (GRAND ET PETIT), vill. cne de Vouhé. — *Le Chevreau*, 1572 (arch. V. Es. 412).

CHÉVRELIÈRE (LA), chât. cne de Gournay. —*La Chevrelière*, 1594 (cart. Châtell.). — Relev. de la baronnie de Gascougnolles (bull. soc. stat. D.-S. 1884).

CHEVRELLE (LA), vill. cne de Melleran. — *Chebrelle* (pap. terr. des Alleuds). — Relev. de la baronnie de Melleran (bull. soc. stat. D.-S. 1884).

CHEVRIE (LA), vill. cne de Boussais. — *La Chevrerie*, 1436 (lettre de L. d'Amb. ap. cart. de Chambon).

CHEVRIE (LA), f. cne de Cerizay.

CHEVRIE (LA), f. cne de Cherveux.

CHEVRIE (LA), mln. f. et pont sur le Thouaret, cne de St-Varent. — *Moulin de Chevres*, 1437 (arch. V. Ste-Cr. l. 78).

CHEVRIER, f. cne de St-Maurice-la-Fougereuse.

CHEVRISSIÈRE (LA), cne de Clavé, 1567 (not. St-Maix.). L. disp.

CHEVROCHÈRE (LA), f. cne de Pompaire. — Guill. Eschallart sr de *la Chevrochère*, 1299 (inv. arch. D.-S. supp. E. p. 9). — *La Chevrochière*, 1560 (arch. V. seign. div. 32). — Relev. de Lhérigondeau.

CHEVRONNIER, mln. cne de Mougon.

CHEVROTTE (LA), h. cne de Nueil-sous-les-Aubiers. — *La Chevrote* (Cass.).

CHEY, con de Lezay. — *Chait*, v. 1100 (cart. St-Cypr. de Poit.). — *Chaid*, v. 1112 (id.). — *Chaix*, 1300 (gr.-Gauthier). — *Cheiz*, 1353 (arch. V. ch. N.-D. l. 1216). — *Chey*, 1380 (id.). — *Chay* en la châtellenie de Lusignan, 1384 (arch. hist. Poit. XXI, 217). — *Chais*, 1411 (gr.-Gauthier, des bénéf.). — *Cheix*, 1594 (arch. D.-S. E. 443). — *St-Pierre de Chey* (pouillé 1782).

Dépendait de l'archiprêtré d'Exoudun, de la sénéchaussée et de la châtellenie de Lusignan et de l'élection de Poitiers. 208 feux en 1750.

Chey, f. c^ne de St-Liguaire.
Chez-l'Aubanneau, vill. c^ne de Mairé-l'Evescault.
Chez-Ballan, vill. c^ne de Limalonges. — *Chez-Ballon* (Cass.).
Chez-Bernard, f. c^ne de Messé.
Chez-Bouchet, vill. c^ne de Montalembert. — *Chez-Boucher* (Cass.)
Chez-Breillac, vill. c^ne de Mairé-l'Évescault.
Chez-Brullon, vill. c^ne de Hanc.
Chez-Brunet, vill. c^ne de Limalonges.
Chez-Cartaud, vill. c^ne de Sauzé-Vaussais.
Chez-Charruyer, vill. c^ne de Messé.
Chez-Chaudron, vill. c^ne de Caunay.
Chez-Chupin, h. c^ne du Puy-St-Bonnet. — *Les Chupins* (Cass.).
Chez-Clion, vill. c^ne de Lorigné.
Chez-Coirat, f. c^ne de Montalembert.
Chez-Cothereau, vill. c^ne de Lorigné. — *Chez-Carteau* (Cass.).
Chez-Cotin, vill. c^ne de Limalonges.
Chez-Coudrit, h. c^ne de Montalembert.
Chez-Daguenet, vill. c^ne de Plibou.
Chez-Daigre, vill. c^ne de Vanzay.
Chez-Dorange, vill. c^ne de Limalonges.
Chez-Duchesne, vill. c^ne de Pers. — *Duchesne* (Cass.).
Chez-Dussouil, vill. c^ne de Caunay.
Chézeau (Le), vill. c^ne de Combrand.
Chézeau (Moulin de), près le bourg d'Adilly, relev. à roture du prieuré de St-Paul de Parthenay, 1636 (pap. du pr. de St-Paul).
Chézeau (Le), f. c^ne de Vançais.
Chez-Février, vill. c^ne de Mairé-l'Évescault. — *Chez-Februrier*, 1636, relev. du prieuré de Mairé (arch. V. Nouaillé, l. 38).
Chez-Gagnière, h. c^ne de Limalonges.
Chez-Garenne, vill. c^ne de Montalembert.
Chez-Gentil, vill. c^ne de Montalembert. — *Chez-Genti* (Cass.).
Chez-Jollet, vill. c^ne de Lorigné.
Chez-Langevin, vill. c^ne de Montalembert.
Chez-la-Passée, h. c^ne de Montalembert.
Chez-les-Domins, h. c^ne de Lezay.
Chez-les-Favres, vill. c^ne de Plibou.
Chez-les-Fragnelles, vill. c^ne de Villemain.
Chez-les-Portiers, h. c^ne de Clussais.
Chez-les-Raies, vill. c^ne de Clussais.
Chez-Maret, vill. c^ne de Plibou.
Chez-Morin, vill. c^ne d'Asnières. — *Brolium Morini*, 1096 (Font. XIII, 204).
Chez-Neveu, vill. c^ne de Rom.
Chez-Noyeau, vill. c^ne de Mairé-l'Évescault.

Chez-Parson, vill. c^ne de Montalembert. — *Chez-Perçan* (Cass.).
Chez-Pintureau, vill. c^ne de Limalonges.
Chez-Pion, h. c^ne de Montalembert.
Chez-Quartaut, vill. c^ne de la Chapelle-Pouilloux. — *Chez-Carteau* (Cass.).
Chez-Ragot, vill. c^ne de Lorigné.
Chez-Renaud, vill. c^ne de Montalembert.
Chez-Rigaudeau, h. c^ne du Puy-St-Bonnet.
Chez-Robin, h. c^ne du Puy-St-Bonnet. — *Les Robins* (Cass.).
Chez-Rose, f. c^ne d'Allonne.
Chicaillières (Les), f. c^ne de Terves.
Chicane (La), f. c^ne de St-Liguaire.
Chichardière (La), f. c^ne de Clazay. — *La Chichardière*, 1621 (arch. V. St-Cypr. l. 47).
Chiché, c^on de Bressuire. — *Villa Kaciacus in vicaria Toarcinse*, v. 960 (cart. St-Cypr. de Poit. p. 108). — *Sanctus Martinus de Chiché*, v. 1090 (cart. St-Jouin). — *Chiché*, XIIe siècle (cart. l'Absie, ap. Dupuy, 828). — *Chicheacum*, 1178 (id.). — *Chicheium*, 1179 (cart. St-Jouin). — *Castrum Chicheii*, 1190 (arch. St-Loup). — *Chechiacus*, 1242 (lay. tr. chartes par Teulet, II). — *Etang de Chicé*, 1320 (arch. St-Loup).

La cure de St-Martin de Chiché était à la nomination de l'abbé de St-Jouin-de-Marnes. — La seign. de Chiché relevait de la vicomté de Thouars et dépendait du doyenné et de la baronnie de Bressuire, de la sénéchaussée de Poitiers et de l'élection de Thouars. Il y avait 250 feux en 1750 (cart. alph. Poit.). — Le canton de Chiché, créé en 1790, comprenait les communes de Boismé, Faye-l'Abbesse et St-Sauveur. Il fut ensuite réuni à celui de Bressuire.
Chichein, h. c^ne de Nanteuil. — *Chiechien*, 1545 (not. St-Maix.).
Chicheville, vill. c^ne du Beugnon. — *Chicheville*, 1387, 1489, 1722, relev. de Secondigny (ms. 141, bibl. Poit.).
Chicheville (Grand et Petit), vill. c^ne de Chambroutet.
Chicheville, vill. c^ne de St-Paul-en-Gâtine. — *Petrus de Chechavila*, v. 1120 (cart. l'Absie).
Chenmort, l. d. c^ne de Beaulieu-sous-Parthenay. — *Seign. de Chenmort*, 1450 (ma coll.).
Chienne (La), f. c^ne de Nueil-sous-les-Aubiers.
Chillas (Le), vill. c^ne de Luzay. — *Le Chillas*, 1470, relev. de Thouars (hist. de Thouars). — *Le Cheillas*, 1559 (reg. insin. Thouars). — *Chilloyes*, 1563 (arch. V. St-Hil. l. 874).
Chilleau (Le), vill. et chât. c^ne de Vasles. — *Chillum*, 1212 (Font. V, 65). — *Chilleau*, 1276 (arch. V. Ste-Cr. l. 44). — *Les essars du Chillou*,

1362 (id.). — *Le Chilleau, autrement appelé la Pinachère*, 1403 (id.). — *Chillea*, 1414 (arch. Barre). — *Étang du Chillau*, 1444 (arch. V. E. 1, 10, et 2, 238). — *St-Nicolas du Chilleau* (pouillé 1782). — Relev. de l'abbaye de Ste-Croix de Poitiers dès 1292.

CHILLEAU (LE BAS), h. cne de Vasles. — *Moulin du bas Chilleau*, 1545 (arch. Barre). — *Bas Chillau* (Cass.).

CHILLEAU (LE), bois de 200 hectares environ, cne de Vasles.

CHILLEAU-DES-BRUYÈRES (LE), f. cne de Vasles.

CHILLOIS (LE), h. cne de Gourgé. — *Le Chillouax*, 1555 et 1573 (journ. Géneroux). — *Le Chilloua*, 1563 (arch. Maisont.). — *Le Chillouays*, 1684 (id.). — *Le Chilvais* (Cass.). Relev. de Lhérigondeau.

CHILLOU (LE), con de St-Loup. — *Chillum*, XIIe siècle (cart. l'Absie). — *Chilhum* ou *Chillum*, 1326 (pouillé B.-Filleau). — *Le Chilleou*, 1404 (arch. soc. antiq. ouest. f. Bons.). — *Notre-Dame de Chillou des Bois* (pouillé 1782). — La seign. du Chillou relev. de la tour Maubergeon de Poitiers, 1494-1752 (arch. V. C. 2, 95 ; ms. 141, bibl. Poit.).

Le Chillou dépendait de l'archiprêtré de Parthenay, de la sénéchaussée et de l'élection de Poitiers, après avoir fait partie de celle de Parthenay au XVIe siècle. Relev. de St-Loup. Il y avait 80 feux en 1750 (cart. alph. Poit.).

CHILLOU (LE), vill. cne de St-Varent. — *Guillelmus du Chillo*, 1349 (arch. V. abb. Chamb.). — *Le Chillou*, relev. de Thouars, 1470 (fiefs de la vic. Thouars).

CHILLOU (LE), h. cne de Traye. — *Chiloup* (Cass.).

CHILOUP (GRAND ET PETIT), vill. cne de la Chapelle-Bâton. — *Chieloup*, 1442 (arch. V. Es. 402). — *Chilloup*, 1442 (id. 439). — *La Barre de Chiloup*, 1444 (id. 402).

CHILOUP, vill. cnes de St-Martin-de-St-Maixent et de Souvigné. — *Fief Bréchou, autrement Chiloup*, relev. d'Aubigny, 1373 (inv. d'Aub.). — *Chieloup*, 1455 (arch. V. H. 3), 1535 (not. St Maix.). — *Chieloup*, 1403 (arch. hist. Poit. XXIV, 422). — *Chiloup*, 1568 (not. St-Maix.).

CHIMBAUDIÈRE (LA), h. cne de Baussais.

CHIMBAUDIÈRE (LA), f. cne de Thorigné. — *La Chimbaudière* en la châtellenie de Ste-Néomaye, 1548 (arch. V. Es. 162).

CHIMBERT, cne de Soudan. Était de la châtellenie de St-Maixent (cart. St-Maix. intr.). L. disp.

CHIPAUDIÈRE (LA), f. cne de Fenioux.

CHIRÉ, vill. cne de St-Varent, 1277 (arch. V. St-Hil. l. 870). — *Terrouer de Chiré en la rivière de Rochereou, autrement appelée Garnaudeau*, 1435 (arch. V. Es. 337).

CHIRECOUTE (LA), h. cne de Vitré. — *La Chère-Côte* (cad.).

CHIRON (LE), h. cne d'Ardin. — *Le Chiron-Moreau*, 1640 (arch. V. Béceleuf, 7).

CHIRON (LE), f. cne de Boismé. — *Le pas du Chiron*, 1477 (arch. Barre, II, 347).

CHIRON (LE), f. cne de Breuil-Chaussée.

CHIRON (LE), f. cne de Cerizay. — *Le Chyron Perdria*, 1293 (arch. V. Es. 189).

CHIRON (LE), f. cne de la Chapelle-St-Laurent.

CHIRON (LE), vill. cne de Cirière. — *Le Chiron*, 1418 (arch. St-Loup).

CHIRON (LE), f. cne de la Coudre.

CHIRON (LE), f. cne de Coulonges-Thouarsais, 1678 (arch. V. Brosse-Guilgault, 15). — *Les Chirons Raguidea*, 1469 ; *le Chiron Raguedeau*, 1748 (id. 44).

CHIRON (LE), h. cne de Fors.

CHIRON (LE), min. cne de Moutiers.

CHIRON (LE), f. cne des Moutiers-sous-Chantemerle.

CHIRON (LE), f. cne de Nueil-sous-les-Aubiers. — *Le Chiron Gerebourc*, par. des Aubiers, 1351 (arch. hist. Poit. XVII).

CHIRON (LE), vill. cne du Puy-St-Bonnet.

CHIRON (LE), f. cne de St-André-sur-Sèvre.

CHIRON (LE), h. cne de St-Sauveur-de-Givre-en-Mai. — *Le Chiron*, 1557 (reg. insin. Thouars).

CHIRON (LE), cne de Ste-Pézenne, 1558 (arch. V. Béceleuf, 11).

CHIRON (LE), f. cne de Vernou-en-Gâtine.

CHIRON (LE), vill. cne de Voultegon. — *Le Chiron d'Estivault*, 1656 (arch. V. Es. 376).

CHIRON-BLANC (LE), h. cne de Gourgé. — *Le Chiron Blanc appelé fief Chauvin*, 1639, relev. de la Ronde de Louin (arch. Vernay).

CHIRON-BONNET (LE), h. cne de la Chapelle-Largeau.

CHIRON-D'ARDENNES, vill. cne de la Rochénard.

CHIRON-DE-COQUET (LE), h. cne de la Rochénard.

CHIRON-MALLET (LE), (GRAND ET PETIT), vill. cne de Prahecq. — *Le Chiron-Mallet*, 1620 (dén. de Mons-en-Prahecq).

CHIRON-MORANT (LE), cne de Champeaux, relev. de l'abbaye de St-Maixent (cart. St-Maix. intr.).

CHIRONNAIL (LE), f. cne de Celles. — *Le Chirounail*, 1646 (arch. V. coll. Ste-Mart. l. 112).

CHIRONNEAU, h. cne des Moutiers.

CHIRONNERIE (LA), f. cne de la Chapelle-Largeau.

CHIRONNET, h. cne de la Chapelle St-Laurent.

CHIRONNIÈRE (LA), f. cne de Montravers.

CHIRON-RABAUD (LE), vill. cne de Nueil-sous-les-Aubiers.

CHISSERÉ, vill. c^{ne} de Saivre. — *Chisseré*, 1528 (not. St-Maix.).

CHITARDIÈRE (LA), ou CITARDIÈRE, f. c^{ne} de Bouillé-Loretz. — *La Chitardière*, 1400, relev. de Thouars (chartr. Thouars).

CHIZÉ, c^{on} de Brioux. — *Chiziacus*, 1043, 1049 (arch. hist. Saint. XXII, 41). — *Chisec*, v. 1050 (cart. St-Cypr. 293). — *Castrum Casiacus*, v. 1060 (arch. hist. Poit. II, ch. de St-Flor.). — *Chisesgium*, 1086 (frag. hist. abb. Mont. ap. Font. XIX, 17). — *Chesec*, 1095 (Font. XXI, 537). — *Chissec*, fin du XIe siècle (arch. hist. Poit. II). — *Chinniacus*, v. 1100 (id.). — *Chesiacum*, 1111 (cart. St-Maix. I, 272). — *Chasiachum*, 1126 (Font. XXIV, 45). — *Chisiacus*, 1151 (arch. V. la Trin. ch. de Louis VII). — *Chesecum*, 1182 (bibl. éc. chartes, 4e sér. IV, 329). — *Chisicus*, fin XIIe siècle (censif de Chizé). — *Chisic*, 1202 (rot. litt. pat. I, 21). — *Chizec*, 1244 (compt. d'Alph. Poit.). — *Chem*, 1300 (gr.-Gauthier). — *Chisié*, 1304 (Font. XXVII, 222). — *Chisek, Cisech*, 1372 (chron. Froissart, éd. Luce). — *Chiset*, 1373 (arch. nat. JJ. 105, n° 90). — *Chisech*, 1374 (chron. de L. de Bourbon). — *Chisey*, 1376 (arch. nat. JJ. 109, n° 116). — *Chizé*, 1487 (Font. XXVII, 137). — *Chizay*, 1548 (arch. hist. Poit. IV). — *Chisay*, 1613 (Font. XX, 451).

L'église de Notre-Dame de Chizé avait été réunie par l'évêque de Poitiers, le 4 août 1250, à l'église Ste-Radegonde de Brieuil.

La châtellenie de Chizé relevait du comté et du ressort de la sénéchaussée de Poitou. En 1526 elle fut réunie par François Ier au nouveau comté de Civray, et fut pourvue d'un juge prévôt dépendant de la sénéchaussée de Civray. Le comté fut supprimé en 1533, puis rétabli en 1541. Chizé retourna donc à la sénéchaussée de Civray et reçut de nouveau une prévôté royale (Font. V ; — hist. Poit. par Thib. II).

L'ancienne aumônerie de St-Jacques de Chizé fut transformée en hôpital par arrêt du conseil du 11 février 1695 et lettres-patentes du 9 juillet 1696. On y incorpora les biens des aumôneries de Prahecq, Chapelle-Ste-Catherine, Availles, Aunay, St-Léonard de Brioux et Coulon (aff. Poit. 1780, p. 110 ; — arch. D.-S. H. 255).

Chizé était dès 1613 le siège d'une maîtrise particulière des eaux et forêts de Poitou, qui fut transférée à Niort le 6 août 1686 (Font. XX, 451 ; — inv. arch. D.-S.).

Chizé dépendait de l'archiprêtré de Melle et de l'élection de Niort. Il y avait 130 feux en 1716, et 152 en 1750 (état de l'élect. 1716 ; — cart. alph. Poit.).

Le canton de Chizé, créé en 1790 et dépendant du district de Niort, comprenait les communes d'Availles, Brieuil, les Fosses, St-Hilaire-de-Ligné, le Vert, Villiers-en-Bois et Villiers-sur-Chizé. Il fut ensuite supprimé et réuni à celui de Brioux, et à l'arrondissement de Melle.

CHIZÉ. — *La grand forest du Roy*, 1760 (arch. D.-S. E. 1197), forêt domaniale de 4,120 hectares environ, s'étendant sur les communes de Chizé, Marigny, Beauvoir, la Charrière, Villiers-en-Bois, les Fosses, Belleville, St-Martin-d'Augé et le Vert. Elle contenait, en 1674, 8,680 arpents à la mesure de 22 pieds par perche (inv. arch. D.-S.). Elle est évaluée à 3,974 hectares par la statistique des Deux-Sèvres de Dupin.

CHIZEAU, mⁱⁿ. c^{ne} de Chey, relev. de Lusignan, 1561-1777 (arch. V. C. 2, 136).

CHIZON, f. c^{ne} de Ste-Pezenne. — *Chesoz*, 1260 (homm. d'Alph. de Poit.). Relev. de Mons-en-Prahecq, 1620 (mém. soc. stat. D.-S. 3e série, t. VI).

CHOBERT, f. c^{ne} de Nanteuil, 1567 (not. St-Maix.).

CHOFFAUGÈRE (LA), c^{ne} des Aubiers, 1351 (arch. hist. Poit. XVII). L. disp.

CHOGNÉ, mⁱⁿ. c^{ne} de Brelou.

CHOISIÈRE (LA), f. c^{ne} d'Allonne, relev. de Secondigny, 1605 (arch. V.). — *La Chousière*, 1465 (arch. V. Fontaine-le-C. 1. 30).

CHOLERIE (LA), vill. c^{ne} de Baussais. — *La Chaulerie* (Cass.).

CHOLERIE (LA), vill. c^{ne} de Secondigny.

CHOLET, vill. c^{ne} de Vernou-sur-Boutonne.

CHOLETTE, m^{on}. c^{ne} de Ste-Pezenne.

CHOLETTRIE (LA), f. c^{ne} de Messé.

CHOLONIÈRE (LA), vill. c^{ne} de Chey. — *La Chollonnyère*, 1565 (arch. V. N.-D. l. 1217). — *La Challonnière* (Cass.).

CHOLTIÈRE (LA), f. c^{ne} de Clavé. — *La Cholletère*, 1452 (arch. Barre). — *La Cholletière*, 1577 (not. St-Maix.).

CHOLTIÈRE (LA), f. c^{ne} de St-Jouin-sous-Châtillon.

CHOPART (LE), f. c^{ne} de la Chapelle-Largeau.

CHOPINIÈRE (LA), f. c^{ne} de Cirière. — *La Chalopinière*, 1393, relev. de Bressuire (arch. St-Loup).

CHOPINIÈRE (LA), f. c^{ne} de Pierrefitte. — *La Choppinière*, 1512, relev. de Hérisson-en-Thouarsais (chartr. Thouars).

CHOPINIÈRE (LA), f. c^{ne} de St-Mard-la-Lande, 1728 (arch. D.-S. H. 235).

CHOTARD, mⁱⁿ. c^{nes} de Massais et Mauzé-Thouarsais.
CHOUARS, h. c^{ne} de Chavagné.
CHOUATTIÈRES (LES), l. disp. c^{ne} de Boismé. — *La Choatère*, 1425, relev. de Puymarri (arch. St-Loup).
CHOUET, f. c^{ne} de Moutiers.
CHOUET, m^{ins}. c^{ne} de Noirlieu.
CHOUPE, f. c^{ne} de Vasles. — *Chopes*, 1395 (arch. hist. Poit. XXIV, 207). — *Chospes*, 1453 (arch. V. S^{te}-Cr. l.45). — *Chouppes, autrement appelé Beaulieu*, 1560 (id. l. 48). — *Choup* (Cass.).
CHOUR (GRAND ET PETIT), h. c^{nes} de la Ferrière et la Pérate. — *Chaours*, 1419 (arch. nat. J. 183). — *Le Grand Chour*, 1499, relev. de Parthenay. — *Chours*, 1773 (arch. Barre, II).
CHOURCE, vill. c^{ne} de Louin. — *Chorcez*, 1381 (arch. V. E^s). — *Chourses*, 1528 (id. E^d. l. 38).— Relev. de la Ronde.
CHOURNIÈRE (LA), h. c^{ne} d'Allonne.
CHOUSIÈRE (LA), c^{ne} des Groseillers. — *La Chousière*, 1197, relev. de Châteauneuf-en-Gâtine (av. de Chât.).
CHUSSIÈRE (LA), f. c^{ne} de la Chapelle-Largeau. Voir SUISSIÈRES (LES).
CHUTELIÈRE (LA), chât. c^{ne} de la Ferrière. — *La Chutelière*, 1421 (arch. Bret.-Chal.). — Relev. de Lhérigondeau, 1442 (inv. des titres Ste-Croix Parth.).
CIBAUDIÈRE (LA), h. c^{ne} de Marigny.
CIBAUDIÈRE (LA), f. c^{ne} d'Exoudun. — *La Cibaudère*, 1523 (not. St-Maix.). — *La Cybaudière, appelée de Fontblanche*, 1621, dépendant de la baronnie de la Mothe, 1621 (av. de la Mothe). — *La Sébaudière* (Cass.).
CIBAUDIÈRE (LA), vill. c^{ne} de Prailles, 1638 (not. St-Maix.).
CIGOGNE (LA), h. c^{ne} de Celles.
CIGOGNE (LA), h. c^{ne} de la Chapelle-St-Laurent. — *La Sigogne* (Cass.).
CIGOGNE (LA), logis et f. c^{ne} de St-Étienne-la-Cigogne. — *Ciconia, la Ceconigne, Cyconia*, XIIIe siècle (censif de Chizé). — *La Sigogne* (Cass.).
CIGOGNE (LA), f. c^{ne} de St-Pardoux. — *La Seigoigne*, 1452 (arch. Barre, II). — *La Cigoigne*, 1560 (arch. V. seign. div. 32). — *La Sigogne* (Cass.).
CIGOGNE (LA), h. c^{ne} de Ste-Soline.
CIGOGNES (LES), f. c^{ne} de St-Maurice-la-Fougereuse. — *Grande et Petite Sigoigne* (Cass.).
CIGONIER (LE), f. c^{ne} de St-Aubin-de-Baubigné. — *Sigourgner*, 1520 (arch. V. Brosse-Guilgault, 1).
CIME (LA), f. c^{ne} de Combrand.— *Le Simé* (Cass.).

CIMETIÈRE (LE), f. c^{ne} d'Aubigny.
CIMETIÈRE (LE), f. c^{ne} de Baussais.
CIMETIÈRE (LE), f. c^{ne} de la Chapelle-Bâton.
CIMETIÈRE (LE), f. c^{ne} de Chérigné.
CIMETIÈRE (LE), éc. c^{ne} de Lezay.
CIMETIÈRE (LE GRAND), f. c^{ne} de St-Aubin-du-Plain.
CIMETIÈRES (LES), f. c^{ne} de Souché.
CIMPÈRE (LA), h. c^{ne} de Mauzé-Thouarsais. — *La Cinpère*, 1260 (arch. V. S^{te}-Cr. l. 74). — *La Cimpère, dans le fief et seign. de Ste Radegonde des Pommiers*, 1373 (id.). — *La Simpère*, 1378 (id.). — *La St-Père* (Cass.).
CIRAN, h. c^{ne} de Prahecq.
CIRCÉ, chât. et mⁱⁿ. c^{ne} de Sepvret. — *Château de Ciercé* (Cass.).
CIREZIÈRE (LA), f. c^{ne} de la Chapelle-St-Laurent.
CIRIÈRE, c^{on} de Cerizay. — *Monasterium Sancte Radegundis apud Sirerias*, v. 1092 (cart. St-Jouin). — *Silères*, 1179 (id.). — *Sirères*, 1248 (arch. Durbell.). — *Cirères*, 1439 (arch. St-Loup). — *Cyrières*, 1602 (id.).

Cirière avait deux églises (Ste-Radegonde et St-Georges) et deux seigneuries relev. de Bressuire. Il dépendait du doyenné de Bressuire, de l'élection de Thouars et de la sénéchaussée de Poitiers ; 33 feux en 1750.

CIRON (LE), mⁱⁿ. c^{ne} de Boesse. — *Moulin et étang du Siron*, 1388 (arch. hôp. Argent.). — *Cyron* (Cass.).
CIRONNIÈRE (LA), f. c^{ne} de Mazières-en-Gâtine. — *La Cyronère*, 1537 (not. St-Maix.).
CIRY, f. c^{ne} d'Étusson. — *Ciré* (Cass.).
CISERIER (LE), mⁱⁿ. c^{ne} d'Allonne, 1728 (arch. D.-S. H. 46).
CITADELLE (LA), vill. c^{ne} de St-Florent.
CITADELLE (VERGER DE LA), l.-d. c^{ne} de Clessé.
CITADELLE (LA), l.-d. c^{ne} de Moutiers.
CITÉ (LA), h. c^{ne} de St-Georges-de-Rex.
CITERNE (LA), h. c^{ne} d'Ensigné.
CIVRAC, f. c^{ne} de Brûlain. — *Sivra*, 1704 (arch. D.-S. E. 1186).
CIVRAY, vill. c^{ne} de Cherveux. Était en la châtellenie de St-Maixent (cart. St-Maix. intr.).
CIVREAU, f. c^{ne} de Loubigné. — *Civrau*, 1714 (arch. V. chap. St-P. l. 248). — *Cyvreau* (Cass.).
CLAIE (LA), f. c^{ne} de Courlay.
CLAIE (LA), f. c^{ne} de Largeasse.
CLAIE (LA), h. c^{ne} de St-Aubin-de-Baubigné.
CLAIGUE, f. c^{ne} de Deyrançon.
CLAIR-BUISSON (LE), f. c^{ne} d'Étusson. — *Le Clerbuisson* (Cass.).
CLAIRÉ, étang et m^{on}. c^{ne} de Genneton. — *Cleraye* (Cass.).

CLAIREAU, f. cne de Séligné.
CLAIRGERIE (LA), f. cne de Cirière. — *La Clergerie*, 1602, relev. de Cirière (arch. St-Loup).
CLAIRIAS, h. cne de Frontenay. — *Clairia* (Cass.).
CLAIRIN, vill. cne de St-Léger-lez-Melle. — *Clarens*, 1313 (bull. ant. ouest, 1882). — *Clérin* (Cass.). Ancienne maison des Templiers, remise aux Hospitaliers en 1313 (id.).
CLAIROUIN, min. cne de Fenioux.
CLAPIER (LE), h. cne de la Couarde.
CLARDIÈRE (LA), f. cne de Fénery.
CLARDIÈRES (LES), f. cne de St-Éanne.
CLATREAU (LE), et BAS CLATREAU, h. cne d'Azay-le-Brûlé.
CLAUDIÈRE (LA), f. cne des Aubiers. — *La Coulaudière* (Cass.).
CLAUDIS (LE), f. cne de Rouvre. — *Le Clouzy*, 1545. — *Le Cleuzy*, 1657. Anc. fief relev. de Beauregard (arch. V. Beauregard, 15). L. disp.
CLAUDY (LE), h. cne de la Chapelle-Largeau. — *Le Claud* (Cass.).
CLAVÉ, con de Mazières. — *Clavé*, 1110 (cart. St-Maix. 258). — *Clavé*, 1227 (arch. hist. Poit. XX, 229). — *Clavières*, 1493. — *Notre-Dame de Clavé* (pouillé 1782).
Dépendait de l'archiprêtré, châtellenie, sénéchaussée et élection de St-Maixent. La cure était à la nomination de l'évêque ; 117 feux en 1698, et 88 en 1750 (état de l'élect.).
CLAVEAU, vill. cne de Clavé. — *Clavea*, 1452 ; *hôtel de Claveaux*, 1493 ; *Claveau*, 1584, relev. de la Sauvagère (arch. Barre, I, II).
CLAVEAU, min. cne de Combrand. — *Moulin Clavaud* (Cass.).
CLAVEAU, vill. cne de Moncoutant.
CLAVEAU, vill. cne du Pin.
CLAVEAUX (LE MOULIN), cne de la Ronde.
CLAVEAU, maison nouvellement bâtie au fief de la Basse Clavelle, appelé *Champ Claveau*, en la juridiction de Ste-Pezenne, 1498 (arch. V. év. l. 130).
CLAVELLERIE (LA), vill. cne de St-Varent.
CLAVELLERIE (LA), f. cne de Vasles.
CLAVELLIÈRE (LA), f. cne de la Chapelle-Largeau.
CLAVELLIÈRE (LA), h. cne d'Exireuil. — *La Clavelière*, 1531 (not. St-Maix.). — *La Clavellière*, 1591 (cart. Châtell.).
CLAVELLIÈRE (LA), vill. cne de Fénery.
CLAVELLIÈRE (LA), h. cne de St-Étienne-la-Cigogne.
CLAVELLIÈRE (LA), vill. cne de Thénezay. — *La Clavelière*, membre dépendant du prieuré St-Pierre de Parthenay-le-Vieux, relev. de la seign. de Pressigny-en-Gâtine, 1600 (arch. V. Ea. 415, 420).

CLAVIÈRE (LA), vill. cne de St-Martin-de-Sanzay.
CLAZAY, con de Bressuire. — *Alodium de Flaheziaco in pago Toarcinse*, 956 ; *Villa Flagiaco in vicaria Toarcinse*, v. 990 ; *Flaiciacus*, 1004 ; *Flaiziacus*, v. 1030 ; *Flaezia*, 1030 ; *Flaeziacus*, v. 1060 ; *Flaizeis*, 1140 (cart. St-Cypr. de Poit.). — *Flazeis*, 1300 (gr.-Gauthier). — *Flazois*, 1351, 1391 (arch. V. H. 1, l. 30). — *Flazay*, membre dépendant de l'abbaye de St-Cyprien de Poitiers, 1538 (id. St-Cypr. l. 47). — *L'hôtel de Clazay*, 1605, relev. de Bressuire (arch. St-Loup). — *Clazais*, 1644 (arch. D.-S. E. 586).
La paroisse de St-Cyprien de Clazay dépendait du doyenné et de la châtellenie de Bressuire, de la sénéchaussée de Poitiers et de l'élection de Thouars. La cure était à la nomination de l'abbé de St-Cyprien de Poitiers. Il y avait 80 feux en 1750.
CLÉMENCHÈRE (LA), f. cne d'Allonne. — *La Clémanchère*, 1558, relev. du Plessis-d'Allonne (arch. V. Ea. 233).
CLÉMENCHÈRE (LA), bois, cne de Vernou-en-Gâtine. — *Bois de la Clémenchère*, tenant au chemin du Fontenioux à Hériçon, 1458. — Relev. du Fontenioux (arch. du Font.).
CLÉMENT, fontaine, cne de Parthenay. — *La fontaine de Clément*, 1568 (journal de Gener.).
CLÉMENTÈRES (LES), cne de Breuil-Chaussée, 1420, relev. de Bressuire (arch. St-Loup).
CLÉMENTINIÈRE (LA), éc. cne des Échaubrognes.
CLÉRELLE (LA), f. cne de Châtillon-sur-Thoué. — *La Clairière*, 1579 (pap. du prieuré de St-Paul-Part.).
CLERGERIE (LA), f. cne de St-Georges-de-Noisné. — *La Clergeyre*, autrement *la Gascougnollère*, 1568 (not. St-Maix.).
CLERVAUDIÈRE (LA), f. cne de Marigny, 1620 (dén. de Mons-en-Prahecq).
CLERZONS, bois. — *Nemus de Clerzons cum harbergamento in parochia de Noviaco* (Neuvy), 1275 (cart. de Bourgueil).
CLESSÉ, con de Moncoutant. — *Clessé*, 1275 (cart. Bourgueil). — *Claysset*, 1300 (gr.-Gauthier). — *Le fief de Clessé*, relev. d'Airvault, 1399 (hist. d'Airv. par B.-Filleau). — *Clessay*, 1561 (Font. VIII, 295). — *St-Hilaire de Clessé* (pouillé 1782).
Dépendait de l'archiprêtré de Parthenay, de la sénéchaussée et de l'élection de Poitiers, après avoir fait partie de celle de Parthenay au XVIe siècle. La cure était à la nomination de l'évêque. Il y avait 144 feux en 1750 (cart. alph. Poit.).
CLIELLE (LA), h. cne de Frontenay. — *La Clièle*, 1315 (Font. XXII, 451).

CLIELLE (LA), vill. cne de Lezay. — *La Clielle*, 1632 (arch. V. E. 3, l. 15). — *Haute et Basse Clielle* (Cass.).

CLION (FIEF DU), cne de la Foye-Monjault, 1609 (Font. XX, 413).

CLISSON, chât. cne de Boismé. — *Clisonius*, 1264 (arch. St-Loup). — *Clipson*, 1399 (id.). — *Clisson*, (Cass.). — Relev. du Verger de Boismé.

CLISSON (LE PETIT), f. cne de Boismé, relev. de Bressuire, 1423 (arch. St-Loup).

CLISSON, f. cne de Geay.

CLOCHET, mln. cne de Lezay.

CLODIS (LE), vill. cne de Pierrefitte. — *Le Closdiz*, 1319 (arch. St-Loup). — *Le Cloudy*, 1556 (reg. insin. Thouars). — *Clauday* (Cass.).

CLOLIÈRE (LA), vill. cne de Lezay.

CLOPINIÈRE (LA), f. cne de Luché-Thouarsais. — *La Cloppinière*, 1469 ; *la Clopinière, autrement le Bois-Jouslain*, xvie siècle ; *La Choppinière*, aliàs *le Bois-Joullain*, 1650 (arch. V. Brosse-Guilgault, 44).

CLOPINIÈRE (LA), vill. cne de Pamplie.

CLOS (LE), au fief de Saziliers, cne de St-Martin-de-St-Maixent. — *Campus qui vocatur Clausus*, 1084 (cart. St-Maix. 187). — *Vinea de Saziliaco que vocatur Clausus*, 1089 (id. 216).

CLOS-BELAIR, f. cne d'Oiron. — *Belair* (Cass.).

CLOS-BOUCHET-MARTIGNY (LE), cne de Niort. — *In castro Niortinse in loco quod nominatur Kampus Clausus juctum unum de vinea*, 996 (arch. V. Nouaillé, orig. n° 68).

CLOS-BOUCHET-TAILLEFER (LE), cne de Niort (dict. des D.-S. par Dupin).

CLOS-DU-VICOMTE (LE), sect. l.-d. cne de St-Jean-de-Bonneval. — *Clos vicecomitis*, xiie siècle (ch. de St-P. du Châtelet Thouars, ap. ms. 1660).

CLOS-MILLON (LE), fief cne de Coulonges-Thouarsais, relev. de Thouars 1409 (fiefs de la vic. Thouars). — *Le Clouc-Millon*, 1604 (arch. V. Brosse-Guilgault, 22).

CLOSSAY, h. cne de Mauzé-Thouarsais. — *Cloadium*, 1235 (cart. St-Mich. Thouars). — *Clossais*, 1414, relev. de Thouars (fiefs de la vic. Thouars). — *Clossay*, 1468 (chartr. Thouars).

CLOUDEMONT (FIEF DE), cne d'Airvault. — *Fief de Cloudemont, en vignes, près d'Oirevau*, 1469 (arch. V. E². 371).

CLOUDIS (LE), h. cne de Fenioux. — *Le Grand et Petit Cloudis*, 1428 (arch. V. Béceleuf, 10). — *Le Cloudis* relev. de la Vergne-Samoyau, 1361 (hist. des Chast. 129). — *Le Cloudy* (Cass.).

CLOUDIS (LE), f. cne de Vouhé.

CLOUTIÈRE (LA), h. cne de Vautebis.

CLOUX (LE), h. cne de Montalembert.

CLOUZEAU (LE), f. cne de Prailles. — *Le Clouzeau*, 1567 (not. St-Maix.).

CLOUZEAU (LE), f. cne de Vançais. — *Les Clouseaux*, 1454 (arch. V. St-Ben. l. 26). — *Le Cluseau* (Cass.).

CLOUZEAU (LE), f. cne de Voultegon.

CLOUZY (LE), vill. cne de Lezay. — *Le Cloudys Bourreau*, 1556 (arch. V. E. 3, l. 15). — *Le Cloudy Bousreau*, 1619 (id.).

CLOUZY (LE), f. cne de Magné.

CLOUZY (LE), f. cne de la Ronde. — *Le Clousy*, 1654, relev. de la Boucherie de la Ronde (pap. Blactot).

CLUSEAU (LE), f. cne de Béceleuf. — *Le Clousea*, 1504 (arch. V. Brosse-Guilgault, 43). — *Le Clouzeau*, 1602 ; *le Cluzeau*, 1668 (arch. V. Beauregard, 26).

CLUSSAIS, con de Sauzé-Vaussais. — *Clociacum*, 945 (arch. V. Nouaillé, orig. n° 42). — *Clociachum*, v. 1093 (cart. St-Jean-d'Ang. ap. Font. LXIII, p. 295). — *Clotiacum*, 1119 (Font. XXI, 594). — *Clothaium*, 1214 ; *Clothai*, 1216 (Font. XXII). — *Clochaium*, 1217 (arch. V. N.-D. l. 30). — *Clocayum*, 1300 (gr.-Gauthier). — *Clossayum*, 1318 (Font. XXII). — *Clussay*, 1698. — *Notre-Dame de Clussay* (pouillé 1782).

La cure était à la nomination de l'abbé de Nouaillé. Clussais relevait de la baronnie de Melle, sauf l'église et quelques maisons du bourg qui étaient dans la seigneurie de Chevais (cne de Clussais) (bull. soc. stat. D.-S. 1884). Il dépendait de l'archiprêtré de Chaunay, de la sénéchaussée de Poitiers et de l'élection de St-Maixent. Il y avait 218 feux en 1698, et 192 en 1750 (état de l'élect.; — cart. alph. Poit.).

COCARDE (LA), h. cne de Boussais.

COCHARDIÈRE (LA), f. cne de St-Pierre-à-Champ.

COCHERIES (LES), f. cne de la Ronde.

COCU (LE), f. cne de l'Absie.

COIGNE, f. cne de la Pérate. — *Grossa Cohanna* ou *Coigna*, v. 1092 (cart. Talmond, p. 172). — *Grosse Coigne*, 1286 (hist. des Chast. par Duchesne). — *Grosse et Petite Couigne*, 1639 (arch. V. E². 179). — *Coyne* (Cass.). — Relev. de la Meilleraye.

COIGNEAUX (LES TROIS), faubourg de Niort.

COIN (LE GRAND), vill. cne de Coulon.

COINAUDRIE (LA), vill. cne de Chail. — *La Quanaudrie* (Cass.).

COINDRIE (LA), f. cne de Chantelou.

COINDRIE (LA), f. c^{ne} de la Chapelle-Largeau. — *La Coinderie*, 1678 (arch. V. prieurés, l. 58).

COINDRIE (LA), chât. c^{ne} de la Coudre. — *La Coindrie*, 1622 (Font. IX, 522).

COINDRIE (LA), vill. c^{ne} de Luzay. — *La Coinderie*, 1240 (doc. pour l'hist. de St-Hil. I, 247). C'était une seigneurie appartenant au chapitre de St-Hilaire de Poitiers. — *Église St-Hilaire de la Coindrie*, 1627 (arch. V. St-Hil. 1. 882). — *La Coindrie à Mauzé, autrement l'hôtel Resmond*, relev. de Thouars, 1476 (chartr. Thouars).

COINDRIE (LA), f. c^{ne} de Noireterre. — *La Coinderie*, 1418 (arch. St-Loup). — *La Coyderie*, relev. de Cruhé, 1440 (id.).

COINDRIE (LA), ou COINTRIE, vill. c^{ne} de St-Pardoux, relev. de la Touche-Beaujou, 1600 (arch. V. E^a. 415).

COINDRIE (LA), c^{ne} de Vautebis. — *La Coindrie*, 1391 ; *la Coinderie*, 1447 ; *la Coyderie*, 1562 (arch. Barre, I, 113 ; II, 159).

COINTRIE (LA), vill. c^{ne} de Champeaux. — *Contrie* (Cass.).

COIRAUDIÈRE (LA), vill. c^{ne} de Rom.

COISIÈRE (LA), vill. c^{ne} de Souvigné. — *La Coizière* (Cass.).

COLBBAUDÈRE (LA), sise à la Chapelle-Pouilloux, relev. de l'abbaye de Nouaillé, 1439 (arch. V. cart. sceaux, n° 67).

COLINDRE, f. c^{ne} des Échaubrognes.

COLLE (LA), f. c^{ne} de Breuil-Chaussée.

COLLE (LA), (HAUTE ET BASSE), h. c^{ne} du Breuil-sous-Argenton. — *La Basse Colle*, 1667 (arch. D.-S. II. 252).

COLLE (LA), f. c^{ne} de Noirlieu.

COLLETIÈRE (LA), f. c^{ne} de Neuvy-Bouin. — *La Coltière* (Cass.).

COLLINE (LA), (GRANDE ET PETITE), ff. c^{ne} de Villemain.

COLLINIÈRE (LA), f. c^{ne} de St-Laurs.

COLLINIÈRE (LA), vill. c^{ne} d'Exireuil. — *La Collinère*, 1533 (not. St-Maix.).

COLLINIÈRE (LA), f. c^{ne} du Breuil-Bernard.

COLOMBIE (LA), f. c^{ne} de Terves.

COLOMBIER (LE), vill. c^{ne} de Cersay. — *Le Coulombier*, 1571 (arch. V. H. 3, 676).

COLOMBIER (LE), f. c^{ne} d'Exireuil. — *Le Coulombier*, 1567 (not. St-Maix.).

COLOMBIER (LE), h. c^{ne} de François.

COLOMBIER (LE), f. c^{ne} de Marnes.

COLOMBIER (LE), f. c^{ne} de Moncoutant.

COLOMBIER (LE), h. c^{ne} de Paizay-le-Tort.

COLOMBIER (LE), f. c^{ne} de St-Germain. — *Le Columber*, 1404 (arch. de Moiré).

COLOMBIER (LE), f. c^{ne} de St-Martin-de-St-Maixent. — *Le Coulombier à Richard*, 1554 ; *le Coullombier*, m^{ie}. à Soignon, 1647 (not. St-Maix.).

COLOMBIER (LE), logis, c^{ne} de St-Maxire.

COLOMBIER (LE), f. c^{ne} de St-Pompain.

COLOMBIER (LE), f. c^{ne} de St-Porchaire. — *Le Colombier*, 1382 (doc. in. sur l'hist. Fr. mél. hist. III, 352). — *Le Coulomber*, 1493, relev. de la seign. de St-Porchaire (arch. V. pap. Droch.).

COLOMBIER (LE), f. c^{ne} de Souvigné, relev. de l'abbaye de St-Maixent (cart. St-Maix. intr.).

COLOMBIER (LE), mⁱⁿ. c^{ne} du Tallud. — *Moulin de Coullombiers*, 1600 (arch. V. E^a. 415).

COLOMBIER (LE), f. c^{ne} de Verruye.

COLOMBIER-DE-GUISE (LE), f. c^{ne} d'Aigonnay.

COLONNERIE (LA), h. c^{ne} de Rom.

COLTIÈRE (LA), f. c^{ne} de Secondigny. — *La Colletière*, 1548 (arch. V. E². 189).

COMBAUDIÈRE (LA), (HAUTE ET BASSE), vill. c^{ne} des Moutiers-sous-Chantemerle.

COMBAUDIÈRES (LES), vill. c^{ne} de Noireterre. — *François Combaud, s^r des Combaudères*, 1462. — *Les Combauldières*, 1610 (arch. V. Brosse-Guilgault, 15), relev. de la châtellenie de Noireterre (arch. Barre, I, II). — *Les Combaudières*, relev. de la seign. de Noirlieu, 1555 (reg. insin. Thouars).

COMBAULT (LE), f. c^{ne} des Aubiers. — *Le Conbaut* (Cass.).

COMBE (LA), f. c^{ne} d'Ardin.

COMBE (LA), f. c^{ne} d'Azay-sur-Thoué. — *La Combe*, 1581 (Font. IX, 467). — *Les Combes-Tredoux en Azay*, relev. de Lhérigondeau.

COMBE (LA), f. c^{ne} de Beaulieu-sous-Bressuire.

COMBE (LA), vill. c^{ne} du Beugnon.

COMBE (LA), éc. c^{ne} du Busseau.

COMBE (LA), c^{ne} de la Chapelle-Bâton, 1411, relev. de la châtellenie de Faye (arch. V. E^a. 403).

COMBE (LA), vill. c^{ne} de Courlay. — *La Combe*, 1364 (arch. St-Loup).

COMBE (LA), logis, c^{ne} de Germond. — *La Combe*, 1559 (not. St-Maix.).

COMBE (LA), h. c^{ne} de Moncoutant. — *La Combe*, 1364 (arch. St-Loup).

COMBE (LA), h. c^{ne} de Mougon.

COMBE (LA), h. c^{ne} du Puy-St-Bonnet.

COMBE (LA), vill. c^{ne} de Sauzé-Vaussais.

COMBE (LA), h. c^{ne} de Tillou.

COMBERTIÈRES (LES), vill. c^{ne} de Chambroutet. — *La Couberlerie* (Cass.).

COMBES (LES), c^{ne} d'Assais, 1490, relev. de Vernay (arch. Vernay).

COMBES (LES), h. c^{ne} de Cours.

COMBES (LES), vill. et mⁱⁿ. c^{ne} de Paizay-le-Tort. — *La Combe* (Cass.).

COMBRAND, c^on de Cerizay. — *Sanctus Johannes de Combrennio*, 1186 (ch. de St-Flor. ap. arch. hist. Poit. II). — *Combren*, 1300 (gr.-Gauthier). — *Combran*, 1613 (arch. D.-S. E. 543).
    Dépendait du doyenné de Bressuire, de la sénéchaussée de Poitiers et de l'élection de Thouars. La cure était à la nomination de l'abbé de St-Florent de Saumur. 130 feux en 1750 (cart. alph. Poit.).
COMBRAND (LE PETIT), f. c^ne de Combrand.
COMBRÉ (GRAND ET PETIT), vill. c^ne de Saivre. — *Comberay*, 1260 (homm. d'Alph. de Poit. — *Comberé*, 1342 (inv. d'Aub.). — Dépendait de la châtellenie de St-Maixent.
COMICE (LE), f. c^ne de Châtillon-sur-Thoué.
COMMANDERIE (LA), f. c^ne de Cersay.
COMMANDERIE (LA), chât. c^ne d'Ensigné.
COMMANDERIE (LA), f. c^ne de Maisontiers.
COMMANDERIE (LA), f. c^ne de St-Martin-de-Sanzay.
COMMANDERIE (LA), f. c^ne du Temple.
COMMUNAUTÉ (LA), m^on. c^ne de la Chapelle-Bertrand.
COMMUNAUTÉ (LA), f. c^ne de St-Paul-en-Gâtine.
COMMUNEAU (LE), vill. c^ne de St-Florent.
COMMUNS (LES), f. c^ne de St-Maurice-la-Fougereuse.
COMPÉRÉ, m^in. c^ne de Ste-Pezenne. — *Molendinum de Compayré*, 1209 (arch. V. év. l. 130). — *Compairé*, 1579 (Font. XX, 359).
COMPORTÉ, m^in. c^ne de Niort. — *Comporté*, 1502 (arch. V. E^a). Était situé en la paroisse de N.-D. de Niort, 1537 (id.).
COMPORTÉ, m^in. — *Molendinum Comportatum in villa Pampro, in vicaria S^ti Maxentii*, 988 (cart. St-Maix. 70). — *Comporté*, 1133 (id. 323).
COMPORTÉ, m^in. c^ne de St-Éanne. — *Comporté*, 1269, relev. de l'abbaye de St-Maixent (cart. St-Maix. II, 100).
CONDADE, c^ne d'Aiffres; anc. fief relev. de la Roche-de-Crissé, 1784 (arch. D.-S. E. 450). L. disp.
CONDAUGERIE (LA), f. c^ne de Moncoutant. — *La Condogerie* (Cass.).
CONDUITE (LA), éc. c^ne d'Étusson.
CÔNE (GRAND ET PETIT), ff. c^ne de la Chapelle-Bertrand.
CONGRIÈRE (LA), f. c^ne de St-Jouin-sous-Châtillon.
CONNAY (BOIS DE), c^ne de St-Georges-de-Noisné en la châtellenie de St-Maixent (cart. St-Maix. intr.).
CONNERIE (LA), f. c^ne de Chantecorps.
CONNOIRE (LA), f. c^ne de St-Aubin-de-Baubigné.
CONONIÈRE (LA), vill. c^ne de Pamprou. — *La Coignonnère*, 1454 (pap. Maubué). — *La Cognouqnère*, 1554; *la Cognonnère*, 1567; *la Cognonnière*, 1637 (not. St-Maix.). — *La Connonière* (Cass.).

CONSTANTINIÈRE (LA), f. c^ne de Vausseroux. — *La Constantinère*, 1362 (arch. V. S^te-Cr. l. 44).
CONSTANTINIÈRES (FIEF DES), aux Goberts, relev. de Ste-Néomaye, 1561 (arch. V. E^a. 403).
CONTERIE (LA), f. c^ne de St-Aubin-de-Baubigné.
CONTREMARCHE, vill. c^ne de Prissé.
CONTRIE (LA), f. c^ne de Moncoutant.
CONTROLERIE (LA), h. c^ne de Thorigné.
CONVAN, f. c^ne de Thorigné. — *Couvent* (Cass.).
CONVICAIRE (LA), f. c^ne de Beaulieu-sous-Bressuire.
CONZAY, vill. c^ne de Brieuil-sur-Chizé. — *Villa Conciacus in pago Pictavo, in vicaria Briocinse*, 951 (cart. St-Cyprien, 284). — *Conzaium, Conzoi*, XIIIe siècle (censif de Chizé). — *Cunsayum*, 1283 (arch. V. S^te-Cr. l. 89). — *Consay*, 1300, 1402 (id. 92, 89).
CONZAY, vill. et logis, c^ne de Thorigné. — *Conzay*, 1646 (arch. V. coll. Ste-Mart. l. 112).
COPECHOLIÈRE (LA), f. c^ne de St-Maurice-la-Fougereuse.
COPINEAU (LE GRAND), f. c^ne de Brûlain.
COPINIÈRE (LA), f. c^ne de Saurais.
COQUAIGNERIE (LA), à Bouillé, c^ne de St-Varent, relev. de la Roche-de-Luzay, 1379 (arch. St-Loup).
COQUET, h. c^ne de la Rochénard.
CORBELIÈRE (LA), f. c^ne de la Chapelle-Bâton.
CORBELIÈRE (LA), c^ne de Moulins, 1351 (arch. hist. Poit. XVII). L. disp.
CORBELIÈRE (LA), m^in. et f. c^nes de Ste-Néomaye et d'Azay-le-Brûlé. — *La Corbelière*, 1537, 1574 (not. St-Maix.). — *La Corbellière*, 1641 (arch. V. E. 3, l. 39).
CORBILLÈRE (LA), vill. c^ne de St-Léger-lez-Melle.
CORBIN, vill. c^ne de Boismé. — *Corbin*, 1385, relev. de Bressuire (arch. St-Loup).
CORBINAUX (LES), h. c^ne de St-Maurice-la-Fougereuse.
CORBINIÈRE (LA), f. c^ne de Luzay. — *La Corbinère*, 1473 (arch. V. St-Hil. l. 870).
CORDAY, c^ne de St-Christophe, 1408 (arch. V. E^a. 421). L. disp.
CORDE (LA), f. c^ne de la Forêt-sur-Sèvre.
CORDINIÈRE (LA), f. c^ne d'Adilly. — *La Cordinière*, 1463 (arch. Bret.).
CORDINIÈRE (LA), f. c^ne de la Chapelle-St-Laurent. — *La Cordinère*, 1436 (arch. St-Loup).
CORMENIER (LE), c^on de Beauvoir. — *Cormer*, 1077 (Font. XIX, 34). — *Cormerium*, 1157 (id. 244). — *Cormenier, Cormener, Cormenerium*, XIIIe siècle (censif de Chizé). — *Le Cormener*, 1295 (arch. V. S^te-Cr. l. 89). — *S^tus Eutropius de Cormenario* (panc. de Rochech. 1402).

Dépendait de l'archiprêtré de Mauzé, diocèse de Saintes, de la châtellenie, siège royal et élection de Niort. La cure était à la nomination de l'abbé de Montierneuf de Poitiers (mém. soc. stat. D.-S. 1886, p. 35). 64 feux en 1716, et 61 en 1750.

CORMENIER (LE), vill. c^{ne} de Clavé. — *Le Cormenier*, 1369 (arch. Barre, II, 24). — *Le Cormener*, 1536 (not. St-Maix.).

CORMENIER (LE), c^{ne} de Neuvy, relev. de Châteauneuf-en-Gâtine, 1482 (av. de Chât.).

CORMIER (LE), f. c^{ne} des Forges.

CORMIÈRE, vill. c^{ne} de Belleville.

CORNE-DE-LIÈVRE (LA), f. c^{ne} de St-Aubin-le-Clou.

CORNELIÈRE (LA), vill. c^{ne} de Vasles. — *La Cornullière* (Cass.).

CORNET (GRAND ET PETIT), vill. c^{ne} de St-Jean-de-Bonneval. — *Corné*, 1172 (arch. V. St-Hil. l. 870). — *Cornay* (Cass.).

CORNET, mⁱⁿ. c^{ne} de Terves. — *La planche de Cornet*, 1389 (arch. Durb.). — *Moulin-Cornet*, 1558 (reg. insin. Thouars).

CORNILLIÈRE (LA), f. c^{ne} du Pin. — *La Connillière* (Cass.).

CORNIOU, chât. et mⁱⁿ. c^{ne} de Germond. — *Le Corgniou*, 1598 (bull. soc. stat. D.-S. 1886, p. 284). — *Corgnou*, 1689 (arch. V. E. 1, 11).

CORNUÈRE (LA), h. c^{ne} de Moncoutant. — *La Cornoille*, 1425, relev. de Puymarri (arch. St-Loup).

CORNUETTE, l.-d. c^{ne} d'Argenton-Château. — *Cormette*, 1562 (arch. D.-S. H. 249).

CORNULIÈRE (LA), f. c^{ne} de St-Amand.

CORNULIÈRE (LA), vill. c^{ne} de Vouhé.

COSSARDIÈRE (LA), f. c^{ne} du Pin.

COSSE (LA), mⁱⁿ. c^{ne} d'Airvault.

COSSE (LA), vill. c^{ne} de Pouffond.

COSSE (LA), mⁱⁿ. c^{ne} de St-Martin-de-Bernegoue.

COSSE (LA), mⁱⁿ. c^{ne} de Secondigny. — *Moulin de la Cosse*, 1768 (arch. Barre).

COSSONNERIE (LA), f. c^{ne} des Échaubrognes. — *La Cossonnière* (Cass.).

COSSONNIÈRE (LA), f. c^{ne} de Neuvy. Relev. de Châteauneuf-en-Gâtine, 1490 (av. de Chât.).

COSSONNIÈRES (LES), vill. c^{ne} de Courlay.

COTANCIÈRE (LA), f. c^{ne} de Montravers. — *La Coutancière* (Cass.).

CÔTE (LA), f. c^{ne} de la Ferrière.

CÔTE (LA), f. c^{ne} de la Pérate.

CÔTE (LA), h. c^{ne} de St-Martin-de-Sanzay. — *Christophe de La Couste, s^r dudit lieu*, par. de St-Martin de Sanzay, 1584 (arch. des Dorides). — *La Coste* (Cass.).

CÔTE-PELÉE (LA), h. c^{ne} de Prailles. — *Couste Pellee*, 1524 (not. St-Maix.).

CÔTÉ (LE), (GRAND ET PETIT), h. c^{ne} du Vert. — *Les Côtés* (Cass.).

COTEAU (LE), f. c^{ne} de Brelou. — *Les Coustaulx*, 1526 ; *le Coustault*, 1537 (not. St-Maix.).

COTEAU (LE), vill. c^{ne} de Clavé. — *Le Coustault*, 1583 (not. St-Maix.).

COTEAU (LE), f. c^{ne} de Cours.

COTEAU (LE), f. c^{ne} d'Étusson.

COTEAU (LE), f. c^{ne} du Pin.

COTEAU (LE), chât. c^{ne} de St-Pardoux.

COTEAU (LE), f. c^{ne} de St-Paul-en-Gâtine.

COTEAU-RICHER (LE), h. c^{ne} de Thorigné. — *Couteau-Richer* (Cass.).

CÔTELET (LE), vill. c^{ne} de Saivre. — *Le Coustollet*, 1540 (not. St-Maix.).

CÔTELET (LE), vill. c^{ne} de Sciecq.

COTENTINIÈRE (LA), f. c^{ne} de Vausseroux.

CÔTES (LES), f. c^{ne} de la Couarde. — *Les Coustes*, 1525 (not. St-Maix.). — *Les Costes d'Ariomant*, 1657 (soc. des arch. pap. de Bernay,) — *Les Cottes de Goux*, 1660 (Soc. des Arch. pap. de Bernay.)

COTINIÈRE (LA), h. c^{ne} d'Azay-le-Brûlé. — *La Coutinère*, 1524 (not. St-Maix.).

COTINIÈRE (LA), f. c^{ne} de Nanteuil. — *Constantin Asse, s^r de la Cotinière*, 1407 (inv. d'Aub.) — *La Cothinère*, 1522 (not. St-Maix.). — Fief relev. d'Aubigny.

COTINIÈRE (LA), f. c^{ne} de Secondigny. — *La Cotinière*, 1404-1716, relev. de la baronnie de Secondigny (ms. 141 bibl. Poit.).

COTOLLIÈRE (LA), f. c^{ne} de Surin, détachée de la commune de Faye-sur-Ardin par la loi du 19 juin 1857 (cad.).

COUAILLÈRE (LA), f. c^{ne} de Clessé. — *La Touaillère*, 1405 (arch. Moiré). — *Hôtel de la Couaillère*, 1499 (arch. Barre, II, 327).

COUARDE (LA), vill. c^{ne} des Alleuds.

COUARDE (LA), h. c^{ne} de Limalonges.

COUARDE (LA), c^{on} de la Mothe-St-Héraye. — *La Couharde*, 1533 (not. St-Maix.). — *Seign. de la Couarde*, relev. de la baronnie de la Mothe-St-Héraye, 1621 (aveu de la Mothe).

Le chef-lieu de la commune de Goux a été transféré à la Couarde par décret du 15 déc. 1890.

COUARDE (LA), h. c^{ne} de St-Vincent-de-la-Châtre. — *Hôtel de Périssac ou de la Couarde*, 1581 (aff. Poit. 1781, p. 93).

COUAUDERIE (LA), h. c^{ne} de Montigné. — *La Quoinaudière* (Cass.).

COUBORTIGE, vill. c^{ne} de Pouffond. — *Aqua Viobria*, 1030 (Font. XXI, 105). C'est le ruisseau de

Coubortige qui fait tourner le moulin de Nossay (B.-Filleau, notes sur Melle). — *Couportige* (Cass.).

COUCHÉ, vill. c^{ne} de Nanteuil. — *Couschec*, 1412 ; *Cousché*, 1526 (not. St-Maix.).

COUCHÉ, mⁱⁿ. c^{ne} de St-Martin-de-Sanzay.

COUDAY (GRAND ET PETIT), vill. c^{ne} de St-Georges-de-Noisné. — *Couday*, 1389 (arch. V. E^a. 446). — *Le Cousday*, 1528 (not. St-Maix.).

COUDRAIS (LE), (HAUT ET BAS), vill. c^{ne} de Chanteloup. — *Le Cosdroy*, 1436, 1439, relev. de la seign. de Forges à Bressuire (arch. St-Loup). — *Le Couldray*, 1558 (reg. insin. Thouars). Relev. en partie de la Roquemittière et en partie de la Vau-Richier (id.). — *Le Coudray*, 1745 (arch. fabr. Ch.-St-Laur.).

COUDRAIS (LE), f. c^{ne} de Cirière. — *Le Coudray*, 1602, relev. de Cirière (arch. St-Loup).

COUDRAIS (LE), f. c^{ne} de Courlay.

COUDRAIS (LA GRANDE), f. c^{ne} des Échaubrognes.

COUDRAIS-BONNEAU (LA), h. c^{ne} des Échaubrognes.

COUDRAIS (LE), h. c^{ne} d'Étusson. — *Le Coudray-Berlot* (Cass.).

COUDRAIS (LE), vill. et logis, c^{ne} de Louin. — *Le Codroy*, 1378 (arch. V. S^{te}-Cr. l. 77). — *Le Cousdray*, 1477 (arch. Maisontiers). — *Le Couldray*, 1548 (id.). — *Seign. du Coudray*, relev. de la Ronde de Louin, 1639 (arch. Vernay).

COUDRAIS-NOYERS (LA), chât. c^{ne} de Loublande. — *La Coudraie-Noyère* (Cass.).

COUDRAIS (LE), vill. c^{ne} de St-Léger-lez-Melle. — *Le Coudray de la Barre* (Cass.).

COUDRAIS (LE), h. c^{ne} de St-Maurice-la-Fougereuse.

COUDRAIS (LA), vill. c^{ne} de St-Pierre-à-Champ.

COUDRAIS (LE), vill. c^{ne} de Sepvret.

COUDRAY (LE), f. c^{ne} d'Argenton-l'Église.

COUDRAY (LE), vill. c^{ne} de Coulonges-Thouarsais. — *Le Couldrays*, 1520 ; *La Coudraye*, 1672 ; anc. fief relev. de la Brosse-Guilgault (arch. V. Brosse-Guilgault, 15).

COUDRAY-GRAUBIGNEAU (LE), en la par. de la Petite-Boissière, 1483, relev. de la Guierche (Font. IX, 383).

COUDRAY-SALBART (LE), anc. chât. du XIIIe siècle. — *Codreium*, 1265 (cart. St-Maix. II, 94). — *Chastel du Coudray*, 1363 (id.). — *Couldray*, 1440 (id.). Voir SALBART.

COUDRE (LA), c^{on} d'Argenton-Château. — *Coldra*, v. 1122 (ch. de St-Flor. ap. arch. hist. Poit. II). — *Cosdra*, 1300 (gr.-Gauthier).

La paroisse de St-Hilaire de la Coudre dépendait du doyenné de Bressuire, de la sénéchaussée de Poitiers, de l'élection de Thouars, et relev. d'Argenton-Château. La cure était à la nomination du chapitre St-Hilaire de Poitiers. Il y avait 54 feux en 1750 (cart. alph. Poit.).

COUDRE (LA). — *La Cousdre*, par. des Aubiers, 1351 (arch. hist. Poit. XVII, 79). L. disp.

COUDRE (LA), f. c^{ne} d'Azay-sur-Thoué. — *Molendinum de Cosdra*, 1267 (Font. I, 391).

COUDRE (LA), vill. c^{ne} du Beugnon. — *La Coudre*, 1387-1722, relev. de Secondigny (ms. 141 bibl. Poit.).

COUDRE (LA), vill. c^{ne} de Chantecorps.

COUDRE (LA), h. c^{ne} de Chey, 1533 (arch. V. N.-D. l. 1217).

COUDRE (LA), vill. c^{ne} de Clussais.

COUDRE (LA), f. c^{ne} de Coulonges-Thouarsais. — *La Cousdre*, 1486 (arch. V. Brosse-Guilgault, 15). — *La Couldre*, 1601 (id. 44).

COUDRE (LA), (GRANDE ET PETITE), vill. c^{ne} de Mairé-l'Évescault.

COUDRE (LA), anc. mⁱⁿ. c^{ne} de Parthenay. — *Molendinum de Codra*, 1281 (arch. V.).

COUDRE (LA), f. c^{ne} de St-Marsault. — *La Coudre*, 1430, relev. de St-Marsault (arch. St-Loup).

COUDRE (LA), h. c^{ne} de Saivre. — *La Couldre*, 1526 (not. St-Maix.).

COUDRÉ, vill. c^{ne} de Clussais. — *Le Puy des Retz de Coudré*, 1678 (arch. V. Nouaillé, l. 38).

COUDRÉ (LE), c^{ne} de Nanteuil. — *Le Cousdrey de la Ripaille*, 1359 (inv. d'Aub.). — *Le Couldray de la Rippalle*, 1528 ; *le Couldré*, 1535 ; *le Coudré de la Ripaille*, 1620 ; *le Coudré-Dangireau*, 1651 (not. St-Maix.).

COUDRÉ (LE), vill. c^{ne} de Pamprou. — *Le Couldray-Chauvin*, 1530. — *Le Coudré-Chauwyn*, 1538 (not. St-Maix.). — *Le Coudré-Chauvain*, 1667 (arch. D.-S. E. 1201).

COUDRÉ (LE), vill. c^{ne} de Rom. — *Le Coudré de l'Épine* (Cass.).

COUDRÉ (LE), vill. c^{ne} de St-Éanne. — *Le Coudretz de Faye*, 1532 ; *le Couldré de Faye*, 1537 (not. St-Maix.). — *Le Coudré des Fayes*, 1667 (arch. D.-S. E. 1199).

COUDRÉE (LA), bois, c^{ne} de Frontenay. — *La Cosdrée*, 1318 ; *la Coudrée*, 1319 (arch. V. Nouaillé, l. 55).

COUDREAU (LE), f. c^{ne} de St-Amand.

COUDREAU (LE), éc. c^{ne} des Échaubrognes.

COUDRELLE (LA), vill. c^{ne} d'Aubigny. — *Codroella*, v. 1100 (cart. Talmond, p. 169). — *La Cudrelle*, v. 1100 (arch. Bret.-Chal.). — *La Cousdrelle*, 1492, relev. de Châteauneuf-en-Gâtine (av. de Chât.).

COUDRET (LE), f. c^{ne} d'Augé.

COUDRET-DE-SALETTE (LE), f. c^{ne} de Chantecorps. Anc. fief relev. de l'abbaye des Châteliers, 1789 (arch. D.-S. H. 325).

COUDRIÈRES (LES), h. c^{ne} de Pouffond.
COUDRIOU (LE), h. c^{ne} de St-Amand-sur-Sèvre.
COUENNERIE (LA), vill. c^{ne} de Cerizay.
COUILLARD, mⁱⁿ. c^{ne} de Terves. — *Moulin de Coillart*, 1365 (arch. St-Loup).
COUILLAUDIÈRE (LA), f. c^{ne} des Aubiers, 1703 (arch. D.-S. E. 1116).
COULAISIÈRE (LA), vill. c^{ne} de Pugny. — *La Coloysère*, 1402; *la Couloizère*, 1439, relev. de la seign. de Forges, à Bressuire (arch. St-Loup). — *Les Coulaizières* (Cass.).
COULAISIÈRES (LES), vill. c^{ne} de Cours. — *Les Coullaisières*, 1567 (not. St-Maix.). — *Les Coulloizières*, 1657 (arch. V. Pouzay, 2).
COULÉE (LA), f. c^{ne} de Boesse.
COULÉE (LA), partie du village de la Fontenelle, c^{ne} de Ste-Néomaye.
COULLONERIE (LA), f. c^{ne} de Coulon.
COULOMBIER (LE), h. c^{ne} de Chanteloup.
COULOMBIER (LE), f. c^{ne} de Faye-sur-Ardin; anc. fief relev. de la seign. d'Épanne, 1578 (arch. D.-S. E. 255).
COULON, c^{on} de Niort. — *Ecclesia Colonus in Alnensi territorio* (ch. de Charles le Chauve, ap. Besly, c^{tes} de Poit. p. 153, ex tab. Carrof.). — *Villa Colongia in vicaria Bachiacense in pago Aunisio*, v. 944 (cart. St-Maix. 86). — *Colonna super fluvium Sevriæ*, 989 (cart. Bourgueil, ch. de Guill. duc d'Aquit.). — *Colongias*, 991 (ch. de Nouaillé, ap. Font. XXI). — *Coluns*, 1156 (hist. de Maillezais par Lacurie). — *Colomps*, 1242 (ch. du pr. de Fontbl.). — *Colons, Coloniæ*, 1243; *Coulons*, 1245 (compt. d'Alph. de Poit.). — *Coullons*, 1377 (Font. XX, 188). — *Coullon*, 1401 (vig. de l'Aunis par L. Faye). — *St-Sauveur-de-Coullon*, 1597 (arch. V. Feuill. l. 74).
Coulon dépendait de l'archiprêtré de Mauzé, diocèse de Saintes, de la châtellenie de Benet et de l'élection et siège royal de Niort (état de l'élect. 1716). Il y avait 152 feux en 1716 et 188 en 1750. — Son prieuré, dépendant de l'abbaye de Nieul, fut réuni au couvent des Feuillants de Poitiers dès 1613.
COULONGE, vill. c^{ne} de Brioux. — *Villa Colonia*, 1024 (cart. de St-Cyprien, 297).
COULONGES-SUR-L'AUTISE ou COULONGES-LES-ROYAUX, arr^t de Niort. — *Villa Ecolonii*, v. 978 (ch. de St-Hilaire par Rédet, I, 58). — *Colongia*, v. 1090 (cart. St-Cyprien, 333). — *Colongiæ*, 1184 (hist. Maillezais par Lacurie). — *Colongæ*, 1260 (homm. d'Alph. de Poit.). — *Chalungiæ*, 1300 (gr.-Gauthier). — *Château de Coulonges les Réaux*, 1361 (Font. LXXXIV). — *Colonges-les-Roiaux*, 1404, relev. de Fontenay (gr.-Gauthier, des bénéf.). — *Colonges-les-Réaux*, 1457 (Font. XXVI, 420). — *Coulonges-les-Royaulx*, 1519 (ch. de Nieuil). — *Châtellenie de Coullonges-les-Réaulx*, 1568 (arch. V. C. 2, l. 219). — *Coulonges-les-Royaux* (Cass.).

Dépendait de l'archiprêtré d'Ardin, de la châtellenie, sénéchaussée et élection de Fontenay. Il y avait 302 feux en 1759 (cart. alph. Poit.). Le prieuré-cure de St-Étienne de Coulonges était à la nomination de l'abbaye de Nieuil-sur-l'Autise.

Le canton de Coulonges-les-Royaux, créé en 1790 et dépendant du district de Niort, comprenait les communes de Ardin, Béceleuf, Faye-sur-Ardin, St-Maixent-de-Beugné, St-Pompain, Villiers-en-Plaine. On lui adjoignit plus tard le canton supprimé de la Chapelle-Thireuil, du district de Parthenay, sauf Pamplie réuni à Champdeniers.

COULONGES-THOUARSAIS, c^{on} de St-Varent. — *Colungiæ*, v. 1080 (cart. St-Jouin). — *Sta Maria de Colungiis*, 1122 (ch. de St-P. du Chât. Thouars, ms. 1660). — *Collungæ*, 1263 (chartr. Thouars). — *Colungia*, 1285 (id.). — *Colunges* (fin du XIIIe siècle) (arch. V. Brosse-Guilgault, 6). — *Colengiæ*, 1300 (gr.-Gauthier). — *Coulonges en pais de Thouarçoys*, 1385; *Colonges Thoarçoises*, 1397 (arch. V. H. 3, 810). — *Colonges Toarsoyses*, 1420; *Coulonges Touarsayses*, 1423 (arch. St-Loup). — *Coulonges-lez-Thouard*, 1473 (cart. St-Jouin). — *Coulonges Thouarçoises*, 1520 (arch. V. Brosse-Guilgault, 6). — *N.-D. de Coulonges*, 1648 (pouillé B.-Filleau). — *Coulonges le Thouarçois*, 1740 (arch. D.-S. E. 1101).

Coulonges faisait partie de la châtellenie de Thouars, dont il formait un bailliage de l'ancien ressort du siège et vicomté, qui comprenait les paroisses de Coulonges, Luché, les Roches-de-Noireterre, Ste-Gemme, Geay, Sanzay, Pierrefitte, Faye-l'Abbesse, Chapelle-Gaudin, Moutiers, Rigné, Missé, St-Jean-de-Bonneval, St-Jacques-de-Montauban, Mauzé, Ste-Radegonde-des-Pommiers (hist. de Thouars par Imbert, p. 247). Il dépendait du doyenné de Bressuire, de la sénéchaussée de Poitiers et de l'élection de Thouars. La cure était à la nomination du chapitre de St-Pierre du Châtelet de Thouars. Il y avait 110 feux en 1750 (cart. alph. Poit.).

COUMAILLÈRE (LA), f. c^{ne} de la Pérate. — *La Coumaillère*, 1462.
COUMAILLÈRE (LA), vill. c^{ne} de St-Laurs.
COUPIGNÉ, vill. et mⁱⁿ. c^{ne} de Fontenille. — *Moulin de Coupigné*, 1695 (arch. V. E. 2, l. 8).

COUPIGNY, f. c^{ne} de Thorigny-sur-le-Mignon. — *Coupignec*, 1351 (arch. V. Montiern. I. 93). — *Courpigny* (Cass.).

COUR (LA), h. c^{ne} d'Azay-le-Brûlé. — *Curtis de Terniaco, in villa Abziaco in vicaria Afriacense*, 948 (cart. St-Maix. I, 29).

COUR (LA), f. c^{ne} de Boesse. — *La Cour de Véché* (Cass.).

COUR (LA), f. c^{ne} de la Petite-Boissière.

COUR (LA), f. c^{ne} de Breuil-Chaussée. — *Haute et Basse Cour* (Cass.).

COUR (LA), h. c^{ne} de Celles.

COUR (LA VIEILLE), m^{on}. c^{ne} de Cerizay.

COUR (LA), f. c^{ne} de la Chapelle-Largeau. — *La Cour de la Seinboire* (Cass.).

COUR (LA), h. c^{ne} de Chavagné.

COUR (LA), h. c^{ne} de Germond. — *La Cour de Breilbon*, 1689 (arch. V. E. 1, 8).

COUR (LA), f. c^{ne} de Largeasse, 1742 (arch. D.-S. E. 257).

COUR (LA), f. c^{ne} de St-Amand-sur-Sèvre.

COUR (LA), f. c^{ne} de St-Éanne. — *Hôtel de la Cour*, 1469 (Font. V, 287).

COUR (LA), h. c^{ne} de St-Marsault.

COUR (LA), c^{ne} de Vasles. — *La Cour de Vasles*, 1694 (arch. Barre, II, 75). L. disp.

COURANCE (LA), rivière qui prend sa source au-dessous de Bernegoue, et se jette dans le Mignon, au-dessous du Bourdet (stat. des D.-S. par Dupin).

COURANSAY, mⁱⁿ. détr. c^{ne} de St-Maxire. — *Currentia*, v. 1120 (cart. St-Cyprien, 330). — *Sanctus Remigius de Currentia*, v. 1140 (id.). — *Fief de Courançay ou de St-Remi aux Habites* (St-Maxire par L. Desaivre).

COURAS, c^{ne} d'Augé. — *Courax*, 1587; *Couraz*, L. disp. 1686 (not. St-Maix.).

COURAULT (LE), mⁱⁿ. c^{ne} de Pamprou, relev. de St-Maixent (état du duché de la Meill. 1775). — *Moulin du Petit Courault*, 1559 (not. St-Maix.). — *Coureau* (cad.).

COURAULT (LE), f. c^{ne} de Salles. — *Feodum de Corraut*, 1260 (homm. d'Alph. de Poit.). — *Couraus*, relev. de St-Maixent, 1406 (gr.-Gauthier, des bénéf.). — *Courault*, 1568 (not. St-Maix.). — *Grand Coureau* (cad.).

COUR-AU-MERLE (LA), h. c^{ne} de St-Maurice-la-Fougereuse.

COUR-BACHER (LA), logis, c^{ne} de St-Maxire.

COURBANAY, vill. c^{ne} de Mairé-l'Évescault. — *Villa Corbenaco in vicaria Castanedo in pago Pictavo*, 937 (arch. V. Nouaillé, orig. n° 37). — *Curbenacus in comitatu Briosinse*, v. 1000 (Font. XXI, 343). — *Courbanaye* (Cass.).

COURBAUDIÈRE (LA), f. c^{ne} de Genneton. — *La Courbaudry* (Cass.).

COURBERIVE, étang et mⁱⁿ. c^{nes} de Pugny et la Chapelle-St-Laurent. — *Étang de Corberive*, 1402 (arch. St-Loup). — *Courbrive* (cad.)

COURBIÈRE, mⁱⁿ. c^{ne}. de la Chapelle-St-Laurent.

COURBOTTRIE (LA), f. c^{ne} de Vausseroux.

COUR-CHAUVEAU (LA), à Riblaire, c^{ne} de St-Varent.— *La Cour-Chauveau* 1494, relev. de Thouars (fiefs de la vic. Thouars), puis de la seign. de Boucœur, 1717 (arch. V. S^{te}-Cr. l. 78).

COURCILLAUD, f. c^{ne} de Fontperron.

COUR-D'ANTE (LA), f. c^{ne} de Niort.

COUR-D'AUGÉ (LA), vill. c^{ne} d'Augé. — *Curia de Augeyo*, 1278 (arch. V. Fontaine-le-C., l. 22). — *Curia de Augé*, 1285 (id.). — *La Roche de la Court d'Augé*, 1530; *la Court d'Augé* 1666 (not. St-Maix.).

COUR-D'AUGÉ (LA), f. et logis, c^{ne} de St-Maxire, ressort et élection de Fontenay, 1609 (Font. XX, 424). — *La Cour d'Augé, aliàs Bretignole*, 1567 (St-Maxire, par L. Desaivre).

COUR-DE-BOURBIA (LA), f. c^{ne} de St-Gelais.

COUR-DE-LA-GARDE (LA), logis, c^{ne} de Romans.

COUR-DE-LA-GARNIÈRE (LA), h. c^{ne} du Puy-St-Bonnet.

COUR-DE-GLANDE (LA), f. c^{ne} de Coulon.

COUR-DE-LUGNÉ (LA), f. c^{ne} de Saivre.

COUR-DE-MAGNÉ (LA), f. c^{ne} de Ste-Pezenne. — *La Court de Magné*, 1406 (arch. hist. Poit. XXIV, 22, n.). — *La Cour de Maigné*, ressort et élection de Niort, 1609 (Font. XX, 422).

COUR-DE-RIBRAY (LA), c^{ne} de Niort. — *Le village de Riberay, par. de N.-D. de Niort*, 1502 (arch. V. E^s). — *N.-D. de Ribraye*, 1782 (pouillé).

COUR-DE-SAIVRE (LA), c^{ne} de Saivre. — *La Court de Saevre*, 1583 (not. St-Maix.).

COUR-DES-NOUES (LA), h. c^{ne} d'Exireuil.

COUR-DE-TERLAND (LA), f. c^{ne} de Gript. — *La Cour* (Cass.).

COURDEVANT, mⁱⁿ. c^{ne} de la Mothe-St-Héraye. — *Moulin de Coureildevant*, sur la Sèvre, dépendant de la baronnie de la Mothe-St-Héraye, 1621 (aveu de la Mothe).

COURDEVANT, mⁱⁿ. c^{ne} de St-Martin-de-St-Maixent. — *Moulin de Courlydevant*, 1526; *Coureildevant*, 1584, 1650 (not. St-Maix.).

COUR-DE-VIX (LA), c^{ne} de Saivre.

COUREILLAUD, f. c^{ne} de Fontperron.

COUR-EN-PRIN (LA), f. c^{ne} de Deyrançon.

COURGÉ, vill. c^{ne} de Vançais. — *Courgec*, 1286 (arch. V. chap. N.-D. cart. sceaux, 160). — *Courget*, 1407 (gr.-Gauthier, des bénéf.). — *Courgé*, 1426 (arch. V. St-Ben. I. 26). — *Courje* 1506, relev. de Lusignan (arch. V. C. 2, 136).

COURJODERIE (LA), f. c^{ne} de Breuil-Chaussée. — *La Coujaudrie* (Cass.).

COURLAIRE (LA), f. c^{ne} de Neuvy-Bouin. — *La Corleere*, 1279 (cart. Bourgueil). — *La Corlaère*, 1340 (arch. V. E. 2, 236).

COURLAY, c^{on} de Cerizay. — *Corlé*, XIIe siècle (cart. l'Absie). — *Corllé*, 1292 (arch. Durbell.). — *Curleyum seu Corle*, 1300 (gr.-Gauthier). — *Courlé*, 1436 (arch. St-Loup). — *Courlay*, 1568 (dict. fam. Poit. II, 25).

La seign. relevait de la Forêt-sur-Sèvre, 1598 (arch. chât. la Forêt). La sergenterie fiscale du bailliage de Courlé relev. de Bressuire, 1420-1605 (arch. St-Loup). — *St-Rémy-de-Courlay*, 1648 (pouillé B.-Filleau). La cure était à la nomination de l'évêque. La paroisse dépendait du doyenné de Bressuire, de la sénéchaussée de Poitiers et de l'élection de Thouars. Il y avait 385 feux en 1750.

COURLAY, f. c^{ne} de Moutiers.

COURLU, f. c^{ne} d'Augé. — *Courleu*, dépendant de la châtellenie de St-Maixent (cart. St-Maix. intr.). — *Corleu*, 1363 (arch. hist. Poit. XXIV, 152, n.).

COURNEAUX (LES), h. c^{ne} des Aubiers. — *Grand et Petit Courneau* (Cass.).

COURNOLIÈRE (LA), vill. c^{ne} de Moncoutant. — *La Cournaulière* (Cass.).

COUROLLÉE (LA), f. c^{ne} de Chantecorps. — *La Courollaye* (Cass.). Dépendait de la châtellenie de St-Maixent (cart. St-Maix. intr. 48).

COUROLLES (CABANE DES), c^{ne} de Coulon.

COUROLLIÈRE (LA), f. c^{ne} de Montravers.

COUROLLIÈRE (LA), f. c^{ne} de St-Amand.

COURONNEAU (CABANE DU), c^{ne} de Coulon.

COUR-PAGERIE (LA), f. c^{ne} de Vasles.

COURPANTAIS, f. et mⁱⁿ. c^{ne} de Coulon. — *Courpantais*, 1678 (arch. Barre).

COURS, c^{on} de Champdeniers. — *Cors*, 1145-1152 (cart. St-Maix. 351). — *Cours*, 1363 (cart. St-Maix. II, 147). — *Coux*, 1657 (arch. V. Beauregard, 25). — *St-Cybard de Cours* (pouillé 1782).

La cure était à la nomination de l'évêque. Cours faisait partie de la châtellenie de Béceleuf réunie à la baronnie de Parthenay (dén. des just. de la bar. de Parth. 1744). Il dépendait de l'archiprêtré de St-Maixent, de la sénéchaussée de Poitiers et de l'élection de Niort, après avoir fait partie de celle de Parthenay au XVIe siècle. Il y avait 101 feux en 1716, et 111 en 1750 (état de l'élect. — cart. alph. Poit.).

COURSAY, vill. c^{nes} de Faye-sur-Ardin et de Villiers. — *Curciaco vi*. monn. mérov. (Fillon, Poit. et Vend.). — *Corcayum*, 1260 (homm. d'Alph. de Poit.). — *La Mothe-de-Coursay*, 1404, 1583, relev. de la châtellenie de Béceleuf réunie à la baronnie de Parthenay (arch. D.-S.). — *Cursay*, 1560 (arch. V. seign. div. 32).

COURSAY, vill. c^{ne} de St-Maxire.

COUSAUDIÈRE (LA), vill. c^{ne} de Vasles.

COURSERIE (LA), f. c^{ne} des Échaubrognes.

COURSOINES (LES), vill. c^{ne} de St-Romans-lez-Melle.

COURTAILLE, l.-d. c^{ne} de la Mothe-St-Héraye, 1576 (arch. D.-S. E. 401).

COURTAILLE, m^{on}. c^{ne} de Noireterre.

COURTANNE, vill. c^{nes} de Lorigné et de Pioussay.

COURTAUDIÈRE (LA), f. c^{ne} de Gript.

COURTEBINETTE, l.-d. près Verdeuil, c^{ne} de St-Christophe (le pr. de Champd. par Desaivre, p. 16).

COURTEIL (LE), f. c^{ne} de Ste-Blandine. — *Cortaium*, 1260 (homm. d'Alph. Poit.). — *Saulvemont à présent nommé le Courteil-Brunet*, relev. de la Mothe-de-Thorigné, v. 1550 (arch. V. E². 162). — *Le Courteuil*, 1740 (arch. D.-S. E. 1165). — *Le Courtais* (Cass.).

COURTEPAILLE, h. c^{ne} de Montalembert.

COURTEPIERRE (LA), f. c^{ne} de Breuil-Chaussée.

COURTE-VALLÉE, h. c^{ne} d'Airvault.

COURTE-VERSENNE (LA), h. c^{ne} de St-Hilaire-la-Palud.

COURTIÈRE (LA), f. c^{ne} d'Azay-sur-Thoué. — *La Courtière*, 1507. — *Moulin de la Courtière, appelé Mouillepain*, 1581 (Font. IX, 466, 389). Relev. de la seign. de Lhérigondeau.

COURTIÈRE (LA), f. c^{ne} de Fenioux, relev. de la Salle de Fenioux (ôt. du duché de la Meill. 1775).

COURTIÈRE (LA), f. c^{ne} de la Ferrière, relev. de Parthenay, 1610, 1698 (arch. V.).

COURTIL (LE), (GRAND ET PETIT), h. c^{ne} de la Coudre. — *Courtille* (Cass.).

COURTILLE (LA), f. c^{ne} des Moutiers.

COURTINIÈRE (LA), vill. c^{ne} de St-Amand-sur-Sèvre. — *La Cortinère*, XVe siècle (reg. de r. du Temple Maul.).

COURTIOU (LE), h. c^{ne} de Baussais. — *Le Petit Courtiou*, 1587 (not. St-Maix.).

COURTIOU (LE), h. c^{ne} de Bouillé-St-Paul.

COURTIOU (LE), f. c^{ne} de Champeaux.

COURTIOU (LE), f. c^{ne} de Fenioux, 1612 (arch. V. Béceleuf, 7).

COURTIOU (LE), h. c^{ne} de Périgné.

COURTIOU-AUX-BRUNEAUX (LE), c^{ne} de Saivre, sis à Maunay, 1546 (not. St-Maix.). L. disp.

COURTIOU-BOUTIER (LE), f. c^{ne} de Souvigné. — *Le Courtiou-Bouthier*, 1567, 1639 (not. St-Maix.).

COURTIOU-DE-BOIS-PINEAU (LE), h. c^{ne} de Souvigné. — *Le Courtiou près le boys Pineau*, 1561 (not. St-Maix.).

COURTIOU-DE-COURGÉ (LE), h. c^{ne} de Vançais. — *Le Courtiou* (Cass.).

COURTIOU-DE-MIBERTIN (LE), h. c^{ne} de Bouillé-St-Paul.

COURTIOU-JARRIAS (LE), vill. c^{ne} de Souvigné. — *Le Courtiou-Garriau*, 1671 (arch. D.-S. H. 136).

COUSINET (LE), f. c^{ne} des Échaubrognes.

COUSINIÈRE (LA), vill. c^{ne} de Cours, relev. d'Ardin, 1608 (arch. V. E^s. 410). — *La Couzinière* (Cass.).

COUSINIÈRE (LA), f. c^{ne} de Largeasse. — *La Gousinère*, appartenant à l'abbaye de l'Absie, 1402 (arch. St-Loup). — *La Gouzinière* (Cass.).

COUSINIÈRE (LA) (GRANDE ET PETITE), ff. c^{ne} de Rorthais.

COUSINIÈRE (LA), f. c^{ne} de St-Germain-de-Longue-Chaume.

COUSSARDIÈRE (LA), vill. c^{ne} des Alleuds. — *La Coussardière* (pap. terr. des All. ap. bull. soc. stat. D.-S. 1884).

COUSSAT (LE), h. c^{ne} de Prailles.

COUSSAYE (LA GRANDE), vill. c^{ne} d'Adilly.

COUSSAYE (LA), vill. c^{ne} d'Allonne.

COUSSAYE (LA), f. c^{ne} de Beaulieu-sous-Parthenay.

COUSSAYE (LA), (GRANDE ET PETITE), ff. c^{ne} de la Chapelle-Bertrand.

COUSSAYE (LA), f. c^{ne} de Combrand.

COUSSAYE (LA), f. c^{ne} de Faye-l'Abbesse. — *La Coussaye*, 1395, relev. de Chiché (arch. St-Loup).

COUSSAYE (LA), en la par. de Fenioux, 1577 (arch. hist. Poit. XX, 389).

COUSSAYE-DU-PIN (LA), c^{ne} du Pin, 1559 (reg. insin. Thouars). L. disp.

COUSSAYE (LA), vill. c^{ne} de St-Georges-de-Noisné. — *La Coussée*, 1452 (arch. Barre, II, 161). — *La Janvre-Coussaye*, tenant à la *Vieille-Coussaye*, relev. de la seign. d'Aubigny, 1463 (arch. V. E^s. 409). — *La Coussaye*, 1533 (not. St-Maix.).

COUSSAYE (LA), h. c^{ne} de St-Germain-de-Longue-Chaume. — *La Coussaye*, 1404, relev. d'Airvault (arch. Moiré).

COUSSAYE (LA), vill. c^{ne} de St-Germier. — *Cozay*, 1260 (homm. d'Alph. de Poit.). — *Le Grant Goussay*, 1400 (pap. Maub.). — *Coussay*, 1484 (arch. V. coll. Ste-Mart. l. 90). — *Le Petit Coussay*, 1695 (arch. Barre, I, 296). — *Coussay* (Cass.).

COUSSAYE (LA), (GRANDE ET PETITE), h. c^{ne} de Soudan. — *La Cossée*, 1231 (cart. St-Maix. II, 62). — *La Coussaye*, 1535 (not. St-Maix.). Relev. de St-Maixent (état du duché de la Meill. 1715).

COUSSAYE (LA), chât. c^{ne} de Terves. — *La Coussaye*, 1402, 1428, relev. de Bressuire (arch. St-Loup).

COUSSAYE (LA), f. c^{ne} de Verruye. Relev. de Pressigny-en-Gâtine, 1600 (arch. V. E^s. 415).

COUSSET (LE), (GRAND ET PETIT), ff. c^{ne} des Groseillers.

COUSSIÈRE (LA), h. c^{ne} de Clussais.

COUSSINIÈRE (LA), f. c^{ne} de Vouhé. — *La Coussinière*, relev. de Pressigny-en-Gâtine, 1600 (arch. V. E^s. 415).

COUSSOTE (LA), m^{in}. c^{ne} de Ménigoute. — *Moulin de la Coussote sur la Vonne*, 1663, 1675 (arch. Barre, 11, 458).

COUSSOTERIE (LA), h. c^{ne} de Prahecq.

COÛT (LE), vill. c^{ne} du Breuil-Chaussée.

COÛT (LE), f. c^{ne} de la Chapelle-Largeau.

COÛT (LE), f. c^{ne} de Largeasse. — *Le Coup* (Cass.).

COÛT (LE), f. c^{ne} de la Pérate. — *Les Cour*, métairie donnée en 1416 à la maison-Dieu de Parthenay (pap. de la Villehervé). — *Les Couts*, 1631 (id.).

COÛT (LE), h. c^{ne} de Pompaire, relev. de Lhérigondeau. — *Le Couts*, 1560 (arch. V. se..n. div. 32). — *Les Couts*, 1615 (arch. V. les Lineaux).

COÛT (LE), f. c^{ne} de Rorthais. — *Le Coust* (Cass.).

COÛT (LE), f. c^{ne} de St-Amand. — *Herbergamentum de Parietibus seu de Cous*, 1304, dépendant de la commanderie du Temple de Mauléon (arch. V. H. 3, 723). — *Le Coux* (Cass.).

COÛT (LE), f. c^{ne} de St-Aubin-le-Clou.

COÛT (LE), f. c^{ne} de Traye.

COÛT (LE), h. c^{ne} de Verruye. — *Le Cout*, 1618 (arch. V. E^s. 403). — *Le Coust* (Cass.).

COUTANCIÈRE (LA), f. c^{ne} du Busseau.

COUTANCIÈRE (LA), vill. c^{ne} de St-Pardoux.

COUTANCIÈRE (LA), f. c^{ne} de Saivre. — *La Coutancière*, 1403, 1406, relev. du château de St-Maixent (gr.-Gauthier, des bénéf.). — *La Coutanlière* (Cass.).

COUTANCIÈRE (LA), f. c^{ne} de Vernou.

COUTANT (LE), f. c^{ne} d'Augé. — *Costans*, 1260, en la châtellenie de St-Maixent (homm. d'Alph. de Poit.). — *Coustans*, 1525 (not. St-Maix.). — *Contaut*, 1512 (arch. D.-S. E. 216).

COUTARD, m^{in}. c^{nes} d'Azay-le-Brûlé et d'Augé. — *Moulin de Coustard ou Coustart*, 1524, 1528 (not. St-Maix.).

COUTARD, m^{in}. c^{ne} de Couture-d'Argenson.

COUTARDÈRE (LA), près le m^{in}. de Monnoye (Maunay), 1524, c^{ne} de Saivre (not. St-Maix.). L. disp.

COUTAULT (LE), f. c^{ne} de St-Pardoux. — *Les Coustaulx*, 1615, relev. de Boisgrollier. — *Le Coutault*, 1779 (pap. du Cout.).

COUTAUX (LES), vill. et chât. c^{ne} de St-Gelais — *Baronnie des Coustaulx*, 1595 ; *château de Coutault*, 1708 (arch. V. E. 1, 9).

COUTEAU (LE), f. c^{ne} de St-Laurs.

COUTEAUDEAU, vill. c^ne d'Aiffres.

COUTELLE (LA), chât. ruiné, c^ne de St-Hilaire-la-Palud (Cass.).

COUTIÈRES, c^on de Ménigoute. — *Costeriæ*, 1110 (cart. St-Maix. 258). — *Costères*, 1218 (id. II, 41). — *Coustères*, 1369 (arch. Barre). — *Coustière*, 1666 (id.). — *St-Hilaire de Coustiers* (pouillé 1782).

Dépendait de l'archiprêtré, de la sénéchaussée de St-Maixent et de l'élection de Poitiers. La cure était à la nomination de l'évêque. Il y avait 75 feux en 1750 (cart. alph. Poit.).

COUTINIÈRE (LA), f. c^ne de la Chapelle-St-Étienne.

COUTINIÈRE (LA), vill. et f. c^ne de Vouhé. — *La Coutinière*, relev. de Pressigny-en-Gâtine, 1600 (arch. V. E^s. 415).

COUTOLIÈRE (LA), f. c^ne d'Augé.

COÛTS (LES), c^ne de la Chapelle-Bâton, relev. du Breuillac, 1442 (arch. V. E^s. 405).

COÛTS (LES), f. c^ne de St-Aubin-le-Clou. — *Les Coups*, 1503, relev. de Châteauneuf-en-Gâtine (av. de Chât.). — *Les Couts*, 1368. Ce fief fut ensuite réuni à la châtellenie d'Azay-sur-Thoué (pap. Taudière).

COÛTS (LES), vill. c^ne de Vançais. — *Lécouts* (Cass.).

COÛTS (LES), f. c^ne de Voultegon.

COUTURE (LA), c^ne d'Aiffres. — *La Couture en Aiffres*, 1461. Anc. fief relev. de la seign. d'Aiffres (arch. D.-S. E. 160). L. disp.

COUTURE (LA), vill. c^ne d'Aigonnay. — *La Costure*, 1218 (cart. St-Maix. II, 41). — *Costura*, 1260 (homm. d'Alph. de Poit.). — *La Couture*, relev. de St-Maixent, 1599 (arch. V. C. 2, 106).

COUTURE (LA), h. c^ne de Bouillé-Loretz. — *La Costure*, 1331. — *La Cousture*, 1585 (arch. V. H. 3).

COUTURE (LA), f. c^ne de St-Maxire.

COUTURE (LA), vill. c^ne de Saivre. — *Cultura*, 1261 (hist. d'Alph. de Poit. par B. Ledain). — *La Petite Cousture*, 1557 (not. St-Maix.).

COUTURE (LA), f. c^ne de Viennay. — *La Cousture*, 1501, 1520 (pap. de ma coll.). — *L'hôtel de la Couture*, 1630, relev. d'Airvault (hist. d'Airvault par B.-Filleau).

COUTUREAU (LE), h. c^ne de Montigné.

COUTURE-D'ARGENSON, c^on de Chef-Boutonne. — *Villa ad Culturas in vicaria Rufiaco*, v. 990 (cart. St-Cypr. 282). — *Ecclesia Sancti Georgii de Culturis in pago Briesensi*, 1059 (arch. hist. Poit. II, ch. de St-Flor.). — *Coutures*, 1300 (gr.-Gauthier). — *Costura*, 1326 (D. 1326). — *Cousture*, 1455 (arch. V. St-Pierre, l. 237).—*Coultures d'Argenson*, 1525 (id. l. 238). — *St-Nicolas-de-Coutures* (pouillé 1782).

L'église du prieuré de St-Georges-de-Couture ayant été ruinée, le service fut transferé en l'église paroissiale de St-Nicolas, avant 1648, (pouillé B.-Filleau, 260). La paroisse était à la nomination de l'abbé de St-Florent de Saumur.

La châtellenie de Couture relevait du château de Niort. Elle dépendait de l'archiprêtré de Bouin, du siège royal et de l'élection de Niort. Il y avait 103 feux en 1716, et 116 en 1750.

Le canton, créé en 1790, comprenait les communes de Loubillé, Aubigné, Villemain, et fut réuni plus tard à celui de Chef-Boutonne.

COUTURETTE, vill. c^ne de St-Martin-d'Entraigues. — *Colturetas*, v. 1081 (cart. St-Jean-d'Angél. ap. Font. LXIII, p. 69). — *Couturette*, relev. de Chef-Boutonne, 1667 (dén. de 1667).

COUTURNEAU, h. c^ne de Villefollet.

COUVENT (LE), f. c^ne de St-Génard.

COUVIÈRE (LA), m^on noble c^ne de Moncoutant, 1602 (arch. D.-S. E. 929). L. disp.

COUZ (LES), bois, c^ne d'Ardin, 1682 (arch. V. Pouzay, 2).

CRACOTIÈRE (LA), vill. c^ne de Champeaux. — *La Cacotière* (Cass.).

CRAMEUIL, f. c^ne de Bessines.

CRANIÈRES (LES), h. c^ne de Faye-l'Abbesse. — *Les Craignères*, 1320. — *Les Crasgnères*, 1436, relev. en partie de Cliché (arch. St-Loup).

CRAPAUD (LE), h. c^ne de l'Enclave.

CRAPAUDINE (LA), h. c^ne de Frontenay.

CRÈCHE (LA), vill. c^ne de Brelou. — *Domus de Croci*, 1259 (compt. d'Alph. de Poit.). — *La Croche*, XVIe siècle (not. St-Maix.).

CRÈLE, h. c^ne d'Argenton-l'Église. — *Villa Crezezia*, 965 (cart. St-Cypr. p. 114). — *Grezeza*, 974 (id.).

CRÉMEAU, c^ne de Niort ; anc. fief rel. de St-André de Niort, 1425 (arch. D.-S. G. 25).

CRÉMILLAN (VALLÉE DE), l.-d. c^ne de Surin, 1662 (arch. D.-S. E. 241).

CRÉMILLE, vill. c^ne de St-Loup. — *Cremilles*, 1328 (inv. tit. St-Loup, 1769). — *Cremille*, 1369 (arch. hist. Poit. XIX, p. 82). — *Cremillez*, 1394 (arch. St-Loup). — *Cremilhes* ou *Cremillis*, 1403, 1409 (Font. LXIII).

C'était une châtellenie relevant dès 1403 de l'abbaye de St-Jouin (arch. Vernay).

CREMILLE, c^ne de Ste-Radegonde-de-Pommiers. — *Cremillas*, v. 1110 (cart. St-Laon Th.).

CRENESSIÈRE (LA), h. et vill. c^nes de Lezay et de St-Léger-lez-Melle.

CRENIÈRE (LA), f. c^ne de Rorthais. — *La Brenuère* (Cass.).

CRÉON, f. c^ne de St-Loup. — *Cruyon*, 1479 ; *Cryon*, 1520 (arch. Barre).

CRÊPÉ, vill. et chât. c^ne de St-Symphorien. — *Sancta Maria de Craspé*, 1169 (Gall. christ. II). — *Crepec*, *Crepet*, 1260 (homm. d'Alph. de Poit.). — *Crespé* (panc. Rochech. 1402).

Crêpé dépendait de l'archiprêtré de Mauzé. La paroisse a été réunie à celle de St-Symphorien. En 1698 elle faisait partie de l'élection de St-Jean-d'Angély et de la généralité de la Rochelle (état de la gén. de la Roch.). Puis elle fut attribuée à l'élection de Niort (cart. alph. Poit. v. 1750). La cure était à la nomination de l'abbesse de St-Jean-de-Bonneval-lez-Thouars. Il y avait 30 feux en 1750.

CRÉPELLE (LA), h. c^ne de Cerizay. — *La Crespelle*, 1399 (arch. V. E. 2, 189). Relev. du Plessis-Bastard, 1428 (dict. fam. Poit. II, 568). — *Fief de Labbée-les-la-Crepelle*, relev. de Cerizay, 1747 (id.). — *Chapelle de la Crespelle* (pouillé B.-Filleau, 228).

CRÉPELLIÈRE (LA). — *L'essart de la Crespellière*, au fief de Flosme en Chiché, relev. de la Mothe-de-Coupoux, 1508 (arch. St-Loup, av. de Flesme).

CRÉPELLIÈRE (LA), vill. c^ne de Secondigny. — *La Crespellière*, 1640 (arch. Barre, II, 330).

CRÉPELLIÈRE (LA), f. c^ne du Tallud.

CRÉPINIÈRE (LA), f. c^ne de Brelou. — *La Crespinière*, 1550, 1587 (not. St-Maix.).

CRESSÉ, h. c^ne de Prahecq. — *Beatus Petrus de Crussich*, 1166 (Font. IV, 209). — *Crissé*, 1734 (arch. D.-S. B. 200).

CRESSONNIÈRE (LA), f. c^ne de Vautebis. — *La Croyssonère*, 1465 (arch. Barre, I, 134). — *La Cressonnière*, 1511 (id.).

CRESSONNIÈRES (LES), mét. détr. c^ne de Lamairé, (Font. LXIII).

CRÉTINIÈRE (LA), h. c^ne des Moutiers-sous-Chantemerle. — *La Craitienyère*, 1559 (reg. insin. Thouars).

CRÉTINIÈRE (LA), c^ne de St-Amand, 1354 (arch. hist. Poit. XVII).

CRÉTINIÈRE (LA), f. c^ne de St-Paul-en-Gâtine. — *Christianeria*, XIIe siècle (cart. l'Absie).

CRÉTINIÈRE (LA), f. c^ne de Scillé.

CREUSE (LA), f. c^ne de Beaulieu-sous-Parthenay. — *La Creuse*, 1711 (arch. Barre, II, 154). Relev. de la Meilleraye.

CREUSE, vill. c^ne de Brelou. — *La Creuse en St-Carlais*, 1552 (not. St-Maix.). — *La Grand Creuze*, 1742. — *La Creuze de Brelou*, 1760 (arch. V. II. 3, 924).

CREUSE (LA), f. c^ne de la Chapelle-Bertrand.

CREUSE (LA), f. c^ne de St-Mard-la-Lande. — *La Creuse*, 1607 (arch. du Coutault). — *La Creuze* (Cass.).

CREUSE (LA), m^in. c^ne de St-Pardoux.

CREUSELIÈRE (LA), f. c^ne de la Chapelle-Largeau. — *La Cruzelière* (Cass.).

CREUX-D'ENFER (LE), h. c^ne de St-Florent.

CREUZERIE (LA), f. c^ne de la Ferrière.

CRÉVANT, ville et m^in. c^ne de Thouars. — *Crevent*, v. 1110 (cart. St-Laon Th.). — *Moulin et chaussée de Cravent*, 1333 (chartr. Thouars).

CREVASSES (LES), f. c^ne de Coulonges-sur-l'Autise.

CREZESSE, h. c^ne d'Azay-le-Brûlé. — *Crezesses*, 1528 (not. St-Maix.). — *Crezesse*, 1590 (arch. Barre, II, 11). — *Creceste* (Cass.).

CRÉZIÈRES, c^en de Brioux. — *S^tus Gregorius de Crazeriis*, 1119 (cart. St-Jean-d'Angél. ap. Font. XXVII bis). — *Cresères*, 1300 (gr.-Gauthier). — *St-Grégoire de Crésière* (pouillé 1782).

La paroisse a été réunie à celle de Paizay-le-Chapt. Elle dépendait de l'archiprêtré de Melle, de la châtellenie de Chef-Boutonne, de la sénéchaussée de Poitiers et de l'élection de Niort. L'abbé des Alleuds en était seigneur (état de l'élect. 1716). La cure était à la nomination du doyen de la cathédrale de Poitiers. Il y avait 43 feux en 1716 et 1750.

CRINAUDIÈRE (LA), f. c^ne de Deyrançon.

CRINAY, f. c^ne de St-Symphorien.

CROCHELLE ? — *Locus qui vocatur ad Crochela*, Xe siècle (cart. St-Maix. 8¼). — *La Crèche* (?).

CROCHET (LE), m^in. c^ne de Deyrançon.

CROISÉ, f. c^ne de Prissé ; *Cruizé*, 1564 (arch. D.-S. E. 649).

CROISÉ, f. c^ne de Ste-Pezenne. — *Croisic*, 1300 (gr.-Gauthier). — *Croizé*, 1564 (arch. V. év. l. 130). — *St-Thomas de Croizé*, 1608 (Font. XX, 462).

Le prieuré de Croisé fut uni à l'Oratoire de Niort en 1628 (Font. XXX, 462).

CROISETTE, logis et m^in. c^ne de St-Maxire, 1669 (St-Maxire, par L. Desaivre).

CROIX (LA), f. c^ne de Bouillé-Loretz.

CROIX (LA), f. c^ne de la Chapelle-Bâton.

CROIX (LA), f. c^ne de la Chapelle-St-Étienne.

CROIX (LA), f. c^ne d'Exoudun. — *La Croix*, 1405, relev. de St-Maixent (gr.-Gauthier, des bénéf.). — *La Croix d'Exoudun*, 1561 (arch. V. C. 2, 106).

CROIX (LA), m^on. au village de Fougère, c^ne de Béceleuf, 1612 (arch. V. Beauregard, 26). L. disp.

CROIX (LA), (GRANDE ET PETITE), vill. c^ne de Gournay.

CROIX (LA), h. c^ne de Moncoutant.

CROIX (LA), f. c^ne de Montalembert.

CROIX (LA), f. c^ne des Moutiers-sous-Chantemerle.

Croix (La), f. cne de Paizay-le-Tort.
Croix (La), h. cne de la Rochénard.
Croix (La), h. cne de St-Christophe.
Croix (La), vill. cne de St-Martin-de-Bernegoue.
Croix (La), f. cne de St-Symphorien.
Croix (La), vill. cne de Sompt.
Croix-Acton, l.-d. cne de Bilazais.
Croix-Babay (La), 1340, par. de Gourgé (pap. Blactot).
Croix-Barbin (La), cne de Surin, relev. de Parthenay, 1445 (la Gât. hist. et mon.).
Croix-Barret (La), vill. cne de Ste-Néomaye. — La Croix Baret (cad.).
Croix-Bataille (La), l.-d. cne de Cours.
Croix-Beau-Puits (La), h. cne de la Chapelle-Largeau.
Croix-Blanche (La), f. cne de Cours.
Croix-Blanche (La), f. cne de Largeasse.
Croix-Blanche (La), f. cne de Noirlieu.
Croix-Cantin (La), éc. cne des Échaubrognes.
Croix-Chambert (La), f. cne de la Pérate.
Croix-Chambon (La), éc. cne d'Ardin.
Croix-Charité (La), l.-d. cne de Chauray.
Croix-Civrais (La), l.-d. cne de St-Généroux.
Croix-Corbin (La), l.-d. cne de Ste-Gemme.
Croix-d'Embrun (La), l.-d. cne de St-Jouin-de-Marnes.
Croix-d'Épanne, f. cne d'Épanne.
Croix-de-l'Ageon (La), cne de la Chapelle-Bertrand.
Croix-de-la-Dimerie (La), h. cne de St-Pardoux.
Croix-de-l'Hommellerie (La), h. cne de Genneton.
Croix-de-la-Thibaudière (La), mon. cne de Faye-l'Abbesse.
Croix-de-Mallemaille (La), 1551, cne d'Azay-le-Brûlé (not. St-Maix.).
Croix-de-Maupas (La), l.-d. cne de St-Jouin-de-Marnes.
Croix-de-Pierre (La), éc. cne de St-Germain-de-Longue-Chaume.
Croix-des-Forges (La), l.-d. cne de St-Généroux.
Croix-des-Forts, l.-d. cne de St-Martin-de-Mâcon.
Croix-des-Gas (La), h. cne de Beaulieu-sous-Parthenay.
Croix-des-Goronnières, l.-d. cne de Ste-Gemme.
Croix-des-Parenches, l.-d. cne de Glenay.
Croix-des-Pèlerins (La), vill. cne de St-Florent. — Ad Crucem Monachorum, 1260 (homm. d'Alph. Poit.).
Croix-des-Places (La), h. cne de la Chapelle-Bâton. — La Croix des Places, par. de St-Projet, 1547 (not. St-Maix.).
Croix-de-la-Terrière, f. cne de la Chapelle-Thireuil.

Croix-de-Terves (La), h. cne de Terves.
Croix-de-Villesèche (La), l.-d. cne de Nanteuil.
Croix-du-Chail (La), h. cne de Tessonnières.
Croix-du-Gousset (La), f. cne de la Chapelle-Thireuil.
Croix-du-Guy (La), f. cne d'Allonne.
Croix-du-Parc (La), l.-d. cne de St-Généroux.
Croix-du-Pâtis-Chaslon (La), cne de St-Clémentin, 1531 (arch. des Dorides).
Croix-Durand (La), h. cne de Cerizay.
Croix-du-Sable (La), h. cne de Caunay.
Croix-du-Vivier (La), vill. cne d'Ardin, 1644 (arch. V. Pouzay, 2).
Croix-Fondière (La), vill. cne de Moulins.
Croix-Fourestier (La), l.-d cne des Fosses. — Le chiron de la Croix au Fourestier, 1486 (arch. V. Ste-Cr. l. 91).
Croix-Guillot (La), éc. cne de Faye-l'Abbesse.
Croix-Jarrousseau (La), l.-d. cne de Châtillon-sur-Thoué. — La Croix-Jarrousseau, 1568 (journal de Généroux), 1636 (pap. pr. St-Paul Parth.).
Croix-l'Abbé (La), f. cne de Celles.
Croix-Limouzineau (La), l.-d. cne de St-Varent.
Croix-Lorioux (La), cne de Ste-Verge; anc. fief relev. de St-Laon de Thouars, 1738 (arch. D.-S. H. 337). L. disp.
Croix-Lucet (La), h. cne de Bouillé-Loretz. — La Croix (Cass.).
Croix-Maréchal (La), au vill. de Semoussais, cne de Crézières.
Croix-Marteau (La), l.-d. cne de St-Varent.
Croix-Maucouard (La), l.-d. cne des Fosses. — La Croix-Maucouard, 1520 (arch. V. Ste-Cr. l. 89).
Croix-Maupeté (La), cne de Salles. Anc. fief relev. de la Roche-Ruffin, 1648 (arch. D.-S. E. 1198). L. disp.
Croix-Morin, l.-d. cne de Glenay.
Croix-Mortuelle, l.-d. cne de Geay.
Croix-Nalin (La), f. cne de Prahecq. — La Croix Nallin, 1604; la Croix-Naslin, 1620 (dén. 1620, ap. mém. soc. stat. D.-S. 3e sér. VI, 338).
Croix-Neuve (La), f. cne d'Exireuil.
Croix-Pinchaud (La), mon. cne de Bretignolle.
Croix-Prunier, l.-d. cne de Coulonges-Thouarsais.
Croix-Rodet (La), 1444, cne de Vasles (arch. V. E. 2, 238).
Croix-Rouge (La), f. cne d'Availles-Thouarsais.
Croix-Verte (La), éc. cne de St-Porchaire.
Croizade (Fief de la), cne de St-Eanne, 1609 (Font. XX, 412).
Croizette (La), vill. cnes de Ste-Pezenne et de Sciecq. (homm. d'Alph. Poit.).

100   DÉPARTEMENT DES DEUX-SÈVRES.

Crolaye (La), f. cne de Beaulieu-sous-Parthenay. — *La Corolaye*, 1395 (arch. Barre, II, 147). — *La Croulaye*, 1509, relev. de la Mothe-de-Chalandray (arch. V.). — *La Crollaye*, 1549 (ma coll.). — *La Croslay* ou *Courollaye*, 1775 (arch. D.-S. E. 379). — *La Crolaye* (Cass.).
Croloux, vill. cne de St-Coutant. — *Crolou* (Cass.).
Crosse (La), min. cne de Deyrançon.
Crotte (La), mins. cne de la Coudre.
Croué, vill. cne de Montigné.
Croué, chât. cne de Thorigné.
Croué, vill. cne de Verrines.
Croupière (La), f. cne de Breuil-Chaussée (cad.). *La Courpière* (Cass.).
Croutelle, vill. cne de Lorigné. — *Villa Crublella in pago Briocinse*, 987 (cart. St-Cypr. 283). — *Croutelle* (Cass.).
Crouzelière (La), f. cne d'Avon. — *La Crozillère*, 1313. Maison de Templiers remise aux Hospitaliers en 1313 (bull. antiq. ouest, 1882).
Crouzille (La), vill. cne de Limalonges.
Crouzille (La), f. cne de Thorigné.
Crouzon, vill. et logis, cne de Baussais. — *Croyson*, 1531 ; *le Crousson*, 1567 (not. St-Maix.).
Crugerie (La), f. cne de la Ferrière, anciennement de Vandeloigne.
Cruhé, h. cne de Noireterre. — *Cruhé*, 1418, relev. de Bressuire (arch. St-Loup).
Cruselle, f. cne de St-Léger-de-Montbrun.
Cubagné, h. cne d'Amuré. — *Feodum Quainbaigne*, 1244 (compt. d'Alph. de Poit.).
Cuchotière (La), h. cne de Rom.
Cudattières (Les), h. cnes d'Azay-sur-Thoué et de Secondigny.
Cueille (La), vill. cne de Bouin.
Cueille-Poitevine (La), h. cne de Nanteuil. — *La Cueille de Saint-Maixent*, 1678. — *La Cueille-Poitevine*, 1684 (arch. Barre, I).
Cul (Le), vill. cne de Paizay-le-Chapt. — *Le Culq* (Cass.).

Culasse (La), f. cne de la Forêt-sur-Sèvre, 1779 (arch. D.-S. E. 8).
Cullé, f. cne de Soudan. — *Culler*, 1514 ; *Cullés*, 1528 ; *Cuiller*, 1572 (not. St-Maix.).
Culoigne, pont et l.-d. cne d'Amaillou. — *Culoigne*, 1414 (arch. V. E². 147). — *Couloigne*, 1526 (arch. V. pap. Drochon).
Cuplé, h. cne de Clavé. — *Cupellé*, 1526 ; *Cupelé*, 1547 (not. St-Maix.).
Cure (La), f. cne d'Aiffres.
Cure (La), f. cne d'Aubigny.
Cure (La), f. cne de Beaulieu-sous-Bressuire.
Cure (La), f. cne de Bessines.
Cure (La), f. cne de Bretignolle.
Cure (La), f. cne du Breuil-sous-Argenton.
Cure (La), f. cne de Champeaux.
Cure (La), f. cne de Châtillon-sur-Thoué.
Cure (La), f. cne de Chavagné.
Cure (La), f. cne de la Coudre.
Cure (La), h. cne de Courlay.
Cure (La), éc. cne de Cours.
Cure (La), vill. cne de Fontenille.
Cure (La), h. cne des Fosses.
Cure (La), f. cne de Genneton.
Cure (La), f. cne de Messé.
Cure (La), vill. cne de Montravers.
Cure (La), h. cne de Rouvre.
Cure (La), f. cne de St-Germier.
Cure (L'Ancienne), mon. cne de St-Martin-de-Mâcon.
Cure (La), f. cne de Terves.
Cure (La), f. cne de Vasles.
Cure (La), f. cne de Voultegon.
Cure-Ancienne (La), h. cne de Bagneux.
Cure-de-Reigné (La), f. cne de Souvigné.
Curochère (La), vill. cne de Courlay.
Cussoneur, vill. cne d'Ensigné.
Cystes (Fief des), cne de Ste-Radegonde-de-Pommiers, 1481 (arch. V. Ste-Cr. l. 74).

D

Dabillon (Fief de), cne de Gript, ressort et élection de Niort, 1609 (Font. XX, 408).
Dabillon, vill. cne de Villiers-en-Plaine, ressort de St-Maixent et élection de Niort, 1609 (Font. XX, 415).
Daginière (La), f. cne d'Allonne.
Daillonnerie (La), l.-d. cne de St-Jouin-de-Marnes.
Dalet, h. cne de St-André-sur-Sèvre.

Dambinière (La), f. cne de Secondigny. — *La Dambrunière*, 1555 (arch. V.).
Dame (La), min. sur le Thouaret, cne de Boussais.
Damis, vill. cne de Pioussay.
Dandellerie (La), h. cne de St-Aubin-le-Clou. — *La Dandelerie*, 1493, relev. de Châteauneuf-en-Gâtine (av. de Chât.).
Dandinerie (La), h. cne de Scillé.

Danzay, vill. cne de St-Georges-de-Noisné. — *Danzay*, 1365 (arch. V. Eª. 406). Relev. de la seign. d'Aubigny, 1406 (id. 403). — *Anzay*, mon noble, 1679 (arch. V. Béceleuf, 7).

Daubis, f. cne de St-Jouin-sous-Châtillon. — *Exdobit*, en la châtellenie de Mauléon, 1416 (arch. V. H. 3, 728). — *Edobit*, xve siècle (reg. de r. du Templ. de Maul.).

Daudinière (La), f. cne de Vasles. — *La Dodinière* (Cass.).

Daugat (Le), vill. cne de Paizay-le-Chapt.

Daunia, f. cne de Saivre. — *Domenia*, 1209; *Domeinæ circa Trevinz*, 1230; *Domainz*, 1276 (cart. St-Maix. II).

Daunière (La), f. cne de Chanteloup. — *La Douhenère*, 1399 (arch. St-Loup). — *La Douhenyère*, 1559 (reg. insin. Thouars). — *La Donnière* (Cass.).

Dauphin (Le), f. cne de Noirlieu.

Dauphin (Le), éc. cne de Thouars.

Davier, min. cne de Coulonges-Thouarsais. — *Davyet*, 1610; *Daviette*, 1721 (arch. V. Brosse-Guilgault, 15). — *Moulin Davied* (Cass.).

Davière (La), f. cne d'Amaillou.

Davière (La), f. cne d'Azay-sur-Thoué. — *La Davière*, 1563, relev. de l'abbaye du Bois-d'Allonne (arch. V. prieurés, l. 53).

Davière (La), f. cne de Boussais.

Davière (La), h. cne de Brie.

Davière (La), f. cne de la Chapelle-St-Laurent.

Davière (La), min. cne de Coulonges-Thouarsais.

Davière (La), logis, cne de Massais.

Davière (La), f. cne de Mazières-en-Gâtine. — *La Petite Davyère*, 1438 (arch. V. Eª. 420). — *Les Davières*, 1485 (id.). — *Les Grandes Davières*, relev. de Pressigny-en-Gâtine, 1600 (id. Eª. 415). — *La Petite Davière*, relev. des Grandes-Davières (id. E. 1, 15).

Davière (La), vill. cne de Noirlieu.

Davière (La), f. cne de Parthenay.

Davière (La), f. cne de Pompaire; anc. fief relev. de la seign. de Daillon, 1465 (arch. D.-S. G. 14).

Davière (La), h. cne de la Ronde, relev. de Bressuire, 1605.

Davière (La), f. cne de Vernou-en-Gâtine. — *La Davière*, 1430 (arch. Fonten.).

Daviet, min. cne de Xaintray.

Daviterie (La), f. cne de Mauzé-sur-le-Mignon.

Daymé, vill. cne de St-Léger-de-Montbrun. — *Doimons*, v. 1120 (cart. St-Laon Th.). — *Démé*, fin du xiiie s. (arch. D.-S. E. 382).

Débats (Les), l.-d. cne de Vasles.

Dédillerie (La), f. cne de Bretignolle.

Deux-Eaux (Les), vill. cne de Chantecorps. — *Les Deux Ayves*, 1528 (not. St-Maix.).

Défand (Le), f. cne de Fontenille. — *Le Défeind* (Cass.).

Défant (Le), f. cne de Parthenay.

Deffand (Le), vill. et chât. cne de Montravers. — *Les Deffens*, 1345 (arch. hist. Poit. XIII), relev. de la baronnie de Mauléon, 1541 (arch. V. H. 3, 721). Châtellenie en 1563 (Font. VIII, 110). — *Le Défand* (Cass.).

Deffand (Le), (Grand et Petit), f. cne de St-Georges-de-Noisné. — *Bois du Deffens*, 1294 (Font. XXVII bis, 647). — *Les Deffens*, relev. de Pressigny-en-Gâtine, 1402 (arch. V. Eª. 422). — *Les Deffans*, 1636 (not. St-Maix.).

Deffand (Le), f. cne du Vanneau. — *Deffunt* (Cass.).

Deffant (Le), h. cne de Chiché.

Deffend (Le), f. cne de Chauray.

Deffens (Les). — *Jean Bouteroue, sr des Deffens, par. des Fosses*, 1470 (dict. fam. Poit. I, 705).

Deffens (Les), cne de Prahecq, 1620 (dén. 1620, ap. mém. soc. stat. D.-S. 3e sér. VI, 338).

Deffens (Les), l.-d. près le Moulin-Neuf, cne de St-Éanne, 1530 (not. St-Maix.).

Deffent (Le), vill. cnes d'Availles-Thouarsais et de Soulièvre. — *Les Deffens*, 1430 (arch. St-Loup). — *Le Deffant*, 1664 (arch. D.-S. E. 972). — *Le Deffens* (Cass.).

Deffrie (La), vill. cne d'Aiffres.

Degressière (La), f. cne de Secondigny, 1685 (arch. Barre).

Deillerie (La), f. cne de Breuil-Chaussée. — *La Drillerie* (Cass.).

Delinière (La), h. cne de la Chapelle-St-Étienne. — *La Delinière*, 1556, relev. de Chantemerle (reg. insin. Thouars). — *Les Delinières* (Cass.).

Démoulines ou Desmoulines, f. et min. cne des Jumeaux. — *Molendinum Duemoline*, 1157 (cart. l'Absie, ap. Dupuy, 828). — *Doemolinæ, molendinum Doemolinum*, xiie siècle (id.). — *Dumoline*, 1394 (arch. St-Loup). — *Démoulines*, 1528 (arch. V. E. 3, l. 38). — *Ferme des Moulins* (Cass.).

Dénelière (La), f. cne de Chanteloup. — *La Denelère*, 1364 (arch. St-Loup). — *La Donelière* (Cass.).

Denezay, f. cne de Tessonnières. — *Denezay*, 1692, ou *Nezay*, 1695, ou *Ennezay*, 1698 (arch. Barre). — *Denezai* (Cass.).

Deniau (Moulin de), cne de Boesse, 1388 (arch. hôp. Argent.).

Denizière (La), f. cne de St-Amand-sur-Sèvre. — *La Denisière*, 1388, relev. de la Guierche (Fon. IX, 367).

DENNIÈRES (LES), f. c^{ne} de Cirière.
DÉPENSIÈRE (LA), f. c^{ne} d'Étusson.
DESSANJEUX, vill. c^{ne} des Échaubrognes. — *Dussenjus* (Cass.).
DESSÉ, vill. c^{ne} de Limalonges, relev. de Civray, 1572-1722 (arch. V. C. 2, 147). — *Villa Dissiacus*, v. 950 (cart. Bourgueil).
DEVAUDIÈRE (LA), f. c^{ne} de Montigny.
DEVISE (LA), vill. c^{ne} de Gript. — *La Divise* (Cass.).
DEVISE (LA), h. c^{ne} de St-Hilaire-la-Palud.
DEVISES (LES), h. c^{nes} de St-Pompain et Villiers-en-Plaine.
DEYRANÇON, c^{on} de Mauzé. — *Ecclesia B. Mariæ d'Ayeto*, 1402 (panc. de Rochech.). — *Dey Ranxon*, 1718 (arch. D.-S. E. 365). — *Day-Rançon* (Cass.).
Le hameau de *Day* uni à *Rançon* dépendait de l'archiprêtré de Mauzé, diocèse de Saintes, de l'élection de St-Jean-d'Angély, généralité de la Rochelle (état de la gén. de la Roch. 1698). Relev. de Frontenay-Rohan-Rohan.
DIARDERIE (LA), h. c^{ne} de St-Vincent-la-Châtre.
DIE, m^{on}. noble, c^{ne} de Coulonges-Thouarsais. — *Dye*, 1474, relev. de la Raffichonnière. — *Die*, 1576 (arch. V. Brosse-Guilgault, 23).
DIGONNIÈRE (LA), f. c^{ne} de Cirière.
DIGUE (LA), h. c^{ne} d'Aiffres.
DILAY, vill. et chât. c^{ne} d'Ardin. — *Islar*, v. 1136 (cart. l'Absie). — *Dislay*, 1435 (arch. V. E³. 402). — *Diley*, 1453 (arch. D.-S. E. 274). — *Dixlay*, 1657 (arch. V. Béceleuf, 7). — *Château d'Islay*, 1707. — *Dilay* (Cass.).
DILLERIE (LA), f. c^{ne} de la Forêt-sur-Sèvre.
DILLERIE (LA), h. c^{ne} de Mauzé-Thouarsais. — *La Guillerie* (Cass.).
DILLON, vill. c^{ne} de Taizé. — *Dillone*, v. 1123 (cart. St-Laon Thouars). — *Daillon*, 1333 (arch. V. coll. Ste-Mart. 1. 160). — *Dayllon*, 1407 (id.). — *Dillon*, 1447 (cart. St-Laon Thouars). — *Deillon*, 1493 (arch. V. St-Hil. 1. 872).
DIME (LA PETITE), f. c^{ne} de Mauzé-Thouarsais.
DIMÉ, vill. c^{ne} de St-Varent. — *Le Grand et Petit Dexmé*, relev. de Thouars, 1635 (chartr. de Thouars). — *Dixmé*, 1668 (arch. D.-S. E. 1002). — *Dimé* (Cass.).
DIMERIE (LA), f. c^{ne} d'Exireuil. — *La Dexmerie*, 1523; *la Desmerye*, 1538 (not. St-Maix.).
DIMERIE (LA), vill. c^{ne} de St-Pardoux.
DINIÈRE (LA), vill. c^{ne} de St-Pardoux.
DIVE (LA) du midi, rivière qui prend sa source au-dessus de Lezay et se jette dans la Bouleur à Voulon (Vienne).
DIVE (LA) du nord, rivière qui, prenant naissance en la c^{ne} de Mirebeau, sépare le département des Deux-Sèvres de celui de la Vienne sur 27 kilom. de longueur, et se jette dans le Thoué au-dessus de Montreuil-Bellay (Maine-et-Loire). — *Fluviolus Diva*, 976 (ch. de St-Flor. ap. arch. hist. Poit. II).
DODELINIÈRE (LA), fief c^{ne} de la Chapelle-St-Etienne, relev. de Chantemerle, 1556 (reg. insin. Thouars).
DODERIE (LA), f. c^{ne} de Terves.
DOGNON (LE), f. c^{ne} de François. — *Les combes du Doignon*, 1373 (arch. V. C. 2, 106). — *Le Doignon*, 1475 (arch. V. E², 237). — *Le Dognon*, 1546 (not. St-Maix.). — *Le Doignon*, relev. d'Aubigny, 1599 (inv. d'Aub.). — *Grand et petit Dognon* (cad.).
DOIGNON (LE), vill. c^{ne} de Vasles. — *Les bois Doygnons*, 1362 (arch. V. S^{te}-Cr. 1. 44). — *Le Doignon*, 1680 (arch. Barre, I, 179).
DOIGNON (LE), (GRAND ET PETIT), vill. c^{ne} de St-Gelais. — *Le Dougnon*, 1390 (hist. des Chast. pr. 91). — *Doignon*, 1563 (arch. V. pr. 1. 56).
DOIT (LE), vill. c^{ne} de Noirlieu. — *Le Doibtz*, 1605, relev. du fief de la Porte (arch. V. E⁸. 337).
DÔLO (LE), rivière affluent de l'Argenton et passant à Bressuire et à St-Clémentin. — *Le Doulo*, 1370 (arch. St-Loup). — *Le Dôlo*, 1420 (id.). — *Le Doulou*, 1444 (id.). — *Le Dôlo* (Cass.).
DÔLO (LE), mⁱⁿ à vent en la par. de la Coudre, 1524 (arch. des Dorides).
DÔLO (LE), mⁱⁿ. c^{ne} de St-Clémentin. — *Molendinum Hamenonis de Dolo*, v. 1065 (ch. de St-Flor. ap. arch. hist. Poit. II, 61).
DÔLO (LE), — *Doulo*, borderie c^{ne} de Terves, relev. de Bressuire, 1420 (arch. St-Loup).
DOMAZAN, vill. c^{ne} de Loubigné. — *Villa Dennazo in veggaria Undactus*, 838 (Font. XXI, 119). — *Damoisan* (Cass.).
DONÉ, vill. c^{ne} de Rom. — *Doué*, 1295 (arch. V. St Ben. 1. 26). — *Doué*, 1454 (id.).
DONNELIÈRE (LA), f. c^{ne} de Coutières. — *La Donnellière*, 1393 (inv. d'Aub.). — *La Donelière*, 1448 (dict. fam. Poit. I, 63). — *La Donnelière*, 1507, relev. de Faye-sur-Aubigné (arch. Barre, II, 115, 116).
DONNELIÈRE (LA), f. c^{ne} de St-Mard-la-Lande.
DONNEUIL, vill. c^{ne} de St-Varent. — *Doneuyl*, 1379 (arch. St-Loup).
DONNIÈRE (LA), f. c^{ne} des Groseillers. — *La Donnelière*, 1497, relev. de Châteauneuf-en-Gâtine (av. de Chât.).
DONNIÈRE (LA), h. c^{ne} du Pin.
DONNIÈRE (LA), vill. c^{ne} de St-Mard-la-Lande.
DORBELIÈRE (LA), vill. c^{ne} de Montravers.

Doré (Le), riv. cne de Béceleuf, 1522 (arch. V. Béceleuf, 33).
Doret, vill. cne de Missé. — *Doret*, 1628 (arch. V. E. 3, l. 21).
Dorgisière (La), h. cne de St-Amand-sur-Sèvre. — *La Dorgizière* (Cass.).
Dorides (Les), chât. cne des Aubiers. — *Les Dorides*, 1421 (chartr. Thouars).
Dorillet, *in parochia Sti Jovini de Malleono*, 1281 (cart. Trin. Maul.). Lieu ind. ou disp.
Dorinière (La), f. cne d'Exireuil. — *La Dorinère*, relev. d'Aubigny, 1563 (inv. d'Aub.).
Dortière (La), vill. cnes de Champeaux et de St-Denis. — *La Dorlère*, 1535 (not. St-Maix.). — *La Doretière*, 1563 (arch. V. Es. 401).
Dortière (La), vill. cne de la Ronde. — *Doreteria*, v. 1090 (Font. VIII, 137, ch. de la Trin. Maul.).— *La Dorretère*, 1425, relev. de Puymarri (arch. St-Loup).
Dortière (La), vill. cne de St-Christophe-sur-Roc.
Dosd'ane, cne de Vausseroux. — *Dosdane*, 1269 (cart. St-Maix. II, 97). — *Doux d'asne*, 1468 (id. E. 1, 10), relev. de l'abbaye de Ste-Croix de Poitiers.
Douarnière (La), f. cne de Cerizay.
Doucetière (La), vill. cne de Courlay. — *La Doulcetère*, 1403 (arch. St-Loup). — *La Doussetère*, 1494 (arch. V. Brosse-Guilgaut, 1). — *La Doussetière* 1598 (arch. D.-S. E. 883).
Doucière (La), f. cne de la Ferrière.
Doudelin. — *Foresta Doudelin in parrochia de Capella Largea*, 1269 (arch. V. H. 3, 723). L. ind.
Douet (Grand et Petit), f. cne des Aubiers. — *Gr. et Pet. Deits* (Cass.).
Douet, min. cne de Clessé. — *Moulin de Douhé*, 1383 (arch. St-Loup).
Douhault, min. cne de Prailles, 1522 ; — *Dehors*, 1528 (not. St-Maix.).
Douhetterie (La). — *La grand'maison de la Douhelterie au bourg de Vitré*, 1639 (not. St-Maix.).
Douilleterie (La), mon. noble au village de Bourbias, par. de St-Gelais, ressort et élection de St-Maixent, 1609 (Font. XX, 422). — *La Douilterie*, 1732 (arch. D.-S. E. 1169).
Douin, min. cne de Champdeniers. — *Le moulin Douin*, 1270 (le prieuré de Champd. par Desaivre, p. 15).
Doullourd (Le), f. cne de St-Clémentin, 1687 (arch. V. Brosse-Guilgault, 15).
Douron, vill. cne de St-Jouin-de-Marnes. — *Doron*, 1350 (cart. St-Jouin). — *Douron*, 1659 (pouillé B.-Filleau, 382).

Doutière (La), vill. cne de St-Amand-sur-Sèvre. — *La Douettière*, relev. de St-Mesmin, 1450 (dict. fam. Poit. II, 567).
Douve (La), h. cne de la Chapelle-St-Étienne.
Douve (La), vill. cne de Chenay.
Douve (La), vill. cne de Lezay. — *La Dhoue* (Cass.).
Douve (La), f. cne de Mauzé-sur-le-Mignon.
Douve-Noire (La), f. cne de la Coudre.
Douves (Les), h. cne de St-Martin-du-Fouilloux. — *Les Douces* (Cass.).
Doux, con de Thénezay. — *Dos*, 1255 (enq. de Xaintr. ap. arch. nat. J. 1028, n° 11). — *Doux*, 1369 (arch. hist. Poit. XVII, 417). — *B. Maria de Dos*, 1383 (arch. V. G. 415). —*Dox*, 1474 *Doz*, 1492 ; *Doulx*, 1496, relev. de la commanderie de Mongauguier ; *Douz*, 1496 (arch. V. H. 3, Mong.). L'aumônerie de Doux appartenait à la maison-Dieu, puis hôpital de Parthenay, 1568 (arch. hôp. Parth.).
Doux faisait partie de la paroisse de Thénezay, 1652, 1715 (arch. V. H. 3 ; E. 3, l. 40). Dépendait de l'élection de Poitiers, après avoir fait partie de celle de Parthenay au xvie siècle. 141 feux en 1750 (cart. alph. Poit.). Une paroisse, St-Martin, y a été créée en 1846 (pouillé B.-Filleau.)
Doyenné (Le), f. cne de la Chapelle-Gaudin.
Doyenné (Le), vill. cne de la Forêt-sur-Sèvre.
Drahé, vill. cne de Brelou. — *Drac*, 1278 (arch. V. Fontaine-le-C. l. 22). — *Drahé*, 1438 (Font. XVI, 450). — *Dréhée*, 1767. — *Draye*, 1775 (arch. D.-S. E. 780).
Dépendait de la châtellenie de St-Maixent (cart. St-Maix. intr. 48).
Drahé ou Dray, vill. cne de St-Pompain. — *Moulin de Drahé*, 1469, relev. du château de Vouvent (dict. fam. Poit. I, 729).
Draunière (La), h. cne de Chavagné.
Draunière (La), h. cne de Fénery.
Draunière (La), f. cne de Mazières-en-Gâtine. — *La Dronnière* (Cass.).
Dray, min. cne de Coulonges-les-Royaux.
Dreille (La), h. cne de Moncoutant. — *La Druile*, 1367-1421, relev. de Bressuire (arch. St-Loup). — *La Dreille* (Cass.).
Dressonnière (La), l.-d. cne de Ste-Pezenne, 1452 (arch. D.-S. G. 29).
Drigonnelière (La), f. cne de Ménigoute. — *La Drigonelère*, 1369, relev. de la Barre-Pouvreau; *la Doigonneliere*, 1516 (arch. Barre, II).
Droit (Le), mon. cne de Terves.
Dronnière (La), vill. cne de Clessé. — *La Drouenère*, 1405 (arch. Moiré).
Droutière (La), f. cne du Beugnon.

DROUILLE (LA), bois, c^{ne} de Lezay.
DROUILLARD, f. c^{ne} de Béceleuf. — *Ardouillard, Redouillard*, 1600 (arch. V. Pouzay, 2).
DROVIÈRE (LA), f. c^{ne} des Moutiers-sous-Chantemerle. — *La Draudière* (Cass.).
DRURIE (LA), vill. c^{ne} de Verrines.
DUBE (LA), f. c^{ne} de Maisontiers.
DUBET (LE), f. c^{ne} de Coulonges-Thouarsais, 1680 (arch. V. Brosse-Guilgault, 15).
DUBOISERIE (LA), vill. c^{ne} de Périgné.
DUBRÉSERIE (LA), f. c^{ne} de Melle.
DUBRÉSERIE (LA), h. c^{ne} de Sompt.
DUBRIE (LA), f. et chât. c^{ne} de Beaulieu-sous-Bressuire. — *La Duberie*, 1389, relev. de Bressuire (arch. St-Loup). — *La Duberie*, 1587 (Font. VIII, 301). — *La Dubrie*, 1627 (id.).

DUBRIE (LA), f. c^{ne} de Nueil-sous-les-Aubiers. — *La Dubrye*, 1615 (arch. V. les Lineaux.)
DUCHÈRE (LA), f. c^{ne} des Moutiers-sous-Chantemerle.
DURAND, f. c^{ne} de St-Aubin-de-Baubigné.
DURANDIÈRE (LA), éc. c^{ne} de la Pérate.
DURBELLIÈRE (LA), chât. c^{ne} de St-Aubin-de-Baubigné. — *La Dorbelère*, 1280 (Font. XXXVIII, p. 112). — *La Dorbellière*, 1368 (id.). — *La Durbelière*, 1393 (id. LXXXIII). — *La Dorbellie*, 1493 (arch. Barre, I, 60). — *La Durbellière*, 1549, relev. de Mauléon (Font. XLI). — *La Dourbellière*, 1625 (arch. D.-S. E. 942).
DURIGNÉ, c^{ne} de St-Denis. — *Moulin de Dreigné*, 1524 (not. St-Maix.).

E

EAU-DE-MARIÈRE (L'), f. c^{ne} des Groseillers. — *Laudemarère*, 1424 (arch. V. E. 1, 9).
EAUX (LES), h. c^{ne} de Secondigny. — *Village des Ors*, 1638 (arch. V. Fontaine-le-C. l. 31).
EAUX-DE-VRIN (LES), l.-d. c^{ne} de Bressuire. — *Tourelle des Osdevrins* à Bressuire, 1448 (arch. St-Loup).
ÉBAUPIN (L'), vill. c^{ne} d'Amuré (cad.). — *L'Ébeaupain*, 1789 (arch. D.-S. B. 132). — *Les Beaupins* (Cass.).
ÉBAUPIN (L'), f. c^{ne} de Bessines.
ÉBAUPIN (L'), f. c^{ne} de Courlay. — *L'Esbeaupin*, 1552 (arch. D.-S. E. 924). — *Les Beaux Pins* (Cass.).
ÉBAUPIN (L'), f. c^{ne} de Sauzé-Vaussais.
ÉBAUPIN (L'), f. c^{ne} de Verruye. — *Les Beaux Pins* (Cass.).
ÉBAUPINAYE (L'), vill. c^{ne} du Breuil-sous-Argenton. — *Lébaupinaye*, 1364 (cart. Chambon). — *Lapopinaye*, 1369 (arch. hist. Poit. XIX, 106). — *L'Esbaupinaie*, 1439 (arch. Vernay). — *Lesbaupinaye*, 1480 (doc. sur Commines par Fierville). — *L'Ébaupinais*, 1689 (inv. de tit. sur les fam. Poit. par Clouzot). — *Les Baupinay* (Cass.). — Dépendait de la châtellenie d'Argenton.
ÉBAUPINAYE (L'), vill. c^{ne} de St-Pierre à-Champ.
ÉRONDIÈRE (L'), f. c^{ne} de St-Pardoux.
ÉCARLATIÈRE (L'), f. c^{ne} de Verruye. — *Les Carlattières* (cad.). — *Lescarlatière*, relev. de Prossigny-en-Gâtine, 1600 (arch. V. E^s. 415).
ÉCHARBOT, vill. et mⁱⁿ. c^{ne} de Taizé. — *Molendinum de Charabot*, 1255 (arch. V. St-Hil. 1. 870). — *Escharbot sur le Thoué*, 1401 (arch. Moiré).

— Relev. de Hérisson en Thouarçais, puis de Thouars, 1603 (chartr. Thouars). — *Echerbot* (Cass.).
ÉCHARDIÈRE (L'), f. c^{ne} de Largeasse. — *Les Corchardières* (Cass.).
ÉCHASSERIE (L'), f. c^{ne} de la Ronde. — *Les Exchasseries*, 1418 ; *Leschasserie*, 1435 (arch. St-Loup). — *Les Chasseries* (Cass.).
ÉCHASSERIE (L'), c^{ne} de Secondigny. — *L'Eschasserie*, relev. de la seign. de la Colletière, paroisse de Secondigny, 1548 (arch. V. E. 2, 189). — *Les Chasseries*, 1572 (id. et Cass.).
ÉCHASSERIE (L'), bois, c^{ne} de Coutières. — *Leschacerie*, 1318 (arch. Barre). — *L'Eschasserie*, terre relev. d'Aubigny, 1361, 1625 (inv. d'Aub.). — *Les Eschasseries*, 1437 ; *les Eschasseries*, 1526.
ÉCHAUBROGNES (LES), c^{on} de Châtillon-sur-Sèvre. — *Sanctus Petrus et Sanctus Hilarius de Salbronia*, 1179 (cart. St-Jouin). — *Eschaubroygne*, 1300 (gr.-Gauthier). — *Chaubroignia*, 1342 (Font. IX, 279). — *Chambroignes*, 1479 (arch. de la Barre, II, 473). — *St-Pierre de Chabrougne*, 1615 (arch. V. les Linaux). — *St-Pierre d'Eschobrogne*, 1703 (arch. D.-S. E. 1116). — *Échaubrogne*, 1730 (arch. V. H. 3, 725). — *Eschaubrognes*, 1704 (cart. Jaillot).

Les Échaubrognes formaient autrefois deux paroisses et deux communes, aujourd'hui réunies. Les deux cures étaient à la nomination de l'abbé de St-Jouin. Elles dépendaient du doyenné de Bressuire et de la généralité de Tours, pays d'Anjou. La paroisse de St-Pierre-des-Echaubrognes conservée faisait anciennement partie des marches communes d'Anjou et Poitou. (Les marches sépar. d'Anj., Bret. et Poit., par Émile Chénon, p. 30.)

Le canton de S¹-Pierre-des-Échaubrognes, créé en 1790 et comprenant les communes de S¹-Hilaire-des-Échaubrognes, la Chapelle-Largeau, Moulins, le Puy-S¹-Bonnet, fut réuni plus tard à celui de Châtillon-sur-Sèvre.

Échelle (L'), f. cⁿᵉ de S¹-Génard.

Écheloucq, f. cⁿᵉ des Moutiers-sous-Chantemerle. — *Hucheloup* (Cass.).

Échiré, 1ᵉʳ cᵒⁿ de Niort. — *Eschiré*, 1218 (cart. S¹-Maix. II, 41). — *Echireyum*, 1300 (gr.-Gauthier). — *Échiré*, 1636, relev. de la seign. de Faye (inv. d'Aub. par A. Richard). — *Notre-Dame d'Eschiré* (pouillé 1782).

Échiré faisait partie de la châtellenie du Coudray-Salbart, réunie à la baronnie de Parthenay (dén. just. bar. Parth. 1744). Il dépendait de l'archiprêtré d'Exoudun, de la sénéchaussée de S¹-Maixent et de l'élection de Niort. Il y avait 216 feux en 1716, et 252 en 1750.

La cure fut réunie, en 1340, à la mense du chapitre de la cathédrale de Poitiers par l'évêque Fort d'Aux.

Le canton d'Échiré, créé en 1790 et comprenant les communes de Chauray, S¹-Gelais, S¹-Maxire, S¹-Remy-en-Plaine et Sciecq, fut réuni plus tard au 1ᵉʳ canton de Niort.

Échorigné, vill. cⁿᵉ de Villemain. — *Échaurigné* (Cass.).

Éclope-Genest, vill. cⁿᵉˢ de Baussais et de Vitré. — *Esclopegenest*, 1604 (arch. V. Stᵉ-Mart. l. 112).

Écluseau (L'), f. cⁿᵉ de Sansais. — *L'Écluzeau* (Cass.).

Écluseau (L'), cabanes, cⁿᵉ du Vanneau.

Écluzettes (Les), vill. cⁿᵉˢ de Rom et de Vançais. — *Esclusetæ in vicaria de Rodom*, 1080 (arch. V. Nouaillé, orig. nᵒ 108). — *Esclusetes*, 1454 (id. S¹-Ben. l. 26). — *Éclusette* (Cass.).

Écoine, vill. cⁿᵉ de Clussais. — *Escoines*, relev. de Chef-Boutonne (dén. 1667).

Écorchard, f. cⁿᵉ d'Azay-sur-Thoué. — *Escorchart*, 1453 (arch. D.-S. E. 274).

Écorsins (Les), vill. cⁿᵉ de S¹-Amand-sur-Sèvre. — *Les Escorcins*, 1562 (arch. V. E³. 232).

Écoubleau ou Escoubleau, h. cⁿᵉˢ des Échaubrognes et de Loublande. — *Escunboil*, 1225 (cart. Trin. Maul.).

Écoulois, vill. cⁿᵉ de Thorigné. — *Escalays*, 1521 (arch. V. E. 1, 12). — *Coulloys*, 1532 ; *Escoulloys*, 1573 (not. S¹-Maix.).

Écourais, f. cⁿᵉ de S¹-Georges-de-Rex. — *Escorest*, 1222 (doc. pour l'hist. S¹-Hil. Poit. I, 229). — *Escurais*, 1260 (homm. d'Alph. Poit.). — *Escouray*, 1613 (arch. V. S¹-Hil. l. 693).

Écoussais. h. cⁿᵉ d'Assais. — *Escozai*, v. 1120 (cart. l'Absie). — *Escoçai*, 1123 (Gall. christ. II, 337). — *Escozay*, 1136, appartenant à l'abbaye de l'Absie (cart. l'Absie). — *Scozaicus*, xiiᵉ siècle (id.).

Écravoy, f. cⁿᵉ de Mougon. — *Les Cravoys*, 1570 (not. S¹-Maix.). — *Escravois*, 1667 (arch. D.-S. E. 240).

Écréon, mⁱⁿ. cⁿᵉ de Breuil-Chaussée.

Écurie (L'), (Grande et Petite), cⁿᵉ de Loublande (Cass.).

Écurolles (Les), vill. cⁿᵉ d'Availles-sur-Chizé.

Effondris (Les), mét. au Soulcy, cⁿᵉ de la Couarde, 1588 (not. S¹-Maix.).

Effres (Les), vill. et mⁱⁿ. cⁿᵉ de Secondigny. — *Les Eiffrez*, 1384 ; *les Ayffres*, 1386 ; *les Effrez*, 1449 (arch. V. E⁸. 232). — *Les Ayfres*, 1454, relev. de la Jallière (arch. Chap.-Bertr.). — *Les Effres*, 1598, relev. du Plessis-d'Allonne (arch. V. E⁸. 233). — *Les Aiffres sur le Thouet*, 1604, relev. de la Jallière (id. 232).

Égarure (L'), vill. cⁿᵉ de Terves. — *Les Garaiz*, 1432, relev. de Beaurepaire (arch. S¹-Loup). — *Lagarayre*, 1430 (id.). — Relev. de Cirière, 1439 (id.). — *Lesgarayre*, 1602 (id.).

Égault (L'), vill. cⁿᵉ de Montalembert. — *Les Gauts* (Cass.).

Égérie (L'), f. cⁿᵉ de S¹-Éanne. — *La Légerie*, 1566 (not. S¹-Maix.). — *La Geyerie*, 1541 (id.).

Églaudière (L'), (Haute et Basse), h. cⁿᵉ de Moncoutant. — *Laiglaudère*, 1382 ; *Lesglaudère*, 1421-1435, relev. de Bressuire (arch. S¹-Loup). — *L'Esglaudière*, 1680 (arch. fab. Chap.-S¹-Laur.). — *Les Glaudières* (Cass.).

Églinière (L'), f. cⁿᵉ de Cirière.

Écondières (Les), f. cⁿᵉ de S¹-André-sur-Sèvre. — *Les Égonières* (Cass.).

Égonnière (L'), f. cⁿᵉ de Terves. — *Lesgonnère*, 1420, relev. de Bressuire (arch. S¹-Loup).

Égonnières (Les), f. cⁿᵉ de Pougne-Hérisson. — *Les Aygonnières*, 1400 (arch. Bret.-Chal.). — *Les Aigonnières*, 1471 (arch. Chap.-Bertr.).

Égoulant, f. cⁿᵉ de Clazay. — *Aygoulant*, 1586 (arch. V. S¹-Cypr. l. 30). — *Métairie des Goulans*, 1621 (id. l. 47).

Égoulevent, h. cⁿᵉ d'Aiffres. — *Engoulevent* (Cass.).

Égrai (L'), rivière qui prend ses sources à Mazières et se jette dans la Sèvre Niortaise, au finage de S¹-Maxire (stat. des D.-S. par Dupin).

ÉGUALÈRE (L'), m^{on}. noble, c^{ne} de Fenioux, 1660 (arch. D.-S. E. 319).

ÉCUIÈRE (L'), f. c^{ne} d'Azay-sur-Thoué. — *L'Esguière*, 1750 (inv. tit. Ste-Croix Parth.).

ÉCUIÈRE (L'), f. c^{ne} de St-Pardoux.

ÉLUSIÈRE (L'), h. c^{ne} de la Chapelle-St-Étienne. — *Eleceria*, v. 1150 (cart. l'Absie). — *Les Luizières* (Cass.).

ÉMARIÈRE (L'), vill. c^{ne} de Verruye. — *Lelmorière* (Cass.).

EMBERJATIÈRE (L'), vill. c^{ne} de Vautebis. — *La Lamberatière*, 1375 ; *Lambrejatière et la Lanberjatière*, 1452 ; *Lamberjatère*, 1488. — *Le vieil Chantebusain, autrement Lembrejatière*, relev. de la Barre-Sanglier, 1598 ; *Lanbrejattière*, relev. de la seign. de Reffanes, 1652 ; *Lamberjattière*, annexée à la seign. de la Sauvagère, 1702 (arch. Barre). Voir CHANTEBUZIN.

EMBRANCHEMENT (L'), h, c^{ne} du Busseau.

EMBRUINIÈRE (L'), f. c^{ne} d'Allonne. — *Lenbroynère*, 1243 (arch. V. Fontaine-le-C.).

ÉMERIÈRE (L'), f. c^{ne} de Nanteuil. — *Les Émerières*, relev. d'Aubigné, 1350 (inv. d'Aub.). — *Lesmeryère*, 1528 (not. St-Maix.).

ÉMERIÈRE (L'), f. c^{ne} de St-Aubin-le-Cloud.

ÉMERIÈRE (L'), f. c^{ne} de Vasles. — *Moulin de Lesmarière*, 1568 (not. St-Maix.).

ÉMETIÈRE (L'). f. c^{ne} de la Forêt-sur-Sèvre. — *Laymetière*, 1598, relev. de la seign. de la Forêt-sur-Sèvre (arch. chât. la For.).

ÉNARDIÈRE (L'), f. c^{ne} de Vernou-en-Gâtine. — *Villa Lenardière*, 1234 (arch. Fonteniou).

ENCLAVE-DE-LA-MARTINIÈRE (L'), c^{on} de Melle. — *L'Enclave de la Martinière*, paroisse de St-Pierre-de-Melle, 1604 (arch. V. coll. Ste-Mart. I. 112). Relev. de la Mothe-St-Héraye.

Il dépendait de la sénéchaussée et de l'élection de St-Maixent (av. de la Mothe de 1621). 82 feux en 1698, et 78 en 1750. Cette commune n'a jamais eu de titre paroissial.

ENCOINÇONNÉE-DE-LA-ROCHE (L'), l.-d. c^{ne} de St-Hilaire-la-Palud, 1681 (arch. D.-S. G. 7).

ENCREVÉ (L'), f. c^{ne} de la Ronde. — *Nancrevier* (Cass.).

ENCRUÉ, vill. c^{ne} de Glenay. — *Enciener*, 1359. — *Encrenyer*, 1547 (arch. Vernay). — *Moulins d'Encrevé* (Cass.).

ENFFERMERYES (LES), l.-d. c^{ne} de la Mothe-St-Héraye, 1621 (av. de la Mothe).

ENGIBAUT, f. c^{ne} de la Chapelle-St-Étienne.

ENJAUGERIE (L'), c^{ne} de St-Maixent, était de la châtellenie de St-Maixent (cart. St-Maix. intr.).

ENJOUINIÈRE (L'), f. c^{ne} de Mazières-en-Gâtine.

ENJOURAN, vill. c^{ne} de Tessonnières. — *Enjorant*, 1344, où les religieux de l'Hôpital ont la haute justice (arch. V. H. 3, 805). — *Amjurant*, 1365 ; *Anjorrant*, 1488 (id.). — *Anjorrent*, 1495 (arch. Vernay). — *Anjaurrant*, 1502 (arch. V. E^e). — *Anjaurrand*, 1654 ; *Anjauron*, 1665 (arch. D.-S. E. 957, 989). — *Anjouran* (Cass.).

ENSIGNÉ, c^{on} de Brioux. — *Ansiniacum*, v. 1103 (Font. LXIII, p. 515). — *Ansignec*, XIIIe siècle (censif de Chizé). — *Ansigny*, 1254 (arch. V. H. 3). — *Ansigniacus*, 1286 (arch. V. Mont. l. 95). — *Ensaygnec*, 1300 (gr.-Gauthier). — *Ansigné* (pr. v. ap. bull. ant. ouest 1882). — *Ancigny*, 1432 ; *Enssigné*, *Ansigné*, 1460 ; *Anseigné*, 1462 ; *Anceigné*, 1498 (arch. V. H. 3). — *Encigny*, 1608 (id.). — *Ensigné*, 1670 (arch. Barre, I). — *Ensigny*, 1716 (arch. D.-S. C. 61). — *Ste-Radegonde d'Ansigny* (pouillé 1782).

La châtellenie d'Ensigné, commanderie de l'ordre de St-Jean-de-Jérusalem, primitivement du Temple, d'un revenu de 7,000 livres, relevait du château de Niort (état de l'élect. Niort 1716). Dépendant de l'archiprétré de Melle et de l'élection de Niort. Il y avait 104 feux en 1716, et 124 en 1750.

Le canton d'Ensigné, créé en 1790 et composé des communes d'Asnières, Crezières et Paizay-le-Chapt, fut plus tard réuni à celui de Brioux.

ENSOUAN, vill. c^{ne} d'Ensigné. — *Ansouan* (Cass.).

ENTERRÉ, m^{in}. c^{ne} de Ste-Verge. — *Interré*, v. 1110 (cart. St-Laon Th.). — *Anterré* (Cass.).

ENTERRÉ, m^{in}. à tan, c^{ne} de St-Martin-de-St-Maixent. — *Molendinum d'Enterré situm prope ecclesiam Sancti Martini*, 1210. — *Enterrez*, 1269, relev. de l'abbaye de St-Maixent (cart. St-Maix. II).

ENTRUAN, vill. c^{ne} de Montalembert. — *Enterna*, 1295, ancienne maison de l'ordre de Grandmont (bull. antiq. ouest 1885, p. 553, 602). — *Terven* (D. 1383). — *Terruan*, 1451 (arch. V. Ste-Marth. 116). — *Teruan* (Cass.). — *Anteruan* (cad.). — *Thervan* (pouillé B.-Filleau, 316).

ÉPAGNEAU, h. c^{ne} de Vausseroux.

ÉPANNE, c^{on} de Frontenay. — *Hyspania*, 1243 ; *Espania*, 1245 (compt. d'Alph. Poit.). — *Hyspaniæ ; Panes*, XIIIe siècle (censif de Chizé). — *Beata Maria Magdalena d'Espannes* (panc. de Rochech. 1402). — *Espanes*, 1425, relev. de Pauléon (Char.-Inf.) (bull. soc. stat. D.-S. 1890, p. 497). — *Les Panes*, 1493 (arch. Barre, I).

Dépendait de l'archiprétré de Mauzé, diocèse de Saintes, et de l'élection de St-Jean-d'Angély, généralité de la Rochelle (état de la gén. de la Roch. 1698). La cure de Ste-Marie-Madeleine était à la nomination de l'abbé de Nouaillé.

Épanne, chât. c^{ne} d'Épanne.

Épanne, vill. c^{nes} d'Ardin et de Faye-sur-Ardin. — *Espanes*, 1260 (homm. d'Alph. Poit.). — *Épannes*, 1628 (arch. D.-S. E. 258). — *Épagne* (Cass.).

Épaud (L'), bois, c^{ne} de Souvigné. — *Expaulum, Spaulum*, 1088 (cart. St-Maix. I, 204). — *Bois de l'Espeau*, 1654 (id. II, 356).

Épave (L'), h. c^{ne} de St-Christophe-sur-Roc. — *L'Épeave*, 1534 (not. St-Maix.).

Épéchère (L'), f. c^{ne} de la Chapelle-St-Étienne. — *L'Épéchair* (Cass.).

Épervier, mⁱⁿ. c^{ne} de Brelou.

Épervier, mⁱⁿ. c^{ne} de Ste-Néomaye. — *Espervier*, 1567 (not. St-Maix.).

Épigny (Grand et Petit), vill. c^{ne} de Breuil-Chaussée. — *Eppeigné*, 1338 (arch. V. H. 3. 726). — *Le Grand et le Petit Espeigné*, 1444 (arch. St-Loup). — *Le Grand Espaigné*, xve siècle (reg. de r. Templ. Maul.).

Épinards (Les), h. c^{ne} de St-Léger-lez-Melle.

Épinaux (Cabane des), c^{ne} de Magné.

Épinay (L'), f. c^{ne} de Beaulieu-sous-Bressuire. — *Lespinaye*, 1363 (arch. St-Loup).

Épinay (L'), f. c^{ne} de Bouillé-St-Paul.

Épinay (L'), f. c^{ne} de Bretignolle. — *L'Espinaye*, 1351 (arch. hist. Poit. XVII).

Épinay (L'), f. c^{ne} de Châtillon-sur-Thoué.

Épinay (L'), h. c^{ne} de Chavagné, relev. de Bougouin (état du duch. la Meill. 1775). — *Lespinaye*, seign., 1527 (not. St-Maix.). — *L'Espinaye*, 1654 (arch. D.-S. E. 781). — *Lespinay*, 1722 (arch. D.-S. E. 746).

Épinay (L'), f. c^{ne} de Clavé. — *Lespinée*, 1452 ; *L'Espinée*, 1551 ; *Lespinay*, 1670 (arch. Barre). — *Le fief de l'Épinée*, dépendant de la commanderie de St-Rémy, 1698 (état de l'élect. St-Maix. 1698). Il était situé dans la châtellenie de St-Maixent (cart. St-Maix. intr. 48).

Épinay (L'), f. c^{ne} de la Coudre.

Épinay (L'), f. c^{ne} des Échaubrognes.

Épinay (L'), f. c^{ne} de Noireterre. — *Lespinoie*, 1418, relev. de Bressuire (arch. St-Loup).

Épinay (L'), f. c^{ne} de Nueil-sous-les-Aubiers. — *L'Espinaye ou Bordevayre*, 1416 (arch. V. les Linaux).

Épinay (L'), f. c^{ne} de Rorthais. — *L'Espinaye*, 1416. — *Lespinay*, 1615 (arch. V. les Linaux). — *L'Espinay*, 1680 (arch. V. Brosse-Guilgault, 7).

Épinay (L'), f. c^{ne} de St-Aubin-du-Plain. — *L'Espinay*, 1607 (pap. de Beauvais).

Épinay (L), f. c^{ne} de St-Porchaire. — *Lespinoye*, 1383, relev. de Bressuire (arch. St-Loup). — *L'Épinay des rivières* (Cass.).

Épinay (L'), f. c^{ne} de Vasles. — *Lespinoye*, 1454 (arch. V. S^{te}-Cr. l. 45). — *L'Épinaie* (Cass.).

Épinay (L'), f. c^{ae} de Voultegon. — *Lespinay*, 1598 (arch. V. E^s. 376). — *L'Épinay-Limousin*, relev. de la seign. de la Vergnais, unie à la baronnie d'Argenton-Château, 1758 (arch. V. E^s. 330).

Épinaye (L'), f. c^{ne} d'Amaillou.

Épine (L'), mⁱⁿ. c^{ne} des Alleuds ; anc. fief relev. de Chef-Boutonne, 1594 (arch. D.-S. E. 247).

Épine (L'), mⁱⁿ. sur la Grande-Boutonne, c^{ne} de Chérigné. — *Moulin de Lespine*, appartenant à l'abbaye des Alleuds et vendu en 1594 au maréchal de Biron (bull. soc. stat. D.-S. 1886, p. 292). — *Motte de l'Épine ou Motte de Marconay*, ancienne butte ou tumulus près du moulin de l'Épine (id. 1884).

Épine (L'), mⁱⁿ. c^{ne} de Chey. — *L'Épine*, 1419 (arch. hist. Poit. XXIV, 386). — *Moulin Chesdeau et de Lépine*, relev. de Lusignan, 1576 (ms. 141, bibl. Poit.).

Épine (L'), f. c^{ne} de Courlay.

Épine (L'), f. c^{ne} de Pamplie.

Épine (L'), vill. c^{ne} de St-Léger-lez-Melle.

Épine (L), vill. c^{ne} de Sepvret.

Épinette (L'), h. c^{nes} de Souché et de Niort.

Épinier (L'), f. c^{nes} de Cours et de Germond.

Épinier (L'), f. c^{ne} de Noireterre.

Épinier (L'), f. c^{ne} de Secondigny.

Épinoux (Les), vill. c^{ne} de Rom.

Épinoux (Les), c^{ne} de Surin (hist. de Champd. par Desaivre).

Épiquerelle (L'), près Prahecq.

Époix (Les), chât. c^{ne} de Luzay. — *Vespoix*, 1392 (cart. de Chambon, ap. mém. soc. stat. D.-S. XIII, 258). — *Lespoy*, 1506 (arch. V. St-Hil. l. 872). — *Les Expoix*, 1698 (arch. V. Brosse-Guilgault, 29). — *Les Épois* (Cass.).

Éponneries (Les), h. c^{ne} de St-Maurice-la-Fougereuse — *Les Épeaudières* (Cass.).

Épron, vill. et mⁱⁿ. c^{ne} de St-Martin-de-St-Maixent. — *Molendini d'Esperum*, 1130 (cart. St-Maix. 316). — *Feodum au Esperons*, 1269, relev. de l'abbaye de St-Maixent (id. II, 97). — *Esperon*, 1363 (id. II, 150). — *Esperon*, moulin à draps, 1528 (not. St-Maix.).

Équart (L'), c^{ne} de Niort.

Érable (L'), m^{on}. c^{ne} de Romans.

Érable (L'), f. c^{ne} de la Couarde.

Ermitage (L'), f. c^{ne} de Sanzay. — *L'Hermita* (Cass.).

ERREDIMIÈRE (L'), h. c^ne des Fosses. — *L'aire dixmière*, 1591 (arch. V. Ste-Croix, 91).

ESCHASSERIE (L') de la Collaysière, c^ne de Pugny, relev. de Pugny, 1402 (arch. St-Loup).

ESCLAUCHERIE (L'). — *Lesclaucherie*, c^ne de Moncoutant, 1376, relev. de Bressuire (arch. St-Loup).

ESPÉRANCE (L'), h. c^ne du Puy-St-Bonnet.

ESPÉRANCE (L'), f. c^ne de St-Liguaire.

ESPINASSE (L'), vill. c^ne de St-Maxire. — *Espinace*, 1495 (ma coll.). — *Lespinasse*, 1609 (Font. XX, 418). — *Les Pinats*, 1776 (arch. D.-S. G. 74). — *L'Espinace* (Cass.). Relev. de la comm. de St-Rémy-en-Gâtine.

ESPOIR (L'), c^ne de Boismé. — *La Veille Ceppaye*, 1425, relev. de Puymarri (arch. St-Loup). — *Lasepaie*, 1437 (id.). — *L'Aspoix* (Cass.). Voir ASPOIX (L').

ESSARD (L'), f. c^ne de la Chapelle-Largeau. — *Essartum in censiva de Capella*, 1246 (cart. Trin. Maul.).

ESSARDS (LES), f. c^ne de Cours. — *Les Essars* (Cass.).

ESSARDS (LES), h. c^ne de Marigny.

ESSARDS (LES), f. c^ne de Nucil-sous-les-Aubiers.

ESSARDS (LES), m^on. noble, c^ne de Prahecq, 1729 (arch. D.-S. B. 176).

ESSARDS (LES), f. c^ne de St-Symphorien.

ESSARDS (LES), f. c^ne de Secondigny. — *Les Essars* (Cass.).

ESSARDS (LES), h. c^ne de Souvigné. — *Feodum dau Essars*, 1269, relev. de l'abbaye de St-Maixent (cart. St-Maix. 11, 99). — *Les Exars*, 1363 (id. II, 164). — *Les Essards*, 1398. — *Les Exsars*, 1509 ; *les Essars*, 1584 (not. St-Maix.).

ESSARDS (LES), h. c^ne de Villiers-en-Bois. — *Les Essars de la voie Bergeresse*, 1402 (arch. V. S^te-Cr. 1. 89). — *Les Essarts*, 1696 (la fam. des der. seig. de Faugeré, par Sauzé).

ESSERBIER (L'), h. c^ne de Moncoutant. — *Les Serbiers* (Cass.).

ESSERTON (L'), vill. c^ne de Noirlieu. — *Lexarton*, 1378 (arch. St-Loup). — *Lesserton* (Cass.).

ESSET, vill. c^ne d'Augé. — *Essael*, 1260 (homm. d'Alph. de Poit.). — *Esset*, 1526 ; *Ayssel*, 1533 ; *Essept*, 1540 (not. St-Maix.).

ESTRIE (L'), m^in. c^ne de la Petite-Boissière, 1625 (arch. V. les Linaux).

ÉTABLERIE (L'), h. c^ne d'Azay-sur-Thoué.

ÉTAMBÉ, vill. c^ne de Brion. — *Stanbeium*, v. 1120 (cart. St-Laon Th.). — *Estambé*, 1233 ; *Traubé*, 1245 ; *Étanbé*, *Étaubé*, *Taubé*, 1251 (cart. St-Mich. Th.). — *Estanbé*, 1291 (arch. V. H. 3, 809, 804).

ÉTAMPES (FORÊT D'), portion de la forêt de Chizé, contenant 1400 arpents, relev. de la châtellenie de Chizé en 1548, et appartenant au maréchal de Navailles en 1682 (ms. 141, bibl. Poit.). En 1802, elle était évaluée à 714 hectares (stat. des D.-S. par Dupin).

ÉTANCHET (L'), f. c^ne de Terves. — *Estanchel*, 1293 (arch. Durb.). — *Leslanget*, 1402, relev. de Bressuire (arch. St-Loup).

ÉTANG (L'), f. c^ne d'Azay-sur-Thoué.

ÉTANG (L'), éc. c^ne de Celles.

ÉTANG (L), h. et m^in. c^ne de Cherveux.

ÉTANG (L'), h. c^ne de Combrand. — *L'Étang*, aliàs *Verruye*, 1527 (dict. fam. Poit. II, 637).

ÉTANG (L'), vill. et m^in. c^ne de François.

ÉTANG (L'), f. c^ne de Gourgé. — *L'Estang*, 1625 (arch. V. E. 3, l. 41).

ÉTANG (L'), éc. c^ne de Lezay.

ÉTANG (L'), vill. c^ne de Neuvy-Bouin. — *Lestant*, par. de Bouin, 1352 (arch. V. Fontaine-le-C. 1. 30).

ÉTANG (L'), f. et m^in. c^ne du Pin.

ÉTANG (L'), m^on. c^ne de Romans, démolie vers 1850.

ÉTANG (L'), f. c^ne de St-Maurice-la-Fougereuse.

ÉTANG (L'), f. c^ne de St-Varent. — *L'Étang de Glenay* (Cass.).

ÉTANG (L'), f. c^ne de Scillé. — *Le Temps* (Cass.).

ÉTANG (L'), m^in. c^ne de Souvigné, relev. de l'abbaye de St-Maixent (cart. St-Maix. intr.).

ÉTANG (L'), h. c^ne de Terves. — *L'Estang*, relev. de Bressuire, 1427 (arch. St-Loup).

ÉTANG (L'), (GRAND ET PETIT), f. c^ne de Verruye. Relev. de Pressigny-en-Gâtine, 1600 (arch. V. E^s. 415).

ÉTANG (L'), (GRAND ET PETIT), vill. c^ne de Villiers-sur-Chizé.

ÉTANG-BILLETTE (L'), f. c^ne de Cersay.

ÉTANG-BLANC (L'), étang, c^ne de Cours.

ÉTANG-DE-MONT (L'), f. c^ne de St-Génard.

ÉTANG-DE-St-NICOLAS (L'), ou ÉTANG-NEUF, c^ne de St-Maurice-la-Fougereuse. — *L'Étang neuf* (Cass.).

ÉTANG-DU-FOUILLOUX (L'), h. c^ne de la Chapelle-Bertrand.

ÉTANG-NEUF (L'), f. et étang, c^ne de Genneton.

ÉTANG-NEUF (L'), f. c^ne de Maisontiers.

ÉTANG-PÉTREAU (L'), c^ne de Cersay.

ÉTANG-VIEUX (L'), étang, c^ne d'Étusson.

ÉTANG-VIEUX (L'), f. et étang, c^ne de Genneton.

ÉTAURIE (L'), c^ne de Secondigny. — *Stelleria*, 1323 (arch. V. Fontaine-le-C. 1. 32). — *Létaurie*, vill. 1618 (pap. de la Petit.). Loc. disp. près la Petitière.

ÉTEIL (L'), f. c^ne de Fontperron. — *L'Esteil*, 1372 ; *Leslieuil*, 1452 (arch. Barre). — *L'Estueil*, relev. d'Aubigny, 1460 (inv. d'Aub.). — *L'Éteuil* (Cass.).

ÉTIVEAU, f. c^ne de Voultegon. — *Estivaux*, 1423 (Font. VIII, 16). — *Le bordage d'Estivaulx*, xve s.

(reg. r. temple Maul.). Relev. de la seign. de Forges à Bressuire (arch. St-Loup).

Étorière (L'), vill. c^{ne} de l'Absie. — *Lestorière*, 1393, relev. de Secondigny (ms. 141, bibl. Poit.). — *L'Estorière*, 1408 (arch. Pet.-Chéne). — *Lestorayre*, 1425, relev. du Petit-Vernay (arch. V. E^s. 410). — *L'Estauraire*, 1501 (arch. V. Brosse-Guilgault, 6). — *Lestauraire*, 1555 (reg. insin. Thouars). — *L'Étorière*, 1763 (pap. fam. Nicolas).

Étortière (L'), f. c^{ne} de Soudan. — *Lestorière*, 1448. — *Lextortière*, 1481. — *Lestortière*, 1576 (arch. Barre, II). Relev. d'Aubigny (inv. d'Aub.).

Étrangle-Gorge, f. c^{ne} de Niort.

Étremière (L'), f. c^{ne} de Pougne.

Étrés (Les), h. et mⁱⁿ. c^{ne} de Brelou. — *Moulin des Estriefs*, 1584 (not. St-Maix.).

Étries, chât. c^{ne} de Chanteloup. — *Estrées*, 1407 (arch. V.). — *Estrys*, 1556 (reg. insin. Thouars). — *Estries*, 1597, relev. de la seign. de Forges à Bressuire (arch. V. pap. Droch.). — *Estrie*, 1647 (id.). — *Étrie* (Cass.).

Étrochon, vill. c^{nes} de Périgné et St-Romans-lez-Melle. — *Hétrochon* (Cass.).

Étusson, c^{on} d'Argenton. — *Sanctus Petrus de Stucho*, 1123 (cart. Trin. Maul.). — *Estuchum*, 1125 (arch. hist. Poit. II). — *Cuçon*, 1300 (gr.-Gauthier).

Dépendait du doyenné de Bressuire, de la sénéchaussée de Poitiers et de l'élection de Thouars. Relev. d'Argenton-Château. Il y avait 80 feux en 1750 (cart. alph. Poit.).

Eules (Les), (Grandes et Petites), h. c^{ne} de St-Aubin-de-Baubigné.

Éveclée (L'), cabane, c^{ne} d'Arçais.

Évèquault (L'), f. c^{ne} de St-Liguaire ; anc. fief relev. de l'abbaye de St-Liguaire, 1789 (arch. D.-S. H, 71).

Exireuil, 2e c^{on} de St-Maixent. — *S^{tus} Maxentius de Sirolio*, 1110 (cart. St-Maix. I, 257). — *Exirolium*, v. 1247 (quer. rec. in Pict. dioc. ap. arch. nat.). — *Essyrolium*, 1300 (gr.-Gauthier). — *Exireuil*, 1451 (cart. St-Maix.). — *Cyreuil*, 1669 (id. II). — *St-Vincent d'Exireuil* (pouillé 1782).

Dépendait de l'archiprêtré, de la sénéchaussée et de l'élection de St-Maixent. Relev. d'Aubigny. La cure était à la nomination de l'évêque. Il y avait 225 feux en 1698, et 194 en 1750 (état de l'élect. ; cart. alph. Poit.).

Exoudun, c^{on} de la Mothe-St-Héraye. — *Vicus Exuldunus*, 872 (rech. sur les vig. par la Font.). — *Vicaria Exulduninsis in pago Briocinse*, 963 (cart. St-Maixent, 43). — *Exoldun*, v. 1095, 1097 (cart. St-Cyprien). — *Issidonium*, 1119 (Font. XXI, 594). — *Exodum*, v. 1204 (cart. St-Maix. II, 26). — *Exodunium*, 1218 (cart. des Châtell.). — *Issodunium*, 1227 ; *Yssodunium*, 1233 (id.). — *Exoudenium*, 1235 (Dupuy, 805, p. 104). — *Exsudunium*, 1236 (cart. Châtell.). — *Exodunum*, 1245 (compt. d'Alph. Poit.). — *Codunium*, 1262 (cart. St-Maix, II, 92). — *Exudun*, 1408 (cart. St-Maix. II, 205). — *Essoudung*, 1564 (arch. D.-S. E. 649). — *Yssouldun*, 1576 (id. E. 385). — *St-Pierre d'Exoudun* (pouillé 1782).

Ancien chef-lieu de viguerie, Exoudun était aussi le siège d'un archiprêtré. La viguerie, dépendant du *pagus* de Brioux, comprenait, d'après les indications des chartes, Bagnault, commune dudit Exoudun, Bonneuil, commune de Ste-Soline, et Beugnon.

L'archiprêtré comprenait les paroisses d'Aigonnay, Ste-Blandine, Bougon, Chavagné, Chauray, Chenay, Chey, Échiré, Exoudun, François, Fressine, St-Gelais, Goux, la Mothe-St-Héraye, Mougon, Ste-Néomaye, Pamprou, Prailles, Reigné, Romans, Salles, Sepvret, Souché, Thorigné, Vouillé, situées dans les Deux-Sèvres, plus Rouillé dans la Vienne.

Exoudun dépendait de l'élection et ressort du siège de St-Maixent. Relev. de la Mothe-St-Héraye. Il y avait 360 feux en 1698, et 281 en 1750 (état de l'élect. ; — cart. alph. Poit.). — La cure était annexée à l'archiprêtré.

Eyrruse (L'), c^{ne} des Aubiers, 1351 (arch. hist. Poit. XVII).

F

Faché (Le Grand et Petit), f. c^{ne} de Mazières-en-Gâtine. — *Fasché*, 1445, relev. de Ternant (arch. V. E^s. 413). — *Fasché*, 1600, relev. de Pressigny-en-Gâtine (id. 415).

Fadette (La), c^{ne} de Maulais ; anc. fief relev. de la seign. d'Auzay, 1785 (arch. D.-S. E. 189).

Faix (Le Grand et Petit), f. c^{ne} de Neuvy-Bouin. —

Les *Fayes-Poisses*, 1560, relev. d'Airvault. — *Les Feis-Poisson*, relev. de Châteauneuf-en-Gâtine, 1612. — *Les Faix*, 1713 (arch. Barre, I, II). — *Pet. et Gr. Faye* (Cass.).

Falatière (La), f. c^{ne} de la Pérate.

Fallourdière (La), vill. c^{ne} de St-Jouin-de-Milly. — *Borderia de Falorderia*, v. 1090 (Font. VIII, 137).

FANTAISIE (LA), f. c^{ne} de St-Liguaire.
FANTINIÈRE (LA), h. c^{ne} de Bouillé-St-Paul.
FANTINIÈRE (LA), f. c^{ne} de Cours. — *La Fontinière* (Cass.).
FANTINIÈRE (LA), f. c^{ne} de Pamplie. — *La Fantinière*, 1562, 1577 (arch. hist. Poit. XX, 387).
FARINEAU, vill. et mⁱⁿ. c^{ne} de Champeaux. — *Farinau* (Cass.).
FAUCHERIE (LA), h. c^{ne} de Massais. — *La Foucherie* (Cass.).
FAUCHERIE (LA), f. c^{ne} de la Pérate.
FAUCHERIE (LA), vill. c^{ne} de St-Lin. — *La Foucherye*, relev. de Pressigny-en-Gâtine, 1600 (arch. V. E^s. 415).
FAUCHERIE (LA), f. c^{ne} de St-Maurice-la-Fougereuse.
FAUCHERIE (LA), vill. c^{ne} de Vouhé.
FAUCHETIÈRES (LES), f. c^{ne} de St-Aubin-de-Baubigné.
FAUCONNERIE (LA), h. c^{ne} de Chavagné.
FAUGERAIS (LES), h. c^{ne} de Mauzé-Thouarsais. — *Le Fougeray*, 1567; *le Faugerey*, 1672 ; *Fougeré*, 1712 (arch. V. Brosse-Guilgault, 15, 25, 40).
FAUGERÉ, logis, c^{ne} de Baussais. — *Fougeré*. (Cass.).
FAUGERÉ, chât. c^{ne} de la Couarde.— *Faugeré*, 1528 (la fam. des s^{rs} de Faug. par Sauzé) — *Faugeré*, *aliàs la Couarde*, 1687 (rev. Poit. 1891, sept.), relev. de l'abbaye de St-Maixent (cart. St-Maix. intr.). — *Fougeré* (Cass.).
FAUGERÉ, chât. c^{ne} de Nanteuil. — *Faugeré*, 1419 (arch. V. E. 3, 1. 54). — *Faugeré*, 1452, en la châtellenie de St-Maixent (arch. Barre).
FAUGÈRES, c^{ne} de Souvigné. — *Campus qui vocatur Fulgerius clausus ou Faugères-clos*, donné à l'abbaye de St-Maixent, et situé vers Garmentier, c^{ne} de Souvigné, 1088 (cart. St-Maix. I, 204).
FAUGERIT-L'AIGUILLON, vill. c^{ne} de Chey.
FAUGERIT (GRAND ET PETIT), vill. c^{ne} de Chey. — *Faulgery*, 1558 (arch. D.-S. E. 909).
FAUGERIT, vill. c^{ne} de Sepvret. — *Faugeré* (Cass.).
FAUGERIT, vill. et mⁱⁿ. c^{ne} de Vasles. — *La Foucherie*, relev. de l'abbaye de Ste-Croix de Poitiers, 1435 (arch. V. S^{te}-Cr. 1. 45).
FAUGERY, vill. c^{ne} de Frontenay. — *Faugère*, 1246 (compt. d'Alph. Poit.). — *Saugeriatum*, 1275 (cart. St-Maix. II, 118). — *Faugeré*, 1276 (id. II, 122). — *Faugerit* (Cass.).
FAUGIRET, f. c^{ne} de Mazières-en-Gâtine. — *Les Faugères*, 1471, relev. de Parthenay (arch. V. E^s. 408). — *Faugeretz*, 1593 (id.). — *Faugeray*, 1669. — *Fougeretz*, 1768 (id.).
FAULGERY, m^{on}. noble, c^{ne} de Granzay. — *Le Petit Faulgery en Granzay*, 1632 (arch. D.-S. E. 358).

FAUSSETTES (LES), f. c^{ne} de Bretignolle. — *Foussette* (Cass.).
FAUVELIÈRE (LA), f. c^{ne} de Soudan. — *La Petite Favrellère*, 1536 (not. St-Maix.). — *La Fauvelière* (Cass.).
FAVEAU (LE), f. c^{ne} de Marigny. — *Favaud*, 1760 (arch. D.-S. E. 1197).
FAVRELIÈRE (LA), h. c^{ne} de Cerizay.
FAVRELIÈRE (LA), f. c^{ne} de Champeaux.
FAVRELIÈRE (LA), f. c^{ne} de St-Marsault. — *La Favrelière*, 1598, relev. de la baronnie de la Forêt-sur-Sèvre (arch. chât. la For.). — *La Favrière* (cad.).
FAVRELIÈRE (LA), f. c^{ne} de St-Martin-du-Fouilloux. — *La Favrelière*, 1577; *la Fabvrelière*, 1587, relev. de la Jarrière (arch. Barre, II, 125). — *La Favrellière*, 1676 (arch. V. E. 1, la Mothe).
FAVRELIÈRE (LA), c^{ne} de Secondigny. — *La Favrelière* près le village de l'Étaurie, 1618 (pap. de la Petit.). Relev. de l'Aumônerie, 1736 (arch. Barre, II, 145).
FAVRELIÈRE (LA), h. c^{ne} de Vasles. — *La Favelère*, 1362 (arch. V. S^{te}-Cr. 1. 44). — *La Favrelière*, relev. de la Motte de Chalandray ou fief de Rochefort, 1611 (arch. Bret.-Chal.).
FAVRETIÈRE (LA), f. c^{ne} de Cerizay.
FAVRIE (LA), f. c^{ne} de Montravers. — *La Faverie* (Cass.).
FAVRIE (LA), h. c^{ne} de St-Paul-en-Gâtine. — *La Faverie*, 1317 (ch. de l'Absie ap. arch. D.-S.). — *La Favrie* (Cass.).
FAVRIE (LA), vill. c^{ne} de Secondigné-sur-Chizé.
FAVRIÈRE (LA), chât. c^{ne} de Nueil-sous-les-Aubiers. — *La Favrère*, 1313 (arch. Durb.). — *La Favrière*, 1351 (arch. hist. Poit. XVII). — *La Faverière*, 1558 (reg. insin. Thouars).
FAUX, f. c^{ne} de St-Maixent-de-Beugné.
FAUX-MARIN, h. c^{ne} de Vasles. — *Fondmarin* (Cass.).
FAYE-L'ABBESSE, c^{on} de Bressuire. — *Villa Faya*, 876 (cart. St-Jouin). — *Curtis quæ vulgo nuncupatur Faya cum ipsa capella in honore sancti Hilarii dicata*, 973 (Gall. christ. II, 366, ch. du roi Lothaire pour St-Jean-de-Bonneval). — *Faya Abbatissæ*, 1300 (gr.-Gauthier). — *Faye labasse*, 1320 (arch. St-Loup). — *Faye-Labbasse*, 1397 (id.). — *Faye la Basse*, 1468 (arch. V. Brosse-Guilgualt, 8). — *Foye la Basse*, 1567 (id. 25). — *Failabesse*, 1677 (id. 41). — *Foy l'Abesse*, 1760 (arch. D.-S. G. 69). — La cure était à la nomination de l'abbesse de St-Jean-de-Bonneval.

Faye-l'Abbesse faisait partie du bailliage de Coulonges, du ressort du siège de la vicomté de Thouars, et dépendait du doyenné de Bressuire, de la sénéchaussée de Poitiers et de l'élection de Thouars. Il y avait 120 feux en 1750.

Faye, éc. c^{ne} de Béceleuf.

Faye (La), vill. c^{ne} de Bretignolle. — *Faye Bancherea*, 1248 (arch. Durb.). Relev. du Frêne (de Nueil), 1426 (arch. St-Loup).

Faye (La) ou La Foy, c^{ne} de Caunay, relev. de Civray, 1486-1775 (arch. V. C. 2, 148).

Faye, mⁱⁿ. à vent, c^{ne} de Faye-sur-Ardin.

Faye (La), vill. c^{ne} de Largeasse. — *Faia*, xiie siècle (cart. l'Absie, ap. Dupuy, 828, p. 117). — *Le Fay* (Cass.).

Faye, vill. c^{ne} de Nanteuil. — *Faia*, 1086 (cart. St-Maix. 194). — *Faya*, 1210 (id. II). — *Faye*, 1386 (cart. Châtell.). — *Faye-les-Saint-Maixent*, 1431 (hist. des Chast., pr. p. 161). — *Faye sur Aubigny*, 1589 (arch. Barre). C'était une châtelenie relev. de St-Maixent (état du duch. la Meill. 1775).

Faye, vill. c^{ne} de St-Éanne, 1567 (not. St-Maix.).

Faye (La), f. c^{ne} de Sanzay. — *La Faye*, 1384 (arch. hôp. Argent.).

Faye-Garreau (La), m^{on}. c^{ne} de Boismé. — *La Faye Garot*, 1433, relev. de Bressuire (arch. St-Loup).

Faye-Liée (La), f. c^{ne} du Busseau.

Faye-Robin (La), c^{ne} de Boismé, près Villefranche, 1437 (arch. St-Loup).

Faye-sur-Ardin, c^{on} de Coulonges. — *Faia*, 1260 (homm. d'Alph. Poit.). — *Faya*, 1300 (gr.-Gauthier). — *Faye sur Ardin*, 1435 (inv. d'Aub.). — *Faye en Gastine* ou *Faye sur Hardin*, 1461 (arch. Barre, II, 299). — *Foy sur Ardin*, 1600 ; *Fay sur Ardin*, 1601 ; *Foix*, 1688 (arch. V. l'Oliverie, 14). — *Fois*, 1600 (arch. D.-S. E. 323). — *St-Vivian de Faye*, 1648 (pouillé B.-Filleau).

Faye-sur-Ardin relev., pour partie, de la seign. de Faye (inv. d'Aub.), et, pour la plus grande partie, de la châtellenie du Coudray-Salbart, réunie à la baronnie de Parthenay (dén. just. bar. Parth.). Il dépendait de l'archiprêtré d'Ardin et de l'élection de Niort, fit partie successivement des sénéchaussées de Niort et de St-Maixent. Il y avait 114 feux en 1716, et 115 en 1750.

Fayette, vill. c^{ne} de St-Léger-lez-Melle. — *Fayette*, relev. de la Mothe-St-Héraye, 1621 (av. de la Mothe). — *La Fayette*, 1654 (arch. V. E. 3, 43).

Fayolle, vill. c^{ne} de Brûlain. — *Faiole*, *Faiola*, xiiie siècle (censif de Chizé). — *Fayole*, 1269 (cart. St-Maix. II, 102). — *Feolles*, 1620 (mém. soc. stat. D.-S. 3e sér. VI, 344).

Fazillière (La), vill. c^{ne} de Vernou-en-Gâtine. — *La Fazillère*, 1458, relev. du Fonteniou (arch. Barre, II). — *La Fazelière* (Cass.).

Fénery, c^{on} de Parthenay. — *Faya Nayri*, 1300 (gr.-Gauthier). — *Faye Nesry*, 1389 (pap. Brouard.). — *Faynery*, 1468, relev. de la châtellenie d'Hérisson (id.). — *Feynery*, 1544 ; *Fénéry*, 1680 (arch. Barre, I). — *Fénérix*, 1716 (arch. D.-S. C. 61). — *St-Benoît de Fénery* (pouillé 1782).

Dépendait de l'archiprêtré de Parthenay, de la châtellenie d'Hérisson, de la sénéchaussée de Poitiers et de l'élection de Niort, après avoir fait partie de celle de Parthenay au xvie siècle. La cure était à la nomination de l'évêque. Il y avait 42 feux en 1716, et 47 en 1750 (état de l'élect. 1716 ; — cart. alph. Poit.).

Fenêtre (La), h. c^{ne} de Chanteloup. — *La Fenestre*, 1421 (arch. St-Loup).

Fenêtre (La), l.-d. c^{ne} de Souvigné. — *Fenestra*, 1088 (cart. St-Maix, I, 203).

Fenêtre (La), f. c^{ne} d'Ulcot.

Fenêtreau, vill. c^{ne} du Cormenier. — *Fenestra*, 1275 (cart. St-Maix. II, 118).

Fenioux, c^{on} de Coulonges-sur-l'Autize. — *Finiucum*, v. 1000 (arch. hist. Poit. II). — *Villa Fenils*, v. 1122 (id.). — *Fenios*, xiie siècle (cart. l'Absie). — *Feniosium*, 1299 (Font. LV). — *Fenyos*, 1300 (gr.-Gauthier.). — *Fenioux*, 1445 (ma coll.). — *St-Pierre-de-Fenioux*, 1648 (pouillé B.-Filleau).

Fenioux faisait partie de la châtellenie de Béceleuf réunie à la baronnie de Parthenay (dén. des just. bar. Parth. 1744). Dépendait de l'archiprêtré d'Ardin, de la sénéchaussée de Poitiers et de l'élection de Niort, après avoir fait partie de celle de Parthenay au xvie siècle. La cure était à la nomination du prieur de Parthenay-le-Vieux. Il y avait 241 feux en 1716 et 254 en 1750 (état de l'élect. 1716 ; — cart. alph. Poit.).

Fenioux, vill. c^{ne} de Brelou. — *Fenyou*, 1535 (not. St-Maix.). — *Fenyhou*, 1595 (arch. V. Pouzay, 2). — *Feniou*, 1747 (arch. D.-S. E. 415).

Fenouillère (La), f. c^{ne} d'Azay-le-Brûlé.

Fenouillère (La), mⁱⁿ. c^{ne} de St-Martin-de-St-Maixent. — *Fenoillière*, 1540, 1584 (not. St-Maix.).

Féolles. Voy. Fiolle.

Ferbetère ou Foybertière (La), l.-d. c^{ne} de St-Loup, relev. de Vernay, 1449 (arch. Vernay).

Ferchat, h. c^{nes} de Souvigné et de St-Éanne. — *Moulin de Ferrechat*, 1530, 1537 (not. St-Maix.). Relev. de la Mothe-St-Héraye, 1621 (av. de la Mothe). — *Fréchat*, 1790 (arch. D.-S. H. 347).

Ferfant, vill. c^{ne} de Clussais — *Furvant*, 1081

(arch. V. Nouaillé, orig. 116). — *Furfan*, 1084 (Font. XXI, 487). — *Furfannum*, 1119 (id. 594). — *Furfant*, 1216 (id. XXII). — *Furfans*, 1296 (id.). — *Le Ferfand* (Cass.).

FERLANDIÈRE (LA), h. c^{ne} de Moncoutant. — *La Frelandère*, 1420. — *La Fiélandère*, 1435 (arch. St-Loup). — *La Frelandière* (Cass.).

FERLANDIÈRE (LA), f. c^{ne} de St-André-sur-Sèvre.

FERLANDIÈRE (LA), f. c^{ne} de Vasles. — *La Frelandière* (Cass.).

FERMERIÈRE (LA), f. et chât. c^{ne} de la Chapelle-St-Laurent. — *La Frémerière*, 1571 (arch. fab. Ch. St-L.).*La Fremière* (Cass.).

FÉROLIÈRE (LA), f. c^{ne} de Beaulieu-sous-Parthenay. — *La Férollière*, 1579 (arch. V. E^s 400).

FÉROLIÈRE (LA), vill. c^{ne} de la Boissière-en-Gâtine. — *La Ferrolière*, 1613 (arch. V. Béceleuf, 26).

FÉROLLE, vill. c^{ne} de St-Cyr-la-Lande. — *Ferrolles*, fin du XIIIe s. (arch. D.-S. E. 832). — *Féroles*, 1440 (dict. fam. Poit. II, 802). — *Ferrolles*, relev. de Thouars, 1634 (chartr. Thouars).

FÉROLLE, h. c^{ne} de Traye. — *Férole* (Cass.).

FÉROLLEAU, f. c^{ne} des Échaubrognes.

FÉRON, f. c^{ne} de Clazay. — *Fayron*, 1292 (arch. Durb.). — *Fairand* (Cass.).

FÉRON (LE HAUT), f. c^{ne} de Nueil-sous-les-Aubiers. — *Le Haut Ferrond* (Cass.).

FÉRONNE (LA), h. c^{ne} de la Pérate.

FERRAGUÈRE (LA), f. c^{ne} des Aubiers, xve siècle (reg. r. Templ. Maul.).

FERRAND, h. c^{ne} de Clavé.

FERRANDIÈRE (LA), h. c^{ne} de Cours.

FERRANDIÈRE (LA), f. c^{ne} de St-André-sur-Sèvre.

FERRANDIÈRE (LA), vill. c^{ne} de Soudan. — *La Ferrandière*, 1260 (homm. d'Alph. de Poit.). Dépendait de la châtellenie de St-Maixent (cart. St-Maix. intr.).

FERRETTE (LA), f. c^{ne} de la Pérate ; anc. fief relev. de la Vergne, 1609 (arch. V. seign. div. 32).

FERRIÈRE (LA), c^{on} de Thénezay. — *Ferraria*, v. 1070 (cart. Cormery). — *St-Vincent de la Ferrière* (pouillé 1782).

La châtellenie de la Ferrière fut réunie à la baronnie de Parthenay avant 1520 (arch. nat. O. 19703). Elle comprenait les paroisses de la Ferrière, Vandeloigne, Saurais, la Pérate, Oroux, Lhoumois, partie de Gourgé, partie de St-Loup, Chalandray (Vienne) et Cramard (Vienne) (dén. de just. bar. Part. 1744). La Ferrière dépendait de l'archiprêtré de Parthenay, de la sénéchaussée et de l'élection de Poitiers, après avoir fait partie de celle de Parthenay au XVIe siècle. La cure était à la nomination du prieur de St-Paul de Parthenay. Il y avait 58 feux en 1750 (cart. alph. Poit.).

Le canton de la Ferrière, créé en 1790 et dépendant du district de Parthenay, comprenait les communes de St-Martin-du-Fouilloux, la Pérate, Saurais, Vandeloigne, Vasles, St-Loup, Assais, le Chillou, Gourgé, les Jumeaux, Louin, Lamairé, Maisontiers, Tessonnières. Il fut supprimé en l'an VIII. Les communes de la Ferrière, Vandeloigne, la Pérate, Saurais, furent attribuées au canton de Thénezay ; celles de St-Loup, Assais, le Chillou, Gourgé, les Jumeaux, Louin, Lamairé, Maisontiers, Tessonnières, au canton nouveau de St-Loup ; celle de Vasles au canton de Ménigoute.

FERRIÈRE (FORÊT DE LA), c^{ne} de la Ferrière. Elle contenait autrefois 810 arpents en 10 coupes (état du duch. la Meill. 1775). En 1802, on l'évaluait à 500 hectares (stat. D.-S. par Dupin).

FERRIÈRE (LA), vill. c^{ne} de Fontperron. — *La Ferrère*, 1363, en la juridiction des Châtelliers (cart. St-Maix. II, 147). — *La Ferryère*, 1537 (not. St-Maix.).

FERRIÈRE (LA), f. c^{ne} des Fosses.

FERRIÈRE (LA), f. c^{ne} de St-Porchaire. — *La Ferrère*, 1383, relev. de Bressuire (arch. St-Loup).

FERRIÈRES, h. et anc. abb. c^{ne} de Bouillé-Loretz. — *Prior Ferrerariensis*, 1172 (cart. Chambon, doc. add.). — *Ferrariæ*, 1212 (id.). — *Ferreriæ*, 1255 (arch. V. H. 3, 807). — *St-Liennard de Ferrères*, 1393 (bull. ant. ouest 1886). Cette abbaye avait été fondée et donnée à l'abbaye de Tiron dans le Perche, avant 1132, par Geoffroy de Doué (Gall. christ. t. VIII, instr. 326).

La mense conventuelle de cette abbaye fut réunie au grand séminaire de Poitiers en 1788 (arch. V. abb. Ferr.).

FERRONNIÈRE (LA). — *La Ferronnère*, 1440, relev. du Poiron (Boismé) (arch. Barre, 11, 106).

FERRONNIÈRE (LA), h. c^{ne} de St-Amand-sur-Sèvre. — *La Ferronnière*, 1670 (arch. V. E². 224).

FERROUX, vill. c^{ne} de Couture-d'Argenson.— *Froz*, 1270 (Font. XXII, 305). — *Les Fros*, 1276 (id. 327). — *Les Frous* (Cass.).

FERTÉ (LA), f. c^{ne} de Boussais, 1480 (pap. de Châtill.).

FERTÉ (LA), vill. c^{ne} de Soulièvre.

FERTIÈRE (LA), vill. c^{ne} de la Boissière-Thouarsaise.

FERTIÈRE (LA), f. c^{ne} de Chiché. — *La Ferretère*, 1364, 1421 (arch. St-Loup). — *La Fertière* (Cass.).

FERTIÈRE (LA), f. c^{ne} de Mazières-en-Gâtine.

FERTRIE (LA), f. c^{ne} de Fénery.

FESSELIÈRE (LA), h. c^{ne} de St-Paul-en-Gâtine. — *Fesseleria*, 1187 (cart. l'Absie, ap. Dupuy, 828).

Feste (La), m⁽ⁿ⁾. au bourg de Béceleuf, 1613. — *La Faiste*, 1725 (arch. V. Béceleuf, 26).

Fète (La), f. cⁿᵉ de Scillé.

Feunount, f. cⁿᵉ de Deyrançon.

Feux, f. cⁿᵉ de Celles. — *Feu* (Cass.).

Fiallerie (La), f. cⁿᵉ de St-Florent.

Fiaule, h. cⁿᵉ de Thouars. — *Faiola*, v. 1110 (cart. St-Laon Th.). — *Féaulle*, 1544 (arch. V. St-Hil. I. 873).

Fichardière (La), f. cⁿᵉ de Clessé. — *La Fichardière*, 1615 (arch. V. E⁵. 297).

Fichaudière (La), f. cⁿᵉ de Cerizay.

Fichères (Les), f. cⁿᵉ de Cours.

Fief (Le), f. cⁿᵉ de François, 1535 (not. St-Maix.). — *Feodum dau Fé...* (cart. St-Maix.). Relev. de Faye, 1447 (inv. d'Aub.).

Fief (Le), f. cⁿᵉ de St-Maixent-de-Beugné.

Fief-au-Jau (Le), vill. cⁿᵉ des Jumeaux. — *Fief du Jeau* (Cass.).

Fief-Bernard, *aliàs* la Noue Sèche, cⁿᵉ de Coulonges-Thouarsais ; anc. fief relev. de la Brosse-Guigault, 1681 (arch. V. Brosse-Guilgault, 15).

Fief-Bouet (Le), h. cⁿᵉ de Deyrançon.

Fief-Bourgnier ou Bourigner, à Fontpéron, relev. de Faye, 1345 (inv. d'Aub.).

Fief-Bourreau (Le), éc. cⁿᵉ d'Ardin.

Fief-Brion, h. cⁿᵉ de Ste-Blandine.

Fief-Carton, f. cⁿᵉ de Tessonnières.

Fief-Chollet, éc. cⁿᵉ de Melle.

Fief-Communault (Le), cⁿᵉˢ de Béceleuf, Faye-sur-Ardin et Surin ; anc. fief relev. de Lamairé, 1602 (arch. V. Beauregard, 26). — *Fié Communau*, 1399 ; *Fief Communaud*, 1646 ; *Fief Communot*, 1656 (arch. V. Brosse-Guilgault, 43).

Fief-Compagnon, f. cⁿᵉ de Ste-Pezenne.

Fief-Cosson ou du Ponthiou, cⁿᵉ de Paizay-le-Tort, relev. de la tour Maubergeon, 1561 (dict. fam. Poit. I, 580).

Fief-de-Lens, éc. cⁿᵉ de St-Florent.

Fieffont, f. cⁿᵉ d'Exireuil.

Fief-Franc. *In castellania Thoarcii intercluditur quædam terra quæ dicta Francum feodum, in quo habet comes Pictavensis altam justiciam et ressortum, et vicecomes nihil habet ibi*, 1258 (enq. de 1258 ap. hist. d'Alph. de Poit. par B. Ledain). — *Feodum francum quem tenebat ab abbate Sti Cypriani Gaufridus de Caligua rubea.... De feodo autem Franco sive qui Francus dicitur et pertinenciis ejusdem quæ sita sunt in parrochia de Loyng et de Chillo et de sancto Lupo, et circa..* 1263 (ch. de Vinc. abb. d'Airvault, ap. arch. V. orig. cart. sceaux). Il résulte de ces textes, combinés avec d'anciens aveux de la seign. de St-Loup qualifiée aussi de Fief-Franc, que ce fief, uni et confondu avec ladite seigneurie, constitua la châtellenie de St-Loup et embrassa les paroisses de St-Loup, le Chillou et Louin (Voir notice sur St-Loup, par B. Ledain, dans les pays. et mon. du Poit. par Robuchon).

Fief-Girouart, cⁿᵉ d'Ardin ; anc. fief relev. de la Gâconnière, 1468 (arch. D.-S. E. 279).

Fief-Henry, h. cⁿᵉ de Deyrançon.

Fief-Lambert, h. cⁿᵉ de St-Georges-de-Rex.

Fief-l'Évêque ou Fief-Franc ou la Chassée, châtellenie dont le chef-lieu était la Mothe du Fief-l'Évêque, sise paroisse de St-Melaine de Mauléon, et appelée dès cette époque *Mota de Malo Leone*, 1400 (Font. XXXVIII, XXXIX, p. 179 ; — cart. év. Poit. 379). Elle relevait de l'évêque de Poitiers à cause de sa seign. de Celle-l'Évêcault, membre de l'évêché de Poitiers (arch. V. G. 154). — *Fief l'Évéque*, 1371 (Font. LXXXIV). — *Le fief l'Évesque sis au terroir de Thouarçois et Mauléonnais*, 1377 (Besly, ctᵉˢ de Poit. 318-319).— Châtellenie du *Fié-l'Evesque*, 1387 (cart. év. Poit.). Cette châtellenie comprenait Étusson en 1517 (Fierville, doc. sur Commines, p. 195), ainsi que les paroisses d'Ulcot et Genneton (mém. sur les just. de Poit. par B.-Filleau). En 1650 elle fut annexée, ainsi que celle de la Chassée, à la baronnie de la Fougereuse (id.). En 1720, les baronnies du Fief-l'Évêque ou Fief-Franc et de la Chassée relevaient encore de Celle-l'Évêcault (arch. V. G. 154).

Fief-Millon, cⁿᵉ de Louzy ; anc. fief relev. d'Oiron, 1617 (arch. D.-S. H. 290).

Fief-Paisonnier, cⁿᵉ d'Ardin ; anc. fief relev. du Petit-Château de Vouvent, 1453 (arch. D.-S. E. 274).

Fief-Pigache, cⁿᵉ de Coulonges-Thouarsais ; anc. fief relev. de la Brosse-Guilgault (arch. V. Brosse-Guilgault, 34).

Fief-Pignaire, cⁿᵉ de Faye-sur-Ardin ; anc. fief relev. des Granges. — *Fief Pignare*, 1548 ; *Fief Pignarre*, 1672 (arch. V. Béceleuf, 38).

Fief-Pinault, sis à la Fontenelle (Ste-Néomaye), relev. de Faye, 1410 (inv. d'Aub.).

Fief-Plaisant, l.-d. cⁿᵉ de St-Rémy-en-Plaine, 1675 (arch. D.-S. E. 487).

Fief-Richard, vill. cⁿᵉ de Lorigné. — *Le Fief Richard*, 1431 (la fam. des seign. de Faug. par Sauzé). — *La Verrie de Faye Richart*, 1481 (arch. V. Nouail. 31). Relev. du château de Chef-Boutonne, 1662 (bull. soc. stat. D.-S. 1884).

Fief-Singulier, cⁿᵉ d'Ardin ; anc. fief relev. de Béceleuf, 1724 (arch. V. Béceleuf, 7).

Fief-Vernou, à Chavagné (Nanteuil), relev. de Faye, 1359 (inv. d'Aub.).

FIEF-VINCENT, f. c^ne de Cherveux.
FIGEASSE (LA), f. c^ne de Gript. — *La Ficherace*, 1247 (compt. d'Alph. Poit.). — *Figerace* (Cass.).
FILATURE (LA), éc. c^ne d'Azay-sur-Thoué.
FILATURE-DU-PÂTIS (LA), h. c^ne de St-Aubin-le-Clou.
FILÉE (LA), h. c^ne de Cerizay.
FILES (CAYENNE DES), f. c^ne du Beugnon.
FILLADEAU, l.-d. c^ne de Niort, 1713 (arch. D.-S. E. 828).
FILLETEAU, c^ne de Niort; anc. fief relev. de la Mothe-St-Denis de Mairé, 1564 (arch. D.-S. E. 649).
FULLONNIÈRE (LA), vill. c^ne de Pougne-Hérisson. Relev. de la seign. de la Chapelle-Bertrand, 1601 (arch. chât. Chap.-Bert.).
FIOLE (LA), vill. c^ne de Rom. — *La Féolle* (Cass.).
FIOLIÈRE (LA), f. c^ne de Montravers. — *La Fillolière* (Cass.).
FIOLIÈRE (LA), f. c^ne de St-Lin.
FIOLLE, vill. c^ne de St-Martin-de-St-Maixent. — *Feolle*, 1260 (homm. d'Alph. Poit.). — *Feolles*, 1522 ; *Fayolles*, 1523 (not. St-Maix.).
FIRMILIACUM, in pago Pictavo in vicaria Metulinse, 987-1014 (cart. St-Maix. 97). Lieu indéterminé.
FISTOUBIÈRE (LA), h. c^ne de St-Germier.
FLAGEOLLE (LA), f. c^ne de St-Gelais. — *La Petite Flageolle*, 1635 (not. St-Maix. — arch. V. E. 1, 11).
FLAGEOLLE (LA), h. c^ne de Vouillé.
FLAMBAUDINES (LES), carrefour de chemin, c^ne d'Allonne.
FLÉ, vill. c^ne de St-Christophe-sur-Roc. — *Fellé*, 1563 (arch. V. E^s. 401). — *Felé* (Cass.). — *Phlé* (cad.). — *Feletz, appelé la Fousse logée*, 1511 ; *Phellé*, relev. de Lanjaugerie de St-Maixent, 1634 (arch. V. E^s. 408).
FLÉ, h. c^ne de Verruye. — *Flaye en Verruies*, 1402 (arch. V. E^s. 448). — *Flees*, relev. de Pressigny-en-Gâtine, 1600 (id. 415). — *Flez* (Cass.).
FLEAU, c^ne de Béceleuf ; anc. fief relev. de Beauregard, 1612 (arch. V. Beauregard, 25).
FLÉCOIGNET, vill. c^ne du Breuil-Bernard.
FLESME, fief en Chiché, relev. de la Mothe de Coupoux, 1508 (arch. St-Loup).
FLEURELLE, vill. c^ne de Souché.
FLEURY, vill. c^ne d'Aubigné. — *Florec*, 1300 (gr.-Gauthier). — *Fleuré*, 1493 (arch. V. H. 3, Ensigny).
FLEURY, h. c^ne de Thouars, anciennement des Hameaux. — *Floyre*, 1258 (cart. St-Laon Th.). — *Fleury*, 1458, relev. de Thouars (chartr. Thouars).
FLOCELLIÈRE (LA), loc. disp. c^ne de Ste-Verge, relev. de Thouars, 1477 (chartr. Thouars).
FLOUZET (LE), h. c^ne de Vasles. — *Fouillouzet*, 1230 (arch. V. S^te-Cr. l. 44). — *Le Flouzet* (Cass.).

FLUBEAUX (LES), bois, c^ne d'Exoudun. — *Flubeau*, 1738 (arch. D.-S. E. 411).
FOIGNIOUX, h. c^ne de Secondigny. — *Fagniou* (Cass.). — *Faigneux*, 1348 ; *Faignoux*, 1351 (arch. V. Fontaine-le-C. l. 30).
FOLARDIÈRE (LA), h. c^ne de Fenioux. Relev. du fief du Bourg-Jarrasson qui fait partie de la seign. de la Braudière (état du duch. la Meill. 1775).
FOLIE (LA), éc. c^ne d'Aubigny.
FOLIE (LA), f. c^ne d'Augé. Relev. de la châtellenie de St-Maixent (cart. St-Maix. intr.).
FOLIE (LA), vill. c^ne d'Azay-le-Brûlé.
FOLIE (LA), f. c^ne du Beugnon.
FOLIE (LA), f. c^ne du Breuil-d'Argenton.
FOLIE (LA), h. c^ne de Champdeniers.
FOLIE (LA), f. c^ne du Chillou.
FOLIE (LA), h. c^ne de Coutières.
FOLIE (LA), f. c^ne d'Exireuil.
FOLIE (LA), f. c^ne de Faye-l'Abbesse.
FOLIE (LA), f. c^ne de Germond.
FOLIE (LA), (HAUTE ET BASSE), f. c^ne de Mazières-en-Gâtine.
FOLIE (LA). — *Lieu de la Follye*, paroisse de la Mothe, tenant au chemin de la Villedieu à Bougon, 1621 (av. de la Mothe).
FOLIE (LA), f. c^ne de Neuvy-Bouin.
FOLIE (LA), m^on. c^ne de Niort.
FOLIE (LA), f. c^ne de Noireterre.
FOLIE (LA), f. c^ne d'Oiron.
FOLIE (LA), vill. c^ne de Paizay-le-Tort.
FOLIE (LA), vill. c^ne du Pin.
FOLIE (LA), f. c^ne de Pompaire.
FOLIE (LA), f. et m^in. c^ne de St-Georges-de-Noisne. — *Moulin de la Foulye*, 1533 (not. St-Maix.).
FOLIE (LA), f. c^ne de St-Martin-de-St-Maixent.
FOLIE (LA), f. c^ne de St-Martin-de-Sanzay.
FOLIE (LA), f. c^ne de St-Pompain.
FOLIE (LA), f. c^ne de St-Porchaire.
FOLIE (LA), f. c^ne de Scillé.
FOLIE (LA), f. c^ne de Thouars, anciennement des Hameaux.
FOLIE-BELLEVUE (LA), éc. c^ne d'Oroux.
FOLIE-FOURREAU (LA), vill. c^ne d'Airvault.
FOLLET, m^in. détr. c^ne de Celles.
FOLLET, f. c^ne de Verrines.
FOMBALIN, f. c^ne de Fontenille, relev. de Chef-Boutonne. — *Fonbaslin*, 1667 (dén. 1667).
FOMBARD, c^ne de Verruye. — *Fonberard*, 1452 (inv. des arch. Ste-Croix Parth.). — *Fonsbelard*, 1495 (ma coll.). — *Fontberard*, 1498 (arch. V. inv. St-Rémy, reg. 573). — *Fonbrard* (Cass.). Relev. de la comm. de St-Rémy-en-Gâtine.

FOMBEDOIRE (GRAND ET PETIT), vill. cne de Sepvret. — *Fonbuldoria*, 1242 (ch. du prieur. Fontbl.). — *Fondoire* (Cass.)

FOMBELLE, vill. cne de Baussais. — *Fontbele*, 1226 (cart. Châtell.). — *Fontbelle*, relev. de St-Maix. 1415 (gr.-Gauthier, des bénéf.). — *Fonbelle* (Cass.).

FOMBLANCHE, vill. et logis, cne d'Exoudun. — *Fons albus*, 1220, prieuré fondé en 1219 et relev. de l'abbaye de la Couronne, ordre des chanoines de St-Augustin (mém. soc. stat. D.-S. 2e sér. t. XII). — *Fontblanche*, 1379 (id.). — *Prioratus B. Mariæ Fontis albi*, aliàs de *Fontblanche*, 1535 (cart. St-Maix. II, 293). — *Fonblanche* (Cass.). — *Notre-Dame de Fontblanche* (pouillé 1782). Ce prieuré jouissait de 1200 liv. de revenus en 1648 (pouillé B.-Fill. 270).

FOMBLANCHE, OU LA PETITE-FORÊT, f. cnes de St-Légerlez-Melle et de Pouffond. — *Domum quæ dicitur Foresta prope Metulum*, 1242 (ch. du pr. Fontbl.). — *La Fourest autrement le Petit Fontblanche*, 1597 (id.). — *Le Petit Fonblanche*, dépendant du prieuré de Fonblanche, 1732 (arch. V. pr. l. 56).

FOMBOUC, h. cne de Mauzé-Thouarsais. — *Fonbouc* (Cass.).

FONBRIAND, f. cne d'Ardin. — *Fontbriand*, 1468 (bull. soc. stat. 1887, 605). — *Fonsbouilland*, 1598 (arch. V. H. 3, Cenon). — *Fond Briand*, 1613 (arch. V. Béceleuf, 26). — *Fombriand*, 1624 ; *Fombriant*, 1651 (arch. D.-S. E. 310-318). — *Fonbrion* (Cass.).

FONCHATRÉ, vill. cnes de Baussais et de la Couarde. — *Fontchatré*, ressort et élection de St-Maixent, 1609 (Font. XX, 423). — *Fontchatrée*, 1659 (la fam. des seign. de Faug. par Sauzé).

FONCHAUDE (LA), cne de Mairé-l'Evéault, relev. de Civray, 1498-1773 (arch. V. C. 2, 149).

FONCLAIROUIN, vill. cnes de Brûlain et de St-Martinde-Bernegoue. — *Fonclérouin*, 1704 (arch. D.-S. E. 1186).

FONCLUSE, vill. cne de St-Germier. — *La Fonclouse*, 1528 (arch. Barre, II, 331). — *La Fonclouze*, 1622 (arch. V. Ste-Marthe, I. 82). — *La Fondelouze*, 1667 (arch. D.-S. E. 1199).

FONDECHIEN, vill. cnes d'Aubigny et de Lamairé. — *Fondechien*, 1497 ; *Fondechain*, 1545, relev. d'Aubigny (arch. Barre, I, 11). — *Fons de Chien*, 1571 (journal de Généroux).

FONDEFARD, f. cne de Vernou-en-Gâtine (Cass.).

FONDEGRIVE, h. cne de Montigné.

FONDEMOULIN, vill. cne de Pers. — *Fond de moulin* (Cass.).

FOND-DE-PRÉ, h. cne d'Azay-le-Brûlé.

FOND-MORIN, f. et font. cne de Sauzé-Vaussais.

FOND-MORTE, f. cne de la Couarde. — *Fontmorte*, 1623 (arch. D.-S. H. 97).

FONDMORTE (LA), h. cne de la Mothe-St-Héraye. — *Fontmorte* (Cass.).

FONDNAIN, vill. cne de Montalembert. — *Fontnain* (Cass.).

FOND-NIVOUX, vill. cne de St-Georges-de-Noisné. — *Fonivou* (Cass.).

FONDOIRE, f. cne d'Argenton-l'Église.

FONDRENÉE, h. cne de Souvigné.

FONFOLLET, vill. cne de la Chapelle-Bâton. — *Fonfoulet*, 1363 (cart. St-Maix. II). — *Fonfollet*, 1526 (not. St-Maix.).

FONFRÉROUX, vill. cne de Souvigné. — *Fonfrairoux*, 1443 (cart. St-Maix. II). — *Fonfraire*, 1521 (arch. D.-S. E. 43). — *Fonfrayrou*, 1522 ; *Fontfrayroux*, 1530 (not. St-Maix.). — *Fonfrérou*, 1693 ; *Fonfrairou*, 1777 (arch. D.-S. E. 670, 819).

FONMORTE, h. cne de Couture-d'Argenson. — *Fondmorte* (Cass.).

FONRAMIER, f. cne de Ste-Néomaye. — *Font Ramey*, 1554 ; *Fontraymer*, 1541 ; *Fontraymier*, 1593 (not. St-Maix.). — *Fonraimier* (cad.).

FONSILLIÈRE (LA), h. cne de Cersay. — *La Fonzillière* (Cass.).

FONT-ADAM, vill. cne de Caunay. — *Fratres Fontis Adæ, ordinis Grandimontensis*, 1226 (Baluze, LI, p. 91). — *Fontadam*, 1295 (bull. soc. ant. ouest, 1885, p. 553). Prieuré dépendant du prieuré de la Carte, en la châtellenie de Ste-Soline, 1522 (id.). — *Fontaudam* (Cass.).

FONTAGNEAU (LE), h. cne de St-Georges-de-Noisné. — *Fontegna* (Cass.).

FONTAILLARD, f. cne de Brûlain.

FONTAINE (LA), h. cne d'Ardin. — *La Fontana*, XIIe siècle (cart. l'Absie).

FONTAINE (LA), f. cne de Chavagné, 1593 (not. St-Maix.).

FONTAINE-DE-CAUNAY (LA), relev. de Civray, 1491-1728 (arch. V. C. 2, 147).

FONTAINE (LA), h. cne de Chey. — *La Fontaine aux Aremberts*, 1408, 1696, relev. de Lusignan (ms. 141, bibl. Poit. arch. V. C. 2, 137).

FONTAINE (LA), vill. cne de Courlay.

FONTAINE (LA), vill. cne de Cours.

FONTAINE (GRANDE), f. cne d'Épanne.

FONTAINE (LA), h. cne de la Couarde.

FONTAINE (LA), h. cne de Luché-sur-Brioux.

FONTAINE (LA), vill. cne de Mauzé-Thouarsais, réunie à la cne de Ste-Radegonde-des-Pommiers par la loi du 15 avril 1865.

FONTAINE (LA), vill. et chât. cne de Montalembert.

— *Fontaines*, 1453 (arch. V. Ste-Marth. I. 116).

FONTAINE (LA), vill. c^{ne} de Rom. — *La Fontaine*, 1401 (arch. hist. Poit. XXIV, 378).

FONTAINE (LA), vill. c^{ne} de St-Georges-de-Noisné. — *Les Fontenes*, 1531 (arch. V. E^s. 446). — *Les Fontaines*, 1533 (not. St-Maix.).

FONTAINE (LA GRANDE), f. c^{ne} de St-Laurs. — *La Fontana*, XIIe siècle (cart. l'Absie).

FONTAINE (LA), vill. c^{ne} de St-Martin-de-Bernegoue. — *La Fontaine*, 1535 (arch. V.).

FONTAINE (LA), h. c^{ne} de St-Pardoux.

FONTAINE (LA), h. c^{ne} de St-Romans-des-Champs.

FONTAINE (LA), f. c^{ne} de Vasles, 1577 (arch. V. S^{te}-Cr. l. 48).

FONTAINE (LA), vill. disp. c^{ne} de Vausseroux, 1432 (arch. Barre, II, 368).

FONTAINE-AMÈRE (LA), h. c^{ne} de Nueil-sous-les-Aubiers. — *La Fontaine aymer*, 1351 (arch. hist. Poit. XVII). — *La Fontenamy* (Cass.).

FONTAINE-BONNEAU, h. c^{ne} de Luché-Thouarsais.

FONTAINE-BRAYE, c^{ne} d'Échiré. — *La Fontaine Brahier*, relev. de la Motte d'Échiré, 1636 (inv. d'Aub.). — *La Fontaine Bray*, 1650 (arch. Barre, I, 251).

FONTAINE-DE-BOIS-COUTEAU (LA), f. c^{ne} de Chey.

FONTAINE-DE-LA-FRAIGNÉE, f. c^{ne} de St-Martin-de-Bernegoue.

FONTAINE-DE-LA-ROCHELLE (LA), f. c^{ne} de Prahecq.

FONTAINE-DES-LOGES (LA), l.-d. c^{ne} de Béceleuf (arch. V. Beauregard, 25).

FONTAINES (LES), vill. c^{ne} de Chambroutet.

FONTAINES (LES), h. c^{ne} de Deyrançon.

FONTAINES (LES), h. c^{ne} de Montigné, 1538 (not. St-Maix.).

FONTAINES (LES), h. c^{ne} de St-Pardoux.

FONTAINIOUX (LE), h. c^{ne} de la Mothe-St-Héraye. — *Le Fontagnou* (Cass.).

FONTARABIE, f. c^{ne} de Brelou.

FONTARNAULT, vill. c^{ne} de Fontperron. — *Fontarnault*, 1531; *Fontarnaux*, 1568 (not. St-Maix.).

FONTAUZELIÈRE (LA), h. c^{ne} de Souvigné. — *La Fontadellère*, 1537 (not. St-Maix.).

FONT-BERNARD, vill. c^{ne} de Romans, 1535 (not. St-Maix.).

FONTBRELIER, c^{ne} de St-Christophe. — *Fontberler*, 1408, relev. de Pressigny-en-Gâtine (arch. V. E^s. 415, 421).

FONTBRENIER, f. c^{ne} d'Amailloù. — *Fonberner*, 1397. — *Fontbrener*, 1404. — *Fonbrenier*, 1449 (arch. Moiré).

FONTCOUVERTE, f. c^{ne} de Béceleuf. — *Fonscuverte*,

1453; anc. fief relev. du Petit-Château de Béceleuf (arch. D.-S. E. 274).

FONTEGRIVE, h. c^{ne} de Melle.

FONTEGRIVE, c^{ne} de Prailles. — *Fontegerive*, 1363, relev. de l'abbaye de St-Maixent (cart. St-Maix. II, 148, et intr. 49).

FONTEGRIVE, font. c^{ne} de Salles.

FONTENAILLES, f. c^{ne} de Bilazais, relev. de Thouars, 1459 (chartr. Thouars). — *Chapelle Notre-Dame de Fontenailles* (pouillé 1782).

FONTENAILLES, h. c^{ne} d'Oiron. — *Fontenailles*, 1556, relev. de Thouars (reg. insin. Thouars).

FONTENALEN, f. et bois, c^{ne} de Vasles. — *Fons Atlant*, appartenant à l'abbaye du Pin, en la châtellenie de Lusignan, 1385 (arch. Barre, II, 449). — *Bois de Fontenalan* (Cass.).

FONTENAY, vill. c^{ne} de Mauzé-Thouarsais. — *Fontenaium*, 1227 (cart. Chambon). — *Fontenei*, 1261 (chartr. Thouars). — *Fonteney*, 1356 (arch. V. Brosse-Guilgault, 22). — *Fontenay près Thouars*, 1363 (cart. Trin. Maul.). Relev. de Thouars, 1458 (fiefs vic. de Thouars).

FONTENELLE (LA), f. c^{ne} d'Azay-sur-Thoué. — *La Fontenelle*, 1443 ; *village de la Fontenelle*, 153 (arch. V. E^d. 239).

FONTENELLE (LA), h. c^{ne} de Breuil-Bernard. — *Les Fontenelles* (Cass.).

FONTENELLE (LA), vill. c^{ne} de Coulonges-sur-l'Autise. — *La Fontenelle*, 1568 (arch. V. C. 2, l. 219).

FONTENELLE (LA), f. c^{ne} de Luché-Thouarsais, 1744 (arch. D.-S. Brosse-Guilgault, 8).

FONTENELLE (LA), vill. et logis, c^{nes} de Romans et de Ste-Néomaye. — *La Fontanele*, 1269 ; *la Fontenalle*, 1363 (cart. St-Maix. II). — *La Fontenelle*, 1386 (arch. V. cures, l. 167).

FONTENELLE (LA), f. c^{ne} de Ste-Ouenne.

FONTENELLES (LES), én. c^{ne} d'Asnières.

FONTENELLES (LES), h. c^{ne} des Échaubrognes. — *Castellum Funtanellum*, v. 1090 (Font. XVII, 159).

FONTENELLES (LES), f. c^{ne} de Ste-Verge ; anc. fief relev. de St-Laon de Thouars, 1738 (arch. D.-S. II, 337).

FONTENELLES (LES), f. c^{ne} de Souché.

FONTENILLE, c^{on} de Chef-Boutonne. — *Fontanellæ*, 1061-1086 (cart. St-Jean-d'Ang. ap. f. lat. 5451). — *Fontenellæ*, 1300. — *Fonteneilles*, 1482 (arch. V. G. 244). — *Fontenille*, relev. de Chef-Boutonne, 1667 (dén. 1667). — *St-Médard de Fontenille* (pouillé 1782).

Dépendait de l'archiprêtré de Melle, de la sénéchaussée de Civray et de l'élection de St-Maixent.

Relev. de Parsay. La cure était à la nomination de l'évêque. Il y avait 75 feux en 1698 (état de l'élect. S¹-Maix.).

FONTENILLE (LA), h. cⁿᵉ de Faye-l'Abbesse. — *La Fontenelle*, 1371 (arch. S¹-Loup).

FONTENIOU (LE), cⁿᵉ d'Azay-le-Brûlé, relev. de l'abbaye de S¹-Maixent (cart. S¹-Maix. intr.).

FONTENIOU (LE), h. cⁿᵉ de Chanteloup. — *Les Fontenieux*, 1399 (arch. S¹-Loup). — *Le Fonteny*, 1453 (arch. V. pap. Droch.).

FONTENIOU (LE), vill. cⁿᵉ de la Chapelle-Bertrand. — *Fontenioux*, 1339 (arch. chât. Chap.-Bertr.).

FONTENIOU (LE), vill. cⁿᵉ de la Pérate. — *Fontaniosum*, 1187 (Dupuy, 828). — *Le Fontenioux*, 1419 (arch. nat. J. 183). — *Le Fonteniou* relev. en partie de la commanderie de la Lande, 1613 (arch. V. H. 3).

FONTENIOU (LE), chât. et f. cⁿᵉ de Vernou-en-Gâtine. — *Fontanils*, xɪɪᵉ siècle (cart. l'Absie). — *Fontenium* ou *Fontenesium*, 1267 (hist. d'Alph. de Poit. par B. Ledain). — *Fonthenyos*, 1274 (cart. Bourgueil). — *Fontenios*, 1280 (cart. Châtell.). — *Les Fontenieux*, 1358 (arch. V. chap.). — *Les Fontenioux*, 1421 (pap. fam. du Font.). — *Le Fontenioux*, relev. de Parthenay, 1459 (arch. Barre, II). — *Le Fonteniou*, 1603 (id.).

FONTENIOUX (LE), h. cⁿᵉ d'Amailloux. — *Le Fonteniou*, 1349 (dict. fam. Poit. I, 3). — *Le Fontenioux*, 1403, ou *les Fontenioux*, 1404 (arch. V. H. 3; arch. Moiré). — *Le Fontenioux-Rolland*, 1459 (arch. V. Eˢ. 337). Relev. du Coudray, 1477 (arch. Maisontiers). — *Le Fonteniou-Rolland*, relev. de la châtellenie de l'Hopitau du Puy de Néron, 1713 (arch. Maisontiers).

FONTENY (LE), h. cⁿᵉ de Bouillé-Loretz.

FONTENY (LE), f. cⁿᵉ des Échaubrognes.

FONTENY (LE), f. cⁿᵉ de S¹-Aubin-du-Plain. — *Fonteniz*, 1389 (arch. S¹-Loup).

FONTENY, f. cⁿᵉ de Voultegon.

FONTERNEAU, vill. cⁿᵉ de Nanteuil. — *Fonternault* (Cass.).

FONTEUILLET (LE), f. cⁿᵉ des Forges.

FONTFROIDE, f. cⁿᵉ de Vasles. — *Fons frigidus*, 1300 (arch. V. S¹ᵉ-Cr. l. 44). — *Fontfroide*, 1391, relev. de Montreuil-Bonnin (gr.-Gauthier, des bénéf.). — *Fonfroide*, 1479 (arch. V. S¹ᵉ-Cr. l. 46). — *Fontfrède*, 1566. — *Fondfroide* (Cass.).

FONTINIÈRE (LA), f. cⁿᵉ de Cours.

FONTINIÈRE (LA), vill. cⁿᵉ de Pamplie.

FONTIVILLE, logis, cⁿᵉ de Vitré.

FONT-JARRY (FIEF DE), dans la seign. de Riblères, entre S¹-Jean de Bonneval et le Châtelier, 1426 (dict. fam. Poit. I, 10).

FONTMORIN, h. cⁿᵉ de Vasles. — *Font-Marin*, 1324 (arch. hist. Poit. XI, 225).

FONTNOIRE, h. cⁿᵉ de Vasles. — *Fontnoire*, 1414, relev. de l'abbaye de S¹ᵉ-Croix (arch. V. S¹ᵉ-Cr.). — *La Fontnoyre*, 1530 (arch. Barre, II). — *Les Fondsnoires* (Cass.).

FONTOURNABLE, vill. cⁿᵉ d'Exireuil. — *Fonzternable*, 1285 (arch. V. Fontaine le-C. l. 22). — *Fontornable*, 1326 (id.).

FONTPERRON, cⁿⁿ de Ménigoute. — *Fons Petri*, 1110 (cart. S¹-Maix. 258). — *Fontperron*, 1238 (cart. Châtell.). — *Fonperun*, 1260 (homm. d'Alph. Poit.). — *Fontpeyron*, 1372 (arch. Barre). — *Fontpeiron*, 1632. — *Fonpairon*, 1786 (arch. Barre). — *S¹-Mesme de Fonperron*, 1782 (pouillé). — *Fondpairon*, 1789 (arch. D.-S. H. 325).

Dépendait de l'archiprêtré de S¹-Maixent et de l'élection de Poitiers. Relev. de l'abbaye des Châtelliers. La cure était à la nomination de l'évêque. Il y avait 170 feux en 1750 (cart. alph. Poit.).

FONTRALMIER, f. cⁿᵉ de S¹ᵉ-Néomaye.

FONVERINE, vill. cⁿᵉ d'Azay-le-Brûlé. — *Fontveyrines*, 1269, relev. de l'abbaye de S¹-Maixent (cart. S¹ Maix II, 99). — *Fontverines*, 1369 (id.). — *Fonverines*, en la châtellenie de S¹-Maixent, 1470 (arch. Barre). — *Fontverrine*, 1679 (id.).

FONZILLE (LA), vill. cⁿᵉˢ de Vausseroux et Vasles.

FORESTIER, vill. cⁿᵉ d'Azay-sur-Thoué. — *Moulin Forestier*, situé au fief de la Maingaudière, 1647 (inv. des arch. S¹ᵉ-Croix Parth.).

FORÊT (LA), h. cⁿᵉ de l'Absie.

FORÊT (LA), cⁿᵉ de Boismé. — *La Fourest*, 1440 (arch. Barre, II, 107). L. disp.

FORÊT (LA), h. cⁿᵉ de Breuil-Chaussée.

FORÊT (LA), vill. cⁿᵉ de Chey. — *Fourest*, 1412 (arch. D.-S.). — *Forest* (Cass.).

FORÊT (LA), f. cⁿᵉ de la Ferrière. — *La Forest*, 1608; relev. des Bruyères, 1611 (arch. V. Eˢ. 298, 344).

FORÊT (LA), vill. et logis, cⁿᵉ de Geay. — *La Fourest de Jay*, 1455 (arch. S¹-Loup). — *La Forêt de Jaye*, relev. de Thouars, 1470, 1496 (chartr. Thouars). — *La Forest* (Cass.).

FORÊT (LA), (GRANDE ET PETITE), vill. cⁿᵉ de Genneton. — *La Forest*, relev. d'Argenton, 1407 (hist. des Chasteig. par Duch. pr. p. 57).

FORÊT (LA PETITE), vill. cⁿᵉˢ de Pouffond et S¹-Léger-lez-Melle.

FORÊT (LA), vill. cⁿᵉ de Rom. — *La Forest de Rom* (Cass.).

FORÊT (LA), h. cⁿᵉ de S¹ᵉ-Blandine. — *La Forest* (Cass.).

FORÊT (LA), h. cⁿᵉ de S¹-Maixent-de-Beugné.

FORÊT (LA), cne de Ste-Verge. — *Jean de la Fourest*, 1352 (cart. St-Laon Th.). — *La Fourest de saincte Vierge*, 1516 (mém. soc. stat. D.-S. 2e sér. XIV). — *La Forest en Sainte-Verge*, 1603 (arch. D.-S. H. 302). Relev. de Thouars.

FORÊT (LA), vill. et anc. chât. cne de Thénezay. — *La Forest*, 1491 (arch. V. G. 371). — *Chapelle Ste-Catherine de la Forêt*, 1660 (pouillé B.-Filleau, 417).

FORÊT-BOURNEAU (LA), f. cue des Forges.

FORÊT-CAILLET (LA), f. cne des Forges.

FORÊT-MONTPENSIER (LA), f. cne de Breuil-Chaussée. — *La Fourest de Monponcer*, 1367, relev. de la baronnie de Bressuire (arch. St-Loup). — *La Fourest de Monpancer*, 1392 (arch. V. St-Cypr. l. 30). — *La Fourest de Monponsser*, 1425 (arch. St-Loup). — *La Forest de Montpancier*, 1545 (reg. insin. Thouars). — *La Forêt Monpansier*, 1738 (arch. V. Brosse-Guilgault, 8).

FORÊT-SUR-SÈVRE (LA), con de Cerizay. — *Foresta*, xiie siècle (cart. l'Absie). — *Foreta*, 1107 (hist. de Maillezais par Lacurie, bulle de Cél. III). — *Foresta super Separim*, 1228 (arch. hist. Poit. I). — *La Forest sur Sèvre*, 1276 (Font. XXXVIII, p. 103). — *La Forest sur Cèvre*, 1292 (arch. de la Durb.). — *La Fourest sur Soyvre*, 1364 (arch. St-Loup). — *La Forest sur Sayvre*, relev. de Thouars, 1398 (chartr. Thouars). — *La Fourest*, 1454 (cart. Chât.). — *La Forest sur Scayvre*, 1598 (arch. chât. la For.). — *St-Sauveur de la Forêt sur Seyvre*, 1648 (pouillé B.-Filleau). — *la Forest sur Saivre*, 1779 (arch. D.-S. E. 425).

La baronnie de la Forêt comprenait les paroisses de la Forêt, Montigny, St-Jouin de Milly, St-Marsault.

La Forêt dépendait du doyenné de Bressuire, de la sénéchaussée de Poitiers et de l'élection de Thouars, après avoir fait partie de celle de Parthenay au xvie siècle (mém. soc. stat. D.-S. 1886, p. xviii). La cure était à la nomination de l'abbé de Maillezais. Il y avait 102 feux en 1750 (cart. alph. Poit.). — Le canton de la Forêt, créé en 1790 et composé des communes de St-André-sur-Sèvre, Courlay, St-Jouin-de-Milly, St-Marsault, Montigny, la Ronde, fut supprimé en l'an VIII et réuni à celui de Cerizay.

FORÊTRIE (LA), h. cne de Clussais. — *La Forestrie*, 1678 (arch. V. Nouaillé, l. 38). Relev. du marquisat de Laval-Lezay (bull. soc. stat. D.-S. 1884).

FORÊTRIE (LA), f. cue d'Étusson. — *La Foreterie* (Cass.).

FORÊTRIE (LA), f. cue de Moncoutant. — *La Fourestorie*, 1420, relev. de Bressuire (arch. St-Loup). — *La Fouretterie* (Cass.).

FORÊTRIE (LA), f. cne de St-Pardoux. — *La Forestrie*, 1458, — *La Fourestrye*, 1563, relev. de Parthenay (arch. V. pr. l. 53).

FORGE (LA), f. cne d'Adilly.

FORGE (LA), vill. cne de Mazières-en-Gâtine. — *Moulin de la Forge*, 1421, relev. de Pressigny-en-Gâtine (arch. V. Es. 412, 415).

FORGE (LA), vill. cne de Montigné.

FORGE (LA), f. cne de Nueil-sous-les-Aubiers.

FORGE (LA), f. cne de Pugny.

FORGE (LA), f. cne de Xaintray, 1696 (arch. V. Beauregard, 26).

FORGEARD, h. cne d'Azay-sur-Thoué.

FORGE-BERTIN (LA), f. cne de Pamplie.

FORGE-DE-LA-MEILLERAYE (LA), min. et f. cne de la Pérate. — *Moulin de Férard sur le Thoué*, relev. de la seign. de Labbée ou l'Abbaye, 1581 (ma coll.). — *Moulin de Frard*, 1590 (id.). Acquis en 1645 par le maréchal de la Meilleraye, qui y transporta la forge à fer de la Meilleraye (la Gâtine hist. et mon. par B. Ledain).

FORGE-MARGERON (LA), l. disp. cne de Saivre. — *La Forge-Margeron*, 1452 (arch. Barre, II, 161).

FORGES (LES), con de Ménigoute. — *Forges*, 1164 (Font. V, 502). — *Les Forges*, 1380, relev. de Curzay (arch. V. E. 1, 10). — *Les Forges-Plessia* 1782 (pouillé). — *St-Vincent des Forges-Plessia* (pouillé 1782).

Dépendait de l'archiprêtré de Sanxay, de la châtellenie de Lusignan, de la sénéchaussée et de l'élection de Poitiers. La cure était à la nomination de l'abbesse de Ste-Croix de Poitiers. Il y avait 54 feux en 1750 (cart. alph. Poit.).

FORGES (LES), min. et h. cne des Aubiers. — *Les Forges*, relev. du Fief-Lévêque, 1502 (arch. V. év. l. 1541).

FORGES (FIEF ET HÔTEL DE) à Bressuire, relev. de la baronnie de Bressuire, 1439 (arch. St-Loup).

FORGES, f. cne d'Échiré. — *Forges*, 1487 (Champdeniers par L. Desaivre).

FORGES (LES), h. cne du Puy-St-Bonnet.

FORGES (LES), f. cne de la Ronde.

FORGES (LES), (HAUTES ET BASSES), h. cne de St-Aubin-de-Baubigné. — *Forgæ*, v. 1090 (cart. Trin. Maul.). — *Les Forges*, 1615 (arch. V. les Linaux).

FORGES (LES), f. cne de St-Mard-la-Lande.

FORGES (FIEF DE), cne de St-Maxire, 1609 (Font. XX, 416). — *Forge*, 1728 (arch. D.-S. G. 2).

FORGES (LES), vill. cne de Secondigné-sur-Chizé. *Terra de Forges*, xiiie siècle (censif de Chizé).

FORGES (LES), f. cne de Souvigné. — *Feodum dau Forges*, 1269, relev. de l'abbaye de St-Maixent (cart. St-Maix. II, 101). — *Les Forges au Goy*, 1728 (arch. D.-S. H. 104).

Forgineau (Haut et Bas), h. cne de la Petite-Boissière. — *Haut et Bas Fergineau* (Cass.).

Forgisière (La), f. cne de St-Amand-sur-Sèvre.

Fors, con de Prahecq. — *Forz*, v. 1099 (Font. LXIII, p. 475). — *Forc*, 1203 (rot. litt. pat. 33). — *Fors*, 1243 (lay. tr. ch. II, 508). — *Notre-Dame de Fors* (pouillé 1782).

La châtellenie de Fors relev. de Niort, 1403 (gr.-Gauthier, des bénéf.). Elle fut érigée en marquisat en 1682 (inv. des arch. D.-S. B.).

L'ancienne aumônerie, de 800 liv. de revenus, fut maintenue comme hôpital et maison-Dieu par arrêt du 30 mars 1703 et réunie à l'aumônerie de Prahecq. Le prieuré, de 3000 liv. de revenus, était à la présentation de l'abbé du Bourg-Dieu (état de l'élect. de Niort, 1716). Fors dépendait de l'archiprêtré de Melle et de la châtellenie, siège royal et élection de Niort. Il y avait 97 feux en 1716, et 112 en 1750.

Fons, vill. cne de St-Laurs. — *Le Petit Fors*, 1657 (arch. D.-S. E. 321). — *Fort*, 1747 (arch. D.-S. E. 346).

Fort-Anglais (Le), l.-d. anc. camp ruiné, près la Tavellerie et St-Projet, cne de la Chapelle-Bâton (Cass.).

Fortaisière (La), f. cne de Boesse (Cass.).

Fortanchère (La), f. cne de Neuvy-Bouin. — *La Fortanchère*, 1281 (arch. V.). — *La Fortanchère*, 1482 (arch. soc. ant. ouest). Relev. d'Airvault (hist. d'Airv. par B.-Filleau).

Fortesco, cne de Chiché. — *Fortescu*, 1364. — *Fort escuy*, 1423 (arch. St-Loup).

Fort-Guignon, min. à vent, cne de Mougon.

Fortière (La), f. cne d'Azay-sur-Thoué.

Fortière (La), f. cne de Vernou-en-Gâtine.

Fortinière (La), h. cne de Clessé. — *La Fortinière*, 1299 (inv. des arch. D.-S. E. p. 9). — *La Gourbillerie*, aliàs *la Fortinière*, 1556 (reg. insin. Thouars). Relev. d'Airvault, 1630 (hist. d'Airv. par B.-Filleau).

Fortinière (La), h. cne du Puy-St-Bonnet.

Fortranche (La), f. cne d'Exireuil. — *La Fortranche*, 1639, 1689 (arch. Barre).

Forts (Les), h. cne des Échaubrognes.

Fortune (La), mon. au bourg de Marigny, 1723 (arch. D.-S. E. 1193).

Fortunières (Les), f. cne de la Pérate.

Fosse (La), au vill. d'Épanne, cne de Faye-sur-Ardin. — *La Fousse d'Épanne*, 1594 ; *les Fosses d'Épanne*, 1615 ; anc. fief relev. de la seign. d'Épanne (arch. D.-S. E. 257, 262).

Fosse (La), f. cne de Largeasse.

Fosse (La), f. cne de St-Martin-de-Bernegoue.

Fosse (La), f. cne de St-Martin-de-Sanzay. — *Fossa*, v. 1110 (cart. St-Laon Thouars).

Fosse (Bois de la), cne de Ste-Néomaye (cart. St-Maix. intr.).

Fosse (La), vill. cne de Scillé.

Fosse (La), f. cne de Vasles.

Fosse-a-Tendron (La), min. cne de la Mothe-St-Héraye. — *Tendron*, 1674 (arch. D.-S. E. 413).

Fosse-Boisseau (La), vill. cne d'Ensigné.

Fosse-Foutue (La), l.-d. cne de Luché-Thouarsais. — *La Fosse Folue*, 1469 ; *la Fousse Foutue*, XVIe s. (arch. V. Brosse-Guilgault, 44).

Fossemagne, faubourg de Melle. — *Burgum Fulcæ magnæ*, XIe siècle (cart. St-Jean-d'Angél. ap. f. lat. 5451).

Fosses (Les), con de Brioux. — *Villa quæ ab antiquis vocabatur Beltronum ou Bethronum, nunc vero Fossas, in vicaria Metulinse*, 1043 (arch. hist. Poit. II). — *Fossæ*, 1126 (Moreau, LII, p. 91). — *Les Fosses*, XIIIe siècle (censif de Chizé). — *Paroisse Ste-Ragond des Fousses*, 1300 (arch. V. Ste-Cr. 1. 92). Relev. de Chize, 1403 (gr.-Gauthier). — *Ste-Radegonde des Fosses* (pouillé 1782).

Dépendait de l'archiprêtré de Melle, de la châtellenie et de la sénéchaussée de Civray, et de l'élection de Niort. La cure était à la nomination de l'abbesse de Ste-Croix de Poitiers. Il y avait 105 feux en 1750 (cart. alph. Poit.).

Fosses (Les), vill. cne de Chantecorps. — *Les Fousses*, 1452, 1598 (arch. Barre).

Fosses (Les), cne de la Chapelle-Thireuil, fief relev. du Bois-Chapeleau et appartenant au prieuré de la Chapelle-Thireuil, 1631 (arch. de Bois-Chap.).

Fosses (Les), vill. cne de Pamprou. — *Les Fousses*, 1568 (not. St-Maix.).

Fosses (Les), fief et logis, cne de Parthenay.

Fosses (Les), cne de St-Georges-de-Noisné. — *Les Fousses*, 1512 (rev. Poit. 1803). Fief annexé à la seign. de Mauteru (id.).

Fosses-aux-Monts (Les), l.-d. cne du Busseau.

Fossés (Les), f. cne de St-Jouin-sous-Châtillon. — *Terra des Fosses*, 1442 (cart. Trin. Maul.).

Fossés (Les), h. cne de Scillé. — *Fossos*, 1160 (cart. l'Absie). — *Foussay*, 1599 (arch. V. Pouzay, 2). — *Le Fossé* (Cass.).

Fouane-de-la-Carte (La), f. cne de Vasles.

Fouardière (La), cne de la Ferrière, relev. de Parthenay, 1697 (arch. V.).

Foubertière (La), f. cne de Nueil-sous-les-Aubiers. — *La Faubertière* (Cass.).

Foucardière (La), f. cne de St-Pardoux.

Foucaudière (La), f. cne de Largeasse.

Foucaud (Font), mon. cne de Niort. — *Villa Fornax*

calidus, in vicaria Basiacinse, in pago Alienense, 936 (cart. S¹-Cypr. Poit. 325). — *Locus Forcaldis in vicaria Basiacinse in pago Aunisio*, v. 973 (cart. S¹-Maix. 65).—*Fornax calidos prope Niorto*, 973 (cart. S¹-Cypr. 326). — *Villa Fornix calida*, 990 (id. 322). Il formait une des fortifications avancées du château de Niort, dans un îlot de la Sèvre.

FOUCAULT, f. et m¹ⁿ. cⁿᵉ de Sepvret. — *Foucaud* (Cass.).

FOUCHARDIÈRE (LA), f. cⁿᵉ de Clavé. — *La Fouchardière*, 1452 (arch. Barre, II, 166). — *La Fouschardère*, 1533 (not. S¹-Maix.).

FOUCHERIE (LA), f. cⁿᵉ d'Azay-sur-Thoué. — *La Foucherie Dugastz*, relev. de Châteauneuf-en-Gâtine, 1497 (reg. d'av. de Chât.).

FOUCHERIE (LA), f. cⁿᵉ de Baussais.

FOUCHERIE (LA PETITE), f. cⁿᵉ de Béceleuf, 1725 (arch. V. Béceleuf, 26).

FOUCHERIE (LA), cⁿᵉ du Breuil-Bernard, 1437 (arch. S¹-Loup).

FOUCHERIE (LA), f. cⁿᵉ des Échaubrognes.

FOUCHERIE (LA), h. cⁿᵉ de Missé. — *La Faucherie* (Cass.).

FOUCHERIE (LA), f. cⁿᵉ du Puy-S¹-Bonnet. — *La Fouscherie*, 1599 (arch. V. H. 3, 755).

FOUCHERIE (LA), h. cⁿᵉ de S¹-Pardoux, relev. du Fouilloux (la Gât. hist. et monum.).

FOUCHERIE (LA), vill. cⁿᵉ de Secondigny, relev. du comté de Secondigny, 1743, 1768 (arch. Barre, II).

FOUCHERIE (LA), loc. disp. cⁿᵉ de Verruye, relev. de Pressigny-en-Gâtine, 1600 (arch. V. E³. 415).

FOUCRELÉ (LA), f. cⁿᵉ de S¹-Pierre-à-Champ. — *La Foucraire* (Cass.).

FOUCTIÈRE (LA), vill. cⁿᵉ de Scillé. — *La Foucquetière*, 1626 (arch. V. pap. Droch.). — *La Fouquetrie* (Cass.).

FOUETTEAU (LE), f. cⁿᵉ de Neuvy-Bouin. — *Les Foueteaux*, 1276. — *Les Foateaus*, 1280 (cart. Bourgueil). — *Fouateaux*, 1490, relev. de Châteauneuf-en-Gâtine (reg. d'av. de Chât.). — *Le Foueteau* (Cass.).

FOUGEASSIÈRE (LA), f. cⁿᵉ de Breuil-Chaussée. — *La Fougeacière* (Cass.).

FOUGÈRE, vill. et m¹ⁿ. cⁿᵉ de Béceleuf.—*Faugère*, v. 1255 (arch. nat. J. 1028, n° 11). — *Faugères*, 1402 (arch. V. Béceleuf, 40). — *Faulgière*, 1599. — *Faulgère*,1615 (id. Béceleuf,11). — *Fougères*,1707 (arch. D.-S. E. 328).

FOUGÈRE (LA), cⁿᵉ de la Chapelle-Bâton. — *La Faugère-Massacre*, relev. de Faye, 1419. — *La Faulgère-Massacre*, 1466 ; *la Petite Faugère-Massacre*, 1599 ; *la Faulgère-Contantin*, 1415 (arch. V. la Fougère). — *La Faugère-Constantin ou Grand Faugère*, relev. de Faye, 1361, 1757 (inv. d'Aub.).

FOUGÈRE (LA PETITE), vill. cⁿᵉ de Cherveux.

FOUGERÉ (FIEF DE), cⁿᵉ de Mougon, relev. de l'abbaye de S¹-Maixent (cart. S¹-Maix. intr.). — *Fié de Faugeré*, 1363 (id. II, 157).

FOUGÈRES (LES), f. cⁿᵉ d'Adilly. — *Les Faugères*, 1497 (arch. V. E². 236). — *Les Faugères-Neufves*, 1563 (id. pr. l. 58). — *Les Fougères* (Cass.).

FOUGÈRES (LES), h. cⁿᵉ de la Charrière.

FOUGÈRES (LES), (GRANDES ET PETITES), vill. cⁿᵉ de Cherveux.

FOUGÈRES (LES), vill. cⁿᵉ de Scillé. — *Terra de Fogere*, XII° siècle (cart. l'Absie).

FOUGÈRES (LES), vill. cⁿᵉ de Vasles.— *Les Faugères*, 1331 (arch. V. S¹ᵉ-Cr. l. 44).

FOUGERET (LE), f. cⁿᵉ de Clazay. — *Fougery*, 1621 (arch. V. S¹-Cypr. l. 47). — *Fougiret* (Cass.).

FOUGEREUSE (LA), vill. cⁿᵉ de S¹-Maurice-la-Fougereuse. — *Ecclesia S¹ᵉ-Mariæ Magdalenæ in parochia Fulgerosia*, 1117 (Morice, I, 390, ch. de G. év. Poit. — Gall. christ.). — *Fulcherosæ juxta Passe avant*, 1214 (lay. trés. ch. I, 406). - *Fulgerosa*, 1223 (cart. Chambon, doc. add.). — *La Fougerouse*, 1278 (cart. Bourgueil). — *Feugereusia*, 1369 (arch. hist. Poit. XVII, 371). — *Châtellenie de Fougereuse dite Merle-Fougereuse*, 1414 (fiefs vic. Thouars, p. 18). — *La Foulgereuse*, 1514 (arch. V. év. l. 154).

Le prieuré conventuel de la Fougereuse dépendait de S¹-Sulpice de Rennes, et avait droit de haute justice sur le bourg de la Fougereuse. La châtellenie, relevant de Thouars et, pour partie, du Fief-l'Évêque, comprenait la Fougereuse et partie de la paroisse de Genneton. La Fougereuse faisait partie de l'élection de Montreuil-Bellay et du gouvernement militaire de Saumur.

FOUGERIE (LA), f. cⁿᵉ de Ménigoute. — *La Fougerie*, 1479 (arch. Barre, II, 37).

FOUGERIT, vill. et chât. cⁿᵉ d'Amailloù. — *Faugeré*, 1404 (arch. Moiré). - *Faugery*, relev. d'Amaillou (hist. d'Airv. par B.-Fillenu). — *Fougeré*, 1517 ; *Fougery*,1595 (arch. Soulièvre). — *Faulgery*, 1583 (arch. Vernay).

FOUGERIT (LE), vill. cⁿᵉ de Terves.

FOUGEROUX, vill. cⁿᵉ du Busseau.

FOUGEROUX (LE), vill. cⁿᵉ de Fenioux.

FOUGNARD, f. cne de St-Aubin-du-Plain. — *Fougniard* (Cass.).

FOUILLARDES (LES), f. cne d'Amaillou. — *Les Foillardes*, 1404, relev. d'Airvault (arch. Moiré).

FOUILLE (LA), f. cne de Verruye, 1568 (not. St-Maix.).

FOUILLÉE (LA), h. cne de Faye-sur-Ardin.

FOUILLERIE (LA), mon. cne de la Forêt-sur-Sèvre.

FOUILLETS (FIEFS DES PETITS ET GRANDS), cne de Tessonnières, relev. de la Ronde de Louin, 1639 (arch. Vernay).

FOUILLOUX (LE), h. cne de la Mothe-St-Héraye. — *Foluns*, 1111 (cart. St-Maix. 277). — *Le Fouilloux*, relev. de l'abbaye de St-Maixent (id. intr. 49).

FOUILLOUX (LE), vill. cne de Pressigny. — *Follosium*, 1123 (Gall. christ. II, 337). — *Follos-Rossel*, v. 1120 (cart. l'Absie). — *Follos-Rossos*, v. 1120 ; *Folosium*, 1156 ; *Foillos*, 1166 ; *Follos*, xiie siècle (id.). — *Le Foulhoux-Rousseau*, 1400 (arch. Barre, II, 212). — *Le Fouilloux-Rousseau* (Cass.).

FOUILLOUX (LE), f. cne de Rom.

FOUILLOUX (LE GRAND), chât. cne de St-Martin-du-Fouilloux. — *Foillos*, 1208 (arch. V. H. 3, 869). — *Follosum*, v. 1280 (cat. arch. Jours. n° 2542). — *Le Fouilloux*, 1370 (ma coll.). — *Le Foilloux*, 1423 (id.). — *Le Foulloux*, 1514 ; 1554 ; *le Fouilhoux*, 1560 (rech. sur J. du Fouilloux). — Relev. de la seign. de la Marche de Chalandray (la Gâtine hist. et mon. par B. Ledain, 376).

FOUILLOUX (LE PETIT), h. cne de St-Martin-du-Fouilloux. Relev. de Montgaudier (état du duch. la Meill. 1775).

FOULET, mln. cne de Celles.

FOULQUIÈRE (LA), f. cne de Scillé. Voir FOUCTIÈRE (LA).

FOUQUETIÈRE (LA), f. cne de St-Aubin-de-Baubigné.

FOUQUETIÈRE (LA), h. cne de Verruye. — *La Foulquetière*, 1547 (not. St-Maix.).

FOUQUETTE (LA), éc. cne de Souché.

FOUR (LE), f. cne de Brelou.

FOUR (LE), vill. cne de Brûlain.

FOUR-A-CHAUX (LE), h. cne de Ste-Radegonde-de-Pommiers.

FOURBEAU, vill. cne de Surin. — *l'villa de Forbaut*, 1260 (homm. d'Alph. de Poit.). — *Fourbault*, 1575, appartenant à la commanderie St-Antoine de la Lande ; *le Retail Hervy*, à présent *Fourbault*, 1669 (arch. V. Fourbault). — *Fourbeau*, 1728 (arch. D.-S. H. 238, 235).

FOURBOUTIÈRES (LES), f. cne de St-Amand.

FOURCHEFIÈRE, vill. cne de Luché-Thouarsais. — *Fourchefère*, 1476 (pap. fam. Robin). — *Forchefère*, 1489 (id.). — *Fourchefière*, 1582, 1602, relev. de Hérisson-en-Thouarsais, réuni au duché de Thouars (pap. fam. Rob.). — *Fourchière* (Cass.).

FOURCHELIMIERS, f. cne d'Amaillou. — *Fourchelimiers*, 1421 (doc. sur Commines par Fierville, 33). — *Forcheliniers*, 1459 (arch. V. Es. 337). — *Fourchelymiers*, 1483 (arch. Barre, II, 390). — *Fourchelimier* (Cass.).

FOURCHETTE, h. cne de Terves.

FOURCHIÈRE (LA), f. cne de Chiché. — *La Foushcherière*, 1419 (arch. St-Loup). — *La Foucherie*, 1425 (id.). — *La Fourchière* (Cass.).

FOUR-DE-LA-CATIN (LE), éc. cne de Faye-l'Abbesse.

FOUR-DES-PIERRES (LE), cne de St-Maixent (cart. St-Maix. intr.).

FOUREAU, étang, cne de Boussais. — *Étang de Gratesolle*, 1365. — *Étang de Gratesolle ou étang Fourault*, 1683 (arch. V. H. 3).

FOUR-LAVAULT, éc. cne de Souché.

FOURNAIS (LE GRAND ET PETIT), h. cne de St-Aubin-de-Baubigné.

FOURNE (LA), h. cne de Chey.

FOURNEAU (LE), f. cne de Pamplie.

FOURNEAUX (LES), au vill. de Vrines, cne de Thouars ; anc. fief relev. de St-Laon de Thouars, 1761 (arch. D.-S. H. 65).

FOURNETON, vill. cne de la Chapelle-Largeau.

FOURNETTE (LA), h. cne de Verruye. Appartenait à la commanderie de St-Antoine de la Lande, 1728 (arch. D.-S. H. 235).

FOURNIÈRE (LA), f. cne de St-Pardoux.

FOURNIGAUD (LE), mon. cne de Boismé.

FOURNIL (LE), h. cne des Aubiers. — *Les Fornis Messent*, 1351 (arch. hist. Poit. XVII, p. 79). — *Le Fournil Messant*, relev. de la Perronnière, 1580 (arch. V. Es. 409). — *Le Fourny* (Cass.).

FOURNIL (LE), vill. cne de Moncoutant. — *Le Fourny*. paroisses de Moncoutant et Courlé, 1476 (arch. V. pap. Droch.).

FOURNIL (LE), h. cne de St-André-sur-Sèvre. — *Le Forny*, 1401 (arch. V. E. 2, 189).

FOUSSE-MARTIN (PRÉ DE), cne de Romans. — *Pratum sancti Martini sublus Romans*, 1269 (cart. St-Maix. II. 105).

FOYE (LA), vill. cne de l'Absie. — *La Foye* (Cass.).

FOYE (LA), h. cne d'Augé. — *La Faye*, 1528 (not. St-Maix.).

122   DÉPARTEMENT DES DEUX-SÈVRES.

Foye (La Grande), vill. c^{ne} de Caunay. — *Moulin de Faye*, xiiie siècle (arch. V. Nouaillé, l. 30). — *La Faye*, 1488, relev. de Civray (arch. V.). Voir Faye (La).

Foye (La), vill. c^{ne} de Cerizay.

Foye (La), f. c^{ne} de Chanteloup.

Foye (La), vill. c^{ne} de Châtillon-sur-Thoué. — *La Fois*, 1620 (arch. V.). — *La Foy* (Cass.).

Foye (La), f. c^{ne} de Clavé. — *La Faye*, 1452 (arch. Barre, II, 166). — *La Foy* (Cass.).

Foye (La), f. c^{ne} de Clazay. — *La Faye-Barrault*. 1586 (arch. V. St-Cypr. l. 30). — *La Foye*, 1621 (id. 47). — *La Foy* (Cass.).

Foye (La), vill. c^{ne} de Combrand.

Foye (La), f. c^{ne} de la Couarde.

Foye (La), h. c^{ne} de Couture-d'Argenson. — *Villa Faiha*, 834 (Besly, c^{tes} Poit. 23, ex orig. S^{ti} Juniani).

Foye (La Grande), vill. c^{ne} de la Foye-Monjault.

Foye (Grande et Petite), vill. c^{ne} de Lezay. — *La Grande-Foye*, 1599 (arch. D.-S. E. 694). — *La Petite Foye*, 1611 (arch. V. Ste-Marth. l. 112).

Foye (La), f. et chât. c^{ne} de la Pérate. — *La Faye*, 1286 (hist. des Châteig. par Duch.). — *La Foye*, 1627 (ms. coll.). — *La Fois* (Cass.).

Foye (La), f. c^{ne} de la Ronde. — *La Foy* (Cass.).

Foye (La), f. c^{ne} de St-André-sur-Sèvre. — *La Faye*, 1412 (arch. V. H. 3, 728).

Foye (Grande et Petite), vill. c^{ne} de St-Martin-du-Fouilloux.

Foye (La), vill. c^{ne} de Scillé.

Foye (La), f. c^{ne} du Tallud.

Foye (La), h. c^{ne} de Vasles.

Foye-Baudet (La), f. c^{ne} de la Chapelle-Bertrand.

Foye-de-Pers (La), h. c^{ne} de Caunay. — *La Foye* (Cass.).

Foye-Henri (La), vill. c^{ne} de Vernou-en-Gâtine. — *La Foy Henri*, relev. de Secondigny, 1459-1716 (ms. 141, bibl. Poit.). — *La Foirie* (cad.).

Foye-Monjault (La), c^{on} de Beauvoir. — *Faia*, 1077 (Font. XIX, 34). — *Faya*, v. 1105 (id. 116). — *Faia monachalis*, 1223 (arch. V. Mont. l. 95). — *Faia Monjaut in ballia de Chisiaco*, xiiie siècle (censif de Chizé). — *La Faye-Monjau*, 1313 (arch. hist. Poit. XI). — *S. S. Simo et Juda de Faya monachalis* (panc. de Rochech. 1402). — *La Faye Monjaut*, 1487 (arch. V. Mont. l. 95). — *St-Simon et St-Jude de la Foymonjault*, 1648 (pouillé B.-Filleau). — *La Foy Mongiot*, 1720 ; *la Foy Monjeau*, 1739 (arch. D.-S. II. 348). — Relev. du château de Niort.

Dépendait de l'archiprêtré de Mauzé, diocèse de Saintes, et de la châtellenie, siège royal et élection de Niort (état de l'élect. en 1716). La cure était à la nomination de l'abbé de Montierneuf de Poitiers. Il y avait 112 feux en 1716 et 140 en 1750. — La forêt de la Foye-Monjault avait une superficie de 329 hectares en 1802 (stat. des D.-S. par Dupin).

Fradinière (La), f. c^{ne} de Souvigné, 1518 (arch. D.-S. E. 1202).

Fragnaie (La), vill. c^{ne} des Aubiers. — *Fragneleria*, 1260 (cart. Trin. Maul.). — *La Fragnée* (Cass.).

Fragnaie (La), l. disp. c^{ne} d'Exireuil. — *La Fraygnaye in parrochia de Exirolio*, 1305 (arch. V. Fontaine-le-C. l. 22).

Fragnaie (La), h. c^{ne} de St-Aubin-le-Clou. — *La Fraignaye*, 1497, relev. de Châteauneuf-en-Gâtine (reg. d'av. de Chât.).

Fragnée (La), vill. c^{ne} d'Availles-sur-Chizé.

Fragnée (La), vill. c^{ne} de l'Enclave. — *La Fraignée*, 1408 (gr.-Gauthier, des bénéf.). Relev. de la Mothe-St-Héraye, 1552 (Font. LXXXV ; — av. de la Moth. 1621).

Fragnée (La), vill. c^{ne} de Fontperron. — *Lo Fraigneau*, 1280 (cart. Châtell.). — *La Fraignée*, 1363 (id.). — *La Fragnée*, 1567 (not. St-Maix.).

Fragnée (Grande et Petite), h. c^{ne} de Frontenay. — *Grande et Petite Fragnaye* (Cass.).

Fragnée (La), f. c^{ne} de Hanc. — *La Fraignée*, 1780 (arch. D.-S. E. 202). Appartenait à l'abbaye des Alleuds (pap. terr. All. bull. soc. stat. 1884).

Fragnée (La), vill. c^{ne} de St-Martin-de-Bernegoue.

Fragnée (La), vill. c^{ne} de St-Martin-de-St-Maixent. — *Frasgnea*, 1096 (cart. St-Maix. I, 221). — *La Fraignée*, 1363, 1656 (id.).

Fragnée (La), vill. c^{ne} de St-Romans-des-Champs. — *Fragnaia*, 1260 (homm. d'Alph. Poit.). — *La Fragnaye* (Cass.).

Fragnée (La), f. c^{ne} de Verruye. — *La Fraignée* (Cass.).

Fragnées (Les), h. c^{ne} de Prissé. — *La Fraignée*, 1628 (arch. V. E. 2, 180). — *Vieille et Nouvelle Fragnée* (Cass.).

Fragnelière (La), h. c^{ne} de Saivre. — *La Fraignelière*, 1512 ; *la Fragnelère*, 1543 (not. St-Maix.).

Fraiche (La), h. c^{ne} du Puy-St-Bonnet. — *Les Fresches* (Cass.).

Fraie (La), h. c^{ne} d'Aigonnay.

Fraignais (La), f. c^{ne} de Noireterre. — *La Fraignaye*, 1418 (arch. St-Loup). — *La Fraisgnais*, 1747 (arch. V. Brosse-Guilgault, 8).

Fraigneau, marais, c^{ne} de Magné. — *Fregnea*, 1260 (homm. d'Alph. Poit.).

Fraigneau (Fief), près d'Airvault. — *Fief Frasgneau*, relev. du château d'Airvault, 1469 (arch. V. E⁸. 371).

Frainaie (La), h. cⁿᵉ de Bouillé-St-Paul. — *La Fresnay* (Cass.).

Frairie (La), f. cⁿᵉ de Beaulieu-sous-Bressuire.

Frairie (La), éc. cⁿᵉ de Combrand.

Frairie (La), f. cⁿᵉ des Échaubrognes.

Frairie (La), moulin au bourg de Saivre, 1564 (not. St-Maix.).

François, 1ᵉʳ cᵒⁿ de St-Maixent. — *Françoy*, 1244 (compt. d'Alph. Poit.). — *Frances*, 1300 (gr.-Gauthier). — *François*, 1390 (id comm. Stᵉ-Gemme). — *Notre-Dame de François* (pouillé 1782).

François dépendait de l'archiprêtré d'Exoudun, de la sénéchaussée et de l'élection de St-Maixent. Relev. du Coustaut (St-Gelais). Il y avait 74 feux en 1698 (état de l'élect.), et 77 en 1750. L'abbaye de Nieul et l'évêque de la Rochelle eurent successivement la présentation de la cure.

Franc-Girouard (Le Grand), h. cⁿᵉ de Magné.

Francs (Les Grands et Petits), vill. cⁿᵉ de Cherveux. — *Herbergement des Francs*, 1597 (inv. d'Aub.).

Frangeuse, f. cⁿᵉ de St-Clémentin.

Franière (La), f. cⁿᵉ de Boismé

Frapinière (La), f. cⁿᵉ de Nanteuil. — *La Frappinère*, relev. de l'abbaye de St-Maixent, 1303 (cart. St-Maix. II, 154). — *La Frappinière*, 1456; *la Frapinerie*, 1493 ; *la Frapinière*, 1689 (arch. Barre, I, II).

Fraubertière (La), l. disp. cⁿᵉ de Mazières-en-Gâtine. — *Frauberteria de Mazeriis*, 1098 (cart. St-Maix. 231).

Fraudière (La), vill. cⁿᵉ d'Assais. — *La Frodière*, 1550 arch. V. abb. Airv.). — *La Ferraudière*, relev. de la Ronde de Louin, 1639 (arch. Vernay).

Fraudière (La), f. cⁿᵉ de la Chapelle-Largeau.

Fraudière (La), f. cⁿᵉ de Noireterre.

Freau (Le), h. et étang, cⁿᵉ de Clessé. — *Les Frous*, 1364 (ch. de l'Absie ap. arch. D.-S. H. 29). — *Les Fraux* (Cass.).

Freaux (Grand et Petit), h. cⁿᵉ de Cersay. — *Froud* (Cass.).

Frécul, mᵢₙ. cⁿᵉ de Secondigny.

Frédefont, f. cⁿᵉ d'Exireuil, en la châtellenie de St-Maixent (cart. St-Maix. intr. 48). — *Frotefond* (Cass.).

Fregnon (Le), f. cⁿᵉ d'Ardin.

Freigné (Le Grand et Petit), vill. cⁿᵉ de l'Absie. — *Frenneis*, 1120 (cart. l'Absie). — *Frennes*, v.

1140 (id.). — *Frenesium, Fregnes*, 1183 (id.). — *In duabus villis que vocantur Freignis*, 1212 (ch. de Sav. Maul., arch. D.-S.). — *Le Grand Freignes*, dans le fief de l'Absie, 1317 (arch. D.-S. H. 35). *Le Grand et Petit Fraigné*, de la châtellenie et ressort de Fontenay, 1332 (f. lat. 12780, p. 369). — *Grand et Petit Freignier* (Cass.).

Frejou, f. cⁿᵉ de la Pérate. — *Fregeox*, 1421 (doc. sur Commines par Fierville, 34). — *Moulin de Fréjou*, 1579 (ma coll. ; — pr. St-Paul). — Relev. de Parthenay, 1602-1699 (arch. V.).

Frelaudière (La), h. cⁿᵉ de Beaulieu-sous-Parthenay. — *La Ferlaudière*, relev. de Parthenay, 1507 (arch. V. E⁸. 430).

Frelière (La), f. cⁿᵉ de Beaulieu-sous-Parthenay. — *La Ferrelère*, 1546 (not. St-Maix.). — *La Ferlière*, 1579, relev. de la Meilleraye (arch. V. E⁸. 400).

Frémaudière (La), f. cⁿᵉ des Échaubrognes. — *La Fermandière* (Cass.).

Frémaudière (La), f. cⁿᵉ de Secondigny. — *La Fromaudère*, 1347 (arch. V. Fontaine-le-C. l. 30). — *La Frémaudière*, 1662, relev. de la baronnie de Secondigny (ms. 141, bibl. Poit.). — *La Frémodière* (Cass.).

Frémaudière-Écureuil (La), h. cⁿᵉ d'Allonne. — *Domus Aymerici Fromaust*, 1194 (arch. V. Fontaine-le-C.). — *La Fromaudère-Escureou*, 1433 (id.). — *La Fourmaudère*, 1446 (id.). — *La Fremaudère Escureo*, 1450 (id.). — *La Fremaudière-Écureux*, 1469 (dict. fam. Poit. I, 717). — *La Frémaudière-Escureulx*, 1561 (arch. Fonten.). Relev. de Secondigny, 1662 (arch. V.).

Frémaudière-Robert (La), f. cⁿᵉ d'Allonne. Relev. de la Braudière (état duch. la Meill. 1775).

Fréminière (La), f. et étang, cⁿᵉ du Breuil-sous-Argenton.

Fréminière (La), vill. cⁿᵉ de St-Pierre-à-Champ.

Frenaie (La), vill. cⁿᵉ de St-Pierre-à-Champ. — *La Frenaye* (Cass.).

Frêne (Le Grand), h. cⁿᵉ d'Ardin.

Frêne (Le), h. cⁿᵉ des Aubiers. — *Le Frense* (Cass.).

Frêne (Le), f. cⁿᵉ de Clavé. — *Le Fraigne*, 1432 (arch. Barre). — *Le Frasgne*, 1560 (not. St-Maix.).

Frêne (Le), h. cⁿᵉ de Fontperron. — *Fregne*, 1266, en la châtellenie de St-Maixent (homm. d'Alph. de Poit.). — *Le Freisgne*, 1374 (chartr. Thouars). — *Le Frégne* (Cass.).

Frêne (Le), chât et f. cⁿᵉ de Gourgé. — *Le Fraigne*, 1340 (pap. Blactot). — *Le Fresne*, 1573 (journ. Génér.).

FRÊNE (LE), vill. cne de Lezay.
FRÊNE (LE), min. cne de Lhoumois.
FRÊNE (LE), min. cne de Niort. — *Le Fresne*, 1692 (dom. de la cure N.-D.).
FRÊNE (LE LOGIS DU), f. cne de Nueil-sous-les-Aubiers.
FRÊNE (LE), f. cne de St-Aubin-de-Baubigné.
FRÊNE (LE), f. cne de St-Pardoux. — *Le Fresne*, relev. de la Chapelle-Bertrand, 1398 (inv. des arch. Ste-Cr. Parth.).
FRÊNE-CHABOT (LE), chât. et f. cne de Nueil-sous-les-Aubiers. — *Le Fragne*, 1287 (arch. Durbell.). — *Le Fresne-Chabot*, 1384 (dict. fam. Poit. I, 253). — *Le Fraigne*, 1411 (Font. XXXIX, p. 253). — 1715 (Font. XLIV, p. 62). — *Le Frêne* (Cass.).

La juridiction du Frêne-Chabot, à laquelle était réunie la haute justice de Nueil, ressortissait par appel de Châtillon (mém. sur les just. seign. du Poit. par B.-Filleau).

FRÊNELIÈRE (LA), f. cne de Chiché.
FRÊNIÈRE (LA), mon. cne de Boismé.
FRÊNIÈRE (LA), f. cne de Largeasse. — *La Ferrière* (Cass.).
FRESSINE, con de Celles. — *Frazina*, 1259 (compt. d'Alph. Poit.). — *Fraisseignes*, 1363 (cart. St-Maix. II, 163). — *Fracines* (D. 1383). — *Fressines*, 1782 (pouillé). — *Fressigne*, 1782 (arch. D.-S. E. 759). — St-*Martin de Fressines* (pouillé 1782).

Le prieuré-cure de *Frayssines ou Fressines*, ordre de St-Augustin, de 2,000 liv. de revenus, était à la présentation de l'abbé de St-Séverin. Le prieur était seigneur du lieu et relevait du château de Niort (état de l'élect. en 1716).

Fressine dépendait de l'archiprêtré d'Exoudun, de la sénéchaussée de St-Maixent, de la châtellenie et élection de Niort. Il y avait 100 feux en 1716 et 143 en 1750.

FRETAUDIÈRE (LA), f. cne de Boismé. — *La Frestosdère*, 1399; *la Fretodère*, 1421, relev. de Bressuire (arch. St-Loup).
FRÉTEVAU, h. cne de Chail. — *Frétevault* (Cass.).
FRÉTEVAULT, min. cne de Missé.
FRÉTEVAULT, vill. cne de St-Vincent-de-la-Châtre.
FRÉTEVAUX, vill. et min. cne de Thouars, anciennement des Hameaux. — *Molendinum Frigidevallis*, 1231; *Freidevau*, 1234 (cart. St-Michel Th.). — *Frétevault*, 1768 (arch. D.-S. H. 314).
FRÉTIÈRE (LA), h. cne du Puy-St-Bonnet.
FRÉTIÈRE (LA), vill. cne de Xaintray.
FRETTE (LA), f. cne de la Pérate.
FREZAIS (LA), f. cne de Bretignolle.
FREZÉ, h. cne d'Arçais.

FRÉZIER (LE), f. cne de Beaulieu-sous-Parthenay.
FRICAUDIÈRE (LA), f. cne de Beaulieu-sous-Parthenay.
FRICAUDIÈRE (LA), vill. cne de la Charrière.
FRICONNIÈRE (LA), f. cne de Pougné-Hérisson.
FRICONNIÈRE (LA), vill. cne de St-Vincent-de-la-Châtre. — *La Friconnière*, 1678 (arch. V. Nouail. l. 38).
FRICTIÈRE (LA), vill. cne de Vasles.
FRINTIS (LE), h. cne de Vasles. — *Le Fretis* (Cass.).
FRIZONNIÈRE (LA), f. cne de St-Aubin-le-Clou. — *La Frésonnère*, 1400 (arch. Bret.-Chal.). — *La Fraizonnière*, relev. de Châteauneuf-en-Gâtine, 1492 (reg. d'av. de Chât.). — *La Frezonnière*, 1521 (arch. du Font.). — *La Frizonnière*, 1632 (pap. Sauv.).
FROGERIE (LA), f. cne de la Chapelle-Largeau. — *La Frogerie*, 1330 (arch. V. H. 3, 723).
FROGERIE (LA GRANDE ET PETITE), f. cne de St-Clémentin. — *La Petite Frogerie*, appartenant au prieuré de St-Clémentin, 1572 (arch. chât. Dorides).
FROID-FONDS, h. cne du Beugnon. — *Frigida Fontana*, XIIe siècle (cart. l'Absie, ap. Dupuy, 828).
FROID-FONDS, f. cne de Verruye. — *Froidefont*, donné à la commanderie de St-Remi, 1216 (arch. V. inv. St-Remi, 1692, reg. 573). — *Fredeffons*, 1434 (id. H. 3, 876). — *Fretefond* (Cass.).
FROLLIÈRE (LA), f. cne de Vouhé. — *La Ferrolyère*, 1566 (not. St-Maix.).
FROMAGERIE (LA), cne de Secondigny, relev. de la baronnie de Secondigny, 1402 (arch. V.).
FROMENTEAU, f. cne des Échaubrognes.
FROMENTINIÈRE (LA), mon. cne de Clazay.
FRONDEBEUF (FIEF DE), cne de la Chapelle-Bâton, relev. de la châtellenie de Faye, 1411 (arch. V. Es. 409).
FRONTEAU, vill. cne de Bouillé-St-Paul.
FRONTENAY-ROHAN-ROHAN, arrt de Niort. — *Villa Frontaniacus in vicaria Basiacinse in pago Alienense*, 936 (cart. St-Cypr. 325). — *Fronteniacum*, 1111 (arch. hist. Saint. X). — *Sanctus Petrus de Fronteniaco*, 1119 (Font. XXI, 594). — *Frontenai*, 1195 (id.). — *Fruntenay*, 1212 (rot. litt. pat. I, 92). — *Fronteraium*, 1242 (quer. rec. in Pict. Xanct. dioc.). — *Fronteneium*, 1242 (lay. tr. ch. II, 476). — *Frontenetum*, 1243 (compt. d'Alph. Poit.). — *Frontigniacum*, v. 1250 (enq. d'Alph. Poit.). — *Frotenajacum*, 1260 (homm.

DÉPARTEMENT DES DEUX-SÈVRES.

d'Alph. Poit.). — *Castrum de Frontanayo*, 1298 (cart. Châtell.). — *Frontenay*, 1324 (id.). — *Frontenaium-l'Abatu*, 1340 (Font. V, 507). — *Frontenay-Labhatu*, 1362 (arch. V. Feuill. 1. 63). — *Fontenetum l'Abattu*, 1402 (panc. de Rochech.). — *Frontenai-Labattu*, 1546 (arch. V. Mont. l. 95). — *Rohan-Rohan* (Cass.).

La châtellenie de Frontenay, qui faisait partie de la sénéchaussée de Saintonge, fut érigée en duché-pairie, sous le nom de Rohan-Rohan, en 1714, en faveur d'Hercule Mériadec de Rohan. — Frontenay dépendait de l'archiprêtré de Mauzé, diocèse de Saintes, et de l'élection de St-Jean-d'Angély, généralité de la Rochelle (état de la gén. la Roch. 1698). La cure était à la nomination de l'abbé de Nouaillé. Les appels de la juridiction de Frontenay étaient du ressort du parlement de Bordeaux (aff. Poit. 1775, p. 78).

En 1790, Frontenay ou Rohan-Rohan fut attribué au canton de Prahecq. En l'an VIII, il fut érigé en canton avec les communes d'Amuré, Épanne, Sansais, St-Symphorien, Vallans et le Vanneau. On lui adjoignit en outre celles d'Arçais et Bessines, du canton de Magné supprimé.

Fronton, vill. c^{ne} de la Chapelle-Bâton. — *Fruntun*, 1107 (cart. St-Maix. I, 247). — *Frontum*, XIIe siècle (id. II, 6). — *Fronton*, 1411 (arch. V. E^s. 403). — *Le Fronton* (Cass.).

Froterie (La), f. c^{ne} de Pougne-Hérisson. — *La Froterie*, 1407 (arch. Barre, II, 148).

Frottière (La), f. c^{ne} d'Azay-sur-Thoué, 1728 (arch. D.-S. H. 46).

Frouardière (La), f. c^{ne} de la Ferrière, 1560 (arch. V. seign. div. 32).

Frougellière (La), l. disp. c^{ne} de Chiché, relev. de la Mothe de Coupoux, 1508 (arch. St-Loup).

Fruchebois. — *Frucheboys*, l. disp. c^{ne} d'Exireuil, 1278 (arch. V. Fontaine-le-C. l. 22).

Frucherie (La), f. c^{ne} d'Aubigny.

Frusson, f. c^{ne} de St-Clémentin. — *Moulin de Frusson*, 1402 (arch. chât. Dorides).

Frutis (Le), f. c^{ne} de Rouvre.

Fuan (Le), f. c^{ne} d'Azay-sur-Thoué. — *Le Féan*, 1594 (arch. Barre, I). — *Le Fuent* (Cass.).

Fuant (Le), vill. c^{ne} de Beaulieu-sous-Parthenay. — *Le Féan*, 1450 (ma coll.). — *Fayen*, 1502 (arch. Barre, II, 271). — *Le Fuan* (Cass.). Relev. de la Meilleraye.

Fumaille, mⁱⁿ. c^{ne} de la Pérate. Moulin de Fumaille, du prieuré de la Pérate, 1582 (not. Parth.).

Fumé, c^{ne} de Terves. — *Moulin de Fumé*, 1365 (arch. St-Loup).

Fungaudière (La), h. c^{ne} de Soudan.

Furgerie (La), f. c^{ne} de Secondigny. Relev. du comté de Secondigny, 1768 (arch. Barre, II, 237).

Fuselière (La), f. c^{ne} du Pin. — *La Fussillière* (Cass.).

Futaye-Picot (La), h. c^{ne} de Faye-sur-Ardin.

Fuye (La), f. c^{ne} de Boussais.

Fuye (La), loc. disp. c^{ne} de Brieux, 1593 (arch. V. E. 3, l. 4).

Fuye (La), h. c^{ne} de Cherveux.

Fuye (La), f. c^{ne} de la Coudre.

Fuye (La), éc., c^{ne} de Cours.

Fuye (La), f. c^{ne} de Fressine.

Fuye (La), vill. c^{ne} de Lezay.

Fuye (La), h. c^{ne} de Mauzé-Thouarsais.

Fuye (La), h. c^{ne} de Nanteuil. — *Moulin de la Fuye*, 1540 (not. St-Maix.).

Fuye (La), f. c^{ne} de St-Gelais.

Fuye (La), h. c^{ne} de St-Génard.

Fuye (La), f. c^{ne} de St-Martin-de-St-Maixent.

Fuye (La), m^{on}. noble au bourg de St-Pompain, 1641 (arch. V. seign. div. 32).

Fuye (La), f. c^{ne} de Verruye. Relev. de Pressigny-en-Gâtine, 1600 (arch. V. E^s. 415).

Fuye-d'Asnières (La), f. c^{ne} de St-Georges-de-Noisné.

Fuye-de-Vezançais (La), f. c^{ne} de Brioux. — *La Fuye* (Cass.).

Fuye-du-Verger (La), f. c^{ne} de Voultegon.

Fuyère (La), f. c^{ne} de Cours.

Fuzelière (La), f. c^{ne} de Cirière. — *La Fizellière*, relev. de Bressuire, 1602 (arch. St-Loup).

G

Gabard, anc. mⁱⁿ. et anc. étang, c^{ne} de Bressuire. — *Molendinum de Jabarre*, 1259 (cart. Fontevr. I, 97).

Gabard, h. c^{ne} de Nueil-sous-les-Aubiers.

Gabaret, vill. c^{ne} de Périgné.

Gabarres (Les), f. c^{ne} de Pougne-Hérisson.

Gabauge (La), vill. c^{ne} de Courlay.

Gabauge (La), h. c^{ne} de St-Maixent-de-Beugné.

GABOREAU (LE), vill. c^ne de Chey.
GABOREAUX (LES), f. c^ne d'Asnières, 1665. Anc. fief relev. de la Méchinière (arch. D.-S. E. 378).
GABORETRIE (LA), h. c^ne de Belleville.
GACELIÈRE (LA), f. c^ne de St-Maxire.
GACHABOT, f. c^ne d'Adilly.
GÂCHE (LA), disp. c^ne de Cirière. — *La Gasche in parrochia beatæ Radegundis de Sireres*, 1250 (Dupuy, 80?). Relev. de Cirière, 1602 (arch. St-Loup).
GACHÈRE (LA), vill. c^ne de St-Pierre-à-Champ.
GACHÈRE (LA), f. c^ne de Secondigny.
GACHERIE (LA), f. c^ne de Vernou-en-Gâtine. — *La Gascherie*, v. 1150 (cart. l'Absie).
GACHET, m^in. et h. c^ne de la Chapelle-Thireuil. — *Gaschet*, 1171 (cart. l'Absie). Relev. de Bois-Chapeleau, 1631 (arch. Bois-Chap.). — *Gaschept*, 1670 (arch. V. Béceleuf, 7).
GACHET, m^in. c^ne de St-Léger-lez-Melle.
GACHETIÈRE (LA), vill. c^ne de Fontperron. — *La Gaschetère*, 1460 (arch. Barre, 1). — *La Gachetière*, 1570 (not. St-Maix.).
GACHETTERIE (LA), h. c^ne de Prahecq.
GACHIGNARD (LE), vill. c^ne de Courlay. — *Gaschaignart*, 1130, relev. de la seign. de St-Marsault (arch. St-Loup). — *Le Gauchignard* (Cass.).
GACLUSEAU (LE), f. c^ne de Noireterre. — *Gascluzeau* (Cass.).
GACOILLÈRE (LA). — *La Gascoillère*, paroisse de Thénezay, relev. de la Rochefaton, 1378 (la Gât. hist. et monum. 389).
GACONNIÈRE (LA), vill. et chât. c^ne d'Ardin. — *Gasconeria*, XIIe siècle (cart. l'Absie, ap. Dupuy, 828). — *La Gasconnière*, relev. du Petit-Château de Vouvent, 1369 (la Gâconnière par L. Desaivre, bull. soc. stat. D.-S. 1887). — *La Gasconnière*, 1481 (Font. VIII, 223).
GACONNIÈRE (LA), vill. c^ne de Champdeniers.
GACONNIÈRE (LA), f. c^ne d'Exireuil.
GACONNIÈRE (LA), vill. c^ne de St-Jouin-de-Milly. — *La Gascougnière*. 1556 (reg. insin. Thouars).
GACOUGNOLLE, h. c^ne d'Aigonnay. — *Gascoignolle*, relev. de Melle, 1365 (Gr.-Gauthier. des bénéf.).
GACOUGNOLLE, vill. et chât. c^ne de Vouillé. — *Gasconolie*. v. 1080 (cart. St-Maix. 179). — *Gasconille*, 1121 (id. 300). — *Gascoignole*, 1260 (homm. d'Alph. Poit.). — *Gascougnoille*, 1692; *Guacougnolle*, 1753 (arch. D.-S. E. 746, 615). — *Chapelle St-Jacques de Gascougnolles*. 1782 (pouillé).
GACOUGNOLLIÈRES (LES), vill. c^ne de St-Georges-de-Noisné. — *La Gascougnollère*, 1574, 1644 (not. St-Maix.).
GAGEMON, chât. et f. c^ne de St-Martin-lez-Melle. — *Gagemont*, relev. de Melle, 1404 (gr.-Gauthier,

des bénéf.). — *Gagemon*, 1611 (arch. V. Ste-Marth. l. 112).
GAGNERIE (LA), f. c^ne de la Chapelle-St-Étienne. — *La Garnerie*,1272 (arch. hôp. Part.).— *La Gasnerie*, 1272 (arch. D.-S.). — *La Vieille Gaignerie*, en la châtellenie de Chantemerle, 1424 (arch. V. E. 2, 189).
GAGNERIE (LA), f. c^ne de Mazières-en-Gâtine.
GAGNERIE (LA), f. c^ne de la Mothe-St-Héraye, 1721 (arch. D.-S. E. 39).
GAGNERIE (LA), éc. c^ne de Nanteuil.
GAGNERIE (LA), f. c^ne de St-Maurice-la-Fougereuse.
GAGNERIE (LA), f. c^ne de Vernou-en-Gâtine.
GAILLARD, m^in. c^ne de la Boissière-en-Gâtine.
GAILLARD, m^in. c^ne de Fenioux.
GAILLARD, chât. c^ne de Gript.
GAILLARD, f. c^ne de la Pérate. — *Chasteau Gaillard*, 1642 (arch. V. H. 3). Relev. de Parthenay, 1459 (la Gât. hist. et mon.)
GAILLARD (LE), f. c^ne de Thorigné.
GAILLARDERIE (LA), h. c^ne de Juillé. — *La Gaillardrie*, relev. de Chef-Boutonne, 1667 (dén. 1667).
GAILLARDERIE (LA), f. c^ne de St-Florent.
GAILLARDIE (LA), m^in. au bourg de Courlay, 1617 (arch. D.-S. E. 867).
GAILLARDIÈRE (LA), vill. c^ne de St-Vincent-de-la-Châtre.
GAILLERIE (LA), f. c^ne de Cirière.
GAILLOCHONNIÈRE (LA), vill. c^ne des Alleuds. — *La Gallochonnière* (pap. terr. des All. ap. bull. soc. stat. 1884).
GAINERIE (LA), f. c^ne des Aubiers. — *La Garnerie* (Cass.).
GAINERIE (LA), f. c^ne de Niort.
GAINIÈRE (LA), f. c^ne de la Chapelle-Largeau.
GAISSELIÈRE (LA), vill. c^ne de Pouffond.
GAIZERIE (LA), f. c^ne de St-Porchaire.
GALAIZERIE (LA), h. c^ne de Ste-Gemme.
GALANDIÈRES (LES GRANDES ET PETITES), c^ne de Neuvy-Bouin. — *La Galande*, 1292 (arch. hist. Poit. XX, 265). — *La Gallandière*, 1676 (arch. V. E. 2, 251 bis). — *La Galandelière* (Cass.).
GALANGERIE (LA), f. c^ne de Champdeniers.
GALARDIÈRE (LA), vill. c^ne de Combrand.
GALARDIÈRE (LA), f. c^ne de St-André-sur-Sèvre.
GALARDON, f. c^ne de St-Symphorien.
GALARDON, vill. c^ne de Vernou-sur-Boutonne. — *Gallardon*, relev. du prieuré de Secondigné, 1499 (arch. V. Trin. l. 95).
GALE (LA , f. c^ne de Thénezay.
GALEBRENIÈRE (LA), vill. c^ne de Boismé, relev. de Bressuire, 1389 (arch. St-Loup). Lieu disp.
GALEURE, vill. c^ne de Sauzé-Vaussais.

GALFRED (PONT DE), sur la Guirande, cⁿᵉ de Bessines.

GALICHÉE (LA), paroisse de Secondigny, relev. de Puychenin-en-Gâtine, 1501 (la Gât. hist. et mon. 374). — *La Galucherie.*

GALINIÈRE (LA), h. cⁿᵉ de Fressine.

GALINIÈRE (LA), f. cⁿᵉ de Rorthais.

GALLEMETTRIE (LA), cⁿᵉ de Béceleuf. — *La Gallemiterie*, 1602; anc. seign. (arch. V. Beauregard, 26).

GALLERIE (LA), h. cⁿᵉ de Boismé.

GALLERIE (LA), f. cⁿᵉ de Moutiers.

GALLETIERS (LES), h. cⁿᵉ de Mauzé-Thouarsais, 1551 (arch. V. Brosse-Guilgault, 8).

GALLETRIE (LA), f. cⁿᵉ des Aubiers. — *La Galterie* (Cass.).

GALLIÈRE (LA), vill. cⁿᵉ des Aubiers. — *La Gallière*, xvᵉ siècle (reg. r. Templ. Maul.). — *La Gallière*, 1551 (arch. V. Brosse-Guilgault, 8).

GALLUCHERIE (LA), f. cⁿᵉ de Séligné.

GAMON, vill. cⁿᵉ de Mauzé-Thouarsais, 1578 (arch. V. Brosse-Guilgault, 1).

GAND, cⁿᵉˢ de St-Martin et de Souvigné; anc. fief relev. de l'abbaye de St-Maixent, 1728 (arch. D.-S. H. 104).

GANDERMIÈRE (LA), f. cⁿᵉ de Fenioux. — *La Gondremière* (Cass.).

GANDINIÈRE (LA), étang, cⁿᵉ de la Pérate.

GANDOUETTES (LES), f. cⁿᵉ de Sansais.

GANNERIE (LA), vill. cⁿᵉ de la Chapelle-Gaudin. — *La Garnerie*, relev. de Cruhé, 1418, 1440 (arch. St-Loup). — *La Gusnerie*, 1672 (pap. Blact.). — *La Grande et Petite Garnerie* (Cass.).

GAPÉRY, f. cⁿᵉ de Noireterre (cad.).

GAPINIER, f. cⁿᵉ de la Chapelle-Gaudin. — *Gapintier*, 1660 (arch. V. Brosse-Guilgault, 15).

GAPTIÈRE (LA), h. cⁿᵉ de Luzay. — *La Gaspetière*, 1627 (arch. V. St-Hil. 1. 875).

GARANDELIÈRE (LA), h. cⁿᵉ de Clavé. — *La Garendelière*, 1452 (arch. Barre, 11, 166). — *La Garendellère*, 1553 (not. St-Maix.).

GARANDELIÈRE (LA), f. cⁿᵉ de St-Georges-de-Noisné. — *La Garendelière*, relev. d'Asnières (Saivre), 1659 (arch. V. Eˢ. 400).

GARDE (LA), f. et bois, cⁿᵉ d'Allonne. — *Nemus Simonis de Garda*, 1286 (arch. V. Fontaine-le-C. 1. 30). — *La Garde*, 1609 (arch. V. seign. div.).

GARDE (LA), f. cⁿᵉ de Beaulieu-sous-Parthenay.

GARDE (LA), vill. cⁿᵉˢ de Brieuil et de Secondigné-sur-Chizé. — *Petrus de Custodia de la Garda*, v. 1087 (cart. St-Jean-d'Ang. ap. Font. LXIII, p. 195). — *La Garde*, paroisse St-Hilaire de Ligné (aujourd'hui en Secondigné), en la châtellenie de Chizé, 1565 (arch. V. Trin. l. 100).

GARDE (LA), f. cⁿᵉ de la Chapelle-St-Laurent. — *Guillelmus de Garda*, 1281 (cart. Bourgueil).

GARDE (LA), f. cⁿᵉ d'Exireuil. — *Tetbaudus de Garda*, 1105 (cart. St-Maix. 310).

GARDE (LA), f. cⁿᵉ du Pin.

GARDE (LA), vill. cⁿᵉ de Romans. — *La Garde*, 1443 (cart. St-Maix. II, 146).

GARDE (LA), f. cⁿᵉ de St-Aubin-du-Plain.

GARDE (HAUTE ET BASSE), sise au village de Douron, paroisse de St-Jouin-de-Marnes, 1646 (arch. V. Eˢ. 372).

GARDE (LA), h. cⁿᵉ de St-Pardoux.

GARDE (LA), ou la *Pellotte Celer*, l.-d. cⁿᵉ de Sepvret, 1532 (arch. D.-S. E. 388).

GARDE (LA), f. cⁿᵉ de Vausseroux. — *Puy de la Guarde*, 1362 (arch. V. Stᵉ-Cr. l. 44). — *La Garde*, 1468 (id. E. 1, 10).

GARDE (LA), f. cⁿᵉ de Vautebis.

GARDES (LES), l.-d. cⁿᵉ de Boussais.

GARDOIR (LE), f. cⁿᵉ de St-Mard-la-Lande.

GARENDONNIÈRE (LA), au fief de Flesme, paroisse de Chiché, relev. de la Mothe de Coupoux, 1508 (arch. St-Loup).

GARENNE (LA), vill. cⁿᵉ d'Arçais.

GARENNE (LA), h. cⁿᵉ de Caunay.

GARENNE (LA), chât. cⁿᵉ de Cersay.

GARENNE (LA), f. cⁿᵉ de Clussais.

GARENNE (LA), cⁿᵉ de Coulonges-Thouarsais; anc. fief rel. de Belleville-en-Thouarsais, 1406; de la Brosse-Guilgault, 1610 (arch. V. Brosse-Guilgault, 15, 40).

GARENNE (LA), logis, cⁿᵉ de Fontenille.

GARENNE (LA), h. cⁿᵉ de Maisonnais.

GARENNE (LA), f. cⁿᵉ de Pugny.

GARENNE (LA), vill. cⁿᵉ de St-Romans-lez-Melle.

GARENNE (LA), f. cⁿᵉ de Sanzay.

GARENNE (LA), h. cⁿᵉ de Taizé. — *La Garenne*, relev. de Moncontour, 1409 (av. de Guill. de Craon, ap. mém. ant. ouest, 2ᵉ sér. IV).

GARENNE-AUBERT (LA), h. cⁿᵉ de Clussais.

GARENNES (LES), éc. cⁿᵉ de Moulins.

GARENNERIE (LA), h. cⁿᵉ de Séligné.

GARENNERIE (LA), vill. cⁿᵉ de Souvigné. — *La Guernerye*, 1541. — *La Gareynerie*, 1551 (not. St-Maix.).

GARENNIÈRE (LA), cⁿᵉ de Bretignolle, 1351 (arch. hist. Poit. XVII).

GARETTE (LA), vill. cⁿᵉ de Sansais.

GARGOTRIE (LA), vill. cⁿᵉ de St-Vincent-de-la-Châtre.

GARINÈRES (LES), f. cⁿᵉ de Terves, 1494 (arch. V. Brosse-Guilgault, 1).

GARLIÈRE (LA), f. cne de la Chapelle-Bertrand.
GARMENTIER, f. cne de Souvigné. — *Silvula quæ vocatur Garmenturius*, 1088 (cart. St-Maix. 203). — *Garmenter*, 1522. — *Garmentyer*, 1584 (not. St-Maix.).
GARNAUDÈRE (LA), contiguë à la forêt de Secondigny, 1194 (arch. V. Fontaine-le-C.).
GARNAUDERIE (LA), vill. cne de St-Génard.
GARNAUDIÈRE (LA), vill. cne de Combrand.
GARNAUDIÈRE-LESTONS (LA), cne de Moutiers, 1555 (reg. insin. Thouars). — *La Garnaudière*, 1713 (arch. V. H. 3, 812).
GARNAUDIÈRE (LA), vill. cne de Pouffond.
GARNAUDIÈRE (LA), h. cne de St-Génard.
GARNAUDIÈRE (LA), f. cne de Vasles. — *La Garnaudière*, relev. de l'abbaye des Châtelliers, 1399 (cart. Châtell.). — *La Grenaudière*, 1435 (arch. V. Ste Cr. l. 45).
GARNERIE (LA), h. cne de la Boissière-en-Gâtine.
GARNERIE (LA), f. cne de Largeasse.
GARNERIE (LA), f. cne de Ménigoute. — *La Garnerie*, relev. de la Barre-Pouvreau, 1369-1446 (arch. Barre, II).
GARNERIE (LA), vill. cne de St-André-sur-Sèvre.
GARNERIE (LA), cne de Sauzé-Vaussais, relev. de Civray, 1498-1775 (arch. V. C. 2, 149).
GARNERIES (GRANDES ET PETITES), f. cne de Brelou.
GARNIER (LE), vill. cne de Pressigny.
GARNIÈRE (LA), h. cne des Échaubrognes. — *La Garinère*, xve siècle (reg. r. Templ. Maul.).
GARNIÈRE (LA), h. cne du Puy-St-Bonnet.
GARNIÈRE (LA), f. cne de St-Maurice-la-Fougereuse.
GARONNIÈRE (LA), h. cne de Brûlain. — *La Guaronnère*, relev. du Grand-Viron, 1621 (av. de la Mothe, 1621). — *La Gargnounière*, 1703 (arch. D.-S. E. 1185).
GAROCHET (LE), h. cne de Celles.
GARONNIÈRE (LA), f. et mlin. cne de Secondigny. — *La Garonnière*, relev. de la baronnie de Secondigny, 1403-1728 (ms. 141, bibl Poit.).
GARONNIÈRE (LA), cne de Secondigné-sur-Chizé. — *La Garongnières, la Garognière, la Gareron gnière*, xiiie siècle (censif de Chizé).
GAROTIÈRE (LA), vill. cne de Largeasse. — *La Garotère*, relev. de Bressuire, 1386 (arch. St-Loup).
GARREAS (LES), cne des Aubiers, 1351 (arch. hist. Poit. XVII, 78).
GARRELIÈRE (LA), f. cne de Beaulieu-sous-Bressuire. — *La Garrelère*, 1363 (arch. St-Loup). — *La Garrelière*, relev. de la Vergnaye unie à la baronnie d'Argenton, 1603 (arch V. Es. 338).
GARRELIÈRE (LA), f. cne de la Boissière-en-Gâtine.
GARRELIÈRE (LA), f. cne de Neuvy Bouin. — *La Garrelère*, 1447, 1457, relev. de Hérisson (arch. V. pap. Droch.)
GARRELIÈRE (LA), f. cne de Pompaire.
GARRELIÈRE (LA), f. cne de St-Germain-de-Longue-Chaume. — *La Garrelère*, 1295 (arch. Vernay). — *La Garellère*, 1404 (arch. Moiré). Relev. d'Airvault (hist. d'Airv. par B.-Filleau).
GARSAIS, f. et mln. cne de Chanteloup. — *Garsay*, 1399 (arch. St-Loup). — *Garçay* (Cass.).
GARSANDIÈRE (LA), f. cne de Nueil-sous-les-Aubiers. — *La Petite Garsandère*, xve siècle (reg. r. Templ. Maul.). — *La Goursaudière*, 1596 ; *La Garsaudière*, 1599 (arch. V. les Linaux).
GARSAUDIÈRE (LA), f. cne de Moutiers.
GARSUSIÈRE (LA), h. cne de Boesse.
GARZELLE (LA), vill. cne de Verrines-sous-Celles.
GAS (LE), f. cne de la Boissière-en-Gâtine. — *Les Cras* (Cass.).
GAS (LE), h. cne de Chanteloup.
GAS (LE), f. cne de la Chapelle-Gaudin. — *Le Gast Guerry*, 1557 (reg. insin. Thouars). — *Le Petit-Ga*, 1672 (arch. V. Brosse-Guilgault, 15).
GAS (LE), f. cne de Coutières.
GAS (LE), f. cne des Groseillers.
GAS (LE), f. cne de Mazières-en-Gâtine. — *Le Gast* (Cass.).
GAS (LE), f. cne de Neuvy-Bouin. — *Les Gastz de Bouin*, relev. de Châteauneuf-en-Gâtine, 1491 (reg. d'av. de Chât.). — *Les Gast* (Cass.).
GAS (LE), f. cne de Pugny. — *Le Gast* (Cass.).
GASNERIE (LA PETITE), cne de St-Maxire, 1609 (Font. XX, 423).
GAT (LE), f. cne de Fenioux. — *Le Gast*, relev. de la Braudière (état duch. la Meill. 1755). — *Le Gas*, 1641 (arch. V. seign. div.).
GAT (LE), f. cne de Boismé. — *Le Gasts*, 1385, 1389 ; *moulin du Gasts*, 1437 (arch. St-Loup). Relev. de Bressuire (id.).
GAT (LE), h. cne de Bretignolle. — *Terra de Veter Gasto*, 1300 (arch. Durbell.). — *Le Gast*, 1300 (Font. VIII, 39). — *La Pelleterie*, autrement le *Gastz*, relev. de la Garrelière, 1561 (arch. V. Es. 344).
GAT (LE), vill. cne de la Forêt-sur-Sèvre.
GAT (GRAND ET PETIT), f. cne de Moutiers.
GAT (LE), h. cne de St-Laurs. — *Le Gast* (Cass.).
GAT (LE). — *Le Gas*, paroisse de Terves, relev. de Beaurepaire, 1432 (arch. St-Loup).
GATAUDIÈRE (LA), vill. cne d'Ardin. — *La Gastaudière*, 1694 (arch. V. Pouzay, 2). — *La Gataudière* (Cass.).
GAT-BRUNET (LE), f. cne du Puy-St-Bonnet. — *Le Gast Brunette* (Cass.).
GATS (LES), vill. cne d'Allonne. — *Le Guas*, 1361 (arch. V. Fontaine-le-C.).

DÉPARTEMENT DES DEUX-SÈVRES.

Gâts (Les), h. c^{ne} des Échaubrognes. — *Les Gaz-Arnaud*, 1351 (dict. fam. Poit. II, 71).

Gâts (Les), h. c^{ne} d'Exireuil. — *Les Gas*, 1354 (arch.V. Fontaine-le-C. l. 22). — *Les Gats Charbonnier* (cad.). — *Les Gastz*, 1522 (not. St-Maix.).

Gâts (Les), f. c^{ne} de Loublande. — *Le Gast* (Cass.).

Gâts (Les), h. c^{ne} de Vautebis. — *Guasta Sazinie*, 1226. — *Les Gast de Malespine*, 1439 (cart. Châtell.).

Gâts (Les), h. c^{ne} de Viennay.

Gâts-Bodart (Les), près le chemin Vernollois et les Caquinières, c^{ne} de St-Aubin-le-Clou, relev. de Châteauneuf-en-Gâtine; 1497 (reg. d'av. de Chât.).

Gâts-Mariaux (Les), c^{ne} de Louin, relev. de la châtellenie de Cremilles, 1462 (arch. Vernay).

Gâtebourse, f. c^{ne} d'Ardin. — *Gastebourse*, 1694 (arch. V. Pouzay, 2).

Gâtebourse, f. c^{ne} de Boesse.

Gâtebourse, f. c^{ne} de Vasles. — *Gastebourse*, 1577 (arch. V. S^{te}-Cr. l. 48).

Gâtevin, l.-d. c^{ne} de Béceleuf, 1612 (arch. V. Beauregard, 25).

Gâtevinière (La), h. c^{ne} d'Argenton-l'Église. — *La Gastennère*, 1303. — *La Gastebinère*, 1377. — *La Gastevinière*, 1483 (arch. V. H. 3, 804, 807, 808). — *La Gattinière* (Cass.).

Gâtière (La Grande et Petite), f. et chât. c^{ne} de Breuil-Chaussée. — *La Gastière*, 1420 (arch. St-Loup). — *La Gastière aux chats*, relev. de Cirière, 1602 (id.).

Gâtières (Les), f. c^{ne} des Aubiers. — *La Gatière*, 1351 (arch. hist. Poit. XVII).

Gâtine (La), ancienne circonscription géographique embrassant les cantons modernes de Thénezay, Parthenay, Secondigny, Champdeniers, Mazières, et une partie de ceux de St-Loup, Moncoutant, Coulonges et Ménigoute. — *Gastinenses*, 1037 (chron. St-Maix.). — *Gastinia*, 1145 (cart. St-Maix. I, 351). — *Territorium Gastine*, XIIe siècle (cart. l'Absie). — *Vastina*, 1267 (Font. I, 391). — *Guastine*, 1327 (arch. hist. Poit. XI). — *Gastine*, 1482, 1689 (cart. St-Maix. II).

Gâtine (La), vill. c^{ne} de Bouin.

Gâtine, vill. c^{ne} de Chambroutet. — *Gatines*, 1375 (pap. Blactot). — *Gâtine*, relev. de Vaurenard, 1608 (arch. V. E^s. 352). — *La Gastine* (Cass.).

Gâtine (Le Fief de), assis à la Chapelle-Bâton où est située l'église paroissiale, ainsi que le prieuré, le quaireux, le cimetière, lequel fief relevait de Champdeniers et dépendait du bailliage de Gâtine, 1512 (arch. V. E^s. 409).

Gâtine (La Petite), éc. c^{ne} de Faye-l'Abbesse.

Gâtine, h. c^{ne} de Fenioux. — *Gastine* (Cass.).

Gâtine, h. mⁱⁿ. et pont sur le Mignonet, c^{ne} de Pierrefitte. — *Gastina*, XIIe siècle (cart. l'Absie, ap. Dupuy, 822. ch. de Geoff. de Thouars). — *Guastina*, 1110, 1120 (cart. St-Laon Thouars).

Gâtine, vill. c^{ne} de St-Clémentin.

Gâtineau, f. c^{ne} de Largeasse. — *Gastinea*, 1402, 1421, relev. de Bressuire (arch. St-Loup). — *Gastinau* (Cass.).

Gatinerie (La), f. c^{ne} de Coulon.

Gatinière (La), f. c^{ne} de Vasles.

Gatouillère (La), f. c^{ne} de St-Lin. — *La Gastouillère*, 1566 (not. St-Maix.).

Gauberdière (La), f. c^{ne} de la Chapelle-Largeau. — *La Gaubardière* (Cass.).

Gaubretière (La), vill. c^{ne} de Priaires.

Gaubretière (La), f. c^{ne} de Coulonges-Thouarsais, 1496 (arch. V. Brosse-Guilgault, 7).

Gaucherie (La), f. c^{ne} de Coulonges-Thouarsais. — *La Gaucherie*, 1450 (cart. St-Laon Thouars). — *La Gaucherye*, 1520 ; *la Gaulcherie*, 1523 ; *la Gauschière*, 1627 ; *la Gocherie*, 1660 (arch. V. Brosse-Guilgault, 1, 8, 25, 34).

Gaucherie (La), h. c^{ne} de Prailles.

Gaucherie (La), f. c^{ne} de St-Maurice-la-Fougereuse.

Gaud (Le), h. c^{ne} de Montalembert.

Gaude (La), f. c^{ne} de Boesse.

Gauderandière (La), f. c^{ne} de St-Amand. — *La Godrandière* (Cass.).

Gauderie (La), f. c^{ne} de Clazay. — *La Godrie*, 1556 (reg. insin. Thouars). — *La Goderie*, 1621 (arch. V. St-Cypr. l. 47).

Gauderie (La), m^{on}. au bourg de Souvigné, 1551. — *La Gaulderye*, 1605 (arch. D.-S. E. 43).

Gaudière (La), f. c^{ne} de Clazay. — *La Godère*, 1621 (arch. V. St-Cypr. l. 47).

Gaudières (Les), c^{ne} de Ste-Verge ; anc. fief relev. de St-Laon de Thouars, 1786 (arch. D.-S. H. 67).

Gaudinerie (La), f. c^{ne} de Pugny. — *La Godinière* (Cass.).

Gaudinière (La), f. c^{ne} des Aubiers. — *La Godinière*, 1351 (arch. hist. Poit. XVII). — *La Godinière dit Guinefolle*, XVe siècle (reg. r. Templ. Maul.).

Gaudinière (La), f. c^{ne} de Fenioux. Relev. de la Braudière (état duch. la Meill. 1775).

Gaudis, h. c^{ne} de St-Aubin-de-Baubigné.

Gaudoufré, m^{on}. c^{ne} de Sepvret.

Gaudrière (La), f. c^{ne} de St-Maurice-la-Fougereuse. — *La Gauderière* (Cass.).

GAUDROMIÈRE (LA), f. c^ne de Cerizay.
GAUDUCHEAU, m^in. c^ne de St-Aubin-de-Baubigné.
GAUDUCHÈRE (LÀ), f. c^ne de St-Aubin-de-Baubigné.
GAUFFRAIRE (LA), h. c^ne de Verruye. — *La Gauffrère*, 1377 (arch. V. E^s. 448). — *La Gauffraye*, 1443 (id. 415, 422). — *La Goffrère*, 1530 ; *la Gaufrère*, 1547 ; *la Goffrière*, 1574 (not. St-Maix.). — *La Gaufraire*, 1600, relev. de Pressigny-en-Gâtine (arch. V. E^s. 415).
GAULIÈRE (LA); h. c^ne de Verruye. — *La Golière* (Cass.).
GAUNIÈRE (LA), f. c^ne d'Allonne.
GAURE (LA), f. c^ne de la Pérate.
GAURY (LE), ruisseau, c^ne de St-Aubin-le-Clou. — *L'eau de Gourry*, 1492 (reg. d'av. Chât.).
GAUTELLERIE (LA), f. c^ne de Ménigoute, 1516 (arch. Barre, II).
GAUTELLIÈRE (LA), f. c^ne d'Allonne.
GAUTELLIÈRE (LA), f. c^ne de Pamplie. — *La Gautellère*, 1424 (arch. V E. 1, 9).
GAUTHERIE (LA), vill. c^ne de Lamairé.
GAUTHANDIÈRE (LA), h. c^ne de la Ferrière.
GAUTRÉ, f. et logis, c^ne de Vallans. — *Gautrail*, 1788 (arch. D.-S. B. 416). — *Gautret* (Cass.).
GAUTRÈCHE (LA), h. c^ne de Loublande. — *La Gautresche* (Cass.).
GAUTRELIÈRE (LA), f. c^ne de Secondigny. — *La Gautrillère* (Cass.).
GAUTRIE (LA), vill. c^ne de la Chapelle-Bertrand.
GAUTRONNIÈRE (LA), h. c^ne du Puy-St-Bonnet.
GAUVIN, h. et m^in. c^ne de la Mothe-St-Héraye.
GAUVINERIE (LA), f. c^ne de Séligné.
GAUVINIÈRE (LA), h. c^ne de Bouillé-Loretz.
GAVACHERIE (LA), vill. c^ne de St-Liguaire.
GAVERIS (LES), h. c^ne de St-Sauveur-de-Givre-en-Mai.
GAYOLE, h. c^ne de Niort.
GAYOLE (LE PETIT), h. c^ne de Ste-Pezenne.
GAZEAU (LE), chât. c^ne de Ste-Ouenne. — *Le Gazeau*, 1450 (Champdeniers par Desaivre). Relev. de la commanderie de St-Remi (arch. V. inv. de St-Remi, 1692, reg. 573).
GAZELIÈRE (LA), c^ne de la Chapelle-Bâton, 1412, 1482, relev. du Breuillac (arch. V. E^s. 402).
GAZELIÈRE (LA GRANDE ET PETITE), vill. c^ne de St-Marsault. — *Les Gazelières* (Cass.).
GAZON (LE), f. c^ne de Deyrançon.
GAZON (LE), éc. c^ne de Frontenay.
GEAY, c^ne de St-Varent. — *Stus Maxentius de Jahec*, 1121 (cart. St-Laon Thouars, ch. de G. év. Poit.). — *Jaec*, 1130 (cart. St-Laon Th.). — *Gec*, 1300 (gr.-Gauthier). — *Jae*, 1329 (arch. V. H. 3). — *Jahe*, 1330 (id.). — *Jaye*, 1400 (arch. St-Loup). — *Jayum*, 1499 (cart. St-Laon Th.). — *Gée*, 1504 (id.). — *Jey*, 1518 (arch. D.-S. E.1202). — *Jay*, 1540 (id.). — *Geais*, 1750 (cart. alph. Poit.).

Geay faisait partie du bailliage de Coulonges, ressort du siège de la vicomté de Thouars, et dépendait du doyenné de Bressuire, de la sénéchaussée de Poitiers et de l'élection de Thouars. La cure était à la nomination de l'abbé de la Trinité de Mauléon. Il y avait 57 feux en 1750.
GEAY (LE GRAND), vill. c^ne de Souvigné. — *Joec*, 1093 (cart. St-Maix., I. 245). — *Joye*, 1522 ; *Joy*, 1530 ; *Gey*, 1568 (not. St-Maix.). — *Grand Gey*, 1631 (id.).
GEAY (LE PETIT), vill. c^ne de Souvigné. — *Petit Gey*, 1564; *le Courtiou Moreau*, *autrement Petit Gey*, 1639 (not. St-Maix.).
GEFFARDIÈRE (LA), vill. c^ne des Moutiers-sous-Chantemerle. — *La Geffardière*, 1249 (dict. fam. Poit, II, 837). — *La Geffardière-Goulart*, 1470 (arch. V. St-Hil. l. 690). — *La Giffardière*, relev. partie de Pouzauges, partie de la Châtaigneraye et partie de Châteaumur, 1557 (reg. insin. Thouars).
GEINCHÈRES (LES), f. c^ne de Vernou-en-Gâtine.
GELINÈTE (GRAND ET PETIT FIEF DE), près de Vernay, c^ne d'Airvault, relev. de Vernay, 1432 (arch. Vernay).
GÉLINIÈRE (LA), h. c^ne de St-Pardoux. — *La Gelinère*,1298 (arch. V. Fontaine-le-C. l. 30).
GÉLINIÈRE (LA), vill. c^ne de Verruye. — *La Gelinère*, 1449, 1600, relev. de Pressigny-en-Gâtine (arch. V. E^s. 415).
GELOTERIE (LA), vill. c^ne de St-Laurs.
GELOUSIÈRE (LA), h. c^ne de la Chapelle-Largeau. — *La Gelouzère*, 1322 (arch. V. H. 3, 721). — *La Jellouzière*, 1673 (id. reg. terr. Templ. 527). — *La Geloussière* (Cass.).
GENAIS, h. c^ne de Chérigné. — *Genay* (pap. terr. des Alleuds, ap. bull. soc. stat. D.-S. 1884).
GENAIS (LA), f. c^ne de St-Maurice-la-Fougereuse. — *Agenais*, relev. de la Fougereuse, 1461 (doc. sur Commines par Fierville, 76). — *La Genais* (Cass.).
GENANCHÈRE (LA), f. c^ne de Pougne-Hérisson. — *La Jounanchère*, 1492 ; *la Jenanchère*, 1527, relev. de la seign. des Cinq-Masures (arch. Barre, I, II).
GENAUDIÈRE (LA), f. c^ne de Moncoutant. — *La Genaudère*, relev. de Puymarri, 1425 (arch. St Loup).
GENAUDIÈRE (LA), vill. c^ne de Secondigny.
GENAY, vill. c^ne d'Asnières. — *Genais* (Cass.).

GENDRIE (LA), h. c^{ne} de Souvigné.
GENDRIÈRE (LA), h. c^{ne} de St-Aubin-le-Clou. — *La Gendrère*, 1281 (arch. V.).
GENDRONNIÈRE (LA), f. c^{ne} de la Boissière-en-Gâtine, 1482 (arch. V. E^s. 403).
GENDRONNIÈRE (LA). — *La Gendrouère*, paroisse de Vausseroux, 1277 (cart. Châtell.). — *La Gendronère*, 1362, relev. de l'abbaye de Ste-Croix de Poitiers (arch. V. S^{te}-Cr. 1. 44). — *La Gendronnière*, relev. de la Barre, 1768 (arch. Barre, II, 128).
GÉNEBRIE, mⁱⁿ. c^{ne} de Mazières-sur-Béronne.
GÉNEBRIE, h. c^{ne} de Périgné.
GENELLERIE (LA), h. c^{ne} de St-Martin-lez-Melle. — *La Gelesnerie* (Cass.)
GÉNESTEAU, l.-d. c^{ne} de Thouars. — *Les Genetteaux*, 1658 ; *Genetteau*, 1698 (arch. V. Brosse-Guilgault, 29).
GENET (LE), f. c^{ne} d'Allonne. — *Augenez*, 1286 (arch. V. Fontaine-le-C. 1. 30).
GENÊT (LE), f. c^{ne} de la Boissière-en-Gâtine. — *Le Genest*, 1482 (arch. V. E^s. 403).
GENÊT (LE), h. c^{ne} de Ste-Blandine.
GENÊT (LE), f. et mⁱⁿ. c^{ne} de Sciecq.
GENÊT (LE), h. c^{ne} de Vitré. — *Genest* (Cass.).
GENÊTE (LA), f. c^{ne} de St-Christophe-sur-Roc. — *La Geneste* (Cass.).
GÉNETRIE (LA), f. c^{ne} de Cirière.
GENÈVE, vill. c^{nes} de Ste-Pezenne et de Niort.
GENIÈRE (LA), f. c^{ne} d'Amaillou.
GENIÈRE (HAUTE ET BASSE), h. c^{ne} de Moncoutant.
GENIÈRE (LA), mⁱⁿ. c^{ne} du Tallud.
GENNAIRE (LA), h. c^{ne} de St-Martin-de-Sanzay.
GENNETON, c^{on} d'Argenton-Château. — *Geneston*, 1300 (gr.-Gauthier). — *Geneton*, 1589 ; *Genelton*, 1606 (arch. V. H. 3, 813).— *St-Hilaire de Geneton* (pouillé 1782). — Faisait partie du bailliage du Bouchage, ressort du siège de la vicomté de Thouars, et dépendait de la châtellenie de la Fougereuse, du doyenné et de l'élection de Thouars (hist. de Thouars par Imbert), et de la sénéchaussée de Poitiers. Il y avait 153 feux en 1750 (cart. alph. Poit.).
GENNETON (LE BAS), h. c^{ne} de Genneton.
GENOUILLÉ (LA), chap. c^{ne} d'Azay-sur-Thoué. — *La Genouillé* (Cass.).
GENOUILLÉ (LE GRAND ET LE PETIT), vill. c^{ne} de Brieuil-sur-Chizé. — *Genollicum juxta Chisiacum ; Genolliacum*, XIIIe siècle (censif de Chizé). — *Genolhic*, 1300 (arch. V. S^{te}-Cr. 1. 92). — *Genoulhet*, 1403, relev. de Chizé (gr.-Gauthier, des bénéf.). — *Genolhet*, 1407 (arch. V. S^{te}-Cr. 1. 89). — *Genoilhé*, 1507 (Font. I, 170). — *La Mothe Genouillé*, 1585 (arch. V. S^{te}-Cr. 1.

89). — Seign. de la Mothe-Genouillé, paroisse de Brieuil-sur Chizé, ressort de Civray et élection de Niort, 1609 (Font. XX, 414).
GENTRAY, vill. c^{ne} de St-Martin-de-St-Maixent. — *Gentrai*, 1108-1134 (cart. St-Maix. 328). — *Gentray*, 1381 (arch. hist. Poit. XXI, 176). — *Jantray*, 1528 (not. St-Maix.). — *Maison à Gentray, au lieu dit la Pierre Mobille*, 1604 (id.).
GEOFFRET, vill. c^{ne} de St-Martin-de-St-Maixent.
GEORGEON, f. c^{ne} de Luzay. — *Gergeon*, 1506 (arch. V. St-Hil. I. 872).
GEORGETIÈRE (LA), f. c^{ne} d'Étusson.
GÉRARDIÈRE (LA), vill. c^{ne} des Aubiers.
GÉRAUDIÈRE (LA), éc. c^{ne} de St-Amand-sur-Sèvre.
GERBAUDIE f. c^{ne} de Cours. — *Gerbaudie* (Cass.).
GERBAUDIÈRE (LA), f. c^{ne} de Voultegon.
GERBAUDIÈRES (LES), vill. c^{ne} des Moutiers-sous-Chantemerle.
GERBAUDIÈRES (LES), vill. c^{ne} de St-Vincent-de-la-Châtre.
GERBERIE (LA), f. c^{ne} de St-Pardoux.
GERBERIE (LA), vill. c^{ne} de Thénezay. — *La Gerbière* (Cass.).
GÉRIS (GRAND ET PETIT), h. c^{ne} des Aubiers.— *Geré* (Cass.).
GERMAIN, chât. et mⁱⁿ. c^{ne} de St-Coutant,— *Germaen*, 1351 (arch. D.-S. E. 355). — *Germain* 1613 (arch. V. Ste-Marth. 1. 115). — *Château Germain* (Cass.).

Châtellenie et juridiction ressortissant par appel du marquisat de Laval-Lezay (mém. sur les just. seign. du Poit. par B.-Filleau).

GERMANDIÈRE (LA), f. c^{ne} de Secondigny. — *La Germondière*, 1351 (arch. V. Fontaine-le-C. l. 30).
GERMENIÈRE (LA), vill. c^{ne} de Chanteloup. — *La Germonère*, 1419 ; *la Germenère*, 1439, relev. de la seign. de Forges à Bressuire (arch. St-Loup). — *La Germenière*, 1558 (reg. insin. Thouars). — *La Germinière* (Cass.).
GERMON, vill. c^{ne} de St-Jouin-de-Marnes. — *S^{tus} Eparchius de Germundo*, 1113, dépendant de l'abbaye d'Airvault (Gall. christ. II, bull. de Pascal II). — *Germont*, 1330 (cart. St-Jouin). — *Bois de Germon*, v. 1400 (arch. V. S^{te} Cr. 1. 74).
GERMOND, c^{on} de Champdeniers. — *Germundum*, 1003 (cart. St-Cypr. 311, n.). — *Germon*, v. 1250 (enq. de Xaintr. ap. arch. D.-S.). — *Germont*, 1265 (cart. St-Maix. I, 94). — *Germunt*, 1268 (cart. Châtell.). — *Saint-Médard de Germond* (pouillé 1782).

Germond relevait de la seign. de St-Mard-la-Lande et pour une portion de Châteauneuf-en-Gâtine (bull. soc. stat. D.-S. 1886, p. 284 ; — arch. V. E. 1, 11). La cure était à la nomination de l'abbé de Celles. Germond faisait partie de la châtellenie de Béceleuf réunie à la baronnie de Parthenay, et dépendait de l'archiprêtré de St-Maixent, de la sénéchaussée de Poitiers et de l'élection de Niort La haute justice relevait de la châtellenie de Châteauneuf-en-Gâtine (mém. sur les just. du Poit. par B.-Filleau). Il y avait 120 feux en 1716, et 123 en 1750.

GERMONNIÈRES (FIEF DES), situé entre Riblères et Boucœur, relev. de Boucœur, 1474 (arch. V. Ste-Cr. l. 78).

GERSON, f. cne de la Chapelle-Bertrand.

GERSON, petite rivière qui prend sa source près de la Chapelle-Bertrand et se jette dans le Thoué au-dessous de Parthenay (stat. D.-S. par Dupin).

GERZELIÈRES (LES), vill. cne de Largeasse.

GÉTIÈRE (LA), f. cne de Clavé. — La Jaytière, 1421 (arch. V. Ea. 412).

GÉTIÈRE (LA), f. cne de la Forêt-sur-Sèvre. — La Gestière, relev. de la seign. de la Forêt, 1646 (arch. chât. For.).

GÉTIÈRE (LA), f. cne de St-Pardoux. — La Gestière, 1689 (pap. de la Barrière).

GÉTIVIÈRE (LA), l.-d. — La Gestivière, paroisse de St-Aubin-le-Clou, 1635, 1691 (arch. Barre, I, II).

GIBARDIÈRES (LES), f. cne de Châtillon-sur-Thoué.

GIBAUDIÈRE (LA), f. cne de Breuil-Chaussée. — La Gibaudère, 1420 (arch. St-Loup).

GIBAUDIÈRE (LA), f. cne de Chanteloup. — Langibaudère, 1436 ; la Gibaudère, 1438, relev. de Bressuire (arch. St-Loup).

GIBAUDIÈRE (LA), f. cne de Fontperron.

GIBAUDIÈRE (LA), h. cne de Lhoumois. — La Gybaudière, 1573 (ma coll.). — La Gibaudière, 1604 (arch. V. pap. Deniau).

GIBAUDIÈRE (LA), f. cne de Marnes.

GIBAUDIÈRE (LA), f. cne du Pin.

GIBAUDIÈRE (LA), f. cne de St-André-sur-Sèvre.

GIBAUDIÈRE (LA), f. cne de St-Aubin-de-Baubigné.

GIBERTIÈRE (LA), vill. cne de Cours. — La Gisbertière, 1526 (not. St-Maix.). — La Gibertière, 1577 (arch. hist. Poit. XX, 388).

GIBERTIÈRE (LA), f. cne de St-Aubin-le-Clou.

GIBERTIÈRE (LA), f. cne de Ste-Ouenne. — La Gilbertière, 1613 (arch. V. Ea. 409).

GIBERTIÈRES (LES), f. cne de Fontperron.

GIBERTIÈRES (LES), f. cne de Montigny. — La Gilbertière (Cass.).

GIBOULIÈRE (LA), f. cne de Sciecq.

GICORNE, vill. cne de St-Léger-lez-Melle.

GIDALIÈRE (LA), vill. cne de St-Amand-sur-Sèvre. — La Gédallière, xve siècle (reg. r. Templ. Maul.). — La Gidalière, 1374 (arch. V. H. 3). — La Gidallière (Cass.).

GIFFON, f. cne de Chauray. — Gyffon, 1543 (not. St-Maix.).

GILBERGÈRE (LA), f. cne de Boesse. — La Gibergère (Cass.).

GILBERTIÈRE (LA), f. cne de la Chapelle-St-Laurent. — La Gilberdière (Cass.).

GILBERTIÈRE (LA), f. cne de Ste-Ouenne.

GILBERTIÈRE (LA), à Sihecq (Sciecq), 1644 (Font. XX, 177).

GILBERTIÈRE (LA), cne de Vautebis. — La Girbertière, 1375, ou Gilbretière, 1635, relev. de la Saisine (arch Barre, II).

GILBERTIÈRES (LES), f. cne de Montigny.

GILLETIÈRE (LA), h. cne de Clavé. — La terre aux Servans, autrement la Girelière, 1452 ; la Gilletière, 1500, 1584 (arch. Barre, I, II).

GINBAUDIÈRE (LA), f. cne de St-Aubin-de-Baubigné.

GINDRIE (LA), f. cne de St-Jouin-sous-Châtillon.

GINTIÈRE (LA), f. cne d'Allonne.

GIRAISIÈRE (LA), f. cne de la Chapelle-St-Laurent. — La Girézière (Cass.).

GIRARD, f. cne de Largeasse.

GIRARD, mln. cne de St-Marsault.

GIRARDIÈRE (LA), h. cne d'Ardin. — Guill. Bigot, sr de la Girardie, 1475 (la Gâconnière par Desaivre, ap. bull. soc. stat. D.-S. 1887).

GIRARDIÈRE (LA), vill. cne d'Assais.

GIRARDIÈRE (LA GRANDE ET PETITE), h. cne des Aubiers.

GIRARDIÈRE (LA), vill. cne du Busseau. — La Girardière, relev. de Vouvent, 1631 (arch. Bois-Chapeleau).

GIRARDIÈRE (LA), (GRANDE ET PETITE), f. cne de Chanteloup. — La Girardère, 1419, relev. de Bressuire (arch. St-Loup).

GIRARDIÈRE (LA), vill. cne de la Chapelle-Thireuil. — La Girardère, 1436 (arch. V. Fontaine-le-C. l. 30).

GIRARDIÈRE (LA), f. et logis, cne de Combrand. — La Girardière, 1508 (arch. V. E2. 139).

GIRARDIÈRE (LA), ou LA MAISON-NEUVE, h. cne de l'Enclave.

GIRARDIÈRE (LA), f. cne de Fenioux, 1641 (arch. V. seign. div. 32).

GIRARDIÈRE (LA), f. cne de Gourgé.

GIRARDIÈRE (LA), h. cne de Lamairé.

GIRARDIÈRE (LA), h. cne de Mauzé-Thouarsais. — Girarderia, 1221 (ch. d'Aim. vte Thouars, ap. cart. Chambon).

GIRARDIÈRE (LA), h. cne de Messé.

GIRARDIÈRE (LA), f. cne de Pamplie, 1465 (arch. V. Fontaine-le-C.).

GIRARDIÈRE (LA), h. cne de St-Amand-sur-Sèvre. —

Girarderia, v. 1085 (cart. St-Cypr. Poit.). — *La Girardère*, 1424 (arch. V. H. 3, 725).

GIRARDIÈRE (LA), (HAUTE ET BASSE), h. c^{ne} de St-Coutant. — *La Basse Girardière*, 1678 (arch. V. Nouail. l. 38).

GIRARDIÈRE (LA), h. c^{ne} de St-Laurs.

GIRARDIÈRE (LA), f. c^{ne} de St-Maixent-de-Beugné. Relev. de Coulonges, 1568 (arch. V. C. 2, l. 219).

GIRARDIÈRE (LA), f. c^{ne} de Salles.

GIRARDIÈRE (LA), f. c^{ne} de Secondigny. — *La Girardière ou Grande Maison des Guivreaux*, relev. de la baronnie de Secondigny, 1456 (ms. 141, bibl. Poit.).

GIRARDIÈRES (LES), f. c^{ne} de St-Sauveur-de-Givre-en-Mai.

GIRARDRIE (LA), f. c^{ne} de Cirière.

GIRARDS (LES), c^{ne} de Faye-sur-Ardin ; anc. fief relev. de Beauregard, 1610 (arch. V. Beauregard, 25).

GIRASSAC, vill. c^{ne} de Ste-Pezenne.

GIRAUDEAU (LE), l.-d. c^{ne} de St-Symphorien, 1777 (arch. D.-S. B. 369).

GIRAUDERIE (LA), vill. c^{ne} du Breuil-Bernard.

GIRAUDERIE (LA), h. c^{ne} de Brûlain.

GIRAUDIÈRE (LA), f. c^{ne} de la Boissière-en-Gâtine, 1482 (arch. V. E^s. 403).

GIRAUDIÈRE (LA), f. c^{ne} de Pierrefitte.

GIRAUDIÈRE (LA), vill. c^{ne} de St-Amand-sur-Sèvre. — *Prioratus de la Giraudière*, xive siècle (cart. évêch Poit.). Il fut uni à St-Sulpice de Rennes (pouillé B.-Filleau, 373).

GIRAUDIÈRE (LA), h. c^{ne} de St-Martin-de-Sanzay. — *Girauderia*, 1249 (chartr. Thouars, ch. du seign. de Montr.-Bell.).

GIRAUDIÈRE (LA), h. c^{ne} de Verruye. — *La Giraudère*, 1533 (not. St-Maix.).

GIRAUDIÈRES (LES), vill. c^{ne} de Chail.

GIRAUDRIE (LA), vill. c^{ne} de Fontenille. — *La Giraudrie*, 1695 (arch. V. E. 3, l. 8).

GIRBOURGÈRE (LA), h. c^{ne} de la Boissière-en-Gâtine. — *La Girbourgière*, 1482 (arch. V. E^s. 403). — *La Grande Girbourgère*, 1595 (arch. chât. Chap.-Bertr.)

GIROIRE, h. c^{ne} d'Argenton-Château, 1561 (arch. D.-S. H. 250).

GIROLIÈRE, h. c^{ne} de Gourgé.

GIROLIÈRE (LA), f. c^{ne} de St-Amand-sur-Sèvre. — *La Grollière* (Cass.).

GIROUARDIÈRE (LA), f. c^{ne} de la Petite-Boissière. — *La Girovardière* (Cass.).

GIROUETTE (LA), f. c^{nes} de Niort et Souché.

GIVERTIÈRE (LA), vill. c^{ne} du Busseau. — *La Givertière*, fief tenu du prieuré du Busseau, 1557 (reg. insin. Thouars).

GIVRE (LE), f. c^{ne} de St-Sauveur-de-Givre-en-Mai.

GLAMIÈRE (LA), f. c^{ne} de la Chapelle-Bertrand. — *La Glasmière*, 1607 (arch. V. E². 247).

GLAMIÈRE (LA), vill. c^{ne} de St-Pardoux, relev. de la Touche-Beaujau, 1600 (arch. V. E^s. 415).

GLANDE, vill. c^{ne} de Coulon. — *Glandes*, 1242 (ch. du pr. de Fontbl.)

GLANDES, vill. c^{ne} de Bouillé-Loretz.

GLÉBAUDIÈRE (LA), c^{ne} de Vautebis, 1452 (arch. Barre, II).

GLENAY, c^{on} de St-Varent et anc. chât. — *Glenniacus*, v. 1110 (cart. St-Laon Th.). — *Glennai*, 1122 (ch. de St-Pierre Th. ms. 1660). — *Glennaicum*, 1166 (id.). — *Glenayum*, 1300 (gr.-Gauthier). — *Glenay*, 1319 (arch. St-Loup). — St-Martin de Glenay, 1648 (pouillé B.-Filleau). Relev. de Bressuire, 1436 (id.).

Faisait partie du bailliage d'Orvallois, ressort du siège de la vicomté de Thouars, et dépendait du doyenné de Bressuire, de la sénéchaussée de Poitiers et de l'élection de Thouars. La cure était à la nomination du chapitre de St-Pierre-du-Châtelet de Thouars. Il y avait 160 feux en 1750.

GLENAY, f. c^{ne} de Sanzay.

GLENNEGON, c^{ne} de Béceleuf. — *Glenegon*, 1428 ; anc. fief relev. de Béceleuf (arch. V. Béceleuf, 10).

GLIONNIÈRE (LA), f. c^{ne} de Secondigny.

GLOIRE (LA), f. c^{ne} de St-Aubin-le-Clou.

GLOIRE (LA), f. c^{ne} de Vasles.

GLORIETTE (LA), f. c^{ne} d'Availles-sur-Chizé.

GLORIETTE (LA), h. c^{ne} d'Azay-sur-Thoué.

GLORIETTE (LA), vill. c^{ne} de Frontenay.

GLORIETTE, f. c^{ne} de Surin.

GLOUTIÈRE (LA), h. c^{ne} de Vautebis, 1562 (arch. Barre, II). Voir CLOUTIÈRE (LA).

GOBINIÈRE (LA), f. c^{ne} de la Boissière-en-Gâtine, relev. de la seign. de la Boissière, 1600 (arch. V. E^s. 409).

GOBINIÈRE (LA), mⁱⁿ. c^{ne} de St-Mard-la-Lande.

GOBINIÈRE (LA), f. et chât. c^{ne} de Vasles. — *La Gobinière*, 1665 (arch. Barre, I, 237). Relev. de la Mothe de Chalandray ou Rochefort (état. duch. la Meill. 1775).

GODELLIÈRE (LA) près des Bordes, c^{ne} de St-Aubin-le-Clou, relev. de Châteauneuf-en-Gâtine, 1497 (reg. d'av. Chât.).

GODILIÈRE (LA), f. c^{ne} de Cerizay.

GODINEAU, mⁱⁿ. c^{ne} de Parthenay.

GODINIÈRE (LA), f. c^{ne} d'Augé.

GODINIÈRE (LA), f. c^{ne} de Fenioux. — *La Gaudinière* (Cass.). Voir GAUDINIÈRE (LA).

GODINIÈRE (La), f. c^ne de St-Aubin-de-Baubigné.
GOGUELAIS, vill. c^ne de Cherveux. — *Cogulois*, 1373 (arch. V. C. 2, 106). — *Goguelois* (Cass.).
GOICHERIE (La), vill. c^ne de Xaintray.
GOILOTERIE (La), f. c^ne de St-Clémentin.
GOIZE, vill. c^ne d'Aigonnay. — *Goyse*, 1530 (not. St-Maix.). — *Angoise*, 1692 (dom. de la cure N.-D. Niort). Faisait partie de la châtellenie de St-Maixent (cart. St-Maix. intr. 47).
GONDINIÈRE (La), h. c^ne de Cherveux.
GONDINIÈRE (La), f. c^ne de la Ferrière.
GONDINIÈRE (La), h. c^ne de Gourgé. — *La Gondesnère*, 1475 (pap. la Villehervé, ma coll.). Relev. de la Meilleraye (la Gât. hist. et mon.).
GONDISSIÈRE (La), f. c^ne de la Couarde. — *La Gandussière*, 1567 (not. St-Maix.).
GONDOFROY, m^on. c^ne de Sepvret. — Voir GAUDOUFRÉ.
GONDONNIÈRE (La), vill. c^ne de Gourgé. — *Terra Guillelmi Gundoin*, XIIe siècle (cart. l'Absie, ch. de Guy, s^r d'Airvault). — *La Gondoynère*, 1481 (ma coll.). — *La Gandonnière*, 1608 (arch. V. E. 3, l. 24). — *Haute et Basse Gandonnière* (Cass.).
GORAIRE (La), f. c^ne de Clessé. — *La Gauraire*, 1676 (arch. V. E² 251 bis). .
GORAIRE (La), f. c^ne de Combrand. — *La Gourère*, v. 1090 (cart. Trin. Maul.). — *La Gouraire* (Cass.).
GORCHONNIÈRE (La), h. c^ne de Mougon. — *La Gréchonnière*, 1563 (arch. V. prieur. l. 57). — *La Gorrichonnère*, 1573 (not. St-Maix.). — *La Gorchonnière* (Cass.).
GORD (La), vill. c^ne de Xaintray. — *La Gord*, 1238 (dict. fam. Poit. II, 684). — *La Gort*, 1398 (Font. VIII,167). — *La Gord*, relev. de l'abbaye de Bonneval-lez-Thouars, 1449 (dict. fam. Poit. II, 688). — *Hôtel de la Gort*, au bailliage de Parthenay et ressort de Poitiers, 1561 (Font. VIII, 295). — *La Gorre*, 1747 (arch. V. seign. div. 13).
GORRE (La), vill. c^ne d'Amuré. — *La Gord*, 1595 (arch. V. St-Hil. l. 692).
GORSE (La), h. c^ne de Cherveux.
GOSSELINIÈRE (La), logis et h. c^ne de Ste-Verge. — *La Goicelinèrs*, 1253 (cart. St-Michel Thouars). — *La Goisselinière*, relev. de Thouars, 1384 (chartr. Thouars). — *La Goursselinière*, 1394 (arch. V. Brosse-Guilgault, 1). — *La Gaucelynère*, 1428 (id.).
GOUBAUDIÈRE (La), h. c^ne de Saivre. — *La Goubaudère*, 1452 (arch. Barre, II). — *La Goubodière*, 1580 (not. St-Maix.). — *La Goubaudière*, relev. d'Aubigny, 1682 (arch. V. E^s, 409).
GOUDAIN, m^in. c^ne de Chauray, 1553 (not. St-Maix.).

GOUDELIÈRE (La), f. c^ne de St-Pardoux.
GOUFFRIE (La), f. c^ne du Breuil-Bernard. — *La Goufferye*, 1589 (arch. D.-S. E. 436).
GOUILLARDIÈRE (La), h. c^ne de St-Lin.
GOUINIÈRE (La), vill. c^ne de la Ronde. — *La Gouynère*, 1382; *la Goynère*, 1435, relev. de Bressuire (arch. St-Loup).
GOUINIÈRE (La), h. et m^in. c^ne de St-Aubin-de-Baubigné.
GOUINIÈRE (La), f. c^ne de Secondigny. — *La Gouinière*, relev. du Retail, 1640 (pap. de la Mosnerie).
GOUJONNIÈRE (La), h. c^ne de St-Romans-lez-Melle.
GOULEAU, h. c^ne de Chanteloup.
GOUMANDIÈRE (La), f. c^ne de la Chapelle-St-Laurent. — *La Gaumondère*, relev. du Bois-Guillemet, 1426 (arch. Barre, II, 16). — *La Goumondière* (Cass.).
GOUPILLÈRE (La), f. c^ne de Bessines.
GOUPILLIÈRE (La), f. c^ne de St-Marsault.
GOUPILLIÈRE (La), f. c^ne de St-Rémy. — *La Goupillère*, 1572 (arch. V. év. Poit. I. 130). — *La Goupillère*, ressort de Niort et élection de Fontenay, 1609 (Font. XX, 417).
GOURAIS (Le), f. c^ne des Échaubrognes. — *Gourée* (Cass.).
GOURAUDIÈRE (La), h. c^ne d'Argenton-l'Église. — *La Gourraudière*, 1403 (arch. V. H. 3).
GOURAUDIÈRE (La), vill. c^ne de Mauzé-Thouarsais. — *La Garaudière*, 1363 (cart. Trin. Maul.). — *David Tortereau*, s^r *de la Gouraudière*, 1633 (cart. St-Laon Th.).
GOURBEAU, f. c^ne de Vasles. — *Gourbault* (Cass.).
GOURBEILLERIE (La), vill. et m^in. c^ne de Clessé. — *P. Gorbeiller*, 1218 (arch. V. H. 3, 869). — *Moulin Gorbeiller, la Gorbeillerie près le lieu dit Chasteler*, 1426 (arch. Barre, II, 16). — *La Gourbeillerie*, 1430 (arch. V. E^s, 297). — Voir FORTINIÈRE (La).
GOURDET (Le), f. c^ne de Ste-Gemme.
GOURDON, h. c^ne de Souvigné, relev. de l'abbaye de St-Maixent (cart. St-Maix. intr.). — *Gordon*, relev. de Faye. 1331 (inv. d'Aub.).
GOURE (La), vill. c^ne du Breuil-Bernard. — *La Gourt*, 1402 (arch. St-Loup). — *La Gourre*, 1589; *lu Gourd*, 1785 (arch. D.-S. E. 436 ; G. 48).
GOURGÉ, c^on de St-Loup. — *Gurgiacum*, 889 (doc. pour l'hist. St-Hil. I, 13 ; dipl. du roi Eudes). — *Gurgium*, v. 1100 (cart. Talmond, 170). — *Gorgé*, v. 1140 (cart. l'Absie). — *Gorgium*, 1243 (hist. d'Airv. par B.-Filleau, 294). — *Gorgiacum*, 1300 (gr.-Gauthier). — *Gourgié*, 1391 (arch. hist.

Poit. XXIV, 48). — *Gorgié*, 1400 (arch. Barre, II). — *St-Hilaire de Gourgé*, 1782 (pouillé).

La seign. de Gourgé relevait de Parthenay. La cure était à la nomination de l'abbé de Bourgueil. L'aumônerie fut réunie à l'hôtel-Dieu de Parthenay par lettres du 14 janvier 1695. Une partie du bourg et la plus grande partie de la paroisse faisaient partie de la châtellenie de la Ferrière réunie à la baronnie de Parthenay (dén. just. bar. Parth. 1744). Gourgé dépendait de l'archiprêtré de Parthenay, de la sénéchaussée et de l'élection de Poitiers. Il y avait 240 feux en 1750.

Gourgiraud (Le), h. c^{ne} de Boismé.
Gouriot, mⁱⁿ. c^{ne} de Vausseroux.
Gourjaudières (Les), f. c^{ne} d'Exoudun.
Gourjaudrie (La), f. c^{ne} de Vautebis, 1452 (arch. Barre, II, 167).
Gourmaillé, mⁱⁿ. c^{ne} de Lhoumois.
Gournay, c^{on} de Chef-Boutonne. — *Villa Gurdiniacus*, 1021 (cart. St-Cypr. 297). — *Gornayum*, 1300 (gr.-Gauthier). — *La tour de Gournay*, 1439 (arch. V. H. 3, Ens.). — *Haut et Bas Gournay*, 1597 (arch. Barre). — La seign. du Haut Gournay, relev. de Chef-Boutonne (dén. 1667). La seign. du Bas-Gournay relev. de Brie-lez-Aulnay. L'église et une partie de la paroisse dépendaient de la baronnie et prévôté de Melle. Le surplus relev. de Chef-Boutonne (bull. soc. stat. D.-S. 1884). — *St-Saturnin de Gournay* (pouillé 1782). La cure était à la nomination de l'évêque.

Gournay dépendait de l'archiprêtré de Melle, de la sénéchaussée de Civray et de l'élection de St-Maixent. Il y avait 110 feux en 1698, et 167 en 1750 (état élect. 1698 ; — cart. alph. Poit.).

Gourneau, mⁱⁿ. c^{ne} de Chiché.
Goursay, h. c^{ne} de Fors. — *Gourçay* (Cass.).
Goursière (La), vill. c^{ne} de Caunay.
Goutardère (La), c^{ne} de Verruye, relev. de Pressigny-en-Gâtine, 1375 (arch. V. E^a. 425).
Goute-Vive, vill. c^{ne} de Boismé. — *Goutevifve*, 1674 (arch. D.-S. E. 1009).
Goutte (La), f. c^{ne} de la Pérate. — *La Goute*, 1533 (pap. de la Villehervé).
Gouvonnière (La), h. c^{ne} de Vouhé. — *La Gauvaignère*, XVe siècle (arch. V. G.) ; relev. de Boisgrollier, 1617 (arch. V. E^a. 406). — *La Gauvanière*, 1633 (not. St-Maix.).
Goux, vill. c^{ne} de la Couarde ; anc. c^{ne}. — *Goos*, 1260 (homm. d'Alph. Poit.). — *Ecclesia de Goos*, 1262 (cart. St-Maix. II, 90). — *Guces*, 1300 (gr.-Gauthier). — *Goust*, 1789 (arch. D.-S. C. 64). — *St-Lazare de Goux* (pouillé 1782).

La paroisse est aujourd'hui réunie à celle de la Mothe-St-Héraye. Goux dépendait de l'archiprêtré d'Exoudun, de la sénéchaussée et élection de St-Maixent. Il y avait 71 feux en 1698, et 60 en 1750 (état élect. 1698 ; — cart, alph. Poit.).

Gouziot, mⁱⁿ. c^{ne} de Vausseroux. — *Moulin de Gouziot*, 1529 ; *Goziot*, 1597 (arch. Barre, II).
Grafferie (La), vill. c^{ne} de Villefollet.
Graillé, mⁱⁿ. et ruiss. c^{ne} de Thouars, 1594, 1732 (arch. V. Brosse-Guilgault, 29).
Graimbaudrie (La), h. c^{ne} d'Ulcot. — *La Graimbaudière*, 1550 (arch. D.-S. E. 423). — *La Grembauderie* (Cass.).
Grais (Le Grand et le Petit), f. c^{ne} de Chiché. — *Métairie du Grés*, 1463 (arch. St-Loup).
Grais (Les), f. et bois, c^{ne} du Tallud. — *Le bois des Groys*, 1563 (arch. V. prieur. I. 58). — *Le bois des Grais* (Cass.).
Gralière (La), f. c^{ne} de St-Amand.
Gramboisière (La), f. c^{ne} de Chenay.
Grand-Cerf, f. c^{ne} de Sanzay.
Grand-Champ, vill. et logis, c^{ne} de Lezay. — *Villagium de Magno Campo*, 1365 (arch. V. E^a. 237). — *Grand-Champ*, 1612 (id. 233 bis).
Grand-Champ, f. c^{ne} de Noireterre. — *Grandchamps*, 1610 (arch. V. Brosse-Guilgault, 15). — *Les Grands Champs* (Cass.).
Grand-Champ, f. c^{ne} de St-Aubin-de-Baubigné.
Grand-Champ (Le Petit), vill. c^{ne} de Sepvret.
Grand'Église (La), l.-d. c^{ne} d'Ardin, 1759 (arch. D.-S. E. 832).
Grand-Homme, f. c^{ne} de St-Martin-de-Mâcon. — *Grand-Homme*, 1558 (reg. insin. Thouars).
Grand-Loois (Le), f. c^{ne} de Cours.
Grand'Maison (La), f. c^{ne} du Breuil-Bernard.
Grand'Maison (La), h. c^{ne} de Chenay.
Grand'Maison (La), vill. c^{ne} de Fontenille.
Grand'Maison (La), f. c^{ne} de Fressine.
Grand'Maison (La), sise au village des Petits-Alleuds, c^{ne} de Surin, 1619 (arch. V. E. 1, 14).
Grand'Maison (La), f. c^{ne} de Ménigoute.
Grand'Maison (La), h. c^{ne} de St-Coutant.
Grands-Maisons (Les), c^{ne} d'Aigonnay, 1573 (arch. V. E. 1, 11).
Grands-Maisons (Les), f. c^{ne} de Nanteuil.
Grand-May, chât. c^{ne} d'Aiffres.
Grand-Moulin (Le), f. c^{ne} de Vernou-en-Gâtine.
Grands-Moulins (Les), m^{ins}. c^{ne} de St-Coutant, 1727 (arch. D.-S. E. 122).
Grands-Moulins (Les), m^{ins}. à vent, c^{ne} de St-Christophe-sur-Roc.
Grand-Pont (Le), pont et mⁱⁿ. c^{ne} de Voultegon.
Grand-Ry, f. c^{ne} d'Aigonnay. — *Grand-Ric*, 1572

(not. St-Maix.). — *Château de Granry*, démoli en 1688 par ordre de l'intendant Foucault (cart. St-Maix. II, 419).

GRAND-VAULT, mⁱⁿ. c^{ne} d'Exoudun. — *Molendinum de Grant-Vau*, 1147 (cart. St-Maix. 347). — *Grand-Vaud*, relev. d'Exoudun, 1413 (Font. LXXXV). — *Grandvaux*, 1626 (not. St-Maix.). — *Gravault* (Cass.).

GRAND-VILLAGE (LE), f. c^{ne} de Ménigoute.

GRANDE-MÉTAIRIE (LA), f. c^{ne} de Chiché.

GRANDINIÈRE (LA), c^{ne} de Pougne-Hérisson, relev. de Châteauneuf-en-Gâtine, 1492 (reg. d'av. Chât.). L. d. ou disp.

GRANGE (LA), f. c^{ne} de l'Absie.

GRANGE (LA), h. c^{ne} d'Aiffres.

GRANGE (LA), c^{ne} d'Amaillou. — *La Grange d'Amaillou*, 1592 (Font. VIII, 53). L. disp.

GRANGE (LA), f. c^{ne} de Bessines.

GRANGE (LA) h. c^{ne} de Boismé.

GRANGE (LA), f. c^{ne} de Bressuire.

GRANGE (LA), h. c^{ne} du Busseau.

GRANGE (LA), f. c^{ne} de la Chapelle-St-Étienne.

GRANGE (LA), vill. c^{ne} de la Chapelle-Thireuil.

GRANGE (LA), m^{on}, c^{ne} de Clazay. — *La Grange de Clazay*, dépendant de St-Cyprien de Poitiers, 1563 (arch. V. St-Cypr. l. 47). — *Seigneurie de la Grange de Clazay*, relev. de la Tour-Maubergeon de Poitiers, 1621 (id.).

GRANGE (LA), h. c^{ne} de Coulon.

GRANGE (LA), f. c^{ne} de Courlay.

GRANGE (LA), h. c^{ne} de Couture-d'Argenson.

GRANGE (LA), vill. c^{ne} de Doyrançon. — *Feodum de Granges; Gilbertus de Grangiis*, 1244 (compt. d'Alph. Poit.). — *Granges* (Cass.).

GRANGE (LA), f. c^{ne} de la Forêt-sur-Sèvre, 1598, relev. de la Forêt (arch. chât. la For.).

GRANGE (LA), f. c^{ne} de François.

GRANGE (LA GRANDE ET PETITE), h. c^{ne} de Frontenay. — *Les Granges* (Cass.).

GRANGE (LA), f. c^{ne} de Lhoumois.

GRANGE (LA), vill. c^{ne} de Limalonges.

GRANGE (LA), f. c^{ne} de Mauzé-sur-le-Mignon. — *Le veil fief commun de Granges*, sis entre ledit lieu de Granges et Mauzé, 1408 (arch. V. Feuill. l. 63).

GRANGE (LA), f. c^{ne} de Mauzé-Thouarsais, appartenant à l'abbaye de Chambon, xviie siècle (arch. D.-S. H. 52).

GRANGE (LA), f. c^{ne} de Mazières-en-Gâtine. — *La Grange de Ternant*, autrement appelée *la Grange aux Moines*, 1547 (arch. V. E^s. 441). — *La Grange au Prévoust*, relev. de la Ménardière (St-Mars), 1552 (id. 409). — *La Grange au prévost de Ternan*, relev. de Pressigny-en-Gâtine, 1600 (id. 415).

GRANGE (LA), f. c^{ne} de Melle. — *La Grange St-Pierre* (Cass.).

GRANGE (LA), f. c^{ne} de Moutiers.

GRANGE, mⁱⁿ. c^{ne} de Niort.

GRANGE (LA), éc. c^{ne} de Noireterre, 1652 (arch. V. Brosse-Guilgault, 8).

GRANGE (LA), f. c^{ne} de Pamplie.

GRANGE (LA), f. c^{ne} de Pamprou. — *La Grange au prieur*, 1666 (arch. V. E. 1, 12). — *La Petite Grange*, 1648 (arch. D.-S. E. 1198).

GRANGE (LA), f. c^{ne} de Parthenay, 1560 (arch. V. seign. div. 32).

GRANGE (LA), f. c^{re} de Pouffond.

GRANGE (LA), f. c^{ne} du Puy-St-Bonnet.

GRANGE (LA), f. c^{ne} de Rom.

GRANGE (LA), m^{on}. c^{ne} de Romans.

GRANGE (LA), h. c^{ne} de St-Georges-de-Noisné. — *La Grange Pérogyer*, 1608 (not. St-Maix.).

GRANGE (LA), h. c^{ne} de St-Pardoux.

GRANGE (LA), mⁱⁿ. c^{ne} de Ste-Pezenne. — *Molendinum de Grangis*, 1260 (homm. d'Alph. de Poit.).

GRANGE (LA), h. c^{ne} de Sompt.

GRANGE (LA), f. c^{ne} du Tallud.

GRANGE (LA), f. c^{ne} de Vasles.

GRANGE (LA), f. c^{ne} de Vouillé.

GRANGE-ADAM (LA), h. c^{ne} d'Irais.

GRANGE-A-LUCAS (LA), h. c^{ne} de Champdeniers.

GRANGE-AU-PRIEUR (LA), f. c^{ne} de Champdeniers.

GRANGE-AUX-MOINES (LA), f. c^{ne} de St-Martin-de-St-Maixent. — *La Grange du Prévost moyne*, 1537 (not. St-Maix.).

GRANGE-AU-MONT (LA), f. c^{ne} de Niort.

GRANGE-BURGAUD (LA), h. c^{ne} du Busseau.

GRANGE-CLERBAUT (LA), f. c^{ne} de Ste-Ouenne. — *La Grange Clerbault*, 1540 (not. St-Maix.).

GRANGE-DE-BONNEUIL (LA), f. c^{ne} de François.

GRANGE-DE-PÉRIGNÉ (LA), f. c^{ne} de St-Maxire.

GRANGE-DESFRANCS (LA), à Breilbon, c^{ne} de Germond, 1689 (arch. V. E. 1, 8).

GRANGE-D'HOIRÉ (LA), f. c^{ne} de Prailles. — *La Grange Doire* (Cass.).

GRANGE-D'OIRÉ (LA), f. c^{ne} de Souvigné. — *La Grange Doyrec*, appartenant à l'abbaye de St-Maixent, 1363 (cart. St-Maix. II, 146). — *La Grange d'Oyrie*, 1530 (not. St-Maix.). — *La Grange Doiré* (Cass.).

GRANGE-DU-BOIS (LA), h. c^{ne} de Luché.

GRANGE-DU-PORTAIL (LA), f. c^{ne} de St-Maixent. — *La Grange du Portault*, 1540 (not. St-Maix.).

GRANGE-LAIDET (LA), vill c^{ne} de Champdeniers.

GRANGE-LAIDET (LA), f. c^{ne} de St-Liguaire.

GRANGE-MALVAULT (LA), f. c^{ne} de Cherveux.

GRANGE-MONTANT (LA), vill. c^{ne} de St-Mard-la-Lande. — *La Grange Bontemps* (Cass.).

GRANGE-NEUVE-DU-BAGNON (LA), vill. cne de Chey.
GRANGE-NEUVE (LA), f. cne de Cherveux.
GRANGE-PASTURAULT (LA), f. cne de Vallans ; anc. fief relev. d'Allery, 1745 (arch. D.-S. B. 130).
GRANGE-PÈLERIN (LA), f. cne de Pamplie, relev. de Puychenin, 1424 (arch. V. E. 1, 9).
GRANGE-PÉROGER (LA), f. cne de St-Georges-de-Noisné.
GRANGERIE (LA), f. cne de Champdeniers. — La Grangerie, 1680 ; la Guarangerie, 1700 (arch. Barre, I).
GRANGE-RIFFAULT (LA), cne de Coulonges-Thouarsais ; anc. seign., 1672 (arch. V. Brosse-Guilgault, 15).
GRANGE-St-DENIS (LA), f. cne de Ste-Ouenne. Relev. de Parthenay, 1699 (arch. V.).
GRANGE-St-FAZIOL (LA), h. cne de Melle.
GRANGE-St-GELAIS (LA), h. cnes d'Échiré et St-Gelais, 1615 (arch. V. Beauregard, 26).
GRANGE-St-HILAIRE (LA), f. cne de Pouffond.
GRANGE-St-PIERRE (LA), h. cne de Melle.
GRANGE-SALETTE (LA), f. cne de St-Georges-de-Noisné.
GRANGE-TAULET (LA), f. cne de Champdeniers, 1615 (arch. V. Beauregard, 25).
GRANGE-VERRINE (LA), f. cne de Souché.
GRANGES (LES), f. cne du Busseau.
GRANGES (LES), vill. cne de Cirière, relev. de Bressuire, 1602 (arch. St-Loup).
GRANGES (LES), h. cne d'Exireuil. — Les Granges, 1269 (cart. St-Maix. II, 99). — Les Petites-Granges-les-St-Maixenz, 1516 (not. St-Maix.).
GRANGES (LES), h. cne de Geay, 1721 (arch. V. Brosse-Guilgault, 15).
GRANGES (LES), f. cne de Gourgé. — Stabilis de Grangis, v. 1100 (cart. Talmond, p. 166). — Les Granges, 1133 (cart. Bourgueil).
GRANGES (LES), h. cne de Loubigné.
GRANGES (LES), f. cne de Mazières-sur-Béronne.
GRANGES (LES), f. cne de St-Aubin-le-Clou, relev. de Parthenay, 1699 (arch. V.).
GRANGES-DE-St-GÉNÉROUX (LES), relev. de la baronnie de Moncontour, 1613, 1671 (arch. D.-S. E. 932, 1008).
GRANGES (LES), h. cne de St-Martin-de-Sanzay.
GRANGES (LES), h. cne de Ste-Soline..
GRANGES (LES), vill. cne de Soudan.
GRANGES-RATEAU (LES), f. cne de Surin.
GRANGES-St-CYPRIEN (LES), f. cne de Cirière. — La Grange (Cass.).
GRANNERIE (LA), vill. cne de St-Martin-de-St-Maixent.
GRANNERIE (LA), vill. cne de Sepvret. — La Granerye, 1560 (not. St-Maix.).

GRANZAY, con de Beauvoir. — Granzaicum, 1218 (cart. Châtell.). — Granzai, 1226 ; Granzay, 1236 (id.). — Grancaium, 1245 (compt. d'Alph. Poit.). — Granzaium, xiiie siècle (censif de Chizé). — Granssay, 1390 (arch. V. comm. Ste-Gemme). — Chastel de Granzay en la châtellenie de Frontenay, 1480 (Font. XXIII, 551). — Grandzay, 1524 ; Gransay, 1703 (arch. D.-S. B. 351). — St-Vaize de Granzay, 1648 (pouillé B.-Filleau).

Dépendait de l'archiprêtré de Mauzé, diocèse de Saintes, et de l'élection de St-Jean-d'Angély, généralité de la Rochelle (état. gén. la Roch. 1698). Relev. de Rohan-Rohan. La cure était à la nomination de l'abbé de St-Liguaire.

GRASSE, vill. cne de St-Maurice-la-Fougereuse. — Notre-Dame de Grâce (Cass.).
GRASSE-VACHÈRE (LA), f. cne de Pompaire, relev. de Parthenay, 1699 (arch. V.).
GRASSIÈRE (LA), f. cne de Nueil-sous-les-Aubiers.
GRASSIÈRE (LA), f. cne de Rorthais.
GRATE-LOUBE, vill. cne de la Ronde, relev. de la Marelière, 1435 (arch. St-Loup).
GRATELOUP, vill. cne de Baussais.
GRATELOUP, f. cne de Secondigné-sur-Chizé.
GRATTELOUP, vill. cne de Vouhé.
GRATTEMET, min. cne de Frontenay.
GRAVETTE (LA), f. cne de Prailles.
GRAVETTE (LA), h. cne de la Revétizon.
GRAVIER (LE), f. cne de Magné.
GRAVIER (LE), vill. cne de Séligné.
GRAVIÈRE (LA), f. cne de Rouvre.
GRÉDAZIÈRE (LA), vill. cne de St-Georges-de-Noisné. — La Gadrazières, 1530 (not. St-Maix.).
GRÉGORIÈRE (LA), mon. noble, cne de Bretignolle, 1567 (arch. D.-S. E. 206).
GRELECHÈRE (LA), f. cne de Cirière. — La Garleschière, relev. de Cirière, 1602 (arch. St-Loup). — La Garlichère (Cass.).
GRELET (FIEF) où NEUVCHÈSE, cne de la Chapelle-Thireuil, 1601, relev. de Bois-Chapeleau. — Le fief Gillet, autrement Neuf-Chèze, 1631 (arch. Bois-Chap.).
GRELIÈRE (LA), f. cne de Largeasse.
GRELIÈRE (LA), h. cne de Paizay-le-Tort.
GRELLERIE (LA), cne de Boismé. — L'étang de la Grellerie, 1421 (arch. St-Loup).
GRELLES (LES), h. cne de Villiers-en-Plaine.
GRELLIÈRE (LA), mon. noble au bourg d'Oiron, 1602 (arch. D.-S. G. 89).
GRÊLONS (LES), f. cne de Bouillé-Loretz. — Le Greslon, 1444 (arch. D.-S. H. 924). Greslons (Cass.).
GRELOUSE (LA), f. cne de St-Marsault. — La Grelouge (Cass.).

GREMILIÈRE (LA), h. cne de Terves.
GRENET, h. cne d'Airvault. — *Moulins de Grenet*, 1557 (reg. insin. Thouars).
GRENETERIE (LA), h. cne de Gournay. — *La Graineterie* (Cass.).
GRENIÈRE (LA), vill. cne de la Boissière-en-Gâtine.
GRENIÈRE (LA), vill. cne de Clazay. — *La Grenonère*, 1392 (arch. V. St-Cypr. l. 30). — *La Grenonnière*, 1586. — *La Grenière*, 1621 (id.).
GRENIÈRE (LA), f. cne de Fontperron. — *Les Grenouères*, 1512 ; *les Grenounières*, 1528 ; *la Grenounière*, 1577 (not. St-Maix.).
GRENIERS (LES), f. cne de St-Maurice-la-Fougereuse.
GRENOUILLE (LA), h. cne de l'Enclave.
GRENOUILLE (LA), f. cne de Frontenay.
GRENOUILLE (LA), f. cne de St-Christophe-sur-Roc.
GRENOUILLÈRE (LA), vill. cne des Aubiers. — *La Grenoillère*, 1351 (arch. hist. Poit. XVII).
GRENOUILLÈRE (LA), h. cne de la Chapelle-St-Étienne. — *La Grenoillière*, 1457 (arch. V. pap. Droch.).
GRENOUILLÈRE (LA), cabane, cne de Magné.
GRENOUILLÈRE (LA), f. cne de Pamplie.
GRENOUILLON, h. cne de la Coudre.
GRENOUILLON, f. cne de Genneton.
GRENOUILLON, anc. chât., f. et étang, cne de Moutiers. — *Grenollon*, 1362 ; *Grenoillon*, 1391, 1449 (cart. St-Laon Th.).
GRÈVE (LA), min. cne de la Coudre. — *Moulin de la Grefve de Puyschaut*, 1525 (arch. chât. Dorides).
GRÈVE (LA), f. cne de Courlay.
GRÈVE (LA), vill. cne de Magné.
GRÈVE (LA), min. cne du Tallud, relev. de l'Hérigondeau, 1637.
GRÈVE (LA GRANDE), éc. cne de Vallans.
GRÈVE (LA), vill. cne de Verrines.
GRÉZOLLE, vill. cne de Périgné.
GRIÈRE (LA), f. cne de Prailles.
GRIFFERUS, min. cne de Massais. — *Moulin de Grifferus-sur-l'Argenton*, où le chemin de St-Hilaire traverse la rivière. — *Griffereux* (Cass.).
GRIFFERUE, f. et min. cne de Moutiers. — *Grifferus*, 1713 (arch. V. H. 3, 812).
GRIFFIER, chât. cne de Granzay, 1505 (arch. D.-S. G. 24).
GRIGNON, vill. cne d'Ardin, 1644 (arch. V. Pouzay, 2).
GRIGNON, min. cne de Pas-de-Jeu.
GRIGNON, h. cne de Pouffond.
GRIGNON (LE), f. cne de la Ronde.
GRILLE (LA), f. cne de St-Loup.
GRILLÈRE (LA), f. et min. cne de Deyrançon.
GRIMAUDIÈRE (LA), vill. cne de Beaulieu-sous-Dressuire.

GRIMAUDIÈRE (LA), f. cne du Busseau.
GRIMAUDIÈRE (LA), f. cne de Coutières. — *La Grimaudère*, 1436 ; *la Grimaudière*, 1508, 1643 (arch. Barre).
GRIMAUDIÈRE (LA), h. cne de l'Enclave.
GRIMAUDIÈRE (LA), f. cne de St-Marsault.
GRIMAUDRIE (LA), f. cne des Aubiers.
GRIP (LE), f. cne de Béceleuf. — *Grit*, *Gript*, 1644 (arch. V. Pouzay, 2).
GRIPETTE (LA), f. cne de Mazières-sur-Béronne.
GRIPPE (LA), éc. cne de Coulon.
GRIPPE (LA), h. cne de Luché-sur-Brioux.
GRIPPE (LA), f. cne du Tallud.
GRIPPIÈRE (LA), f. cne de St-Maurice-la-Fougereuse.
GRIPT, con de Beauvoir. — *Agrip*, xiiie siècle (censif de Chizé). — *Grip*, 1390 (arch. V. comm. Sto-Gemme). — *Grippo*, 1402 (panc. de Rochech.). — Il y avait deux paroisses, St-Aubin et St-Nicolas. St-Aubin, supprimé avant 1789, dépendait de l'archiprêtré de Mauzé, diocèse de Saintes, du siège royal de Niort et de l'élection de St-Jean-d'Angély, généralité de la Rochelle (état. génér. la Roch. 1698). St-Nicolas dépendait de l'archiprêtré de Mauzé et de l'élection de Niort (état de l'élect. 1716). — La seigneurie de Gript relevait du marquisat de Fors. Il y avait 28 feux en 1716, et 25 en 1750. La paroisse de Gript est réunie à celle de Granzay.
GRISPANT (LE), cne de Béceleuf ; anc. fief relev. de Beauregard, 1657 (arch. V. Beauregard, 25).
GRISSAY (DIME DE), cne de la Boissière-Thouarsaise, près le pont de Vaugely, relev. d'Orfeuille, 1413 (doc. sur Commines par Fierville, 34).
GRISSE, mon. noble, cne de St-Maixire, 1609 (Font. XX, 423).
GRITIÈRE (LA), h. cne de Deyrançon.
GRIVIÈRE (LA), f. cne de Fontperron.
GRIVIÈRE (LA), f. cne de Ménigoute.
GRIVIÈRE (LA), f. cne de St-Aubin-le-Cloud.
GRIVIÈRE (LA), f. cne de St-Pardoux.
GRIZE (LA), fief en la par. St-Jacques de Montauban. *Seign. de Orillé*, *autrement la Grise*, relev. de Thouars, 1383. — *Hôtel Dorillé*, 1465. — *La Grise*, 1603 (chartr. Thouars). — *La Grize ou Salmonnais*, relev. de Thouars, 1626 (fiefs vic. Thouars).
GROICHÈRE (LA), f. cne de Marigny. — *La Groischère*, relev. de Chizé, 1561-1670 (ms. 141, bibl. Poit.). — *La Groichière*, 1697 ; *la Grochère*, 1781 (arch. D.-S. B. 175, 227).
GROICHÈRE (LA), h. cne de Vitré.
GROIE (LA PETITE), h. cne de Béceleuf.
GROIE (LA), f. cne de Bougon.

Groie (La), h. cne de Chail. — *La Groua* (Cass.).
Groie (La), vill. cne de Champdeniers. — *La Groye*, 1654 (arch. V. E. 1, 11).
Groie (La), vill. cne de Gournay.
Groie (La), vill. cne de Paizay-le-Tort.
Groie (La), ténement, cne de Romans. — *Groia* 1084 (cart. St-Maix. I, 187).
Groie (La), f. cne de St-Christophe ; relev. de St-Christophe, 1554 (inv. d'Aub.).
Groie (La), vill. cne de St-Germier. — *Groia apud Boscum Vastet*, 1084 (cart. St-Maix. I, 187). — *La Groye*, 1530 (arch. Barre, II, 312). — *La Greuhe*, 1667 (arch. D.-S. E. 1199). — *La Grue* (Cass.).
Groie (La), f. cne de Sciecq.
Groie (La Petite), éc. cne de Thorigné.
Groie (La), cne de Brelou, relev. d'Aubigny, 1410, et était en mesure en 1624 (inv. d'Aub.).
Groie-l'Abbé (La), f. cne de Celles. — *La Groix l'Abbé*, 1538 (not. St-Maix.). — Voir Croix-l'Abbé (La).
Groie-Parthenay (La), f. cne d'Aigonnay. — *La Groye Parthenay*, 1463 (arch. V. E². 162). — *La Groye*, relev. de la baronnie de St-Maixent, 1503 (id.). — *La Groye-Partenay-les-Thorigné*, 1548 (id.). — *La Groy Partenay* (Cass.).
Groie-Périnette (La), f. cne d'Aigonnay. — *La Groy Périnet* (Cass.).
Groie-de-Soignon (La), vill. cne de St-Martin-de-St-Maixent. — *Groæ*, 1093 (cart. St-Maix. I, 245).
Groies (Les), f. cne de Faye-sur-Ardin. — *Les Groyes*, 1483 (arch. V. Beauregard, 25). — *Les Groys*, 1548 (arch. D.-S. E. 290).
Groies (Les), h. cne de Montigné.
Groies (Les), f. cne de St-Gelais. — *Les Groies*, sises au Doignon, dépendant du prieuré de St-Gelais, en la baronnie de St-Maixent et sénéchaussée de Civray, 1563 (arch. V. prieur. l. 56). — *Les Grois* (Cass.).
Groies (Les), f. cne de St-Génard.
Groies (Les), f. cne de Sansais.
Groies (Les), h. cne de Sciecq.
Groies-de-Drahé (Les), vill. cne d'Azay-le-Brûlé. — *Feodum dau Groes*, 1284 (arch. V. Fontaine-le-C. 1. 22).
Groies-de-Soudan (Les), relev. d'Aubigny, 1562 (inv. d'Aub.).
Groizardières (Les), f. cne de Nanteuil. — *La Groizardière*, 1638 (not. St-Maix.).
Grolerie (La), f. cne de St-Denis.
Grolière (La), f. cne de Beaulieu-sous-Parthenay. — *La Grollère*, 1349 (f. lat. 20,230, p. 267). — *La Grollière*, 1493 (arch. Barre). — *La Grouillière*, 1574, relev. du Fouilloux (état duch. la Meill. 1775).
Grolière (La), h. cne de la Chapelle-St-Étienne.
Grolière (La), f. cne de Largeasse.
Grolières (Les), h. cne de Doyrançon. — *Les Groslières* (Cass.).
Grolle (La), f. cne de St-Clémentin.
Grolle (La), h. cne de St-Éanne. — *La Grolle*, 1525 ; *le Grolier*, 1535, 1562 (not. St-Maix.).
Grolle (La), f. cne du Tallud, relev. de la Meilleraye.
Grolleau, pont sur le Dôlo, cne de St-Aubin-du-Plain.
Grolleaux, vill. cne de Fontenille.
Grolles (Les), étang, cne de Cersay.
Grolles (Les), h. cne de Melleran.
Grollier, étang, cnes de Rigné et St-Jacques-de-Thouars. — *Moulin Grollier* (Cass.).
Grosbois, vill. cne de Prailles. — *Silva que vocatur Grosbois*, 1110 (cart. St-Maix. I, 253). — *Grosboys*, 1269, relev. de l'abbaye de St-Maixent (id. II, 99). — *Grosboys*, 1546 (not. St-Maix.).
Gros-Chêne (Le), h. cne de St-Laurs (Cass.).
Groseillers (Les), cou de Mazières-en-Gâtine. — *Parrochia de Groseleriis*, 1265 (Font. XVI). — *Groselers*, 1300 (gr.-Gauthier). — *Les Grouzeliers*, 1516 (arch. D.-S. E. 419). — *Les Gruzeliers*, 1716 (état de l'élect.). — *Les Grosselliers* (Cass.). L'église, dédiée à N.-D., avait d'abord pour patron le prieur de Champdeniers, puis le chapitre de la cathédrale de la Rochelle.

Les Groseillers faisaient partie de la châtellenie du Bailliage-Baston, réunie à la baronnie de Parthenay (dén. just. bar. Parth. 1744). Ils dépendaient de l'archiprêtré de St-Maixent, de la sénéchaussée de Poitiers et de l'élection de Niort, après avoir fait partie de celle de Parthenay au xvie siècle (état élect. Niort, 1716). Il y avait 21 feux en 1716, et 24 en 1750.
Grosse-Table (La), h. cne de Sepvret.
Grossetière (La), f. cne de St-Aubin-le-Cloud. — *La Grostière*, relev. de Parthenay, 1410 (arch. hist. Poit. XXIV, 174, n.). Relev. de Secondigny en 1698 (ms. 141, bibl. Poit.).
Grossière (La), h. cne d'Exireuil. — *La Gorroucère ou Gorroussière*, 1528 (not. St-Maix.).
Grossinière (La), f. cne de Beaulieu-sous-Parthenay, relev. du Fouilloux, 1638 (la Gât. hist. et mon.).
Grossière (La), f. cne de St-Aubin-de-Baubigné.
Grossinière (La), f. cne de St-Maurice-la-Fougereuse. — *La Grousnière* (Cass.).
Grotte (La), h. cne d'Azay-le-Brûlé (cad.). — *La Crotte* (Cass.).

GROUETTE (LA), vill. c⁽ᵉˢ⁾ de S¹-Pierre-à-Champ et Bouillé-Loretz. — *La Guerouette* (Cass.).

GROUSGRAIN (LE FIEF), à la Burgaillerie, cⁿᵉ de S¹-Martin-de-S¹-Maixent, 1363, relev. de l'abbaye de S¹-Maixent (cart. S¹-Maix. II, 154).

GROURIE (LA), h. cⁿᵉ de S¹-Éanne.

GROUSSARDIÈRE (LA), h. cⁿᵉ de l'Enclave, paroisse de S¹-Pierre de Melle, relev. de la Mothe-S¹-Héraye, 1621 (av. de la Mothe).

GROUSSAUDRIE (LA), f. cⁿᵉ de Juillé.

GROUSSIÈRE (LA), h. cⁿᵉ de Cours. — *La Grossière* (Cass.).

GRUAUDIÈRE (LA), f. cⁿᵉ de Pamplie. — *La Gruaudère*, 1483 (arch. V. E. 1, 9).

GRUCHE (LA), h. cⁿᵉ de Mauzé-Thouarsais.

GRUE (LA), vill. cⁿᵉ d'Allonne. — *La Grue*, 1673 (arch. Barre, II).

GRUE (LA), vill. cⁿᵉ de Coulonges-sur-l'Autize. — *La Groye*, 1568 (arch. V. C. 2, l. 219).

GRUE (LA), vill. cⁿᵉ de Cours. — *La Groye*, 1532 (not. S¹-Maix.). — *La Grois* (Cass.).

GRUE (LA), f. cⁿᵉ des Échaubrognes.

GRUE (LA), étang, cⁿᵉ de Moutiers, 1713 (arch. V. H. 3, 812).

GRUE (LA), vill. cⁿᵉ de S¹-Martin-de-S¹-Maixent. — *La Groye sur Soignon*, 1632 ; *la Gruhe de Soignon*, 1647 (not. S¹-Maixent). Voir la GROIE-DE-SOIGNON.

GRUE (LA), vill. cⁿᵉ de Verrines. — *La Greu* (Cass.).

GRUE (LA), vill. cⁿᵉ de Vouillé.

GRUÉE (LA), vill. cⁿᵉ de Rigné.

GRUOÈRE (LA), f. cⁿᵉ des Groseillers. — *La Grugière*, relev. de Châteauneuf-en-Gâtine, 1504 (reg. d'av. Chât.).

GRUBARDIÈRE (LA), vill. cⁿᵉ de Vasles. — *La Gruzardière* (Cass.).

GRUSEIL, cⁿᵉ de S¹-Pardoux ; anc. fief relev. du Bois-d'Allonne, 1728 (arch. D.-S. H. 46).

GUAIN (LE), f. cⁿᵉ de Mauzé-Thouarsais.

GUAISNIÈRE (LE FIEF DE), près le chemin de la Chapelle-Largeau à Moulins, dépendant de la commanderie du Temple de Mauléon (arch. V. H. 3, 721). Voir GAINIÈRE (LA).

GUANDUSSON, m¹ⁿ. à vent, autrement *Passebois*, sur le chemin de Chantecorps à la Lande, 1533 (not. S¹-Maix.).

GUARDIÈRE (LA), f. cⁿᵉ de Béceleuf, 1725 (arch. V. Béceleuf, 7).

GUÉ (LE), m¹ⁿ. cⁿᵉ d'Augé, 1443 (arch. V. E⁸. 410).

GUÉ (LE), vill. cⁿᵉ de Beaulieu-sous-Parthenay.

GUÉ (LE), f. cⁿᵉ de Deyrançon.

GUÉ (LE), f. cⁿᵉ de la Ferrière.

GUÉ (LE), vill. cⁿᵉ de Magné.

GUÉ (LE), m¹ⁿ. cⁿᵉ de Montravers.

GUÉ (LE), m¹ⁿ. cⁿᵉ de S¹-Georges-de-Noisné, 1551 (not. S¹-Maix.).

GUÉ (LE), vill. cⁿᵉ de Sansais. — *Gué de Sanson* (Cass.).

GUÉ (LE PETIT), f. cⁿᵉ de Vasles.

GUÉ-AU-RICHE (LE), m¹ⁿ. c⁽ⁿᵉˢ⁾ de Mauzé-Thouarsais et de S¹ᵉ-Verge. — *Molendinum de Vado divitis*, 1238 (cart. Chambon). — *Le Gué au Riche*, 1488 (arch. V. H. 3, 807). — *Le Gué aux Riches* (Cass.).

GUÉ-D'AIRVAULT (LE), h. cⁿᵉ de S¹-Jouin-sous-Châtillon.

GUÉDAU (LE), h. cⁿᵉ de Terves. — *Le grant quarefour de la Croix du Guesdau*, 1423 (arch. S¹-Loup). — *La croix du Guesdau*, 1558 (reg. insin. Thouars).

GUÉ-DE-FLAYE (LE), m¹ⁿ. cⁿᵉ de Lhoumois. — *Flaie*, 1340 (pap. Blactot). — *Fley*, 1400 (arch. Barre, II, 212). — *Gué de Flaye*, 1475 (pap. de la Villehervé).

GUÉ-DE-LA-MALADRIE (LE), l.-d. cⁿᵉ de Vausseroux, 1790 (arch. D.-S. G. 95).

GUÉ-DE-MARTIGNY (LE), l.-d. cⁿᵉ de S¹ᵉ-Ouenne, 1723 (arch. V. Béceleuf, 7).

GUÉ-GIROUART (LE), cⁿᵉ d'Ardin ; anc. fief relev. de la Gâconnière, 1468 (arch. D.-S. E. 279).

GUÉ-DE-ROHAN-ROHAN (LE), h. cⁿᵉ de Frontenay.

GUÉDESIÈRE (LA), f. cⁿᵉ de S¹-Paul-en-Gâtine. — *La Guédesière*, 1687 (arch. Barre, II).

GUÉ-DU-GÂT (LE), f. cⁿᵉ du Pin.

GUEFFERIE (LA), f. cⁿᵉ de Boismé. — *La Guefferie*, relev. de Bressuire, 1401, 1421 (arch. S¹-Loup).

GUELERIE (LA), f. cⁿᵉ de Largeasse. — *La Greslerie* (Cass.). Voir GRELIÈRE (LA).

GUÉ-MOREAU (LE), m¹ⁿ. cⁿᵉ de S¹-Maxire. — *Guémoreau*, 1610 (S¹-Maxire par L. Desaivre).

GUÉ-MORIN, m¹ⁿ. cⁿᵉ d'Échiré.

GUÉNASSERIE (LA), f. cⁿᵉ de Clussais.

GUÉNERIE (LA), f. cⁿᵉ de Saurais.

GUÉRANDIÈRE (LA), vill. cⁿᵉ de Nanteuil. — *La Guerrandère*, 1522 ; *la Guerrandrye*, 1584 (not. S¹-Maix.).

GUÉRENNE (LA), f. cⁿᵉ de Combrand.

GUÉRINIÈRE (LA), f. cⁿᵉ d'Azay-sur-Thoué.

GUÉRINIÈRE (LA), f. cⁿᵉ du Busseau.

GUÉRINIÈRE (LA), f. cⁿᵉ des Échaubrognes. — *La Garinère*, 1334 (arch. V. H. 3, 725). Voir GARNIÈRE (LA).

GUÉRINIÈRE (LA), f. cⁿᵉ de Largeasse.

GUÉRINIÈRE (LA), vill. cⁿᵉ de Ménigoute. — *La Garinère*, 1374, 1479, relev. de Parthenay. — *La Guérinière*, 1507, 1669 (arch. Barre). — *La Gorrinère*, 1521 (arch. V. S¹ᵉ-Cr. l. 47).

GUÉRINIÈRE (LA), f. cⁿᵉ de Moncoutant.

GUÉRINIÈRE (LA), f. c^{ne} de Neuvy-Bouin. — *La Guerrynère*, 1428 (arch. Barre, II, 210).
GUÉRINIÈRE (LA), h. c^{ne} de Souvigné, 1609 (arch. D.-S. E. 43).
GUÉRINIÈRES (LES), vill. c^{ne} du Puy-St-Bonnet.
GUÉRIVIÈRE (LA GRANDE), f. c^{ne} de Fontperron. — *Pet. et Gr. Grivière* (Cass.). Voir GRIVIÈRE (LA).
GUÉRIVIÈRE (LA), au village d'Asnières, c^{ne} de Ste-Soline, relev. de Civray, 1499-1779 (arch. V. C. 2, 150).
GUÉRIVIÈRE (LA), f. c^{ne} du Temple. — *La Guérivière*, xve siècle (reg. r. Templ. Maul. ap. arch. D.-S.).
GUÉRIVIÈRE (LA), chât. c^{ne} de Vançais.
GUÉROCHÈRE (LA), f. c^{ne} de Courlay. — *La Quérochère* (Cass.).
GUERRE (CHAMP DE LA), l.-d. c^{ne} de Terves.
GUERRUCES (DÎMERIE DES), c^{nes} de Clavé, d'Exireuil, Nanteuil, St-Éanne et Soudan, en la châtellenie de St-Maixent (cart. St-Maix. I, intr.).
GUERRY, c^{ne} de Frontenay ; anc. fief relev. des Forges, 1579 (arch. D.-S. E. 734).
GUESSONNIÈRE (LA), logis, c^{ne} de Rom.
GUET (LE), h. c^{ne} de Brelou, en la châtellenie de St-Maixent (cart. St-Maix. intr. 48).
GUÉTRIÈRE (LA), f. c^{ne} des Aubiers. — *La Guaitière* (Cass.).
GUIARDIÈRES (LES), f. c^{ne} de St-Aubin-le-Clou, 1669, relev. du Teil (pap. du Teil).
GUIAUDAU, f. c^{ne} de St-André-sur-Sèvre. — *Le Diobeuil* (Cass.).
GUIBAUDIÈRE (LA), f. c^{ne} de Pugny.
GUIBAUDIÈRE (LA), f. c^{ne} de St-Martin-du-Fouilloux.
GUIBERTIÈRE (LA), f. c^{ne} de Vernou-en-Gâtine, 1736, relev. du Fonteniou (arch. Font.).
GUIBERTIÈRES (LES), h. c^{ne} de Brelou. — *Les Guysbertières*, 1522 (not. St-Maix.).
GUIBOURGÈRE (LA), f. c^{ne} de Vernou-en-Gâtine.
GUIBOUX, mⁱⁿ. c^{ne} de Chef-Boutonne.
GUIBRETIÈRE (LA), f. c^{ne} de Pierrefitte.
GUICHARDIÈRE (LA), h. c^{ne} de la Chapelle-Gaudin. — *La Guichardère*, 1297 (chartr. Thouars, St-Pierre-du-Chât.).
GUICHARDIÈRE (LA), vill. c^{ne} de Chey.
GUICHARDIÈRE (LA), vill. c^{nes} de Louin, Airvault et Tessonnières. — *La Guischardière*, 1288 (arch. Vernay). — *La Guichardière*, 1583 (arch. V. E. 1, l. 16). Relev. partie de Vernay, partie d'Airvault et partie de la Ronde de Louin (arch. Vernay).
GUICHARDIÈRE (LA), f. c^{ne} de Saurais.
GUICHARDIÈRE (LA), vill. c^{ne} de Vasles. — *La Guischardière*, relev. de la Motte de Chalandray ou Rochefort, 1482 (état duch. Meill. 1775).

GUICHE (LA), f. c^{ne} de Genneton (Cass.).
GUICHETIÈRE (LA), f. c^{ne} de Secondigny.
GUIDELIÈRE (LA), f. c^{ne} de la Chapelle-St-Étienne. — *La Gaudelière* (Cass.).
GUIDIERS, vill. et mⁱⁿ. c^{ne} de Villemain. — *Guiderium*, 1300 (gr.-Gauthier). — *Guerchia*, 1409 (hist. des Chast. pr. p. 57). — *La Guyerche*, 1552 (arch. D.-S. E. 509). Relev. de la baronnie de Châteaumur, 1536 (Font. IX, 408).
GUIFARDIÈRE (LA), h. c^{ne} de St-Maurice-la-Fougereuse. — *La Guiffaudière* (Cass.).
GUIFOLIÈRE (LA), f. c^{ne} de Boesse. — *La Guinefolière* (Cass.).
GUIGNARDIÈRE (LA), vill. c^{ne} d'Allonne.
GUIGNARDIÈRE (LA), f. c^{ne} de Chantecorps. — *La Gaynardère*, 1407 ; *la Guynardère*, 1520 (arch. Barre, II). — *La Guygnardère au pays de la Saizine*, 1557 (arch. hist. Poit. IV).
GUIGNARDIÈRE (LA), f. c^{ne} de Combrand. — *La Guigniardière* (Cass.).
GUIGNARDIÈRE (LA), f. c^{ne} de St-Marsault.
GUIGNAUDIÈRE (LA), f. c^{ne} de Sansais.
GUIGNAUDRIE (LA), h. c^{ne} de Boismé.
GUIGNEBRANDIÈRE (LA), f. c^{ne} d'Étusson. — *La Guygnebrandère*, 1333 (arch. V. E. 3, l. 13). — *La Guinebrandière* (Cass.).
GUIGNEFOLLE, f. c^{ne} de Cherveux. — *Guignefolc*, 1426 (arch. V. seign. div. 32).
GUIGNERAIE (LA), f. c^{ne} de Marigny.
GUIGNERAIE (LA), vill. c^{ne} de Romans, 1587 (not. St-Maix.). Relev. de l'abbaye de St-Maixent (cart. St-Maix. intr.).
GUIGNERAIE (LA), vill. c^{ne} de Thorigné. — *La Guisneray*, ressort de Civray et élection de St-Maixent, 1609 (Font. XX, 423).
GUIGNONNIÈRE (LA), f. c^{ne} de Courlay.
GUIGNONNIÈRE (LA), f. c^{ne} de Geay.
GUILBAUDIÈRE (LA), f. c^{ne} de Vautebis. — *La Guillebaudière*, 1601, 1679 (arch. Barre, I, II).
GUILBEAU, vill. et mⁱⁿ. c^{ne} d'Ardin. — *Guilbeon* (Cass.).
GUILBERTIÈRE (LA), f. c^{ne} de St-Aubin-de-Baubigné.
GUILBOTERIE (LA), f. c^{ne} de St-Germier.

GUILBOTRIE (La), éc. c^ne de la Ronde.
GUILBOTTRIE (La), au village de Bougouin, c^ne de Chavagné, 1574 (not. St-Maix.).
GUILLAUDERIE (La), c^no de Cherveux, 1567. — *La Guillaudrye*, aliàs *la Jaille*, 1633 (not. St-Maix.).
GUILLAUME, pont, c^ne de Romans, 1532 (not. St-Maix.).
GUILLEMIÈRE (La) en Chiché, au fief de Flesme, relev. de la Mothe de Coupoux, 1508 (arch. St-Loup).
GUILLEMONT, pont près Chadeau sur le Bief, c^ne de St-Symphorien.
GUILLÈRE (La), vill. c^ne d'Amaillou. — *La Guillière*, 1524 (arch. V. E^a. 369).
GUILLETIÈRE (La), f. c^ne d'Exireuil. — *La Guilletière*, relev. d'Aubigny, 1451 (inv. d'Aubigny).
GUILLETIÈRE (La), f. c^ne de Fontperron. — *La Guilletère*, 1430 ; *la Guilletière*, 1477, 1627 (cart. Châtell.). Relev. de la Blanchardière.
GUILLETIÈRE (La), f. c^ne de St-Pardoux, relev. de l'Hérigondeau.
GUILLONNERIE (La), vill. c^ne de Genneton.
GUILLONNERIE (La), f. c^ne de St-Aubin-le-Clou.
GUILLONNIÈRE (La), f. c^ne de Nueil-sous-les-Aubiers. — *La Guillonère*, 1351 (arch. hist. Poit. XVII).
GUILLONNIÈRE (La), c^ne de St-Georges-de-Noisné, 1549 (rev. Poit. 1893, p. 66).
GUILLONNIÈRE (La), vill. c^ne de St-Vincent-de-la-Châtre.
GUILLONNIÈRE (La), f. c^ne de Secondigny. — *Guilloneria*, 1323 (arch. V. Fontaine-le-C. l. 32). — *Guilonia*, 1332 ; *la Guillonnière*, 1618 (pap. de la Potitière).
GUILLOTERIE (La), vill. c^ne de Bouillé-Loretz.
GUILLOTERIE (La), h. c^ne du Cormenier.
GUILLOTERIE (La), f. c^ne de Faye-sur-Ardin.
GUILLOTIÈRE (La), vill. c^ne de Caunay. Relev. du prieuré de Mairé-Lévesquault, 1677 (arch. V. Nouaillé, I. 38).
GUILLOTIÈRE (La), h. c^ne de Cersay. — *La Guillotière* (Cass.).
GUILLOTIÈRE (La), chât. et m^in. c^ne de l'Enclave. — *La Guillotière*, en la paroisse St-Pierre-de-Melle, relev. de la vicomté de Châtelleraut en 1435 (livre noir de Châtell. ap. bibl. nat.). — *La Guillotère*, 1457 (arch. V. N.-D. I. 1216). Relev. de la Mothe-St-Héraye en 1621 (av. de la Mothe).
GUILLOTIÈRE (La), f. c^ne d'Exireuil.
GUILLOTIÈRE (La), h. c^ne de François. — *La Guyotère*, 1536 ; *la Guillotière*, 1584 (not. St-Maix.).

GUILLOTIÈRE (La), f. c^ne de Vasles. — *La Guillotière*, 1468 (arch. V. E, 1, 10).
GUILLOTIÈRE (La), anc. chât. et vill. c^ne de Vausseroux. — *La Guilletère*, 1318 (arch. Barre, II). — *La Guillotère*, relev. de la seign. de Vasles, 1330 (arch. V. Ste-Cr. l. 44). — *La Guillotière*, 1444 (arch. Barre, II).
GUILMARIÈRE (La), f. c^ne de Chanteloup.
GUINAIRE (La), f. c^ne de Courlay. — *Masura terræ Rocart quæ est Guinaerie*, XIIe siècle (cart. l'Absie). — *La Guynayre*, en la châtellenie de Bressuire, 1436 (arch. St-Loup). — *La Guygnayre*, 1438 (arch. V. H. 3, 727).
GUINEFOLLE, h. c^ne des Échaubrognes. — *Guinefole*, XVe siècle (reg. r. Templ. Maul.).
GUINÉGAUD, vill. c^ne de Pressigny. — *Guinegaus, Gurnegause*, 1285 (ch. de l'Absie, ap. arch. D.-S.). — *Guénégault* (Cass.).
GUINEILLERIE (La), h. c^ne de Bretignolle. — *La Guénullerie* (Cass.).
GUINEMANDIÈRE (La), vill. c^ne de Verruye. — *La Guémandière* (Cass.).
GUINEMARIÈRE (La), f. c^ne de Chanteloup.
GUINIER, m^in. c^ne de Frontenay.
GUINIÈRE (La), f. c^no d'Aubigny.
GUINOZIÈRE (La), vill. c^ne de Pompaire.
GUIONNIÈRE (La), chât., f. et m^in. c^ne de Beaulieu-sous-Parthenay. — *La Guionnère*, 1340 (inv. des tit. d'Airv. ap. f. lat. 26230, p. 267). — *La Guyonnière*, 1428, relev. de la Meilleraye. — *La Guillonnière*, 1464 (arch. V. E^a. 131). — *La Guionyère*, 1572 (arch. hist. Poit. IV, 443). — *La Guyonière*, 1574 (journal de Généroux, 125).
GUIONNIÈRE (La), f. c^ne de Boismé. — *La Guionère*, 1399. — *La fontaine ancienne de la Guionère*, 1421 (arch. St-Loup). — *L'étang de la Guyonère*, 1457 (arch. V. Brosse-Guilgault, 41).
GUIONNIÈRE (La), m^in. c^ne de Chanteloup.
GUIONNIÈRE (La), c^ne de la Chapelle-Bertrand. — *La Guyonnère*, relev. de la Crolaye, 1509 (arch. V. pap. Deniau). L. disp.
GUIONNIÈRE (La), vill. c^ne de Clavé. — *La Grand Guyonnière*, 1452 (arch. Barre, II).
GUIONNIÈRE (La), h. c^ne d'Exireuil. — *La Guionnière*, relev. d'Aubigny, 1373 (inv. d'Aub.).
GUIONNIÈRE (La), f. c^ne de Mazières-en-Gâtine. — *La Guyonnière*, relev. de Pressigny-en-Gâtine, 1600 (arch. V. E^a. 415).
GUIONNIÈRE (La), f. c^ne de St-Aubin-le-Clou.
GUIONNIÈRE (La), chât. c^ne de St-Porchaire. — *La Guionnière, autrement dite la Salle*, relev. de la seign. de St-Porchaire, 1402. — *La Guyonnière*, 1557 (reg. insin. Thouars).

Guionnières (Les), vill. c^{ne} de St-Aubin-de-Baubigné. — *Guioneria*, v. 1120 (cart. Trin. Maul.).

Guiraire (La), vill. et mⁱⁿ. c^{ne} de Boismé. — *Guiraeria*, v. 1150 (cart. l'Absie). — *La Guiraire*, 1351 (dict. fam. Poit. I, 87). — *La Guyroire*, 1394 (arch. St-Loup). — *La Guyraire*, 1438 (id.). — *La Guirroyre*, 1440 (arch. Barre, II, 107). — *Châtellenie de la Guiraire*, relev. de la Forêt-sur-Sèvre, 1646 (arch. chât. la Forêt).

Guirande (La), rivière qui prend sa source à la Fosse de Paix ou Paise en Prahecq, et qui se jette dans la Sèvre Niortaise au-dessous de Clairiat (stat. D.-S. par Dupin). — *Fluvium Equirande*, v. 930 (cart. St-Cypr. 323). — *La Geyrande*, 1620 (dén. 1620, ap. mém. soc. stat. D.-S. 3e sér. VI, 340).

Guiraudière (La), h. c^{ne} de St-Amand-sur-Sèvre.

Guitard, h. c^{ne} des Aubiers.

Guitardière (La), f. c^{ne} de Boesse. — *La Guytardière*, 1565 (arch. V. E^s. 367).

Guitardière (La), h. c^{ne} de Neuvy-Bouin. — *La Guytardière*, paroisse de Boyn, relev. de la Barretière, 1496 (reg. d'av. de Chât.).

Guiteau, c^{ne} de Faye-sur-Ardin; anc. fief relev. de Faye-sur-Ardin, 1615 (arch. V. Beauregard, 25).

Guiterière (La), mⁱⁿ. c^{ne} de Boismé.

Guitonneau (Le), c^{ne} d'Exireuil, 1554 (not. St-Maix.).

Guitonnerie (La), h. c^{ne} de Prailles, 1554 (min. not. St-Maix.).

Guitonnerie-de-la-Garde (La), vill. c^{ne} de Romans. — *La Guitonnerie*, 1585 (not. St-Maix.).

Guitonnière (La), f. c^{ne} de la Chapelle-St-Laurent.

Guitonnière (La), vill. c^{ne} de Mazières-en-Gâtine, relev. de Pressigny-en-Gâtine, 1600 (arch. V. E^a. 415).

Guitonnière (La), h. c^{ne} de Périgné. — *La Guytonnière*, 1507 (rev. poit. et saint. 1889, n° 61).

Guitonnière (La), f. c^{ne} de St-Aubin-le-Clou, relev. de Châteauneuf, 1492 (reg. d'av. Chât.).

Guitonnière (La), f. c^{ne} de St-Lin, relev. de la seign. de St-Lin, 1594 (ma coll.).

Guitonnière (La), h. c^{ne} de Verruye, relev. de Pressigny-en-Gâtine, 1600 (arch. V. E^s. 415).

Guittière (La), vill. c^{ne} de Pamprou. — *La Guystière*, 1532 (not. St-Maix.) — *La Guissyère*, 1648 (arch. D.-S. E. 1198).

Guittonnière (La), vill. c^{ne} de St-Vincent-la-Châtre.

Guivaleau (Tuilerie de), c^{ne} de St-Maurice-la-Fougereuse.

Guivre (La), f. c^{ne} de Chiché.

Gumardière (La), f. c^{ne} d'Allonne.

Guronnière (La), f. c^{ne} de Brûlain, 1726 (arch. D.-S. E. 657).

Guy (Le), f. et mⁱⁿ. c^{ne} de Gourgé. — *Moulin du Gué* sur le Thoué, appartenant à la commanderie de la Lande de Gourgé, 1390 (arch. V.).

Guy (Le), f. c^{ne} de la Pérate.

Guyochère (La), f. c^{ne} de St-Martin-du-Fouilloux. — *La Guillochère* (Cass.).

Guyonnière (La), vill. c^{ne} de Geay.

Guyotière (La), relev. de Vandeloigne, 1478 (pap. Châtill.).

H

Habit (L'), f. c^{ne} de Vasles, ancien prieuré dépendant de l'abbaye de la Réau et existant dès 1252. — *Prieur de Labbict*, v. 1400 ; *l'Abit*, 1518 ; *l'Habit ou l'Abbit-Mangot*, 1564 (arch. Barre, II). — *Prior de Habitu de Mannihitoti seu de Habitu de Maingoti* (D. 1326 et 1383). — *Labit Mangot ou Magot*, 1611, 1613 (arch. Bret.-Chal.). — Ce prieuré fut réuni au petit séminaire de Poitiers en 1712 (la Gât. hist. et mon. 366). — *St-Jacques de Lhabit-Mangot* (pouillé 1782). — *Labit Magot* (Cass.). Relev. de la Motte de Chalandray ou Rochefort (état duch. la Meill. 1775).

Habittes (Les), vill. c^{ne} de St-Maxire. — *Labita*, 1300 (gr.-Gauthier). — *Prieuré de St-Genès des Habits*, présentateur l'abbé de St-Cyprien (pouillé B.-Filleau). — *Les Habits*.

Halle (La), f. c^{ne} de la Mothe-St-Héraye. — *La Hasle*, 1722, relev. de la seign. de la Mothe (arch. D.-S. E. 39).

Halles (Les), f. c^{ne} de Boesse.

Hameaux-de-Thouars (Les), ancienne commune réunie le 20 août 1884, par décision du conseil général, à celles de Thouars, de Ste-Verge, Ste-Radegonde et Louzy. Il y avait 275 feux en 1750 (cart. alph. Poit. 1750). — *Les Deux-Hameaux*, 1643 (arch. V. Brosse-Guilgault, 22).

Hameaux (Les), vill. c^{ne} de Gournay.

Hanc, c^{on} de Chef-Boutonne. — *Aent*, v. 1039 (cart. St-Jean-d'Ang. ap. Font. LXII, p. 559). — *Ayens, Ayons seu de Hento*, 1300 (gr.-Gauthier). — *St-Hilaire de Hant*, 1769 (pouillé B.-Filleau). *Ham* (pouillé 1782). — Hanc dépendait de l'archiprêtré de Bouin, de la sénéchaussée et de l'élection d'Angoulême, et relev. de la seign. d'Empuré, vassale de Ruffec. Il faisait partie du marquisat de Ruffec en 1667 (bull. soc. stat. D.-S. 1884; rech. sur Chef-Bout. par B.-Filleau.). — La cure, annexe de l'archiprêtré de Bouin, était à la nomination de l'évêque.

HARDIAS. Voir ARDÉAS.

HARDIÈRE (LA), f. c^{ne} des Aubiers.

HARDIÈRE (LA), vill. c^{ne} de St-Aubin-de-Baubigné.

HARDOUINIÈRE (PETITE ET GRANDE), ff. c^{ne} d'Ulcot ; ancien fief relev. de Passavant, 1550 (arch. D.-S. E. 423).

HARSIS (LES). — *Ténement des Harsseis près de Magot*, c^{ne} de St-Martin-du-Fouilloux, 1471 (arch.V. E. 2, 239). L. disp.

HAUTE-VILLE, h. c^{ne} du Puy-St-Bonnet.

HAUTIERS (LES). Voir LES AUTIERS.

HAUTS (LES), h. c^{ne} de St-Symphorien.

HAYE (LA), f. c^{ne} des Échaubrognes. — *Prieuré conventuel de St-Blaise, autrefois dit de la Haye*, patron l'abbé de la Réau (pouillé B.-Filleau, 366). — *La Haye-Bonneau* (Cass.). — *La Haye-Bonneau en St-Pierre-des-Échaubrognes; la Haye Drezé ou d'Uzé en St-Hilaire-des-Échaubrognes* (Dupin, dict. géogr. D.-S. an XI).

HAYE (LA), f. c^{ne} de Genneton.

HAYE (LA), f. c^{ne} de Largeasse. — *Haia*, 1162 (cart. l'Absie). — *La Haye*, relev. de Châteauneuf, 1636. — *La Haye-Poupelinière*, 1700 (arch. Barre, I, 11). — *La Haye* (Cass.).

HAYE-BOUDANE (LA), l.-d. en la c^{ne} de Pas-de-Jeu (hist. de Thouars par Imbert, p. 11).

HAYE-FOUGEREUSE (LA), chât. c^{ne} de St-Maurice-la-Fougereuse. — *La Haye*, 1304 (cart. St-Laon Th.). — La baronnie de la Haye-Fougereuse fut formée en 1650 de la réunion des châtellenies de la Haye-Fougereuse, de Merle-Fougereuse et du Fief-Lévêque (mém. sur les justices du Poitou par B.-Filleau).

HÉLIER (LE FIEF), c^{ne} de Brelou, en la châtellenie de St-Maixent (cart. St-Maix. intr.).

HÉRAUDIÈRE (L'), f. c^{ne} de Nanteuil. — *Layraudère*, 1533 (not. St-Maix.). — *L'Éraudière*. V. L'AIRAUDIÈRE.

HERBAUDIÈRE (L'), h. c^{ne} de Saivre. — *Lerbaudère* 1528 ; *la Petite et Grande Herbaudère*, 1532 (not. St-Maix.). — *L'Herbaudière*, 1586 (arch. Barre, II).

HERBAUDIÈRE (L'), f. c^{ne} de Verruye. — *Lairbaudière*, 1344 (arch. V. inv. St-Remi, reg. 573). — *Lerbaudière*, 1707 (cart. Châtell.).

HERBEFOYE (L'), f. c^{ne} de Cours.

HERBERTIÈRE (L'), f. c^{ne} de Secondigny. — *La Herbertère*, 1351 (arch. V. Fontaine-le-C. l. 30).

HERCE (LA), f. c^{ne} de Coulonges-Thouarsais, 1486 (arch. V. Brosse-Guilgault, 34).

HERCULÉE (L'), f. c^{ne} de Neuvy-Bouin. — *La Reculie* (Cass.).

HERFOUILLETS, fief, c^{ne} de Louin, relev. de la Ronde de Louin (arch. Vernay).

HÉRISSON, bourg, c^{ne} de Pougne-Hérisson. Ancien château, anciennes commune et paroisse réunies à celles de Pougne. — *Castrum qui vocatur Hericius*, 1041-1044 (cart. St-Maix. 120). — *Herico, Ericho*, 1102 (cart. de Bourgueil ; — Font. I, 575). — *Ericium*, 1188 (cart. l'Absie, ap. Dupuy, 828). — *Eriçun*, 1192 (cart. St-Maix. 382). — *Hericon*, 1217 (chart. de l'Absie, ap. Baluze, LI, p. 81). — *Irricionium*, 1218 (cartul. de Raiz, ch. de Sav. de Maul.). — *Ericium*, 1218 ; *Hericium in Gastinea*, 1218 (arch. Barre, II, 153). — *Ericum*, 1233 (Baluze, LI, ch. d'Aim. d'Arg.). — *Ericonium*, 1275 (cart. Bourgueil). — *Héricon*, 1300 (gr.-Gauthier). — *Hérisson*, 1389 (pap. de la Brouard.). — *Ériçon*, 1447 (arch. V. pap. Droch.). — *Ericzon ou Érisson en Thouarçois*, 1476 (pap. fam. Robin). — *St-Jehan d'Hérisson*, 1482 (arch. soc. ant. ouest). — *Hérizon en Thouarçoys*, 1518 (arch. V. Caduère, 22). — *Hérisson en Thouarçois*, 1564 (pap. fam. Robin). — Ce fief fut réuni au duché de Thouars, 1602 (id.). — *Hérisson-en-Gâtine*, 1640-1689. Il y avait deux églises : St-Georges qui était la paroisse, et St-Jean (pouillé 1782). La cure était à la nomination de l'abbé de Bourgueil.

La châtellenie de Hérisson-en-Gâtine faisait partie de la baronnie de Parthenay et ressortissait en appel du bailliage de Parthenay. Elle comprenait les paroisses de Hérisson, Pougne et Fénery, une partie des paroisses de St-Aubin-le-Clou, de Secondigny, du Beugnon, de la Boissière-en-Gâtine, des Groseillers, quelques faibles portions de Clessé, de Neuvy, de Gourgé, de Parthenay et de la Chapelle-Bertrand (mém. des just. bar. Parth. 1744 ; — mém. sur les just. du Poit. par B.-Filleau). De même qu'à Châteauneuf, il y avait une seconde seigneurie d'Hérisson dite Hérisson-en-Thouarsais, réunie au duché de Thouars par Claude de la Trimouille en 1602, dont la mouvance féodale moins importante se trouvait dans une paroisse éloignée, celle de Luché-Thouarsais (fiefs vic. Thouars).

Hérisson dépendait de l'archiprêtré de Parthenay, de l'élection de Niort en 1555, de celle de Parthenay en 1579-1631, puis de nouveau de celle de Niort (état de l'élect. 1716). Il formait avec Pougne une seule collecte de 83 feux en 1716, et de 90 en 1750.

HÉRISSON (BOIS D'), c^{ne} de Périgné (dict. des D.-S.

DÉPARTEMENT DES DEUX-SÈVRES. 145

par Dupin). — *Boscus de Hericon*, 1247, ou *Esricon*, 1248 (compt. d'Alph. de Poit.).

HÉRISSON, bois, c^{ne} de Lhoumois. — *Bois d'Hérisset*, aliàs *Hérisson* près Leigné, 1580 (pap. de la Villehervé). — *Ruines d'Hérisson-Château* (cad.).

HERMECIN (L'), m^{in}. c^{ne} de Brelou — *Hermecent*, 1256 (cart. St-Maix. II, 84). — *Moulins de Armessens*, 1438 (Font. XVI, 450). — *Aermesain*, 1527; *Ayrmessain ou moulin de l'hôtel noble de Lisle*, 1528; *Lermessain*, 1530; *Lhermessain*, 1587 (not. St-Maix.).

HERMENAUDIÈRE (L'), f. c^{ne} de Genneton. — *Lermenaudière*, relev. de Passavant, 1550 (arch. D.-S. F. 423).

HERMENAUDIÈRE (L'), vill. c^{ne} de Verruye, 1567 (not. St-Maix.). — *Larmenaudère*, 1396, relev. de Pressigny-en-Gâtine (arch. V. E^n. 415, 423). — *Lermenaudière* (Cass.).

HERMITAGE (L'), f. c^{ne} de Cerizay.

HERMITAGE (L'), l.-d. c^{ne} de St-Aubin-de-Baubigné.

HERMITAIN (L'), vill. c^{ne} de Souvigné. — *Prior de Hermitano*, 1300 (gr.-Gauthier). — *Lermitain*, 1363 (cart. St-Maix. II, 146). — *Lermiten*, 1374 (chartr. Thouars). — *Lhermitan*, 1585 (not. St-Maix.). — *St-Jean-Baptiste de Hermitan* (pouillé 1782).

HERMITAIN (L'), forêt nat. de 558 hectares, c^{nes} de Goux, Prailles et Souvigné, connue autrefois sous le nom de Saivre. — *Silva que nuncupatur Savra*, v. 1045 (cart. St-Maix. 134). — *Silva Savra*, 1088 (id. 203). — *Savra*, 1111 (id. 274). — *Nemus de Savra*, 1239 (id. II, 69). — *Forest de l'Hermitain* (Cass.).

HERMITANS (LES), f. c^{ne} de Belleville.

HERMITE (L'), f. c^{ne} de la Chapelle-Largeau.

HERPINIÈRE (L'), f. c^{ne} de l'Enclave. — *Lerpinière*, 1553 (Font. LXXXV). — *Le Chastenay, autrement dit Lerpynyère, sis en l'Enclave et paroisse St-Pierre de Melle*, relev. de la Mothe-St-Héraye, 1621 (av. de la Mothe, 1621). — *L'Erpinière*. — *L'Herpinière* (Cass.).

HERPINIÈRE (L'), vill. c^{ne} de Louin. — *L'Erpinière* (Cass.).

HERSE (LA), f. c^{ne} de Niort.

HERVIS, h. c^{ne} de la Boissière-en-Gâtine. — *Terroir Daruiz*, 1359 (arch. chât. Chap.-Bertr.). — *Aruy*, 1390 (id.). — *Aruiz*, 1440 (id.). — *Eruy ou Eruiz*, 1477, 1481 (id.). — *Héruy*, 1635 (arch. V. anc. coll. Beniau). — *Hervy* (Cass.). Relev. de Parthenay.

HERVIS (LE PETIT), c^{ne} de St-Éanne.

HESTIVALIS, lieu inconnu. — *In pago et in vicaria Metulinse, in villa Hestivali*, 988-1031 (cart. St-Cyprien, 282). Voir LES VAUX.

HIRONDELLE (L'), f. c^{ne} des Échaubrognes.

HIRONDELLE (L'), f. c^{ne} de Mazières-en-Gâtine.

HIRONDELLE (L'), éc. c^{ne} de Surin.

HOMME (L'), h. c^{ne} de St-Georges-de-Noisné. — *Lousmée*, 1526; *Losme*, 1528 (not. St-Maix.).

HOMMEAU (L'), f. c^{ne} de St-Martin-de-Bernegoue.

HOMME-DU-MOULIN (L'), f. c^{ne} de Chavagné. — *Lhosme du Moulin*, 1593 (not. St-Maix.).

HOMME-JOUANNE (L'), f. c^{ne} de Cersay. — *L'Humeau-Jouanne* (Cass.). — *L'Humeau-Jouanne* appartenait à l'abbaye de Chambon, xviie siècle (arch. D.-S.).

HOMMELLIÈRE (L'), h. c^{ne} de la Couarde. — *Laumellerie* (Cass.).

HOMMERAIE (L'), c^{ne} de la Mothe-St-Héraye; anc. fief relev. de la bar. de la Mothe-St-Héraye, 1731 (arch. D.-S. E. 38).

HOMME-THÉBAUT (L'), f. c^{ne} de Prahecq. — *L'Homme Thibault*, 1620 (dén. de Mons. 1620).

HOMMES (LES), f. c^{ne} de Luché-Thouarsais, 1599 (arch. V. Brosse-Guilgault, 44).

HOMMES (LES), h. c^{ne} de Montigné. — *Les Houmes* (Cass.).

HOMMES (LES), vill. c^{ne} de Thénezay, relev. de Parthenay, 1428 (arch. Barre, II, 211).

HÔPITAL (L'), éc. c^{ne} de Châtillon-sur-Thoué.

HÔPITAL (L'), éc. c^{ne} de Chizé (Cass.).

HÔPITEAU (L'), f. c^{ne} de la Boissière-en-Gâtine. Ancienne commanderie de l'ordre du Temple, puis de l'ordre de St-Jean-de-Jérusalem. — *Buxeris in Gastina*, 1310 (proc. des Templ. ap. doc. inéd. t. Ier). — *La Boissière*, 1313 (proc.-verb. ap. bull. soc. ant. ouest). — Commanderie de *Lopitault de la Boixière en Gâtine*, 1635 (arch. V.). — *L'Hopitault*, 1756 (arch. D.-S. E. 877).

HÔPITEAU (L'), vill. c^{ne} de Boussais. Ancienne commanderie de l'ordre des Hospitaliers de St-Jean-de-Jérusalem. — *Podium de Nayron*, 1284. — *Lopitau do Puy de Neyron*, 1318. — *Lospitau de Puyneyron*, 1331. — *Lospital de Puy Neiron*, 1347. — *Lospitau de Puy Néron*, 1365. — *Loppitau*, 1395. — *Le Puy de Noyron*, 1412. — *Chasteau de Lopitau*, 1485. — *Le Puy de Noiron*, 1488. — *Lospitau du Puy de Noiron*, 1513. — Commanderie et châtellenie de *Lhopitault*, 1640. — *Laupitault*, 1658. — *Lhopitau*, 1686 (arch. V. H. 3). — *Lopitault*, 1687 (arch. V. Brosse-Guilgault, 15). — *L'Hopitau* (Cass.). — Chapelle de St-Jean-Baptiste de *l'Hopitaux*, annexe de la commanderie d'Auzon (pouillé B.-Filleau, 219).

HÔPITEAU (L'), f. c^{ne} de Chambroutet. — *L'Hopitaux* (Cass.).

HÔPITEAU (L'), f. et vill. cne de St-Martin-du-Fouilloux. — *Lospitaut*, 1471 (arch. V. E. 2, 239). — *Lospitault*, 1566 (not. St-Maix.). — *Lhospitault*, 1609 (arch. V. II. 3, 878).

HÔPITEAU (L'), f. cne de Souvigné.

HOPTOLLERIES (LES), vill. cnes de St-Maxire et de Ste-Ouenne. — *Village des Hospitalières*, 1498 (arch. V. inv. St-Remy, reg. 573). — *Les Hospitaleries*, 1495, relev. de la comm. de St-Remy-en-Gâtine (ma coll.). — *Les Hopitoleries*, 1771 (arch. D.-S. G. 74).

HORMIÈRE (L'), f. cne de St-Jouin-sous-Châtillon.

HOSPICE (L'), h. cne de St-Pardoux.

HOSPICE-D'OIRON (L'), h. cne d'Oiron.

HOUDOUINIÈRE (L'), h. cne de Saivre.

HOUILLÈRE (L'), f. cne de Cerizay.

HOUILLÈRES (LES), h. cne du Busseau. — *Les Holères*, 1350 (hist. des Chast. par du Chesne, 119).

HOUILLÈRES (LES), h. cne de Faye-l'Abbesse. — *Les Houslières*, 1559 (reg. insin. Thouars).

HOUMAYE (L'), h. cne de Vouillé.

HOUMEAU (L'), f. cne de Maisonnais.

HOUMEAU (LE GRAND ET PETIT), f. et vill. cne de St-Martin-de-St-Maixent. — *L'Oumeau*, 1265 (arch. D.-S. E. 132). — *Ulmum Archembaut*, 1283 (arch. V. E. 3, l. 38). — *Lousmeau*, 1522 ; *Loumeau*, 1566 (not. St-Maix.). Relev. de l'abbaye de St-Maixent (cart. St-Maix. intr.).

HOUMEAU (L'), vill. cne de Saivre.

HOUMEAU (L'), h. cne de Secondigné (dict. des D.-S. par Dupin). — *Villa que vocatur Usmo in vicaria Briosinse*, v. 959 (cart. St-Maix. I, 35).

HOUMEAUX (LES), vill. cne de Clussais. — *Villa de Ulmellis in castellania de Sivraio*, 1270 (arch. V. Nouaillé, cart. sceaux, n° 68). — *Les Houlmeaux*, 1488 (id. Nouaillé, l. 31). — *Les Houmeaux en Coudré* (dict. des D.-S. par Dupin).

HOUMÉE (L'), vill. cne de Lezay.

HOUMELÉE (L'), vill. cne de Pioussay.

HOUMELLERIE (L'), vill. cne de Genneton. — *Loumellerie* (Cass.).

HOUMELIÈRE (L'), éc. cne de St-Maixent, relev. de l'abbaye de St-Maixent (cart. St-Maix. intr.).

HOUMELLIÈRE (L'), f. cne d'Augé. — *Lhomelière* (Cass.).

HOUMET (L'), f. cne de Paizay-le-Chapt.

HOZANNE, f. cne de Largeasse.

HUCHE (LA), min. cne d'Ardin, 1682 (arch. V. Pouzay, 2).

HUCHELOUP, f. cne des Moutiers-sous-Chantemerle.

HUDANDIÈRE (LA), f. cne de Sanzay. — *La Hudandière*, 1491 (doc. in. sur Commines par Fierville, 102).

HUILERIE (L'), vill. cne de Boesse.

HUILERIE (L'), vill. cne de François.

HUILERIE (L'), h. cne de St-Génard.

HUMEAU (L'), f. cne de Boismé.

HUMEAU (L'), f. cne de Moncoutant.

HUMEAU (L'), h. cne de St-Paul-en-Gâtine. — *Terra de Ulmellis*, 1181. — *Grangia de Umellis*, 1182 (cart. l'Absie, ap. Dupuy, 828). — *Lhumau* (Cass.).

HUMEAU (L'), f. cne de St-Porchaire. — *Fief-Lomeau*, réuni à la châtellenie de St-Porchaire, 1526 (titr. châtell. St-Porch.).

HUMEAUX (LES TROIS) ou *Champs Pétrés*, cne de Coulonges-Thouarsais, 1601 ; *Les Trois Hommeaulx*, 1469 (arch. V. Brosse-Guilgault, 41).

HUMEAUX (LES), h. cne des Moutiers, 1664 (arch. V. Brosse-Guilgault, 15).

HUMEAUX (LES DEUX), l.-d. cne de Luché-Thouarsais. — *Les Deux Hommeaux*, 1469 ; *les Deux Humeaux*, autrement *Chièvre Pendue* ou *les Doinardières*, 1599 (arch. V. Brosse-Guilgault, 44).

HURIE, vill. cne de St-Coutant. — *Heury* (Cass.).

HURIT, h. cne de Prailles. — *La Grange Durip*, 1646 (arch. V. coll. Ste-Mart. l. 112). — *Heurip*, 1652 (not. St-Maix.).

HUTE (LA), f. cne de Verrines.

HUTTE (LA), f. cne de Chenay.

I

IJEAU, f. cne de Fontperron. — *Yjau*, 1363 (cart. St-Maix. II, 147). — *Igeault*, 1519 (arch. Barre, II, 60). — *Ysjau*, 1535 ; *Jau*, 1579 (not. St-Maix.).

ILE (L'), vill. cnes d'Availles-sur-Chizé et Villiers-sur-Chizé. — *Lisle*, XIIIe siècle (censif de Chizé). — *Lisle*, relev. de Chizé, 1561-1717 (ms. 141, bibl. Poit.). — *L'Isle* (Cass.).

ILE (L'), min. cne de Brelou. — *Molendinum de Insula*, 1256 (cart. St-Maix. II, 84).

ILE (LA PETITE), mon. cne de Brelou. — *Insula*, 1256 (cart. St-Maix. II, 84). — *L'Îsle*, par. Ste-Néomeye, 1438 (dict. fam. Poit. II, 16). — *Les Isles*, 1475 (arch. V. E². 237). — *La Petite Isle*, 1540 (not. St-Maix.). Relev. de la châtel-

lenie de St-Maixent (état duch. la Meill. 1775).
Le (L'), f. c^{ne} de Bric. — *L'Isle*, 1409 (av. bar. Moncontour, ap. mém. ant. ouest, 2e série, IV). — *L'Isle de Sazais*, 1784 (arch. D.-S. H. 369).
Ile (L'), h. c^{ne} de Cannay.
Ile (L'), vill. c^{ne} d'Épanne.
Ile (La Grande et Petite), f. c^{ne} de St-Gelais.
Ile (L'), pré à la Fraignée, c^{ne} de St-Martin-de-St-Maixent. — *Pratum quod vocatur Insula subtus domum Mainfredi*, 1096 (cart. St-Maix. I, 221).
Ile (L'). — *Fief de l'Isle*, aliàs *le Peiré*, près la porte Charrault de St-Maixent, relev. de Faye, 1637 (inv. d'Aub.).
Ile (L'), h. c^{ne} de Vouillé.
Ile-Bapaume (L'), vill. c^{ne} du Bourdet. — *L'Isle Bapaume*, 1411 (hist. des Chast. par Duchesne, pr. 60). — *Chatel de l'Isle Bapaume en Saintonge*, relev. de Pauléon, 1485 (id. pr. 83). — *L'Isle Bapaulme*, 1755 (arch. D.-S. E. 362).
Iles (Les), h. c^{ne} d'Échiré. — *La Mothe des Isles*, relev. de la seign. de l'Arnou, 1631. — *Les Isles*, 1693 (arch. Barre, II).
Iles (Les), mⁱⁿ. c^{ne} de St-Georges-de-Noisné. — *Moulin de Lisle*, 1584 (not. St-Maix.).
Iles (Les), f. c^{ne} de Ste-Soline.
Iles-Gourdon (Les), sur la Sèvre, c^{nes} de Brelou et Ste-Néomaye.
Illeau (L'), f. c^{ne} de Frontenay. — *Lileau* (Cass.). — *Podium de Lilea*, 1326 (arch. V. Nouaillé, 55). — *Lisleau*, 1613 (id. St-Hil. 693).
Illeau (L'), f. c^{ne} de Magné.
Ilot (L'), f. c^{ne} de Coulon.
Ilot (L'), mⁱⁿ. c^{ne} de François. — *Moulin de Lislea*, 1373 (arch. V. C. 2, 106). — *Lisleau*, 1551 (not. St-Maix.). — *Lileau* (Cass.).
Imbaudière (L'), f. c^{ne} de St-Aubin-de-Baubigné.
Inchauds (Les), f. c^{ne} de Prissé. — *Ginchau* (Cass.).
Infirmerie (L'), f. c^{ne} de Souvigné. — *Lenfermerie*, 1584 (not. St-Maix.).
Infirmerie (L'), f. c^{ne} de Vitré. — *Lamfermerye*, 1596 (arch. V. E. 3, i. 40). — *L'Enfermerye*, 1604 (id. Ste-Marth. l. 112). — *L'Infirmerie de l'abbaye de Celles*, 1587 (not. St-Maix.).
Ingremaillère (L'), vill. c^{ne} de Secondigny. — *L'Ingremaillère*, 1412 (inv. S^{te}-Cr. Parth.). — *Lingremalière*, 1419 (arch. nat. J. 183). — *Lingremaillière* (Cass.).
Ingremière (L'), f. c^{ne} d'Allonne.
Intremière (L'), f. c^{ne} de Pougne-Hérisson.
Iolière (L'), f. c^{ne} de la Ronde. — *Liolière* (Cass.).
Irais, c^{on} d'Airvault. — *Villa quæ dicitur Ydraicus*, v. 971 (ch. d'Aldéarde de Thouars, ap. Font. XXVI, 143, et Dupuy, 820, p. 35). — *Hydriacus*, 1095 (Font. XXVI, 171 ; — Gall. christ. II). — *Iraicus*, XIIe siècle (Dupuy, 820, p. 30). — *Yray*, 1300 (gr.-Gauthier). — *Iré*, 1613 (arch. D.-S. E. 932). — *Iraye*, 1664 (id. E. 972). — *St-Paul d'Iray* (pouillé 1782). — Dépendait du doyenné de Thouars, du bailliage d'Oironnois, ressort du siège de la vicomté de Thouars, de la sénéchaussée de Poitiers et de l'élection de Poitiers, après avoir fait partie de celle de Parthenay au XVIe siècle (mém. soc. stat. D.-S. 1886, p. XVIII). Il y avait 80 feux en 1750.
Irleau, vill. c^{ne} du Vanneau. — *Insula Raaudi*, 1260 (homm. d'Alph. de Poit.). — *L'Isleroyau*, 1522 (arch. Barre). — *Irelau*, 1599 (id.). — *Irlaud*, 1718 (arch. D.-S. E. 364). — *Irlaut* (Cass.).
Isernais, h. et mⁱⁿ. c^{ne} d'Exoudun. — *Insernecus*, 917 (Font. XXI, 210). — *Isernai*, 1089 (cart. St-Maix. I, 207). — *Igernai*, 1110 (id. 258). — *Isernia*, 1113 (id. 280). — *Yserniacum*, 1143-1164 (id. 364). — *Ysernayum*, 1269 (id. II, 108). — *Isernay*, 1621 (av. de la Mothe). — *Izarnay*, 1647 (arch. D.-S. E. 391). — *Prieuré de St-Germain d'Isernay*, dépendant de l'abbaye de St-Maixent (pouillé 1782).
Issais, vill. c^{ne} de Rom. — *Issé* (Cass.).
Issais, chap. c^{ne} de St-Hilaire-la-Pallu. — *Cappella beatæ Mariæ de Yssayo*, 1466 (arch. V. St-Hil. l. 690). — *Chapelle d'Issay* près le village de la Rivière, aujourd'hui détruite (pouillé B.-Filleau, 382).
Ivronnière (L'), vill. et mⁱⁿ. c^{ne} de la Ronde. — *Linvonnière*, relev. de la Forêt-sur-Sèvre, 1646 (arch. chât. la Forêt). — *Livronnière* (Cass.).
Izambodère (L'), c^{ne} de Chanteloup, relev. de Bressuire, 1364 (arch. St-Loup). — *Lysambardère*, 1400 (id.). L. disp.

J

JACAUPRIE (LA), f. c^ne de Thénezay. — *La Jacoprie* (Cass.).
JACQUELINIÈRE (LA), f. c^ne de Montravers. — *La Jaquelinière* (Cass.). Relev. de Montravers, 1612 (arch. V. E^s. 344).
JACQUELINIÈRE (LA), f. c^ne de St-Éanne.
JACQUETIÈRE (LA), c^ne de Thénezay, relev. de Puychenin-en-Gâtine, 1501 (av. de Châteaun.).
JADELÈRE (LA), c^ne de St-Amand, 1351 (arch. hist. Poit. XVII).
JÂDRE, vill. c^ne de Thorigné. — *Jayldres*, 1568 (not. St-Maix.).
JAGUIN, f. c^ne de Sansais. — *Villa Jarcuniacus*, v. 988 (cart. St-Jean-d'Ang. ap. Font. LXII, p. 481).
JAGUINIÈRE (LA), f. c^ne du Busseau.
JAGUINIÈRE (LA), f. c^ne de Pougne-Hérisson. — *Guill. Chauvin, seign. de la Jaguynère*, relev. de la Perrinière, 1455 (arch. chât. Chap.-Bertr.).
JAHANDRIE (LA), à Fontenay, c^ne de Mauzé-Thouarsais, relev. de Thouars, 1428 (fiefs vic. Thouars).
JAILLIE (LA), f. c^ne de Cherveux. Anc. fief relev. de Boisragon, 1783 (arch. D.-S. E. 22). Voir GUILLAUDERIE (LA).
JAILLON, vill. c^ne de Couture-d'Argenson. — *Jaillôn*, 1635 (arch. V. St-Pierre, l. 238).
JALLIÈRE (LA), f. c^ne de la Boissière-en-Gâtine. — *La Jallière*, 1310 ; *la Jalère*, 1335. Relev. de Secondigny (arch. chât. Chap.-Bertr.). — *La Jaillière* (Cass.).
JALLIÈRE (LA), f. c^ne de Vasles.
JALLIÈRES (LES HAUTES ET BASSES), h. c^ne de Massais.
JALONNIÈRE (LA), c^ne d'Azay-le-Brûlé, relev. de l'abbaye de St-Maixent (cart. St-Maix. intr. 47).
JALONNIÈRE (LA), vill. c^ne de Chey. — *La Jounellière*, paroisse de Chey, 1535 (arch. V. N.-D. l. 1217). — *La Jollonnière* (Cass.).
JALOUSIE (LA), f. c^ne de Gourgé.
JALOUSIE (LA), m^in. c^ne de Sciecq.
JALOUSIÈRE (LA), f. c^ne de St-Christophe-sur-Roc.
JALTIÈRE (LA), f. c^ne de Vasles.
JAMINE, l.-d. c^ne d'Aiffres, 1461 (arch. D.-S. E. 160).
JAMINIÈRE (LA), h. c^ne de St-Maurice-la-Fougereuse.
JAMONNEAU, f. c^ne de Nanteuil.
JAMONNIÈRE (LA), f. c^ne de Beaulieu-sous-Parthenay, relev. de Mauvergne (la Gât. hist. et mon.).
JAMONNIÈRES (LES). — *Masure de terre des Jamonères*, paroisse de Gourgé, relev. de la seign. de Gourgé, 1340 (pap. Blactot).
JAMONNIÈRES (LES), h. c^ne de Paizay-le-Tort.
JAMOULIÈRE (LA), f. c^ne de Saivre. — *La Jamounelière*, 1567 (not. St-Maix.).
JANAUDERIE (LA), f. c^ne de Boesse.
JAQUET (MOULIN), m^on. et anc. m^in. c^ne de Bressuire.
JARCEAU, vill. c^ne des Forges. — *Gerseaux* (Cass.).
JARD (LE), m^in. c^ne de Chérigné.
JARDIN (LE), f. c^ne de Fenioux.
JARDRIOUX (LES), h. c^ne de St-Paul-en-Gâtine. — *Gérariou* (Cass.).
JARDS (LES GRANDS ET PETITS), f. c^ne de Terves. — *Les Jars*, 1432 (arch. St-Loup).
JARGE (LA), vill. c^ne de Chail.
JARGE (LA), vill. c^ne de Pioussay.
JARLE, vill. c^ne de Bouillé-Loretz. — *Jarlle* (Cass.).
JARNERIE (LA), vill. c^ne du Bourdet (Cass.).
JARRE (LA), f. c^ne de Secondigny.
JARRELIÈRE (LA), f. c^ne de la Boissière-en-Gâtine. — *La Jarlière*, relev. de Champdeniers, 1482 (arch. V. E^s. 403). — *La Jarrellière*, 1552 (arch. Barre, II).
JARRIE (LA), h. c^ne de Fenioux. — *La Jarie*, 1657 (arch. V. Pouzay, 2). — *Jarie* (Cass.).
JARRIE (LA), h. c^ne de Moncoutant, 1397 (arch. St-Loup). — *La Jarie* (Cass.).
JARRIE (LA), vill. c^ne de Pamprou. — *La Jarrye*, 1554 (not. St-Maix.).
JARRIE (LA), h. c^ne du Puy-St-Bonnet. — *La Jarie* (Cass.).
JARRIE (LA), f. c^ne de Rom.
JARRIE (LA), chât. c^ne de St-André-sur-Sèvre.
JARRIE (LA), h. c^ne de Thénezay, 1560 (arch. V. seign. div. 32). — *La Jarrye*, 1670, 1698, relev. de Parthenay (arch. V. H. 3, comm. Mongauguier).
JARRIÈRE (LA), f. c^ne de St-Martin-du-Fouilloux.
JARRIÈRE (LA), f. c^ne de Secondigny, 1560 (arch. V. seign. div. 32).
JARRIES (LES), c^ne de St-Georges-de-Rex. — *Jarry*, 1708 ; *la Jarrie*, 1752 ; anc. fief relev. de la cure de St-Georges-de-Rex (arch. D.-S. G. 15; E. 584).
JARRIGES (LES), vill. c^nes de Limalonges et Sauzé-Vaussais. — *Chez-Jarrige* (Cass.).
JARRIGET, h. c^ne de la Chapelle-Pouilloux.
JARRIGET (LE), h. c^ne de Lorigné.
JARROSSON, h. c^ne de Fenioux, xve s. (arch. V. seign. div. ; décl. fiefs Parthenay).

JARS (LA), c^nes de Chaunay et Chavagné, 1680 (arch. D.-S. E. 19).

JARSONNIÈRE (LA), vill. c^ne de Fenioux.

JARZAY, vill. c^ne de Pressigny. — *Gerzai*, XIIe siècle (cart. l'Absie, ap. Dupuy, 828). — *Jarzoys*, 1460 (arch. hôp. Parth.). — *Gersay*, 1503 (reg. av. Chât.). — *Gerssay*, 1513 ; *Jarsay*, 1536 ; *Gerçay*, 1550 (arch. Barre, II, 300, 301). — *Gerzais*, 1728 (arch. D.-S. H. 283). Relev. de Parthenay, 1699 (arch. V.).

JARZAY, vill. c^ne de St-Germain-de-Longue-Chaume. — *Jarzois*, 1404 (arch. de Moiré).

JARZAY, vill. c^ne de Thénezay, 1354, relev. de Parthenay (la Gât. hist. et mon.).

JARZELIÈRES (LES), vill. c^ne de Largeasse. — *Villula les Jarselières*, 1205 (arch. Fonten.). Voir GERZELIÈRES (LES).

JASELIÈRE (LA), f. c^ne de Vernou-en-Gâtine.

JASSAY, vill. c^ne de Chenay. — *Châtellenie de Jassail le Cotal*, 1370 (arch. hist. Poit. XIX, 59). — *Jassais* (Cass.).

JAUBERGÈRE (LA), f. c^ne de St-Aubin-de-Baubigné.

JAUBERTIN (LE), f. c^ne de Geay.

JAUBRETIÈRE (LA), h. c^ne de Verruye. — *La Jaubertère*, 1546 (not. St-Maix.). Relev. de Pressigny-en-Gâtine (arch. V. E^s. 415).

JAUDINERIE (LA), mét. à Breilbon, paroisse de Germond, 1689 (arch. V. E^1. 8).

JAUDONNIÈRE (LA), h. c^ne de la Chapelle-Thireuil.

JAUDONNIÈRE (LA), f. c^ne de Chiché.

JAUDONNIÈRE (LA), f. c^ne de Largeasse.

JAUDOUINIÈRE (FIEF DE LA), c^ne de Pamprou, ressort de Lusignan, élection de St-Maixent, 1609 (mém. soc. stat. D.-S. 3e sér. VI, 335).

JAUDRONNIÈRE (LA), vill. c^ne de St-Pardoux.

JAUDUCIÈRE (LA), f. c^ne de la Forêt-sur-Sèvre. — *La Jandinière*, relev. de la Forêt, 1598 (arch. chât. la For.).

JAUFFRÈRE (LA), vill. c^ne d'Azay-sur-Thoué. — *Borderia de la Joufreère*, 1267 (Font. I, 391). — *La Jouffrayère*, 1388, 1399 (arch. Chap.-Bertr.). — *La Jouffraire*, 1567 (id.). — *La Vieille Jouffraire*, 1568 (arch. Vernay). — *La Vieille et Jeune Jouffraire*, 1666, relev. de la Jallière (arch. Chap.-Bertr.).

JAUFFRETIÈRES (LES), f. c^ne de Chail. — *La Jaufretière* (Cass.).

JAULAIN (LE), f. c^ne de Largeasse. — *Jaulin* (Cass.).

JAULETRIE (LA), h: c^ne d'Assais.

JAULINIÈRE (LA), vill. c^ne de l'Absie.

JAUNASSE, f. c^ne de la Boissière-Thouarsaise, 1503, relev. d'Airvault (hist. d'Airv. par B.-Filleau).

JAUNASSE, vill. c^ne de Louin. — *Jaunaces*, 1450 (arch. Vernay). — *Le fief de Jaunasse*, relev. de la Ronde de Louin, 1639 (arch. Vernay).

JAUNAY, vill. c^ne d'Azay-le-Brûlé. — *Jauniacum*, 1141 (cart. St-Maix. 336). — *Jaunai*, 1218 (id. II, 41). — *Jaunaium juxta Sanctum Maxentium*, 1246 (compt. d'Alph. Poit.). — *Jauneium*, 1260 (homm. d'Alph. Poit.). — *Jaunay*, 1352 (arch. V. H. 3, 876). Dépendait de la châtellenie de St-Maixent.

JAUNAY, h. c^ne de Cherveux. — *Jaunay*, relev. de St-Maixent, 1406 (gr.-Gauthier, des bénéf.).

JAUNAY, h. c^ne de Gourgé. — *Aimericus de Jaunai*, XIIe siècle (cart. l'Absie, ap. Dupuy, 828).

JAUNE (LE), éc. c^ne de Niort.

JAUNELIÈRE (LA), f. c^ne de Boismé.

JAUNELIÈRE (LA), f. c^ne de Chiché.

JAUNELIÈRE (LA), f. c^ne de Cirière.

JAUNELIÈRE (LA), f. c^ne de Neuvy-Bouin. — *La Jounelère en Nevi*, 1392 (pap. fam. du Fonten.). — *La Jaunelière* (Cass.).

JAUNELIÈRE (LA), f. c^ne de St-Germain-de-Longue-Chaume. — *La Jonelère*, relev. d'Airvault, 1404 (arch. de Moiré). — *La Jounelère*, 1554 (notre coll.).

JAUNELIÈRE (LA), f. c^ne de St-Mard-la-Lande. — *La Jaulinière* (Cass.).

JAUNELIE (LA), vill. c^ne du Bourdet.

JAUNIÈRE (LA), f. c^ne de Chiché. — *La Johennère*, 1419 (arch. St-Loup). — *La Jaulnière*, 1615 (arch. D.-S. E. 453).

JAUNIÈRES (LES), f. c^ne de Verruye. — *Les Jounières* (Cass.).

JAUSELIÈRE (LA), f. c^ne de Bretignolle. — *La Jauzellière* (Cass.).

JAUZELIÈRE (LA), f. c^ne de Fontperron. — *La Joselière* (Cass.).

JAVARZAY, f. c^ne de Baussais, relev. de Melle, 1581 (ms. 141, bibl. Poit.).

JAVARZAY, vill. c^ne de Bougon. — *Gervazai*, 1236 (cart. Châtell.). — *Javarzay*, 1621 (av. de la Mothe). — *Grand et Petit Javersais* (Cass.).

JAVARZAY, bourg, anc. chât. c^ne de Chef-Boutonne. — *Gavarciaco* (triens mérov. ap. Leblanc). — *Ecclesia de Javarziaco*, v. 1081 (Font. XIX, 67). — *Jarnezay, Javersayum*, 1300 (gr.-Gauthier). — *Gevarzay*, 1404 (arch. V. St-Pierre, I. 245). — *Hôtel de la court de Javarzay*, 1473 (id. 1. 242). — *St-Chartier de Javarzay* (pouillé 1782). La châtellenie de Javarzay fut réunie à la baronnie de Chef-Boutonne en 1655. Elle dépendait de l'archiprêtré de Melle et de l'élection de Niort sous le nom de Javarzay en Chef-Boutonne (mém. soc. stat. D.-S. 1886).

JAVELOTS (LES), vill. c^ne de Ste-Ouenne.

JAVRELIÈRE (LA), f. c^ne de Moncoutant. — *La Jourlière* (Cass.).

JELOUSIÈRE (LA), h. cne de St-Christophe-sur-Roc.—*La Gelouzère*, 1400 (arch. V. Es 422).—*La Jelouzière*, relev. de Pressigny-en-Gâtine, 1600 (id. 415).

JERC (LE), min. cne de Chérigné.

JETTIÈRES (LES), f. cne de St-Gelais. — *Fief des Gertiers*, 1612, relev. de St-Gelais, 1635 (arch. V. E¹. 11).

JINCHÈRE (LA), f. cne de St-Georges-de-Noisné. — *La Jenchère* (Cass.).

JINCHÈRE (LA), f. cne de St-Maxire.

JINCHÈRES (LES), h. cne de Massais.— *La Ginchère* (Cass.).

JINCHÈRES (LES), f. cne de St-Clémentin.

JINCHÈRES (LES), f. cne de Scillé. — *La Jinchère* (Cass.).

JOALIÈRE LA), vill. cne de St-Varent.— *La Jouellière* (Cass.).

JOBLETIÈRE (LA), f. cne de Pugny ; anc. fief relev. de Pugny, 1588 (arch. D.-S. E. 436).

JOBLINIÈRE (LA), chât. cne de Lamairé. — *La Jobelinière* ou *Joblinière*, relev. de la baronnie de Parthenay, puis fut réunie au duché de la Meilleraye au xviie siècle et vendue en 1779 par le cte d'Artois à Jean-Gabriel Clabat du Chillou (Font. LXIII).

JOBTIÈRE (LA), h. cne de la Ronde. — *Josberteria*, v. 1090 (cart. Trin. de Maul.). — *La Joubetère*, relev. de Bressuire, 1382 (arch. St-Loup). — *La Jobetère*, 1435 (id.). — *La Jobetière*, 1524 (Font. VIII, 273). — *La Jobtière* (Cass.).

JOBTIÈRE (LA), f. cne de Terves. — *La Jobetère*, 1365 (arch. St-Loup).

JOLIÈRE (LA), f. cne de la Chapelle-Thireuil. — *La Jeollière*, 1631, relev. de Vouvent (arch. Bois-Chapel.). — *La Jollière* (Cass.).

JONCHÈRE (LA), f. cne de Lhoumois, relev. de la seign. de la Chapelle-Bertrand, 1723 (arch. Chap.-Bertr.).

JONCHÈRE (LA), f. cne de Ménigoute. — *La Jonchère*, 1374 (chartr. Thouars).

JONCHÈRE (LA), vill. cne de Séligné. — *La Jonchère*, relev. de Chizé, 1595 (ms. 141, bibl. Poit.). — *La Joingère* (Cass.).

JONCHEREAU (LE), f. cne d'Aigonnay.

JONCHIÈRE (LA), f. cne de Baussais, 1693 (arch. D.-S. E. 670).

JONNETIÈRE (LA), vill. cne de Sepvret. — *La Journetyère*, 1551 (arch. V. E³. l. 33). — *La Journetière*, relev. de la Mothe-St-Héraye, 1621 (av. de la Mothe). — *La Jauneltière* (Cass.).

JORDANIÈRE (LA), borderie à Maulnay, paroisse de Saivre, 1546 (not. St-Maix).

JOUBERTERIE (LA), h. cne de St-Florent. — *La Joubertrye*, 1692 (dom. de N.-D. Niort).

JOUBERTET, cne de Vasles. — *Moulin à vent de Joubertet*, 1364. — *Jobretet*, 1399 (arch. V. Ste-Cr. l. 44).

JOUBERTIÈRE (LA), f. cne d'Azay-sur-Thoué.

JOUBERTIÈRE (LA), f. cne de Neuvy-Bouin.— *La Joubretière*, relev. de Châteauneuf-en-Gâtine, 1491, 1578 (arch. Barre, I; — reg. av. Chât.).

JOUBERTIÈRE (LA), cne de Saurais. — *La Joubertère*, 1328 (f. lat. 20230, p. 267, inv. tit. Airv.).

JOUBERTIN (LE), f. cne de Noireterre. — *Jaubertin* (Cass.).

JOUC (LE), h. cne de Sompt. — *Le Jouc*, relev. de Chef-Boutonne, 1667 (dén. de 1667). — *Le Jou* (Cass.).

JOUCHIÈRES (LES), cne de St-Clémentin, 1531 (arch. chât. Dor.). L. disp.

JOUDONNIÈRE (LA). — *Sentier du pont neuf d'Argenton à la Joudoynière*, 1441 (arch. hôp. Argent.).

JOUET (LE GRAND), h. cne de Deyrançon.

JOUG (LE), h. cne d'Aigonnay. — *Le Jouc*, 1522. — *Moulin de Joit*, 1527 (not. St-Maix.).

JOUHÉ, vill. et anc. chât. cne de Pioussay. — *Johec*, 1124 (cart. St-Maix. I, 308). — *Joec*, v. 1170 (arch. V. Nouaillé, pièce 187). — *Jouhec*, 1439; *Jouhé*, 1598; *Jouhet*, 1600 (arch. Barre, II). — *Joué* (Cass.).

JOUINIÈRE (LA), f. cne de Clavé. — *La Jouinyère*, 1452; *la Jouynère*, 1562 (arch. Barre, II). — *La Juinière* (Cass.).

JOUINIÈRE (LA), vill. cne de Gournay.

JOUINIÈRE (LA), f. cne de Sanzay.

JOUINIÈRE (LA), b. cne de Thorigné. — *La Joynière*, 1441 (arch. V. E¹. 12). — *La Jouynière*, 1723 (arch. D.-S. E. 645).

JOUINIÈRE (LA), f. cne de Verruye.

JOUNIER, min. cne de Rom, 1680 (arch. V. N.-D. 149).

JOURDIN, min. cne de Largeasse.

JOURDIN, min. cne de St-Amand-sur-Sèvre (Cass.).

JOURDINIÈRE (LA), h. cne de Lhoumois.

JOURDINIÈRE (LA), f. cne d'Oroux. — *La Jourdinière*, relev. de Châteauneuf-en-Gâtine, 1501 (reg. d'av. Chât.).

JOURDONNIÈRE (LA), f. cne du Busseau.

JOURNALIÈRE (LA), f. cne de Secondigny.— *La Journelère*, 1433; *la Journellière*, 1446; *la Jornalière*, 1450 (arch. V. Fontaine-le-C. 30).

JOURNEAU, min. cne de Parthenay.

JOUSNELLIÈRE (LA), cne de St-Lin, relev. de la seign. de St-Lin, 1594 (ma. coll.).

JOUSSAMIÈRE (LA), f. cne de Saurais, relev. de la seign. de Saurais, 1620. — *La Joussomière*, 1671 (la Gât. hist. et mon.).

JOUSSANNEAU, m^in. c^ne de Couture-d'Argenson. — *Joussonot* (Cass.).
JOUSSEAMYÈRE, vill. c^ne de St-Denis, 1482 (arch. V. E^s. 403).
JOUSSELIN, f. c^ne de Genneton.
JOUSSELIN, m^in. c^ne du Tallud.
JOUSSELINIÈRE (LA), vill. c^ne d'Azay-sur-Thoué, 1542 (arch. Barre).
JOUSSELINIÈRE (LA), f. c^ne de Châtillon-sur-Thoué, relev. de Pressigny-en-Gâtine, 1600 (arch. V. E^s. 415). — *La Jousselinière* (Cass.).
JOUSSELINIÈRE (LA), f. c^ne de St-André-sur-Sèvre. — *La Josselinère*, 1412 (arch. V. II. 3, 728).
JOUSSERIE (LA), f. c^ne de Rom.
JOUSSERON, m^in. c^ne de St-Léger-lez-Melle.
JOUSSON, vill. c^ne de Magné.
JOUTEAUX (LES), h. c^ne de Noireterre. — *Joueta*, 1359 (arch. Barre, II, 305). — *Jouhetea*, 1418 (arch. St-Loup). — *Joueteau*, 1518 (arch. Barre). — *Joutteau* (Cass.). Relev. de Bressuire.
JOUTIÈRE (LA), f. c^ne de la Mothe-St-Héraye, 1773 (arch. D.-S. E. 405).
JOUVENCE, éc. c^ne de Breuil-Chaussée.
JOUX (FIEF DE), c^ne de Villiers-en-Plaine, 1609 (Font. XX, 414).
JOYEUSE-GARDE (LA), f. c^ne de St-Florent.
JUBARDIÈRE (LA), vill. c^ne de St-Pierre-à-Champ. — *La Joubardière* (Cass.).
JUCHAUDIÈRE (LA), c^ne de Coutières. — *La Juchaudère*, 1437; *la Juchauldière*, 1571; *la Jenchaudière*, 1595 (arch. Barre, II).
JUCQUAILLÈRE (LA), c^ne de Terves, près du Puy-au-Maistre, 1418 (arch. St-Loup).
JUDRIE (LA), vill. c^ne de Vausseroux. — *La Juderie*, 1307 (arch. hist. Poit. XI, 23). — *La Juzerie*, 1452 (arch. Barre, II). — *Hôtel de la Juzie*, relev. de l'abb. de Ste-Croix, 1454 (arch. V. S^te-Cr. 45).
JUDRIE (LA), vill. c^ne de Tourtenay.
JUGNY, étangs, c^ne de Moutiers. — *Juigné*, 1446 (arch. V. Brosse-Guilgault, 1).
JUIGNY (HAUT ET BAS), h. c^ne de Mauzé-Thouarsais.
JUILLÉ, c^on de Brioux. — *Juliacum*, v. 1082 (cart. St-Jean-d'Ang. ap. Font. LXIII, p. 93). — *Ecclesia S^ti Petri de Julliaco*, v. 1089 (id. p. 225). — *Juillev*, 1300 (gr.-Gauthier). — *St-Germain de Juillé* (pouillé 1782). — La paroisse est réunie à celle de Brioux. Dépendait de l'archiprêtré de Melle, de la sénéchaussée de Civray et de l'élection de St-Maixent. Relev. de Luché (état de l'élect. 1698). La cure était à la nomination de l'abbé de Celles. Il y avait 44 feux en 1698, et 47 en 1750.

JULE, f. c^ne de Granzay. — *Jeule, Julles*, 1718 (arch. D.-S. E. 365). — *Juillé* (Cass.).
JULES, f. c^ne de Prahecq. — *Juillé* (Cass.).
JULINIÈRE (LA), vill. c^ne de Fenioux. — *La Juvinière* (Cass.).
JUMEAUX, f. c^ne de Coulon.
JUMEAUX (LES), c^on de St-Loup. — *Gemelli*, 1095 (ch. de Pierre, év. Poit., ap. Font. XXVI, et Besly, év. Poit.). — *Sanctus Martinus de Gemellis*, 1113 (Gall. christ. II). — *Grumeaux*, 1300 (gr.-Gauthier). — *Jemmeaulx*, 1550 (arch. V. abb. Airv.). — *Jumeaux* (pouillé 1648). — *Jumau*, 1654 (arch. D.-S. E. 957).

Dépendait du doyenné de Bressuire et de l'élection de Thouars, après avoir fait partie de celle de Parthenay au XVIe siècle (mém. soc. stat. D.-S., 1886, XVIII). Etait compris dans le bailliage d'Orvallois, du ressort du siège de la vicomté de Thouars, et faisait partie de la sénéchaussée de Poitiers.

JUMEAUX, f. c^ne de Thénezay.
JUNIÈRE (LA), vill. c^ne de Thorigné.
JUNTE (LA), vill. distrait de Scillé et réuni à l'Absie par la loi du 21 avril 1859.
JUSCORPS, c^on de Prahecq. — *Jucor in ballia de Chisico*, XIIIe siècle (censif Chizé). — *Juchecorp* (id.). — *Ecclesia de Juchecorps*, 1300 (gr.-Gauthier). — *St-Maixent de Jussecors* (pouillé 1782). Ancien prieuré-cure, ordre de St-Augustin, de 600 liv., à la présentation de l'abbaye de Celles (état. élect. 1716). Dépendait de l'archiprêtré de Melle, de la châtellenie, puis marquisat de Fors, dont il relevait, du siège royal et de l'élection de Niort. Il y avait 45 feux en 1716 et 59 en 1750.

JUSSAY, f. c^ne d'Aigonnay. — *Jussay*, 1600 (arch. V. Trin. 93).
JUSSAY, h. c^ne d'Amaillou. — *Jussay*, 1404 (arch. Moiré). — *Jussay* (Cass.).
JUSSAY, étang, c^ne de Coulonges-Thouarsais.
JUSSAY, f. c^ne de Moutiers.
JUSSAY, vill. c^ne de St-Aubin-du-Plain.
JUSSANDIÈRE (LA), f. c^ne de Boismé. — *La Joussendère*, relev. de Bressuire, 1433 (arch. St-Loup).
JUSSELANDIÈRE (LA), h. c^ne de Celles. — *La Guslandière* (Cass.).
JUSTICE (LA), f. c^ne de la Couarde.
JUSTICE (LA), vill. c^ne de Prailles.
JUTIÈRE (LA), h. c^ne de Vasles. — *La Justière*, paroisse de Vasles, 1582 (arch. V. S^te-Cr. l. 48). — *La Jutière* (Cass.).

L

Lac (Le), vill. c⁻ᵉ d'Asnières.
Lac (Le), f. cⁿᵉ des Forges.
Lac (Le), f. cⁿᵉ de Fressine, 1775 (arch. D.-S. E. 379).
Lac (Le), f. cⁿᵉ des Groseillers.
Lac (Le), fief près Mauzé-Thouarsais, 1415 (arch. V. Stᵉ-Cr. 74). L. disp.
Lac (Le Grand), f. et logis, cⁿᵉ de Vouillé.
Lacasse, h. cⁿᵉ de Montalembert.
Lac-Cartereau, près Boisbaudran, 1507 (arch. V. Stᵉ-Cr. 74). L. disp.
Lachereau, f. cⁿᵉ d'Exireuil.
Lac-Morin. — *Ad Lacum Morine*, 1258 (ch. de P. du Sault, ap. cart. Chambon). Lieu indéterminé.
Lacquait (Le), h. cⁿᵉ de Mazières-sur-Béronne. — *Laquet* (Cass.).
Lacs (Les), f. cⁿᵉ d'Adilly.
Lac-Seigneureau, f. cⁿᵉ de Louzy.
Ladent, h. cⁿᵉ de Villiers-en-Plaine. — *Prioratus de la Dent monasterii de Fontebraldo*, 1300 (gr.-Gauthier). — *La Dens* (Cass.).
Lagault, vill. cⁿᵉ de Lezay. — *La Gaud*, 1653 (arch. D.-S. E. 871). — *La Gault* (Cass.).
Laidet, mⁱⁿ. cⁿᵉ de Stᵗ-André-sur-Sèvre.
Laillaudère, près la Braudière, cⁿᵉ de Moncoutant, 1376 (arch. Stᵗ-Loup).
Laimière (La), vill. cⁿᵉ de Courlay. — *Laleaumère*, relev. de Bressuire, 1425 (arch. Stᵗ-Loup).
Lair, vill. cⁿᵉ de Pas-de-Jeu. — *Lers*, fin du XIIIᵉ s. (arch. D.-S. E. 382). — *La Tour de Layre*, 1570, relev. de Thouars (dict. fam. Poit. I, 694). — *La Tour de Lair*, 1574 (fiefs vic. Thouars). — *L'Aire* (Cass.).
Lairaudère, cⁿᵉ de Vausseroux, relev. de l'abbaye de Stᵉ-Croix, 1362 (arch. V. Stᵉ-Cr. 44).
Lais, vill. cⁿᵉ de Rom. — *Lès*, relev. du chap. Stᵗ-Pierre de Poitiers, 1424 (arch. V. Stᵗ-P. l. 231). — *Lay*, 1576 (id.). — *Lays*, 1680 (arch. V. N.-D. 149).
Laitière (La), vill. cⁿᵉ de la Petite-Boissière. — *Petite et Grande Lestière* (Cass.).
Lajard, f. cⁿᵉ de Secondigny.
Lale-Belamoine, f. cⁿᵉ de Pressigny. Voir Belamoine.
Lamairé, cⁿⁿ de Stᵗ-Loup. — *Ecclesia Sancti Leodegarii, nunc de Lamariaco*, v. 1092 (cart. de Talmond, p. 163). — *Matriticum*, v. 1092 (id. 165). — *Mariacum*, v. 1100 (id. 166). — *Maricum*, v. 1130 (id. 281). — *La Mairé*, 1166 (cart. l'Absie). — *La Mayré*, 1279 (cart. Bourgueil). — *La Maeret*, 1300 (gr.-Gauthier). — *Lamairé*, 1310 (arch. hist. Poit. XI). — *La Mesrée*, 1479, 1483 (arch. Stᵗ-Loup ; cart. Stᵗ-Laon Th.). — *Stᵗ-Léger de Lamairé* (pouillé 1782).

La seign. de Lamairé faisait partie de la châtellenie d'Autin, réunie à la baronnie de Parthenay, et relevait de ladite baronnie, puis fut réunie au duché de la Meilleraye au XVIIᵉ siècle et vendue par le cᵗᵉ d'Artois en 1779 à Jean Clabat du Chillou (dén. just. bar. Parth. 1744. Font. LXIII). La paroisse dépendait de l'archiprêtré de Parthenay, de la sénéchaussée et de l'élection de Poitiers. La cure était à la nomination de l'abbé de Talmond. Il y avait 77 feux en 1750.

Lambert, h. cⁿᵉ de Fenioux.
Lambertière (La), f. cⁿᵉ de la Chapelle-Stᵗ-Étienne. — *Lamberteria*, 1155 (cart. l'Absie, ap. Dupuy, 828).
Lambertière (La), f. cⁿᵉ de la Pérate.
Lambertière (La), h. cⁿᵉ de Stᵗ-Vincent-de-la-Châtre. — *La Lambertière*, 1362 (arch. V. cart. sceaux, nᵒ 102). La haute justice de la Lambertière relev. par appel de la châtellenie des Marets de Lezay (justices du Poit. par B. Filleau).
Lambertière (La), f. cⁿᵉ de Verruye. — *La Lambertère*, 1237 (arch. V. H. 3, 869). — *La Lambertière*, relev. de Ternant, 1446 (id. Eˢ. 412).
Lambillardière, f. cⁿᵉ de Stᵗ-Lin. — *Loublardère*, 1533 (not. Stᵗ-Maix.). — *Lambillardière* (Cass.).
Lambon (Le), rivière qui prend sa source au-dessus de Baussais et se jette dans la Sèvre au-dessus de Niort (stat. de Dupin). — *Rivière du Lonbon*, 1463 (arch. V. Eˢ. 162). — *Le Lambaon*, 1504 (arch. D.-S. E. 211). — *Le Lanbon* (Cass.).
Lamoi, f. cⁿᵉ d'Aiffres. — *Feodum de Lamaez*, 1260 (homm. d'Alph. Poit.). Était de la châtellenie de Niort.
Lampe (Champ de la), l.-d. cⁿᵉ de Voultegon.
Lancières, cⁿᵉ de Vançais. — *Lancerix*, v. 1120 (cart. Stᵗ-Cyprien, 303). — *Lancères*, 1294 (arch. V. Stᵗ-Ben. l. 26). — *Lancière*, 1443 (id. l. 26). — Relev. du château de Lusignan, 1562 (arch. V.).

Lande (La), f. cⁿᵉ de Boismé.
Lande (La), mⁱⁿ. et vill. cⁿᵉ de la Boissière-en-Gâtine. — *Moulin de la Lande*, 1610 (arch. V. Eˢ. 233).
Lande (La Jeune et la Vieille), h. cⁿᵉ de Cersay.

DÉPARTEMENT DES DEUX-SÈVRES.

LANDE (LA), vill. c^{ne} de Cirière.
LANDE (LA), h. c^{ne} de Clavé. — *La Lande*, 1452 (arch. Barre). — *La Petite Lande*, 1533-1565 (not. St-Maix.).
LANDE (LA), f. c^{ne} de Clessé.
LANDE (LA), f. et mⁱⁿ. c^{ne} de Combrand.
LANDE (LA), f. c^{ne} de Courlay.
LANDE (LA), h. c^{ne} des Échaubrognes. — *Landa basse juxta terram et pascuum aux Maousseaux in parrochia beati Hilarii de Chaubrognia*, 1342 (Font. IX, 279).
LANDE (LA), h. c^{ne} d'Exoudun.
LANDE (LA), f. c^{ne} de Genneton.
LANDE (LA), f. c^{ne} de Gourgé. Ancienne commanderie de l'ordre du Temple, réunie en 1313 à l'ordre des Hospitaliers de Jérusalem (arch. V. 918, l. 9). — *St-George de la Lande*, 1343 (id.). — *La Lande de Parthenay*, 1428 (id. II. 3). — *La Lande St-Georges*, 1552 (id.). — *La Lande de Gourgé*, 1751 (id.). — Cette commanderie fut réunie à celle de Roche-Villedieu.
LANDE (LA), f. c^{ne} de Loublande.
LANDE (LA), vill. c^{ne} de Mauzé-Thouarsais. — *Landa*, 1235 (cart. St-Michel Thouars).
LANDE (LA), f. c^{ne} de Noirlieu.
LANDE (LA), f. c^{ne} de Rorthais.
LANDE (LA), h. c^{ne} de St-Amand.
LANDE (LA), vill. c^{ne} de St-Mard-la-Lande. Ancienne commanderie de l'ordre de St-Antoine de Viennois, fondée au XIIIe siècle et dépendant de la commanderie générale de Bouthier. Elle fut cédée en 1777 à l'ordre de Malte (arch. V. H. 3 ; — la Gâtine hist. et mon. 237). La Lande est aujourd'hui le chef-lieu de la commune et de la paroisse de St-Mard-la-Lande.
LANDEBAUDIÈRE, mⁱⁿ. c^{ne} de St-Aubin-du-Plain, 1729 (arch. V. Brosse-Guilgault, 8).
LANDE-BERGÈRE, h. c^{ne} des Échaubrognes.
LANDE-BLANCHE, f. c^{ne} de St-Jouin-sous-Châtillon.
LANDEFRÈRE, h. et logis, c^{ne} de Coutières. — *Landefrère*, 1515, 1526 (arch. Barre, II). — *Landefraire*, 1567 (not. St-Maix.). — *Lande Fresne*, 1666 (cart. Châtell.).
LANDES (LES), vill. c^{ne} de Bouillé-Loretz.
LANDES (LES), vill. c^{ne} de Chantecorps. — *Landa*, 1164 (cart. Châtell.). — *Les Landes de l'Aynardère*, 1375 ; *les Landes*, 1452 (arch. Barre, II). — *La Lande*, 1533 (not. St-Maix.).
LANDES, f. c^{ne} de Chanteloup.
LANDES (LES), mⁱⁿ. c^{ne} de Genneton.
LANDES (LES), c^{ne} de Largeasse, relev. de Châteauneuf-en-Gâtine, 1492 (reg. av. Chât.).
LANDES (LES), c^{ne} de Moncoutant, relev. de Bressuire, 1363 (arch. St-Loup).

LANDES (LES), h. c^{ne} de Moutiers, 1713 (arch. V. H. 3, 812).
LANDES (LES), c^{ne} de Pugny, sous l'étang de Courberive, 1437 (arch. St-Loup).
LANDES (LES), f. c^{ne} de St-Aubin-de-Baubigné. — *Les Landes Priclea*, 1351 (arch. hist. Poit. XVII). — *Les Landes-Mocquet*, 1634 (arch. V. H. 3, 721, comm. Maul.).
LANDES (LES), vill. c^{ne} de St-Laurs.
LANDES (LES), f. c^{ne} de Voultegon, 1635 (arch. chât. Dorides).
LANDINIÈRE (LA) ou LANDONNIÈRE, f. c^{ne} d'Amaillou.
LANDREMIÈRE (LA), vill. c^{ne} de Courlay. — *Landremière* (Cass.).
LANDRENIÈRES (LES), vill. c^{ne} du Busseau.
LANDRIÈRE (LA), h. c^{ne} de la Chapelle-Thireuil. — *La Landrière*, relev. de Vouvent, 1631 (arch. Bois-Chapel.).
LANDOUZIÈRE, vill. c^{ne} de Gourgé. — *Landouzière*, 1608 (arch. V. E^s 370).
LANGIBAUDIÈRE, vill. c^{ne} de Terves. — *Laugibaudère* relev. de l'hôtel de St-Cyprien de Bressuire, 1425 (arch. St-Loup). L. disp.
LANTERNE (LA), aub. c^{ne} de Nanteuil.
LAPARENT, h. c^{ne} d'Ardin. — *Lapparent* (Cass.).
LARDEBAUDÈRE, c^{ne} de la Ronde, fief relev. de Puymarri, 1425 (arch. St-Loup).
LARDIÈRE (LA), h. c^{ne} de Bouillé-St-Paul.
LARDIÈRE (LA), h. c^{ne} de la Chapelle-Thireuil. — *La Lardère*, relev. de Vouvent, 1631 (arch. Bois-Chapel.).
LARDIÈRE (LA), vill. c^{ne} des Moutiers-sous-Chantemerle. — *Lardeyria, la Lardère*, 1225 (Font. LXII ; — arch. hist. Poit. I). — *La Lardière* (Cass.).
LARDIÈRE (LA), f. c^{ne} de St-Lin.
LARDIÈRE (LA), vill. c^{ne} de Soutiers.
LARGEASSE, c^{on} de Moncoutant. — *Alodum Rajaciacum in vicaria Toarcinse*, v. 1005-1012 (cart. Bourgueil). — *Ragacia*, v. 1020 (id.). — *Rajacia*, 1102 (id.). — *La Rajace*, 1278 (cart. Bourg.). — *Rejaca*, 1300 (gr.-Gauthier). — *Rejacia*, 1326 (cart. év. Poit. 173). — *La Rejasse*, 1421 (arch. St-Loup). — *La Regeasse*, 1636 (arch. Barre, II). — *Largeasse* (Cass.). — *St-Étienne de la Rejasse* (pouillé 1782).

Largeasse était compris, partie dans la châtellenie de Châteauneuf-en-Gâtine et partie dans celle de Châteauneuf-en-Thouarsais. Voir CHÂTEAUNEUF. Il dépendait de l'archiprêtré de Parthenay, de la sénéchaussée de Poitiers et de l'élection de Thouars. La cure était à la nomination de l'abbé de Bourgueil. Il y avait 145 feux en 1750 (cart. alph. du Poit.).

LARGEASSE, f. cne de St-Aubin-de-Baubigné. — *La Rajasse*, xve siècle (reg. r. Templ. Maul.).
LARGÈRE (LA), f. cne d'Amaillou. — *La Largère*, 1439 (arch. V. E². 131).
LARGÈRE (LA), f. cne de Cerizay.
LARGÈRE (LA), f. cne de Secondigny.
LARGÈRE (LA), f. cne de Vasles. — *La Largère*, 1362 (arch. V. Ste-Cr. l. 44).
LARGÈRE (LA), f. cne de Vouhé, relev. de Pressigny-en-Gâtine, 1600 (arch. V. Es. 415).
LARGIÈRE (LA), cne de Baussais en la châtellenie de St-Maixent (cart. St-Maix. intr. 48).
LARIGNONE, h. cne d'Épanne.
LARJONNIÈRE, f. cne de la Pérate.
LARSICAULT, f. cne de Moulins.
LASPOIS, f. et étang, cne de Moutiers. — *Cepeia*, 1250 (cart. Trin. Maul.). — *Laspaix*, relev. de Liniers, 1371 (dict. fam. Poit. II, 302). — *La Sepaye*, xve siècle (reg. r. Templ. Maul.). — *Lassepais* ou *la Ceppaye*, 1555 (reg. insin. Thouars). — *Laspoix*, 1713 (arch. V. H³. 812). — *Lespois*.
LASPOIX, f. et chât. cne de St-Martin-du-Fouilloux. — *Lasepaye*, 1441 (arch. V E². 131). — *Lacepaye*, 1450 (arch. V. Brosse-Guilgault, 22). — *Laspoye*, 1571 (ma coll.). — *Laspois* (Cass.).
LASPOIX, f. cne de St-Généroux, 1671 (arch. D.-S.).
LATRIE, f. cne de Rorthais.
LATRIE, vill. cne de St-Marsault. — *Lasterie*, 1395 (arch. St-Loup).
LATRIE, f. cne de Vouhé. — *Lasterye*, 1499 (ma coll.). —*La Trye*, 1533 ; *Lattrye*, 1565 ; *Lastrie*, 1572 ; *Lasterie*, 1576 ; *l'Astrie*, 1584 (arch. Barre, I, II). Relev. partie de Pressigny-en-Gâtine et partie de la Truitière (arch. V. Es. 415). — *Lattrie* (Cass.).
LAUBARÉE, h. cne d'Aigonnay.
LAUBIER, f. cne de Ménigoute. — *Lauber*, 1378 ; *Laubier*, 1638 (arch. Barre, II).
LAUBIER, f. cne de St-Marsault.
LAUBREÇAIS, vill. cne de Clessé. — *Paganus de Loberzai*, v. 1140 (cart. l'Absie). — *L'Obersay*, 1405 (arch. Moiré). — *Loubressay*, 1437 (arch. Barre, II).
LAUDEBERTÈRE, cne de Viennay, borderie tenant aux ténements de la Boulaye et la Pailleric, 1383 (arch. V. E. 2, 131).
LAUDERIE, chât. cne de Rigné. — *Laudoyrie*, 1479 (cart. St-Laon Th.). — *Laudairie*, 1556 (reg. insin. Thouars.) — *Laudérye*, 1597 (chartr. Thouars). — *Lodairie*, 1658 (arch. V. Brosse-Guilgault, 29). Relev. de Thouars.
LAUDERIE, h. cne de Terves.

LAUDINETTE, éc. cne de Chey.
LAUDOUNERIE, f. cne de l'Absie.
LAUDOYNÈRE, vill. cne de Chanteloup, 1433 (arch. V. E. 3, l. 6). L. disp.
LAUDRIÈRE (LA), f. cne de la Chapelle-Largeau. — *La Landrière* (Cass.).
LAUGIZIÈRE, vill. cne de St-Marsault.
LAUJOBET, mon. cne de la Ronde.
LAULIÈRE, h. cne de Secondigné-sur-Chizé. — *La Olère*, 1260 (arch. V. Trin. l. 93). — *La Holère*, 1277 (id.). — *L'Houlière*(Cass.).
LAUNAY, logis, cne d'Azay-le-Brûlé. Relev. de l'abbaye de St-Maixent (cart. St-Maix. intr. 47).
LAUNAY, vill. cne de Louzy. — *Launay*, 1306 (dict. fam. Poit. II, 266). — *Lonnay*, 1455 (arch. V. Brosse-Guilgault, 1). — *Lonnaye*, 1470 ; *Lonay*, 1475 (arch. V. Ste-Cr. l. 74). — *Launay*, 1516 (cart. Chambon). Relev. de Thouars.
LAUNAY, h. cne de St-Marsault. — *Launay-Bonnet*, 1598, relev. de la Forêt-sur-Sèvre (arch. chât. la For.).
LAURAIRE, vill. cne de Faye-l'Abbesse. — *Laurayre*, 1545 (pap. Blactot).
LAURANCIÈRE (LA), h. cne de Ménigoute. — *La Laurancière*, 1699 ; *la Lorentière*, 1770 (arch. Barre). — *La Laurencière* (Cass.).
LAURIÈRE, f. cne de la Boissière-en-Gâtine. Voir AURIÈRE (L').
LAURIÈRE, f. cne de Ménigoute. — *Laurère*, 1369 ; *Laurière*, 1673, 1718 (arch. Barre, II). — *Chapelle de Laurière* (pouillé 1782).
LAURIÈRE, f. cne d'Oroux. — *Laurrière*, 1560 (arch. V. seign. div. 32).
LAURIÈRE, f. cne de St-Aubin-le-Clou.
LAURIÈRE, f. cne de Thénezay, 1698, relev. de Lhérigondeau (la Gât. hist. et mon.).
LAUTREMONT, f. cne d'Aigonnay. — *Lautremond*, 1568 (not. St-Maix.). — *Laultremont*, 1575 (arch. V. Ste-Marthe, 109). — *Le Pas de Lautremont*, 1579 (not. St-Maix.).
LAUTREMONT, f. cne de Coulon.
LAUTREMONT, fief, cne de Prahecq. — *Laultremond*, (Font. XX, 423).
LAUVERGNAIS, f. cne de Chanteloup.
LAUVERGNEUSE, h. cne de Fénery. — *Lauvrigneusse près Hérisson*, 1476 (arch. V. pap. Droch.). — *Lauvergneuse*, relev. de Parthenay, 1698. — *Lauvrégneuse* (Cass.).
LAUZELOUR, f. cne de Moutiers.
LAVARDIÈRE (LA), f. cne de St-Amand, xve siècle (reg. r. Templ. Maul.). — *La Lavardière*, dépendant de l'abbaye de la Trinité de Mauléon, 1672 (arch. V. H. 3, 721).

DÉPARTEMENT DES DEUX-SÈVRES.

Lavaud, h. cne de Chanteloup.
Lavaud, f. cne de St-André-sur-Sèvre.
Lavault, vill. cne de la Chapelle-Bâton.— *Lavaud* (Cass.).
Lavault, h. cne de St-Génard. — *Lavau* (Cass.).
Lavault, h. cne de St-Martin-lez-Melle. — *Laveau* (Cass.).
Lavault, vill. cne de Soudan. — *La Vau*, 1537 (not. St-Maix.).
Lavault, vill. cne de Thénezay. — *Lavaux* (Cass.). Voir Vault (La).
Lavault, h. cne de Vançais. — *La Vau*, 1454 (arch. V. St-Ben. 26). — *Lavault-Fossard*, 1698 (arch. V. St-Ben. 26). — *Laveau* (Cass.).
Lavault, f. cne de Vernou-en-Gâtine.
Lavaut, f. cne de St-Léger-de-Montbrun. — *La Veau* (Cass.). — *Pierre Brunaud, seign. de Lavau*, 1446 (cart. St-Laon Thouars).
Lavaux, f. cne de Brelou. — *Lavault*, 1593 (not. St-Maix.).
Lavaux, f. cne de St-Martin-de-Sanzay.
Lavaux, éc. cne de Thouars, anciennement des Hameaux. — *La Vau*, 1683, relev. de St-Médard de Thouars (arch. D.-S. E. 614).
Lavaux-Fourche, h. cne de St-Léger-de-Montbrun — *La Voye fourche* (Cass.).
Laydet (Le Fief), autrement *La Laydetrie et port Laydet*, paroisse de St-Maxire, 1609 (Font. XX, 409).
Lébaudière (La), cne de la Ronde, relev. de Bressuire, 1435 (arch. St-Loup).
Lée, ruisseau, cne de Brieuil-sur-Chizé (dict. des D.-S. par Dupin).
Légerie (La), f. cne de St-Maurice-la-Fougereuse. — *Ligeria*, 1228 (ch. de Raym. de Th. à la suite du cart. Chambon). — *La Ligerie* (Cass.).
Légrais, f. cne de St-Clémentin.
Leigné, vill. et anc. chât. cne de Lhoumois. — *Laignec*, v. 1090 (cart. St-Cyprien, 48). — *Ecclesia de Lignec*, 1097 (id. 14). — *Laigné*, 1179 (cart. St-Jouin). — *Laingné*, 1267 (Font. I, 391). — *Laygné*, 1300 (gr.-Gauthier). — *Leigné*, relev. de Parthenay, 1319 (aff. Poit. 1781, p. 142). — *Lesgné*, 1504 ; *Leygné*, 1540 (arch. Barre, I, II).
Il y avait deux seigneuries de Leigné, dont l'une avec haute justice, relevant de Parthenay. La paroisse fut transportée très anciennement à Lhoumois. La forteresse était presque toute détruite au xviiie siècle (aff. Poit. 1781 ; — la Gâtine hist. et mon. 383, 384).
Leigné, mon. noble, cne de Parthenay, 1560 (arch. V. seign. div. 32).
Leigne, vill. cne de St-Martin-de-St-Maixent. — *Campus de ponto de Lenqna* ou *Lemqna*, 1096 (cart. St-Maix. 261). — *Vineæ ad pontem de Lempgnes*, 1260, relev. de l'abbaye de St-Maixent (id. II, 98). — *Leygnes*, 1299 (arch. V. Fontaine-le-C. 22). — *Leignes*, 1528 (not. St-Maix.). — *Laigne* (Cass.).
Lémarière, f. cne de Largeasse. — *Laymarère*, relev. de Bressuire, 1388 (arch. St-Loup). — *Les Murières* (Cass.).
Lemnotière, f. cne d'Exireuil. — *Lesmellotère*, 1528; *Lesmelotière*, 1567 (not. St-Maix.). — *Les Menottières* (cad.).
Lénardière, f. cne de Chantecorps. — *L'Esnardière* (Cass.).
Lenceau, f. cne de St-Jouin-de-Marnes.
Lenjaugerie, hébergement à St-Maixent, devant la tour Chabot, 1443 (arch. V. Es 410). Voir Enjaugerie (L').
Lens, vill. et chât. cne de St-Symphorien. — *Lenz*, 1243; *Lens*, 1244 (compt. d'Alph. Poit.). — *Leeng*, 1258 (enq. ap. hist. d'Alph. Poit. par B. Ledain, p. 123). — *Lan*, 1728 (arch. D.-S. E. 1193). — *Lans*, 1781 (id. B. 137).
Lerce, fief cne de Louin, relev. de la Ronde de Louin (arch. Vernay).
Lernay, vill. cne de St-Martin-de-Sanzay. — *Lernaium*, 1201 (chartr. Thouars). — *Chapelle St-Jacques de Lernay* (pouillé 1782, p. 273).
Lers (Hébergement de), 1399. — *La tour de l'Ers*, relev. de Thouars, 1598 (chartr. Thouars). Voir Lair.
Lèses (Les), h. cne du Breuil-Bernard. — *Les Loisses* (Cass.).
Leschilletère, vill. relev. de Danzay, près le chemin de la Riboire à St-Georges-de-Noisné, 1361, 1384 (arch. V. Es. 408, 446). L. disp.
Lesmonnière, relev. de la Pernière, paroisse de St-Georges-de-Noisné, 1679 (arch. V. Es. 404).
Lespave (Moulin de), cne de St-Christophe-sur-Roc, 1408 (arch. V. Es. 421).
Lessert, vill. cne de Coulon.
Lether, h. cne de Fors. — *L'Ethère* (Cass.).
Leugny, vill. cne d'Oiron. — *Luigné*, 1159 (cart. St-Laon-Th.). — *Luygné*, 1325 (chartr. Thouars). — *Leugné*, 1398 (id.). — *Lingné*, 1421 (cart. St-Laon Th.). — *Chastel de Luigné*, 1518 (cart. Chambon). — *Lugny* (Cass.). Relev. de Thouars.
Leugny, f. cne de St-Porchaire. — *Lugné* ou *Lugny*, 1522 (titr. châtell. St-Porch.).
Leurgère, f. cne de Secondigné-sur-Chizé.
Levardière (La), f. cne de Secondigny.
Levesquère, cne de la Ronde, fief relev. de Bressuire, 1425 (arch. St-Loup).

LEVRAUDIÈRE (LA), cⁿᵉ de Ménigoute. — *La Levraudère*, 1409. L. disp.

LEZAY, arrᵗ de Melle. — *Leziacus*, v. 1060 (Besly, cᵗᵉˢ Poit. 350). — *Lezai*, 1089 (cart. Sᵗ-J.-d'Ang., ap. Font. LXIII, p. 215). — *Lezaium*, 1110; *Liziacus*, 1110 (cart. Sᵗ-Maix. 261-264). — *Laziacus*, 1138 (vie de L. VII par Suger, frag. inéd.). — *Lezeiacus*, 1175 (cart. Bas-Poit. 107). — *Lezay*, 1200 (Rymer, I, 79). — *Lezayum*, 1300 (gr.-Gauthier.). — *Chastel de Lesay en Poitou*, 1372 (arch. hist. Poit. XXI, 94). — Sᵗ-Médard de Lezay était à la nomination de l'abbé de Sᵗ-Séverin (pouillé 1782). Il y avait aussi une chapelle Sᵗᵉ-Catherine au château.

La baronnie de Lezay relevait de la baronnie de Celles-l'Evécault (Vienne), appartenant à l'évêque de Poitiers. En 1642 elle fut érigée en marquisat en faveur d'Hilaire de Laval, par lettres de Louis XIII, qui lui annexèrent les terres de Chevay, Mouillebert et la Grollière, et, changeant sa mouvance, déclarèrent qu'elle relèverait de la Tour-Maubergeon de Poitiers. La juridiction du marquisat de Lezay s'étendait sur des portions plus ou moins considérables des paroisses de Lezay, Sᵗ-Léger de Melle, Sᵗ-Vincent-de-la-Châtre, Sᵗ-Coutant, Sᵗᵉ-Soline et Clussais, sur le quart de la seign. de la Saisine et quelques autres fiefs. Les appels de cette juridiction ressortissaient nuement au siège présidial de Poitiers depuis les lettres d'érection de 1642 (mém. sur les justices de Poit. par B.-Filleau).

Lezay dépendait de l'archiprêtré de Rom, de la sénéchaussée et de l'élection de Poitiers. Il y avait 362 feux en 1750 (cart. alph. Poit.).

Le canton de Lezay, créé en 1790 et dépendant du district de Melle, comprenait les communes de Caunay, Clussais, Sᵗ-Coutant, Pers, la Roche-de-Bord, Sᵗᵉ-Soline, Vanzay et Sᵗ-Vincent-de-la-Châtre. En l'an VIII il perdit les communes de Caunay, Clussais et Pers au profit de Sauzé-Vaussais, et de Sᵗ-Vincent-de-la-Châtre au profit de Melle. Mais il gagna le canton de Chenay supprimé, c'est-à-dire les communes de Chenay, Chey, Messé, Rom, Bonneuil-aux-Monges, Verrines, Sepvret et Vançais.

LHÉRIGONDEAU. — Ce fief consistait en un pré dit le Pré-Domaine sur le Thoué, dans le faubourg du Sépulcre de Parthenay, en un moulin appelé Pompérain, en un pré près d'Azay-sur-Thoué, bourg qui dépendait dudit fief, et dans le droit de prendre la première herbe du pré d'Argenton, paroisse du Sépulcre. La seign. du Beugnon-en-Gâtine était unie au fief de Lhérigondeau. Enfin ce fief s'étendait sur la paroisse de Pompaire, où il s'appelait les Acquêts de Pierre-Pain. Sa mouvance était considérable (état du duché de la Meilleraye en 1775 ; — la Gâtine hist. et mon. par B. Ledain, p. 177, 379). — *Terre de Largondea*, 1380 (arch. nat. O. 19703). — *Lairegondeau*, 1396 (id. O. 19698). — *Lairegodea*, 1428 (ma coll.). — *Layregondea*, 1450 (arch. nat. O. 19705). — *Lergondeau*, 1474 (id. O. 19698). — *Lhérigondeau*, 1555 (arch. V.). — *Fief de L'Hérigondeau*, aliàs *les Acquêts de Pierre-Pain*, 1741 (arch. nat. P. 2112). Ce fief, longtemps possédé par moitié par les seign. de Parthenay et d'Argenton, fut réuni en 1644 à la baronnie de Parthenay par le maréchal de la Meilleraye.

LHOUMÉ, cⁿᵉ de Vallans ; anc. fief relev. de la seign. de Vallans, 1579 (arch. D.-S. E. 508).

LHOUMÉE. — *Village de Lousmée* près de Danzay, paroisse de Sᵗ-Georges-de-Noisné, 1463 (arch. V. Eˢ. 445). — *Ténement de Lhoumée*, 1652 (id. Eˢ. 400).

LHOUMOIS, cᵒⁿ de Thénezay. — *Ecclesia de Laigne*, 1179 (cart. Sᵗ-Jouin). — *Laygne*, 1300 (gr.-Gauthier). — *Lomoye*, 1362 (hist. des Chast.). — *Lomaye*, 1428 ; *Lommaye*, 1500 ; *Loumaye*, 1518 ; *Loumay*, 1540 (arch. Barre, I, II). — *Lhoumoye*, 1580 (pap. de la Villehervé). — *Lhoumoys*, 1601 (arch. V. pap. Deniau). — *Lhommaye*, 1675 (anc. état civil). — *Lhoumois* (Cass.). — *Lhomois*, 1750. — Sᵗ-*Hippolyte de Lhomois* (pouillé 1782).

Lhoumois dépendait de l'archiprêtré de Parthenay, de la châtellenie de la Ferrière réunie à la baronnie de Parthenay, de la sénéchaussée et de l'élection de Poitiers, après avoir fait partie de celle de Parthenay au XVIᵉ siècle (mém. soc. stat. 1886). La cure était à la nomination de l'abbé de Sᵗ-Jouin-de-Marnes. Il y avait 69 feux en 1750.

LIAVARD (MOULINS DU), cⁿᵉ de Chambroutet. — *Liavart*, 1627 (arch. V. Brosse - Guilgault, 25).

LIBARDON, vill. cⁿᵉ de Clussais. — *Libardo*, 1081 (arch. V. Nouaillé, orig. nᵒ 116). — *Libardon*, 1296 (Font. XII, 379).

LIBAU, mⁿ. cⁿᵉ de Chanteloup.

LIBAUDIÈRE (LA), f. cⁿᵉ de Chanteloup. — *La Libaudère*, 1434 (arch. Sᵗ-Loup).

LIBAUDIÈRE (LA), h. cⁿᵉ de la Chapelle-Sᵗ-Étienne. — *Les Libaudières* (Cass.).

LIBONNIÈRE (LA), cⁿᵉ de Vautebis. — *La Lybon-*

nière près *Reffanes*, 1604 (arch. Barre, II). L, disp.

LIBORLIÈRE (LA), f. et m¹ⁿ. cⁿᵉ de Pamprou. — *La Liborlère*, relev. de l'abbaye de St-Maixent, 1248 (cart. St-Maix. II, 79). — *La Liborlière*, 1309 (arch. hist. Poit. XI). — *La Libournère*, 1363 (cart. St-Maix. II, 152).

LIDON, h. cⁿᵉ de St-Hilaire-la-Palud.

LIÉ (LE VIEUX ET LE JEUNE), vill. cⁿᵉ de Sompt, relev. de Chef-Boutonne (dén. de 1667). — *Le Vieux et le Petit Lié* (Cass.).

LIÈRE (LA), vill. cⁿᵉ de Mazières-en-Gâtine. — *La Mestairie, autrement la Lière*, 1583 (arch. V. E¹. 15).

LIÈRE (LA), f. cⁿᵉ de Ménigoute.

LIÈRE (LA), f. cⁿᵉ de Soutiers.

LIEU (LE HAUT), h. cⁿᵉ d'Étusson.

LIEU (LE GRAND ET LE PETIT), h. cⁿᵉ d'Étusson.

LIEU (LE VIEUX), f. cⁿᵉ de St-Maurice-la-Fougereuse.

LIGAINE, vill. et m¹ⁿ. cⁿᵉ de Taizé. — *Ligayne*, 1328 (arch. V. St-Pierre, 264). — *Moulin de Ligayne, non loin de la chaussée de St-Hilaire et de la vallée de Veil Pont*, 1401 (arch. Moiré). — *Liguayne*, 1613 (arch. D.-S. E. 932. — *Liguesne* (Cass.).

LIGNE (LA), vill. cⁿᵉ de la Charrière.

LIGNÉ, vill. cⁿᵉ de Secondigné-sur-Chizé. Ancienne commune et ancienne paroisse réunies à celles de Secondigné. — *Leygnec*, 1291 (arch. V. Trin. 93). — *Laigniacum*, 1300 (gr.-Gauthier). — *Ligni*, 1404 (gr.-Gauthier, des bénéf.). — *Ligné*, 1407 (arch. V. Stᵉ-Cr. 89). — La cure de St-Hilaire-de-Ligny était à la nomination de l'abbé de Celles. Ligné relevait de Chizé.

LIGNÉ-GODARD, mᵒⁿ. noble, cⁿᵉ d'Ulcot, 1550 (arch. D.-S. E. 423).

LIGNERS, vill. cⁿᵉ des Aubiers. — *Liners*, relev. de la Fougereuse, 1371 (Font. LXXXIV). — *Liniers* (Cass.).

LIGNOTTIÈRE (LA), cⁿᵉ de Mazières-en-Gâtine, relev. de Pressigny-en-Gâtine, 1600 (arch. V. E⁸. 415). — *Lalignotière in parrochia de Mazères*, 1269 (ma coll.).

LIGNY, h. cⁿᵉ d'Aiffres. — *Leigne ou Loigne*, (Font. XX, 416, 423). — *Ligny* (Cass.).

LIGONNE, h. cⁿᵉ du Busseau. — Fief de *la Ligeonne*, relev. de Lhérigondeau, 1479 (arch. D.-S.).

LIGONNIÈRE (LA), f. cⁿᵉ de Champeaux.

LIGONNIÈRE, f. cⁿᵉ de Cirière.

LIGONNIÈRE, h. cⁿᵉ de Combrand.

LIGONNIÈRE, f. cⁿᵉ de Terves.

LIGRON, vill. cⁿᵉˢ de Mauzé-Thouarsais et de Stᵉ-Radegonde-de-Pommiers, réuni à Stᵉ-Radegonde par la loi du 15 avril 1865. — *Villa Lucroni*, v. 960 (cart. St-Cyprien, 108). — *Ligrum*, v. 1107 (cart. St-Laon Th.). — *Vetus Ligronium*, 1258 (cart. Chambon). — *Ligron*, 1275 (chartr. Thouars). — *Ligeron*, 1299 (id.). L'hôtel de Ligron relevait du prieuré de Stᵉ-Radegonde-de-Pommiers, 1510 (arch. V. Stᵉ-Cr. 74).

LIGUÈRE, h. cⁿᵉ de Clussais.

LIGUEURE (LA), rivière, affluent de la Sèvre Niortaise. — *Aqua Igoria*, 1093 (cart. St-Maix. I, 244). — Le ruisseau *de Liguyre*, 1375, 1421 (arch. V. E⁸. 412 ; — arch. Barre, II). — *Leiguère, Leguyre*, 1477 ; *Legueure*, 1562 ; *Legeuyre*, 1584 ; *Ligueure*, 1666 (arch. Barre, II). — *La Gueure* (dict. des D.-S. par Dupin).

LIMAÇON, h. cⁿᵉ de St-Pompain.

LIMAGE, vill. cⁿᵉ de Sauzé-Vaussais.

LIMALONGES, cᵒⁿ de Sauzé-Vaussais. — *Villa Lunalonga in pago Pictavo in condita Briosince*, v. 950 (cart. Bourgueil). — *Limalongiæ*, 1119 (Font. XXI, 594). — *Limalonges*, v. 1150 (arch. V. Nouail. p. 180). — *Lunalonge*, 1349 (chron. norm. xivᵉ siècle, p. 95). — La cure St-Jean-Baptiste de Limalonges était à la nomination de l'abbé de Nouaillé. Limalonges relevait de Civray (gr.-Gauthier, des bénéf.).

La châtellenie de Limalonges fut érigée en marquisat sous le nom de Crugy-Marcillac, les 10 avril 1765 et 17 août 1773, en faveur de Pierre-Constantin Crugy de Marcillac, seign. de Pannesac (arch. V. C. 2). La paroisse dépendait de l'archiprêtré de Chaunay, de la châtellenie, sénéchaussée et subdélégation de Civray, et de l'élection de Poitiers. La cure était à la nomination de l'abbé de Nouaillé. Il y avait 259 feux en 1750.

LIMON, vill. et m¹ⁿ. cⁿᵉ de Pas-de-Jeu. — *Limons*, 1405 (dict. fam. Poit. I, 9). — Relev. de Thouars, 1470 (av. de 1470, ap. hist. Thouars). — *Lymons*, xvᵉ s. (arch. V. Brosse-Guilgault, 1). — *Limon* (Cass.).

LIMONNIÈRE (LA), f. cⁿᵉ de Boismé.

LIMONNIÈRE, f. cⁿᵉ de la Chapelle-St-Laurent. — *Lymonnière*, 1536 (reg. insin. Thouars). — *Limonière* (Cass.).

LIMONNIÈRE (LA), f. cⁿᵉ des Échaubrognes.

LIMONNIÈRE, f. cⁿᵉ de Loublande. — *Lémonnière* (Cass.).

LIMONNIÈRE, f. cⁿᵉ de Pougne-Hérisson. — *Lesmonère*, 1407 ; *Limonère*, 1492 (arch. Barre, II).

LIMONNIÈRE, f. cⁿᵉ de Vausseroux. — *Lesmonnière*, relev. de Curzay (Vienne), 1502 (arch. Barre, II). — *L'Esmoullyère*, 1577 (arch. V. Stᵉ-Cr. 48).

LIMONNIÈRES (LES), f. cⁿᵉ de Combrand.

LIMOUT, vill. c^ne de Clussais. — *Limor*, 1216 (arch. V. Nouaillé, 30). — *Limor*, relev. de Melle, 1403 (gr.-Gauthier, des bénéf.).

LIMOUILLAS, vill. c^ne de la Foye-Monjault. — *Limoilleau*, 1460 ; *Limouillea*, 1464 (arch. V. Montiern. 95). — *Limouillas* (Cass.).

LIMOUSINIÈRE (LA), f. c^ne de l'Absie. — *La Limozinière* (Cass.).

LIMOUSINIÈRE (LA). — *Villa de la Lemosinère prope vicum de Alona*, 1250 (arch. V. E^a. 235, ch. de Hug. Larchev.). — *La Mouzinière* (Cass.).

LIMOUSINIÈRE (LA), f. c^ne de Courlay. — *La Lémousinère*, relev. de Bressuire, 1437 (arch. St-Loup). — *La Mouzinière* (Cass.).

LIMOUSINIÈRE (HAUTE ET BASSE), h. c^ne des Échaubrognes (Cass.).

LIMOUSINIÈRE (LA), vill. c^ne de Fenioux, 1429 (inv. S^te-Cr. Parth.). Relev. de la Braudière (état duch. la Meill. 1775). — *La Limozinière* (Cass.).

LIMOUSINIÈRE (LA), vill. c^ne de Largeasse. — *La Limousinière*, 1379 (arch. St-Loup). — *La Lémousinère*, relev. de Bressuire, 1402, 1421 (id.). — *Limozinière* (Cass.).

LIMOUSINIÈRE (LA), f. c^ne des Moutiers-sous-Chantemerle. — *La Limozinière* (Cass.).

LIMOUSINIÈRE (LA), h. c^ne de St-Aubin-le-Clou. — *La Lemousinère*, 1300 (gr.-Gauthier). — *La Limousinère*, relev. de Châteauneuf-en-Gâtine, 1503 (reg. av. Chât.). — *La Limouzinière*, 1750 (arch. D.-S. E. 832). — *La Limozinière* (Cass.).

LIMOUSINIÈRE (LA), c^ne de St-Porchaire. — *La Lemousinère*, relev. de Bressuire, 1420 (arch. St-Loup).

LIMOUSINIÈRE (LA), vill. c^ne de St-Vincent-de-la-Châtre.

LIMOUSINIÈRE (LA), vill. c^ne de Vernou-en-Gâtine. — *La Limozinière sur Sèvre* (Cass.). — *La Lémouzinère au Gast*, par. de Vernou, 1680 (pap. de Beauvais).

LINAUX (BORDERIE DES), fief près de Veyrines en Gourgé, relev. de Vernay, 1328, 1450 (arch. Vernay).

LINEAU (LE), f. c^ne des Aubiers. — *Les Lynaulx-Badetz*, 1557 (reg. insin. Thouars). — *Les Linauds* (Cass.).

LINEAU (LE), f. c^ne de la Chapelle-Largeau.

LINEAU, h. c^ne de Brûlain. — *Linault* (Cass.).

LINEAU, h. c^ne de Deyrançon. — *Linau* (Cass.).

LINEAU (LE), h. c^ne de Nueil-sous-les-Aubiers. — *Linaux*, 1457 (arch. V. Brosse-Guilgault, 1). — *Les Linaulx Jouseaume*, 1596 ; *les Linote Jousseaulmes*, 1616 (arch. V. les Linaux). — *Les Lineaux* (Cass.).

LINEAU (LE), vill. et logis, c^ne de Romans. — *Linales*, v. 1045 (cart. St-Maix. I, 135). — *Les Linaux*, 1363 (id. II, 157). — *Le Linaud*, 1567 (not. St-Maix.). — *Les Linaux, autrement Lhumeau*, 1581 (id.). — *Le Linault*, 1630 (arch. Barre, II). — *Le Lineau*, relev. de St-Maixent (état duch. la Meill. 1775).

LINEAU (LE), f. c^ne de St-Porchaire. — *Les Linaus*, 1275 (arch. St-Loup). — *Les Linaux et moulin Marmet ou Petits Linaux*, relev. des Villatières, 1578 (titr. châtell. de St-Porch.). — *Les Linaud* (Cass.).

LINEAU (LE), f. c^ne de Traye. — *Les Lineaux*, v. 1400 (arch. Bret.-Chal.). — Relev. de St-Mesmin, 1653 (arch. V. E^a. 339). — *Linau* (Cass.).

LINÉE, f. c^ne de Sanzay (Cass.).

LINGAUDIÈRE (LA), c^ne de St-Georges-de-Noisné. — *La Linguandère*, 1232 ; *Lingaudère*, 1232 (arch. hist. Poit. XX, 231 ; — arch. V. H. 3, 869).

LINGAUDIÈRE (LA), vill. c^ne de St-Loup. — *Lingaudière*, 1627 (pap. du Fresne).

LINIÈRE, vill. c^ne de Cirière.

LINIÈRE, f. c^ne de St-Aubin-le-Clou. — *Les grans Linières*, relev. de Châteauneuf-en-Gâtine, 1497 (reg. av. Chât.).

LINIERS, anc. chât. c^ne de Moutiers. — *Liniers*, 1226 (cart. Chambon). — *Liners*, 1285 (cart. St-Laon Th.). — Relev. de Thouars (chartr. de Thouars).

LINOT (LE), f. c^ne de Tervès.

LINTIÈRE, m^in. c^ne de la Chapelle-Thireuil. — *Linetière* (Cass.).

LINTIÈRE, f. c^ne de Fenioux. — *Linetière* (Cass.).

LINTIÈRE, vill. c^ne de Thénezay.

LION, vill. c^ne de Marnes.

LION-D'OR (LE), éc. c^ne de Boussais.

LIONNIÈRE (LA), f. c^ne de la Boissière-en-Gâtine. — *La Lyonnière*, relev. de Secondigny, 1700 (ms. 141, bibl. Poit.).

LIONNIÈRE (LA), f. c^ne de la Chapelle-Gaudin.

LIONNÈRES (LES), près Couday, c^ne de St-Georges-de-Noisné, 1389 (arch. V. E^a. 446).

LISIÈRES (LES), vill. c^ne de Chantecorps. — *Les Lizières*, 1452 (arch. Barre, II), relev. de la châtellenie de St-Maixent (cart. St-Maix.).

LISNAY, f. c^ne de St-Varent.

LISSARDIÈRE, vill. c^ne de Clessé. — *Lissardière*, 1492 (arch. Barre, II). — *L'Izardère, le pont Ysart*, 1509 (arch. V. E. 1). Voir YSARD.

LIVAUD, h. c^ne des Aubiers.

LIVERNIÈRE, h. c^ne de Béceleuf. — *Lyvernière*, 1526 (arch. V. Béceleuf, 7). — *L'Hyvernière*, 1747 (id. seign. div. 13).

LIVERNIÈRE, f. c^ne de St-Maixent-de-Beugné.

Livois, f. cne des Échaubrognes. — *Lyvois*, 1730 (arch. V. H. 3, 725). — *Livoys* (Cass.).
Lizabère (La), h. cne du Busseau.
Lizons (Les), tuilerie, cne d'Aigonnay.
Loge (La), vill. cne du Beugnon.
Loge (La), f. cne de Boussais.
Loge (La), f. cne de Chantecorps. — *La Loge*, 1452 (arch. Barre).
Loge (La), f. cne de la Chapelle-St-Laurent. — *La Loge*, 1652 (arch. fabr. Chap. St-L.)
Loge (La), f. cne de la Chapelle-Thireuil.
Loge (La), h. cne de Chavagné.
Loge (La), f. cne de Clavé.
Loge (La), f. cne de Clazay.
Loge (La), f. cne de Coulonges-Thouarsais, 1672 (arch. V. Brosse-Guilgault, 15). — *La Loge Péroguy*, 1679 (arch. V. Brosse-Guilgault, 41).
Loge (La), f. cne d'Étusson.
Loge (La), f. cne de Fenioux.
Loge (La), f. cne de Lamairé.
Loge (La), f. cne de Mauzé-Thouarsais. — *La Loge Moreillon*, 1522 (arch. V. Brosse-Guilgault, 6). — *La Loge Morillon* (Cass.).
Loge (La), min. cne de Ménigoute.
Loge (La), f. cne de Moncoutant. — *Les Loges*, 1365 (arch. St-Loup).
Loge (La), f. cne de Pierrefitte.
Loge (La), h. cne de Prissé, relev. de la seign. de la Fraignée, 1628 (arch. V. E. 2, 180).
Loge (La), f. cne de St-Jean-de-Bonneval.
Loge (La), f. cne de St-Jouin-sous-Châtillon.
Loge (La), f. cne de St-Pardoux.
Loge (La), éc. cne de St-Porchaire.
Loge (La), l.-d. cne de St-Remy-en-Plaine, 1675 (arch. D.-S. E. 487).
Loge (La), min. cne de Séligné.
Loge (La), f. cne du Tallud.
Loge (La), f. cne de Traye.
Loge (La), f. cne de Vernou-en-Gâtine.
Loge-Bonnet, f. cne des Moutiers-sous-Chantemerle.
Loge-Ligeron (La), f. cne de St-Jouin-sous-Châtillon.
Loge-Ménard (La), f. cne de St-Jouin-sous-Châtillon.
Loge-Péroguy (La), f. cne de Coulonges-Thouarsais. Anc. fief relev. de la Charoulière, 1681 (arch. V. Brosse-Guilgault, 15).
Loges (Les), h. cne d'Assais.
Loges (Les), h. cne des Aubiers.
Loges (Les), f. cne de Boesse.
Loges (Les), vill. cne du Beugnon.
Loges (Les), h. cne de Bouillé-St-Paul.
Loges (Les), f. cne de Brelou.

Loges (Les), h. cne du Breuil-sous-Argenton.
Loges (Les), f. cne de Chanteloup. — *Les Loges*, relev. de Bressuire, 1376 (arch. St-Loup).
Loges (Les), chât. cne de la Chapelle-Bâton. — *Les Loges*, 1401 (cart. Châtell.). — Relev. du Breuillac, 1459 (arch. V. Es. 402).
Loges (Les), f. cne de la Chapelle-Gaudin. — *Les Loges de Vermette* (Cass.).
Loges (Les), f. cne de la Chapelle-St-Laurent.
Loges (Les), h. cne de l'Enclave.
Loges (Les), h. cne d'Ensigné. — *Feodum de Logiis*, 1223 (arch. V. Montiern. 95).
Loges (Les, f. cne de Fenioux.
Loges (Les), f. cne de Noirlieu.
Loges (Les Grandes), chât. et f. cne de Parthenay. — *Les Loges*, 1595, relev. de Lhérigondeau (arch. Soulièvre).
Loges (Les), f. cne de St-Jouin-de-Marnes. — *Les Loges*, 1558 (reg. insin. Thouars).
Loges (Les), h. cne de St-Léger-de-Montbrun.
Loges (Les), vill. cne de St-Pierre-à-Champ.
Loges (Les), vill. cne de St-Vincent-de-la-Châtre.
Loges (Les), h. cne de Sciecq.
Loges (Les), f. cne de Soudan.
Loges (Les), h. cne de Souvigné.
Loges-Boussy (Les), f. cne de la Chapelle-Gaudin. — *Les Loges-Boissées* (Cass.).
Logette (La), vill. cne de Cherveux.
Logette (La), h. cne d'Échiré.
Logette (La), f. cne de Ste-Pezenne.
Logette (La), f. cne du Tallud.
Logis (Le), f. cne des Aubiers, 1574 (arch. V. Brosse-Guilgault, 1).
Logis (Le), h. de Baussais.
Logis (Les), h. cne de la Chapelle-St-Laurent.
Logis (Grand), vill. cne de Cirière.
Logis (Le Grand et Petit), f. cne de Cours.
Logis (Le), f. cne de Faye-l'Abbesse.
Logis (Le), vill. cne de Fontenille.
Logis (Le), h. cne des Fosses.
Logis (Le Vieux), h. cne des Fosses.
Logis (Le Petit), f. cne de Maisonnais.
Logis (Le Grand), f. cne de Moncoutant.
Logis (Le Grand), f. cne de Neuvy-Bouin.
Logis (Le), f. cne de Pougne-Hérisson.
Logis (Le), f. cne de Prahecq.
Logis (Le), f. cne de Rouvre.
Logis (Le Grand), f. cne de St-Amand-sur-Sèvre.
Logis (Le Petit), f. cne de St-Clémentin.
Logis (Le Petit), f. cne de St-Germain-de-Longue-Chaume.
Logis (Le), f. cne de St-Léger-lez-Melle.
Logis (Le), éc. cne de St-Maurice-la-Fougereuse.
Logis (Le), éc. cne de Ste-Pezenne.

Logis (Le Petit), f. c^ne de St-Pompain.
Logis (Le Petit), f. c^ne de Sciecq.
Logis (Le Petit), h. c^ne de Villiers-en-Plaine.
Logis (Le Grand), h. c^ne de Voultegon.
Logis-de-Perrière (Le), f. c^ne de St-Pardoux.
Logis-de-Vanzay (Le), chât. com. de Vanzay.
Logis-Rouge (Le), f. c^ne de Clussais.
Logis-Vert (Le), f. c^ne de Caunay.
Loignon, vill. c^ne de St-Martin-de-Bernegoue.
Loillé, bois, c^ne de Loizé, 1717 (arch. D.-S. E. 121).
Lois (Les), f. c^ne de Prahecq. — *Les Loys* (Cass.).
Loizé, c^on de Chef-Boutonne. — *Ecclesia de Leyssé*, 1300 (gr.-Gauthier). — *Loizé*, relev. du château de Niort, 1612 (arch. V. St-P. 233). — *Loisecq*, 1716 (état élect.). — *St-Pierre de Loisec* (pouillé 1782).
Dépendait de l'archiprêtré de Bouin, de la châtellenie de Chef-Boutonne, de la sénéchaussée de Poitiers et de l'élection de Niort (état élect. 1716 ; — bull. soc. stat. 1884). Il y avait 138 feux en 1716.
Lombreuil, m^on. au bourg de Fors, 1733 (arch. D.-S. E. 494).
Londière, f. c^ne de St-Germain-de-Longue-Chaume. — *Londères*, 1404 (arch. Moiré). — *Londières*, 1428 (dict. fam. Poit. 1, 302). — *Londière* (Cass.).
Londin, m^in. c^ne de Chauray.
Longeais (Les), f. c^ne de Fenioux.
Longeais (Les), f. c^ne de Secondigny. — *Les Longeays*, relev. de la Vergne, 1535 (arch. Maisont.). — *Les Longays*, 1574 (journal de Géner.).
Longère, f. c^ne du Pin.
Longeville, f. c^ne de Fénery. — *Longeville*, relev. de la Brouardière, 1389 (pap. la Brouard.). — Relev. de Châteauneuf-en-Gâtine en 1430, 1492 (compt. de Denisot ; — reg. av. Chât.). — *Longueville*, 1556 (reg. insin. Thouars).
Longeville, f. c^ne de Montravers.
Longlée, h. c^ne de St-Aubin-du-Plain. — *Langlée*, 1366 (arch. St-Loup). — *Haute et Basse Onglée* (Cass.). — Longlée ou Langlée constituait dès 1380 l'un des bailliages de la juridiction de Bressuire.
Longraire (La), chât. et f. c^ne de Nueil-sous-les-Aubiers. — *La Longueraire*, 1384 (dict. fam. Poit. I, 253). — *La Longuerraire*, relev. de l'hôtel de St-Cyprien de Bressuire, 1425 (arch. St-Loup). — *La Longue Rayre*, 1539 (id.). — *Lonyraire* (Cass.).
Longraiuie, h. c^ne de St-Marsault.
Longruère, f. c^ne de Vausseroux.
Longueville, h. c^ne d'Étusson. — *Longeville*, 1412

(arch. V. Brosse-Guilgault, 11). — *Longueville en Étusson*, 1657 (arch. D.-S. E. 1075).
Longueville, h. c^ne de Nueil-sous-les-Aubiers.
Lonjoutte, vill. c^ne de Lezay.
Lorbrie, h. c^ne de Clazay. — *Lorbrye*, 1586 (arch. V. St-Cypr. 30). — *Lorberie* (Cass.).
Lorbrie, vill. c^ne de l'Enclave. — *Lorbrye*, sis paroisse de St-Pierre de Melle et Enclave de la Martinière, 1621, relev. de la Mothe-St-Héraye (av. de la Mothe, 1624-1636 ; Font. LXXXV).
Londonnière, f. c^ne de Beaulieu-sous-Bressuire.
Lorebis, m^in. c^ne d'Aigonnay.
Lorelle, h. c^ne de Mauzé-Thouarsais, 1567 (arch. V. Brosse-Guilgault, 25). — *Laurelle* (Cass.).
Longe-Boisseau, f. c^ne de Maisontiers. — *Loge Boiceau*, 1677 (arch. Maisont.). — *Lorgeboisseau* (Cass.).
Lorigné, c^on de Sauzé-Vaussais. — *Villa Lorniacum in pago Briocense*, 1085 (cart. St-Maix. 191). — *Lorneg*, 110 (id. 258). — *Lorgnec*, 1300 (gr.-Gauthier). — *Lorigné* (dén. 1326). — *Lorignet*, 1363 (cart. St-Maix. II, 146). — *Lorgné*, 1603 (id. II, 328). — *Lorigny*, 1750 (cart. alph. Poit.).
La cure de St-Martin de Lorigné était à la nomination de l'abbé de St-Maixent. Lorigné dépendait de l'archiprêtré de Bouin et de l'élection de Poitiers. Il y avait 108 feux en 1750.
Lortet, f. c^ne de Fressine.
Lort-Poitiers, anc. chât. des abbés de Saint-Maixent, c^ne de St-Martin-de-St-Maixent. — *In Orto juxta fluvium Severi*, 997 ; *Ortvm Pictavis*, 1096 ; *Ortus Pictavis*, 1289 ; *Lort de Poictiers*, 1363 (arch. Maisont.) ; *Lhort et Lhor de Poictiers*, 1404 ; *Lort de Poictiers-lez-Sainct-Maixent*, 1518 ; *logis neuf de Lor de Poictiers*, 1549 ; *l'Hort de Poitiers*, 1603 (cart. St-Maix. I, II). — *Logis abbatial de Lort de Poitiers*, 1558 (arch. Barre, 11). — *Lor-de-Poitiers* (Cass.). — Il fut démoli en 1782 (cart. St-Maix. intr.).
Lorytière, f. c^ne de St-Aubin-le-Clou.
Lossendière, f. c^ne de Loublande. — *Laussandière* (Cass.).
Lotterie (La), f. et étang, c^ne d'Étusson. — *Jotterie* (Cass.).
Loubatière (La), vill. c^ne de la Chapelle-Pouilloux.
Loubatière (La), vill. c^ne de Clussais. — *La Lobatère*, 1263 (arch. V. Nouaillé). — *La Loubatère*, XIIIe siècle (id. 30).
Loubatière (La), f. c^ne de la Ronde. — *Lupæ de Bosræ ad faciendum molendinum*, XIIe siècle (cart. l'Absie, ap. Dupuy, 828). — *La Loubotière* (Cass.).

DÉPARTEMENT DES DEUX-SÈVRES.

LOUBEAU (GROTTES DE) près Melle, cavernes préhistoriques.

LOUBIGNÉ, c^{on} de Chef-Boutonne. — *Villa Lubiniacum in comitia Briocinse in vicaria Bonno*, 937 (arch. V. Nouail. orig. n° 38). — *Lebnignet seu Lebrignet*, 1300 (gr.-Gauthier). — *Louhigné*, 1667 (dén. 1667). — *Loubigny*, 1716 (état élect.). — St-Pierre de Loubigné était à la nomination de l'évêque (pouillé 1782).

Loubigné relevait de la châtellenie, puis marquisat de Chef-Boutonne et dépendait de l'archiprêtré de Melle, de la sénéchaussée de Poitiers et de l'élection de Niort. Il y avait 55 feux en 1716, et 66 en 1750. La paroisse est réunie à celle de la Bataille.

LOUBIGNÉ, vill. c^{ne} d'Exoudun. — *Libiniacus*, 917 (Font. XXI, 210). — *Lupiniacum*, 1117-1123 (cart. St-Maix. 303). — *Loubigné ou la Gourjaudière*, relev. de Lusignan, 1620-1775 (arch. V. C. 2, 138). — *Loubigny* (Cass.). Voir GOURJAUDIÈRES (LES).

LOUBILLÉ, c^{on} de Chef-Boutonne. — *Lubiliacum*, 1096 (Font. IV, 89). — *Lobillec*, 1235; *Lobeilliacum*, 1265 (arch. D.-S. E. 132). — *Lobillé*, 1269 (cart. St-Maix. 11). — *Lobiliacum*, 1300 (gr.-Gauthier). — *Lobilhé seu Lobilhiacum* (D. 1383). — *Loubilhec*, 1455 (arch. V H.3, Ensigny). — St-*Saturnin de Loubillé*, 1782 (pouillé). — Le prieuré fut réuni en 1779 au chapitre de Brioude. La cure était à la nomination de l'abbé de Charroux.

La seign. de Loubillé, qui était anciennement du comté d'Angoumois, fut donnée par un comte d'Angoulême à l'abbaye de Charroux. A ladite seigneurie était jointe la chapelle de Buchannet, annexe de Loubillé (Font, IV, 509, 510). Elle devint ensuite une enclave de la Saintonge (de Ruffec à Niort par B.-Filleau.) Cette enclave est indiquée sur la carte de Cassini. Loubillé dépendait de l'archiprêtré de Bouin et de l'élection de St-Jean-d'Angély en la généralité de la Rochelle (état de la gén. la Roch. 1698).

LOUBINIÈRE (LA), vill. c^{ne} de St-Germain.

LOUBLANDE, c^{on} de Châtillon-sur-Sèvre. — *Domus de Loblauda ou de Loublande*, v. 1170 (Font. XXVI, 203, 204). — *Prieuré de Loublande*, patron l'évêque de Maillezais (pouillé 1648).

St-Pierre de Loublande était un prieuré annexe de la cure de St-Pierre-des-Échaubrognes et dépendait du doyenné de Bressuire (pouillé B.-Filleau, p. 295). Loublande faisait partie de la commune de St-Pierre-des-Échaubrognes en l'an XII (stat. D.-S. par Dupin).

LOUBRIE (LA), f. c^{ne} de la Forêt-sur-Sèvre. — *La Lombrye*, relev. de la seign. de la Forêt, 1598 (arch. chât. For.).

LOUDARDIÈRE, f. c^{ne} de Loublande. — *Laudardière* (Cass.).

LOUGÈRE, f. c^{ne} de la Petite-Boissière.

LOUIN, c^{on} de St-Loup. — *Loung*, 1095 (Besly, év. de Poit.). — *Sanctus Martinus de Loono*, 1113 (Gall. christ. II). — *Looin*, XIIe siècle (cart. l'Absie). — *Loong*, XIIe siècle (Dupuy, 820, p. 30). — *Loyng*, 1263 (B.-Filleau, hist. d'Airv.). — *Loing*, 1300 (gr.-Gauthier). — *Louhin*, 1366 (arch. Maisont.). — *Luigne*, 1378 (arch. V. S^{te}-Cr. l. 77). — *Château de Louin*, relev. de la Ronde de Louin, 1639 (arch. Vernay).

Louin dépendait du doyenné de Bressuire, de la châtellenie de St-Loup ou Fief-Franc, de la sénéchaussée et de l'élection de Poitiers, après avoir fait partie de celle de Parthenay au XVIe siècle. La cure était à la nomination de l'abbé d'Airvault. Il y avait 200 feux en 1750.

LOUIN (LE), rivière qui prend sa source à Combrand, passe à Châtillon et se jette dans la Sèvre Nantaise près de St-Laurent (stat. D.-S par Dupin). — *Rivière Doignt*, 1410 (arch. V. H. 3,723).

LOUINE (LA), rivière qui sort de l'étang des Mottes, alimenté par les sources de Laubier et de Barboire, et se jette dans la Sèvre Nantaise, au-dessous de la Chapelle-St-Étienne (stat. D.-S. par Dupin).

LOUISIÈRE (LA), chât. et h. c^{ne} des Échaubrognes. — *La Louizière*, 1645 (arch. V. les Linaux).

LOUISIÈRE (LA), chât. c^{ne} de Montravers.

LOUJARDIÈRE, bois, c^{ne} de Pamproux. — *Lanjardière*, 1572 (arch. V. Ste-Marth. 81).

LOULIÈRE, f. c^{ne} de Ménigoute. — *Louslière*, 1520; *l'Ouslière*, 1649 (arch. Barre).

LOUMOIS, vill. c^{ne} de Clazay. — *Moulins à draps près le gué de Lomaye*, 1417 (arch. St-Loup).

LOUPS (LES), mⁱⁿ. c^{ne} d'Échiré.

LOUPS (LES), mⁱⁿ. c^{ne} de Sciecq.

LOURIE (LA), f. c^{ne} de Chanteloup. — *La Louerie*, relev. de Bressuire, 1420 (arch. St-Loup).

LOURIE (LA), c^{ne} de Fénery, relev. de Châteauneuf-en-Gâtine, 1492 (reg. av. Chât.).

LOURIE (LA), f. c^{ne} de Sansais.

LOURITIÈRE, f. c^{ne} de St-Aubin-le-Cloud. Voir LOURYTIÈRE.

LOUSME (MOULIN DE), dépendant de la baronnie de la Mothe-St-Héraye, 1621 (av. de la Mothe).

LOUVARDIÈRE, f. c^{ne} de St-Amand-sur-Sèvre. — *Lauvardière* (Cass.). Voir LAVARDIÈRE (LA).

LOUVRIE, f. c^{ne} de St-Remy.

LOUZY, c^{on} de Thouars. — *Luzi*, 1123 (ch. St-Pierre Th. 1000). — *Lozi*, v. 1160 (cart. S^t-

Laon Th.). — *Loziacum*, 1166 (ms. St-Pierre Th.). — *Louzy*, 1274 (cart. Chamb.). — *Louzi en Thoarçoys*, 1326 (arch. hist. Poit. XI). — *Lousy*, 1767 (arch. D.-S. H. 299). — St-Pierre de Louzy était à la nomination du chapitre de St-Pierre de Thouars (pouillé 1648).

Louzy relevait de la Roche-de-Luzay (arch. St-Loup). Il faisait partie des marches communes de Poitou et Anjou et du gouvernement militaire de Saumur depuis 1589 (le gouv. mil. Saum. par d'Espinay). Il était compris dans le bailliage de la Grande Marche, ressort du siège de la vicomté de Thouars. Enfin il dépendait de la sénéchaussée de Saumur, du doyenné et de l'élection de Thouars. Il y avait 250 feux en 1750.

LOZILLIÈRE, cⁿᵉ de Verruye. — *Borderia cum silvula que vocatur terra Ozea et molendinum*, 1111 (cart. St-Maix, 276.) L. disp.

LUC (LE), l.-d. cⁿᵉ de Beaulieu-sous-Parthenay. — *Luc*, 1594; *le Luc près Lourserie*, 1679 (arch. Barre).

LUC (PRÉ DU), l.-d. cⁿᵉ de Cours.

LUC (LE), cⁿᵉ de François, relev. de St-Maixent, 1373, 1601 (arch. V. C. 2, 106).

LUC (LE), chât. et f. cⁿᵉ de Germond. — *Le Luc*, 1428 (arch. V. Eˢ. 423). Relev. de Pressigny-en-Gâtine (id. 415).

LUC (LE), f. cⁿᵉ des Groseillers.

LUC (LE GRAND ET PETIT), h. cⁿᵉ de St-Gelais. — *Le Luc*, 1222 (cart. St-Maix. II, 52). — Relev. de St-Maixent, 1373 (arch. V. C. 2, 106).

LUC (CHAMP DU), l.-d. cⁿᵉ de St-Lin.

LUC, vill. et chât. cⁿᵉ de St-Marsault. — *Luque*, 1600 (Font. XXIII, 600).

LUC (LE), vill. cⁿᵉ de St-Martin-de-Sanzay. — *Terra S¹¹ Nicholai quæ vocatur de duobus Lucis*, v. 1100 (ch. de Geoffr. vic¹ᵉ Thouars, ap. arch. hist. Poit. I). — *Luc*, 1236 (cart. St-Laon Th.). — *Le Luc* (Cass.).

LUC (LE), vill. cⁿᵉ de Verrines. — Cimetière gallo-romain (mém. soc. stat. 1ʳᵉ sér. XX, 50).

LUCASIÈRE (LA), f. cⁿᵉ de Noireterre, 1427 (arch. V. Brosse-Guilgault, 8).

LUCHÉ, mⁿᵉ⁸. noble au bourg de Luché-Thouarsais, 1580 (arch. V. Brosse-Guilgault, 23).

LUCHÉ-SUR-BRIOUX, cᵒⁿ de Brioux. — *Villa quæ vocatur Lupchiacus in pago Briocense*, v. 928 (Font. XIII, 41). — *Luchec*, 1232 (Font. XXII, 195). — *Luchet* (D. 1383). — *Luchiacum*, Luché (pouillé 1648). — St-*Hippolyte de Luché* et la chapelle Sᵗᵉ-Anne son annexe (pouillé 1782).

Dépendait de l'archiprêtré de Melle, de la sénéchaussée de Civray, de l'élection de St-Maixent et relev. de Chef-Boutonne (dén. 1667). Il y avait 29 feux en 1698, et 30 en 1750.

LUCHÉ-THOUARSAIS, cᵒⁿ de St-Varent. — *Lucheium*, 1122 (ms. St-Pierre Th. 1660). — *Luchieum*, 1166 (id.). — *Luché*, 1204 (cart. St-Laon Th.). — La cure de St-Pierre de Luché était à la nomination du chapitre de St-Pierre de Thouars.

Luché relevait de Thouars, était compris dans le bailliage de Coulonges, ressort du siège de la vicomté de Thouars, et dépendait du doyenné de Bressuire, de la sénéchaussée de Poitiers et de l'élection de Thouars. Il y avait 60 feux en 1750.

LUCIÈRE (LA PETITE), f. cⁿᵉ du Beugnon. — *Molnarium de Luceriis*, xiiᵉ siècle (cart. l'Absie). — *La Lussière* (Cass.).

LUCIÈRE (LA), h. cⁿᵉ de St-Pardoux. — *La Lucyère*, 1376; *la Lucère*, 1380 (arch. chât. Chap.-Bertr.). — *Moulin de la Luxière*, 1561; *la Lussière*, 1567 (not. St-Maix.).

LUCTIÈRE (LA), f. cⁿᵉ du Beugnon. — *Luguetière*, relev. de Vouvent, 1631 (arch. Bois-Chapel.).

LUGÉE, vill. cⁿᵉ de Pioussay, 1783 (arch. D.-S. E. 209). — *Lugé* (Cass.).

LUGNÉ, vill. cⁿᵉ de Saivre. — *Luygné*, 1522; *Lugné*, 1585; *Leugné*, 1624 (not. St-Maix.).

LUGUET, vill. cⁿᵉ de Missé. Relev. de Thouars, 1544 (fiefs vic. Thouars).

LUISSELIÈRE, cⁿᵉ de St-Georges-de-Noisné. — *Lusseleire*, 1216 (arch. V. H. 3, 869). — *Luisselère*, 1232 (id.).

LUNARDIÈRE (LA), h. cⁿᵉ de Fenioux. — *La Lunardère*, 1433 (arch. V. Fontaine-le-C. 30). — *La Lunardière*, 1484, relev. du Bois-Chapeleau (arch. Bois-Chap.).

LUNIÈRE (LA), vill. cⁿᵉ du Breuil-Bernard. — *Les Lunières* (Cass.).

LUNIÈRE (LA), vill. cⁿᵉ de Courlay.

LURGÈRE, vill. cⁿᵉ de Secondigné-sur-Chizé, 1786 (arch. D.-S. E. 215).

LUSSAIS, vill. et mⁿ. cⁿᵉ de Cherveux. — *Luxay*, 1415; *Luçay*, 1466 (arch. V. la Faugère). — *Lussay* (Cass.).

LUSSAUDIÈRE, vill. cⁿᵉˢ de Prailles et la Couarde. — *Lourssaudère*, 1470 (arch. V. E. 1, 17). — *Louxaudière*, 1537 (not. St-Maix.). — *Lusaudière*, paroisse de Prailles, 1667 (arch. V. E. 3, 32).

LUSSAUDIÈRE, h. cⁿᵉ de Sepvret.

LUSSAUDIÈRE, vill. cⁿᵉ de Soudan. — *Loursaudère*, 1517; *Lussaudère*, 1531 (not. St-Maix.).

LUSSAY, vill. cⁿᵉ de Chef-Boutonne; anc. commune réunie en 1839 à celle de Chef-Boutonne, et ancienne paroisse réunie à celle de Javarzay. — *Lucayum*, 1300 (gr.-Gauthier). — *Lussayum*, 1395 (id. 244). — *Lussay*, 1482 (id. 244, 238). — *St-Georges de Lussay* (pouillé, 1782).

Le chapitre St-Pierre de Poitiers était seigneur

de la châtellenie et haute justice de Lussay, qui relevait du château de Chef-Boutonne.

Lussay dépendait de l'archiprêtré de Melle, du marquisat de Chef-Boutonne et de l'élection de Niort. La cure était à la nomination du chapitre de la cathédrale de Poitiers. Il y avait 29 feux en 1716, et 27 en 1750.

Lusseau, m^{in}. c^{ne} de Chef-Boutonne. — *Moulin de Lusseau* (pap. terr. des Alleuds).

Lusseray, c^{on} de Brioux. — *Luxeria*, 1300 (gr.-Gauthier). — *Luseray ou Luxeray*, relev. de Melle, 1406 (gr.-Gauthier, des bénéf.). — *Lusseray*, 1459 (arch. Barre). — *Château de Luceray*, 1536 (reg. insin. Thouars). — *Lusseraye*, 1561 (ms. 141, bibl. Poit.). — *Bourg de St-Georges de Leusseray* en la baronnie de Melle et ressort de Civray, 1584 (arch. V. E. 3, 18). — La cure était à la nomination de l'abbé de St-Hilaire de la Celle de Poitiers (pouillé 1648).

Dépendait de l'archiprêtré de Melle, de l'élection de St-Maixent et de la subdélégation de Chef Boutonne. Il y avait 63 feux en 1698, et 74 en 1750.

Lussière (La), f. c^{ne} de la Petite-Boissière, 1615 (arch. V. les Linaux).

Lussière (La), f. c^{ne} de Vernou-en-Gâtine. — *Le bois de la Lucère*, 1358 (ch. de J. Larch. ap.

arch. V. chapell.). — *La Lucière*, relev. du Fontenioux, 1663 (arch. du Font.).

Luzabert, vill. c^{ne} de Missé.

Luzay, c^{on} de St-Varent. — *Lusiacum*, 890, 912 (dipl. des rois Eudes et Louis, ap. doc. pour l'hist. St-Hil., I). — *Villa Lusiaco in vicaria Toarcinse in condita Toarcinse*, 978 (cart. St-Jouin). — *Lusaium*, 1127 (doc. p. l'hist. St-Hil. I, 127). — *Lusayum*, 1255 (arch. V. St-Hil. 670). — *Lusay*, 1300 (gr.-Gauthier). — *Luzay*, 1401 (chartr. Thouars). — *Luzais*, 1718 (arch. D.-S. E. 1024).

Il y avait autrefois deux églises : St-Hilaire, qui était la paroisse et n'existe plus ; St-Cyr, la plus ancienne, qui est aujourd'hui la paroisse. Elles étaient à la nomination du chapitre de St-Hilaire de Poitiers. La seign. de Luzay relevait de Thouars. Il y avait une aumônerie située à la Roche, qui fut réunie à l'hôpital de Thouars le 20 novembre 1712 (arch. D.-S. H. 309, 310). Luzay dépendait du doyenné de Thouars, de la sénéchaussée de Poitiers, et faisait partie du bailliage d'Orvallois, ressort du siège de la vicomté de Thouars. Il y avait 135 feux en 1750.

Luzay, h. c^{ne} de Bouillé-Loretz. — *La Croix-Lussay*, 1539 (arch. V. H. 3, 675). — *Lusay* (Cass.).

M

Mabouet (Le Grand et Petit), f. c^{ne} de Chef-Boutonne. — *Le Masbouet*, relev. des seign. de Javarzay et de Luché (pap. terr. Alleuds). — *Grand et Petit Masbouet* (Cass.).

Maboullarie (La), f. c^{ne} de St-Remy-en-Plaine, 1764 (arch. D.-S. B. 392).

Macaudière (La Haute et Basse), f. c^{ne} de St-Clémentin. — *La Macaudière*, xve siècle (reg. r. Templ. Maul.).

Macayrière (La), bois, c^{ne} de Luzay, 1585 (arch. D.-S. E. 1068).

Machard, m^{in}. c^{ne} de Lhoumois. — *Moulin de Machart*, v. 1400 (arch. Barre, II, 212).

Machau. — *Molendinum Machau*, 1323 (arch. V. Fontaine-le-C. 32, bois de Sec.).

Machepaille, vill. c^{ne} du Chillou.

Maclière (La), vill. c^{ne} de Ste-Ouenne.

Maclière (La), h. c^{ne} de Surin. — *La Maquelière*, 1743 (arch. D.-S. E. 432).

Mâcon, h. c^{ne} de St-Martin-de-Mâcon.

Maçonne (La), vill. c^{ne} du Vert. — *La Massonne* (Cass.).

Maçonne (La), h. c^{ne} de Villiers-sur-Chizé.

Mactière (La), vill. c^{ne} de Combrand. — *La Macquetière* (Cass.).

Madeleine (La), f. c^{ne} de Brelou.

Madeleine (La), h. c^{ne} de Caunay. — *La Madalayne*, 1598 (arch. V. E. 3, 11).

Madeleine (La), h. c^{ne} de Nueil-sous-les-Aubiers. — *La Madelaine* (Cass.).

Madoire (La), f. et étang, c^{ne} de St-Porchaire. — *La Madouère*, relev. de St-Porchaire, 1444 (titr. châtell. St-Porch.).

Madouère (La), h. c^{ne} de Louin. — *La Maduère*, 1463 (arch. Bret.). — *La Maduère* (Cass.).

Madrid, f. c^{ne} de Boussais.

Madrid, f. c^{ne} d'Usseau.

Magaud, vill. c^{ne} de Pers. — *Magault* (Cass.).

Magault, f. c^{ne} de Vanzay, 1601 (arch. D.-S. E. 378).

Magé, vill. c^{ne} de Louzy. — *Magé*, v. 1191 (cart. St-Laon Th.). — Relev. de Thouars, 1497 (chartr. Thouars).

Magnantru, f. c^{ne} de Périgné.

MAGNÉ, 2ᵉ cᵒⁿ de Niort. — *Magniacum*, 989 (Besly, cᵗᵉˢ de Poit. 274, d'apr. cart. Bourgueil). — *Maignec*, v. 1200 (cart. Châtell.). — *L'île de Magné*, 1212 (inv. Sᵗ-Remy, ap. arch. V. reg. 573). — *Magnel*, 1236 (cart. Chât.). — *Magnec*, v. 1260 (homm. Alph. Poit.). — *Maigné*, 1378 (arch. hist. Poit. XXI, 95). — *Sᵗᵘˢ Germanus de Maigne*, 1402 (panc. de Rochech.). — *Meigne*, 1489 (hist. des Chast.).

La cure était à la nomination de l'abbé de Sᵗ-Liguaire. Magné dépendait de l'archiprêtré de Mauzé, diocèse de Saintes, et de l'élection de Sᵗ-Jean-d'Angély, généralité de la Rochelle (état génér. la Roch. 1698). Relev. de Rohan-Rohan.

Le canton de Magné, créé en 1790 et composé des communes d'Arçais, Bessines, Coulon, Sᵗ-Liguaire, fut supprimé en l'an VIII au profit du 2ᵉ canton de Niort, pour Magné, Coulon, Sᵗ-Liguaire, et au profit de Frontenay, pour Arçais et Bessines.

MAGNÉ (LE GRAND ET PETIT), h. cⁿᵉ d'Aigonnay. — *Villa Magniacus in pago Metulinse*, 986 (cart. Sᵗ-Cypr. 266).— *Maigné*, 1559 (not. Sᵗ-Maix.). — *Magné* (Cass.).

MAGNÉ, vill. cⁿᵉ de Coulonges-sur-l'Autise. — *Magné*, 1568 (arch. V. C. 2, 219).

MAGNÈRE (LA), f. cⁿᵉ de Sᵗ-Mard-la-Lande. — *La Maignère*, 1626 (arch. V. E. 2, 220). — *La Manière*, 1728 (arch. D.-S. H. 235).

MAGNERIE (LA), vill. cⁿᵉ d'Augé. — *La Maignerie*, 1553 ; *la Maisgnerye*, 1573 (not. Sᵗ-Maix.).

MAGNEROLLES.— *Rivière et pont de Magnerolles* sur la route de Sᵗ-Maix, à la Mothe.—*Malléole* pont sur le Grousson qui traverse la route de Sᵗ-Maixent à la Mothe, 1568, 1539 (not. Sᵗ-Maix.).

MAGNONNIÈRE (LA), vill. cⁿᵉ de Chantecorps. — *La Maignonnyère*, 1452 (arch. Barre, II). — *La Maignonnère*, 1469 (id.). — *La Mougnougnière*, mⁱⁿ. 1559 (not. Sᵗ-Maix.). — *La Magnonnière*, 1654 (arch. V. E. 1, 13). Relev. de Sᵗ-Maixent (état duch. la Meill. 1775).

MAGNONNIÈRE (LA), vill. cⁿᵉ de Chey. — *La Magnonnère*, relev. du Grand-Viron (Brûlain), 1621 (av. de la Mothe). — *La Magnonnerie* (Cass.).

MAGNOU (LE), f. cⁿᵉ de Cherveux.

MAGNOU (LE), vill. cⁿᵉ de Clavé. — *Le Magnou*, 1375 ; *le Magnou*, 1442 ; *le Maigniou*, 1452 (arch. Barre).

MAGNOU (LE), h. cⁿᵉ de Clussais.

MAGNOU (LE), f. cⁿᵉ de Fenioux.— *Le Magnoul* (Cass.).

MAGNOU (LE), vill. cⁿᵉ de Lezay. — *Fief du Magnou ou des Échelles*, relev. de la Mothe-Sᵗ-Héraye, 1401 (Font. LXXXV). — *Le Maignou* (Cass.).

MAGNOU (LE), h. cⁿᵉ de Lorigné. — *Le Magniouz*, 1350 (arch. V. G. 244). — *Le Magnou*, 1552 (la fam. des dern. seign. de Faugeré).

MAGNOU (LE), f. cⁿᵉ de Rom, 1680 (arch. V. N.-D. 149).

MAGNOU (LE), vill. cⁿᵉ de Sᵗᵉ-Blandine.

MAGNOU (PETIT ET GRAND), vill. cⁿᵉ de Saivre. — *Maignio*, 1364 (inv. d'Aub.). — *Le Petit Magnou*, 1585 (not. Sᵗ-Maix.).

MAGNOU (LE), vill. cⁿᵉ de Sompt. — *Logis du Magnou* (Cass.).

MAGNY (LE), vill. cⁿᵉ des Aubiers. — *Terra do Magni*, 1270 (cart. Trin. Maul.).

MAGNY (LE PETIT ET GRAND), vill. cⁿᵉ de Clazay. — *Le Magny sur Laurayre, le Magny sur Beaumont*, 1586 (arch. V. Sᵗ-Cypr. 30). — *Le Maignis*, 1613 (id. 47). — *Le Petit Maigni*, 1621 (id. 47). — *Masgny*, 1644 (arch. D.-S. E. 586).

MAGNY (LE), vill. cⁿᵉ de Geay.

MAGNY (LE), h. cⁿᵉ de Massais.

MAGNY (LE), h. cⁿᵉ de Montigny.

MAGNY (LE), vill. cⁿᵉ de Pierrefitte. — *Willelmus de Magnis* (ch. du xiiᵉ siècle pour Sᵗ-Pierre-du-Châtelet Th. ms. 1660).

MAGNY (LE), étang, cⁿᵉ d'Ulcot.

MAGOT, vill., bois et chât. cⁿᵉ de la Ferrière. — *Silva Maingodi*, v. 1145 (cart. Sᵗ-Cypr. 280). — *Magot*, 1580 (pap. fabr. Sᵗ-L. Part.)

MAHONNIÈRE (LA), h. cⁿᵉ de Bretignolle. — *La Grant-Mahonnère*, relev. de Cirière, 1439 (arch. Sᵗ-Loup).

MAIGNONIE ou VIEILLE-VILLE, haute justice, cⁿᵉ de Hanc, relev. de Civray, 1498-1776 (arch. V. C. 2, 152).

MAIGRETIÈRE (LA), f. cⁿᵉ de Sᵗ-Aubin-de-Baubigné.

MAIGRETIÈRE (LA), cⁿᵉ de Verruye, terres relev. de Pressigny et tenant aux taillées de Peraillard et au bois de l'hôpital appelé le bois Noir, 1617 (arch. V. Eˢ. 424).

MAILLARD, chât. cⁿᵉ de Beaulieu-sous-Bressuire.

MAILLÉ, vill. et logis cⁿᵉ de la Chapelle-Bâton. — *Mailhé*, 1349 (arch. V. cures, 165). — *Maillé*, relev. de Sᵗ-Maixent, 1405 (gr.-Gauthier, des bénéf.).

MAILLÉ, f. cⁿᵉ de la Petite-Boissière.

MAILLÉ, f. cⁿᵉ de Sᵗ-Martin-lez-Melle. — *Le Maillé* (Cass.).

MAILLÉ, vill. et logis, cⁿᵉ de Villefollet. — *Mallicum, Mallec, Malli ou Mailli*, xiiiᵉ siècle (censif de Chizé). — *Mailhé*, 1398 (arch. V. Trin. 110). — *Milliers*, 1550 (id. 109). — *Meiller*, 1566; *Maillé*, 1723 (id.).

MAILLEBOUÈRE (LA), f. cⁿᵉ de Secondigny, relev. de la baronnie de Secondigny, 1387 (arch. V.).

MAILLEROUE, mⁱⁿ. cⁿᵉ de Vasles. — *Mallerosse*,

1280 ; *Mailleroue*, 1364 (arch. V. H. 2, 44). — *Mailleroux* (Cass.).

MAILLETIÈRE (LA), c⁰ᵉ de S¹-Sauveur.

MAILLETTE (LA), éc. c⁰ᵉ d'Ardin.

MAILLLOLIÈRE (LA), f. c⁰ᵉ de Parthenay. Relev. de Lhérigondeau, 1545 (min. not.).

MAINTHOLIÈRE (LA), c⁰ᵉ de S¹-Maixent, relev. de la châtellenie de S¹-Maixent (cart. S¹-Maix. intr.).

MAIRÉ, vill. c⁰ᵉ d'Aiffres. Ancienne paroisse appelée S¹-Maurice de Mairé, réunie à celle d'Aiffres. — *Villa Mairiacus in vicaria Niortinse*, v. 1000 (cart. S¹-Cypr. 326). — *Maireg*, 1097 (id. 13). — *Meriacum*, 1244 (compt. Alph. Poit.). — *Mayrec*, 1260 (homm. d'Alph. Poit.). — *Sanctus Mauricius juxta Niortum*, 1300 (gr.-Gauthier). — *Mairé*, relev. de Niort, 1404 (gr.-Gauthier, des bénéf.). — *S¹-Maurice de Mairé*, 1750 (cart. alph. Poit.). — *S¹-Maurice près Niort* (pouillé 1782).

Dépendait de l'archiprêtré, châtellenie et élection de Niort. La cure était à la nomination de l'évêque. Il y avait 34 feux en 1716, et 27 en 1750.

MAIRÉ, f. c⁰ᵉ de Germond.

MAIRÉ, vill. c⁰ᵉ de Périgné. — *Villa que nuncupatur Mairetus in vicaria Metulinse*, v. 988 (cart. S¹-Jean-d'Ang. ap. Font. LXII, p. 481). — *Mairé*, 1593 (arch. V. E. 3. 1. 4). — *Méré* (Cass.).

MAIRÉ-LÉVESCAULT, c⁰ⁿ de Sauzé-Vaussais. — *Mariacus*, ıx° siècle (vie de S¹ Junien par Wulfin-Boëce). — *Sanctus Junianus Mairiacensis*, 838 (Font. XXI, 120). — *Villa Matriacus*, 969 (cart. S¹-Cypr. 252). — *Mairiacum*, v. 1075 (arch. V. Nouail.). — *Mariacum Episcopalem*, 1085 (cart. S¹-Maix. 191). — *Mairec*, v. 1156 (Font. XXI, 645). — *Maerec*, 1260 (id.). — *Mayriec*, 1276 (id. XXII, 327). — *Mairé*, 1300 (gr.-Gauthier). — *Mayrec*, 1305 (arch. V. Nouail.). — *Mayré* (D. 1326). — *Meyriacum*, 1394 (arch. V. Nouail. 30). — *Mairé-Lévesquau*, 1477 (id. 31). — *Mairé-Lévescaut* (pouillé 1782).

Mairé-Lévescault dépendait de l'archiprêtré de Chaunay, de l'élection de Poitiers, de la châtellenie et sénéchaussée de Civray. La cure était à la nomination de l'abbé de Nouaillé. Il y avait 230 feux en 1750.

MAIREMONT, f. c⁰ᵉ de Moutiers.

MAISON (LA GRANDE), f. c⁰ᵉ d'Argenton-l'Église.

MAISON (LA), f. c⁰ᵉ des Échaubrognes.

MAISON (LA GRANDE), f. c⁰ᵉ de la Foye-Monjault.

MAISON (LA GRAND'), f. c⁰ᵉ de Nanteuil.

MAISON (LA GRANDE), f. c⁰ᵉ d'Oroux.

MAISON (LA GRANDE), f. c⁰ᵉ de Parthenay.

MAISON (LA GRANDE), h. c⁰ᵉ de Prahecq.

MAISON (LA GRANDE), h. c⁰ᵉ de S¹-Coutant.

MAISON (LA GRANDE), f. c⁰ᵉ de S¹-Gelais.

MAISON (LA GRANDE), f. c⁰ᵉ de S¹-Maxire.

MAISON (LA PETITE ET GRANDE), f. c⁰ᵉ de Vasles.

MAISON (LA PETITE), h. c⁰ᵉ de Verruye.

MAISON-A-MADAME (LA), f. c⁰ᵉ de Coulon.

MAISON-AU-MOINE (LA), h. c⁰ᵉ de Bouillé-Loretz.

MAISON-BLANCHE (LA), h. c⁰ᵉ de Brion.

MAISON-BLANCHE (LA), f. c⁰ᵉ de Cours.

MAISON-BLANCHE (LA), f. c⁰ᵉ de Geay.

MAISON-BLANCHE (LA), h. c⁰ᵉ de Genneton.

MAISON-BLANCHE (LA), vill. c⁰ᵉ de Loubillé. — *Les Maisons Blanches* (Cass.).

MAISON-BLANCHE (LA), h. c⁰ᵉ de S¹-Liguaire.

MAISON-BLANCHE (LA), éc. c⁰ᵉ de S¹-Maurice-la-Fougereuse.

MAISON-BLANCHE (LA), f. c⁰ᵉ de Vasles.

MAISON-BRÛLÉE (LA), h. c⁰ᵉ de Caunay.

MAISON-BRÛLÉE (LA), éc. c⁰ᵉ de S¹-Paul-en-Gâtine.

MAISON-BRÛLÉE (LA), f. c⁰ᵉ de Sepvret.

MAISONCELLE, vill. c⁰ᵉ d'Assais. — *Maisoncelles*, relev. de la baronnie de Moncontour, 1409 (av. de Monc. ap. mém. ant. ouest, 2° sér. IV). — *Maisonsel*, 1560 (arch. V. seign. div. 32). — *Maysoncelles*, membre de l'abbaye d'Airvault, 1612 (arch. V. abb. Airv.).

MAISONCELLE, vill. c⁰ᵉ de Prailles. — *Maisoncelles*, relev. de S¹-Maixent, 1422 (gr.-Gauthier, des bénéf.). — *Maisoncelles*, 1583-1601 (arch. V. C. 2, 106).

MAISONCELLE, vill. c⁰ᵉ de Rom.

MAISON-DE-L'ÉTANG (LA), éc. c⁰ᵉ de Mauzé-Thouarsais.

MAISON-DES-BOIS (LA), f. c⁰ᵉ de Bretignolle.

MAISON-DES-BRANDES (LA), f. c⁰ᵉ de Chiché.

MAISON-DES-CHAMPS (LA), éc. c⁰ᵉ de Brelou.

MAISON-DES-DOUVES (LA), éc. c⁰ᵉ d'Ardin.

MAISON-DIEU (LA), h. et mⁱⁿ. c⁰ᵉ de Châtillon-sur-Thoué. Ancien prieuré et aumônerie de l'ordre de S¹-Augustin, fondé au xıı° siècle, vers 1174 par les seigneurs de Parthenay. — *Aumônerie de Partenay*, 1284. — *La Maison-Dieu de Partenay*, 1450. — *Prieuré de la Madeleine*, aliàs *la Maison-Dieu de Partenay*, 1583. — L'aumônerie fut distraite du prieuré pour former l'hôpital en 1562. Le prieuré, uni aux clercs séculiers de la Doctrine chrétienne de Brives-la-Gaillarde en 1720, fut réuni au séminaire S¹-Charles de Poitiers par lettres patentes du 24 février 1769, puis supprimé et réuni à l'hôpital de Parthenay par décret de l'évêque du 5 novembre 1787 et lettres patentes de février 1788 (la Gâtine hist. et mon. passim).

MAISON-DIEU (LA), mⁿ. c⁰ᵉ de Fontperron.

MAISON-DU-BOIS (LA), éc. c⁰ᵉ de Pamplie.

MAISON-DU-BOIS (LA), f. c⁰ᵉ de S¹-Pardoux.

DÉPARTEMENT DES DEUX-SÈVRES.

Maison-du-Parc (La), éc. c^{ne} de Mauzé-Thouarsais.
Maison-du-Pont (La), f. c^{ne} de Souché.
Maison-du-Puits (La), f. c^{ne} de Souché.
Maisonnais, c^{on} de Melle. — *Maysonnays*, 1300 (gr.-Gauthier). — *Maisonnès*, 1372 (arch. hist. Poit. XXI, 92). — *Maisonais*, 1373 (gr.-Gauthier, des bénéf.). — *N.-D. de Maisonnais* (pouillé 1782).
 Dépendait de l'archiprêtré de Melle, de l'élection de St-Maixent et du ressort de la sénéchaussée de Civray. Relev. de Bussac, près de Saintes. La cure était à la nomination du prieur de St-Hilaire de Melle. Il y avait 101 feux en 1698, et 34 en 1750.
Maisonneau, vill. c^{ne} de Thénezay.
Maisonnette (La), h. c^{ne} d'Ardin.
Maisonnette (La), f. c^{ne} des Aubiers.
Maisonnette (La), f. c^{ne} du Busseau.
Maisonnette (La), f. c^{ne} de Cersay.
Maisonnette (La), f. et étang, c^{ne} d'Étusson.
Maisonnette (La), h. c^{ne} d'Exoudun.
Maisonnette (La), h. c^{ne} de Genneton.
Maisonnette (La), c^{ne} de la Mothe, 1621 (av. de la Mothe).
Maisonnette (La), h. c^{ne} de Nueil-sous-les-Aubiers.
Maisonnette (La), éc. c^{ne} de la Pérate.
Maisonnette (La), f. c^{ne} de St-Aubin-de-Baubigné.
Maisonnette (La), h. c^{ne} de St-Sauveur-de-Givre en-Mai.
Maisonnette (La), f. c^{ne} d'Ulcot.
Maisonnette (La), h. c^{ne} de Voultegon.
Maisonnette-de-Dilay (La), f. e^{ne} d'Ardin.
Maison-Neuve (La), f. c^{ne} d'Aiffres.
Maison-Neuve (La), f. c^{ne} des Alleuds.
Maison-Neuve (La), f. c^{ne} d'Allonne.
Maison-Neuve (La), h. c^{ne} d'Assais.
Maison-Neuve (La), h. c^{ne} d'Azay-sur-Thoué.
Maison-Neuve (La), f. c^{ne} de Beaulieu-sous-Parthenay.
Maison-Neuve (La), h. c^{ne} de Bessines.
Maison-Neuve (La), vill. c^{ne} du Beugnon.
Maison-Neuve (La), f. c^{ne} de Boesse.
Maison-Neuve (La), f. c^{ne} de Boussais.
Maison-Neuve (La), vill. c^{ne} du Breuil-Bernard.
Maison-Neuve (La), vill. c^{ne} de Chambroutet.
Maison-Neuve (La), f. c^{ne} de Champeaux.
Maison-Neuve (La), h. c^{ne} de Chantecorps.
Maison-Neuve (La), vill. c^{ne} de la Chapelle-Gaudin.
Maison-Neuve (La), f. c^{ne} de la Chapelle-Largeau.
Maison-Neuve (La), f. c^{ne} de la Chapelle-St-Étienne.
Maison-Neuve, f. c^{ne} de la Chapelle-St-Laurent.

Maison-Neuve (La), h. c^{ne} de la Charrière.
Maison-Neuve (La), h. c^{ne} de Châtillon-sur-Thoué.
 — *La Maison Neufve*, relev. du prieuré de St-Paul de Parthenay, tenant au Thoué et à la Tousche, 1579 (ma coll. pap. de St-Paul).
Maison-Neuve (La), h. c^{ne} de Cherveux.
Maison-Neuve (La); h. c^{ne} de Chey.
Maison-Neuve (La), h. c^{ne} de Clussais.
Maison-Neuve (La), f. c^{ne} de Combrand.
Maison-Neuve (La), f. c^{ne} de Coulon.
Maison-Neuve (La), f. c^{ne} de Courlay.
Maison-Neuve (La), f. c^{ne} de Cours.
Maison-Neuve (La), vill. c^{ne} de Coutières. — *Village de la Maison neuve, naguère en bois et en friches*, 1479 (arch. Barre, II).
Maison-Neuve (La), f. c^{ne} des Échaubrognes.
Maison-Neuve (La), f. c^{ne} de Faye-l'Abbesse.
Maison-Neuve, h. c^{ne} de Faye-sur-Ardin.
Maison-Neuve (La), h. c^{ne} de Fenioux.
Maison-Neuve, f. c^{ne} de la Ferrière.
Maison-Neuve (La), h. c^{ne} de Fontenille.
Maison-Neuve (La), f. c^{ne} de la Forêt-sur-Sèvre.
Maison-Neuve (La), f. c^{ne} de la Foye-Monjault.
Maison-Neuve (La), vill. c^{ne} de Fressine.
Maison-Neuve (La), h. c^{ne} de Genneton.
Maison-Neuve (La), f. c^{ne} de Germond.
Maison-Neuve (La), f. c^{ne} des Groseillers.
Maison-Neuve (La), vill. c^{ne} de Largeasse.
Maison-Neuve (La), f. c^{ne} de Luché.
Maison-Neuve (La), f. c^{ne} de Magné.
Maison-Neuve (La), vill. c^{ne} de Mazières-en-Gâtine, 1636 (arch. V. E^s. 410).
Maison-Neuve (La), f. c^{ne} de Ménigoute.
Maison-Neuve, f. c^{ne} de Moncoutant.
Maison-Neuve (La), h. c^{ne} de Montigné.
Maison-Neuve (La), f. c^{ne} de Montigny.
Maison-Neuve (La), f. c^{ne} de Moulins.
Maison-Neuve (La), f. c^{ne} des Moutiers-sous-Chantemerle.
Maison-Neuve (La), f. c^{ne} de Noireterre.
Maison-Neuve (La), f. c^{ne} de Pamplie.
Maison-Neuve (La), h. c^{ne} de Pierrefitte.
Maison-Neuve (La), f. c^{ne} du Pin.
Maison-Neuve (La), f. c^{ne} de Pougne.
Maison-Neuve (La), h. c^{ne} de la Revétizon.
Maison-Neuve, vill. c^{ne} de la Rochénard.
Maison-Neuve (La), vill. c^{ne} de St-Amand-sur-Sèvre.
Maison-Neuve (La), éc. c^{ne} de St-André-sur-Sèvre.
Maison-Neuve, f. c^{ne} de St-Aubin-de-Baubigné.
Maison-Neuve (La), f. c^{ne} de St-Aubin-le-Clou.
Maison-Neuve (La), f. c^{ne} de St-Éanne.
Maison-Neuve, f. c^{ne} de St-Génard.

MAISON-NEUVE (LA), f. cⁿᵉ de Sᵗ-Généroux.
MAISON-NEUVE (LA), f. cᵘᵉ de Sᵗ-Georges-de-Rex.
MAISON-NEUVE (LA), f. cⁿᵉ de Sᵗ-Jouin-sous-Châtillon.
MAISON-NEUVE, h. cⁿᵉ de Sᵗ-Liguaire.
MAISON-NEUVE (LA), f. cⁿᵉ de Sᵗ-Maixent-de-Beugné.
MAISON-NEUVE (LA), f. cᵘᵉ de Sᵗ-Martin-d'Augé.
MAISON-NEUVE, f. cᵘᵉ de Sᵗ-Martin-de-Bernegoue.
MAISON-NEUVE (LA), f. cᵘᵉ de Sᵗ-Martin-de-Sᵗ-Maixent.
MAISON-NEUVE (LA), f. cⁿᵉ de Sᵗ-Porchaire.
MAISON-NEUVE (LA), h. et logis, cⁿᵉ de Sᵗᵉ-Pezenne.
MAISON-NEUVE (LA), f. cᵘᵉ de Saivre.
MAISON-NEUVE (LA), f. cᵘᵉ de Sanzay.
MAISON-NEUVE, f. cⁿᵉ de Saurais.
MAISON-NEUVE, f. cᵘᵉ de Scillé.
MAISON-NEUVE (LA), f. cⁿᵉ de Secondigny.
MAISON-NEUVE (LA), h. cⁿᵉ de Soudan. — *Maison neufve*, 1530 (not. Sᵗ-Maix.).
MAISON-NEUVE (LA), f. cⁿᵉ du Tallud.
MAISON-NEUVE (LA), éc. cᵘᵉ de Terves.
MAISON-NEUVE (LA), h. cⁿᵉ de Vançais.
MAISON-NEUVE (LA), f. cⁿᵉ de Vanzay.
MAISON-NEUVE (LA), f. cᵘᵘ de Vasles, 1385 (arch. Barre, II).
MAISON-NEUVE (LA), h. cⁿᵉ de Vautebis. — Borderie appelée *la Maisonneufve et la Chaillochère*, 1375 ; *la Chaillochère*, 1452 ; *la Maisonneufve*, *aliàs la Chaillochère*, 1610, 1631, relev. de la seign. de la Saisine (arch. Barre).
MAISON-NEUVE (LA), f. cⁿᵉ de Verruye, 1583 (arch. V. E. 1, 15).
MAISON-NEUVE (LA), f. cⁿᵉ de Viennay.
MAISON-NEUVE (LA), h. cⁿᵉ de Vouillé.
MAISON-NEUVE-DE-L'ÉTANG (LA), éc. cⁿᵉ d'Ardin.
MAISON-NEUVE-DES-BOIS (LA), f. cⁿᵉ d'Exireuil.
MAISON-NEUVE-DU-BOIS (LA), f. cⁿᵉ de Sanzay.
MAISON-NEUVE-DU-RETAIL (LA), h. cᵘᵉ d'Allonne).
MAISON-NEUVE-DU-TERRIER (LA), mᵒⁿ. cⁿᵉ de Neuvy-Bouin.
MAISON-NEUVE-HUCHELOUP, f. cⁿᵉ de Sᵗ-Aubin-de-Baubigné.
MAISON-NEUVE-MAULAIS, h. cⁿᵉ de Sᵗ-Loup.
MAISON-NEUVE-CLABAT, f. cⁿᵉ de Sᵗ-Loup.
MAISONNIÈRE, vill. cⁿᵉ de Sepvret.
MAISON-ROBIN, f. cᵘᵉ du Puy-Sᵗ-Bonnet.
MAISON-ROUGE (LA), h. cⁿᵉ de la Couarde.
MAISON-ROUGE, f. cⁿᵉ de Tourtenay.
MAISONS (LES PETITES), h. cⁿᵉ de Clavé. — *La Petite Maison*, 1530 (not. Sᵗ-Maix.).
MAISONS (LES GRANDS), f. cⁿᵉ de Ménigoute. — *Les Grands-Maisons*, 1479, 1622, relev. de la châtellenie de Bois-Pouvreau (arch. Barre, I, II).
MAISONS (LES TROIS), h. cⁿᵉ de Moncoutant.

MAISONS (LES QUATRE), h. cⁿᵉ de Sᵗ-Étienne-la-Cigogne.
MAISONS (LES), f. cⁿᵉ de Sᵗᵉ-Soline.
MAISONS (LES PETITES), vill. cⁿᵉ de Verruye. — *La Petite Maison*, 1566 (not. Sᵗ-Maix.).
MAISONS-BLANCHES (LES), vill. cⁿᵉ de Limalonges.
MAISONS-BRÛLÉES (LES), h. cⁿᵉ de Sᵗ-Éanne.
MAISONS-BRÛLÉES (LES), h. cⁿᵉ de Sᵗ-Mard-la-Lande.
MAISONS-BRÛLÉES (LES), h. cⁿᵉ de Sᵗᵉ-Pezenne.
MAISONS-DES-CHAMPS (LES), h. cⁿᵉ de Faye-sur-Ardin.
MAISONS-NEUVES (LES), vill. cⁿᵉ de Maisonnais. — *Maison neuve* (Cass.).
MAISONS-NEUVES (LES), éc. cⁿᵉ de la Pérate.
MAISONS-NEUVES (LES), h. cⁿᵉ de Sᵗ-Léger-lez-Melle.
MAISONS-NEUVES (LES), f. cⁿᵉ de Sᵗ-Martin-lez-Melle. — *Maison neuve* (Cass.).
MAISONS-NEUVES (LES), f. cⁿᵉ de Sepvret.
MAISONS-ROUGES (LES), vill. cⁿᵉ de Souché.
MAISONTIERS, cᵒⁿ de Sᵗ-Loup. — *Maisuns Iters*, v. 1180 (cart. l'Absie, ap. Dupuy, 828). — *De Domibus Iterii*, 1268 (arch. Vernay). — *Maison l'thiers*, 1544 (arch. Maisont.). — *Maisonthiers*, 1586 (id.). — *Maisontiers*, 1597 (arch. Barre). — *Château de Maisontiers* en la juridiction de Sᵗ-Loup, 1628 (arch. Maisont.). Relev. de la châtellenie de l'Hôpitau et Puy-de-Néron en 1713 (id.). — *Notre-Dame de Maisontiers*, patron l'abbé d'Airvault (pouillé 1782).

Dépendait de l'archiprêtré de Parthenay, de la châtellenie d'Airvault (av. de 1630), de la sénéchaussée de Civray et de l'élection de Poitiers. Il y avait 34 feux en 1750.

MAITRE-HOMME (LE), h. cⁿᵉ de Sᵗ-Sauveur-de-Givre-en-Mai.
MAIXANDEAUX-EN-FOUGERY (LES), h. cⁿᵉ de Chey, 1679 (arch. D.-S. E. 748).
MALABRIT, f. cⁿᵉ de Geay. — *Malabry* (Cass.).
MALABRY (GRAND ET PETIT), f. cⁿᵉ de Sᵗ-Porchaire. — *Malabryt*, 1610 (arch. V. Brosse-Guilgault, 15). — *Malhabrit*, 1683 ; *Mallabrit*, 1737 (arch. D.-S. E. 844, 1022).
MALABRY, h. cⁿᵉ de Voultegon.
MALADERIE (LA), f. cⁿᵉ de Coulonges-les-Royaux.
MALADERIE (LA), f. cⁿᵉ de Nanteuil. — *Maladerie du pont de l'Arceau*, XVIIᵉ s. (not. de Sᵗ-Maix.). — *Maison de Saint-Lazare*, 1634 (arch. Sᵗ-Maix. 66. 10).
MALADERIE (LA), ancienne chapelle et aumônerie de lépreux en la commune de Parthenay, existant au moins dès le XIIIᵉ siècle. — *Chapelle Sainte Catherine près Parthenay*, 1416 (arch. nat. S. 4932). — *La Maladrie*, 1422 (arch. D.-S. H. 282). — *Maladrerie de Partenay*, 1442 (arch.

nat. O). — Elle fut réunie à l'hôpital de Parthenay par lettres patentes de décembre 1695 (la Gâtine hist. et mon. passim).

MALAINES (LES), h. c^{ne} de Bugneux.

MALAQUISE, éc. c^{ne} de Coulon.

MALARD, f. c^{ne} de Genneton.

MALARDIÈRE (LA), vill. c^{ne} de St-Georges-de-Noisné.

MALASSIS, f. c^{ne} des Alleuds. — *Malassis* (pap. terr. All. ap. bull. soc. stat. 1884).

MALBACHE (LA), l.-d. c^{ne} de Moutiers.

MALBRANCHÈRE (LA), vill. c^{ne} de Chey. — *La Mallebranchère*, 1563 (not. St-Maix.).

MALCASSE (LA), f. c^{ne} de Boesse.

MALÉCOT, f. c^{ne} de Coulon.

MALÉPINE, vill. c^{ne} de Vautebis. — *Mala Spina*, 1224 (cart. Châtell.). — *Malespine*, 1426 (id.).

MALIGNY, f. c^{ne} de St-Clémentin.

MALIGRATE (TERROIR DE), c^{ne} de la Chapelle-Gaudin, 1334 (arch. V. Brosse-Guilgault, 7).

MALINERIE (LA), h. c^{nes} de Luzay et St-Varent. — *La Mallinerie* (Cass.).

MALIVOT, c^{ne} de Geay ; anc. fief relev. de St-Laon de Thouars, 1761 (arch. D.-S. H. 65).

MALLADRIE (LA), f. c^{ne} de Coulonges-Thouarsais, 1555 (arch. V. Brosse-Guilgault, 44).

MALLET, vill. c^{ne} de Deyrançon. — *Malet* (Cass.).

MALLIGRETS (LES), l.-d. c^{ne} de Moutiers.

MALNOUE, vill. c^{ne} de Courlay. — *Malenoue* (Cass.).

MALPAUDRIE (LA), h. c^{ne} d'Aiffres, anciennement en St-Maurice-de-Mairé.

MALSERPE, vill. c^{ne} de Saurais. — *Malessarte*, 1394 (arch. V. E. 2, 131). — *Maleserte*, 1552 ; *Malserte*, dépendant de la commanderie de la Lande de Gourgé, 1642 (id. H. 3).

MALTIÈRE (LA), éc. c^{ne} de Massais.

MALTIÈRE (LA), f. c^{ne} de St-Sauveur-de-Givre-en-Mai.

MALVAUDERIE (LA), vill. c^{ne} de St-Génard. — *La Malvaudrie* (Cass.).

MALVAULT, vill. c^{ne} de Cherveux. — *Malevau*, 1366 (arch. V. H. 3, 876). — *Malevaut*, 1465 (hist. des Chast. pr. p. 175). — *Malveault* (Cass.).

MANDEGAUD, vill. c^{nes} de Loizé et Melleran. — *Mandegaud* (pap. terr. des All. ap. bull. soc. stat. 1884). — *Mandegault* (Cass.).

MANS (LE PETIT), h. c^{ne} de St-Martin-de-Sanzay.

MANTÉ, f. c^{ne} de Coulon.

MANTELIÈRE (LA), vill. c^{ne} de Sepvret. — *La Montelière*, 1679 (arch. D.-S. E. 748). — *La Mantellerie* (Cass.).

MARAICHET, éc. c^{ne} de Frontenay.

MARAIS (LE), vill. c^{ne} de Bessines.

MARAIS (LE PETIT), f. c^{ne} du Bourdet.

MARAIS (LE PETIT), éc. c^{ne} de Deyrançon.

MARAIS (LE PETIT), h. c^{ne} d'Épanne.

MARAIS (LES), vill., chât. et mⁱⁿ. c^{ne} de Lezay. — *Maresium*, 1365 (arch. V. E. 2, 237). — *Les Marais*, relev. de Celle-l'Évesquault (Vienne), 1395 (Font. LXXXIV). — *Les Maroys*, 1429 (arch. V. cart. 11). — *Les Marez*, 1565 (id. E. 2, 237). — *Le Marais* (Cass.). — *Notre-Dame de l'Annonciation des Marais de Lezay* (pouillé 1782).

MARAIS (FIEF DES), sis au bourg de la Mothe, tenu de la baronnie de la Mothe, 1621 (av. de la Mothe).

MARAIS (LE PETIT), f. c^{ne} de Prahecq.

MARAIS (LE), éc. c^{ne} de St-André-sur-Sèvre.

MARAIS-DE-BALANGER (LE), vill. c^{ne} de Coulon.

MARAIS-DE-MONT (LE), f. c^{ne} de St-Génard.

MARAIS-PRIEUR (LE), f. c^{ne} de Sansais.

MARANDELLE, c^{nes} de St-Martin et Souvigné ; anc. fief relev. de l'abbaye de St-Maixent, 1728 (arch. D.-S. H. 104).

MARANDIÈRE (LA), f. c^{ne} du Beugnon. — *Mairanderia*, XIIe siècle (cart. l'Absie, ap. f. lat. 12658, p. 2).

MARANDIÈRE (LA PETITE), f. c^{ne} de St-Germier. — *La Mérandière* (Cass.).

MARANDIÈRE (LA), f. c^{ne} de Soudan. — *La Marandère*, 1533 (not. St-Maix.).

MARANDIÈRES (LES), f. c^{ne} de Montravers. — *La Morandière* 1354 (arch. hist. Poit. XVII). — *La Moraudière* (Cass.).

MARANZAIS, vill. c^{ne} de Taizé. — *Villa Marinzago in condita Toarcinse in ipsa vicaria*, v. 990 (cart. St-Jouin). — *Marouziacum*, v. 1020 (id.). — *Marenziacus*, v. 1050 (id.). — *Maronzay*, 1371 (arch. V. S^{te}-Cr. 74). — *Maranzay*, relev. de Thouars, 1470 (hist. de Thouars par Imbert, 178). — Chapelle de N.-D. de Confort ou Reconfort au village de *Maranzé*, 1659 (pouillé B.-Filleau, 414). — *Notre-Dame de Reconfort* (pouillé 1782).

MARBRIÈRE (LA), h. c^{ne} d'Ardin. — *Carrière de Marbre* (Cass.).

MARBUCÉE (FIEF DE), paroisse St-André de Niort, 1609 (Font. XX, 409).

MARCHAIS (LES), vill. c^{ne} de Bouillé-Loretz. — *Marceium inter Thoarcium et Argenton*, appartenant au vicomte de Thouars, v. 1247 (lay. trés. chart. III). — *Les Marchais*, XVIIe siècle (arch. D.-S. H. 52). — *Marchays*, 1664 (arch. V. Brosse-Guilgault, 6).

MARCHAIS (HAUT, BAS ET PETIT), vill. c^{ne} de Courlay. — *Les Marchais* (Cass.). — *Le Marchais*, 1397 ; *rivière des Marchais*, 1420 ; *le Petit Marchex* en la châtellenie de Bressuire, 1438 (arch. St-Loup).

MARCHAIS (VALLÉE AUX), l.-d. c^{ne} d'Échiré.

MARCHAIS (LE), vill. c^{ne} de Fontperron. — *Mar-*

chays, 1363 (cart. St-Maix. II, 147; — cart. Châtell.). — *Le Marchay*, relev. de la baronnie de St-Maixent, 1474 (hist. des Chast. pr. p. 81).

Marchais (Le), f. cne de Germond. — *Marchay*, 1650 (arch. V. E. 1, 11).

Marchais (Le), h. cne de Nueil-sous-les-Aubiers. — *Les Marois*, paroisse de Nueil, 1363 (cart. Trin. Maul.).

Marchais (Le), f. cne de Rouvre.

Marchais (Le), h. cne de St-Jouin-sous-Châtillon.

Marchais (Le), cne de Saivre, en la châtellenie de St-Maixent (cart. St-Maix. intr.).

Marchais (Les), vill. cne de St-Pierre-à-Champ. — *Les Marchays-Rabits* (Cass.).

Marchais-Long (Le), f. cne de Genneton.

Marchais-Maupetit (Le), f. cne de Cersay.

Marchais-Trutet (Les), f. cne de Luché-Thouarsais. — *Les Marchés Trutet*, 1469 (arch. V. Brosse-Guilgault, 44).

Marchanderie (La), h. cne de la Boissière-en-Gâtine. — *La Marchandière*, 1516 (pap. fam. du Font.).

Marchandière (La), vill. cne d'Allonne.

Marchands (Les), f. cne du Puy-St-Bonnet.

Marche commune de Poitou et d'Anjou. — Ce territoire comprenait les paroisses de Louzy, Ste-Verge, St-Martin-de-Mâcon, St-Léger-de-Montbrun, Tourtenay, Brion, St-Cyr-la-Lande, Massais, Bouillé-St-Paul, Bouillé-Loretz, Argenton-l'Église, St-Martin-de-Sanzay, Bagneux, Cersay, situées dans le département des Deux-Sèvres, et les paroisses de St-Macaire et le Vaudelenay, dans celui de Maine-et-Loire. Les vicomtes de Thouars et les seigneurs de Montreuil-Bellay (Maine-et-Loire) y exerçaient la juridiction en commun et par indivis. Le ressort en était commun au sénéchal de Poitou et au bailli d'Anjou dès 1333 (cart. de St-Laon Th.). L'appel des sentences de Montreuil était porté à Saumur et celui des sentences de Thouars à Poitiers. Cet état de choses, réglementé dès 1269 par sentence d'Eustache de Beaumarchais, sénéchal de Poitou (revue d'Anjou, 1855, p. 113), avait donné lieu à des conflits perpétuels et inextricables. L'édit du 4 juin 1633, suivi de la déclaration du 16 août 1635, firent cesser l'indivision judiciaire de la Marche, dont les paroisses furent rattachées à la sénéchaussée de Saumur (Pocquet de Livonnière, traité des marches comm. d'Anj. et Poit.). Toutefois un édit de 1635 restitua aux seigneurs de Montreuil et de Thouars leur juridiction sur la Marche, mais avec prévention concurrente avec les officiers de Saumur, sauf à Ste-Verge, Louzy, Mâcon et Montbrun (les marches séparantes d'Anj., Bret. et Poit., par Émile Chénon, 1892). La marche de Poitou et d'Anjou avait été exemptée de la gabelle par concessions royales des 8 avril 1396 et 18 mars 1484 (chartr. Thouars ; — catal. aut. par G. Charavay, 1891, p. 34). Les origines des marches communes, qui remontent au moins aux xe et xie siècles, sont d'ailleurs fort obscures.

Marche (La), h. cne de Brion. — *La Marche de Brion*, 1351 (arch. hist. Poit. XIII, 336).

Marché (Le), vill. cne de Périgné.

Marché (Le), h. cne de Secondigny. — *Les Marchais, autrement Boubottière ou Lumeau*, relev. du Pinier, 1672 (arch. V. pap. Droch.).

Marché-de-Guidier (Le), ruisseau, cne de Couture-d'Argenson.

Marchés (Les), f. cne de Boussais.

Marchetière (La), vill. cne de Chiché. — *La Marcelère*, 1393, 1419 (arch. St-Loup). — *La Marsetière*, 1556 (reg. insin. Thouars).

Marchollières (Les), h. cne d'Aigonnay, 1322 (not. St-Maix.).

Marclaine, h. et logis, cnes de Secondigné et Vernou-sur-Boutonne. — *Marclemne, Marclengne*, xiiie siècle (censif de Chizé). — *Marquelaine*, 1503 (arch. V. Trin. 93). — *Marclennes*, 1598 (arch. D.-S. E. 109). — *Marclenne* (Cass.).

Marclin (Le) ou Marquelin, f. cne de la Pérate. — *Le Maquelin*.

Marcollière (La), h. cne de St-Porchaire.

Marcusson, vill. cne d'Augé. — *Marcussun*, 1260 (homm. d'Alph. Poit.). — *Marcusson*, 1536 (not. St-Maix.).

Mardière (La), f. cne de Saivre.

Mardre, vill. cne de St-Léger-lez-Melle. — *Villa Masdre in vicaria Mello*, 961 (doc. pour l'hist. St-Hil. par Rédet, I, 34). — *Mardun*, v. 968 (cart. St-Jean-d'Ang. ap. Font. LXII, p. 417). — *Mardum* (cart. St-Maix. 85). — *Mardres*, relev. de Melle, 1562 (ms. 141, bibl. Poit.). — *Mardre* (Cass.).

Mardres (Les), f. cne de Maisonnais.

Mare (La), f. cne d'Aiffres.

Mare (La), h. cne de Vouillé.

Marelière (La), f. cne de la Ronde. — *La Maruillère*, 1382, 1435 (arch. St-Loup). — *La Morelière* (Cass.).

Maret, mln cne de St-Pompain, 1641 (arch. V. seign. div.).

Mareuil, h. cne de Brelou.

Mareuil (Lieu de), près Fontvrynes (Azay-le-

Brûlé), appelé aussi de *Laulnaye* (not. S¹-Maix.). Voir LAUNAY.

MAREUIL (LE), affluent de la Sèvre Niortaise.— *Molendinum Eldini in aqua Marolii*, 1104 (cart. S¹-Maix. I, 246). — *Rivière de Maroil*, 1531 (not. S¹-Maix.). — *Ruisseau de Lhermitain* (Et. maj.)

MARGAUDÈRES (LES), c^{ne} de Fressine, 1566 (not. S¹-Maix. L. disp.

MARGIRANDIÈRES (LES), f. c^{ne} de S¹-Aubin-de-Baubigné.

MARGOT (LE), h. c^{ne} de Granzay.

MARGOT (LE GRAND ET PETIT), h. c^{ne} de Pougne-Hérisson. — *Le Petit Margot*, 1455 ; *le Petit Margot de la Locquetère*, 1171 ; *le Petit Margot ou la Locquetière*, relev. de la Chapelle-Bertrand et de la Perrinière, 1601 (arch. chât. Chap.-Bertr.). — *Le Grand Margot*, relev. de Châteauneuf-en-Gâtine, 1492 (reg. av. Chât.).

MARGOULIÈRES (LES), h. c^{ne} de Pompaire. — *La Mardouillère*, 1373 (inv. S¹^{te}-Croix Parth.).

MARICHET (LE), h. c^{ne} de Frontenay. — *Manchet* (Cass.). Voir MARAICHET.

MARIÈRE (LA), f. c^{ne} de la Chapelle-Thireuil. — *La Mairière* (Cass.).

MARIÈRE (LA), h. c^{ne} de Nueil-sous-les-Aubiers. — *La Marrière*, dépendant du Fresne, 1363 (cart. Trin. Maul.).

MARIÈRE (LA). — *La Haute Marière*, paroisse de Pamplie, bailliage de Gâtine, ressort de Poitiers, élection de Niort, 1609 (Font. XX, 421).

MARIÈRE (LA), f. c^{ne} de S¹-Aubin-le-Cloud. — *La Marière*, 1262-1288 (arch. D.-S. H, 34 ; — arch. Vernay). — Relev. de Parthenay, 1459 (arch. Barre, II). — La *Marrière*, relev. du Fontenioux, 1603-1708 (id.).

MARIÈRES (LES), f. c^{ne} de Verruye. — *La Marière*, relev. de Pressigny-en-Gâtine, 1736 (arch. V. E°. 424).

MARIETTÈRE (LA), f. c^{ne} de Scillé.

MARIGNY, c^{on} de Beauvoir. — *Vicaria Marniacus*, 936 (cart. S¹-Cypr. 55). — *Murenicum*, XIII° siècle (censif de Chizé). — *Margnee*, 1260 (homm. d'Alph. Poit.). — *Marigny* (pouillé 1648). — *Marigné*, 1704 ; *Marignée*, 1742 (arch. D.-S. E. 1186, 1195). — S¹-*Jean l'Évangéliste de Marigny près Fors* (pouillé 1782).

Marigny dépendait de l'archiprêtré de Melle, de la châtellenie de Prahecq en 1555-1631, du siège royal et de l'élection de Niort, possédait une maladrerie, et relevait du marquisat de Fors en 1716 (état élect. 1716). La cure était à la nomination de l'abbé de Montierneuf de Poitiers.

Il y avait 125 feux en 1716, et 142 en 1750.

MARIGNY, vill. c^{ne} de Boussais. — *Marigné*, 1558 (arch. Vernay). — *Marigny*, 1618 (ma coll. pap. de Chât.).

MARIGNY (LE PETIT), h. c^{ne} de Tessonnières.

MARIOLIÈRE (GRANDE ET PETITE), h. c^{ne} de Moncoutant. — *La Marrolère*, relev. de Puymarri, 1425 (arch. S¹-Loup).

MARIOLIÈRE (LA), vill. c^{ne} de S¹-Pardoux.

MARIONNETTE (LA), f. c^{ne} de Luzay ; anc. fief relev. de Barou, 1724 (arch. D.-S. E. 1158).

MARIONNIÈRE (LA), f. c^{ne} de Soudan, 1566 (not. S¹-Maix.).

MARIONNIÈRE (LA), h. c^{ne} de Vernou-en-Gâtine.

MARLETIÈRE (LA), f. c^{ne} du Puy-S¹-Bonnet.

MARLIÈRE (LA), c^{ne} de S¹-Pardoux, relev. de la Meilleraye (la Gât. hist. et mon.).

MARMETTE, f. c^{ne} de S¹-Porchaire — Mⁱⁿ *de Marmet*, 1578 (titr. chât. S¹-Porchaire).

MARMUZIÈRE (LA), c^{ne} de Souvigné, 1573 (not. S¹-Maix.). L. disp.

MARNES, c^{on} d'Airvault. — *Madronas*, triens mérov. du VII° siècle (Fillon, études numism.) — *Marnæ*, 1179 (cart. S¹-Jouin). — *Marnes*, 1331 (arch. hist. Poit. XI). — *Ecclesia de Marnetis*, 1389 (cart. év. Poit.). — *Grand et Petit Hôtel de Marnes*, faisant partie de la baronnie de Moncontour et relev. du château de Saumur, 1409 (Monc. et ses seign. par de Fouchier, ap. mém. ant. ouest, 2° sér. vi). — S¹-*Jean de Marnes*, patron le chapitre cathédral de Poitiers (pouillés 1648 et 1782).

Dépendait du doyenné de Thouars, du bailliage de Moncontour, de l'élection de Richelieu, généralité de Tours, et du gouvernement militaire de Saumur depuis 1589 (dict. d'Indre-et-Loire par Carré de Busser., t. VI, 160 ; — le gouv. mil. Saum. par d'Espinay).

MAROLLE, h. c^{ne} de Nueil-sous-les-Aubiers. — *Marole*, 1319 (cart. Trin. Maul.).

MARONNIÈRE (LA), h. c^{ne} de S¹-Jouin-de-Milly.

MAROT, mⁱⁿ. c^{ne} d'Ardin.

MAROTERIE (GRANDE CROISÉE DE LA), l.-d. c^{ne} de S¹-Varent.

MAROTERIE (LA), f. c^{ne} de Vouillé.

MAROTIÈRE (LA), f. c^{ne} de la Boissière-en-Gâtine.

MAROTIÈRE (LA), vill. c^{ne} de S¹-Georges-de-Noisné. — *La Marotère*, 1452 (arch. Barre, II).

MAROTÈRE (LA). — *La Marotère* près le bourg Châlon de S¹-Maixent et près les murs de la ville, 1541 (not. S¹-Maix.).

MAROUILLAY, vill. c^{ne} de S¹-Loup.

MAROYS (LES), c^{ne} de Largeasse, relev. de Châteauneuf-en-Gâtine, 1501 (reg. av. Chât.).

MARQUISIÈRE (LA), h. c^{ne} de Nueil-sous-les-Aubiers.

— *La Marquisère*, 1351 (arch. hist. Poit. XVII).
— *La Marquizière*, 1547 (Font. VIII, 49).
Mars (Le), vill. c^ne de Plibou. — *Le Mats* (Cass.).
Marsaudière (La), f. c^ne de St-Pardoux, relev. de Parthenay, 1376, 1698 (arch. V.).
Marsaudières (Les), m^on. c^ne de Chambroutet.
Marsaudières (Les), f. c^ne de Chanteloup.
Marsaudières (Les), f. c^ne de Moncoutant. — *La Marfondière* (Cass.).
Marsaudières (Les), vill. c^ne de St-Amand-sur-Sèvre. — *La Marsaudère*, 1351 (arch. hist. Poit. XVII). — *La Marsaudière*, 1521 (arch. V. E. 3, 18). — *Les Marsaudières* (Cass.).
Marsaudrie (La), f. c^ne de St-Coutant.
Marsay, chât. c^ne de Missé. — *Marsay*, relev. de Thouars. 1419 (dict. fam. Poit. I, 10).
Marsay, vill. c^ne de Thénezay. — *Grand Marsay*, 1560 (arch. V. seign. div. 32). — *Marses*, 1705 (arch. D.-S. E. 1187).
Marsilly, f. c^ne de Verruye. — *Villa Marciliacus*, 959 (cart. St-Maix. 35). — *Marcillé*, 1368 (not. St-Maix.). — *Marsilly*, relev. de Pressigny-en-Gâtine, 1600 (arch. V. E^s. 415).
Martaugère (La), f. c^ne de Breuil-Chaussée. — *La Martogère*, 1420 (arch. St-Loup).
Marteau (Le), f. c^ne de Cherveux.
Marteau (Le), f. c^ne de Vouillé.
Martelerie (La), f. c^ne de Vasles. — *La Martelière*, 1435 (arch. V. S^te-Cr. 45). — *La Martelère*, dans le fief de Veyrines, dans la châtellenie de Montreuil-Bonnin, 1438 (id. 44). — *La Martelière* (Cass.)
Martelière (La), f. c^ne de Boismé. — *La Martellère*, relev. du Poiron, 1440 ; *la Martelière*, 1503 ; *la Martellerie*, 1539 (arch. Barre, 11). — *La Metelière* (Cass.).
Martelière (La), f. c^ne de Brie. — *La Martellerye*, 1558 (reg. insin. Thouars). — Relev. de Belleville en Thouarsais, 1559 (id.). — *La Martelière* (Cass.).
Martelière (La), f. c^ne de Clazay. — *La Martelière*, 1586 (arch. V. St-Cypr. 30).
Martelière (La), h. c^ne de Vausseroux. — *La Martellère* près de la Guillotère, 1452 (arch. Barre, II, 163).
Martigny, chât. c^ne d'Aiffres. — *Martigné*, 1620 (dén. de Mons-en-Prahecq).
Martigny, f. c^ne de Ste-Ouenne. — *Prieuré du Gué-Martigné*, ou de *Ste-Catherine de Martigné*, présentateur l'évêque de la Rochelle (v. de Menou, ap. pouillé B.-Filleau, 393).
Martin, m^in. c^ne de St-Maxire.
Martinet (Le), f. c^ne de St-Aubin-le-Cloud.
Martinière (La), h. c^ne d'Allonne.
Martinière (La), f. c^ne de Chanteloup. — *La Mar-*
tinère, relev. de Bressuire, 1420 (arch. St-Loup).
— *La Martinière*, relev. de la Vau-Richer, 1585 (arch. V. E^s. 339).
Martinière (La), vill. c^ne de l'Enclave. — *La Martinière*, relev. de la Mothe-St-Héraye, 1621 (av. de la Mothe).
Martinière (La), vill. c^ne d'Exireuil. — *La Martinère*, 1524 (not. St-Maix.).
Martinière (La), vill. c^ne de Lezay.
Martinière (La), vill. c^ne de Louin. — *La Martinière*, 1372, 1450, relev. de Vernay (arch. Vern.).
Martinière (La), f. c^ne de Luché-Thouarsais, 1610 (arch. V. Brosse-Guilgault, 15).
Martinière (La), vill. c^ne de Ménigoute, 1324, 1369 (arch. Barre, II).
Martinière (La), logis, c^ne de Rom.
Martinière (La), f. c^ne de St-Jouin-sous-Châtillon.
Martinière (La), f. c^ne de St-Martin-de-St-Maixent.
Martinière (La), éc. c^ne de St-Pardoux.
Martinière (La), vill. c^ne de St-Vincent-de-la-Châtre. — *La Martinère*, relev. de Melle, 1403 (gr.-Gauthier, des bénéf.).
Martinière (La), h. c^ne de Secondigny. — *La Martinière*, 1736, 1758 (arch. Barre, 11).
Martinière (La), f. c^ne de Soutiers, 1670 (arch. V. E. 1, 17).
Martinière (La), vill. c^ne de Vançais, relev. de Vançais (arch. V. St-Ben. 26).
Martinière (La), f. c^ne de Vautebis, 1452 (arch. Barre, 11).
Martinière (La), f. c^ne de Vernou-en-Gâtine.
Martinière (La), h. c^ne de Vouhé, relev. de Pressigny-en-Gâtine, 1600 (arch. V. E^s. 415).
Martinières de Gentray (Les), h. c^ne de St-Martin-de-St-Maixent.
Martins (Les), f. au vill. d'Asnières, c^ne de Ste-Soline, 1593 (arch. V. coll. Ste-Marthe, I. 145).
Martins (Les), f. c^ne de Tessonnières.
Martreuil (Le), c^ne de St-Maixent, relev. de l'abbaye de St-Maixent (cart. St-Maix. intr.).
Martrière (La), f. c^ne de Combrand. — *Martreio*, 1155 (cart. de l'Absie, don. d'Eble de Maul.).
Martusseau, vill. c^ne de Lorigné. — *Marcussau* (Cass.).
Marvalière (La), éc. c^ne de Montigny.
Marzelle (La), f. c^ne de Béceleuf.
Marzelle (La), f. c^ne de Germond, 1654 (arch. V. E. 1, 11).
Marzelle (La), f. c^ne de Rorthais.
Marzelle (La), vill. c^ne de St-Amand-sur-Sèvre, 1637 (arch. V. E^s. 232).
Marzelle (La), vill. c^ne de St-Georges-de-Noisné, 1535 (not. St-Maix.).

MARZELLE (LA), h. c^ne du Tallud, 1563 (arch. V. prieur. 58).

MARZELLE (LA), f. c^ne d'Usseau.

MARZELLES (FIEF DES), c^ne de la Chapelle-Thireuil, relev. du Bois-Chapeleau, 1631 (arch. chât. Bois-Chap.).

MARZILLY (TÉNEMENT DE), c^ne de Vouhé, 1631 (inv. S^te-Cr. Parth.).

MASSACRE (CHAMP DU), l.-d. c^ne de la Pérate.

MASSAIS, c^on d'Argenton-Château. — *Machai*, 1122 (ch. de St-Pierre de Th. ms. 1660). — *Machaicum*, 1166 (id.). — *Mateyum*, 1300 (gr.-Gauthier). — *Massais*, relev. de Thouars, 1461 (doc. inéd. sur Commines par Fierv. 76). — *St-Hilaire de Massais* (pouillé 1782).

La cure était à la nomination du chapitre de St-Pierre de Thouars. Massais faisait partie des marches communes de Poitou et d'Anjou, du doyenné et élection de Thouars, de la sénéchaussée et du gouvernement militaire de Saumur. Il y avait 130 feux en 1750.

MASSATERIE (LA), éc. c^ne de Niort.

MASSATRIE (LA), h. c^ne d'Aiffres, anciennement de St-Maurice-de-Mairé. — *La Marsalière* (Cass.).

MASSICAUT, c^ne de Béceleuf ; anc. fief relev. de Beauregard, 1612 (arch. V. Beauregard, 25).

MASSIFROTTE, vill. c^ne de Genneton.

MASSIGNY, vill. c^ne de Ste-Gemme. — *Villa Massiniaca... in comitatu Pictavorum sive Thoarcensium sive Herbadilici incolarum*, 854 (Besly, comtes de Poit. 170). — *Massigné*, 1349 (dict. fam. Poit. II, 838). — Relev. d'Hérisson en Thouarsais, réuni plus tard à Thouars, 1503 (chartr. Thouars).

MASSIGNY, vill. c^ne de St-Pompain. — *Mascignec*, 1139 (cart. l'Absie). — *Mascigné*, v. 1160 (id.). — *Masciginacum*, 1185 (id. ap. Dupuy, 828). — *Masciniacum*, xiie siècle (id.). — *Macignec*, xiie siècle (id. ap. Dup. 805). — *Massigny*, 1513 (arch. V. H. 3, Cenan). — Était du ressort et élection de Fontenay, 1609 (Font. XX, 414).

MASSOTIÈRE (LA), f. c^ne de Breuil-Chaussée. — *Mazzozetia*, 1120 (cart. Trin. Maul.). — Relev. de Bressuire, 1422 (arch. St-Loup).

MASURE (LA), f. c^ne de Cersay.

MASURE (LA), (PETITE ET GRANDE), vill. c^ne de Genneton.

MASUREAU (LE), f. c^ne de St-Pardoux.

MASUREAU-DE-LOYE (LE), h. c^ne du Breuil-d'Argenton.

MASURIE (LA), f. c^ne de Breuil-Chaussée. — *La Masonerie*, relev. de Bressuire, 1422 (arch. St-Loup). — *La Mazurie* (Cass.).

MATIÈRE (LA), vill. c^ne de Fontperron. — *La Mathière*, 1528 ; *la Matière*, 1530 (not. St-Maix.). — *La Matthère*, 1648 (arch. D.-S. E. 1198).

MATINERIE (LA), f. c^nes de Coulonges et Luché-Thouarsais. — *La Mastinerie*, 1603 (arch. V. Brosse-Guilgault, 8).

MAUBRETIÈRE (LA), f. c^ne de Loublande.

MAUCARRIÈRE (LA), vill. c^ne de Tessonnières. — *La Maucoyrère*, 1329, 1393 (arch. V. H. 3 ; arch. Barre, II, 499). — *La Moquoyrère*, 1456 (pap. la Salle-Guib.). — *La Mauquoyrère*, 1515 (arch. Vernay). — *La Maucourrière*, 1599 (pap. la Salle-Guib.). — *La Maucaurière*, 1638 (arch. Vern.). — *La Moncoirière*, 1654 (arch. D.-S. E. 957). — *La Mocarière*, 1666 (pap. la S.-G.). — *Le fief du breuil de la Mocquarière*, 1698 (id.). — *Maucarrière* (Cass.). Voir BREUIL (LE).

MAUCOUVERTE, f. c^ne de Pioussay.

MAUCRAT, h. et m^in. c^ne de Caunay. — *Mocquerat*, (Cass.).

MAUDUIT (LE GRAND), vill. c^ne de Marigny. — *Grant Mauduit*, 1244 (compt. d'Alph. Poit.). — *Granmauduit, Grandmodoit, Grantmauduit*, xiiie siècle (censif de Chizé). — *Le Grand Mauduit*, en la châtellenie de Niort, 1260 (homm. d'Alph. Poit.). — *Le Grand Moduit ou Mauduyt*, relev. de Chizé, 1415 (gr.-Gauthier, des bénéf.). — *Grandmouduit* (Cass.).

MAUFÉRET, c^ne de Béceleuf ; anc. fief relev. de Beauregard, 1657 (arch. V. Beauregard, 25).

MAUFRIÈRE (LA), f. c^ne de la Petite-Boissière.

MAUGRENIÈRE (LA), h. c^ne de Fenioux.

MAULAIS, c^on de Thouars. — *Maulayum*, 1300 (gr.-Gauthier). — *Mollay*, 1651 ; *Maullay, Maullaye*, 1668 ; *Mollais*, xviiie s. (arch. D.-S. E. 498, 950, 998). — St-Pierre de Maulay (pouillé 1782).

Dépendait du doyenné et de l'élection de Thouars, de la sénéchaussée de Poitiers, et faisait partie du bailliage d'Orvallois, du ressort de Thouars. La cure était à la nomination du chapitre de St-Hilaire de Poitiers. Il y avait 100 feux en 1750.

MAULAY, f. c^ne de Prailles. — *Maulay*, 1269 (cart. St-Maix. II, 111).

MAULAY, f. c^ne de St-Loup. — *Maison neuve Maulay* (Cass.).

MAUNAY, h. c^ne de Saivre. — *Maunai*, 1218 (cart. St-Maix. II, 41). — *Mauneium*, 1259 (compt. d'Alph. Poit.). — *Maunayum*, 1282 (arch. V. Fontaine-le-C. 22). — *Monnoye*, 1524 ; *le Puy de Maunay*, 1530 ; *le Peux de Maulnay*, 1546 ; *Monay*, 1550 (not. St-Maix.). — *Maulnay*, relev. d'Aubigny, 1575 (inv. d'Aub.).

MAUPERTUIS, f. c^{ne} de la Couarde. — *Maupertuis*, 1140-1158 (cart. St-Maix. 355). — Relev. de la Mothe-St-Héraye, 1621 (av. de la Mothe).
MAUPERTUIS, c^{ne} de Coulonges-Thouarsais. — *Maupertuy*, 1621 ; *Mauxpertuis*, 1716. Anc. fief relev. de la Brosse-Guilgault (arch. V. Brosse-Guilgault, 15).
MAUPERTUIS, h. c^{ne} d'Étusson. — *Maupertuis*, 1205 (cart. d'Orbestier). — *Maupertus*, 1418 (arch. St-Loup). — *Maupertuis* (Cass.).
MAUPERTUIS, bois et l.-d. c^{ne} de St-Lin.
MAUPETITIÈRE (LA), f. c^{ne} de Pugny. — *La Maupetitère*, 1433 (arch. V. E. 3, l. 6).
MAUPETITIÈRE (LA), h. c^{ne} de Souvigné.
MAUREGARD, f. c^{ne} de Maisonnais.
MAUREPAS, f. c^{ne} de Coulon. — *Malrepast*, XIIe siècle (cart. l'Absie). — *Maurepas*, 1558 (dict. fam. Poit. II, 233).
MAUREPAS, mⁱⁿ. détr. c^{ne} de Loubillé. — *Le moulin Mourepas*, 1748 (pap. terr. Alleuds, ap. bull. soc. stat. 1884).
MAUREPAS, f. c^{ne} de St-Symphorien. — *Morepas* (Cass.).
MAURICE (LA), f. c^{ne} de la Chapelle-Thireuil.
MAURIE (LA), f. c^{ne} de Cherveux.
MAURIÈRE (LA), vill. c^{ne} de Boismé. — *Amaureria*, v. 1085 (cart. St-Cypr. 107). — *La Maurrière*, relev. du Poiron, 1440 (arch. Barre, I, II). — *La Morrière*, 1450 (id.). — *La Maulrière*, 1502 (id.).
MAURIVET, chât. c^{ne} d'Oroux. — *Maulrivet*, 1519. — *Maurivet*, 1595 (arch. Barre).
MAUSSIONNIÈRE (LA), f. c^{ne} de Boesse. — *La Moncionnaire* (Cass.).
MAUTRÉ, vill. c^{ne} d'Azay-le-Brûlé. — *Mauteré*, 1391 (arch. hist. Poit. XXIV, 45). — *Mautrée*, 1411 (arch. Barre). — *Maulteré*, 1521 (arch. D.-S. E. 1203). — *Mautheré*, 1526 ; *Maustré*, 1559 (not. St-Maix.).
MAUVAITIÈRE (LA), vill. c^{ne} de Lezay.
MAUVERGNE, f. c^{ne} de Beaulieu-sous-Parthenay. — *Mauvergne*, 1370 (arch. Barre). Relev. de Parthenay.
MAUVERGNE, f. c^{ne} de Germond.
MAUVOISIN, c^{ne} de St-Éanne, en la châtellenie de St-Maixent (cart. St-Maix. I, intr.).
MAUZÉ-SUR-LE-MIGNON, arr^t de Niort. — *Villa Malsiacus*, 1003 (ch. de Guill. comte de Poit. ap. Mauzé par L. Faye). — *Mausiacum*, 1038 (chron. St-Maix.). — *Mausiacus*, 1063 (Font. XII, 629). — *Castrum Mausi ou Mauzi*, 1135 (lay. tr. ch. par Teulet, I). — *Mauzé*, 1136 (Font. IX, 49). — *Mauseic*, 1177 (lay. tr. ch. I, 115). — *Mauseacus*, 1178 (doc. pour l'hist. St-Hil. I, 193). — *Mauseium*, 1203 (rot. litt. pat. I). — *Mausy*, 1214 (id.). — *Mausé, Mausec*, 1217 (id.). — *Mauziacus*, 1271 (hist. des Chast. pr. p. 33). — *Le Veil Mausé*, 1343 (arch. V. Feuil. 58). — *Mauzay*, XIVe siècle (chron. de Duguesclin par Cuvelier). — *Le Vieil Mauzé*, 1451 (arch. V. Feuil. 63).

La baronnie de Mauzé relevait du comté de Benon. Il y avait à Mauzé trois paroisses : St-Pierre, Ste-Croix et Notre-Dame, dont la première a été seule conservée. Les prieurés de St-Pierre et de Notre-Dame furent réunis au couvent des Feuillants de Poitiers par lettres patentes du 12 mars 1615, et bulle du pape du 1er août 1616. Le prieuré-aumônerie de Ste-Croix fut également réuni aux Feuillants de Poitiers par bulle du 11 janvier 1619, puis fut annexé à l'hôpital St-Barthélemy de la Rochelle par arrêt du conseil d'État du 29 mars 1697, et enfin restitué aux Feuillants par arrêt du conseil du 15 décembre 1702 (Mauzé par Léon Faye, ap. mém. ant. ouest, t. XXII).

Mauzé, situé en Aunis, faisait partie de toute antiquité du diocèse de Saintes et était le siège d'un archiprêtré annexé au diocèse de la Rochelle, et lors de la translation dans cette ville de l'évêché de Maillezais. Cet archiprêtré comprenait dans sa circonscription les paroisses suivantes du département des Deux-Sèvres : le Cormenier, la Foye-Monjault, Granzay, Gript, Amuré, Arçais, Bessines, Crêpé, Épanne, Frontenay-l'Abattu, Sansais, St-Symphorien, Vallans, le Vanneau, Coulon, St-Florent, St-Liguaire, Magné, le Bourdet, Deyrançon, St-Georges-de-Rex, St-Hilaire-la-Palud, Usseau. Il comprenait en outre les paroisses suivantes du département de la Charente-Inférieure : Cran, la Leigne, St-Pierre d'Amilly et le Courdault.

Mauzé dépendait de l'élection et de la généralité de la Rochelle (état de la général. la Rochelle, 1698).

Le canton de Mauzé, créé en 1790, comprenait les communes du Bourdet, Deyrançon, St-Georges-de-Rex, St-Hilaire-la-Palud, Priaires, la Rochénard et Usseau. Il n'a pas varié.

MAUZÉ-THOUARSAIS, c^{on} de Thouars. — *Mauseium*, 1107 (cart. St-Laon Th.). — *Mausayeus*, 1300 (gr.-Gauthier). — *Mauzé* en la châtellenie de Thouars, 1484 (arch. V. H. 3, 810). — St-*Pierre de Mauzé* (pouillé 1782).

Dépendait du doyenné et élection de Thouars, de la sénéchaussée de Poitiers et du bailliage de Coulonges, ressort du siège de la vicomté de Thouars. La cure était à la nomination de l'évêque. Il y avait 380 feux en 1750.

MAUZÉ (LE BAS), h. c^{ne} de Ste-Radegonde-de-Pommiers. — *Le Bas-Mauzé*, 1482 (arch. V. S^{te}-Cr. 74).

MAXIEN, h. c^{ne} d'Exoudun. — *Massuyen*, 1463 (arch. V. E. 2, 162). — *Le Grand Maxien*, 1560 (Font. LXXXV). — Relev. de la Mothe-St-Héraye, 1621 (av. de la Mothe). — *Massien* (Cass.).

MAY (LE), vill. c^{ne} de Chérigné. — *Villa Masus in vicaria Tello, in pago Metulo*, XIe siècle (cart. St-Maix. 109).

MAYE (LE), h. c^{ne} de Pouffond. — *Le May* (Cass.).

MAYÉ, vill. c^{ne} de St-Martin-de-Mâcon. — *Martinus de Maié*, v. 1120 (cart. St-Laon-Th.). — *Mayé*, 1388 (id.). — *Mayé*, relev. de Thouars, 1740 (hist. Thouars par Imbert, 177).

MAYÉ-CAMPANNE, h. c^{ne} de St-Martin-de-Mâcon (Cass.).

MAZEROLLE, vill. et mⁱⁿ. c^{ne} de Périgné. — *Mazerolles*, ressort et élection de St-Maixent, 1609 (Font. XX, 418).

MAZIÈRE, f. c^{ne} de Rom.

MAZIÈRE (HAUT ET BAS), c^{ne} de la Boissière-Thouarsaise. — *Jean de Mazères*, 1444 (arch. V. E. 2, 238). — *Mazières*, v. 1560 (arch. Char. E. 110).

MAZIÈRES (LE PETIT), vill. c^{nes} de St-Romans-lez-Melle et de Mazières-sur-Béronne.

MAZIÈRES-EN-GÂTINE, arr^t de Parthenay. — *Maceriæ*, 1041, 1044 (cart. St-Maix. 121). — *Matheriæ*, 1093 (id. 213). — *Sancta Maria de Matheriis*, 1094 (id. 214). — *Mazeriæ*, 1098 (id. 231). — *Macheries*, 1108-1115 (id. 288). — *Mazeires*, XIIe siècle (cart. St-Maix. II). — *Maseriæ*, 1265 (Font. XVI). — *Mazères*, 1269 (ma coll.). — *Materiæ*, 1300 (gr.-Gauthier). — *St-Barnabé de Mazières* (pouillés de 1648 et 1782).

Mazières faisait partie de la châtellenie du Bailliage-Bâton réunie à la baronnie de Parthenay, et du ressort du bailliage de Parthenay (dén. just. bar. Parth. 1744). Il dépendait de l'archiprêtré de St-Maixent, de la sénéchaussée de Poitiers et de l'élection de Niort, après avoir fait partie de celle de Parthenay au XVIe siècle (état élect. 1716). La cure était à la nomination de l'abbé de St-Maixent. Il y avait 90 feux en 1716 et 106 en 1750.

Mazières fut, en 1790, attribué au canton de St-Pardoux, du district de Parthenay. En l'an VIII il fut érigé en chef-lieu de canton, composé de six communes du canton de St-Pardoux supprimé, savoir : St-Pardoux, Beaulieu, la Boissière-en-Gâtine, les Groseillers, Soutiers, Vouhé, et de cinq communes du canton de Verruye également supprimé, savoir : Verruye, Clavé, St-Georges-de-Noiné, St-Lin et St-Mard-la-Lande.

MAZIÈRES-SUR-BÉRONNE, c^{on} de Melle. — *In vicaria Briocinse in villa Maceriolus*, 969 (cart. St-Jean-d'Angély, ap. Besly, c^{tes} de Poit. 280). — *Mazeriæ*, 1300 (gr.-Gauthier). — *Mazières*, cure annexe de l'archiprêtré de Melle, 1599 (arch. V. cures, 167). — *Masère*, 1703 (arch. D.-S. E. 1185). — *Notre-Dame de Mazières et St-Martin de Périgny son annexe* (pouillé 1782).

Dépendait de l'archiprêtré, baronnie et subdélégation de Melle, de la sénéchaussée de Civray et de l'élection de St-Maixent. La paroisse est réunie à celle de St-Romans-lez-Melle. Il y avait 108 feux en 1698 et 1750 (état élect. 1698).

MAZIN, vill. c^{ne} de St-Hilaire-la-Palud. — *Massins*, 1244 (compt. d'Alph. Poit.). — *Mazins*, 1397 (hist. des Chast. pr. p. 56). — *Mazain*, 1760 (arch. D.-S. E. 584). — *Mazin* en l'élection de St-Jean-d'Angély, généralité de la Rochelle, 1698 (état gén. la Roch. 1698).

MAZUREAU (LE GRAND), vill. c^{ne} de Coulon.

MÉBERTRAND, vill. c^{ne} de Lezay. — *Mesbretand*, 1567 (arch. V. E. 3, 15). — *Mébretant* (Cass.).

MÉCHINARDIÈRE (LA), c^{ne} de St-Georges-de-Noiné, relev. de Danzay, 1444 (arch. V. E^s. 404).

MÉCHINERIE (LA), vill. c^{ne} de St-Martin-de-Bernegoue.

MÉCHINIÈRE (LA), f. c^{ne} de Messé.

MÉCHINIÈRE (LA), f. c^{ne} de St-Aubin-le-Clou.

MÉFRAIRE (LA), f. c^{ne} de Chiché.

MEILLERAYE (LA), anc. chât., f. et forêt, c^{ne} de Beaulieu-sous-Parthenay. — *Chapelle de la Mesleraye*, 1345 (bibl. nat. b. lat. 20230, p. 267). — *La Melleroie*, relev. de Parthenay, 1387 (arch. nat. O. 19700). — *La Mesleray*, 1431 (arch. Soulièvre). — *La Mesleroye*, 1452 (arch. Barre). — *La Melleraie*, 1579 (id.). — *La Milleray*, 1670 (cart. St-Maix. II). — *La Meilleraye*, 1660 (arch. Barre). — *La Meillerais*, 1713 (cart. St-Maix. II). — *Chapelle St-Clouaud de la Meilleraye* (pouillé 1782).

La terre de la Meilleraye, unie à la baronnie de Parthenay, fut érigée en duché-pairie en faveur de Charles de la Porte, maréchal de France, par lettres-patentes du mois de décembre 1663.

La forêt de la Meilleraye, évaluée à 773 arpents en 1775 (état du duch. la Meill. 1775), contient aujourd'hui 450 hectares (stat. des D.-S. par Dupin).

MELÉ, f. c^{ne} d'Avon. — *Mellé*, 1648 (arch. D.-S. E. 498).

MÊLERIE (La), h. cne de St-Romans-des-Champs.
MELET, bois, cne de Brelou. — *Feodum de Melay in parrochia Sti Karitephi*, 1270 (arch. V. Fontaine-le-C. 22). — *Bois de Melet* (dict. des D.-S. par Dupin).
MELIER, f. cne de Gourgé. — *Meillé*, 1393 (arch. Barre, II). — *Meiglé*, 1463 (arch. Bret.-Chal.). — *Meslié* (Cass.).
MELLE, chef-lieu d'arrt. — La ville de Melle doit sans doute son nom primitif, *Metallum*, à ses mines de plomb argentifère, exploitées dès l'époque romaine, et à son atelier monétaire si important pendant l'époque carlovingienne (mém. antiq. ouest 1839, p. 314).
Medolo vic. (triens mérovingien) ? — *Medolus*, vers 760 (obole de Pepin) ? — *Metallum*, denier de Louis le Débonnaire. — *Metullo*, ixe siècle (deniers royaux) (mém. ant. ouest, t. VI ; Fillon, ét. num. 40). — *Vicaria Metulense*, 784 (doc. hist. par Champ., fig. III, 401). — *Metallum vicum*, 818 (ann. Bertin. ap. Bouq. VII). — *Metulum castrum*, 950 (cart. St-Maix. 30). — *Pagus Metulinsis*, v. 960 (Font. XIII, 63). — *Mellum*, 961 (doc. pour l'hist. St-Hil. I, 34). — *Metalo*, xe siècle (deniers). — *Meotulo*, xie siècle (Lecointre-Dupont, origine du mot maille). — *Metdalum, Medilum*, v. 1035 (cart. St-Jean-d'Ang. ap. Font. LXII, p. 553). — *Mella*, 1078 (doc. pour l'hist. St-Hil. I, 99). — *Metlum*, v. 1090 (cart. St-Nic. Poit.). — *Metulia*, v. 1100 (cart. St-Cypr. 302). — *Melleium*, 1208 (cart. Bas-Poit.). — *Melle*, 1224 (id.). — *Methulum*, 1256 (lay. tr. ch. III, 326). — *Malle*, 1398 (arch. hist. Poit. XXIV, 293). — *Mesle*, 1603 (cart. St-Maix. II).
Des quatre anciennes églises de Melle : St-Pierre, St-Hilaire, St-Savinien, Notre-Dame-de-Foussemagne, il n'en subsiste plus que comme paroisses. St-Pierre et St-Hilaire. Notre-Dame-de-Foussemagne était une collégiale ou chapitre. L'aumônerie dite de Puy-Herbault ou de St-Hilaire fut réunie à l'hôpital de St-Maixent par arrêt du conseil du 14 janvier 1695 et lettres patentes du 19 juillet 1696. Il y avait un couvent de Capucins fondé en 1613, et un collège fondé en 1623.
L'ancien archiprêtré de Melle, uni à la cure de Mazières-sur-Béronne et dépendant de l'archidiaconé de Brioux, comprenait quatre-vingts paroisses, savoir : Aiffres, les Alleuds, Ardilleux, Asnières, Aubigné, Availles-sur-Chizé, la Barre-Clairin, la Bataille, Baussais, Beauvoir-sur-Niort, Blanzais-sur-Boutonne, Brieuil, Brioux, Brûlain, Celles, Chail, la Charrière, Chef-Boutonne, Chérigné, Chizé, Crézières, Ensigné,

Fontenille, Fors, les Fosses, Gournay, Javarzay, Juillé, Juscorps, Loizé, Loubigné, Loubillé, Luché, Lussay, Lusseray, Maisonnais, Marigny, Mazières-sur-Béronne, Melle (St-Hilaire, St-Pierre), Montigny, Paizay-le-Chapt, Paizay-le-Tort, Périgné, Pouffond, Prahecq, St-Faziol, St-Génard, St-Hilaire-de-Ligny, St-Léger-lez-Melle, St-Martin-d'Augé, St-Martin-de-Bernegoue, St-Martin-d'Entraigues, St-Martin-lez-Melle, St-Médard, St-Romans-des-Champs, St-Romans-lez-Melle, Secondigné, Séligné, Sompt, Tillou, Vernou-sur-Boutonne, Verrines-sous-Celles, le Vert, Villefollet, Villemain, Villiers-sur-Chizé, Villiers-en-Bois et Vitré, situées dans le département actuel des Deux-Sèvres, plus les paroisses suivantes de celui de la Charente-Inférieure : Aunay, la Villedieu son annexe, Contré, Dampierre-sur-Boutonne, les Éducts, Longuepierre, Romazières, St-Brice, *alias* St-Mandé, St-Séverin, Saleignes, Salles-lez-Aunay, Villiers-Coutures, Villiers-le-Larron (notes pour l'hist. de Melle par Beauchet-Filleau, 1890, p. 73).
Les documents des xe et xie siècles mentionnent un *pagus* de Melle, qui semble avoir été démembré de celui de Brioux. Il comprenait deux vigueries, celles de Melle et de Tillou. La viguerie de Tillou n'est qu'un démembrement de celle de Melle au commencement du xie siècle. La viguerie de Melle, qui apparaît dès le viiie siècle, comprenait, d'après les indications des anciennes chartes, les localités suivantes : Mardre, St-Martin-lez-Melle, Tillou, Nossay, St-Faziol, Bonneuil (cne de Verrines), Mont (cne de St-Génard), Chancellée (St-Génard), Montabert (St-Génard), Chail, Verrines-sous-Celles, Vitré, Blanzais (Prahecq), Souché, Vaution (Plibou), la Pommeraye près St-Médard, les Fosses, Secondigné, Sart, et autres non déterminées.
La châtellenie de Melle, l'une des vicomtés du Poitou au xie siècle, fut confisquée au profit de la couronne sur Raoul de Nesles en 1350, réunie au comté de Poitou en 1372, puis incorporée au comté de Civray, créé par lettres patentes de juillet 1526. Ce comté, supprimé et réuni au Poitou en 1533, fut rétabli le 12 juin 1540. La juridiction de Melle ressortissait autrefois de la sénéchaussée de Poitou, mais depuis 1540 le nouveau siège royal, dit prévôté, ressortissait de la sénéchaussée de Civray (hist. du Poit. par Thibaudeau, II, 191, 204). La prévôté de Melle comprenait dans son ressort les paroisses de : Brûlain en partie, Baussais, Brioux, Clussais, Charzay près de Fontenay, Celles en partie, Chail, Fontenille, Gournay, Juscorps, Juillé, la

Barre-Clairin, Lusseray, Maisonnais, Melleran, Mougon, Mazières-sur-Béronne, Périgné, Pouffond, Paizay-le-Tort, Sompt, S¹-Martin-lez-Melle, S¹-Romans-des-Champs, S¹-Romans-lez-Melle en partie, Sepvret en partie, S¹-Génard, S¹-Médard, S¹ᵉ-Blandine en partie, Tillou en partie, Thorigné, Vernou-sur-Boutonne, Vitré, Vouillé en partie (notes pour l'hist. de Melle par B.-Filleau, p. 113).

La mouvance féodale de la baronnie de Melle s'étendait sur les fiefs suivants : Gascougnolles, hébergement de Baussais, la Touche de Villiers, hébergement de Bonneuil, Fief-Béchet ou Vouillet, sis à Melle, la Ferraudière, hébergement de Melle, bois à Perchimbault, fief des Pies-Bonnes ou Pierres-Bourin ou Bonnière, le fief Cosson à Paizay-le-Tort, garenne de Lusseray, le lieu de Lusseray appelé la Court, terre près les Hommes, Jean Roux, terre au terroir de Pisseloup, hébergement de S¹-Médard, la Touche, par de Maisonnais, Châteauneuf, par. de Vitré, Miscrit, la Revétizon entre Celles et Melle, Limor et la Martinière, fief de Trappes de Gagemont, les Touches, appelées Bouesse, la tour aux Thebauds à Melle, fief de Julles, aliàs Montplaisir, le moulin de Mardre, hébergement de Melle près des murs de ville, l'hôtel de Melle au Bourg neuf, seign. de Melleran, Bourneuf-en-Brûlain, les Grands Châtelliers en la par. de Périgné, fief de Javarzay en Baussais, Gagemont, fief du Débat, fief du Vergier, le Cieu-Troussard, châtellenie Dardaine près Fontenay-le-Comte (notes pour l'hist. de Melle par B. Filleau, d'après le grand-Gauthier, des bénéf., et un état du domaine de 1550).

Melle faisait partie de l'élection de S¹-Maixent. Mais elle était le chef-lieu d'une subdélégation comprenant les paroisses de : les Alleuds, la Barre-Clairin, Baussais, Bonneuil-aux-Monges, par. de Rom, Brioux, Caunay, Celles, Chail, Maisonnais, Chenay, Clussais, l'Enclave de la Martinière, S¹-Pierre-de-Melle, Lezay, Mazières-sur-Béronne, Melle, Messé, Montigné, Paizay-le-Tort, Périgné, Pers, Plibou, Pouffond, la Roche-de-Bord-en-Vançais, Rom. S¹ Coutant, S¹-Génard, S¹-Léger-lez-Melle, S¹-Martin-lez-Melle, S¹-Romans-lez-Melle, S¹ᵉ-Soline, S¹-Vincent-de-la-Châtre, Sepvret, Vançais, Vanzay, Vernou-sur-Boutonne , Verrines-sous-Celles , Verrines-en-Rom, Vitré.

En 1790 Melle fut érigée en chef-lieu de district; celui-ci était composé des cantons de Brioux, Celles, Chef-Boutonne, Couture-d'Argenson, Ensigné, Lezay, Melle et Sauzé-Vaussais.

Le canton de Melle comprenait douze communes : Chail, la Barre-Clairin, Maisonnais, Mazières-sur-Béronne, Melle, Paizay-le-Tort, Pouffond, l'Enclave S¹-Génard, S¹-Léger-lez-Melle, S¹-Martin-lez-Melle, S¹-Romans-lez-Melle, Sompt. La Barre-Clairin fut ensuite réunie à la commune de Sepvret, du canton de Lezay.

MELLERAN, cᵒⁿ de Sauzé-Vaussais. — *Maslerant*, 1096 (Font. IV, 89). — *Maysleran seu Maylayram*, 1300 (gr.-Gauthier). — *Melleran*, 1491 (Font. XVII, 115). — *Meslerun*, 1550, relev. de Melle (état du dom. r. en Poit.). — *Meilleran*, 1618 (ms. 141, bibl. Poit.). — *Notre-Dame de Melleran* (pouillé 1782).

Dépendait de l'archiprêtré de Bouin, de la juridiction du marquisat de Chef-Boutonne, de la sénéchaussée de Poitiers et de l'élection de S¹-Maixent. La cure était à la nomination de l'évêque. Il y avait 167 feux en 1698 et en 1750.

MELLIER, vill. cⁿᵉ de Chenay.

MELOKNIÈRE (LA), f. cⁿᵉ de Noireterre.

MELZÉARD, chât. et mⁱⁿ. cⁿᵉ de Paizay-le-Tort. — *Melesiart*, 1374 (inv. d'Aub.). — *Melleziar*, relev. de Melle, 1452 (arch. hist. Poit. XX, 310). — *Melziar*, 1556 (reg. insin. Thouars). — *Melziard*, 1667 (dén. 1667 ap. rech. sur Ch.-Bout. par B.-Filleau, 116).

MÉMETIÈRE (LA), f. cⁿᵉ de la Ferrière. — *Gué de la Memitière*, 1454 (arch. V. S¹ᵉ·Cr. 45). — *La Mimetière* (Cass.).

MÉMINIÈRE (LA), f. cⁿᵉ de Cours.

MÉNAGERIE (LA), h. cⁿᵉ de Bouillé-S¹-Paul.

MÉNAGERIE (LA), f. cⁿᵉ de la Chapelle-Largeau.

MÉNAGERIE (LA), f. cⁿᵉ de Fors.

MÉNAGERIE (LA), f. cⁿᵉ de Ménigoute. — *La Mesnagerie*, 1485, 1679, 1712 (arch. Barre, II).

MENAISERIE (LA), f. cⁿᵉ d'Échiré.

MENAIZIÈRE (LA), f. cⁿᵉ d'Allonne.

MÉNANTELIÈRE (LA), h. cⁿᵉ du Busseau. — *La Menantelère*, 1424 ; *les Menantelères*, 1483 (arch. V. E. 1, 9).

MÉNANTIÈRE (LA), vill. cⁿᵉ de Combrand.

MÉNANTIÈRE (LA), h. cⁿᵉ de S¹-Aubin-le-Clou. — *La Menantère*, v. 1400 (arch. Bret.-Chal.). — *Moulin de la Menantière*, 1492 (reg. av. Chât.).

MÉNARD, f. cⁿᵉ de la Chapelle-Largeau.

MÉNARDIÈRE (LA), mᵒⁿ. cⁿᵉ de Beaulieu-sous-Bressuire.

MÉNARDIÈRE (LA), h. cⁿᵉ de la Chapelle-Thireuil. — *La Maynardière*, relev. de Vouvent, 1631 (arch. Bois-Chap.).

MÉNARDIÈRE (LA), f. cⁿᵉ de Clessé. — *La Maynnardère*, 1405 (arch. Moiré).

MÉNARDIÈRE (LA), f. cⁿᵉ de Coutières. — *La May-

nardère près la Vousne, 1369. — *La Mesnardière*, 1688 (arch. Barre).

MÉNARDIÈRE (LA), c^{ne} de Louin. — *La Ménardière*, sise à la Ronde de Louin, relev. de la seign. de ladite Ronde, 1583 (arch. Vernay).

MÉNARDIÈRE (LA), vill. et étang, c^{ne} de Luché-Thouarsais. — *La Maynardière*, relev. d'Hérisson-en-Thouarsais, 1470 (dict. fam. Poit. II, 771). — *La Mesnardière*, 1481 (chartr. Thouars). — *Les Cinq-Borderies*, aliàs *St-Clémentin* ou *la Ménardière*, 1469 (arch. V. Brosse-Guilgault, 8, 44). — *La Maynardière-Vandel*, 1556 (reg. insin. Thouars). — *La Mainardière*, 1595 (arch. V.). — *La Mesnardière*, 1628 (arch. soc. ant. ouest).

MÉNARDIÈRE (LA), vill. c^{ne} de Neuvy-Bouin. — *La Mesnardière*, 1526 (arch. soc. ant. ouest).

MÉNARDIÈRE (LA), f. c^{ne} de la Pérate.

MÉNARDIÈRE (LA), h. c^{ne} de St-Aubin-de-Baubigné.

MÉNARDIÈRE (LA), f. c^{ne} de St-Aubin-le-Clou. — *La Mesnardière* relev. de Châteauneuf-en-Gâtine, 1497 (reg. av. Chât.).

MÉNARDIÈRE (LA), chât. et f. c^{ne} de St-Mard-la-Lande. — *La Mesnardière*, 1552 (arch. V. E^s. 409). — *Ténement où l'on dit qu'il soulloit estre antiennement la maison de la Mesnardière*, 1582. Relev. de Pressigny-en-Gâtine (arch. V. E. 1, 15).

MÉNARDIÈRE (LA), vill. c^{ne} de Saurais.

MÉNARDIÈRE (LA), f. c^{ne} de Secondigny.

MÉNARDIÈRE (LA), h. c^{ne} de Terves. — *La Maynardère*, relev. de Bressuire, 1402 (arch. St-Loup).

MENAUDIÈRE (LA), f. c^{ne} de Boismé. — *La Moynaudère*, 1385 ; *la Ménaudère*, 1437 (arch. St-Loup). — *La Menaudière* (Cass.).

MENAUDIÈRE (LA), h. c^{ne} de Secondigny. — *La Maynaudière*, 1768 (arch. Barre).

MENAUDIÈRES (LES), f. c^{ne} de Verruye.

MÉNIE (LA), vill. c^{ne} de Massais. — *Boscum et decima de Maisnili*, v. 1080 (ch. de St-Flor. ap. arch. hist. Poit. II). — *Maisnil*, v. 1140 (id.). — *La Meenye*, 1555 (reg. insin. Thouars).

MÉNIGOUTE, arr^t de Parthenay. — *Manygoste*, 1300 (gr.-Gauthier). — *Menigouste*, 1324 (arch. Barre). — *Menigout*, 1327 (arch. hist. Poit. XI). — *Manigoute* ou *Mainigouste*, 1328 (id.). — *Manigouste*, 1374 (chartr. Thouars). — *Manigoste*, 1377 (arch. Barre). — *Magnigouste*, 1474 (id.). — *Magnigoste*, 1492 (id.).

Il y avait à Ménigoute deux églises : Notre-Dame, qui était la primitive paroisse, et St-Jean-Baptiste, qui était une collégiale fondée en 1324 par Jean Cherchemont, chancelier de France. Le droit de présentation des chanoines appartenait à la baronnie de la Mothe-St-Héraye (av. de la Mothe, 1621). Une aumônerie avec chapelle avait été fondée en 1531 par le chanoine Jean Boucard (arch. D.-S. H. 256).

Ménigoute dépendait de l'archiprêtré de Sanxay, du ressort, du siège de St-Maixent et de l'élection de Poitiers. Il relevait du chapitre. La dignité d'archiprêtre de Sanxay avait été unie à la dignité de trésorier du chapitre de Ménigoute. Il y avait 175 feux en 1750.

Le canton de Ménigoute, créé en 1790, dépendait du district de St-Maixent et fut, en l'an VIII, attribué à l'arrondissement de Parthenay. Il se composait, en 1790, des communes de Coutières, Fontperron, les Forges, St-Germier et Vautebis. On lui adjoignit, en l'an VIII, Vasles et St-Martin-du-Fouilloux du canton de la Ferrière supprimé, plus Vausseroux du canton de St-Pardoux supprimé, et Chantecorps du canton de Verruye également supprimé.

MÉNISSIÈRE (LA), f. c^{ne} de Xaintray.

MENONIÈRE (LA), vill. c^{ne} des Fosses. — *La Menonnère*, 1499 (arch. V. S^{te}-Cr. 94). — *La Melonnière* (Cass.).

MENOTTERIE (LA), h. c^{ne} de Béceleuf. — *La Ménotrie*, 1725 (arch. V. Béceleuf, 26).

MENSOURIS, f. c^{ne} de Noireterre.

MERCERIE (LA), f. c^{ne} de Chambroutet.

MERCERIE (LA), f. c^{ne} de Champeaux.

MERCERIE (LA), h. c^{ne} de St-Mard-la-Lande, 1728 (arch. D.-S. H. 235).

MERCEROT, mⁱⁿ. c^{ne} de Massais.

MÉRÉ, f. c^{ne} du Breuil-d'Argenton. — *Le Mairé et bois de Mairé* (Cass.).

MÉRÉ (LE PETIT), m^{on}. noble, c^{ne} de Marigny, 1613 (arch. D.-S. B. 31).

MÉRICHARD, f. c^{ne} de Rom.

MÉRICHÈRE (LA), vill. c^{ne} de Secondigné-sur-Chizé.

MÉRIÈRE (LA), f. c^{ne} de la Chapelle-Thireuil.

MÉRILLÉ, vill. c^{ne} de St-Martin-lez-Melle. — *Villa Merilec*, 951-963 (cart. St-Maix. 42). — *Mérilly* (Cass.).

MÉRILLÉ, f. c^{ne} de Tillou. — *Merlié* (Cass.).

MÉRIMIER, f. c^{ne} de St-Martin-du-Fouilloux. — *Monrimière* (Cass.).

MERLANDIÈRE (LA), f. c^{ne} de la Chapelle-St-Laurent.

MERLANDIÈRE (LA), f. c^{ne} de Pougne-Hérisson.

MERLANDRIE (LA), vill. c^{ne} de Rouvre.

MERLATIÈRE (LA), f. c^{ne} de Pompaire.

MERLATIÈRES (LES HAUTES ET BASSES), h. c^{ne} de Cerizay.

MERLETTERIE (LA), f. c^ne de Lezay.
MERLONGES (LES), vill. c^ne de Brioux. — *Chez Portes, autrement chez les Marlonges*, 1459 (arch. Barre, II). — *Les Marlonges* (Cass.).
MESME, c^ne de Frontenay; anc. fief relev. des Forges, 1579 (arch. D.-S. E. 734).
MESREPEA. — L'eau qui descend du pont de *Mesrepea* à l'étang de Chiché, 1419 (arch. St-Loup).
MESSÉ, c^on de Lezay. — *Massec*, 1300 (gr.-Gauthier). — *Massay*, 1412 (arch. V. St-Pierre, 231). — *St-Melaine de Messé*, 1782 (pouillé).

Messé était en partie dans la censive du château de Couhé (Vienne) (notes sur Couhé par Lièvre, p. 43). Il dépendait de l'archiprêtré de Rom, du ressort du siège de St-Maixent et de l'élection de Poitiers. La cure était à la nomination de l'évêque. Il y avait 92 feux en 1750.

MESSES (LES), vill. c^ne de St-Mard-la-Lande.
MET (LA) ou LA METTE, vill. c^ne d'Oiron. — *Huguet Olivier seign. de la Met*, 1454; *la Maye*, 1481 (cart. St-Laon Th.). — *La Mette* (Cass.).
MÉTAIRIE (LA), f. c^ne d'Aigonnay.
MÉTAIRIE (LA), f. c^ne des Aubiers.
MÉTAIRIE (LA GRANDE), f. et m^in. c^ne de la Petite-Boissière. — *La Meiteierie*, 1307 (arch. Durbell.). — *La Métairie* (Cass.).
MÉTAIRIE (LA), f. c^ne de la Charrière.
MÉTAIRIE (LA GRANDE), f. c^ne de Chiché.
MÉTAIRIE (LA GRANDE), f. c^ne de Cours.
MÉTAIRIE (LA GRANDE), f. c^ne d'Étusson.
MÉTAIRIE (LA), f. c^ne d'Exireuil. — *Moulin de la Mestairie*, 1531 (not. St-Maix.), en la châtellenie de St-Maixent (cart. St-Maix. intr.).
MÉTAIRIE (LA GRANDE), f. c^ne de Lhoumois.
MÉTAIRIE (LA), f. c^ne de Limalonges.
MÉTAIRIE (LA GRANDE), f. c^ne de Luché.
MÉTAIRIE (LA PETITE), f. c^ne de Maisonnais.
MÉTAIRIE (LA), f. c^ne de Mauzé-Thouarsais.
MÉTAIRIE (LA PETITE), f. c^ne de Montravers.
MÉTAIRIE (LA), f. c^ne de Nucil-sous-les-Aubiers.
MÉTAIRIE (LA GRANDE), f. c^ne d'Oroux.
MÉTAIRIE (LA), f. c^ne de Pougne-Hérisson.
MÉTAIRIE (LA GRANDE ET PETITE), f. c^ne de St-Clémentin.
MÉTAIRIE (LA), f. c^ne de St-Jouin-de-Marnes.
MÉTAIRIE (LA GRANDE), f. c^ne de Ste-Néomaye.
MÉTAIRIE (LA GRANDE), f. c^ne de St-Paul-en-Gâtine.
MÉTAIRIE (LA BASSE), h. c^ne de St-Porchaire.
MÉTAIRIE (LA GRANDE), f. c^ne de Sanzay.
MÉTAIRIE (LA GRANDE), f. c^ne de Saurais.
MÉTAIRIE-AU-MOINE (LA), vill. c^ne de Melle.

MÉTAIRIE-BASSE (LA), h. c^ne de la Chapelle-Pouilloux.
MÉTAIRIE-DE-FORGES (LA), f. c^ne des Aubiers.
MÉTAIRIE-DE-LA-PORTE (LA), f. c^ne de Pouffond.
MÉTAIRIE-DE-LA-ROCHE-FATON (LA GRANDE), h. c^ne de Lhoumois.
MÉTAIRIE-DU-BOIS (LA), f. c^ne de Beaulieu-sous-Parthenay.
MÉTAIRIE-DU-CHÂTEAU (GRANDE ET PETITE), f. c^ne d'Arçais.
MÉTAIRIE-NEUVE (LA), f. c^ne de Frontenay.
MÉTAIRIES (LES), h. c^ne des Alleuds.
MÉTAIRIES (LES), f. c^ne de St-Pardoux.
MÉTELIÈRE (LA), h. c^ne de Boismé.
MÉTELIÈRE (LA), h. c^ne de St-Sauveur.
MÉTIÈRE (LA), h. c^ne de Moncoutant. — *Les Metères*, 1420; *la Metère*, relev. de Puymarri, 1425 (arch. St-Loup).
MÉTIVERIE (LA), f. c^ne de Saivre. — *La Mestivière*, 1541; *la Mestyverie*, 1546 (not. St-Maix.).
MÉTIVIEN, c^ne de Thénezay, relev. du Fouilloux.
MÉTRODIÈRE (LA), f. c^ne de Thorigné.
MEUDARD, h. c^ne d'Avon.
MEULE, vill. c^ne de St-Léger-de-Montbrun. — *Guillaume de Moles*, 1282 (cart. St-Laon Th.). — *Moulles*, fin du XIIIe s. (arch. D.-S. E. 382). — *Meules*, 1388 (cart. St-Laon Th.). — *Meulles*, 1451 (cart. Chambon). — *Mueles*, 1453 (cart. St-Laon Th.). — Relev. de Thouars, 1470 (hist. Th. par Imbert, 175). — *Meule* (Cass.).
MEUNIERS (LES), vill. et m^in. c^ne de Chérigné.
MEURLIÈRE (LA), f. c^ne de St-Georges-de-Noisné. — *La Meurelère*, 1452 (arch. Barre, II). — *La Merlère*, 1546 (not. St-Maix.). — *La Meurelière* (Cass.).
MÉZILLERIE (LA), f. c^ne de Bécoleuf, 1602 (arch. V. Beauregard, 26).
MIAUDIÈRE (LA), h. c^ne de Neuvy-Bouin. — *La Mignaudière* (Cass.).
MIAURAY, vill. c^ne de Romans. — *Myorray*, 1269 (cart. St-Maix. II, 100, 101). — *Myouray*, 1363 (gr.-Gauthier, des bénéf.). — *Miourray* ou *Miorray*, 1369 (arch. Barre, II). — *Mirray*, 1414 (id.); *Myaurray*, 1543; *Miaulray*, 1552 (not. St-Maix.). — *Mioray*, 1657 (id. E. 3, 32). — *Miauray* (Cass.). — Relev. de St-Maixent.
MIBERTIN, h. c^ne de Bouillé-St-Paul. — *Châtellenie de Mibretin*, 1776 (aff. du Poitou, p. 131).
MICHELANDE, f. c^ne de Breuil-Chaussée.
MICHELET, c^ne de Faye-sur-Ardin; anc. fief sis au vill. d'Épanne, relev. de la seign. d'Épanne, 1575, (arch. D.-S. E. 256).
MICHELIÈRE (LA), f. c^ne de Pamplie.

MICHELIÈRE (LA), f. cⁿᵉ de Secondigny. — *La Michelière*, 1281 (arch. V.). — *La Michelière*, relev. de la baronnie de Secondigny, 1421 (id.). — *La Grande et Petite Michelière*, 1768 (arch. Barre, II).

MICHELIÈRE (LA), mᵒⁿ. noble et seign. sise au village des Grands Alleux, paroisse de Surin, et relev. de Barges, 1619 (arch. V. E. 1, 14). — *La Michellière*, 1650 (arch. V. Béceleuf, 11).

MICHELIÈRE (LA), f. cⁿᵉ de Xaintray.

MICHENARDIÈRE (LA), vill. cⁿᵉ de Sᵗ-Georges-de-Noisné. — *La Meschinardière*, 1526 (not. Sᵗ-Maix.). — *La Michenardière*, 1571 (arch. V. E. 1, 10). — Voir MÉCHINARDIÈRE (LA).

MICHENTIÈRE (LA), vill. cⁿᵉ de Champeaux. — *La Michentière* (Cass.).

MICHOLLIÈRES (LES), f. cⁿᵉ des Moutiers-sous-Chantemerle. — *La Michotière* (Cass.).

MICHONNEAU, h. cⁿᵉ du Vanneau.

MIENNE, vill. cⁿᵉ de Bouillé-Sᵗ-Paul; appartenait à l'abbaye de Chambon au xviiᵉ siècle (arch. D.-S. H. 52).

MIGALANT, h. cⁿᵉ de Luché-Thouarsais. — *Megallant*, 1364 (chartr. Thouars). — *Mygalant*, 1477 (ma coll.). — *Migallant*, relev. de Hérisson-en-Thouarsais, 1538 (chartr. Thouars). — *Mygaland*, 1587 (arch. Sᵗ-Loup). — *Migallan*, 1664 (arch. V. Brosse-Guilgault). — *Migaland* (Cass.).

MIGAUDON, vill. cⁿᵉ de Moutiers. — *Migaudon*, relev. de la baronnie d'Argenton-Château, 1429, 1595 (dict. fam. Poit. I, 58). — *Chapelle de Migaudom*, 1713 (arch. V. H. 3, 812).

MIGAUDON, vill. cⁿᵉ de Neuvy-Bouin. — *Megaudum*, 1188 (cart. l'Absie, ap. Dupuy, 828).

MIGERIE (LA), f. cⁿᵉ de Pamplie.

MIGNAUDERIE (LA), éc. cⁿᵉ de Châtillon-sur-Sèvre, 1615 (arch. V. les Linaux).

MIGNAUDIÈRE (LA), f. cⁿᵉ de Fenioux, 1613 (arch. V. Béceleuf, 26).

MIGNÉ, h. cⁿᵉ de Sᵗ-Varent. — *Mignée*, relev. de Thouars, 1423 (chartr. Thouars). — *Haut et Bas Migné* (Cass.).

MIGNON (LE), rivière qui prend sa source au bourg de Sᵗ-Martin, près la forêt de Chizé, et se jette dans la Sèvre Niortaise, au-dessous de Damvix (statist. des D.-S. par Dupin).

MIGNONET (LE), ou rivière de Gâtine, affluent du Thouaret, cⁿᵉˢ de Glenay et Pierrefitte.

MIGNONNIÈRE (LA), f. cⁿᵉ de Lezay. — *La Mignonnière* (Cass.).

MIGNONNIÈRE (LA), h. cⁿᵉ de Vernou-en-Gâtine, relev. de la baronnie de Secondigny, 1402-1716 (ms. 141, bibl. Poit.).

MIGNY, h. cⁿᵉ d'Assais.

MILAN, f. cⁿᵉ d'Échiré. — *Villam vocabulo Milon*, vɪᵉ siècle (vie de Sᵗ Maixent, apud Mabillon, acta sanct. ord. Sᵗⁱ Ben. I, 578). — *Milan, autrement Sᵗ-Maixent*, fief relev. de la Motte des Iles, 1631; *L'erbergement de Sᵗ-Maixent*, 1767; *Terroir du Mont de Millon*, 1768 (études sur les orig. du mon. Sᵗ-Maix. par Alfred Richard, 1880). — *Millan*, 1660 (arch. Barre, 1).

MILETIÈRE (LA), h. cⁿᵉ de Ménigoute. — *La Milletière*, 1369 (arch. Barre, II). — *La Milettère*, 1374 (chartr. Thouars). — *La Mulectière*, 1469 (arch. Barre).

MILLAIRON. — *La croix de Milayront*, paroisse de Sᵗ-Aubin-du-Plain, 1366 (arch. Sᵗ-Loup).

MILLANCHÈRE (LA), f. cⁿᵉ d'Allonne.

MILLANCHÈRE (LA), chât. et f. cⁿᵉ d'Azay-sur-Thoué. — *La Millanchère*, 1437 (arch. chât. Maisont.). — Relev. de la baronnie de Secondigny, 1461 (ms. 141, bibl. Poit.).

MILLANCHERIE (LA), h. cⁿᵉ de Verruye. — *Millancheire*, 1402 (arch. V. Eˢ. 448). — *La Millancherie*, relev. de Pressigny-en-Gâtine, 1600 (id. 415).

MILLARDRIE (LA), dépendance de l'hébergement de la Mimande, paroisse de Ménigoute, 1530 (arch. Barre, II).

MILLASSIÈRE (LA), f. cⁿᵉ de Sᵗ-Aubin-de-Baubigné.

MILLATERIE (LA), éc. cⁿᵉ de Niort.

MILLAUD (LE), f. cⁿᵉ de Montravers. — *Milleau* (Cass.).

MILLAURAY (LE), f. cⁿᵉ de Courlay. — *Mille Auray*, 1770 (arch. D.-S. E. 8). — *Le Milaurois* (Cass.).

MILLEAU (LE), f. cⁿᵉ de Sᵗ-Mard-la-Lande. — *Millau* (Cass.).

MILLEFOUILLET, h. cⁿᵉ de Breuil-Chaussée. — *Mirfouillet* (Cass.).

MILLEPIEDS, h. cⁿᵉ de Cours. — *Milepied* (Cass.).

MILLESOUDIÈRE (LA), cⁿᵉ de Nueil-sous-les-Aubiers, 1351 (arch. hist. Poit. XVII). L. disp.

MILLIÈRE (LA), cⁿᵉ de Béceleuf; anc. fief relev. de Béceleuf, 1433 (arch. V. Beauregard, 15).

MILLISSIÈRE (LA), vill. cⁿᵉ de Xaintray.

MILLOUE, f. cⁿᵉ de la Ronde. — *La Milloue* (Cass.).

MILLY (GRAND ET PETIT), h. cⁿᵉ de Sᵗ-Jouin-de-Milly. — *Le grand Millé*, relev. de la Forêt-sur-Sèvre, 1598 (arch. la For.). — *Le Grand Mille appelé le Millé au Chevalier*, 1646.

MILPIED, f. cⁿᵉ des Aubiers.

MIMANDE (LA), f. cⁿᵉ de Ménigoute. — *La Mimande*, relev. de la Barre, 1369; *la Myemande*, 1414 (arch. Barre, II).

MIMANDIÈRE (LA), f. cne de Mazières-en-Gâtine. — La Mimandière, 1269 (orig. ma coll.).

MIMANDIÈRE (LA), h. cne de St-Pardoux.

MIMANDIÈRE (LA), f. cne de Saivre. — La Mymardère 1537 (not. St-Maix.).

MIMAUDÈRE (LA), f. cne des Groseillers, relev. de Châteauneuf-en-Gâtine, 1497 (reg. av. Châteaun.).

MIMAUDIÈRE (LA), vill. cne de Mazières-en-Gâtine.

MINAUDERIE (LA), h. cne de Paizay-le-Tort.

MINAUDIÈRE (LA), f. cne de Fenioux.

MINDRAULT (FIEF), assis à Ste-Ouenne. — *Mendraut*, 1399; *Mandraut*, 1417, relev. de la châtell. de Parthenay (arch. V. Es. 233).

MINE (LA), vill. cne de St-Laurs.

MINE (LA), vill. cne de Sciecq.

MINÉE (LA), f. cne des Échaubrognes.

MINÉE (LA), f. cne de St-Jouin-de-Milly.

MINÉES (LES), éc. cne de Bouillé-Loretz.

MINGOLIÈRE (LA), h. cne de Gript.

MINGOTIÈRE (LA), f. cne de Fenioux. — *La Maingaulière*, 1687 (arch. Barre, II). — *La Mangottière* (Cass.).

MINIÈRE (LA), f. cne de Beaulieu-sous-Parthenay.

MINIÈRES (LES). — *La Retargerie, présentement les Minières*, paroisse de St-Pardoux, relev. de Pressigny-en-Gâtine, 1600 (arch. V. Es. 415).

MINOTRIE (LA), f. cne de Sompt.

MINOUÈRE (LA), borderie en la par. de Vausseroux, 1277 (cart. Châtell.).

MIOLIÈRE (LA), vill. cne de la Chapelle-Bertrand.

MIOLIÈRE (LA), vill. cne de Lezay. — *La Meollière* (Cass.).

MIOSSON (LE), ruisseau passant à Quéray et se jetant dans la Sèvre Niortaise, 1547 (not. St-Maix.).

MIOTTON (LE), h. cne de la Chapelle-St-Étienne.

MIRAIMON, vill. cne de Moutiers. — *Misremon*, 1559 (reg. insin. Thouars). — *Miremon*, 1594; *Miresmon*, 1651 (arch. V. Brosse-Guilgault, 8, 13).

MIRAMBEAU, f. cne de Chanteloup. — *Le Puy Mirembeau*, 1472; *le Puy ou Peu Mirambeau*, 1563 (arch. V. pap. Droch.).

MIRAUDERIE (LA), f. cne de la Foye-Monjault. — *La Miraudrie* (Cass.).

MIRON, min. cne de Pas-de-Jeu.

MISERÉ, min. cne de Celles.

MISERÉ, f. cne de Chail. — *Jean Frottier, seign. de Miserit*, relev. de Melle, 1408 (gr.-Gauthier, des bénéf.). — *Mizeré* (Cass.).

MISERÉ, h. cne de Chavagné, 1593 (not. St-Maix.).

MISOTOUX, cne d'Azay-sur-Thoué. — *Misotour*, 1591 (arch. V. Fontaine-le-C. 31).

MISOTTEAU, vill. cne de Secondigny, relev. de la Mosnerie. — *Mizautonde* (Cass.).

MISSARDIÈRE (LA), f. cne de Chiché.

MISSÉ, cne de Thouars. — *Capella in honore sancti Petri dicata, in villa Misseria sita*, 973 (Gall. christ. II, 366). — *Mese*, v. 1130 (cart. St-Laon Th.). — *Missé*, 1169 (Gall. christ. II, 367). — *Messey près Thouars*, 1557 (reg. insin. Thouars). — *St-Pierre de Missé* (pouillé 1782). — Relev. d'Airvault.

Dépendait du doyenné et élection de Thouars, de la sénéchaussée de Poitiers et du bailliage de Coulonges, ressort du siège de la vicomté de Thouars. La cure était à la nomination de l'abbesse de St-Jean-de-Bonneval. Il y avait 220 feux en 1750.

MITIÈRE (LA), f. cne d'Exireuil.

MITIÈRE (LA), f. cne de la Ferrière.

MITOIZIÈRE (LA), f. cne de Fenioux.

MIZAUDERIE (LA), h. cne du Beugnon. — *Misonary* (Cass.).

MIZOLTIÈRE (LA), vill. cne de St-Amand-sur-Sèvre. — *La Mizollière* (Cass.).

MOCQUE-SOURIS, f. cne des Aubiers.

MOCQUE-SOURIS, f. cne de la Chapelle-St-Étienne.

MOCQUE-SOURIS, f. cne de Cherveux.

MODERON, f. cne de Fors.

MOIE (LA), h. cne d'Aiffres. — *La Moye* (Cass.).

MOINARD, vill. et min. cne de Baussais.

MOINARDIÈRES (LES), cne de la Mothe-St-Héraye. — *La Moinardière*, 1731; anc. fief relev. de la Mothe (arch. D.-S. E. 385).

MOINDREAU (LE), éc. cne de Niort. — *Le Mandrau*, 1602 (arch. D.-S. E. 237).

MOINDROUZE, f. cne de Montigné. — *Mayndrouse*, 1550 (arch. V. E. 2, 162). — *Monderose* (Cass.).

MOINE-MORT (LE) ou LES SARCILLERS, cne d'Azay-le-Brûlé, ténement relev. de l'abbaye de St-Maixent. — *Saziliacus*, 1089 (cart. St-Maix. I, 216). — *Sarcille*, v. 1222 (id. II, 49). — *Sazillé et Sarcillo*, 1260 (id. II, 98, 99). — *Fié de Sazillé; le Moyne mort*, 1363 (id. II, 153).

MOINERIE (LA), vill. cne des Aubiers. — *La Moinie* (Cass.).

MOINERIE (LA), vill. cne de Loizé.

MOINERIE (LA), h. cne de Paizay-le-Tort.

MOINIE (LA), f. cne de Beaulieu-sous-Bressuire.

MOINIE (LA), f. cne de Chiché. — *La Moynuye*, 1121 (arch. St-Loup).

MOINIE (LA), f. cne de Combrand.

MOINIE (LA), f. cne des Échaubrognes.

MOINIE (LA), f. cne de Massais. — *La Moynnière*, 1457 (arch. V. Ste-Cr. 74). — *La Moenie* (Cass.).

Moinie (La), (Grande et Petite), f. c^{ne} de Rorthais.
Moinie (Prieuré de la), c^{ne} de Rorthais. — *Prieuré de la Moinie ou de Ste-Catherine de la Trappe ; St-Blaise de la Moinie* (B.-Filleau, pouillé 1648, p. 372). — *Chapelle de la Moiny*, xviiie siècle (Cass.).
Moinie (La), vill. c^{ne} de Thénezay. — *La Moynée*, 1475 (arch. V. G. 371).
Moinier (Le), f. c^{ne} de la Petite-Boissière. — *Monnet* (Cass.).
Moiré, chât. c^{ne} de Soulièvre. — *Moiré*, relev. de Thouars, 1470 (hist. de Thouars, 175). — *Chapelle Ste-Eutrope de Moyré*, 1524 (arch. V. E^s. 377). — *Le Petit Moiré, autrement Moiré le Bois*, relev. de la seign. du Pont-Taizon, 1592, 1631 (id. 339). — *Le Grand et Petit Moyré* (Cass.).
Moireau, f. c^{ne} de Coulon.
Moissac, vill. c^{ne} de St-Vincent-de-la-Châtre.
Molière (La), f. c^{ne} de Clavé.
Mollan (Le), f. c^{ne} de la Chapelle-Gaudin.
Monbail, f. c^{ne} de Fénery. — *Monbail*, relev. de Châteauneuf-en-Gâtine, 1497 (reg. av. Chât.). — *Monbail* (Cass.).
Monbail (Grand et Petit), vill. c^{ne} de Mazières-en-Gâtine. — *Grand et Petit Monbail*, 1540 (arch. V. E^s. 411).
Monbason, f. c^{ne} de Champeaux. — *Monbazon*, 1589 (arch. V. E^s. 403).
Monbazon, c^{ne} d'Exireuil ; anc. fief relev. de Furigny, 1787 (arch. D.-S. E. 128).
Monceau, vill. c^{ne} de Louzy. — *Monceaux*, 1339 (arch. V. H. 3, 809). — *Le Moncea*, relev. de la Roche-de-Luzay, 1496 (arch. St-Loup). — *Monceaux*, 1501 (ma coll.). — *Mouceaulx*, 1558 (reg. insin. Thouars). — *Mousseaux* (Cass.).
Monceau (Le), f. c^{ne} de Terves. — *Le Monssea*, 1383 (arch. St-Loup).
Moncelay, vill. c^{ne} de Doux. — *Monselloys*, 1492 ; *le Moncelloys*, 1572 ; *le Monsellais*, 1652 (arch. V. H. 3, Mong.).
Monchaire, h. c^{ne} de Pompaire.
Monchevrier, f. c^{ne} de Vautebis. — *Monchévrier*, 1452 ; *Montchevrier*, 1540-1692 (arch. Barre).
Monconseil (Grand et Petit), f. c^{ne} de Bretignolle. — *Malum Consilium*, v. 1092 (cart. St-Jouin). — *Le Petit Maulconseil*, 1439 (arch. St-Loup). — *Le Grand Mauconseil*, 1602 (id.). — Relev. de Cirière.
Moncoutant, arr^t de Parthenay. — *Mons Contantius*, xiie siècle (cart. l'Absie). — *Mons Constantis*, xiie siècle (id.). — *Moncostanz*, 1215 (Font. XXII, 33). — *Mons Constancii*, 1300 (gr.-Gauthier). — *Moncostant*, 1339 (arch. Durbell.). — *Moncoustans*, 1425 (arch. St-Loup). — *Moncoutant*, relev. de Thouars, 1470 (hist. Thouars par Imbert, 175). — *St-Gervais et St-Prothais de Montcoutant* (pouillé 1648).

La cure était à la nomination de l'abbé de Maillezais. La châtellenie de Moncoutant dépendait du doyenné et de la baronnie de Bressuire, de la sénéchaussée de Poitiers et de l'élection de Thouars. Moncoutant formait, dès 1380, un des bailliages qui ressortissaient de la sénéchaussée de Bressuire. Le péage, inféodé dès 1402, relev. de ladite baronnie (arch. St-Loup). Il y avait 400 feux en 1750.

Le canton de Moncoutant, créé en 1790, fut d'abord attribué au district de Châtillon-sur-Sèvre, puis à celui de Bressuire. En l'an VIII on le réunit à l'arrondissement de Parthenay. Il se composait en 1790 des communes de Moncoutant, le Breuil-Bernard, Pugny, la Chapelle-St-Étienne, la Chapelle-Seguin, les Moutiers-sous-Chantemerle et St-Paul-en-Gâtine. En l'an VIII on lui adjoignit le canton de la Chapelle-St-Laurent supprimé, c'est-à-dire les communes de la Chapelle-St-Laurent, Chanteloup, Clessé, Largeasse et Traye.

Monchapeau, f. et mⁱⁿ. c^{ne} de Terves.
Mondardière (La), f. c^{ne} de Secondigny, relev. de la baronnie de Secondigny, 1403-1728 (ms. 141, bibl. Poit.).
Mondavid, c^{ne} de Bouillé-St-Paul. — *Médavi*, 1410. Anc. fief relev. de St-Généroux (arch. D.-S. E. 917). L. disp.
Mondevis, h. c^{ne} de St-Jean-de-Bonneval.
Monégrière (La), h. c^{ne} de St-Germier. — *La Mongrière* (Cass.). — *La Maunegrère*, 1667 (arch. D.-S. E. 1200).
Monfaucon, h. c^{ne} de Montigny. — *Fief de Montfaucon*, dépendant du prieuré de St-Amand, 1603 (Font. IX, 497).
Monfaucon, vill. c^{ne} de St-Hilaire-la-Palud. — *Monfaulcon*, 1477 (arch. V. St-Hil. 690).
Monfermier, anc. chât. et f. c^{ne} de la Chapelle-Gaudin. — *Montfermier*, 1471 (cart. Chambon). — *Montfermier*, 1537 (Font. VIII, 273). — *Monfarnier*, 1555 (arch. V. Brosse-Guilgault, 44). — *Château de Monfermier*, 1776 (aff. du Pont. 131).
Monfreteau, f. c^{ne} d'Azay-le-Brûlé. — *Mont: Freteau*, 1661 (arch. D.-S. E. 185). Relev. de l'abbaye de St-Maixent (cart. St-Maix. intr.).
Monfumier, f. c^{ne} de la Chapelle-St-Laurent. — *Monfumier*, 1625 (arch. fabr. Ch.-St-L.). — *Montfumier* (Cass.).
Mongausin, f. c^{ne} de Moutiers.

MONGAUDIER, f. c^ne de St-Martin-du-Fouilloux. — *Montgauguer*, 1404 (arch. V. S^te-Cr. 44). — *Montgauguier*, 1439 (id.). — *Montgauguer*, 1457 (arch Barre, 11). — *Mongauguier*, 1471 (arch. V. E. 2, 239). — *Montgaudier*, 1775 (état duch. la Meill. 1775).

MONGAZON, f. c^ne de Coulonges-Thouarsais. — *Maugason*, 1413 (arch. V. Brosse Guilgault, 40. — *Mongazon*, 1660 (id. 15).

MONGAZON, f. c^ne de Parthenay.

MONGELLERIE (LA), f. c^ne de Cerizay.

MONGUIMIER, m^in. et gué sur le Thoué, c^ne de St-Généroux. — *Monguimer*, 1489 (arch. V. Ste-Marth. 160). — *Moulin de Monguymer*, 1556 (reg. insin. Thouars).

MONGUIMIER (HOTEL DE), à St-Généroux, près le pont dudit St-Généroux, 1671 (arch. D.-S.). — *Monguimier*, 1657 (arch. Barre).

MONGUION, h. c^ne de Béceleuf, 1613 (arch. V. Béceleuf, 26).

MONIC, vill. c^ne de St-André-sur-Sèvre. — *Mounich* (Cass.).

MONIT, f. c^ne de la Chapelle-Largeau. — *Monnie* (Cass.).

MONJOIE (LA), c^ne de Clavé, en la châtellenie de St-Maixent (cart. St-Maix. intr.).

MONLAIGNE, h. c^ne de Terves. — *Monlaigne*, 1432 (arch. St-Loup).

MONLOUIS, f. c^ne de Nueil-sous-les-Aubiers. — *Monloer*, 1354 (arch. hist. Poit. XVII).

MONNÉE, f. c^ne de St-Éanne. — *Monnoyes*, relev. de St-Maixent (état duch. la Meill. 1775). — *Monay* (Cass.).

MONNÉE, vill. et m^in. c^ne de St-Martin-de-St-Maixent. — *Moneie*, 1059-1114 (cart. St-Maix. 269). — *Molendinum ad Moneam*, 1109 (id.). — *Monoye*, 1363, *Monaye* relev. de l'abbaye de St-Maixent (id. II, 163). — *Monnoye*, 1432 (arch. Barre). — *Moinier*, 1538 arch. (D. S. E. 43). — *Monay* (Cass.).

MONNERIE (LA), vill. c^ne de Beaulieu-sous-Parthenay. — *La Mosnerie*, relev. de Parthenay, 1507 (arch. V. E^s. 430). — *La Mousnerie*, 1584, 1673 (arch. Barre).

MONNERIE (LA), f. c^ne de Clazay. — *La Monnerie*, 1451 (arch. V. St-Cypr. 30).

MONNERIE (LA), f. c^ne de Courlay.

MONNERIE-DE-TRAIE (LA), f. c^ne de Coutières. — *La Mousnerie* (Cass.).

MONNERIE (LA), vill. c^ne de Luché-Thouarsais, 1412 (arch. V. Brosse-Guilgault, 1).

MONNERIE (LA), f. c^ne de Ménigoute. — *La Mosnerie*, 1367 ; *la Mousnerie*, 1369 ; relev. de la Barre-Pouvreau, 1482 ; *la Monnerie*, 1525 ; *Hautes et Basses Monneries*, 1773 (arch. Barre).

MONNERIE (LA), f. c^ne de Montravers. — *La Mornerye*, relev. de Montravers, 1612 (arch. V. E^s. 344). — *La Marnerie* (Cass.).

MONNERIE (LA), f. c^ne des Moutiers-sous-Chantemerle.

MONNERIE (LA), f. c^ne de St-Amand-sur-Sèvre.

MONNERIE (LA), f. c^ne de St-André-sur-Sèvre.

MONNIÈRE (LA), f. c^ne d'Allonne.

MONNIÈRE (LA), vill. c^ne de Beaulieu-sous-Parthenay.

MONNIÈRE (LA), f c^ne de Bretignolle.

MONNIÈRE (LA), f. c^ne de Châtillon-sur-Thoué.

MONNIÈRE (LA), f. c^ne des Échaubrognes.

MONNIÈRE (LA), f. c^ne de Vouhé.

MONPALAIS, vill. c^ne de Taizé. — *Alodus de Monte Paladio*, 955 (cart. St-Cyprien, 112). — *Villa Monte Paladio in vicaria Toarcinse in pago Pictavo*, v. 975 (id. 111). — *Monpaleiz*, 1349 (abb. Chamb.). — *Montpalais*, 1332 (arch. V. H. 1, 30). — *Monpalaiz*, 1391 (id.). — *Monpalais* (Cass.).

MONPENSIER (GRAND ET PETIT), f. c^ne de Breuil-Chaussée. — *Munponcer*, 1189 (arch. St-Loup). — *Monpencer*, 1292 (arch. Durbell.). — *Grand et Petit Monpansier* (Cass.).

MONPENSIER, f. c^ne de Magné.

MONPLAISIR, h. c^ne de Brelou.

MONPLAISIR, h. c^ne de Champeaux.

MONPLAISIR, f. c^ne de Châtillon-sur-Thoué.

MONPLAISIR, h. c^ne de Lezay.

MONPLAISIR, cab. c^ne de Magné.

MONPLAISIR, éc. c^ne de St-Christophe-sur-Roc.

MONPLAISIR, vill. c^ne de St-Marsault.

MONPLAISIR, h. c^ne de St-Sauveur-de-Givre-en-Mai.

MONPLAISIR, f. c^ne de Vausseroux.

MONPOYOUX, vill. c^ne de Clussais.

MONRABAIS, m^in. c^ne de St-Varent.

MONRAIME, m^in. c^ne de Secondigny. — *Montrayme*, 1351 (arch. V. Fontaine-le-C. 30).

MONS, vill. c^ne d'Azay-le-Brûlé. — *Mons*, relev. de l'abbaye de St-Maixent, 1269 (cart. St-Maix. II, 99).

MONT, m^in. c^ne d'Airvault.

MONT, h. c^ne de St-Génard. — *Alodum nomine Montiaco*, 987-1011 (cart. St-Maix. 97). — *Villa Monte in vicaria Metulinsi*, 956 (Font. XXI, 279, 283). — *Monts* (Cass.).

MONT, vill. c^ne de St-Martin-de-Sanzay. — *Johannes Radulphi de Montibus*, 1260 (cart. St-Laon Th.).

MONTABERT, vill. c^ne de St-Génard. — *Villa Monte Acberto in pago Metulinse in ipsa vicaria*, v. 1030 (cart. St-Cypr. 300).

Montagne (La), f. cⁿᵉ d'Ardin. — *La Montagne d'Ardin*, 1459 (la Gâconnière par Desaivre, ap. bull. soc. stat. 1887, p. 604).

Montagne (La), f. cⁿᵉ de Sᵗ-Martin-du-Fouilloux.

Montaigu, vill. cⁿᵉ de Rom. — *Villa Monte in vicaria quæ vocatur Rodom*, 961 (doc. p. l'hist. Sᵗ-Hil. I, 34). — *Montageu*, 1641 (arch. V. N.-D. 148).

Montaillon, vill. cⁿᵉ de Mougon. — *Montalin*, 1463 (arch. V. E. 2, 162). — *Montaillon*, 1563 (id. prieur. 57).

Montalembert, cᵒⁿ de Sauzé-Vaussais. — *Mons Aramberti*, 1228 (dict. fam. Poit. II, 394). — *Montralenbert*, 1275 (Font. XXIII, 31). — *Mons Eremberti seu Heremberti*, 1300 (gr.-Gauthier). — *Montarembert*, 1405 (gr.-Gauthier, des bénéf.). — *Sᵗ-Sylvestre de Montalembert* (pouillé 1782).

Dépendait de l'archiprêtré de Chaunay et de l'élection d'Angoulême. La cure était à la nomination de l'évêque.

Montalent, h. cⁿᵉ de Châtillon-sur-Sèvre.

Montamisé, vill. cⁿᵉ de Bessines.

Montbuffaut, vill. cⁿᵉ d'Augé, 1526 (not. Sᵗ-Maix.). — *Ruines de Monbuffon, Monbufon* (Cass.).

Montcoué, éminence ou tumulus, cⁿᵉ de Taizé. — *Ad Montem Coerium*, 1032 (chron. Sᵗⁱ Maxentii). — *Le puy de Monchouer ou Moncouer*, 1401 (arch. Moiré). — *Puy de Moncouher*, relev. du prieuré de N.-D. de Loudun, 1407 (arch. V. Sᵗᵉ-Marth. 460). — *Calvaire de Moncoué* (Cass.). — Voir Peu de Monquoi (Le).

Mont-du-Chêne-Rond (Le), l.-d. cⁿᵉ du Puy-Sᵗ-Bonnet.

Montée-Blanche (La), vill. cⁿᵉˢ de Limalonges et Sauzé-Vaussais. — *La Montée* (Cass.).

Montée-Bleue (La), f. cⁿᵉ de Limalonges.

Montée-de-Gâtine (La), h. cⁿᵉ de Faye-l'Abbesse.

Montée-Rouge (La), vill. cⁿᵉˢ de Limalonges et Sauzé-Vaussais. — *Monterouge* (Cass.).

Monteil, f. cⁿᵉ d'Augé. — *Le Montheuil*, 1528 (not. Sᵗ-Maix.).

Monteil, h. cⁿᵉ de Chavagné. — *Montheuil*, fontaine près Chavagné, 1538 (not. Sᵗ-Maix.).

Monteil, h. cⁿᵉ de Prailles. — *Monteuil ou Montheuil*, 1536 (not. Sᵗ-Maix.).

Monteil, vill. cⁿᵉ de Sᵗ-Généroux. — *Montail*, 1619 *Montaille*, 1664 (arch. V. E. 936, 981).

Monteil ou Monteuil, f. cⁿᵉ de Tourtenay. Relev. de Thouars, 1648 (fiefs vic. Thouars).

Montenau, f. cⁿᵉ de Limalonges. — *Montenault*, relev. de Civray, 1687-1747 (arch. V. C. 2, 153).

Mont-en-Lusseray, mᵒⁿ. noble, cⁿᵉ de Lusseray; anc. fief relev. de Brioux, 1740 (arch. D.-S. E. 233).

Montereau, h. cⁿᵉ de Frontenay. — *Montoireau* (Cass.).

Monterhard, pont sur le chemin de Pouffond à Melle, à 2 kil. de Melle (rev. poit. et saint. 1885, p. 32). — *Vinea ad Montem Airardi in pago et in vicaria Metulinse*, v. 990 (cart. Sᵗ-Cypr. 298).

Montes. — *Locus qui vocatur ad Montes*, situé à Niort, 937-995 (cart. Sᵗ-Maix. I, 79). Ce lieu se trouvait très probablement dans le quartier Sᵗ-André, placé sur une colline assez élevée.

Monteru, f. cⁿᵉ de Saivre. — *Mauteru*, 1452 (arch. Barre, II). — *Mauteru*, relev. de la châtellenie de Sᵗ-Maixent, 1512 (rev. poit. mars 1893). — *Mantru* (Cass.).

Montet, mᵒⁿ. au bourg de Lamairé, 1560 (arch. V. seign. div. 32).

Monthardi, f. cⁿᵉ de Breuil-Chaussée. — *Montardi*, 1418 (arch. Sᵗ-Loup). — *Montardie* (Cass.).

Montibeuf, f. cⁿᵉ de Secondigny.

Montifau, h. cⁿᵉ de la Chapelle-Sᵗ-Laurent. — *Montiffault*, 1536 (reg. insin. Thouars). — *Montifaut*.

Montifau, h. cⁿᵉ de Pugny.

Montifau, f. cⁿᵉ de Terves.

Montifaud, h. et mⁱⁿ. cⁿᵉ de Verrines. — *Bernard Palustre, seign. de Montifault*, 1522 (dict. fam. Poit. II, 483).

Montifaud, vill. cⁿᵉ du Vert. — *Montifaux* (Cass.).

Montifaut, f. cⁿᵉ de Ménigoute.

Montigné, cᵒⁿ de Celles. — *Montiniacum*, 1032 (cart. Sᵗ-Maix. 111). — *Montignec*, 1224 (cart. Châtell.). — *Montigné*, relev. de l'abbaye de Sᵗ-Maixent, 1269 (cart. Sᵗ-Maix. II). — *Montigniacum*, 1300 (gr.-Gauthier). — *Montignel*, 1363 (cart. Sᵗ-Maix. II). — *Sᵗ-Martin de Montigny* (pouillé 1782).

Dépendait de l'archiprêtré de Melle, de l'élection et du ressort du siège de Sᵗ-Maixent. Relev. de Verrines, puis de Marcillac. La cure était à la nomination de l'abbé de Sᵗ-Maixent. Il y avait 53 feux en 1698, et 66 en 1750.

Montigné, l. disp. cⁿᵉ de Pamprou. — *Villa Montinico in vicaria Natolinense in pago Pictavo*, 925 (cart. Sᵗ-Maix. I, 25 ; II, 569).

Montigny, cᵒⁿ de Cerisay. — *Sanctus Petrus de Muntinée*, 1123 (cart. Trin. Maul.). — *Montiniacum*, 1149 (Font. LXVI, p. 909). — *Montygné*, 1292 (arch. Durbell). — *Montigné*, 1300 (gr.-Gauthier).

La paroisse de Sᵗ-Pierre de Montigny dépendait du doyenné de Bressuire, de la baronnie de la Forêt-sur-Sèvre, de la sénéchaussée de

Poitiers et de l'élection de Thouars. Il y avait 85 feux en 1750.

MONTILLOT, f. c^{ne} de Fontperron. — *Monteclo*, 1552; *Monteclocq*, 1554; *Monteclot*, 1559 (not. St-Maix.).

MONTIMONT, vill. c^{ne} de la Chapelle-St-Laurent. — *Les loges de Montimon*, relev. de la seign. de Forges à Bressuire, 1439 (arch. St-Loup). — *Montymond*, 1556 (reg. insin. Thouars).

MONTMARAIS, chât. c^{ne} de Sansais.

MONTOURNAIS, c^{ne} de la Forêt-sur-Sèvre ; anc. fief relev. de la Forêt, 1779 (arch. D.-S. E. 425).

MONTOURNEAU, h. c^{ne} de Nueil-sous-les-Aubiers. — *Montornau*, 1120 (cart. Trin. Maul.). — *Montournant*, 1351 (arch. hist. Poit. XVII). — *Montournaux* (Cass.).

MONTOURS, h. c^{ne} des Échaubrognes. — *Montors*, 1352 (arch. Durbell.). — *Montours*, 1402.

MONTPAIN, f. c^{ne} d'Azay-sur-Thoué.

MONTPARNASSE, f. c^{ne} de Châtillon-sur-Thoué.

MONTPORTRAIT, f. c^{ne} de Vernou-en-Gâtine.

MONTRACÉE (LA), f. c^{ne} de St-Jean-de-Bonneval.

MONTRAVERS, c^{on} de Cerisay. — *Mautraversium*, v. 1195 (cart. Trin. Maul.). — *S^{tus} Johannes de Malo Traverso*, 1300 (gr.-Gauthier). — *Mautravers*, 1460 (arch. V. E. 2, 189).

Dépendait du doyenné de Bressuire, de la baronnie de Châteaumur (Vendée), de la sénéchaussée de Poitiers et de l'élection de Thouars. La cure était à la nomination de l'abbé de St-Florent de Saumur. Il y avait 70 feux en 1750.

MONTS, h. c^{ne} de Prahecq. — *Mons en Prahecq*, XVe siècle. — *La seign. de Monts*, relev. de la seign. de Prahecq, fut réunie, ainsi que celle de Prahecq, au marquisat de Fors, en 1650 (mém. soc. stat. D.-S. 3e sér. VI).

MONTSOURIS, h. c^{ne} de St-Porchaire. — *Morte Souris* (Cass.).

MONZAIS, vill. c^{nes} de Faye-sur-Ardin et Villiers-en-Plaine. — *Monciacum*, 1242 (ch. de Louis IX, ap. arch. hist. Poit. I). — *Monzay*, relev. de Fontenay-le-Comte, 1551-1777 (arch. V. C. 2, 118). — *Mouzay*, 1575 (arch. D.-S. E. 256). — *Mouzyn*, 1640 (arch. V. Béceleuf, 7). — *Monjay*, 1645 (arch. V. Béceleuf, 7).

MONZIE (LA), h. c^{ne} de Moncoutant. — *La Monzie*, 1621 (arch. V. St-Cypr. 29).

MORANDIÈRE (LA), c^{ne} de la Chapelle-Bertrand. — *La Morandère*, relev. de la Crolaye, 1509 (arch. V. anc. coll. Deniau). L. disp.

MORANDIÈRE (LA), c^{ne} de Montravers. — *La Morendière*, 1351 (arch. hist. Poit. XVII). Voir MARANDIÈRES (LES).

MORANDIÈRE (LA), c^{ne} de Verruye, relev. de Pressigny-en-Gâtine (arch. Petit-Chêne).

MORE (LA), vill. c^{ne} de Montalembert. — *Chez la More* (Cass.).

MOREAU, mⁱⁿ. c^{ne} des Échaubrognes.

MORELIÈRE (LA), f. c^{ne} du Breuil-Bernard.

MORELIÈRE (LA), h. c^{ne} de Largeasse. — *La Morlère*, 1386 (arch. St-Loup). — *La Morlière*, relev. de Châteauneuf-en-Thouarçois, 1499 (reg. av. Chât.).

MORELIÈRE (LA), f. c^{ne} des Moutiers-sous-Chantemerle.

MORELIÈRE (LA), f. c^{ne} de St-Georges-de-Noisné.

MORELIÈRE (LA), h. c^{ne} de St-Pardoux. — *La Morelière*, relev. de Châteauneuf-en-Gâtine, 1497 (reg. av. Chât.). Voir MARLIÈRE (LA).

MORELIÈRE (LA), f. c^{ne} de Vasles. — *La Morvellère*, 1444 (arch. V. E. 2, 238). — *La Touche Mollier*, 1394, 1482, 1650 (arch. Barre, II). — *La Morlière* (Cass.).

MORELLERIE (LA), h. c^{ne} de Louzy.

MORELLERIE (LA), vill. c^{ne} de Thouars, anciennement des Hameaux. — *Terra de Mozaleria*, v. 1150 (cart. St-Laon Th.).

MORELIÈRE (LA), h. c^{ne} de Thouars.

MORETELLIÈRE (LA). — *Village de la Morestellère*, sur les chemins de Chiché à Bressuire, et de St-Sauveur à Chanteloup, 1376 (arch. St-Loup). — *La Mourestellère*, 1467 (id.) L. disp.

MOREUIL (LE), f. c^{ne} de la Couarde, ou *le Mareuil*.

MORGUAINE, vill. c^{ne} d'Aubigny. — *Maurigueyne*, 1452 (arch. Barre, II, 171). — *Mauragaine*, 1536 ; *Morgayne* ou *Mauregaine*, 1550 (id.). — *Morguaine* (Cass.).

MORIETTE (LA), h. c^{ne} de Terves. — *Moulin de Moriete*, 1383 (arch. St-Loup). — *Maurriette*, 1559 (reg. insin. Thouars).

MORILLONNIÈRE (LA), h. c^{ne} de l'Enclave, paroisse de St-Pierre de Melle, 1621 (av. de la Mothe, 1621).

MORINERIE (LA), h. c^{ne} de Luché-Thouarsais, 1672 (arch. V. Brosse-Guilgault, 15).

MORINES (LES), mⁱⁿ. c^{ne} de Moulins.

MORINETTES (LES), f. c^{ne} de Germond. — *La Morinette*, 1609 ; *les Morinettes*, 1650 (arch. V. E. 1, 8). — *Les Molinettes* (Cass.).

MORINIÈRE (LA), vill. et mⁱⁿ. c^{ne} de l'Absie.

MORINIÈRE (LA), f. c^{ne} de Beaulieu-sous-Parthenay, 1569 (not. St-Maix.).

MORINIÈRE (LA), f. c^{ne} de Châtillon-sur-Thoué.

MORINIÈRE (LA), vill. c^{ne} de Courlay.

MORINIÈRE (LA), éc. c^{ne} des Échaubrognes.

MORINIÈRE (LA), f. c^{ne} de Loublande.

MORINIÈRE (LA), h. c^{ne} de Moncoutant. — *Le bois de la Mourinère*, relev. de Bressuire, 1382 (arch.

St-Loup). — *Pont de la Morinère*, 1397 ; *la Morinère*, 1420 (id.).
Morinière (Grande et Petite), f. cne de Nanteuil. — *La Grande Morinière*, relev. d'Aubigny, 1476 (inv. d'Aub.). — *La Vieille Morinière, autrement la Grange*, 1527 ; *la Morinère*, 1537 (not. St-Maix.).
Morinière (La), f. cne de Nueil-sous-les-Aubiers. — *La Morinère*, 1420 (arch. V. les Linaux). — *La Morinière*, 1615 (id.).
Morinière (La), f. cne du Pin. — *La Morinière* (Cass.).
Morinière (La), vill. cne de St-Amand-sur-Sèvre.
Morinière (La), f. cne de St-Aubin-le-Clou, 1577, 1611 (arch. Barre).
Morinière (La), près Thouars, 1429 (f. lat. 20230, inv. Airv.). — *Seign. de la Morinière près le bourg St-Jehan*, relev. de Thouars, 1597 (chartr. Thouars).
Morinière (La), f. cne du Tallud.
Morinière (La), f. cne de Vernou-en-Gâtine.
Morisetterie (La), vill. cne de St-Laurs. — *La Morisetrye*, 1694 (arch. V. Pouzay, 2). — *La Moriceterie* (Cass.).
Morlière (La), f. cne de St-Aubin-le-Clou.
Mornay, h. cne de Chanteloup. Relev. de la seign. de Forges à Bressuire, 1436 (arch. St-Loup).
Mornière (La), f. cne de St-Maixent-de-Beugné.
Mornières (Les), f. cne de Chambroutet. — *Les Marrinières* (Cass.).
Morpenière (La), (Grande et Petite), f. et étang, cne de Bretignolle.
Mortagne, vill. cne de Béceleuf. — *Mortagne, autrement la Coquardère*, 1428 ; *la Cocardère*, 1517 ; *la Cocartière*, 1670 (arch. V. Béceleuf, 10).
Mortaigre, vill. cne de Baussais. — *Mortaigue*, 1531 (not. St-Maix.). — *Mortaigne*, 1551 (arch. V. E. 3, 33).
Mortay, vill. cne d'Ardin. — *Mourters*, 1428 (arch. V. Béceleuf, 10). — *Mortiers*, 1599 (id. Pouzay, 2). — *Morthiers*, 1624 (arch. D.-S. E. 313). — *Mortais* (Cass.).
Mortefon, cne de Faye-sur-Ardin ; anc. seign. 1583 (arch. D.-S. E. 257).
Mortefond, f. cne de Pamprou. — *Campus que dicitur ad Mortefonte*, 832 (Font. XXI, 112, Nouaillé). — *Mortefont* (Cass.).
Mortefond, vill. cne de Verrines. — *Mortefons*, relev. de l'abbaye de St-Maixent, 1363 (cart. St-Maix. II, 158). — *Mort de Fond* (Cass.).
Mortève (La), rivière affluent de l'Argenton, qui prend sa source à St-Aubin, et se jette dans l'Argenton, près du Breuil (stat. D.-S. par Dupin).
Morteveille, f. cne de la Pérate. — *Mortevielle*, 1639 (arch. V. E. 2, 179). — *Mortevieille* (Cass.).
Mortier, f. et min. cne de Clussais. — *Rivière de Mortiers*, 1417 (arch. V. Nouaillé, 31).
Mortière (La), f. cne de Secondigny. Relev. de la seign. de Secondigny, 1508 (ms. 141, bibl. Poit.).
Mortières (Les), f. cne de la Pérate.
Mont-Limousin, vill. cne de Loubillé. — *La Motte Limousin* (Cass.).
Mont-Martin (La), f. cne d'Aiffres. — *La Mort Martin*, 1440 (dict. fam. Poit. I, 325). — *La Mormartin*, 1710 (arch. D.-S. E. 432).
Mont-Martin (La), f. cne des Aubiers. — *La Mortmartin*, 1349 (dict. fam. Poit. II, 838).
Morzinières (Les), vill. cne de Bretignolle. — *Morvezinière*, 1224 (cart. Trin. Maul.). — *La Mort Vezinère*, 1276 (arch. Durbell.). — *La Mornesinière*, relev. de Cirière, 1439 (arch. St-Loup). — *Les Morsinières* (Cass.).
Motais, bois, cne de Séligné (dict. des D.-S. par Dupin).
Mothe (La), f. cne de Béceleuf, 1606 (arch. V. Béceleuf, 7).
Mothe (La), f. cne de Brelou.
Mothe (La Grande), vill. cne de la Chapelle-St-Laurent.
Mothe (La), min. cne de Doyrançon.
Mothe (La), vill. cne de Lorigny. — *La Motte* (Cass.).
Mothe-St-Héraye (La), arrt de Melle. — La Mothe et Saint-Héraye étaient originairement deux agglomérations distinctes qui, à partir du xve siècle, formèrent un seul et même bourg. — *Sisciacus*, 572 (cart. de St-Maix. I, 116). — *Sensiacum*, xe siècle (id. 83). — *Ecclesia beate Aradie in loco qui dicitur Senseiacus...superque constructum castrum qui vocatur Mota...*, 1041 (id. 116). — *In villa que dicitur Senszai, scilicet et castellum qui Mota vocatur*, 1040-1044 (id. 130). — *Vicus de Mota*, 1118-1119 (id. 293). — *Sancta Aredia*, 1120 (id. 299). — *Sanctus Aradius*, v. 1183 (Font. II, 32). — *Mota sancte Heloye*, 1247 (compt. d'Alph. Poit.). — *Sanctus Eredius*, 1248 (cart. Châtell.). — *Castrum Mote sancti Aredii*, 1260 (homm. d'Alph. Poit.). — *Mota sancte Alaye*, 1315 (arch. hist. Poit. XI, 112). — *Saint Araye*, 1324 (id. XI, 229). — *La Mote sainte Hereye*, 1325 (chartr. Thouars). — St *Eraye*, 1381 (arch. hist. Poit. XXI, 176). — *La Mote sainct Héroye*, relev. de St-Maixent, 1380 (gr.-Gauthier, des

bénéf.). — *La Mote sainct Eloy*, 1401 (sceau de la châtell. aux armes de Jean de Torsay). — *Saint Éroye*, 1408 (mém. soc. stat. D.-S. IX). — *La Mothe et saint Eraye*, 1438 (arch. St-Loup). — *La Mothe de saint Héraie*, 1462 (id.). — *La Mote saint Héraye*, 1473 (cart. Châtell.). — *La Motte Xenteray*, 1488 (arch. D.-S. E. 406). — *La Mothe sainte Héraye* (journal de le Riche). — *La Motha Ste Raye*, 1693 (arch. D.-S. E. 670). — *La Motha St Héray* (Cass.). — *Sainte Héraye de la Mothe* (pouillé 1782).

La châtellenie de la Mothe relevait du comté de Poitou, et celle de Saint-Héraye relevait de l'abbaye de St-Maixent. L'aveu de 1621 rendu au roi, à cause de la tour Maubergeon, c'est-à-dire comme comte de Poitou, par Jean de Beaudéan-Parabère, baron de la Mothe-St-Héraye, mentionne l'union de la châtellenie de la Bosse à cette baronnie. Érigée en marquisat par lettres-patentes du mois de juin 1633, la Mothe-Saint-Héraye ne forma plus qu'un seul fief avec les seign. de la Bosse et de Château-Tizon annexées, sous un seul hommage dû à la tour Maubergeon de Poitiers (mém. soc. stat. D.-S. 2e sér. XIV). — Le beau château de la Mothe a été démoli en 1840.

La Mothe-St-Héraye dépendait de l'archiprêtré d'Exoudun et de l'élection de Niort ; après avoir été distraite du ressort de la sénéchaussée de Poitiers au profit du ressort de Lusignan par lettres royales de 1315, elle fut attribuée en 1324 au ressort de St-Maixent, où elle ne demeura pas toujours, car un état de 1787 nous apprend qu'elle était alors retournée dans le ressort de Lusignan, tout au moins pour une portion (dict. top. de la Vienne par Rédet, p. 239 ; — arch. hist. Poit. XI). Il y avait 412 feux en 1716, et 518 en 1750.

Le canton de la Mothe-St-Héraye, créé en 1790, fut d'abord attribué au district de St-Maixent, puis en l'an VIII à l'arrondissement de Melle. Il se composait en 1790 des communes de la Mothe, Avon, Bougon, Exoudun, Goux, Pamprou, Salles et Soudan. Il n'a pas varié.

MOTREAU (LE), f. cne des Échaubrognes. — *Le Mottreau* (Cass.).

MOTS (LES), cne de Pamprou, relev. de l'abbaye de St-Maixent (cart. St-Maix. intr. 49).

MOTTE (LA), f. cne d'Allonne. — *Mota*, 1267 (Font. I, 391). — *La Mothe-Rataud*, relev. de Parthenay, 1698 (arch. V.).

MOTTE (LA), h. cne d'Azay-sur-Thoué. — *La Mote Adhillé dit Beaupuy*, 1581 (Font. IX, 467). — *La Motte* (Cass.).

MOTTE (LA), éc. cne de la Chapelle-St-Laurent.

MOTTE (LA), f. cne de Chiché. — *La Mote*, 1320 (arch. St-Loup).

MOTTE (LA), h. cne de Clazay. — *Capella de Mota prope Berchorium*, 1245 (ch. de l'Absie). — *La Mothe de Beaumont*, 1367 (arch. St-Loup). — *Vieux chastel de la Motte de Beaumont*, relev. de Bressuire, 1603 (arch. V. E. 1). — Le prieuré de la Motte avait pour patron l'abbé de Lassic en Brignon (pouillé B.-Filleau, 254).

MOTTE (LA), f. cne de la Coudre.

MOTTE (LA), f. cne de Faye-sur-Ardin. — *Brientius de la Mota*, XIIe siècle (cart. l'Absie). — *La Mote apud Faiam*, 1260 (homm. d'Alph. Poit.).

MOTTE (LA), f. cne de Magné.

MOTTE (LA), h. et min. cne de Nueil-sous-les-Aubiers.

MOTTE (LA), vill. et pont sur la Sèvre, cne de la Ronde. — *La Motte*, 1264 (arch. Soulièvre). — *La Mothe Rouceau de pont de Seyvre*, 1352 (cart. St Laon Th.). — *La Motte Rousseau*, 1363 (arch. Soul.). — *La Motte Rousseau*, 1446 (arch. Vernay). — Relev. de la baronnie de Bressuire (arch. St-Loup).

MOTTE (LA GRANDE ET PETITE), h. cne de St-Aubin-le-Clou, 1218 (ch. de Sav. de Maul. ap. cartul. de Rais). — *La Mote*, v. 1400 (arch. Bret.-Chal.). — *La Grande Mothe*, relev. de Châteauneuf-en-Gâtine, 1492 (reg. av. Chât.).

MOTTE (LA), l.-d. tumulus, cne de St-Jouin-de-Marnes. — *La Mothe St-Jouin*, 1646 (arch. V. Es. 369, Moiré). — *La Mote d'Alompne*, paroisse de St-Jouin, 1409 (av. de Moncontour, ap. mém. ant. ouest, 2e sér., IV).

MOTTE (LA), f. cne de St-Lin.

MOTTE (LA), h. cne de St-Loup. — *La Mothe*, 1513 (arch. V. E. 2, 63). — *La Mothe de la Roche*, 1571 (not. Parth.). — *Seign. de la Motte près St-Loup*, 1576 (arch. V. E. 2, 63).

MOTTE (LA), f. cne d'Ulcot. — *La Mothe Bachelon*, 1550 (arch. D.-S. E. 423).

MOTTE (LA), l.-d. nom de section, cne de Villiers-sur-Chizé.

MOTTE-AU-PINTIER (LA), f. cne de la Pérate. — *La Mothe aux Pinthier*, 1626 ; *la Motte au Pintier*, relev. de la Tour du Chiron, 1779 (pap. Rémondet). — *La Motte aux Pintiers* (Cass.).

MOTTE-AUX-GENTILSHOMMES (LA), chât. cne de la Pérate. — *Motha*, v. 1180 (cart. Talmond, p. 346). — *Mota*, 1264 (arch. V. Fontaine-le-C. 30). — *La Mothe*, 1563 (not. Parth.).

MOTTE-BARRET (LA), cne de Vernou-en-Gâtine. — *La Mothe Barret*, relev. du Fonteniou, 1459 (arch. Barre, II, 205). L. disp.

Motte-Bourneau (La), h. cne de St-Georges-de-Rex. — *La Mote Bormaut*, 1375 (arch. V. Es. 425).

Motte-Brisson (La), f. et étang, cne de la Chapelle-St-Laurent. — *La Motte Brisson*, 1288 (arch. Vernay). — *La Mote Brisson*, 1400 (arch. Bret.-Chal.). — *Étang de la Mothe Brisson*, 1402 (arch. St-Loup). — *Les Mottes Brisson*, 1631 (id.). — *La Grande Motte* (Cass.).

Motte-Claveau (La), fief en la paroisse de Mougon, ressort et élection de St-Maixent, 1609 (Font. XX, 410).

Motte-de-la-Boissière (La). — *La Mothe de la Boixère en Gastine*, relev. de la seign. de la Boissière, 1437, 1457 (arch. chât. Chap.-Bertr.).

Motte-d'Échiré (La). Voir Échiré.

Motte-de-St-Denis-de-Mairé (La), cne d'Aiffres. — *La Mothe de Mairé ou Mothe St-Denis*, relev. de la châtellenie de Niort, 1553 (ms. 141, bibl. Poit.). — *La Mothe de St-Denis de Mairé*, autrement *Bougouin*, à Mairé, 1573 (arch. hist. Poit. IV). — *Mayré*, autrefois *la Mothe de St-Denis de Mairé* (arch. D.-S. E. 240). — *La Motte St-Denis* (cad.).

Motte-des-Barrières (La), l.-d. cne de la Chapelle-Pouilloux, 1523 (vie de saint Junien par Rondier).

Motte-des-Deffandz (La), située en la ville de Mauléon (Châtillon-sur-Sèvre). — *Mota de Maloleone ou Motte du fief l'Évêque*, en la par. St-Melaine de Mauléon, relev. de l'évêque de Poitiers, XIVe siècle (cart. év. Poit.). — *Territoire de la cour de la châtellenie des Deffends*, 1640 (arch. V. Es. 216). Voir Fief-l'Évêque.

Motte-du-Bois (La), chât. cne de Brûlain. — *La Mothe Bruslain*, relev. du Grand-Viron, 1621, 1645 (av. de la Mothe, 1621 ; — mém. soc. stat. D.-S., 2e sér., XIV).

Motte-Jacquelin (La), h. cne de Sansais. — *Arbergamentum de Motá*, 1164 (Font. XXI, 661).

Motte-Jarrière (La), f. cne de St-Martin-du-Fouilloux. — *La Motte* (Cass.).

Motte-le-Roux (La), f. cne de Brûlain. — *La Mothe le Roux*, 1561 (arch. V. C. 2, 107). — Relev. de Melle, 1705 (ms. 141, bibl. Poit.).

Motte-Menullière (La), mon. noble en la paroisse de St-Martin-du-Fouilloux, 1676 (arch. V. E. 1, 14).

Motte-Aucher ou Ocher (La), fief en la cne de Vouhé, relev. pour la moitié de la seign. de Pressigny-en-Gâtine, et situé près de Puy-d'Allemort, 1628 (arch. soc. antiq. ouest, n° 78).

Motte-Ratault (La), f. cne de Fenioux, 1668 (arch. V. Beauregard, 25).

Motte-Rousseau (La), à Montpallais, relev. de Thouars, 1644 (chartr. Thouars).

Motte-Tuffaud (La), tumulus, cnes de Chef-Boutonne et Ardilleux. — *La Motte Tuffeau* (Cass.).

Mottes (Les), anc. chât. cne de la Chapelle-St-Laurent. — *La Motte-Coppoux*, 1356 (doc. sur Commines par Fierville, 35). — *Les Mothes Couppoux et Brisson*, relev. de Thouars, 1404 (chartr. Thouars). — *La Mothe de Coppoux*, 1453 (arch. ch. Chap.-Bertr.). — *La Motte Couppox*, 1477 (orig. ma coll.). — *Château de Coppox*, 1515 (Fierville, p. 185). — *Les Mottes Coupoux*, 1661 (arch. D.-S. E. 427).

Les Mothes-Coupoux, Brisson et la Chapelle-St-Laurent furent érigées en comté par lettres patentes de 1560 en faveur de Jacques-Bernard Sauvestre de Clisson (Font. LXXXVII); ce comté comprenait les paroisses de la Chapelle-St-Laurent, Pugny, Neuvy, le Breuil-Bernard, Largeasse, Clessé, Hérisson, St-Germain et le château de Clisson (Boismé) (hist. de Thouars par Imbert, p. 248). La juridiction du comté, exercée par un sénéchal, s'étendait sur la paroisse de la Chapelle-St-Laurent, et sur partie de celles de Largeasse, Trayes, Neuvy, Clessé, Chiché ; **elle ressortissait au duché de Thouars (justices du Poit. par B.-Filleau).**

Mottes-de-Germond (Les), siège d'un anc. ch. cne de Germond. — *La Mothe de Germond*, 1570 ; *la Mote ou chasteau de Germond*, 1659 (not. St-Maix.; — arch. V. E. 1, 11). — *Les Mothes de Germond*, 1738 (arch. D.-S. E. 432).

Mouchardières (Les), f. cne de Bécœuf ; anc. fief relev. du Communault, 1629 (arch. V. Brosse-Guilgault, 43).

Mouchelune, vill. cne de St-Léger-lez-Melle. — *Mouchedune* (Cass.).

Mouchère (La), f. cne de Pompaire.

Moucherie (La), vill. cne de St-Liguaire.

Mouclerie (Les Grande, Petite et Basse), vill. cne de Bouillé-Loretz. — *La Moucleris*, 1580 (arch. V. H. 3, 675). — *Haute et Basse Mouquellerie* (Cass.).

Mouère (La), f. cne du Busseau. — *La Mouherie*, relev. de Vouvent, 1631 (arch. Bois-Chapel.).

Mougauderie (La), éc. cne de Niort.

Mougnardière (La), f. cne de Vautebis. — *La Moignarderie*, relev. pour un quart de la Barre-Sanglier, 1447. — *La Magnardière*, 1540. — *La Mougnarderie*, 1654. — *La Mougnarderie*, 1679. — *La Mougnardière*, 1718 (arch. Barre, II).

Mougon, con de Celles. — *Locum Sancti Johannis quod vocatur Molgonensis*, v. 1031 (coll. Moreau, XX, p. 133). — *Molgonus*, v. 1030-1039 (mém. ant. ouest, 1845, p. 58). — *Mosgon*, 1170 (hist. des

Chast. par Duch., pr., p. 32. — *Megou*, 1248 (compt. d'Alph. Poit.). — *Mogon*, 1249 (lay. tr. ch. III, 80). — *Mongonium*, 1330 (arch. hist. Poit. IV). — L'église, dédiée à S¹ Jean, était à la présentation de l'abbé de Cluny.

Mougon dépendait de l'archiprêtré d'Exoudun, de la châtellenie, siège royal, élection et subdélégation de Niort (état élect. 1716). Il était du ressort du siège de S¹-Maixent et ressortissait par appel à la sénéchaussée de Civray (bull. soc. ant. ouest, 1849, p. 488 et 490). Il y avait 161 feux en 1716, et 156 en 1750.

Le canton de Mougon, créé en 1790, fut attribué d'abord au district de S¹-Maixent, puis, en l'an VIII, à l'arrondissement de Melle et au canton de Celles. Il se composait, avant sa suppression, des communes de Mougon, Aigonnay, Baussais, Fressine, Prailles, Thorigné, Vitré.

MOUILLEPAIN, étang, cⁿᵉ d'Azay-sur-Thoué.

MOUILLEPAIN. — *Fief de Mouilhepain*, en la paroisse de S¹-Aubin-le-Clou, relev. de Châteauneuf-en-Gâtine, 1501 (reg. av. Chât.).

MOUILLÈRE (LA), f. cⁿᵉ de Nueil-sous-les-Aubiers.

MOUILLONNIÈRE (LA), f. cⁿᵉ de S¹-Aubin-de-Baubigné.

MOUJATERIE (LA), chât. cⁿᵉ de Souché.

MOULÉ, vill. cⁿᵉ de Fressine. — *Molay*, 1470 (arch. V. E. 1, 17). — *Moullé*, 1535 ; *Moullaye*, 1638 (not. S¹-Maix.).

MOULIÈRE (LA), f. cⁿᵉ d'Amailloux.

MOULIÈRE (LA PETITE), vill. cⁿᵉ de la Chapelle-S¹-Étienne.

MOULIÈRE (LA), f. cⁿᵉ de Châtillon-sur-Thoué. — *La Moellière*, paroisse de Chastillon, 1557 (reg. insin. Thouars).

MOULIÈRE (LA), f. cⁿᵉ de Luché-Thouarsais. — *Hôtel de Moullières* près l'étang du Chaffaut, 1559 (reg. insin. Thouars). — *Le Grand Moullière*, relev. d'Hérisson-en-Thouarsais, 1602 (chartr. Thouars). — *La Moullière* (Cass.).

MOULIÈRE (LA), vill. cⁿᵉ de S¹-Pierre-de-Missé, 1544, 1561 (arch. V. S¹-Hil. 873, 874).

MOULIÈRE (LA), f. cⁿᵉ de S¹-Loup, 1479 (arch. Barre, II, 474).

MOULIÈRES (LES), h. cⁿᵉ de la Pérate.

MOULIÈRES (LES), f. mⁱⁿ. et chât. cⁿᵉ de S¹-Pompain. — *Les Moulières*, 1641 (arch. V. seign. div. 32).

MOULIN (LE PETIT), cⁿᵉ de l'Absie.

MOULIN (LE), h. cⁿᵉ de Bagneux.

MOULIN (LE VIEUX), f. cⁿᵉ de Bessines.

MOULIN (LE PETIT), f. cⁿᵉ de Bougon.

MOULIN (LE GRAND), h. cⁿᵉ de Brelou, 1584 (not. S¹-Maix).

MOULIN (LE PETIT), mⁱⁿ. cⁿᵉ de Breuil-Chaussée.

MOULIN (LE PETIT), vill. et f. cⁿᵉ de Cerizay.

MOULIN (LE VIEUX), vill. cⁿᵉ de la Chapelle-Bertrand.

MOULIN (LE), f. cⁿᵉ de la Forêt-sur-Sèvre.

MOULIN (LE GROS), mⁱⁿ. cⁿᵉ de Fors.

MOULIN (LE HAUT), mⁱⁿ. cⁿᵉ de Fressine, 1768 (arch. D.-S. E. 552).

MOULIN (LE), f. cⁿᵉ de Geay.

MOULIN (LE VIEUX), f. cⁿᵉ de Germond.

MOULIN (LE), cⁿᵉ de Loubillé. — *Le moulin de Narçay* (Cass.).

MOULIN (LE PETIT), f. cⁿᵉ de Mazières-en-Gâtine.

MOULIN (LE PETIT), f. cⁿᵉ de Ménigoute.

MOULIN (LE PETIT), f. cⁿᵉ de Moncoutant.

MOULIN (LE PETIT), f. cⁿᵉ de Montigny.

MOULIN (LE PETIT), f. cⁿᵉ des Moutiers-sous-Chantemerle.

MOULIN (LE), éc. cⁿᵉ de Nueil-sous-les-Aubiers.

MOULIN (LE GRAND), vill. cⁿᵉ de S¹-Aubin-le-Clou.

MOULIN (LE GRAND), f. cⁿᵉ de S¹-Christophe.

MOULIN (LE GRAND), f. cⁿᵉ de S¹-Léger-lez-Melle.

MOULIN (LE), f. cⁿᵉ de S¹-Marsault.

MOULIN (PETIT), mⁱⁿ. cⁿᵉ de S¹-Maxire.

MOULIN (GRAND), f. cⁿᵉ de S¹ᵉ-Néomaye.

MOULIN (LE VIEUX), f. cⁿᵉ de S¹ᵉ-Ouenne.

MOULIN (LE PETIT), h. cⁿᵉ de S¹-Paul-en-Gâtine.

MOULIN (LE PETIT), mⁱⁿ. cⁿᵉ de S¹ᵉ-Soline. — *Moulin Petit* (Cass.).

MOULIN (LE PETIT), mⁱⁿ. cⁿᵉ de Terves.

MOULIN (LE VIEUX), mⁱⁿ. cⁿᵉ de Terves.

MOULIN (BAS), mⁱⁿ. cⁿᵉ de Thénezay.

MOULIN (ANCIEN), mⁱⁿ. cⁿᵉ de Tourtenay.

MOULIN (LE PETIT), h. cⁿᵉ de Vasles.

MOULIN (LE GRAND), mⁱⁿ. cⁿᵉ de Vernou-en-Gâtine.

MOULIN (LE PETIT), f. cⁿᵉ de Vernou-en-Gâtine.

MOULIN (LE PETIT), h. cⁿᵉ de Xaintray.

MOULINADE, mⁱⁿˢ. cⁿᵉ de Brioux.

MOULINARD, f. et mⁱⁿ. cⁿᵉ de la Pérate. — *Pairé-Moulina* (Cass.).

MOULIN-À-DAVID (LE), cⁿᵉ de Villemain.

MOULIN-À-DRAP (LE), mⁱⁿ. cⁿᵉ du Bourdet.

MOULIN-À-DRAP (LE), mⁱⁿ. cⁿᵉ de Brelou.

MOULIN-À-DRAP (LE), f. cⁿᵉ de la Chapelle-Thireuil.

MOULIN-À-DRAP (LE), cⁿᵉ de Mauzé-sur-le-Mignon.

MOULIN-À-DRAP (LE), mⁱⁿ. cⁿᵉ de Vernou-en-Gâtine.

MOULIN-À-EAU (LE GRAND), cⁿᵉ de S¹-Paul-en-Gâtine.

Moulin-à-Papier (Le), cne de Brelou.
Moulin-à-Papier (Le), cne de Mauzé-sur-le-Mignon.
Moulin-à-Tan (Le), cne d'Étusson.
Moulin-à-Tan (Le), cne de St-Martin-de-St-Maixent. — *Moulin du Tan près Pysot*, 1533 (not. St-Maix.).
Moulin-à-Tan (Le), h. cne de Vernou-en-Gâtine.
Moulin-à-Tuchaud (Le), min. à vent, cne de Caunay.
Moulin-au-Douet (Le), cne de Clessé.
Moulin-au-Drap (Le), h. cne de Scillé.
Moulin-au-Grain (Le), min. cne de Boismé.
Moulin-Aumont, cne de Chiché, 1436 (arch. St-Loup).
Moulin-à-Vent (Le), f. cne de Lusseray.
Moulin-à-Vent (Le), h. cne du Puy-St-Bonnet.
Moulin-à-Vent (Le), f. cne de St-Christophe-sur-Roc.
Moulin-à-Vent (Le), éc. cne de St-Rémy.
Moulin-à-Vent-des-Trois-Moineaux (Le), h. cne de St-Symphorien.
Moulin-à-Vent (Le), cne de Souché.
Moulin-aux-Chèvres (Le), cne de Nueil-sous-les-Aubiers, 1420 (arch. St-Loup). Relev. de Puygaillard (arch. hist. Poit. XXIV, 171, n.).
Moulin-aux-Draps (Le), h. cne du Pin.
Moulin-aux-Rats (Le), f. cne de Germond.
Moulin-aux-Templiers (Le), sur la rivière d'Oingt, en la paroisse de Moulins, 1410 (arch. V. H. 3, 723).
Moulin-Bas (Le), min. cne d'Allonne.
Moulin-Baudin, cne de Clessé.
Moulin-Blanc (Le), cne de' la Boissière-en-Gâtine, domaine de la commanderie de St-Antoine-de-la-Lande en 1728 (arch. D.-S. H. 235).
Moulin-Blanc (Le), cne de la Mothe-St-Héraye, dépendant autrefois de la baronnie de la Mothe, 1621 (av. de la Mothe).
Moulin-Blanc (Le), min. à vent, cne de St-Rémy.
Moulin-Brûlé, cne de Boesse.
Moulin-Bujau, cne du Pin.
Moulin-Carré, cne de Clessé.
Moulin-Couard, min. cne de Terves.
Moulin-Cuit, cne de Lezay.
Moulin-d'Augé, cne d'Augé.
Moulin-de-Gâtine (Le), min. cne de Pierrefitte, 1674 (arch. V. Brosse-Guilgault. 41).
Moulin-de-l'Étang (Le), min. cne de Faye-sur-Ardin, 1640 (arch. V. Béceleuf, 7).
Moulin-de-Roux et pont de Roux, cne de St-Porchaire.
Moulin-des-Champs (Le), min. cne d'Allonne.
Moulin-des-Champs (Le), cne de St-Jouin-sous-Châtillon.
Moulin-des-Gonds (Le), min. cne de Chef-Boutonne.

Moulin-des-Grands-Ormeaux (Le), h. cne de Beauvoir.
Moulin-des-Grèves (Le), min. à vent, cne de Sansais.
Moulin-de-St-Paul-de-Parthenay, autrefois appelé *Moulin des Renardières* (arch. chât. Chap.-Bertr.).
Moulin-de-Six-Ailes, cne de Noireterre. — *Moulin de Cizelle* (Cass.).
Moulin-du-Bourg-de-St-Clémentin (Le). — *Molendinum super Argentum fluvium apud Sanctum Clementinum situm*, 1051 (ch. de St-Flor. ap. arch. hist. Poit. II). — *Moulin du Bourg*, 1550 (arch. chât. Dorides).
Moulin-du-Château, cne d'Airvault.
Moulin-du-Château (Le), min. cne de Chef-Boutonne.
Moulin-du-Château (Le), cne de la Mothe-St-Héraye, 1621 (av. de la Mothe).
Moulin-du-Château, cne de Niort.
Moulin-du-Chêne (Le), min. cne de Deyrançon.
Moulin-du-Chêne (Le), min. cne de Massais.
Moulin-du-Milieu (Le), cne de Niort.
Moulin-du-Pont-de-Soulièvre (Le), cne d'Airvault.
Moulin-du-Pont (Le), cne de St-Varent.
Moulin-du-Pont-l'Abbé (Le), cne de la Mothe-St-Héraye, 1532, 1621 (not. St-Maix. ; — av. de la Mothe).
Moulin-du-Pont-Pasger (Le), cne de Coutières, 1546 (not. St-Maix.).
Moulin-du-Pré (Le), cne de Brioux.
Moulin-du-Roc (Le), cne de Niort.
Moulin-du-Vert (Le), vill. cne du Vert.
Mouline (La), vill. cne de Celles.
Moulines, min. cne de St-Loup.
Moulin-Fondu, l.-d. cne de Béceleuf, 1613 (arch. V. Béceleuf, 26).
Moulin-Guillon, cne de Couture-d'Argenson.
Moulin-Haut (Le), min. cne d'Allonne.
Moulinier (Le), vill. cne des Aubiers. — *Le Moulinier*, XVe siècle (reg. r. Templ. Maul.). — *Le Grand Moulinier*, 1602 (arch. D.-S. E. 541).
Moulinière (La), éc. cne de Nueil-sous-les-Aubiers.
Moulinière (La), min. cne de la Pérate.
Moulin-Interdit (Le), f. cne de St-Génard.
Moulin-Jacquet, mon. cne de St-Porchaire.
Moulin-Jousserant, anc. seign. et min. cne de St-Léger-lez-Melle. — *Dominus de Molendinis Jousserant*, fin du XIIIe siècle (gr.-Gauthier). — *Terre du molin Josseran*, 1376 (arch. hist. Poit. XIX, 410). — *Moulins Jousserant*, 1678 (arch. V. Nouaillé, 38). Voir Jousseron.
Moulin-Joyeux, min. à vent, cne d'Usseau.

MOULIN-MARET, cne de St-Pompain.
MOULIN-MARTIN, cne du Vanneau.
MOULIN-MICHONNEAU, cne du Vanneau.
MOULIN-NEUF, f. cne de l'Absie.
MOULIN-NEUF, min. cne d'Ardin.
MOULIN-NEUF, min. cne d'Argenton-l'Église.
MOULIN-NEUF, f. cne d'Azay-sur-Thoué. — *Le Moulin Neuf*, moulin à draps, 1406. — *Le Moulin Neuf, appelé anciennement moulin de la Joffraye*, relev. de la Jallière, 1490 (arch. Chap.-Bertr.).
MOULIN-NEUF (LE), f. cne du Beugnon.
MOULIN-NEUF (LE), cne de Boismé. L. disp. (alf. Poit. 1778, p. 192).
MOULIN-NEUF, cne du Busseau.
MOULIN-NEUF, mon. cne de la Chapelle-Bâton, 1415 (arch. V. la Faugère).
MOULIN-NEUF (LE), min. cne de Chauray.
MOULIN-NEUF (LE), cne de Chef-Boutonne.
MOULIN-NEUF, vill. cne d'Échiré. — *Les Moulins neufs dépendant de la seign. de Boisbretier, sis sur la Sèvre*, relev. de la Motte d'Échiré, 1636 (inv. d'Aub.).
MOULIN-NEUF, min. cne d'Exoudun.
MOULIN-NEUF (LE), min. cne de Fenioux.
MOULIN-NEUF, min. cne de la Forêt-sur-Sèvre, 1770 (arch. D.-S. E. 8).
MOULIN-NEUF, cne de Gourgé.
MOULIN-NEUF, cne de Marnes.
MOULIN-NEUF, cne de Massais.
MOULIN-NEUF (LE), h. cne de Mauzé-sur-le-Mignon.
MOULIN-NEUF, cne de Ménigoute.
MOULIN-NEUF (LE), cne de Nanteuil, 1592 (not. St-Maix.).
MOULIN-NEUF (LE), min. cne de la Pérate. — *Molendinum novum*, v. 1180 (cart. Talmond, 346). — *Le Moulin neuf*, 1563 (arch. V. prieurés, 58).
MOULIN-NEUF, cne de St-Éanne, 1567 (not. St-Maix.).
MOULIN-NEUF (LE), h. cne de St-Jouin-de-Milly.
MOULIN-NEUF (LE), cne de St-Gelais, 1596 (arch. V. E. 1, 9).
MOULIN-NEUF (LE), min. cne de St-Liguaire. — *Le Moulin neuf du pas des Roues* près Niort, 1728 (décl. des b. de N.-D.).
MOULIN-NEUF, cne de St-Martin-de-St-Maixent, 1528 (not. St-Maix.).
MOULIN-NEUF, usine, cne de Salles. — *Molendinum novum*, 1133, appartenant à l'abbaye de St-Maixent (cart. St-Maix. I, 323). —*Moulin-Neuf*, 1561 (not. St-Maix.).
MOULIN-NEUF, f. cne de Scillé.

MOULIN-NEUF (LE), min. cne de Souvigné.
MOULIN-NEUF (LE), f. cne de Vernou-sur-Boutonne, relev. du prieuré de Secondigné, 1437, 1549 (arch. V. Trin. 95).
MOULIN-NEUF (LE), f. cne de Verruye. — *Le Molin neuf*, 1408 (arch. V. En. 421).
MOULIN-NEUF (LE), h. cne de Xaintray.
MOULINOTTE (LA), h. cnes d'Ardin et Villiers-en-Plaine. — *La Molinote* (Cass.).
MOULIN-PAIRAULT, h. et min. cne de St-Georges-de-Noisné. — *Moulin Peyrault*, 1566 (not. St-Maix.).
MOULIN-PERDU (LE), min. cne de St-Loup.
MOULIN-POUSSARD, vill. cne de St-Pardoux.
MOULIN-PREMIER, min. cne de Pamprou.
MOULIN-ROUGE (LE), min. à vent, cne de St-Rémy.
MOULIN-ROUSSEAU (LE), f. cne du Puy-St-Bonnet.
MOULIN-ROUSSEAU, min. cne de St-Étienne-la-Cigogne.
MOULIN-VIEUX, vill. cne de Genneton.
MOULIN-VIEUX, cne de Massais.
MOULIN-VIEUX, min. cne de Vernou-en-Gâtine.
MOULINS-À-VENT (LES), mins. cne d'Aiffres.
MOULINS-À-VENT (LES), cne de Frontenay.
MOULINS-DE-STE-NÉOMAYE (LES), min. cne de Béceleuf.
MOULINS, con de Châtillon-sur-Sèvre. — *Molendina*, 1122 (ch. de Sav. de Maul. ap. cart. Fontevrault, II, 8). — *Moulins*, 1172 (cart. Trin. Maul.). — *Mollendina*, 1273 (Font. XXXVIII, p. 87). — *Molins*, 1322 (arch. V. H. 3, 721). — Prieuré-cure de Notre-Dame de Moulins (pouillé 1648), du doyenné de St-Laurent-sur-Sèvre, à la nomination de l'abbé de la Trinité de Mauléon.
Dépendait de la sénéchaussée de Poitiers, et de l'élection de Châtillon-sur-Sèvre. Il y avait 84 feux en 1750 (cart. alph. Poit. 1750).
MOULINS (LES), h. cne d'Exoudun.
MOULINS (LES), cne de St-Maurice-la-Fougereuse.
MOURANDIÈRE (LA), f. cne de St-Aubin-le-Clou. — *Les Desmorandières* (Cass.).
MOURANDIÈRE (LA), f. cne de Ste-Ouenne. — *La Morandière* (Cass.).
MOURNIÈRE (LA), vill. cne de Secondigny. — *La Mornière* (Cass.).
MOUSINIÈRE (LA GRANDE ET PETITE), f. cne de Glenay. — *La Mosinère*, 1436 (arch. St-Loup). — *Haute et Basse Mosinière* (Cass.).
MOUSSANDIÈRE (LA GRANDE ET PETITE), f. cne de Germond, 1659 (arch. V. E. 1, 11).
MOUSSAY, cne d'Aiffres; anc. fief relev. de la Mothe-St-Denis-de-Mairé, 1617 (arch. D.-S. E. 374).

Mousse (La), vill. c^{ne} de Thénezay.
Mousseau (Le), f. c^{ne} de Luzay.
Mousseaux (Les), f. c^{ne} de St-Varent.
Mousses (Les), vill. c^{ne} de Pressigny.
Moussière (La), vill. c^{ne} de Ste-Ouenne, 1640 (arch. V. Béceleuf, 7).
Moussolière (La), vill. c^{ne} de Caunay. — *La Maussollière* (Cass.).
Moutardie (La), h. c^{ne} de Breuil-Chaussée. — *Moutardy*, 1559 (reg. insin. Thouars).
Moutiers, c^{on} d'Argenton-Château. — *Ecclesia Sancti Petri et Sancti Rufini de Monasteriis*, 1122 (ch. de St-Pierre de Th. ms. 1660). — *Monsters*, 1166 (ch. de St-P. Th.). — *Motoyr*, 1360 (gr.-Gauthier). — *St-Pierre de Moutiers* (pouillé 1648). — *Mouthier*, 1672 (arch. V. Brosse-Guilgault, 25). — *Mouttier*, 1713 (arch. V. H. 3, 812). — *Moutié*, xviiie s. (arch. D.-S. E. 498).

Dépendait du doyenné de Bressuire, de la sénéchaussée de Poitiers et de l'élection de Thouars, et était compris pour portion dans la baronnie d'Argenton-Château, et pour autre dans le bailliage de Coulonges, du ressort de Thouars (hist. de Thouars par Imbert, p. 247, 251). La cure était à la nomination du chapitre de St-Pierre de Thouars. Il y avait 152 feux en 1750.

Moutiers-sous-Chantemerle (Les), c^{on} de Moncoutant. — *Monasteria*, 1300 (gr.-Gauthier). — *St-Maurice des Moustiers*, 1337 (l'anc. arch. de Parth. p. 134). — *Les Moutiers sous Chantemerle* (pouillé 1782).

Les Moutiers faisaient partie de la châtellenie de Loge-Fougereuse, du ressort de Thouars, d'après les rôles des tailles de 1434-1490 (mém. ant. ouest, 2e sér., II). Ils dépendaient de l'archiprêtré de Parthenay, de la baronnie de Loge-Fougereuse, de la sénéchaussée de Poitiers et de l'élection de Thouars, après avoir fait partie de celle de Parthenay au xvie siècle (mém. soc. stat. D.-S. 1886, p. xviii). La cure était à la nomination du prieur de St-Paul-en-Gâtine. Il y avait 180 feux en 1750.

Moutonnerie (La), vill. c^{ne} de Montigné. — *La Moultonnerye*, 1611 (arch. V. Ste-Marth. 112).
Moutonniers (Les), c^{ne} de Romans, fief relev. de l'abbaye de St-Maixent (cart. St-Maix. intr. 50).
Mouzine (La), vill. c^{ne} de St-Romans-lez-Melle.
Mozay, mⁱⁿ et logis, c^{ne} d'Échiré. — *Moulin de Mozay*, 1424 (inv. d'Aub.).
Mufflet, anc. chât. c^{ne} de St-Aubin-du-Plain. — *Muclet*, 1378 (arch. St-Loup). Relev. de Cirière 1439 (id.). — *Mufflet*, relev. de Bressuire, 1513; *Meuflet*, 1592; *Meufflet*, 1616 (Font. VIII, 53, 59).
Mulotrie (La), f. c^{ne} de St-Aubin-le-Clou. — *La Muloterie* (Cass.).
Mulottière (La), f. c^{ne} du Beugnon. — *La Mulotière*, relev. de la Barre, 1623 (arch. du Font.).
Mulottière (La), f. c^{ne} de Vernou-en-Gâtine.
Munac, l.-d. c^{ne} de Thouars, 1594 (arch. V. Brosse-Guilgault, 29).
Murai, mⁱⁿ. c^{ne} de Salles. — *Mourier*, 1648 (arch. D.-S. E. 1198). — *Mouré* (Cass.).
Mureau (Le), f. c^{ne} de Cersay.
Mureau (Le), vill. c^{ne} de Verruye, relev. de Pressigny-en-Gâtine, 1600 (arch. V. E^s. 415).
Murier (Le), f. c^{ne} de Vouillé.
Mursay, vill. et chât. c^{ne} d'Échiré. — *Murziacum*, v. 1080 (cart. St-Cyprien, 329). — *Murciacus*, 1142 (cart. St-Maix. 337). — *Merçay*, 1260 (homm. d'Alph. Poit.). — *Murcaium*, 1260 (id.). — *Murcay*, 1390 (arch. V. comm. Ste-Gemme). — *Mursay*, 1449 (Font. XXVII, 761). Relev. de Niort.
Mussotière (La), f. c^{ne} de Verruye. — *La Muissotière*, 1269 (orig. ma coll.).
Muzardière (La), l.-d. c^{ne} de la Mothe-St-Héraye. — *La Mudardère*, 1434 (arch. D.-S. E. 39).

N

Nac (Le), f. c^{ne} de St-Martin-lez-Melle. — *Le Nacq* (Cass.)
Naide (La), h. c^{ne} de la Chapelle-Bertrand.
Naide (La), f. c^{ne} d'Exireuil. — *La Nesde*, 1567 (not. St-Maix.).
Naide (La), chât. c^{ne} de St-Cyr-la-Lande.
Naide (La), vill. c^{ne} de St-Loup. — *Nesdes*, 1403 (pap. fam. du Font.). — *Nesdes*, 1541 (arch. V. E. 2, 179). — Relev. de la Ronde de Louin, 1639 (arch. Vernay). — *Neyde*, en la châtellenie de Cremilles, 1657, 1675 (arch. St-Loup).
Naides (Les), h. c^{ne} de Souvigné.
Nairette, m^{on}. c^{ne} de la Chapelle-Largeau.
Nairon, vill. c^{ne} de Clavé. — *Nerum*, 1208, 1218 (arch. V. H. 3, 869). — *Le Grand Nayron*, 1452 (arch. Barre). — *Noyron*, 1530; *le Petit Ney-*

ron, 1564 (not. St-Maix.). — *Le Néron* (Cass.). — *Haut et Bas Néron* (cad.).

NAIS (LA), f. c^{ne} d'Étusson. — *La Naye* (Cass.).

NAIS (LE), f. c^{ne} de Voultegon. — *Le Noy ou Nois*, 1430, 1437 (arch. St-Loup.).

NALLIÈRE (LA), f. c^{ne} d'Exireuil. — *La Naslière* relev. d'Aubigny, 1698 (inv. d'Aub.). — *La Nalière* (Cass.).

NANTEUIL, 2e c^{on} de St-Maixent. — *Vicaria Natolinensis*, 925 (cart. St-Maix. I, 25). — *Villa Nantolium sita in comitatu Pictavensi, in vicaria Briocinse*, v. 974 (id. 58). — *Nantuyl*, 1372 (arch. Barre). — *St-Gaudent-de-Nanteuil*, présentateur l'abbé de St-Maixent (pouillé 1782).

Il y avait une maladrerie qui était unie à la vieille aumônerie de St-Maixent en 1698 (état de l'élect.). Nanteuil dépendait de l'archiprêtré, ressort et élection de St-Maixent. Relev. d'Aubigny et de divers seigneurs. Il y avait 219 feux en 1698, et 205 en 1750.

NANTILLY, vill. c^{ne} de Chiché. — *Lentillé*, 1408 (arch. St-Loup). — *Nantilly*, 1576.

NAPAUDE (LA), h. c^{ne} de Coutières. — *La Gaignerie*, appelée aussi *Bassevue*, autrement *la Napode*, touchant au chemin de la Pagerie à la fontaine de la Chèze, et relev. de la Barre-Pouvreau, 1764 (arch. Barre, II, 57).

NARBONNE, l.-d. c^{ne} de Boussais.

NARÇAIS, vill. c^{ne} de Loubillé. — *Ecclesia de Enarciaco*, dépendant de l'abbaye de Charroux, 1098 (bull. d'Urb. II, ap. Font. IV); 1153 (id.). — *Narçay* (Cass.).

Narçais formait une paroisse existant encore en 1630, quoique dépendant dès lors de celle de Loubillé. Elle était comprise en 1290 dans la seigneurie d'Empuré et ressortissait de la justice de Ruffec (Vig. de la Pile, comm. cout. d'Ang.). Elle dépendait de l'élection d'Angoulême, généralité de Limoges (rev. poit. août 1888).

NATTERIE (LA BASSE), h. c^{ne} du Puy-St-Bonnet. — *Petite et Haute Nallerie* (Cass.).

NAUDIÈRE (LA), f. c^{ne} de Pougne.

NAULERIE (LA), f. c^{ne} des Forges. — *La Noelère*, 1362 (arch. V. S^{te}-Cr. 44). — *La Noulerie* (Cass.).

NAULIÈRE (LA), f. c^{ne} d'Allonne. — *La Noellère*, 1304 (arch. V. Fontaine-le-C. 30). — *La Nouelère*, 1361 (id.).

NAULIÈRE (LA), vill. c^{ne} de la Chapelle-Gaudin. — *La Naulière*, 1622 (Font. IX, 522). — *La Naullière*, 1687 (arch. V. Brosse-Guilgault, 15). — *La Nollière* (Cass.).

NAULIÈRE (LA), f. c^{ne} des Moutiers-sous-Chantemerle. — *La Nulleria*, v. 1120 (cart. l'Absie).

NAULIÈRE (LA), f. c^{ne} de Pompaire. — *La Nouhelière*, 1558 (arch. V. E. 3, 32). — *La Noulière* (Cass.).

NAULIÈRE (LA), éc. c^{ne} de St-André-sur-Sèvre.

NAULIÈRE (LA), f. c^{ne} de Soutiers. — *La Noulière* (Cass.).

NAZAY, h. c^{ne} de Rouvre, relev. de Parthenay, 1459, 1698 (arch. V.).

NAZELLE, vill. c^{ne} de Chantecorps. — *Nazelles*, 1375, 1452; *Nazelles*, 1520 (arch. Barre).

NÉGRERIE (LA), h. c^{ne} de St-Martin-lez-Melle. — *La Negrerye*, 1611 (arch. V. Ste-Marth. 112). — *La Négrie* (Cass.).

NÉGRESAUVE, vill. c^{ne} de St-Martin-lez-Melle. — *Négresaulve*, 1604 (arch. V. Ste-Marth. 112).

NÉGRESAUVE, h. c^{ne} de St-Romans-lez-Melle. — *Naigresau* (Cass.).

NÉGRESAUVE, vill. c^{ne} de Verrines-sous-Celles. — *Negresseaulve*, 1529 (not. St-Maix.).

NÉGREVAU, h. c^{ne} de Montalembert. — *Nègrevaux* (Cass.).

NÉRON, à Roigné, relev. de St-Maixent, 1403 (arch. hist. Poit. XXIV, 262, n.).

NEI (LE), f. c^{ne} du Pin. — *Le Nay* (Cass.).

NERBONNEAU, vill. c^{ne} de Pamprou. — *Nerbonneau*, 1528, 1572 (not. St-Maix; — arch. V. Ste-Marth. 81).

NÉROLLE (FIEF DE), c^{ne} de St-Loup, relev. de la Ronde de Louin, 1639 (arch. Vernay).

NÉRON ou NAIRON, l.-d. c^{ne} de Boussais.

NÉRON, h. c^{ne} de Coulonges-les-Royaux. — *Noyron*, relev. de la Roussière, 1568 (arch. V. C. 2, 219).

NÉRON, cabane, c^{ne} de Sansais. — *Villa Niron*, 936 (cart. St-Cypr. 325).

NEUCHAISE, chât. c^{ne} de St-Denis. — *Chapelle de Ste-Catherine de Neuchaize ou de Neuchèze*, 1604 (pouillé B.-Filleau, 378). — *Ste-Catherine de Neuchaise* (pouillé 1782).

NEUCHAISE, h. c^{ne} de St-Georges-de-Noisné. — *Nuchezes*, 1518 (arch. V. E^s. 414). — *Neuchèse* (Cass.).

NEUCHAISE, chât. c^{ne} de Vasles. — *Le bois Guillaume Neufchèse*, 1330 (arch. V. S^{te}-Cr. 44). — *Nuchèze*, relev. de la Barre-Pouvreau, 1404 (arch. Barre). — *Hôtel de Nuchèze*, relev. de l'abbaye de Ste-Croix-de-Poitiers, 1447 (arch. V. S^{te}-Cr. 44). — *Neufchèze*, 1595; *Neuchèze*, 1650 (arch. Barre). — *Neufchaises* (Cass.).

NEUIL, f. c^{ne} de St-Médard.

NEUREAU, c^{nes} de St-Martin et Souvigné; anc.

fief relev. de l'abbaye de St-Maixent, 1728 (arch. D.-S. E. 104).

NEUVY-BOUIN, con de Secondigny. — *Noviacus*, 1274 (cart. Bourgueil). — *Novic*, 1278 ; *Nevic*, 1287 (id.). — *Novit*, 1300 (gr.-Gauthier). — *Nepvy*, 1560 ; — *Nefvy*, 1635 ; *Neufvy*, 1713 (arch. Barre). — *N.-D. de Neuvy* (pouillé 1782).

La commune voisine de Bouin a été réunie à celle de Neuvy. Une partie de Bouin appartenait à la châtellenie de Châteauneuf-en-Gâtine (dén. just. bar. Parth. 1744). Neuvy faisait partie de la châtellenie, puis marquisat d'Airvault (av. 1630). Il dépendait de l'archiprêtré de Parthenay, de la sénéchaussée et de l'élection de Poitiers, après avoir fait partie de celle de Parthenay au xvie siècle. Il y avait 106 feux en 1750.

NIEUIL, h. c^{ne} de Maisonnais. — *Neuil* (Cass.).

NIEUILLE (LA), m^{on}. noble au bourg de Fénery, 1673 (arch. V. Brosse-Guilgault, 8).

NIGAUDRIE (LA), h. c^{ne} de St-Germier.

NION, vill. c^{ne} de la Charrière. — *Nyon*, 1558 (reg. insin. Thouars). — Relev. de la châtellenie de Niort, 1561 (ms. 141, bibl. Poit.), puis du marquisat de Fors, ressort de Niort, 1716 (état de l'élect.).

NIORDERIE (BORDERIE DE LA), près de Champdevaux, c^{ne} de la Chapelle-Bâton, 1636 (inv. d'Aub.).

NIORT, chef-lieu du département. — *Noiordo vico* (triens du viie siècle). Cette attribution proposée par M. Benjamin Fillon n'est pas certaine. — *Villa Niorto*, v. 940 (cart. St-Maix. I, 28). — *Castrum Niortinse*, 951 (Font. XIII, 48, S^t.-J.-Ang.). — *Pagus et vicaria Niortinsis*, 971 (id. XIII, 187). — *Villa Niortinsis in pago Aunisio, in vicaria Basiachinse*, v. 978 (cart. St-Maix. 64). — *Nuiort*, v. 1019 (mém. ant. ouest 1845, p. 57, d'après cart. de Cluny). — *Niorcium*, 1188 (Font. XV, ch. de Rich. c^{te} Poit.). — *Niortum*, 1170 (lay. tr. ch. I, 158). — *Nyort*, 1190 (id. 164). — *Niorthum*, 1214 (rot. chart. I, 201). — *Niordum castrum*, 1224 (chron. Guill. de Nang.). — *Niortium*, 1244 (compt. d'Alph. Poit.). — *Nyorcium*, 1246 (lay. tr. ch. II, 606). — *Nyortum*, 1253 (compt. d'Alph. Poit.). — *Niorth*, 1368 (Froissart, éd. Luce, l. I, t. VII, 67). — *Nyorth* (chron. des 4 pr. Val.). — *Nyort en Poictou*, 1498 (trés. de Niort par la Terraudière).

La ville de Niort s'est formée par la réunion de deux bourgades primitives, séparées par un marais occupé par la rue actuelle des Halles, et situées, l'une sur la montagne de St-André, l'autre sur la colline de Notre-Dame. La première, nommée, d'après M. Briquet, *lapis in Pictonibus*, et qui est peut-être la *villa Petra* de 990, faisait partie du Poitou. La seconde, où s'élevèrent de bonne heure l'église St-Vaise et celle de Notre-Dame, fondée par l'abbaye de Charroux, propriétaire de ce territoire dès le IXe siècle, faisait partie de l'Aunis (extrait du 1er chap. d'une hist. inéd. de Niort par Ap. Briquet). Ce lieu s'appelait aussi terre de St-Sauveur, vocable de Charroux. Là surgit le premier château de Niort au commencement du xe siècle. Mais une bourgade plus ancienne de l'époque gallo-romaine, Bessac, aujourd'hui faubourg du Port, existait en face, de l'autre côté de la Sèvre. Bessac était le chef-lieu d'une viguerie de l'Aunis qui comprenait Niort au xe siècle (voir BESSAC). Niort, ayant acquis une certaine importance, devint à son tour, vers 971, chef-lieu d'un *pagus* et d'une viguerie. Ce *pagus* comprenait au XIe siècle les vigueries d'Aiffres et de Fontenay (Vendée), et peut-être celle de Marigny. La viguerie de Niort absorba, vers l'an 1000, celle de Bessac. Outre les localités indiquées déjà au mot Bessac, elle comprenait St-Clément, c^{ne} d'Aiffres ; Brenier, c^{ne} du Bourdet ; St-Maxire et St-Rémy.

Du temps de l'évêque Gauthier de Bruges, auteur du pouillé du diocèse de Poitiers, à la fin du XIIIe siècle, il n'y avait point d'archiprêtré à Niort, mais seulement une officialité, qualifiée auditorat par le pouillé de 1648. L'archiprêtré institué plus tard était électif et donné par commission par l'évêque. Les curés de Notre-Dame et de St-André se disputaient cette dignité au milieu du XVIIIe siècle. Cette officialité, puis archiprêtré, ne comprenait que peu de paroisses : N.-D. et St-André de Niort, St-Vaise de Niort, St-Gaudent de Niort, Ste-Pezenne, St-Maurice-sur-Niort et Sciecq. St-Étienne de Niort, annexe de Ste-Pezenne et situé dans le faubourg du Port, faisait partie de l'archiprêtré d'Ardin. St-Gaudent-du-Château, tombé en ruines, fut réuni à Notre-Dame en 1600. St-Vaise avait disparu auparavant (pouillé B.-Filleau, p. 95, 330, 332 ; — mém. soc. stat. 1887, p. 379 ; — pouillé 1782 ; — 1er rapp. sur les arch. Niort par Ap. Briquet, p. 39). Aujourd'hui il y a quatre paroisses à Niort, Notre-Dame, St-André, St-Étienne-du-Port qui n'a pas d'église, et une nouvelle, St-Hilaire, créée en 1865.

L'aumônerie de Beauchamp ou de St-Georges-de Beauchamp ou de Niort, qui remontait au XIIe siècle, était située hors de la porte St-Gelais. L'aumônerie de St-Jacques était située près de la porte St-Jean. Elles furent réunies et établies en ville, après 1568, dans une maison de la rue St-Gelais, sur l'emplacement actuel de la rue de Beauchamp. On les confia aux soins des religieux de la Charité en 1622, puis aux hospitalières en 1656 (les établ. char. à Niort par Ap. Briquet). Un hôpital dit du Saint-Esprit, fondé en 1433 par Guillaume Gayart, fut érigé en hôpital général par arrêt du Conseil d'Etat en 1681. On y réunit les aumôneries de St-Georges et de St-Jacques. La maladrerie, située près de l'aumônerie St-Jacques, et tombée en complète décadence, fut également réunie à l'hôpital général par arrêt du Conseil de 1695 et lettres patentes du 9 juillet 1696 (arch. D.-S. H. 259, 260).

Voici les noms des communautés religieuses établies à Niort : les Cordeliers existant dès le XIIIe siècle ; les Capucins établis en 1613 dans le prieuré de St-Étienne, vendu dans ce but par le prieur en 1612 aux fabriques des paroisses ; les religieux de la Charité, établis d'abord à l'aumônerie de St-Georges en 1622, et qui se transportèrent ensuite dans le lieu où s'élève le tribunal actuel ; les Ursulines en 1625 ; les Bénédictines en 1629 ; l'Oratoire, établi en 1626, dont les religieux organisèrent, de concert avec le Corps de ville, en 1716-1718, un collège qui ne tarda pas à devenir célèbre et auquel avait été réuni le prieuré de Croisette près Niort, par bulle et lettres patentes de 1626-1628 (mém. soc. stat. 1886).

La commune jurée de Niort avait été créée par le roi Jean-sans-Terre et la reine Aliénor en 1199 et 1203, puis confirmée et étendue par le roi Philippe-Auguste en 1204. Le roi Louis XI, par lettres du 14 novembre 1461, institua un siège royal ordinaire pour la châtellenie de Niort en lui attribuant le ressort du bailliage de Gâtine. Mais ce ressort, après diverses vicissitudes, lui fut enlevé, en 1505, au profit du siège de Poitiers. Un édit du mois d'octobre 1563 créa à Niort une autre juridiction, celle de trois juges-consuls des marchands, qui était élective. Il y avait aussi à Niort une maîtrise des eaux et forêts transférée de Chizé en 1686, et une juridiction des traites.

L'élection de Niort comprenait 171 collectes ou paroisses en 1555 ; 188 en 1603-1631 ; 134 en 1633-1714, et 125 depuis 1714. Voici les noms de celles de ces paroisses situées dans le département actuel des Deux-Sèvres : Niort, Ste-Pezenne, St-Liguaire, Bessines, Vouillé, St-Florent, la Foye-Monjault, Souché, Fressine, St-Hilaire-la-Palud, St-Cyr-d'Arçais, Mougon, Celles, Villemain, Ensigné, Mairé, le Cormenier, Faye-sur-Ardin, Aiffres, la Charrière, la Mothe-St-Héraye, St-Denis, Coulon, Ste-Christine, Fors, Juscorps, Gript, Prissé, Prahecq, Marigny, Rimbault, Villiers-en-Bois, Brûlain, Bernegoue, Chizé, Brieuil, Availles, Villiers-sur-Chizé, Villefollet, Séligné, les Fosses, St-Hilaire-de-Ligny, Beauvoir-sur-Niort, St-Romans-des-Champs, St-Étienne-la-Cigogne, Secondigné-sur-Chizé, Blanzay, Chef-Boutonne, Ardilleux, Lussay, Loizé, St-Martin-d'Entraigues, Loubigné, Asnières, Chérigné, Paizay-le-Chapt, Aubigny, Crezières, la Bataille, Couture, Belleville, St-Mard-la-Lande, Allonne, Beaulieu, St-Pardoux, Champeaux, le Beugnon, Pamplie, le Tallud, St-Aubin-le-Clou, Secondigny, Hérisson et Pougne, la Chapelle-Seguin, Ardin, Béceleuf, Soutiers, Fenioux, Xaintray, Germond, Surin, Échiré, Villiers-en-Plaine, Rouvre, St-Lin, Vouhé, Mazières-en-Gâtine, Cours, les Groseillers, Champdeniers, Fénery, Saurais, Adilly, Bouin, Traye (mém. soc. stat. D.-S. 1886). Il y avait à Niort 2,200 feux en 1716, et 2,600 en 1744 (état de l'élect. 1742 et 1744, ap. mém. soc. stat. 1886).

La subdélégation de Niort comprenait les paroisses suivantes : ville de Niort, Aiffres, Ardin, Augé, Beauvoir, Béceleuf, Belleville, Bernegoue, Bessines, Brieuil, Brûlain, Crespé, Chauray, Chizé, Coulon, Échiré, Faye-sur-Ardin, Fors, François, Fressine, Gript, Juscorps, la Charrière, la Foye-Monjault, le Cormenier, les Fosses, Marigny, Mougon, Prahecq, Prissé, Rouvre, St-Cyr-d'Arçais, St-Étienne-la-Cigogne, St-Florent, St-Gelais, St-Hilaire-de-Ligny, St-Hilaire-la-Palud, St-Liguaire, St-Maurice-de-Mairé, St-Maxire, St-Médard, St-Rémy, St-Romans-des-Champs, St-Symphorien, Ste-Blandine, Ste-Ouenne, Ste-Pezenne, Sciecq, Secondigné-sur-Chizé, Souché, Surin, Thorigné, Villiers-en-Bois, Villiers-en-Plaine, Vouillé, Xaintray. Elle comprenait en outre la Croix-la-Comtesse, Vergné, Villeneuve-la-Comtesse, Ville-Nouvelle, qui sont dans le département actuel de la Charente-Inférieure (almanach du Poit. 1788).

Lors de la création du département des Deux-Sèvres en 1790, il fut décidé que l'assemblée départementale se tiendrait alternativement à Niort, St-Maixent et Parthenay. Mais le chef-lieu fut bientôt fixé définitivement à Niort. Le canton de Niort en 1790 se composait de Niort, St-Florent, Ste-Pezenne et Souché. En l'an VIII on forma deux cantons de Niort par la suppression des cantons de Magné et d'Echiré. Le premier se composa de Ste-Pezenne, Échiré, Chauray, St-Gelais, St-Maxire, St-Rémy, Sciecq ; le second, de Magné, Coulon, St-Liguaire, St-Florent, Souché.

Niortaise (La), h. c^{ne} de Frontenay.

Niorteau (Le Grand et Petit), h. c^{ne} de Mazières-en-Gâtine. — *Le Petit Niorteau*, 1449, et *le Grand Niorteau*, 1600, relev. de Pressigny-en-Gâtine (arch. V. E^s. 415, 421).

Nioteau, h. c^{ne} de Deyrançon.

Nipoille, f. c^{ne} de St-Jouin-sous-Châtillon.

Niquetière (La), f. c^{ne} de la Petite-Boissière.

Nivardière (La), f. c^{ne} de la Chapelle-Bertrand.

Nivardière (La), h. c^{nes} de St-Loup et Louin. — *La Nyvardière*, relev. de Thouars, 1331 (arch. Vernay). — *La Nivardière*, 1380 (chartr. Thouars).

Nivelle (La), f. c^{ne} de Courlay. — *La tour de la Nivelle*, 1730 (arch. D.-S. E. 1022).

Nivette (La), h. c^{ne} de la Chapelle-Largeau.

Nivoire (La), vill. c^{ne} de St-Hilaire-la-Palud. — *La Naypoire*, 1462 (arch. V. St-Hil. 690). — *La Névoyre*, 1554 (id. 692). — *La Nepvoire*, 1613 (id. 693). — *La Névoire*.

Noblesse (La), éc. c^{ne} de Taizé.

Nobletière (La), f. c^{ne} de Clavé. — *La Nobletère*, 1528 (arch. Barre, II).

Nocterie (La), f. c^{ne} de Ste-Ouenne. — *La Nocquetterye*, mⁱⁿ. aux Petits-Alleux en Surin, 1573 (not. St-Maix.).

Noilles (Les), c^{ne} de Ste-Verge ; anc. fief relev. de St-Laon de Thouars, 1786 (arch. D.-S. H. 67).

Noillon (Le), f. c^{ne} de Moncoutant, relev. de Bressuire, 1420, 1605 (arch. St-Loup). — *Le Nouillon* (Cass.).

Noilon (Le), f. c^{ne} de Nueil-sous-les-Aubiers. — *Le Noillon* (Cass.).

Noiraud, h. c^{ne} de la Chapelle-St-Étienne.

Noiraudière (La), f. c^{ne} de St-Aubin-du-Plain. — *La Nairaudière* (Cass.).

Noiré, h. c^{ne} de Voultegon.

Noireterre, c^{on} de Bressuire. — *Sancta Maria de Nigra Terra*, 1225 (cart. Trin. Maul.). — *Noireterre*, 1382 (arch. Trin. St-Loup). — *Noirterre*, 1504 (arch. Barre). — *Noerterre*, xviie siècle (arch. V. Brosse-Guilgault, 7).

Il y avait deux seigneuries de Noireterre, l'une relev. de Bressuire et l'autre relev. de la Forêt-sur-Sèvre (arch. St-Loup ; — arch. chât. la Forêt). Une partie de la paroisse faisait partie de la baronnie de Bressuire, et l'autre partie du bailliage de Coulonges, ressort de la vicomté de Thouars (hist. de Thouars par Imbert, 247).

Noireterre dépendait du doyenné de Bressuire, de la sénéchaussée de Poitiers et de l'élection de Thouars. Il y avait 118 feux en 1750.

Noireterre, c^{ne} de St-Généroux. — *Nertaire*, 1641 ; *Noirtaire* en St-Généroux, 1664. Anc. seign. (arch. D.-S. E. 946, 986).

Noirette, f. c^{ne} de la Chapelle-Largeau.

Noirlieu, c^{on} de Bressuire. — *Nerluc*, 1285 (chartr. Thouars, St-P. Chât.). — *Ecclesia de Nigro Loco*, 1300 (gr.-Gauthier). — *Noirlieu*, 1470 (hist. Thouars, 176). — *Nerlu*, 1601 (arch. V. Brosse-Guilgault, 40). — *Nerleu* ; *Nerleu*, 1676, 1677 (arch. V. Brosse-Guilgault, 15). — *St-Germain de Noirlieu*, 1618 (pouillé B.-Filleau).

La châtellenie de Noirlieu relev. du marquisat de Montaigu (mém. sur les just. du Poit. par B.-Filleau). Noirlieu dépendait du doyenné de Bressuire, de la sénéchaussée de Poitiers et de l'élection de Thouars. Il y avait 60 feux en 1750.

Noirlieu, m^{ins}. c^{ne} de Noirlieu.

Noirveau (Le), vill. c^{ne} de Moncoutant. — *Le Grand Noirveault*, 1556 (reg. insin. Thouars). — *Le Nerveau* (Cass.).

Noirveau, f. c^{ne} de St-Mard-la-Lande, appartenait à la commanderie de St-Antoine-de-la-Lande, 1728 (arch. D.-S. H. 235). — *Nerveau* (Cass.).

Noizé, c^{on} de Thouars. — *Villa Nausiacus in vicaria Toarcinse*, 935 (cart. St-Cyprien, 112). — *Noisé*, 1300 (gr.-Gauthier). — *Noaysé*, 1350 (cart. St-Jouin). — *Noizé*, 1459 (arch. V. S^{te}-Cr. 74). — *St-Martin des Baillargeaux*, 1517 (arch. V. St-P. 264). — *Le Petit Noizé*, 1584 (arch. V. Brosse-Guilgault, 8). — *St-Martin de Noysé les Baillargeaux* (pouillé 1782). — La paroisse est réunie à celle de Taizé (pouillé B.-Filleau).

Noizé faisait partie du bailliage d'Oironnois, ressort du siège de la vicomté de Thouars. Il dépendait du doyenné et élection de Thouars et de la sénéchaussée de Poitiers. Il y avait 43 feux en 1750.

Normandie (La), éc. c^{ne} de Niort.

Noronde (La), f. c^{ne} de la Chapelle-St-Laurent. — *Le Noron* (Cass.).

Nossais, vill. c^{ne} de St-Génard. — *Nauciacus in vicaria Metulinse in pago Pictavo*, v. 950 (arch. V. Nouaillé, orig. 43). — *Nociacus*, v. 1030 (cart. St-Cyprien, 300). — *Nocayum*, 1277 (arch. V. Nouaillé, l. 56). — *Nossay*, 1624 (arch. D.-S. E. 417). — *Nossais* (Cass.).

Notre-Dame-du-Rosaire, éc. c^{ne} de Parthenay.

Nottebis, h. c^{ne} de Faye-sur-Ardin.

Noue (La), f. c^{ne} des Aubiers. — *La Nohe de Musangrinère*, xve siècle (reg. r. Templ. Maul.).

196   DÉPARTEMENT DES DEUX-SÈVRES.

Noue (La), f. c^{ne} de Faye-l'Abbesse.
Noue (La), f. c^{ne} de la Petite-Boissière. — *La Noue,* dépendant de l'abbaye de la Trinité de Mauléon, 1672 (arch. V. H. 3, 721).
Noue (La), f. c^{ne} de Marigny.
Noue (La Vieille), f. c^{ne} de Moncoutant.
Noue (La), f. c^{ne} de Moutiers.
Noue (La), h. c^{ne} de Nanteuil. — *La Noe,* 1212, 1363 ; *la Nouhe,* 1444 ; relev. de l'abbaye des Châtelliers (cart. Châtell.).
Noue (La), f. c^{ne} de Pierrefitte. — *La Nouhe,* 1497 (lettre à M. de Mont. par B. Fillon, 5).
Noue (La), f. c^{ne} de Scillé.
Noue (La), f. c^{ne} de Sepvret. — *La Nouhe,* 1534 (arch. V. N.-D. 1. 1217).
Noue (La). — *La Nouhe* près les Quartes, paroisse de Vausseroux, 1468 (arch. V. E. 1, 10).
Nouelle (La), f. c^{ne} de St-Maixent-de-Beugné.
Noue-Rajole (La). — *La Nohe Rajole,* paroisse de Boismé, relev. de Bressuire, 1399 (arch. St-Loup). L. disp.
Noue-Ronde (La), f. c^{ne} de Nueil-sous-les-Aubiers. — *Noeronde,* 1351 (arch. hist. Poit. XVII).
Noues (Les), f. c^{ne} d'Azay-sur-Thoué.
Noues (Les), f. c^{ne} de Beaulieu-sous-Bressuire. — *Noeres,* v. 1150 (cart. Bourgueil). — *Les Noes,* 1363 (arch. St-Loup).
Noues (Les), f. c^{ne} de Boesse.
Noues (Les), f. c^{ne} de Breuil Chaussée.
Noues (Les), f. et mⁱⁿ. c^{ne} de la Chapelle-Thireuil.
Noues (Les Grandes), *aliàs* La Maladrie, f. c^{ne} de Coulonges-Thouarsais, 1603 (arch. V. Brosse-Guilgault, 25). Voir Malladrie (La).
Noues (Les), vill. c^{ne} d'Exireuil. — *Les Nouhes,* 1452 (arch. Barre).
Noues (Les), f. c^{ne} de Fénery. — *Les Nouhes,* relev. de la Brouardière, 1389 (pap. de la Brouard.).
Noues (Les), h. c^{ne} de Fenioux.
Noues (Les), vill. c^{ne} de Noirlieu.
Noues (Les Hautes et Basses), f. c^{ne} d'Oroux.
Noues (Les), m^{on}. c^{ne} de la Ronde.
Noues (Les), éc. c^{ne} de St-André-sur-Sèvre.
Noues (Les). — *Moulins des Nohes de St-Loup,* 1398 (arch. St-Loup).
Noues (Les), f. c^{ne} de Sanzay. — *Les Petites-Noues* en la châtellenie d'Argenton, 1307 (arch. hist. Poit. XXIV, 114, n.).
Nouette (La), h. c^{ne} de Mauzé-Thouarsais.
Nouette (La), f. c^{ne} de Neuvy-Bouin.
Nougerat (Le), vill. c^{ne} de Pouffond. — *Nogerat,* relev. de Chef-Boutonne (dén. 1667).
Nougeraye (La), f. c^{ne} de Souché.
Nouraye (La), f. c^{ne} des Groseillers. — *La Nouray* (Cass.).
Nouzière (La), f. c^{ne} de Coulon. — *La Nousière,* 1595 (arch. D.-S. E. 257). — *Prieuré de Nouzières,* ordre de St-Augustin, de 800 liv., possédé par l'abbé de St-Jean-d'Angély (état de l'élect. Niort, 1716).
Nouzière (La), chât. c^{ne} de Fors, ressort et élection de Niort, 1699 (Font. XX, 418). — *La Nouzillière,* 1730 (arch. D.-S. E. 1194).
Nouzières (Les), h. c^{ne} de Vouhé, relev. de Pressigny-en-Gâtine, 1736 (arch. V. E^r. 424).
Noyer (Le Grand), f. c^{ne} de Juscorps.
Noyer (Le), vill. c^{ne} de Lezay.
Noyer (Le Petit), h. c^{ne} de Soudan.
Nueil-sous-les-Aubiers, c^{on} de Châtillon-sur-Sèvre. — *Sanctus Hilarius de Niolo,* 1123 (cart. Trin. Maul.). — *Niolium,* 1300 (gr.-Gauthier ; — arch. Durb.). — *Nyoil,* 1420 (arch. St-Loup). — *Nyeuil,* 1479 (arch. Barre). — *Neueil soubs les Aubiers,* 1527 (arch. V. Brosse-Guilgault, 40). — *Nieuil-les-Aubiers,* relev. de Mauléon, 1551 (inv. arch. D.-S. E. p. 16). — *Nueil sur les Aubiers,* 1750 (cart. alph. du Poit.).
Nueil dépendait de la baronnie de Mauléon (Châtillon), du doyenné de Bressuire, de la sénéchaussée de Poitiers et de l'élection de Thouars. Sa haute justice, réunie à celle du Frêne-Chabot, ressortissait de Châtillon (mém. sur les just. du Poit. par B.-Filleau). La cure était à la nomination de l'abbé de la Trinité de Mauléon. Il y avait 270 feux en 1750.
Nugues (Les), vill. c^{ne} de Messé.

O

Octrie (L'), de l'Hermitain, c^{ne} de Souvigné. Voir Actrie (L').
Ogerie (L'), f. c^{ne} de Boismé. — *Logerie,* relev. de Cirière, 1439 (arch. St-Loup).
Ogerie (L'), f. c^{ne} du Pin. — *Logerie* (Cass.).
Ogerie (L'), f. c^{ne} de Terves. — *Logerie* (Cass.).
Ogerie (L'), f. c^{ne} de Vasles. Voir Augerie (L').
Oie (L'), f. c^{ne} de St-Martin-lez-Melle.
Oiron, c^{on} de Thouars. — *Villa Orioni in vicaria Toarcinse,* 935 (cart. St-Cyprien). — *Orionium*

ou *Oironium*, 1107 (cart. St-Laon Th.). — *Orrvnium*, v. 1120 (id.). — *Sus Mauricius de Oirum*, 1122 (ms. 1660, ch. de St-P. de Thouars). — *Oyrum*, 1225 (cart. St-Michel Thouars). — *Oyron*, 1300 (gr.-Gauthier). — *Oiron*, 1369 (arch. hist. Poit. XVII, 427). — Relev. de Thouars, 1467 (chartr. Thouars). — *Oueron*, 1565 (Jouan, relat. voy. Charles IX). — *Ouairon*, 1598 (arch. D.-S. E. 423). — *St-Maurice d'Oyron* (pouillé 1782).

La seign. d'Oiron fut érigée en châtellenie, le 14 janvier 1592, par Claude de la Trémoille. Cette châtellenie comprenait le bailliage d'Oironnois. Elle fut cassée par le parlement au mois de mai 1620 (Font. XXVI, 703, 775).

Un couvent de Chartreux avait été fondé à Oiron, en 1396, par Pétronille, vicomtesse de Thouars. Il disparut bientôt pour être réuni au Liget en 1437 (ex annal. de dom le Couteulx, 1690, ap. bull. ant. ouest 1886, p. 505). Il y avait aussi une aumônerie de Ste-Anne, O. S. A., patron l'abbé d'Airvault, 1602, 1682 (pouillé B.-Filleau, 337).

Un hôpital dit de la Ste-Famille fut fondé à Oiron, en 1703, par Mme de Montespan, et approuvé par lettres patentes de mai 1705.

Oiron, relev. de Thouars, dépendait du doyenné et élection de Thouars, et de la sénéchaussée de Poitiers. Le bailliage d'Oironnois, l'un des six du ressort du siège de la vicomté de Thouars, comprenait les paroisses de Oiron, Pas-de-Jeu, Noizé, Taizé, Brie, St-Jouin, Bilazais, Limon-en-Curzay et Irais (hist. Thouars par Imbert, 247).

Le canton d'Oiron, créé en 1790 et composé des communes de Bilazais, Brie, Maulais, Noizé, Pas-de-Jeu, Taizé, fut réuni à celui de Thouars en l'an VIII.

OISELLERIE (L'), f. cne de St-Maurice-la-Fougereuse.

OLBEUSE, chât. et vill. cnes de Deyrançon et Usseau. — *Olbreuze*, 1642 (arch. hist. Poit. IV). — *Olbereuse* (Cass.).

OLIVERIE (L'), f. cne de Fenioux. — *Lolivrie* (Cass.).

OLIVERIE (L'), f. cne de Saurais. — *L'Oliverie*, relev. de la comm. de la Lande-St-Georges, 1552, et de Malserte en 1642 (arch. V. H. 3). — *L'Ollivière* (cad.).

OLIVERIE (L'), h. cne de Vasles. — *Guillaume Olivier de l'Oliverie*, 1403 (arch. V. Ste-Cr. 44).

OLIVETTE (L'), étang, cne de la Chapelle-St-Laurent. — *Étang de Lolivet*, 1515 (doc. inéd. sur Commines par Fierville, 77-184).

OLIVIER (L'), f. cne du Bougnon.

OMBRAILS (LES), h. cne de Colles. — *Les Onbrails*, 1585 (not. St-Maix.).

OMBREILLES (LES), f. cne de Nanteuil.

OMBRES (LES), vill. cnes d'Amuré et du Bourdet.

ORANGERIE (L'), f. cne de Brelou.

ORANGERIE (L'), vill. cne de Mairé-l'Évescault.

ORBÉ, vill. cne de St-Léger-de-Montbrun. — *Villa Orbiacum*, 926 (panc. noire de Tours, ap. Desly, 219, et Mabille, 128). — *Orbeiacum*, 1107 (cart. St-Laon Th.). — *Orbeium*, 1110, 1117 (id.). — *Orbé*, 1169 (Font. XXVI, 196). — *Orbé et Breuil-d'Orbé*, relev. de Thouars, 1494 (chartr. Thouars). — *Le fief d'Orbé* au village d'Orbé, relev. de la Forêt-sur-Sèvre, 1646 (arch. chât. la For.).

ORBERIE (L'), cne de l'Enclave, 1400 (arch. hist. Poit. XXIV, 361). Voir LORBRIE.

ORBERIE (L'), h. cne de Rom. — *Lorbrie* (Cass.).

ORBESOUSE, h. cne d'Adilly, relev. d'Airvault, 1539-1656 (hist. d'Airv. par B.-Filleau).

ORBIGNY, vill. cne de Glenay. — *Raginaudus Dorbigné*, 1191 (cart. St-Laon Th.). — *Orbeigné*, relev. de Bressuire, 1430 (arch. St-Loup). — *Orbigné*, 1436 (id.). — *Horbigny* (Cass.).

ORDITELLE (L'). — *Fontaine de Lorbitelle* près l'aumônerie de Bressuire, 1423 (arch. St-Loup).

ORDONNIÈRE (LA GRANDE ET PETITE), h. cne d'Ulcot. — *L'Ardonnière* (Cass.).

ORÈRE (L'), f. cne de Vouhé. — *Lauraire* (Cass.).

ORFEUILLE, chât. cne de Gourgé. — *Orfeule*, 1333 (bibl. nat. f. Clér.). — *Orfeuille*, 1399 (doc. in. sur Commines par Fierville, 33). — *Orpheuille*, 1509 (arch. V. E. 1). — *Orfoilles*, 1534 (id. E. 2, 63). — *Chapelle Ste-Catherine d'Orfeuille*, 1660 (la Gâtine hist. et mon. 399, 400). Relev. de Thouars.

ORFOSSE, h. cne de Cerizay.

OROÈRE (L'), f., min. et étang, cne de la Chapelle-Bertrand. — *Lorgère* (Cass.).

ORIOLIÈRE (L'), f. cne de Moutiers. — *L'Oriolère*, 1338 (arch. V. Brosse-Guilgault, 7).

ORIOU, vill. cne de St-Georges-de-Noisné. — *Oriou*, relev. de Faye, 1395, 1636 (inv. d'Aub.).

ORIOU, chât. et vill. cne de St-Maxire. — *Oriou et la Baroterye*, autrement *le fief Pinau ou Pujau*, ressort et élection de Fontenay, 1609 (Font. XX, 425).

ORMEAU (L'), vill. cne de Brûlain. — *Loumeau*, 1705 (arch. D.-S. E. 1187).

ORMEAU (L'), f. cne de Magné. — *Villa Ulmus cum capella*, 936 (cart. St-Cyprien, 325).

ORMEAU (L'), f. cne de Romans.

ORMEAU (L'), vill. cne de St-Mard-la-Lande.

Ormeau-Pitri (L'), f. cne de Maisontiers.
Ormeaux (Les), vill. cne de Mairé-l'Évescault. — *Villa de Ulmellis*, 1270 (Font. XXII, 305). — *Les Ormeas*, 1276 (id. 327).
Ormeaux (Les), h. cne de Mauzé-Thouarsais. — *Terra de Ulmo Benedicti*, 1235 (cart. St-Mich. Thouars).
Ormeaux (Les), f. cne de Moutiers.
Oroux, cen de Thénezay. — *Sus Martinus de Ororio*, v. 1090 (cart. St-Cyprien, 48). — *Oratorium pleno jure de dono episcopi*, 1300 (gr.-Gauthier). — *Ouroux et Houroux*, v. 1400 (arch. Barre, II). — *Ourour*, 1428 (arch. hist. Poit. XXIV, 39, n.). — *Auroux*, 1501 (reg. av. Chât.). — *Oroux*, 1652 (arch. V. cures, 167). — *St-Denis d'Oroux* (pouillé 1782).

Dépendait de l'archiprêtré de Parthenay, de la châtellenie de la Ferrière réunie à la baronnie de Parthenay, de la sénéchaussée et de l'élection de Poitiers (dén. des just. bar. Parth. 1744). La cure était à la nomination de l'évêque. Il y avait 54 feux en 1750.

Ors (Les), cne de St-Aubin-de-Baubigné, XVe siècle (reg. r. Templ. Maul.). L. disp.
Ors (Les), f. cne de Souché.
Osme (L') ou l'Aulme, rivière qui prend sa source au Puits de l'Osme près Bouin et qui se jette dans la Charente. — *Alveus de Lauma*, 1312 (Font. XXIII; — rech. sur Chef-Bout. par B.-Filleau, p. 19). — *L'Osme* (stat. des D.-S. par Dupin). — *Losme* (Cass.).
Ouche (L'), f. cne de Chanteloup. — *Lousche*, 1597 (arch. V. pap. Droch.).
Ouche (L'), f. cne des Forges.
Ouche (L'), f. cne de Verruye.
Ouche-du-Font (L'), l.-d. cne d'Asnières, 1597 (arch. D.-S. E. 378).
Ouche-Neuve (L'), f. cne de St-André-sur-Sèvre.
Ouche-Prunelle, h. cne de St-Marsault.
Ouchereau (L'), h. cne de Messé.
Oucherie (L'), f. cne de Mazières-en-Gâtine. — *Laucherie*, relev. de l'abbaye de St-Maixent, 1363 (cart. St-Maix. II, 154). — *Louscherie*, 1515; *Lhouscherie*, 1588 (arch. V. Es. 400, 410). — *Loucherie* (Cass.).
Oucherie (L'), vill. cne de Secondigny.
Ouches (Les), h. cne d'Avon.
Ouches (Les), f. cne de Beaulieu-sous-Parthenay, 1678 (arch. V.).
Ouches (Les), h. cne de Largeasse.
Ouches (Les), ténement, cne de Montigné. — *Oschæ*,

1269, relev. de l'abbaye de St-Maixent (cart. St-Maix. II, 102).
Ouches (Les), h. cne des Moutiers-sous-Chantemerle (Cass.). — *Ville des Ouches* (cad.).
Ouches (Les), f. cne de St-Éanne.
Ouches (Les), chât. cne de St-Génard. — *Les Housches*, en la juridiction de Melle, 1591 (arch. V. coll. Deniau).
Ouches (Les), f. cne de Sto-Néomaye.
Ouches (Les), f. cne de Secondigny.
Ouches (Les), vill. cne de Vanzay.
Ouche-Tilloux (L'), f. cne de Brelou.
Ouchette (L'), f. cne de la Forêt-sur-Sèvre. — *Louchette* (Cass.).
Ouchette (L'), vill. cne de Magné.
Ouchette (L'), vill. cne de Melleran. — *Louchette* (Cass.).
Ouère (L'), rivière qui prend sa source au-dessus des Échaubrognes et se jette dans l'Argenton, au bas d'Argenton-Château (stat. des D.-S. par Dupin). — *Rivière Douher*, 1441 (arch. hôpit. Arg.). — *L'Ouère* (Cass.). — *L'Houère* (cad.).
Ouillères (Les), h. cne du Busseau. — *Les Oullières* (Cass.). Voir Houillères (Les).
Ouillères (Les) en St-Lin, relev. de Pressigny-en-Gâtine.
Ouillette (L'), éc. cne d'Exireuil.
Ouimes, vill. cne de Crézières. — *Ouyme* (Cass.). — *Villa Osma, in pago pictavo, in vicaria Metulo*, 1028 (Font., LXII).
Oulleries (Les), f. cnes de St-Aubin-de-Baubigné.
Oumois (L'), h. cne des Échaubrognes. — *Lomaye in parrochia beati Hilarii de Chaubroignia*, 1342 (Font. IX, 279). — *L'Oumois* (dict. géogr. D.-S. par Dupin).
Ourserie (L'), f. cne de Beaulieu-sous-Parthenay. — *Lourserie*, relev. de la Sauvagère, 1452; *Lourceric*, 1602; *Lourserye*, 1679 (arch. Barre).
Ousme-du-Moulin (L'), cne de Chavagné, 1486 (arch. Barre, II).
Ousselière (L'), f. cne de St-Aubin-le-Clou. — *Lourselière* (Cass.).
Ouvrardière-Godin (L'), cne des Aubiers, 1351 (arch. hist. Poit. XVII).
Oyré (Fief) *in parrochia Pampriani* (Pamprou), relev. de l'abbaye de St-Maixent, v. 1210 (cart. St-Maix. II, 34).
Ozé, vill. cne de Maulais. — *Oseium*, 1235 (cart. St-Mich. Th.). — *Ozai ou Hozai*, 1239 (cart. Chambon). — *Auzé*, 1654 (arch. D.-S. E. 957).

P

PAGERIE (LA), f. cne de Germond. — *La Pasgerie*, 1650 (arch. V. E. 1, 11).
PAGERIE (LA), vill. cne de Sompt.
PAGERIE (LA), vill. cnes de Coutières et Vasles. — *La Pageria*, 1247 (quer. rec. in. Tur., Pict., Xanct. dioc. ap. arch. nat.). — *Maladrerie de la Pasgerie*, 1450 ; *chapelle de la Peagerie*, 1451. Relev. de la Barre-Pouvreau (arch. Barre I, II ; — arch. V. E. 1, 10). — La Pagerie était de l'élection de Poitiers et avait 114 feux en 1750 (cart. alph. Poit.).
PAGNÈRE (LA), f. cne de St-Amand-sur-Sèvre. — *La Pagnière* (Cass.).
PAGNEUX (LE), f. cne de Vausscroux. — *Lespaignea*, relev. de l'abbaye de Ste-Croix de Poitiers, 1362 (arch. V. Ste-Cr. 44). — *Les Pagneaux* (Cass.). Voir ÉPAGNEAU.
PAILLANDRIE (LA), f. cne de St-Martin-de-St-Maixent. — *La Pillaudrie* (Cass.). — *Saint-Georges de Terreneuve*, xvie s. (not. St-Maix.).
PAILLARDS (LES), min. cne de Chef-Boutonne. — *Moulin d'Épaillard*, 1772 (arch. V. St-P. 242).
PAILLAUDIÈRE (LA), vill. cne de Prailles. — *La Paillaudère*, 1531 (not. St-Maix.).
PAILLE (LA), vill. cne de Souvigné. — *Pailles*, relev. de Mons, 1238 (cart. St-Maix. II, 66). — *Pailles*, 1322 (not. St-Maix.).
PAILLE-GROLLE, f. cne de St-Aubin-de-Baubigné.
PAILLE-MAILLE, étang, cne d'Adilly.
PAILLER (LE), f. cne de Prissé.
PAILLÈRE (LA), f. cne de Nueil-sous-les-Aubiers. — *La Paillière* (Cass.).
PAILLERIE (LA), h. cne de la Boissière-en-Gâtine. — *La Paillerie*, 1482 (arch. V. Es. 403).
PAILLERIE (LA), f. cne de Châtillon-sur-Thoué. — *La Paillerye*, 1383 (arch. V. E. 2, 131). — *La Paillerie*, 1390, dépendant de la maison-Dieu de Parthenay (arch. hôp. Parth.).
PAILLERIE (LA), f. cne d'Exireuil.
PAILLERIE (LA), au village de la Favrelière, cne de St-Martin-du-Fouilloux (arch. V. E. 1, 14).
PAILLERIE (LA), partie de la Fontenelle, cne de Ste-Néomaye.
PAILLETTE (LA), f. cne de Périgné.
PAIN (LE), vill. cne de Montalembert.
PAINCHAUD, h. cne de Chanteloup.
PAIN-PERDU, mon, cne de Niort.
PAIN-PERDU, ténement, cne de Romans. — *Panperdu*, 1105 (cart. St-Maix. 239).

PAIN-PERDU, f. cne de St-Maurice-la-Fougereuse. — *Tuilerie de Pin-Perdue* (Cass.).
PAIRAULT, min. cne de St-Georges-de-Noisné. — *Le Moulin Pesrault*, 1523 (arch. V. Es. 446).
PAIRÉ (LE), vill. cne de Brelou. — *Le Peyré de la Villedieu*, 1524 ; *le Peyré des Pons de Vaulx*, 1536 ; *le Peyré de la Ville-Dieu des Ponts de Vaulx*, 1546 ; *le Payré*, 1569 (not. St-Maix.).
PAIRÉ, h. cne de Chef-Boutonne. — *Villa Pereto in vicaria Metulinse*, v. 1021 (cart. St-Jeand'Ang. ap. Font. LXII, p. 525).
PAIRÉ, chât. cne de Coulonges-les-Royaux. — *Simon de Pereyo*, 1269 (la Gât. hist. et mon.). — *Le Péré de Coulonges*, 1428. — *Le Peiré de Coulonges*, 1453 (arch. D.-S. E. 274). — *Péré*, 1449 (bull. soc. stat. 1886, p. 286).
PAIRÉ (LE), h. cne de la Mothe-St-Héraye. — *Le fié du Peyré*, relev. de l'abbaye de St-Maixent, 1363 (cart. St-Maix. II, 157). — *Le Payré*, relev. de la Mothe, 1621 (av. de la Mothe ; — Font. LXXXV).
PAIRÉ (LE), f. cne de Nueil-sous-les-Aubiers. — *Le Petit Perré*, dépendant du Fresne, 1363 (cart. Trin. Maul.). — *Le Pérer Tournebuef*, 1351 (arch. hist. Poit. XVII). — *Le Poyré bérart*, relev. en partie de Bressuire, 1420 (arch. St-Loup). — *Le Petit Payré*, 1627 (arch. V. St-Cypr. 29). — *Le Grand et Petit Perray* (Cass.).
PAIRÉ, chât. cne de la Pérate. — *Peyré*, 1340 (pap. Blactot). — *Payré*, 1451 (dict. fam. Poit. II, 186). — *Le Chastellier-Pairé*, 1639 (arch. Vernay). — *Pairay*, 1729 (tit. orig. sur fam. Poit. par Clouzot). — *Péray* (Cass.). — Relev. de la baronnie de Parthenay.
PAIRÉ, f. et min. cne de Prissé. — *Péré* (Cass.).
PAIRÉ (LE), h. cne de St-Hilaire-la-Palud.
PAIRÉ, f. cne de St-Martin-de-St-Maixent. — *Le Payré*, 1612 (arch. D.-S. E. 43). — *Péré* (Cass.).
PAIRÉ, vill. cne de Saivre. — *Arnaldus de Perers*, v. 1078 (cart. St-Maix. 172). — *Peyré*, 1103-1134 (id. 329). — *Peré*, 1260 (homm. d'Alph. Poit.). — *Peyré*, 1531 (not. St-Maix.). — *Pairé*, 1775, relev. de St-Maixent (état duch. la Meill.).
PAIRÉ (LE), f. cne de Vanzay.
PAIREGORGE (LA), f. cne de Beaulieu-sous-Parthenay. — *Peregorge*, relev. de Mauvergne, 1447 (arch. V. pap. Droch.). — *La Pairegorge* (Cass.).
PAIRINE (LA), h. cne de St-Pompain. — *La Périne*, 1641 (arch. V. seign. div.).

PAIROT (LE), f. cne de Chavagné.
PAIROT (LE), h. cne de Fors. — *Le Pérot neuf* (Cass.).
PAIX, f. et min. cne de Prahecq. — *Moulin de Paix*, 1620 (dén. 1620, ap. mém. soc. stat. D.-S. 3e sér. VI, 337). — Relev. de Prahecq (id. 2e sér. XIV, 264). — *Payx* (Cass.).
PAIZAY-LE-CHAPT, con de Brioux. — *Paizacum*, v. 1086 (cart. St-Jean-d'Ang. ap. Font. LXIII, p. 181). — *Paizay le Chapt*, 1300 (gr.-Gauthier). — *Paysais le Chapt*, 1412 (Font, I, 132). — *St-Maixent de Paisé le Chat* (pouillé 1782).

Paizay-le-Chapt relevait en partie de la baronnie de Gascougnolles, et en partie de celle de Chef-Boutonne bull. soc. stat. D.-S. 1884). En 1716 il relevait du château de Niort (état de l'élect.). Les dîmes de Paizay-le-Chapt relevaient en 1699 de la victé d'Aunay (ms. 141, bibl. Poit.). Paizay dépendait de l'archiprêtré de Melle, de l'élection de Niort, de la subdélégation de Chef-Boutonne et du ressort de la sénéchaussée de Civray. Le prieuré-cure, ordre de St-Augustin, de 1200 liv., était à la présentation de l'abbé de Celles. Il y avait 120 feux en 1716, et 112 en 1750.

PAIZAY-LE-TORT, con de Melle. — *Ecclesia Sancti Petri in villa Paiziaco*, 955 (doc. pour l'hist. de S.-Hil. I, 29). — *Paizay-le-Tort*, 1300 (gr.- Gauthier). — *Payzay le Tort*, 1692 (arch. D.-S. C. 43). — *Pezay le Tort*, 1698 (état de l'élect.). — *St-Pierre de Paizé le Tort* (pouillé 1782).

Dépendait de l'archiprêtré et de la subdélégation de Melle, de l'élection de St-Maixent et du ressort de la sénéchaussée de Civray. Relevait de la seign. de Mellezéar. La cure était à la nomination de l'abbé de Nouaillé. Il y avait 91 feux en 1698, et 95 en 1750.

PALAIN, chât. cne de Chambroutet. — *Paleins*, 1370 (arch. St-Loup). — *Palains*, relev. de Bressuire, 1389 (id.). — *Pallin* (Cass. et cad.).
PALAIRE (LA), f. cne de la Petite-Boissière. Dépendait de l'abbaye de la Trinité de Mauléon en 1672 (arch. V. II. 3, 721).
PALAIRE (LA), f. cne d'Exireuil. — *La Palerie* (Cass.). — *La Pallère* (cad.).
PALAIRE (LA), f. cne de Faye-l'Abbesse.
PALAIS, h. cne d'Aiffres. — *Palaec*, 1260 (homm. d'Alph. Poit.), en la châtellenie de Niort. — *Pallais* (Cass.).
PALAIS (LE), f. cne de Cours.
PALAIS, min. cne de Parthenay.
PALAIS (LE), rivière affluent du Thoué, prend sa source dans la commune de Hérisson et se jette dans le Thoué, à Parthenay. — *Palesium*, v. 1070 (cart. de Cormery). — *Le Palaiz*, 1430. — *Le Petit et le Grand Pallay*, 1527. — *Le Pallays*, 1708 (arch. Barre, II).

PALAIS, f. cne de St-Aubin-le Clou. — *Palais*, 1617 (arch. Barre).
PALAIS, min. cne du Tallud. Ce moulin fut créé vers 1070 (cart. de Corm.). — *Moulin du Pallais*, 1637 (ma coll.).
PALAIS (BAS), f. cne de Ste-Pezenne.
PALAN (FEODUM DE) *in parrochia de Montigné*, 1269, relev. de l'abbaye de St-Maixent (cart. St-Maix. II, 102).
PALANTERIE (LA), f. cne de Vernou-en-Gâtine.
PALEFRIE (LA), f. cne de Traye.
PALENNE (LA), f. cne de Nueil-sous-les-Aubiers. — *La Polaine* (Cass.).
PALINIÈRE (LA), f. cne de Verruye.
PALLE (LA), f. cne de St-Aubin-du-Plain.
PALLIS, autrement LE RUAU DE REGNÉ, relev. de Thouars, 1494 (chartr. Thouars).
PALLU, vill. cne de Nanteuil. — *Palu*, 1093-1106 (cart. St-Maix. 245). — *Riveria de Palude apud Nantolium*, 1219 (cart. Châtell.). — *Pallu*, 1526 ; *Moulin aux clercs à Pallu*, 1567 (not. St-Maix.).
PALLU (LA), min. cne de Noirlieu.
PALLUAU, min. cne de Marnes. — *Paluau*, 1409 (mém. ant. ouest, 2e sér. IV).
PALLUAU, min. cne de St-Loup. — *Molendinum de Palina*, XIIe siècle (cart. l'Absie, ap. Dupuy, 828). — *Paluau*, 1479 (arch. Barre, II).
PALLUAUX (LES), h. cne de Granzay.
PALLUÈRE (LA), cne de Moutiers, 1557 (reg. insin. Thouars). L. disp.
PALOUBE (LA GRANDE), mins. cne du Vanneau.
PALUD (LA), h. cne de St-Hilaire-la-Palud. — *In marisco que nominatur Paluz*, 991 (arch. V. Nouaillé ; — Font. XXI, 322). — *La Pallu* (Cass.).
PALVEAU, f. cne de St-Sauveur-de-Givre-en-Mai.
PAMPLIE, con de Champdeniers. — *Pampelia*, 1097 (cart. St-Cyprien, 13) ; — 1300 (gr.-Gauthier). — *Pampalie*, 1398 (arch. hist. Poit. XXIV, 393). — *Châtel et seign. de Pampelie*, relev. de la baronnie de Secondigny, 1465 (arch. V. Fontaine-le-C.). — *Pempelie*, 1612 (arch. V. Pouzay, 2). — *Pamplie* (Cass.). — *St-Germain de Pampelie*, 1648 (pouillé B.-Filleau).

Dépendait de l'archiprêtré d'Ardin, de la sénéchaussée de Poitiers et de l'élection de Niort, après avoir fait partie de celle de Parthenay au XVIe siècle. Il faisait partie de la châtellenie de Béceleuf, réunie à la baronnie de Parthenay (dén. just. bar. Parth. 1744). La cure était à la nomination de l'évêque. Il y avait 103 feux en 1716, et 104 en 1750.

Pampouil, f. c^{ne} de la Chapelle-Bâton. — *Pampoel,* 1444 (arch. V. E^s. 402). — *Pampouille* (Cass.).

Pamprou, c^{on} de la Mothe-St-Héraye. — *In villa Pampro ecclesia in honore sancti Maxentii fundata,* 951-963 (cart. St-Maix. 42). — *Pampro in vicaria Sancti Maxentii,* 988 (id. 70). — *Pompro,* 1110 (id. 258). — *Pamprolium, Pamprianum,* 1210 (id. II, 34). — *Panpro,* 1218 (id.). — *Pamprou,* 1221 (cart. Châtell.). — *Sanctus Martinus de Pampro,* 1300 (gr.-Gauthier.). — *Ponprou,* 1399 (doc. p. l'hist. de St-Hil. II, 58). — *Panprou,* 1456 ; *Pamproul,* 1479 (arch. Barre). — *Pamprou et St-Martin-les-Pamprou* (Cass.).

Le prieuré de St-Maixent-de-Pamprou fut réuni au collège des Jésuites de Poitiers par bulle du pape Paul V de 1607, et lettres du roi de 1614 (arch. V. Ste-Marth. 82). La paroisse de St-Martin fut supprimée et réunie à celle de St-Maixent-de-Pamprou. Elle dépendait de la châtellenie de Lusignan (dict. top. Vienne, 239). Il y avait une maladrerie en 1648 (pouillé 1648). Pamprou dépendait de l'archiprêtré d'Exoudun, de l'élection et ressort du siège de St-Maixent. Il y avait 429 feux en 1698, et 375 en 1750.

Pamprou (Le), rivière affluent de la Sèvre Niortaise. — *Aqua que appellatur Pampro,* 1104 (cart. St-Maix. I, 237).

Panessac, anc. chât. et vill. c^{ne} de Limalonges. — *Panassac,* relev. de Civray, 1389 (gr.-Gauthier, des bénéf.). — *Pannesac,* 1410 (arch. V. C. 2, 153). — *Panessac,* 1538 (id. E. 3, 15). — *Pannezacq* (arch. D.-S. E. 1058).

Pangerie (La), f. c^{ne} de la Ronde.

Panier-Fleuri (Le), f. c^{ne} de Saivre.

Panne (La Vieille), vill. c^{ne} de Vanzay.

Pannelière (La), f. c^{ne} de St-Georges-de-Noisné.

Papaudière (La), f. c^{ne} de Bressuire. — *La Papaudère,* relev. de Bressuire, 1383, 1418 (arch. St-Loup).

Papaut, mⁱⁿ. relev. de Bressuire, 1383 (arch. St-Loup).

Papelière (La), h. c^{ne} de Nueil-sous-les-Aubiers.

Papeterie (La), f. c^{ne} de Brelou.

Papinaudière (La), f. c^{ne} de Fenioux.

Papinaudière (La), f. c^{ne} des Groseillers, 1636 (le pr. de Champd. par Desaivre, 17). — *Papinaudière* (Cass.).

Papinière (La), f. c^{ne} de Breuil-Chaussée.

Papinière (La), f. c^{ne} de Largeasse.

Papinière (La), f. c^{ne} de Montigny.

Papinière (La), f. c^{ne} de Nueil-sous-les-Aubiers. — *La Papinère,* 1351 (arch. hist. Poit. XVII).

Papinière (La), f. c^{ne} de St-Aubin-de-Baubigné.

Papinière (La), vill. c^{ne} de St-Pardoux.

Papinière (La), f. c^{ne} de St-Paul-en-Gâtine.

Papinière (La), f. c^{ne} du Tallud.

Papon, mⁱⁿ. c^{ne} de Celles.

Paponnière (La), f. c^{ne} de Clavé. — *La Paponnère,* 1444, 1528 ; *la Paponière,* 1557 (arch. Barre, II).

Papot, mⁱⁿ. c^{ne} de Fontenille.

Papotière (La), vill. c^{ne} de la Chapelle-Bertrand. — *La Papotère,* 1509 (arch. V.). — *La Popotière* (Cass.). — Relev. de la Crólaye.

Papotière (La), f. c^{ne} de Germond.

Paquetries (Les), c^{ne} de Moncoutant ; anc. fief relev. de la Rambaudière, 1785 (arch. D.-S. E. 440).

Paradis (Le), éc. c^{ne} de Chanteloup.

Paradis (Le), éc. c^{ne} d'Épanne.

Paradis (Le), f. c^{ne} de Maisonnais.

Paradis (Le), f. c^{ne} de Pougne-Hérisson.

Paradis (Le), f. c^{ne} de St-Christophe-sur-Roc.

Paradis (Le), h. c^{ne} de Sansais.

Paranches (Les), f. c^{ne} de Soulièvre. — *Les Paranches,* 1559 (reg. insin. Thouars). — *Les Parenches* (Cass.).

Parandeau, h. c^{ne} de Pamprou. — *Parondeau,* 1543 (arch. V. Ste-Marth. 90).

Parantière (La), éc. c^{ne} de la Chapelle-St-Laurent. — *La Parentière* (Cass.).

Parc (Le), h. c^{ne} de Gourgé.

Parc (Le), h. c^{ne} de Rom. — *Le Parcq* près de Massais, 1656 (arch. V. St-P. 231).

Parc (Le), éc. c^{ne} de St-Jouin-sous-Châtillon.

Parc-Chalon, f. et bois, c^{nes} de Mauzé-Thouarsais et Coulonges-Thouarsais. Voir Chalon (Parc).

Parc-d'Oiron (Le), bois, c^{ne} d'Oiron, 1768 (arch. D.-S. H. 299).

Parchimbault, vill. c^{ne} de Melle. — *Parchumbaut,* 1396 (arch. hist. Poit. XXIV, 245). — *Perchimbault,* 1545 (arch. V. Ste-Marth. 109). — *Bas Perchimbault* (Cass.).

Pardière (La), f. c^{ne} de St-Marsault.

Pardière (La), éc. c^{ne} de St-Porchaire.

Pardonnière (La), éc. c^{ne} de Massais.

Parée (La), h. c^{ne} de Brelou, 1573 (not. St-Maix.).

Parée (La), f. c^{ne} de St-Aubin-du-Plain. — *La Parie* (Cass.).

Parge, vill. c^{ne} de Lorigné. — *La Jarge* (Cass.).

Parie (La), vill. c^{ne} de Breuil-Bernard.

Parionnière (La), vill. c^{ne} d'Assais.

Parisière (La), f. c^{ne} de la Chapelle-St-Étienne.

Parisière (La), f. c^{ne} de St-Florent, 1618 (rev. cure N.-D. Niort).

PARLIÈRE (LA), vill. c^ne de Fontperron. — *La Parrellère*, relev. de Champépin, 1457 ; *la Perelère*, 1560 (arch. Barre). — *La Perlère*, 1530 (not. St-Maix.).

PARNAIS, h. c^ne de Luzay. — *Parnay*, 1398, relev. de Thouars (chartr. Thouars).

PARODELLERIE (LA), h. c^ne de Mauzé-Thouarsais.

PARPAUDIÈRE (LA), f. c^ne de Béceleuf. — *La Parpauldière*, 1602. Anc. fief relev. de la Meilleraye (arch. V. Beauregard, 26).

PARSAIS, h. et chât. c^ne de Bricuil-sur-Chizé. — *Parçai*, XIIIe siècle (censif de Chizé). — *Parsay*, 1300 (arch. V. S^te-Cr. 92).

PARSAIS, vill. c^ne de Louzy. — *Paroit*, v. 1130 (cart. St-Laon Th.). — *Parssay*, 1406 (chartr. Thouars). — *Parsay* (Cass.).

PARSAY, h. et m^in. c^ne de Celles. — *Parçay*, 1483 (hist. des Chast. pr. p. 83).

PARTHENAISIÈRE (LA), h. c^ne de Fenioux. — *La Partenaisière*, 1567 (min. not. Parth.). — *La Partenaizière* (Cass.).

PARTHENAY, chef-lieu d'arr^t. — *Castrum Parteniacum*, v. 1020 (Labbe, bibl. man. ; — Besly, c^tes Poit. 388). — *Partheniacum*, 1030 (Besly, 299). — *Partanium*, 1043 (arch. hist. Poit. II, ch. St-Flor.). — *Partiniacum*, 1069 (cart. Bourgueil). — *Parthenacum*, v. 1070 (cart. Cormery). — *Partenacum*, 1078 (cart. Bas-Poit.). — *Parthenay*, v. 1090 (arch. hist. Poit. I, cart. St-Nic. Poit.). — *Parthanaicum*, v. 1122 (cart. Fontevr. II, 8). — *Partenaicum*, 1164 (id. II, 421). — *Partenay*, 1202 (rot. litt. pat. I). — *Partanaium*, 1204 (arch. V. Fontaine-le-C. 30). — *Partheneium* (Philipp. VIII, v. 377). — *Parthiniacum*, 1218 (cart. Rays). — *Parteneium*, 1214 (lay. tr. ch. II, 529). — *Parthenaium*, 1246 (id. III). — *Partenetum*, v. 1250 (arch. nat. J. 190, n° 71). — *Pertiniacum*, 1270 (id. J. 319). — *Partenaium*, 1274 (id. J. 728). — *Partanayum*, 1323 (Guill. de Nangis). — *Partenay*, 1402 (orig. ma coll.). — *Pertenay*, 1423 (chron. le Fèvre de St-Rémy, II, 81). — *Parthenay*, 1528 (arch. hist. Poit. IV).

Il y avait autrefois sept paroisses à Parthenay : 1° St-Laurent, prieuré dépendant de l'abbaye, puis évêché de Luçon, et érigé en prévôté séculière en 1468 ; 2° Ste-Croix, chapitre séculier composé de sept chanoines ; 3° Notre-Dame de la Coudre, annexée à la dignité d'archiprêtre de Parthenay, ainsi qu'une ancienne chapelle St-Thomas située près de Ste-Croix et supprimée au XVIIe siècle ; 4° St-Paul, prieuré dépendant de l'abbaye de Cormery en Touraine ; 5° St-Jean, dépendant de l'abbaye de Luçon ; 6° St-Jacques ; 7° le St-Sépulcre. — On y comptait plusieurs couvents d'hommes et de femmes : 1° les Cordeliers, remontant au XIIIe siècle ; 2° les Capucins, établis en 1612 ; 3° les Ursulines, en 1624 ; 4° l'Union-Chrétienne, en 1698. — Deux paroisses seulement ont été conservées, St-Laurent et Ste-Croix. — Un collège entretenu par la ville fonctionnait dès le commencement du XVIIe siècle.

La maison-Dieu de Parthenay, appelée aussi prieuré et aumônerie de la Madeleine, dont la fondation remontait au XIIe siècle, fut distraite du prieuré et convertie en hôpital civil, en vertu d'une transaction du mois de mai 1562 entre le prieur et les habitants. Elle fut érigée en hôpital général par lettres patentes de mars 1687, et d'autres lettres patentes de décembre 1695 lui adjugèrent les biens de la maladrerie de Ste-Catherine de Parthenay, et de l'aumônerie de Gourgé.

L'archiprêtré de Parthenay, dont l'existence est constatée au XIe siècle, s'étendait de l'est à l'ouest sur une bande longue et assez étroite de territoire, démembré de l'immense *pagus* de Thouars. Il comprenait les paroisses suivantes : la Chapelle-St-Laurent, Fénery, Clessé, Aubigny, Oroux, Neuvy, N.-D. de la Coudre, St-Laurent, St-Jean, Ste-Croix, St-Paul, St Jacques et le St-Sépulcre de Parthenay, le Tallud, St-Aubin-le-Clou, Adilly, Pompaire, la Ferrière, Châtillon-sur-Thoué, la Pérate, Lamairé, la Chapelle-Bertrand, Azay-sur-Thoué, Lhoumois, Largeasse, Traye, Pougne, Hérisson, Gourgé, la Chapelle-St-Étienne, Assais, Prossigny, Viennay, Maisontiers, la Boissière-Thouarsaise, Thénezay, les Moutiers-sous-Chantemerle, le Breuil-Bernard, St-Germain-de-Longue-Chaume, le Chillou et Bouin, situées dans le département actuel des Deux-Sèvres ; Cissé, Liaigues, Champigny-le-Sec, Marconnay, Charrais, Vouzailles, Crom, Massognes, Mazeuil, la Grimaudière, Cherves, Cuhon, Neuville, situées dans le département de la Vienne.

La baronnie de Parthenay relevait de la tour Maubergeon, c'est-à-dire du comté de Poitou. Les châtellenies de Béceleuf, du Coudray-Salbart, de Bailliage-Bâton, d'Autin et de la Ferrière y furent successivement réunies aux XVIe et XVIIe siècles. Louis XIII, par ses lettres patentes de décembre 1663, l'érigea en duché-pairie avec la baronnie de St-Maixent, sous le nom de duché de la Meilleraye, en faveur de Charles de la Porte, maréchal de la Meilleraye. Le ressort du bailliage de Parthenay ou de Gâtine s'étendait sur la châtellenie de Parthenay, comprenant Châtillon-sur-Thoué, la Chapelle-Bertrand, le Tallud, Pompaire, St-Aubin-le-Clou, Viennay et une partie d'Adilly, et sur les châtellenies de la Ferrière, Autin, Bailliage-Bâton, Béceleuf, Coudray-Salbart, qui y plaidaient en première instance, puis sur les châtellenies de Châteauneuf-en-Gâtine, Hérisson, Villiers-en-Gâtine, Champdeniers et Azay-Poupelinière, qui y plaidaient en appel. Les appels des sentences du bailliage portées au présidial de Poitiers avant 1663, époque de la création du duché de la Meilleraye, furent attribués depuis lors au parlement de Paris (dén. des just. bar. Parth. 1744, ap. Font.).

L'élection de Parthenay, créée vers 1560, supprimée en 1583, rétablie en 1590, démembrée en 1597 et supprimée vers 1630, comprenait les paroisses suivantes : Parthenay, la Pérate, Gourgé, Aubigny, Pressigny, Lhoumois, Oroux, Thénezay, Doux, Vandeloigne, la Ferrière, la Chapelle-Bertrand, Pompaire, Châtillon, Azay, Verruye, Vernou, la Boissière-en-Gâtine, Vausseroux, St-Martin-du-Fouilloux, Vautebis, Airvault, Clessé, Neuvy, St-Germain, Tessonnières, Amaillou, St-Loup, Irais, Louin, Maisontiers, Viennay, le Chillou, St-Mard-la-Lande, Allonne, Beaulieu, St-Pardoux, Champeaux, Mazières, le Beugnon, Pamplie, le Tallud, St-Aubin, Secondigny, Hérisson, Pougne, la Chapelle-Séguin, Coutières, Fenioux, Xaintray, St-Lin, Vouhé. Cours, les Groseillers, Champdeniers, Fénery, Saurais, Adilly, Bouin, Traye, le Busseau, Scillé, St-Paul, Puyhardy, la Chapelle-Thireuil, les Jumeaux, la Forêt, St-Jouin-de-Milly, Courlay, Largeasse, la Chapelle-St-Laurent, le Breuil-Bernard, Pugny, Moutiers-sous-Chantemerle, la Chapelle-St-Étienne, St-André, la Boissière-Thouarsaise, situées dans le département actuel des Deux-Sèvres ; Chalandray, Cramart, dans le département de la Vienne ; Montournais, Mouilleron, Cheffois, la Tardière, la Châtaigneraye, Antigny, St-Maurice-le-Girard, Breuil-Barret, St-Pierre-du-Chemin, Menomblet, Loge-Fougereuse, la Chapelle-aux-Lys, St-Mesmin-le-Vieux dans le département de la Vendée (rôle de l'élect. en 1579, ap. Gaignières, 2759 ; — l'élection de Niort par Desaivre, ap. mém. soc. stat. III, p. XVII ; — le bureau des finances de Poit. par Bonvallet, ap. mém. soc. ant. ouest). Après la suppression de son élection, Parthenay fut attribué à celle de Poitiers.

La subdélégation de Parthenay comprenait les paroisses de : Parthenay, Adilly, Amaillou, Allonne, Assais, Aubigny, Azay-sur-Thoué, Beaulieu, Boismé, Bouin, Châtillon-sur-Thoué, Chiché, Clessé, Doux, Fénery, Fenioux, Gourgé, Hérisson, Pougne, la Boissière-en-Gâtine, la Chapelle-Bertrand, la Chapelle-St-Laurent, la Ferrière, Lamairé, la Boissière-Thouarsaise, la Pérate, le Beugnon, le Chillou, le Tallud, Lhoumois, Louin, Maisontiers, Neuvy, Oroux, Pompaire, Pressigny, St-Aubin-le-Clou, St-Germain-de-Longue-Chaume, St-Loup, St-Martin-du-Fouilloux, St-Pardoux, Saurais, Secondigny, Soutiers, Thénezay, Traye, Vandeloigne, Vasles, Vernou, Viennay, dans le département actuel des Deux-Sèvres, et Chalandray et Cramart dans le département de la Vienne (almanach du Poit. 1788). Il y avait 850 feux à Parthenay en 1750.

En 1790 Parthenay fut érigé en chef-lieu de district comprenant les cantons de Parthenay, Amaillou, la Chapelle-Thireuil, la Ferrière, St-Pardoux, Secondigny, Thénezay. En l'an VIII, l'arrondissement, plus grand que l'ancien district, fut divisé en huit cantons : Parthenay, Airvault, Mazières-en-Gâtine, Ménigoute, Moncoutant, Secondigny, St-Loup, Thénezay. Le canton de Parthenay en 1790 comprenait les communes de la Chapelle-Bertrand, Châtillon-sur-Thoué, Pompaire, le Tallud, Viennay. En l'an VIII on lui annexa le canton d'Amaillou, c'est-à-dire Amaillou, Adilly, la Boissière-Thouarsaise, Fénery et St-Germain.

PARTHENAY-LE-VIEUX, vill. et ancien prieuré, cne de Parthenay. — *Ecclesia Veteris Partiniaci*, v. 1000 (ch. de St-Flor. ap. arch. hist. Poit. II). — *Sanctus Petrus Partheniaci Veteris*, 1092 (chron. mon. Casæ Dei). — *Prioratus de Pertiniaco Veteri*, 1300 (gr.-Gauthier). — *Partenay le Vieil*, 1419 (bull. ant. ouest). — *Partenay le Vieux* (Cass.).

Cet ancien prieuré dépendait, depuis l'origine, de l'abbaye de la Chaise-Dieu en Auvergne.

PARTHENAY, vill. cne de St-Éanne.

PAS-CHAILLOU (LE), f. cne de St-Aubin-de-Baubigné.

PAS-CHAUVIN (LE), éc. cne de St-Symphorien.

PAS-DAVID (FIEF DU), cne de la Foye-Monjault, 1609 (Font. XX, 413).

PAS-DE-BŒUF (LE), f. cne de Châtillon-sur-Thoué.

PAS-DE-CHAUNAY (LE), f. cne de Souché.

PAS-DE-JEU, con de Thouars. — *Ecclesia de Joco seu de Jocco*, 1300 (gr.-Gauthier). — *Jou*, 1350 ; *Jeu*, 1420 (cart. St-Jouin). — *Pas de Jeu*, 1596 (arch. V. St-P. 264). — Relev. de Thouars, 1630 (chartr. Thouars). — *St-Hilaire de Pas de Jeu* (pouillé 1782).

Dépendait de la sénéchaussée de Poitiers, du doyenné et élection de Thouars et du bailliage d'Oironnois, ressort du siège de la vicomté de Thouars. La cure était à la nomination de l'évêque. Il y avait 104 feux en 1750.

PAS-DE-LA-RIVIÈRE (LE), l.-d. c^{ne} d'Augé, 1530 (arch. D.-S. E. 56).

PAS-DE-LA-SANGLE (LE), l.-d. c^{ne} de St-Liguaire, 1664 (arch. D.-S. H. 332).

PAS-DES-CHAUMES (LE), vill. c^{ne} d'Aubigné.

PAS-DU-GUET (LE), f. c^{ne} de Nueil-sous-les-Aubiers. — *Le Pasquiet* (Cass.).

PAS-GARNIER (LE), h. c^{ne} d'Étusson.

PASINIÈRE (LA), mⁱⁿ. c^{ne} de St-Maixent-de-Beugné, 1772 (arch. D.-S. E. 346).

PAS-NOIR (LE), l.-d. c^{ne} de Rouvre. Restes de retranchements antiques (hist. de Champdeniers par Desaivre). — *Pas Nègre*, 1666 (inv. d'Aubigné).

PAS-ROTURIER (LE), f. c^{ne} de Rorthais.

PASSAIS, vill. c^{ne} de St-Martin-de-Sanzay. — *Paçai*, v. 1191 (cart. St-Laon Th.). — *Pachay*, 1234 (cart. St-Mich. Th.). — *Pacayum*, 1249 (chartr. Thouars). — *Passay*, 1430 (cart. St-Laon Th.). — Relev. de Thouars (fiefs vic. Thouars).

PASSEBERNIÈRE (LA), h. c^{ne} de la Couarde. — *La Passe Bernyère*, 1567 (not. St-Maix.). — *La Passebernyère*, dépendant de la baronnie de la Mothe-St-Héraye, 1621 (av. de la Mothe). — *La Passe Dernière* (Cass.).

PASSÉE (LA), h. c^{ne} de Montalembert. — *La Pensée* (Cass.). Voir CHEZ-LA-PASSÉE.

PASSOU (LE), f. c^{ne} de Chanteloup.

PAS-THIBAUD (LE), mⁱⁿ. c^{ne} de Nueil-sous-les-Aubiers.

PATAIRE (LA), f. c^{ne} de Chanteloup. — *Pasteire*, 1376 ; *la Pastayre*, 1420 ; *la Pastaere*, 1428, relev. de Bressuire (arch. St-Loup). — *La Patère* (Cass.).

PATARINE, h. c^{ne} de Frontenay.

PATARINÈRE (LA), près de Xaintray, v. 1235 (enq. de Xaint. arch. nat. J. 1028, 11). L. disp.

PATAUDRIE (LA), h. c^{ne} de Vitré. — *La Paillaudrie* (Cass.).

PATE-D'OIE, h. c^{ne} d'Assais. — *Pacte d'Oix*, 1664 (arch. D.-S. E. 974).

PATELIÈRE (LA), chât. c^{ne} de Combrand. — *La Pastilière*, 1378 (arch. hist. Poit. XIX, 11). — *La Pastelière*, 1455 (Font. XVIII, 55). — *La Pastellière* (Cass.).

PATELIÈRE (LA PETITE), f. c^{ne} de Combrand. — *La Petite Pastelière* (Cass.).

PATELIÈRE (LA), h. c^{ne} de St-Aubin-de-Baubigné. — *La Pastelière*, 1542 (Font. VIII, 111).

PATELIÈRES (LES), h. c^{ne} de Borcq. — *Les Patellières* (Cass.).

PÂTIS (LE), vill. c^{ne} d'Azay-sur-Thoué. — *Le Pasty*, 1687 (arch. Barre).

PÂTIS (LE), f. c^{ne} de Brelou.

PÂTIS (LE), f. c^{ne} de Chanteloup.

PÂTIS (LE), h. c^{ne} de la Chapelle-St-Étienne.

PÂTIS (LE), f. c^{ne} de Cours.

PÂTIS (LE), f. c^{ne} de Fontperron.

PÂTIS (LE), f. c^{ne} de Magné.

PÂTIS (LE), f. c^{ne} de Moncoutant.

PÂTIS (LE), f. c^{ne} de Noirlieu.

PÂTIS (LE), f. c^{ne} de St-Germain-de-Longue-Chaume.

PÂTIS (LE), f. c^{ne} de St-Martin-d'Entraigues.

PÂTISSIER (FIEF), f. c^{ne} de Coulon.

PATROTIÈRES (LES), f. c^{ne} de St-Porchaire.

PATROUILLET (LE), c^{ne} d'Augé, relev. de la châtellenie de St-Maixent (cart. St-Maix. intr.).

PATROUILLET, mⁱⁿ. c^{ne} de la Chapelle-Thireuil.

PATROUILLET (LE), f. c^{ne} de Saivre.

PATTE-A-L'OIE (LA), f. c^{ne} de Coulonges-sur-l'Autise.

PAULIER, logis, c^{ne} de Vasles. — *Poillé*, 1330. — *Pouillé*, relev. de l'abbaye de Ste-Croix de Poitiers, 1478 ; *Pouilhé*, 1568 ; *Pouilly*, 1578 (arch. V. S^{te}-Cr. 44, 46, 47, 48). — *Pollier* (Cass.).

PAULIÈRE (LA), f. c^{ne} de Cirière.

PAUNAY, vill. c^{ne} de Saivre. — *Pasnai*, 1209 (id. II, 28). — *Le Grand et Petit Panays*, relev. de St-Maixent, 1408 (gr.-Gauthier, des bénéf.). — *Pasnay*, 1534 ; *Ponay*, 1554 ; *Paunay*, 1569 (not. St-Maix.).

PAUNAY, *aliàs* MAUPERTUIS, tènement près de la Moussandière (Germond), 1482 (le prieuré de Champd. par Desaivre, 16).

PAUTONNIER, vill. et mⁱⁿ. c^{ne} de Loubillé.

PAUTROCIÈRE (LA), h. c^{ne} d'Ardin, 1453 (arch. D.-S. E. 274).

PAUVREDÈRE (LA), vill. en la seign. de la Guiraire (Boismé), 1467 (arch. St-Loup). L. disp.

PAUVRELIÈRE (LA), f. c^{ne} de Secondigny. — *La Pouvrelière* (Cass.).

PAUVRENIÈRE (LA), vill. c^{ne} de Souvigné. — *La Pauvre Mère*, 1518 (arch. D.-S. E. 1202). — *La Pouvremière*, 1524 ; *la Pouvrenère*, 1533 ; *la Pouvrenière*, 1584 (not. St-Maix.).

PAVÉ (LE), f. c^{ne} de St-Léger-lez-Melle.

PAVILLON (LE), éc. c^{ne} de Boussais.

PAVILLON (LE), h. c^{ne} de la Chapelle-Thireuil.

PAVILLON (LE), h. c^{ne} de St-Coutant.

PAVILLON (LE), f. c^{ne} de Séligné.

DÉPARTEMENT DES DEUX-SÈVRES.

PAVILLON (LE), f. c^{ne} de Thénezay. — *Passus Vetularum*, 1262 (ch. de l'Absie, ap. arch. D.-S.).

PAZIOTTIÈRES (LES), h. c^{ne} de Clessé.

PEAU (LE), c^{ne} du Beugnon, relev. de Secondigny, 1507 (arch. V.).

PEAUX (LES), f. c^{ne} de Louin.

PEAUX (LES), vill. c^{ne} de St-Pierre-à-Champ. — *Les Peaulx-le-Poictou*, relev. de la baronnie d'Argenton, 1558 (reg. insin. Thouars). — *Le Peau* (Cass.). — *Les Grands et Petits Peaux* (cad.).

PÉCHELLERIE (LA), f. c^{ne} de St-Christophe-sur-Roc.

PÉCHELLERIE (LA), anc. chât. c^{ne} du Tallud. — *La Peschellerie*, relev. de la seign. de Lhérigondeau, 1488 (pap. de la Péch.). — *La Péchellerie* (Cass.).

PÉCHÈRE (LA), vill. c^{ne} de Breuil-Bernard. — *La Béchaire* (Cass.). Voir BÉCHÈRE (LA).

PÉCHIOT, f. c^{ne} de Chef-Boutonne. — *Péchiot*, 1577 (dict. fam. Poit. I, 697).

PÉCHOIRE (LA), h. et mⁱⁿ. c^{ne} de la Mothe-St-Hérayc.

PÉCHOT, f. c^{ne} de Vasles.

PÉGUILLON, b. c^{ne} de St-Léger-lez-Melle.

PEIGLAND, h. c^{ne} de Coulon. — *Domus de Podio Aiglent*, 1200 ; *Poyaple*, 1234 ; *Podium Galanti*, 1270 ; *Poyglient*, 1412 (cart. Châtell.). — *Port de Puyaglan*, 1415 (arch. comm. Niort). — *Peauglant*, 1419. — *Peaglai*, 1468 (Font. XX, 227, 276). — *Paigland*, 1675, 1697, dépendant de l'abbaye des Châtelliers ; *Peiglan*, 1728 (cart. Châtell.).

PEIGNERIE (LA), f. c^{ne} de Beaulieu-sous-Parthenay. — *La Paiynerie*, 1479, relev. de la Barre-Sanglier (arch. D.-S. E. 637).

PEILLANDRIE (LA), h. c^{ne} de Brioux.

PELAINE (LA GRANDE ET PETITE), f. c^{ne} de St-Jouin-sous-Châtillon.

PELENTIN, vill. c^{ne} de Tillou. — *Petentin* (Cass.).

PÉLERIE (LA), f. c^{ne} de St-Maurice-la-Fougereuse.

PELISSONNIÈRE (LA), f. c^{ne} de Fenioux.

PELOSSE, f. c^{ne} de Bagneux.

PELUCHES (MOULIN DES), c^{ne} de Marnes.

PELLETIER (FIEF DE LA), c^{ne} de Chambroutet, relev. de la Coindrie, 1609 (arch. V. E^a. 344).

PELLETRIE (LA), f. c^{ne} de la Chapelle St-Étienne.

PELLETRIE (LA), vill. c^{ne} de Moncoutant. — *La Peleterie*, 1382, 1420 (arch. St-Loup). — *La Pelleterie* (Cass.).

PELLETRIE (LA), f. c^{ne} de Mougon. — *La Pelleterie*, 1567 (not. St-Maix.).

PELLETRIE (LA), h. c^{ne} de Prailles. — *La Pelleterie*, 1530 (not. St-Maix.).

PELLETRIES (LES), vill. c^{ne} de Vernou-en-Gâtine. — *La Peleterie*, 1317 (arch. V. Fontaine-le-C.).

PELLEVOISIN, h. c^{ne} d'Azay-le-Brûlé. — *Pelevezin*, 1296 (arch. V. Fontaine-le-C. 22). — *Pellevoysin*, 1528 ; *Pelvoisin*, 1575 (not. St-Maix.). — *Puillevoisin* (Cass.).

PELLEVOISIN, h. c^{ne} de Chef-Boutonne. — *Pelvoisin* (Cass.).

PELLEVOISIN, f. c^{ne} de St-Lin. — *Pellevoisin*, 1583 (arch. V. E. 1, 15).

PELLIÈRE (LA), f. c^{ne} de la Ferrière, anciennement paroisse de Vandeloigne, relev. de Saurais (la Gât. hist. et mon. 391). — *La Pilière* (Cass.).

PELLOUAILLE, h. c^{ne} de Châtillon-sur-Thoué. — *Pelleoelle* ou *Pelleoeilhe*, 1400 (arch. Barre). — *Pellouaille*, relev. de Parthenay, 1428 (id.).

PELLOUAILLE, vill. c^{ne} de Combrand. — *Pellouelle* (Cass.).

PELLOUAILLE, vill. c^{ne} de la Forêt-sur-Sèvre. — *Pellouaille*, 1557 (reg. insin. Thouars). — *Pelloueille*, relev. de la Forêt, 1598 (pap. chât. la For.).

PELLOUAILLE, h. c^{ne} de Largeasse. — *Peloella*, v. 1169 (cart. l'Absie). — *Peloilla*, XIIe siècle (id.).

PENIÈRE (LA), f. c^{ne} de St-Sauveur-de-Givre-en-Mai.

PENNEAU, h. c^{ne} de Pamprou. — *Peunau* (Cass.).

PENNERIE (LA), f. c^{ne} de Coutières.

PENNIÈRE (LA), f. c^{ne} de la Forêt-sur-Sèvre. — *La Painière* (Cass.).

PÉPINIÈRE (LA), vill. c^{ne} de Boismé. — *La Pépinère*, relev. de Bressuire, 1437 (arch. St-Loup). — *La Pinière* (Cass.).

PÉPINIÈRE (LA), f. c^{ne} de Breuil-Bernard. — *La Pépinère*, relev. de Bressuire, 1402 (arch. St-Loup).

PÉPINIÈRE (LA), c^{ne} des Groseillers, relev. de Châteauneuf-en-Gâtine, 1497 (reg. av. Chât.).

PÉPINIÈRE (LA), h. c^{ne} de Noireterre.

PÉRAJOUX, f. c^{ne} d'Augé. — *Puys Rageau*, 1526 (not. St-Maix.). — *Pérajou* (Cass.).

PÉRANCHE (LA), vill. c^{ne} de Glenay ; anc. fief relev. de Bressuire, 1638 (arch. V. Brosse-Guilgault, 41).

PÉRATE (LA), c^{on} de Thénezay. — *Ecclesia S. Mariæ quæ vulgo vocatur Perata, quæ subest in regione Toharcie*, v. 1060 (ch. de Kadelon, seign. de Talmond, ap. cart. Talm. 78). — *Peirata*, v. 1092 (id. 171). — *La Pérate*, v. 1094 (id. 151). — *La Peyrate*, 1480 (arch. D.-S. E. 184). — *La Pératte*, 1558 ; *la Payratte*, 1576 ; *la Pérathe*, 1581 (ma coll.). — *La Peyratte*, 1689. — *La Pairatte*, 1750. — *La Peiratte* (Cass.). — *Notre-Dame de la Pératte* (pouillé 1782).

Dépendait de l'archiprêtré de Parthenay, de la châtellenie de la Ferrière réunie à la baronnie de Parthenay, de la sénéchaussée et de l'élection de Poitiers, après avoir fait partie de celle de Parthenay au XVIe siècle (dén. just. bar. Parth. ;—mém. soc. stat. D.-S.1886 ;—cart. alph. Poit.). La cure était à la nomination de l'abbé de Talmond. Il y avait 170 feux en 1750.

PÉRAUDERIE (LA), f. c^{ne} du Breuil-sous-Argenton. — *La Pirauderie* (Cass.).

PERCHÉE (LA), h. c^{ne} d'Adilly. — *La Perchaye*, relev. d'Airvault, 1404 (arch. Moiré). — *La Prechaye*, 1497 (arch. V. E. 2, 236). — *La Perchay* (Cass.).

PERCHES (LES), f. c^{ne} de la Pérate.

PERCHIS (LE), f. c^{ne} d'Ardin.

PERDILIÈRE (LA), h. c^{ne} de Verruye. — *La Predelère*, 1467 (arch. V. H. 3, 876). — *La Perdrillière*, relev. de Ternant, 1560 (arch. V. E^s. 413).

PERDRISSONNIÈRE (LA), c^{ne} de la Chapelle-Thireuil, relev. de Bois-Chapeleau, 1631 (arch. Bois - Chap.).

PÉRÉ (LE). — *Le Perer*, paroisse de Bretignolle, 1351 (arch. hist. Poit. XVII). L. disp.

PÉRÉ (LE), f. c^{ne} de Coulon.

PÉRÉ (LE), f. c^{ne} de Fenioux.

PÉRÉ, vill. et chât. c^{ne} de Marigny. — *Villa Peredius*, 936 (cart. St-Cyprien, 55). — *Le Péré*, 1260 (homm. d'Alph. Poit.). — *Peyré*, 1300 (arch. V. S^{te}-Cr. 92). — *Pesré*, relev. de la seign. de Prahecq, fin XVe siècle (mém. soc. stat. D.-S. 2e sér. XIV). — *Paisré*, 1704 (arch. D.-S. E. 1186).

PERGELLERIE (LA), vill. c^{ne} de Souvigné. — *La Pergelerie*, 1522 ; *la Pellegerie*, 1535 ; *la Pergellerie*, 1621 (not. St-Maix.).

PERGROLLE, h. c^{ne} de St-Aubin-de-Baubigné.

PÉRIGNÉ, c^{on} de Brioux. — *Payrigniacum, Perigniacum*, 1300 (gr.-Gauthier). — *Pairigné*, 1333 (arch. V. Trin. 95). — *Prieuré St-Martin de Périgné*, dépendant de l'abbaye de Celles, 1681 (arch. D.-S. H. 223).

Dépendait de l'archiprêtré de Melle, de l'élection de St-Maixent et du ressort de la sénéchaussée de Civray. Relev. d'Ébéon et de divers seigneurs. Il y avait 352 feux en 1698, et 262 en 1750.

PÉRIGNÉ, m^{ins}. et logis, c^{ne} de St-Maxire. — *Moulins de Périgné*, 1567 (doc. sur St-Mart.-lez-Niort).

PÉRIGNY, vill. c^{ne} d'Ardin. — *Périgné* (Cass.).

PÉRIGNY, f. c^{ne} de St-Pompain. — *Pairigné*, 1513 (arch. V. H. 3, Cenan). — *Périgné*, 1715 (id.).

PÉRINE (LA), f. c^{ne} de Coulon.

PÉRINIÈRE (LA), f. c^{ne} d'Augé.

PÉRINIÈRE (LA), h. c^{ne} de Cirière.

PÉRINIÈRE (LA), h. c^{ne} des Échaubrognes. — *La Perronère*, 1342 (Font. IX, 279).

PÉRINIÈRE (LA), h. c^{ne} de Pougne-Hérisson. — *La Peyrinière*, 1455 (arch. chât. Chap.-Bertr.). — *La Pairinière* (Cass.).

PÉRISSAC, vill. c^{ne} de Limalonges. — *Parressac*, relev. de Civray, 1404 (gr.-Gauthier, des bénéf.).

PERJAUDIÈRE (LA), f. c^{ne} de la Couarde. — *La Perjaudrie*, 1526 ; *la Perjaudière*, 1533 (not. St-Maix.).

PERNANGE, h. c^{ne} d'Argenton-l'Église. — *Savaricus de Pernengiis*, 1289 ; *Pernenges*, 1333 ; *Prenanges*, 1377 (arch. V. H. 3, 804, 808). — *Prenange* (Cass.).

PERNELLIÈRES (BOIS DES), c^{ne} de Chantecorps. — Bois des Pernelères, situé près les Gâts de Malépine et relev. de la Saisine, 1442 (arch. Barre, II).

PERNIÈRE (LA), f. c^{ne} d'Augé, 1580 (not. St-Maix.).

PERNIÈRE (LA), (GRANDE ET PETITE), ff. c^{ne} de St-Georges-de-Noisné. — *La Pernère*, 1531, 1617 (not. St-Maix. ; arch. V. E^s. 414).

PÉNOCHÈRE (LA), f. c^{ne} d'Allonne.

PÉROCHONNIÈRE (LA), vill. c^{ne} de St-Jouin-de-Milly.

PÉROLERIE (LA), vill. c^{ne} de Caunay.

PÉROT (LE), f. c^{ne} d'Aiffres.

PÉROTELLERIE (LA), f. c^{ne} de St-Georges-de-Noisné. — *La Pérotelerye*, relev. de Danzay, 1672 (arch. V. E^s. 405).

PÉROTIÈRE (LA), vill. c^{ne} de Fontenille. — *La Perrotière*, relev. de Chef-Boutonne (dén. 1667).

PÉROTINE (LA), h. c^{ne} de Vasles. — *Perrotine*, 1457 (arch. V. S^{te}-Cr. 45). — *Pérotine*, 1666 (arch. Barre, II).

PÉROTONNERIE (LA), vill. c^{ne} de Rom.

PÉROUZE (LA), h. c^{ne} de Loubigné.

PERRAUDIÈRES (LES), ferme sise autrefois près de la Joblinière, c^{ne} de Lamairé, disparue dès 1779 (Font. LXIII).

PERRAULT (LE PETIT), f. c^{ne} de Gript. — *Pérot* (Cass.).

PERRETERIE (LA), f. c^{ne} de Clussais.

PERRIÈRE (LA), vill. c^{ne} de St-Pardoux. — *Peyrères*, relev. de la Jallière, 1360 (arch. chât. Chap.-Bertr.). — *Payrères*, 1444 (arch. nat. O. 19699). — *Pévières*, 1501 (arch. V. E^s. 414). — *Vieille Perrière*, 1612 (arch. Ch.-Bert.). — *Perrière*, relev. de Parthenay, 1698 (arch. V.). — *La Petite et Grande Pairière* (Cass.). — *Le Vieux Pierrière* (cad.).

PERRIÈRE-MAILLOCHAU (FIEF DE LA), c^{ne} de St-Maixent en ladite châtellenie (cart. St-Maix. intr.).

PERRON (Le), h. et mⁱⁿ. c^{ne} de la Chapelle-Thireuil. — *Joannes do Peirun*, xiie siècle (cart. l'Absie). — *Le Poiron*, relev. de Vouvent, 1631 (arch. Bois-Chap.).— *Le Poirost* (Cass.).

PERRON (Le Grand et Petit), f. c^{ne} de Coutières. — *Le Peyron*, 1369; *le Poyron*, 1439 ; *Perron*, 1448; *Payron*, 1479 ; *les Perrons*, 1526, relev. de la châtellenie d'Aubigny (arch. Barre).

PERRONNIÈRE (La), vill. et logis, c^{ne} des Aubiers. — *La Peronère*, 1342 (Font. IX, 279). Relev. de la châtellenie de la Chassée et de la baronnie du Fief-l'Évêque (arch. V. G. 154 ; — év. Poit. 154).

PERRONNIÈRE (La), h. c^{ne} de Massais.

PERS, c^{on} de Sauzé-Vaussais. — *Froter de Pers*, v. 1150 (arch. V. Nouaillé, 180). — Pers relevait de Lusignan, 1411 (gr.-Gauthier, des bénéf.). — *Notre-Dame de Pers*, présentateur l'abbé de St-Séverin (pouillé 1782).

Pers dépendait de l'archiprêtré de Rom, de la sénéchaussée de Civray, de la châtellenie de Lusignan et de l'élection de Poitiers. La paroisse est réunie à celle de Caunay. Il y avait 39 feux en 1750.

PÉRUSE, vill. c^{ne} de Sauzé-Vaussais. — *Perusia in vago Briocinse, in vicaria Sivriaco castro;* avant 1031 (ex. chartis S^{ti} Steph. Lemov. ap. Besly, 281).

PÉRUSE (La), rivière qui prend sa source à la Chapelle-Pouilloux, et se jette dans la Charente (stat. D.-S. par Dupin).

PESANTIÈRE (La), f. c^{ne} du Breuil-Bernard. — *La Pesantère*, 1399 ; *la Paisantère*, 1402, relev. de Bressuire (arch. St-Loup). — *La Paysancière* (Cass.).

PESANTIÈRE (La), tuil. c^{ne} de Moncoutant. L. disp.

PESAY, c^{ne} de St-Georges-de-Rex; anc. propr. de la cure de St-Georges-de-Rex, 1774 (arch. D.-S. G. 15).

PESCHERIE (La), f. c^{ne} de Pompaire, 1465 (arch. D.-S. G. 14).

PÉTIÈRE (La), vill. c^{ne} de St-Jouin-de-Milly.

PÉTINERIE (La), f. c^{ne} d'Échiré.

PETIT-CHÂTEAU (Le), h. c^{ne} de Béceleuf. — *Le Petit-Château de Béceleuf*, 1452 (la Gâconn. par Desaivre, ap. bull. soc. stat. D.-S. 1887, p. 601). Voir CHÂTEAU (Le Petit).

PETIT-FIEF (Le), c^{ne} des Fosses, dépendant du prieuré de Breuil, 1488 (arch. V. S^{te}-Cr. 89).

PETIT-PRÉ (Le), f. c^{ne} de Voultegon.

PETIT-VILLAGE (Le), f. c^{ne} de Moutiers.

PETIT-VILLAGE (Le), f. c^{re} de St-Lin.

PETITE (La), h. c^{ne} de Maisonnais.

PETITE-VILLE (La), f. c^{ne} de Mazières-en-Gâtine.

PETITIÈRE (La), h. c^{ne} de Secondigny. — *Petiteria* ou *la Petitère*, 1323 (arch. V. Fontaine-le-C.). — *La Petitière*, relev. de Secondigny, 1428 (arch. V.). — *Moulin de la Petitière, appelé le moulin Bouton*, 1496 (arch. Barre, II, 237).

PETITS-AVIS (Les), h. c^{ne} de Coulon.

PETITS-PRÉS (Les), f. c^{ne} du Vanneau.

PETOSSE, c^{ne} de St-Martin-de-Sanzay. — *Molendinum de Petuciis*, v. 1123; *de Petutiis*, v. 1130; *Petuscias*, v. 1130; *de Patociis*, 1260 (cart. St-Laon Th.). L. disp.

PETOUR ou PETOUZE, vill. c^{nes} de Brelou et Ste-Néomaye.

PETOUSSE, h. c^{ne} d'Exoudun. — *Villa Petucius*, v. 1021 (cart. St-Jean-d'Ang. ap. Font. LXII, p. 525). — *Petousse*, 1278 (dict. fam. Poit. I, 133).

PÉTRAUDIÈRE (La), vill. c^{ne} de St-Pardoux. — *La Paistraudière*, relev. de la Roulière, 1500 (arch. V. E^s. 426).

PÉTROLIÈRE (La Grande et Petite), vill. c^{ne} de St-Pardoux. — *La Pétrollière*, relev. de la seign. de St-Pardoux, 1572 (arch. de Thoiré).

Peu (Le), f. c^{ne} d'Allonne. — *Le Peux* (Cass.).

Peu (Le), h. c^{ne} d'Ardilleux.

Peu (Le), vill. c^{ne} d'Aubigné.

Peu (Le), f. c^{ne} de Boismé.

Peu (Le), f. c^{ne} du Busseau. — *Willelmus de Poi*, 1173 (cart. l'Absie, ap. Dupuy, 828).

Peu (Le), f. c^{ne} de la Chapelle-Bâton. — *Le Peux* (Cass.).

Peu (Le), f. c^{ne} de la Chapelle-Thireuil. — *Le Peulx*, relev. de Vouvent, 1566 (arch. hist. Poit. IV, 438). — *Le Puy* (Cass.).

Peu (Le), c^{ne} de Celles. — *Le Peulx*, 1611 (arch. V. Ste-Marth. 112). L. disp.

Peu (Le), f. c^{ne} de Clessé. — *Le Puy*, relev. d'Airvault, 1396 (arch. Moiré). — *Le Peux* (Cass.).

Peu (Le), h. c^{ne} d'Échiré. — *Le Puy*, 1411 (arch. Barre, II). — *Le Peu*.

Peu (Le), h. c^{ne} de Luzay. — *Le Puy*, 1621 (arch. D.-S. E. 1069).

Peu (Le), f. c^{ne} de Montigny.

Peu (Le), f. c^{ne} de Parthenay. — *Le Peux* (Cass.).

Peu (Le), h. c^{ne} du Pin. — *Le Peux* (Cass.).

Peu (Le), f. c^{ne} de Prahecq. — *Fief de Puy Cendrou*, ressort et élection de Niort, 1609 (Font. XX, 415). — *Le Puy de Prahec*, 1620 (dén. 1620, ap. mém. soc. stat. D.-S. 3e sér. VI).

Peu (Le), h. c^{ne} de St-Vincent-de-la-Châtre.

Peu (Le), f. c^{ne} de Saurais. — *Le Peux* (Cass.).

Peu (Le), vill. c^{ne} de Thénezay. — *Le Peux*, 1715 (arch. V. H. 3).

Peu (Le), f. c^{ne} de Vasles. — *Le Puy*, 1362 ; *le Puys*, relev. de l'abbaye de Ste-Croix, 1410 (arch. V. S^{te}-Cr. 44). — *Le Puys-Assis*, 1444 (id. E. 2, 238). — *Le Peux* (Cass.).

Peu (Le), vill. c^{ne} de Verruye. — *Le Puy*, relev. de Parthenay, 1530 (arch. V. H. 3, 869). — *Le Peulx*, 1567 (id. E^s. 413). — *Le Peux* (Cass.).

Peu-Blanc (Le), éminence, c^{ne} de Nanteuil. — *Vinea de Monte Albo*, 1120 (cart. St-Maix. I, 297).

Peu-Chauvet (Le), f. c^{ne} de Loubillé.

Peu-de-la-Garde (Le), f. c^{ne} du Pin. — *Le Puys de la Garde*, 1511 (arch. D.-S. E. 283).

Peugerie (La), f. c^{ne} de la Ronde. — *La Pagerie*, 1435 (arch. St-Loup).

Peuget, f. c^{ne} de St-Lin. — *Puget*, 1728 (arch. D.-S. H. 283). — *Peujet* (Cass.).

Peu-Loup (Le), f. c^{ne} du Pin.

Peu-Loup (Le), f. c^{ne} de St-Amand-sur-Sèvre.

Peument, vill. c^{ne} d'Augé, relev. de l'abbaye de St-Maixent (cart. St-Maix. intr. 47). — *Puysmont*, 1522 ; *Puismans*, 1528 ; *Peuxmans*, 1552 (not. St-Maix.).

Peunault, f. c^{ne} de Soudan. — *Peux Nau*, 1573 (not. St-Maix.). — *Peunau* (Cass.).

Peupion, f. c^{ne} de Rigné.

Peuplier (Le), f. c^{ne} des Forges.

Peupoullet, h. c^{ne} de St-Georges-de-Noisné.

Peu-Turpin (Le), c^{ne} de St-Martin-de-St-Maixent, 1562 (not. St-Maix.). L. disp.

Peux (Le Petit), f. c^{ne} de Souché.

Peux (Le), f. c^{ne} de Vernou-en-Gâtine.

Pezeau (Le), f. c^{ne} de Ménigoute.

Pezinière (La), f. c^{ne} de Largeasse. — *La Paisenère*, relev. de Bressuire, 1388 (arch. St-Loup). — *La Puisinière* (Cass.).

Piansor, m^{ins}. c^{ne} de la Petite-Boissière (Cass.).

Piat. — *Moulin de Pyat* sur le Ligueure, près le pont de Saivre, c^{ne} de Saivre, 1508, 1536 (not. St-Maix.).

Piaudière (La), f. c^{ne} d'Amaillou.

Piaudière (La), f. c^{ne} de la Chapelle-Bertrand, relev. de Parthenay, 1699 (arch. V.). — *La Piaudière*, 1560 (arch. V. seign. div. 32).

Piaune (La), h. c^{ne} de la Chapelle-Bertrand.

Pibolière (La), f. c^{ne} de Clessé. — *La Pibolière*, 1405 (arch. Moiré).

Picadoré, anc. chât. c^{ne} des Moutiers-sous-Chantemerle. — *Picadoret*, 1582 (hist. de Bress. par B. Ledain, 189). — *Puigadoret*, 1589 (reg. ét. civ. Parth.). — *Puy Cadoret*, 1592 (dict. de Maine-et-Loire par Port, III, 507).

Picardie (La), f. c^{ne} de Bouillé-Loretz. — *Picardize* (Cass.).

Picardière (La), f. c^{ne} de la Pérate.

Picardrie (La), f. c^{ne} de Juscorps.

Picaudière (La), f. c^{ne} de Noirlieu. — *La Picaudère*, 1379 (arch. St-Loup).

Pichaud, vill. c^{ne} de Ste-Verge. —*Puychault*, relev. de Thouars, 1470 (hist. Thouars, 178).

Pichereau, mⁱⁿ. c^{ne} d'Ardin. — *Puychoreau*, 1772 (arch. D.-S. E. 346).

Pichiot, mⁱⁿ. c^{ne} de Chef-Boutonne.

Pichonnière (La), près le moulin de Férard (la Forge), c^{ne} de la Pérate, 1581 (orig. ma coll.). L. disp.

Pichonnières (Les), f. c^{ne} de Saurais.

Pichotterie (La), f. c^{ne} de Genneton, 1598 (arch. D.-S. E. 423).

Picocu, h. c^{ne} du Breuil-Bernard. — *Puycoqu*, relev. de Bressuire, 1402 (arch. St-Loup). — *Hôtel de Puycoqueu-Jousseaulme*, relev. de la châtell. du Breuil-Bernard, 1610 (pap. de Beauvais). — *Picocu* (Cass.).

Picoreille, m^{on}. c^{ne} de Nanteuil.

Picornière (La), f. c^{ne} de St-Aubin-de-Baubigné.

Picotière (La), f. c^{ne} de la Chapelle-Bertrand. — *La Piccotière*, 1580 (arch. hist. Poit. IV). — Relev. du Fouilloux.

Picoulée (La Grande et Petite), h. c^{ne} des Échaubrognes. — *La Pécolée*, 1246 (cart. Trin. Maul.).

Pidaloux, f. c^{ne} de St-Sauveur-de-Givre-en-Mai.

Pied-d'Almort, vill. c^{ne} de Vouhé. — *Le Puy d'Asnemort*, 1578 (orig. ma coll.). — *Le Puis d'Asnemort*, 1583 (arch. V. E. 1, 15). — *Pied d'Asnemort*, 1595 (arch. Barre, II). — *Le Puy d'Asne mort*, 1617 (not. St-Maix.). — *Le Puy Dallemort*, 1626 (coll. soc. ant. ouest). — Relev. de Pressigny-en-Gâtine, v. 1600 (arch. V. E^s. 415). — *Puy d'Almort*, 1767 (inv. S^{te}-Cr. Parth.). — *Piedalmort* (Cass.).

Pied-Bâché, f. c^{ne} de la Couarde. — *Puybachier ou Peubacher*, 1528 (not. St-Maix.). — *Puy Bacher*, 1537 ; *Pui Baché*, 1558 ; *Puys Bachier*, 1577 ; *Puy Bascher*, 1642 ; *Puy Baché*, 1719 ; *Puibaschier*, 1738 (arch. D.-S. E. 406, 411, 994).

Pied-Baché, f. c^{ne} de Sepvret. — *Puy Bachier*, 1488 (arch. D.-S. E. 406). — *Puybasché*, dépendant de la baronnie de la Mothe-St-Héraye, 1621 (av. de la Mothe). — *Pied-Bachet* (Cass.).

Pied-Blanc, f. c^{ne} de St-Symphorien.

Pied-Bouet, f. c^{ne} de Deyrançon. — *Fief Bouhet* (Cass.).

Pied-Bourgueil, f. cne de Salles. — *Puy Bourgueil* (Cass.).

Pied-Chétif, vill. cne de Sompt.

Pied-de-Borde, vill. cnes de Pierrefitte et St-Varent.

Pied-de-Doux, l.-d. cne de Doux. — *Podium de Dos*, 1255 (enq. de Xaintr.).

Pied-de-Fond, h. cne de Niort. — *Villa Fontis in vicaria Basiacinse in pago Alienense*, 936 (cart. St-Cyprien, 325). — *Villa ad Fontem, media leuga à castro Niorto distante*, 946 (id. 326). — *Villa Posfontis* ou *Postfontis in pago Pictavo in vicaria Africa*, 967 (cart. St-Maix. 52). — *Putefon*, 1420 (arch. V. St-Cypr. 48).

Pied-de-Grolle, f. cne de St-Martin-de-Mâcon — *Pied de Grotte* (Cass.).

Pied-de-Luppe. — *Podium de Enrupe*, v. 1300 (arch. V. év. Poit. 130). — *Pied de Luppe*, dépendant du prieuré de St-Étienne, situé en la paroisse de Ste-Pezenne, 1658 (id.).

Pied-Ferreux, f. cne de Cersay.

Pied-Fleury, vill. cne de Clessé. — *Flory*, 1473 (cart. St-Jouin). — *Puyflori*, 1492 (arch. Barre, II, 391). — *Puy-Fleury* (Cass.).

Pied-Foulard, f. cne de Prailles. — *Puifoullard*, 1540 ; *Peufoullard*, 1567 ; *Peux Foullard*, 1587 (not. St-Maix.).

Pied-Fourré, h. cne de Cours. — *Puysfourré*, 1544 (not. St-Maix.).

Pied-Fourré. — *Fief de Piéfourré*, paroisse d'Airvault, 1609 (Font. XX, 409).

Pied-Frouin, min. cne de Pamprou. — *Puy-Frouin*, 1568 (not. St-Maix.). — *Puisfrouin*, 1667 (arch. D.-S. E. 1199). — *Puyfrouin* (Cass.).

Pied-Guillon, h. cne de St-Léger-lez-Melle.

Pied-Limousin, f. cne de la Couarde. — *Puy Limousin*, 1567 (not. St-Maix.). — *Puilimousin*, ressort de St-Maixent et élection de Niort, 1609 (Font. XX, 421). — *Puylemousin*, relev. de la Mothe-St-Héraye, 1621 (av. de la Mothe). — *Pied-Limouzin* (Cass.).

Piedlouaille, min. cne de Chavagné.

Piedlouaille, vill. cne de Prailles. — *Pelouailhe*, 1567 (not. St-Maix.).

Pied-Mollet, f. cne de Xaintray. — *Puymollet*, 1715 (arch. V. seign. div. 13).

Pied-Morin, f. cne d'Avon. — *Puy Morin* (Cass.).

Pied-Mou, h. cne de Gourgé. — *Piedmoux*, 1695 ; *Piedmou*, 1732 (arch. Barre).

Pied-Paillé, h. cne de St-Georges-de-Noisné. — *Puipaillé* (Cass.).

Pied-Pellé, cne d'Amuré ; anc. fief relev. de la seign. de Lombarde, 1755 (arch. D.-S. E. 372).

Pied-Pousin, min. cne de Fressine. — *Point-Poizin*, 1530 ; *Pont-Pouzain*, 1628 (not. St-Maix.).

Pied-Pouzon, h. cne de l'Enclave. — *Alodum dictus Podius Sulzen in Pictavo*, 1040-1044 (cart. St-Maix. I, 125 ; II, table).

Pied-Roussel, f. cne de Coulon.

Pied-Roy, h. cne de Cersay. — *Pierrois* (Cass.). Voir Pierrois.

Pied-Verdin, h. cne de Chey.

Pierdière (La), f. cne de Ste-Ouenne. — *La Piardière* (Cass.).

Pierlay, f. et anc. chap. cne de Chiché. — *Pevelée*, 1395 (arch. St-Loup). — *Prieuré de Pirelé*, patron l'abbesse de Fontevrault (pouillé 1648). — *La Pirlée* (Cass.).

Pierre (La), vill. cne de Chavagné. — *La Peire*, 1593 (not. St-Maix.).

Pierre (La), h. cne de Lezay.

Pierre (La), vill. cne de Périgné.

Pierre (La), cne de Voultegon. — *La Pierre Feaut*, 1407, relev. de la Garrelière, 1603 (arch. V. Es. 338 et 344).

Pierre-Arrivée (La), f. cne de Beaulieu-sous-Bressuire.

Pierre-Bize, f. cne d'Ardin ; anc. fief relev. de la Roche-Allard, 1704 (arch. D.-S. E. 320).

Pierre-Blanche (La), f. cne de Cours.

Pierre-Blanche (La), f. cne de la Chapelle-Largeau.

Pierre-Coppée (Terroir de la), cne de Taizé, 1489 (arch. V. Ste-Marth. 160).

Pierre-Couverte (La), f. cne de Montravers. — *Pilcuvert* (Cass.).

Pierre-Couverte (La), vill. cne du Pin. — *Petra cooperta*, v. 1130 (cart. St-Léon Th.).

Pierrefitte, con de St-Varent. — *Stus Porcharius de Petraficta*, 1122 (ch. St-Pierre Th. ms. de 1660). — *Petrafixa*, v. 1130 ; *Pereficta*, v. 1140 (cart. St-Laon Th.). — *Pirafita*, 1166 (ch. St-P. Th.). — *Perefite*, 1359 (arch. Vernay). — *Pierrefict*, 1411 (arch. D.-S. G. 28). — Relev. de Thouars, 1470 (av. de Perc. d'Appell. ap. hist. Thouars, 175). — *Pierrefyte*, 1505 (arch. Barre). — *Pierrefite*, 1580 (chartr. Thouars).

Il y avait dans le cimetière une chapelle de tous les saints fondée par le testament de Perceval de Couloigne. Pierrefitte dépendait du doyenné de Bressuire, de la sénéchaussée de Poitiers, de l'élection de Thouars et du bailliage de Coulonges, ressort du siège de la victé de Thouars. La cure était à la nomination du chapitre de St-Pierre de Thouars. Il y avait 88 feux en 1750.

Pierre-Folle (La), l.-d. cne de Saivre. — *Fief de la Peyre Folle*, 1536, sur le chemin de Vix à la Tumbe aux Pèlerins, 1543 (not. St-Maix.).

PIERRE-LEVÉE (LA), f. c^ne de Bessines. — *Villa Petra in vicaria Bassiaco*, 990. — *In pago Niortense in villa Petra*, 990 (cart. St-Cyprien, 321, 322).

PIERRE-LEVÉE, f. c^ne de Bouillé-Loretz. Dépendait de l'abbaye de Ferrières, 1565 (arch. V.).

PIERRE-LEVÉE (LA), m^in. c^ne de la Chapelle-Bertrand.

PIERRE-LEVÉE (LA), l.-d. c^ne de Cerizay.

PIERRE-LEVÉE (LA), f. c^ne d'Exireuil. — *Feodus de Petra-Vigerau*, 1285 (arch. V. Fontaine-le-C. 22). — *La Pierre levée*, 1540 (not. St-Maix.).

PIERRE-LEVÉE (LA), l.-d. c^ne de Limalonges.

PIERRE-LEVÉE (LA), l.-d. c^ne de Moutiers.

PIERRE-LEVÉE (LA), l.-d. c^ne de Nanteuil. — *La Peyre levée au-dessus de Nanteuil*, 1535 (not. St-Maix.). L. disp.

PIERRE-LEVÉE (LA), f. c^ne du Tallud. — *La Pierre levée*, 1563 (arch. V. prieur. 58).

PIERRES-LEVÉES (LES GRANDES), f. c^ne d'Azay-le-Brûlé.

PIERRE-MARQUÉE (LA), l.-d. c^ne du Tallud. Cette pierre porte une inscription grossière.

PIERRE-QUI-VIRE (LA), l.-d. c^ne d'Aiffres.

PIERRE-SÈCHE (LA), h. c^nes de Niort et Souché.

PIERRIÈRE (LA), vill. c^ne d'Aiffres.

PIERRIÈRE (LA), h. c^ne de Chail.

PIERRIÈRE (LA), f. c^ne de Chanteloup.

PIERRIÈRE (LA), h. c^ne de Gournay. — *La Pierrière*, relev. du Haut-Gournay (pap. terr. All. ap. bull. soc. stat. 1884).

PIERRIÈRE (LA), h. c^ne de Mauzé-sur-le-Mignon.

PIERRIÈRE (LA), éc. c^ne de St-Amand-sur-Sèvre.

PIERRIÈRE (LA), f. c^ne de St-Jouin-sous-Châtillon.

PIERRIÈRE (LA), f. c^ne de Saivre.

PIERRIÈRE (LA), vill. c^ne de Souvigné. — *Petraria*, 1147 (cart. St-Maix. 347).

PIERRIÈRE (LA), h. c^ne de Vanzay. — *Le Péré* (Cass.).

PIERRIÈRES (LES), étang, c^ne du Busseau.

PIERRIÈRES (LES GRANDES ET PETITES), vill. c^ne de Prahecq, 1620 (dén. 1620).

PIERRIÈRES (LES), h. c^ne de Salles.

PIERROIS, h. c^ne de Cersay. — *Chapelle de St-Martin-des-Pierrois*, 1751 (pouillé B.-Filleau, 222).

PIERROT, m^ins. c^ne de Mazières-en-Gâtine.

PIERSAY, vill. c^ne de Verruye. — *Piersay*, 1557 (inv. S^te-Cr. Parth.). — *Pierresec* (Cass.).

PIGACHE, c^ne de Coulonges-Thouarsais. — *Fief Pigace*, 1576, relev. de la Ménardière (arch. V. Brosse-Guilgault, 25).

PIGEAULT, m^in. c^ne d'Arçais.

PIGEON-BLANC, vill. c^ne de Montalembert.

PIGEONNERIE (LA), f. c^ne de St-Florent.

PIGEONNERIE (LA), f. c^ne de Vouillé.

PIGEONS (LES TROIS), f. c^ne de Largeasse.

PIGERA, f. c^ne de Mougon.

PIGERATTE, f. c^ne de Soudan. — *Moulin de Pigerate*, 1532 (not. St-Maix.). — *Ruisseau de Pigerat*.

PIGERIS (LA), f. c^ne de Cerizay.

PIGNAUDIÈRE (LA), f. c^ne de Secondigny, 1560 (arch. V. seign. div. 32).

PIGNON (FIEF), autrement *le Rivollet*, paroisse de St-Rémy, 1609 (Font. XX, 416).

PIGONNERIE (LA), f. c^ne de Vitré.

PIJOLIÈRE (LA), f. c^ne de Soutiers. — Relev. de Parthenay, 1410 (arch. hist. Poit. XXIV, 171, n.). — *La Pijollière* (Cass.).

PIJOTIÈRES (LES), f. c^ne de Clessé.

PILE (LA), f. c^ne de Pamplie.

PILIER (LE), l.-d. c^ne de St-Liguaire, 1664 (arch. D.-S. H. 332).

PILIÈRE (LA HAUTE), f. c^ne de Vaslos. — *La Pilière* (Cass.).

PILLAC, c^ne de l'Enclave. — *La gaignerie de Pillac*, sise près l'église St-Thibaut et dépendant de l'abbaye de Celles, 1621 (av. de la Mothe).

PILLAC, vill. c^ne de Sepvret, 1604 (arch. V. S^te. Marth. 112).

PILLAUDIÈRE (LA), f. c^ne de la Chapelle-Bertrand. — *La Billaudière* (Cass.).

PILLE-LAMBERT (LA), l.-d. c^ne de Moutiers.

PILLENIÈRE (LA), h. c^ne du Puy-St-Bonnet.

PILLIÈRE (LA), f. c^ne de Nanteuil. — *Les Pilières*, relev. d'Aubigny, 1459 (inv. d'Aub.). — *Les Pillières*, 1526 ; *les Pislières*, 1535 (not. St-Maix.).

PILLOCHÈNE (LA), f. c^ne de Nanteuil, 1537 (not. St-Maix.). — *La Plochière*, 1523 (arch. V. Brosse-Guilgault, 8).

PILLOUET, chât. c^ne des Aubiers. — *Piloet*, 1351 (arch. hist. Poit. XVII). — *Puilouer*, 1596 (dict. fam. Poit. II, 305). — *Pied-Louet*, relev. de la Péronnière (arch. V. év. 154). — *Pilouet* (Cass.).

PILMIL, f. c^ne de Gript.

PILMIL, h. c^ne de St-Georges-de-Noisné. — *Pillemilz*, 1488 (arch. V. E^s. 445). — *Moulin de Pillemyl près l'église de Sallettes*, 1541 (id. E^a. 404).

PILMIL, f. c^ne de Secondigny.

PILORGE, m^in. c^ne de Coulonges-les-Royaux.

PILOTERIE (LA GRANDE ET PETITE), c^ne de St-Christophe-sur-Roc, sises au village du Breuil, 1547 (not. St-Maix.). L. disp.

PILOTERIE (LA), f. c^ne de Sepvret.

PILOTIÈRE (LA), f. c^ne d'Augé.

PILOTIÈRE (LA), h. c^ne de Verruye. — *La Pilotère*

ou *Pilloterie*, 1354-1364 (arch. V. H. 3, 876 ; — E⁸. 448).

PILOTIÈRES (LES). — *Les Pilotères*, sis à Ternant, cⁿᵉ de Mazières-en-Gâtine, relev. de Ternant, 1432 (arch. V. E⁸. 413). L. disp.

PILOTIÈRES (LES), f. cⁿᵉ du Tallud.

PIMPEAU, mⁱⁿ. cⁿᵉ de Sᵗᵉ-Ouenne. — *Moulin de Pimpeau sur l'Aigrée*, 1550, 1659 (not. Sᵗ-Maix.; — arch. V. E. 1, 11).

PIMPELIÈRE (LA), logis, cⁿᵉ de Sᵗᵉ-Ouenne. — *Pampelière*, 1268 (cart. Châtell.). — *La Pimpelière*, 1573 (arch. hist. Poit. IV, 444). — *La Pinpelière* (Cass.).

PIN (LE), f. cⁿᵉ d'Augé. — *Le Pin*, 1403 (arch. V. E⁸. 446). — *Le Pin sur Augé*, 1600 (cart. Châtell.).

PIN (LE), cᵒⁿ de Cerizay. — *Pinus*, v. 1080 (ch. de Sᵗ-Flor. ap. arch. hist. Poit. II). — *Sancta Maria de Pinu*, 1186 (id.). — *Le Pin*, 1278 (arch. Durbell.).

Le Pin dépendait du doyenné de Bressuire, de l'élection de Thouars, de la sénéchaussée de Poitiers, et de la baronnie de Châteaumur. La cure était à la nomination de l'abbé de Sᵗ-Florent de Saumur. Il y avait 129 feux en 1750.

PIN (LE), f. cⁿᵉ de Cherveux.

PIN (LE), f. cⁿᵉ de Fenioux.

PIN (LE), h. cⁿᵉ de l'Enclave, paroisse Sᵗ-Pierre de Melle, relev. de la Mothe-Sᵗ-Héraye, 1621 (av. de la Mothe).

PIN (LE), f. cⁿᵉ de Lhoumois. — *Le Pin*, faisant partie de l'ancien fief de Puichenin en Gâtine, relev. de Châteauneuf-en-Gâtine, 1501 (reg. av. Chât.).

PIN (LE), f. cⁿᵉ de Mazières-en-Gâtine.

PIN (LE), f. et h. cⁿᵉ de la Mothe-Sᵗ-Héraye. — *Le Pin*, relev. de la baronnie de la Mothe-Sᵗ-Héraye, 1621 (av. de la Mothe).

PIN (LE), f. cⁿᵉ de Rouvre. — *Le Pin de Rouvre*, 1689 (arch. V. E. 1, 8).

PIN (LE), f. cⁿᵉ de Secondigny.

PIN (LE), f. cⁿᵉ de Soutiers.

PIN (LE), f. cⁿᵉ de Tessonnières.

PINACHÈRE (LA), f. cⁿᵉ de Vasles. — *La Pinachère*, relev. de l'abbaye de Sᵗᵉ-Croix de Poitiers, 1292 (arch. V. Sᵗᵉ-Cr. 44). — *La Piniochère* (Cass.).

Voir CHILLEAU (LE).

PINATRIE (LA) ou PINATTERIE, f. cⁿᵉ de Marnes. — *La Pinattrie*, 1654 (arch. D.-S.). — *La Pinnatrie* (Cass.).

PINAUDERIE (LA), f. cⁿᵉ de Pugny. — *La Penaudrie* (Cass.).

PINAUDIÈRE (LA), f. auj. détruite, était située à Niort, place de la Brèche, 1770 (arch. D.-S. C. 6).

PINAUDIÈRE (LA), h. cⁿᵉ de Paizay-le-Tort. — *La Pinaudrie* (Cass.).

PINAUDIÈRE (LA), h. et mⁱⁿ. cⁿᵉ de Sᵗ-Génard. — *La Pinaudrie* (Cass.).

PIN-BERLOT (HAUT ET BAS), h. cⁿᵉ de Cersay.

PINEAU (LE), f. cⁿᵉ des Echaubrognes.

PINEAU (LE), h. cⁿᵉ du Puy-Sᵗ-Bonnet.

PINELIÈRE (LA), cⁿᵉ d'Aigonnay, en la châtellenie de Sᵗ-Maixent (cart. Sᵗ-Maix. intr. 47). L. disp.

PINELIÈRE (LA), f. cⁿᵉ d'Allonne. — *La Pinellière*, 1678 (arch. Barre, II).

PINELIÈRE (LA), fief sis à la Chaignée, paroisse de Sᵗᵉ-Néomaye, et relev. de Sᵗ-Maixent, 1403 (dict. fam. Poit. I, 257 ; — cart. Sᵗ-Maix. intr.).

PINELLE (LA), f. cⁿᵉ de Sᵗ-Éanne.

PINETIÈRE (LA), f. cⁿᵉ d'Asnières.

PINFERIÈRE (LA), f. cⁿᵉ d'Allonne. — *La Pomferère*, 1286 (arch. V. Fontaine-le-C.). — *La Pinferrière*, 1673 (arch. Barre, II).

PINFRÉMAUDIÈRE (LA), au village de Chaussauvant, paroisse de Vasles, relev. de la commanderie de Sᵗ-Rémy, 1667 (arch. V. H. 3, 908).

PINIER (LE), f. et mⁱⁿ. cⁿᵉ de Béceleuf, 1634 (arch. V. Béceleuf, 11).

PINIER (LE), vill. cⁿᵉ de Chail.

PINIER (LE), f. cⁿᵉ de Chanteloup.

PINIER (LE), vill. cⁿᵉ de Cours.

PINIER (LE), cⁿᵉ de Germond. — *Le Pinier*, 1541, 1654, 1699, relev. de Parthenay (not. Sᵗ-Maix. ; — arch. V E. 1, 11).

PINIER (LE), f. cⁿᵉ de Maisonnais. — *Lepinier* (Cass.).

PINIER (LE), f. cⁿᵉ de Noireterre.

PINIER (LE), f. cⁿᵉ de Prailles. — *La Tour de Prailles*, autrement *le Pinier*, 1567 (not. Sᵗ-Maix.).

PINIER (LE), h. cⁿᵉ de Sᵗ-Aubin-de-Baubigné.

PINIER (LE), vill. cⁿᵉ de Sᵗ-Léger-lez-Melle.

PINIER (LE), f. cⁿᵉ de Saivre. — *Le Pynier*, 1538 (not. Sᵗ-Maix.). — *Le Pinier* (Cass.).

PINIER (LE), vill. cⁿᵉ de Scillé.

PINIER (LE), f. cⁿᵉ de Secondigny. — *Le Puynier*, aliàs *Bailliage-Escureux*, 1606 (pap. de la Monnerie).

PINIER (LE), (GRAND ET PETIT), f. cⁿᵉ de Sepvret.

PINIER (LE), vill. cⁿᵉ de Verruye.

PINIÈRE (LA), vill. cⁿᵉ de Boismé. Voir PÉPINIÈRE (LA).

PINIÈRE (LA), vill. cⁿᵉ du Breuil-Bernard.

PINIÈRE (LA), f. cⁿᵉ des Groseillers.

PINIÈRE (LA), f. cⁿᵉ de Soutiers.

PINIÈRE (LA), cⁿᵉ de Vausseroux. — *La Pinère*, relev. de l'abbaye de Sᵗᵉ-Croix, 1362 (arch. V. Sᵗᵉ-Cr. 44).

PINOLIÈRE (LA), f. cne de Pompaire. — *La Pignolière* (Cass.).
PINPRENELLE (LA), vill. cne de Mazières-sur-Béronne.
PINSONNIÈRE (LA), h. cne d'Airvault.
PINSONNIÈRE (LA), vill. cne de Maisontiers. — *La Pinçonnière*, 1620 (arch. V. coll. Den.).
PIOCHELLERIE (LA), f. cne de Lhoumois.
PIOCHÈRE (LA), f. cne de Beaulieu-sous-Parthenay.
PIOCHÈRE (LA), f. cne du Busseau.
PIOCHÈRE (LA), f. cne de Neuvy-Bouin, 1390 (arch. V. Brosse-Guilgault, 1).
PIOCHÈRE (LA), h. cne de Vasles.
PIOGÉ, chât. et vill. cne d'Availles-Thouarsais. — *Jean Aton, sr de Pioger*, 1317 (arch. V. Ste-Cr. 74). — *Puyogier*, 1390 (arch. St-Loup). — *Puyoger*, 1400 (arch. Barre). — Seign. *de Pioger*, 1424, relev. de Thouars (chartr. Thouars). — *Le Pioger*, 1455 (arch. Vernay). — *Piogé*, 1470. — *Le Piogier*, 1472 ; chastel de Puyogier, 1495 (id.). — *Piorger*, 1654 (arch. D.-S. E. 955).
PIOGÉ, h. cne de St-Aubin-le-Clou. — *Le Poigier*, relev. de Châteauneuf-en-Gâtine, 1501 (reg. av. Chât.). — *Piaugé* (Cass.).
PIOLLET (LE), vill. cne de Montalembert. — *Chez Piolet* (Cass.).
PIONNIÈRE (LA), vill. cne de la Pérate. — *La Pionnière*, relev. de Parthenay et d'Oroux (la Gât. hist. et mon. 386). — *Chapelle St-Sébastien de la Pionnière*, fondée en 1554 par Jean Delisle (pouillé B.-Filleau, 344).
PIOTIÈRE (LA), f. cne de Clessé.
PIOUSSAY, cen de Chef-Boutonne.—*Poziciacus*, 1108-1124 (cart. St-Maix. 306). — *Poinpay*, 1300 (gr.-Gauthier).— St-Martin de Piossay, prieuré-cure de l'ordre de St-Augustin, 1643 (arch. V. cures, 167). — *Piouçay* (Cass.). — St-Martin de Piossay, patron l'abbé de St-Séverin (pouillé 1782).
Pioussay dépendait de l'archiprêtré de Bouin, de la seign. d'Empuré (Charente), du marquisat de Ruffec et de l'élection d'Angoulême (bull. soc. stat. D.-S. 1884 ; — rech. sur Ch.-Bout. par B.-Filleau).
PIOZAY, min. cne de St-Martin-de-St-Maixent. — *Villa Pulziaca sita in curte Sti Martini*, 987-1011 (cart. St-Maix. 95). — *Piozay*, 1111 (id. 268). — Relev. de l'abbaye de St-Maixent (id. intr.). — *Pyozay*, 1526 (not. St-Maix.).
PIPARDIÈRE (LA), h. cne de Cersay.
PIPARDIÈRE (LA), h. cne de la Pérate, 1373 (inv. Ste-Cr. Parth.).
PIPAUDIÈRE (LA), f. cne de la Chapelle-Largeau. — *La Pipaudière*, relev. de la Guierche, 1388 Font. IX, 367).

PIPETTE (LA), logis, cne de Fontenille.
PIQUAISIÈRE (LA), cne de Vouillé, relev. de l'abbaye de St-Maixent (cart. St-Maix. intr.).
PIQUE-L'OIE, éc. cne de Lezay.
PIQUEMIÈRE (LA), vill. cne de Montravers. — *La Picquemière*, 1663 (arch. V. E. 3, 6).
PIQUERELLES (LES), h. cne de Mougon. — *L'Épiquerelle* (Cass.).
PIRAGUE (LA), f. cne des Aubiers. — *La Pereague*, 1450 (arch. D.-S. H. 368).
PIRANDRIE (LA), f. cne de Noireterre. — *La Pirandré*, 1584 (arch. V. Brosse-Guilgault, 15).
PIRAUME, min. cne de la Chapelle-Largeau.
PIRIOUX ou PUYRIOUX, f. cne de St-Jouin-sous-Châtillon.
PIROIRDIÈRE (LA), f. cne de Vançais.
PIRONNIÈRE (LA), h. cne d'Usseau.
PISSELOUBE, f. cne d'Azay-sur-Thoué.
PISSEPIRON, f. cne de Champdeniers.
PISSEPOLLE (LA), f. cne de Vautebis. — *La Pispolle*, 1514. — Relev. de la commanderie de St-Rémy, 1663 (arch. Barre, II). — *La Pyssepolle*, 1552 (not. St-Maix.). — *Pissepolle* (Cass.).
PISSEROIDE, l.-d. cne de Prahecq ; anc. fief relev. de la seign. de Prahecq en 1703 (arch. D.-S. B. 184).
PISSOT, vill. cne de Prailles. — *Pissot*, 1242 (ch. du pr. de Fontblanche).
PISSOT (PETIT ET GRAND), f. cne de St-Martin-de-St-Maixent. — *Pissote* (Cass.).
PISSOT (LE), min. cne de Ste-Pezenne. — *Le Pyssot*, 1558 (arch. V. Béceleuf, 11).
PISSOT (LE), vill. cne de Saivre. — *Le Pissot*, 1620 (not. St-Maix.).
PITIÉ, vill. et église, cne de la Chapelle-St-Laurent. — *La Chapelle de Pitié* (Cass.).
La chapelle de Notre-Dame de Pitié est un ancien pèlerinage. Ruinée par les protestants en 1564, elle a été rééditiée par ordonnance des grands jours du 6 octobre 1579 et consacrée le 29 novembre 1604 (arch. fabr. chap. St-Laur. ; — notice hist. sur N.-D. de Pitié par l'abbé Drochon, 1881).
PITIÈRE (LA), f. cne de la Ferrière, anciennement de Vandeloigne. — *La Pilière* (Cass.).
PIVARDIÈRE (LA), f. cne de Vautebis.
PIZONNIÈRE (LA), vill. cne d'Allonne. — *Pizoneria*, 1267 (Font. I, 391). — *La Bizonnière* (Cass.).
PIZONNIÈRE (LA), f. cne d'Azay-sur-Thoué. — *La Pizonnière*, 1491 (inv. arch. D.-S. B.).
PIZONNIÈRE (LA), f. cne de Cours. — *La Piouzonnière*, 1744 (arch. D.-S. E. 718).
PIZONNIÈRE (LA), f. cne de Magné.
PLACE (LA), vill. cne de Pioussay.
PLACE (LA), min. cne de St-Martin-de-St-Maixent.

— *Molendinum de la Place*, v. 1210 (cart. St-Maix. II, 34). — *Moulin de la Place*, 1480 (cart. Châtell.). — Relev. de l'abbaye de St-Maixent (cart. St-Maix. intr.).

PLACE (LA), c^{ne} de Verruye. — *La Place*, relev. de Pressigny-en-Gâtine, 1510 (arch. V. E^s. 427). — L'emplacement où était autrefois l'hôtel de la Place avec les fossés, plus l'hôtel de la Vergne-Boulleau, relev. de Pressigny, 1707 (id.). Voir VERGNE (LA).

PLACE-CLÉREMBAULT (LA), c^{ne} de Cirière, 1559 (reg. insin. Thouars). L. disp.

PLACES (LES), vill. c^{ne} de Bagneux.

PLACES (LES), f. c^{ne} de Beaulieu-sous-Parthenay.

PLACES (LES), vill. c^{ne} de Boesse près Argenton, relev. de la seign. de Sanzay, 1559 (reg. insin. Thouars).

PLACES (LES), f. c^{ne} du Breuil-Bernard.

PLACES (LES), h. c^{ne} de la Chapelle-Bertrand.

PLACES (LES), f. c^{ne} de Moncoutant.

PLACES (LES), f. c^{ne} de Prahecq.

PLACES (LES), h. c^{ne} de St-Aubin-de-Baubigné.

PLACES (LES), f. c^{ne} de St-Martin-de-Sanzay.

PLACES (LES), f. c^{ne} de Sanzay.

PLACIÈRE (LA), f. c^{ne} de Moutiers. — *La Plassière*, 1713 (arch. V. H. 3, 812).

PLAINE (LA), h. c^{ne} des Échaubrognes.

PLAINE (LA), f. c^{ne} de Loublande.

PLAINE (LA GRANDE ET PETITE), f. c^{ne} de Moncoutant. — *La Pleigne*, 1376 (arch. St-Loup). — *Plaine* (Cass.).

PLAINE (LA), h. c^{ne} de Vasles. — *Plaigna*, 1276 ; *Playgna*, 1300 (arch. V. S^{te}-Cr. 44). — *Plana*, 1321 (Font. V, 663). — *La Pleigne*, 1578 (arch. V. S^{te}-Cr. 46).

PLAINE (LA), f. c^{ne} de Xaintray. — *La Playne*, 1613 (arch. V. Béceleuf, 26).

PLAINELIÈRE (LA), h. c^{ne} de Courlay. — *La Plainière* (Cass.).

PLAISANCE, h. c^{ne} de Deyrançon.

PLAISANCE, éc. c^{ne} de Niort.

PLAISANCE, h. c^{ne} de Villiers-en-Plaine.

PLAISANNIÈRE (LA), f. c^{ne} de Mazières-en-Gâtine.

PLAISANTIÈRE (LA), vill. c^{ne} de Gript. — *La Paysantière* (Cass.).

PLAISIÈRE (LA), f. c^{ne} de St-Christophe-sur-Roc.

PLAIT (LE), h. c^{ne} de Béceleuf. — *Le Plaict*, 1587 (arch. V. l'Oliverie, 14). — *Le Plent*, 1615 (id. Beauregard, 25). — *Le Plet*, 1668 (id. Béceleuf, 11).

PLAN (LE), f. c^{ne} de St-Maurice-la-Fougereuse. — *Le Plomb* (Cass.).

PLANCHE (LA), vill. c^{ne} de Cerizay.

PLANCHE (LA), f. c^{ne} de Chanteloup.

PLANCHE (LA), f. c^{ne} de Coulon.

PLANCHE (LA), f. c^{ne} d'Étusson.

PLANCHE (LA), h. c^{ne} de Genneton.

PLANCHE (LA GROSSE), h. c^{ne} de Gript.

PLANCHE (LA), f. c^{ne} de Luzay.

PLANCHE (LA), f. c^{ne} de Moulins.

PLANCHE (LA), h. c^{ne} du Puy-St-Bonnet.

PLANCHE-ARNAUD (LA), f. c^{ne} des Aubiers. — *La Planche Arnaut*, 1351 (arch. hist. Poit. XVII, 78).

PLANCHES (LES), mⁱⁿ. c^{ne} d'Argenton-l'Église.

PLANCHES (LES), f. c^{ne} du Tallud.

PLANIÉ, f. c^{ne} d'Exoudun. — *Plasnié*, 1630 (arch. D.-S. E. 410).

PLANIER, mⁱⁿ. c^{ne} de Chef-Boutonne, autrefois c^{ne} de Lussay. — *Moulin de Planiers*, par. de Lussay, 1557 (arch. V. St-P. 242). — *Planays*, 1525 (id. G. 244). — *Planier* (Cass.).

PLANTE (LA), f. c^{ne} de St-Liguaire.

PLANTE (LA), h. c^{ne} de Xaintray.

PLANTIS (LE), vill. c^{ne} de St-Christophe-sur-Roc. — *Le Planty* (Cass.).

PLEIGE (LA), mⁱⁿ. c^{ne} de Germond. — *La Pelege*, relev. de Germond, 1654, 1659 (arch. V. E. 1, 11).

PLÉNANIÈRE (LA), f. c^{ne} de Mazières-en-Gâtine. — *La Plénanère*, 1294 (Font. XXVII bis, 647). — *La Plenasnère*, relev. de Pressigny-en-Gâtine, 1402 (arch. V. E^s. 422). — *La Plainanière*, 1515 (id. 400).

PLÉNISSEAU, vill. c^{nes} de Deyrançon et Usseau.

PLÉNITRE (LE), h. c^{ne} de la Pérate. — *Le Planistres*, relev. du Fouilloux, 1509 (arch. V.). — *Le Plénistre* (Cass.).

PLESSIS (LE), f. c^{ne} d'Allonne. — *Plaisseiz d'Alone*, 1250 (arch. V. E^s. 235). — *Le Playceys*, 1317 (id. Fontaine-le-C.). — *Les Plaisseis d'Alonne*, 1386 (id. E^s. 232). — *Le Plessis d'Alonne*, 1454 (arch. chât. Chap.-Bertr.). — *Le Plaissis d'Allonne*, 1496 (arch. V. E^s. 235). — *Le Plessis* (Cass.). Haute justice relev. de la baronnie de Parthenay.

PLESSIS (LE) ou PLESSIAS, chât. et vill. c^{ne} d'Augé. — *Le Plessis*, 1337 (dict. fam. Poit. I, 133). — *Le Plessis d'Augé*, 1402 (arch. Vernay). — *Le Plaisseis*, 1479 (arch. Barre). — *Le Plaissis*, relev. de la seign. de Faye, 1492 (inv. d'Aub.). — *Plessiassa*, 1638 (arch. Barre). — *Le Plessias*, 1673 ; *Plessis-asse*, 1695, 1720 (arch. Barre). — *Le Plessiasse*, 1756 (inv. d'Aub.). — *Le Plessias* (cad.).

PLESSIS (LE), f. c^{ne} de Baussais, 1560 (arch. V. seign. div. 32).

PLESSIS (LE), vill. c^{ne} du Beugnon, 1631 (arch. Bois-Chapeleau).
PLESSIS (LE HAUT ET BAS), vill. c^{ne} du Busseau. — *Le Plaissis*, 1631 (arch. Bois-Chap.). — *L'hôtel du Plessis*, relev. de l'abbaye de Bourgueil (cart. Bourg. f. lat. 17127, p. 89).
PLESSIS (LE), vill. c^{ne} de Caunay. — *Le Plaissis*, 1678 (arch. V. Nouail. 38).
PLESSIS (LE), vill. c^{ne} de Cerizay. — *Le Playsseyz Rosseau*, 1292 (arch. Durb.). — *Le Plaisseys-Rousseau*, 1329 (id.). — *Le Plaisseis près Serezay*, 1399 (arch. V. E. 2, 189). — *Le Plessays*, 1460 (id.). — *Le Plessy* (Cass.).
PLESSIS (LE), vill. c^{ne} de la Chapelle-Bertrand.
PLESSIS (LE), f. c^{ne} de Clessé. — *Le Plessis-Neuf*, relev. d'Airvault, 1345 (hist. d'Airv. par B.-Filleau).
PLESSIS (LE), h. c^{ne} de Combrand. — *Le Plessis au Proust*, 1597 (arch. V. les Linaux). — *Le Plessy* (Cass.).
PLESSIS (LE GRAND ET PETIT, LE HAUT ET BAS), h. c^{ne} des Échaubrognes. — *Le Plessy* (Cass.).
PLESSIS (LE), h. c^{ne} d'Étusson. — *Le Plessis*, 1665 (arch. V. E^t. 367). — *Le Plessis-Gareau* (Cass. et cad.). Il était situé dans la marche avantagère au Poitou sur l'Anjou (Chénon, les march. sépar. 31).
PLESSIS (LE), f. c^{ne} de la Forêt-sur-Sèvre. — *Robertus dau Plesseiz*, XIIe siècle (cart. l'Absie, ap. Dupuy, 805). — *Le Plessis-Coureil*, relev. de la Forêt, 1598 (arch. ch. la For.).
PLESSIS (LE). — *Plesseiz*, paroisse de Frontenay, 1261 (hist. d'Alph. Poit.). L. disp.
PLESSIS (LE), vill. c^{ne} de Geay. — *Le Plessy* (Cass.).
PLESSIS (LE), f. c^{ne} de Largeasse. — *Le Pleseix*, 1272 (arch. D.-S.). — *Le Plessis-Fouchart*, relev. de Châteauneuf-en-Gâtine, 1506 (reg. av. Chât.).
PLESSIS (LE), f. c^{ne} de Loublande. — *Le Plessy* (Cass.).
PLESSIS (LE), f. c^{ne} de Moncoutant. — *Le Plessis-Robin*, relev. de Puymarri, 1425 (arch. St-Loup).
PLESSIS (LE), f. c^{ne} de Nueil-sous-les-Aubiers. — *Le Plaesseix*, 1241 (arch. V.).
PLESSIS (LE GRAND ET PETIT), f. c^{ne} de Rorthais.
PLESSIS (LE), f. c^{ne} de St-André-sur-Sèvre. — *Le Pleisseys*, 1412 (arch. V. H. 3, 728). — *Le Plessis Ripoullain*, 1561 (arch. D.-S. E. 924).
PLESSIS (LE GRAND), f. c^{ne} de St-Aubin-de-Baubigné.
PLESSIS (LE), vill. c^{ne} de Ste-Gemme. — *Manoir du Plesseiz*, 1345 (arch. hist. Poit. tr. ch. II, 293).

PLESSIS (LE), f. c^{ne} de St-Marsault. — *Le Plessis Bertaut*, relev. de St-Marsault, 1430 (arch. St-Loup). — *Le Plessis-Bretault*, 1779 (arch. D.-S. E. 425).
PLESSIS (LE), f. c^{ne} de Ste-Pezenne, 1609 (Font. XX, 425).
PLESSIS (LE), f. c^{ne} de St-Symphorien, relev. de la seign. de Sciecq, 1603, 1680 (mém. des Bast. ap. mém. soc. stat. 1887, p. 69). — *La Plesse* (Cass.).
PLESSIS (LE), chât. c^{ne} du Tallud. — *Le Plessis de Veluyres*, 1531 (arch. nat. O. 19699). — *Le Plessis de Velluyre*, aliàs *Rataull*, 1556 (id.). — *Le Plessis-Rataud*, 1608 (arch. V. E. 3, 24). — Relev. de Parthenay, 1699 (arch. V.). — *Le Plessis Rateau* (Cass.).
PLESSIS (LE), chât. c^{ne} de Vausseroux. — *Le Plaseys*, 1277 (cart. Châtell.). — *Étang du Plessis-Cerchemont*, 1359 (arch. Barre). — *Le Plessis-Cherchemont*, 1362 (arch. V. S^{te}-Cr. 44). — *Le Plessis-Cherchemond*, 1446 (arch. Maisont.). — *Le Plaissis-Cherchemond*, 1577 (arch. Barre).
PLESSIS-AUX-GROLLES (LE), f. c^{ne} de Gourgé. — *Le Plesseis*, 1450; *le Plessis aux Proüsts*, 1514 (pap. la Villehervé). — *Le Plesseis au Proust*, 1514 (pap. du Fresne). — Relev. de Parthenay (not. Parth.). — *Le Plessis-Prévot* (Cass.).
PLESSIS-BÂTARD (LE), chât. c^{ne} de Montigny. — *Le Plessis Bastard*, 1375 (dict. fam. Poit. II, 263). — *Le Plessois Bastart*, 1403, 1426 (arch. St-Loup).
PLESSIS-BOURG (LE), éc. c^{he} de St-Martin-du-Fouilloux. — *Le Pleysseis*, 1318 (arch. Barre, II). — *Hôtel du Pleisseis de Bourc*, relev. de la Simnaudière, 1441 (arch. V. E. 2, 131).
PLESSIS-GUINEUF (LE). — *Nemus quod appellatur lou plessais Guienof*, 1284 (Font. XXXVIII, p, 120). Sa situation est incertaine et doit être cherchée vers la Chapelle-Largeau.
PLESSIS-MAHON (LE), vill. c^{ne} de St-Maurice-la-Fougereuse.
PLESSIS-NAUD (LE), f. c^{ne} d'Étusson. — *Le Plessy-Nau* (Cass.).
PLESSIS-OLIVIER (LE), vill. c^{ne} de Chiché. — *Le Playceyx Oliver*, 1300; *le Plessays Oliver*, 1397 (arch. V. Brosse-Guilgault, 41). — *Le Plesseys-Olivier*, relev. de Parthenay, 1405 (arch. mun. Niort, inv. Briquet, n° 462). — *Le Plessois-Olivier*, 1408 (arch. St-Loup). — *Le Plessis-Olivier*, relev. de Secondigny, 1503, 1655 (ms. 141, Bibl. Poit.).
PLESSIS-PRUNARD (LE), h. c^{ne} de Breuil-Chaussée. — *Le Plessois Prunart*, 1392 (arch. St-Loup).
PLESSIS-RONDEAU (LE), f. c^{ne} de St-Maurice-la-Fougereuse.

PLESSIS-ROUGET (LE), f. c^{ne} de Gourgé. — *Le Plesseys aux Rogiers*, 1478, 1520 (arch. Barre, II). — *Le Plessis Rougier* (Cass.).

PLESSIS-SÉNÉCHAL (LE), chât. c^{ne} de Sepvret. — *Le Plessis*, 1300 (gr.-Gauthier). — *Le Plessis-Sénéchal*, haute justice relev. de Lusignan, 1498-1775 (arch. V. C. 2, 140). — *Le Plaissis-Séneschal*, 1535 (id. N.-D. 1217).

PLESSIS-SICOT (LE), h. c^{ne} de Breuil-Chaussée. — *Le Plessy-Cicault* (Cass.).

PLESSIS-TRISTANT (LE), chât. c^{ne} de Geay. — *Le Plessois*, relev. de Bressuire, 1432 (arch. St-Loup). — *Le Plessis Tristan*, 1556 (reg. insin. Thouars).

PLESSIS-VIETTE (LE), logis, c^{ne} de Pompaire. Voir CHAUMUSSON.

PLET (LE), f. c^{ne} de la Pérate. — *Willelmus de Plez*, 1156 (cart. l'Absie, ap. Dupuy, 828). — *Le Plet*, 1159 (id.). — Relev. de Parthenay, 1402. — *Le Pliet* (Cass.).

PLIBOU, c^{on} de Sauzé-Vaussais. — *Villa Plibocio*, v. 950 (cart. Bourgueil). — *Plibbocius in vicaria Colniaco*, 999 (arch. V. Nouaillé, or. n° 69). — *Plibotius*, 1119 (Font. XXI, 594).—*Pliboz*, v. 1135 (id. XVIII, 279). — *Plibos*, 1232 (id. XXII, 191). — *Pliboc*, 1300 (gr.-Gauthier). — *Plibous*, 1336 (Font. XXII, 481). — Relev. de Civray, 1527-1775 (arch. V. C. 2, 155). — *St-Martin-de-Pliboux* (pouillé 1782).

Dépendait de l'archiprêtré de Chaunay, de la sénéchaussée de Civray et de l'élection de Poitiers. La cure était à la nomination de l'abbé de Nouaillé. Il y avait 156 feux en 1750.

PLINIÈRE (LA), vill. c^{ne} de Fressine.

PLISSONNIÈRE (LA) à Puiravault, c^{ne} de St-Léger-de-Montbrun, relev. de Thouars, 1599 (fiefs vic. Thouars). — *La Pellissonnière*, 1656 (arch. V. Brosse-Guilgault, 8).

PLOMB (LE), h. c^{ne} d'Allonne.

PLUSIÈRE (LA), f. c^{ne} des Échaubrognes.

POCHINIÈRE (LA), f. c^{ne} de Fenioux, 1612 (arch. V. Béceleuf, 7). — *Pichenone* (Cass.).

POCHONNIÈRE (LA), f. c^{ne} de St-Aubin-de-Baubigné.

POCHONNIÈRE (LA), f. c^{ne} de St-Marsault.

PODINIÈRE (LA), f. c^{ne} des Échaubrognes. — *La Poiteguinère in parrochiâ beati Petri de Chaubroignid*, 1342 (Font. IX, 279).

PODINIÈRE (LA), f. c^{ne} de Loublande. — *La Poisguenière* (Cass.).

POIGNEAUX (LES), f. c^{ne} de Vausseroux. Voir ÉPAGNEAU.

POILIÈRE (LA), f. c^{ne} de la Petite-Boissière. — *La Poillière* (Cass.).

POINIÈRE (LA), h. c^{ne} de Baussais.

POINIÈRE (LA), h. c^{ne} du Pin. — *La Poisnière* (Cass.).

POINIÈRE (LA), c^{ne} de St-Porchaire. — *La Poynière*, 1586 (arch. V. St-Cypr. 30). L. disp.

POINIÈRE (LA), f. c^{ne} de Vasles. — *Le Poigneou*, 1468 (arch. V. E. 1, 10).

POINOT, h. c^{ne} de Massais. — *Poinault* (Cass.).

POINOTIÈRE (LA), f. c^{ne} d'Azay-sur-Thoué.

POINOTIÈRE (LA), c^{ne} de Vouhé. — *La Poynotière*, 1554 (arch. Barre). — *La Poynotière*, 1566 (orig. ma coll.). — *La Poinottière* ou *Poynottière*, relev. de Pressigny-en-Gâtine, 1642 (arch. V. E^s. 415, 424). L. disp.

POINT-DU-JOUR (LE), h. c^{ne} de Brioux.

POINTEAU (LE), f. c^{ne} de Vautebis.

POINTERIE (LA), f. c^{ne} du Beugnon.

POINTIÈRE (LA), f. c^{ne} de St-Martin-du-Fouilloux. — *La Pougnetère*, 1554 (not. St-Maix.).

POIRAUDIÈRE (LA), f. c^{ne} du Chillou.

POIRÉ (LE), m^{in}. c^{ne} d'Availles-Thouarsais. — *Le Poyré*, 1668 (arch. D.-S. E. 994). — *Le Poiré*, 1764 (arch. V. E^s. 367). — *Boiré* (Cass.).

POIRÉ (LE), f. c^{ne} de Clessé.

POIRÉ (LE), m^{in}. c^{ne} de Bressuire. — *Molendinum do Péré* ou *Peyré*, 1259 (cart. Fontevr. I, 97). — *Moulin du Poyré* près le moulin du seigneur et du moulin à draps, au pied du chastel de Bressuyre, 1437. — *L'étang du Peyré*, 1470 (arch. V. St-Cypr. 30).

POIRIER (LE), vill. c^{ne} de Champeaux.

POIRIER (LE), f. c^{ne} de la Chapelle-Bâton.

POIRIER (LE), h. c^{ne} de Montigny.

POIRIER (LE), éc. c^{ne} de St-André-sur-Sèvre.

POIRIER (LE), h. c^{ne} de St-Pardoux. — *Le Poyrier*, relev. de Pressigny-en-Gâtine, 1600 (arch. V. E^s. 415).

POIRIER (LE), m^{in}. c^{ne} de Vernou-sur-Boutonne. — *Molendinum do Perer*, 1192 (arch. V. Trin.).

POIRILLON (LE), f. c^{ne} de Neuvy-Bouin.

POIRION (LE), f. c^{ne} d'Aigonnay. — *Poirian*, 1585 (not. St-Maix.).

POIRON (FIEF DU), autrement FIEF PETITTEAU, c^{ne} de Bilazais, relev. de Thouars, 1493 (chartr. Thouars).

POIRON (LE), vill. c^{ne} de Boismé. — *Le Poyron*, 1372 (arch. St-Loup). — *Le Peyron*, 1386 (arch. Barre). — *Le Peiron*, 1399 (arch. St-Loup). — *Le Payron*, relev. de Bressuire, 1440 (arch. Barre).

POIRON (LE), vill. c^{ne} de la Chapelle-Bertrand.

POIRON (LE GRAND ET PETIT), c^ne de Louin, relev. de la Ronde de Louin, 1639 (arch. Vernay).
POIRON (LE GRAND ET PETIT), h. c^ne de St-Amand-sur-Sèvre. — *Le Poiron*, 1225 (cart. Trin. Maul.). — *Magnum et Parvum Poiron*, 1319 (id.). — *Le Grand et Petit Poyrons* en la châtellenie de Mauléon, 1424 (arch. V. H. 3, 723).
POIRON, vill. c^ne de Ste-Pezenne.
POITEVINIÈRE (LA), h. c^ne de Chiché.
POITEVINIÈRE (LA), vill. c^ne de Cirière. — *La Poytevinère*, 1418 (arch. St-Loup).
POITEVINIÈRE (LA), f. c^ne de Thouars, autrefois des Hameaux. — *La Poictevinière*, relev. de la seign. de Meules, 1391 (chartr. Thouars). — *La Poincetevinière*, paroisse de St-Médard de Thouars, 1559 (reg. insin. Thouars). — *La Poictevinière*, 1667 (arch. V. St-Hil. 876).
POITEVINIÈRE (LA HAUTE ET BASSE), h. c^ne de Vasles. — *La Poictevinère*, 1276. — *La Poitevinière*, relev. de l'abbaye de Ste-Croix, 1414. — *La Poictevinière*, 1479 (arch. V. S^te-Cr. 44, 46).
POITIÈRE (LA), vill. c^ne de Pamprou. — *La Pohetère*, 1454. — *La Poistière*, paroisse St-Martin de Pamprou, 1639 (pap. Maubué). — *La Poictyère*, 1648; *la Poissière*, 1667 (arch. D.-S. E. 1198, 1199).
POITIÈRE (LA), vill. c^ne de St-Amand-sur-Sèvre.
POITONNIÈRE (LA), h. c^ne de Clazay. — *La Pestonnère*, xve siècle (reg. r. templ. Maul.). — *La Poictonnière*, 1621, arch. V. St-Cypr. 47).
POITOU, vill. c^ne de St-Jouin-de-Marnes.
POITRENEAU, f. c^ne de Fressine.
POIVENDRE, h. c^ne de Marigny. — *Poivendre*, 1244 (compt. d'Alph. Poit.). — *Poyvendre*, 1609 (Font. XX, 413). — *Puy-Vandre*, 1712 (arch. D.-S. E. 1190). — *Poiventre* (Cass.).
POLINIÈRE (LA), f. c^ne du Busseau.
POLLIER, vill. c^ne de Plibou. — *Pollié* (Cass.).
POMAIRE (LA), vill. c^ne de la Forêt-sur-Sèvre. — *Paumaeria*, xiie siècle (cart. l'Absie). — *La Pomaire* (Cass.).
POMERIE (LA), f. c^ne de Chiché.
POMMERAYE (LA GRANDE ET PETITE), f. c^ne de la Chapelle-Largeau.
POMMERAYE (LA), vill. c^ne de Clussais. — *Villa Pomeria in vicaria Metulinsi*, v. 1020 (cart. St-Cyprien, 299).
POMMERAYE (LA), f. c^ne de Cours.
POMMERAYE (LA), éc. c^ne des Échaubrognes.
POMMERAYE (LA), vill. c^ne d'Étusson.
POMMERAYE (LA), f. c^ne de Loublande.
POMMERAYE (LA), h. et m^in. c^ne de Montigny. — *Molendinum de Pomerera*, xiie siècle (cart.

l'Absie). — *La Pomeray* (Cass.). — *Tonnelle de la Pomerais* (cad.).
POMMERAYE (LA), f. c^ne de St-Loup. — *Fontaine de la Pomeraye*, 1461 (arch. St-Loup).
POMMEROU (LE), h. c^ne de Lezay.
POMMEROUX, vill. c^ne de Chail. — *Paumeroux* (Cass.).
POMMEROUX (LE), f. c^ne de Chey.
POMMIER (LE), f. c^ne de Boesse (Cass.).
POMMIER (LE), vill. c^ne d'Exireuil. — *Le Poumer*, 1375, 1452 (arch. Barre). — *Le Pommer*, 1539 (not. St-Maix.). — *Le Pommier*, 1639 (arch. Barre).
POMMIER, m^in. c^ne de Ste-Radegonde-de-Pommiers. — *Pommiers* (Cass.).
POMMIER, m^in. c^ne de Thouars, autrefois des Hameaux.
POMPAIRE, c^on de Parthenay. — *Pompère*, 1300 (gr.-Gauthier). — *Pomperre*, 1452 (arch. Barre). — *St-Pierre de Pompeyre* (pouillé 1782).
Dépendait de l'archiprêtré et châtellenie de Parthenay, de la sénéchaussée et de l'élection de Poitiers. La cure était à la nomination du prieur de St-Paul de Parthenay. Il y avait 82 feux en 1750.
POMPÉRAIN, usine, c^ne de Châtillon-sur-Thoué. — *Moulin de Pompérin*, 1579 (ma coll.). — Faisait partie du fief de Lhérigondeau réuni à la baronnie de Parthenay.
POMPÉRAIN, h. c^ne de St-Romans-lez-Melle. — *Villa Pepernantim*, 951-963 (cart. St-Maix. 42).
POMPOIS, vill. c^ne de Ste-Verge. — *Villa Pampeia*, v. 1147 (chartr. Thouars; — bull. soc. stat. 1883, p. 236). — *Ponpoieum*, 1161 (cart. St-Laon Thouars). — *Ponpde*, 1263 (chartr. Thouars). — *Ponpaium*, 1278 (id.). — *Ponpeye*, 1316 (arch. hist. Poit. VII). — *Pompae*, 1333 (arch. V. H. 3, 809). — *Pompay*, 1479 (arch. Barre). — *Ponpoy*, 1568 (arch. V. H. 3, 809). — *Ponpoix* (Cass.).
PONCEREAU, vill. c^ne de la Chapelle-Gaudin. — *Ponseray*, 1687 (arch. V. Brosse-Guilgault, 15). — *Ponserais* (Cass.).
PONCEREAU, f. c^ne de Voultegon. — *Le Petit Poncerot*, 1593 (arch. V. E^s. 376). — *Le Poncereau*, relev. d'Argenton-Château, 1758 (id. 330).
PONNERIE (LA), vill. c^ne d'Aiffres. — *La Pomerie* (Cass.).
PONSIER (LE), f. c^ne de St-Pierre-à-Champ. — *Le Poncier* (Cass.).
PONT (LE), vill. c^ne d'Amuré. — *Pont de Cosse* (Cass.).
PONT (LE GRAND), m^in. c^ne des Aubiers.
PONT (LE), m^in. c^ne d'Azay-sur-Thoué; anc. fief relev. du Bois-d'Allonne, 1728 (arch. D.-S. H. 46).

Ont (Le), m^{in}. c^{ne} de Chef-Boutonne.
Pont (Le), f. et m^{in}. c^{ne} de Courlay. — *Le Pont de Courlay*, 1461 (dict. fam. Poit. II, 798). — Relev. de la Forêt-sur-Sèvre, 1598 (arch. chât. la For.).
Pont (Le), chât. c^{ne} de Cours. — *Le Pont*, 1405 (hist. Chât. pr. p. 56).
Pont (Le), vill. c^{ne} de Frontenay.
Pont (Le), h. c^{ne} de Gourgé.
Pont (Le), m^{in}. c^{ne} des Groseillers.
Pont (Le), f. c^{ne} de Largeasse.
Pont (Le), f. c^{ne} de Parthenay.
Pont (Le), f. c^{ne} de St-Amand-sur-Sèvre.
Pont (Le), vill. c^{ne} de St-Martin-d'Entraigues.
Pont (Le), m^{in}. c^{ne} de St-Varent.
Pont (Le), f. c^{ne} de Souché.
Pont (Le), m^{in}. c^{ne} du Tallud.
Pont (Le), h. c^{ne} de Verruye. — *Aymeric du Pont*, 1110 (Font. XV, 535). — *Le Pond*, relev. de Pressigny-en-Gâtine, 1631 (arch. V. E^e. 415, 441).
Pont (Le), h. c^{ne} de Vouhé.
Pont-Bénestreau sur l'Ouin, c^{ne} de Moulins.
Pont-Berne, f. c^{ne} d'Étusson.
Pont-Bertrand, sur le Lambon, c^{ne} de Fressine.
Pont-Buret, f. et étang, c^{ne} de la Pérate. — *Pont de la chaussée de l'étang de Pontburet*, reconstruit en 1520 (arch. nat. O.19703).
Pont-Chouette, étang, c^{ne} de St-Sauveur. — *Ponchaude* (Cass.).
Pont-Clergeau, à Riblaire, c^{ne} de St-Varent.
Pont-Cougnon, c^{ne} de la Chapelle-Gaudin.
Pont-Coulonneau, sur la Mortève, c^{ne} de Noirlieu.
Pont-Crespeau, pont, c^{ne} de la Chapelle-Thireuil.
Pont-d'Angle (Le), h. c^{ne} de Thorigny-sur-le-Mignon. — *Le Pont d'Angles*, 1354 (arch. V. Mont. 95).
Pont-d'Ardin (Le), h. c^{ne} d'Ardin.
Pont-d'Autise (Le), c^{ne} de Pamplie (arch. V. E^s. 1, 9).
Pont-de-Bagnon (Le), f. c^{ne} de Lezay.
Pont-de-Barrou, f. c^{ne} de Tessonnières.
Pont-de-Boismé (Moulin du), c^{ne} de Boismé (aff. Poit. 1778, p. 192). L. disp.
Pont-de-Cesse (Le), *aliàs* La Vivonnerie, vill. c^{ne} d'Amuré, 1644 (arch. D.-S. E. 358). Voir Pont (Le).
Pont-de-Chenay, f. c^{ne} de Chey.
Pont-de-Fontenay (Le), m^{on}. noble, c^{ne} de Mauzé-Thouarsais, 1567 (arch. V. Brosse-Guilgault, 25).
Pont-de-Maunay (Le), f. c^{ne} de Saivre.
Pont-de-Ruisseau, m^{in}. c^{ne} de St-Varent.
Pont-de-Saivre (Le), vill. et m^{in}. c^{ne} de Saivre. — *Le Pont de Saevre*, 1585 (not. St-Maix.). — *Pont de Saivres* (Cass.).
Pont-de-Soulièvre (Le), m^{in}. c^{ne} d'Airvault.
Pont-de-Vault, h. m^{in}. et pont, c^{ne} de Brelou. — *Johannes de Vaus qui manet ad insulam que sita est juxta pontem Vallis*, xiie siècle (cart. St-Maix. II, 4). Relev. de l'abbaye de St-Maixent. — *Molendinum de Ponte-Vallium*, 1246 (compt. d'Alph. Poit.). — *Moulin du Pont de Vaux*, 1627 (arch. Barre), sis en la châtellenie de St-Maixent (cart. St-Maix. intr. 48). — *Aumônerie du Pont de Vault*, réunie à l'hôpital de Niort avant 1769 (pouillé B.-Filleau).
Pont-de-Vaumoreau (Le), éc. c^{ne} de Chavagné.
Pont-de-Vaux, f. c^{ne} de Brioux.
Pont-de-Vernay (Le), h. c^{ne} d'Airvault.
Pont-de-la-Fontenelle (Le), c^{nes} de St-Martin et Souvigné, 1728 ; anc. fief relev. de l'abbaye de St-Maixent (arch. D.-S. II. 104).
Pont-de-la-Vieille-Pérate (Le), m^{in}. c^{ne} de la Pérate.
Pont-des-Arches (Le), m^{in}. c^{ne} de St-Clémentin.
Pont-des-Colons (Le), c^{ne} de St-Marsault. L. disp.
Pont-d'Homme (Le), h. c^{ne} de Vouillé.
Pont-d'Ouin (Le), ancien prieuré, c^{ne} du Puy-St-Bonnet. — *Prior Sancti Sepulcri de Ponte Unito*, 1326 (D. 1326 et 1383). — *St-Blaise de Pont Douin ou Douing*, ordre de St-Augustin, 1623 (arch. V. H. 3, 723). — *Prieuré de St-Sépulcre de Pont-Douin*, annexé à l'ordre de St-Jean-de-Jérusalem ; le commandeur de Mauléon y confère (pouillé 1648). — *St-Blaise de Pontdoin*, 1682 (arch. V. pr. 58). — *Pont d'Oing* (cart. poit. par P. Roger). — *Le Pont Douin* (Cass.). — *La Résurrection vulgo de Pont-Douin* (v. de Menou, ap. pouillé B.-Filleau, 366).
Pont-du-Gué (Le), h. et pont sur l'Argenton, c^{ne} de Bouillé-Loretz.
Pont-du-Gué (Le), h. c^{ne} de Bagneux.
Pont-du-Pas-Chauvin (Le), c^{ne} de Bessines. L. disp.
Pont-Garnier, sur la Mortève, c^{ne} de Noirlieu.
Pont-Gautier, tuil. c^{ne} de St-Martin-lez-Melle.
Pont-Germain, f. c^{ne} de St-Marsault.
Pont-Guilbeau, m^{in}. sur l'Autise, c^{ne} d'Ardin. — *Guilbeon* (Cass.). Voir Guilbeau.
Pontiou, f. et m^{in}. c^{ne} de Paizay-le-Tort. — *Aimericus de Pontios*, v. 1150 (arch. V. Nouaillé, orig. 180).
Pontioux, vill. c^{ne} de Brioux. — *Pontil*, 1097 (cart. St-Jean-d'Ang. ap. Font. LXIII, p. 373). — *Pontioux*, 1432 ; *Pontyou*, tenu de la commanderie d'Ensigné, 1531 ; *Ponthiou*, 1608 (arch. V. H. 3, Ensigny).
Pont-Jacquet, pont sur la Dive, c^{ne} de Tourtenay.
Pont-l'Abbé. Voir Moulin du Pont-l'Abbé.
Pont-Neuf (Moulin du), c^{ne} de Sansay.

Pont-Pager, mⁱⁿ. cⁿᵉ de Coutières. — *Pont Péager* au-dessous de la Pagerie, 1479 (arch. Barre, II).

Pont-Porcher, étang, cⁿᵉ de l'Absie.

Pont-Sotinet, pont, cⁿᵉ d'Aigonnay.

Pont-Soutain, f. cⁿᵉ de Pompaire. — *Pont Soudain*, 1567 (not. Parth.). — *Gué du Pont Soudin* (Cass.).

Pontreau (Le), f. cⁿᵉ d'Ardin.

Pontreau (Le), f. cⁿᵉ du Chillou.

Pontreau (Le), l.-d. cⁿᵉ d'Exoudun. — *Le Pontrault*, 1731 (arch. D.-S. E. 394).

Pontreau (Le), h. cⁿᵉ de Fors, 1620 (dén. de Mons).

Pontreau (Le), mⁱⁿ. cⁿᵉ des Jumeaux. — *Prieuré du Pontrau*, 1461 (arch. Sᵗ-Loup).

Pontreau (Le), h. cⁿᵉˢ de Niort et Sᵗᵉ-Pezenne. — *Ponterellum*, 1236 (frag. in. chron. Maill. ap. bibl. éc. ch. II, 159).

Pontreau (Le), f. cⁿᵉ de Sᵗ-Germain-de-Longue-Chaume.

Pontreau (Le), vill. cⁿᵉ de Sᵗ-Romans-lez-Melle.

Pontreau (Le), f. cⁿᵉ de Thénezay. — *Le Pontereau*, relev. de Puisant, 1601 (bull. soc. ant. ouest, VII, 233).

Pontrot (Le), f. et mⁱⁿ. cⁿᵉ de Vernou-sur-Boutonne. — *Portrot*, 1705 (arch. D.-S. E. 1187).

Pont-Viault (Le), au-dessous de Paunay, cⁿᵉ de Saivre, 1561 (not. Sᵗ-Maix.).

Popinaudière (La), f. cⁿᵉ de Coulonges-les-Royaux. — *La Poupinoderie* en Feniou, relev. de la Braudière, 1775 (état duch. la Meill. 1775).

Poponelles (Les), cⁿᵉ de Rom; anc. fief relev. de la seign. de l'Orbrie, 1436 (arch. D.-S. E. 416).

Poraire (La), vill. et mⁱⁿ. cⁿᵉ de Chiché. — *Porraheria*, 1122 (don à Fontevr. ap. cart. Font. II, 8). — *Cappella Porraeriæ*, 1183 (cart. l'Absie, ap. Dupuy, 828, p. 128). — *Porreria*, 1209 (cart. Fontevr. I, 97). — *La Porrayre*, 1376; *prieuré et moulin de la Porreyre*, 1419 (arch. Sᵗ-Loup). — *La Porroyre*, 1425 (id.). — *La Porère* (Cass.).

Porcheneuve (La), f. cⁿᵉ de la Chapelle-Bâton. — *Le Porc-Chenu*, 1583 (arch. V. E. 1, 15). — *Porchenu* (Cass.).

Porcherie (La), f. cⁿᵉ de Sᵗ-Amand-sur-Sèvre.

Porcherie (La), f. et mⁱⁿ. cⁿᵉ de Traye, 1727 (arch. D.-S. E. 645).

Porches (Les), f. cⁿᵉ de la Pérate. — *Les Perches* (Cass.). Voir Perches (Les).

Porée (La Grande et Petite), f. cⁿᵉ de Saurais.

Porerie (La), f. cⁿᵉ de Sᵗ-Lin. — *La Porrerie*, relev. de la Barre-Sanglier, 1598 (arch. Barre, II).

Porette (La), f. cⁿᵉ de Sᵗ-Éanne.

Port (Le Grand), vill. cⁿᵉ de Magné.

Port (Le Grand et Petit), f. cⁿᵉ de Vernou-sur-Boutonne.

Portail (Le), h. cⁿᵉ de Lorigné. — *Le Portault*, relev. de Civray, 1498 (ms. 141, bibl. Poit.). — *Le Portail*, 1676 (inv. D.-S. E. 18).

Portail (Le), f. cⁿᵉ de Mazières-sur-Béronne.

Portail (Le), h. cⁿᵉ de Sᵗ-Rémy.

Portail (Le), f. cⁿᵉ de Sompt.

Portail (Le), f. cⁿᵉ de Souvigné.

Portail-Rouge (Le), h. cⁿᵉ de Deyrançon.

Portail-Rouge (Le), h. cⁿᵉ de Sᵗ-Martin-de-Bernegoue.

Portail-Rouge (Le), f. cⁿᵉ de Sᵗ-Maurice-de-Mairé, réunie à Aiffres. — *Le Portal* (Cass.).

Portail-Rouge (Le), f. cⁿᵉ de Sᵗ-Symphorien.

Portal (Le), f. cⁿᵉ de Marigny.

Port-du-Noyer (Le), éc. cⁿᵉ de Frontenay.

Porte (La), f. cⁿᵉ de la Chapelle-Bâton.

Porte (La), f. cⁿᵉ de Cherveux.

Porte (La), f. cⁿᵉ de la Coudre.

Porte (La), f. cⁿᵉ de Moutiers, 1680 (arch. V. Brosse-Guilgault, 8).

Porte (La), f. cⁿᵉ de Noirlieu.

Porte (La), f. cⁿᵉ de Vasles. — *La Porte Guillaume Neufchèse*, 1330 (arch. V. Sᵗᵉ-Cr. 44).

Porte (La), f. cⁿᵉ de Vausseroux.

Porte (La), f. cⁿᵉ de Vouillé.

Porteau (Le), h. cⁿᵉ de Boesse. — *Village du Portau*, 1455 (doc. sur Commines par Fierville, 52).

Porteau (Le), éc. cⁿᵉ de Mauzé-Thouarsais.

Porteau (Le), f. cⁿᵉ de Noirterre. — *Le Portau*, 1457 (arch. V. Brosse-Guilgault, 41).

Porteau (Le), chât. cⁿᵉ de Pressigny. — *Simon de Portau*, 1281 (arch. V.). — *Le Portault*, 1562 (not. Parth.). — Relev. de la seign. de Lhérigondeau réunie à Parthenay (la Gât. hist. et mon.). — *Portaut* (Cass.). — *N.-D. du Portault* (pouillé 1782).

Porteau (Le), f. cⁿᵉ de Sᵗ-Varent.

Porteau (Le), vill. cⁿᵉ de Vasles. — *Le Portault*, 1491 (dict. fam. Poit. II, 774).

Porte-Bizière (La), vill. cⁿᵉ de Vasles. — *Portabiseria*, 1161; *Porta Biseria*, 1178 (cart. Châtell.). — *Portebizière* (Cass.).

Porte-Bouton, mᵒⁿ. noble, paroisse de Villiers-en-Plaine, ressort de Sᵗ-Maixent et élection de Niort, 1609 (Font. XX, 415).

Porte-Chesneau (La), f. cⁿᵉ de Mazières-en-Gâtine. — *La Porte-Chenu*, relev. de Ternant, 1451, 1515 (arch. V. Eˢ. 400, 413).

Porte-du-Parc (La), éc. cⁿᵉ d'Oiron.

Portes (Les), mⁱⁿ. cⁿᵉ de Boesse.

Portes (Les), f. cⁿᵉ de Sᵗ-Coutant.

Portes (Les) à Querray, cⁿᵉ de Sᵗ-Gelais, en la

châtellenie de St-Maixent (cart. St-Maix. I, intr.). L. disp.

PORTES (LES), mⁱⁿ. et tonnelle, c^{ne} de Sanzay.

PORTEVAIZIÈRE (LA), f. c^{ne} de Fenioux, 1641 (arch. V. Beauregard, 25).

PORTIÈRE (LA), h. c^{ne} de Fenioux.

PORTIÈRE (LA), vill. c^{ne} de Verruye.

PORTIERS (LES), vill. c^{ne} de Clussais.

PORTIGAULT (FIEF DE) ou POURTIGAULT, c^{ne} de St-Gelais, 1404, 1609 (Font. XX, 415).

PORT-SURAIN, l.-d. c^{ne} de Ste-Pezenne, 1452 (arch. D.-S. G. 29).

PORZAIS ou POIRIER (LE), f. c^{ne} de Pierrefitte. — *Porzay* (Cass.).

POST-HORTOS, l. ind. vers Arçais, 1221 (arch. D. S. G. 4).

POT (LE), f. c^{ne} de Vasles. — *Le Paux* (Cass.).

POTEAU (LE), f. c^{ne} de Brelou.

POTEAU (LE), f. c^{ne} de Champeaux.

POTEAU (LE), f. c^{ne} de Sanzay.

POTEAU (LE), f. c^{ne} de St-Liguaire.

POTERIE (LA), f. c^{ne} de la Chapelle-Thireuil.

POTERIE (LA), f. c^{ne} de Ménigoute. — *La Potère*, 1526; *la Poterie*, 1672, 1719 (arch. Barre).

POTERIE (LA), four à pots, c^{ne} de Pugny.

POTERIE (LA), f. c^{ne} de St-Aubin-de-Baubigné.

POTET (LE), h. c^{ne} de St-Pardoux.

POTIÈRE (LA), vill. c^{ne} du Pin.

POTIÈRE (LA), f. c^{ne} de St-Lin, relev. de Pressigny-en-Gâtine (arch. V. E^s. Pet.-Ch.).

POTIÈRE (LA), f. c^{ne} de Verruye.

POTINERIE (LA), f. c^{ne} d'Échiré.

POTINIÈRE (LA), h. c^{ne} du Busseau.

POTONNIER (LE), vill. c^{ne} de Loubillé. — Ancienne villa romaine dans la vallée de l'Ausme (B.-Filleau, de Ruffec à Niort). Voir PAUTONNIER.

POTONNIER (LE), h. c^{ne} de St-Pardoux.

POTURE (LA), f. c^{ne} du Pin.

POTURE (LA), vill. c^{ne} de Cirière. — *Les Pastures* (Cass.).

POUFFOND, c^{on} de Melle. — *Villa Puteofontis in vicaria Teliolis in pago Metulinse*, v. 982 (cart. St-Jean-d'Ang. ap. Font. LXII, p. 467). — *Pofons*, 1300 (gr.-Gauthier). — *Pouffons*, 1632 (arch. Barre, I). — *St-Macou de Pouffons* (pouillé 1782).

Dépendait de l'archiprêtré de Melle, de l'élection de St-Maixent et du ressort du siège de la sénéchaussée de Civray. Relev. de la seigneurie de Mellezéar (Paizay-le-Tort). La cure était à la nomination de l'évêque. Il y avait 58 feux en 1698, et 51 en 1750.

POUFFONTELLERIE (LA), f. c^{ne} de Pouffond. — *La Fontellerie* (Cass.).

POUGE (LA), h. c^{ne} du Busseau.

POUGE (LA), h. c^{ne} de Fenioux. — *La Pouge*, 1631 (arch. Bois-Chap.).

POUGÈRE (LA), f. c^{ne} de St-Martin-du Fouilloux. — *La Pourgère* (Cass.).

POUGET, f. c^{ne} de St-Lin.

POUGNARDERIE (LA), f. c^{ne} de Vouillé. — *La Poignardrye*, *la Pougnardrie*, 1749; anc. fief relev. de Gascougnolles (arch. D.-S. E. 746).

POUGNE-HÉRISSON, c^{on} de Secondigny. — *Pugne*, 1102 (cart. Bourgueil). — *Poigne*, 1274 (cart. Bourg.). — *Pugnie*, 1326 (cart. év. Poit.). — *Poignes*, 1407 (arch. Barre). — *Pouignes*, 1430 (coll. de R. Denisot, ap. bibl. nat.). — *Pougnes*, 1663 (arch. Barre). — Relev. de la châtellenie de Hérisson. — *Notre-Dame de Pougnes* était à la nomination de l'abbé de Bourgueil (pouillé 1782).

Dépendait de l'archiprêtré de Parthenay, de la châtellenie de Hérisson, de la sénéchaussée de Poitiers et de l'élection de Niort, après avoir fait partie de celle de Parthenay au XVIe siècle (dén. just. bar. Parth. 1744; — état élect. Niort, 1716). Relev. de Parthenay. La cure était à la nomination de l'abbé de Bourgueil. La commune et la paroisse de Hérisson ont été réunies à celle de Pougne.

POUGNERAYE (LA), f. c^{ne} de Béceleuf, 1613 (arch. V. Béceleuf, 26).

POUILLÈRES (LES), f. c^{ne} de la Chapelle-St-Laurent. — *La Boulière*, XVe siècle (reg. r. Templ. Maul.). — *Les Pulières* (Cass.).

POUILLET, mⁱⁿ, c^{ne} de Chef-Boutonne. — *Moulin de Pouillet* sur la Voultonne, 1473 (arch. V. St-P. 242).

POUILLET, mⁱⁿ, c^{ne} de Pamprou. — *Molendinum de Pooillet juxta Pampro*, 1218 (cart. St-Maix. II, 38). — *Pouillet*, 1526 (not. St-Maix.).

POUILLET, vill. c^{ne} de St-Clémentin — *Poillé*, 1491 (doc. sur Commines par Fierville).

POUILLOUX, vill. c^{ne} de la Chapelle-Pouilloux. — *Polios*, 1230; *Polhos*, 1310 (Font. XXII, 175, 435). — *Poullioux* (Cass.).

POUILLOUX, vill. c^{ne} de Mairé-l'Évescault. — *Villa Apibliacum. in vicaria Lineacinse*, 969 (cart. St-Cyprien, 252). — *Poullioux* (Cass.).

POUILLY, f. c^{ne} de St-Aubin-du-Plain. — *Pouillé* (Cass.).

POULERIE (LA), f. c^{ne} de Genneton. — *La Poullerie* (Cass.).

POULINIÈRE (LA), f. c^{ne} de Nueil-sous-les-Aubiers. — *La Poulenière*, 1351 (arch. hist. Poit. XVII).

POULINNERIE (LA), h. c^{ne} de Bouillé-St-Paul.

POULOTERIE (LA), f. c^{ne} de St-Germier.

POULOUP (LE GRAND ET PETIT) ou PELOUP, f. c^ne de St-Amand-sur-Sèvre. — *Grand et Petit Payloup* (Cass.). Voir PELOUP (LE).

POUMERON, c^ne de Brûlain ; anc. fief relev. de la Vallée, 1704 (arch. D.-S. E. 1186).

POUPARDIÈRE (LA), f. c^ne de Champdeniers. — *La Poupardière*, 1564 (cart. Châtell.).

POUPARDIÈRE (LA), f. c^ne de Combrand.

POUPARDIÈRE (LA), m^on. à Coulonges-Thouarsais, XVIe siècle (arch. V. Brosse-Guilgault, 34).

POUPARDIÈRE (LA), f. c^ne de St-Marsault, 1451 (arch. St-Loup);

POUPARDIÈRE (LA), f. c^ne de St-Porchaire.

POUPAUDIÈRE (LA), f. c^ne de Vitré.

POUPELIÈRE (LA), vill. c^ne de Soudan. — *La Popelière*, 1261 (cart. St-Maix. II, 87). — *La Petite Poupelière*, 1531 (not. St-Maix.). — Était de la châtellenie de St-Maixent (cart. St-Maix. intr.).

POUPELINIÈRE (LA), chât. c^ne d'Azay-sur-Thoué. — *La Poupelinière*, 1463 ; *la Popellinière*, 1549; *la Popelinière*, 1594 (arch. Barre, I, II). — Érigée en châtellenie en 1731 sous le nom d'Azay-Poupelinière, relev. par appel du bailliage de Parthenay (dén. just. bar. Parth. 1744).

POUPETIÈRE (LA), f. c^ne de Pamplie.

POUPETIÈRE (LA), f. c^ne de St-Aubin-de-Baubigné.

POUPINIÈRE (LA), f. c^ne de Nanteuil.

POUPONNIÈRE (LA), f. c^ne de la Chapelle-Bertrand. — *La Pouponnière*, 1392, relev. du Fouilloux (ma coll. pap. Allard).

POUPONNIÈRE (MOULIN DE LA), c^ne du Tallud, 1700 (inv. S^te-Cr. Parth.). L. disp.

POURCHIÈRE (LA), f. c^ne de Chiché. — *La Porcherière*, 1419 (arch. St-Loup).

POURTAUDERIE (LA), h. c^ne de Villemain (arch. V. St-Hil. 238).

POUSSARDIÈRE (LA), vill. c^ne de St-Aubin-le-Cloud. — *La Possardère*, 1400 (arch. la Bretonn.-Chal.). — *La Poussardière* faisait partie du fief de Puichenin-en-Gâtine, relev. de Châteauneuf-en-Gâtine, 1501 (reg. av. Chât.).

POUSSARDRIE (LA), h. c^ne de Deyrançon.

POUSSE-VIEILLE, h. c^ne du Breuil-Bernard.

POUSSINIÈRES (LES), c^ne de Faye-l'Abbesse ; anc. fief relev. de la Roche-Baudin, 1604 (arch. V. Brosse-Guilgault, 41).

POUTHOF, vill. c^ne de Vernou-sur-Boutonne.

POUVREAU, f. c^ne de Granzay.

POUVREAU, f. c^ne de Vallans.

POUX (LE), h. c^ne de St-Amand-sur-Sèvre.

POUZAIS, m^in. c^ne d'Ardin. — *Petit et Grand Pouzay*, 1599 (arch. V. Pouzay, 12).

POUZAIS, h. c^ne de Béceleuf. — *Pouzai*, 1428 :

Pousay, 1517 (arch. V. Béceleuf, 10). — *Pouzay*, 1694 (arch. D.-S. E. 264).

POUZET (LE), vill. c^ne de Vasles. — *Le Pouzet en la seign. de St-Philbert*, 1471 ; *Poset*, 1485 (arch. V. S^te-Cr. 46).

POUZILLON, f. c^ne de Caunay.

POUZOU, vill. et logis, c^ne de Secondigné-sur-Chizé. — *Villa Pozolio in vicaria Metulo*, v. 975-1000 (cart. St-Jean-d'Ang. ap. Font. LXII, p. 429). — *Molendinum de Pouseau*, 1418 ; *Pousoux ou Pouzeox*, 1444 (arch. V. Trin. 94).

PRAHECQ, arr^t de Niort. — *Sanctus Maxentius de Praec*, 1110 (cart. St-Maix. 258). — *Praecum*, 1197 (Font. XXV, 80). — *Praicum, Prahic, Praïc*, 1243 (compt. d'Alph. Poit.). — *Prahec*, 1245 (id.). — *Prey*, 1315 (arch. hist. Poit. XI, 112). — *Prahée*, 1675 (arch. D.-S. H. 381). — *Prahet*, 1705 ; *Prahé*, 1760 (id. E. 612, 1187).

La cure de Prahecq était à la nomination de l'abbé de Maillezais (pouillé 1782). L'aumônerie et la chapelle Ste-Catherine son annexe furent réunies à l'hôpital de Chizé par arrêt du conseil du 11 février 1695 et lettres patentes du 9 juillet 1696, puis réunies à l'hôpital de Fors par arrêt du 30 mars 1703. La châtellenie de Prahecq, unie au marquisat de Fors vers 1700, relevait du château de Niort. Son ressort détaché de la sénéchaussée de Poitiers avait été attribué au siège royal de Lusignan par lettres de Louis X du mois de juin 1315 (arch. hist. Poit. XI, 112).

Prahecq dépendait de l'archiprêtré de Melle, de la châtellenie, siège royal et élection de Niort. Il y avait 142 feux en 1716, et 146 en 1750.

Le canton de Prahecq, créé en 1790, dépendait du district de Niort et comprenait les communes d'Aiffres, St-Martin-de-Bernegoue, Brûlain, Fors, Juscorps, St-Maurice-de-Mairé, St-Romans-des-Champs, Vouillé, Rohan-Rohan, Amuré, Crêpé, Épanne, Sansais, St-Symphorien, Vallans, le Vanneau. Ces huit dernières communes lui furent enlevées en l'an VIII pour former le canton de Frontenay ou Rohan-Rohan.

PRAILLES, c^on de Celles. — *Praeliæ*, v. 1095 (cart. St-Cypr. 271). — *Prahelæ*, 1097 (id.). — *Praalle*, 1110 (cart. St-Maix. 258). — *Ecclesia de Praaliis*, 1119 (cart. St-Cypr.). — *Prailles*, 1260 (homm. d'Alph. Poit.). — *Ecclesia de Proellis*, 1300 (gr.-Gauthier). — *Prailhes*, 1389 (cart. év. Poit.). — *Sainte-Marie-Magdeleine de Prailles* (pouillé 1782).

La paroisse est réunie à celle d'Aigonnay.

Prailles dépendait de l'archiprêtré d'Exoudun, du ressort et élection de Sᵗ-Maixent. Relev. de Salles et de divers seigneurs. Il y avait 195 feux en 1698, et 191 en 1750.

PRAILLES, vill. cⁿᵉˢ de Sᵗ-Martin-de-Sanzay et Argenton-l'Église. Ancienne commanderie de l'ordre de Sᵗ-Jean-de-Jérusalem. — *Molendinum de Praaliis*, v. 1160 (cart. Sᵗ-Laon Th.). — *Praelæ*, 1185 (chartr. Thouars). — *Praailles*, v. 1200 (cart. Sᵗ-Laon Th.). — *Domus hospitalis de Pracles*, v. 1200 (arch. hist. Poit. I). — *Praailliæ*, 1245 (ch. de l'Absie). — *Praalles*, 1272 (arch. V. H. 3, 804). — *Lopitau de Praailles*, 1283 (id.). — *L'hôpital de Prahelis*, 1289 (id. 804). — *Praylles*, 1318 (id.). — *Prailhes*, 1400 (id. 807). — La commanderie fut réunie à celle du Puy-de-Noyron, 1462 (id. 805).

PRAILLON, vill. et mⁱⁿ. cⁿᵉ de Missé. Relev. de Thouars (fiefs vic. Th.).

PRAIRE (LA), vill. cⁿᵉ d'Azay-sur-Thoué.

PRAIRIE (LA), éc. cⁿᵉ de Germond.

PRÉ (LE), f. cⁿᵉ d'Azay-sur-Thoué.

PRÉ (LE), f. cⁿᵉ de la Boissière-en-Gâtine.

PRÉ (LE), f. cⁿᵉ de Fenioux. — *Les Prés* (Cass.).

PRÉ (LE), f. cⁿᵉ de Sᵗ-Gelais.

PRÉ (LE), f. cⁿᵉ de Sᵗ-Lin.

PRÉ (LE), mⁱⁿ. cⁿᵉ de Vernou-sur-Boutonne.

PRÉ (LE), vill. cⁿᵉ de Vouillé.

PRÉAU (LE), f. cⁿᵉ de la Chapelle-Bâton. — *Le Préau*, relev. du Breuillac, 1390 (arch. V. Eˢ. 402). — *Préau* (Cass.).

PRÉAU (LE), f. cⁿᵉ de la Pérate. — *Terra de Pratulis in parrochiâ S. Mariæ la Pérate*, v. 1100 (cart. Talmond, 173).

PRÉ-BAS (LE), vill. cⁿᵉ de Béceleuf.

PRÉCHAPON, f. cⁿᵉ de Saivre. — *Préchapon*, 1535 (inscr. égl. Champd.). — *Préchappon*, 1564 (not. Sᵗ-Maix.).

PRÉCHOUART (LE), vill. en la seign. de la Guiraire, cⁿᵉ de Boismé, 1467 (arch. Sᵗ-Loup). L. disp.

PRÉ-CLOU (LE), h. cⁿᵉ de Juillé.

PRÉCOLLETTE, f. cⁿᵉ de Coulon.

PRÉCONSEIL, vill. cⁿᵉ de Chey.

PRÉE (LA), h. cⁿᵉ d'Adilly. — *Village de la Prée*, 1497 (arch. V. E. 2, 236). — *La Prahé* (Cass.).

PRÉE (LA), f. cⁿᵉ du Busseau.

PRÉE (LA), f. cⁿᵉ de Mauzé-Thouarsais.

PRÉE (LA), f. cⁿᵉ du Pin.

PRÉPUTIN, cⁿᵉ de Mairé-l'Évescault, relev. de Civray, 1561-1744 (arch. V. C. 2, 155).

PREIGNÉ, h. cⁿᵉ d'Ardin. — *Pruigné*, 1453, 1524 (arch. D.-S. E. 274, 287, 313).

PRÊLE (LA), f. cⁿᵉ de Prahecq. — *La Praèle*, 1260 (homm. d'Alph. Poit.).

PRÉLEBEAU, f. cⁿᵉ de Sᵗ-Martin-lez-Melle. — *Pré le Beau* (Cass.).

PREMIER, mⁱⁿ. cⁿᵉ de Pamproux. — *Étang du moulin de Premier*, 1645 (arch. V. Sᵗᵉ-Marth. 83). — *Moulin Premier* (Cass.).

PRÉ-MONIER, h. cⁿᵉ de Verruye. — *Le Pré Megnier* (Cass.).

PRÉMORIN, vill. cⁿᵉ d'Aubigné.

PRENANGE, h. cⁿᵉ de Sᵗ-Pierre-à-Champ. — *Prenanges*, 1457 (arch. V. Brosse-Guilgault, 1).

PRÉPLOT, vill. cⁿᵉ de Coulon.

PRÉREAU, vill. cⁿᵉ de Périgné. — *Pré Raud* (Cass.).

PRÉS (LES), f. cⁿᵉ de Moutiers.

PRESBYTÈRE (LE), f. cⁿᵉ de Sᵗ-Génard.

PRÉ-SEC (PETIT ET HAUT), f. cⁿᵉ de la Chapelle-Sᵗ-Laurent.

PRÉ-SEC (LE), f. cⁿᵉ de Sᵗ-Aubin-du-Plain. — *Prissec* (Cass.).

PRÉSIGE (HÔTEL DE), cⁿᵉ de Sᵗ-Varent, relev. de Rigné, 1550 (reg. insin. Thouars).

PRESLE (LA), vill. cⁿᵉ de Clussais.

PRESSAINCHÈRE (LA), f. cⁿᵉ de Sᵗ-Pardoux. — *La Persinchère* (Cass.).

PRESSIGNY, cⁿ de Thénezay. — *Pristiniacum*, 1113 (bull. de Pasc. II, ap. Gall. christ. II). — *Precigne*, v. 1150 (cart. l'Absie, ap. Dupuy, 828). — *Prescinnec*, xIIᵉ s. (id.). — *Precignacum*, 1300 (gr.-Gauthier). — *Pressigné*, 1492 ; *Presseigné*, 1518 (arch. Barre). — *Sainte-Magdeleine de Pressigné*, patron l'abbé d'Airvault (pouillé 1782).

Dépendait de l'archiprêtré de Parthenay, de la châtellenie d'Autin réunie à la baronnie de Parthenay, de la sénéchaussée et de l'élection de Poitiers, après avoir fait partie de celle de Parthenay au xvIᵉ siècle (dén. just. bar. Parth. 1744 ; — mém. soc. stat. 1886, p. xvII). Il y avait 110 feux en 1750.

PRESSIGNY, vill. cⁿᵉ de Sᵗ-Varent.

PRESSIGNY, vill. cⁿᵉ de Verruye. — *Preciniacum*, 1244 ; *Precigni*, 1244 (compt. d'Alph. Poit.). — *Precigné*, 1298 (arch. V. Eˢ. 419). — *Pressigne en Guastine*, 1407 (id.). — *Pressigny*, 1424 (Font. XIV, 329). — *Pressigné en Gastine*, 1460 (pap. la Salin.). — *Presscigny*, 1482 (ma coll.). — Relev. de Parthenay.

PRESSOIR (LE), h. cⁿᵉ de Mauzé-Thouarsais. — *Le Pressou Bachelier*, 1363 (cart. Trin. Maul.). — *Le Pressouer Bachelier*, 1379 (chartr. Thouars). — *Le Pressoir-Bachelier*, 1488 (arch. D.-S. II. 63). — Relev. de Thouars, 1551 (fiefs vic. Th.).

PRESSOIR (LE), m^{on}. au bourg St-Jacques de Thouars. — *Le Pressouer*, xvie s. (arch. V. Brosse-Guilgault, 40).

PRESSOIR (LE), f. c^{ne} de Sanzay.

PRESSOU (LE), f. c^{ne} de Beaulieu-sous-Bressuire.

PRESSOU (LE HAUT), f. c^{ne} de la Chapelle-Largeau. — *Petit et Grand Pressou* (Cass.).

PRESSOU (LE), f. c^{ne} de Chiché. — *Le Pressous*, 1394, 1419 (arch. St-Loup).

PRESSOU (LE), vill. c^{ne} de Gourgé. — *Pressorium*, 1236 (arch. hôp. Parth.). — *Le Pressous*, 1237 (id.). — *Le Presseut*, 1428 (pap. du Frêne, ma coll.). — *Le Pressous*, 1478 (arch. Vernay). — *Le Pressoux*, 1620 (arch. V.). — *Montenault, autrement le Pressoux*, 1621 (id. anc. coll. Den.). — *Le Presoux* (Cass.).

PREUIL, logis et mⁱⁿ. c^{ne} de Bouillé-St-Paul.

PREUIL (LE), vill. c^{ne} de Montigny. — *Petrus de la Pruille*, xiie siècle (cart. l'Absie, ap. Dupuy, 805). — *Le Prueil*, 1457 (arch. V. Brosse-Guilgault, 1). — *Le Preil* (Cass.).

PRÉVARDIÈRE (LA), h. c^{ne} d'Étusson.

PRÉVEZALIÈRE (LA), vill. c^{ne} de l'Absie. — *La Prévezalière*, 1393 (arch. V.). — *La Prévayzalière*, 1486 (id. E^s. 400). — *La Prévezallière*, relev. de Secondigny, 1716 (ms. 141, bibl. Poit.).

PRÉVOIRAULT, vill. et mⁱⁿ. c^{ne} de Secondigny. — *Molendinum Préverau*, 1323 (arch. V. Fontaine-le-C. 32). — *Prouvaireau* (Cass.).

PRÉVOISIÈRE (LA), vill. c^{ne} de Secondigny. — *La Prouvoisière* (Cass.).

PRÉVOTÉ (LA), vill. c^{ne} de Fontenille.

PRÉVY, mⁱⁿ. c^{ne} de St-Jouin-sous-Châtillon.

PRIAIRES, c^{on} de Mauzé-sur-le-Mignon. — *Villula Pirariis*, v. 1044 (cart. St-Jean-d'Ang. ap. Font. LXII, p. 565). — *Molendinum de Pirariis*, v. 1095 (id. ap. Font. LXIII, p. 325). — *Ecclesia B. Mariæ de Perières* (panc. de Rochech. 1402). — *Prières*, 1698 (état génér. de la Rochelle.

Dépendait de l'archiprêtré de Surgères, diocèse de Saintes, et de l'élection et généralité de la Rochelle. La paroisse est réunie à celle d'Usseau.

PRIAUDIÈRE (LA), f. c^{ne} de Chiché. — *La Perriaudère*, 1419 (arch. St-Loup).

PRIE (LA), h. c^{ne} de Ménigoute.

PRIEURÉ (LE), f. c^{ne} de la Petite-Boissière.

PRIEURÉ (LE), m^{on}. c^{ne} de Cerizay.

PRIEURÉ (LE), f. c^{ne} de Chail.

PRIEURÉ (LE), f. c^{ne} de la Chapelle-Largeau.

PRIEURÉ (LE), f. c^{ne} d'Exoudun.

PRIEURÉ (LE), f. c^{ne} de Faye-l'Abbesse.

PRIEURÉ (LE), f. c^{ne} de Maisontiers.

PRIEURÉ (LE), f. c^{ne} de Missé.

PRIEURÉ (LE), f. c^{ne} de Noireterre.

PRIEURÉ (LE), f. c^{ne} de Rigné.

PRIEURÉ (LE), f. c^{ne} de St-Amand-sur-Sèvre.

PRIEURÉ (LE), h. c^{ne} de St-Florent.

PRIEURÉ (LE), mⁱⁿ. c^{ne} de St-Génard.

PRIEURÉ (LE), éc. c^{ne} de St-Georges-de-Rex.

PRIEURÉ (LE), f. c^{ne} de St-Germain-de-Longue-Chaume.

PRIEURÉ (LE), h. c^{ne} de St-Laurs.

PRIEURÉ (LE), f. c^{ne} de St-Martin-du-Fouilloux.

PRIEURÉ-D'AVAILLES (LE), f. c^{ne} de François.

PRIEURÉ-DE-L'HERMITAIN (LE), vill. c^{ne} de Souvigné.

PRIEURÉ-DE-St-THIBAULT (LE), f. c^{ne} de l'Enclave.

PRIEURIE (LA), f. c^{ne} de Sanzay.

PRIGAUDIÈRE (LA), f. c^{ne} de Ménigoute.

PRILLET (LE GRAND ET PETIT), h. c^{ne} de Bouillé-Loretz. — *Preillet*, 1581 (arch. V. H. 3, 675). — *Haut et Bas Preiller* (Cass.).

PRIMARD, f. c^{ne} de St-Clémentin. — *Presmart*, v. 1140 (ch. de St-Flor. ap. arch. hist. Poit. II). — *Capella Sanctæ Mariæ de Prémart*, 1186 (bull. d'Urb. III, ap. id.). — *Prieuré de Primant ou de Primard*, patron l'abbé de Ferrières, 1648 (pouillé B.-Filleau, 377). — *Primar*, 1651 (arch. chât. Dorides).

PRIMAUDIÈRE (LA), f. c^{ne} de Fenioux.

PRIMAUDERIE (LA), vill. c^{ne} de Glenay. — *La Primauderie* (Cass.).

PRIMAULT, mⁱⁿ. c^{ne} de Paizay-le-Tort.

PRIN, vill. c^{ne} de Doyrançon.

PRIN, vill. et mⁱⁿ. c^{ne} de Rom.

PRINÇAIS, vill. c^{ne} de Brieuil-sur-Chizé. — *Prinsay*, 1616 (arch. D.-S. E. 213).

PRINCHARDRIE (LA), f. c^{ne} d'Exoudun. — *Les Princhardries*, 1738 (arch. D.-S. E. 408).

PRISE (LA), vill. c^{nes} de Clussais et St-Coutant. — *Prissaium*, 1232 (arch. V. Nouaillé, 50).

PRISON (LA), h. c^{ne} du Breuil-Bernard.

PRISSÉ-LE-GRAND, ancienne c^{ne} du canton de Beauvoir supprimée par décret du 27 août 1888 au profit des communes de la Foye-Monjault, Belleville et le Petit-Prissé. — *Ecclesia Sancti Johannis Baptistæ de Priscic*, 1110 (cart. St-Maix. I, 257). — *Prissé* (panc. de Rochech. 1402). — *Pricé*, 1785 (arch. D.-S. B. 158).

Prissé dépendait de l'archiprêtré de Surgères, diocèse de Saintes, du siège royal de Niort et de l'élection de St-Jean-d'Angély, généralité de la Rochelle, 1698 (état de la génér. la Roch.). La paroisse est réunie à celle de la Foye-Monjault.

Prissé-le-Petit, c^en de Beauvoir.
Dépendait de l'élection de Niort, du siège royal de Niort et de la châtellenie, puis marquisat de Fors (état élect. de Niort, 1716). Il y avait 31 feux en 1716, et 24 en 1750.

Prissé (La), h. c^ne des Aubiers. — *Le Prisset* (Cass.).

Prissonnière (La), f. c^ne de Fenioux.

Prolière (La), vill. c^ne de Vouhé.

Promenade (La), vill. c^ne de Cerizay.

Promenade (La), f. c^ne de St-Amand-sur-Sèvre.

Promp (Le), f. c^ne de St-Aubin-du-Plain. — *Préron* (Cass.).

Protellerie (La), f. c^ne de St-Georges-de-Noisné. — *La Pérotelière*, 1543; *la Perrotellerie*, 1568 (not. St-Maix.). Voir Pérotellerie (La).

Protière (La), f. c^ne d'Assais.

Prouet, m^in. c^ne de Combrand. — *Moulin Prouette* (Cass.).

Proulin, h. c^ue de Nueil-sous-les-Aubiers. — *Prolain*, 1351 (arch. hist. Poit. XVII). — *Village de Prollain*, 1559 (reg. insin. Thouars). — *Proulais* (Cass.).

Prouté (La), f. c^ne de St-Vincent-de-la-Châtre.

Prouterie (La), vill. c^ne de Vasles.

Proutet, h. c^ne de Verrines. — *La Prouté* (Cass.).

Proutière (La), f. c^ne du Beugnon. — *La Prévostère*, 1512 (arch. V. E^s. 400).

Proutière (La), f. c^ne de Chantecorps en la châtellenie de St-Maixent (cart. St-Maix. intr. 48). — *la Proustière* (Cass.).

Proutière (La), f. c^ne de Faye-l'Abbesse.

Proutière (La), f. c^ne de Ménigoute. — *La Prévoustière*, 1374 (chartr. Thouars). — *La Prévoustère*, 1456 (arch. Barre, II).

Proutière (La), f. c^ne de Moncoutant. — *La Prevostère*, relev. de Bressuire, 1420 (arch. St-Loup). — *La Prevoustère*, 1558 (reg. insin. Thouars). — *La Proustière*, 1614 (pap. de Beauvais).

Proutière (La), h. c^ne de Ste-Gemme. — *La Proustière* (Cass.).

Proutière (La), vill. c^ne de St-Georges-de-Noisné. — *La Prévoustère*, 1488 (arch. V. E^s. 445). — *La Proustière*, relev. du quart de la Saisine réuni à la châtellenie de Ste-Néomaye, 1657 (id. 400).

Proutière (La), f. c^ne de Soutiers.

Provence (La), éc. c^ne de la Mothe-St-Héraye.

Pruneau (Le), h. c^ue de Bessines.

Prunerie (La), f. c^ne de Coutières. — *La Prunerie*, relev. de la Barre-Pouvreau, 1400, 1437; *la Prunerye*, 1511 (arch. Barre, I, II).

Prunerie (La), f. c^ne de St-Georges-de-Noisné.

Prunier (Le), f. c^ne des Aubiers.

Pucelle (La), l.-d. c^ne de Champdeniers, 1756 (arch. D.-S. E. 877).

Pucheau, vill. c^ne de St-Porchaire. — *Puychaut*, 1383 (arch. St-Loup). — *Puichaut*, 1455 (arch. Barre). — *Puchau* (Cass.).

Pugny, c^on de Moncoutant. — *Ecclesia Sancti Petri de Pugnec*, 1088 (Font. XXI, 513). — *Pugnis*, v. 1090 (id. 519). — *Pugniacum*, 1119 (id. 594). — *Pugneium*, 1215 (id. XXII, 33). — *Pugné*, 1222 (id. 83). — *L'église et prieuré de Puygné*, assise aux ténements des Eschasseries et des Barroyères, relev. de Bressuire, 1379, 1402 (arch. St-Loup). — *Puygny*, 1421 (id.). — *Puygneyum*, 1476 (arch. V. Nouaillé, 60). — *Pugny*, 1602 (Font. XXII, 577). — *Puigné*, 1605 (arch. D.-S. E. 788). — *Notre-Dame du Breuil-Bernard ou Pugny* (pouillé 1782).

Le prieuré de Pugny, qui dépendait de l'abbaye de Nouaillé depuis l'origine, et qui était une annexe de la paroisse du Breuil-Bernard, fut érigé en paroisse par décret de l'évêque de Poitiers du 28 août 1776 (l'anc. archipr. de Parth. par l'abbé Drochon, d'après les arch. de la fabr. de la Chap.-St-Laurent). Pugny dépendait de l'archiprêtré de Parthenay, de la châtellenie de la Chapelle-St-Laurent, puis comté des Mottes, de la sénéchaussée de Poitiers et de l'élection de Thouars.

Pugny, anc. chât. c^ne de Pugny. — *Puygné*, 1379 (arch. St-Loup). — Relev. de Bressuire, 1402 (id.). — *Pigné*, 1474. — *Puigny*, 1713 (arch. Barre). — *Château de Pugny* (Cass.).

Puichenin, vill. détaché de la c^ne de Fenioux et réuni à celle de Xaintray par la loi du 29 juin 1864 (cad.). — *Willelmus de Poichenin*, 1218 (cart. St-Maix. II, 39). — *Podium Chenin*, v. 1255 (enq. de Xaintray, ap. arch. nat. J. 1028, n° 11). — *Puychemyn*, 1483; *Puychenin*, 1487 (arch. V. E. 1, 9). — *Puichenin*, 1647 (orig. ma coll.). — *Puchenin*, 1715 (arch. V. Béceleuf, 26).

Puichenin, moyenne justice, sise paroisse d'Oroux, relev. de la châtellenie de Châteauneuf-en-Gâtine et s'étendant sur quelques hameaux des paroisses d'Oroux, la Pérate, St-Aubin-le-Clou, Secondigny et Azay (mém. sur les justices du Poitou par Beauchet-Filleau).

Puichévrier, f. c^ne de Boismé. — *Puychévrier*, 1539 (arch. Barre, I).

Puilière (La), f. c^ue de Rom. — *La Pulière*, 1641 (arch. V. N.-D. 148).

Puiraveau, f. c^ne de Brûlain. — *Puire à Vaus*, 1718 (arch. D.-S. E. 1190).

Puisan, vill. et anc. chât. c^ne de Thénezay. — *Puzant*, 1290 (aff. Poit. 1781, 141). — *Puisant*,

1442 (bull. soc. ant. ouest, VII, 231). — *Puizan*, 1591 (arch. Barre). — *Chapelle N.-D. de Puisant*, 1660, fondée en 1311 par Hugues de la Ferrière, seign. de Puisant (pouillé B.-Filleau, 417).

PUISRAUD, f. c^{ne} de Chef-Boutonne, 1717 (arch. D.-S. E. 121).

PUITS-DE-L'AUME, source, c^{ne} de Bouin. — *Losme*, rivière (Cass.).

PUITS-DES-ALLARDS (LE PETIT), h. c^{ne} de Loubillé.

PUITS (PETIT), m^{on}. c^{ne} de Noireterre.

PULSIÈRE (LA), f. c^{ne} des Groseillers.

PULTRÉ, f. c^{ne} de Secondigny.

PUNAULT, h. c^{ne} de Nueil-sous-les-Aubiers. — *Puy Neau* (Cass.).

PUTIGNY, chât. et h. c^{ne} de Terves. — *Puyligné*, 1380 (arch. St-Loup). — *Putigny*, ressort et juridiction de St-Porchaire, 1634 (arch. V.).

PUTTET (LE), c^{ne} d'Ardin; anc. fief relev. des Jésuites de Fontenay-le-Comte, 1746 (arch. D.-S. E. 330).

PUY (LE), vill. c^{ne} d'Ardin. — *Le Puy*, relev. de Vouvent, 1631 (arch. Bois-Chapel.).

PUY (LE), f. c^{ne} de Boussais.

PUY (LE), f. c^{ne} du Breuil-Chaussée. — *L'Époix* (Cass.).

PUY (LE), f. c^{ne} de la Chapelle-Bertrand. — *Le Poix*, 1509 (arch. V. anc. coll. Den.). — *Le Pouet* (Cass.).

PUY (LE), f. c^{ne} de Mazières-sur-Béronne. — *Romanus de Podio Grignun*, v. 1093 (cart. St-Jean-d'Ang. ap. Font. LXIII, p. 297).

PUY (LE), vill. c^{ne} de St-Germain-de-Longue-Chaume. — *Le Poix*, relev. d'Airvault, 1404 (arch. Moiré). — *Le Puit* (Cass.).

PUY (LE PETIT), f. et logis, c^{ne} de St-Martin-de-Mâcon.

PUY (LE PETIT), anc. logis et chap. c^{ne} de Terves. — *Le Petit Puy*, relev. de Bressuire, 1383 (arch. St-Loup).

PUY-A-GUET, h. c^{ne} de Gourgé. — *Puy Agait*, 1340 (pap. Blactot). — *Puyagail*, 1393 (arch. Barre, II, 499). — *Puyaguet*, 1503 (ma coll.). — *Piaguet* (Cass.).

PUY-AISME (LE), près la Barangerie, c^{ne} de Boismé, relev. de Bressuire, 1433 (arch. St-Loup). L. disp.

PUY-ALBERT (LE), vill. c^{ne} de Moulins. — *Puy-Arbert*, 1351 (arch. hist. Poit. XVII).

PUY-ARNAUD (LE), h. c^{ne} de Courlay. — *Le Puy Arnaut*, 1421 (arch. St-Loup). — *Le Puy*, relev. de Bressuire, 1436 (id.). — *Le Puy-Argnault*, 1576 (arch. D.-S. E. 927). — *Le Puy-Hernault*, xve siècle (reg. r. Templ. Maul.). — *Puy-Arnauld*, 1613 (arch. V. H. 3, 727). — *Peulx-Arnault*, 1622 (arch. D.-S. E. 544). — *Le Puy Arnault* (Cass.).

PUY-ASSIS (LE LIEU DE), paroisse de Vasles, tenant à la chaussée de l'étang du Chilleau et aux Béraudères, 1444 (arch. V. E. 2, 238).

PUY-AUGIER (HÔTEL DE) à Thouars, devant l'abbaye de St-Laon, relev. de Thouars, 1417 (chartr. Thouars, av. de Jean de Barro).

PUY-AU-MAÎTRE (LE), f. c^{ne} de Terves. — *Le Puy au Maistre*, 1420 (arch. St-Loup). — Relev. de la Vau-Richer, 1605. — *Pui au Maître* (Cass.).

PUY-BELIN, vill. c^{ne} d'Azay-le-Brûlé. — *Le Puy Belin*, 1400 (pap. Maubué). — *Puysbelin*, 1522; *le Peux Belin*, 1532, 1567 (not. St-Maix.). — *Puiblain* (cad.).

PUY-BELIN, anc. chât. et f. c^{ne} de Terves. — *Puybelin*, relev. de Bressuire, 1383; *Puy Belin*, 1392 (arch. St-Loup).

PUY-BERLAND, vill. c^{ne} de St-Génard. — *Villa Pebernant in vicaria Tilliolinse in pago Metulinense*, v. 947 (cart. St-Jean-d'Ang. ap. Font. LXII, p. 391).

Un monastère fut fondé à Puyberland, en mars 1644, sous le titre de Notre-Dame de St-Sauveur, ordre de St-Benoît, par Suzanne de Céris, veuve de Gabriel de Lezay-Lusignan. La fondation fut homologuée par décret du chapitre cathédral de Poitiers le 21 juillet 1653, et confirmée par le roi en octobre 1670. Le prieuré de St-Génard, dépendant de Nouaillé, fut réuni au couvent de Puyberland en 1698. Puyberland était dans le ressort de la justice de Chancelée dont il relevait (hist. du mon. de Puyberl. par Rondier).

PUYBERNAUD, h. c^{ne} de Salles. — *Peu Bruneau* ou *Puy Breneau*, 1567 (not. St-Maix.).

PUY-BERTIN (LE), bois, portion des bois d'Amaillou, c^{ne} d'Amaillou. Fief composé de bois dans les bois d'Amaillou, relev. d'Airvault, 1402 (Font. LXXXIV; — hist. d'Airv. par B.-Filleau). — *Bois de Puibertin*, 1439 (arch. V. E. 2, 131).

PUY-BIOID, f. c^{ne} de Germond. — *Puy Buort* (arch. V. E. 1, 11).

PUYBOIT, f. c^{ne} de St-André-sur-Sèvre. — *Puybouet*, 1764 (arch. D.-S. E. 437). — *Puitboit* (cart. ét.-maj.).

PUYBOLIN, vill. c^{ne} de Paizay-le-Chapt. — *Villa Poibocinus in pago et vicaria Briocinse*, 969 (cart. St-Cypr. 250). — *Puy-Boulain*, 1483 (arch. V. St-P. 246). — *Puy Bolin* (Cass.).

PUYBONNEAU, c^{ne} de Verruye, relev. de Pressigny-en-Gâtine, 1600 (arch. V. E^s. 415).

PUYBOURASSIER, vill. c^{ne} de Mazières-sur-Béronne.

PUYBOURASSIER, vill. c^{ne} de Paizay-le-Tort. — *Le Puy-Bourracier*, 1579 (ch. du pr. de Fontbl.).

Puy-Bourgueuil, f. c^{nes} de Salles et Bougon. — *Puys Bourgail*, relev. de la seign. de Faye, 1571 (inv. d'Aub.). — *Puy Bourgeuil* (Cass.). Voir Pied-Bourgueil.

Puy-Cantin, f. c^{ne} de St-Marsault. — *Puy-Cantin*, relev. de la seign. de St-Marsault, 1430 (arch. St-Loup). — *Picquantyn*, 1556 (reg. ins. Thouars). — *Pui Cantin* (Cass.).

Puy-Cendron (Fief du), c^{ne} de Prahecq, 1629 (mém. soc. stat. 3e sér. VI, 335, note).

Puy-Chemin, f. et bois, c^{ne} de la Forêt-sur-Sèvre. — *Puischemin*, 1770 (arch. D.-S. E. 8).

Puy-Chiron, vill. c^{ne} de St-Éanne.

Puy-Ciron, vill. c^{ne} de Vouhé. — *Puisiron* (Cass.).

Puy-Cocu, h. c^{ne} du Breuil-Bernard. — *Puycoqu*, 1437 (arch. St-Loup). — *Puycogu*, relev. de Pugny, 1605 (arch. St-Loup). Voir Picocu.

Puy-d'Anché, chât. c^{ne} de Sauzé-Vaussais. — *Villa Anciacus in vicaria Castanedo in pago Pictavo*, 938 (arch. V. Nouaillé, orig. n° 37). — *Anchai*, v. 1150 (id. n° 180). — *Le Puy-Bouyer ou Puy-d'Anché*, 1518 (dict. fam. Poit. I, 67). — Relev. de Civray, 1498-1775 (arch. V. C. 2, 154). — *Puydanché*, 1623 (arch. Barre, I). — *Puis Danché* (Cass.).

Puy-d'Ancry, vill. c^{ne} de Secondigné-sur-Chizé. — *Le Puy d'Ancry* (Cass.).

Puy-de-Bouin, vill. c^{ne} d'Ensigné. — *Le Puy*, 1455 (arch. V. H. 3, comm. Ens.). — *Le Puy de Bouin* (Cass.).

Puy-de-Bourin, vill. c^{ne} de Sauzé-Vaussais. — *Puis Bourain* (Cass.).

Puy-d'Enfer, ruisseau formé de la réunion non loin de la Roche d'Aubigny, *aliàs* d'Exireuil, de trois petits cours d'eau, qui alimente l'étang du Puy d'Enfer et une cascade dans une gorge profonde, puis vient se jeter dans la Sèvre à St-Maixent (bull. soc. stat. 1894, art. par M. L. Lévesque). Ce ruisseau s'appelle aussi *Rabané*. — *Le Puys d'Enffer*, 1567 (not. St-Maix.).

Puy-de-l'Érable (Le), c^{ne} de Chey, relev. de Lusignan, 1498-1775 (arch. V. C. 2, 139).

Puy-de-la-Barre (Châtelet du), l.-d. c^{ne} de Champdeniers (hist. de Champd. par Desaivre).

Puy-de-la-Foillée (Le), et Puy de la Garde (Le), c^{ne} de la Chapelle-Thireuil, 1453 (la Gâconnière par Desaivre, ap. bull. soc. stat. 1887). — *Le Puy* (Cass.). L. disp.

Puy-de-Miauray (Le), h. et chât. c^{ne} de Romans. — *Le Puys*, 1534 (not. St-Maix.). — *Le Puy d'Armanjou*, XVIIe s. (id.). — *Le Peu de Miauré* (Cass.).

Puy-de-Salles (Le), autrement *le Grand Monti-*

gnac, à St-Héraye, l.-d. c^{ne} de la Mothe-St-Héraye, 1621 (av. de la Mothe).

Puy-de-la-Grue (La), h. c^{ne} de Loubigné. — *Le Puy de la Cru* (Cass.).

Puy-de-la-Rue (Le), h. c^{ne} d'Ardilleux.

Puy-de-la-Ville (Le), h. c^{ne} de Villemain.

Puy-de-l'Homme (Le), mⁱⁿ. c^{ne} de St-Georges-de-Noisné.

Puy-des-Fosses (Le), vill. c^{ne} des Fosses. — *Le Puy des Foussez*, 1300 (arch. V. S^{te}-Cr. 92). — *Puy des Fousses*, 1486 (id. 91).

Puydéry (Haut, Bas et Petit), vill. c^{ne} de Chanteloup. — *Puydayri* ou *Puydari*, 1420, 1436 (arch. St-Loup). — *Puydayris*, relev. du fief des Forges à Bressuire, 1439 (id.). — *Haut Pudéry* (Cass.).

Puydoré, vill. c^{ne} de Courlay. — *Puydoré*, 1382 (arch. St-Loup). — *Puidorré*, relev. de la Forêt-sur-Sèvre, 1598 (arch. chât. la For.). — *Puidoré* (Cass.).

Puydoré (Seign. de), autrement *l'hôtel Resmond* situé au village de Fontenay, relev. de Thouars, 1498, 1527 (chartr. Thouars).

Puy-du-Brun, f. à Breuilbon, c^{ne} de Germond. — *Le Puy du Bruin*, 1689 (arch. V. E. 1, 8).

Puy-Failly, l.-d. c^{ne} de St-Généroux.

Puy-Fleury, vill. c^{ne} de Clessé. — *Puiflouri*, 1599 (arch. V. E. 2, 98). — Voir Pied-Fleury.

Puyfontaine, f. c^{ne} de St-Martin-de-Bernegoue.

Puy-Fort, f. c^{ne} de Terves. — *Puyfort*, 1358 (arch. St-Loup). — Relev. du Puy-au-Maître, 1605 (id.). — *Puifort* (Cass.).

Puyfrémond, c^{ne} d'Augé, en la châtellenie de St-Maixent (cart. St-Maix. intr. 47). L. disp.

Puy-Frogier, f. c^{ne} de Boismé. — *Puyfrogier*, 1372 (arch. St-Loup). — *Puyfreger* près Boismé, 1385, 1437 (id.). — *Le Puyfroger*, relev. du Poiron, 1440 (arch. Barre, II). — *Puyforger*, 1504 (id.). — *Le Peux* (Cass.).

Puygaillard (Hôtel et fief de) à Bressuire, tenant aux murs de ville et au Fréno, et relev. de la baronnie de Bressuire, 1392-1605 (arch. St-Loup).

Puygazard, vill. c^{ne} de Combrand. — *Peuygouazard* (Cass.).

Puy-Gerbaut, c^{ne} de Vouhé, relev. de Pressigny-en-Gâtine, 1600 (arch. V. E^s. 415).

Puy-Greffier (Le), vill. c^{ne} de la Ronde. — *Puygriffer*, relev. de Puymarri, 1425 (arch. St-Loup). — *Puygreffier*, 1524 (arch. Barre, II). — *Puigreffier* (Cass.).

Puy-Guillon (Le), f. c^{ne} de St-Maurice-la-Fougereuse.

Puy-Guitonneau (Le), f. c^ne de Vernou-en-Gâtine. — *Pui Guittonneau* (Cass.).

Puyguyon, anc. chât. et h. c^ne de Cerizay. — *Puy Guyon*, 1287. 1292 (Font. XXXVIII, p. 131 ; — arch. V. E. 2, 189). — La maison noble de Puyguyon en 1747 relevait de la seign. de Cerizay. — *Pudion* (Cass.).

Puyhardy, c^on de Coulonges-les-Royaux. — *Puyardy*, 1471 (arch. D.-S. E. 279). — *St-Nicolas de Puyhardi* (pouillé 1648).
Puyhardy était un fief relev. de Bois-Chapeleau. Il dépendait de la sénéchaussée et de l'élection de Fontenay-le-Comte, après avoir fait partie de l'élection de Parthenay au XVIe siècle. Il y avait 22 feux en 1750 (cart. alph. Poit.). La paroisse est réunie à celle de la Chapelle-Thireuil.

Puy-Herbert (Le Haut), f. c^ne de la Petite-Boissière, 1615 (arch. V. les Linaux).

Puy-Jean, vill. c^ne de Moncoutant. — *Puyjehan*, relev. de Puymarri, 1425 (arch. St-Loup). — *Puijan* (Cass.).

Puy-Jourdain, f. c^ne de Louzy.

Puy-Jourdain, h. c^ne de St-Amand-sur-Sèvre. — *Le Puy Jourdain*, 1351 (arch. hist. Poit. XVII). — *Puy Jordain*, 1483 (Font. IX, 383). — *Le Puy Jourdin* (Cass.).

Puy-Lancier (Le), vill. c^ne de Lezay, 1750 (arch. D.-S. E. 526).

Puy-Large, vill. c^ne de Moncoutant. — *Le Puy au Large*, relevant de Bressuire, 1397 (arch. St-Loup). — *Puilarge* (Cass.).

Puyleron, h. c^ne de Gourgé. — *Poilarun*, XIIe siècle (cart. de l'Absie). — *Puylauron*, relev. de Tennesue, 1403 (pap. fam. du Font.). — *Puylairon*, 1756 (arch. Barre, I). — *Puy l'Érau* (Cass.).

Puyliame, f. c^ne de Moulins. — *Le Puy Glaume* (Cass.).

Puyliaume, logis et f. c^ne de Montravers. — *Le Puy Glaume* (Cass.). — *Le Peuliaume* (cad.).

Puy-Limousin, vill. c^ne de Lezay. — *Puy Limousin*, relev. de la Mothe-St-Héraye, 1451 (Font. LXXXV). — *Puylimouzin*, 1632 (arch. V. E. 3, 15). — *Puy Limouzin* (Cass.).

Puy-Manguereau ou Maigreau (Le), f. c^ne de Montigné, relev. de l'abbaye de St-Maixent (cart. St-Maix. intr. 49). — *Podium Manguerelli*, 1269 (cart. St-Maix. II, 102). — *Le Puy Manguerea*, 1363 (id. II, 148). — *Pui Maigreau* (Cass.).

Puymarri, vill. c^ne de Moncoutant. — *Puymairre* ou *Puymeurre*, 1425, relev. de Bressuire (arch. St-Loup). — *Le Puymary* (Cass.).

Puy-Maurin, f. c^ne de Vouillé.

Puy-Menantier (Le), f. c^ne de Montravers.

Puymerdier, vill. c^nes des Fosses et Secondigné. — *Rocha Putei Merderii*, v. 1128 (ch. de Guill. duc d'Aquit. ap. Moreau, t. LIII, p. 141).

Puymichenet, h. c^ne de St-André-sur-Sèvre. — *Puimichenet* (Cass.).

Puymonnier, f. c^ne d'Allonne.

Puymonnier, vill. c^ne de la Boissière-en-Gâtine. — *Le Pui-Mogner* (Cass.).

Puy-Morillon, vill. c^ne de Saivre. — *Puys Morillon*, *Peux Morilhon*, 1528. (not. St-Maix.). — *Le Puimorillon* (Cass.).

Puynain, vill. c^ne de Borcq.

Puynièvre, f. c^ne de la Forêt.

Puynigrout, h. c^ne de Brioux (dict. des D.-S. par Dupin).

Puynoquet, vill. c^ne de St-Génard.

Puy-Olivier (Le), faubourg d'Airvault, relev. de Thouars, 1464 (fiefs vic. Th.).

Puy-Paillé. — *Fief de Puypailler*, près de Veyrines, paroisse de Gourgé, relev. de Vernay, 1328-1450 (arch. Vernay).

Puy-Paillé, h. c^ne de St-Georges-de-Noisné. — *Podium Paillet*, 1325 (arch. V. Fontaine-le-C. 22). — *Puypailler*, 1452 (arch. Barre). — *Puypallier*, 1614 ; *Puypaillé*, 1736 (arch. Barre). — *Puipaillé* (Cass.). — *Pied Paillé* (cad.). — Relev. de Danzay (arch. V. E^s. 403).

Puy-Pinçon, f. c^ne de Nueil-sous-les-Aubiers. — *Puy Pinsson*, 1351 (arch. hist. Poit. XVII, 79). — *Pépinson* (Cass.).

Puy-Pion, f. c^ne de Rigné. — *Pupion* (cad.). Voir Peupion.

Puy-Pirault, h. c^ne de Bouillé-Loretz. — *Puypirault*, 1527 ; *Pépyrault*, 1539 ; *Pépirault*, 1540 ; *Poupirault*, 1571 ; commanderie de Puypirault, membre dépendant de la commanderie de la Lande de Verché, 1586 (arch. V. H. 3, comm. Puyp.). — *Puy Pireaut* (Cass.).

Puy-Quéron, vill. c^ne de Caunay.

Puyraillard, vill. c^ne de Verruye. — *Peuraillart*, 1495 (ma coll.). — *Péraillard*, 1626 ; *Peuraillard*, 1667 (arch. V. E. 1, 10). — *Pieraillard* (Cass.).

Puyrajou, f. c^ne de Boismé, 1728 (arch. V. E^s. 368). — *Pérajou* (Cass.).

Puyrajou, f. et m^in. c^ne de la Pérate. — *Podium Rajos*, v. 1180 (cart. Talmond, 346).

Puyraland, h. c^ne de St-André-sur-Sèvre. — *Pui Roland* (Cass.).

Puyravault, vill. c^ne d'Amaillou. — *Puiraveault* (Cass.).

Puyraveau, c^ne de Paizay-le-Tort. L. ind.

Puyraveau, chât. c^ne de St-Denis. — *Puiraveau*, 1527 (dict. fam. Poit.). — *Puyraveau*, 1546 (inv.

d'Aub.). — *Puysraveau*, 1567 (not. St-Maix.). — *Puiraveault* (Cass.).

PUYRAVEAU, h. c^{ne} de St-Léger-de-Montbrun. — *Podium Ravel*, v. 1130 (cart. St-Laon Th.). — *Puyraveau*, 1450 (id.). — Relev. de Thouars, 1470 (chartr. Thouars). — *Puy Ravault* (Cass.).

PUYRAVEAU, f. c^{ne} de Soudan. — *Podium Rajos*, 1260 (homm. d'Alph. Poit.), en la châtellenie de St-Maixent.— *Puyreveau*, 1385 (arch. V. E. 2, 233). — *Puy Raveau*, 1394 (id.). — *Pirravaux* (Cass.).

PUYRAVEAU, vill. c^{ne} de Vouhé. — *Puyreveau*, relev. de Pressigny-en-Gâtine, 1600 (arch. V. E^s. 415). — *Purveault* (Cass.).

PUYRENARD, logis et f. c^{ne} de Viennay.— *Puyrenart*, 1352 (arch. V. Brosse-Guilgault, 7). — *Puyrenard*, 1378. — *Pui Regnart*, 1453 (pap. de la Bretonn.). — *Puyregnard*, 1569 (journal de Généroux, p. 63). — *Puirenard* (Cass.).

PUY-RICHARD, vill. c^{ne} de St-Coutant. — *Le Puy*, XIIIe siècle (arch. V. Nouaillé, 30).

PUY-ROBIN, f. c^{ne} de la Boissière-en-Gâtine. — *Puys Robin*, 1573 (journ. de Généroux, p. 110). — *Pui Robin* (Cass.).

PUYROND, f. c^{ne} de Terves. — *Puyront*, relev. de Bressuire, 1434 (arch. St-Loup). — *Puyrond*, 1558 (reg. des insin. Thouars).

PUY-RÔTI, h. c^{ne} de Cirière. — *Puy Rousti*, XVe siècle (reg. r. Templ. Maul.). — *Puy Routty* (Cass.).

PUY-RÔTI, f. c^{ne} de Nueil-sous-les-Aubiers. — *Mons Rostitus*, v. 1120 (cart. Trin. Maul., p. 14). — *Puy Roty* (Cass.), — *Pirouthis* (dict. Dupin). — *Puit Routes* (cad.).

PUY-ROULEAU, mⁱⁿ. c^{ne} de la Pérate. — *Molendinum de Podio*, 1264. — *Guillelmus de Podio monerium*, 1310 (arch. V. Fontaine-le-C. 30). — *Puy Rouleau*, 1408 (arch. Bret.-Chalandr.). — *Puroulleau*, 1667 (id.). — *Le Puyrouleau* (Cass.).

PUYROUX (LE), vill. c^{ne} de la Foye-Monjault. — *Le Poroux* (Cass.).

PUYROUX, h. c^{ne} de Prissé.

PUYROUX, f. c^{ne} de St-Jouin-sous-Châtillon.

PUYROUX, h. c^{ne} d'Usseau.

PUY-St-BONNET (LE), c^{on} de Châtillon-sur-Sèvre. — *Ecclesia de Podio S^{ti} Boneti*, 1300 (gr.-Gauthier).

Le Puy-St-Bonnet faisait partie des marches communes d'Anjou et Poitou d'après des sentences de 1641 et aveu de 1647 (Les marches séparantes... par Chénon, 30). Il dépendait du doyenné de St-Laurent-sur-Sèvre, diocèse de Maillezais, puis de la Rochelle, de la sénéchaussée de Poitiers, de la baronnie de Mortagne et de l'élection de Châtillon-sur-Sèvre. La cure était à la nomination de l'abbé de St-Michel-en-l'Herm. Il y avait 148 feux en 1750.

PUY-S^t-MUR. — *Le Puy de St-Mur*, 1411 (arch. Vernay). — *La Terragerie de Puysaintmur*, paroisses de Clessé, Amailiou et St-Germain, 1524 (arch. V. E^s. 369, Moiré). C'est probablement *le Peu de Clessé*.

PUY-St-PIERRE (LE), relev. de Villegué, 1439 (arch. Vernay). C'est peut-être LE PUY, c^{ne} de St-Germain de Longue-Chaume.

PUY-SALÉ (LE), f. c^{ne} de Genneton. — *Le Sallé* (Cass.).

PUY-SEC, f. c^{ne} de Moncoutant. — *Puisec* (Cass.).

PUY-SEC (LE), f. c^{ne} de St-Pompain, 1641 (arch. V. seign. div.).

PUYSEC, f. c^{ne} de St-Sauveur. — *Puyssec*, relev. de Bressuire, 1376 (arch. St-Loup). — *Puisec* (Cass.).

PUYTABART (LE), c^{ne} de Breuil-Chaussée, relev. de Bressuire, 1420 (arch. St-Loup).

PUYTARAUD, vill. c^{ne} de St-André-sur-Sèvre. — *Puy Théraut*, XVe siècle (reg. r. Templ. Maul.). — *Puytaraut*, 1412 ; *Puytaraud*, 1528 ; *Puytarault*, 1613 (arch. V. H. 3, 728). — Relev. en partie de la commanderie du Temple de Mauléon (id.). — *Puitareau* (Cass.).

PUYTERRÉ, vill. c^{ne} de St-Loup. — *Puyterray*, 1287 (arch. St-Loup). — *Puys de Terroys*, 1528 (arch. V. E. 2, 63). — *Puyterray*, 1538 (arch. V. E. 1, 16). — *Puy Terray*, 1639 (arch. Vernay). — *Puitsterray*, relev. de la Ronde de Louin, 1666 (arch. Maisont.). — *Puiterré* (Cass.).

PUY-VERDIN, f. c^{ne} de Chey. — *Puy Verdin*, 1411 (gr.-Gauthier, des bénéf.). — *Pied Verdin* (Cass.).

Q

QUAIREAU (LE), f. c^{ne} de Nueil-sous-les-Aubiers. — *Moulin du Kéreau* (Cass.).

QUAIRÉE (LA), f. c^{ne} de Faye-sur-Ardin. — *La Quérée*, 1599 (arch. V. Béceleuf, 1). — *La Cairée*, 1696. Anc. fief relev. de Pouzay (arch. D.-S. E. 433).

QUAIREUX (LE), f. c^{ne} d'Azay-le-Brûlé.

QUAIREUX (LE), vill. c^{ne} de Baussais. — *Le Quéreux* (Cass.).

QUAIREUX (LE), f. cne de Chenay.
QUAIREUX (LE), vill. cne de l'Enclave, paroisse St-Pierre de Melle, 1621 (av. de la Mothe). — *Le Quéreux* (Cass.).
QUAIREUX (LE), vill. cne d'Exoudun. — *Le Quayrea*, 1611 (not. St-Maix.).
QUAIREUX (LE), f. cne de Gourgé. — *Le Quéreux* (Cass.).
QUAIREUX (LE), f. cne de Moncoutant. — *Le Caireux* (Cass.).
QUAIREUX (LE), h. cne de Vanzay.
QUAIRFOUR (LE), f. cne de Moncoutant. — *Le Cairfour* (Cass.).
QUAIRIE (LA), f. cne de St-Christophe-sur-Roc. — *La Quérie* (Cass.).
QUANTINIÈRE (LA), cne de Pamprou, relev. de l'abbaye de St-Maixent (cart. St-Maix. intr. 49).
QUART (LE GRAND), bois, cne de l'Absie.
QUART (LE), f. cne de Clazay, 1621 (arch. V. St-Cypr. 47).
QUART (LE), min. cne de Terves.
QUARTERON (LE), f. cne de St-Maurice-la-Fougereuse.
QUARTERON-BARRET (TÉNEMENT DU), sis près la Chapelle-St-Laurent, 1457 (arch. V. pap. Droch.).
QUARTERON-FEIGNART (LE) et QUARTERON MARRENT (LE), cne des Aubiers, 1351 (arch. hist. Poit. XVII, 79). L. disp.
QUARTERON-MOINE (LE), h. cne du Puy-St-Bonnet, — *Le Carteron* (Cass.).
QUATRE-BORNES (LES), min. cne de Chiché.
QUATRE-CHEMINS (BORDERIE DES), cne de Coulonges-Thouarsais, relev. de Thouars, 1577 (chartr. Thouars).
QUATRE-FIEFS (LES), cne de Faye-sur-Ardin, relev. de la seign. de Mairé, 1573 (arch. D.-S. E. 267).
QUATRE-MAISONS (LES), f. cne de St-Étienne-la-Cigogne.
QUATRE-MOULINS (LES), mins. cne de Châtillon-sur-Thoué. — *Les Quatre Moulins sur les roches des Garennes*, 1652 (arch. nat. O. 19707).
QUATRE-MOULINS (LES), mins. cne de Verruye.
QUATRE-VENTS (LES), h. cne de Bouillé-St-Paul.
QUATRE-VENTS (LES), h. cne de Châtillon-sur-Thoué.
QUATRE-VENTS (LES), vill. cne de l'Enclave.
QUATRE-VENTS (LES), f. cne de Nanteuil.
QUATRE-VENTS (LES), f. cne de la Pérate.
QUATRE-VENTS (LES), f. cne de St-Maxire.
QUATRE-VENTS (LES), mon. cne de Ste-Pézenne.
QUATRE-VENTS (LES), f. cne de Viennay.
QUATRE-VOIX (LES), cne de Luché-Thouarsais, 1662 (arch. V. Brosse-Guilgault, 1). L. disp.
QUERNOTERIE (LA), f. cne de Sanzay.
QUÉRAY, chât. et vill. cne de St-Gelais. — *Cayrai*, 1260 (homm. d'Alph. Poit.). — *Quayray*, 1325 (Font. XX, 163). — *Haute justice de Quayray*, relev. de Lusignan, 1411 (gr.-Gauthier, des bénéf.). — *Le Quérai ou Quéroir*, 1495-1579 (id.). — *Quaysray*, 1530. — *Quesray*, 1601 (arch. V.). — *Quairai*, 1655 (arch. V. seign. div. 32). — Relev. de St-Maixent en 1775 (état duch. la Meill. ; — cart. St-Maix, intr.).
QUERNODIÈRE (LA), f. cne de Deyrançon. — *La Cournaudière* (Cass.).
QUÉROCHÈRE (LA), f. cne de Courlay. — *La Quérochière*, xve siècle (reg. r. templ. Maul.). Voir GUÉROCHÈRE (LA).
QUÉROIRE (LA), vill. cne des Aubiers. — *La Quarroère*, 1351 (arch. hist. Poit. XVII, 79). — *La Quergère* (Cass.).
QUÉROY (LE), f. cne de Paizay-le-Tort.
QUEUE-D'AGEASSE, vill. cne de Lorigné, dépendant de l'élection de Niort (cart. alph. Poit. 1750). — *Queue d'Ajasse* (Cass.).
QUEUE-DU-PONT (LA), f. cne de Souché.
QUINAUDIÈRE (LA), f. cne de Soudan.
QUINCAMPOIX, h. cne d'Usseau, 1780 (arch. D.-S. E. 131).
QUINCANGROUSSE, min. cne de la Mothe-St-Héraye. — *Moulin de Quinquangrousse*, 1537 ; *Quiquengrosse*, 1546 (not. St-Maix.). — *Quinquengrousse* (Cass.).
QUINGÉ, vill, cne de Pierrefitte. — *Quingeium*, v. 1160 (chartr. Thouars, ch. du vic. Geoffr.). — *Quingé*, v. 1173 (cart. St-Laon Th.). — *Quaingé* (Cass.).
QUINTARDIÈRE (LA), f. cne d'Azay-sur-Thoué.
QUINTARDIÈRE (LA), h. cne de Verruye, relev. de Pressigny-en-Gâtine, 1600 (arch. V. Es. 415).

R

RABALOT, vill. cne de St-Martin-lez-Melle.
RABANÉ (LE), ruisseau faisant suite à celui du Puy-d'Enfer, séparant les communes de St-Maixent et de Nanteuil.
RABANER (HERBERGEMENT DE), relev. de la seign. d'Aubigny et tenant à la Chalonnière et à la Riberie, 1334 (inv. d'Aub.).
RABAUD, f. cne de Clessé.

RABERIE (LA), f. c^{ne} de Cherveux.
RABERIE (LA), f. c^{ne} de Séligné.
RABIÉ, m^{on}. noble au vill. de Mortagne, c^{ne} de Béceleuf, 1719 (arch. D.-S. E. 476).
RABLAIS (HAUT ET BAS), h. c^{ne} de Chanteloup. — *Layrablaye*, 1399 (arch. St-Loup). — *Les Rablais* (Cass.).
RABLAIS (LES), f. c^{ne} de St-Clémentin. — *Domus Arablee*, v. 1140 (ch. de St-Flor. ap. arch. hist. Poit. II).
RABOT (LE), f. c^{ne} de St-Aubin-de-Baubigné.
RACAUDIÈRE (LA), f. c^{ne} des Moutiers-sous-Chantemerle. — *La Racaudière*, relev. de Chantemerle, 1361.
RACAUDRIE (LA), vill. c^{ne} de Verrines.
RACOGNAY, f. c^{ne} du Breuil-Bernard.
RACLEBOURSE, h. c^{ne} de Germond, 1654 (arch. V. E. 1, 11).
RACLEMET, m^{in}. c^{ne} de la Mothe-St-Héraye. — *Moulin de Rasclemet*, 1621 (av. de la Mothe).
RACONNIÈRE (LA), vill. c^{ne} d'Amaillou. — *La Raconnère*, 1459 (arch. V. E^s. 337).
RAFFOUX (LE), vill. c^{ne} de St-Loup. — *Le Raffos*, 1243 (hist. d'Airv. par B.-Filleau, p. 294). — *Le Raffoux*, 1479 (arch. Barre, II). — *Le Raffou*, relev. de la Ronde de Louin, 1639 (arch. Vernay).
RAFOUX (LE), h. c^{ne} de Montigny. — *Le Rafou* (Cass.).
RAGASSE (LA), h. c^{ne} du Puy-St-Bonnet.
RAGOILLE (LE), h. c^{ne} du Puy-St-Bonnet.
RAGOT (LE), c^{ne} d'Argenton-Château ; anc. fief relev. de l'aumônerie d'Argenton-Château, 1771 (arch. D.-S. H. 250).
RAILLE (LA), f. c^{ne} de Beaulieu-sous-Parthenay.
RAILLÈRE (LA), f. c^{ne} de Secondigny. — *La Ralère*, 1340 (arch. V. E. 2, 236). — *La Raslière*, 1768 (arch. Barre, II). — *La Ralière* (Cass.).
RAILLOLIÈRE (LA), f. c^{ne} de Vernou-en-Gâtine.
RAIMONDIÈRE (LA), f. c^{ne} de Fenioux. — *La Raymondière*, 1432 (arch. V. Fontaine-le-C.). — Dépendait du bailliage de Parthenay, ressort de Poitiers, élection de Niort, 1609 (Font. XX, 418).
RAIMONDIÈRE (LA), vill. c^{ne} de Vernou-en-Gâtine. — *Roimunderia*, v. 1187 (ch. de l'Absie, ap. arch. D.-S.). — *La Raymondière*, dépendant de la châtellenie et ressort de Fontenay-le-Comte, en vertu d'un arrêt du parlement de 1332 (f. lat. 12780, p. 369). — *La Rémondière* (Cass.).
RAIMONNIÈRES (LES), f. c^{ne} de Noireterre. — *La Raymonnière* (Cass.).

RAINERIE (LA), f. c^{ne} des Aubiers.
RAINERIE (LA), f. c^{ne} de Fenioux. — *La Rénerie* (Cass.).
RAINERIE (LA), f. c^{ne} de St-Christophe-sur-Roc.
RAINIÈRE (LA), vill. c^{ne} de la Boissière-en-Gâtine. — *La Reignière* (Cass.).
RAINIÈRE (LA GRANDE ET PETITE), f. c^{ne} de St-Pardoux. — *La Petite Rasnyère*, 1563 (arch. V. abb. All. 53). — *La Petite Reignière* (Cass.).
RAINIÈRE (LA). — *La Raynère*, paroisse de St-Sauveur, 1376 (arch. St-Loup). L. disp.
RAINIÈRE (LA), f. c^{ne} de St-Varent.
RAINIÈRES (LES), h. c^{ne} de Chambroutet. — *La Raynère*, 1370 (arch. St-Loup). — *Petite et Grande Rénière* (Cass.).
RAIRIE (LA), f. c^{ne} de la Chapelle-Bertrand. — *La Rairie*, relev. du Fouilloux, 1554 (pap. de fam.). — *La Roirie* (Cass.).
RAITIÈRE (LA), f. c^{ne} de Courlay. — *La Reatère*, 1435 (arch. St-Loup). — *La Raittière*, 1621 (arch. V. St-Cypr. 47). — *La Restière* (Cass.).
RALET (LE), f. c^{ne} de Thorigné. — *Le Rollet*, 1774 (arch. D.-S. E. 668).
RALIÈRE (LA), h. c^{ne} de St-Georges-de-Noisné. — *Lesralère*, 1533 (not. St-Maix.).
RALLIS (LE), f. c^{ne} de St-Martin-d'Augé. — *Le Raclis* (Cass.).
RAMBAUDIÈRE (LA), f. c^{ne} de Boismé. — *La Rambaudère*, relev. du Poiron, 1386 (arch. Barre, II).
RAMBAUDIÈRE (LA), chât. c^{ne} des Moutiers-sous-Chantemerle. — *La Rambaudière*, relev. de la châtellenie de Chantemerle, 1488, puis réunie à cette châtellenie avant 1576. — *La Ranbaudière* (Cass.).
RAMBAUDIÈRE (LA), f. c^{ne} de Parthenay. — *Larabaudère*, 1281 (arch. V.). — *La Ranbaudière* (Cass.).
RAMBAUDIÈRE (LA), f. c^{ne} de St-Pardoux.
RAMBAUDIÈRES (BORDERIE DES), c^{ne} de Pougne, 1407 (arch. Barre, II).
RAMBAULT, m^{in}. c^{ne} du Tallud. — *Ranbaud* (Cass.).
RAMBERTIÈRE (LA), f. c^{ne} de St-Martin-du-Fouilloux. — *La Rambertère*, 1568 (not. St-Maix.). — *La Reimbertière* (Cass.).
RANÇON, h. c^{ne} de Deyrançon. — *Ramsenz*, v. 1200 (arch. V. H. 58). — *Rancens*, 1343 (arch. V. Feuill. 58). — *B. Maria de Ransannio*, 1402 (panc. de Rochech.). — *Rampson*, 1648 (pouillé). Dépendait de l'archiprêtré de Mauzé. La paroisse est réunie à celle de Deyrançon (pouillé B.-Filleau, 367).

RANDIÈRE (LA), vill. cne de Thénezay. — *La Randière*, 1443 (dict. fam. Poit. I, 209). — *La Randère*, relev. de Parthenay, 1495 (arch. V. pap. Bertonn.-Chal.).

RANFRAIRE (LA), h. cne de la Chapelle-Thireuil. — *Raenfreria*, 1180 (cart. l'Absie). — *La Renfrayre*, relev. de Vouvent, 1631 (arch. Bois-Chapel.). — *La Ranfrère*, 1700 (arch. D.-S. E. 323). — *Le Renfray* (Cass.).

RANGIZIÈRE (LA), f. cne de la Petite-Boissière. — *La Rengizière* (Cass.).

RAPINE (LA), h. cne de Thouars, autrefois des Hameaux.

RATAUDIÈRE (FIEF DE LA), cne de Ste-Pezenne, ressort et élection de Niort, 1609 (Font. XX, 423).

RATAUDIÈRES (LES), f. cne de la Chapelle-St-Laurent. — *Les Rotandières* (Cass.).

RATAUDRIES (LES), f. cne de Neuvy-Bouin.

RATELIÈRE (LA), f. cne de Vasles. — *Nemus de Ratelières*, 1276 (arch. V. Ste-Cr. 44). — *Les Ratelères*, relev. de l'abbaye de Ste-Croix, 1404 (id.). — *Les Rastellères*, 1444 (arch. V. E. 2, 238). — *La Rastellère*, 1532 (not. St-Maix.). — *Les Ratelières* (Cass.).

RATERIE (LA), f. cne de Brûlain. — *La Petite Raterie*, 1704 (arch. D.-S. E. 1186).

RATERIE (LA), f. cne de Clavé.

RATERIE (LA), vill. cne de la Forêt-sur-Sèvre.

RATERIE (LA), h. cne de Nanteuil. — *Rateria*, 1231 (cart. St-Maix. II, 62). — *La Raterie*, 1567 (not., St-Maix.). — *La Ratrye*, relev. de la seign. de Faye, 1597 (inv. d'Aub.).

RATIER, min. cne de la Mothe-St-Héraye. — *Moulin du Grand Ratier*, dépendant de la baronnie de la Mothe-St-Héraye, 1621 (av. de la Mothe).

RATIERS (LES), f. cne de St-Georges-de-Noisné. — *Maison nouvelle dans le fief des Ratiers*, 1778 (arch. V. E. 1, 10), en la châtellenie de St-Maixent (cart. St-Maix. intr.).

RATIÈRES (LES HAUTES ET BASSES), f. cne de Fénery. — *Ratière* (Cass.).

RATIÈRES (LES), f. cne de Fressine.

RATON, f. cne de la Chapelle-Largeau.

RATONNIÈRE (LA), h. cne de Loizé.

RATOU (LE), vill. cne de Souvigné. — *Les Ratours*, 1534 ; *les Ratoux*, 1538 ; *les Rastaux*, 1554 (not. St-Maix.). — *Le Ratout*, 1755 (arch. D.-S. E. 813).

RATTÉ (GRAND ET PETIT), min. cne de la Mothe-St-Héraye.

RAUDERIE (LA), f. cne de Breuil-Chaussée. — *La Roaudère*, relev. de l'hôtel St-Cyprien de Bressuire, 1425 (arch. St-Loup). — *Les Rauderies* (Cass.).

RAUDIÈRE (LA), f. cne de St-Maurice-la-Fougereuse. — *Les Reaudières* (Cass.).

RAUDRIE (LA), h. cne de Brioux.

RAUDRIE (LA), partie de la Fontenelle, cne de Ste-Néomaye. — *La Reaudrie*, 1636 (not. St-Maix.).

RAULT, vill. cne de Ste-Ouenne. — *Réaut* (Cass.).

RAVART (FIEF) à Trévin, cne de Chauray. — *Censum Ravart per villam Trevins*, 1164 ; *feodum Ravart*, 1230 (cart. St-Maix. I, 366 ; II, 59).

RAVARYE (LA), près le château de Coppox (la Motte-Coppoux), cne de la Chapelle-St-Laurent, 1515 (Fierville, doc. in. sur Commines, 185). L. disp.

RAVAUDRIE (LA), f. cne de St-Christophe-sur-Roc.

RAYNAUD (LE PETIT), h. cne de Bessines.

RAZELIÈRE (LA), chât. cne de Brie. — *La Razillière*, relev. de Moncontour, 1409 (av. de la baronn. Moncont.). — *Chapelle St-Étienne de la Bazilière* (pouillé 1782).

RAZES (LES), cne de Coulon ; anc. seign. 1660 (arch. D.-S. E. 1165).

RÉ. vill. cne de Chauray.

RÉ, vill. cne de Paizay-le-Chapt.

RÉ (LA), chapelle, près la Villesèche, cne de St-Éanne, 1530 (not. St-Maix.). — *Chapelle de la Ré*, 1568 (id.).

RÉ, min. cne de St-Gelais. — *Moulin de Ré*, 1521 (not. St-Maix.).

RÉATE (LA), vill. cne de Vasles. — *La Réate*, 1483 (arch. V. Ste-Cr. 46).

RÉAU, min. cne des Moutiers-sous-Chantemerle.

RÉAX, min. cne de St-Porchaire. — *Pont de Roya*, 1383, 1418 ; *moulin de Reou*, 1418 (arch. St-Loup).

REBARDIÈRE (LA), vill. cne de Verruye. — *La Rebardère*, 1537 ; *la Ribardière*, 1573 (not. St-Maix.). — *La Rébardière*, relev. de Pressigny-en-Gâtine, 1600 (arch. V. Ea. 415).

REBATERIE (LA), f. cne de la Chapelle-Largeau. — *La Rebatterie* (Cass.).

REBEC, vill. cne de Pierrefitte. — *Ribec*, 1299 (chartr. Thouars). — *Rebec* (dict. Dupin).

REBEC. — *Dîme de Rebecq*, paroisse de Faye-l'Abbesse, relev. de Thouars, 1470 (chartr. Thouars).

REBELLERIE (LA), f. cne de Genneton. — *La Rabeillère* (Cass.).

REBERGERIE (LA), f. cne de la Rochénard. — *Haute et Basse Herbergerie* (Cass.).

REBESOLIÈRE (LA), f. cne de Vernou-en-Gâtine. — *La Rebaizolière*, dépendance du Fonteniou, 1489 (arch. Barre, II).

RÉBILLARDIÈRE (LA), f. cne de St-Éanne. — *La Rebillardyère*, relev. de la Mothe-St-Héraye, 1621 (av. de la Mothe).

RECHIGNON, l.-d. au bourg St-Jacques de Thouars, 1716 (arch. V. Brosse-Guilgault, 29).

RECONGNEAU, vill. cne du Breuil-Bernard, 1654 (pap. de Beauvais).

RECOUVRANCE, f. cne de Ste-Pezenne. — Chapelle de Notre-Dame de Recouvrance bâtie au faubourg du Port de Niort, à gauche de l'ancienne route de Fontenay, en reconnaissance et souvenir de la recouvrance de la ville de Niort sur les Anglais par le connétable Duguesclin, le 26 mars 1373 (bull. soc. stat. D.-S. 1889, p. 236). — *Chapelle de Recouvrance*, 1658 (arch. V. év. 130). — *Notre-Dame de la Recouvrance* (pouillé 1782).

RECREU, f. cne de St-Sauveur. — *Recreus*, relev. de Bressuire, 1380 ; *Recreux*, 1383 (arch. St-Loup).

RECULÉE (LA), f. cne de Neuvy-Bouin.

REDERCE (LA), f. cne de Beaulieu-sous-Bressuire.

REDIASSE (LA), f. cne de St-Aubin-le-Clou.

REDRESSE (LA), f. cne de St-Maurice-la-Fougereuse. — *La Redraize* (Cass.).

RÉFANNE, vill. cne de Vautebis. — *Les Vieilles et les Jeunes Roiffonnes*, 1452 ; *Raifanes*, 1493 ; *Reffanes*, 1510 (arch. Barre, I, II). — *Reffannes, Réphanes*, 1535 (not. St-Maix.). — *Les Jeunes Reffanes au dedans du village de Réfanes*, 1601 (arch. Barre). — *Ruffanes*, 1626 (arch. V. E. 2, 240). — *Reffane*, 1678 (arch. Barro). — *Reffanne* (Cass.).

RÉFRAIRE (LA), h. cne de Verruye.

REGATTERIE (LA), h. cne de Pressuye. — *La Regraterie*, relev. de Pressigny-en-Gâtine, 1375 (arch. V. Es. 425). — *La Regratrie*, 1567 (not. St-Maix.).

RÈGLE (LA), f. vill. cne de Béceleuf. — *La Ré*, 1349 ; *la Roylle*, 1402 ; *la Ruilhe*, 1428 ; *la Rueille*, 1459 ; *la Reille*, 1612 (arch. V. Béceleuf, 11, et Beauregard, 25). — *La Reigle*, 1567 (not. Parth. ; — arch. hist. Poit. IV). — Relev. de Parthenay, 1402 (arch. V.).

RÈGLE (LA), f. cne de Fenioux.

RÈGLE (LA), vill. et logis, cne de Romans. — *La Reulle*, 1260 (homm. d'Alph. Poit.). — *La Reigle*, 1525 ; *la Reille*, 1553 (not. St-Maix.). — *La Règle*, 1628 (id.).

RÈGLE (LA), h. cne de Taizé.

RÉGNÉ, vill., logis et anc. par. cne de Souvigné. — *Regnec*, 1260 (homm. d'Alph. Poit.). — *Reignet seu Reygnec*, 1300 (gr.-Gauthier). — Relev. de St-Maixent, 1406 (gr.-Gauthier, des bénéf.). — *La Fère ou Feire de Regné*, relev. de la seign. d'Aubigny, 1599 (inv. d'Aub.). — *Renié*, 1669 (cart. St-Maix. II, 381). — *Regné* (Cass.). — *St-Maurice de Reigné* (pouillé 1782).

Dépendait de l'archiprêtré d'Exoudun et de l'élection de St-Maixent (état élect. 1698). La paroisse est réunie à celle de Souvigné.

REGOULERIES (LES), f. cne de Terves. — *L'Orgouillerie*, 1379 (arch. St-Loup). — *Largouillerie* (Cass.).

REGUEIL (HAUT ET BAS), h. cne de Nueil-sous-les-Aubiers.

REGUÉRET (LE), f. cne d'Ulcot. — *Le Reguaret* (Cass.).

REIGLE (LA), mon. noble, cne de St-Liguaire, 1725 (arch. D.-S. H. 71).

REIGNÉ, f. cne de Lezay. — *Reigné*, 1457 (arch. V. N.-D. 1216).

REIGNÉ, f. cne de St-Clémentin. — *Reguier*, 1455 (doc. sur Commines par Fierville, 52).

REINOU, min. cne de Boesse. — *Raynou*, 1745 (arch. D.-S. H. 249). — *Moulin Raynaud* (Cass.).

REJOUNIÈRE (LA), f. cne de la Pérate.

RELAIS (LE), éc. cne de Nueil-sous-les-Aubiers.

RELANDIÈRES (LES), vill. cne de Bouillé-St-Paul. — *Grande et Petite Relandière* (Cass.).

RELÈRE (LA), f. cne de Massais.

RELUSIÈRE (LA), f. cne du Busseau.

REMBOURGÈRE (LA), vill. et anc. logis, cne du Beugnon. — *La Renborgère*, 1247 (ch. de l'Absie, ap. arch. D.-S.). — *La Rembergère*, 1300 (id.). — *La Rembergère*, relev. de Bois-Chapeleau, 1409 (arch. Bois-Chap.). — *La Rambourgère* (Cass.).

REMBOURGÈRE (LA), f. cne de la Chapelle-Thireuil.

RÉMI (LE), h. cne de St-André-sur-Sèvre.

REMIGÈRE (LA), f. cne de St-Germier. — *Les Remigières* (Cass.).

REMIGÈRE (LA), f. cne de Vasles.

REMIVIE (LA), cne de Verrines-sous-Celles, relev. de l'abbaye de St-Maixent (cart. St-Maix. intr.).

RÉMONDIÈRE (LA), vill. cne de Fressine. — *La Raymondière*, 1517 (not. St-Maix.). — *La Raimondière* (Cass.).

RÉMONNIÈRE (LA), f. cne de la Chapelle-Largeau. — *La Resmonnyère*, relev. de la commanderie du Temple, 1526 (arch. V. H. 3, 723).

RÉMOTE (LA), f. cne de Souché.

REMOUSINIÈRE (HAUTE ET BASSE), éc. cne des Échaubrognes.

REMPIERRE (LA), vill. cne de St-Laurs. — *La Ram-*

paire, 1640 (arch. D.-S. E. 314). — *La Rampierre* (Cass.).

REMUE, m¹ⁿ. cⁿᵉ de St-Loup.

RENARDIÈRE (LA), f. cⁿᵉ de la Chapelle-St-Étienne. — *La Regnardère*, en la châtellenie de Chantemerle, 1424 (arch. V. E. 2, 189).

RENARDIÈRE (LA), f. cⁿᵉ d'Exireuil. — *La Regnardère*, 1531 ; *la Renardière*, 1573 (not. St-Maix.).

RENARDIÈRE (LA), f. cⁿᵉ de Pamplie. — *La Regnardère*, 1536 (not. St-Maix.).

RENARDIÈRE (LA), f. cⁿᵉ du Pin.

RENARDIÈRE (LA), f. cⁿᵉ du Puy-St-Bonnet.

RENARDIÈRE (LA), h. cⁿᵉ de St-Amand-sur-Sèvre. — *La Renardière*, 1351 (arch. hist. Poit. XVII).

RENARDIÈRE (LA), vill. cⁿᵉ de Verruye. — *La Renardère*, 1533 (not. St-Maix.). — *La Regnardière*, relev. de Pressigny-en-Gâtine, 1600 (arch. V. E^s. 415).

RENARDIÈRES (LES), f. cⁿᵉ de Lezay.

RENARDIÈRES (LES), f. cⁿᵉ de Rom.

RENARDRIE (HERBERGEMENT DE LA), à Coulonges-Thouarsais, relev. de Thouars, 1446 (chartr. Thouars). — *La Renarderie*, 1600 ; *la Renardière*, 1661 (arch. V. Brosse-Guilgault, 15).

RENAUDIÈRE (LA), mᵒⁿ. cⁿᵉ des Aubiers.

RENAUDIÈRE (LA), éc. cⁿᵉ de Breuil-Chaussée.

RENAUDIÈRE (LA), f. cⁿᵉ de Chail.

RENAUDIÈRE (LA), mᵒⁿ. dans le bourg de Champdeniers, 1554 (not. St-Maix.).

RENAUDIÈRE (LA), h. cⁿᵉ de Neuvy-Bouin. — *La Renaudère*, 1274 (cart. de Bourgueil). Appartenait à l'abbaye de Bourgueil.

RENAUDIÈRE (LA), f. et logis, cⁿᵉ de Thorigné. — *La Regnauldière*, 1521 (arch. V. E. 1, 12).

RENAUDIÈRE (LA), éc. cⁿᵉ de Verruye.

RENAUDIÈRE (LA), h. cⁿᵉ de Vitré. — *La Regnaudière*, 1611 (arch. V. Ste-Marth. 112).

RENAUDIÈRES (LES), h. cⁿᵉ de Genneton.

RENAUDIÈRES (LES), ff. détachées de Faye-sur-Ardin et réunies à Surin par la loi du 19 juin 1857.

RENAUDRIE (LA), f. cⁿᵉ de Montalembert.

RENAULIÈRE (LA), f. cⁿᵉ d'Allonne. — *La Renoulière*, 1361 (arch. V. Fontaine-le-C. 30). — *La Renolière* (Cass.).

RENAULIÈRE (LA), h. cⁿᵉ de St-Germier.

RENAULIÈRES (LES), f. cⁿᵉ de la Chapelle-St-Laurent. — *La Renolière* (Cass.).

RENELIÈRE (LA), mⁱⁿˢ. cⁿᵉ de Boismé (aff. Poit. 1778, p. 192). L. disp.

RENELIÈRE (LA), f. cⁿᵉ de Chiché. — *La Rennelière* (Cass.).

RENELIÈRE (LA), f. cⁿᵉ de Moncoutant. — *La Rennelière* (Cass.).

RENELIÈRE (LA), f. cⁿᵉ de la Ronde. — *La Renelère*, relev. de St-Marsault, 1430 (arch. St-Loup). — *La Rennelière*, relev. de la Forêt-sur Sèvre, 1646 (arch. chât. la For.). — *La Rennelière* (Cass.).

RENIAMIÈRE (LA), f. cⁿᵉ de St-Aubin-le-Clou. — *La Raliamière* (Cass.).

RENIÈRE (LA), f. cⁿᵉ de St-Laurs.

RENOLIÈRE (LA). — *La Renolère*, paroisse de Boismé, relev. de Bressuire, 1427 (arch. St-Loup).

RENOLIÈRE (LA), f. cⁿᵉ de St-Jouin-sous-Châtillon.

RENOLIÈRE (LA), f. cⁿᵉ de Saivre. — *La Ronnolère*, 1260 (homm. d'Alph. Poit.), en la châtellenie de St-Maixent. — *La Renollère*, 1529 (not. St-Maix.).

RENOLIÈRE (LA), f. cⁿᵉ de Vernou-en-Gâtine. — *La Renolière des Champs*, 1208 (arch. du Fontan.). — *L'Arnollière*, 1292 (arch. hist. Poit. XX, 265).

RENOLIÈRES (LES), f. cⁿᵉ de Chanteloup. — *La Renolière* (Cass.).

RENOLIÈRES (LES), f. cⁿᵉ de St-Jouin-sous-Châtillon.

RENOLTIÈRE (LA), h. cⁿᵉ de Verruye.

RENOUILLÈRE (LA), h. cⁿᵉ de Secondigné, autrefois de St-Hilaire-de-Ligny. — *Larnolère*, 1291 (arch. V. Trin. 93).

RENOUSIÈRE (LA), f. cⁿᵉ de la Pérate. — *La Renouzière*, 1632 (arch. Thoiré). — Relev. de Parthenay, 1699 (arch. V.).

RENVERSERIE (LA), f. cⁿᵉ de Sepvret. — *La Reverserye*, 1602 (arch. V. E. 3, 34). — *La Reverceerie* (Cass.).

RÉORTIÈRE (LA), f. cⁿᵉ du Busseau. — *La Riortière* (Cass.).

REPENOU (LE), h. cⁿᵉ de Genneton. — *Grand et Petit Repenoux* (Cass.).

REPENTIE (LA), h. cⁿᵉ de Magné.

REPÉROU, h. et mⁱⁿ. cⁿᵉ de Germond. — *Repeiroux*, 1482 (arch. V. E^s. 403). — *Moulin de Repéroux*, 1530 (not. St-Maix.). — *Repeirou*, 1645 (arch. Barre, II). — *Repérou*, 1650 (arch. V. Bécœuf, 11). — Relev. de l'abbaye des Châtelliers, 1658 (cart. Châtell.). — *Reparou* (Cass.). — *Repairoux* (cad.).

REPÉROUX, vill. cⁿᵉ de Soulièvre. — *Ripairoux*, 1440 (arch. Vernay). — *Ripparoux*, 1470 (chartr. Thouars). — *Repairoux*, 1506 (arch. V. E^s. 344). — *Ripérou*, 1547 (pap. de la Salle-Guib.). — *Repoyroulx*, 1554 (arch. Vernay). — *Repérou*, 1572 (chartr. Thouars). — *Ripoiroux*, 1620 (arch. V. E^s. 374). Relev. de Thouars.

REPOUSSONNIÈRE (LA), h. cne de Chavagné. — *La Reppoussonnière*, 1541 (not. St-Maix.). — *La Repoussonnière*, par. de Ruffigny, ressort et élection de St-Maixent, 1609 (Font. XX, 422). — Relev. de Bougouin (ét. duch. la Meill. 1775).

RÉSERVE (LA), f. cne de Secondigny.

RESNIÈRE (LA), f. cne de Ste-Ouenne, 1650 (arch. V. Béceleuf, 11).

RESSAGIÈRE (LA), vill. cne de Mazières-en-Gâtine. — *La Resseyière*, 1583 (arch. V. E. 1, 15). — *La Ressegère*, relev. de Pressigny-en-Gâtine, 1600 (id. Es. 415).

RESSATELIÈRE (LA), f. cne des Moutiers-sous-Chantemerle. — *La Ressatelière*, relev. de la seign. de Chantemerle, à laquelle elle fut réunie, 1184 (fact. pour M. de Châtill. 1727). — *La Resatelière*, 1556 (reg. insin. Thouars).

RESSIGUIÈRES (Les), h. cne du Puy-St-Bonnet. — *Les Ressillières* (Cass.).

RETAIL (LE), vill. cne d'Allonne. — *Retallium*, 1194 (arch. V. Fontaine-le-C. 30). — *Le Retail*, 1243 (id.). — Relev. de Secondigny, 1402 (ms. 141, bibl. Poit.). — *Haute justice du Retail*, 1747 (arch. Barre).

RETAIL (LE), f. cne de la Ronde. — *Le Retail*, relev. de Bressuire, 1382 (arch. St-Loup).

RETAUDIÈRE (LA), f. cne de St-Mard-la-Lande. — *La Rethaudière*, 1519 (arch. V. Brosse-Guilgault, 7). — *La Retardière* (Cass.).

RÉTEBOURG, cne de Lhoumois, relev. de Parthenay, 1698 (arch. V.).

RÉTIÈRE (LA), f. cne de Chanteloup. — *La Rayetère*, 1399 (arch. St-Loup). — *La Restière* (Cass.).

RÉTIÈRE (LA), vill. cne de Massais.

RÉTIÈRE (LA), f. cne de Neuvy-Bouin, relev. d'Airvault, 1552 (hist. d'Airv. par B.-Filleau). — *La Restière* (Cass.).

RETORD (LE), f. cne de la Pérate, relev. du Fouilloux (la Gât. hist. et mon.).

RETORD, f. cne de St-Maurice-la-Fougereuse. — *Retou* (Cass.).

RETOURNÉ, chât. et min. cne de Marnes. — *Retourné sur Dive*, 1380 (dict. fam. Poit. I, 698). — *Retourné*, relev. de Moncontour, 1409 (mém. ant. ouest, 2e sér. IV).

REVALLIÈRE (LA), vill. cne du Tallud. — *Lervalière* (Cass.).

REVELÈRE (LA), cne de St-Georges-de-Noisné. — *La Revelère que est sita inter talliatam de Noisné et arbergamentum arvei Rater quod vocatur la Sauguère*, 1224 (arch. V. H. 3, 869). L. disp.

REVERDIÈRE (LA), f. cne de St-Maurice-la-Fougereuse.

REVERDIÈRE (LA), h. cne de Secondigny.

REVETIZON (LA), cen de Beauvoir. — *La Revotisan*, 1245 (compt. d'Alph. Poit.). — *La Revestizonia, la Revestizon in ballia de Chisico*, XIIIe siècle (censif de Chizé). — *La Revestizon*, 1276 (Mauzé par Faye, ap. mém. ant. ouest). — *La Revêtizon-Chabot*, 1390 (arch. V. comm. Ste-Gemme).

Dépendait de l'archiprêtré de Mauzé et de l'élection de St-Jean-d'Angély, généralité de la Rochelle (état de la gén. la Roch. 1698). Relev. de Rohan-Rohan. La paroisse est réunie à celle du Cormenier (pouillé B.-Filleau, 368).

REVÊTIZON (HAUTE ET BASSE), vill. cne de Celles. — *La Revestizon*, v. 1147 (cart. St-Maix. I, 228). — *La Reveytizon*, 1291 (arch. V. Fontaine-le-C. 22). — *La Revestizon*, relev. de Melle, 1403 (gr.-Gauthier, des bénéf.).

REVOLLIÈRE (LA), f. cne de St-Germier, 1667 (arch. D.-S. E. 1200).

RÉZARD, f. cne du Tallud. — *Raizard* (Cass.).

REZIÈRE (LA), h. cne de Prailles. — *La Rezère*, 1561 (not. St-Maix.).

RIBALLERIE (LA), f. cne des Échaubrognes.

RIBATON, mon. cne de Coulonges-Thouarsais, 1604 (arch. V. Brosse-Guilgault, 22).

RIBAUDIÈRE (LA), vill. cne de la Chapelle-St-Étienne.

RIBERDERIE (LA), h. cne de Boussais.

RIBERIE (LA), cne d'Exireuil, démembrement du fief Rabaner, relev. d'Aubigny, 1581 (inv. d'Aub.).

RIBEROLLES, f. cne de Salles. — *Villa Riberola*, 951-963 (cart. St-Maix. 42). — *Razerolles*, relev. de la seign. de Faye, 1210 (id. II, 34). — *Riberolles*, 1636 ; *Ribrolle*, 1750 (inv. d'Aub.).

RIBLAIRE, vill. cne de St-Varent. — *Riblères*, XIIIe siècle (arch. V. Ste-Cr. 78). — *Riblerez*, 1379 (arch. St-Loup). — *Reblères*, 1458 (arch. V. Ste-Cr. 78). — La seign. de Riblères, relev. de Thouars dès 1423, fut réunie à la vicomté en 1648 (fiefs vic. Th.). — *Chapelle St-Blaise de Riblères*, fondée par Jean Bleschet, patron l'évêque de Maillezais (pouillé 1648). — *Aumônerie St-Jacques de Riblères*, patron l'abbé d'Airvault (pouillé 1648, ap. B.-Filleau, 400). — *Riblers*, 1650 (arch. D.-S. E. 950).

RIBLERIE (LA), tènement, cne de Romans. — *Ribleria*, 1084 ; *Ribleria*, 1105 (cart. St-Maix. 187, 239).

RIBOIRE (LA), vill. cne de St-Georges-de-Noisné. — *La Ribaère*, 1361 (arch. V. Es. 408). — *La Ribayre*, 1492 (id. 430). — *La Riboire*, relev. d'Aubigny, 1597 (id.). — Relev. de Danzay, 1632 (id. 404). — *La Ribouère*, 1650 (not. St-Maix.).

RIBOTIÈRE (LA), f. cne de Parthenay. — *La Ribo-*

lière, 1543 (not. Parth.). — *La Ribottière*, 1756 (inv. Ste-Cr. Parth.).

RIBOTTIÈRE (LA), f. cne de St-Porchaire.

RIBRAY, f. cne d'Épanne.

RIBRAY, vill. cne de St-Liguaire. — *Riberex super alveum Severe in vicaria Niortinse*, 988 (Font. XXI, 313). — *Rebereis*, 1261 (bull. soc. stat. D.-S. 1874). — *Riberés*, 1411 (arch. Barre). — *Seign. de Ribray près Niort*, paroisse de Notre-Dame, 1563 (arch. D.-S. Eª.). — *Ribrai*, 1627 (arch. Barre). — *Seign. de Ribray, jadis la Tour-Chabot*, 1692 (dom. de la cure N.-D. ap. mém. soc. stat.). — *Chapelle Notre-Dame de Ribraye*, paroisse N.-D. de Niort (pouillé 1782). — Ribray est un faubourg de Niort.

RICHARD, vill. cne de Massais.

RICHARDIÈRE (LA), f. cne d'Allonne.

RICHARDIÈRE (LA), h. cne de Chey.

RICHARDIÈRE (LA), f. et min. cne de Coulonges-Thouarsais, 1476 (arch. V. Brosse-Guilgault, 1).

RICHARDIÈRE (LA), h. cne de Courlay.

RICHARDIÈRE (LA), éc. cne des Échaubrognes.

RICHARDIÈRE (LA), h. cne de la Couarde.

RICHARDIÈRE (LA), f. cne du Puy-St-Bonnet.

RICHARDIÈRE (LA), f. cne de Rom.

RICHARDIÈRE (LA), vill. cne de St-Amand-sur-Sèvre.

RICHARDIÈRE (LA), h. cne de St-Aubin-de-Baubigné.

RICHARDIÈRE (LA), f. cne de St-Clémentin, 1580 (arch. chât. Dorides).

RICHARDIÈRE (LA), f. cne de St-Porchaire.

RICHARDIÈRE (LA), f. cne de Vautebis. — *La Rochardère*, XIVe siècle (cart. év. Poit.). — *La Ruichardière*, 1452 ; *la Richardière*, 1510 (arch. Barre). — *La Rinchardière* (cad.).

RICHARDIÈRES (LES), vill. cne de Boismé (aff. Poit. 1778, p. 192). L. disp.

RICHAUDEAUX (LES), f. cne d'Étusson, 1637 (arch. D.-S. E. 1108).

RICHEBONNE, f. cne de Béceleuf.

RICHEBONNE, f. cne de Mauzé-sur-le-Mignon, 1343 (arch. V. Feuill. 58).

RICHEBONNE, f. cne de Ste-Pezenne.

RICHEMONT, h. cne des Aubiers.

RICHER, min. cne de Moncoutant. — *Le molin Richer*, relev. de Puymarri, 1425 (arch. St-Loup).

RICHERIE (LA), h. cne de St-Germier. — *Richeria*, 1260 (homm. d'Alph. Poit.).

RICHONNIÈRE (LA), vill. cne de Loubillé. — *La Rochonnière* (Cass.)

RICOU, vill. et min. cnes d'Azay-le-Brûlé et St-Martin-de-St-Maixent. — *Molendini de Ricos*, 1289 (cart. St-Maix. II, 106). — *Ricoux*, 1363 ; *Ricous*, 1366 (id. 149, 168). — Relev. de l'abbaye de St-Maixent (cart. St-Maix. intr.).

RIDEJEU, h. cne de Beaulieu-sous-Bressuire. — *Ridejeu*, 1426 (arch. St-Loup).

RIDEJEU (PETIT), f. cne de Bretignolle. — *Petit Ridjeu* (Cass.).

RIFFON, h. cne de Rom. — *Le Riffon* (Cass.).

RIGACE, min. cne de Secondigny, 1428 (arch. hist. Poit. XXIV, 60, n.).

RIGALLE, h. cne de Nueil-sous-les-Aubiers. — *Rigale*, 1351 (arch. hist. Poit. XVII).

RIGALLE, h. cne de Thénezay.

RIGAUDERIE (LA), f. cne de St-Maixire.

RIGAUDERIE (LA), h. cne de Vanzay. — *La Rigaudière* (arch. V. N.-D. 149).

RIGAUDIÈRE (LA), f. cne de Champeaux.

RIGAUDAN, vill. cne de Soudan. — *Rigaldanus*, 1071 (cart. St-Maix. 159). — *Rugaudan*, v. 1079 (id. 174). — *Rivodanum*, 1110 (id. 258). — *Regaldanum*, 1110 (id. 258). — *Rigaudanum*, 1110 (id. 261). — *Rigaudans* en la seign. de l'aumônier de l'abbaye de St-Maixent, 1419 (arch. V. E. 3, 34). — *Rigaudens*, 1533 (not. St-Maix.). — *Rigaudan* (Cass.).

RIGLAIRE (LA), f. cne de François. — *La Riglière* (Cass.).

RIGNÉ, con de Thouars. — *Villa Regniaco cum capella in honore Sti Hilarii*, 876 (cart. St-Jouin). — *Auriniacum*, 926 (Besly, ctes de Poit., 219, 220, d'apr. panc. noire de Tours ; — Mabille, la panc. noire, 129). — *Rigné*, 1169 (bull. d'Alex. III, ap. Gall. christ. II,ᴀ367). — *Regneium*, 1179 (cart. St-Jouin). — *Reigné*, 1261 (chartr. Thouars). — *Seign. de Reigné-Laudairie*, relev. de Thouars, 1627 (id.). — *Reuigny*, 1661 (arch. V. Brosse-Guilgault, 29). — *Rigny* (Cass.).

Dépendait du doyenné et de l'élection de Thouars, de la sénéchaussée de Poitiers et du bailliage de Coulonges, ressort du siège de la vicomté de Thouars. La cure était à la nomination de l'évêque. Il y avait 65 feux en 1750.

RIGNY, vill. cne de St-Léger-de-Montbrun. — *Rigneum*, v. 1130 (cart. St-Laon Th.). — *Régné*, fin du XIIIe s. (arch. D.-S. E. 382). — *Rigné-sous-Vrère*, relev. de Thouars, 1398 (chartr. Thouars). — *Rigné*, 1528 (id.). — *Rigny-sous-Vrère*, érigé en haute justice par le duc de Thouars le 20 décembre 1624 (dict. fam. Poit. I, 154).

RIGNY-IVERÇAIS, cne de Rigné, fief relev. de Thouars, 1392 (fiefs vic. Th.).

RIGOLLET, min. cne de St-Varent.

RIGOLLIER, éc. cne de Ste-Verge. — *Rigallier* (Cass.).

RIGOLLIER (LE), près de Verrines, relev. de Thouars, 1417 (chartr. Thouars).

RIGOTIÈRE (LA), f. cne de Cerizay.

RIGOTIÈRE (LA), f. cne de St-Porchaire.
RIGOTIÈRE (LA), f. cne de St-Sauveur-de-Givre-en-Mai.
RIGOURDAINE, vill. cne d'Aubigny. — *Rigourdayne*, 1581 ; *Regourdayne*, 1584 (arch. Barre, II). — *Rigourdaine*, 1591 (pap. de la Brun.).
RIMBAUDIÈRE (LA), h. cne de Lezay, 1680 (arch. V. N.-D. 149).
RIMBAUDIÈRE (LA), h. cne de St-Amand-sur-Sèvre.
RIMBAULT, vill. cne de Marigny. — *Rimbault*, relev. de Chizé, 1444-1646 (ms. 141, bibl. Poit.).
Dépendait de l'élection de Niort. Il y avait 48 feux en 1750.
RIMBERT, f. cne de Clessé.
RIMBRETIÈRE (LA), vill. cne de Cirière. — *La Rambertère*, 1425 (arch. St-Loup). — *La Ramberlière*, relev. de Cirière, 1602 (id.). — *La Reinbretière*, 1664 (arch. V. H. 3, 726). — *Les Rinbertières* (Cass.).
RIMOIRE (LA), vill. cne de Viennay. — *La Romayre*, 1378 ; *la Roumaire*, 1453 (pap. de la Bretonn.). — *La Remoire*, 1597 (arch. V. E. 3, 41).
RIMONIÈRE (LA), f. cne de St-Amand-sur-Sèvre. — *La Rimonnière* (Cass.).
RIMOTTEAU, éc. cne de Nueil-sous-les-Aubiers. — *Rimotou* (Cass.).
RINAN, h. cne d'Avon. — *Rinaud* (Cass.).
RINFILLÈRES (LES), h. cne du Puy-St-Bonnet.
RINGÈRES (LES), vill. cne des Jumeaux.
RINIÈRE (LA), f. cne de Secondigny.
RIOLLANT, f. cne de Secondigny.
RIOLLIÈRE (LA), f. cne des Aubiers. — *L'Auriollière* (Cass.).
RIOLLIÈRE (LA), f. cne de Rigné. — *Les Riollières*, relev. de Thouars, 1632 (chartr. Thouars).
RIOLLIÈRE (LA) à Vrère, cne de St-Léger de-Montbrun, relev. de Thouars, 1476 (fiefs vic. Th.).
RIPAILLE (LA), f. cne de Lezay. — *La Ripail* (Cass.).
RIPAILLE (LA), vill. cne de Nanteuil. — *Ripaille*, 1359 (inv. d'Aub.). — *La Rippaille*, 1584 (not. St-Maix.).
RIPAILLETTE, h. cne de Celles.
RIPARFONDS, logis et h. cne de St-Porchaire. — *Riparfonds*, autrefois *le châtelier de Riparfonds*, fut réuni à la châtellenie de St-Porchaire (titr. châtell. de St-Porch.). — *Riprefont*, 1452, (arch. St-Loup). — *Ripprefont*, 1465 (arch. V. Fontaine-le-C. 30). — *Riparfonds*, 1491 (Font. LXXXVII). — *Riparfond*, 1556 (reg. insin. Thouars). — Relev. de Cirière, 1605 (arch. St-Loup).
RIPAUDIÈRE (LA), f. cne de Beaulieu-sous-Parthenay.
RIPAUDIÈRE (LA), f. cne de Champeaux.
RIPAUDIÈRE (LA), vill. cne de Chey. — *La Répaudière* (Cass.).
RIPAUDIÈRE (LA), vill. cne de Courlay. — *La Ripaudière*, relev. de Châteaumur (Vendée), 1559 (reg. insin. Thouars).
RIPAUDIÈRE (LA), f. cne de Coutières.
RIPAUDIÈRE (LA), f. cne de Fontperron. — *La Rypaudère*, 1318, 1671 (arch. Barre, II).
RIPAUDIÈRE (LA), f. cne de Mazières-en-Gâtine.
RIPAUDIÈRES (LES), vill. cne de Genneton, 1550 (arch. D.-S. E. 423). — *La Ripaudière* (Cass.).
RIPAUX, anc. min. cne de St-Georges-de-Noisné. — *Le Ripau*, min. 1528 ; *Rippault*, 1566 ; *Rypaud*, 1567 (not. St-Maix.).
RIPÈRE, vill. cne de Louin. — *Le Pairé de Ripère*, 1382 ; *Ripères*, 1450 (arch. Vernay), relev. de Vernay. — *La Ripierre* (Cass.).
RIPLET, vill. cne de Périgné.
RITIÈRE (LA), f. cne de la Chapelle-Bâton.
RIVALIER (LE), f. cne d'Augé. — *Le Ryvaller*, 1533 ; *le Ryvalier*, 1540 (not. St-Maix.).
RIVALIÈRE (LA), f. cne de Beaulieu-sous-Parthenay, relev. de Parthenay, 1507 (arch. V. Ea. 430).
RIVALIÈRE (LA), f. cne de Vausseroux.
RIVARDIÈRE (LA), f. cne de la Chapelle-Bertrand.
RIVAUDIÈRE (LA), f. cne de Breuil-Chaussée. — *La Revaudière* (Cass.).
RIVAUDIÈRE (LA), f. cne des Forges.
RIVAULT (LE), h. cne d'Aigonnay.
RIVAULT (LE), anciennement *le Puy de Pilliers*, près la Bataille, 1714 (arch. V. St-P. 248). L. disp.
RIVAULT (LE), f. cne de la Chapelle-Thireuil.
RIVAULT (LE), vill. cne de la Couarde. — *Le Rivaud* (Cass.).
RIVAULT (LE), vill. cne de Souvigné, 1584 (not. St-Maix.).
RIVAULT (LE), f. cne du Tallud. — *Le Riveau* (Cass.).
RIVAULT (LE), f. cne de Vasles. — *Le Rivaus*, 1362 ; *fontaine du Rivau*, 1436 (arch. V. Ste-Cr. 44). — *Les Rivaux* (Cass.).
RIVET, min. cne de St-Martin-de-Mâcon. — *Moulin de Rivette*, 1229 (chartr. Thouars, ch. du vic. Hugues). — *Rivères sur la Dive*, 1440 (cart. St-Laon Th.).
RIVIÈRE (LA), vill. cne d'Aigonnay.
RIVIÈRE (LA), f. cne de la Petite-Boissière.
RIVIÈRE (LA), h. cne de Cerizay.
RIVIÈRE (LA), h. cne de Moulins. — *La Rivière Saleubef*, *la Rivière Fraper*, 1331 (arch. hist. Poit. XVII). — *Grande et Petite Rivière* (Cass.).
RIVIÈRE (LA), min. cne d'Oiron.
RIVIÈRE, min. cne de Pas-de-Jeu.
RIVIÈRE (LA), vill. cne de St-Hilaire-la-Palud. —

La Rivère, 1463; la Rivière, 1613 (arch. V. St-Hil. 690, 693).

Rivière (La), h. c^{ne} de St-Varent.

Rivière (La), m^{in}. c^{ne} de Tillou.

Rivière (La), vill. c^{ne} de Vouillé. — La Rivière d'Artenay (aff. Poit. 1776, p. 28).

Rivière-Juliot (La), h. c^{ne} des Aubiers. — La Rivière Joliot, 1475 (dict. fam. Poit. II, 70). — La Rivière Julliot, 1582 (arch. D.-S. E. 1068). — La Rivière Julliotte (Cass.).

Rivières (Les), h. c^{ne} de Chanteloup.— La Rivière d'Homme, 1425 (arch. V. pap. Droch.). — Relev. de la seign. de St-Cyprien de Bressuire, 1616 (id.).— La Rivière (Cass.).

Rivières (Les Petites), f. c^{ne} de Châtillon-sur-Thoué.

Rivières (Les), vill. c^{ne} de St-Éanne. — Ripparia, 1321 (arch. hist. Poit. XI, 200). — Seign. des Rivières, relev. de la Mothe-St-Héraye, 1621 (av. de la Mothe).

Rivoire (La), h. c^{ne} de Combrand.

Rivoire (La), vill. c^{ne} du Pin.

Rivoire (La), h. c^{ne} de Pougne-Hérisson, relev. de Secondigny, 1443 (ms. 141, bibl. Poit.).

Rivolet (Le), f. c^{ne} de St-Maxire.

Rivollerie (La), h. c^{ne} de St-Martin-de-St-Maixent. — La Ryvollerie, 1537 (not. St-Maix.). — La Rivollière, 1781 (arch. D.-S. E. 865).

Rivollet, f. c^{ne} de Pamplie.

Rivollière (La), f. c^{ne} de la Couarde.

Robelière (La), vill. c^{ne} de Fontperron. — La Robelère, relev. de l'abbaye des Châtelliers, 1363 (cart. Chât. ; — cart. St-Maix. II, 147). — La Robellière, 1567 (not. St-Maix.).

Robelière (La), vill. c^{ne} de Vautebis. — La Robellère, 1452, 1573 ; la Robellière, 1654 (arch. Barre, II).

Robelin, m^{in}. c^{ne} de St-Aubin-le-Clou. — Moulin à eau de Robelin sur le Palais, 1426 (arch. Bret.-Chal.).

Robelin, m^{in}. c^{ne} de Secondigny.

Roberterie (La), f. c^{ne} de Coulon.

Robertière (La), f. c^{ne} de Secondigny.

Robertrie (La), f. c^{ne} de Pamprou ; anc. seign. 1700 (arch. D.-S. E. 449).

Robière (La), vill. c^{ne} de Moulins.

Robin (Le), f. c^{ne} de Vernou-en-Gâtine.

Robinerie (La), f. c^{ne} de Ménigoute.

Robinerie (La), f. c^{ne} de Rorthais, 1615 (arch. V. les Linaux).

Robinerie (La), h. c^{ne} de St-Maixent-de-Beugné.

Robinerie (La), f. c^{ne} de St-Romans-lez-Melle.

Robinière (La), c^{ne} de la Mothe-St-Héraye. — La Villeneuve, autrement la Robynyère près du chastel de la Mothe, 1621 (av. de la Mothe). L. disp.

Robinière (La), f. c^{ne} de Neuvy-Bouin.

Robinière (La), f. c^{ne} de Noireterre.

Robinière (La), f. c^{ne} de St-Lin.

Robins (Les), h. c^{ne} du Puy-St-Bonnet.

Roblinière (La), f. et étang, c^{ne} de Bretignolle.

Roc (Le), éc. c^{ne} d'Ardin.

Roc (Le), vill. c^{ne} de Magné.

Roc (Le), m^{in}. c^{ne} de Scillé.

Roc (Le), m^{in}. c^{ne} de Vernou-en-Gâtine.

Rocan, vill. c^{ne} de Brelou.

Rocard ou Roquart, bois, c^{nes} de Boismé et St-Sauveur.

Rochais (Le), h. c^{ne} de Nueil-sous-les-Aubiers. — Le Rochais, 1418 (arch. St-Loup).

Rochais (Le), vill. c^{ne} de St-Amand-sur-Sèvre. — Rochaye (Cass.).

Rochais, f. et m^{in}. c^{ne} de St-Marsault. — Le Rochay (Cass.).

Rochard, m^{in}. c^{ne} de Béceleuf, 1517 (arch. V Béceleuf, 10).

Rochard, f. et m^{in}. à vent, c^{ne} de Germond. — Rochard, 1659 (arch. V. E. 1, 11).

Rochard, m^{on}. c^{ne} de Terves.

Roche (La), vill. c^{ne} d'Amaillou. — La Roche de Maupertuiz, 1364 (arch. Vernay). — La Roche Maupertuis, 1397, 1401 (hist. d'Airv. par B.-Filleau). — La Roche de Maupertuis, 1444 (dict. fam. Poit. I, 87). — Ce fief relevait pour portions diverses d'Airvault, de Thouars et d'Amaillou. — Haute et Basse Roche (Cass.).

Roche (La), chât. c^{ne} d'Argenton-l'Église. — Campus clausus de Rochis Engraille, 1253 (cart. St-Mich. Th. ch. de P. du Sault). — Seign. de la Roche, 1776 — La Roche-Caillonneau (Cass ; — aff. Poit. 131).

Roche (La), h. c^{ne} de Béceleuf, 1641 (arch. V. seign. div. 32).

Roche (Haute et Basse), ff. c^{ne} de Boesse.

Roche (La), vill. c^{ne} de Boismé. — Rochas, 1264 (arch. St-Loup). — La Roche aus Feyez, 1385 (id.). — La Rosche, 1420, relev. de Bressuire (id.). — La Roche au Faye, relev. du Poiron, 1440 (arch. Barre, II).

Roche (La), vill. c^{ne} de Bougon, 1545 (not. St-Maix.).

Roche (La), vill. c^{ne} de Bretignolle. — La Roche-Bardoul, 1555 (reg. insin. Thouars).

Roche (La), f. c^{ne} de Breuil-Chaussée. — La Roche Maheu, 1426, relev. de Bressuire (arch. St-Loup).

Roche (La), h. c^{ne} de Brûlain.

ROCHE (LA), h. et m^{in}. c^{ne} de Cerizay. — *La Roche de Serezay*, 1329 (arch. Durbell.). — *Rocha prope Ceresayum*, 1412 (arch. V. Brosse-Guilgault, 7). — *La Rosche près de Serezay*, 1420 (arch. St-Loup).

ROCHE (LA), vill. c^{ne} de Chauray. — *Rocha Malemontis*, 1243 ; *Rupis Malemonde*, 1244 (homm. d'Alph. Poit.). — *La Roche Malemonde*, relev. de St-Maixent, 1406 (gr.-Gauthier, des bénéf.). — *La Roche de Chaurray ou Malemonde*, 1601 (arch. V. C. 2, 106). — *La Roche Malmonde ou le Bourgneuf*, 1680 (arch. D.-S. E. 19).

ROCHE (LA), f. et m^{in}. c^{ne} de Cherveux. — *La Roche-Canthin*, 1659 (arch. V. E^s. 400). — *La Roche Quentin* (Cass.).

ROCHE (LA), h. c^{ne} de Cirière. — *Les Roches-Mugeon*, 1556 (reg. insin. Thouars). — *Les Roches-Migeon*, 1602 (arch. St-Loup).

ROCHE (LA), h. c^{ne} de Clazay. — *La Roche*, 1621 (arch. V. St-Cypr. 47).

ROCHE (LA), vill. c^{ne} de Clessé. — *La Roche Auffort*, 1405 (arch. Moiré). — *La Roche au Fort*, 1440, 1492 (arch. Barre, II). — *La Basse Roche au Fort*, 1599 (arch. V. E. 2, 98). — *La Roche au Fort*, relev. de la Ronde de Louin, 1639 (arch. Vernay). — *La Roche du Fort* (Cass.).

ROCHE (LA), h. c^{ne} de Combrand. — *La Roche de Maurepas*, 1292 (arch. V. E. 2, 189). — *La Roche-Maurepas*, relev. du Soulier, 1496 (Font. XXXIX, p. 678). — *La Roche-Meaurepas* (Cass.).

ROCHE (LA), m^{in}. c^{ne} de la Coudre. — *M^{in}. de la Roche au Moine* (Cass.).

ROCHE (LA), f. c^{ne} de Coulonges-Thouarsais.

ROCHE (LA), f. et m^{in}. c^{ne} de Cours.

ROCHE (LA), m^{in}. c^{ne} d'Exoudun, 1541 (not. St-Maix.).

ROCHE (LA), f. c^{ne} de Fénery.

ROCHE (LA), vill. c^{ne} des Fosses.

ROCHE (LA), h. c^{ne} de Largeasse. — *La Roche-Belet*, 1402, relev. de Bressuire (arch. St-Loup).

ROCHE (LA), m^{in}. c^{ne} de Lezay.

ROCHE (LA), vill. c^{ne} de Limalonges. — *La Roche Bardin*, relev. de Civray, 1538-1775 (arch. V. C. 2, 156).

ROCHE (LA), vill. c^{ne} de Maulais. — *Les Roches de Maulay*, 1384 (arch. St-Loup). — *Les Roches* (Cass.).

ROCHE (LA), h. c^{ne} de Mauzé-Thouarsais. — *Rupis Lamberti*, 1235 (cart. St-Mich. Th.). — *La Roche Temer*, 1260 (arch. V. S^{te}-Cr. 74, et cart. sceaux, n° 214). — *La Roche Lambert*, 1446 ; *la Roche Lembert*, 1664 (arch. V. Brosse-Guilgault, 1, 15). — Relev. de Thouars, 1680 (fiefs vic. Thouars).

ROCHE (LA), vill. c^{ne} de Melle. — *La Roche St-Thibaut* (Cass.).

ROCHE (LA), h. c^{ne} de Ménigoute. — *La Roche*, relev. de la Barre-Pouvreau, 1369. — *La Roche de Lezay*, 1595, 1708, 1770 (arch. Barre, II).

ROCHE (LA), h. c^{ne} de Moncoutant, 1403 (arch. St-Loup).

ROCHE (LA), f. c^{ne} de Paizay-le-Tort. — *Rocha quæ vocatur Taisoni*, v. 976 (cart. St-Jean-d'Ang. ap. Font. LXII, p. 437).

ROCHE (LA), h. c^{ne} de la Pérate.

ROCHE (LA), f. c^{ne} de Pompaire, relev. de Parthenay, 1502, 1699 (arch. V.).

ROCHE (LA), f. c^{ne} de Pougne-Hérisson.

ROCHE (GRANDE ET PETITE), f. c^{ne} de St-André-sur-Sèvre.

ROCHE (LA), f. c^{ne} de St-Aubin de-Baubigné.

ROCHE (LA), m^{in}. c^{ne} de St-Clémentin.

ROCHE (LA), f. c^{ne} de St-Gelais.

ROCHE (LA), m^{in}. c^{ne} de St-Généroux.

ROCHE (LA PETITE), vill. c^{ne} de St-Georges-de-Noisné.

ROCHE (LA), vill. c^{ne} de St-Hilaire-la-Palud, 1343 (arch. V. Feuill. 58).

ROCHE (LA), h. c^{ne} de St-Jouin-de-Milly. — *La Roche de Pueil*, 1556 (reg. insin. Thouars). — *La Roche-Penil*, relev. de la Forêt-sur-Sèvre, 1598 (arch. chât. la For.).

ROCHE (LA), vill. c^{ne} de St-Lin. — *La Roche de St-Lain*, 1598 (arch. Barre, II).

ROCHE (LA GRANDE ET PETITE), vill. c^{ne} de St-Pardoux.

ROCHE (LA), m^{in}. c^{ne} de St-Pompain, 1598 (arch. V. H. 3, Cenan).

ROCHE (LA), h. c^{ne} de St-Sauveur-de-Givre-en-Mai. — *La Roche Aymeri Arnault*, 1490 (arch. St-Loup). — *La Roche Méry Arnault*, 1582 (pap. Blactot). — *La Roche*, relev. de la baronnie d'Argenton-Château, 1645 (inv. arch. D.-S. E^s. p. 16).

ROCHE, m^{in}. c^{ne} de St-Varent.

ROCHE (LA), f. c^{ne} de Saivre.

ROCHE (LE FIEF DE LA), c^{ne} du Tallud, relev. du Plessis de Vellnire, 1514 (arch. V. E^t. 430).

ROCHE (LA), métairie au bourg de Thénezay, formant la seigneurie de la Marche de Chalandray et relevant de la baronnie de Parthenay (ét. duch. la Meill. 1775). — *La Roche de Thénezay*, 1628 (id.).

ROCHE (LA), f. c^{ne} de Vernou-en-Gâtine.
ROCHE (LA GRANDE), f. c^{ne} de Vitré.
ROCHE-AUDEBAULT (LA), f. c^{ne} des Aubiers, relev. de Cirière, 1602 (arch. St-Loup). — *La Roche Audebaud* (Cass.).
ROCHE-AU-COU (LA), f. c^{ne} de Montigny. — *La Roche au Coup* (Cass.).
ROCHE-AUTHÉ (LA), f. c^{ne} de la Chapelle-Largeau.
ROCHE-AUX-ENFANTS (LA), chât. c^{ne} de Gourgé. — *Rorgo de Rocha*, 1192 (cart. l'Absie, ch. de G. de la Chaussée). — *La Roche aux Enfants*, 1397 (dict. fam. Poit. I, 209). — *La Roche aux Enfans*, 1512 (pap. de la Villehervé). — Relev. avec droit de haute justice de la baronnie de St-Loup (aff. Poit. 1781, p. 100).
ROCHE-AUX-MOINES (LA), f. et m^{in}. c^{ne} de St-Clémentin.
ROCHE-AUX-MURS (LA), f. c^{ne} de Bretignolle. — *La Roche au Mure* (Cass.).
ROCHEAVELLE (LA), h. c^{ne} de Chiché. — *Rochejavelle*, 1509 (arch. V. E.). — *La Roche-Javelle*, 1624 (arch. Vernay). — *Rochavelle* (Cass.).
ROCHE-BARRET (LA), f. c^{ne} de la Chapelle-St-Étienne.
ROCHE-BAUDET (LA), f. c^{ne} d'Allonne.
ROCHE-BAUDIN (LA), vill. c^{ne} de Geay. — *La Roche-Baudin*, 1251 (ch. d'Aim. v^{te} de Thouars, à la suite du cart. Chambon ; — fiefs vic. Thouars). — *Les Roches-Bodins*, relev. de Thouars, 1390 (chartr. Thouars). — *Les Roches Beaudin* (Cass.).
ROCHE-BELLIARD (LA), c^{ne} de la Chapelle-St-Laurent, 1663 (arch. fabr. Ch.-St-Laur.). L. disp.
ROCHE-BIRAUD (LA), f. c^{ne} de Champdeniers. — *La Roche Birault* (Cass.).
ROCHE-BOILEAU (LA), f. c^{ne} de Noireterre.
ROCHE-BONNEAU (LA), f. c^{ne} des Échaubrognes.
ROCHE-BOURAULT (LA), m^{on}. noble, c^{ne} de Champdeniers, 1558 (arch. V. Béceleuf, 11).
ROCHE-BOURDIN (LA), h. c^{ne} de St-André-sur-Sèvre.
ROCHE-CHÉRUELLE (LA), m^{on}. c^{ne} de Béceleuf, 1688 (arch. V. l'Oliverie, 14).
ROCHE-COCHON (LA), f. c^{ne} d'Allonne.
ROCHE-DAVID (LA), f. c^{ne} de Nueil-sous-les-Aubiers, 1680 (arch. V. Brosse-Guilgault, 1). — *La Roche Davi*, 1416 ; *la Rochedavy*, 1505 (arch. V. les Linaux).
ROCHE-DAVID (LA), f. c^{ne} de Rorthais.
ROCHE-D'AUBIGNY ou D'EXIREUIL (LA), f. c^{ne} d'Exireuil. — *La Roche d'Aubigné*, relev. d'Aubigné, 1393 (inv. d'Aub.).

ROCHE-D'AVON (LA), h. c^{ne} d'Avon, 1617 (arch. V. Nouail. 54).
ROCHE-DE-BORD (LA), vill. c^{ne} de Vanzay. — *La Roche de Bord*, 1462 (arch. V. Ste-Marth. 115). — *La Roche de Bords*, 1680 (arch. V. N.-D. 149). — Elle a formé un instant une petite commune de 145 habitants en l'an XI (dict. des D.-S. par Dupin).
ROCHE-DE-COMBRÉ (LA) ou LA ROCHE DE NESDES, h. c^{ne} de Saivre. — *La Roche de Comberé*, relev. de la seign. de Faye, 1362 (inv. d'Aub.). — *La Roche de Combré*, 1431 (cart. Châtell.). — *La Roche de Nesde*, 1637 ; *la Roche de Naide ou Combré*, 1727 (inv. d'Aub.).
ROCHE-DE-CRISSÉ (LA), c^{ne} de Prahecq ; anc. seign. 1784 (arch. D.-S. E. 450). Voir CRESSÉ.
ROCHE-DE-FOURBEAU (LA), vill. c^{ne} de Surin. — *La Roche sous Fourbault*, 1615 (arch. V. Béceleuf, 7). — *La Roche de Fourbault*, 1738 (arch. D.-S. E. 432). — *La Roche* (Cass.).
ROCHE-DE-LIÉ (LA), h. c^{ne} de Sompt. — *La Roche de Som*, 1372 (arch. hist. Poit. XXI, 92).
ROCHE-DE-LUZAY (LA), chât. et h. c^{ne} de Luzay. — *La Roche de Luzay*, 1364 (arch. St-Loup). — *La Roche de Lusay* (id.). — *L'hôtel de la Roche de Luzay*, relev. de Thouars, 1480 (hist. Thouars, 176). — *Aumônerie de la Roche de Luzay*, 1476 (arch. V. St-Hil. 871). Haute justice.
ROCHE-DE-PLIBOU (LA). — *La Roche de Plibou*, relev. de Civray, 1404, 1498 (gr.-Gauthier, des bénéf. ; — ms. 141, bibl. Poit.).
ROCHE-DES-GASTS (LA), f. c^{ne} de Loublande. — *La Roche du Gast*, 1634 (arch. V. H. 3, 721).
ROCHE-DIABLIÈRE (LA), f. c^{ne} du Pin. — *La Roche Diablère* (Cass.).
ROCHE-DU-GUY (LA), f. c^{ne} de Châtillon-sur-Thoué. — *La Roche du Gué*, 1560 (arch. V. seign. div. 32).
ROCHE-DU-HALAIS (LA), h. c^{ne} de St-André-sur-Sèvre. — *La Roche* (Cass.).
ROCHE-DU-PINIER (LA), f. c^{ne} de Cherveux. — *La Roche de Cherveulx*, 1543 (not. St-Maix.).
ROCHE-DU-PLESSIS (LA), f. c^{ne} d'Augé. — *La Roche du Plessis-Picher sur Augé*, 1727 (cart. Châtell.).
ROCHE-ÉLIE (LA), chât. et vill. c^{nes} de Messé et Rom. — *Rocha Helie*, 1312 (arch. D.-S.). — *La Roche Heilie*, 1507 (arch. D.-S. E. 451). — *La Roche Eslie*, 1579 (arch. V. E^{s}. 400). — *La Roche d'Élie*, 1740 (arch. D.-S. E. 233).
ROCHÉNARD (LA), c^{on} de Mauzé-sur-le-Mignon. — *Rocha Aynardi*, 1287 (Vialart, hist. gén. de Surgères ; — Mauzé par L. Faye). — *La Roche Esnart*, 1362 (ma coll.). — *La Rochesnard*, 1381

(dict. fam. Poit. I, 456). — *La Roche Eynart*, en la sénéchaussée de Saintonge, 1392 (arch. hist. Poit. XXIV, 80). — *La Rochesnard*, appelée *le Bouchet*, relev. de la Mothe-St-Hérayë, 1621 (av. de la Mothe). — *La Roche Esnard*, 1688 (arch. D.-S. H. 346).

Dépendait de l'archiprêtré de Mauzé et de l'élection de St-Jean-d'Angély, généralité de la Rochelle, 1698 (ét. gén. la Roch.). La cure de St-Laurent de la Rochénard était à la nomination du chapitre de Saintes.

ROCHEFATON (LA), chât. c^{ne} de Lhoumois. — *Rocafaton*, 1179 (cart. St-Jouin). — *La Rochefaton*, 1200 (hist. des Chast.). — *Rochafauton*, 1326 (D. 1326). — *Rocafaton* (D. 1383). — *La Rochefatton*, 1444 (arch. nat. O. 19703). — *La Rochefacton*, 1478 (arch. V. E.). — *La Rochefathon*, 1581 (pap. de la Rochef.). — *Prieuré de St-Nicolas de la Rochefaton*, 1674, 1719 (arch. V. prieur. 59). — Relev. de la baronnie de Parthenay (arch. V.).

ROCHEFICHONNIÈRE (LA), f. c^{ne} de Coulonges-Thouarsais. — *L'hébergement de Jean Rafichon, autrement de Bellain*, paroissien de Noirterre, 1411 ; *la Raphichonnière*, 1524 ; *la Raffichonnière*, 1531 ; *la Rachonnière*, XVIe s. ; *la Rochefichonière*, 1594 ; *la Roche-Raffichonnière*, 1663 (arch. V. Brosse-Guilgault, 6, 7, 34).

ROCHEFOLLET, vill. c^{ne} de Champeaux. — *Rochefoullet*, 1552 (not. St-Maix.). — *Rochefolet*, (Cass.).

ROCHEFORT, vill. c^{ne} de Coulonges-les-Royaux.

ROCHEFORT, vill. c^{ne} de Gript.

ROCHEFOU, vill. c^{ne} de Cersay. — *Logis de Rochefoux* (Cass.).

ROCHE-GABARD (LA), h. c^{ne} de Clessé. — *La Roche Gabart*, relev. d'Airvault, 1405, 1487 (arch. Moiré).

ROCHE-GALOUIN (LA), f. c^{ne} de la Chapelle-Largeau. — *La Roche Galhain* (Cass.).

ROCHE-GOUPILLEAU (LA), vill. c^{ne} de Rom. — *La Roche Goupillea*, 1424 (arch. V. St-P. 231). — *La Roche Goupilleau*, 1454 (id. St-Ben. 26). — *La Roche Goupillaud*, 1641 (arch. D.-S. E. 249).

ROCHE-GOUTIÈRE (LA), f. c^{nes} d'Availles-Thouarsais et Airvault.

ROCHE-GRATON (LA), f. c^{ne} de Breuil-Chaussée. — *La Rochegratton*, 1610 (arch. V. Brosse-Guilgault, 15).

ROCHE-GUÉ, f. c^{ne} de Neuvy-Bouin.

ROCHE-GUET (LA), f. c^{ne} de St-Amand-sur-Sèvre.

ROCHE-HALON (LA), f. c^{ne} de Moulins. — *La Roche-Alon* (Cass.).

ROCHE-HUDON (LA), f. c^{ne} des Groseillers. — *La Roche Eudon ou Udon*, 1703 (inv. d'Aub.).

ROCHE-JACQUELIN (LA), logis et h. c^{ne} de Voultegon. — *La Roche Jacquelin*, 1320 (dict. fam. Poit. I, 364). — *La Roche Jacquelin*, 1391 (Font. XXXVIII, p. 227). — *La Roche Jaquelin*, 1423 (arch. St-Loup).

ROCHELINIÈRE (LA), f. c^{ne} de la Chapelle-St-Étienne.

ROCHELLE (LA PETITE), f. c^{ne} de Boussais.

ROCHELLE (LA), f. c^{ne} de Faye-l'Abbesse.

ROCHELLE (LA PETITE), f. c^{ne} de St-Léger-lez-Melle.

ROCHE-MAROT (LA), f. c^{ne} de la Boissière-en-Gâtine, 1728 (arch. D.-S. H. 46). — *La Roche-Morot* (Cass.).

ROCHE-MENUE (LA), mⁱⁿ. c^{ne} de St-Loup. — *Rochemenue*, 1391 (arch. hist. Poit. XXIV, 47).

ROCHE-MÉRI-ANDRÉ (LA), l.-d. c^{ne} de Béceleuf, 1657 (arch. V. Beauregard, 26).

ROCHE-MICHEAU (LA), f. c^{ne} de Breuil-Chaussée. — *La Roche Michault* (Cass.).

ROCHE-MICHEAU (LA), h. c^{ne} de Noireterre. — *La Roche Micheau*, 1418 (arch. St-Loup). — *La Roche Michault* (Cass.).

ROCHE-MONPALAIS (LA), f. c^{ne} de Taizé ; anc. seign. 1786 (arch. D.-S. E. 1080).

ROCHE-MOUSSET (LA), f. c^{ne} de St-Aubin-de-Baubigné, XVe siècle (reg. r. Templ. Maul.).

ROCHE-NADOUX (LA), h. c^{ne} d'Exireuil. — *La Roche Nadou*, 1648 (not. St-Maix.).

ROCHE-NEULON (LA), h. c^{ne} de Nueil-sous-les-Aubiers. — *La Roche Nyvelon*, relev. de la seign. de la Place-Clérembault, par. de Cirière, 1559 (reg. insin. Thouars). — *La Roche Nivellon*, 1602 (arch. St-Loup).

ROCHENEUVE, h. c^{ne} d'Assais. — *Domus Novæ Rupis*, 1188 (Font. XXVII, 713, ch. d'Aim. vic. Thouars).

ROCHENEUVE, f. c^{ne} de Coulon.

ROCHE-NEUVE (LA), vill. c^{ne} du Pin.

ROCHE-PAILLARD (LA), f. c^{ne} des Échaubrognes.

ROCHE-PAILLÉ, mⁱⁿ. c^{ne} d'Availles-Thouarsais.

ROCHE-PAILLÉ, vill. c^{ne} de Soulièvre. — *La Roche Pailler*, 1430 (arch. St-Loup).

ROCHE-PALAIS (LA), vill. c^{ne} d'Aiffres. — *La Roche de Pallée*, 1420 (arch. V. St-Cypr. 48). — *La Roche* (Cass.).

ROCHE-PICHÉ (LA), h. c^{ne} de St-Éanne. — *Rocha super Fayam*, 1260 (homm. d'Alph. Poit.). — *La Rochepicher*, 1309 ; *la Roche Picher*, 1419 ; *la Roche Pichier*, 1504 ; *la Roche de Pichier*,

1639 ; *la Roche Piché*, 1749 (cart. Châtell.). Relev. de l'abbaye des Châtelliers. — *Chapelle de Notre-Dame de la Roche-Piché*, 1769, 1782 (pouillé B.-Filleau, 379 ; — pouillé 1782).

Roche-Pot, f. c^ne de Faye-l'Abbesse.

Roche-Puy-Rôti (La), f. c^ne de la Chapelle-Largeau. — *Puy Roucy*, 1351 (arch. hist. Poit. XVII). — *La Roche Puy Rousti*, xve siècle (reg. r. Templ. Maul.). — *La Roche Puyrousty*, 1634 (arch. V. H. 3, 723). — *La Roche Pirou* (Cass.). — *La Roche Piet Rôti* (cad.).

Rocher (Le), m^in. et m^on. c^ne d'Amaillou.

Rocher (Le), f. c^ne du Busseau.

Rocher (Le), f. c^ne de la Chapelle-St-Laurent.

Rocher (Le Haut et Bas), f. c^ne des Échaubrognes. — *Haut et Bas Rochay* (Cass.).

Rocher (Le), f. c^ne de Verruye.

Rochereau (Le), h. c^ne de Celles.

Rochereau (Le), h. c^ne de Chey, 1665 (arch. V. N.-D. 1218).

Rochereaux (Les), f. c^ne de Coulonges-Thouarsais, 1681 (arch. V. Brosse-Guilgault, 15).

Rochereou (Moulin de), assis au-dessous la planche de Cornet, en la paroisse de Terves, 1389 (arch. Durbell.).

Rocherie (La), éc. c^ne de la Pérate.

Roche-Rimbaud (La), vill. c^ne de Rom. — *La Roche Rimbault* (Cass.).

Rocheroux, f. et m^tas. c^ne de St-Aubin-du-Plain.

Roche-Ruffin (La), vill. c^ne de Pamprou. — *La Roche Roffin*, 1361 (arch. V.). — *La Roche Ruffin*, 1399 (doc. pour l'hist. St-Hil. II, 58). — Relev. de Lusignan, 1615 (ms. 141, bibl. Poit.). — Comté de la Roche-Ruffin, ressort du siège royal de Lusignan, 1698 (état élect. St-Maix. 1698). — *La Roche Rufin* (Cass.).

Roche-St-Mesmin (La), c^ne de Luzay ; anc. seign. xviiie s. (arch. D.-S. E. 1071).

Roche-Savari (La), vill. c^ne de St-Amand-sur-Sèvre. — *La Roche Savarit*, relev. de la Guierche, 1388 (Font. IX, 367). — *La Roche* (Cass.).

Roches (Les), vill. c^ne des Aubiers. — *La Roche-Musangrin*, xve siècle (reg. r. Templ. Maul.).

Roches (Les), bois, c^ne de Bilazais. — *Bois de la Roche*, 1459 (arch. V. S^te-Cr. 74).

Roches (Les), f. c^ne de Bouillé-Loretz.

Roches (Les) ou Boudetou, paroisse de la Chapelle-Seguin, relev. de Secondigny, 1696 (arch. V.).

Roches (Les), f. c^ne de Chanteloup.

Roches (Les), h. c^ne de Courlay. — *Les Roches Falourt*, relev. en partie de Bressuire, 1421

(arch. St-Loup). — *Les Roches Fallourd*, 1602 ; 1680 (arch. D.-S. E. 929, 1011).

Roches, m^in. c^ne d'Échiré, 1621 (Invent. d'Aub.).

Roches (Les Grandes et Petites), vill. c^ne de Geay. — *Les Petites Roches*, 1251 (ch. d'Aim. vic. Thouars, à la suite du cart. Chambon). — *Les Roches Arguchon*, 1329 (arch. V. H. 3). — *Les Roches Racuson*, xve siècle (reg. r. Templ. Maul.). — *Les Roches de Geay*, 1673 (arch. V. Brosse-Guilgault, 41).

Roches (Les), f. c^ne de Niort.

Roches (Les Grandes et Petites), h. c^ne de Noireterre. — *Le fief Martinet ou Petite Roche*, relev. de Thouars, 1383 (fiefs vic. Thouars). — *La Roche-Gilebert*, 1420, (arch. St-Loup. — *Les Petites Roches*, 1610 (arch. V. Brosse-Guilgault, 15). — *Les Roches Gilbert* (cad.). — *Grande et Petite Roche* (Cass.).

Roches (Les), c^ne de Pamplie. — *Moulin des Roches*, 1424 (arch. V, E. 1, 9). L. disp.

Roches (Les), f. c^ne de St-Léger-lez-Melle.

Roches (Les), vill. c^ne de St-Mard-la-Lande.

Roches-du-Vieux-Fourneau (Les), f. c^ne de Niort.

Roches-Guitton (Les), f. c^ne de Chanteloup. — *Les Roches Guytton*, relev. en partie de Cirière, 1399 (arch. St-Loup). — *Chapelle N.-D. des Roches Guitton*, patron l'évêque de Maillezais (pouillé 1648).

Roches-Neuves (Les Grandes), h. c^ne de Chambroutet. — *Les Roches Neuves*, 1365 ; *les Roches Noves*, relev. de Bressuire, 1376 (arch. St-Loup).

Roches-Neuves (Les), f. c^ne de Chanteloup.

Roches-Neuves (Les Petites), f. c^ne de St-Porchaire.

Rochetan, m^in. c^ne de Fressine. — *Moulin de Roustan*, 1542 (not. St-Maix.).

Rochetan, m^in. c^ne de St-Martin-de-St-Maixent. — *Moulin de Rochettan*, 1646 (not. St-Maix.).

Roche-Taulay (La), f. c^ne d'Augé. — *Taulay*, 1371 ; *la Roche Taullay*, 1554 ; *la Roche Tollay*, 1640 (cart. Châtell.). — *La Roche Taullé* (Cass.).

Rocheterie (La), f. c^ne de Nueil-sous-les-Aubiers. — *La Rochettière* (Cass.).

Rochette, m^in. c^ne d'Airvault.

Rochette (La), vill. c^ne d'Augé. — *La Rochete*, 1528 ; *la Rocheete*, 1532 ; *la Rochette*, 1542 (not. St-Maix.).

Rochette, m^in. c^ne de Châtillon-sur-Thoué.

Rochette, m^in. c^ne de St-Loup. — *Moulin de Rochete*, 1489 (arch. Vernay). — *Rochette-Brimaut*, relev. de la Rochefaton, 1532 (arch. V. E.).

ROCHETTE (LA), h. cne de St-Paul-en-Gâtine.
ROCHETTE (LA), f. cne de Viennay. — *La Rochète*, 1378 (pap. Bretonn.). — *Les Rochettes* (Cass.).
ROCHE-VINEUSE (LA), h. cne de Neuvy-Bouin. — *Rocha Vinosa*, 1218 (arch. V. II. 3, 869). — *Rochevineuse*, aliàs *Boisbenest*, relev. d'Airvault, 1369 (hist. d'Airv. par B.-Filleau). — *Rochevyneuse*, 1482, 1526 (arch. soc. ant. ouest).
ROCHONNIÈRE (LA), f. cne de Coulonges-Thouarsais, 1728 (arch. V. Brosse-Guilgault, 8).
ROCHOU, mln. cne de la Coudre. — *Moulins de Rocheroux*, relev. de la châtellenie de St-Clémentin, 1619 (arch. chât. Dorides).
ROCHOU, mln. cne de St-Clémentin. — *Moulins de Rochereo* en la rivière d'Argenton, 1352 (arch. Durbell.).
ROCHOU, h. cne de Sanzay.
ROCHOUX, mln. cne de Luzay. — *Rochereo*, 1496 (arch. St-Loup). — *Rocherou*, 1768 (arch. D.-S. H. 314).
ROCMITIÈRE (LA), f. cne de Courlay.
ROCQUET (LE), h. cne de Moncoutant.
ROCQUETTES (LES), f. cne de Brelou.
ROCS (LES), h. cne de Châtillon-feux-sur-Thoué.
RODARD, f. cne de Boismé. — *Les Noes Roddart*, 1422 (arch. St-Loup). — *Roddart*, 1440; *Rodard*, 1477 (arch. Barre, II). — *Rodart*, 1624 (arch. V. E. 2, 236).
RODIÈRE (LA), f. cne du Beugnon. — *Léraudière* (Cass.). Voir AIRAUDIÈRE (L').
ROGNEUSE (LA), logis, cne de Pioussay. — *Larogneuse* (Cass.).
ROGNONNIÈRE (LA), f. cne de St-Martin-du-Fouilloux, 1775 (arch. D.-S. E. 379).
ROLLAIRE (LA), f. cne de Neuvy-Bouin.
ROLLAND, mln. cne de St-Loup.
ROLLANDIÈRE (LA), f. cne de Gourgé, relev. de Parthenay, 1708 (arch. V.). — *La Rolandière*, autrement *Le Sable* (arch. V. seign. div. 32).
ROLLANDIÈRE (LA). — *Rollanderia*, 1156 (cart. l'Absie, ap. Dupuy, 841, p. 230). L. disp. qui devait être situé en la cne de Largeasse.
ROLLANDIÈRES (FIEF DES), en vignes, près le Chillou, paroisse de St-Varent, 1494 (arch. St-Loup).
ROLLANDRIE (LA), h. cne de Brioux. — *La Rolanderie* (Cass.).
ROLLANDRIE (LA), aliàs VOIRIE (LA), à Tourtenay, relev. de Thouars, 1599 (chartr. Thouars).
ROM, con de Lezay. Antique station de la voie romaine de Poitiers à Saintes, située à 16 lieues gauloises de Poitiers, et à 12 lieues de la station de Brioux (les chem. gaul. et rom. entre Loire et Dordogne par M. Lièvre, ap. mém. ant. ouest). — *Rauranum* (itinér. d'Antonin). — *Rarauna* (table de Peut.). — *Vicaria Rodom*, 961 (doc. pour l'hist. St-Hil. I, 34). — *Vicaria Rodoninsis in pago Briocinse*, 969 (cart. St-Cyprien, 249). — *Rodommum*, v. 980 (id. 281). — *Roomum*, 1119 (Font. XXI, 594). — *Room*, v. 1130 (arch. V. Nouail. p. 173). — *Ronnum*, 1250 (cart. Châtell.). — *Romium*, 1295 (arch. V. St-Ben. 26). — *Roon*, 1300 (gr.-Gauthier). — *Rom*, 1436 (arch. V. Nouail. 53). — *Péage de Rom*, relev. de Civray, 1594 (ms. 141, bibl. Poit.). — *St-Liphard de Rom* (pouillés 1648 et 1782).

L'archiprêtré de Rom, en l'archidiaconé de Brioux, comprenait les paroisses de Rom, Messé, Verrines-en-Rom, Lezay, St-Coutant, Ste-Soline, Pers, St-Vincent de la Châtre, Vançais, situées dans le département actuel des Deux-Sèvres, et Châtillon, Couhé, Sceaux, Vaux, Peyré, St-Sauvant, situées dans le département de la Vienne.

Rom dépendait de la châtellenie de Lusignan, de la sénéchaussée de St-Maixent et de l'élection de Poitiers (dict. top. Vienne, 239). Il y avait 332 feux en 1750 (cart. alph. Poit.).

ROMAGNÉ, h. cne de St-Florent. — *Podium de Romagnec*, 1260 (homm. d'Alph. Poit.), en la châtellenie de Niort. — *Romagné*, 1587 (arch. Barre, II). — *Roumaigné*, 1724 (arch. V. Béceleuf, 7).
ROMAGNÉ, h. cne de Tillou. — *Villa Romaniacus in vicaria Metulensis castri*, 1044 (Font. XIII, 166). — *Romagné* (cad.).
ROMANS, con de St-Maixent. — *Villa Rotmancio*, 944-962 (cart. St-Maix. 38). — *Rotmandus*, 995 (arch. V. Nouail. ; — Font. XXI, 333). — *Rotmantium*, 1084 (cart. St-Maix. 187). — *Rothmancium*, 1093-1096 (id. 216). — *Rutmant*, 1099 (id. 232). — *Rotmancium*, 1108 (id. 253). — *Rumontium*, 1110 (id. 258). — *Romanz*, 1260 (homm. d'Alph. Poit.). — *Romans*, 1269 (cart. St-Maix. II, 105). — *Rommans*, 1568 (cart. St-Maix. II, 305). — *St-Symphorien de Romans* (pouillé 1782).

Romans dépendait de l'archiprêtré d'Exoudun, de l'élection et ressort de St-Maixent, relev. du prieuré-cure de Romans et possédait une maladrerie. La cure était à la nomination de l'abbé de St-Maixent. Il y avait 140 feux en 1698, et 142 en 1750.

ROMANS (VIEUX), vill. cne de Romans. — *Vetulus Romans*, 1269. — *Veil Romans*, relev. de l'abbaye de St-Maixent, 1363 (cart. St-Maix. II, 104, 154). — *Vieux Romant*, 1665 (arch. D.-S. H. 104).

Romefort, f. c^{ne} de Romans. — *Ramefort*, relev. de l'abbaye de St-Maixent (cart. St-Maix. II, 99). — *Roumefort*, 1585 (not. St-Maix.).

Romelière (La Grande et Petite), h. c^{ne} de Lamairé. — *Domus Petri Romani*, v. 1100 (cart. Talmond, p. 164).

Rompis (Le), tènement, c^{ne} de Romans. — *Terra de Ruplit apud Boscum Vaslet*, 1084 (cart. St-Maix. 187).

Ronce (La), mⁱⁿ. c^{ne} de Pamprou. — *Molendinum de Ronza*, 1133. — *La Roonze*, relev. de l'abbaye de St-Maixent, 1269 (cart. St-Maix. I, 323; II, 100). — *La Ronze*, 1568 (not. St-Maix.).

Ronce (La), f. c^{ne} de St-Éanne.

Ronce (La), f. c^{ne} de St-Pardoux. — *La Ronze*, (Cass.).

Ronde (La), c^{on} de Cerizay. — *Rotonda*. 1300 (gr.-Gauthier). — *Notre-Dame de la Ronde*, v. 1478 (arch. V. E^s. 381).

Dépendait du doyenné et baronnie de Bressuire, de la sénéchaussée de Poitiers et de l'élection de Thouars. La cure était à la nomination de l'abbé de Maillezais. Il y avait 168 feux en 1750.

Ronde (La), vill. c^{ne} de Louin. — *La Ronde*, 1299 (f. lat. 20230, inv. Airv.). — *Châtellenie de la Ronde*, 1388. — Relev. de l'abbaye d'Airvault, 1639 (arch. Vernay). — La Ronde faisait partie du Fief-Franc ou châtellenie de St-Loup.

Ronde (La), mⁱⁿ. c^{ne} de Pamprou.

Ronde (La), mⁱⁿ. c^{ne} de St-Hilaire-la-Palud. — *Moulin de la Petite Ronde* (Cass.).

Rondelière (La), h. c^{ne} de Secondigny. — *La Rondellière*, 1568 (journal de Géneroux).

Rondière (La), f. c^{ne} de St-Germain-de-Longue-Chaume.

Rondrail (Le), éc. c^{ne} des Aubiers.

Ronze (La), vill. c^{ne} de Verrines.

Roquet, mⁱⁿ. c^{ne} du Beugnon.

Roquetière (La), c^{ne} de Secondigny, relev. de la baronnie de Secondigny (arch. V.).

Rorthais, c^{on} de Châtillon-sur-Sèvre. — *Rohosterium, decima Rohosteri*, v. 1090 (cart. Trin. Maul.). — *Rothai*, 1107 (Gall. christ. II, 373). — *Sanctus Hilarius de Roestais*, 1123 (cart. Trin. Maul.). — *Roeteys*, 1276 (Font. LXXXVII). — *Roysteis*, 1300 (gr.-Gauthier). — *Roueteys*, 1317 (Font. LXXXVII). — *Roheteys*, 1351 (arch. hist. Poit. XVII). — *Rohetoys*, 1407. — *Rouhertays*, 1420 (arch. V. les Linaux). — *Rouetays*, 1434 (Font. LXXXVII). — *Rouhetoys*, 1437 ; *St-Hilaire de Rothays*, 1486 ; *Routays*, 1512 ; *Rortays*, 1516 ; *Roetaix*, 1530 (arch. V. Brosse-Guilgault, 23, 40). — *Rehortois, Rouhortois*, 1615 (arch. V. les Linaux). — *Rouortais*, 1680 (arch. V. Brosse-Guilgault, 8). — *Rorthais*, 1750 (cart. alph. Poit.).

Dépendait du doyenné de Bressuire, de la sénéchaussée de Poitiers, de la baronnie et élection de Châtillon-sur-Sèvre, jadis Mauléon. La cure était à la nomination de l'abbé de la Trinité de Mauléon. Il y avait 48 feux en 1750.

Rorthais, f. c^{ne} de Breuil-Chaussée. — *Le Rouartais* (Cass.).

Rosiers (Les), chapelle, c^{ne} de St-Clémentin. — *Capella sanctæ Mariæ*, 1186 (ch. de St-Flor. ap. arch. hist. Poit. II). — *Notre-Dame des Rosiers*, 1457 (arch. hôp. Argent.). — *Les Rouziers*, 1550 (arch. chât. Dorides). — *N.-D. des Roziers*, 1651 (id.).

Rossignol (Le), h. c^{ne} de Chef-Boutonne.

Rossignol (Le), f. c^{ne} des Échaubrognes.

Rossignol (Le), h. c^{ne} de St-Maurice-la-Fougereuse.

Rossignollière (La), f. c^{ne} du Tallud.

Rothemont, h. c^{ne} de Mauzé-Thouarsais. — *Le Rotemont*, 1556 (reg. insin. Thouars). — *Rothemond*, 1557 (id.). — *Routemond*, 1588 (arch. V. Brosse-Guilgault, 8). — *Rotte Monts* (Cass.).

Rôti-Gabeau (Le), f. c^{ne} d'Étusson. — *Le Roty* (Cass.).

Rôti-Naud (Le), f. c^{ne} d'Étusson. — *Le Roty* (Cass.).

Rouaudière (La), f. c^{ne} des Aubiers.

Rouche (La), f. c^{ne} de Boismé.

Rouche-Ravarit (La), vill. c^{ne} de St-Amand-sur-Sèvre, 1527 (arch. V. Brosse-Guilgault, 40).

Roucherie (La), f. c^{ne} de la Pérate. — *La Rocherie* (Cass.).

Roucherie (La), h. c^{ne} de Vausseroux. — *La Rouscherie*, 1432 (arch. Barre). — *La Rouscherie*, 1452 (arch. V. S^{te}-Cr. 45 ; — E. 1, 10). — Relev. de la Barre-Pouvreau (arch. Barre, 11).

Roue (La), mⁱⁿ. c^{ne} de Vasles.

Rouère (La), f. c^{ne} de St-Jouin-de-Milly. — *La Rouhère*, relev. de la Forêt-sur-Sèvre, 1598 (arch. chât. la For.).

Rougée (La), f. c^{ne} de Noirlieu.

Rougerie (La), f. c^{ne} de Bagneux.

Rougerie (La), f. c^{ne} d'Exireuil.

Rougerie (La), f. c^{ne} de la Forêt-sur-Sèvre. — *La Rougerye*, relev. de la Forêt, 1598 (arch. chât. la For.).

Rougerie (La), h. c^{ne} de Noirlieu.

Rougerie (La), f. c^{ne} de Saivre.

Rouget, mⁱⁿ. c^{ne} de Châtillon-sur-Thoué.

Rougny, h. c^{ne} de Gourgé.

DÉPARTEMENT DES DEUX-SÈVRES. 243

Rouillé, f. c^{ne} de Couture-d'Argenson.

Rouillé, f. c^{ne} de Villemain.

Rouillié, f. c^{ne} d'Ardin, 1723 (arch. V. Béceleuf, 7).

Rouillonnière (La), f. c^{ne} de Sanzay. — *La Rouillonnière*, vill. par. de St-Jean de Boesse, 1512 (ma coll.). — *La Rouillonère* (Cass.).

Rouilly (Le), f. c^{ne} de Luzay.

Roulardière (La), f. c^{ne} de la Chapelle-Largeau. — *La Rouilliardière* (Cass.).

Roule-Crotte, h. c^{ne} de Plibou.

Roulerie (La), f. c^{ne} de Lezay.

Roulerie (La), f. c^{ne} de St-Gelais.

Roulerie (La), f. c^{ne} de St-Laurs.

Roulière (La), f. c^{ne} de Beaulieu-sous-Bressuire.

Roulière (La), chât. c^{ne} de la Chapelle-Bertrand. — *La Raoulière*, 1370, 1419 (ma coll.). — *La Raoulère Guiot Claveau*, 1395 (arch. Barre, II, 147). — *La Roullère*, relev. du fief Aguillon, qui relev. lui-même de la Crolaye, 1549 (ma coll.). — *La Roullière*, 1650 (arch. Barre, II).

Roulière (La), f. c^{ne} de la Chapelle-Largeau. — *La Roullière*, relev. de la Guierche, 1388 (Font. IX, 367).

Roulière (La), f. c^{ne} de Cours. — *La Rouillère* (cad.).

Roulière (La), f. et mⁱⁿ. c^{ne} de Mazières-en-Gâtine. — *La Rouillière*, 1583 (arch. V. E. 1, 15). — *La Grande Roulière* (cad.).

Roulière (La), h. c^{ne} de Mauzé-Thouarsais.

Roulière (La), f. c^{ne} des Moutiers-sous-Chantemerle.

Roulière (La), f. c^{ne} de St-André-sur-Sèvre, relev. de la Forêt-sur-Sèvre, 1646 (arch. chât. la For.).

Roulière (La Petite), f. c^{ne} de St-Pardoux. — *La Petite Raoulère*, 1452. — *La Petite Rouillère*, 1562 (arch. Barre, II). — Relev. de Pressigny-en-Gâtine (arch. V. E^s. 415).

Roulière (La), f. c^{ne} de Terves. — *La Raoulière*, 1479 (arch. Barre, II, 473).

Roulière (La), f. c^{ne} de Vasles. — *La Roullière*, 1567 (arch. Barre, I, 119).

Roulière (La), c^{ne} de Verruye. — *Terra Radulfi*, 1105 (cart. St-Maix. I, 241, ch. de Sim. de Verr.). — *La Rouillère*, 1438; *la Petite Rouillère*, relev. de Pressigny-en-Gâtine, 1461 (arch. V. E^s. 425).

Roulière (La), anc. chât. c^{ne} de Voultegon. — *La Roullère Gourfaut*, relev. de la Garrelière, 1456 (arch. V. E^s. 338). — *La Roullière*, 1499 (doc. sur Commines par Fierville, 102). — *La Roulière*, 1515 (arch. V. E^s. 338). — *Chapelle de la Roullière*, nouvellement reconstruite, 1650 (id. E^s. 377).

Roulières (Les), h. c^{ne} d'Ardin. — *La Rouslière*, 1615 (arch. V. Beauregard, 25).

Roumagères (Pont des), c^{ne} de Saivre, 1362 (inv. d'Aub.).

Rourie (La), vill. c^{ne} d'Allonne.

Rourie (La), f. c^{ne} du Beugnon.

Rourie (La), f. c^{ne} de St-Georges-de-Noisné. — *La Roherie*, 1452 (arch. Barre, II). — *La Rouherie*, 1546 (not. St-Maix.).

Rourie (La), f. c^{ne} de Thénezay. — *La Rouherie*, 1473; *la Rouherye*, 1585 (arch. Barre, II).

Rousseaux (Les), vill. c^{ne} de Clussais.

Rousselière (La), f. c^{ne} d'Azay-sur-Thoué.

Rousselière (La), m^{on}. c^{ne} de Bretignolle.

Rousselière (La), vill. c^{ne} du Busseau.

Rousselière (La), h. c^{ne} de la Chapelle-Gaudin. — *La Roussellerye*, 1520 (arch. V. Brosse-Guilgault, 1).

Rousselière (La), c^{ne} de Chey, relev. de Lusignan, 1678-1748 (arch. V. C. 2, 141).

Rousselière (La), vill. c^{ne} de Clavé. — *La Roussellère*, 1452 (arch. Barre). — *La Roussellière*, 1533 (not. St-Maix.).

Rousselière (La), c^{ne} de Neuvy-Bouin. — *La Rosselière*, 1274 (cart. Bourgueil, ap. f. lat. 17127, p. 234). L. disp.

Rousselière (La), vill. c^{ne} de Rom, relev. de Lusignan, 1615-1775 (arch. V. C. 2, 141).

Rousselière (La), vill. c^{ne} de St-Léger-lez-Melle.

Rousselière (La), f. c^{ne} de Soutiers.

Rousselière (La), h. c^{ne} de Vasles. — *Tusca de la Roussellère*, 1283 (arch. V. S^{te}-Cr. 44). — *La Roucelière*, 1362, relev. de l'abb. de Ste-Croix, 1404 (id.). — *La Rousselière*, 1478, 1578 (id. 46).

Rousselière (La), f. c^{ne} de Verruye.

Rousselières (Les), h. c^{ne} d'Allonne.

Rousselières (Les), vill. c^{ne} de Cours.

Rousselinière (La), f. c^{ne} de Fénery. — *Les Rousselinières* (Cass.).

Rousselinière (La), f. c^{ne} de Ménigoute.

Rousselières (La), vill. c^{ne} d'Aiffres. — *La Roussetterie* (Cass.).

Roussière (La), f. c^{ne} d'Allonne, 1533 (arch. V. Beauregard, 25).

Roussière (La Grande et Petite), f. c^{ne} des Aubiers.

Roussière (La), f. c^{ne} de la Petite-Boissière. — *La Roussière*, 1319 (cart. Trin. Maul.). — *La Roussère*, 1424 (arch. V. H. III, 725). — Était en la châtell. de Mauléon.

Roussière (La), éc. c^{ne} de Coulonges-sur-l'Autise.

Roussière (La), h. c^{ne} des Échaubrognes, xve siècle (reg. r. Templ. Maul.).

Roussière (La), f. c^{ne} de Loublande.

Roussière (La), f. c^{ne} de Massais.

ROUSSIÈRE (LA), chât. c^{ne} de St-Maixent-de-Beugné. — *La Roussière*, 1442 (la Gâconnière par Desaivre, ap. bul. soc. stat. 1887). — Relev. de Coulonges, 1568 (arch. V. C. 2, 219).

ROUSSIÈRE (LA), f. c^{ne} de Secondigny. — *La Roussière*, 1633, relev. de Secondigny (arch. Barre, II).

ROUSSIÈRE (LA), vill. et mⁱⁿ. c^{ne} de Verruye. — *La Roussière*, 1326 (Font. XVIII, 11). — *La Roussère*, 1354; *la Roucère*, relev. de Parthenay, 1399 (arch. V. E^s. 415, 418). — *La Roussière*, 1624 (id. 430).

ROUSSIÈRE (LA), h. c^{ne} de Vouhé.

ROUSSIÈRE-BRÛLÉE (LA), h. c^{ne} des Aubiers.

ROUSSIÈRE-MONY (LA), f. c^{ne} des Aubiers. — *La Roussière Monit* (Cass.).

ROUSSIÈRES (LES), f., c^{ne} du Tallud.

ROUSSILLE (LA), h. c^{ne} de St-Liguaire. — *Port de la Roussille*, 1415 (arch. mun. Niort). — *Portes de la Roussigle*, 1554 (Font. XX, 322). — *Port de la Rousseille*, 1579 (id. 363).

ROUSSILLE (LA), vill. c^{ne} de Ste-Pezenne.

ROUSSILLE (LA), f. c^{ne} de Vasles.

ROUSSILLON, mⁱⁿ. c^{ne} de Prailles. — *Roscillon*, 1299 (cart. St-Maix. II, 132). — *Roussillon*, relev. de Chizé, 1405 (gr.-Gauthier, des bénéf.). — *Rousseyllon*, 1584 (not. St-Maix.).

ROUSSOTIÈRE (LA) f. c^{ne} de St-Lin.

ROUSTIÈRE (LA), f. c^{ne} de St-Marsault. — *La Roussetière* (Cass.).

ROUTE (LA), f. c^{ne} de St-Loup. — *La Routhe*, 1474 (arch. V. E. 2, 247). — *La Routte*, 1576 (id. E. 1).

ROUTIÈRE (LA), f. c^{ne} de St-Aubin-de-Baubigné.

ROUTIÈRE (LA), f. c^{ne} de Vautebis.

ROUTIERS (LES), ou LES RÔTIS, c^{ne} d'Étusson. — *Bois des Roustiz*, 1517 (doc. sur Commines par Fierville, 196).

ROUTURE (LA), c^{ne} de Coulonges-Thouarsais. — *Les Roustures*, 1413; *les Rotures*, 1723. Anc. fief relev. de Belleville-Thouarsais (arch. V. Brosse-Guilgault, 40).

ROUVELIÈRE (LA), vill. c^{ne} de Champeaux. — *La Revelère*, 1224 (arch. D.-S. H. 248).

ROUVRE, c^{on} de Champdeniers. — *Alodum nomine Rubrio in pago Pictavo, in vicaria Liziniaco, habet ecclesiam in honore S^{ti} Albini*, xe siècle (cart. St-Maix. 81). — *Roure*, 1218 (id. II, 41). — *Rorvre*, 1265 (id. II, 94). — *Roures*, 1300 (gr.-Gauthier). — *Rouvre*, 1327 (hist. des Chast. 83-84). — *Rovre*, 1363 (cart. St-Maix. II). — *Herbergement de Rouvre appelé le Clousdys*, relev. de Faye, 1547 (inv. d'Aub.). — *St-Aubin de Rouvre* (pouillé 1782).

Dépendait de l'archiprêtré et de la sénéchaussée de St-Maixent, de la châtellenie de Béceleuf réunie à la baronnie de Parthenay, et de l'élection de Niort (état de l'élect. Niort, 1716; — dén. just. bar. Parth. 1744). Il y avait 58 feux en 1716, et 54 en 1750.

ROUX (LE), f. c^{ne} de Limalonges.

ROUX, h. c^{ne} de St-Porchaire.

ROUZAN (LE), fontaine, c^{ne} de Germond, 1609 (arch. V. E. 1, 9).

ROY, f. c^{ne} de Souché.

ROYA (LE), f. c^{ne} de Chanteloup. — *Le Royas* (Cass.).

ROYAUTÉ (LA), f. c^{ne} de St-Aubin-le-Clou.

ROYOU (LE), mⁱⁿ. c^{ne} de Tillou. — *Pont du Royau*, 1473 (arch. V. St-P. 242).

RUAULT (LE), h. c^{ne} de Bouillé-Loretz.

RUAULT (LE), f. c^{ne} de Cerzay. — *Le Ruau*, relev. de Thouars, 1461 (doc. sur Commines par Fierville, 76). — *Le Ruau* (Cass.).

RUAULT, mⁱⁿ. c^{ne} de Couture-d'Argenson.

RUAULT, mⁱⁿ. c^{ne} de Lhoumois.

RUAULT (LE), vill. c^{ne} de Rigné. — *Villa Ruau*, appartenant à l'abbaye St-Jean-de-Bonneval de Thouars, 1169 (Gall. christ. II, 367). — *Le Ruyau de Regné*, 1310 (dict. fam. Poit. II, 847). — *Le Ruau de Rigné*, 1578 (arch. V. Brosse-Guilgault, 1). — *Le Rueau* (Cass.).

RUAULT, f. c^{ne} de Sanzay. — *Le Ruau* (Cass.).

RUAULT (LE). — *Le Ruau*, paroisse de Vasles, 1444 (arch. V. E. 2, 238). L. disp.

RUE (LA), f. c^{ne} du Busseau.

RUE (LA), f. c^{ne} de Marigny.

RUE (LE HAUT DE LA), vill. c^{ne} de Mauzé-Thouarsais.

RUE (LA), f. c^{ne} de Pugny. — *La Ruhe*, 1435 (arch. St-Loup).

RUE (HAUTE ET BASSE), vill. c^{ne} de St-Léger-de-Montbrun.

RUE (GRANDE ET PETITE), h. c^{ne} de Verrines.

RUE-BASSE (LA), f. c^{ne} de Coulon.

RUE-CHÂLON (LA), f. c^{ne} de Mougon.

RUE-DU-PONTREAU (LE), h. c^{ne} de St-Liguaire.

RUE-FRANCHE (LA), f. c^{ne} de Souché.

RUE-MOREAU (LA), vill. c^{ne} de Juscorps.

RUE-PILLETTE (LA), vill. c^{ne} de Magné.

RUELLE (LA), f. c^{ne} de Fors.

RUELLES (LES), c^{ne} de la Chapelle-Thireuil, borderie relev. de Bois-Chapeleau, 1631 (arch. Bois-Chap.).

RUES (LES), logis, c^{ne} d'Aigonnay.

RUES (LES BASSES), vill. c^{ne} de Bouillé-Loretz. — *Basse-Rue* (Cass.).

RUES (LES HAUTES), h. c^{ne} de St-Étienne-la-Cigogne.

RUFFIGNY, m^{ins}. c^{ne} de Brelou.

RUFFIGNY, vill. c^{ne} de Chavagné. — *Rouffigniacum*, 1300 (gr.-Gauthier). — *Roffignel*, 1390 (arch. V. comm. Ste-Gemme). — *Rouffigné*, 1483 (cart.

Châtell.). — *Ruffigné*, 1558 (arch. Barre, I). — Prieuré de St-Martin de Ruffigny, présentateur l'abbé de St-Liguaire (pouillés 1648 et 1782). — *Ruffignez*, 1775 (arch. D.-S. E. 605). — *Ruffigny*, relev. de Bougouin (état duch. la Meill. 1775).

RUFFINIÈRE (LA), chât. c^{ne} des Fosses.

RUFFINIÈRE (LA), f. c^{ne} de St-Amand-sur-Sèvre.

RUFFINIÈRE (LA), vill. c^{ne} de St-Vincent-de-la-Châtre, 1678 (arch. V. Nouail. 38).

RUFFINIÈRE (LA), vill. c^{ne} de Surin.

RUINE-GRENIER, l.-d. c^{ne} de St-Coutant, 1727 (arch. D.-S. E. 122).

RUISSEAU, vill. c^{ne} de Lezay. — *Russeau*, 1654 (arch. V. E. 3, I. 43). — *Ruisseaux*, m^{lns}. (Cass.).

RULIÈRE (LA), f. c^{ne} de Soutiers. — *La Ruslière*, 1568 (arch. hôp. Parth.).

RULLETTE (LA), f. c^{ne} de St-Maixent-de-Beugné.

RUPAILLÉ, h. c^{ne} du Bourdet.

RUSSARDIÈRE (LA), c^{ne} de St-Aubin-le-Clou, v. 1400 (arch. Bretonn.-Chal.). L.-d. ou disp.

RUSSAY, h. c^{ne} de Saivre. — *Rucayum*, 1282 (arch. V. Fontaine-le-C. 22). — *Russay*, relev. de la seign. de Faye, 1668, 1680 (arch. Barre, I ; — inv. d'Aub.).

RUSSEIL, f. c^{ne} de St-Pardoux. — *Rousseuil*, 1565 (arch. V. pr. Bois d'All. 53).

RUSSETTE, h. c^{ne} du Puy-St-Bonnet. — *Ruisset*, 1678 (arch. V. pr. 58).

RY (LE GRAND), f. c^{ne} d'Allonne. — *La Grant Ré*, 1419 (arch. nat. J. 183). — *Grand Rix* (Cass.).

RY, vill. c^{ne} de St-Martin-d'Entraigues. — *Le Ré* (Cass.). — *Rhy* (cad.).

S

SABLE (LE), f. c^{ne} de Lhoumois. — *Le Sable*, v. 1400 (arch. Barre, II). — *Le Sable ou Labye*, relev. de Parthenay, 1708 (arch. V.).

SABLEAU (LE), c^{ne} de Souché ; anc. fief relev. de St-André-de-Niort, 1505 (arch. D.-S. G. 24).

SABLERIE (LA), f. c^{ne} des Échaubrognes.

SABLES (LES), vill. c^{ne} de St-Martin-de-Sanzay. — *Les Sables de l'Hernay* (dict. des D.-S. par Dupin).

SABLIÈRE (LA), f. c^{ne} d'Amaillou. — *La Sablière*, 1582, relev. de la seign. des moulins de Soulièvre (arch. Soulièvre).

SABLIÈRE (LA), vill. c^{ne} de Beaulieu-sous-Parthenay.

SABLIÈRE (LA), f. c^{ne} de Brûlain.

SABLIÈRE (LA), h. c^{ne} des Échaubrognes.

SABLIÈRE (LA), h. c^{ne} de Loublande. — *La Sablère* (Cass.).

SABLIÈRE (LA), h. c^{ne} de Moutiers.

SABLIÈRE (LA), éc. c^{ne} de Ste-Néomaye.

SABLIÈRES (LES), f. c^{ne} de Bougon.

SABLIÈRES (LES), c^{ne} de St-Liguaire ; anc. fief relev. de l'abbaye de St-Liguaire, 1787 (arch. D.-S. H. 71).

SABLON (LE), f. c^{ne} de St-Aubin-du-Plain. — *M^{lns}. du Sablon* (Cass.).

SABLONNIÈRE (LA), vill. c^{ne} de Louzy. — *La Sablonnière*, 1531 (arch. V. H. 3, 809) ; 1556 (reg. insin. Thouars).

SABLONS (LES PETITS), l.-d. c^{ne} de St-Jacques-de-Montauban.

SABOTINIÈRE (LA), f. c^{ne} de Clazay. — *La Sabotinère*, 1392 (arch. St-Loup). — *La Sabotinière*, 1624 (id. 47). — *Les Sabotinières* (Cass.).

SACAUDIÈRE (PONT DE LA), c^{ne} du Busseau, 1749 (arch. D.-S. E. 695).

SAINPOLLIÈRE (LA), f. c^{ne} du Beugnon.

S^{tus} ABRAXIUS. — *Vinea in montem sancte Abraxii in vicaria Niortinse*, 988 (arch. nat. f. lat. 12757). Lieu ind.

SAINT-AMAND-SUR-SÈVRE, c^{on} de Châtillon-sur-Sèvre. — *Ecclesia S. Amandi*, 1300 (gr.-Gauthier). — *Sanctus Amancius*, 1300 (gr.-Gauthier). — *St-Amant*, 1479 (arch. Barre). — Prieuré dépendant de l'abbaye de Beaumont-lez-Tours, 1603 (Font. IX, 497).

Dépendait du doyenné de Bressuire, de la sénéchaussée de Poitiers, de la baronnie de Châteaumur et de l'élection de Thouars. Il y avait 235 feux en 1750.

SAINT-AMBROISE, chapelle isolée, c^{ne} de Clessé. — *Tènement de St-Ambroise*, 1636 (arch. V. E^s. 339).

SAINT-AMBROISE, f. c^{ne} de Prahecq. — *Ste-Angroise* (Cass.).

SAINT-ANDRÉ, f. c^{ne} de Saivre.

SAINT-ANDRÉ-SUR-SÈVRE, c^{on} de Cerizay. — *Ecclesia Sancte Andree super Separim*, 1179 (cart. St Jouin). — *St-André-de-St-Mesmin*, 1579 (Gaign. 2759).

Dépendait du doyenné de Bressuire, de la sénéchaussée de Poitiers et de l'élection de Thouars, après avoir fait partie de celle de Parthenay au xvie siècle. La cure était à la nomination de l'abbé de St-Jouin-de-Marnes. Il y avait 172 feux en 1750.

SAINTE-ANNE, éc. c^ne de Nueil-sous-les-Aubiers.
SAINT-ANTOINE, chapelle, c^ne de St-Clémentin.
SAINT-ANTOINE, h. c^ne de St-Maurice-la-Fougereuse.
SAINT-AUBIN (HAUT ET BAS), f. c^ne de Lezay.
SAINT-AUBIN, f. c^ne de St-Coutant.
SAINT-AUBIN-DE-BAUBIGNÉ, c^on de Châtillon-sur-Sèvre. — *Ecclesia Sancti Albini*, 1179 (cart. St-Jouin). — *Bambigniacum*, 1300 (gr.-Gauthier). — St-*Aubin-de-Baubigné*, 1479 (arch. Barre, II).
Dépendait du doyenné de Bressuire, de la sénéchaussée de Poitiers, de la baronnie et élection de Châtillon, autrefois Mauléon. La cure était à la nomination de l'abbé de St-Jouin-de-Marnes. Il y avait 257 feux en 1750 (cart. alph. Poit.).
SAINT-AUBIN-DU-PLAIN, c^on d'Argenton-Château. — *Sanctus Albinus*, v. 1160 (ch. St-Flor. ap. arch. hist. Poit. II). — St-*Aubin do Playn*, 1278 (arch. Durbell.). — *Sanctus Albinus de Platuis*, 1300 (gr.-Gauthier). — St-*Aubin du Plen*, 1366 ; St-*Aubin du Plaen*, 1378 (arch. St-Loup). — St-*Aubin de la Plaigne*, 1391 (arch. hist. Poit. XXIV, 43).
La châtellenie de St-Aubin-du-Plain, comprenant les bailliages de St-Aubin, l'Anglée et Beaulieu, relevait de la baronnie de Bressuire, 1605 (id.). — St-Aubin dépendait du doyenné de Bressuire, de la sénéchaussée de Poitiers et de l'élection de Thouars. La cure était à la nomination de l'évêque. Il y avait 83 feux en 1750.
SAINT-AUBIN-LE-CLOU, c^on de Secondigny. — *Sanctus Albinus prope Partiniacum*, 1224 (Font. XIX, 373). — *Ecclesia S^ti Albini Clausi*, 1300 (gr.-Gauthier). — St-*Aulbin*, relev. de Châteauneuf-en-Gâtine, 1497 (reg. av. Chât.). — St-*Aubin-le-Cloux*, 1517, 1532. — St-*Aubin-le-Clouc*, 1751 (arch. D.-S. E. 832). — St-*Aubin-le-Clou* (pouillé 1782).
Dépendait de l'archiprêtré et châtellenie de Parthenay, de la sénéchaussée de Poitiers et de l'élection de Niort, après avoir fait partie de celle de Parthenay au xvie siècle. La cure était à la nomination de l'abbé de Montierneuf de Poitiers. Il y avait 166 feux en 1716, et 203 en 1750.
SAINT-BENOIST, h. c^ne de Clessé. — St-*Benest*, 1364 (ch. de l'Absie, ap. arch. D.-S.). — St-*Benoist des Umbres*, 1524 (arch. V. E^s. 369). — St-*Benoist*, 1599 (id. E, 2, 98).
SAINT-BENOIT, h. c^ne de St-Médard.
SAINTE-BLANDINE, c^on de Celles. — *Sancta Blandina* (D. 1326, 1383). — Ste-*Blandine* (pouillé 1782).
Dépendait de l'archiprêtré d'Exoudun, de la baronnie de Melle, du siège royal de Niort et de l'élection de St-Maixent. La cure était à la nomination de l'abbé de Celles. Il y avait 79 feux en 1698 et 1750.
SAINT-CARLAIS, vill. c^ne de Brelou. — *Ecclesia S^ti Karrillelphi*, 1300 (gr.-Gauthier). — St-*Carlais*, 1464 (arch. Barre, II).
La paroisse est réunie à celle de Brelou.
L'église étant ruinée en 1698, le service religieux se faisait à Brelou (ét. élect. 1698). Dépendait de l'archiprêtré et de l'élection de St-Maixent.
SAINTE-CATHERINE, éc. c^ne de Bressuire, autrefois de St-Porchaire. — *Sancta Katerina de Bercorio*, dépendant de l'abbaye de la Réau, 1218 (Font. XXIV, 268). — *Prioratus Ste Caterine prope Berchorium* (D. 1326 et 1383). — Le prieuré valait 1,000 liv. en 1554 (Font. XXIV, 312).
SAINTE-CATHERINE, f. c^ne de Coulon. — *Prieuré de Ste-Catherine*, 1500 (arch. V. Feuill. 74). — Ce prieuré, de l'ordre de St-Augustin, valant 400 liv. en 1716, appartenait à la commanderie de St-Antoine de la Lande en 1723 (ét. élect. Niort, 1716 ; — arch. D.-S. H. 235).
SAINT-CHARTRE, vill. c^ne de St-Martin-du-Fouilloux. — St-*Charde*, 1420 (arch. D.-S. H. 225). — *Chapelle de Notre-Dame de St-Chardes*, 1739 (arch. V. chap. 6). — Relev. du Bois-Pouvreau (ét. duch. la Meill. 1775).
SAINT-CHRISTOPHE, m^in. c^ne d'Azay-sur-Thoué.
SAINT-CHRISTOPHE-SUR-ROC, c^on de Champdeniers. — *Sanctus Christoforus*, 1260, 1265 (homm. d'Alph. Poit. ; — Font. XVI). — *Sanctus Christophorus*, 1300 (gr.-Gauthier). — St-*Christofle*, 1349 (arch. V. cures, 165). — St-*Cristophe*, relev. de la seign. de Faye, 1376 (inv. d'Aub.). — St-*Crestofle*, 1600 (arch. V. Beauregard, 25). — St-*Christofle sur Rocq*, 1636 (inv. d'Aub.) ; relev. d'Aubigny, 1681 (arch. V. E^s. 430).
Dépendait de l'archiprêtré, ressort et élection de St-Maixent. Il y avait 132 feux en 1698, et 126 en 1750. Une aumônerie dite de la Baretière fut réunie à l'hôpital de St-Maixent par arrêt du 14 janv. 1695, et lettres patentes du 19 juillet 1696 (pouillé B.-Filleau, 376).
SAINT-CLAIR (FIEF DE), c^ne de St-Loup, relev. de la Ronde de Louin, 1639 (arch. Vernay).
SAINT-CLAUD ou fief SAINT-CLAUX, fief sis p^sses d'Exoudun, de Chenay et de Bougon, 1621, 1741 (av. de la Mothe).
SAINT-CLÉMENT, f. c^ne d'Aiffres. — *Ecclesia S^ti Clementis in pago Niortense*, 989 (cart. Bourgueil, ch. de Guill. duc d'Aquit. ap. f. lat. 17127, p. 109). — *Sanctus Clemens juxta Niortum*, 1169 (Font. XXVI). — *Prioratus S^ti Clementini ordinis monialium de Thoarchio*, 1300 (gr.-Gau-

thier). Prieuré réuni à l'abbaye de St-Jean-de-Bonneval de Thouars, valant 600 liv. (état élect. Niort, 1716).

SAINT-CLÉMENTIN, c^{on} d'Argenton-Château. — *Ecclesia sanctissimi Clementini*, av. 1050 (hist. St-Flor. Salm. ap. chron. égl. Anjou, 294, 295). Ce prieuré-cure était à la nomination de l'abbé de St-Florent de Saumur (arch. hist. Poit. II). — Une aumônerie dite de Notre-Dame de St-Clémentin, fondée vers 1343, dépendait de l'abbaye de la Trinité de Mauléon (Font. LV). L'aumônerie ou maladrerie de St-Jacques fut réunie à l'hôpital d'Argenton-Château par arrêts du conseil des 18 déc. 1693, 21 janv. 1695, 28 janv. 1697, et lettres patentes du 14 févr. 1698 (pouillé B.-Filleau, 377).

St-Clémentin dépendait du doyenné de Bressuire, de la baronnie d'Argenton, de la sénéchaussée de Poitiers et de l'élection de Thouars. Il y avait 150 feux en 1750.

SAINT-COUTANT, c^{on} de Lezay. — *Sanctus Constantius*, v. 1092 (cart. St-Jean-d'Ang. ap. Font. LXIII, p. 269). — La seign. de St-Coutant relev. de la vicomté d'Aunay (Char.-Infér.), 1611 (ms. 141, bibl. Poit.). — *St-Gilles de St-Coutant* (pouillé 1782).

Dépendait de l'archiprêtré de Rom, de la sénéchaussée et de l'élection de Poitiers. La cure était à la nomination de l'abbé de St-Séverin. Il y avait 168 feux en 1750.

SAINT-CRESPIN, métairie sise paroisse de Chenay, au lieu appelé *Sous les vignes*, tenant au chemin de Brieuil à Lezay, et dépendant de la baronnie de la Mothe-St-Héraye, 1621 (av. de la Mothe).

SAINT-CYPRIEN, éc. c^{ne} de Cirière.

SAINT-CYPRIEN, f. c^{ne} de Terves. — *Ecclesia S^{ti} Cypriani et burgum juxta castrum Berzoriacum*, v. 1030 (cart. St-Cyprien, 110). — *St-Cyprien près Bressuire*, 1425, 1605, relev. de Bressuire (arch. St-Loup). — *St-Cypriain-lez-Bressuire*, 1483 (arch. V. Brosse-Guilgault, 1).

SAINT-CYR-LA-LANDE, c^{on} de Thouars. — *Sanctus Ciricus*, 1179 (cart. St-Jouin). — *Sanctus Ciricus juxta Tortenayum*, 1300 (gr.-Gauthier). — *St-Cire de la Lande*, 1578 (arch. V. Brosse-Guilgault, 1). — *St-Cyr-la-Lande* (pouillé 1782).

St-Cyr faisait partie des marches communes de Poitou et Anjou, de la sénéchaussée et du gouvernement militaire de Saumur (le gouv. mil. de Saum. par d'Espinay). Il dépendait du doyenné et élection de Thouars, et du bailliage de la Grande-Marche, ressort du siège de la vicomté de Thouars (hist. de Thouars par Imbert, 247).

La cure était à la nomination de l'évêque. Il y avait 134 feux en 1750.

SAINT-DENIS, c^{on} de Champdeniers. — *Sanctus Dyonisius*, 1265 (Font. XVI). — *St-Denys*, 1572 (arch. Barre, 1).

Dépendait de l'archiprêtré de St-Maixent, de l'élection de Niort, de la sénéchaussée de Poitiers et de la châtellenie du Coudray-Salbart réunie à la baronnie de Parthenay (dén. just. bar. Parth. 1744). La cure était à la nomination de l'évêque. Il y avait 45 feux en 1716, et 74 en 1750.

SAINT-DENIS, f. c^{ne} d'Oroux.

SAINT-ÉANNE, 2e c^{on} de St-Maixent. — *Sanctus Aunarius*, 1227 (cart. St-Maix. II, 57). — *Ecclesia Sancti Annarii*, 1300 (gr.-Gauthier). — *Sanctus Enanus*, 1321 (arch. hist. Poit. XI). — *St-Éasne*, 1390 (cart. Châtell.). — *St-Héane*, 1469 (cart. Chât.). — *St-Éanne*, 1479 (arch. V. cur. 166). — *Ste-Théasne*, 1693 ; *Ste-Anne*, 1721 (arch. D.-S. E. 451). — *Ste-Ésanne*, 1775 (arch. D.-S. E. 379, 783). — *St Emmeran vulgo St Easne*, 1783 (reg. parr.).

Dépendait de l'archiprêtré, ressort et élection de St-Maixent. Relev. de l'abbaye de St-Maixent (cart. St-Maix. intr.). La cure était à la nomination de l'évêque. Il y avait 174 feux en 1698, et 169 en 1750.

SAINT-ÉLOI, h. c^{nes} de St-Coutant et Ste-Soline. — *Grand et Petit St-Éloy* (Cass.).

SAINT-ÉTIENNE-LA-CIGOGNE, c^{on} de Beauvoir. — *Helemosinaria de Sancto Stephano apud Cyconiam*, XIIIe siècle (censif de Chizé). — *Sanctus Stephanus de Sigonia et de Bellavilla* (panc. de Rochech. 1402). — *St-Estienne la Sigogne*, 1716 (arch. D.-S. C. 61).

Dépendait de l'archiprêtré de Surgères, diocèse de Saintes, de la châtellenie de Chizé, du siège royal de Niort, de l'élection de Niort en 1555-1631, puis de celle de St-Jean-d'Angély, généralité de la Rochelle, en 1698, et enfin de celle de Niort vers 1750 (état génér. la Roch. 1698 ; — mém. soc. stat. D.-S. 1886 ; — cart. alph. Poit.). Il y avait 40 feux en 1750.

SAINT-FAZIOL, vill. anc. par. c^{nes} de Melle et Pouffond. — *Villa Sancti Faziols in vicaria Metulinse*, v. 959 (cart. St-Maix. I, 34). — *Sanctus Faziolus*, v. 1095 (cart. St-Cypr. 300). — *St-Faziou prope Metullum*, 1559 (arch. V. St-Cypr. 37).

Cette paroisse fut réunie à celle de St-Romans-lez-Melle par ordonnance de l'évêque de Poitiers du 21 mai 1664. Aujourd'hui elle est réunie à celle de Pouffond (pouillé B.-Filleau, 379).

SAINT-FLORENT, 2e c^{on} de Niort. — *Ecclesia Sancti*

Florencii in vicaria Basiacinse (Bessac), in pago Alieninse..., 967 (cart. St-Maix. 53). — *Sanctus Florentius in vicaria Basiacinse*, 971 (cart. St-Cyprien). — *Sanctus Florentius prope Niortum* (panc. de Rochech. 1402). — *St-Flaurans*, 1713 ; *St-Fleurant*, 1716 (arch. D.-S. E. 828, C. 81).

St-Florent dépendait de l'archiprêtré de Mauzé, diocèse de Saintes, de l'élection, châtellenie et siège royal de Niort. La cure était à la nomination de l'abbé de Charroux. Il y avait 68 feux en 1716, et 64 en 1750.

SAINT-FLORENT, vill. cne de la Charrière.

SAINT-FRANÇOIS, h. cne de Fors, 1647 (arch. D.-S. E. 834).

SAINT-FRÉMAULT (TERROIR ET BOIS DE), cne de Luché-Thouarsais, 1504 (arch. V. Brosse-Guilgault, 25).

SAINT-GAUDENT, f. cne de Frontenay. — *Ecclesia Sancti Gaudentii*, 1095 (arch. V. Nouail. or. 142). — *Sanctus Gaudentius prope Frontiniacum*, 1119 (Font. XXI, 594). — *Sanctus Gaudencius*, 1164 (id. 661). — *St-Gaudent*, 1313 (arch. V. Nouail. 55). — *St-Godan* (Cass.).

SAINT-GELAIS, 1er con de Niort. — *Sanctus Gilasius* (triens méroving.). — *Bernardus prior de Sto Gelasio*, 1170 (hist. des Chast. pr. p. 32). — *Sanctus Gelasius*, 1242 (lay. tr. ch. II, 476). *Sanctus Gelazius*, 1300 (gr.-Gauthier). — *St-Gelais*, relev. de St-Maixent, 138J (gr.-Gauthier, des bénéf.).

La seign. de St-Gelais fut érigée en marquisat en 1659, en faveur de St-Gelais-Lusignan. La mouvance de St-Gelais, qui relevait anciennement du comté de la Marche, fut attribuée au comté de Poitou après la confiscation sur Hugues de Lusignan en 1242. Mais, en 1693, le duc de Mazarin, seign. de St-Maixent, prétendit que St-Gelais relevait de la baronnie de St-Maixent, et s'opposa à l'hommage direct fait au roi comme comte de Poitou (mém. pour la marq. de St-Gelais). St-Gelais dépendait de l'archiprêtré d'Exoudun, de l'élection, châtellenie et sénéchaussée de St-Maixent. Il y avait 144 feux en 1698, et 136 en 1750.

SAINTE-GEMME, con de St-Varent. — *Ecclesia de Ste-Gemme*, 1300 (gr.-Gauthier).

Dépendait du doyenné de Bressuire, de l'élection de Thouars, de la sénéchaussée de Poitiers et du bailliage de Coulonges, ressort du siège de la vicomté de Thouars (hist. Thouars). La cure était à la nomination du doyen de Bressuire. Il y avait 40 feux en 1750.

SAINT-GÉNARD, con de Melle. — *Sanctus Genardus*, 824 (Font. XXI, 105). — *Ecclesia Sancti Genardi de Notiaco*, 1119 (id. 594). — Le prieuré fut réuni au monastère de Puyberland en 1697 (arch. V. Nouail. 56).

St-Génard dépendait de l'archiprêtré de Melle, de l'élection de St-Maixent et du ressort de la sénéchaussée de Civray. Relev. du prieuré-cure de St-Génard. La cure était à la nomination de l'abbé de Nouaillé. Il y avait 80 feux en 1698, et 82 en 1750.

SAINT-GÉNÉROUX, con d'Airvault. — *Sanctus Generosus*, 1179 (cart. St-Jouin). — *Saint-Géneroux*, 1391 (arch. V.).— Relev. partie de Thouars et partie de Moncontour (arch. V. Es. 301 ; — av. de la bar. Monc. 1409, ap. mém. ant. ouest, 2e sér. IV).

St-Généroux dépendait du doyenné de Thouars, du bailliage de Moncontour, duché d'Anjou, du gouvernement militaire de Saumur, et de l'élection de Richelieu, généralité de Tours (le gouv. mil. de Saum. par d'Espinay ; — dict. d'Indre-et-Loire par C. de Busserolle, t. VI, 169). La cure était à la nomination de l'abbé de St-Jouin-de-Marnes.

SAINTE-GENEVIÈVE, h. cne de Prissé. — *Ecclesia Ste Genovefe*, dépendant de l'abbaye de St-Maixent, 1069 (cart. St-Maix. II, 482).

SAINT-GEORGES-DE-LONGEPIERRE, cne de St-Éanne ; anc. seign. 1721 (arch. D.-S. E. 451).

SAINT-GEORGES-DE-NOISNÉ, con de Mazières-en-Gâtine. — *Nainec*, 1110 (cart. St-Maix. 258). — *Sanctus Georgius de Nainiaco*, 1121 (id. 301). — *Noyne*, 1260 (homm. d'Alph. Poit.). — *Naene seu Nayne*, 1300 (gr.-Gauthier). — La seign. de St-Georges-de-Noisné, en la juridiction royale de St-Maixent, relev. de la Blanchardière (cne de Saivre), qui relev. de St-Maixent (arch. V. Es. 430).

St-Georges dépendait de l'archiprêtré et élection de St-Maixent. Relev. du Breuillac, du comte de Belet, et de la Chevalerie. La cure était à la nomination de l'évêque. Il y avait 205 feux en 1698, et 230 en 1750.

SAINT-GEORGES-DE-REX, con de Mauzé. — *Terra de Ressia in pago Alninse vel Niortinse*, 989 (doc. pour l'hist. St-Hil. I, 57). — *Reissia*, 1184 (hist. des Chast. pr. p. 32). — *Sanctus Georgius de Ressia*, 1226 (doc. hist. St-Hil. I, 233). — *St-Georges de Rexe*, relev. de Frontenay-l'Abattu, 1313 (hist. Chast. pr. p. 36). — *St-Georges de Resse* en la sénéchaussée de Saintonge, 1373 (arch. hist. Poit. XIX, 260). — *Sanctus Georgius de Rexia* (panc. de Rochech. 1402). — *St-Georges de Rex*, 1698 ; *St-George de Ré* (Cass.).

Dépendait de l'archiprêtré de Mauzé et de l'élection de St-Jean-d'Angély, généralité de la Rochelle (état. gén. la Roch. 1698).

SAINT-GERMAIN-DE-LONGUE-CHAUME, con de Parthenay. — *Prieuré de St-Germen*, 1284 (pap. de la Bret., ch. de Guill. seign. de Parth.). — *Sanctus Germanus*, 1300 (gr.-Gauthier). — *St-Germain en Gastine*, 1396 (arch. hist. Poit. XXIV, 240). — *St-Germain-de-Longue-Chaume*, présentateur l'abbé d'Airvault (pouillé 1648).

Dépendait de l'archiprêtré de Parthenay, du comté des Mottes et châtellenie de la Chapelle-St-Laurent, de la sénéchaussée et de l'élection de Poitiers. Il y avait 60 feux en 1750.

Saint-Germier, con de Ménigoute. — *Silvulam et ecclesiam constructam in honore sancti Germerii, spinis adhuc circumseptam et pene inabitabilem*, 959 (cart. St-Maix. 32). — *San Garnier*, 1260 (homm. d'Alph. Poit.). — *Sanctus Germerius*, 1300 (gr.-Gauthier). — *St-Germer*, 1363 (cart. St-Maix. II). — *St-Germier*, 1385, 1404, 1647 (arch. Barre, II). — *St-Blaise de St-Germier* (pouillé 1782).

Dépendait de l'archiprêtré de Sanxay, de la châtellenie et ressort du St-Maixent, et de l'élection de Poitiers. La cure était à la nomination de l'abbé de St-Maixent. Il y avait 162 feux en 1750.

Saint-Gille, h. cne de la Revêtizon.

Saint-Giraud, h. cne de Béceleuf. — *St-Giraud*, 1428 ; *St-Giraut*, 1469 ; *St-Girault*, 1613 (arch. V. Béceleuf, 10, 26 ; Beauregard, 25).

Saint-Giraud, vill. cne de Chantecorps. — *St-Giraut près le moustier des Châtelliers*, 1451 (cart. Châtell.). — *St-Girault*, 1750 (arch. D.-S. E. 415).

Saint-Goard, vill. et chât., cne d'Ardin. — *Sanctus Goarius*, v. 1136 (cart. l'Absie). — *St-Gouard*, relev. d'Ardin, 1426 (arch. Char. E. 158). — *St-Gouard* (Cass.).

Saint-Guillaume, vill. cne de Ste-Gemme. — *Chapelle St-Guillaume*, détruite (pouillé B.-Filleau, 380).

Saint-Hérais, l.-d. cne de Fors, 1759 (arch. D.-S. E. 497).

Saint-Héraye, vill. cne de Limalonges.

Saint-Hilaire, vill. cne d'Augé. — *Capella Sti Hilarii*, 1129 (cart. St-Maix. I, 314). — *St-Ilaire près d'Augé*, dépendant de l'abbaye de St-Maixent, 1363 (id. II, 146). — *St-Hillaire sur Augié*, 1535 (not. St-Maix.). — *St-Hilaire-sur-Augé* (pouillé 1782).

Saint-Hilaire, f. cne de Pouffond.

Saint-Hilaire-de-Ligné. Voir Ligné.

Saint-Hilaire-la-Palud, con de Mauzé. — *Beatus Hilarius de Palude*, 1231 (doc. pour l'hist. St-Hil. I, 227). — *St-Hilaire de la Pallu*, 1698. — *St-Hilaire la Palux* (Cass.).

Dépendait de l'archiprêtré de Mauzé, du siège royal et de l'élection de Niort en 1555-1631, puis de celle de St-Jean-d'Angély en 1698, et de nouveau de celle de Niort en 1750 (état génér. la Roch. 1698 ; — mém. soc. stat. 1886). Relev. de St-Hilaire de Poitiers. La cure était à la nomination du chapitre de St-Hilaire de Poitiers. Il y avait 226 feux en 1750.

Saint-Honoré, anc. chap. cne de Thénezay.

Saint-Hubert, h. cne de Périgné.

Saintière (La), h. cne des Moutiers-sous-Chantemerle. — *La Cintière*, relev. de la seign. de Chantemerle, à laquelle elle fut plus tard réunie, 1529 (fact. pour M. de Châtill. 1727). — *La Sainthière* (cad.).

Saintière (La), f. cne de Vernou-en-Gâtine. — *La Seintière*, 1358 (arch. V. chapell. ch. de Jean seign. de Parth.).

Saint-Jacques-de-Montauban, con de Thouars. — *Monasterium Sti Jacobi Monte Alboini juxta castrum Toarcensium*, 1038 (cart. St-Jouin). — *Sanctus Jacobus de Toarcio*, v. 1080 (id.). — *Prieuré de St-Jacques de Thouars*, 1227 (arch. D.-S. ch. l'Absie, H. 30). — *Burgum Sti Jacobi de Thouarcio*, 1319 (cart. Trin. Maul.). — *Gué St-Jasme*, 1488 (chartr. Thouars). — *St-Jacques-de-Montauban*, 1698 (cart. St-Jouin).

Dépendait du doyenné et élection de Thouars, de la sénéchaussée de Poitiers et du bailliage de Coulonges, ressort du siège de la vicomté de Thouars. La cure était à la nomination de l'abbé de St-Jouin-de-Marnes. Il y avait 120 feux en 1750.

Saint-Jean, vill. cne de St-André-sur-Sèvre.

Saint-Jean-de-Bonneval, con de Thouars. — *Abbatia beatæ Mariæ, beati Andreæ et Sancti Johannis Baptiste*, 973 (Gall. christ. II, 366, ch. de Lothaire). — *Sanctus Andreas Thoarcii, Sanctus Johanns de Bonavalle de Graile et Valle de Gille*, 1172 (arch. V. St-Hil. 870). — *Burgum beati Johannes de Bonavalle prope Thoarcium*, 1284 (arch. V. H. 3, 810). — *St-Jean-de-Bonneval-les-Thouars* (pouillés 1648 et 1782).

Dépendait du doyenné et élection de Thouars, de la sénéchaussée de Poitiers et du bailliage de Coulonges, ressort du siège de la vicomté de Thouars (hist. de Thouars par Imbert). La cure était à la nomination de l'abbesse de St-Jean. Il y avait 130 feux en 1750.

Saint-Jouin-de-Marnes, con d'Airvault. Célèbre abbaye fondée dans la dernière moitié du IVe siècle par un saint personnage du Loudunais, Jovinus, dans un lieu nommé Ension. — *Monasterium Enessione*, aliàs *Ausionense* (vita Sti Paterni à Fortunato episc. Pict.). — *Ensio-*

nense cœnobium, 843 (vie de S¹ Mart. Vertou, ap. act. sanct.). — *Enexione, Enestione, Enixione, Hensione, Ansione* (act. sanct. t. III, juill.). — *Monasterium Sancti Martini Vertavense vel Sancti Jovini Hensionense*, 876 (cart. S¹-Jouin). — *Monasterium beatorum confessorum Martini et Jovini*, 978 (id.). — *Cenobium sanctorum confessorum Martini et Jovini Hensionensis*, v. 1016 (id.). — *Loco Exionensi* (hist. S¹-Flor. Saum. ap. chron. égl. Anj.). — *Monasterium Sancti Johannis Evangelistæ et sanctorum Martini et Jovini*, 1038 (cart. S¹-Jouin). — *Cenobium Hensionense*, 1070 (id.). — *Abbatia Sancti Jovini*, 1120. — *S¹.-Join de Marnes*, 1312 (id.). — *S¹.Johin de Marnes*, 1392 (arch. S¹-Loup). — *S¹-Jouin de Marnes* (id.).

L'abbaye fut réunie au chapitre S¹-Florentin d'Amboise par arrêt du conseil de 1770. Elle avait droit de haute justice ressortissant du siège de Thouars, d'après une transaction de 1350 (not. sur l'abb. S¹-Jouin par B. Ledain, ap. mém. ant. ouest, VI, 1883). S¹-Jouin dépendait du doyenné et élection de Thouars, de la sénéchaussée de Poitiers et du bailliage d'Oironnois, ressort du siège de la vicomté de Thouars. Il y avait 360 feux en 1750.

SAINT-JOUIN-DE-MILLY, c⁰ⁿ de Cerizay. — *Milleium*, 1179 (cart. S¹-Jouin). — *S¹.-Joyn de Millé*, 1278 (arch. Durbelle. — *Millé*, 1300 (gr.-Gauthier.) — *S¹-Join de Millé*, 1451 (arch. S¹-Loup). — *S¹.-Jouin de Millé*, relev. de la Forêt, 1646 (arch. chât. la For.). — *Cure de S¹.-Jouin de Millé*, annexe du prieuré N.-D. de Bressuire, patron l'abbé de S¹-Jouin-de-Marnes (pouillé 1648). — *S¹.-Join de Milly* (Cass.).

Dépendait du doyenné de Bressuire, de la sénéchaussée de Poitiers, de la baronnie de la Forêt, et de l'élection de Thouars, après avoir fait partie de celle de Parthenay au xvi⁰ siècle. Il y avait 103 feux en 1750.

SAINT-JOUIN-SOUS-CHATILLON, c⁰ⁿ de Châtillon-sur-Sèvre. — *Sanctus Jovinus de Malleonio*, 1179 (cart. S¹-Jouin). — *Sanctus Jovinus de Maloleone*, 1300 (gr.-Gauthier). — *S¹.-Jouyn de Mauléon*, 1479 (arch. Barre, II).

Dépendait du doyenné de S¹-Laurent-sur-Sèvre, de la sénéchaussée de Poitiers et de l'élection de Châtillon. La cure était à la nomination de l'abbé de S¹-Jouin-de-Marnes. Il y avait 175 feux en 1750.

SAINT-LAMBERT, h. c⁰ⁿ de S¹-Amand-sur-Sèvre. — *Sanctus Lambertus prope Mauleum*, 1205 (cart. d'Orbetier). — *Prioratus Sancti Lamberti prope Mallionem*, 1421 (cart. Trin. Maul.).

Dépendait de l'abbaye S¹-Jean d'Orbetier (Vendée).

S¹-LAURENT, vill. c⁰ⁿ de Pressigny.

SAINT-LAURS, c⁰ⁿ de Coulonges-les-Royaux. — *Sanctus Laurus*, 1053-1079 (cart. Bourgueil, ap. F. Salmon, bibl. Tours, I, 260). — *Sanctus Laurentius*, v. 1060 (cart. Bourgueil). — *Sanctus Laurentius prope Bucellum*, 1102 (cart. Bourgueil). — *Sanctus Laurus*, 1263 (Font. I, 583). — *S¹.-Lors*, 1568 (arch. V. C. 2, 219). — *S¹.-Laur ou S¹.-Lors* (pouillé 1648).

Dépendait de l'archiprêtré d'Ardin, de la sénéchaussée et de l'élection de Fontenay-le-Comte. La cure était à la nomination de l'abbé de Bourgueil. Il y avait 84 feux en 1750.

SAINT-LAZARE, h. et chapelle, c⁰ⁿ de S¹-Jouin-de-Marnes.

SAINT-LÉGER-DE-MONTBRUN, c⁰ⁿ de Thouars. — *Mons qui dicitur Monbrim in pago Toarcinse in vicaria ipsius castri*, 994 (ch. S¹-Flor. ap. arch. hist. Poit. II). — *Mons Monbrini*, 994 (liv. noir S¹-Flor. ap. arch. d'Anjou par Marchegay, I, 244). — *Ecclesia Sancti Leodegarii de Montbruno*, 1122 (ch. de S¹-P. Ch. Thouars, ms. 1660). — *Montebrunum*, 1238 (cart. S¹-Mich. Th.). — *S¹.-Léger de Montbruys*. 1276 (Font. XXXVIII, p. 103). — *S¹.-Léger de Muntbrun*, fin du xiii⁰ siècle (arch. D.-S. E. 382). — *Monbrum*, 1282 (cart. S¹.-Laon Th.). — *S¹.-Léger de Monbrun*, 1340 (arch. V. E. 2, 236). — *Montbrum*, 1487 (cart. S¹-Laon Th.). — *Seign. de Montbrung*, relev. de Thouars, 1497 (chartr. Thouars). — *S¹.-Léger de Montbrun* (pouillé 1648).

Dépendait du doyenné et élection de Thouars, de la sénéchaussée de Saumur et du bailliage de la Grande-Marche, ressort du siège de la vicomté de Thouars. Il y avait 184 feux en 1750.

SAINT-LÉGER-LEZ-MELLE, c⁰ⁿ de Melle. — *Ecclesia Sancti Leodegarii*, 1300 (gr.-Gauthier). — *S¹.-Léger les Melle* (Cass.). — *S¹.-Léger près Melle* (pouillé 1782).

L'aumônerie dite de S¹ᵉ-Catherine et S¹-Jacques fut réunie à l'hôpital de S¹-Maixent par arrêt du conseil du 14 janvier 1695, et lettres patentes du 19 juillet 1696 (pouillé B.-Filleau, 384).

S¹-Léger dépendait de l'archiprêtré de Melle, de l'élection de S¹-Maixent et du ressort de la sénéchaussée de Civray. La cure était à la nomination du prieur de S¹-Hilaire de Melle. Il y avait 125 feux en 1698, et 107 en 1750. La seigneurie appartenait en 1716 à Charles Le Coq.

DÉPARTEMENT DES DEUX-SÈVRES. 251

SAINT-LÉONARD, h. c^{ne} de St-Léger-de-Montbrun. — St-*Léonard*, 1558 (reg. insin. Thouars). — *Prieuré de St-Léonard des Bruyères*, présentateur l'abbé de St-Laon, 1648 (pouillé B.-Filleau, 317).

SAINT-LIENNE, h. c^{ne} de Moutiers. Chapelle détruite, autrefois pèlerinage (pouillé B.-Filleau, 326).

SAINT-LIGUAIRE, 2e c^{on} de Niort. — *Hoc tempore exstructum est cenobium Sanctæ Mariæ et Sancti Vincentii Sanctique Leodegarii martyris quod est situm super Severa*, 961 (chron. St-Maix. 380). — *Ecclesia Sanctæ Mariæ que vocatur Porta Domini*, 962 (cart. St-Maix. I, 41). — C'est le nom primitif de cette abbaye qui existait dès l'époque des invasions normandes et qu'un texte du XIIIe siècle traduit ainsi : *Sainta M(aria) deus portes Dé* (les Normans dans le Noyonnais par Peigné-Delacourt). M. Alfred Richard a démontré que c'est la même abbaye connue plus tard sous le seul nom de St-Liguaire (cart. St-Maix. II, 481, note). — *Ecclesia Sanctæ Mariæ et Sancti Vincentii martiris que nunc modo monasterium Sancti Leodegarii confessoris vocatur*, 988 (cart. St-Maix. I, 72). — *Sanctus Leodegarius super Severim*, 1067 (chron. St-Maix.). — *Sanctus Legarius*, 1248 (compt. d'Alph. Poit.). — *Monasterium Sancti Leodegarii, ordinis Sancti Benedicti, Xanctonensis diocesis, situatum in Pictavensis et Xanctonensis senescalliarum ballivieque Turonensis confinis*, 1322 (lettre du roi Charles le Bel attribuant ce monastère et ses possessions, à une lieue de circonférence, au ressort de Niort dans la sénéchaussée de Poitou; ap. arch. hist. Poit. XI). Ce monastère avait été soumis à celui de St-Maixent vers 988 (Font. XV, 187 ; — mém. soc. stat. 1886). — *Ecclesia parrochialis B. Mariæ Magdalene extra abbatiam Sancti Leodegarii* (panc. de Rochech. 1402). — *Ste-Marie-Madeleine hors l'abbaye de St-Léger* (pouillé 1648). — *St-Ligaire*, 1689 (arch. D.-S. E. 241). — St-*Legayre*, 1716. — St-*Liguaire*, 1750 (état élect. de Niort).

Dépendait de l'archiprêtré de Mauzé, diocèse de Saintes, de la châtellenie, siège royal et élection de Niort (mém. soc. stat. 1886). Il y avait 124 feux en 1716, et 131 en 1750.

SAINT-LIN, c^{on} de Mazières-en-Gâtine. — *Ecclesia Sancti Leonis*, 1041-1044 (cart. St-Maix. 120). — *Sanctus Leo*, 1145-1152 (id. 351). — *Sanctus Leain*, 1265 (id. II). — St-*Léon*, St-*Leen*. 1363 (cart. St-Maix.). — St-*Laen*, 1438 (arch. Barre, II). — *Sanctus Leanus*, 1440 (cart. St-Maix.). — St-*Layn*, 1493 (arch. Barre). — *Sainct-Layn*, 1516 (arch. D.-S. E. 419). — St-*Lin*, 1667 (arch. Barre). — St-*Lain*, 1789 (arch. D.-S. C. 64).

Relevait de Parthenay, et dépendait de l'archiprêtré et du ressort du siège de St-Maixent, et de l'élection de Niort. St-Lin faisait partie de la châtellenie du Bailliage-Bâton, réunie à la baronnie de Parthenay (dén. just. bar. Parth. 1744). La cure était à la nomination du prieur de St-Paul de Parthenay. Il y avait 58 feux en 1716, et 76 en 1750.

SAINT-LOUP, arr^t. de Parthenay. — *Ecclesie Sancti Lupi et Sancti Pancratii*, 1095 (Font. XXVI, 169). — *Sanctus Lupus*, XIIe siècle (cart. Fontevr. II, 421). — *Aumônerie de St-Loup*, dépendant de l'abbaye d'Airvault, 1356 (f. Blond. 26418). — Un arrêt du parlement du 16 juin 1376 attribue le ressort de St-Loup au siège du bailli des exemptions à Chinon (arch. hist. Poit. XIX, 79). — *Château de St-Loup*, 1463 (arch. Bret.-Chal.). — St-*Lou*, 1598 (arch. D.-S. E. 423). — *Prieuré-cure de N.-D. de St-Loup* (pouillé 1648). — Un hôpital est fondé en 1710 par Jacques de Boyer de la Boissière (arch. D.-S. H. 286).

La baronnie de St-Loup ou Fief-Franc comprenait les paroisses de St-Loup, le Chillou et Louin. Elle relevait de la tour Maubergeon de Poitiers, c'est-à-dire du comté de Poitou, 1542-1776 (arch. V. C. 2). — St-Loup dépendait du doyenné de Bressuire, de la sénéchaussée et de l'élection de Poitiers, après avoir fait partie de celle de Parthenay au XVIe siècle (mém. soc. stat. 1886). La cure était à la nomination de l'abbé d'Airvault. Il y avait 480 feux en 1750.

SAINTE-MACHRINE, f. et chap. c^{ne} de Magné. — *Sancta Magrina* (D. 1326, ap. pouillé B.-Filleau, 301). — Ste-*Maigrine*, 1765 (arch. D.-S. E. 1166). — Prieuré de l'ordre de St-Augustin réuni à l'abbaye de Nieuil-sur-l'Autise (état élect. Niort, 1716). Lieu de pèlerinage.

SAINT-MAIXENT, arr^t. de Niort. Le célèbre monastère de St-Maixent a été fondé au Ve siècle dans la grande forêt de la Sèvre, sous le nom de St-Saturnin, par s^t Agapit, mais surtout par son disciple, s^t Adjutor surnommé Maixent, mort en 515 (études sur les orig. du mon. de St-Maixent par Alfred Richard, 1880 ; — St-Maixent par le même auteur, dans les paysages et monuments du Poitou, 1892). — *Cellula Sancti Maxentii* (Grég. de Tours, hist. Fr. II, 37). — *Monasterium Sancti Agapiti presbyteri* (Mabill. acta sanct. ord. S. Bened. I, 578). — *Monasterium Sancti Maxentii quod tunc dicebatur Sancti Saturnini Martiris* (d. Chazal, cart. St-Maix.). — *Sanctus Maxhentius*, 827 (cart.

St-Maix. I, 6). — *Sanctus Macssencius*, 974 (id. 58). — *Vicaria Sancti Maxentii*, 988 (id. 70). — *Villa Sancti Adjutoris Maxentii*, 1082 (chron. St-Maix.). — *Sanctus Mazencius*, 1118 (cart. St-Maix. 295). — *Castellum de Sancto Maxencio*, 1224 (quer. rec. in Tur., Pict., Xanct. dioc. ap. arch. nat.). — *Seint Maissent*, 1244 (cart. St-Maix. II, 70). — *St-Maxent*, 1369 (id. II, 171). — *St-Maxiien*, 1372 (Froissart l. I, § 707). — *St-Maixent*, 1452 (arch. Barre). — *Sen-Moixont*, 1664 (les œuvres de Jean Drouhet).

St-Maixent possédait autrefois deux paroisses, St-Saturnin et St-Léger, qui sont aujourd'hui supprimées. Il n'en subsiste plus qu'une seule établie depuis le concordat dans l'ancienne église abbatiale.

L'hôtel-Dieu ou vieille aumônerie de St-Maixent fut transformé en hôpital général par la réunion de la maladrerie de St-Maixent, de l'aumônerie de la Villedieu du Pont de Vault, des aumôneries de St-Léger-de-Melle, de Puyberlant, d'Exoudun, de St-Christophe-sur-Roc, opérés par l'arrêt du conseil du 14 janvier 1695 et les lettres patentes du 19 juillet 1696 (aff. Poit. 1780, p. 106). Trois maisons religieuses s'établirent à St-Maixent au xviie siècle, les Capucins en 1613-1616, les Bénédictines au couvent de N.-D. des Anges en 1629, l'Union chrétienne en 1684. Les Cordeliers remontaient au xiiie siècle. Un collège succéda, au xvie siècle, aux grandes écoles de l'abbaye devenues municipales au xve.

L'archiprêtré de St-Maixent, démembré probablement de celui d'Exoudun, archidiaconé de Briançais ou Brioux, et auquel était annexée la cure de Saivre, comprenait 40 paroisses : St-Saturnin, St-Léger et St-Martin-de-St-Maixent, St-Éanne, Nanteuil, Exireuil, Soudan, Fontperron, Chantecorps, Coutières, Vautebis, Clavé, St-Lin, Vouhé, Beaulieu, Soutiers, St-Pardoux, Allonne, la Boissière, les Groseillers, St-Mard-la-Lande, Mazières, Verruye, St-Georges-de-Noisné, la Chapelle-Bâton, St-Projet, Champeaux, St-Denis, Champdeniers, Cours, Germond, Rouvre, St-Christophe-sur-Roc, Cherveux, St-Carlais, Brelou, Augé, Saivre, Azay, Souvigné.

Le domaine féodal de l'abbaye, au xiie siècle, s'étendait sur un territoire de 12 lieues de long, sur 10 de large, et comprenait 234 seigneuries vassales dans sa mouvance, réparties sur 89 paroisses. Il s'amoindrit beaucoup dans la suite (voir la carte de ce domaine dressée par M. Alfr. Richard et jointe au cart. de St-Maixent). L'abbaye, distraite du ressort de la châtellenie de Loudun et attribuée au ressort de Niort par Philippe III en 1281, retourna au ressort de Loudun en 1315, puis fut replacée dans le ressort de la sénéchaussée de Poitou en 1317 (arch. hist. Poit. XI).

La châtellenie de St-Maixent, constituée par Louis IX en 1242 et attribuée à son frère Alphonse de Poitiers, comprenait 120 fiefs dans sa mouvance. Son siège royal reçut dans son ressort en 1324 les terres de Bois-Pouvreau, la Mothe-St-Héraye, Sanxay et Cherveux (arch. hist. Poit. XI), puis en 1349 les châtellenies de Parthenay, Vouvent et Mervent (arch. nat. O. 19704). La châtellenie de St-Maixent, qui ressortissait alors du parlement de Paris, fut réunie au comté nouveau de Civray en juillet 1526. Le roi y institua un juge prévôt ressortissant du sénéchal de Civray. Mais le comté de Civray ayant été supprimé en 1533, St-Maixent fut rattaché à la sénéchaussée de Poitou. Enfin le comté ayant été rétabli en 1541, l'ancien état de choses fut rétabli, mais St-Maixent reçut un siège particulier de sénéchal (hist. du Poit. par Thibaudeau, II, 191, éd. 1840). — Le ressort de la sénéchaussée de St-Maixent s'étendait sur 62 paroisses du département actuel des Deux-Sèvres, 6 du département de la Vienne, et 8 du département de la Vendée (bull. soc. ant. ouest, 1847-1849, p. 488).

L'élection de St-Maixent, qui remontait au xvie siècle, comprenait les paroisses de : St-Maixent (2 paroisses), Melle (2 paroisses), Aigonnay, Augé, Azay, la Barre-Clairin, Baussais, Brelou, Brioux, Chail, Chantecorps, la Chapelle-Bâton, Chavagné, Chauray, Cherveux, Clavé, Clussay, l'Enclave-de-la-Martinière, Exireuil, Exoudun, Fontenille, François, Gournay, Goux, Juillé, Luché, Lusseray, Maisonnais, Mazières, Meileran, Montigné, Nanteuil, Pamprou, Périgné, Paizay-le-Tort, Pouffond, Prailles, Reigné, Romans, Ste-Blandine, St-Carlais, St-Christophe-sur-Roc, St-Éanne, St-Gelais, St-Génard, St-Georges-de-Noisné, St-Léger-lez-Melle, St-Martin-de-St-Maixent, St-Martin-lez-Melle, St-Médard, Ste-Néomaye, Ste-Ouenne, St-Projet, St-Romans-lez-Melle, St-Martin-de-Pamprou, Saivre, Sompt, Soudan, Souvigné, Tillou, Thorigné, Verrines, Vernou, Vitré (état élect. St-Maix. 1698, ap. mém. soc. stat.).

La subdélégation de St-Maixent comprenait les paroisses de : St-Maixent, Aigonnay, Avon, Augé, Azay, Bougon, Brelou et St-Carlais, Champeaux, Champdeniers, Chantecorps, Chavagné, Cherveux, Clavé, Cours, Coutières, Exireuil, Exoudun, Fontperron, Germond, Goux, la Chapelle-Bâton, la Mothe-St-Héraye, la Pagerie (Vasles), les Forges, les Groseillers, Mazières, Ménigoute, Nanteuil, Pamplie, Prailles, Romans, St-Christophe-sur-Roc, St-Denis, St-Georges-de-Noisné, St-Germier, St-Lin, Pamprou, St-Mard-la-Lande, St-Martin-de-St-Maixent, St-Projet, St-Éanne, Ste-Néomaye, Saivre, Salles, Sanxay (Vienne), Soudan, Souvigné et Reigné, Vausseroux, Vautebis, Verruye, Vouhé (almanach prov. du Poit.).

Il y avait à St-Maixent 1402 feux en 1684, 1128 en 1698, 1087 en 1700, 1286 en 1736, et 1098 en 1750.

En 1790, St-Maixent fut érigé en chef-lieu de district, comprenant neuf cantons, savoir : St-Maixent, Champdeniers, Chenay, Cherveux, la Mothe-St Héraye, Ménigoute, Mougon, Ste-Néomaye, Verruye. On y installa un tribunal, et l'évêché constitutionnel des Deux-Sèvres. Le district disparut en l'an III. Le canton comprenait les communes de : Azay, St-Éanne, Exireuil, St-Martin-de-St-Maixent, Nanteuil, Saivre. En l'an VIII on forma avec le canton de Ste-Néomaye supprimé et une partie de celui de Cherveux aussi supprimé deux cantons de St-Maixent, celui du nord comprenant St-Maixent, Augé, Azay, Brelou, Cherveux, François, Saivre ; celui du sud comprenant Chavagné, Exireuil, Nanteuil, Romans, St-Éanne, St-Martin, Souvigné.

SAINT-MAIXENT-DE-BEUGNÉ, c^{on} de Coulonges-les-Royaux. — *Bugniacum*, 1300 (gr.-Gauthier). — *Beugné*, 1557 (arch. V. E. 2, 241). — *Buigné*, relev. de Coulonges, 1568 (arch. V. C. 2, 219). — *Prieuré St-Maixent de Beugné*, dépendant de St-Augustin-lez-Limoges (Font. XVI, 553). — *Beugné St-Maixent* (Cass.).

Dépendait de l'archiprêtré d'Ardin, du bailliage de Vouvent, et de l'élection de Fontenay-le-Comte. Il y avait 91 feux en 1750.

SAINT-MARC, anc. chapelle, c^{ne} de Châtillon-sur-Thoué. — *Chapelle St-Marc*, 1623 (ma coll.). — Elle fut annexée au prieuré St-Paul de Parthenay avant 1682 (pouillé B.-Filleau, 246).

SAINT-MARC, h. c^{ne} de Fenioux.

SAINT-MARC, f. c^{ne} de Scillé. — *St-Mars* (Cass.).

SAINT-MARD, f. c^{ne} de St-Mard-la-Lande.

SAINT-MARD-LA-LANDE, c^{on} de Mazières-en-Gâtine. — *Sanctus Medardus*, 1265 (Font. XVI ; cart. St-Maix. II). — *St-Méart*, 1363 (cart. St-Maix.). — *L'hôtel St-Mars près St-Antoine de la Lande*, relev. de Parthenay, 1446 (hist.

Chast. pr. 57, 58 ; — arch. V. H. 3, 869). — *St-Martz de la Lande*, 1615 (arch. V. Béceleuf, 7). — *St-Mars en Gâtine*, aliàs *St-Médard* (pouillé 1648). — *St-Mars la Lande* (Cass.). — *St-Marc de la Lande* (pouillé 1782).

Dépendait de l'archiprêtré de St-Maixent, de la châtellenie du Bailliage-Bâton réunie à la baronnie de Parthenay, de la sénéchaussée de Poitiers et de l'élection de Niort, après avoir fait partie de celle de Parthenay au xvie siècle (dén. just. bar. Parth. 1744 ; — mém. soc. stat. 1886). La cure était à la nomination de l'évêque. Il y avait 66 feux en 1716, et 83 en 1750. La paroisse est transportée à St-Antoine-de-la-Lande.

SAINT-MARSAULT, c^{on} de Cerizay. — *Ecclesia Sancti Marcialis*, 1300 (gr.-Gauthier). — *St-Marsault*, relev. de Bressuire, 1430 (arch. St-Loup).

La seign. de St-Marsault fut unie au marquisat d'Asnières-la-Châtaigneraye créé par le roi, en juillet 1776, en faveur de Jean d'Asnières (aff. Poit. 1778, p. 14). St-Marsault dépendait du doyenné de Bressuire, de la sénéchaussée de Poitiers et de l'élection de Thouars. Il y avait 123 feux en 1750.

SAINT-MARTIN, h. c^{ne} de Brelou. — *St-Martin de Berlou*, 1587 (not. St-Maix.).

SAINT-MARTIN, étang, c^{ne} de Cerizay.

SAINT-MARTIN, h. c^{ne} de Cersay.

SAINT-MARTIN, f. c^{ne} de Prailles. — *St-Martin de Chevrettes*, 1583 (not. St-Maix.).

SAINT-MARTIN, h. c^{ne} de Prissé.

SAINT-MARTIN, vill. c^{ne} de St-Martin-lez-Melle.

SAINT-MARTIN, h. c^{ne} de Ste-Pezenne. — *Sanctus Martinus de Niortello*, 1200 ; *Beatus Martinus de Niorto*, 1202, dépendant de l'abbaye de la Couronne en Angoumois (mém. soc. stat. 2e sér. V). — *Prioratus Sancti Martini de Corona in parrochia Sancte Pecine* ou *Sancti Martini extra villam (Nyorti)*, 1300 (gr.-Gauthier). — *Sanctus Martinus prope Nyortum*, 1333 ; *St-Martin-lez-Niort*, 1567 (mém. soc. stat. 2e sér. V). — La mense abbatiale du prieuré de St-Martin-de-Niort fut réunie au collège des Jésuites de Clermont à Paris (arch. V. prieur. 57). — *St-Martin-les-Niort* (pouillé 1782).

SAINT-MARTIN-D'AUGÉ, c^{on} de Beauvoir. — *Augicum in ballia de Chisiaco*, xiiie siècle (censif de Chizé). — *Angi*, 1300 (gr.-Gauthier). — *St-Martin d'Augé* (pouillé 1782).

Dépendait de l'archiprêtré de Melle et du ressort de la sénéchaussée de Civray (bull. soc. ant. ouest, 1847-1849, p. 490). Relev. de Villeneuve-la-Comtesse. La paroisse est réunie à celle de St-Étienne-la-Cigogne.

SAINT-MARTIN-DE-BERNEGOUE, c^on de Prahecq. — *Bernagoe; in parochia de Benagoy est capella Sancti Martini*, 1300 (gr.-Gauthier). — *Bernagouhe* en la châtellenie de Prahec, 1555. — *St-Martin de Bernegoue*, patron l'abbé du Bourg-Dieu, diocèse de Bourges (pouillé 1648). — Bernegoue relev. du marquisat de Fors, 1716 (état élect. Niort). — *Ste-Marie-Magdeleine de Bernegoue* (pouillé 1782).

Dépendait de l'archiprêtré de Melle, ressort et élection de Niort (état élect. Niort, 1716, ap. mém. soc. stat. D.-S. 1886). Il y avait 56 feux en 1716, et 128 en 1750.

SAINT-MARTIN-D'ENTRAIGUES, c^on de Chef-Boutonne. — *Ecclesia de Inter aquas*, 1300 (gr.-Gauthier). — *St-Martin Dentregues*, 1396 (arch. V. St-P. 244). — *St-Martin d'Entraigues* (pouillé 1648). — *St-Martin Dantraigue*, relev. de Chef-Boutonne, 1667 (dén. 1667).

Dépendait de l'archiprêtré de Melle, de la sénéchaussée de Poitiers, de la châtellenie de Chef-Boutonne et de l'élection de Niort. La cure était à la nomination de l'archiprêtre de Melle. Il y avait 63 feux en 1716, et 76 en 1750.

SAINT-MARTIN-DE-MÂCON, c^on de Thouars. — *Ecclesia de Mascone*, 1021-1022 (panc. noire St-Mart. Tours, ap. Besly, év. de Poit.; — la panc. noire par Mabille). — *Sanctus Martinus de Machum*, 1240 (cart. St-Mich. Th.). — *Maacon*, 1278 (arch. Durb.). — *Mascons*, 1300 (gr.-Gauthier). — *St-Martin Mascon*, 1573 (arch. V. H. 3, 810). — *St-Martin de Mascon* (pouillé 1782).

Faisait partie des marches communes de Poitou et Anjou, de la sénéchaussée et du gouvernement militaire de Saumur. Dépendait du doyenné et élection de Thouars. La cure était à la nomination du chapitre de St-Martin de Tours. Il y avait 120 feux en 1750.

SAINT-MARTIN-DE-PAMPROU, vill. c^ne de Pamprou.

SAINT-MARTIN-DE-SAINT-MAIXENT, 2e c^on de St-Maixent. — *Curtis Sancti Martini*, 987 (cart. St-Maix. I, 95). — *St-Martin-les-Saint-Maixent*, 1451 (cart. St-Maix.).

Cette paroisse, qui comprenait le faubourg Cherrault de St-Maixent, dépendait de l'archiprêtré, sénéchaussée et élection de St-Maixent. Relev. de l'abb. de St-Maixent. La cure était à la nomination de l'abbé de St-Maixent. Il y avait 320 feux en 1698, et 332 en 1750.

SAINT-MARTIN-DE-SANZAY, c^on de Thouars. — *Sanctus Martinus de Sunzai*, 1122 (ch. St-P. Th. ms. 1660). — *Sunzaicum*, 1166 (id.). — *Sanctus Martinus de Xanzayo seu Sanzayo*, 1300 (gr.-Gauthier). — *St-Martin de Senzay*, 1335 (arch. V. H. 3, 804).

Faisait partie des marches communes de Poitou et Anjou, de la sénéchaussée et du gouvernement militaire de Saumur depuis 1589 (le gouv. mil. de Saum. par d'Espinay). Dépendait du doyenné et élection de Thouars. La cure était à la nomination de l'évêque. Il y avait 300 feux en 1750.

SAINT-MARTIN-DU-FOUILLOUX, c^on de Ménigoute. — *Sanctus Martinus du Fouilloux*, 1300 (gr.-Gauthier). — *Sanctus Martinus dos Foyllous*, 1310 (arch. V. H. 3, 869). — *Foyllosium*, 1318; *St-Martin du Fouilloux*, 1456 (arch. Barre). — Le prieuré, qui dépendait de l'abbaye de St-Benoît de Quinçay, avait le droit de haute justice (arch. D.-S. II. 224). — *St-Martin du Fouilhoux*, 1567 (arch. hist. Poit. IV).

Dépendait de l'archiprêtré de Sanxay, de la châtellenie de Montreuil-Bonnin, de la sénéchaussée et de l'élection de Poitiers (dict. topogr. de la Vienne par Rédet). Une très petite portion de la paroisse dépendait de la châtellenie du Bailliage-Bâton, réunie à la baronnie de Parthenay (dén. just. bar. Parth. 1744). Il y avait 108 feux en 1750.

SAINT-MARTIN-LEZ-MELLE, c^on de Melle. — *Villa Sancti Martini in vicaria Metulo*, 974 (cart. St-Maix. 57). — *Sanctus Martinus prope Metulum*, 1300 (gr.-Gauthier). — *St-Martin-lez-Melle*, 1604 (arch. V. S^to-Marth. 112). — *St-Martin près Melle*, patron l'abbé de Celles (pouillés 1648 et 1782).

Dépendait de l'archiprêtré de Melle, de l'élection de St-Maixent et ressort de la sénéchaussée de Civray. Relev. de Chaillé. Il y avait 63 feux en 1698, et 70 en 1750.

SAINT-MAURICE-DE-MAIRÉ, anc. c^ne et anc. par. c^ne d'Aiffres. — *Sanctus Mauricius*, 1260 (homm. d'Alph. Poit.) — *Sanctus Mauricius juxta Niortum*, 1300 (gr.-Gauthier). — *St-Morice en la châtellenie de Niort*, 1573 (arch. hist. Poit. IV). — *St-Maurice sur Niort* (pouillé 1648). — *St-Maurice de Mairé-Lévescaut* (pouillé 1782). — La commune et la paroisse sont réunies à celles d'Aiffres. (Voir MAIRÉ.)

SAINT-MAURICE-LA-FOUGEREUSE, c^on d'Argenton-Château. — *Sanctus Mauricius de Fulgerosa*, 1228 (doc. à la suite du cart. Chambon). — *Faugerosa*, 1300 (gr.-Gauthier).

Dépendait du doyenné de Bressuire, de la châtellenie de la Fougereuse, et de l'élection de Montreuil-Bellay, généralité de Tours (dict. d'Indre-et-Loire par Carré de Busserolle, VI, 169).

SAINT-MAXIRE, c^on de Niort. — *Ecclesia Sancti Mascilii in vicaria et pago Niortinse*, v. 1000 (cart. St-Cypr. 330). — *Sanctus Mascirius*, 1097 (id. 13). — *Sanctus Macirrius*, 1260 (homm. d'Alph. Poit.). — *Sanctus Mathias*, 1300 (gr.-Gauthier). — *St-Macire*, 1390 (arch. V. comm. Ste-Gemme). — *St-Maxire* en la châtellenie de Fontenay-le-Comte, 1395 (Font. XX, 207). — *Prieuré de St-Mathias*, patron l'abbé de St-Julien de Tours (pouillé 1648). — *St-Maxaire*, 1714 (cart. Poit. par de Fer). — Relev. de Fontenay, 1697 (ms. 141, bibl. Poit.). — *Haute justice de St-Maxire*, relev. de Niort, 1670-1776 (arch. V. C. 2, 110).

Dépendait de l'archiprêtré d'Ardin, de la châtellenie, sénéchaussée et élection de Fontenay. La cure était à la nomination de l'abbé de St-Cyprien de Poitiers. Il y avait 152 feux en 1750.

St-Maxire fut érigé en châtellenie en août 1662 en faveur de François Laurens (St-Maxire par L. Desaivre).

SAINT-MÉDARD, h. c^{ne} d'Avon.

SAINT-MÉDARD, c^{on} de Celles. — *Sanctus Medardus*, 1300 (gr.-Gauthier). — *Seign. de St-Médard* en la baronnie de Melle, 1535 (Font. I, 174). — *St-Médard de Fonville* (pouillé 1782).

Dépendait de l'archiprêtré de Melle, de l'élection de St-Maixent et du ressort de la sénéchaussée de Civray. Appartenait en 1716 au sieur de Fournel. La cure était à la nomination de l'abbé de Celles. Il y avait 31 feux en 1698, et 29 en 1750.

SAINT-MÉROT, éc. c^{ne} de Boismé. — *St-Mesrot*, 1571 (arch. fab. Ch.-St-Laur.).

SAINT-MESMIN-LA-VILLE, anc. chât. et f. c^{ne} de St-André-sur-Sèvre. — *Sanctus Maximus*, 1276 (Font. XXXVIII, p. 102). — *St-Mesmin*, 1301 (dict. fam. Poit. II, 265). — *Forteresse de St-Maymin*, récemment construite, 1375 (arch. nat. O. 19703). — *Châtellenie de St-Mesmin*, élection de Thouars, relev. de Secondigny, 1380 (ms. 141, bibl. Poit.).

SAINT-MICHEL, c^{ne} de St-Clémentin. Ancien pèlerinage et ancienne confrérie (aff. Poit. 1777, p. 162).

SAINT-MICHEL, h. c^{ne} de St-Pardoux.

SAINT-MICHEL, éc. c^{ne} de Thouars, autrefois des Hameaux. Ancienne maison-Dieu et hôpital de St-Michel de Thouars. — *Domus helemosinaria beati Michaelis de Thoarcio*, 1225 (Font. XXXVIII). Voir THOUARS.

SAINTE-NÉOMAYE, 2e c^{on} de St-Maixent. — *Sancta Neomadia*, 1244 (compt. d'Alph. Poit.). — *Saincte Onomaye en Poitou*, 1377 (arch. hist. Poit. XXI, 4). — *Chastel de Ste-Néomaye*, relev. de St-Maixent, 1420 (gr.-Gauthier, des bénéf.). — *Ste-Néomaie*, 1417 (cart. St-Maix. II, 214). — *Saincte Néomaye près St-Maixent*, 1428 (chron. de G. Gruel). — *Ste Néommaye*, 1526 (bull. soc. stat. 1873). — *Ste Momaile*, *Ste Monnaye*, 1775 ; *Ste Nomaye*, 1778 (arch. D.-S E. 379, 515). — *Ste Néomoye* (pouillé 1782). — *Ste Nommée*, 1800 (arch. D.-S. E. 575).

Ste-Néomaye dépendait de l'archiprêtré d'Exoudun, de la châtellenie, sénéchaussée et élection de St-Maixent. Il y avait 143 feux en 1698, et 138 en 1750.

Le canton, créé en 1790, et comprenant Brelou, Chavagné, Romans, Souvigné et Reigné, fut ensuite réuni à ceux de St-Maixent.

SAINTE-NEUIL, f. c^{ne} d'Aiffres. — *Sainct Tenoiel* ou *St Enoeil*, relev. de Prahecq, 1620 (dén. 1620, ap. mém. soc. stat. D.-S. 3e sér. VI, 340).

SAINT-NICOLAS, vill. c^{ne} de Genneton. — *Seign. de St-Nicolas du Châtellier et d'Ulcot près la Fougereuse*, relev. du Fief-l'Évêque, xve siècle (arch. V. G. 154).

SAINT-NICOLAS, anc. prieuré, c^{ne} de St-Jacques-de-Montauban. — *Ecclesia Sancti Nicolai*, 1179 (cart. St-Jouin). — *Sanctus Nicholas prope Thoarcium*, 1226 (id.). — *St-Nicolas de Thouars*, dépendant de l'abbaye de St-Jouin (pouillé 1648). — *St-Nicolas du Roc* (pouillé 1782). — Le fief du prieuré relevait de Thouars.

SAINT-OUEN, chap. c^{ne} de St-Clémentin. — *Capella Sancti Audoeni*, 1186 (chart. St-Flor. ap. arch. hist. Poit. 11).

SAINTE-OUENNE, c^{on} de Champdeniers. — *Sancta Eugenia*, v. 1210 (cart. St-Maix. II, 34). — *Sancta Oannia*, *Sancta Oanna*, 1246 ; *Sancta Audoena*, 1247 (compt. d'Alph. Poit.). — *Sancta Euginia*, 1260 (homm. d'Alph. Poit.). — *Ste-Eugénie*, *vulgo Ste-Ouenne*, 1698 ; *St-Oinne*, 1725 (arch. V. Béceleuf, 7). — *Saintte-Ouanne*, 1779 (arch. D.-S. E. 685).

Dépendait de l'archiprêtré d'Ardin, de la sénéchaussée et de l'élection de St-Maixent. Une partie de la paroisse dépendait de la châtellénie de Béceleuf, réunie à la baronnie de Parthenay (dén. just. bar. Parth. 1744). Il y avait 103 feux en 1698, et 102 en 1750.

SAINT-PARDOUX, c^{on} de Mazières-en-Gâtine. — *Sanctus Bardulphus*, 1208 (arch. V. H. 3, 869). — *Sanctus Pardulphus*, 1239 (cart. St-Jul. Tours). — *St-Bardoux*, 1360 (arch. chât. Chap.-Bertr.). — *St-Pardoux*, 1387 (arch. V.). — *St-Pardoulx*, 1562 (arch. Barre, II). — *Prieuré de St-Pardoul*, patron l'abbé de Bourgueil (pouillé 1648).

St-Pardoux relevait de Parthenay, et dépendait de l'archiprêtré de St-Maixent, de l'élection de Niort, de la sénéchaussée de Poitiers et de la châtellenie du Bailliage-Bâton, réunie à la baronnie de Parthenay. Il avait fait partie de l'élection de Parthenay au xvi° siècle (dén. just. bar. Part. 1744 ; — état élect. Niort, ap. mém. soc. stat. 1886). Il y avait 270 feux en 1716, et 298 en 1750.

SAINT-PAUL-EN-GÂTINE, c°ⁿ de Moncoutant. — *Sanctus Paulus*, 1151 (cart. l'Absie, ap. Dupuy, 805). — *Sanctus Paulus de Gatine*, 1292 (vis. mon. Cluny, ap. bibl. éc. chart. 4ᵉ sér. V). — *Sanctus Paulus prope Absia in Gastina*, 1317 (ch. l'Absie, ap. arch. D.-S.). — *S⁺-Paoul-en-Gastine*, reconstruit en 1571 (arch. V. pap. Droch.). — *Prioratus Sancti Pauli in Gastina, patr. abbas Cluniacensis* (pouillé 1648). — *S⁺-Paul-en-Gastine* (Cass.).

Dépendait de l'archiprêtré d'Ardin, de la sénéchaussée et de l'élection de Fontenay-le-Comte, après avoir fait partie de celle de Parthenay au xvi° siècle (mém. soc. stat. 1886). Il y avait 145 feux en 1750.

SAINTE-PEZENNE, 1ᵉʳ c°ⁿ de Niort. — *Sancta Pecinna*, 1260 (homm. d'Alph. Poit.). — *Sancta Pecignia*, 1299 (arch. V. év. 130). — *Sancta Pazanna*, 1300 (gr.-Gauthier). — *Sancta Pisana* ou *Pesana*, maintenue dans l'évêché de Poitiers, officialité de Niort, par le pape Jean XXII contre les prétentions de l'évêque de Maillezais, 29 sept. 1318 (Font. III ; — hist. Maill. par Lacurie). — *Sancta Piscina*, 1318 ; *Sancta Pexina* (cart. év. Poit.). — *Sᵗᵉ-Pessine*, 1325 (gr.-Gauthier). — *Sᵗᵉ-Pezenne*, 1329 (arch. hist. Poit. XI). — *Sancta Pectina*, 1335 (arch. V. E. 3, 24). — *Sᵗᵉ-Pezanne*, 1558 (arch, V. Béceleuf, 11). — *Sᵗᵉ-Pezaine*, 1788 (arch. D.-S. H. 333).

Dépendait de l'archiprêtré, châtellenie, siège royal et élection de Niort, et comprenait une partie du faubourg du Port de Niort (état élect. Niort, 1716). La cure était à la nomination de l'évêque. Il y avait 228 feux en 1716, et 264 en 1750.

SAINT-PHILBERT, vill. c°ⁿ de Vasles. — *Capella Sancti Filiberti*, 1164 (bull. d'Alex. III pour Sᵗᵉ-Cr. ap. Font. V, 591). — *Sanctus Philibertus*, 1260 (homm. d'Alph. Poit.). — *Sᵗ-Philebert*, 1324 (arch. hist. Poit. XI). — *L'hôtel de la Juzerie de Sᵗ-Philbert*, relev. de l'abbaye de Sᵗᵉ-Croix de Poitiers, 1404 (arch. V. Sᵗᵉ-Cr. 44). — *Prieuré de Sᵗ-Philibert*, 1417 (id.). — *Sᵗ-Philbert*, 1666, 1715 (arch. Barre).

SAINT-PIERRE, f. c°ⁿ de Voultegon.

SAINT-PIERRE-À-CHAMP, c°ⁿ d'Argenton-Château. — *Sanctus Petrus de Campis*, 1122 (ch. de Sᵗ-P. Th. ms. 1660). — *Sᵗ-Pierre à Champs*, 1695 (arch. V. cur. 167). — *Sᵗ-Pierre à Champ* (pouillé 1782).

Dépendait du doyenné de Thouars, du bailliage de Tigné, de l'élection de Montreuil-Bellay, généralité de Tours, et du gouvernement militaire de Saumur (dict. d'Indre-et-Loire par Carré de Busserolle, VI, 169 ; — le gouv. mil. de Saum. par d'Espinay). La cure était à la nomination du chapitre de Sᵗ-Pierre-de-Thouars.

SAINT-POMPAIN, c°ⁿ de Coulonges-les-Royaux. — *Sanctus Pompeanus*, xiiᵉ siècle (cart. l'Absie, ap. Dupuy, 828). — *Sanctus Pompeianus*, xiiᵉ siècle (id.). — *Sanctus Ponpeianus*, 1196 (doc. p. l'hist, Sᵗ-Hil. I, 209). — *Sanctus Pompeynus*, 1274 (hist. Maill. par Lacurie ; — Font. XXV). — *Sᵗ-Pompain*, 1363 (cart. Sᵗ-Maix. II, 164). — *Sᵗ-Ponpein*, 1390 (arch. V. comm. Sᵗᵉ-Gemme). — Relev. de Vouvent, 1402 (Font.). — *Sᵗ-Pompin*, 1673 (ms. 141, bibl. Poit.). — Prieuré-cure de Sᵗ-Pompain, patron l'abbé de Nieuil (pouillé 1648).

L'aumônerie fut réunie à l'hôpital de Fontenay-le-Comte par arrêt du conseil du 21 janv. 1695 et lettres patentes du 14 févr. 1698.

Sᵗ-Pompain dépendait de l'archiprêtré d'Ardin, de la baronnie et bailliage de Vouvent, et de l'élection de Fontenay. Il y avait 168 feux en 1750.

SAINT-PORCHAIRE, c°ⁿ de Bressuire. — *Sanctus Porcharius*, 1275 (arch. Sᵗ-Loup). — *Sᵗ-Porchère*, 1382 (id.). — *Sᵗ-Pourchaire*, 1389 (id.). — *Sᵗ-Porchaire*, 1455 (id.). — La cure, annexée au doyenné de Bressuire, était à la nomination de l'évêque.

La châtellenie de Sᵗ-Porchaire, qui avait droit de haute justice, était composée des fiefs de la Guionnière, Riparfonds, Bénillé, Bastéviande, la Taconnière, fief Carrion et fief des Bolleaux successivement réunis. Elle relevait de la baronnie de Mareuil (Vendée) dès 1382 (reg. des titr. chatell. Sᵗ-Porch. par Moisgas, 1789), Le ressort de sa justice s'étendait sur une grande partie de la paroisse de Sᵗ-Porchaire et partie de Noireterre (les just. du Poit. par B.-Filleau). — Il y avait à Sᵗ-Porchaire, dès 1478, des fabriques de poteries, et en 1542 une fabrique de faïence (les faïences de Sᵗ-Porch. par M. Bonnaffé).

Sᵗ-Porchaire dépendait du doyenné de Bressuire, de la sénéchaussée de Poitiers, de l'élection de Thouars et en partie de la baronnie de Bressuire. Il y avait 114 feux en 1750.

SAINTES-POTES (LES), vill. c°ⁿ de Sᵗ-Martin-lez-Melle.

SAINT-PROJET, vill. c°ⁿ de la Chapelle-Bâton. —

Sanctus Projectus, 1111 (cart. St-Maix. 273). — *Sanctus Prejectus*, XII° siècle (id.). — *St-Project*, 1363 (cart. St-Maix. II). — *St-Prix, vulgo St-Projet*, 1698 (état élect. St-Maix.).

Dépendait de l'archiprêtré, ressort et élection de St-Maixent. La cure était à la nomination de l'évêque. La commune et la paroisse ont été réunies à celles de la Chapelle-Bâton. Il y avait 47 feux en 1698, et 44 en 1750.

SAINTE-RADEGONDE-DE-POMMIERS, c°n de Thouars. — *Parrochia et prioratus Beatæ Radegundis prope Thoarcium*, 1251 (arch. V. Ste-Cr. 74). — *Sto Ragunt de Pomer*, 1260 (id.). — *Pomeria*, 1300 (gr.-Gauthier). — *St-Radegunde-de-Pomiers*, 1508 (bull. soc. stat. janv. 1885). — *Ste-Radegonde-de-Pommiers*, 1628 (arch. hist. Poit. I).

Dépendait du doyenné et élection de Thouars, de la sénéchaussée de Poitiers et du bailliage de Coulonges, ressort du siège de la vicomté de Thouars. La cure était à la nomination de l'abbesse de Ste-Croix de Poitiers. Il y avait 80 feux en 1750.

SAINT-RÉMY, 1er c°n de Niort. — *Terra Sancti Remeii in pago Niorlensi*, v. 1080 (cart. St-Cypr. 329). — *Sanctus Remigius*, 1260 (homm. d'Alph. Poit.). — *St-Rémy de la Plaine*, 1378 (arch. hist. Poit. XXI, 96). — *Prieuré de St-Rémy et St-Martin de Livrée*, patron l'abbé de St-Liguaire (pouillé 1648).

Dépendait de l'archiprêtré d'Ardin et de l'élection, châtellenie et sénéchaussée de Fontenay-le-Comte. La cure était à la nomination de l'abbé de St-Liguaire. Il y avait 88 feux en 1750.

SAINT-RÉMY, vill. et m¹ⁿ. anc. comm. de l'ordre de Malte, c°e de Verruye. — *Fons Sancti Remigii*, 1091 (cart. St-Maix. I, 211). — *Commanderie de St-Rémy*, 1393 (arch. Barre). — La chapelle fut bâtie en 1493 (mém. ant. ouest). — *St-Rommé*, 1530 (not. St-Maix.). — *St-Rémy en Gastine*, 1565 (arch. Barre, II). — *St-Rémy commanderie* (Cass.).

SAINT-ROC (LA CHAPELLE DE), l.-d. c°e de St-Jouin-de-Marnes. — *Chapelle de St-Roch* au village de Douron, 1649 (pouillé B.-Filleau, 382).

SAINT-ROMANS-DES-CHAMPS, c°n de Prahecq. — *Sanctus Romanus, in ballia de Chisiaco*, XIII° siècle (censif de Chizé). — *Sanctus Romanus de Campis*, 1300 (Gr.-Gauthier). — *St-Roumant des Champs*, 1704 (arch. D.-S. E. 1186). — *St-Roumans des Champs*, 1716 (état élect. Niort). — *St-Romain des Champs* (pouillé 1782).

Dépendait de l'archiprêtré de Melle, de la sénéchaussée de Civray, de la châtellenie de Chizé et de l'élection de Niort. Relev. en 1716 du marquisat de Fors (état élect. Niort, 1716). La cure était à la nomination de l'abbé de Charroux. La paroisse est réunie à celle de Brûlain. Il y avait 35 feux en 1716, et 54 en 1750.

SAINT-ROMANS-LEZ-MELLE, c°n de Melle. — *Sanctus Romanus in castellania Metulinse*, v. 1095 (cart. St-Cypr. 221). — *St-Roman*, 1248 (cart. St-Maix. II, 80). — *Sanctus Romanus juxta Metulum*, 1269 (id. 103). — *St-Roumans-lez-Melle*, 1611 (arch. V. Ste-Marth. 112). — *St-Romain près Melle* (Cass.). — *St-Romans près Melle* (pouillé 1782).

St-Romans faisait partie de la châtellenie et ressort de Lusignan, mais fut attribué dans la suite au siège royal de Melle (dict. topogr. de la Vienne par Rédet, 239, 240). Il dépendait de l'archiprêtré de Melle et de l'élection de St-Maixent. Il y avait 115 feux en 1698, et 109 en 1750.

SAINT-RUE, vill. et logis, c°e de St-Médard. — *Ste-Rhue*, 1397 (dict. fam. Poit. I, 214). — *Sainct Ruhe*, relev. de Faugère, 1475 (arch. V. E. 2, 237). — *Ste-Rue* (Cass.).

SAINTE-SABINE, vill. c°e de St-Pompain. — *Sancta Sabina*, XII° siècle (cart. l'Absie, ap. Dupuy, 823). — Elle dépendait autrefois de la paroisse de Nieuil-sur-l'Autise. — *Village et prieuré de Ste-Sabine*, 1513 (arch. V. H. 3, comm. Cenan).

SAINTE-SABINE, vill. c°e du Vanneau.

SAINT-SAUVANT (FORÊT DE). — Une petite partie de cette forêt, située dans le département de la Vienne, s'étend au nord de la c°e de Rom.

SAINT-SAUVEUR-DE-GIVRE-EN-MAI, c°n de Bressuire. — *Ecclesia de Guiversay* ou *Sancti Salvatoris de Giversayo juxta Berchorium*, 1300 (gr.-Gauthier). — *St-Salveur*, 1380 (arch. St-Loup). — *St-Sauveur-de-Givre-en-May*, relev. d'Argenton-Château, 1387 (fonds lat. 20230, inv. tit. Airv.). — *St-Sauveur-de-Gyvre-en-May*, 1435 (arch. St-Loup).

Le prieuré de St-Sauveur fut réuni au chapitre de Luçon au XV° siècle. St-Sauveur dépendait du doyenné de Bressuire, de la baronnie d'Argenton, de la sénéchaussée de Poitiers et de l'élection de Thouars. Il y avait 57 feux en 1750.

SAINT-SAUVEUR, éc. c°e de Niort.

SAINT-SÉBASTIEN, chapelle rurale, c°e de Voullegon (pouillé B.-Filleau, 436).

SAINTE-SOLINE, c°n de Lezay. — *Sancta Solina*, tenue en fief de l'abbaye de St-Maixent, 1132 (cart. St-Maix. I, 322 ; II, 3). — *Ste-Soline*, 1300 (gr.-Gauthier). — *Ste Soulyne*, 1538 (arch.

D.-S. E. 43). — *Châtellenie de Ste-Soline*, relev. de la tour Maubergeon ou comté de Poitou, 1560-1776 (arch. V. C. 2, 103 ; — ms. 141, bibl. Poit.). — *Chastel de Ste-Soulline*, 1627 (arch. V. C. 2, 219). — *Ste-Souline* (pouillé 1648).

Dépendait de l'archiprêtré de Rom, de l'élection de Poitiers et ressort de la sénéchaussée de Civray. Il y avait 135 feux en 1750.

SAINT-SYMPHORIEN, c^on de Frontenay. — *Sanctus Symphorianus*, v. 980 (cart. St-Cypr. 323). — *St-Siforien*, 1682 (arch. V. Pouzay, 2). — *St-Siphorien*, 1716 (état. élect. Niort).

Dépendait de l'archiprêtré de Mauzé, de la châtellenie de Fors, de l'élection de St-Jean-d'Angély en 1698, et de celle de Niort en 1716 (état gén. la Roch. 1698 ; — état élect. Niort, 1716).

SAINT-THIBAULT, vill. c^ne de Melle. — *Prioratus Sancti Theobaldi*, 1300 (gr.-Gauthier). — *St-Tibaut*, dépendant de l'abbaye de St-Maixent, 1363 (cart. St-Maix. II, 146). — *St-Thibaut*, paroisse de St-Pierre-de-Melle, 1621 (av. de la Mothe). — *St-Thibaud*, 1698 (état. élect. Niort).

SAINT-THOMAS, chapelle près la Grangerie (Champdeniers), sur le chemin de la Grande-Lande (le prieuré de Champd. par Desaivre, 17).

SAINT-VALÈRE, c^ne de Mauzé-sur-le-Mignon. — *Sancta Valeria* (D. 1326). — *St-Valère*, 1382 (arch. V. Feuill. 58). — *St-Valière* (pouillé 1648).

— Était situé dans le faubourg de la Vallée.

SAINT-VARENT, arr^t de Bressuire. — *Sanctus Veranus*, 1095 (hist. d'Airv. par B.-Filleau, ch. de l'évêque Pierre II). — *St-Vérans*, 1386 (arch. St-Loup). — *St-Varant*, relev. de Thouars, 1405 (fiefs vic. Thouars). — *St-Véran*, patron l'abbé d'Airvault (pouillé 1648). — *St-Vérand*, *St-Vérend*, 1728 (arch. D.-S. E. 1022). — *St-Varans*, 1750 (cart. alph. Poit.).

Dépendait du doyenné de Bressuire, de la sénéchaussée de Poitiers, de l'élection de Thouars et du bailliage d'Orvallois, ressort du siège de la vicomté de Thouars. Il y avait 295 feux en 1750.

Le canton de St-Varent, créé en 1790, dépendant du district de Thouars, comprenait Coulonges-Thouarsais, Luzay, Geay, Ste-Gemme, Glenay, Luché et Pierrefitte. Il n'a pas varié.

SAINTE-VERGE, c^on de Thouars. — *Sancta Virgana*, 1117 (cart. St-Laon Th.). — *Sainte-Verdre*, 1318 (arch. V. II. 3, 804). — *Sainte-Vierge*, 1453 (cart. St-Laon Th.). — *Ste-Verge* (pouillé 1648).

Cette paroisse faisait partie des marches communes de Poitou et Anjou, de la sénéchaussée et du gouvernement militaire de Saumur. Elle dépendait du doyenné et élection de Thouars et du bailliage de la Grande Marche, ressort du siège de la vicomté de Thouars. La cure était à la nomination de l'abbé de St-Jouin-de-Marnes. Il y avait 210 feux en 1750.

SAINT-VINCENT-DE-LA-CHÂTRE, c^on de Melle. — *La Châtre*, 1300 (gr.-Gauthier). — *Prioratus de Chastre* (id.). — *Sanctus Vincentius de Castro*, 1362 (arch. V. cart. sceaux, n° 102]. — *St-Vincent de la Chastre*, 1648 (pouillé B.-Filleau, 246).

Dépendait de l'archiprêtré de Rom, de la sénéchaussée et de l'élection de Poitiers. Il y avait 163 feux en 1750.

SAINTONGE (FIEF), c^ne de Ste-Pezenne. — *Feodum Xantonense*, relev. de l'évêque de Poitiers, 1296 (arch. V. G. 130). — *Fief de Xanctonge*, entre la voie de Ste-Pezenne à Sihec et celle de Ste-Pezenne à St-Maixire, 1345 (id.).

SAISINE (LA), forêt de 400 hectares, c^nes de Vautebis, Chantecorps et Clavé (stat. D.-S. par Dupin). — *Sazina*, 1218 (arch. Barre, II, 152 ; — arch. V. H. 3, 869). — *Saisina*, 1245 (compt. d'Alph. Poit.). — *Sesina*, 1259 (id.). — *La Sazine*, 1269 (cart. St-Maix. II, 103). — *La Saysine*, 1363 (id.). — *La Saesine*, 1452 (arch. Barre). — *La seign. de la Saisine*, possédée en 1493 par quatre seigneurs, le roi, l'abbé des Châtelliers, le seign. de la Sauvagère et le seign. de Lezay, avec haute justice sur Clavé, Chantecorps et Vautebis (id. I, 139). — *Pays de la Saizine*, 1557 (arch. hist. Poit. IV).

La seign. de la Saisine comprenait les paroisses de Chantecorps, Clavé et Vautebis, avec droit de haute justice, 1737 (arch. Barre, II). La forêt de la Saisine dépendait de la baronnie de St-Maixent pour une portion de 520 arpents dans Vautebis, et appartenait aux ducs de la Meilleraye, 1775 (état duch. la Meil. 1775).

SAIVRE, 1er c^on de St-Maixent. — *Sanctus Petrus de Severa*, 1082 (don. à Maillezais par Guill. et Dodo, ap. Font. XXV, 23). — *Sanctus Petrus de Saivera*, 1110 (cart. St-Maix. 257). — *Saebria*, 1260 (homm. d'Alph. Poit.). — *Sayvre*, 1258 (f. lat. 10918). — *Saevres seu Sevra, seu Savres, seu Saebria*, 1300 (gr.-Gauthier). — *La Fontaine St-Père de Saevre*, 1342 (inv. d'Aub.). — *Sièvre*, 1521, relev. de la seign. de Faye, 1559 (inv. d'Aub. ; arch. D.-S. E. 1203). — *Saivre*, 1676 (cart. Chât.). — *Saivres* (pouillé 1782).

Dépendait de l'archiprêtré, châtellenie, ressort et élection de St-Maixent, et comprenait la moitié du faubourg Châlon (état élect. 1698). La cure, annexée à l'archiprêtré de St-Maixent, était à la nomination de l'évêque. Il y avait 350 feux en 1698, et 286 en 1750.

SALBAR, l.-d. c^{ne} de Vautebis.

SALBART, anc. chât. c^{ne} d'Échiré. — *Codreium, Quadreium, castellum de Codreio,* v. 1255 (enquête de Xaintray, ap. arch. nat. J. 1028, n° 11; — arch. D.-S. E. 10). — *Codrai,* 1260 (homm. d'Alph. Poit.). — *Cosdrayum,* 1267 (Font. I, 391). — *Le Codray en Poitou,* 1358, 1360, 1361 (arch. hist. Poit. XVII, 304). — *Le Coudrays,* 1363 (Font. XVI). — *Le Cosdray-Salbart,* 1419 (arch. nat. J. 183). — *Coudray-Salebert,* 1420 (chron. rel. St-Denis, VI). — *Le Couldray-Salbart,* 1458 (Dupuy, 634). — *Coudray-Salbart,* 1460 (arch. nat. O. 19712). — *Couldray-Salebart,* 1465 (hist. Chast. 175). — *Le Coudray-Sallebart,* 1549 (arch. V. Béceleuf, 11). — *Chateau-Salbart,* 1631; *Salbart,* 1664 (arch. nat. O. 19707). — *Château de Salbard,* 1768 (ét. sur les orig. de St-Maix. par A. Richard, 1880).

La châtellenie de Coudray-Salbart, qui relevait de l'abbaye de St-Maixent, fut réunie de bonne heure à la baronnie de Parthenay (dén. just. bar. Parth. 1744).

SALBŒUF, ruisseau, c^{ne} des Échaubrognes.

SALBŒUF, mⁱⁿ. c^{ne} de Sciecq. — *Saleuz,* 1260 (homm. d'Alph. Poit.). — *Moulin de Salleboeuf,* 1723 (arch. V. év. 140).

SALBOIRE, f. c^{ne} de Beaulieu-sous-Parthenay. — *Les Salbouères,* 1452; *les gâts de Salbouère,* relev. de la Barre-Sanglier, 1598 (arch. Barre, II). — *Les Salbouères,* 1638 (arch. chât. Chap.-Bertr.). — *Les Salbeires,* 1640 (inv. St^e-Cr. Parth.). — *Les Sallebouères,* 1671 (arch. Chap.-Bertr.). — *Les Salboires* (Cass.).

SALETTE, vill. c^{ne} de St-Georges-de-Noisné. — *Ecclesia de Saletis,* 1161 (cart. Châtell.). — *Saletins,* 1178 (id.). — *Sallettes,* 1541 (arch. V. E^s. 404). — *Salette,* 1728 (cart. Chât.). — *Sallette,* 1731 (arch. V. Est. 404). — *La Grange-Saiette* (Cass.). Ancien prieuré dépendant de l'abbaye des Châtelliers.

SALIGNAC, vill. c^{ne} de Couture-d'Argenson. — *Salleignes,* 1489 (arch. V. St-P. 238). — *Coussorignac,* paroisse de Couture (dén. 1667, ap. rech. sur Chef-Bout. par B.-Filleau, 122).

SALIN, mⁱⁿ. c^{ne} d'Airvault. — *Senlin,* 1613; *Sanslin,* 1665 (arch. D.-S. E. 932, 989).

SALINE (LA), f. c^{ne} de Granzay.

SALINIÈRE (LA), chât. c^{ne} de St-Pardoux.

SALITIÈRE (LA), f. c^{ne} de Vouhé. — *Village de la Salicquettière,* 1567 (not. Parth.). — *La Salictière* (Cass.).

SALLE (LA), f. c^{ne} de Brûlain.

SALLE (LA), étang, c^{ne} de Boussais.

SALLE (LA), m^{on}. au bourg de Coulonges-Thouarsais. — *La Salle,* autrement *la Croix-de-Lorraine,* 1680 (arch. V. Brosse-Guilgault, 8).

SALLE (LA), c^{ne} de Fenioux. — *La Salle de Fenioux,* 1393 (arch. V.). L. disp.

SALLE (LA), bois, c^{ne} de Lamairé.

SALLE (LA), h. c^{ne} de Mauzé-Thouarsais. — *La Sale Pelichum,* 1260 (arch. V. S^{te}-Cr. 74). — *La Salle,* 1529 (id.). — Relev. de l'abbaye de Chambon au XVIIe siècle (arch. D.-S. H. 52).

SALLE (LA), f. c^{ne} de Noireterre, 1427; *la Sale,* 1468 (arch. V. Brosse-Guilgault, 8, 15).

SALLE (LA), f. c^{ne} de Vernou-sur-Boutonne. — *La Salle,* 1549 (arch. V. Trin. 95).

SALLE-GUIBERT (LA), chât. et vill. c^{ne} de Tessonnières. — *La Sale Guibert,* 1410; *la Salle Guibert,* 1437; *hôtel de la Salle ou de la Moquoyrière,* 1456; relev. du Breuil-de-Geay, 1493 (pap. de la Salle). Voir MAUCARRIÈRE (LA).

SALLES, c^{on} de la Mothe-St-Héraye. — *Villa que vocatur Salas,* 1189 (cart. St-Maix. 379). — *Parochia de Salis,* 1210 (id. II, 33). — Relev. de l'abbaye de St-Maixent, 1210 (id.). — *Salles,* 1269 (id.). — *Sauve pleno jure de dono episcopi,* 1300 (gr.-Gauthier). — *Prioratus de Salvia* (id.). — *Sales,* 1363 (cart. St-Maix. II, 155). — *Sales,* 1406, relev. de St-Maixent (gr.-Gauthier, des bénéf.). — *St-Martin-de-Salles* (pouillé 1648). — *Salles en St-Maixent* (Cass.). — *St-Martin de Salles-les-St-Maixent* (pouillé 1782).

La châtellenie de Salles relevait de la châtellenie de St-Maixent (état duch. la Meill. 1775). Dépendait de l'archiprêtré d'Exoudun, du ressort de St-Maixent et de l'élection de Poitiers. Il y avait 90 feux en 1750.

SALLES (LES), f. c^{ne} de Mazières-sur-Béronne.

SALLES (LES), h. c^{ne} de Pouffond. — *Ad Salas Goncioni,* v. 959 (cart. St-Maix. I, 34).

SALLIÈRE (LA), c^{ne} de St-Aubin-le-Clou, relev. de Puichenin-en-Gâtine, 1501 (reg. av. Chât.). — *La Sallière,* 1569 (journ. de Généroux). L. disp.

SALMANDIÈRE (LA), m^{on}. noble, c^{ne} de Clussais, 1700 (arch. D.-S. C. 15).

SALMATIÈRE (LA), f. c^{ne} de Vernou-en-Gâtine.

SALMONDIÈRE (LA), f. c^{ne} de St-Aubin-le-Clou.

SALMONDIÈRE (LA), f. c^{ne} de St-Pardoux.

SALMONDIÈRE (LA), f. c^{ne} de Vernou-en-Gâtine, dépendance du Fonteniou, 1469 (arch. Barre, II).

SALMONDIÈRE (LA), chât. c^{ne} de Vouillé. — *La Psalmondière* (Cass.).

SALTERIE (LA), vill. c^ne de Vernou-sur-Boutonne.
SAMINIÈRE (LA), f. c^ne des Moutiers-sous-Chantemerle. — *La Saminière*, relev. de Chantemerle, 1430, et réunie plus tard à cette seign. (fact. pour M. de Châtillon, 1727). — *La Saminière*, 1558 (reg. insin. Thouars).
SANÇAIS, vill. c^ne de Pers. — *Sançay* (Cass.).
SANGERIE (LA) OU CHANGERIE, f. c^ne de la Forêt-sur-Sèvre. — *La Saugerie* (Cass.).
SANGLE (LA), f. c^ne de Luzay; anc. fief relev. de Barrou, 1723 (arch. D.-S. E. 1158).
SANGUINIÈRES (LES), vill. c^ne de Fors. — *La Sanguinière* (Cass.).
SANSAIS, c^on de Frontenay. — *Senstiacus*, 936 (cart. St-Cyprien, 325). — *Sensciacus*, 966 (cart. St-Jean-d'Ang. ap. Font. LXII, 409). — *Senciacus*, 980 (cart. St-Cypr. 326). — *Château fort de Sanzais*, 1380 (arch. hist. Poit. XXIV, 114, n.). — *Censsay*, 1390 (arch. V. comm. Ste-Gemme). — *Sanctus Vincentius de Censaio* (panc. de Rochech. 1402). — *Seign. de Sansay*, relev. de Frontenay, 1703 (inv. arch. D.-S.).

Sansais dépendait de l'archiprêtré de Mauzé, diocèse de Saintes, et de l'élection de St-Jean-d'Angély, généralité de la Rochelle, 1698 (état gén. la Roch. 1698).
SANSAIS, vill. c^ne de Vanzay. — *Sançay* (Cass.).
SANSAIS, f. c^ne de Voultegon.
SANSCHIEN, f. c^ne de la Coudre. — *Senchien* (Cass.).
SANSONNERIE (LA), f. c^ne de St-Romans-lez-Melle.
SANS-SOUCI, f. c^ne du Tallud.
SANSURIE (LA), f. c^ne de St-Aubin-le-Clou. — *La Sensuerie*, relev. de Châteauneuf-en-Gâtine, 1497 (reg. av. Chât.).
SANTÉ (LA), m^on. c^ne de St-Maixre.
SANZAY, chât. et vill. c^ne de St-Martin-de-Sanzay. — *Senzaium*, v. 1160 (f. lat. 13816, ch. de Gir. de Berlai).
SANZAY, c^on d'Argenton-Château. — *Sanzay*, v. 1125; *Sanziacus*, v. 1140 (ch. de St-Flor. ap. arch. hist. Poit. II). — *Senzaium*, 1207 (cart. St-Jouin). — *Senzay*, 1278 (arch. Durb.). — *Souezay seu Sounay*, 1300 (gr.-Gauthier.) — *Sanzay*, relev. d'Argenton, 1366 (doc. in. sur Commines par Fierville, 36). — *Censay*, 1383 (arch. St-Loup). — *Senssay*, xve s. (arch. V. Brosse-Guilgault, 1). — *Château et église St-Sauveur de Sanzay*, 1572 (Font. LXIII).

La châtellenie de Sanzay était tenue en parage de la seign. du Fief-Lévesque, qui relevait du comté de Poitou (bull. ant. ouest, 3e tr. 1886, p. 127).

Sanzay dépendait du doyenné de Bressuire, de la sénéchaussée de Poitiers, de la baronnie d'Argenton et de l'élection de Thouars. La cure était à la nomination de l'évêque.
SAPINAUDIÈRE (LA), h. c^ne de Largeasse. — *La Sapinaudière*, 1392 (cart. Bourgueil, f. lat. 17127). — *La Sapinaudère*, 1402 (arch. St-Loup). — *La Sapynaudyère*, relev. partie de la Garrelière de Neuvy, partie de Pugny, et partie de Châteauneuf, 1558 (reg. insin. Thouars).
SAPINAUDIÈRE (LA), f. et m^in. c^ne de Pugny.
SAPINIÈRE (LA), f. c^ne de St-Aubin-le-Clou.
SAPINIÈRE (LA), f. c^ne de Saurais. — *La Sappinière*, 1542 (arch. hôp. Parth.).
SAQUINIÈRE (LA), f. c^ne de Vanzay.
SARAUDERIE (LA), vill. c^ne de St-Martin-de-St-Maixent. — *La Sarrauderie*, 1535 (not. St-Maix.).
SARAUDIÈRE (LA), f. c^ne de Saivre. — *La Sarraudière*, 1585 (not. St-Maix.).
SARCILLERS (LES) OU LE MOINE-MORT, tèn. c^au d'Azay-le-Brûlé. — *Vinea de Saziliaco que vocatur Clausus*, v. 1089. Voir MOINE-MORT (LE).
SARÇONNIÈRE (LA), h. c^ne d'Exireuil. — *La Sarsonnère*, 1544 (not. St-Maix.). — *La Sarsonnière*, 1670 (inv. d'Aub.).
SARNIÈRE (LA), h. c^ne de Nueil-sous-les-Aubiers. — *La Sornière* (Cass.).
SARRASINES, éc. c^ne de Niort.
SARRAZINÉE (LA), f. c^ne de St-Léger-lez-Melle.
SARRAZINIÈRE (LA), f. c^ne de Moncoutant.
SARRAZINS (LES), l.-d. c^ne de Voultegon.
SARRELIÈRE (LA), f. c^ne de Béceleuf, 1725 (arch. V. Béceleuf, 7).
SART, vill. c^ne de Frontenay.
SART, chât. et m^in. c^ne de Secondigné. — *Farinarium qui vocatur Sart in vicaria Medulinse super fluvium Vultunnæ*, v. 982 (cart. St-Jean-d'Ang. ap. Font. LXII, p. 467). — *Le lieu Dessars*, par. de Secondigné, 1483 (arch. V. Trin. 93). — *Sars*, 1497, 1598 (id.). — *Sard* (Cass.).
SAUGÉ, c^ne d'Exoudun. — *Saulgé*, relev. de Lusignan, 1476-1775 (arch. V. C. 2, 141). — *Saugé en Bagnaut*, 1740 (arch. D.-S. E. 48).
SAUGÉ, mét. au bourg de Mougon, 1575 (not. St-Maix.).
SAUGÉ, h. c^ne de Saivre. — *Solgiacus*, 951-963 (cart. St-Maix. 42). — *Saugé*, 1269 (id. II, 108). — *Saugié près de St-Maixent*, 1408 (id. II, 204). — Fief relev. de l'abbaye de St-Maixent (cart. St-Maix. intr.).
SAUGRENIÈRE (MOULIN DE), c^ne de Boismé, l. disp. (aff. Poit. 1778, 192).

SAULAIE (LA GRANDE ET PETITE), h. c^ne de St-Aubin-de-Baubigné. — *La Saulée-Themer*, 1273 (Font. XXXVIII, p. 87). — *La Soulaye ou Saullaye-Écoubleau*, 1665 (arch. V. H. 3, 721). .

SAULE (LE), f. c^ne de la Coudre.

SAULE (LE), f. c^ne de St-Aubin-le-Clou.

SAULLAYE-RAGUET (LA), c^ne des Aubiers; anc. fief relev. d'Argenton-Château, 1623 (arch. D.-S. E. 1057).

SAULT (LE PETIT ET GRAND), vill. c^ne d'Argenton-l'Église. — *Petrus de Saltu*, 1250, 1258 (cart. St-Mich. Th. ; cart. Chambon). — *Le Sault*, 1377, 1384, relev. de Thouars (cart. St-Laon Th.; — chartr. Thouars). — *Petit et Grand Seault* (Cass.).

SAULT (FIEF DU), à Louzy, relev. de Thouars en 1384 et réuni au duché en 1703 (fiefs vic. Th. p. 4).

SAULT (LE), c^ne de Romans. — *Le Sault au Bergier*, dépendant de l'abbaye de St-Maixent, 1363 (cart. St-Maix. II, 146). — *Le Sault*, 1524 (id. 279). L. disp. — *Le bois du Sault*, canton de la forêt de l'Hermitain.

SAULZÉ, c^ne de St-Généroux; anc. fief relev. de Thiors, 1482 (arch. D.-S. E. 919).

SAUMON, vill. c^nes de Ste-Blandine et Verrines. — *Sauvemunt*, relev. de l'abbaye de St-Maixent, 1248 (cart. St-Maix. II, 80). — *Seoyvemont*, 1269 (id.). — *Seovemont*, 1363 (id.). — *Saulvemont, à présent le Courteil-Brunet*, relev. de la seign. de la Mothe de Thorigné, v. 1550 (arch. V. E. 2, 162). — *Sauvemond*, 1559; *Seaulmont*, 1557 ; *Sauvemont*, 1566 (not. St-Maix.). — *Sauvemon* (Cass.). Voir COURTEIL (LE).

SAUMON, f. c^ne de Verrines.

SAUMORE (LA), rivière qui prend sa source c^ne du Beugnon, passe à Fenioux et se jette dans l'Autise près de la Brissonnière, 1639 (arch. V. seign. div. 32).

SAUMORE (GRAND ET PETIT), f. et m^in. c^ne de la Chapelle-Thireuil. — *Vadum de Salmoza*, v. 1120 ; *Salmora ; molendinum de Salmora*, XIIe siècle (cart. l'Absie). — *La Saumore* en la châtellenie et ressort de Fontenay-le-Comte, en vertu d'un arrêt du parlement de 1332 rendu contre les prétentions du s^r de Parthenay (f. lat. 12780, p. 369). — *Rivière de la Saumor*, 1433 (arch. V. Fontaine-le-C.). — *Saulmore*, 1631 (arch. Bois-Chapelleau). — *Saumor* (Cass.). — *Saumort* (cad.).

SAUMORIÈRE (LA), f. c^ne de Fenioux.

SAUNERIE (LA), vill. c^nes de Champdeniers et de St-Denis. — *La Saulnerie*, 1756 (arch. D.-S. E. 877). — *La Sonnerie* (Cass.).

SAUNERIE (LA GRANDE, MOYENNE ET PETITE), h. c^ne des Échaubrognes.

SAUNERIE (LA), c^ne de Fenioux, 1292 (arch. hist. Poit. XX, 265). L. disp.

SAUNERIE (LA), vill. c^ne de Rom. — *La Saulnerie* (Cass.).

SAUNERIE (LA), f. c^ne de St-Aubin-de-Baubigné. — *Sauneria*, v. 1260 (cart. Trin. Maul.). — *La Saunerie*, XVe siècle (reg. r. Templ. Maul.).

SAUNIÈRES (LES), éc. c^ne de Verruye.

SAURAIS, c^on de Thénezay. — *Sorray*, 1297 (f. lat. 20230, p. 267 et s.). — *Soray*, 1300 (gr.-Gauthier). — *Sourray*, 1492 (arch. Barre, II). — *Saurraye*, 1522 (arch. Moiré). — *St-Pierre de Saurray* (pouillé 1648). — *St-Pierre de Sauray* (pouillé 1782).

Saurais relevait de la baronnie de Parthenay. Il dépendait de l'archiprêtré de Sanxay (Vienne), de la sénéchaussée de Poitiers, de la châtellenie de la Ferrière, réunie à la baronnie de Parthenay, et de l'élection de Niort, après avoir fait partie de celle de Parthenay au XVIe siècle (état élect. 1716 ; mém. soc. stat. 1886). Il y avait 40 feux en 1416, et 43 en 1750.

SAUT-DE-VILAINES (LE), h. c^ne de Périgné.

SAUTEREAU (LE), h. c^ne de Nueil-sous-les-Aubiers. — *Le Sautereau*, 1351 (arch. hist. Poit. XVII).

SAUVAGE (LE), h. c^ne de Bretignolle.

SAUVAGE (LE), vill. c^ne de Lorigné. — *Les Sauvages* (Cass.).

SAUVAGÈRE (LA), h. c^ne d'Allonne.

SAUVAGÈRE (LA), f. c^ne de la Chapelle-Largeau. — *Pierre-René Chauvière, seign. de la Sauvagère*, 1776 (aff. Poit. 1777).

SAUVAGÈRE (LA). — *Fief de la Sauvagière, paroisse d'Exoudun, dit la Court d'Exoudun*, relev. de la baronnie de la Mothe-St-Héraye, 1621 (av. de la Mothe).

SAUVAGÈRE (LA), f. c^ne de la Ferrière.

SAUVAGÈRE (LA), m^on. à St-Amand-sur-Sèvre, 1615 (arch. V. les Linaux).

SAUVAGÈRE (LA), f. c^ne de St-Léger-lez-Melle.

SAUVAGÈRE (LA), h. c^ne de St-Paul-en-Gâtine.

SAUVAGÈRE (LA), vill. c^ne de St-Vincent-de-la-Châtre.

SAUVAGÈRE (LA), f. c^ne de Vautebis. — *La Sauvagère*, 1375 ; *la Sauvagière*, 1391 ; *la Saulvagière*, 1526 ; *la Salvagère*, 1552 (arch. Barre). — Relev. de la Barre-Sanglier en 1476 (arch. Barre).

SAUVE, c^ne de St-Généroux. — *Saulve*, 1505. Anc. fief relev. de la bar. de St-Généroux (arch. D.-S. E. 921).

SAUVEMONT, h. c^ne de Chey, 1419. — *Le lac de Sauvemont*, 1439 (arch. D.-S. E. 15).
SAUVETTE, vill. c^ne de St-Pardoux. — *Sauvette*, 1563 (arch. V. pr. 58). — *Sauvete* (Cass.).
SAUVIGNY, f. c^ne de Gourgé. — *Souveigné*, 1450 (pap. la Villehervé). — *Souvygny*, 1564 (id.). — *Sauvigny* (Cass.).
SAUZAIE (LA), f. c^ne de l'Absie.
SAUZAIE (LA), h. c^ne des Aubiers.
SAUZAIE (LA), m^in. c^ne du Bourdet.
SAUZAIE (LA), f. c^ne de Bretignolle.
SAUZAIE (LA), f. c^ne du Breuil-Bernard.
SAUZAIE (LA), f. c^ne de la Forêt-sur-Sèvre. — *La Sozaye*, relev. du château de la Forêt, 1598 (arch. chât. la For.).
SAUZAIE (LA GRANDE ET PETITE), f. c^ne de Moulins. — *Sauzeia*, v. 1120 (cart. Trin. Maul.). — *Gr. et Pet. Sauzaye* (Cass.).
SAUZAIE (LA), f. c^ne des Moutiers-sous-Chantemerle.
SAUZAIE (LA), vill. c^ne de St-Léger-lez-Melle. — *La Sauzaye* (Cass.).
SAUZAIE (LA), h. c^ne de St-Martin-de-St-Maixent.
SAUZAIE (LA), f. c^ne de St-Maxire. — *Sauzaia, la Sauzaie*, 1260 (homm. d'Alph. Poit.). — *La Sauzay* (Cass.).
SAUZE (LE), vill. c^ne de Clavé. — *Domus hospitalis dau Sauze*, 1208 (arch. V. H. 3, 869; — arch. Barre, II). — La commanderie du Sauze fut bientôt réunie à celle du St-Rémy, et disparut presque entièrement au XIVe siècle (id.). — *Lopital de Sauze*, 1385 (arch. V. H. 3, 154). — *Saulze*, 1416 (id.). — *Étang et moulin du Saulze*, faisant partie du domaine de l'abbaye de St-Maixent, 1577; *le Sauze*, 1659 (arch. Barre, II).
SAUZÉ-VAUSSAIS, arr^t de Melle. C'était autrefois une bourgade dépendant de la paroisse de Vaussais, qui est devenue depuis une dépendance de Sauzé, chef-lieu de la commune. — *Saltiacus in pago Briosinse*, v. 950 (cart. Bourgueil). — *Salcido*, v. 990 (doc. pour l'hist. St-Hilaire, I, 62). — *Saousé*, 1378 (arch. hist. Poit. XXI, 92). — *Sauzetus*, 1394 (arch. V. Nouail. 30). — *Hôtel de Sauzé*, paroisse de Vaussais, relev. de Civray, 1494-1775 (arch. V. C. 2, 157). — *Saulzé*, 1602 (arch. V. E. 2, 235).
Le canton de Sauzé-Vaussais, créé en 1790, dépendait du district, puis arrondissement de Melle. Il comprenait les communes des Alleuds, la Chapelle-Pouilloux, Limalonges, Lorigné, Mairé-l'Évescault, Melleran, Montalembert, Plibou. On lui adjoignit en l'an VIII Caunay, Clussais et Pers, du canton de Lezay remanié.

SAUZIÈRE (LA), f. c^ne des Groseillers. — *La Sozière* (Cass.).
SAVARIE (LA), f. c^ne d'Aiffres. — *La Savarie*, 1620 (dén. de Mons).
SAVARIÈRE (LA), f. c^ne de Combrand. — *Savarieria*, 1152-1174 (cart. Trin. Maul.). — *La Savarière*, 1331 (arch. hist. Poit. XVII). — *La Savardière* (Cass.).
SAVARIÈRE (LA), h. c^ne de la Forêt-sur-Sèvre.
SAVARIÈRE (LA), h. c^ne de Moncoutant. — *La Savarière*, relev. de Bressuire, 1376, 1421 (arch. St-Loup).
SAVARIÈRE (LA), f. c^ne de Neuvy-Bouin. — *La Savarière*, relev. d'Airvault, 1405 (hist. d'Airv. par B.-Filleau).
SAVARIÈRE (LA), f. c^ne de St-Mard-la-Lande, appartenait à la commanderie de St-Antoine de la Lande, 1728 (arch. D.-S. H. 235).
SAVRELLE, h. c^ne de Souvigné. — *Savrelles*, 1522 (not. St-Maix.).
SAYETTE (LA), chât. c^ne de Vasles. — *Sagitta*, 1080 (doc. pour l'hist. St-Hil. I, 104). — *La Seete*, relev. de Montreuil-Bonnin (Vienne), 1404 (dict. fam. Poit. II, 673 ; — gr.-Gauthier, des bénéf.). — *La Seste*, 1443 (arch. Barre, II, 94). — *La Séete*, 1493 (arch. V. S^te-Cr. 46). — *La Sayete*, 1592 (arch. Barre, II).
SAZAIS, vill. et m^in. c^ne de Brie. — *Sezaicus*, v. 1143 ; *Sazai*, v. 1160 (cart. St-Laon Thouars). — *Sazay*, 1247 (cart. St-Mich. Th.). — *Sazay*, tenu en parage du seign. de Belleville en Thouarçois, 1558 (reg. insin. Thouars). — *Sazé* (Cass.).
SAZAIS, vill. c^ne de St-Hilaire-la-Palud. — *Sazaium*, 1226 (doc. pour l'hist. St-Hil. I, 232). — *Sazai*, 1260 (homm. d'Alph. Poit.). — *Forteresse de Sazay*, relev. du château de Niort, 1404 (gr.-Gauthier, des bénéf.). — *Saizay*, 1558 (arch. V. Béceleuf, 11).
SAZAY, autrement *Luspoix*, m^on à Coulonges-Thouarsais, 1656 (arch. V. Brosse-Guilgault, 34).
SCEAUX (LES), vill. c^ne des Moutiers-sous-Chantemerle. — *Gr. et Pet. Saulx* (Cass.).
SCIECQ, 1er c^on de Niort. — *Ciec*, v. 1255 (enq. de Xaintray, ap. arch. nat. J. 1028, n° 11). — *Ciel*, 1260 (homm. d'Alph. Poit.). — *Sihec*, 1299 (arch. V. év. 130). — *Syec in officialatu Niortensi*, maintenue dans l'évêché de Poitiers en 1318 par le pape Jean XXII contre les prétentions de l'évêque de Maillezais (Font. III ; — hist. Maill. par Lacurie). — *Syet* ou *Siec*, 1300 (gr.-Gauthier). — *Sihecq*, 1370 (Font. XX, 173). — *Syé*, 1395 (arch. Barre). — *Ste-Marie-Magdeleine de Scihecq*, 1633 (arch. V. év. 130). — Relev. du Petit-Château près Vouvent (Vendée), 1680

(mém. des Bastard, ap. mém. soc. stat. 1887, p. 69).

Dépendait de l'archiprêtré et élection de Niort, et de la sénéchaussée de Fontenay. Il y avait 83 feux en 1750.

SCILLÉ, c^ⁿ de Coulonges-les-Royaux. — *Cillé*, v. 1140 (cart. l'Absie, ap. Dupuy, 828). — *Sillet*, 1300 (gr.-Gauthier). — *N.-D. de Seillé*, 1317 (hist. Maill. par Lacurie). — *Seilhé*, 1599 (arch. V. Pouzay, 2). — *Sillé* (pouillé 1648). — *Sceillé* (Cass.).

Dépendait de l'archiprêtré d'Ardin, de la sénéchaussée et de l'élection de Fontenay-le-Comte, après avoir fait partie de celle de Parthenay au xvie siècle. La cure était à la nomination de l'abbé de Bourgueil. Il y avait 116 feux en 1750.

SÉCHEBEC, éc. c^{ne} de la Revêtizon. — *Sèche Bec ou Fief royal* (Cass.).

SECONDIGNÉ, c^{on} de Brioux. — *Cors que vocatur Secundiniacum cum capella in honore Sancti Petri, in pago Metulensi*, 962 (Besly, c^{tes} de Poit. 260 ; — Font. XXVII, 28). — *Segondignec*, 1119 (Font. XXVII, 67). — *Segundiniacum*, v. 1128 (id. 125). — *Secondinec*, 1198 (Font. XXVII, 125). — *Secundinus, Segondignec, Secundignec, Secundigniacus*, xiiie siècle (censif de Chizé). — *Segundigné*, 1260 (arch. V. Trin. 93). — *Segundigniacus*, 1269 (Font. XXVII, 193). — *Segondignec*, 1291 (arch. V. Trin. 93). — *Segondignec*, 1296 (arch. V. cart. sceaux, n° 175). — *Segondigni*, 1300 (gr.-Gauthier). — *Segondyné*, 1334 (arch. V. Trin. 93). — Le prieuré est réuni à l'abbaye de la Trinité de Poitiers, 18 mai 1456 (id.). — *Secondigny*, 1488 (arch. V. S^{te}-Cr. 89). — *Maison noble, fief et seign. de la prévosté de Secondigné*, relev. de l'abbaye de la Trinité, 1600 (id. Trin. 93). — *Secondigné sur Chizé*, 1674 (id. 94). — *Secondigny sur Chizé*, 1716 (arch. D.-S. C 61). — *St-Pierre-ès-liens de Secondigny* (pouillé 1782).

Dépendait de l'archiprêtré de Melle, de la châtellenie de Chizé et de l'élection de Niort. Il y avait 205 feux en 1750.

SECONDIGNY-EN-GÂTINE, arr^t de Parthenay. — *Castrum Secundiniacum*, v. 1070 (cart. Bourgueil). — *Segundiniacum*, 1111 (cart. St-Maix. 276). — *Secundigniacum*, v. 1122 (cart. Fontevr. II, 8). — *Segundigné*, xiie siècle (cart. l'Absie). — *Secundigneium*, 1219 (arch. V. Fontaine-le-C.). — *Segundigniacum*, 1263 (id.). — *Secondigniacum*, 1300 (gr.-Gauthier). — *Secondigné*, 1335 (arch. chât. Chap.-Bertr.). — *Segondiné*, 1417 (arch. nat. JJ. 170). — *Segondigniacum*, 1449 (arch. D.-S. G

15). — *Secondigny*, 1458 (coll. Dupuy, 634). — *Ste-Eulalie de Secondigny*, 1648 (pouillé B.-Filleau, 407). — *Secondigné en Gâtine*, 1750 (cart. alph. Poit.).

La baronnie de Secondigny, relev. de la tour Maubergeon de Poitiers, fut érigée en comté, en faveur d'Artus de Cossé (1567-1581). Elle fut réunie au domaine royal en 1729 et donnée au c^{te} d'Artois en 1779. Secondigny dépendait de l'archiprêtré d'Ardin, diocèse de Maillezais, puis de la Rochelle, de la sénéchaussée de Poitiers et de l'élection de Niort, après avoir fait partie de celle de Parthenay au xvie siècle. Il y avait 235 feux en 1716, et 280 en 1750 (état. élect. Niort ; — mém. soc. stat. 1886).

Le canton de Secondigny, créé en 1790, fut composé des communes de St-Aubin-le-Clou, Allonne, Azay-sur-Thoué, Bouin, Hérisson, Pougne, Neuvy, Vernou.

SECONDIGNY (FORÊT DE), c^{nes} de Secondigny et d'Allonne. — *Nemus de Secondigniaco*, 1194 (arch. V. Fontaine-le-C.).

En 1696, cette forêt était évaluée à 350 mareaux de bois, le mareau valant alors un arpent et demi (arch. nat. P. 2112). Elle appartient aujourd'hui à l'État et son étendue est de 500 hectares (stat. des D.-S. par Dupin).

SÉGELIERS (LES), vill. c^{ne} de Sauzé-Vaussais. — *Les Ségeliers*, 1394 (arch. V. Nouail. 30). — *Les Segelliers* (Cass.).

SÉGOUR (LA), l.-d. — *La Ségour*, 1514 (arch. V. S^{te}-Cr. 78). — *La Sigoure*, paroisse de St-Varent, joignant au chemin de la Coindrie à Argentine, à main droite, et d'un bout au chemin de St-Hilaire, 1780 (id.).

SEGOYNÈRE (LA). — *Nemus de la Segoynère in parochia de Nevy*, 1287 (cart. Bourgueil).

SÉGUINIÈRE (LA), f. c^{ne} de la Chapelle-Bâton.

SÉGUINIÈRE (LA), f. c^{ne} de Chiché. — *La Seguinère*, 1420 (arch. V. St-Loup).

SÉGUINIÈRE (LA), f. c^{ne} de Fénery. — *La Séguinière*, 1389 (pap. de la Brouard.).

SÉGUINIÈRE (LA), f. c^{ne} de St-Lin. — *La Sedinière* (Cass.).

SÉGUINIÈRE (LA), h. c^{ne} de St-Loup.

SÉGUINIÈRE (LA), f. c^{ne} de Secondigny. — *La Séguinière*, 1402, relev. de la baronnie de Parthenay (arch. hist. Poit. XXIV, 219 n.). Relev. de Secondigny en 1423. — *La Sedinière* (Cass.).

SEIGNEUR (LA), f. c^{ne} du Breuil-Bernard.
SEIGNEURIE (LA), f. c^{ne} de Cersay.
SEIGNEURIE (LA), f. c^{ne} de St-Pardoux.

SEIGNEURIE (LA), f. c^ne de Souché.

SELE (LA), c^ne de Nueil-sous-les-Aubiers, 1351 (arch. hist. Poit. XVII). L. disp.

SÉLIGNÉ, c^on de Brioux. — *Silaniacum*, triens mérovingien du VIIe siècle (études numism. par Fillon, p. 31). — *Seliniacum*, v. 1093 (cart. St-Jean-d'Ang. ap. Font. LXIII, p. 297). — *Seliuniacum*, 1115 (arch. V. abb. St-Sév.). — *Seleni*, relev. du château de Chizé, XIIIe siècle (censif de Chizé). — *Selenic, Selenicum in ballia de Chisiaco* (id.). — *Saliniacum seu Salligniacum*, 1300 (gr.-Gauthier). — *Séligné*, 1473 (arch. V. Trin. 100). — *Selleigné*, 1631 ; *Selligny*, 1716 (arch. D.-S. C. 61). — *Séligny* (Cass.). — *Notre-Dame de Séligné* (pouillé 1782).

Dépendait de l'archiprêtré de Melle, de la châtellenie de Chizé, de la sénéchaussée de Civray et de l'élection de Niort. La cure était à la nomination de l'évêque. Il y avait 56 feux en 1716, et 49 en 1790.

SÉLIGNÉ, chât. et m^in. c^ne de Séligné. — *Château de Séligny* (Cass.).

SÉLINIÈRE (LA), f. c^ne de St-Laurs.

SELLE (LA), f. c^ne de la Chapelle-Bâton. — *La Celle*, 1580 ; *la Selle-Fontbrelier*, relev. de Pressigny-en-Gâtine, 1600 (arch. V. F^s. 415). — *La Scelle* (Cass.).

SEMBOIRE (LA), f. c^ne de la Chapelle-Largeau. — *Lu St Boire* (cad.).

SEMBRANDIÈRE (LA), vill. c^ne de St-Germain-de-Longue-Chaume. — *La Senbrandève*, relev. d'Airvault, 1404 (arch. Moiré). — *La Sanbraudière* (Cass.).

SÉMELIER (LE), c^ne d'Aigonnay. — *Similiacus in vicaria Calriacinse in pago Pictavo*, 904 (cart. St-Maix. 18). L. disp.

SEMOUSSAIS, vill. c^nes de Paizay-le-Chapt, Aubigné et Crézières. — *Soumoussay*, 1477 (arch. V. St-P. 246). — *Soumessay, le Poix de Sompmessay*, 1483 (id.). — *Semoussay*, relev. de Chef-Boutonne (dén. de 1667).

SÉNECHAUX, h. c^ne d'Airvault.

SENEUIL, h. c^ne de Cherveux. — *Sogneluz*, 1260 (homm. d'Alph. Poit.).

SENECIL, vill. c^ne du Chillou. — *Senolium ou Senollium*, v. 1120 (cart. Talmond, 288).

SENEUIL, h. c^ne de St-Martin-de-Bernegoue, 1783 (arch. D.-S. E. 177).

SENSON (MOULIN DE), c^ne d'Airvault, 1613 ; *Samson*, 1775 (arch. D.-S. E. 379).

SENTIER (LE), f. c^ne de Châtillon-sur-Sèvre.

SEPOYE (LA VIEILLE), c^ne de Boismé, l. disp. (aff. Poit. 1778, p. 192).

SEPVRET, c^on de Lezay. — *Sevrés*, 1300 (gr.-Gauthier). — *Sevret*, relev. de Lusignan, 1411 (gr.-Gauthier, des bénéf.). — *Cevret*, 1483 (arch. D.-S.). — *St-Martin de Sevret* (pouillé 1648).

Dépendait de l'archiprêtré d'Exoudun, de la châtellenie et sénéchaussée de Lusignan et de l'élection de Poitiers. La cure était à la nomination du chapitre Notre-Dame de Poitiers. Il y avait 174 feux en 1790.

SEPVRET, h. c^ne de Périgné.

SERGENTRIE (LA), h. c^ne de Mougon.

SERGENTRIE (LA), h. c^ne de Périgné.

SERGETIÈRE (LA), f. c^ne de Clavé. — *La Sargetière* (Cass.).

SÉRIGNÉ, f. c^ne d'Ardilleux.

SÉRIGNY, f. c^ne de Ste-Pezenne. — *Saregnec in castellania Fontenes*, 1260 (homm. d'Alph. Poit.). — *Sérigné*, 1572 (arch. V. év. 130).

SERIN (HAUT ET BAS), f. c^ne de St-Aubin-le-Clou. — *Serain*, 1636 (ma coll.).

SERPE (LA), m^in. et pont c^ne de Chey. — *M^in de la Sarpe*, 1378 (arch. hist. Poit. XXI, 93). — *La Serpe*, 1520 (arch. V. N.-D. 1217).

SERPE (LA), f. c^ne de Vasles, relev. de la Motte-de-Chalandray ou Rochefort (ét. duch. la Meill. 1715).

SERVANTERIE (LA), f. c^ne de Nueil-sous-les-Aubiers.

SERVANTIÈRE (LA), h. c^ne de Xaintray. — *La Servantière*, 1575 (not. St-Maix.). — Relev. de la seign. de Xaintray, 1603 (arch. D.-S. H. 190).

SERVEAU (LE), chât., vill. et m^in. c^ne des Aubiers. — *Le Cerveau*, 1452 (arch. V. E. 2, 255). Voir CERVEAU.

SERVELIÈRE (LA), h. c^ne de Vasles. — *La Servelière*, relev. de la Foucherie, 1435 (arch. V. S^te Cr. 45). — *La Cervelière* (Cass.).

SERVELIÈRE (LA), f. c^ne de Vausseroux. — *La Cervelière* (Cass.).

SERVELIÈRES (LES), f. c^ne de Vouhé.

SERVETIÈRE (LA), vill. c^ne de St-Georges-de-Noisné. — *La Servetère*, 1416 (arch. V. E^s. 404). — Relev. de St-Lin, 1504 (id. 412). — *La Servitière* (Cass.).

SERVOLET, h. c^ne de Caunay.

SÈVRE-NANTAISE (LA), rivière qui prend sa source près de Secondigny et se jette dans la Loire, à Nantes. — *Separa*, v. 1169 (cart. l'Absie). — *Riveria Sevriæ*, XIIe siècle (id.). — *Syvera*, 1218 (cart. Rays). — *Separis*, 1238 (ch. de l'Absie, ap. arch. D.-S.). — *La Sceyvre*, 1402, 1421 (arch. St-Loup). — *La Sayvre*, 1444 (arch. V. H. 3, 722). — *La Seyvre*, 1473 ; *la Soyvre*, 1499 ; *la Sepvre*, 1504 ; *la Sèvre*, 1540 (arch. Barre). — *La Seipvre*, 1567 (chartr. Thouars). — *La Sèvre Nantoise* (Cass.).

SÈVRE-NIORTAISE (LA), rivière qui prend sa source à Fontbedoire, c^{ne} de Sepvret, est canalisée à partir de Niort, et se jette dans l'Océan à l'anse de l'Aiguillon. — *Severa*, 932 (cart. St-Cypr.). — *Severis*, 951-953 (cart. St-Maix. 42). — *Sevriacus*, 969 (cart. St-Cypr. 252). — *Sevria*, v. 1000 (id. 330). — *Separis* (Petr. mon. de Mall. ap. Besly, c^{tes} de Poitou, 287). — *La Sepvre*, 1432 (arch. Barre). — *Separa*, 1442 (cart. St-Maix. II, 230). — *La Saivre*, 1551 (arch. comm. Niort). — *La Sçayvre*, 1617 (arch. Barre).

SEVREAU, vill. c^{ne} de St-Liguaire. — *Sepiacum*, 1260 (homm. d'Alph. Poit.). — *Port de Sepvreau*, 1377 (arch. comm. Niort). — *Cevreaux*, 1385 (Font. XX, 205). — *Cevrea*, 1402 (id. 216). — *Cevreau*, 1415 (arch. comm. Niort). — *Sepvrea*, 1419 (Font. XX, 225). — Relev. de l'abbaye de St-Cyprien de Poitiers, 1420 (arch. V. St-Cypr. 48).

SEVRIE (LA), anc. chât. et f. c^{ne} de St-Aubin-de-Baubigné. — *La Sevrie*, 1333 (Font. LXXXVII). — *La Severie*, 1650.

Cette seigneurie, qui était anciennement unie à la châtellenie et à la paroisse des Cerqueux-sous-Maulévrier (Maine-et-Loire), fut érigée en baronnie, en juin 1653, en faveur d'Hilaire de Laval, époux de Françoise du Puy-du-Fou, et releva du comté de Poitou (dict. hist. de Maine-et-Loire par C. Port. I, 567).

SÉZINIÈRE (LA), f. c^{ne} de Vasles. — *La Saizinière* (Cass.).

SIAUME (GRAND), mⁱⁿ. c^{ne} de St-Romans-lez-Melle.

SIBAUDIÈRE (LA), h. c^{ne} de Vitré. — *La Sybaudière*, 1611 (arch. V. Ste-Marth. 112).

SICARDIÈRE (LA), éc. c^{ne} des Échaubrognes.

SICARDIÈRE (LA), logis et f. c^{ne} de Loublande.

SICAUDIÈRE (LA), f. c^{ne} d'Azay-sur-Thoué.

SICAUDIÈRE (LA), f. c^{ne} de la Chapelle-Bertrand.

SICAUDIÈRE (LA), f. c^{ne} du Pin.

SICAUDIÈRE (LA), f. c^{ne} de St-Marsault. — *La Sicaudère*, relev. de St-Marsaut, 1430 (arch. St-Loup). — *La Cicaudière* (Cass.).

SICAUDIÈRE (LA), f. c^{ne} de Terves. — *La Sicaudère ou Villotère*, relev. de Bressuire, 1425 (arch. St-Loup). — *La Sicaudère*, 1479 (arch. Barre).

SICAUDRIE (LA), f. c^{ne} de Boesse.

SIE (LA), vill. c^{ne} de Limalonges.

SIE (LA), f. c^{ne} de Tessonnières.

SIE (LA), f. c^{ne} de Voultegon. — *La Grande et Petite Sée*, relev. de la Bazinière, 1594 (arch. chât. Dorides).

SIGOGNE (LA), f. c^{ne} d'Ardin.

SILLERIE (LA), h. c^{ne} de Courlay.

SILLIERS-MOTHAIS (LES), l.-d. c^{ne} de la Mothe-St-Héraye. — *Sillersmothais*, 1731 ; anc. fief relev. de la Mothe (arch. D.-S. E. 38).

SIMARDIÈRE (LA), f. c^{ne} de St-Pardoux.

SIMNAUDIÈRE (LA), h. c^{ne} de St-Martin-du-Fouilloux. — *La Symnaudère*, 1441 (arch. V. E. 2, 131). — *La Simenodière*, relev. de Bois-Pouvreau (état duch. la Meill. 1775). — *La Simenaudière* (Cass.).

SIMONNIÈRE (LA), f. c^{ne} de Bouillé-Loretz.

SIMONNIÈRE (LA), f. c^{ne} de Largeasse. — *La Simonère*, relev. de Bressuire. 1386 (arch. St-Loup). — *La Symonnère*, 1486 (arch. V. E^s. 400).

SIMONNIÈRE (LA), f. c^{ne} du Puy-St-Bonnet.

SIMONNIÈRE (LA), f. c^{ne} de St-Pardoux. — *La Simonière*, 1728 (arch. D.-S. H. 46).

SIMONNIÈRE (LA), vill. c^{ne} de Sauzé-Vaussais.

SINVELINIÈRE (LA), vill. c^{ne} de St-Pardoux.

SIQUARDIÈRE (LA), m^{on}. c^{ne} de Béceleuf, 1613 (arch. V. Béceleuf, 26).

SIRAUDIÈRE (LA), h. c^{ne} de Chail. — *La Ciraudière* (Cass.).

SIRONÈRE (LA), f. c^{ne} de Mazières-en-Gâtine, 1312. — *La Cyronnière*, tenant aux Faugères et relev. de la Roulière, 1614 (arch. V. E^s. 426). Voir CIRONNIÈRE (LA).

SIX-AILES, mⁱⁿ. c^{ne} de Noireterre.

SIX-CHIENS, h. c^{ne} de Baussais. — *Chichin*, 1659 (la fam. des seign. de Faugeré par Sauzé). — *Sichien* (Cass.).

SOC (LE), f. c^{ne} de Terves. — *Les Souz ou Soubz*, 1392 ; *les Sotz*, 1420 (arch. St-Loup). — *Le Socts* (Cass.).

SOCHÈRE (LA GRANDE ET PETITE), c^{ne} de Chanteloup, 1436 (arch. St-Loup). L. disp.

SOCS (LES), h. c^{ne} des Moutiers-sous-Chantemerle.

SOCTIÈRE (LA), anc. chât. c^{ne} de Champeaux. — *La Sacquère*, 1224 (arch. D -S H. 268). — *La Socquetière*, 1447 (dict. fam. Poit. II, 691).

SOIGNÉE, vill. c^{ne} de St-Denis. — *Saigné* (Cass.).

SOIGNON, h. et logis, c^{ne} de St-Martin-de-St-Maixent. — *Soignon*, 1528, relev. de l'abbaye de St-Maixent. — *Fontaine de Soignon*, 1547 (not. St-Maix.).

SOIRE (LA), rivière, affluent du Layon et qui prend sa source aux étangs d'Ulcot stat. D.-S. par Dupin).

SOMPT, c^{on} de Melle. — *l'illa Sompnonum in vicaria Metulinse*, v. 1021 (cart. St-Jean-d'Ang. ap. Font. LXII, p. 525). — *Son*, 1300 (gr.-Gauthier). — *St-Médard de Sompt* (P. Besly, ap. pouillé B.-Filleau, 411).

Relev. du château de Melle, et dépendait de

l'archiprêtré de Melle, de la sénéchaussée de Civray et de l'élection de St-Maixent (bull. soc. stat. 1884 ; — état élect. 1698). La cure était à la nomination de l'abbé de St-Hilaire-de-la-Celle de Poitiers. Il y avait 79 feux en 1698, et 80 en 1750.

SONNAY (LE PETIT), cne de Lamairé. — *Parvum Sonnayum*, 1277 (cart. Bourgueil). — *Sonayum*, 1287 (Font. VIII, 481). — *Fief de Sunay* ou *Saunay* (cad.).

SONNAY (TERROIR DE), près des Bordes, cne de St-Aubin-le-Cloud, 1492 (arch. Barre, II).

SORINIÈRE (LA). f. cne de Beaulieu-sous-Bressuire.

SORINIÈRE (LA), f. cne de Bretignolle.

SORINIÈRE (LA), f. cne de Breuil-Chaussée.

SORINIÈRE (LA), f. cne de Clavé. — *La Sorinère*, 1452 (arch. Barre, II). — *La Sorynère*, 1538 (not St-Maix.).

SORINIÈRE (LA), vill. cne de Moutiers.

SORINIÈRE (LA), h. et mins. cne de Nueil-sous-les-Aubiers. — *La Sorinière*, 1270 (cart. Trin. Maul.). — *Pratum clausum de la Sorinière, seu Préclos, situm in parrochia de Niolio in riparia aquæ de Argentonio, prope molendinum Fulconis Sorin de la Vergnaye*, 1281 (id. ; — Font. XVII). La Sorinière faisait partie de la Marche-Avantagère de Poitou-Anjou (Chénon, Les marches séparantes...)

SORINIÈRES (LES), cne de Faye-l'Abbesse ; anc. fief relev. des Roches-de-Geuy, 1677 (arch. V. Brosse-Guilgault, 41).

SORLIÈRE (LA), f. cne de Rorthais. — *La Surelière* (Cass.).

SORT, vill. cne d'Augé. — *Sorpt*, 1531 ; *Sort*, 1569 (not. St-Maix.).

SOTTERIE (LA), vill. et cabanes, cne de Coulon.

SOUCHARDIÈRE (LA), h. cne de St-Aubin-de-Baubigné. — *La Souchardère*, 1351 (arch. hist. Poit. XVII).

SOUCHAUD, h. cne de Caunay.

SOUCHÉ, con de Niort. — *Villa Cobcheium in pago Metulinse*, v. 990 (cart. St-Cypr. 300). — *Scupchiavus*, 988-1031 (id. 282). — *Subchiacum*, 1080 (doc. pour l'hist. St-Hil. I). — *Sopiacum*, 1241 (id.). — *Souchec*, 1260 (homm. d'Alph. Poit.). — *Sochet*, 1263 (doc. pour l'hist. St-Hil. I). — *Sochec*, 1295 (id.). — *Souchet*, 1390 (arch. V. comm. Ste-Gemme). — *Souché*, 1420 (arch. V. St-Hil. 978). — *Fief des Chanoines en la paroisse de Souché*, membre dépendant de l'église St-Hilaire, 1586 (bull. soc. stat. 1892). — *St-Maixent de Souché* (P. Besly, ap. pouillé B.-Filleau, 412). — *Souchay*, 1750 (cart. alph. Poit.).

Relevait du marquisat de Dampierre, ressort de Niort, et dépendait de l'archiprêtré d'Exoudun, du siège royal et de l'élection de Niort (état. élect. Niort, 1716 ; — mém. soc. stat. 1886). La cure était à la nomination de l'évêque. Il y avait 116 feux en 1716, et 135 en 1750.

SOUCHEAU (LE), vill. cne de Clavé.

SOUCHES (LES), h. cne de Bouillé-Loretz.

SOUCHES (LES BASSES), vill. cne de Louin.

SOUCHES (LES GRANDES ET PETITES), f. cne de St-Jouin-sous-Châtillon.

SOUCHON, vill. cne de Montigné.

SOUCI (LE), f. cne de la Couarde. — *Le Soussy* (Cass.).

SOUCIER (LE), vill. cne d'Ardin.

SOUCY (LE), vill. cne de Soudan. — *Le Soucy*, 1561 ; *le Soucy*, 1567 ; *le Soulcy*, 1568 (not. St-Maix.).

SOUDAIN, f. et min. cne de Faye-l'Abbesse. — *Moulin de Soubdain*, 1400 (arch. St-Loup). — *Moulin de Soubdans*, 1605 (dict. fam. Poit. I, 37).

SOUDAN, con de la Mothe-St-Héraye. — *Silvæ Sancti Maxentii* (Bois de Soudan, cnes de Soudan et St-Germier), 959 (cart. St-Maix. I, 32). — *Soldanum*, 1110 (id. 258). — *Sodans*, 1289 (cart. Châtel.). — *Soudans seu Soldana*, 1300 (gr.-Gauthier). — *Notre-Dame de Soudan* (pouillé 1782).

Soudan ressortissait, partie du siège royal de Lusignan, partie du siège de St-Maixent (dict. topogr. de la Vienne par Rédet, p. 239 ; — bull. soc. ant. ouest, 1849, p. 488). Il dépendait de l'archiprêtré et élection de St-Maixent. Relev. des seigneuries d'Aubigny et de Salles, de l'abbaye des Châteliers et de la commanderie de Bagnaut. La cure était à la nomination de l'évêque. Il y avait 121 feux en 1698, et 135 en 1750.

SOUIL (LE), vill. cne d'Exoudun. — *Fief du Souil ou la Pérate*, 1451 (Font. LXXXV). — *Châtellenie de la Peyratte et du Souil*, relev. de la baronnie de la Mothe, 1621 (av. de la Mothe).

SOUIL (LE), vill. cne de St-Coutant.

SOULBROIS, vill. cne de Mauzé-Thouarsais. — *Sobererum*, 1221 (cart. Chambon). — *Sorbery*, 1260 (arch. V. Ste-Cr. 74). — *Sobereyum*, 1277 (cart. Chambon). — *Sourberry*, 1363 (chartr. Thouars). — *Sorbrey*, 1446 (arch. V. Brosse-Guilgault, 1). — *Sourbray*, 1482 (arch. V. Ste-Cr. 74). — *Soubray*, 1556 (reg. insin. Thouars). — *Soulebroy*, 1649 ; *Sourbroy*, 1650 (arch. V. Brosse-Guilgault, 8). — *Soulbroy*, 1772 (cart. Chambon). — *Soulbray* (Cass.).

SOULETRIE (LA), h. cne de Louzy.

SOULIER (LE), h. cne d'Allonne.

SOULIER (LE), chât. cne de Combrand. — *Le Soulier*, relev. de Mauléon, 1460 (dict. fam. Poit. II, 585). — *Le Soullier*, 1618 (Font. VIII, 335).
SOULIER (LE), h. cne de Montigné.
SOULIÈRE (LA), f. cne des Moutiers-sous-Chantemerle. — *La Sulière* (Cass.).
SOULIÈVRE, con d'Airvault. — *Solobria*, 1095 (hist. d'Airv. par B.-Filleau). — *Solubrium*, v. 1120 (Dupuy, t. 820, p. 30). — *Sanctus Petrus de Solobria*, 1113 (Gall. christ. II, bull. de Pascal II). — *Salubrium* (D. 1326). — *Soulièvre*, 1329 (arch. Moiré). — *Solèvre*, 1397 (id.). — *Soubzliepvre*, 1403 (chartr. Thouars). — *Soulèvre*, 1449 (arch. Moiré). — *Sollièvres*, 1576 (arch. Barre, I). — *Souslièvre* (pouillé 1648). — *Soulliépvre*, 1664; *Soublièvre*, 1668 (arch. D.-S. E. 982, 1004).
La seigneurie de Soulièvre relev. de la baronnie d'Airvault (reg. insin. Thouars). Le prieuré-cure était à la nomination de l'abbé d'Airvault, et son fief relev. de Thouars (fiefs vic. Thouars). Soulièvre dépendait du doyenné de Bressuire, de la sénéchaussée de Poitiers et de l'élection de Thouars. Il y avait 134 feux en 1750.
SOULIGNÉ, vill. cne de St-Symphorien, dépendait du ressort de St-Jean-d'Angély, 1556 (arch. V. Es.). — *Souligny* (Cass.).
SOULTIÈRE (LA), f. cne des Groseillers.
SOULTIÈRE (LA), f. cne de Mazières-en-Gâtine. — *La Soulletière*, 1572 (arch. V. Es. 412). — *La Soltière* (Cass.).
SOURCHES, vill. cne de Louin. — *Chource* (Cass.). Voir CHOURCE.
SOURD (LE), f. cne de St-André-sur-Sèvre.
SOURDET (LE), f. cne du Pin. — *Le Sourdy* (Cass.).
SOURDIÈRE (LA), f. cne des Échaubrognes. — *Surderia*, v. 1092 (cart. St-Jouin).
SOURDIÈRE (LA), f. cne de Soutiers; anc. fief relev. de la Vergne, 1609 (arch. V. seign. div. 32).
SOURDIS-EN-LIGRON (LE), cne de Mauzé-Thouarsais, relev. de Thouars, 1479 (fiefs vic. Thouars).
SOURDIS (LE), éc. cne de St-André-sur-Sèvre.
SOURDIS, f. cne de St-Jouin-sous-Châtillon. — *Sordeis*, v. 1195 (cart. Trin. Maul.). — *Sourdis*, 1285 (dict. fam. Poit. II, 71). — Relev. de la Guierche, 1388 (Font. IX, 367).
SOURDIZ (LES), cne de St-Sauveur-de-Givre-en-Mai, relev. de Bressuire, 1435 (arch. St-Loup). L. disp.
SOURICHAUVE, h. cne de Montalembert. — *Sourichaude* (Cass.).
SOURICIÈRE (LA), f. cne de Cherveux.
SOUSIGNÉ, min. cne de Coulonges-les-Royaux. — *Moulin de Soussigny*, relev. de Vouvent, 1439 (ms. 141, bibl. Poit.).

SOUSIGNY, vill. cne de Glenay. — *Souzigné*, relev. de Thouars, 1548 (chartr. Thouars). — *Sausigny*, 1626 (ma coll.). — *Sauzigny*, 1633 ; *Sousigny*, 1655 (arch. V. Es. 350).
SOUSSAIS, h. cne de Ste-Verge. — *Socaium*, v. 1200 (cart. St-Laon Th.). — Relev. de Thouars (chartr. Thouars).
SOUTIERS, con de Mazières-en-Gâtine. — *Soster*, 1145-1152 (cart. St-Maix. I, 351). — *Soter*, 1265 (cart. St-Maix. II, 94). — *Sotyers vel Soters*, 1300 (gr.-Gauthier.). — *Souters*, 1363 (cart. St-Maix. II, 146). — *Sother*, 1440 (id. II, 221). — *Soubztiers*, 1667 ; *Soustiers*, 1676 (arch. Barre, II). — *St-Martin de Soutiers* (pouillé 1782).
Dépendait de l'archiprêtré de St-Maixent, de la châtellenie du Bailliage-Bâton réunie à la baronnie de Parthenay, de la sénéchaussée de Poitiers et de l'élection de Niort (dén. just. bar. Parth. 1744 ; — état. élect. Niort). La cure était à la nomination de l'évêque. Il y avait 43 feux en 1716, et 49 en 1750.
SOUTILLERIE (LA), de Mauzé-Thouarsais, 1406 ; *la Soutillière de Mauzé*, 1431 (arch. V. Ste-Cr. 74). L. disp.
SOUTTRIE (LA), h. cne de Vernou-sur-Boutonne.
SOUVIGNÉ, 2e con de St-Maixent. — *Solviniacum*, 1110 (cart. St-Maix. 258). — *Silvinec*, 1111 ; *Sovigniacum*, 1142-1154 (id. 274, 353). — *Salviniacum*, 1189 (id. 379). — *Sauvigniacum*, 1262 (id. II, 92). — *Sauvigné*, 1269 (id. II, 99). — *Sovigné*, 1278 (arch. V. Fontaine-le-C. 22). — *Sovignec* ; *Souvignec*, 1363 (cart. St-Maix. II). — *Souvigneyum*, 1404 ; *Souvigné*, 1451 (id. II). — *N.-D. de Souvigny* (pouillé B.-Filleau, 413).
Dépendait de l'archiprêtré, ressort et élection de St-Maixent. Relev. de l'abbaye de St-Maixent. Il y avait 275 feux en 1698, et 258 en 1750.
SOUVIGNY, f. cne de Nueil-sous-les-Aubiers.
STINIÈRE (LA), f. cne de St-Lin.
STIPENDIE (LA), f. cne de Nueil-sous-les-Aubiers.
STUELLIÈRE (LA), cnes de Vasles et Vausseroux, 1530 (arch. V. Ste-Cr. 47). L. disp.
SUCHAUD, vill. cne du Busseau. — *Le Souchaud* (Cass.).
SUE (LE PETIT), vill. cne de St-Marsault. — *Le Sus* (Cass.).
SUIRAN, f. cne de Prahecq, 1771 (arch. D.-S. E. 793).
SUIRÉ, h. cne de St-Gelais. — *Suyray*, 1260 (homm. d'Alph. Poit.). — *Suyré*, relev. de Ste-Néomaye, 1475 (arch. V. E. 2, 237).

SUNAY, f. et m¹ⁿ. cⁿᵉ de Châtillon-sur-Thoué. — *Sonnay*, 1378 (pap. de la Bretonn.). — *Sompnay*, 1401 (arch. hist. Poit. XXIV, 381). — *Sunay*, 1604, fief relev. de Parthenay (arch. V.).
SUPPOSEAU, h. cⁿᵉ de Mougon.
SURGÈRE, f. cⁿᵉ de Pompaire.
SURGÈRE (LA), f. cⁿᵉ de Verruye, donnée à la commanderie de St-Rémy en 1219 (inv. de St-Rém. 1692, reg. 573. ap. arch. V.). — *La Surgère*, 1573 (not. St-Maix.).
SURIMEAU, chât. et h. cⁿᵉ de Stᵉ-Pezenne, relev. de la châtellenie de Niort, 1580-1775 (arch. V. C. 2, 110). — *Suyrin*, 1283 (arch. V. év. 132). — *Surin*, aliàs *Surimeau* (id.). — *Surymeau*, 1577 (arch. D.-S. E. 256). — *Suirimeau*, 1612 (arch. V. Beauregard, 25). — *Village de Surimeau au lieu appelé le Bas-Surin*, 1634 (id. 134).
SURIN, cᵒⁿ de Champdeniers. — *Suyrin*, 1227 (arch. V. H. 3, 869). — *Surrim*, 1260 (homm. d'Alph. Poit.). — *Surrin seu Suyrim*, 1300 (gr.-Gauthier). — *Surin*, 1361 (arch. hist. Poit.

XIX, 410). — *Suerin ou Seurin*, relev. de Niort, 1404 (gr.-Gauthier, des bénéf.). — *St-Hilaire de Seurin* (pouillé 1648).
Dépendait de l'archiprêtré d'Ardin, diocèse de Maillezais, puis de la Rochelle, de la sénéchaussée de Poitiers et de l'élection de Niort. Une partie de la paroisse dépendait de la châtellenie de Béceleuf réunie à la baronnie de Parthenay (dén. just. bar. Parth. 1744). La cure était à la nomination de l'évêque. Il y avait 111 feux en 1716, et 131 en 1750.
SUR-LE-BOIS, f. cⁿᵉ de Saivre. — *Sur-le-Boys de Maulnay*, 1536 ; *Sur-le-Boys*, 1554 (not. St-Maix.).
SUSSAIS, vill. cⁿᵉ de Cherveux. — *Suchayum*, 1258 (f. lat. 10918 ; — hist. d'Alph. Poit. par B. Ledain). — *Sussay* (Cass.).
SUTIÈRE (LA), h. cⁿᵉ de Pompaire. — *La Sustière*, 1560 (arch. V. seign. div. 32). — *La Sutière*, relev. de Parthenay, 1692 (arch. V.).
SYVIE, éc. cⁿᵉ d'Étusson.

T

TABLERIE (LA), f. cⁿᵉ de Boismé.
TABLET (LE), f. cⁿᵉ du Beugnon. — *Les Tablez*, 1369 (arch. St-Loup, test. de Tiph. Olivier).
TABLET (LE), f. cⁿᵉ de Clessé, 1443 (arch. V. Eˢ. 418).
TABUTEAU, éc. cⁿᵉ de Lezay.
TÂCHE (LA), vill. cⁿᵉ d'Assais. — *Taschia*, v. 1150 (cart. l'Absie). — *La Tascha*, xıı siècle (id. ap. Dupuy, 828). — *La Tache*, 1236 (ch. de l'Absie, ap. arch. D.-S.). — *La Tasche*, relev. de Thouars, 1596 (chartr. Thouars, fiefs vic. Th.).
TÂCHE (LA), vill. cⁿᵉ de Fontenille.
TACONNIÈRE (LA), h. cⁿᵉ de Maisontiers.
TACONNIÈRE (LA), f. cⁿᵉ de Noireterre. — *Taconeria*, 1225 (cart. Trin. Maul.). — *La Taconnère*, 1473 (arch. Barre, II). — La Taconnière, qui relevait partie de Noireterre et partie du Grand-Bénillé, fut réunie à la châtellenie de St-Porchaire (tit. châtell. St-Porch.).
TAFFETERIES (LES), h. cⁿᵉ de Bouillé-St-Paul. — *Les Taffateries* (Cass.).
TAIL (LE), vill. détaché de Faye-sur-Ardin et réuni à Surin par la loi du 19 juin 1857. — *Le Teil*, 1615 (arch. V. Beauregard, 25). — *Le Til*, 1650 (id. Béceleuf, 11).
TAIL (LE), vill. cⁿᵉ de St-Aubin-de-Baubigné. — *Le Tail de Béart*, xvᵉ siècle (reg. r. Templ. Maul.).
TAILLANDRIE (LA), vill. cⁿᵉ des Échaubrognes.

TAILLÉE (LA), chât. cⁿᵉ d'Échiré. — *La Taillée*, 1403 (arch. V. chap. 1. 6). — *La Tailhée*, 1443 (id.). — *La Taillée*, relev. de la Motte d'Échiré, 1636 (inv. d'Aub.).
TAILLÉE (LA), h. cⁿᵉ de Saiwre. — *La Taillée*, 1369 (cart. Châtell.).
TAILLÉES (LES), f. cⁿᵉ de Mazières-en-Gâtine, relev. de Pressigny-en-Gâtine, 1402 (arch. V. Eˢ. 422).
TAILLEPIED, h. cⁿᵉ de Frontenay. — *Taillepé*, 1322 ; *Taillepié*, 1327 (arch. V. Nouail. 55).
TAILLEPIED, cⁿᵉ de la Couarde. — *Moulin de Taillepié en frustis*, près la Passe-Bernière, 1567 (not. St-Maix.).
TAILLEPIED, m¹ⁿ. cⁿᵉ de Paizay-le-Tort.
TAILLEPIED, f. cⁿᵉ de St-Porchaire. — *Prioratus de Tallepé*, 1218 (Font. XXIV, 268). — *Taillepié*, 1383 (arch. St-Loup). — *Prieuré St-Lazare de Taillepied ou Maladrerie*, présentateur l'abbé de la Réau (pouillé 1648). Il fut uni à l'hôpital de Bressuire en 1698 et 1702.
TAILLEPIED, vill. cⁿᵉ de St-Symphorien.
TAILLIES (LES), f. cⁿᵉ de Clazay. — *Les Taillées*, 1611 (arch. D.-S. E. 544). — *Les Taillis*, 1621 (arch. V. St-Cypr. 47).
TAILLIS (LES), éc. cⁿᵉ de St-Porchaire.
TAIMÉ, f. cⁿᵉ de Brion. — *Villa Taimee*, 1107 (cart. St-Laon Th.). — *Taimé*, 1118 (id.). — *Tesmé*, relev. de Thouars, 1629 (fiefs vic. Thouars).

TAIRÉ, min. cne de Périgné.

TAIZÉ, con de Thouars. — *Villa Tasiacus in vicaria Toarcinse*, 936 (cart. St-Cypr. 6). — *Villa Tasiacensis*, v. 1050 (cart. St-Jouin). — *Thasiacus*, v. 1170 (arch. V. N.-D. Loud.). — *Theza*, 1272 (chartr. Thouars, St-P. du Chât.). — *Thaisé*, *Thezay*, 1296 (arch. V. Ste-Marth. 160). — *Thaesé*, 1300 (gr.-Gauthier). — *Teysé*, 1333 (arch. V. Ste-Marth. 160). — *Thézé*, 1374 (id. Ste-Cr. 74). — *Tésé*, 1387 (id. 77). — *Taisé* ou *Taizé*, 1404 (id. Ste-Mart. 160). — *Teszé*, 1460 (id.). — *Thaizé*, 1613 (arch. D.-S. E. 932). — *Notre-Dame de Taisé* (pouillé 1782).

Dépendait du doyenné et élection de Thouars, de la sénéchaussée de Poitiers et du bailliage d'Oironnois, ressort du siège de la vicomté de Thouars. La cure était à la nomination du prieur de N.-D. de Loudun. Il y avait 128 feux en 1750.

TAIZÉ, f. cne de Vançais. — *Taizé*, 1608 (inv. arch. D.-S.).

TAIZON, vill. cne d'Argenton-l'Église. — *Taizon*, 1098 (arch. V. Montiern. cart.). — *Taisum*, v. 1180 (cart. St-Laon Th.). — *Taizon*, 1229 (cart. Chambon).

TAIZON, vill., min. et pont, cnes de Bagneux et St-Martin-de-Sanzay. — *Taizon*, v. 1160 (f. lat. 13816, ch. de Gir. de Berl.). — *Pons de Taissum*, 1222 (cart. St-Mich. Th.). — *Tyoson*, 1255 ; *Taison*, 1283, 1376 (arch. V. H. 3, Prail.). — *L'hôtel du pont de Taison*, relev. de Thouars, 1470 (hist. Thouars, 178). — *Taizon*, 1497 (chartr. Thouars).

TALACHÉ, f. cne de la Coudre.

TALACHÉ (GRAND ET PETIT), h. cne de Sanzay.

TALBOTTERIE (LA), f. cne de Vernou-en-Gâtine.

TALLÉE (GRANDE ET PETITE), h. cne de Chail. — *La Petite Tallée*, 1676 (arch. V. E. 3, l. 5).

TALLERIE (LA), h. cne de Montravers.

TALLUD (LE), con de Parthenay. — *Talucium*, 1300 (gr.-Gauthier). — *Le Taluz*, 1400 ; *le Tallu*, 1586 (arch. Barre). — *Le Talu*, 1728 (arch. D.-S. H. 46). — *St-Saturnin de Tallud* (pouillé 1782). — *Le Tallud sur Thoué* (Cass.).

Dépendait de l'archiprêtré et châtellenie de Parthenay, de la sénéchaussée de Poitiers et de l'élection de Niort, après avoir fait partie de celle de Parthenay au xvie siècle (mém. soc. stat. 1886). La cure était à la nomination de l'abbé de Luçon. Il y avait 68 feux en 1716, et 105 en 1750.

TAMISERIE (LA), f. cne de Largeasse. — *La Tamisière* (Cass.).

TANNERIE (LA), éc. cne du Bourdet.

TANNERIES (LES), éc. cne de Coulonges-les-Royaux.

TAPON. — *Molendinum Tapun situm in aqua que appellatur Pampro*, 1104 (cart. St-Maix. 237).

TAPONIÈRE (LA). — *La Taponière*, paroisse de Moncoutant, 1425 (dict. fam. Poit. I, 500). L. disp.

TARDIÈRE (LA), éc. cne de St-Laurs. — *Ostarderia* (gr.-Gauthier, pouillé). — *La Tardière*, 1526 (arch. D.-S. E. 288).

TARDIVIÈRE (LA), h. cne de Verruye, relev. de Pressigny-en-Gâtine, 1600 (arch. V. Es. 415).

TARD-Y-FUME, cne de St-Maixent. — *Fié de Tartsifume*, relev. de l'abbaye de St-Maixent, 1363 (cart. St-Maix. II, 153). — *Tartifume* (atl. cad.).

TARGE (LA), cne de la Chapelle-St-Laurent, 1656 (arch. fabr. Chap.-St-L.). L.-dit ou disp.

TARTAILLE (LA), f. cne de Beaulieu-sous-Parthenay. — *La Tartale*, relev. de la Meilleraye, 1387 (Font.).

TARTALIN, f. cne d'Aiffres.

TARTIFUME, h. cne de Brioux.

TARTIFUME, f. cne de Magné.

TARTRE (LE), h. cne de Fors.

TAUCHÉ, vill. cne de Ste-Blandine. — *Tosché*, 1533 ; *Tausché*, 1566 (not. St-Maix.). — *Tauché*, ressort de Niort et élection de St-Maixent, 1609 (Font. XX, 421).

TAUDIÈRE (LA), vill. cne de la Chapelle-Thireuil. — *La Tuaudière*, 1631 (arch. Bois-Chapel.).

TAUDRIE (LA), h. cne de Mougon.

TAULAY, vill. cne de la Chapelle-Bâton, autrefois dans la paroisse de St-Projet unie à celle de la Chapelle-Bâton. — *Taulay*, 1363 (cart. St-Maix. II, 147). — Relev. d'Aubigny, 1436. — *Thaulay*, 1467 ; *Tollay*, 1450, 1559 ; *Thollay*, 1630 (inv. d'Aub.). — *Taullé* (Cass.).

TAULY (LE), f. cne de St-Christophe-sur-Roc.

TAUPELIÈRE (LA), f. cne de Secondigny. — *Taupeleria*, xiie siècle (cart. l'Absie). — *La Taupellère*, 1354 (arch. V. Fontaine-le-C. 30).

TAUPINIÈRE (LA), vill. cne de Périgné.

TAUPINIÈRE (LA), vill. cne de St-Aubin-de-Baubigné. — *La Toupinière*, 1351 (arch. hist. Poit. XVII).

TAUVERNIÈRE (LA), f. cne de St-Porchaire. — *La Tauvernière*, 1558 (reg. insin. Thouars).

TAVARDIÈRE (LA), mon. cne de Beaulieu-sous-Bressuire.

TAVARDIÈRE (LA), min. à vent, cne de Chambroutet.

TAVELIÈRE (LA), f. cne d'Augé. — *La Tavellère*, 1533 ; *la Tavelière*, 1573 (not. St-Maix.).

TAVERNE (LA), vill. cne de Périgné.

TAY (LE) ou THAY, anc. chât. cne de Thénezay. — *Le Thay*, 1459 (bull. soc. ant. ouest, VII, 230). — *Le Tais*, relev. de Parthenay, 1704 (arch. V.). — *Le Theil* (Cass.).

TEIL (LE), f. cne d'Aubigny, relev. de Parthenay, 1701 (arch. V.).

TEIL (LE), f. cne de Limalonges. — *Le Teilh*, relev. de Civray, 1405 (gr.-Gauthier, des bénéf.). — *Le Teil Gobert*, 1409-1775 (arch. V. C. 2, 157; — ms. 141, bibl. Poit.). — *Le Teil Daubanie* (Cass.).

TEIL (LE), f. cne de Périgné. — *Le Teil*, 1604 (arch. V. Ste.Mart. 112).

TEIL (LE), chât. cne de Rom.

TEIL (LE), anc. chât. cne de St-Aubin-le-Clou. — *Tellium*, 1156 (cart. l'Absie, ap. Dupuy, 841). — *Tilium*, 1355 (arch. V. cures, 165). — *Château du Teil*, 1567 (journal de Généroux, 11). — *Le Theil*, 1708 (arch. Barre). — Relev. de Parthenay (la Gâtine hist. et mon. par B. Ledain).

TEIL (LE), chât. cne de Vausseroux. — *Le Teilh*, 1526 (arch. V. Ste-Cr. 47). — *Le Teil*, 1670 (arch. Barre, l).

TEILLÉ, vill. et logis, cne de Lezay. — *Teilhix*, 1365 (arch. V. E. 2, 237). — *Teilhé*, 1524 (id. E. 3, 8). — *Teillé*, relev. de Lusignan, 1714 (ms. 141, bibl. Poit.). — *Le Teillé* (Cass.).

TEILLOU (LE), f. cne de Vasles. — *Le Teillou*, 1435 (arch. V. Ste-Cr. 45). — *Le Teillau*, relev. de Chouppes, 1612 (id. 49). — *Le Tilloux* (Cass.).

TEINDEURE, h. cne de Saivre. — *Tyndoyre*, 1528 (not. St-Maix.). — *Tindeule* (Cass.).

TELLIER (LE), f. cne de Prahecq.

TELLOUZE, f. cne de Ste-Pezenne.

TEMPLE (LE), cne de Châtillon-sur-Sèvre. Ancienne commanderie de l'ordre du Temple, puis de Malte. — *Domus Templariorum Sancti Salvatoris de nemore Malleonii*, 1215 (arch. hist Poit. I; — Font. LII). — *Templum Sancti Salvatoris prope Malleonem*, 1234 (id.). — *Le Temple de Mauléon*, 1262 (arch. V. H. 3, 721). — *Lopital d'auprès Mauléon, jadis du Temple*, 1330 (id. 723). — *Lospitau de Mauléon, jadis do Temple*, 1334 (id. 725). — *Domus de Templo prope Malleneansi*, 1384 (arch. St-Loup). — Chapelle St-Sébastien fondée au Temple, vers 1486, par Guyon Guerry (arch. V. H. 3, 721).

Le Temple dépendait de la sénéchaussée de Poitiers, de l'élection et du duché de Châtillon-sur-Sèvre, jadis Mauléon. Il y avait 57 feux en 1750.

TEMPLE (LE), f. cne de Boismé.

TEMPLE (LE), min. sur le Thoué, cne de Parthenay. Relev. de la commanderie de la Lande de Gourgé, 1543 (arch. V. H. 3). — *Moulin du Temple*, 1579 (ma coll.).

TEMPLERIE (LA), h. cne des Échaubrognes.

TEMPLERIE (LA), vill. cne de Loublande, relev. de la commanderie du Temple de Mauléon, 1664 (arch. V. H. 3, 725).

TEMPS (LE), f. cne de Scillé.

TÉNAUDERIE (LA), f. cne de la Chapelle-Thireuil.

TENIS (LES), h. cne de Thouars, autrefois des Hameaux. — *Tenias*, v. 1110 (cart. St-Laon Th.).

TENNESUE, anc. chât. cne d'Amailloux. — *Forteresse de Tenessue*, 1401 (arch. nat. O. 19703). — *Tour de Tenessue sise en la borderie aux Veilletz, relev. d'Airvault*, 1404 (arch. Moiré). — *Tannesue*, 1419 (arch. D.-S. E. 497). — *Thenesue*, 1419 (id.). — *Thenessue*, 1421 (pap. fam. du Font). — *Thennesue*, 1602 (arch. D.-S. E. 929). — Relev. de la tour Maubergeon de Poitiers, 1580-1778 (arch. V. C. 2, 104).

TENYE, cne de la Chapelle-St-Laurent. — *Thème*, *Thenie* ou *Tenye*, tenant au village de la Vergne et relev. de Bressuire, 1402, 1437 (arch. St-Loup). L. disp.

TERLAND, vill. cne de Gript. — *Trelan* (Cass.).

TERNANT, vill. et min. cne de Mazières-en-Gâtine. — *Oppidulum Ternant*, 1091 (cart. St-Maix. 211). — *Castrum Ternant*, 1093 (id. 213). — *Ternontum*, 1110 (id. 258). — *Prioratus de Ternant*, 1300 (gr.-Gauthier), présentateur l'abbé de St-Maixent. — Ternant relev. de la seign. de St-Lin, 1504 (id). — *St-Eutrope de Ternant* (pouillés 1648 et 1782).

TERNANTEUIL, vill. cne d'Échiré. — *Ternanteuil*, 1291 (Briquet, établiss. char. de Niort).

Le prieuré de Ternanteuil dépendait de l'abbaye d'Airvault. La chapelle étant ruinée, le service en avait été transféré aux Bénédictines de St-Maixent (arch. V. Es. 381, Moiré).

TERNANTEUIL, sis au lieu des Rivières (St-Éanne) et relev. de la baronnie de la Mothe-St-Héraye, 1621 (av. de la Mothe).

TERRA (LE), logis, cne de Bouillé-St-Paul. — *Le Terras*, 1485, 1503 (dict. fam. Poit. II, 701). — *Le Terra*, xviie siècle (arch. D.-S. H. 52).

TERRAILLÉ, h. cne de St-Pompain. — *Taraillé* (Cass.).

TERRASSE (LA), h. cne de Moncoutant.

TERRASSONNERIE (LA), h. c^{nes} de St-Coutant et St-Vincent-de-la-Châtre.

TERRASSONNIÈRE (LA), h. c^{ne} de Fenioux, 1694 (arch. V. Béceleuf, 7).

TERRASSONNIÈRE (LA), h. c^{ne} de Xaintray.

TERRE-NEUVE, f. c^{ne} de Marigny.

TERRE-NOIRE (LA), f. c^{ne} de St-Léger-lez-Melle.

TERRIER (LE), éc. c^{ne} d'Amailloux.

TERRIER (LE), m^{on}. c^{ne} de Largeasse.

TERRIER (LE), f. c^{ne} de Rorthais.

TERRIER (LE), f. c^{ne} de St-André-sur-Sèvre.

TERRIER-PISCAULT (LE), f. c^{ne} d'Allonne.

TERRIÈRE (LA), vill. c^{ne} de St-Romans-lez-Melle.

TERRIÈRES (LES), f. c^{nu} du Busseau.

TERRIERS (LES), h. c^{ne} de Bressuire.

TERRIERS-THIBAUT (LES), l.-d. c^{ne} de Cerizay.

TERRITIÈRE (LA), c^{ne} de Coutières. — *La Terrietère*, relev. de la Barre-Pouvreau, 1448 ; *la Territière*, 1516 (arch. Barre). L. disp.

TERROCHONS (CABANE DES), c^{ne} de Coulon.

TERTRE (LE), h. c^{ne} de Chey.

TERTRE (LE), vill. c^{ne} de Loizé.

TERTRE (LE), vill. c^{ne} de St-Coutant.

TERVELIÈRE (LA), f. c^{ne} de St-Aubin-de-Baubigné.

TERVES, c^{on} de Bressuire. — *Tarvia* ou *Tarva*, 1189, 1190 (arch. St-Loup). — *Tarvia seu Terveria*, 1300 (gr.-Gauthier). — *Therve*, 1596 (arch. D.-S E. 883). — *Notre-Dame de Terves*, patron l'abbé de St-Jouin (pouillé 1648).

Dépendait du doyenné et châtellenie de Bressuire, de la sénéchaussée de Poitiers et de l'élection de Thouars. Il y avait 190 feux en 1750.

TERZÉ, f. et mⁱⁿ. c^{ne} d'Oiron. — *Tarzai*, 1518 (cart. Chambon, doc. add.). — *Tarzay*, 1539 (id.). — *Terzay*, 1574, relev. d'Oiron (pays et mon. Poit. Oiron). — *Terzais*, 1786 (arch. D.-S. E. 1080).

TESSERIE (LA), f. c^{ne} de la Chapelle-Largeau.

TESSERIE (LA), vill. c^{ne} de Mazières-en-Gâtine. — *La Texerie* (Cass.).

TESSERIE (LA), vill. c^{ne} de Ménigoute. — *La Texerie*, relev. de la Barre-Pouvreau, 1369 ; *la Tesserie*, 1690, 1770 (arch. Barre, II).

TESSERIE (LA), h. c^{ne} de Sompt.

TESSERIE (L \), vill. c^{ne} de Verruye. — *La Texerie* (Cass.).

TESSON, f. c^{ne} de Prissé. — *Moulin de Taysson*, 1351 (arch. V. Montiern. 95).

TESSONNIÈRES, c^{on} de St-Loup. — *Ecclesia de Taxoneriis*, 109 (Gall. christ. II ; — Besly, év. de Poit.). — *Thessounières*, 1300 (gr.-Gauthier). — *N.-D. des Tessonnières*, patron l'abbé d'Airvault (pouillé B.-Filleau, 416). — *Taisonnière*, XVIIIe s. (arch. D.-S. E. 498). — *Tessonnière* (Cass.).

Dépendait du doyenné de Bressuire, de la sénéchaussée et de l'élection de Poitiers, et en partie de la baronnie d'Airvault. Il y avait 160 feux en 1750.

TÊTE-D'OISEAU (LA), f. c^{ne} de Beaulieu-sous-Parthenay.

TÊTE-NOIRE (LA), vill. c^{ne} de Montigné.

TÊTE-NOIRE (LA), f. c^{ne} de Secondigny, 1736 (arch. Barre, II). — *La Teste noire* (Cass.).

TEXERIE (LA), éc. c^{ne} de Ste-Blandine.

THEBAUDIÈRE (LA), vill. c^{ne} de Clussais. — *La Thebaudrie* (Cass.).

THÉNEZAY, arr^t de Parthenay. — *Vicaria Teneciaciensis in pago Toarcinse*, 916 (Font. XXI, 207). — *Vicaria Teneacinsis in condita Toharcinse*, 942 (doc. pour l'hist. St-Hil. I, 25). — *Tenezae*, XIIIe siècle (cart. Fontevr. II, 421). — *Thenezayum*, 1300 (gr.-Gauthier). — *Tenezay et Thénezay*, 1400 (arch. Barre, II). — La cure de Thénezay fut unie au bas chœur de la cathédrale de Poitiers par l'évêque Hugues de Combarel, en 1440 (arch. V. G. 162). — *Thenazayum*, 1427 (arch. V. cures, 167). — *Tannesay*, relev. de la baronnie de Parthenay, 1430 (compt. de R. Denisot, ap. bibl. nat.). — *Tenesès*, 1705 (arch. D.-S. E. 1187). — *St-Honoré de Ténezay* (pouillé 1782).

La viguerie de Thénezay, dont la véritable étendue demeure inconnue, comprenait, d'après les chartes du xe siècle, Vasles ; Champigny-le-Sec (Vienne) ; Milly, c^{ne} de Charray (Vienne) ; *Sedegenacus* (la Touche de Segenay), c^{ne} de Cherves (Vienne) ; *Nogeriolum* (l. ind.) ; *Puziacus* (Puzé), c^{ne} de Champigny (Vienne) ; *Collis Vinalis* ; Valler (la Vallière, c^{ne} de Thénezay). Elle faisait partie de l'immense *pagus* de Thouars. — Thénezay dépendait de la prévôté, puis châtellenie d'Autin, qui fut réunie de bonne heure à la baronnie de Parthenay (dén. just. bar. Parth. 1744). Il dépendait en outre de l'archiprêtré de Parthenay, de la sénéchaussée et de l'élection de Poitiers. Il y avait 321 feux en 1750.

Le canton de Thénezay, créé en 1790, comprenait Doux, Aubigny, Lhoumois, Oroux, Pressigny. En l'an VIII on lui adjoignit la Ferrière, la Pérate, Saurais du canton de la Ferrière supprimé.

THIARDIÈRE (LA), f. c^ne de Coulonges-Thouarsais, 1723 (arch. V. Brosse-Guilgault, 40).

THIBAUDIÈRE (LA), f. c^ne de Beaulieu-sous-Parthenay. — *La Thibaudière*, 1509, relev. de la Meilleraye (arch. V.).

THIBAUDIÈRE (LA), f. c^ne de la Chapelle-Gaudin. — *La Thebaudière*, 1413 (arch. V. Brosse-Guilgault, 40). — *La Thibauldère*, 1511; *la Tibaudère*, 1594 (arch. V. Brosse-Guilgault, 7).

THIBAUDIÈRE (LA), h. c^ne de la Chapelle-St-Étienne.

THIBAUDIÈRE (LA), f. c^ne de Chizé. — *La Thibaudère*, relev. de Chizé, 1416 (gr.-Gauthier, des bénéf.). — *La Thibauldière*, 1571 (arch. V. S^te-Cr. 89).

THIBAUDIÈRE (LA), f. c^ne de Faye-l'Abbesse.

THIBAUDIÈRE (LA), f. c^ne de Luzay.

THIBAUDIÈRE (LA), h. c^ne de Mauzé-Thouarsais. — *La Tybaudère*, 1317; *la Thibaudère*, 1373 (arch. V. S^te-Cr. 74). — *La Tibaudère*, 1457 (arch. V. Brosse-Guilgault, 41).

THIBAUDIÈRE (LA), h. c^ne de Paizay-le-Tort.

THIBAUDIÈRE (LA), vill. c^ne de Salvre. — *La Thebaudère*, 1538 (not. St-Maix.). — *La Thibaudière*, 1639 (arch. Barre, 11).

THIBAUDIÈRE (LA), à Maranzay, c^ne de Taizé, relev. de Thouars, 1493 (fiefs vic. Thouars).

THIBAUDIÈRE (LA), h. c^ne de Vasles. — *La Tibaudère*, 1407 (arch. V. S^te-Cr. 89). — *La Tybaudière*, 1520 (id. 47). — *Les Thibaudières*, 1601 (arch. Barre, 11).

THIBAUDIÈRES (LES), f. c^ne de St-Marsault.

THIBAUDRIE (LA), f. c^ne de Fressine.

THIBAUDRIE (LA), f. c^ne de Nueil-sous-les-Aubiers. — *La terre Thebaut*, 1351 (arch. hist. Poit. XVII).

THIBAUDRIE (LA), h. c^ne de St-Georges-de-Noisné. — *La Thibaulderye*, 1537; *la Thibaudière*, 1574 (not. St-Maix.). — *La Thébaudrie* (Cass.).

THIBOEUF, m^in. c^ne de Fressine. — *Thibeuf*, 1531 (not. St-Maix.). — *Tibœuf* (cad.).

THIMERIE (LA), f. c^ne de Bretignolle. — *La Thimerye*, relev. de Bressuire, 1602 (arch. St-Loup).

THIORS, chât. c^ne de Luzay. — *Tihorz*, 1172 (doc. pour l'hist. St-Hil. I, 182). — *Tiors*, 1332 (chartr. Thouars). — *Thiors*, 1384 (arch. St-Loup). — Thiors relev. de Thouars (arch. de Thiors). — *Chapelle Ste-Anne au château de Thiors*, dont la présentation est faite par Jeanne David, dame de Thiors, 1638 (tit. orig. sur les famil. Poit. catal. impr. par Clouzot). — *Théors*, 1666 (arch. D.-S. E. 815). — *Ste-Anne de Thiors* (pouillé 1782).

THIORS, f. c^ne de Pierrefitte.

THOIRÉ, vill. c^ne de la Pérate. — *Thoyré*, 1438, reev. de la seign. de Lhérigondeau. — *Le Petit Thoiré*, 1508. — *Le Grand Thoiré*, 1539. — *Thoiré*, 1621 (arch. de Thoiré). — *Thouaré* (cad.).

THOMASSERIE (LA), vill. c^ne de St-Florent.

THOMASSIÈRE (LA), h. c^ne de Montalembert.

THOMASSIÈRE (LA), éc. c^ne de St-Amand-sur-Sèvre.

THORIGNÉ, vill. c^ne d'Avon.

THORIGNÉ, c^on de Celles. — *Villa Torniacus*, 995 (arch. V. Nouail. orig. n° 66). — *Toriniacus*, 1040-1044 (cart. St-Maix. 128). — *Torgniacus seu Torniacus*, 1300 (gr.-Gauthier). — *St-Cyr et Ste-Julitte de Thorigny* (pouillé B.-Filleau, 417). — *Torigné* (pouillé 1782).

Dépendait de l'archiprêtré d'Exoudun, de la baronnie de Melle, de la sénéchaussée de Poitiers et de l'élection de St-Maixent. La cure était à la nomination de l'évêque. Il y avait 147 feux en 1698, et 145 en 1750.

THORIGNY-SUR-LE-MIGNON, c^on de Beauvoir. — *Torgnic, Torgenec*, XIIIe siècle (censif de Chizé). — *Torgnec*, 1351 (arch. V. Mont. 95). — *Torignec*, 1351 (id.). — *Ecclesia B. Mariæ de Thorigneio*, 1402 (panc. de Rochech.). — *Torigné*, 1698 (état gén. la Roch.).

Dépendait de l'archiprêtré de Surgères, diocèse de Saintes, de la sénéchaussée de St-Maixent et de l'élection de St-Jean-d'Angély, généralité de la Rochelle. Relev. de Rohan-Rohan.

THORIGNY, c^ne de Coulon. — *Torigny*, 1651. — *L'escluse de Thorigny*, 1662 (arch. Barre).

THOUARÉ, h. c^ne de la Chapelle-St-Laurent. — *Thouaret*, 1737 (arch. fabr. Chap.-St-Laur.). — *Le Thouaret* (Cass.). — *Le Toiret* (cad.).

THOUARS, arr^t de Bressuire. Un document relativement récent, concernant la chartreuse d'Oiron, laisserait supposer que le nom primitif de Thouars aurait été *Duratium*. Voici le texte : « Domus de Oyron prope Thoarcium, castro de Oyron adjuncta, una leuca francica ab *urbe Duracio* sive *Thoracio* (pour Thoarcio) » (ex annal. de dom le Couteulx, 1690, ap. bull. ant. ouest, 1886, p. 505). Drouyneau de Brie, dans son mémoire manuscrit sur Thouars, en 1742, avait dit également que cette ville avait d'abord porté le nom de *Duratium-Lemovicum* (hist. de Thouars par Imbert, p. 13, 14). Ce nom qui rappelle si bien celui du chef des Pictons, Duratius, ami de César, reporterait l'origine de Thouars à l'époque gauloise, ce qui d'ailleurs ne semble guère douteux, car il devait y avoir sur ce point un *oppidum* antique habité presque certainement à l'époque romaine. Mais où dom le Couteulx et Drouyneau de Brie ont-ils trouvé la preuve de cette curieuse dénomination ? Ils ne l'indiquent pas. Il est donc permis de douter, et il vaut mieux, tout en donnant ce document pour ce qu'il vaut, s'en tenir au nom de Toarec comme étant le premier porté par la ville de Thouars. — *Toarecca (Toarec castrum)*, triens mérovingien (rev. numism. 1838, p. 273 ; — essai sur les monn. du Poit. par Lecoint.-Dup.). — *Castellum Toarcis*, 762 (Eginhard, t. I, p. 140). — *Thoarcis*, 762 (ann. Franc. Met. ap. rer. Gall. script. V, 338). — *Vicaria castelli Toarcinse*, 876 (cart. St-Jouin). — *Pagus Thoarcinsis*, 926 (panc. noire de St-Mart. ap. Besly, 218, et Mabille, 128). — *Pagus Toharcinsis*, 929 (Font. XXI, 241). — *Condita Toarchinse* in ipsa vicaria, 975 (cart. St-Cyprien). — *Toarcium*, 1051 (ch. St-Flor. ap. arch. hist. Poit. II). — *Thoartium*, 1098 (ch. de St-P. de Th. ms. 1660). — *Thoarcium*, 1103 (chron. Sti Albini ap. Besly, 423). — *Thouarcium*, 1113 (Gall. christ. II, bull. de Pasc. II). — *Toarciacum castrum*, 1122 (chron. St-Maix.). — *Toart*, v. 1130 (cart. St-Laon Th.). — *Toarum*, 1156 (anon. chron. ap. rer. Gall. script. XII, 121). — *Thoars*, 1158 (Robert. de Monte, ap. id. XIII, 297). — *Toarz*, 1158 (Rich. le Poit.). — *Toars*, 1166 (Robert. de Monte). — *Toharcium*, 1172 (doc. pour l'hist. St-Hil. I). — *Thoarz*, 1194 (Iay. tr. ch. I). — *Tuarz*, 1199 (Roger de Hoveden ap. rer. Gall. script. XVIII). — *Thouartium*, 1227 (cart. Chambon). — *Touars*, 1285 (cart. St-Laon Th.). — *Thoart*, 1304 (arch. hist. Poit. XI). — *Thouardum*, 1318 (id.). — *Touwart*, 1340 (chron. norm.). — *Thouars*, 1342 (arch. St-Loup). — *Touwars, Thouwars, Thouwart*, 1372 (Froissart, l. 1, § 712, éd. Luce). — *Touhars*, 1381 (arch. V. St-Hil. 880). — *Thouars*, 1428 (chron. Monstrelet).

La ville de Thouars avait quatre paroisses : St-Médard, Notre-Dame, St-Pierre-du-Châtelet et St-Laon. Une autre église très ancienne, St-Martin, dont la situation n'est pas bien connue, fut supprimée et sa paroisse réunie vers 1510 à celle de Notre-Dame du Château. Il y avait à St-Laon une abbaye de l'ordre de St-Augustin. St-Pierre était un chapitre riche et important. Son église ayant été ruinée par les protestants en 1561, et démolie en 1589, les chanoines se dispersèrent. Ce ne fut qu'en 1685 qu'ils furent réinstallés avec la paroisse dans le temple protestant construit en 1643, rue du Carrefour-Tiffauges. Il y avait aussi à Notre-Dame un chapitre fondé par Gabrielle de Bourbon qui fit reconstruire cette église près de son château de Thouars, de 1507 à 1515. Aujourd'hui il n'y a plus que deux paroisses, St-Médard et St-Laon. — Les communautés religieuses d'hommes étaient au nombre de trois : les Cordeliers établis en 1358, les Jacobins en 1359, les Capucins en 1621. Celles de femmes étaient au nombre de deux : les Ursulines fondées en 1630-1635, les Clairettes en 1652, supprimées en 1746. — L'ancienne aumônerie ou maison-Dieu de St-Michel, à laquelle fut réunie la maladrerie de St-Lazare en 1695, fut réunie elle-même à l'hôpital de Poitiers par arrêt du conseil de 1725. Mais le prieuré lui survécut. En 1776, des lettres patentes du roi l'affectèrent à recueillir les orphelins. D'autres lettres patentes du 5 juin 1778 lui adjoignirent la maison de la Providence fondée en 1710 par un prieur de St-Laon. Enfin il fut confondu avec l'hôpital de Thouars, créé d'abord dans des proportions modestes, en 1649, par Anne Derays, puis érigé en hôtel-Dieu par lettres patentes de 1652, et enrichi par la réunion des biens du consistoire en 1683, puis de ceux de l'abbaye de Chambon. — Le collège de Thouars, qui existait avant 1590, fut réorganisé par les lettres patentes de février 1633. Le principal était nommé par le syndic et les habitants de la ville (histoire de Thouars par Hugues Imbert, 1870). — Il y avait dans la ville, en 1740, 670 feux, et 280 dans les hameaux, total 950 feux (aff. du Poit. 1776, p. 54).

L'archidiaconé de Thouars comprenait les doyennés de Thouars, de Bressuire, de St-Laurent-sur-Sèvre (Vendée), de Montaigu (Vendée), les archiprêtrés de Pareds (Vendée), de Vihiers (Maine-et-Loire) et de Parthenay. — Le doyenné de Thouars comptait 60 paroisses, dont 40 sont situées dans le département actuel des Deux-Sèvres. Ce sont : Marnes, Noizé, Pas-de-Jeu, Mauzé, St-Léger-de-Montbrun, Brion, Bouillé-Loretz, St-Cyr-la-Lande, Brie, Rigné, Bouillé-St-Paul, Oiron, Bilazais, St-Généroux, St-Jouin-de-Marnes, le Breuil-sous-Argenton, St-Jacques-de-Montauban, Ste-Verge, Taizé, Ulcot, Borc-sous-Airvault, Tourtenay, St-Jean-de-Bonneval, Missé, St-Pierre-à-Champ, Massais, Cersay, Bagneux, Argenton-l'Église, St-Martin-de-Mâcon, Genneton, Availles-sur-Thoué, Luzay, Ste-Radegonde-de-Pommiers, Maulais, St-Martin-de-Sanzay, Rigné, Irais, Louzy. Les autres paroisses, situées dans le département actuel de Maine-et-Loire, étaient : St-Macaire, St-Just-sur-Dive, St-Just-de-Verché, Concourson, St-Pierre-de-Verché, St-Cyr-sur-Dive, Ste-Marie et St-Étienne-de-Passavant, Vaudelenay, Nieuil-sous-Passavant, Clairé, St-Hippolyte-sur-Dive, Méron, Le Puy-Notre-Dame, Rillé, Montreuil-Bellay, St-Hilaire-le-Doyen, Antoigné, Lenay, la Chapelle-de-Doué. Enfin il y avait

Notre-Dame-d'Or dans le département actuel de la Vienne (gr.-Gauthier).

Le *pagus* de Thouars avait une étendue considérable représentée d'une manière très exacte par la circonscription de l'archidiaconé indiquée plus haut. Il n'avait que deux vigueries, celle de Thouars, très vaste, et celle de Thénezay qui n'en est qu'un démembrement. Voici les noms des localités désignées dans les chartes du xe siècle comme étant comprises dans les limites de ce *pagus* et de cette viguerie : Oiron, Noizé, Taizé, Cuhon (Vienne), Cramart (id.), Montpalais, c[ne] de Taizé, Curçay (Vienne), Antoigné (Maine-et-Loire), Saunay, c[ne] d'Ambillou (id.), Chiché, Largeasse, Allonne, la Pérate, Clazay, St-Germain près Mouilleron (Vendée), les Epesses (id.). La viguerie de Thénezay comprenait, nous l'avons dit, Vasles, Champigny-le-Sec (Vienne), Puzé (id.), Milly, c[ne] de Charray (id.), la Touche-de-Ségenay, c[ne] de Cherves (id.).

La vicomté de Thouars relevait de la tour Maubergeon de Poitiers. Elle embrassait la plus grande partie du Bas-Poitou jusqu'à la mer, et sur cette vaste étendue de pays 1700 fiefs lui rendaient foi et hommage. La vicomté de Thouars fut érigée en duché par lettres patentes de juillet 1563, en faveur de Louis III de la Trémoille, puis en pairie, par lettres d'août 1595, en faveur de Claude de la Trémoille. La châtellenie et son ressort judiciaire comprenaient 61 paroisses divisées en six bailliages : 1° le bailliage d'Orvallois, embrassant les paroisses de Luzay, Maulais, St-Varent, Glenay, partie de St-Généroux, Soulièvre, Availles, Borc, les Jumeaux, Assais, Boussais, Gourgé, Viennay, la Boissière-Thouarsaise ; 2° le bailliage de Coulonges, embrassant les paroisses de Coulonges, Luché, Ste-Gemme, partie de Noireterre, Geay, Sanzay, Pierrefitte, Faye-l'Abbesse, la Chapelle-Gaudin, Moutiers en partie, Rigné, Missé, St-Jean de Bonneval, St-Jacques de Montauban, Mauzé, Ste-Radegonde-de-Pommiers ; 3° le bailliage d'Oironnais, embrassant les paroisses d'Oiron, Pas-de-Jeu, Noizé, Taizé, Brie, St-Jouin, Bilazais, Irais ; 4° le bailliage de la Grande-Marche, embrassant les paroisses de St-Léger-de-Montbrun, St-Martin-de-Mâcon, Louzy, Brion, Tourtenay, St-Cyr-la-Lande, St-Martin-de-Sanzay, Ste-Verge, St-Médard-des-Champs ; 5° le bailliage de la Petite-Marche, embrassant les paroisses du Puy-Notre-Dame (Maine-et-Loire), Vaudelenay (id.), St-Macaire (id.), Verché (id.) ; 6° le bailliage du Bouchage, embrassant les paroisses de Bagneux, Argenton-l'Église, Bouillé-Loretz, Genneton, Ulcot, Cersay, Bouillé-St-Paul, Massais.

Après la création du duché, son ressort judiciaire s'étendit sur 37 seigneuries et 345 paroisses. C'étaient, dans le département actuel des Deux-Sèvres, les baronnies d'Airvault, de Bressuire, de la Forêt-sur-Sèvre, le comté des Mottes et la Chapelle-St-Laurent, les baronnies de Mauléon ou Châtillon-sur-Sèvre, d'Argenton-Château et de la Fougereuse. Les autres, situées dans la Vendée actuelle, étaient les baronnies de Loge-Fougereuse, Ste-Hermine, Mareuil, Bournezeaux, Puybéliard et Chantonnay, la Chaise-le-Vicomte, la Grève, Sigournay, Pouzauges et la Plissonnière, Mouchamps et le Parc, les Essarts, Palluau, Apremont, Commequiers et Challans, Riez, la Garnache et Beauvoir-sur-Mer, Machecoul, Brandois, la Jarrie, Montaigu, Tiffauges, Mortagne, la Roche-Servière, Châteaumur et St-Gervais (hist. de Thouars par Imbert, 248).

Thouars dépendait de la sénéchaussée de Poitiers. L'élection de Thouars comprenait les paroisses de Thouars, St-Jacques-de-Montauban, St-Jean-de-Bonneval, Rigné, Missé, Luzay, Maulais, Taizé, Noizé, Bilazais, Oiron, Brie, Pas-de-Jeu, St-Léger-de-Montbrun, Louzy, St-Martin-de-Mâcon, Tourtenay, Ste-Verge, Brion, Bagneux, St-Martin-de-Sanzay, Bouillé-Loretz, Argenton-l'Église, Bouillé-St-Paul, Cersay, Massais, Ste-Radegonde, Mauzé, Luché, Ste-Gemme, St-Varent, Soulièvre, Availles, Irais, Borc, les Jumeaux, Assais, Glenay, Pierrefitte, Boussais, Noireterre, Geay, la Chapelle-Gaudin, Coulonges-Thouarsais, Moutiers, Argenton-Château, Ulcot, le Breuil, Genneton, Sanzay, la Coudre, Noirlieu, St-Aubin-du-Plain, Chambroutet, St-Porchaire, St-Sauveur, Faye-l'Abbesse, Chiché, Boismé, Chanteloup, Terves, Bressuire, Beaulieu, Voultegon, St-Clémentin, Boesse, Étusson, les Aubiers, Nueil-sous-les-Aubiers, Breuil-Chaussée, Clazay, Courlay, Moncoutant, la Chapelle-St-Laurent, Pugny, Breuil-Bernard, Largeasse, Moutiers-sous-Chantemerle, la Ronde, la Forêt-sur-Sèvre, St-Marsault, St-André, St-Jouin-de-Milly, Montigny, Cirière, Bretignolle, Cerizay, Combrand, St-Amand, le Pin, la Petite-Boissière, Montravers, situées dans le département des Deux-Sèvres ; la Chapelle-au-Lys, Loge-Fougereuse, St-Mesmin, la Pommeraye, le Vieux-Pouzauges, la Meilleraye, la Flocelière, le Boupère, St-Paul-en-Pareds, situées dans le département de la Vendée ; St-Macaire, le Vau-

DÉPARTEMENT DES DEUX-SÈVRES.

delenay, dans le département de Maine-et-Loire (carte du Poitou par Jaillot, 1704).

La subdélégation de Thouars comprenait Thouars, Argenton-Château, Argenton-l'Église, Bagneux, Availles, Bilazais, Boesse, Borc-sur-Airvault, Bouillé-Loretz, Bouillé-St-Paul, Boussais-l'Hôpitaux, Bressuire, Brie, Brion, Cersay, Coulonges, Étusson, Faye-l'Abbesse, Geay, Genneton, Glenay, les Jumeaux, la Chapelle-Gaudin, la Coudre, St-Jacques-de-Montauban, St-Jean-de-Bonneval, le Breuil, les Hameaux, Louzy, Luché, Luzay, Massais, Maulais, Mauzé, Missé, St-Léger-de-Montbrun, Moutiers, Noirlieu, Noireterre, Noizé, Airvault, Oiron, Pas-de-Jeu, Pierrefitte, Rigné, St-Aubin-du-Plain, St-Cyr-la-Lande, St-Jouin-de-Marnes, St-Martin-de-Mâcon, St-Martin-de-Sanzay, St-Porchaire, St-Sauveur, St-Varent, Ste-Gemme, Ste-Radegonde, Ste-Verge, Sanzay, Soulièvre, Taizé, Tessonnières, Tourtenay, Ulcot, Irais, plus, dans le Maine-et-Loire, St-Macaire et le Vaudelenay (almanach provincial de Poitou, 1788).

En 1790, Thouars fut érigé en chef-lieu de district comprenant les cantons de Thouars, Airvault, Argenton-Château, Argenton-l'Église, Brion, Oiron, St-Varent. En l'an VIII il fut maintenu comme chef-lieu d'arrondissement avec l'adjonction de l'ancien district de Bressuire. Mais en 1805 le titre et le siège de l'administration furent transférés à Bressuire. Le canton de Thouars, en 1790, comprenait les communes des Hameaux, St-Jacques-de-Montauban, St-Jean-de-Bonneval, St-Léger-de-Montbrun, Mauzé-Thouarsais, Missé, Ste-Radegonde-de-Pommiers, Rigné, Ste-Verge. En l'an VIII on lui annexa les cantons de Brion et d'Oiron supprimés, c'est-à-dire Brion, St-Cyr-la-Lande, Louzy, St-Martin-de-Mâcon, St-Martin-de-Sanzay, Tourtenay, Bagneux, Oiron, Bilazais, Brie, Maulais, Noizé, Pas-de-Jeu, Taizé.

Thouaret (Le), rivière qui prend sa source dans les communes de Clessé et de Chiché et se jette dans le Thoué, au-dessous de Maulais (stat. des D.-S. par Dupin). — *Thoarius minor*, v. 1000 (cart. St-Jouin). — *Toariolus*, v. 1090 (id.). — *Thouaret*, 1419 (arch. St-Loup).

Thouatère (La), cne de Boismé, relev. de Bressuire, 1399 (arch. St-Loup). L. disp.

Thoué (Le) ou Thouet, rivière qui prend sa source à la Pointerie, cne du Beugnon, passe à Parthenay, St-Loup, Airvault, Thouars, et va se jeter dans la Loire près de Saumur (stat. D.-S. par Dupin). — *Fluvius Toarum*, v. 866 (ch. St-Flor. ap. arch. hist. Poit. II). — *Fluvius Touverii*, v. 1000 (id.). — *Tectum*, v. 1070 (cart. Cormery). — *Thoerium*, v. 1060 (cart. Talmond, 78,177). — *Thoarium*, 1096 (arch. d'Anjou, I, 374). — *Toedus* (ex gest. cons. Andeg. ap. Bouquet, XI). — *Thoerius*, 1119 (f. St-Germ. V, 564; frag. hist. Aquit.). — *Toarium*, v. 1130 (cart. St-Laon Th.). — *Toerium*, 1161 (id.). — *Toer*, 1245 (cart. St-Mich. Th.). — *Thoer*, 1328 (id. St-P. 264). — *Thoet*, 1344 (pap. Blactot). — *Thouer*, 1396 (arch. St-Loup). — *Le Thouet*, 1400 (arch. V. H. 3, Prail.). — *Le Touez*, 1460 (arch. V. Ste-Marth. 160). — *Le Touer*, 1505 (chartr. Thouars). — *Le Thoué*, 1567 (id.).

Thoué, vill. cne d'Allonne.

Thoué, min. cne de Secondigny. — *Thocié* (Cass.).

Thuie (Petite et Grande), f. cne des Aubiers. — *Thué* (Cass.).

Tictière (La), f. cne de Lamairé.

Tiffaille (La), l.-d. cne de Verruye. — *Terra Tifalia que irrigatur rivo fontis Sancti Remigii*, 1091 (cart. St-Maix. 211). — *Thiphalia*, 1098 (id. 231). C'est peut-être le nom primitif du village même de St-Rémy.

Tiffardière (La), chât. vill. et min. cne de St-Liguaire. — *La Tofordère*, 1260 (homm. d'Alph. Poit.). — *Port de la Tifordière*, 1377 (arch. comm. Niort). — *La Thesfordère*, 1402 (Font. XX, 216). — *Port de la Tiffordière*, 1412 (id.). — *La Thiffordière*, 1415 (id.). — *La Tiffardière*, 1419 (id.). — *La Tiffordère*, 1468 (id.).

Tiffaud (Le), vill. cne de Genneton. — *Tiffaults* (Cass.).

Tiffauges. — *Carrefour Tiffauges*, à Thouars, 1643 (chartr. Thouars).

Tiffonnière (La), vill. cne de la Chapelle-Gaudin, 1732 (arch. V. Brosse-Guilgault, 8). — *Les Tiffonnières* (Cass.).

Tignon (Le), éc. cne de St-Maixent-de-Beugné.

Tillac (Le), h. cne de la Petite-Boissière.

Tillac (Grand et Petit), ff. cne de Rorthais.

Tillac (Le), f. cne de St-Jouin-sous-Châtillon.

Tillasson, vill. cne de Breuil-Chaussée. — *Teiglasson*, relev. de Cirière, 1439 (arch. St-Loup).

Tillay, h. cne de Largeasse. — *La Teilhaye*, relev. de Bressuire, 1402 ; *la Teillaie*, 1386 (arch. St-Loup).

Tillay (Fief du), l.-d. cne de Louin, relev. de la Ronde de Louin, 1639 (arch. Vernay).

Tillé, vill. cne de St-Léger-de-Montbrun, fin du XIIIe s. (arch. D.-S. E. 382).

Tilleau (Le), f. cne de Vasles. — *Le Tilloux* (Cass.).

Tillerolle (La), f. cne de Pompaire. — *La Teillerolle*, 1470 (arch. Barre, l). — *La Tillerolle*, 1572 (ma coll.). Relev. de Parthenay.

TILLET (LE), h. c^ne de Courlay. — *La Teillaye*, xve siècle (reg. r. Templ. Maul.).
TILLIÈRE (LA), h. c^ne de Beaulieu-sous-Parthenay. — *La Tilière* (Cass.).
TILLOU, c^on de Chef-Boutonne. — *Villa Tilliolum in vicaria Metulinse*, 817 (Font. XXI, 101). — *Vicaria Tiliolum*, 928 (Font. XV, 93 ; — arch. D.-S.). — *Vicaria Tilliolensis*, v. 947 (cart. St-Jean-d'Ang. ap. Font. LXII, p. 391). — *Vicaria Tello in pago Metulo*, xie siècle (cart. St-Maix. 109). — *Teyllou*, 1300 (gr.-Gauthier). — *Prioratus de Teyllis* (id.). — *St-Sulpice de Teillou*, patron l'abbé de N.-D. de Celles (pouillé B.-Filleau, 415).

Le chastel de Tillou relevait de la baronnie de Gascougnolles, et une partie de ladite paroisse relevait de la baronnie de Melle (bull. soc. stat. D.-S. 1884, pap. terr. des Alleuds). — Dépendait de l'archiprêtré et de la prévôté de Melle et de l'élection de St-Maixent. Il y avait 92 feux en 1693, et 90 en 1750.

TIMARIÈRE (LA), f. c^ne de Chanteloup. — *La Timarère*, 1420, 1439, relev. de la seign. de Forges à Bressuire (arch. St-Loup). — *La Thimarrière*, 1717 (arch. V. H. 3, 728).
TIMARIÈRE (LA), f. c^ne de St-Aubin-le-Clou. — *La Thimarière* (Cass.).
TINE (LA), f. c^ne de Souvigné. — *Molinarium Eldini in aqua Marolii*, 1104 (jadis moulin d'Audin) (cart. St-Maix. l, 246). — *Moulin de la Thyne*, 1569 ; *Tine*, 1584 ; *Tinne*, 1630 (not. St-Maix.). Appartenait à la c^ne de Romans avant sa reconstruction vers 1890.
TINEFORT, éc. c^ne de Romans. — *Tynefort*, 1524 (cart. St-Maix. II, 279). — *Tinnefort*, 1728 (arch. D.-S. H. 78).
TINIÈRE (LA), f. c^ne de Chantecorps, 1676 (arch. Barre, II). — *La Tinnière* (Cass.).
TIONNIÈRE (LA), f. c^ne de Beaulieu-sous-Bressuire.
TIRE-BOURDET, f. c^ne de la Chapelle-St-Laurent.
TIRON, f. c^ne de Courlay. — *Prior de Tiron* (D. 1326). — *St-Roch du Tiron*, présentateur l'abbé de Tiron, au diocèse de Chartres, 1648 (pouillé B.-Filleau, 259). — *Le Thiron* (Cass.).
TISAUDIÈRE (LA), f. c^ne d'Allonne.
TIVOLI, auberge, c^ne d'Allonne.
TIZAY, m^in. c^ne de St-Éanne. — *Villa Titiacus in pago Pictavensi*, 825 (cart. St-Maix. 3, dipl. de Pepin roi d'Aquit.). — *Tizay*, 1566 ; *Thizay*, 1567 (not. St-Maix.). — *Tisé* (cad.).
TIZONNIÈRE (LA), f. c^ne de Noirceterre. — *Tisoneria seu Tizoneria* (D. 1396, ap. pouillé B.-Filleau, 323). — *Prieuré St-Clément de Tizonnière*, patron l'abbé de Ferrières (pouillé 1648, ap.

id.). — *La Tizonnère*, 1439 (arch. St-Loup). — *La Tisonnière*, 1658 (arch. V. Brosse-Guilgault, 15).
TOISON (LA), vill. c^ne de St-Vincent-de-la-Châtre. — *La Toyson*, relev. de la Lambertière, 1362 (arch. V. cart. sceaux, n° 102).
TOIT-A-GAUDIN (LE), f. c^ne de Parthenay. — *La Grange à Gaudin*, 1625 (inv. S^te-Cr. Parth.).
TOMBE-A-L'ALLEMAND (LA), l.-d. c^ne de Vançais.
TOMBE-AUX-PÉLERINS (LA), l.-d. c^ne de Saivre, xive siècle, relev. de Faye (inv. d'Aub.).
TOMBE-CHÂTEAU, l.-d. c^ne de Béceleuf. — *Tonbechastea*, 1428 (arch. Béceleuf, 10).
TOMMERIE (LA), f. c^ne de Secondigny.
TONNELLE (LA), f. c^ne des Alleuds.
TONNELLE (LA), l.-d. c^ne d'Amaillou.
TONNELLE (LA), l.-d. c^ne de Clessé.
TONNELLE (LA), f. c^ne de Coulonges-Thouarsais, 1532 (arch. V. Brosse-Guilgault, 6).
TONNELLE (FIEF DE LA), paroisse de Faye-sur-Ardin, ressort et élection de Niort, 1609 (Font. XX, 415).
TONNELLE (LA), h. c^ne de Gournay.
TONNELLE (LA), f. c^ne de Moulins.
TONNELLE (LA), f. c^ne du Pin.
TONNELLE-DE-LA-CHAGNÉE (LA), l.-d. c^ne de Romans, 1534 (not. St-Maix.).
TONNELLE-DE-LA-POMMERAYE (LA), c^ne de Montigny. Voir POMMERAYE (LA).
TONNELLE-DES-PORTES (LA), éc. c^ne de Sanzay.
TONNELLE-DU-PETIT-SERGENT (LA), l.-d. près Bressuire.
TONNELLES (LES), l.-d. c^ne de Cours.
TONNELLES (LES), l.-d. c^ne de Fénery.
TONNELLES (LES), l.-d. c^ne de Secondigny.
TONNELLES (LES), l.-d. c^ne de Vançais, 1580 (arch. V. St-Ben. 26).
TONNELLIÈRE (LA), f. c^ne de Boismé. — *La Tonnière* (Cass.).
TONNELLIÈRE (LA), c^ne de Secondigny. — *La Tonelère*, 1328 (arch. V. Fontaine-le-C. 30). L. disp.
TONNERIE (HAUTE ET BASSE), h. c^ne du Breuil-sous-Argenton. — *La Tournerie*, 1557 (reg. insin. Thouars).
TONNIÈRE (LA), h. c^ne de Brie.
TORCELLERIE (LA), f. c^ne de St-Romans-lez-Melle. — *La Torcerie* (Cass.).
TORCHONNIÈRE (LA), f. c^ne du Breuil-Bernard. — *La Torchonnère*, 1402 (arch. St-Loup).
TORDUÈRE (LA), f. c^ne de la Forêt-sur-Sèvre.
TORFOU (VALLÉE DE), c^ne de St-Liguaire.
TORSERIE (LA), vill. c^ne de Mazières-sur-Béronne. — *La Torsaizerye*, 1611 (arch. V. Ste-Marth. 112). — *La Torcerie* (Cass.).

TORTEROUÈRE (LA), f. c^{ne} de St-Martin-du-Fouilloux. — *La Tortrouère* (Cass.).
TORTIÈRE (LA GRANDE ET PETITE), vill. c^{ne} de St-Aubin-de-Baubigné.
TORZAISERYE (LA), m^{on}. noble, paroisse de Périgné, ressort de Civray et élection de St-Maixent, 1609 (Font. XX, 418).
TOUCBOURG, h. c^{ne} de Mauzé-Thouarsais, 1578 (arch. V. Brosse-Guilgault, 1).
TOUCHARDIÈRE (LA), f. c^{ne} de Rom.
TOUCHAUD (LE), f. c^{ne} d'Aigonnay.
TOUCHAUD, mⁱⁿ. c^{ne} de Caunay. — *Moulin Touchau* (Cass.).
TOUCHAUD, vill. c^{ne} de St-Mard-la-Lande.
TOUCHAUD (LE), f. c^{ne} de Soudan. — *Le Touschaut*, 1540 (not. St-Maix.).
TOUCHAUD (LE), f. c^{ne} de Vouhé.
TOUCHAUDE (LA), tènement, c^{ne} de Vasles, relev. de la Guillotière, 1405 (arch. V. S^{te}-Cr. 44). — *Les Touschaudes*, entre le Chilleau et la Garenne, 1493 (id. 46).
TOUCHE (LA), vill. c^{ne} d'Aigonnay. — *Tuscha de Agonasio*, 1246 (compt. d'Alph. Poit. ap. arch. hist. Poit. IV). — *Toscha de Aygoneis*, relev. de l'abbaye de St-Maixent, 1248 (cart. St-Maix. II, 80). — *Thusca d'Aigoneas*, 1260 (homm. d'Alph. Poit.). — *Tuscha de Aygonés*, 1270 (arch. hist. Poit. XI, 151). — *Tuscha de Augones*, 1275 (cart. St-Maix. II, 117). — *Tuscha de Aygoneis*, 1276 (id.). — *La Touschе d'Aygonnoys*, relev. de la châtell. de St-Maixent, 1420 (gr.-Gauthier, des bénéf.). — *La Touche d'Aigonnay*, 1775 (état duch. la Meill.).
TOUCHE (LA), h. c^{ne} d'Amaillou. — *La Touschе du Bois Allonnet*, 1524 (arch. V. E^s. 369).
TOUCHE (LA), h. c^{ne} d'Ardin, 1682 (arch. V. Pouzay, 2).
TOUCHE (LA), f. c^{ne} d'Augé.
TOUCHE (LA), vill. c^{ne} de Baussais. — *La Touschе de Baussay*, relev. de la Mothe-St-Héraye, 1621 (av. de la Mothe).
TOUCHE (LA), f. c^{ne} de Boesse.
TOUCHE (LA), h. c^{ne} de Boismé. — *Les Touschеs*, relev. de Bressuire, 1399 (arch. St-Loup). — *Moulin des Basses-Touches* (aff. Poit., 1778, p. 192). — *Les Touches* (Cass.).
TOUCHE (LA BASSE), f. c^{ne} de la Petite-Boissière.
TOUCHE (LA), h. c^{ne} de Bouillé-Loretz.
TOUCHE (LA), f. c^{ne} de Breuil-Chaussée. — *La Touschе-aux-Piletz*, 1420, 1496 (arch. St-Loup; — arch. V. H. 3, 726). — *La Touschе-aux-Pillots*, autrement *fief de Lambertière*, 1609 (Font. XX, 409). — *Les Touches* (Cass. et cad.).

TOUCHE (LA GRANDE), h. c^{ne} du Breuil-sous-Argenton.
TOUCHE (LA), f. c^{ne} de Cersay. — *Chapelle de la Touche*, fondée en 1501 par Jean Graffin, seign. de Bouillé-St-Paul (pouillé 1782, p. 319).
TOUCHE (LA), h. c^{ne} de Chantecorps. — *La Tousche*, 1452; *la Touche de Chantecorps*, 1601 (arch. Barre, I).
TOUCHE (LA), f. c^{ne} de la Chapelle-Bertrand.
TOUCHE (LA), c^{ne} de la Chapelle-Gaudin. — *Toscha*, 1230 (cart. St-Mich. Th.). L. disp.
TOUCHE (LA), f. c^{ne} de la Chapelle-St-Laurent.
TOUCHE (LA), vill. c^{ne} de Chey.
TOUCHE (LA), f. c^{ne} de Coulonges-Thouarsais. — *La Touche Berrier*, 1672 (arch. V. Brosse-Guilgault, 15).
TOUCHE (LA), f. c^{ne} de Courlay. — *La Touschе de Courlé*, 1583 (arch. V. E^s. 367).
TOUCHE (LA), f. c^{ne} de Coutières.
TOUCHE (LA), f. c^{ne} de Deyrançon.
TOUCHE (LA), f. c^{ne} des Échaubrognes. — *La Touschе-Richart*, xve siècle (reg. r. Templ. Maul.).
TOUCHE (LA), c^{ne} d'Exireuil. — *Tuscus de Exirolyo*, 1284 (cart. Châtell.). — *Tuscha*, 1292 (arch. V. Fontaine-le-C. 22). L. disp.
TOUCHE (LA), f. c^{ne} de Germond. — *La Grand Touschе de Germond*, relev. de Corgniou, 1609 (arch. V. E. 1, 9).
TOUCHE (LA), f. c^{ne} de Maisonnais. — *La Touschе en Maisoneis*, relev. de Melle, 1373 (gr.-Gauthier, des bénéf.).
TOUCHE (LA), f. c^{ne} de Mauzé-Thouarsais.
TOUCHE (LA), f. c^{ne} de Mazières-en-Gâtine. — *La Touche Beaujau*, relev. de Pressigny-en-Gâtine, 1600 (arch. V. E^s. 415). — *La Touche du Bouchet*, 1650 (Pap. de la Fontenelle).
TOUCHE (LA), h. c^{ne} de Mazières-sur-Béronne. — *La Touschе de Vilers*, relev. de Melle, 1407 (gr.-Gauthier, des bénéf.).
TOUCHE (LA), éc. c^{ne} de Moncoutant.
TOUCHE (LA), vill. c^{ne} de Nanteuil.
TOUCHE (LA), f. c^{ne} de la Pérate. — *La Touschе*, faisant partie de l'ancien fief de Puychenin-en-Gâtine, relev. de Châteauneuf-en-Gâtine, 1501 (reg. av. Chât.).
TOUCHE (LA), vill. c^{ne} de Périgné.
TOUCHE (LA), f. c^{ne} de Plibou.
TOUCHE (LA), f. c^{ne} de la Ronde.
TOUCHE (LA GRANDE), h. c^{ne} de St-Aubin-de-Baubigné.
TOUCHE (LA), c^{ne} de St-Éanne. — *Feodum, boscum*

et fons de Touchia, 1321 (arch. hist. Poit. XI). L. disp.

TOUCHE (LA), f. c^ne de St-Lin, 1545 (arch. V. E. 3, 38).

TOUCHE (LA VIEILLE), vill. c^ne de Secondigny.

TOUCHE (LA), h. c^ne de Vasles. — *La Tosche de Vâles*, relev. de l'abbaye de S^te-Cr., 1437 (arch. V. S^te-Cr. 44). — *La Tousche près la Pagerie*, 1452 (arch. Barre, II).

TOUCHE (LA), m^in. et f. c^ne de Verruye. — *La Touche-Béluneau*, relev. de Pressigny-en-Gâtine, 1600 (arch. V. E^s. 415).

TOUCHE (LA), f. c^ne de Viennay. — *La Tousche*, 1498 (arch. Bretonn.).

TOUCHE (LA), f. c^ne de Vitré.

TOUCHE-AIMOND (LA), f. c^ne de Maisonnais. — *Touchaimont* (Cass.).

TOUCHE-A-L'ABBÉ (LA), c^ne de St-Jouin près Mauléon, 1410 (arch. V. H. 3, 723). L. disp.

TOUCHE-ALLERIT (LA), h. c^ne du Busseau. — *Tusca quæ dicitur Alercici*, 1037 (cart. St-Jean-d'Ang. ap. f. lat. 5451). — *La Touche-Allerie* (Cass.).

TOUCHE-ALLIÈRE (LA), f. c^ne de Clazay.

TOUCHE-AMÉ (LA), f. c^ne de St-Clémentin. — *La Tousche-Amer*, 1557 (reg. ins. Thouars).

TOUCHE-AU-CHARIER (LA), f. c^ne des Échaubrognes.

TOUCHE-AU-NOIR (LA), vill. c^ne de Geay. — *Toscha Nigri*, v. 1110 (cart. St-Laon Th.). — *La Thosche au Neyr*, 1251 (cart. Chambon). — *Tusca Nigri* (D. 1326). — *La Touche au Noir*, 1551. — *Prieuré de la Touche au Noir*, patron l'abbé de Mauléon (pouillé 1648). — Relev. de la tour Maubergeon de Poitiers, 1669-1776 (arch. V. C. 2, 104 ; — ms. 141, bibl. Poit.).

TOUCHE-AU-PORT (LA), f. c^ne de Nueil-sous-les-Aubiers, 1351 (arch. hist. Poit. XVII).

TOUCHE-AURY (LA), chât. c^ne de la Chapelle-Bertrand. — *La Tousche Aury*, 1370 ; *la Touche Aurry*, 1395 ; *la Tousche Aurry*, 1423 ; *la Tousche-Haurry*, 1492 ; *la Tousche Orry*, 1569 (ma coll. ; — arch. Barre, II).

TOUCHE-BARRÉ (LA), f. c^ne de Chanteloup. — *La Tousche Barré*, 1399 (arch. St-Loup).

TOUCHE-BARRÉ (LA), h. c^ne de Sauzé-Vaussais.

TOUCHE-BEAU (LA), f. c^ne de St-Germain-de-Longue-Chaume. — *La Tousche aux Renaudères*, 1404 (arch. Moiré). — *La Touchebaud* (Cass.).

TOUCHE-BEL-AIR (LA), h. c^ne de Secondigny.

TOUCHE-BEUGNOKET (LA), h. c^ne du Busseau.

TOUCHEBON, m^in. c^ne de Chambroutet, 1585 (arch. V. Brosse-Guilgault, 8).

TOUCHEBON (LA), logis et f., c^ne de St-Germain-de-Longue-Chaume.

TOUCHE-BURE (LA), h. et m^in. c^ne de Vasles, relev. de la Motte de Chalandray ou Rochefort (état duch. la Meill. 1775).

TOUCHE-CHÉVRIER (LA), f. c^ne de St-Porchaire. — *Tusca Caprarii* ou *Caprasii* (D. 1326). — *La Tousche Chevrer*, 1392 (arch. V. St-Cypr. 30).— *La Tousche Chévrier*, 1585 (arch. V. Brosse-Guilgault, 8).— *Prieuré de St-Étienne de Touche Chévrier*, patron l'abbé de St-Laon de Thouars, 1648 (pouillé B.-Filleau, 395).

TOUCHE-CLAVEAU (LA), vill. c^ne de St-Georges-de-Noisné.

TOUCHE-DE-MÂCON (LA), c^ne de St-Martin-de-Mâcon, relev. de Thouars, 1543 (chartr. Thouars).

TOUCHE-DE-SAINT-GIRAULT (LA), f. c^ne de Chantecorps.

TOUCHE-D'HILLERIN (LA), f. et chât. c^ne du Breuil-sous-Argenton. — Le service de la *chapelle du château de la Tousche d'Hillerin*, vu son mauvais état, est transféré dans l'église du Breuil par l'évêque de Poitiers le 31 déc. 1671 (tit. sur fam. Poit. impr. par Clouzot).

TOUCHE-DU-MILIEU (LA), f. c^ne de Nueil-sous-les-Aubiers.

TOUCHE-DU-PONT (LA), h. c^ne de Courlay.

TOUCHE-ESNARD (LA), vill. c^ne de Lezay.

TOUCHE-FRÉMONTÈRE (LA), f. c^ne de St-Aubin-de-Baubigné.

TOUCHE-GUÉRY (LA), vill. c^ne de Courlay. — *La Touche-au-Prestre*, 1435 (arch. St-Loup).

TOUCHE-GOND (LA), f. et m^in. c^ne de Breuil-Chaussée. — *La Tousche Gon*, 1556 (reg. insin. Thouars).

TOUCHE-GOND (LA PETITE), h. et m^in. c^ne de Chambroutet.

TOUCHE-GRASSE (LA), f. c^ne de Maisonnais.

TOUCHE-GUIBERT (LA), éc. c^ne de St-Georges-de-Noisné. — *Thuscha Gileberti*, 1260 (homm. d'Alph. Poit.). — *La Tousche Gilibert*, relev. de la châtell. de St-Maixent, 1406 (gr.-Gauthier, des bénéf.). — *La Tousche Gilbert*, 1506 (arch. V. E^s. 446). — *La Tousche Gillebert*, 1542 (not. St-Maix.).

TOUCHE-GUIBERT (LA), f. c^ne de Secondigny. — *La Touche-Guibert*, 1685 (arch. Barre, II).

TOUCHE-L'ABBÉ (LA), vill. c^ne de Tessonnières, 1639 (arch. Vernay). — *La Tousche l'Abbé*, 1664 (arch. D.-S. E. 982).

TOUCHE-LANDIÈRE (LA), f. c^ne de Terves. — *La Touselondère*, 1420 ; *la Touselandère*, 1425 (arch. St-Loup).

Touche-Marion (La), bois, c^ne de Fenioux (D.-S. par Dupin, an XII, p. 71).

Touche-Millet (La), f. c^ne de Chenay.

Touchemont, f. c^ne de Maisonnais.

Touche-Moreau (La), f. c^ne de Rom.

Touche-Mulet (La), f. c^ne de Clessé.

Touche-Nieau (La), f. c^ne de Sanzay.

Touche-Noiron (La), f. c^ne de Moulins. — *La Touche-Néron*, 1351 (arch. hist. Poit. XVII).

Touche-Oré (La), éc. c^ne des Échaubrognes.

Touche-Parée (La), f. c^ne de Gourgé.

Touche-Pâris (La), f. c^ne de Scillé. — *Paris* (Cass.).

Touche-Poupart (La), chât. c^ne de St-Georges-de-Noisné. — *Popardus de Tuscha*, 1278 (arch. V. Fontaine-le-C. 22). — *La Touche Poupart*, relev. de St-Maixent, 1406 (gr.-Gauthier, des bénéf.) — *La Tousche Poupart*, 1448, 1455 (inv. d'Aub. ; — arch. Barre, II). — *Moulin de la Tousche Poupart*, autrement *le moulin de Ligueure*, 1538 (not. St-Maix.).

Touche-Prunelle (La), f. c^ne de St-Marsault.

Toucherolle (La), h. c^ne de Loubigné.

Touche-Salboeuf (La), f. c^ne de Moulins.

Touches (Les), vill. c^ne du Breuil-Bernard. — *Les Toches*, 1273 (arch. St-Loup). — *Les Tousches en la châtellenie de Bressuire*, 1379 (arch. St-Loup).

Touches (Les Basses), f. c^ne de Cersay.

Touches (Les), f. c^ne de la Chapelle-Largeau.

Touches (Hautes et Basses), f. c^ne de Châtillon-sur-Thoué. — *La Tousche*, 1579 (ma coll.).

Touches (Les), f. c^ne de Coulon.

Touches (Les), paroisse d'Exoudun, dont les bâtiments ruinés par les guerres dépendent de la baronnie de la Mothe St-Héraye, 1621 (av. de la Mothe).

Touches (Les Basses), f. c^ne de Nueil-sous-les-Aubiers. — *Les Touches*, 1315 (arch. Durbell.). — *Les Touches Bonteyg*, 1317 (arch. V. Brosse-Guilgault, 7). — *Les Touches-Boutaing*, 1351 (arch. hist. Poit. XVII). — *Les Tousches*, 1615 (arch. V. les Linaux).

Touches (Les), f. c^ne de St-Aubin-le-Clou. — *La Touche*, relev. de Champdeniers, 1709 (hist. de Champd. par Desaivre, 32).

Touches (Les), vill. c^ne de St-Germier. — *Feodum Tocheys de Sancto Germerio*, 1269 ; *Tuscha au Végeraus*, relev. de l'abbaye de St-Maixent, 1269 (cart. St-Maix. II, 104, 105). — *Les Tousches* 1468 (arch. V. E. 1, 10).

Touches (Les), f. c^ne de St-Maurice-la-Fougereuse.

Touches (Les), h. c^ne de St-Pardoux.

Touches (Les), vill. c^ne de Sauzé-Vaussais.

Touches (Les), f. c^ne de Terves.

Touches (Les Hautes et Basses), vill. c^ne de Thorigné. — *Verruyes*, autrement *la Tousche Touppineau*, 1575 (arch. V. Ste-Marth. 109). — *Les Touches Toupineau dit Verruies*, 1605, relev. de la seign. de Châteauneuf (id.). — *Les Tousches-Thoupinerve*, ressort de Civray et élection de St-Maixent, 1609 (Font. XX, 419).

Touches (Les), vill. c^ne de Vallans. — *Les Touches*, 1398 (arch. hist. Poit. XXIV, 318).

Touches (Les), f. c^ne de Vausseroux, relev. de l'abbaye de Ste-Croix, 1362 (arch. V. S^te-Cr. 44). — *Les Tousches*, 1468 (id. E. 1, 10).

Touches (Les), f. c^ne de Vautebis. — *Les Toches*, 1224 (cart. Châtell.). — *Les Tousches*, 1425 ; *les Touches*, 1434, relev. de l'abbaye des Châtelliers (id.).

Touches-Aubrières (Les), f. c^ne de St-Aubin-de-Baubigné.

Touches-Cochin (Les), h. c^ne de Vasles. — *Les Tousches aux Couchins*, 1362 (arch. V. S^te-Cr. 44).

Touches-de-Bouillé-Loretz (Les), f. c^ne de Cersay.

Touches-de-Broute (Les), l.-d. c^ne de St-Jean-de-Bonneval. — *Tuchæ de Broute*, 1255 (arch. V. St-Hil. 870).

Touches-Lezay (Les), f. c^ne de Ménigoute. — *Les Tousches de Lezay*, 1369, 1394 ; *les Tousches-Lezay*, 1469 ; *étang des Tousches*, 1469 (arch. Barre, II, 23, 83).

Touchette (La), f. c^ne de Mazières-en-Gâtine, relev. de Pressigny-en-Gâtine (arch. V. Pet.-Chêne).

Touchette (La), f. c^ne de Neuvy-Bouin.

Touche-Vieille (La), éc. c^ne de Boesse.

Touche-Vieille (La), vill. c^ne de Thorigné.

Touchottière (La), f. c^ne de Chanteloup. — *La Touschatière*, 1392 (arch. hist. Poit. XXIV, 64). — *La Touchottière*, relev. d'Étries, 1615 (arch. V. pap. Droch.).

Touchottière (La), f. c^ne de Saurais.

Toupetière (La), f. c^ne de Chiché.

Tour (La), f. c^ne de Courlay.

Tour (La), m^in. c^ne de Mazières-sur-Béronne. — *La Tour la Plesse*, 1680 (la fam. des seign. de Faugeré par Sauzé).

Tour (La), vill. c^ne de Montravers. — *La Tour*, 1383 (arch. St-Loup).

Tour (La), f. cne de Pamplie.

Touranchère (La), h. cne de Neuvy-Bouin. — *La Turanchière*, 1281 (cart. Bourgueil, ap. f. lat. 17127).

Tour-Basse (La), h. cne du Cormenier.

Tour-Carrée (La), f. cnes de Saivre et de Saint-Maixent.

Tour-Chabot (La), logis, cne de Niort.

Tour-Chabot (La), en la ville de St-Maixent. — *La Tour Chabot*, 1424 (arch. V. E. 2, 241). — Relev. d'Aubigny, 1604 (inv. d'Aub.).

Tour-de-la-Plaine (La), mon. noble au bourg de Marigny, 1634 (arch. V. Brosse-Guilgault, 7).

Tour-du-Chiron (La), f. et anc. tour détruite, cne de la Pérate. — *Le Chiron*, 1264 (arch. V. Fontaine-le-C. 30). — *Le Chyron*, 1286 (hist. Chât. p. 118). — *La Tour du Chiron*, 1610 (pap. Rémondet).

Tourette (La), f. cne de Bretignolle.

Tourette (La), h. cne de Mauzé-Thouarsais.

Tourette (La), f. cne de St-Éanne.

Tourlay, f. cne de Voultegon.

Tournay, f. cne de St-Gelais.

Tourne-Bride (Le), f. cne de St-Aubin-de-Baubigné.

Tournebride (Le), f. cne de St-Génard.

Tournebride (Le), éc. cne de Terves.

Tournelay, h. cne de Chambroutet. — *Tournelaye*, 1558 (reg. insin. Thouars). — *Tournelais* (Cass.).

Tournelay, chât. cne de Nueil-sous-les-Aubiers. — *Tournelays*, relev. du Fresne, 1367, 1394 (Font. XXXVIII, p. 240 ; — dict. fam. Poit. I, 256). — *Tournellay*, 1615 (arch. V. les Linaux). — *Tournelais* (Cass.).

Tournerie (La), f. cne de la Chapelle-St-Étienne.

Tourneton (Le), f. cne de la Chapelle-Largeau.

Tournevrière (La), f. cne de St-Marsault. — *La Tounevrière* (Cass.).

Tournière (La), h. cne de Brion.

Tour-Nivelle (La), f. cne de Courlay. — *La Nivelle* (Cass.). Voir Nivelle (La).

Tourtenay, con de Thouars. — *Villa Tortoniacum*, VIIe siècle (ann. Bénédict. I). — *Villa Tortiniacus in pago Toarcensi*, v. 995 (ch. de St-Flor. ap. arch. hist. Poit. II). — *Tortuniacus*, 1012 (échange de cette terre entre l'abbaye de Jumièges et l'abbaye de Bourgueil, ap. catal. de D. Housseau par Mabille). — *Turtiniacus*, XIe siècle (cart. Bourg. St-Germ. lat. 13816, p. 227). — *Tourtenay*, 1169 (bull. d'Alex. III, ap. Gall. christ. II, 367). — *Tortenay*, 1300 (gr.-Gauthier). — Relev. de Thouars, 1470 (hist.

Thouars, 175). — *St-Fort de Tourtenay* (pouillé B.-Filleau, 422). — *St-Pierre de Tourtenay* (pouillé 1782).

Dépendait du doyenné et élection de Thouars, de la sénéchaussée de Saumur et du bailliage de la Grande-Marche, ressort du siège de Thouars. Il y avait 160 feux en 1750.

Tourteron, vill. cne de Coulonges-les-Royaux. — *Turturonno*, VIIe siècle (triens méroving. ap. Fillon, lett. à M. Dug.-Mat. 74). — *Tortron super fluvium Altezia*, 989 (cart. Bourgueil, cop. Salm. I, 169). — *Tourtron*, 1453 (arch. D.-S. E. 274).

Toutaire (La), f. cne de Terves.

Toutifaud, vill. cne du Beugnon.

Toutifaud, f. cne de Magné.

Tout-y-Faut, f. cne de Cherveux.

Tout-y-Faut, f. cne de St-Liguaire.

Tout-y-Faut, f. cne de Vernou-en-Gâtine.

Touvaireau, f. cne de Coulon.

Touvent, h. cne de Mauzé-sur-le-Mignon.

Touvent, f. cne de St-Liguaire.

Touveron (Le), ruisseau, cne de Fenioux. — *Rivière du Thoeron*, 1433 (arch. V. Fontaine-le-C. 30).

Touvois, f. et min. cne des Échaubrognes. — *Thouvaye*, 1496 (Font. XXXIX, p. 678). — *Touvois*, par. St-Hilaire d'Échaubrogne, 1656 (Font. LXXXVII).

Touvois, f. cne de Vausseroux.

Touzattière (La), f. cne de Clazay. — *La Touzelattière*, 1621 (arch. V. St-Cypr. 47). — *La Taizoulletière*, 1662 (arch. D.-S., E. 970).

Touzottière (La), f. cne de la Ferrière. — *La Tousotière* (Cass.).

Trac (Le), f. cne des Forges.

Traine (La), min. cne de la Chapelle-Thireuil.

Traine (La), f. cne de Souché.

Trainière (La), f. cne de St-Aubin-le-Clou. — *La Traynière*, relev. de Châteauneuf-en-Gâtine, 1503 (reg. av. Chât.), et de la seign. de Sonnay en 1534.

Tranchandière (La), cne de la Forêt-sur-Sèvre, relev. de la baronnie de la Forêt, 1646 (arch. chât. la For.).

Tranchée (La Grande et la Petite), vill. cne des Alleuds, relev. en partie de l'abbaye des Alleuds, 1728 (arch. V. chap. St-P. 234).

Trancher (La), vill. cne de St-Florent. — *La Tranchée*, 1420 (arch. V. St-Cypr. 48). — *Bois de la Tranchée*, où existe une ancienne motte en terre entourée de fossés, dépendant de l'abbaye de St-Liguaire (bull. soc. stat. 1888, p. 186 ; 1889, p. 276).

DÉPARTEMENT DES DEUX-SÈVRES.

TRANCHÉES (LES), vill. c^{ne} des Forges. — *Les Tranchées*, 1485 (arch. V. S^{te}-Cr. 46).

TRANZONNIÈRE (LA), h. c^{ne} de Lemairé.

TRAPERIE (LA), c^{ne} de Breuil-Chaussée, relév. de Bressuire, 1392 (arch. St-Loup).

TRAPPE (LA) (HAUTE ET BASSE), h. c^{ne} de Rorthais. — *Trapa*, v. 1120 (cart. Trin. Maul.). — *Trappa* (D. 1326 et 1383). — *La Trappe*, 1493 (arch. Barre, I, 60). — *Prieuré de la Trappe*, patron l'abbé de Tiron au diocèse de Chartres, 1648 (pouillé B.-Filleau, 371).

TRAPPE (LA), vill. c^{ne} de St-Martin-lez-Melle. — *Trappes*, relev. de Melle, 1044 (gr.-Gauthier, des bénéf.).

TRAQUINIÈRE (LA), vill. c^{ne} d'Ulcot. — *La Tréquinière* (Cass.).

TRAYE, f. c^{ne} de Coutières. — *Moulin de Trey sur la Vonne*, en la châtellenie de Bois-Pouvreau, 1364. — *Trahec*, 1369. — *Traet*, 1414 ; *Trahy*, 1520 (arch. Barre). — *Tray* (Cass.).

TRAYE, c^{on} de Moncoutant. — *Traye*, 1102 (cart. Bourgueil). — *Treia*, XIIe siècle (cart. l'Absie). — *Troya*, 1274 (cart. Bourg.). — *Traya*, 1300 (gr.-Gauthier). — *St-Denis de Traye* (pouillés 1648 et 1782). — *Trays* (Cass.).

Dépendait de l'archiprêtré de Parthenay, de la châtellenie de Châteauneuf-en-Gâtine, de la sénéchaussée de Poitiers et de l'élection de Niort, après avoir fait partie de celle de Parthenay au XVIe siècle. La cure était à la nomination de l'abbé de Bourgueil.

TREBESSE, vill. c^{ne} d'Azay-sur-Thoué. — *La Trebace*, 1408 (arch. nat. O. 19703). — *St-Blaise de la Trebesse près les Poulies de la Trebesse*, 1633 (arch. de la Pêchellerie). — *St-Blaise de la Trebasse* (pouillé 1782).

TRÉBONNIÈRE (LA), f. c^{ne} d'Allonne.

TRICHONNIÈRE (LA), f. c^{ne} d'Allonne. — *La Trichonnère*, 1192 (arch. V. Fontaine-le-C.). — *La Trichonère*, 1328 (id.).

TRÉGUIGNIÈRE (LA GRANDE), f. c^{ne} de Luché-Thouarsais. — *La Grande Tréquinière*, 1497 (fiefs vic. Th.). — Relev. de Hérisson-en-Thouarsais, puis de Thouars, après la réunion de Hérisson, 1605 (chartr. Thouars). — *La Tréguegnière*, 1605 ; *la Triguenière*, 1619 (arch. V. Brosse-Guilgault, 41). — *La Tréquinière* (Cass.). — *La Tréquinière* (cad.).

TREIL (LE), f. c^{ne} d'Adilly. — *Le Treuilh*, dépendant de l'abbaye du Bois-d'Allonne, 1563 (arch. V. pr. Bois-d'All. 53).

TREILLE (LA), h. c^{ne} d'Assais.

TREILLE-BOIS, vill. c^{ne} de la Foye-Monjault. — *Les Treilles-Bois*, 1786 (arch. D.-S. H. 6, 7). — *Treil-Bois* (Cass.).

TREIZE-VENTS, vill. c^{ne} de la Chapelle-Gaudin.

TRELAY, c^{ne} d'Augé. — *Terlaye*, relev. d'Aubigny, 1361 (inv. d'Aub.). — *Trelay*, 1508 ; *Trelaye*, 1530 ; *Trelée*, 1560 (not. St-Maix.).

TREMBLAYE (LA), h. c^{ne} d'Adilly.

TREMBLAYE (LA), vill. c^{ne} des Aubiers. — *La Tremblaye*, 1270 (cart. Trin. Maul.). — *La Trembloye-Simon*, 1351 (arch. hist. Poit. XVII). — *La Tremblaye*, 1455 (doc. sur Commines par Fierv. 52). — *La Tramblaye*, 1514 (arch. V. E. 2, 237).

TREMBLAYE (LA), vill. c^{ne} du Breuil-Bernard.

TREMBLAYE (LA), vill. c^{ne} de Faye-l'Abbesse. — *La Trambloye*, 1400 (arch. St-Loup). — *La Tramblaye*, relev. de Bois-Regnault (Bois-Reneau en Geay), 1447 (arch. V. E^s. 430).

TREMBLAYE (LA), h. c^{ne} de la Pérate.

TREMBLAYE (LA), chât. c^{ne} du Pin. — *La Tremblaye*, 1366. — *La Tremblaye-Barlot*, 1472 (dict. fam. Poit. I, 290).

TREMBLAYE (LA), f. c^{ne} de St-Sauveur-de-Givre-en-Mai. — *La Tramblaye*, 1545 (pap. Blactot).

TREMBLAYE (LA), h. c^{ne} de Vasles.

TRÉMEILLÈRE (LA), vill. c^{ne} de Sepvret. — *La Termellière* (Cass.).

TREMIÈRE (LA), h. c^{ne} de Pougne-Hérisson. — *L'Estrimière*, 1684 (arch. Barre, II).

TREMINIÈRE (LA), h. c^{ne} du Puy-St-Bonnet.

TRÉMONT, h. c^{ne} de la Mothe-St-Héraye. — *Tremonz*, Xe siècle (cart. St-Maix. 83). — *Campus de Castellario à Tremonz*, 1040-1044 (id. 125). — *Tremunt*, 1075 (id. 463). — *Trémont*, 1566 (not. St-Maix.). — *Trémondz*, 1621 (av. de la Mothe). — *Trémond*, 1667 (arch. D.-S. E. 1201). — *Trément* (Cass.).

TRENEUILLÉ, mⁱⁿ. c^{ne} de Chef-Boutonne, autrefois de Lussay. — *Moulins de Trenoillé*, 1473 (arch. V. chap. St-P. 242).

TRENTE-SIX-CÔTES (LES), h. c^{ne} de Neuvy-Bouin.

TRÉPINIÈRE (LA), vill. c^{ne} du Busseau.

TRESLEBOURG, c^{ne} de Coulonges-Thouarsais ; anc. fief relev. de la Brosse-Guilgault. — *Treslebourg*, autrement *la Chatte*, 1646 ; *Trellebourg*, 1661 ; *Treilbourg*, 1663 ; *Tresrebourg*, 1721 ; *Tresbourg*, 1736 (arch. V. Brosse-Guilgault, 15, 22).

TRESSAUVE, vill. c^{ne} de Chavagné. — *Tresseove*, 1222 (cart. St-Maix. II, 50). — *Tresseauve*, 1526 (not. St-Maix.).

TRESSE (LA), f. c^{ne} d'Exoudun.

TRESSONNIÈRE (LA), h. c^{ne} de Xaintray.

TRESVÉES, mⁱⁿ. c^{ne} de Rom. — *Trese-Voyes*, 1595 ;

Treize-Voyes, 1674 (arch. D.-S. E. 250). — *Tresvieille*, 1680 (arch. V. N.-D. 149).

Tretaudière (La), f. c^{ne} de la Ferrière, relev. de Parthenay, 1402 (arch. Bretonn.-Chal.).

Treuil (Le), f. c^{ne} de Celles.

Treuil (Le), vill. c^{ne} de la Chapelle-Thireuil, relev. de Bois-Chapeleau, 1631 (arch. Bois-Chap.).

Treuil (Le), f. c^{ne} d'Exireuil. — *Le Treuil des Chastelliers*, 1533 (not. St-Maix.).

Treuil (Le), c^{ne} de Faye-sur-Ardin ; anc. fief relev. de Beauregard. — *Le Treil*, 1600 (arch. V. Beauregard, 25).

Treuil (Le), f. c^{ne} de St-Symphorien.

Treuil-Boisseau (Le), f. c^{ne} de Mauzé-sur-le-Mignon.

Trevin, vill. c^{ne} de Chauray. — *Trevint*, 1070 (cart. St-Maix. 157). — *Trevintium*, 1110 (id. 258). — *Trevins-Ravart*, 1164 (id. 366). — *Feodum Ravart de Trevins*, 1230 (id. II, 59). — Relev. de l'abbaye de St-Maixent, 1269 (id. 100). — *Trevyn*, 1475 (arch. V. E. 2, 23).

Triat, vill. c^{ne} de Crézières.

Triboire (La), vill. c^{ne} de Boismé. — *La Tribouère*, relev. de Bressuire, 1385, 1389 (arch. St-Loup). — *La Treboire* (Cass.).

Tribouillet, f. c^{ne} de Lhoumois.

Tricherie (La), h. c^{ne} de la Couarde.

Tricherie (La), f. c^{ne} de Faye-sur-Ardin, 1682 (arch. V. Béceleuf, 7).

Trigale, h. c^{ne} de Magné.

Triolerie (La), f. c^{ne} de l'Absie. — *Terra Traollerie*, v. 1180 (cart. l'Absie).

Triou, vill. c^{ne} de Mougon. — *Villa Trionensis in vicaria de castro Metulense*, 1031 (coll. Moreau, t. XX, p. 133 ; — Gall. christ. II, 330, ch. de Kadel. d'Aun.). — *Tryoux*, 1620 (dén. 1620 ap. mém. soc. stat. 3e sér. VI, 336). — *Triou*, relev. de Chef-Boutonne, 1667 (dén. 1667).

Triperie (La), f. c^{ne} de la Petite-Boissière.

Tripozeau, f. c^{ne} de Germond. — *Estriposeau*, 1689 (arch. V. E. 1, 8). — *Triposeau*, 1728 (arch. Barre, I).

Tritière (La), vill. c^{ne} d'Azay-sur-Thoué. — *La Territière* (Cass.).

Tritonne (La), f. c^{ne} de Souvigné.

Triveau, mⁱⁿ. à foulon, c^{ne} du Pin.

Trobelle, c^{ne} du Breuil-sous-Argenton.

Troche (La), h. c^{ne} de Coulonges-Thouarsais, 1520 (arch. V. Brosse-Guilgault, 1).

Trognerie (La), f. c^{ne} des Aubiers. — *La Troignière*, 1351 (arch. hist. Poit. XVII).

Trois-Moulins (Les), c^{ne} de Fontperron. — *Les Trois Molins*, 1323 ; *Les Trois Moulins*, relev. des Châtelliers, 1581 (cart. Châtell.).

Trois-Moulins-des-Clercz-et-des-Moreaux (Les), c^{ne} de Nanteuil, relev. de Faye, 1564 (inv. d'Aub.).

Trois-Moulins (Les), l.-d. c^{ne} de St-Aubin-de-Baubigné.

Trois-Moulins (Les), l.-d. c^{ne} de St-Pardoux.

Trois-Piliers (Les), h. c^{ne} de Caunay.

Trois-Sèvres (Les), confluent de la nouvelle et vieille Sèvre-Nantaise, c^{ne} de St-Jouin-de-Milly.

Trompe-Souris, h. c^{ne} de Gourgé.

Trompette (La), f. c^{ne} de Brelou.

Trotebaril, f. c^{ne} de Villiers-en-Plaine.

Trotigny, h. et mⁱⁿ. c^{ne} d'Échiré.

Trou-d'Enfer (Le), vill. c^{ne} de St-Florent.

Trouille-Gadin (La), l.-d. c^{ne} de St-Symphorien, 1505 (arch. D.-S. G. 24).

Trouillonnière (La), h. c^{ne} de Boismé.

Tronnière (La), h. c^{ne} de Brion. — *Hospicium de Tronneria gallice la Tronnière, situm inter Musterellum Bellay et villam de Touart*, 1347 (arch. hist. Poit. XVII, 52).

Trousse-Chemise, f. c^{ne} de St-Symphorien.

Trouère (La), vill. c^{ne} de St-Mard-la-Lande. — *La Trouère*, appartenant à la commanderie de St-Antoine-de-la-Lande en 1728 (arch. D.-S. H. 235). — *La Trouaire* (Cass.).

Truitière (La), h. c^{ne} de Vouhé. — *La Troytère*, 1333 (arch. V. E^s. 427).*— La Troictère*, 1354 (id. 418). — *La Truhetère*, 1395 (id.). — *La Truitière*, relev. de Pressigny-en-Gâtine, 1600 (id. 415). — *La Trutière*, 1631 (inv. S^{te}-Cr. Parth.).

Trute (La), mⁱⁿ. c^{ne} de St-Christophe-sur-Roc. — *La Trutte*, 1652 (not. St-Maix.).

Tublier, vill. c^{ne} de l'Enclave. — *Les Thubliers*, paroisse de St-Pierre-de-Melle, relev. de la baronnie de la Mothe-St-Héraye, 1621 (av. de la Mothe).

Tublier (Le), h. c^{ne} de Sepvret.

Tuchaud (Le), h. c^{ne} de St-Laurs.

Tudet (Le), f. c^{ne} d'Allonne.

Tudet (Le), f. c^{ne} de Largeasse.

Tudelle (La), f. c^{ne} de Breuil-Chaussée. — *La Tudelle*, relev. de Bressuire, 1376, 1420 (arch. St-Loup). — *La Thudelle* (Cass.).

Tuerie (La), f. c^{ne} de Brelou.

Turrie (La), vill. c^{ne} de St-Lin. — *La Turie*, 1493 (arch. Barre, I). — *La Thurye*, relev. de Pressigny, 1600 (arch. V. E^s. 415).

Tuffeau, vill. c^{ne} de Rom, 1580 (arch. V. N.-D. 148). — *Tuffau* (Cass.).

Tufferie (La), f. c^{ne} des Groseillers.

TUILERIE (LA), h. c^{ne} des Aubiers.
TUILERIE (LA), h. c^{ne} de la Bataille.
TUILERIE (LA), f. c^{ne} de Beaulieu-sous-Parthenay.
TUILERIE (LA), h. c^{ne} de Bessines.
TUILERIE (LA), m^{on}. c^{ne} de Boismé.
TUILERIE (LA), éc. c^{ne} de Bouillé-Loretz.
TUILERIE (LA), éc. c^{ne} de Cerizay.
TUILERIE (LA), éc. c^{ne} de Champdeniers.
TUILERIE (LA GRANDE ET PETITE), vill. c^{ne} de Chantecorps. — *La Tieublerye*, 1544. — *La Vieille Tieublerie*, 1577 (not. St-Maix.). — *La Petite Teublerie* (Cass.). — *La Tublerie*, 1789 (arch. D.-S. II. 325).
TUILERIE (LA), m^{on}. c^{ne} de la Chapelle-Largeau.
TUILERIE (LA), usine, c^{ne} de la Chapelle-St-Laurent.
TUILERIE (LA), f. c^{ne} de Chiché.
TUILERIE (LA), éc. c^{ne} de Chizé.
TUILERIE (LA HAUTE), f. c^{ne} de Combrand.
TUILERIE (LA), usine, c^{ne} de Courlay.
TUILERIE (LA), h. c^{ne} des Jumeaux.
TUILERIE (LA), éc. c^{ne} de Largeasse.
TUILERIE (LA), f. c^{ue} de Lhoumois.
TUILERIE (LA), usine, c^{ne} de Limalonges.
TUILERIE (LA), h. c^{ne} de Montalembert.
TUILERIE (LA), éc. c^{ne} de Montigny.
TUILERIE (LA), f. c^{ne} des Moutiers-sous-Chantemerle.
TUILERIE (LA), h. c^{ne} d'Oroux.
TUILERIE (LA), f. c^{ne} de Pamplie.
TUILERIE (LA), h. c^{ne} de la Petite-Boissière.
TUILERIE (LA), éc. c^{ne} de St-Aubin-de-Baubigné.
TUILERIE-DU-DÉFANT (LA), vill. c^{ne} de St-Georges-de-Noisné. — *La Tiébrie* (Cass.).
TUILERIE (LA), h. c^{ne} de St-Germier.
TUILERIE (LA), éc. c^{ne} de St-Hilaire-la-Palud.
TUILERIE (LA), h. c^{ne} de Sauzé-Vaussais.
TUILERIE (LA), f. c^{ne} de Scillé.
TUILERIE (LA), h. c^{ue} de Sepvret.
TUILERIE (LA), éc. c^{ne} de Terves.
TUILERIE (LA), h. c^{ne} de Vasles.
TUILERIE (LA), h. c^{ne} de Vernou.
TUILERIE (LA), h. c^{ne} de Verrines.
TUILERIE (LA), éc. c^{ne} de Vitré.
TUILERIE (LA), éc. c^{ne} de Vouhé.
TUILERIE-DE-CHAMBON (LA), éc. c^{ne} de Mauzé-Thouarsais.
TUILERIE-DE-LA-FRÉMAUDIÈRE (LA), h. c^{ne} d'Allonne.
TUILERIE-DE-MAPDRE (LA), h. c^{ne} de St-Léger-lez-Melle.
TUILERIES (LES), éc. c^{ne} de Noireterre.
TUILERIES (LES), h. c^{ne} de Prailles.
TURBE (LA), f. c^{ne} de la Ferrière.
TURBE (LA), f. c^{ne} de Germond. — *Courgniou*, autrement *la Turbe*, 1654 (arch. V. E. 1, 11).
TUREAU (LE), h. c^{ne} d'Aigonnay.
TUREAU (LE), partie de Verrière. c^{ne} de Saivre.
TURGEAU (LE), c^{ne} de Germond. — *Turgeault* au village de Breuilbon, 1659 (arch. V. E. 1, 8).
TURLAIS (LA), h. c^{ne} du Breuil-sous-Argenton. — *La Turlaye* (Cass.).
TURLAIS (LA), h. c^{ue} de Genneton. — *La Turlay* (Cass.).
TURPAUDERIE (LA), f. c^{ue} de St-Aubin-de-Baubigné.
TURPAUDIÈRE (LA), f. c^{ne} de la Petite-Boissière.
TURPINIÈRE (LA), f. c^{ne} de la Chapelle-Thireuil. — *La Turpinère*, 1300 (ch. de l'Absie, ap. arch. D.-S.).
TURQ (LE), h. c^{ne} de Cherveux.
TURQUAISIÈRE (LA), h. c^{ne} de St-Amand-sur-Sèvre. — *La Turquoisière*, 1588 (arch. V. E^s. 233). — *La Turcaisière*, relev. de la baronnie de Châteaumur (Vendée), 1614 (id.). — *La Turcoizière*, (Cass.).
TURZAY, vill. c^{ne} de Mazières-sur-Béronne.
TURZAY, vill. et mⁱⁿ. c^{ne} de St-Romans-lez-Melle.
TUTIÈRE (LA), f. c^{ne} du Busseau.
TUILERIE (LA), éc. c^{ne} d'Augé.

U

UDRON, vill. c^{ne} de Vanzay.
ULCOT, c^{on} d'Argenton-Château. — *Ulescot*, 1123 (cart. Trin. Maul.). — *Ulecotes*, 1204 (rot. litt. patent. I). — *Bulicotum*, 1300 (gr.-Gauthier). — *Ullecot*, 1368 (arch. Durbell.). — *St-Georges d'Ulcot* (pouillés 1648 et 1782).
Dépendait du doyenné et élection de Thouars, et du bailliage du Bouchage, ressort du siège de la vicomté de Thouars (hist. de Thouars par Imbert, 248). Il y avait 22 feux en 1750.
UNT, f. c^{ne} de Prailles (stat. D.-S.).
URSAY, chât. c^{ne} de Bouillé-Loretz. — *Urseium*, 1256 (bull. soc. ant. ouest, 3e trim. 1886, p. 130). — *Baronnie d'Ursais*, 1776 (aff. du Poit. p. 131). — *Urçay* (Cass.).
USAGES (LES), l.-d. c^{ne} de la Ferrière.
USSAUDIÈRE (L'), f. c^{ne} de Coutières. — *Lussaudière* (Cass.).

USSEAU, c^(on) de Mauzé-sur-le-Mignon. — *Ussellum*, 1077 (Font. XIX, 34). — *Usseau*, 1218 (arch. hist. Saint. I, 43). — *Uissea*, 1351 (arch. V. Montiern. 95). — *Uyssea*, relev. de Mauzé, 1383 (arch. V. E. 2, 180). — *Sanctus Petrus de Ussello* (panc. de Rochech. 1402).

Dépendait de l'archiprêtré de Mauzé, diocèse de Saintes, et de l'élection de St-Jean-d'Angély, généralité de la Rochelle (état gén. la Roch. 1698).

USSOLIÈRE (L'), vill. c^(ne) d'Usseau. — *Lussolière*, relev. de Mauzé, 1383 (arch. V. E. 2, 180). — *Lussolières*, 1389 (id. E. 2, 239).

Usu, m^(in). c^(ne) de St-Martin-de-Sanzay.

UZELET, m^(in). c^(ne) d'Ardin. — *Oyzellet*, 1613 ; *Auzellet*, 1694 ; *Ozelet*, 1718 (arch. V. Bécœuf, 33 ; Pouzay, 2 ; Beauregard, 26).

V

VACHER (LE), h. c^(ne) de Loizé.

VACHERESSE (LA), vill. c^(ne) des Aubiers. — *Ecclesia Sanctæ Mariæ Magdalene de Pictavineria*, fondée et donnée à l'abbaye de la Trinité de Mauléon, vers 1120, par Bertrand Gastineau, pour y établir une aumônerie (cart. Trin. Maul. ; — coll. Moreau, t. LII, p. 51). — *La Vacherece*, 1310 (arch. St-Loup). — *Guy d'Argenton, seign. de la Vacherasse*, 1356 (doc. sur Commines par Fierville, p. 35). — *Prieuré de Vacherasia*, annexé dès lors à l'aumônerie de St-Clémentin, 1416 (cart. Trin. Maul.). — *La Vacheresse*, relev. de la seign. de la Fougereuse, 1425 (doc. sur Commines, 45). — *Prieuré de la Vacheresse*, annexe de St-Clémentin, patron l'abbé de Mauléon (pouillé 1648).

VACHERIE (LA), f. c^(ne) de Bric.

VACHERIE (LA), f. c^(ne) de l'Enclave. — *La Vacherie*, paroisse de St-Pierre de Melle, 1621 (av. de la Mothe). — *La Vacherye*, 1646 (arch. V. Ste-Marth. 112).

VACHERIE (LA), vill. c^(ne) de Mairé-l'Évescault.

VACHERIE (LA), vill. c^(ne) de St-Georges-de-Noisné. — *La Vascherie*, 1538 (not. St-Maix.).

VACHETTE (LA), f. c^(ne) de Niort. — *La Vachette*, paroisse de Ste-Pezenne, 1609 (Font. XX, 412).

VACHONNIÈRE (LA), h. c^(ne) du Puy-St-Bonnet.

VAILLÉ, vill. c^(ne) d'Aigonnay. — *Villa*, 1260 (homm. d'Alph. Poit. 60). — *Métairie sise à Vaillé*, dépendant de la baronnie de la Mothe-St-Héraye, 1621 (av. de la Mothe). — *Grand et Petit Vaillé* (cad.).

VAIRÉ, chât. c^(ne) d'Exireuil. — *Villa Vairec*, 1040 (cart. St-Maix. 114). — *Vairé*, relev. d'Aubigny, 1374 (inv. d'Aub.). — *Vayré*, 1537 ; *Vesré*, 1585 (not. St-Maix.). — *Verré* (Cass.).

VALANDIÈRE (LA), vill. c^(ne) de Pamplie. — *La Vallandière*, 1562, 1577 (arch. hist. Poit. XX, 387, 388).

VALENCE (FIEF DE), c^(ne) de St-Maixent, relev. de la châtellenie de St-Maixent (cart. St-Maix. intr.).

VALENDEIS, bois, c^(ne) d'Assais, XIIe siècle (cart. l'Absie, ap. Dupuy, 828).

VALETTE, h. c^(ne) d'Azay-le-Brûlé. — *Herbergement de Valectes*, dépendance de l'abbaye de St-Maixent, 1363 (cart. St-Maix. II, 146). — *Vallectes*, 1524 (id.). — *Valette*, 1654 (id.).

VALETTE (LA), h. c^(ne) de Pressigny. — *La Vallette* (Cass.). — Relev. de la seign. de Lhérigondeau.

VALETTE, h. c^(ne) de Thénezay. — *Domus et terra de Valetes*, dépendant de l'abbaye de Fontevrault, 1136 (Besly, év. Poit. 95 ; — arch. M.-et-L.). — *Terra de Valetis*, v. 1150 (cart. l'Absie). — *Prieuré de Vallettes*, 1195 (cart. Fontevr. f. lat. 5480, p. 139). — *Prieuré de Valletes*, 1392 (arch. V. E. 2, 131). — *Prieuré de Valetes*, 1430 (arch. St-Loup).

VALIÈRES (LES), f. c^(ne) de St-Jouin-sous-Châtillon.

VALIÈRES (LES), f. c^(ne) de Sanzay.

VALIGNY, vill. c^(ne) de Glenay. — *Valigné*, 1319 (arch. St-Loup).

VALINIÈRE (LA), f. c^(ne) de la Chapelle-Bertrand.

VALINIÈRE (LA), h. c^(ne) de Clavé. — *La Vaslinière*, 1452 (arch. Barre), 1526 (not. St-Maix.).

VALINIÈRE (LA), h. c^(ne) de la Pérate, relev. de Parthenay, 1556, 1701 (arch. V.). — *La Vaslinière*, 1560 (arch. V. seign. div. 32).

VALLANS, c^(on) de Frontenay. — *Valant*, v. 1093 (cart. St-Jean-d'Ang. ap. Font. LXIII, p. 299). — *Valenz*, v. 1200 (arch. V. Feuill. 58). — *Avalan in ballia de Chisico*, XIIIe siècle (censif de Chizé). — *Manoir de Vallans* en la châtellenie de Frontenay-l'Abattu, 1380. — *N.-D. de Valans*, 1399 (arch. hist. Poit. XXIV, 341). — *B. Maria de Valenti* (panc. de Rochech. 1402). — *Valans*, 1466 (cart. Châtell.). — *N.-D. de Vallant*, 1648 (pouillé B.-Filleau, 423). — *Vallant*, 1768 (arch. D.-S. B. 420).

Dépendait de l'archiprêtré de Mauzé, diocèse de Saintes, et de l'élection de St-Jean-d'Angély, généralité de la Rochelle (état génér. la Roch. 1698).

VALLÉE (LA), f. c⁽ⁿᵉ⁾ d'Ardin, 1724 (arch. V. Béceleuf, 7).
VALLÉE (LA), f. c⁽ⁿᵉ⁾ de Boismé, relev. du Poiron, 1440, 1503 (arch. Barre, II).
VALLÉE (LA), f. c⁽ⁿᵉ⁾ de Brûlain, relev. de la Mothe-St-Héraye, 1621 (av. de la Mothe).
VALLÉE (LA), vill. c⁽ⁿᵉ⁾ de Gournay.
VALLÉE (LA), h. c⁽ⁿᵉ⁾ de Montalembert.
VALLÉE (LA), f. c⁽ⁿᵉ⁾ de St-Pompain.
VALLÉE (LA), h. c⁽ⁿᵉ⁾ de Secondigné, 1520 (arch. V. Sᵗᵉ-Cr. 89).
VALLÉE (LA), vill. c⁽ⁿᵉ⁾ de Souvigné. — *La Vallée de Chasteau Tizon*, 1531 ; *la Vallée*, 1537 (not. St-Maix.).
VALLÉE (LA), h. c⁽ⁿᵉ⁾ de Tillou.
VALLÉE (LA), h. c⁽ⁿᵉ⁾ de Vasles.
VALLÉE (LA), h. c⁽ⁿᵉ⁾ de Verrines.
VALLÉE-AU-DIABLE (LA), l.-d. c⁽ⁿᵉ⁾ d'Échiré.
VALLÉE-AU-ROY (LA), l.-d. c⁽ⁿᵉ⁾ de St-Jouin-de-Marnes.
VALLÉE-CHAUVIN (LA), c⁽ⁿᵉ⁾ de Soudan, fief relev. d'Aubigny, 1461 (inv. d'Aub.).
VALLÉE-DES-HOMMES (LA), f. c⁽ⁿᵉ⁾ de Thénezay.
VALLÉE-D'ISSAY (LA), f. c⁽ⁿᵉ⁾ de Rom.
VALLÉE-DU-SOUIL (LA), h. c⁽ⁿᵉ⁾ de St-Coutant.
VALLÉES (LES), f. c⁽ⁿᵉ⁾ de Baussais.
VALLÉES (LES), m⁽ⁱⁿ⁾. c⁽ⁿᵉ⁾ de Bougon.
VALLÉES (LES BASSES), vill. c⁽ⁿᵉ⁾ de Bouillé-St-Paul. — *Basse Vallée* (Cass.).
VALLÉES (LES), h. c⁽ⁿᵉ⁾ de Loizé.
VALLÉES (LES), f. c⁽ⁿᵉ⁾ de Paizay-le-Tort.
VALLÉES (LES), h. c⁽ⁿᵉ⁾ de St-Liguaire.
VALLÉES (LES), m⁽ⁱⁿ⁾. c⁽ⁿᵉ⁾ de St-Romans-lez-Melle.
VALLÉES (LES), partie de Lugné, c⁽ⁿᵉ⁾ de Saivre.
VALLÉES (LES), f. c⁽ⁿᵉ⁾ de Sompt.
VALLÉES-DE-LIMORT (LES), vill. c⁽ⁿᵉ⁾ de Clussais.
VALLÉES-DE-VERDROUX (LES), vill. c⁽ⁿᵉ⁾ de St-Coutant.
VALLETIÈRE (LA GRANDE ET PETITE), vill. c⁽ⁿᵉ⁾ de St-Léger-lez-Melle. — *La Valtière* (Cass.).
VALLETS (LES), bois, c⁽ⁿᵉ⁾ de la Mothe-St-Héraye, 1516 (arch. D.-S. E. 411).
VALLIÈRE, f. c⁽ⁿᵉ⁾ de Cherveux. — *Valières* (Cass.).
VALLIÈRE (LA), h. c⁽ⁿᵉ⁾ de Secondigny.
VALLIÈRE (LA), h. c⁽ⁿᵉ⁾ de Thénezay. — *Villula Valer in vicaria Teneacinse*, 966 (cart. St-Cyprien).
VALLON (LE), éc. c⁽ⁿᵉ⁾ de Clussais.
VALLON (LE), f. c⁽ⁿᵉ⁾ de Genneton. — *Les Vallons* (Cass.).
VALLON, h. c⁽ⁿᵉ⁾ de Luzay. — *Vallon*, relev. de Thouars, 1386 (chartr. Thouars). — *Vaslon*, 1664 (arch. D.-S. E. 983). — *Grand Vallon* (Cass.).
VANÇAIS, c⁽ᵒⁿ⁾ de Lezay. — *Villa Vonziacus in vicaria Rodommo*, v. 980 (cart. St-Cyprien). — *Vuntia*, 1120 (id.). — *Vancaium*, 1250 (cart. Châtell.). — *Vancayum*, 1286 (arch. V. cart. sceaux, n⁰ 160). — *Vonsayum*, 1294 (arch. V. St-Ben. 26). — *Vonçay*, 1295 (id.). — *Vensay*, relev. de Lusignan, 1407 (gr.-Gauthier, des bénéf.). — *Vençay*, 1454 (arch. V. St-Ben. 26). — *Vanxay*, 1667 (arch. D.-S. E. 1201). — *Vansay*, 1697 (id.), appartenait à l'abbaye de St-Benoît de Quinçay en 1697, puis à la congrégation de la Mission du grand séminaire de Poitiers en 1771 (id.). — *St-Martin de Vançay* (pouillé 1782).

Vançais dépendait de l'archiprêtré de Rom, de la châtellenie et sénéchaussée de Lusignan et de l'élection de Poitiers. Il y avait 151 feux en 1750.

VANDELAIGNE, vill. c⁽ⁿᵉ⁾ d'Asnières. — *Villa Vindolemia una cum capella ibi fundata in honore beati Ylarii episcopi, in pago Briocinse in ipsa vicaria*, 964 (cart. St-Maix. 44). — *Vendolenia*, 1110 (id. 258). — *Vendellaignes*, 1391 (arch. V. H. 3, Ensigny). — La seign. de Vandelaigne dépendait du prieuré de St-Martin-de-Lorigné, 1783 (id. prieurés, 56).

VANDELAIGNE, chât. c⁽ⁿᵉ⁾ de François. — *Vandelaigne*, 1435 (arch. V. Fontaine-le-C. 22). — *Vauldeleigne*, 1475 (arch. V. E. 2, 237). — *Vendelenne*, 1529 (id. Sᵗᵉ-Cr.). — *Vauldelaigne*, par. de François, ressort et élection de St-Maixent, 1609 (Font. XX, 412). — *Vaudeleigne*, 1611 (id. 441). — Relev. de Faye, 1551, 1719 (inv. d'Aub.).

VANDELOIGNE (LA), rivière qui prend sa source près de Vandeloigne et qui va se jeter dans l'Auzance, département de la Vienne (stat. D.-S. par Dupin). — *Rivulus Vicxinona*, 942 (doc. pour l'hist. St-Hil. I, 25). — *La Vandeloigne*, 1391 (arch. V. Sᵗᵉ-Radeg. 41). — *Vendouloigne*, 1404 (gr.-Gauthier, des bénéf.). — *Vendelougne*, 1644 (arch. V.).

VANDELOIGNE, anciennes commune et paroisse réunies à celles de la Ferrière. — *Vendelinha seu Vandeloigne* (D. 1326 et 1383). — *La Mothe de Vendeloigne*, fief relev. de Parthenay, 1428 (arch. nat. O. 19700). — *Vendelenne*, 1529 (arch. V. Sᵗᵉ-Cr. 47). — *Vandeloigne*, 1572 (ma coll.). — *St-Rémi de Vandelogne*, présentateur l'abbé de St-Séverin (pouillé 1782).

Dépendait de l'archiprêtré de Sanxay, de la châtellenie de la Ferrière réunie à la baronnie de Parthenay, et de l'élection de Poitiers (dén. just. bar. Parth. 1744 ; — pouillé 1782). Il y avait 17 feux en 1750.

VANDERIE (LA), f. c⁽ⁿᵉ⁾ de St-Mard-la-Lande.

VANNE (LA GRANDE ET PETITE), h. c^ne des Échaubrognes. — *Les Grandes et Petites Vannes* (Cass.).

VANNEAU (LE), c^on de Frontenay. — *Vonenellum*, 1327 (hist. des Chast. pr. p. 36). — *Vanellum* (panc. de Rochech. 1402). — *St-Eutrope du Vanneau* (pouillé 1648).

Dépendait de l'archiprêtré de Mauzé, diocèse de Saintes, et de l'élection de St-Jean-d'Angély, généralité de la Rochelle (état. gén. de la Roch. 1698). Relev. de Rohan-Rohan.

VANNELIÈRE (LA GRANDE ET PETITE), h. c^ne de Cerizay.

VANZAY, c^on de Lezay. — *Villa Vontiacus*, 848 (cart. St Maix. 13, dipl. de Pepin II). — *Venziacus in vicaria Jaulniacinse* (la même que celle de Calniaci, Caunay), *in pago Briocinse*, 960 (cart. St-Cypr.). — *Venziacus in condita Briocinse in vicaria Metulinse*, 983 (id.). — *Vonziacus*, 1110 (cart. St-Maix. 258). — *Venzayum seu Venzaicus*, 1300 (gr.-Gauthier). — *St-Jacques de Vanzay* (pouillé 1782).

Dépendait de l'archiprêtré de Chaunay, de l'élection de Poitiers et du ressort de la sénéchaussée de Civray (bull. soc. ant. ouest, 1847-49, p. 490). Il y avait 86 feux en 1750.

VANZAY, chât. c^ne de Vanzay. — *Le logis de Vanzai* (Cass.).

VARANÇAY, f. c^ne de St-Maurice-la-Fougereuse. — *Les bois de Varenssay*, relev. d'Argenton, 1349 (Fierville, doc. sur Commines, 32).

VARANNE, f. c^ae de Brie. — *Varena*, v. 1120 (cart. St-Jouin). — *Varennes*, 1571 (arch. V. Brosse-Guilgault, 1). — *Grande et Petite Varennes* (Cass.).

VARANNE, h. c^ne de Nueil-sous-les-Aubiers. — *Varena*, v. 1085 (cart. St-Cyprien, 101, 102). — *Molendini de la Varane*, appartenant à l'abbaye de la Trinité de Mauléon, 1201 (arch. Durbell.). — *La Varenne* (Cass.).

VARANNE, chât. et vill. c^ne de St-Cyr-la-Lande. — *Varennes-Lepvrault*, relev. de Thouars, 1423 (chartr. Thouars). — *Varannes*, 1470 (hist. Thouars par Imbert, 177). — *Chapelle de St-Jacques de Lernay dans la chapelle du château de Varanne*, 1751 (pouillé B.-Filleau, 378). — *Varenne* (Cass.).

VARENNE (LA), h. c^ne de la Bataille. — *La Varayne*, relev. de Chef-Boutonne (dén. de 1667). — *La Varenne*, 1715 (arch. V. St-P. 246).

VARENNERIE (LA), h. c^ne de Lezay.

VASLES, c^on de Ménigoute. — *Villa Valerius in vicaria Toarcinse in pago Pictavensi*, xe siècle (cart. St-Maix. 89). — *Valerius in vicaria Teneacinse in condita Toharcinse*, 942 (doc. pour l'hist. St-Hil. I, 25). — *Valbis*, 1164 (Font. V, 591). — *Valis*, 1247 (quer. rec. in Tur., Pict., Xanct. dioc.). — *Vallas in castellania Mosterioli*, 1258 (Font. V, 647). — *Vales*, 1260 (homm. d'Alph. Poit.). — *Vaales*, 1275 (arch. V. S^te-Cr. 44). — *Vallez*, 1285 (id.). — *Valles*, 1308 (arch. hist. Poit. XI). — *Vasles*, 1377 (arch. Barre). — *Valle*, 1398 (id.). — *Château de Vasles*, 1615 (Font. V, 771). — *Ste Radegonde de Vasles* (pouillé 1782). — *Vâles* (Cass.).

Vasles dépendait de l'archiprêtré de Sanxay, de la châtellenie de Montreuil-Bonnin (Vienne), de la sénéchaussée et de l'élection de Poitiers. La cure était à la nomination de l'abbesse de Ste-Croix. Il y avait 180 feux en 1750.

VASONNIÈRE (LA), h. c^ne de St-Paul-en-Gâtine. — *La Vezonnière* (Cass.).

VAUBAILLON, h. c^ne de Nueil-sous-les-Aubiers. — *La Vauballion* (Cass.). — *La Veau Baillon* (cad.).

VAUBALLIER, vill. c^nes des Fosses et Secondigné-sur-Chizé. — *Vaubalier*, 1407 (arch. V. S^te-Cr. 89). — *Vauballier*, 1520 (id.). — *Vaubaliers* (Cass.).

VAUBRUNE, h. c^ne de Vasles.

VAUCOULEURS, h. et m^in, c^ne de Massais. — *Widdo de Valle Coloris*, v. 1065 (ch. de St-Flor. ap. arch. hist. Poit. II). — *Valcolor*, v. 1080 (id.). — *Vallis Colorata*, v. 1090 (id.). — *Vucolor*, 1166 (ch. de St-P. de Th. ms. 1660). — *Chapelle de Vaucouleurs*, relev. de Thouars, 1597 (chartr. Thouars). — *Prieuré de Vaucouleur*, collateur le roi (pouillé 1782).

VAUDELAN, c^ne de Souvigné; anc. fief relev. de l'abbaye de St-Maixent, 1728 (arch. D.-S. H. 104).

VAUDORÉ, chât. c^ne de St-Jouin-de-Milly. — *Vaudoré*, 1397 (arch. V. II. 3, 810). — *Vaudorré*, relev. de la baronnie de la Forêt-sur-Sèvre, 1598 (arch. chât. la For.).

VAUGELY, pont en la commune de la Boissière-Thouarsaise. — *Pont de Vaugelie sur le Cébron*, 1378 (pap. de la Bretonn.). — *Vaugely*, 1413 (doc. sur Commines par Fierville).

VAUGOIRIE, h. c^ne d'Exoudun. — *Vaugoiry*, 1648 (arch. D.-S. E. 1198).

VAULANDROIT, m^on. au bourg de Coulonges-Thouarsais, 1587; *Valandroit*, 1486; *Valaudroie*, 1587 (arch. V. Brosse-Guilgault, 34).

VAULEMIS, f. c^ne de Thénezay. — *Herbergamentum situm in borderiata la Barretère qui appellatur Vallis Milvi*, 1262 (ch. de l'Absie, ap. arch. D.-S.). — *Le Vauxlemy* (Cass.).

VAULIFIER, f. c^ne de Vasles. — *Vaulliffer*, 1292 (arch. V. S^te-Cr. 44). — *Vauliffer*, 1328 (id. ; —

arch. Barre). — *Vaulifer*, 1479 (arch. Barre). — *Vaulifet* (Cass.).

VAULT (LA), f. et m¹ⁿ. cⁿᵉ de Chanteloup. — *La Vau-Richer*, 1364, relev. de Bressuire, 1378 (arch. S¹-Loup). — *La Val Rocher*, 1427 (id.). — *Lavaud* (Cass.). Voir LAVAUD.

VAULT (LA), f. cⁿᵉ de Thénezay. — *La Vaulx*, 1606 (arch. V. H. 3, Mongauguier).

VAUMOREAU, vill. cⁿᵉ de Fressine. — *Vaulmoreau*, 1524 (not. S¹-Maix.).

VAUMOREAU, vill. cⁿᵉ de Vouillé. — *Vaulmoreau*, 1579 (Font. XX, 363).

VAURENARD, f. cⁿᵉ de Voultegon. — *Vaurenard*, 1596, relev. de la baronnie d'Argenton-Château, 1661 (dict. fam. Poit. II, 613, 614 ; — arch. V. E⁸. 337). — *Vauregnard*, 1672 (pap. Blactot).

VAURENARD-EN-TAIZON, f. cⁿᵉ de Bagneux. — *Vallisrenardi*, 1229 (cart. Chambon). — *Vaurenard en Taizon*, 1713 (arch. V. H. 3, comm. Prailles).

VAUROUSSE, f. cⁿᵉ de Brelou.

VAUROUX, f. cⁿᵉ de S¹-Martin-de-Sanzay. — *Vauroux*, 1408 (arch. V. H. 3, 804).

VAURY, f. cⁿᵉ de Prahecq. — *Verrec*, 1260 (homm. d'Alph. Poit.). — *Vaurry*, relev. de la seign. de Prahec, fin du xvᵉ siècle (mém. soc. stat. 2ᵉ sér. XIV, 266).

VAUSSAIS, ancienne paroisse dépendant de la cⁿᵉ de Sauzé sous le nom de Sauzé-Vaussais, mais demeurée chef-lieu du doyenné ecclésiastique. — *Prædium Waciaco*, ixᵉ siècle (vie de S¹ Junien par Wulfin Boëce). — *Voacæi*, 990 (doc. pour l'hist. S¹-Hil. I, 62). — *Vauciagum*, 1008 (arch. V. Nouail. orig. n° 74). — *Vauciacus in vicaria Sivriaco*, v. 1010 (cart. S¹-Cypr. 283). — *Ecclesia Vauciaci in honore S⁽ᵗⁱ⁾ Juniani in pago Briocinse in vicaria Sivriaco castro*, avant 1031 (ex chartis S⁽ᵗⁱ⁾ Steph. Lemov. ap. Besly, 281). — *Voaciacum*, 1085 (cart. S¹-Maix. 191). — *Voachai*, 1108-1124 (id. 306). — *Vozaicus*, 1300 (gr.-Gauthier). — *Voussay*, 1378 (arch. hist. Poit. XXI, 92). — *S¹-Junien de Vaussay* (pouillé 1782).

Dépendait de l'archiprêtré de Chaunay, de l'élection de Poitiers, du ressort de la sénéchaussée et de la subdélégation de Civray (notes sur Civray par L. Faye). La cure était à la nomination du chapitre de Limoges. Il y avait 251 feux en 1750.

VAUSSEAU (LA), h. cⁿᵉ de la Ferrière. — *La Vaussault* (Cass.).

VAUSSEROUX, cᵒⁿ de Ménigoute. — *Vallis sororum*, 1164 (Font. V, 592). — *Vallis sororis*, 1270 (cart. Châtell.). — *Vauserour*, 1308 (arch. hist. Poit. XI). — *Vaussereur*, 1377 ; *Vausseroux*, 1404 ;

Vaulseroux, 1482 ; *Vauzcroulx*, 1530 (arch. Barre). — *Vaucerout*, 1468 (arch. V. E. 1, 10). — *Vauxeroux*, 1509 (arch. D.-S. E. 226). — *Vaulcerou*, 1547 (not. S¹-Maix.). — *S⁽ᵗᵉ⁾-Radegonde de Vausseroux* (pouillé 1782). La seign. appartenait à l'abbaye de S⁽ᵗᵉ⁾-Croix de Poitiers (arch. V. S⁽ᵗᵉ⁾-Cr. 45).

Vausseroux dépendait de l'archiprêtré de Sanxay, de la châtellenie de Montreuil-Bonnin, de la sénéchaussée et de l'élection de Poitiers. La cure était à la nomination de l'abbesse de S⁽ᵗᵉ⁾-Croix de Poitiers. Il y avait 146 feux en 1750.

VAUTEBIS, cᵒⁿ de Ménigoute. — *Vallis Thobis*, 1300 (gr.-Gauthier). — *Vauthebis*, 1393 ; *Vaultebis*, 1431 ; *Vautebis*, 1526 ; *Vaulthebis*, 1529 (arch. Barre). — *S¹-Léger de Vautebis* (pouillé 1782).

Dépendait de l'archiprêtré de S¹-Maixent, de la seign. de la Saisine, sénéchaussée et châtellenie de S¹-Maixent, sauf le village de Reffanne, dépendant de la châtellenie de Bailliage-Bâton réunie à la baronnie de Parthenay, et faisait partie de l'élection de Poitiers. Il y avait 156 feux en 1750.

VAUTIBUS, pont sur l'Ouère, cⁿᵉ d'Argenton-Château. — *Vautibus*, 1441 (arch. hôp. Argent.), 1494 (Fierville, doc. sur Commines).

VAUTION, vill. cⁿᵉ de Plibou. — *Vaulthion*, relev. de Civray, 1561-1722 (arch. V. C. 2, 158).

VAUTOUR (LE BAS ET HAUT), vill. cⁿᵉ de Terves. — *Le Voutour*, 1383. — *Le Voultour*, 1504 (arch. S¹-Loup). — Relev. du fief de S¹-Cyprien de Bressuire (id.).

VAUVERT, f. cⁿᵉ de Cherveux. — *Vallis viridis*, xiiᵉ siècle (cart. l'Absie, ap. Dupuy, 828). — *Vauvert*, 1598 (arch. Barre, II).

VAUVIAULT, vill. cⁿᵉ de Chambroutet. — *Vauviault*, relev. de S¹-Porchaire, 1525 (titr. châtell. S¹-Porch.). — *Vauviaux* (Cass.).

VAUX (LA), f. cⁿᵉ d'Étusson. — *La Veau* (Cass.).

VAUX (LA), près Nanteuil, 1566 (not. S¹-Maix.). L. disp.

VAUX (LA GRANDE ET PETITE), f. cⁿᵉ de S¹-Aubin-de-Baubigné.

VAUX-DESNÉ (LA), f. cⁿᵉ de S¹-Généroux, 1688 (arch. D.-S. E. 1013).

VAUX (LE), h. cⁿᵉ de Périgné.

VAUX (LE), vill. cⁿᵉ de Vitré. — *Les Vaulx*, 1604 (arch. V. S⁽ᵗᵉ⁾-Marth. 112).

VAUX (LES), f. cⁿᵉ d'Adilly.

VAUX (LES), vill. cⁿᵉ des Aubiers.

VAUX (LES), m¹ⁿ. cⁿᵉ de Brioux.

VAUX (LES), h. cⁿᵉ de la Chapelle-Thireuil. — *La Vau*, relev. de Vouvent (Vendée), 1631 (arch. Bois-Chapel.). — *La Grand-Vaux ou village de la Vaux*, relev. de Bois-Chapeleau, 1631 (arch.

Bois-Chap.). — *Grande et Petite Lavaud* (Cass.). — *Vallis in Vernoliensi juxta Salmoram*, xii° siècle (cart. l'Absie, ap. Dupuy, 828).

VAUX (LES), vill. c^ne de Chef-Boutonne. — *Estivallo villa*, 898-923 (cart. St-Maix. 20). — *Stivalis in vicaria Tiliolo in pago Metulo*, 925 (id. 23). — *Estival*, v. 967 (cart. St-Jean-d'Ang. ap. Font. LXII, p. 413). — *Hextivalis in pago et in vicaria Metulinsis*, 988-1031 (cart. St-Cypr.).

VAUX (LES), vill. c^ne de Lamairé. — *Stephanus de Valle*, v. 1100 (cart. Talmond, 166).

VAUZELLE, h. c^ne d'Argenton-l'Église. — *Vauzelles*, 1383 (arch. St-Loup). — Relev. de Thouars, 1396 (chartr. Thouars). — *Vauseles*, 1400 (arch. St-Loup). — *Veauzelle* (Cass.).

VAUZELLE, f. c^ne de Thouars, autrefois des Hameaux. — *Vauzella quæ est inter Toarcium et monasterium Sancte Virgane*, v. 1166 (cart. St-Laon Th.). — *Vausselles* (arch. V. Brosse-Guilgault, 1).

VAZONNIÈRE (LA), f. c^ne de Scillé.

VEAURON, f. c^ne de Coulon.

VÈCHE, h. c^ne de Boesse. — *Vesche*, 1449 (arch. liôp. Argent.).

VEILLARD, m^in. c^ne de Pas-de-Jeu.

VEILLARDÈRE (LA), par. des Aubiers, 1351 (arch. hist. Poit. XVII, 78). L. disp.

VEILLATEA (CHEMIN DU MOULIN DE), à la porte de la Baste de Bressuire, 1413 (arch. St-Loup). L. disp).

VEILLEMORTE, c^ne de Béceleuf ; anc. fief relev. de Pouzay. — *Vieille-Morte*, 1615 ; *Vieille Mothe*, 1640 ; *Vée Morte*, 1651 (arch. V. Pouzay, 2).

VEILLERIE (LA), h. c^ne d'Étusson.

VEILLERIE (LA), f. et m^in. c^ne de Soutiers. — *La Veillerie*, relev. de la seign. de St-Pardoux, 1670 (arch. V. E. 1, 17).

VEILLET, m^in. c^ne de Béceleuf, 1402 (arch. V. Béceleuf, 40). — *Vieillet*, 1670 (id. Béceleuf, 10).

VEILLET, vill. et m^in. c^ne de Glenay.

VEILLET, m^in. c^ne de St-Varent. — *Moulin de Veillet*, 1419 (arch. St-Loup).

VEILLON, m^in. c^ne de St-Martin-de-St-Maixent. — *Veilhon*, 1284 (arch. V. Fontaine-le-C. 22). — *Moulin de Vellion*, 1715 (cart. St-Maix. II, 442).

VEILLONNERIE (LA), f. c^ne de Breuil-Chaussée.

VELLIÈRE (LA), vill. c^ne de St-Mard-la-Lande. — *La Vaislière*, 1563 (arch. V. prieur. 53). — *La Vellière*, 1728 (arch. D.-S. H. 235). — *La Vallière* (Cass.).

VELLIMONS (c^ne de Largeasse ?), 1156 (cart. l'Absie, ap. Dupuy, 841). L. disp.

VELUCHÉ, vill. c^ne des Jumeaux. — *Voluché*, 1144 (cart. l'Absie). — *Veluché*, xii° siècle (id.). — Relev. de Vernay, 1296 (arch. Vernay). — *Le Puys de Veluché*, 1554 (arch. V. abb. Airv.).

VENAUDERIE (LA), f. c^ne de St-Clémentin.

VENELLES (LES), f. c^ne des Échaubrognes.

VÉRALIÈRE (LA), f. c^ne des Aubiers. — *Veiraleria*, 1172 (cart. Trin. Maul.). — *La Vérallière* (Cass.).

VÉRARDIÈRE (LA), f. c^ne de Montigny. — *La Levrardière* (Cass.).

VERDELIÈRE (LA GRANDE ET PETITE), f. c^ne de Moulins.

VERDERIE (LA), f. c^ne de Sanzay. — *La Reverdrie* (Cass.).

VERDET, h. c^ne de Priaire.

VERDUEIL, h. c^ne de St-Christophe-sur-Roc. — *Verduyl*, 1376 (arch. V. Es. 444). — *Verdoil*, 1436 ; *Verdueil*, 1442 (id. 439). — *Le Petit Verdeil*, 1563 (id. 401). — *Le Petit Verdeuil*, relev. du Puy-St-Christophe-sur-Roc, 1657 (Id. 414).

VERDIÈRE (LA), vill. c^ne de St-Génard.

VERDILLÈRE (LA), vill. c^ne de Moulins. — *La Vredelière* (Cass.).

VERDILLON (LE), vill. c^ne de St-Romans-lez-Melle.

VERDOISIÈRE (LA), f. c^ne d'Azay-sur-Thoué. — *La Verdozère*, appartenant à l'abbaye du Bois-d'Allonne, 1267 (Font. I, 391). — *La Verdoizière* (Cass.).

VERDON (LE), f. c^ne de Chanteloup.

VERDONNIER, c^ne de Chavagné ; anc. fief relev. de la Roche-Malmonde, 1680 (arch. D.-S. E. 19).

VERDONNIÈRE (LA), f. c^ne d'Azay-sur-Thoué. — *La Vredonnère*, 1441 (arch. V. Fontaine-le-C. 30). — *La Verdonnère*, 1563 (arch. V. prieur. 58). — *La Verdonnie* (Cass.).

VERDONNIÈRE (LA), h. c^ne de Boussais.

VERDONNIÈRE (LA), f. c^ne de Fenioux.

VERDONNIÈRE (LA), f. c^ne de Magné. — *Verduniacus in vicaria Basiacinse*, 936 (cart. St-Cypr.). — *Verduneis*, 1202 ; *Verdunés*, 1333 ; *Verdonnois*, 1567 (doc. sur St-Martin-lez-Niort).

VERDONNIÈRE (LA), f. c^ne de Noireterre. — *La Verdonnère*, 1418 (arch. St-Loup).

VERDONNIÈRE (LA), h. c^ne de Pougne-Hérisson.

VERDONNIÈRE (LA), f. c^ne de Scillé.

VERDRIE (LA), f. c^ne de St-Maurice-la-Fougereuse. — *La Verderie* (Cass.).

VERDROUX, vill. c^ne de St-Coutant. — *Verdron*, 1678 (arch. V. Nouail. 38). — *Les Vallées de Verdroux* (Cass.).

VERGER (LE), f. cne d'Amaillou. — *Le Vergier*, 1524 (arch. V. E⁴. 369).

VERGER (LE), f. cne d'Azay-sur-Thoué, relev. de Parthenay, 1699 (arch. V.).

VERGER (LE), f. cne de Beaulieu-sous-Bressuire. — *Viridarius*, 1260 (rev. poit. VII, 44, pap. fam. la Rochejacquelein). — *Le Verger*, 1312 (id.).

VERGER (LE), f. cne de Boismé. — *Le gué du Vergier*, 1389 (arch. St-Loup). — *Le Verger*, relev. de Bressuire, 1433 (id.).

VERGER (LE), f. cne de Boussais. — *Le Vergier*, relev. de Biard, 1405-1556 (arch. Vernay).

VERGER (LE), f. cne du Breuil-Bernard.

VERGER (LE), f. cne de la Chapelle-Bâton. — *Hôtel des Vergiers*, relev. de la seign. de Faye, 1429 (inv. d'Aub.). — *Les Vergers* (Cass.).

VERGER (LE), f. cne de Clessé.

VERGER (LE), h. cne du Pin. — *Le Verger*, 1287 (dict. fam. Poit. I, 289).

VERGER (LE), f. cne de St-Aubin-de-Baubigné.

VERGER (LE), f. cne de St-Mard-la-Lande.

VERGER (LE), f. cne de Vernou-en-Gâtine. — *Moulins du Vergier*, 1358 (arch. V. chap. ch. du seign. de Parth.). — *Le Vergier*, relev. de la seign. du Fonteniou, 1626 (arch. V. pap. Droch.).

VERGER (LE), f. cne de Vouhé. — *Le Vergié*, 1583 (arch. V. E. 1, 13). — *Le Verger*, relev. de Pressigny-en-Gâtine, 1600 (id. Es. 415).

VERGER-BEAU (LE), f. cne de St-Porchaire. — *Le Verger Beau* 1464 (dict. fam. Poit. I, 351). — *Vergebeault*, 1751 (arch. D.-S. E. 214). — Relev. de la seign. de Noireterre (arch. St-Loup).

VERGER-BERTEAU (LE), f. cne du Pin.

VERGER-DE-BOUSSAIS (LE), f. cne de Tessonnières.

VERGER-GARREAU (LE), f. cne de Noireterre. — *Le Verger* (Cass.).

VERGER-RABAUD (LE), h. cne de Clessé.

VERGERIE (LA), f. cne de Combrand.

VERGEZAY, f. cne d'Azay-le-Brûlé. — *Vergezayum*, 1223 (cart. Châtell.). — *Vergezay*, 1528 (not. St-Maix.).

VERGIÈRES (LES), cne de Chanteloup ; anc. seign., 1667 (arch. D.-S. E. 17).

VERGIERS (LES), mons. à Parthenay, XVIe s. (arch. V. La Vergne).

VERGNAIE (LA), f. cne d'Allonne.

VERGNAIE (LA), min. cne de Béceleuf.

VERGNAIE (LA), h. cne de Breuil-Bernard. — *La Vergnaye* (Cass.).

VERGNAIE (LA), f. cne de Cerizay.

VERGNAIE (FORT DE LA), l.-d. cne de Cerizay.

VERGNAIE (LA), vill. cne de Chanteloup. — *La Vergneye*, 1364 (arch. St-Loup). — *La Vergnaye* (Cass.).

VERGNAIE (LA), f. cne de la Chapelle-Largeau. — *La Vergnais-Ménard* (stat. D.-S.). — *La Vregnaye* (Cass.).

VERGNAIE (LA), f. cne de Courlay.

VERGNAIE (LA), f. cne de Fenioux. — *La Vergnays*, 1624 ; *la Vergnée*, 1701 (arch. D.-S. E. 313, 324). — *La Vregnaye* (Cass.).

VERGNAIE (LA), f. cne de Gourgé. — *La Vergnaye de Gourgé*, 1569 (journal de Généroux). — *Petite Vergnière* (Cass.).

VERGNAIE (LA PETITE), f. cne de Loublande.

VERGNAIE (LA), h. cne de Nueil-sous-les-Aubiers. — *La Vignaie*, 1351 (arch. hist. Poit. XVII).

VERGNAIE (LA), f. cne du Puy-St-Bonnet. — *La Vergniais* (Cass.).

VERGNAIE (LA), f. cne de Rorthais. — *La Vergneau* (Cass.).

VERGNAIE (LA PETITE), f. cne de St-Loup.

VERGNAIE (LA PETITE), f. cne de St-Pierre-à-Champ.

VERGNAIE (LA), min. cne de Vernou-sur-Boutonne. — *Moulin de la Vrignée*, 1499 (arch. V. Trin. 95).

VERGNAIE (LA), f. cne de Verrines.

VERGNAIE-L'ABBÉ (LA), f. étang et tuil. cne de Combrand. — *La Vergnais-l'Abbé* (Cass.).

VERGNAIE-BARBEREAU (LA), f. cne de Nueil-sous-les-Aubiers. — *La Vernais-Barbrau* (Cass.).

VERGNAIES-BÂTARD (LES), f. cne de Vasles. — *Les Vergnais-Bastard* (Cass.).

VERGNAIE-BUREAU (LA), f. cne de Nueil-sous-les-Aubiers. — *La Vergnaye Burot*, 1556 (reg. insin. Thouars). — *La Vernais-Bureau* (Cass.).

VERGNAIE-PAQUAUT (LA), f. cne de Fenioux (stat. D.-S.).

VERGNAIE-SORIN (LA), f. cne de Nueil-sous-les-Aubiers. — *Molendinum Fulconis Sorin de la Vergnaye*, 1281 (cart. Trin. Maul.). — *La Vergneye*, 1316 (arch. Durbell.). — *La Vernais-Sorin* (Cass.).

VERGNAIES (LES), f. cne de Nueil-sous-les-Aubiers. — *Les Verniers* (Cass.).

VERGNAIES (LES GRANDES), h. cne de Vasles. — *La Vrignée-Ronde*, 1457 (arch. V. Ste-Cr. 45). — *La Vergnaye-Ronde*, 1567 (id. 48). — *Les Grands Vergnais* (Cass.).

VERGNAUDIÈRES (LES), f. cne de Fénery. — *La Vergnaudière*, relev. de la Brouardière, 1389 (pap. de la Brouard.). — *La Vrignaudière*, relev. de la seign. de Fénery, 1408 (pap. fam. Sauvestre).

290   DÉPARTEMENT DES DEUX-SÈVRES.

Vergne (La), f. c^ne d'Allonne.
Vergne (La Grande et Petite), vill. c^ne d'Ardin. — La Vergne-Berter, relev. de la seign. d'Ardin, 1142 (arch. V. E. 2, 157).
Vergne (La), f. c^ne d'Azay-sur-Thoué. — La Vergne-Blanche, 1581 (Font. IX, 467).
Vergne (La), f. c^ne de Béceleuf.
Vergne (La), vill. c^ne du Breuil-Bernard.
Vergne (La), h. c^ne de Chantecorps. — La Vergne Petit Bourmaut, 1452. — La Vergne, 1481 (arch. Barre, II, 162).
Vergne (La), vill. c^ne de la Chapelle-St-Laurent. — La Vergne, 1402, 1558, 1629 (arch. St-Loup ; — reg. insin. Thouars ; — arch. fabr. Chap. St-L.).
Vergne (La), h. c^ne de la Chapelle-Thireuil. — La Vergne, relev. de Vouvent, 1631 (arch. Bois-Chap.).
Vergne (La), m^on. c^ue de Combrand.
Vergne (La), f. c^ne de Cours.
Vergne (La), f. c^ne d'Exireuil. — La Vergne, 1533 ; la Vergne du Pommer, 1539 (not. St-Maix.).
Vergne (La), h. c^ne de Fenioux. — La Vergne, relev. de la Braudière, 1775 (état duch. la Meill.).
Vergne (La), f. c^ne de Fontperron.
Vergne (La), f. c^ne de Lezay.
Vergne (La), h. c^ne de Melle.
Vergne (La), f. c^ne de Moncoutant. — La Vergne-Correil, 1397 (arch. St-Loup).
Vergne (La), h. c^ne de St-Aubin-le-Clou.
Vergne (La), chât. c^ne de St-Martin-du-Fouilloux. — La Vergne, 1543 (not. Parth.).
Vergne (La Grande et Petite), h. c^ne de St-Sauveur-de-Givre-en-Mai. — La Vergnaye, 1627 (arch. V. St-Cypr. 29). — La Petite-Vergne (Cass.). — Relev. de la seign. de Noireterre (arch. St-Loup).
Vergne (La), h. c^ne de Secondigny. — La Vergne, 1535 (arch. Maisontiers). — Relev. de la baronnie de Secondigny (ms. 141, bibl. Poit.).
Vergne (La Haute et Basse), f. c^ne du Tallud. — La Vergne aux Aymards, 1427, 1699 (arch. Maisontiers ; — arch. V.). Relev. de Parthenay. — Les Vergnes (Cass.).
Vergne (La), f. c^ne de Vernou.
Vergne (La), f. c^ne de Verruye. — La Place appelée la Vergne Boulleau, relev. de Pressigny-en-Gâtine, 1600 (arch. V. E^s. 415).
Vergne (La), f. c^ne de Vouhé, relev. de Pressigny-en-Gâtine, 1600 (arch. V.).
Vergne-Beauvais (La), f. c^ne de St-Sauveur-de-Givre-en-Mai. — La Vergne-Beauvais, 1655 (Font. LXXXVII).

Vergne-de-Dilay (La), h. c^ne d'Ardin, 1707 (arch. D.-S. E. 328).
Vergne-Limerière (La), f. c^ne de Béceleuf.
Vergne-Mouchet (La), f. c^ne du Tallud. — La Vergne-Mouchet, 1547 (Font. IX, 432).
Vergne-Noire (La), f. c^ne du Tallud. — La Vergne-Noire, 1563, 1581, 1620 (arch. V. prieur. 58 ; — Font. IX, 467 ; — aff. Poit. 1776).
Vergne-Samoyau (La), f. c^ne de Béceleuf. — La Vergne-Samoyau, 1350 (hist. des Chast.). — La Vergne Samoyea, 1428 (arch. V. Béceleuf, 10). — Relev. de la Salle de Fenioux (état duch. la Meill. 1775). — La Vergne (stat. D.-S.).
Vergnère (La), f. c^ne de Cersay.
Vergnonière (La), 1. c^ne de Clavé. — La Vergnonère, relev. de St-Maixent, 1406 (gr.-Gauthier, des bénéf.).
Vergnonière (La), f. c^ne de St-Georges-de-Noisné. — La Vrignonnère, 1523 (arch. V. E^s. 446). — La Vergnonière, relev. de St-Maixent, 1775 (état duch. la Meill.).
Vergnonière (La), f. c^ne de Verruye.
Vergnonnière (La Grande et Petite), vill. c^ne de St-Pardoux. — La Petite Vregnonnèyre, 1563 (arch. V. prieur. 58).
Vergot, f. c^ne de Salles. — Vergort, 1260 (homm. d'Alph. Poit.). — Vergord, relev. de Château-Tizon, 1507 (hist. Chast. pr. p. 106).
Vérine, éc. c^ne de Coulon.
Vérinet, h. c^ne de Thouars, 1660 (arch. V. Brosse-Guilgault. 15).
Vérinière (La), vill. c^ne de Combrand. — La Verinyère, 1597 (arch. V. les Linaux). — La Vérenier (Cass.).
Verlulières (Les), c^ne de Breuil-Chaussée, relev. de Bressuire, 1420 (arch. St-Loup). L.-dit ou disp.
Vermail (Le), f. c^ne des Aubiers. — Grand et Petit Vermail (Cass.).
Vermail, f. c^ne des Moutiers-sous-Chantemerle.
Vermenie, vill. c^ne de Surin, détaché de Faye-sur-Ardin par la loi du 19 juin 1857. — Vermenie, 1260 (homm. d'Alph. Poit.). — Vermenye, 1538 (not. St-Maix.). — Vulmenie, Vurmenie, 1645 (arch. V. Beauregard, 25). — Vermenies, 1738 (arch. D.-S. E. 432).
Vermette, chât. c^ne de la Chapelle-Gaudin. — Vermetes, 1477 (arch. V. Brosse-Guilgault, 44). — Vermettes, 1556, 1559 (arch. Vernay ; — reg. insin. Thouars).
Vernay, chât., chap. et pont roman du xiie siècle sur le Thoué, c^ne d'Airvault. — Vernaium, 1144 (cart. Fontevr. II, 22). — Vernei, 1191 (cart. St-

Laon Thouars). — *Verneyum*, 1268 (arch. Vern.). — *Verney*, 1296 (id.). — *Chapelle St-Thomas de Cantorbéry de Vernay*, 1324 (id.). — *Pont de Viré*, 1450 (id.). — *Seign. de Vernay*, relev. de Thouars, 1494 (chartr. Thouars.).

Ce fief a relevé aussi d'Airvault en 1449. Il semble qu'il a été pour la partie principale dans la mouvance de Thouars, et pour une portion dans celle d'Airvault. La chapelle St-Thomas avait pour patron l'abbé d'Airvault (not. sur les seign. de Vernay par Ledain, ap. bull. soc. ant. ouest, 1879 ; — hist. d'Airv. par B.-Filleau).

VERNELLES (LES), vill. c^{ne} de Bouillé-St-Paul. — *Les Vernelles*, 1220 (cart. Chambon).

VERNIER, mⁱⁿ. c^{ne} de Ste-Soline. — *Moulin de Vergners* (Cass.).

VERNIÈRE (LA), vill. c^{ne} de Combrand. — *La Verrenière*, 1664 (arch. D.-S. E. 985).

VERNIÈRE (LA PETITE), f. c^{ne} de St-Pierre-à-Champ.

VERNIÈRE (LA), h. c^{ne} du Tallud.

VERNIÈRES (LES), h. c^{ne} de Nueil-sous-les-Aubiers. — *Les Avernières*, relev. de Maulévrier, 1440 (dict. fam. Poit. II, 845). — *Les Vergnaires* (stat. D.-S).

VERNOLLIÈRE (LA), f. c^{ne} du Tallud. — *La Vernollière*, 1524 (inv. S^{te}-Cr. Parth.). — *La Vernolière* (Cass.).

VERNOU-EN-GÂTINE, c^{on} de Secondigny. — *Vernus*, 1102 (cart. Bourgueil). — *Vernolium*, 1162 (cart. l'Absie). — *Vernol ou Vernus*, 1173 (id.). — *Vernou*, 1267 (arch. nat. J. 319, n° 4). — *Notre-Dame de Vernou* (pouillé 1648).

Dépendait de l'archiprêtré d'Ardin, de la châtellenie de Béceleuf, réunie à la baronnie de Parthenay, de la sénéchaussée et de l'élection de Poitiers, après avoir fait partie de celle de Parthenay au XVIe siècle. La cure était à la nomination de l'abbé de Bourgueil. Il y avait 325 feux en 1750.

VERNOU-SUR-BOUTONNE, c^{on} de Brioux. — *Vernus*, 1300 (gr.-Gauthier). — *Ste-Croix de Vernou* (pouillé 1782).

Dépendait de l'archiprêtré de Melle, de l'élection de St-Maixent et du ressort de la sénéchaussée de Civray. La cure était à la nomination de l'évêque. Il y avait 67 feux en 1698, et 69 en 1750.

VERNOU, f. et mⁱⁿ c^{ne} de Gourgé.

VERNOU, garenne, c^{ne} de Périgné (stat. D.-S.).

VERNOU, f. c^{ne} du Tallud.

VÉROLIÈRE (LA), f. c^{ne} d'Augé. — *La Vairollière*, mⁱⁿ. 1585 (not. St-Maix.).

VERRIE (LA), m^{on}. à Béceleuf, 1613 (arch. V. Béceleuf, 26).

VERRIE (LA), bois dans les bois de St-Girault, c^{ne} de Chantecorps, 1540 (not. St-Maix.).

VERRIE (LA), f. c^{ne} de Clessé. — *La Veuria*, XIIe siècle (cart. l'Absie, ap. Dupuy, 828). — *La Voirie*, 1475 (arch. Moiré). — *La Vayrie*, 1558 (reg. insin. Thouars). — *La Vérie* (Cass.).

VERRIE (LA), f. c^{ne} de Courlay. — *La Vérie* (Cass.).

VERRIE (LA), f. c^{ne} de Fénery. — *La Verrie*, 1389 (pap. de la Brouard.). — *La Voyerie*, autrement *Laymonnère*, relev. de Fénery, 1468 (pap. fam. Sauv.). — *La Vérie*, 1634 (id.).

VERRIE (LA), h. c^{ne} de la Ferrière. — *La Verrerie*, 1385 (arch. Barre, II, 449).

VERRIE (LA), f. c^{ne} de Maulais.

VERRIE (LA), vill. c^{ne} de Montalembert.

VERRIE (LA), f. c^{ne} de Montigny. — *La Veyerie*, 1292 (arch. Durbell.). — *La Vérie* (stat. D.-S.).

VERRIE (LA), f. c^{ne} de St-Léger-de-Montbrun. — *Terra de Verères*, 1238 (cart. St-Mich. Thouars).

VERRIE (LA). Voir ROLLANDRIE (LA).

VERRIE (LA), h. c^{ne} de Thorigné.

VERRIE (LA), f. c^{ne} de Vernou-en-Gâtine. — *La Vérie* (Cass.).

VERRIÈRE, vill. c^{ne} de Saivre. — *Verères*, 1260 (homm. d'Alph. Poit.). — *Verrière*, 1410 (Font. LXXXIV). — *Verrères*, 1522 ; *Verrières*, 1533 (not. St-Maix.).

VERRINE, logis, c^{ne} de Vasles. — *Verrines*, relev. de l'abbaye de Ste-Croix, 1346 (arch. V. S^{te}-Cr. 44). — *Vérines*, 1404 (id.).

VERRINES, c^{on}. de Celles. — *Villa Vedrina in pago Metulinse in ipsius vicaria*, 966 (cart. St-Maix. 51). — *Vedrinas*, 1032 (id. 111) ; 1078 (id. 171). — *Sanctus Maxentius de Vetrinis*, 1110 (id. 257). — *Veirines*, 1204 (id. II, 24). — *Vérines*, 1300 (gr.-Gauthier). — *Prieuré de Vérines*, dépendant de l'abbaye de St-Maixent, 1363 (cart. St-Maix. II).

Dépendait de l'archiprêtré de Melle, de l'élection et ressort de St-Maixent. La cure était à la nomination de l'abbé de St-Maixent. Il y avait 173 feux en 1698, et 166 en 1750.

VERRINES, vill. c^{ne} de Gourgé. — *Vérincs*, relev. de Vernay, 1328 (arch. Vernay). — *Veyrines*, 1403 (pap. fam. du Font.). — *Chapelle des SS. Cosme et Damien de Vérines*, patron l'abbé d'Airvault (pouillé B.-Filleau, 280). — *Les deux Vérines* (Cass.).

VERRINES, f. c^{ne} de Marigny. — *Vérynes près de Grip*, 1457 (arch. V. Montiern. 95).

VERRINES, anc. c^{ne} et anc. par. réunies à celles de Rom. — *Veyrines*, 1269 (cart. St-Maix. II, 102). — *Vérines seu Velerines*, 1300 (gr.-Gauthier). — *St-Maixent de Vérines en Rom* (pouillé B.-Filleau, 427). — *Verrine*, 1768 (arch. D.-S. E. 451). — *St-Maixent de Vérines*, collateur l'abbé de St-Maixent (pouillé 1782). — *Vérine-en-Rom* (stat. D.-S.). — *Vérines* (Cass).

Dépendait de l'archiprêtré de Rom et de l'élection de Poitiers. Relev. de la baronnie de St-Romans et de l'abbaye de Celles. Il y avait 37 feux en 1750.

VERRINES, vill. c^{ne} de Ste-Soline.

VERRUYE, c^{on}. de Mazières-en-Gâtine. — *Verruca*, 1041-1044 (cart. St-Maix. 120). — *Veruca*, 1098 (id. 231). — *Verroca*, 1110 (id. 257). — *Verruia*, 1192 (arch. V. Fontaine-le-C.). — *Verrua*, 1197 (cart. St-Maix. 383). — *Verruye*, 1346 (cart. Châtell.). — *Prieuré de Verruye*, dépendant de l'abbaye de St-Maixent, 1363 (cart. St-Maix. II). — *Verreuia*, 1440 (id.). — *Veiluire*, 1561 (arch. D.-S. E. 513). — *Verruyes*, 1567 (cart. St-Maix. II). — *St-Martin-de-Verruye* (pouillé 1782).

Dépendait de l'archiprêtré et sénéchaussée de St-Maixent, de la châtellenie du Bailliage-Bâton réunie à la baronnie de Parthenay, et de l'élection de Poitiers, après avoir fait partie de celle de Parthenay au XVIe siècle. Il y avait 331 feux en 1750.

VERRUYE (LE VIEUX), h. c^{ne} de Verruye. — *Pratum Veteris Verruce*, 1098 (cart. St-Maix. 231). — *Le Vieux Verruye* (Cass.).

VERSENNE (LA GRANDE), f. c^{ne} de Plibou.

VERT (LE), c^{on}. de Brioux. — *Velvetus in pago Metulensi*, 962 (Besly, c^{tes} Poit. 260 ; — Font. XXVII, 28). — *Auvers*, XIIe siècle (censif de Chizé). — *Auvert*, 1698 (état gén. la Roch.). — *St-Nicolas du Vert* (pouillé 1782).

Dépendait de l'archiprêtré de Melle, et de l'élection et généralité de la Rochelle (état gén. la Roch. 1698).

VÉSIÈRE (LA), c^{ne} de Vitré. — *Moulin de la Vessière*, 1587 (not. St-Maix.). — *La Petite Vésière*, autrement *la Grange*, 1609 (Font. XX, 414). Voir BESSIÈRE (LA).

VESPOIX ou VESPOY, c^{ne} de Luzay, relev. de Thouars, 1559 (chartr. Thouars ; — reg. insin. Thouars).

VÉTIÈRE (LA), vill. c^{ne} de Surin. — *La Vesquère*, 1612 ; *la Vequère*, 1650 (arch. V. Beauregard, 25 ; Béceleuf, 11). — *La Vequaire* (Cass.).

VÉZALLIÈRE (LA), f. c^{ne} du Busseau. — *La Vouzaillière* (Cass.).

VEZANÇAIS, chât. et vill. c^{nes} de Brioux et de Paizay-le-Tort. — *Vezansaium*, 1365 (arch. V. E. 2, 237). — *Vezençai*, 1426 (cart. Châtel.). — *Vezançay*, 1531 (arch. V. H. 3, Ensigny). — *Veranzais* (Cass.).

VEZIN, vill. c^{nes} d'Asnières et de Paizay-le-Chapt. — *Vetzin*, v. 960 (Font. XIII, 63). — *Vézin* (pap. terr. des Alleuds). — *Vezins* (Cass.).

VÉZINIÈRE (LA), f. c^{ne} de St-Aubin-le-Clou.

VÉZINIÈRE (LA), f. c^{ne} de Vausseroux.

VIALIÈRE (LA), f. et mⁱⁿ. c^{ne} de Largeasse. — — *Vialeria*, 1156 (cart. l'Absie, ap. Dupuy, 841, p. 230).

VIALIÈRE (LA), c^{ne} de Vasles. — *La Vialère*, relev. de l'abbaye de Ste-Croix, 1330 (arch. V. S^{te}-Cr. 44). — *La Vielère*, appartenant à l'abbaye de Ste-Croix, 1436 (id.). L. disp.

VIANDIÈRE (LA), f. et h. c^{ne} de St-Varent. — *La Viandère*, relev. de Bressuire, 1319 (arch. St-Loup).

VIANDRIE (LA), f. c^{ne} de St-Jouin-sous-Châtillon.

VIANDRIES (LES), vill. c^{ne} de St-Martin-de-Bernegoue.

VIBLAYE (PAS DE), sur le ruisseau de la Bouvanière, c^{ne} de St-Jouin-de-Milly.

VIBREUIL, vill. c^{ne} de Mauzé-Thouarsais. — *Veil Bruil*, 1349 (arch. V. S^{te}-Cr. 74). — *Viel Breil*, 1378 (id.). — *Viel Brueil*, 1435 (id.). — *Vielbruil*, 1435 (id.). — *Vibrueil*, 1457 (id.). — *Veil Bruyl*, XVe siècle (id.). — Relev. du prieuré de Ste-Radegonde-de-Pommiers (id.).

VICARIAT (LE), f. c^{ne} des Échaubrognes.

VICLAIRE (LA), f. c^{ne} de St-Germier.

VIDE-BOUTEILLE, éc. c^{ne} de St-Symphorien.

VIDONERIE (LA), f. c^{ne} de Breuil-Chaussée. — *La Vielleronrie* (Cass.).

VIEIL-CHAMP, f. c^{ne} de la Chapelle-St-Laurent. — *Vieil Chant* (Cass.).

VIEILLE-ÂNESSE (LA), h. c^{ne} de St-Georges-de-Rex.

VIEILLE-COUR (LA), f. c^{ne} de Mougon.

VIEILLEFONDS, h. c^{ne} de St-Germain-de-Longue-Chaume. — *Viellefons*, 1334 (f. lat. 20230, inv. titr. Airv.). — *Vieillefons*, 1364 (arch. Vern.). — *Veillefons*, 1404 (arch. Moiré). — *Vielfons*, 1509 ; *Veilfons*, 1518 (ma coll.). — *Vieilfons*, 1536 (id). — *Veillefons*, 1554 (id.). — *La Vieillefont* (Cass.).

Ce fief relev. partie d'Airvault et partie d'Amailloux (hist. d'Airv. par B.-Filleau).

VIEILLE-GARDE (MAISON DE LA), c^{ne} de Villiers-en-Plaine, ressort et élection de St-Maixent, 1609 (Font. XX, 414).

VIEILLE-GRANGE (LA), f. cne de Brioux.
VIEILLE-LANDE (LA), cne de Moncoutant ; anc. fief relev. de St-Pierre-du-Châtelet de Thouars, 1748 (arch. D.-S. G. 8).
VIEILLE-PÉRATE (LA), f. cne de la Pérate, relev. du Fouilloux.
VIEILLES-EAUX (LES), cne de Béceleuf ; anc. fief relev. de Béceleuf, 1754 (arch. D.-S. Béceleuf, 7).
VIEILLES-FOSSES (LES), bois, cne de la Mothe-St-Héraye, 1738 (arch. D.-S. E. 411).
VIEILPAIN, vill. cne de Pamprou. — *Veit Pin*, 1568 ; *Villepin*, 1573 (not. St-Maix.). — *Veilpin*, 1603 (arch. V. Ste-Marth. 82). — *Vieilpin* (Cass.).
VIEILLE-VILLE, l.-d. cne du Busseau.
VIEILLE-VILLE, vill. cnes de Hanc et de Melleran. — *Locus Vetus Villa in pago Briocinse et in ipsa vicaria*, 964 (cart. St-Maix. 44). — *Veilleville*, 1479 (arch. V. Nouail. 31).
VIEILLE-VILLE, f. cne du Vert.
VIEILLES-VIGNES (LES), f. cne de St-Georges-de-Noisné. — *Les Veilles Vignes*, 1528 (not. St-Maix.).
VIEILLES-VIGNES (LES), f. cne de Thorigné.
VIELOT, f. cne de Salles.
VIENNAY, con de Parthenay. — *Vielnai*, v. 1090 (cart. St-Cypr.). — *Viannaium*, 1179 (cart. St-Jouin). — *Viennay*, 1300 (gr.-Gauthier). — *Vienay*, 1400 (arch. Barre). — *Vinay*, 1579 (Gaignères, 2759). — *St-Jouin de Vinay ou Viennoy*, (pouillé B.-Filleau, 430).
Dépendait de l'archiprêtré, châtellenie et baronnie de Parthenay, de la sénéchaussée et de l'élection de Poitiers. La cure était à la nomination de l'abbé de St-Jouin-de-Marnes. Il y avait 60 feux en 1750.
VIENNAY (LE PETIT), h. cne de Viennay.
VIENNE (LA), f. cne de Romans. — *La Vienne*, 1583 (not. St-Maix.).
VIETTE (LA), rivière qui prend sa source entre St-Pardoux et la Boissière et se jette dans le Thoué à Parthenay-le-Vieux (stat. D.-S. par Dupin). — *Vielle*, 1575 (arch. Barre, II).
VIETTE, f. cne de Pompaire. — *Vieta*, 1267 (arch. nat. J. 319, n° 4). — *Viete*, 1281 (arch. V.).
VIEUX-CHÂTEAU (LE), f. cne de Vouillé.
VIEUX-MOULIN (LE), f. cne de Mairé-l'Évescault.
VIEUX-MOULIN (LE), f. cne de Sansais. — *Vieilmoulin*, 1610 (arch. D.-S. E. 390).
VIEUX-MOULIN (LE), min. cne de Vasles.
VIEUX-PONT (LE), h. cne de Massais. — *Veilpont*, relev. de Thouars, 1470 (hist. Thouars, 178). —
Vieux Pont, 1527 (chartr. Thouars). — *Chapelle de Vieux Pont*, 1597 (id.).
VIGELIÈRE (LA), f. cne des Forges. — *La Vigelère*, relev. des Forges, 1440 (arch. V. E. 1, 10). — *La Vigilière* (Cass.).
VIGERIE (LA), f. cne de St-Germier, 1456 (arch. Barre, II. 119).
VIGIER (MOULIN DU), cne de Champdeniers, 1263 (le prieuré de Champden. par Desaivre, 15).
VIGNARDIÈRES (LES), h. cne du Beugnon. — *Les Vignardères*, 1349 (arch. V. Fontaine-le-C. 30).
VIGNAUD (LE GRAND), f. cne de Chey, 1582 (arch. D.-S. E. 388).
VIGNAUD (LE), h. cne de St-Marsault.
VIGNAUDRIE (LA), f. cne de Nanteuil.
VIGNAUDRIE (LA), f. cne de Vautebis. — *Domus Rainaudi Vignau*, 1218 (cart. St-Maix. II, 41). — *La Vignauderie*, 1452 ; *la Vignaudrie*, 1720 (arch. Barre, II). — Relev. de la baronnie de St-Maixent, 1775 (état duch. la Meill.).
VIGNAULT (LE), f. cne d'Allonne.
VIGNAULT (LE), cne de Brelou, relev. de Faye, 1440 (inv. d'Aub.).
VIGNAULT (LE), f. cne de Cerizay. — *Le Grand Vignault*, relev. de Cerizay, 1747.
VIGNAULT (L'ESSART DU), au fief de Flesme, cne de Chiché, relev. de la Mothe de Coupoux, 1508 (arch. St-Loup).
VIGNAULT (LE), h. cne de la Couarde. — *Le Vigneau* (Cass.).
VIGNAULT (LE), fief, cne de Faye-sur-Ardin, 1609 (Font. XX, 415). — *Le Vigneau* (Cass.). — Détaché de Faye-sur-Ardin et réuni à Surin par la loi du 19 juin 1857.
VIGNAULT (LE), f. cne de Lezay.
VIGNAULT (LE), f. cne de Pouffond. — *Le Vigneau* (Cass.).
VIGNAULT (LE), h. cne de Prailles. — *Le Vignaud*, 1567 (not. St-Maix.).
VIGNAULT (LE), l.-d. cne de St-Rémy-en-Plaine, 1505 (arch. D.-S. G. 24).
VIGNAULT (LE), f. cne de Verruye, relev. de Pressigny-en-Gâtine (arch. V. Es. 415). — *Le Vigneau* (Cass.).
VIGNAULT (LE), cne de Villemain, où est un moulin à vent, 1525 (arch. V. St-P. 238). L. disp.
VIGNE (LA), f. cne d'Aigonnay.
VIGNE (LA), min. cne d'Arçais.
VIGNE (LA GRANDE), f. cne de Cours.
VIGNE (LA), h. cne de Gournay.
VIGNE (LA GRANDE), vill. cne de Messé.

VIGNE-DE-LA-RIPAUDIÈRE (LA), f. c^{ne} de Coutières.

VIGNE-VENTUREUX (LA), vill. c^{ne} de Faye-sur-Ardin. — *La Vigne Vantureulx*, 1607 (arch. V. Bécelcuf, 31). — *La Vigne Aventuroire*, 1608 ; *la Vigne Avantuxoux*, 1644 (arch. D.-S. E. 257, 671). — *La Vigne Avantouroux*, 1659 (arch. V. Beauregard, 26). — *La Vigne-Ventureu* (Cass.).

VIGNEAU (LE), éc. c^{ne} du Breuil-sous-Argenton.

VIGNEAU (LE), f. c^{ne} de Cherveux.

VIGNEAU (LE), f. c^{ne} de Fenioux. — *Les Vignaux*, 1639 (arch. D.-S. E. 318).

VIGNEAU (LE), f. c^{ne} de St-Coutant. — *Le Vignaut*, 1727 (arch. D.-S. E. 122).

VIGNEAU (LE), vill. c^{ne} de St-Georges-de-Noisné.

VIGNEAU (LE), f. c^{ne} de St-Marsault.

VIGNEAU (LE), éc. c^{ne} de Ste-Pezenne; anc. chât. 1772 (arch. D.-S. E. 51?).

VIGNÈRE (LA), f. c^{ne} de Neuvy. — *La Vinière* (Cass.).

VIGNÈRE (LA), f. c^{ne} de Secondigny. — *La Vinière*, 1768 (arch. Barre).

VIGNERONNE (FIEF DE), c^{ne} de St-Gelais, ressort et élection de St-Maixent, 1609 (Font. XX, 415).

VIGNES (LES), h. c^{ne} de la Chapelle-Largeau.

VIGNES (LES), vill. c^{ne} de St-Pardoux.

VIGNES (LES), f. c^{ne} de Saivre. — *Les Vignes au Maignou*, relev. de Faye, 1396, 1446 (inv. d'Aub.).

VIGNES (LES), f. c^{ne} de Soutiers.

VIGNES (LES), f. c^{ne} du Temple (stat. D.-S.).

VIGNIÈRE (LA), f. c^{ne} de l'Enclave.

VIGNOLET, vill. c^{ne} de St-Génard.

VIGNOLLIÈRE (LA), f. c^{ne} de Beaulieu-sous-Parthenay. — *La Villonnière* (Cass.).

VIGNONNIÈRE (LA), f. c^{ne} de Coutières. — *La Vingnanère*, 1318 ; *la Vignonière*, appartenant à l'abbaye des Châtelliers, 1340 ; *la Vignonnère ou Vignonère*, relev. de la Barre-Pouvreau, 1369 (arch. Barre, II, 342).

VIGON, f. c^{ne} de St-Gelais.

VILABÉ, f. c^{ne} de St-Sauveur-de-Givre-en-Mai. — *Villabé*, 1376 ; *Villabbé*, 1447 (arch. St-Loup).

VILAIN, éc. c^{ne} d'Ardin.

VILERMAT, vill. c^{ne} de Baussais. — *Villermat*, 1611 (arch. V. Ste-Marth. 112). — Relev. de la châtellenie de St-Maixent (cart. St-Maix. intr.).

VILGOIS (LE GRAND ET PETIT), h. c^{ne} de St-Aubin-de-Baubigné. — *Villegois*, xve siècle (reg. r. Templ. Maul.). — *Le Grand Villeguay*, 1755 chiv D.-S 1101).

VILLA (LA), vill. c^{ne} de St-Coutant.

VILLAGE (LE HAUT ET BAS), f. c^{ne} de Faye-l'Abbesse (stat. D.-S.).

VILLAGE (LE GRAND), f. c^{ne} de Ménigoute, 1640 (arch. Barre, II).

VILLAGE (LE), vill. c^{ne} de Montigné.

VILLAGE (LE PETIT), h. c^{ne} de St-Lin, relev. des grandes-Davières, 1583 (arch. V. E. 1, 15).

VILLAGE (LE GRAND), h. c^{ne} de Vasles.

VILLAGERIE (LA), f. c^{ne} de Nueil-sous-les-Aubiers.

VILLAINE, h. et chât. c^{ne} d'Azay-le-Brûlé. — *Villena in villa Aziacus*, v. 1045 (cart. St-Maix. 137). — *Villene*, relev. de l'abbaye de St-Maixent, 1269 (id. II, 98). — *Vilene*, 1363 (id. 151). — *Villaynnes*, 1465 (arch. Barre, II). — *La Mothe de Villennes*, 1550 (not. St-Maix.). — *Villaines*, 1603 (cart. St-Maix. II).

VILLAINE, vill. c^{ne} de Périgné. — *Villa Villena in vicaria Briocinse*, 936 (cart. St-Cyprien). — *Villenne*, 1733 (arch. D.-S. E. 1194). — *Vilaine* (Cass.).

VILLARET, vill. c^{ne} de Mairé-l'Évescault, 1636 (arch. V. Nouail. 38).

VILLATE (LA), h. c^{nes} de Rom et de Messé. — *La Vilate*, 1312 (arch. D.-S.).

VILLATE (LA), vill. c^{ne} de Sepvret, 1488 (arch. D.-S. E. 406).

VILLATIÈRE (LA), f. c^{ne} d'Allonne.

VILLE (LA), l.-d. c^{ne} de Boussais.

VILLE (LA), h. c^{ne} de Brion.

VILLE (LA), f. c^{ne} de la Chapelle St-Laurent. — *La Ville*, 1557 (reg. insin. Thouars).

VILLE (LA), f. c^{ne} de Genneton.

VILLE (LA), vill. c^{ne} de Mairé-l'Évescault.

VILLE (LA), min. c^{ne} de St-Romans-lez-Melle.

VILLE (LA), h. c^{ne} de St-Coutant.

VILLE-AU-BEURRE (BOIS DE LA), dépendant de Barge, c^{ne} de Surin, et où sont des ruines d'un village (Champdeniers par Desaivre).

VILLE-BEURRE (LA), f. c^{ne} de Prailles. — *Ville Boyric*, 1300 (arch. V. S^{te}-Cr. 92). — *Ville Boyrit*, 1407 (id. 89). — *La Veille Buère*, 1530 ; *la Ville Beurre*, 1567 (not. St-Maix.). — *Villebeurre*, 1721 (la fam. des seign. de Faugeré par Sauzé).

VILLEBLANCHE, logis et vill. c^{ne} de la Chapelle-Pouilloux. Elle faisait autrefois partie de la c^{ne} de Melleran, et a été annexée à celle de la Chapelle-Pouilloux par délibération du conseil général en août 1875 (cad.).

VILLEBOUIN, h. et anc. chât. détruit, c^{ne} d'Amaillou. — *Villebouaen*, 1364 (arch. Vernay). —

Villebohen, 1411 (id.). — *Villeboen*, 1421 (arch. St-Loup). — *Villebouen*, 1450 (arch. Vernay). — *Villebouhain*, 1481 (arch. Barre). — *Étang de Villeboyn*, 1512 (arch. Vern.). — *Villebouyn*, 1554 (id.). — *Villebouain*, 1642 (id.). — *Vilbouin* (Cass.).

VILLEBRETIERS, f. cne de Courlay. — *Villebretier*, 1403 (arch. St-Loup). — *Villeberstière* (Cass.).

VILLE-DE-GAULE, l.-d. entre Auboué et St-Généroux (hist. de Thouars par Imbert, p. 10).

VILLE-DÉSERTE, *aliàs* BOIS-BERNIER, l.-d. cne de St-Denis (le prieuré de Champdeniers par Desaivre, 16).

VILLE-DE-VAUBALLIER (LA), f. cne des Fosses.

VILLE-DES-EAUX, vill. cne du Vert. — *Villa Dessast*, XIIIe siècle (censif de Chizé). — *Villedezas*, relev. de Chizé, 1403 (gr.-Gauthier, des bénéf.).

VILLEDÉ, h. cne d'Ardin. — *La Ville-Dieu*, 1369 (pap. de la Gâconnière, ap. bull. soc. stat. 1887, p. 635). — *Vildé* (Cass.).

VILLEDIEU (LA), vill. cne de Brelou. — *La Villedieu des Ponts de Vaux*, 1528 (arch. Barre). — *La Villedieu du Pont de Vaux*, 1663 (id.). — *Aumônerie de la Villedieu* réunie à l'hôpital de la vieille aumônerie de St-Maixent (état élect. St-Maix. 1698).

VILLEDIEU-DE-COMBLÉ (LA), chât. et vill. cnes de la Mothe-St-Héraye et de St-Éanne (stat. D.-S.). — *Villa Dei de Comblé*, 1239 (cart. Châtell.). — *Villa Dei*, 1321 (arch. hist. Poit. XI). — *La Villedieu de Comblé*, 1387 (cart. Châtell.). — Relev. de Lusignan, 1354-1687 (arch. V. C. 2, 142). — *Château de la Villedieu de Comblé, paroisse St-Éasne*, 1736 (arch. V. abb. Châtell.). — *Villedieu de Comblée* (Cass.).

VILLE-DIEU-DÉCOURTS, h. cne de la Mothe-St-Héraye. — *La Villedieu des Coustz*, 1584 (not. St-Maix.). — *La Villedieu de Coux*, 1637 (arch. D.-S. E. 391).

VILLEDIEU-DU-PERRON (LA), h. cne de Pamprou. — *Li Peyrons Seint Mayssent*, 1248 (cart. St-Maix. II, 79). — *Le Péron Sant-Mayssent*, 1269 (id. 108). — *Le Peyron Saint Maixent*, 1564 (not. St-Maix.). — *La Villedieu du Pesray*, 1616 (arch. V. Ste-Marth. 82). — L'aumônerie de la Villedieu du Péron fut réunie à l'hôpital de Lusignan par arrêts des 21 janv. 1695 et 22 août 1698, et lettres patentes de 1696 (pouillé B.-Filleau, p. 339).

VILLEFAT, f. cne de la Couarde. — *Villefax*, 1530 ; *Villefas*, 1568 (not. St-Maix.). — *Villefa*, 1611 (arch. V. Ste-Marth. 112).

VILLEFOLLET, con de Brioux. — *Villa Foleti*, v. 1015 (cart. St-Jean-d'Ang. ap Font. LXII, p. 521 ; — Besly, p. 367). — *Villafolet*, 1119 (Gall. christ. II, 362). — *Villa Folet in ballia de Chisiaco*, XIIIe siècle (censif de Chizé). — *Villafloec*, 1300 (gr.-Gauthier). — *Villa de Flec* (id.). — *Folet* (id.). — *Villefoulet*, 1459 (arch. Barre). — *Virfollet*, 1755 (arch. V. Trin. 111). — *St-Hilaire de Villefolet* (pouillé 1782).

Villefollet dépendait de l'archiprêtré de Melle, de la sénéchaussée de Civray, de la châtellenie de Chizé, de l'élection de Niort, et relev. du marquisat de Dampierre, ressort de Niort (mém. soc. stat. 1886). Il y avait 67 feux en 1716, et 77 en 1750.

VILLEFOLLET, f. cne de Coulon.

VILLEFOLLET, f. cne de Moncoutant. — *Villefolet*, 1398 (arch. St-Loup). — *Vire Folet* (Cass.).

VILLEFOLLET, f. cne de Neuvy-Bouin. — *Villefolet*, 1398 (arch. St-Loup). — *Virefont* (Cass.).

VILLEFRANCHE, h. cne de Boismé. — *Villefranche*, 1417 (arch. nat. JJ. 170).

VILLEFRANCHE, f. cne de Châtillon-sur-Thoué.

VILLEGUÉ, f. cne d'Argenton-l'Église. — *Villegays*, 1333 (Font. LXXXVII). — *Villegay*, 1520 (arch. V. Brosse-Guilgault, 4).

VILLEGUÉ, anc. chât. détruit, et f. cnes d'Amaillou, de Clessé et St-Germain-de-Longue-Chaume. — *Villegaye*, 1439, 1449 (arch. Vernay). — *Villegoye*, 1453 (pap. de la Bretonn. de Vienn.). — *Villegay*, 1557 (reg. insin. Thouars). — Relev. d'Airvault (hist. d'Airv. par B.-Filleau). — *Vilgué* (Cass.).

VILLEGUÉ, f. cne de Sanzay. — *Villeguaye* (stat. D.-S.). — *Vilgais* (Cass.).

VILLEJAME, vill. cne de Voultegon. — *Villejasme*, 1558 (reg. insin. Thouars).

VILLEMAIN, con de Chef-Boutonne. — *Villanayen*, 1300 (gr.-Gauthier). — *Villa Media*, 1365 (arch. V. St-P. 237). — *Villemain*, 1403 (id.). — *Notre-Dame de Villemain* (pouillé 1782).

Dépendait de l'archiprêtré de Bouin, de la châtellenie, siège royal e. élection de Niort, et relevait du marquisat de Chef-Boutonne (état élect. Niort. 1716). Il y avait 67 feux en 1716, et 72 en 1750.

VILLEMANAN, vill. cne de Hanc. — *Villemanan* (pap. ter. des Alleuds). — *Villemanant* (Cass.).

VILLEMONTET, h. cne de Souché. — *Pont de Gorgines ou Georgainnes* sur le Lambon, route de Niort à Paris, reconstruit en 1642 par le corps de ville de Niort et nommé par lui *pont de Villemontée*, en l'honneur de François de Villemontée, intendant de Poitou, qui avait coopéré à cette reconstruction (bull. soc. stat. 1886, p. 280). — *Vilmontée* (Cass.).

VILLENEUVE, vill. c^{ne} d'Aigonnay. — *Villeneuve*, 1438 (dict. fam. Poit. II, 10). — Relev. de St-Maixent (état. duch. la Meill. 1775).

VILLENEUVE, h. c^{ne} d'Amaillou. — *Villeneuve d'Amaillou* ou *Villeneuve-l'Abbé*, appartenait à l'abbaye d'Airvault en 1517 (arch. Soulièvre).

VILLENEUVE, h. c^{ne} d'Argenton-l'Église. — *Villeneufve*, 1440 (arch. V. H. 3, 808).

VILLENEUVE, vill. c^{ne} d'Assais. — *Villenova*, 1156 (cart. l'Absie). — *Villanova*, 1159 (id.). — *Villeneuve*, 1195 (cart. Fontevr. f. lat. 5480, p. 139). — *Villeneuve, autrefois le fief Dubois*, relev. de Vernay, 1407 (arch. Vern.). — *Villeneuve en Assay* (état duch. la Meill. 1775).

VILLENEUVE, h. c^{ne} des Aubiers. — *Villeneuve*, 1351 (arch. hist. Poit. XVII). — *La Basse Villeneufve*, 1574 (arch. V. Brosse-Guilgault, 1). — *Les Villes Neuves* (Cass.).

VILLENEUVE, f. c^{ne} d'Azay-le-Brûlé.

VILLENEUVE, f. c^{ne} de Boesse.

VILLENEUVE, vill. c^{ne} de Brioux.

VILLENEUVE (LE GRAND ET PETIT), f. c^{ne} de Chambroutet. — *Le Grand Villeneuve*, relev. de la seign. de Vaurenard (Voultegon), 1672 (pap. Blactot; — arch. V. E^s. 352).

VILLENEUVE, h. c^{ne} de la Chapelle-Gaudin. — *Villenouve*, 1334; *Villeneufve*, 1574 (arch. V. Brosse-Guilgault, 1, 7).

VILLENEUVE, h. c^{ne} de Chavagné. — *Villeneufve*, 1544 (not. St-Maix.).

VILLENEUVE, vill. et mⁱⁿ. c^{ne} de Cherveux. — *Villeneuve de Fousse-Aigue* en la châtellenie de St-Maixent (cart. St-Maix. intr.).

VILLENEUVE, f. c^{ne} de Geay. — *Villeneuve*, 1432 (arch. St-Loup).

VILLENEUVE, vill. et pont sur la Dive, c^{ne} de Lezay.

VILLENEUVE, vill. c^{ne} de Louzy.

VILLENEUVE, f. c^{ne} des Moutiers-sous-Chantemerle.

VILLENEUVE, f. c^{ne} de Neuvy-Bouin. — *Villeneuve*, relev. d'Airv. 1498 (hist. d'Airv. par B.-Filleau).

VILLENEUVE, vill. c^{ne} de Pioussay. — Relev. du marquisat de Ruffec (bull. soc. stat. 1884).

VILLENEUVE, h. c^{ne} de St-Aubin-du-Plain (stat. D.-S.).

VILLENEUVE, h. c^{ne} de St-Maurice-la-Fougereuse.

VILLENEUVE, vill. c^{ne} de St-Symphorien.

VILLENEUVE, f. c^{ne} de Vasles.

VILLENEUVE, f. c^{ne} de Vernou-en-Gâtine. — *Villeneuve*, 1444 (arch. du Fontenioù).

VILLENEUVE (LA PETITE), h. c^{ne} du Vert.

VILLENEUVE (LA), h. c^{ne} de Vernou-en-Gâtine. — *La Velloneria juxta eaminum subtus Frennes*, 1135-1146 (cart. l'Absie). — *Vilanneria*, v. 1150 (id.). — *La Villaneria* ou *Villanera*, 1170 (id.). — *La Villenère*, 1352 (arch. V. Fontaine-le-C. 30). — *La Vilnière* (Cass.).

VILLEFOINTE, f. c^{ne} de St-Marsault. — *Villepeinte* (Cass.).

VILLE-ROUGE-DE-LA-ROCHE-CAILLAS (LA), l.-d. dans la plaine entre Oiron et Brie (hist. de Thouars par Imbert, 10).

VILLE-SÈCHE (LA), vill. c^{ne} de St-Éanne. — *La Ville Sèche*, 1363 (cart. St-Maix. II, 155). — *Ville Seiche*, 1532; *Villechesse*, 1616 (not. St-Maix.).

VILLE-SOUFFRANTE (LA), vill. c^{ne} de Mairé-l'Évescault. — *Villa Soffrent in castellania de Sivraio*, 1270 (arch. V. cart. sceaux, n° 68). — *Vile Soffrayn*, 1276 (Font. XXII, 327).

VILLETIÈRE (LA), f. c^{ne} de la Forêt-sur-Sèvre. — *La Vileière*, 1395 (arch. St-Loup). — Relev. de la châtellenie de la Forêt-sur-Sèvre, 1598 (arch. chât. la Forêt).

VILLETTE (LA), h. c^{ne} des Aubiers.

VILLETTE (LA), f. c^{ne} de St-Aubin-de-Baubigné.

VILLETTE (LA), vill. c^{ne} de St-Paul-en-Gâtine.

VILLEVERT, c^{ne} d'Exireuil. — *Le Guy Guyonneau*, autrement *Villevert*, 1559. — *Villevert*, 1572 (not. St-Maix.). L. disp.

VILLEVERT, h. c^{ne} de St-Martin-de-Sanzay.

VILLIERS, h. c^{ne} des Aubiers. — *Villiers*, 1514 (arch. V. E. 2, 237). — *Le Villier* (Cass.).

VILLIERS, f. c^{ne} de Chambroutet. — *Villiers*, 1591 (pap. Blactot). — Relev. de Vaurenard, 1608 (arch. V. E^s. 352).

VILLIERS, vill. c^{ne} de Mauzé-Thouarsais. — *Villers*, 1378 (arch. V. S^{te}-Cr. 74). — *Villiers*, 1486 (id.). — Appartenait à l'abbaye de Chambon, au XVIIe siècle (arch. D.-S. H. 52).

VILLIERS, f. c^{ne} de St-Léger-de-Montbrun. — *Villiers-Monbrun*, relev. de Thouars, 1493 (fiefs vic. Thouars).

VILLIERS, h. c^{ne} de Thorigné. — *Viglé*, 1510 (arch. V. E. 1, 12). — *Villers* (stat. D.-S.). — *Vilert* (cad.).

VILLIERS-EN-BOIS, c^{on} de Brioux. — *Villères*, v. 1099 (cart. St-Jean-d'Ang. ap. Font. LXIII, p. 475). — *Vilaret in bosco, in ballia de Chisiaco*, XIIIe siècle (censif de Chizé). — *Villers de Nemore*, 1300 (gr.-Gauthier). — *Villiers-en-Bois*, 1486 (arch. V. S^{te}-Cr. 94). — Relev. de la seign. de Prahecq, fin du XVe siècle (mém. soc. stat.

2e sér. XIV). — *St-Romain de Villiers en Bois*, (pouillé B.-Filleau, 432). — *Villiers-les-Bois* (pouillé 1782).

Dépendait de l'archiprêtré de Melle, de la châtellenie de Prahecq, de la sénéchaussée de Civray et de l'élection de Niort, et relev. du marquisat de Fors (état élect. Niort, 1716). Il y avait 43 feux en 1716, et 34 en 1750.

VILLIERS - EN - PLAINE, con de Coulonges - les - Royaux. — *Ecclesia de Vilers in honore sanctæ Mariæ*, v. 1080 (cart. St-Cyprien). — *Vilers in Niorto*, v. 1090 (id.). — *Villers*, xiie siècle (cart. l'Absie). — *Viler*, v. 1204 (cart. St-Maix. II, 25). — *Châtellenie de Vilers-lez-Nyort*, 1399 (arch. hist. Poit. XXIV, 335). — *Villiers*, relev. de l'abbaye de St-Maixent, v. 1440 (cart. St-Maix. II, 460). — *St-Laurent de Villiers* (pouillé 1648). — *Villiers en Plénier*, 1657 (arch. V. Beauregard, 26). — *Villiers-en-Plaine*, 1716 (Cass.).

L'aumônerie de Villiers fut réunie à l'hôpital des renfermés de Fontenay-le-Comte, par arrêt du conseil du 21 janv. 1695, et lettres patentes du 4 juin 1697. Le prieuré fut réuni à la congrégation de la Mission de Fontenay-le-Comte (état élect. 1716). La châtellenie relev. en partie de St-Maixent, et en partie de Parthenay (id.; — dén. just. bar. Parth. 1744).

Villiers dépendait de l'archiprêtré d'Ardin, de la sénéchaussée de St-Maixent, et de l'élection de Niort. Il y avait 189 feux en 1716, et 180 en 1750.

VILLIERS-SUR-CHIZÉ, con de Brioux. — *Villaris in pago Pictavo in vicaria Odenaco* (Aunay), 951 (cart. St-Cyprien). — *Villaris Latronorum*, 963 (cart.) St-Jean-d'Ang. ap. Font. XIII, 67). — *Vilers quæ est super castrum Chisiacum*, v. 1081 (cart. St-Jean-d'Ang. ap. Font. LXIII, p. 53). — *Villers*, 1300 (gr.-Gauthier). — *Prioratus de Villers-Chissé* (id.). — *Villers-sus-Chisic*, 1300 (arch. V. Ste-Cr. 92). — *Villares Latronum* ou *Villares super Chizezium*, 1598 (Font. III, 37). — *Notre-Dame de Villiers - sur- Chizé* (pouillé 1782).

Dépendait de l'archiprêtré de Melle, de la châtellenie de Chizé, de la sénéchaussée de Civray et de l'élection de Niort. La cure était à la nomination de l'abbé de St-Jean-d'Angély. Il y avait 45 feux en 1716, et 77 en 1750.

VILLONNIÈRE (LA), f. cne de Beaulieu-sous-Parthenay. Voir VIGNOLLIÈRE (LA).

VILLONNIÈRE (LA), f. cne de la Boissière-en-Gâtine. — *La Vilanère*, 1310; *la Vilenère*, 1328 (arch. chât. Chap.-Bertr.). — *La Villennière*, relev. de Secondigny, 1469 (id.).

VIMEURS, f. cne de Moutiers. — *Vimeur*, 1713 (arch. V. H. 3, 812).

VINATRIE (LA), h. cne de Souvigné. — *La Vynaterie*, 1543 (not. St-Maix.).

VINAY, f. cne de Parthenay, xviiie siècle (arch. D.-S. E. 498).

VINCENDRIE (LA), f. cne de la Chapelle-St-Laurent.

VINCHÉ, vill. cne de Saivre. — *Vinché*, 1260 (homm. d'Alph. Poit.). — *Vinché*, 1452 (arch. Barre). — Relev. de la châtellenie de St-Maixent.

VINERIE (LA), f. cne de St-Clémentin. — *Villa Veinerias*, 1107 (Gall. christ. II, 373, ch. de P. év. Poit. pour St-Laon de Thouars).

VINIÈRE (LA), f. cne de Verruye.

VIOLATERIE (LA), h. cne d'Oiron.

VIOLETTE (LA), f. cne d'Adilly. — *La Viollette*, 1568 (journal de Généroux, 15).

VIOLIÈRE (LA), f. cne de la Chapelle-Gaudin. — *Germonville* ou *Violliere*, 1507; *la Viollière*, 1628 (arch. V. Brosse-Guilgault, 25).

VIOLIÈRE (LA), f. cne de Nanteuil. — *Junctus inter Vilerensem et Nantoliensem*, xe siècle (cart. St-Maix. 88). — *La Violère*, 1359 (inv. d'Aub.). — *La Viollère*, 1528 (not. St-Maix.).

VIOLIÈRE (LA), f. cne de Noireterre. — *La Viollère*, 1418 (arch. St - Loup). — *La Viollière* (Cass.).

VIOLLIÈRES (LES), f. cne de la Boissière-Thouarsaise. — *La Vialère*, 1236 (arch. hôpital Parth.). — *La Vielère*, 1250 (id.). — *Les Vyolères*, 1542 (id.). — *Les Viollières*, 1630 (id.). — *Les Violières* (Cass.).

VIOLLIÈRES (LES), h. cne de Gourgé.

VIONNAIS, vill. cne de Missé. — *Moulin de Viennay*, 1609 (Font. XX, 413). — *Vionais* (Cass.).

VIRAUDIÈRE (LA), cne de St-Maixent; anc. fief relev. de l'abbaye de St-Maixent, 1407 (arch. D.-S. H. 95).

VIRÉ, vill. cne d'Augé.

VIRÉ (VIEUX), f. cne d'Augé. — *Vieux Viré*, 1657 (arch. Barre).

VIRÉ, vill. cne de Celles. — Relev. de l'abbaye de St-Maixent (cart. St-Maix. 48, intr.).

VIRECOURT, f. cne de Souvigné.

VIRELEBANC, vill. cnes de Baussais et de Melle. — *Virleban* (Cass.).

VIROLLET, f. cne de Brioux. — *Villaret*, membre uni à la commanderie d'Ensigny par le grand prieur d'Aquitaine, le 1er juin 1498 (arch. V. H. 3, comm. d'Ens.). — *Virolet aux Groles* (Cass.).

VIROLLET, h. cne de Nueil-sous-les-Aubiers. — *Prioratus de Virurei Lege* (gr.-Gauthier ; — pouillé B.-Filleau, p. 73 et 274). Identification incertaine.

VIROLLET, vill. cne de Villiers-en-Bois. — Relev. de Chizé, 1565-1721 (ms. 141, bibl. Poit.). — *Viroflet* (stat. D.-S.). — *Virolet* (Cass.).

VIRON (LE GRAND ET PETIT), h. cne de Brûlain. — *Viron*, 1529 (mém. soc. stat. 3e sér. VI, 415). — *Le Petit Viron et le Grand Viron*, relev. de la baronnie de la Mothe-St-Héraye, 1621 (av. de la Mothe).

VIRONNETTE (LA), éc. cne de Coulon.

VIRSAY, f. cne d'Aigonnay. — *Vircayum*, 1260 (homm. d'Alph. Poit.). — *Virsay*, 1538 (not. St-Maix.).

VITRAY, vill. cne de Louzy. — *Vitriacus*, v. 1110 (cart. St-Laon Th.). — *Vitrai*, fin du XIIIe siècle (arch. D.-S. E. 382). — *Vitray*, 1459 (arch. V. H. 3, 804).

VITRÉ, vill. cne d'Assais. — *Vitray* (Cass.).

VITRÉ, cen de Celles. — *Villa Vitriacus in pago et vicaria Metulinse*, v. 987 (cart. St-Cyprien). — *Vitrec*, v. 990 (id.). — *Vitraycus*, 1300 (gr.-Gauthier). — *Vitraium* (D. 1383). — *St-Pierre de Vitré*, *St-Georges de Vitré*, présentateur l'abbé de St-Cyprien (pouillé 1782).

Dépendait de l'archiprêtré de Melle, de l'élection et ressort de St-Maixent. Relev. de Melle. Il y avait 92 feux en 1698, et 92 en 1750. Les deux anciennes paroisses de Vitré sont réunies à Celles.

VIVIER (LE), vill. cne d'Ardin, 1682 (arch. V. Pouzay, 2).

VIVIER (LE), f. cne de la Chapelle-Bertrand.

VIVIER (LE), h. cne des Échaubrognes.

VIVIER (LE), h. cne de Geay. — *Viverium*, v. 1145 (cart. St-Laon Th.). — *Vinerium*, 1300 (gr.-Gauthier). — *Prieuré du Vivier*, 1432 (arch. St-Loup). — *Prieuré du Vivihier*, présentateur le chapitre St-Laon de Thouars (pouillé B.-Filleau, 276).

VIVIER (LE), f. cne de Genneton.

VIVIER (LE), h. cne de Montigny.

VIVIER (LE), h. cne de la Mothe-St-Héraye. — *Decima de Viveriis*, 1079 (cart. St-Maix. 173). — *Vivers*, v. 1111 (id. 278). — *Le Vyvier*, 1587 (not. St-Maix.).

VIVIER (LE), h. et fontaine, cne de Niort. — *Moulin du Vivier*, 1618 (Font. XX, 469).

VIVIER (LE), f. cne de St-Aubin-le-Clou.

VIVIER (LE), f. cne de St-Jouin-sous-Châtillon. — *Decima de Vivariis*, 1120 (cart. Trin. Maul.).

VIVIER (LE), f. cne de Sanzay. — *Les Viviées* (Cass.).

VIVIER (BOIS DU GRAND ET PETIT), cne de Vautebis (cart. St-Maix. intr.).

VIVIÈRE (LA), f. cne de St-Pardoux.

VIX, vill. cne de Saivre. — *Viiz*, 1260 (homm. d'Alph. Poit.). — *Vis*, relev. de St-Maixent, 1411 (gr.-Gauthier, des bénéf.). — *Vix*, 1528 ; *Vy*, 1638 (not. St-Maix.).

VOIE (LA), min. cne de Béceleuf, 1708. — *La Voye*, 1399 (arch. V. Béceleuf, 26). — *Moulin de la Voye*, à présent ruiné, 1634 (arch. V. Béceleuf, 11).

VOIE (LA), f. cne des Échaubrognes.

VOIE (LA), f. cne de Loublande. — *Moulin de la Voye* (Cass.).

VOIE (LA), min. cne du Pin. — *Moulin de la Voye*, 1367 (cart. Trin. Maul.).

VOIE (LA), f. cne de St-Pardoux.

VOIE-BASSE (LA), h. cne de Celles. — *Moulin de la Fée*, 1587 (not. St-Maix.).

VOIE-DE-VOUILLÉ (LA), l.-d. cne d'Aiffres, 1461 (arch. D.-S. E. 160).

VOIE-PERDUE (LA), l.-d. cne de Brion, 1453 (arch. V. Brosse-Guilgault, 1).

VOIERY, f. cne de Villefollet.

VOINE, h. cne de Périgné. — *Villa Osma in pago Pictavo in vicaria Metulo* (rech. sur les vigueries de Poit. par de la Fontenelle, p. 105 ; — rev. poit. 1885, p. 32).

VOLANCHÈRE (LA), vill. cne de Neuvy-Bouin.

VOLBINE, h. cne de Luzay. — *Vallislupina in parrochia Sti Hilarii de Luzayo*, 1245 (arch. V. St-Hil. 870). — *Vaulubine*, 1405 (arch. St-Loup). — *Volbine*, relev. de Thouars, 1470 (hist. Thouars, 174). — *Vaulabine*, 1470 (coll. Fillon). — *Moulin de Vaulubine*, 1476 (arch. V. St-Hil. 871). — *Pont de Volubine*, 1568 (Font.). — *Vaulebrine*, 1582 ; *Vaulbine*, 1698 (arch. D.-S. E. 1068, 1081).

VOLBINE, fontaine, cne de St-Varent.

VOLLÉE (LA), vill. cne de Secondigné-sur-Chizé. — *La Volée* (Cass.).

VOLLETTE (LA), f. cne de Sansais.

VOLLETTE (LA), f. cne de Scillé.

VONNE (LA), rivière qui prend sa source en les communes de Beaulieu-sous-Parthenay et Vouhé et qui va se jeter dans le Clain à Vivonne (Vienne) (stat. D.-S.). — *Fluvium Vedone*, v. 1000 et 1030 (cart. St-Cypr.). — *Veona*, v. 1120 (id.). — *La Voulne*, 1452 (arch. V. Ste-Cr. 45).

VOUGNÉ, f. et log., cne d'Augé. — *Vougné*, 1530 ; *Vousgné*, 1560 (not. St-Maix.).

Vouné, cᵒⁿ de Mazières-en-Gâtine. — *Voé*, 1145-1152 (cart. Sᵗ-Maix 351). — *Vohé*, 1265 (Font. XVI). — *Sᵗ-Pierre de Vouhé* (pouillé 1782). — *Voué* (Cass.).

Dépendait de l'archiprêtré et sénéchaussée de Sᵗ-Maixent, de la châtellenie du Bailliage-Bâton réunie à la baronnie de Parthenay, et de l'élection de Niort, après avoir fait partie de celle de Parthenay au xviᵉ siècle (dén. just. bar. Parth. 1744 ; — état élect. 1716). La cure était à la nomination de l'évêque. Il y avait 81 feux en 1716, et 100 en 1750.

Vouillé, cᵒⁿ de Prahecq. — *Voillec*, 1249 (lay. tr. chart. III, 80). — *Volec*, 1260 (homm. d'Alph. Poit.). — *Vouillé*, 1271 (dict. fam. Poit. I, 398). — *Voillet, Volgec*, 1300 (gr.-Gauthier). — *Vouthiacum, Vouthé*, 1344 (arch. V. E. 3, 43). — *Vouythé*, 1363 (cart. Sᵗ-Maix. II). — *Notre-Dame de Vouillé sur Nyort* (pouillé B.-Filleau, 435). — *Vouilhé* (pouillé 1782).

Dépendait de l'archiprêtré d'Exoudun, de la châtellenie, siège royal et élection de Niort. Il y avait 200 feux en 1716, et 184 en 1750.

Voultegon, cᵒⁿ d'Argenton-Château. — *Vultaconnum vicum Pictavensem* (Grég. de Tours, miracl. de Sᵗ Martin, II, 45). — *Vultaconno*, tiers de sol mérov. (essai sur les monnaies du Poit. par Lecointre-Dupont). — *Vulleguntum*, v. 1110 (cart. Sᵗ-Laon Th.). — *Sanctus Petrus de Vullegunt*, 1123 (cart. Trin. Maul.). — *Wultogonum*, 1207 (cart. Sᵗ-Jouin). — *Vecogaut* ou *Vultus Hugonis*, 1300 (gr.-Gauthier).— *Voultegon*, 1402 (arch. chât. Dorides). — *Votegon*, 1437 (arch. Sᵗ-Loup). — *Vetegon*, 1621 (arch. fam. la Rochejacquelein). — *Voultegon* (pouillé 1648).

Dépendait du doyenné de Bressuire, de la baronnie d'Argenton, de l'élection de Thouars et de la sénéchaussée de Poitiers. Il y avait 90 feux en 1750.

Voum, cⁿᵉ de Vançais. — *Oratorium apud Voum in parrochia de Vuntia*, v. 1120 (cart. Sᵗ-Cyprien, 303). — *Voium*, v. 1112 (id.). L. disp.

Vourbine, f. cⁿᵉ de Boussais.

Voûte (La), f. cⁿᵉ d'Aigonnay.

Voûte (La), f. cⁿᵉ de Boussais. — *Les Voutes*, relev. de la seign. du Breuil de Geay annexée à celle de Glenay, 1658 (arch. V. pap. Deniau).

Voûte (La), f. cⁿᵉ de Cherveux.

Voûte (La), h. cⁿᵉ de Clussais. — *La Voûte de Limor* (Cass.).

Voûte (La), f. cⁿᵉ de Mairé-l'Évescault. — *La Voûte de Mairé*, 1493. relev. de Civray (arch. V. C. 2, 158).

Voûte (La), chât. cⁿᵉ de Prahecq. — *La Voûte*, 1529 ; *la Vouthe*, 1620 (dén. 1620, ap. mém. soc. stat. 3ᵉ sér. VI, 337).

Voûte (La), h. cⁿᵉ de Sᵗ-Martin-de-Bernegoue. — Relev. de Mons-in-Prahec, 1620 (mém. soc. stat. 3ᵉ sér. VI, 327).

Voûte (La), f. cⁿᵉ de Sᵗᵉ-Ouenne.

Voûte (La), vill. cⁿᵉ de Saivre. — *La Voulte*, 1535; *la Vouste*, 1546, 1568 (not. Sᵗ-Maix.).

Voûtes (Hôtel des), assis à Cerizay, 1460 (arch. V. E. 2, 189).

Vouzalière (La), vill. cⁿᵉ de Sᵗ-Pardoux, relev. de Parthenay, 1699 (arch. V.).

Voynières, cⁿᵉ de Bouillé-Sᵗ-Paul, 1523 (arch. V. H. 3, 810). L. disp.

Vraire, vill. cⁿᵉ de Bouillé-Sᵗ-Paul.

Vraire, vill. cⁿᵉ de Cersay.

Vrère, vill. cⁿᵉ de Sᵗ-Léger-de-Montbrun. — *Villa Veireras*, 1107 (cart. Sᵗ-Laon Th.). — *Vererias*, v. 1130 (id.). — *Vrères*, 1470, 1544, relev. de Thouars (chartr. Thouars).

Vrignaud (Le), éc. cⁿᵉ de Scillé.

Vrignaudières (Les), h. cⁿᵉ de Sᵗ-Aubin-le-Cloud. — *La Vrignaudère*, ruisseau découlant de l'étang de la Vrignaudère et appelé aussi le Petit Pallay, 1479 (arch. Barre). — *La Vrignaudière*, relev. de Châteauneuf-en-Gâtine, 1493 (reg. av. Chât.). — *Les Vrignaudières*, 1516 (pap. de la Brun.). — *Les Vergnaudières*, 1597 (id.). — Relev. en partie de Parthenay, 1720 (pap. Sauv.). — *La Vrignaudière en Sᵗ Haubin*, 1729 (arch. D.-S. E. 832). — *La Vergnaudière* (Cass.).

Vrillé, vill. cⁿᵉ de Moutiers. — *Capella de Veriliaco*, 1166 (ch. de Sᵗ-Pierre Th. ms. 1660). — *Vrillé*, 1585 (arch. V. Brosse-Guilgault, 25).

Vrillé (Le Haut et Bas), f. cⁿᵉ de Voultegon. — *Viriliaco vico*, monn. mérov. (Prou, catal.). Ce nom pourrait s'appliquer aussi bien, il est vrai, à Vrillé, cⁿᵉ de Moutiers. Mais l'antiquité de Voultegon comme point habité semble devoir donner la préférence à Vrillé de Voultegon. — *Verglé*, 1598 (arch. V. Eˢ. 376).

Vrine, vill. et pont, cⁿᵉ de Sᵗᵉ-Radegonde-de-Pommiers, autrefois des Hameaux. — *Terra et pons de Veirinis*, v. 1110 (cart. Sᵗ-Laon Th.). — *Verines*, 1265 (chartr. Thouars). — *Vetrinæ*, 1266 (id.). — *Vrine*, relev. de Thouars, 1470 (hist. Thouars, 177). — *Pont de Vrines*, 1482 (arch. V. Sᵗᵉ-Cr. 74). — *Vrinne* (Cass.).

Vuldre (La), cⁿᵉ de Coulonges-Thouarsais, 1723 (arch. V. Brosse-Guilgault, 40). L. disp.

Vuzé, chât. et f. cⁿᵉ de la Chapelle-Bâton. — *Vuzé*, relev. du Breuillac, 1444 (arch. V. Eˢ. 402). — *Veuzé*, 1515 (id. 400).

X

XAINTRAY, c^{on} de Champdeniers. — *Cintreyum*, 1169 (Gall. christ. II, 367). — *Cinteraium*, v. 1255 (enquête de Xaintr. ap. arch. D.-S.). — *Cintrayum*, 1266 (arch. V. Fontaine-le-C. 30). — *Syntrayum*, 1300 (gr.-Gauthier). — *Cintrai*, 1561 (Font. VIII, 295). — *Cyntray*, 1587; *Sintray*, 1603; *Caintray*, 1615 (arch. V. Béceleuf, 7; Beauregard, 25). — St-*Eugène de Cintray* (pouillé 1648). — *Cintrais*, 1704 (cart. Poit. par Jaillot). — *Xainthéray*, 1724 (arch. V. Béceleuf, 7). La seign. de Xaintray appartenait à l'abbaye de St-Jean-de-Bonneval (arch. D.-S. H. 190).

Dépendait de l'archiprêtré d'Ardin, de la châtellenie de Béceleuf réunie à la baronnie de Parthenay, de la sénéchaussée de Poitiers et de l'élection de Niort (dén. just. bar. Parth. 1744; — état élect. 1716). La cure était à la nomination de l'évêque. Il y avait 85 feux en 1716, et 78 en 1750.

Y

YSARD (PONT), c^{ne} de Clessé. — *Pontysard*, 1386 (arch. Barre, 11). — *Pont Yssard*, 1492 (id.). — *Pont Ysard*, 1498 (id.).

YVERÇAY, f. c^{ne} de Rigné.

Z

ZÉLET (LE), mⁱⁿ. c^{ne} d'Ardin.

TABLE DES FORMES ANCIENNES.

Abbit-Haget (L'). *Habit (L')*.
Abeilluus. *Bailloux*.
Abretelleries (Les). *Abételleries (Les)*
Abscyc (L') ; Absia ; Absida ; Absye (L'). *Absie (L')*.
Abziacum. *Azay-le-Brûlé.*
Acayum ; Achai ; Achaïcum ; Achayum. *Assais.*
Adanc-la-Franche ; Adena ; Adène ; Adòne-la-Franche. *Bellotière (La)*.
Adhillé ; Adillé. *Adilly.*
Aeut. *Hanc.*
Aermesain. *Hermecin (L')*.
Afria ; Afriaconsis vicaria ; Africa vicaria. *Aiffres.*
Agec. *Augé.*
Agenais. *Genais (La).*
Agonasium ; Agoneis. *Aigonnay*
Agreia. *Aigrée.*
Agrip. *Gript.*
Aiffre. *Aiffres.*
Aiffres-sur-le-Thouet (Les). *Effres (Les).*
Aifra ; Aifre ; Aifria. *Aiffres*.
Aigec. *Augé.*
Aiglomiers. *Aiglemier.*
Aigoneis ; Aigonès ; Aigonesium. *Aigonnay.*
Aigonnières (Les). *Égonnières (Les)*.
Aigrées. *Aigrée.*
Aillebertère (L'). *Albertière (L')*.
Aimiré. *Aintré.*
Aiphres. *Aiffres.*
Airardi (Mons). L. ind. de la viguerie de Melle.
Airauderia. *Airaudières (Les)*.
Aire (L'). *Lair.*
Airip. *Aiript.*
Airvau ; Airvaut ; Airvaux. *Airvault.*
Ajasse (L'). *Ageasse (L').*

Ajocts (Les) ; Ajots (Les). *Ageots (Les)*.
Alberii. *Aubiers (Les)*.
Albicensis parochia. *Aubigny.*
Albihec. *Auboué.*
Albinoc ; Albigniacum. *Aubigné.*
Albigniacum. *Aubigny.*
Albiniacum. *Aubigné.*
Albiniacum. *Aubigny (Exireuil)*.
Alegon. *Algond.*
Aleré. *Allery (Mougon)*.
Alery. *Allery (Vallans)*.
Aleu (L'). *Alleu (L') (St-Christophe)*.
Aleus (Les). *Alais (Les)*.
Aleux (Les). *Alleufs (Les) (Surin)*.
Aleux (Les). *Alleufs (Les) (St-Pompain)*.
Algon. *Algond.*
Alier (L'). *Allier (L') (Cours)*.
Alis (Les). *Alais (Les)*.
Allegond. *Algond.*
Alleray. *Allery (Mougon)*.
Allerit. *Allery (Vallans)*.
Alleuds (Les). *Alleux (Les) (Villiers-en-Bois)*.
Alleus (Les). *Alleuds (Les).*
Alleux (Les). *Alleuds (Les) (Largeasse)*.
Alleur (Les). *Alleufs (Les) (Surin)*.
Allilias. *Alais (Les)*.
Allodia ; Allodium. *Alleuds (Les)*.
Allus (Les). *Alleuds (Les) (Largeasse)*.
Alodia. *Alleux (Les) (Villiers-en-Bois)*.
Alodus. *Alleu (L') (Thorigné)*.
Alodus. *Alleuds (Les)*.
Alona ; Alonne ; Alosne. *Allonne.*
Alpin (La Croix d'). *Alpin (la Pierre d')*.
Altecière (L'). *Altière (L') (Thénezay)*.
Amaillum ; Amallo. *Amaillou.*
Amauroria. *Maurière (La)*.
Amaylle. *Amaillo.*
Amboignet. *Aubigné.*
Amjurant. *Enjouran.*
Amurettum ; Amuri. *Amuré.*
Ancoigné. *Ensigné.*
Anchai ; Anciacus. *Puy-d'Anché.*
Ancigny. *Ensigné.*

Auctorlus. L. ind. du *pagus de Brioux.*
Andraudère (L'). *Andraudières (Les).*
Androullet. *Androllet.*
Ancriæ, *Asnières (Sainte-Soline).*
Angés, *Augé.*
Angi. *Saint-Martin-d'Augé.*
Angibaut. *Angibeau.*
Angoisc. *Goize.*
Anjauron ; Anjaurrand ; Anjaurrant ; Anjorrant ; Anjorrent ; Anjourau. *Enjouran.*
Ansoigné ; Ansigné ; Ausignee ; Ansigniacus ; Ansigny ; Ansiniacum. *Ensigné.*
Ansio. *Saint-Jouin-de-Marnes.*
Ansouan. *Ensouan.*
Anterré. *Enterré.*
Antenuau. *Entruau.*
Antes ; Anthe. *Ante.*
Autin. *Autin.*
Autogné ; Antoigny. *Antoigné.*
Anzay. *Danzay.*
Apibliacum. *Pouilloux (Mairé-l'Évescault).*
Appoilvesin. *Appelvoisin (Cerizay).*
Arablee. *Rablais (Les).*
Araudcria. *Airaudières (Les).*
Arcaicum. *Arçais.*
Arcanyc. *Bécoleuf.*
Arçay ; Arcayum ; Arccium ; Archaicum. *Arçais.*
Archaicum. *Assais.*
Archauyc. *Bécoleuf.*
Archayum. *Arçais.*
Arches (Les). *Arche.*
Arcys (Les). *Arcis (Les) (Pougne).*
Arczaium. *Arçais.*
Ardéasse. *Ardéas.*
Ardeloux ; Ardileux ; Ardilloix. *Ardilleux.*
Ardinum ; Ardins. *Ardin.*
Ardonnière (L'). *Ordonnière (L').*
Ardouillard. *Drouillard.*
Arduinum ; Arduonsis pagus ; Arduno ; Ardunum. *Ardin.*

302   TABLE DES FORMES ANCIENNES.

Ardus. *Ardéus.*
Argachum ; Argenclion ; Argenchum ; Argençon ; Argenconium. *Argenson.*
Argenée. *Déceleuf.*
Argentariæ ; Argentères. *Argentières.*
Argentines. *Argentine.*
Argentinnum. *Argenton-l'Église.*
Argentium. *Argenson.*
Argento ; Argenton-le-Chasteau. *Argenton-Château.*
Argenton-l'Iglise ; Argenton-les-Églises ; Argenton-les-Yglises. *Argenton-l'Église.*
Argentonium. *Argenson.*
Argentonium. *Argenton-Château.*
Argentonium Ecclesiarum. *Argenton-l'Église.*
Argentum. *Argenton (L'),* riv.
Argeutum. *Argenton-l'Église.*
Argentum ; Argentus. *Argenton-Château.*
Argenzou ; Argenzum. *Argenson.*
Argilosiæ. *Ardilleux.*
Ariacum; Arjanconium ; Arjathonium ; Arjazum ; Arjozhun.
Armessens. *Hermecin (L').*
Arnolières (Les) ; Arnollère (L'). *Arnollières (Les)* (Amaillou).
Arnollère (L'). *Braconnières (La).*
Arnollères (Les). *Arnollières (Les)* (Terves).
Aruollière (La). *Renolière (La).*
Aruoulères (Les). *Arnollières (Les)* (Terves).
Arpends (Les). *Arpens (Les).*
Arrjazum. *Argenson.*
Arrondeau. *Arondeau.*
Arsay ; Arseium. *Arçais.*
Arseys (Les). *Arcis (Les)* (Pougne).
Arsis (Les). *Arcis (Les)* (Combrand).
Arssay. *Arçais.*
Arssis (L'). *Arsie (L').*
Aruy ; Aruiz. *Hervis.*
Arzeleriæ ; Arzelois ; Arzileriæs ; Arziloeus ; Arzilogus ; Arzisilio. *Ardilleur.*
Asay. *Azay-le-Brûlé.*
Asinaria ; Asinariæ ; Asiners. *Asnières.*
Aslerè. *Allery* (Mougon).
Aslerit. *Allery* (Vallans).
Aslonne ; Aslonnes. *Allonne.*
Asne. *Aune.*
Asneral. *Annereau (Les).*
Asnères. *Asnières.*
Asneræ. *Anier.*
Asneriæ. *Asnières.*
Asnière. *Asnières* (Saivre).
Asnyères. *Asnières.*
Aspoix (L'). *Espoir (L').*
Assay ; Assayes ; Assays. *Assais.*
Assia in Vastina. *Absie (L').*

Assiré. *Aziré.*
Assounées (Les). *Assonne (L').*
Assye en Gastine. *Absie (L').*
Astrie (L'). *Lutrie* (Vouhé).
Aubers (Les). *Aubiers (Les).*
Aubigné. *Aubigny* (Exireuil).
Aubignoiacum. *Aubigny.*
Aubignet. *Aubigny* (Exireuil).
Auboé ; Auhohé. *Auboué.*
Auboinière (L'). *Aubonnière (L').*
Aubouhé. *Auboué.*
Audbertière (L'). *Audebertière (L').*
Audebrauderia. *Audebrandier (L').*
Auderiæ. *Audières (Les).*
Audohénère (L') ; Audouynière (l') ; Audoynère (l'). *Audonnière (L')* (Adilly).
Auduinière (L'). *Audonnière (L')* (Le Pin).
Augee. *Augé.*
Augenez. *Gendt (Le).*
Augerium ; Auget ; Augey ; Augeyum ; Augié. *Augé.*
Augieum. *Saint-Martin-d'Augé.*
Augones. *Aigonnay.*
Aulbiers (Les). *Aubiers (Les).*
Aulbigny. *Aubigné.*
Aultin. *Autin.*
Aumônerie de Partenay (L'). *Maison-Dieu (La).*
Aumosne-Jacquelin (L'). *Aumône (L').*
Aumosnerie (L'). *Aumônerie (L')* (Praheeq).
Aurea Vallis ; Aureval. *Airvault.*
Auriniacum. *Rigné.*
Auriollière (L'). *Riollière (La).*
Ausioneuse (Monasterium). *Saint-Jouin de-Marnes.*
Ausmonnerie (L'). *Aumônerie (L')* (Bressuire).
Auteisière (L'). *Aulaisière (L').*
Authize (L'). *Autise (L').*
Autiers (Les). *Authiers (Les).*
Autun. *Autin.*
Autisse (L'). *Autise (L').*
Autuing. *Autin.*
Auvers (L'). *Auvert. Vert (Le).*
Auzance. *Ances (Les).*
Auzé. *Auzay* (Naulais).
Auzé. *Ozé.*
Auzellet. *Uzelet.*
Avail. *Availles-Thouarsais.*
Availhe ; Availle. *Availles* (François).
Availle. *Availles-sur-Chizé.*
Availle-le-Prieuré. *Availles-les-Groix.*
Availles – en - Thouarçais. *Availles-Thouarsais.*
Availles-sur-Thouet. *Availles-Thouarsais.*
Availlez. *Availle-les-Groix.*
Availlia. *Availles-Thouarsais.*

Availlia. *Availle-les-Groix.*
Availliæ. *Availles-sur-Chizé.*
Availaia. *Availles-Thouarsais.*
Avalia. *Availles-sur-Chizé*
Avernant. *Avernon.*
Avernières (Les). *Vernières (Les).*
Avernont. *Avernon.*
Avum ; Avun. *Avon.*
Axiré. *Aziré.*
Ayens. *Hanc.*
Ayetus. *Deyrançon.*
Ayfre. *Aiffres.*
Ayfres (Les); Ayffres (les). *Effres (Les).*
Aygoneis ; Aygonensis (villa). *Aigonnay.*
Aygonnières (Les). *Éyonnières (Les).*
Aygonois. *Aigonnay.*
Aygoulant. *Égoulant.*
Aylhimer. *Aiglemier.*
Ayons. *Hanc.*
Ayraudère (L'). *Ayraudière (L').*
Ayraudière (L'). *Airaudières (Les).*
Ayres (Les). *Airs (Les).*
Ayreval ; Ayrevau. *Airvault.*
Ayrmessain. *Hermecin (L').*
Ayssel. *Esset.*
Ayves (Les Deux). *Deux-Eaux (Les).*
Azai. *Assais.*
Azai (Le Viel). *Azay (Le Vieil).*
Azaicum. *Azay-le-Brûlé.*
Azaium ; Azais. *Azay-sur-Thoué.*
Azay-lès-Saint-Maixent; Azayum ; Azia cius. *Azay-le-Brûlé.*
Azillé. *Adilly.*

B

Bacayum. *Baussais.*
Bacces ; Bacces ; Baces. *Bassée (La).*
Bachiacense vicaria ; Baciacinse vicaria. *Bessau.*
Badard. *Bodard.*
Badillerie (La). *Balderie (La).*
Baffrie (La). *Bafrie (La).*
Bugnochien. *Baignochien.*
Bagnees. *Bagnault.*
Bagnois. *Baygneux.*
Baignau ; Baignault ; Baignaux ; Baigneoux. *Bagnault.*
Baigne-Truye. *Baigne-Truie.*
Baigneux. *Bagnault.*
Baignoux. *Bagneux.*
Baignouze. *Bagnault.*
Baillargerie (La). *Baillargères (Les).*
Bailliage-Escureux. *Pinier (Le)* (Secondigny).
Baillie-Baston. *Bailliage-Baston.*
Baillonnière (La). *Baillotière (La).*
Baillou. *Bailloux.*
Baisinia. *Bessines.*

TABLE DES FORMES ANCIENNES. 303

Baissé. *Breuil (Le)* (Augé).
Baissé. *Bessé* (Cherveux).
Baissine. *Bessines.*
Balazaicus. *Bilazais.*
Ballia. *Baillie (La).*
Balotière (La). *Bellotière (La).*
Bambigniacum. *Saint-Aubin-de-Baubigné.*
Bandoille ; Bandoilum ; Bandolia. *Bandouille* (Chiché).
Bandolia. *Bandouille* (Saint-Martin-de-Mâcon).
Bandouelle (La). *Bandouelle.*
Bandouille-sur-Dive. *Bandouille* (Saint-Martin-de-Mâcon).
Bandoylle-les-Bersuyre ; Bandugia ; Baudulium ; Baudaylle. *Bandouille* (Chiché).
Baniolum ; Bannogilum ; Banolium. *Bagnault.*
Banolium. *Bagneux.*
Banolum. *Bagnault.*
Banycère (La). *Banissière (La).*
Baptereau ; Baptreau. *Battreau.*
Baraille. *Barail* (Courlay).
Baraillière (La). *Barrellière (La)* (Secondigny).
Baraillonère (La). *Baraillonnière (La).*
Baraterie (La). *Balaterie (La).*
Baratte (La). *Barat.*
Barattière (La). *Barratière (La).*
Baraudryo (La). *Baraudcrie (La)* (Brioux).
Barbaéro (La Gran-) ; Barbaércs. *Barbère (La)* (Courlay).
Barbaire (La). *Barbère (La)* (Boismé).
Barbaudère (La). *Barbaudière (La).*
Barbeyro (La). *Barbère (La)* (Boismé).
Barbezière. *Barbezières.*
Barbedéasse. *Bardéas.*
Barbinère (La). *Barbinière (La)* (Chambroutet).
Barboire (La). *Barbère (La)* (Boismé).
Barboire (La). *Barbère (La)* (La Chapelle-Saint-Laurent).
Barboire-en-Courlaye (La). *Barbère (La)* (Courlay).
Barboisre (La). *Barbère (La)* (Boismé).
Barbotère (La) ; Barbottière (La). *Barbotière (La).*
Bardonnère (La). *Bardonnière (La).*
Barelère (La). *Barrelière (La)* (Allonne).
Barelère (La). *Barrelière (La)* (Secondigny).
Barelie (La). *Barrelle (La).*
Barelière (La). *Barlière (La)* (Saint-Georges-de-Noisné).
Barelie (La). *Barrelle (La).*
Barellière (La). *Barlière (La)* (Saint-Georges-de-Noisné).

Barete (La). *Barette (La).*
Barge. *Barges* (Aubigny).
Barges ; Bargez. *Barge* (Béceleuf).
Bavidé. *Barredé.*
Barillaud. *Bareilleau.*
Barillière (La). *Barrelière (La)* (Secondigny).
Barillon. *Borillon.*
Barlière (La). *Barrelière (La)* (Secondigny).
Baroteryc (La). *Oriou.*
Barou ; Baroux. *Barrou.*
Barra. *Barre (La)* (Surin).
Barra de Clarenc. *Barre (La)* (Sepvret).
Barra Galaifre. *Barre (La)* (Surin).
Barraire (La). *Barrère (La)* (Chambroutet).
Barra-Marian. *Barre (La)* (Le Beugnon).
Barraudère (La). *Daraudière (La).*
Barre-Bodin (La). *Barre (La)* (La Chapelle-Thireuil).
Barre-Clairin (La) ; Barre-Clarain (la) ; Barre-Clayrin (la) ; Barre-Clérin (la). *Barre (La)* (Sepvret).
Barre-de-Breilhon (La). *Barre (La)* (Germond).
Barre-en-Pugny (La). *Barre (La)* (Pugny).
Barre-Gelinot (La). *Barre (La)* (Les Échaubrognes).
Barrelère (La). *Barrelière (La)* (Secondigny).
Barre-Marion (La). *Barre (La)* (Le Beugnon).
Barre-Nivaut (La). *Barre (La)* (Les Aubiers).
Barre-Pouvrea (La) ; Barre-Pouvreau (la). *Barre (La)* (Ménigoute).
Barre-Sangler (La). *Barre-Sanglier (La).*
Barre-Sauvagière (La). *Barre (La)* (Ménigoute).
Barrère (La). *Barrière (La).*
Barres (Les). *Barre (La)* (Verruye).
Barrelère (La) ; Barre-Terre (la). *Barretière (La)* (Pressigny).
Barreyre (La). *Barrière (La)* (Saint-Aubin-le-Clou).
Barro. *Barrou.*
Barrondère (La). *Baraudière (La)* (Pugny).
Barrotères (Les). *Barrotières (Les)* (L'Absie).
Barroux (Les). *Barroux.*
Barthomelière (La). *Bertomelière (La)* (Chiché).
Barthonière (La). *Bertonnières (Les).*
Bartonnière (La). *Bâtonnière (La)* (Vouhé).
Bascé. *Bassée (La).*

Baschardière (La). *Bachardière (La).*
Baselerie (La). *Bacrie (La).*
Bas-de-Viande. *Batteviande* (Gourgé).
Basiachinse vicaria ; Basiacinse vicaria ; Basiasincc vicaria. *Bessac.*
Basonnère (La). *Bazonnière (La)* (Saint-Pardoux).
Basornère (La). *Bazonnière (La)* (Airvault).
Basses-Voyes (Les). *Basses-Rues (Les).*
Bassetière (La). *Bastière (La)* (Vouhé).
Bassevue. *Napaude (La).*
Bassiau. *Busseau.*
Bassiacinse villa ; Bassiacum. *Bessac.*
Bassinas ; Bassine. *Bessines.*
Bastardère (La) ; Bastardière (la). *Batardière (La).*
Baste (La). *Bâte (La).*
Basteviande. *Batteviande* (Massais).
Basto-Viando (La). *Basse-Viande.*
Bastière (La). *Bussetière (La).*
Bastonère (La). *Bâtonnière (La)* (Vouhé).
Bastonnière (La). *Bâtonnière (La)* (Saint-Christophe-sur-Roc).
Bataillee. *Bataillé.*
Bâtardie (La). *Bâtarderie (La).*
Batcrea ; Batercau ; Batirau. *Battreau.*
Batilon. *Batitan.*
Batrou. *Baptreau.*
Battereau. *Battreau.*
Batye (La). *Bâtie (La)* (Fenioux).
Bauhère (La) ; Bauberia ; Bauberie (La). *Baubière (La)* (Vernou-en-Gâtine).
Baubrie (La). *Bauberie (La)* (Moulins).
Baubrie (La Grande et Petite). *Bauberie (La)* (Secondigny).
Baucaia ; Baucaium ; Baugais ; Baucay ; Baucayum ; Baucois ; Bauccium ; Bauchay. *Daussais.*
Bauchellerie (La). *Buchellerie (La).*
Baudenelle (La). *Baudonelle (La).*
Baudillonnière (La). *Bodillonnière (La).*
Baudinière (La). *Bodinière (La)* (La Petite-Boissière).
Baudionnière (La). *Baudonnière (La)* (Secondigny).
Baudoillonnère (La). *Baudillonnière (La).*
Baudoillonnère (La). *Bodillonnière (La).*
Baudonnère (La) ; Baudonnère (La). *Boudonnière (La).*
Baudouinière (La). *Baudonnière (La)* (Vitré).
Baudounière (La). *Baudonnière (La)* (Chanteloup).
Baudoynère (La). *Baudonnière (La)* (Vitré).
Baudureau. *Bois-Dureau.*
Baugé-sous-Varannes ; Baugé-sous-Varennes. *Baugé.*

TABLE DES FORMES ANCIENNES.

Bauldoryo (La). *Bauderie (La)*.
Bauldureau. *Bois-Dureau*.
Baupinay (Les). *Ébaupinaye (L')*.
Bauptière (La). *Baubetière (La)*.
Baurie (La). *Bourie (La)*.
Baurs. *Bord*.
Bausaium ; Bausay. *Baussais*.
Bausle (La). *Boule (La)* (Augé).
Baussais d'Aslonne. *Baussais* (Allonne).
Baussay. *Baussais*.
Baussay (Le Grand). *Baussais (Le Grand)*.
Baussay ; Baussay (Le Vieil). *Baussais (Le Petit)*.
Baussonnières (Les). *Boissonnières (Les)*.
Baygneos. *Bagnault*.
Baygneus. *Bagneux*.
Baygneyse ; Baygnos. *Bagnault*.
Bazilière (La). *Bazelière (La)*.
Bazilières (Les) : Bazillière (la) ; Bazillières (les Petites). *Bazillières (Les)*.
Bazinyère (La). *Bazinière (La)*.
Bazochère (La). *Bézochère (La)*.
Bazouinière (La). *Bazonnière (La)* (Saint-Pardoux).
Beabeer. *Beauvais* (Noirlieu).
Bealeu. *Beaulieu-sous-Bressuire*.
Benloc. *Beaulieu-sous-Parthenay*.
Beamout. *Beaumont* (Glenay).
Bearegart. *Beauregard* (Béceleuf).
Beata Aradia. *La Mothe Saint-Héraye*.
Beata Maria ; Beatus Andreas ; Sanctus Johannes Baptista. *Saint-Jean-de-Bonneval*.
Beatorum Martini et Jovini Hensionensis cenobium. *Saint-Jouin-de-Marnes*.
Beatus Hilarius de Palude. *Saint-Hilaire-la-Palud*.
Beatus Johannes de Bonavalle prope Thoarcium. *Saint-Jean-de-Bonneval*.
Beatus Martinus de Niorto. *Saint-Martin* (Sainte-Pezenne).
Beatus Michael de Thoarcio. *Saint-Michel* (Thouars).
Beaubreau. *Baubreau*.
Beauchaigne. *Beauchêne*.
Beauchampère. *Beauchampierre (La)*.
Beauchamps (Les). *Beauchamp* (Mazières-en-Gâtine).
Beauchampt. *Beauchamp* (Saint-Symphorien).
Beauchesne. *Beauchêne*.
Beaudinière (La). *Bodinière (La)* (Aubigny).
Beaugé. *Baugé*.
Beauge (La). *Bauge (La)* (Breuil-sous-Argenton).

Beaulieu. *Brelouze*.
Beaulieu. *Choupe*.
Beaulieu-de-Glande. *Beaulieu* (Saint-Pierre-à-Champ).
Beaumond. *Beaumont* (Glenay).
Beaumond (Le Petit) ; Beaumont (le Petit). *Beaumont* (Saint-Clémentin).
Beaumont-en-Glenay. *Beaumont* (Glenay).
Beaupui. *Beaupuits* (Azay-sur-Thoué).
Beaupuis. *Motte (La)* (Azay-sur-Thoué).
Beauregard-on-Neuvy. *Beauregard* (Neuvy-Bouin).
Beau-Regnaut (La). *Bois-Renaud*.
Beaussay. *Baussais*.
Beaussay. *Baussais (Le Petit)*.
Beauvais-le-Cocu. *Beauvais* (Saint-Léger-de-Montbrun).
Beauvais-sur-Niort. *Denuvoir*.
Beauvoir. *Beauvais* (Augé).
Beauvoir-en-Noirlieu. *Beauvais* (Noirlieu).
Beauvoir-sur-Niort. *Beauvoir*.
Beauvois ; Beauvoyr. *Beauvais*.
Beauvoyr. *Beauvoir* (Prahecq).
Beauvoys. *Bauvais*.
Beauvoys. *Beauvais*.
Beauventre. *Bauventre*.
Beaux-Pins (Les). *Ébaupin (L')*.
Beavaiz. *Bauvais*.
Bécauderie (La). *Beucodrie (La)*.
Bec-d'Asne. *Bédanne*.
Bec-d'Asne. *Bois-d'Anne* (Nueil-sous-les-Aubiers).
Béceleu. *Béceleuf*.
Béceleue (La). *Béclue (La)*.
Becelieu ; Becelleu. *Béceleuf*.
Bécelleuhe (La). *Béclue (La)*.
Bécellière (La). *Boisselière (La)*. (Vouhé).
Béclue (La). *Béclue (La)*.
Becellum ; Becelou ; Becelu ; Becelum. *Béceleuf*.
Béchaire (La). *Béchère (La)*.
Béchée (La Vieille). *Béchée (La)* (Saint-Georges-de-Noisné).
Béchereaux. *Béchereau* (Mauzé-Thouarsais).
Béchet (La). *Béchée (La)* (Augé).
Becheya. *Béchée (La)* (Ménigoute).
Bédasne. *Bédanne*.
Bée-Fou. *Béfou*.
Béegrole. *Bégrolle* (La Chapelle-Gaudin).
Bégnon (Le). *Beugnon (Le)* (Germond).
Begouin. *Bougouin*.
Begrolc. *Bégrolle* (Sainte-Pezenne).
Bégrolles. *Bigrolle*.
Beguouin. *Bougouin*.
Beissé. *Bessé* (Cherveux).
Beissoguz. *Bois-Aigu*.

Belair. *Clos-Belair*.
Belaua ; Belau (la). *Belle (La)*.
Belebocho. *Belle-Bouche*.
Belesse. *Blaisse*.
Beletère (La). *Belletière (La)*.
Beletière (La). *Billetière (La)*.
Belinère (La). *Blinière (La)* (Le Breuil-Bernard).
Bellande. *Belle-Lande*.
Bella Villa. *Belleville*.
Bellefaye ; Bellefoys. *Belles-Foyes (Les)*.
Bellère (La). *Berlière (La)* (Nanteuil).
Belleria. *Berlière (La)*.
Bellesfoys (Les). *Belles-Foyes (Les)*.
Belletrie (La). *Belletière (La)*.
Belleville-en-Thouarçois. *Belleville* (Sainte-Verge).
Belleville-Laurent. *Belleville* (Thouars).
Bellevorium. *Beauvais* (Saint-Pompain).
Bellinyère (La). *Bélinière (La)* (Clavé).
Bellotère (La). *Belletière (La)*.
Bellus-Locus. *Beaulieu-sous-Bressuire*.
Bellus-Locus. *Beaulieu-sous-Parthenay*.
Bellum Visum. *Beauvoir* (Prahecq).
Bellus Visus. *Beauvoir*.
Bélotère (La). *Belletière (La)*.
Beltronum. *Fosses (Les)*.
Belutière (La). *Blatière (La)*.
Belveer. *Beauvoir*.
Benagoy. *Saint-Martin-de-Bernegoue*.
Béucon. *Béynon (Le)*.
Benest ; Beneste. *Benette*.
Bénétières (Les). *Bénétière (La)*.
Benillé. *Bénilly*.
Bennioles. *Bagneux*.
Bérangerie (La). *Barangerie (La)*. (La Chapelle-Thireuil.)
Bérardière (La Petite) ; Bérardières (les Grandes). *Brardières (Les)*.
Béraudière (La). *Baraudière (La)* (Pamplie).
Beraudère (La). *Braudière (La)*.
Béraudères (Les). *Béraudières (Les)*.
Berauderia ; Berauderii arbergamentum. *Braudière (La)* (Vernou-en-Gâtine).
Béraudière (La). *Braudière (La)*.
Béraudière (La). *Briaudière (La)*.
Béraudières (Les). *Braudières (Les)*.
Béraudière (La). *Braudière (La)* (Terves).
Beraut. *Braud*.
Berceire ; Bercella ; Bercer ; Berceorium ; Berceres ; Berceria ; Bercecure ; Bercerrium ; Berceule ; Berceure ; Berceules. *Bressuire*.
Berchanteau. *Bréchanteau*.
Berchaucé. *Breuil-Chaussée*.
Berchepota. *Brèchepote*.

TABLE DES FORMES ANCIENNES.

Berchorium. *Bressuire.*
Berchouère (La). *Bréchouère (La).*
Bercoère ; Bercoire ; Bercore ; Bercorium. *Bressuire.*
Bergeonnière (La). *Bregeonnière (La).*
Berjeonne. *Bergeonne (La).*
Berjonnière (La). *Bregeonnière (La).*
Berlère (La). *Berlière (La)* (La Couarde).
Berlère en Brulent (La). *Berlière (La)* (Brûlain).
Berleria ; Berlleria. *Berlière (La)* (La Couarde).
Berlo ; Berlou. *Brelou.*
Bernadière (La). *Bernardière (La)* (Secondigné).
Bernagoe ; Bernagoies ; Bernagouhe. *Bernegoue.*
Bernardère (La). *Bernardière (La)* (Vasles).
Bernattière (La). *Bernatière (La)* (Saivre).
Bernegouhe. *Bernegoue.*
Bernoria. *Bernerie (La)* (Augé).
Bernonnère (La). *Brenonnière (La).*
Bernoteria. *Bonne-Fontaine.*
Beromière (La). *Bouroumière (La).*
Beronna. *Béronne (La).*
Béroute (La). *Broute (La).*
Berria ; Berrie. *Brie.*
Berromère (La) ; Berronnière (La). *Bouroumière (La).*
Berrotelère (La). *Brotelière (La).*
Berroumère (La). *Bouroumière (La).*
Berry. *Berri.*
Berssuyre ; Bersuire ; Bersuyre. *Bressuire.*
Bertandière (La). *Bertrandière (La)* (Saint-Germier).
Bertauldière (La). *Bertaudière (La)* (La Couarde).
Bertegnole ; Berteignole ; Berteignolles. *Bretignolle.*
Bertère (La). *Bertière (La)* (Saint-Georges-de-Noisné).
Berteres ; Berterinr. *Bressuire.*
Berthaudière (La). *Bertaudière (La)* (La Couarde).
Berthegnole. *Bretignolle.*
Berthelère (La) ; Berthelcria ; Berthelière (la). *Bertelière (La)* (Saint-Aubin-le-Cloud).
Berthepote. *Brèchepote.*
Berthomelère (La). *Bertonnelière (La)* (Chiché).
Berthonnère (La). *Bertonnières (Les).*
Berthonnire (La). *Bretonnière (La).*
Berthottière (La). *Bertotière (La).*
Bertières (Les). *Bertière (La)* (Saint-Georges-de-Noisné).
Bertignole. *Bretignolle.*

DEUX-SÈVRES.

Bertignole. *Bretignolles (Les).*
Bertilière (La). *Bertelière (La)* (Fenioux).
Bertinère (La). *Bertinière (La)* (Chantoloup).
Bertinère (La). *Bretinière (La).*
Bertinière. *Bretinière (La).* (Pamplie).
Bertonère (La). *Bertonnière (La).*
Bertonère (La). *Bretonnière (La).*
Bertonère (La). *Bretonnière (La)* (Boismé).
Bertounère (La Grande et Petite) ; Bertonnière (la). *Bertonnières (Les).*
Bertonnière (La). *Bretonnière (La).*
Bertrain. *Bertrin.*
Bertrandie (La). *Bertrandière (La).* (La Pérate).
Bertromelière (La). *Bertamière (La).*
Beruste (La). *Broute (La).*
Berzoriacum ; Berzorium. *Bressuire.*
Besangay. *Bezançais.*
Besceleu ; Bescelleu. *Béceleuf.*
Beschée (La). *Béchée (La)* (Augé).
Bescherea. *Béchereau* (Mauzé-Thouarsais).
Beschereau. *Béchereau* (Exireuil).
Besgrolle ; Besgrolles. *Bégrolle* (Sainte-Pezenne).
Bessat. *Dessac* (Périgné).
Bessay. *Bessé* (Thorigné).
Bessécu ; Bességu. *Bois-Aigu.*
Bessoleue (La). *Béclue (La).*
Bessoleuf ; Besseleuu ; Bessolleuf. *Béceleuf.*
Bessère (La). *Bessière (La).*
Besvinère (La). *Béviuière (La)* (Pamplie).
Bethronum. *Fosses (Les).*
Beugué ; Beugné Saint-Maixent *Saint-Maixent-de-Beugné.*
Beugnet. *Aubigny* (Exireuil).
Bouillay. *Beuillas.*
Bouillé (Le Grand et le Vieil). *Beuilly.*
Bouilleau (Le). *Beuillas.*
Bouvrie (La). *Bellivrie (La).*
Bevenaudrie (La). *Baguenauderie (La).*
Bevrou. *Beuvron* (Saint-Sauveur).
Bexeria. *Bessière (La).*
Bexon. *Besson.*
Beyllum (Le). *Bailloux.*
Biaillère (La) ; Biaillière (La). *Bialières (La)* (La Ronde).
Biard (Le Petit). *Biard* (Glenay).
Biardère (La). *Biardière (La).*
Biarou ; Biarouhe. *Biaroue.*
Biars ; Biart. *Biard* (Glenay).
Bibiaco (Villa). L. ind. de la viguerie de Melle.
Bibiacum. *Bessac* (Périgné).
Bichoterès (Les) ; Bichotières (les). *Bichottières (Les).*

Bicoullière (La). *Bicoutière (La).*
Didollière (La). *Bidolières (La).*
Bie (La). *Abbaye (L').*
Bieaulieu. *Beaulieu* (Échiré).
Bignetum. *Bignet.*
Bignon (Le). *Beugnon (Le)* (Mazières-en-Gâtine).
Bignonière (La). *Bignonnière (La).*
Bigotterie (La). *Bigotrie (La).*
Bigrole ; Bigrolle ; Bigrolles. *Bégrolle* (La Chapelle-Gaudin).
Bilazai ; Bilazaium ; Bilazay. *Bilazais.*
Bilhotière (La). *Billoterie (La).*
Billadon. *Billasson.*
Billardière (La). *Billarderie (La).*
Billasay. *Bilazais.*
Billaudère (La). *Billaudière (La).*
Billaudière (La). *Pillaudière (La).*
Billazai ; Billazais ; Billazay. *Bilazais.*
Billé. *Billet.*
Billé. *Billy.*
Billonnière (La). *Bionnière (La).*
Biufou. *Béfou.*
Birollère (La). *Bironnière (La)* (Secondiguy).
Bissière (La). *Pessière (La).*
Bissus. *Bissu.*
Bitauderie (La). *Butaudière (La).*
Bizonnière (La). *Pizonnière (La).*
Bizon-Toiller. *Bizon.*
Blairo-Rimbault (La). *Bleure-Rambault (La).*
Blaisse. *Blaise.*
Blanchar. *Blanchard* (Sainte-Verge).
Blanchardère (La). *Blanchardière (La).*
Blancharderia. *Blanchardière (La)* (Ménigoute).
Blanchardière (La). *Blancharderies (Les).*
Blanchardus ; Blanchart. *Blanchard* (Sainte-Verge).
Blanchecosdre ; Blanchecouldre ; Blauche-Cousdre. *Blanche-Coudre.*
Blanchère (La). *Blanchière (La).*
Blandinère (La) ; Blaudinières (les). *Blandinière (La)* (La Chapelle-Largeau).
Blanzames ; Blanziacum. *Blanzay.*
Blaoer ; Blaoué ; Blaouhé. *Bloué.*
Blénière (La). *Blinière (La)* (Courlay).
Blénière (La). *Bélinière (La)* (Clavé).
Blioterie (La). *Billoterie (La).*
Blòère (La). *Billouère (La).*
Blotterie (La). *Bloterie (La).*
Blouère (La). *Billouère (La).*
Blouhé ; Blouyn. *Bloué.*
Bloyère (La).*Bleure (La)* (Moncoutant).
Bloyère (La Petite). *Bleures (Les)* (Chanteloup).
Bloyn. *Bloué.*
Bloyuère (La). *Blinière (La)* (Courlay).

303

39

TABLE DES FORMES ANCIENNES.

Bloyrez (Les). *Bleures (Les)* (Boismé).
Bluère (La). *Bleure-de-Chaligny (La)*.
Blure 'La). *Bleure (La)* (Moncoutant).
Boactière (La). *Bettière (La)* (Saint-Sauveur).
Boberie (La). *Dauberie (La)* (Secondigny).
Bobetière (La). *Baubetière (La)*.
Bobière (La). *Baubière (La)* (Vernou-en-Gâtine).
Bocaleus. *Boussais*.
Bocaux (Les). *Bécons (Les)*.
Bocay. *Boussais*.
Boce (La). *Bosse (La)* (La Couarde).
Bochagium. *Bouchage (Le)*.
Bochaicum. *Boussais*.
Bochardière (La). *Bouchardière (La)* (Fontperron).
Bochau (Le). *Bouchaud (Le)* (Vausseroux).
Bochereu ; Bochereau ; Bochereya. *Bobinière (La)* (Saint-André-sur-Sèvre).
Bocherie (La). *Boucherie (La)* (Saint-Germier).
Bochesour. *Bouchedoux*.
Bochet. *Bouchet (Le)*. (La Boissière-Thouarsaise).
Bochet (Le). *Bouchet (Le)* (Taizé).
Boc Posverel (Lo). *Bois-Pouvreau*.
Bocuer ; Bocur, *Boucœur*.
Bodane. *Badanne*.
Bodazière (La). *Bodassière (La)*.
Bodiglonnyère (La). *Bodillonnière (La)*.
Bodignonère (La). *Bodillonnière (La)*.
Bodillonnière (La). *Baudillonnière (La)*.
Bodillonyère (La). *Bodillonnière (La)*.
Bodinère (La). *Bodinière (La)*.
Bodinère (La). *Baudonnière (La)* (Chanteloup).
Bodurière (La). *Bodinières (Les)*.
Boesmê. *Boismé*.
Boes Richard. *Bois-Richard*.
Boesse (La). *Bosse (La)* (La Couarde).
Boessère (La Petite) ; Boesseria Parva ; Boessière (la Petite) ; *Boissière (La Petite)*.
Boesses, *Boisse* (Secondigné).
Bogé. *Beaugé*.
Bognum. *Bagnault*.
Bogoin. *Bougouin*.
Bogondet. *Bougontet*.
Bogons ; Bogont ; Bogunt, *Bougon*.
Boguntbet ; Boguntet, *Bougontet*.
Boiceau. *Boisseau*.
Boicelière (La). *Boisselière (La)* (Vouhé).
Boicière (La). *Boissière-en-Gâtine (La)*.
Boiesmé. *Boismé*.
Boiffichet. *Bois-Fichet*.

Boig. *Bouin*.
Boignees. *Bagneux*.
Boillé-Loreiz. *Bouillé-Loretz*.
Boillhé Sancti Pauli. *Bouillé-Saint-Paul*.
Boiu. *Bouin* (Neuvy-Bouin).
Boinay. *Benay*.
Boiré. *Poiré (Le)*.
Boire (Grand et Petit). *Bord (Grand et Petit)*.
Bois (Le). *Breuilbon*.
Bois (Les). *Bois (Le)* (Boesse).
Boisantier. *Bois-Entier*.
Bois-au-Moyne (Le). *Bois-au-Moine (Le)*.
Bois-au-Pain. *Bois-au-Pin*.
Boisbasset. *Bois-Basset* (Sainte-Gemme).
Boisbaudran. *Bois-Baudran*.
Boisbenay ; Bois-Benays ; Bois-Benois. *Bois-Benet*.
Boisbenest. *Roche-Vineuse (La)*.
Bois-Benoist. *Bois-Benet*.
Bois-Bernier. *Villa-Déserte*.
Boisberter ; Bois-Bertier. *Bois-Berthier*.
Boisbodran. *Bois-Baudran*.
Bois-Bormaut ; Bois-Brémaud ; Boisbrémault. *Bois-Brémeau*.
Bois-Bretier. *Bois-Berthier*.
Bois-Chappelea (Le). *Bois-Chapeleau (Le)*.
Bois-Chaslon. *Châlon (Parc-)*.
Bois-Coustaus (Les). *Bois-Coutant*.
Bois-Coutault. *Bois-Couteau*.
Bois-Dangerat ; Bois-Dangirard ; Bois-d'Angirard. *Bois-Dongirard*.
Bois-Danne. *Bois-d'Anne* (Saint-Porchaire).
Bois d'Ardin. *Bois-Ratault*.
Bois d'Aslonne. *Abbaye (L')*.
Bois-d'Augirard. *Bois-Daugirart. Bois-Dongirard*.
Bois d'Ayre ; Boisdère. *Boisdaire*.
Boisdéris ; Boisdéry. *Boisdéri*.
Bois de Secondigny (Le). *Abbaye des Bois (L')*.
Bois-Dochère. *Boisdochère (La)*.
Bois-Drangirard. *Bois-Dongirard*.
Bois-du-Noier (Le). *Bois (Le)* (Xaintray).
Bois-Dux. *Bois-Dub*.
Bois-Égu. *Bois-Aigu*.
Boiseria. *Boissière-en-Gâtine (La)*.
Boisesnous. *Bois-Énon (Le)*.
Boisférant ; Boisferrand. *Bois-Ferrand*.
Boisfichet (Le). *Bois-Fichet*.
Bois-Finaut. *Bois-Fineaux*.
Bois-Gaillard. *Bois-Gallard* (Le Pin).
Bois-Garner (Le). *Bois-Garnier*.
Boisgast. *Boisgâts*.
Bois-Gilbert. *Bois-Gibert*.

Bois-Girart. *Bois-Girard*.
Bois-Glomet ; Bois-Glumet. *Bois-Glimet*.
Boisgrolier. *Boisgrollier*.
Bois-Guérain (Le). *Bois-Guérin*.
Bois-Guillemont (Le) ; Bois-Guillemet (le) ; Bois-Guilmet. *Bois-Glimet*.
Bois-Joullain (Le). *Clopinière (La)* (Luché-Thouarsais).
Boisjoumer ; Boisjoumier. *Bois-Jaumier*.
Bois Jouslain (Le). *Clopinière (La)* (Luché-Thouarsais).
Boislauderie (La). *Boislaudrie*.
Boisloudun. *Bois-Loudun (Le)* (Pamplie).
Boismérauх. *Bois-Méreau*.
Boismeum. *Boismé*.
Boismigault. *Bois-Migou*.
Bois-Morant. *Bois-Marand*.
Bois-Mynet. *Boisvinet*.
Boisnerbert ; Bois-Norbert. *Boismalbert*.
Boisouleil. *Beausoleil* (Azay-le-Brûlé).
Bois Posverel (Le) ; Bois Pouvrel ; Bois Povereau, *Bois-Pouvreau*.
Bois près Mauléon (Le). *Bois-Fichet*.
Bois-Ragon ; Boisragond. *Boisragon*.
Bois-Rataux ; Bois-Rateau. *Bois-Ratault*.
Bois-Raynier. *Bois-René*.
Bois-Regnoul. *Bois-Renoux*.
Bois-Reigner. *Bois-René*.
Bois-Renault. *Bois-Renaud*.
Boisrichard ; Boisrichart. *Bois-Richard*.
Boisrou. *Bois-Roux* (Saint-Aubin du Plain).
Boisroux (Les). *Barroux*.
Bois Savari ; Bois-Savarit. *Bois-Savary*.
Boisse. *Boesse*.
Boissec en l'eau, *Boissec* (Lezay).
Boisseeq. *Boissec* (Chambroutet).
Bois-Ségu. *Bois-Aigu*.
Boisselotière (La). *Boissotière (La)*.
Boisserolle. *Boisseroles*.
Boisset, *Boissec* (Lezay).
Boissière (La). *Hôpitaux (L')*.
Boissière (La). *Boissière (La Grand-)*
Boissière (La Petite). *Boissière-Thouarsaise (La)*.
Boissoleil. *Beausoleil* (Azay-le-Brûlé).
Boistaudière (La). *Boitaudière (La)*.
Boistolu. *Boistollu*.
Bois-Trapault. *Bois-Trapeau*.
Boistrochère (La). *Boutrochère (La)* (Pamplie).
Bois-Tropau. *Bois-Trapeau*.
Boisverd. *Boisvert* (Lorigné).
Bois Vert. *Boisvert* (Saint-Sauveur).

TABLE DES FORMES ANCIENNES. 307

Boiz. *Borc-sur-Airvault.*
Boilardière (La). *Bointardière (La).*
Boixère (La). *Boissière-Thouarsaise (La).*
Boixère en Gastine (La) ; Boixeurre (la). *Boissière-en-Gâtine (La).*
Bolbon. *Bois-le-Bon.*
Bolgon ; Bolgonum. *Bougon.*
Bollei Lorez. *Bouillé-Loretz.*
Bollyé. *Bouillé* (Saint-Varent).
Bolobon. *Bois-le-Bon.*
Bomniacum. *Boismé.*
Bomocinse vicaria. *Bouin.*
Bomsay. *Bonnay.*
Bonafontana. *Bonne-Fontaine.*
Boneuil. *Bonneuil* (François).
Bonheuil. *Bonneuil* (Sainte-Soline).
Bonifond. *Bonnifond.*
Boninère (La). *Bonninière (La).*
Boninière du Buignon (La). *Bonninière (La)* (Le Beugnon).
Bonnaudea. *Bonnauderie (La).*
Bonnauderie (La). *Bonaudrie (La)* (Vautebis).
Bonnaudière (La). *Bonaudrie (La)* (Sainte-Ouenne).
Bonnaudrie (La). *Bonnaudière (La).*
Bonnaudrie (La). *Bonaudrie (La)* (Vautebis).
Bonne à Verrères (La) ; Bonne de Verrières (la). *Borne (l.*
Bonnefontayne. *Bonne-Fontaine.*
Bonneil. *Bonneuil* (François).
Bonnemorte (La). *Bonnemort (La)* (La Chapelle-Gaudin).
Bonnetère (La). *Bonnetières (Les)* (Saint-Pardoux).
Bonnetterie (La). *Bonnetrie (La).*
Bonneuil-aux-Monges. *Bonneuil* (Sainte-Soline).
Bonnevault. *Bonnevau.*
Bonnière (La). *Bounière (La).*
Bonninère (La). *Bonninière (La)* (Vasles).
Bonninières (Les). *Bonninière (La)* (Saint-Amand-sur-Sèvre).
Bonno. *Bouin.*
Bonnuil. *Bonneuil* (Saint-Générd).
Bonnynière (La). *Bonninière (La)* (Vernou-en-Gâtine).
Bonoil. *Bonneuil* (Verrines).
Bonolium ; Bonuyl. *Bonneuil.*
Bonyère (La). *Bonnière (La).*
Bonynère (La). *Bonninière (La)* (Saint-Pardoux).
Bonynère (La). *Boulinière (La)* (Les Forges).
Boole (La). *Boule (La).*
Borbel. *Bourbelière (La).*
Borbenière (La). *Bourbonnière (La).*

Borc. *Bord.*
Borc-sous-Airvaux ; Borc-sus-Oyreval ; Borcum. *Borc-sur-Airvault.*
Bordage-Mocquet. *Bordage-Moquet (Le).*
Bordea (Le). *Bordeau (Le)* (Moncoutant).
Bordea ; Bordeau (Le). *Bordeaux.*
Bordellère (La). *Bourdeillerie (La).*
Bordellière (La). *Bordelière (La)* (Le Pin).
Borderye (La). *Borderie (La)* (La Chapelle-Largeau).
Bordes (Les). *Breuil (Le)* (Boismé).
Bordet ; Bordetum ; Bordetus. *Bourdet (Le).*
Bordevayre. *Bordevaire.*
Bordevayre. *Épinay (L')* (Nueil-sous-les-Aubiers).
Bordinère (La). *Bourdinière (La)* (La Ronde).
Bordoillère (La). *Bourdoillère (La).*
Borelère (La). *Bourlière (La)* (Luché-Thouarsais).
Borelière (La). *Borlière (La).*
Boretière (La). *Bertières (La)* (Secondigny).
Borg-sur-Oyrevau. *Borc-sur-Airvault.*
Bormaudère (La). *Brémaudière (La).*
Borniscas ; Bornizea. *Bournizeaux.*
Borragunt. *Boisragon.*
Borrelèro (La) ; Borrelière (La). *Bourlière (La)* (Boismé).
Borromère (La). *Bouroumière (La).*
Bors ; Bort. *Bord.*
Boschaux. *Bouchaud (Le)* (Boismé).
Boschet. *Bouchet (Le).*
Boscum. *Bois (Le).*
Boscum. *Bois-Frouin.*
Boscum Alouæ. *Abbaye (L').*
Boscum Bormandi ; Boscum Bourmauder ; Boscum Bremaut. *Bois-Brémeau.*
Boscum Briterli. *Bois-Berthier.*
Boscum Groler. *Boisgrollier.*
Boscum Jomer. *Bois-Jaumier.*
Boscum Martini. *Bois-Martin.*
Boscum Poverelli. *Bonshommes (Les Grands).*
Boscum Secundigniaci. *Abbaye des Bois (L').*
Boscus Ferrandi. *Bois-Ferrand.*
Boscus Pevrelli ; Boscus Povcrellus. *Bois-Pouvreau.*
Boscus Ragunt. *Boisragon.*
Bosniacus. *Bonnay.*
Bossay. *Bossais.*
Bossay. *Boussais.*
Bossayum. *Bassée (La).*
Bossé. *Bassée (La).*

Bossia de Vinea. *Bessines*
Bossiacus. *Bosse (La)* (La Couarde).
Bossonnières (Les). *Boissonnières (Les).*
Botarie (La) ; Boteria. *Bouterie (La)* (Vasles).
Boterie (La). *Bouterie (La).*
Botière (La). *Bottière (La).* (Saint-André-sur-Sèvre).
Botnai. *Bonnay.*
Botte-Rouchaire (La). *Boutrochère (La).* (Azay-sur-Thoué).
Bouarlière (La). *Boirelière (La).*
Bouasses (Les). *Boisses (Les).*
Bouatère (La). *Bouatière (La).*
Bouatière (La). *Bottière (La)* (Saint-André-sur-Sèvre).
Boubertière (La). *Baubertière (La).*
Bouboitière (La). *Marché (Le)* (Secondigny).
Boucaudère (La). *Beucodrie (La).*
Bouçay. *Boussais.*
Bouceleu. *Péceleuf.*
Bouceur. *Boucœur.*
Bouchardière (La). *Bouchardrie (La).*
Bouchaut (Le). *Bouchaud (Le)* (Moncoutant).
Bouchaux (Les). *Bouchaud (Le)* (Boismé).
Bouchedou. *Bouchedoux.*
Boucher de Charzay (Le). *Bouchet (Le)* (Mazières-sur-Béronne).
Bouchereau. *Banchereau (Le).*
Bouchet (Le). *Rochénard (Le).*
Bouchet (Bas). *Bouchet (Le)* (Louzy).
Bouchetère (La). *Bouchetière (La)* (Boismé).
Bouchetières (Les). *Bouchetière (La)* (Secondigny).
Boucheuble. *Boucheble.*
Bouchezou ; Bouchezour. *Bouchedoux.*
Boucquetière (La). *Bouctière (La)* (La Couarde).
Boucqueur. *Boucœur.*
Bouctières (Les). *Bouguetières (Les).*
Boucuer ; Boucueur ; Boucur. *Boucœur.*
Boudrauge. *Boudranche (La).*
Boué (La). *Auboué.*
Boueria. *Bourie (La)* (Les Alleuds).
Bouesse. *Bosse.*
Bouglé-Lorets. *Bouillé-Loretz.*
Bougoin ; Bougoing. *Bougouin.*
Bougoud ; Bougouds. *Bougon.*
Bougonet ; Bougonteil ; Bougonthet. *Bougontet.*
Bougouin. *Motte-de-Saint-Denis-de-Mairé (La).*
Bouhast. *Bouhas.*
Bouherie (La). *Bourie (La)* (Coutières).
Bouhin. *Bouin* (Neuvy-Bouin).
Bouillacraire (La). *Bouillacrère (La)*

Bouillé-Loerax ; Bouillé-Loray ; Bouillé-Lourelz. *Bouillé-Loretz.*
Bouillé-Saint-Pol ; Bouillé-Sainct-Poul. *Bouillé-Saint-Paul.*
Bouillié ; Bouillier. *Bouillé* (Saint-Varent).
Boulain. *Boulin.*
Boulais (Le). *Boulaye (La)* (Terves).
Boulanchière (La). *Boulanchère (La).*
Boulardère (La). *Boulardière (La).*
Boulay (La). *Boulaye (La)* (Terves).
Boulhier. *Bouillé* (Vasles).
Boulié. *Bouillé.*
Boulière (La). *Bourellière (La)* (Sepvret).
Boulière (La). *Pouillères (Les).*
Boullarière (La). *Boularière (La).*
Boullaye (La). *Boulaye (La)* (Baussais).
Boulle (La). *Boule (La)* (Augé).
Boullé-Saint-Pou. *Bouillé-Saint-Paul.*
Boullié. *Bouillé* (Saint-Varent).
Boulinière (La). *Boulinière (La)* (Saint-Germier).
Boully-Saint-Paoul. *Bouillé Saint-Paul.*
Boultrie (La). *Bouterie (La)* (Souvigné).
Boulyé. *Bouillé* (Vasles).
Bounaudrie (La). *Bonaudrie (La)* (Vitré).
Bounière (La). *Bonnière (La).*
Bouninière (La). *Boulinière (La).*
Bounynière (La). *Bonnière (La).*
Bouquer. *Boucœur.*
Bouquetière (La). *Bouctière (La)* (Mazières-en-Gâtine).
Bouquerie (La). *Bouqueterie (La).*
Bouqueur. *Boucœur.*
Bourbias ; Bourbya. *Bourbia.*
Bource (La). *Bourse (La)* (Seillé).
Bource-Guilgault (La). *Brosse (La)* (Coulonges-Thouarsais).
Bourdage (Le). *Dordage (Le)* (Saint-Jouin-sous-Châtillon).
Bourdeau (Le). *Dordeaux.*
Bourdellerye (La). *Bourdeillerie (La).*
Bourdigal. *Bourdigale* (Cours et Germond).
Bourdigal (La). *Bourdigale (La).*
Bourdigalles. *Bourdigale* (Cours et Germond).
Bourdillère (La). *Bourdoillère (La).*
Bourdinère (La). *Bourdinière (La).* (La Ronde).
Bourdinère (La). *Bourdinières (Les).*
Bourdonnerye (La). *Bourdonnerie (La).*
Bourdueil. *Bourdoillère (La).*
Boureillière (La). *Bourlière (La)* (Luché-Thouarsais).
Bourelière (La). *Bourlière (La).*
Bourellière (La). *Bourlière (La)* (Luché-Thouarsais).

Bourgchenin. *Bourchenin.*
Bourgeron. *Bourgeon.*
Bourg Jarrousson. *Bourg-Jarrasson.*
Bourg-Labbé. *Bourgiabbé.*
Bourgneuf (Le). *Roche (La)* (Chauray).
Bourgneuf. *Dourleuf.*
Bourgneuf de la Pasgerie (Le). *Bourgneuf* (Coutières).
Bourg-sur-Oyrevau. *Borc-sur-Airvault.*
Bourgoigne. *Bourgogne* (La Chapelle-Bertrand).
Bourgonerie (La) ; Bourgougnère (la) ; Bourgougnerie (la). *Bourgogne (La)* (Saint-Georges-de-Noisné).
Bourgouigne (La). *Bourgogne* (La Chapelle-Bertrand).
Bourie (La). *Daurie (La).*
Bourière (La). *Bourrière (La).*
Bourinière (La). *Bourichère (La).*
Bourjelly. *Bourgjoly.*
Bourlière (La). *Bourlières (Les).*
Bourluôte. *Bretulière (La).*
Bournavau. *Dournaveau.*
Bournea. *Bournauil.*
Bourneuf. *Bourgneuf.*
Bourneuf (Le). *Bourgneuf (Le)* (La Chapelle-Bâton).
Bournezeau ; Bournizeau. *Bournizeaux.*
Bournu. *Bourgneuf* (Prailles).
Bourochay. *Bouroche.*
Bourommère (La). *Bouroumière (La).*
Bourrelère (La) ; Bourrelière (la). *Bourlière (La).*
Bourrelière (La). *Bourlières (Les).*
Bourrellière (La). *Bourlière (La)* (Luché-Thouarsais).
Bourrie (La). *Bourie (La)* (Coutières).
Bourromère (La). *Bouroumière (La).*
Bourromière (La) ; Bourromyère (la). *Bouroumière (La).*
Bourrye (La). *Bourie (La)* (Saint-Jouin-de-Milly).
Boursaudère (La). *Boursaudière (La).*
Bourse (La). *Brousse (La)* (Azay-le-Brûlé).
Bourses (Les). *Brosses (Les).*
Bourses-Payrault (Les). *Brosses (Les)* (Clessé).
Bouryo (La). *Bourie (La)* (Coutières).
Bous (Les). *Bons (Les).*
Bouschardère (La). *Bouchardière (La).*
Bouschardère (La). *Bouchardière (La)* (Fontperron).
Bouschault (Le). *Bouchaud (Le).*
Bouscheratère (La). *Bouchatière (La).*
Bouscherie (La). *Boucherie (La)* (Ménigoute).
Bouschet (Le). *Bouchet (Le)* (Aiffres).
Bouschet du Nac. *Bouchet-du-Nac (Le).*
Bouslaie (La). *Boulaye (La)* (Cirière).
Bouslardière (La). *Boulardière (La).*

Bouslaye (La). *Boulaye (La).*
Bousle (La). *Boule (La)* (Augé).
Bousle-Pouvrea (La). *Boule (La)* (Ménigoute).
Bousneau. *Bonneau* (Mougon).
Bousquet (Le). *Bosquet (Le).*
Boussais-Châtillon ; *Boussay. Boussais.*
Boussay. *Boussais* (Le Petit).
Boussay-sur-le-Thoué. *Boussais.*
Bout (Le). *Boux-Nerbert.*
Boutcuil ; Boutecuile. *Bouscul.*
Bouterochère (La). *Boutrochère (La)* (Azay-sur-Thoué).
Boutetière (La). *Bouctière (La)* (Mazières-en-Gâtine).
Boutherie (La). *Bouterie (La)* (La Chapelle-Thireuil).
Boutherochière (La). *Boutrochère (La)* (Azay-sur-Thoué).
Bouthynière (La). *Boutinière (La)* (Bouin).
Boutinère (La). *Boutinière (La).*
Boutissacq. *Boutissac.*
Boutrie (La). *Bouterie (La).*
Boutterochère (La). *Boutrochère (La)* (Azay-sur-Thoué).
Bouttescaillères (Les). *Boutecaillère (La).*
Boutteville. *Bouteville.*
Bouttrye (La). *Bouterie (La)* (Rom).
Bouyn. *Bouin* (Neuvy-Bouin).
Bouzineau. *Buzeneau.*
Bouzinière (La). *Buznière (La).*
Bouziou. *Bouzioux.*
Boxeria. *Boissière-Thouarsaise (La).*
Boy-Baset. *Bois - Basset.* (Sainte-Gemme).
Boybinère (La). *Bobinière (La)* (Saint Aubin-le-Clou).
Boyce. *Boesse.*
Boydrouet. *Boisdrouet.*
Boyg. *Bouin.*
Boylie Loherez. *Bouillé-Loretz.*
Boyloyrère (La). *Boularière (La).*
Boymé. *Boismé.*
Boyn. *Bouin* (Neuvy-Bouin).
Boyn (Le Petit). *Bouin (Le Petit).*
Boyne. *Boisne* (Saint-Martin-de-Saint-Maixent).
Boynes. *Boisne* (Saint-Christophe).
Boyng ; Boynum. *Bouin.*
Boyragun. *Boisragon.*
Boy-Regnaut. *Bois-Renaud.*
Boyrie (La). *Boirie (La).*
Boyroux. *Boiseroux* (Faye-sur-Ardin).
Boys (Le). *Bois (Le)* (Brie).
Boys (Le). *Bois (Le Petit-)* (Saint-Martin-de-Saint-Maixent).
Boysbourdet. *Bois-Dourdet.*
Boys Challon. *Chalon* (Parc-).

TABLE DES FORMES ANCIENNES.

Boys-Chappeleau. *Bois-Chapeleau (Le).*
Boys-Courtault. *Bois-Couteau.*
Boysdayre. *Boisdaire.*
Boysdenno. *Bois d'Anne* (Saint-Porchaire.
Boys-Gallard (Le). *Bois-Gallard* (Les Aubiers).
Boysgast ; Boysgasts. *Boisgâts.*
Boysmigo. *Bois-Migou.*
Boysnerbert. *Boisnalbert.*
Boysnes. *Boisne* (Saint-Martin-de-Saint-Maixent).
Boysuesry. *Boisnéry.*
Boys-Pineau. *Bois-Pineau.*
Boys Pouvera (Le) ; Boys Pouvrea (le) *Bois-Pouvreau.*
Boys-Ragon. *Boisragon.*
Boysse. *Roesse.*
Boysse. *Boisse* (Secondigné).
Boysselère (La). *Boisselière (La)* (Vouhé).
Boyssère (La Petite) ; *Boissière (La Petite -).*
Boyssoudan. *Boissoudan.*
Bozonère (La). *Busenière (La).*
Brachechien ; Brachen. *Brachin.*
Braconerie (La) ; Braconnerie (la). *Braconnière (La).*
Brain. *Brin.*
Brajarleria. *Brardières (Les)*
Bram. *Drane.*
Bramefons. *Bramfond.*
Brandières (Les). *Audebrandier (L').*
Brandy (Le). *Brondi (Le).*
Branslo (La). *Branle (La).*
Brassart. *Brassard.*
Brauder. *Braude (La).*
Braudère (La). *Braud.*
Braudère (La). *Braudière (La)* (Secondigny).
Braudy (Le). *Brondi (Le).*
Brault (Le). *Braud.*
Breardière (La). *Brardière (La).*
Breaudière (La). *Braudière (La)* (Secondigny).
Bréchaussé. *Breuil-Chaussée.*
Brèchepotte. *Brèchepote.*
Bréchotière (La). *Bercholière (La).*
Brechoux. *Brechou.*
Brecoire ; Brecoiro. *Bressuire.*
Bredenchère (La). *Bersanchère (La)*
Bregillon. *Bergillon.*
Bregondes (Les). *Bougondes (Les).*
Brehairo (La). *Briaire (La).*
Breil (Le). *Breuil (Le).*
Breilbon. *Breuilbon.*
Breil-Chaussé. *Breuil-Chaussée.*
Breil-Chisé. *Brieuil-sur-Chizé.*
Breillac (Le). *Breuillac.*
Breillebon. *Breuilbon.*

Broil près Argenton (Le). *Breuil-sous-Argenton (Le).*
Broines. *Brin.*
Brelandière (La). *Berlandière (La).*
Brelerye. *Berlière (La)* (Nanteuil).
Breliauchet. *Breuillachet.*
Bréliauchet. *Brillanché.*
Brelinchère (La). *Berlinchère (La).*
Brelutère (La). *Brelutière (La).*
Brenandière (La). *Bressandière (La).*
Brenardière (La). *Bernardière (La)* (La Chapelle-Thireuil).
Brenatière (La). *Bernatière (La)* (Saivre).
Brenellière (La). *Brénelière (La).*
Brenerie (La). *Bernerie (La)* (Augé).
Brenerye (La). *Bernerie (La)* (Ménigoute).
Brenges (Les). *Branges (Les).*
Brenier. *Bergné.*
Brens. *Brin.*
Breschetière (La). *Brèchetière (La).*
Breschossé. *Breuil-Chaussée.*
Bresenchière (La). *Bersanchère (La).*
Bressendière (La). *Bressandière (La).*
Bresseure ; Bressices. *Bressuire.*
Bressière ; Bressières ; Bresuyre ; Bresuyre. *Bressuire.*
Bressonnière (La). *Brissonnière (La).*
Bret (Forêt de). *Chef-Boutonne (Forêt de).*
Bretalière (La). *Bertalière (La).*
Bretamière (La). *Bertamerie (La).*
Bretanola. *Bretignolles (Les).*
Bretatière (La). *Bertalière (La).*
Bretauderie (La). *Bertaudière (La)* (La Couarde).
Breteleria. *Bretellière (la)* (Saint-Amand).
Bretèle. *Bretette.*
Bretholière (La). *Berlelière (La)* (La Chapelle-Saint-Étienne).
Brethellière (La). *Bertelière (La)* (Fenioux).
Brethounière (La). *Bertonnière (La).*
Brethonnière (La). *Bretonnières* (Les) (Augé).
Brethounière (La Grand). *Bretonnière (La)*
Bretiguole. *Bretignolles (Les).*
Bretignolle *Cour-d'Augé (La)* (Saint-Maxire).
Bretignolles. *Bretignolle* (Saint-Maxire).
Bretin. *Bertin* (La Chapelle-Gaudin).
Bretinèro (La). *Bertinière (La)* (Vernou-en-Gâtine).
Bretinère (La). *Bretinière (La).*
Bretonère (La) ; Bretonière (la). *Bretonnière (La).*
Bretonnella. *Bretignolle.*

Bretonnère (La). *Bretonnière (La)*
Bretonnerie (La). *Bertamerie (La).*
Bretonnière (La). *Bertonnière (La).*
Bretrandière (La). *Bertrandière (La)* (Pompaire).
Breuil (Le). *Breuille (La).*
Breuil (Haut et Bas). *Breuil (Le)* (Luché-Thouarsais).
Breuil (Le Grand). *Breuil (Le)* (La Pérate).
Breuil (Grand et Petit). *Breuil (Le)* (Prailles).
Breuil-Barrabin (Le Grand). *Breuil (Le)* (Deyrançon et Usseau).
Breuil-Chisey (Le) ; Breuil-Chizé (le). *Brieuil-sur-Chizé.*
Breuil-Coeffault (Le). *Breuil-Coiffaud (Le).*
Breuil d'Argenton (Le). *Breuil-sous-Argenton (Le).*
Breuil de Baissé (Le) ; Breuil de Bessé (le). *Breuil (Le)* (Augé).
Breuil de Chenay (Le). *Breuil (Le).*
Breuil de Chizé (Le). *Brieuil-sur-Chizé.*
Breuil de Fellés (Le). *Breuil (Le)* (Saint-Christophe).
Breuil de François (Le). *Breuil (Le).*
Breuil de Geay (Le) ; Breuil de Jay (le). *Breuil (Le)* (Saint-Varent).
Breuil de la Porte (Le). *Breuil (Le)* (Thouars).
Breuil de Luché (Le). *Breuil (Le)* (Luché-Thouarsais).
Breuil de Malicorne (Le). *Breuil-d'Aigonnay (Le).*
Breuil d'Orbé (Le). *Orbé.*
Breuil de Sauzé (Le). *Breuil (Le)* (Sauzé-Vaussais).
Breuil de Sepvret (Le). *Breuil (Le).* (Sepvret).
Breuil en Boismé (Le). *Breuil (Le).*
Breuil Galeri (Le) ; Breuil Galleri (le) ; Breuil Gallerit (le). *Breuil (Le)* (François).
Breuillac (Le). *Breuillac.*
Breuillac (Port du). *Brillac.*
Breuillachet. *Brillanché.*
Breuillat (Le). *Breillac (Le).*
Breuille (La Grande et Petite). *La Breuille.*
Breuillet (Le). *Breillet (Le).*
Breuil-Mairault (Le) ; Breuil-Mayrault (le). *Breuil-Méraulé.*
Breuil-Puguy (Le). *Breuil-Bernard (Le).*
Breul-Ryote (Le). *Breuil (Le)* (Saint-Germier).
Bria. *Brie.*
Brialot. *Brialeau.*
Briaudière (La). *Briaudière (La).*

310   TABLE DES FORMES ANCIENNES.

Briaudrie (La) ; Briaudryc (la). *Briauderie (La)*.
Briaulde (La). *Briaude (La)*.
Bridrie (La). *Briderie (La)* (Lezay).
Brieilh. *Brieuil-sur-Chizé*.
Briesensis pagus. *Brioux*.
Brieuil (Le). *Breuil (Le)* (Chenay).
Brignium. *Brignon*.
Brigios ; Brigiosum ; Brigisensis pagus. *Brioux*.
Brigoyllère (La). *Brigouillère (La)*.
Brigueil ; Brigueil-Chizé. *Brieuil-sur-Chizé*.
Brilhac (Le). *Breuillac*.
Briliaco. *Brillac*.
Brillac (Le). *Breuillac*.
Brilliaco. *Brillac*.
Brinchanteau. *Bréchanteau*.
Briniacus. *Drenier*.
Briocensis condita ; Briocinsis urbs. *Brioux*.
Briœuil. *Brieuil* (Chenay et Exoudun).
Brioilh-Chisé; Briolium; Briolium propo Chisiacum. *Brieuil-sur-Chizé*.
Brione. *Drion*.
Briosinsis pagus ; Briossium ; Brioessus ; Briost ; Briostum ; Briou ; Brioust ; Briozinsis pagus. *Brioux*.
Brisayso (La). *Bissêtre (La)*.
Brissuère. *Bressuire*.
Britaniola ; Britanola. *Bretignolles (Les)*.
Britoneria. *Bertonnière (La)* (Augé).
Brittaniola. *Bretignolle* (Saint-Maxire).
Brittaniola. *Bretignolles (Les)*.
Brium. *Drion*.
Brizeau. *Brizeaux (Les)*.
Broardère (La). *Brouardière (La)*.
Broca. *Brosse (La)* (Moulins).
Broca. *Brousse (La)* (Azay-le-Brûlé).
Broce (La). *Brosse (La)* (Coulonges-Thouarsais).
Broce (La). *Brousse (La)*.
Broce Belet (La). *Brousse (La)* (Vasles).
Brochemelle ; Brocho-Merlo ; Brochemeule. *Brochemerle*.
Brochin. *Brochain*.
Brochorium. *Bressure*.
Brocil Bernard. *Breuil-Bernard (Le)*.
Brohardère. *Brouardière (La)*.
Broil (Le). *Breuil (Le)* (Saint-Germier).
Broil-Charlet (Le) ; Broil de Challet (le). *Breuil (Le)* (La Chapelle-Thireuil).
Broil Gallerit (Le). *Breuil (Le)* (François).
Broilh. *Brieuil-sur-Chizé*.
Broillac (Le). *Breuillac*.
Broillebon. *Breuilbon*.
Broixes (Les). *Broises (Les)*.
Brolium. *Breuil (Le)*.

Brolium. *Breuil-sous-Argenton (Le)*.
Brolium. *Brieuil-sur-Chizé*.
Brolium Aient. *Breuil (Le)* (Saint-Éanne).
Brolium Bernardi. *Breuil-Bernard (Le)*.
Brolium Calcatum ; Brolium Calciatum ; Brolium Chauche. *Breuil-Chaussée*.
Brolium d'Aen ; Brolium d'Aent. *Breuil (Le)* (Saint-Éanne).
Brolium Galerii; Brolium Galerit. *Breuil (Le)* (François).
Brolium Mayraudi. *Breuil-Mérault*.
Brolium Morini. *Breuil-Morin (Le)*.
Brolium Morini. *Chez-Morin*.
Brolium Riote. *Breuil (Le)* (Saint-Germier).
Brosse (La). *Brousse (La)*.
Brosse-Audebert (La). *Brosse (La)* (Massais).
Brosse-Chénevin (La). *Brosse (La)* (Coulonges-Thouarsais).
Brosse-Colin (La). *Brousses-Colin (Les)*.
Brosse d'Azay (La). *Brousse (La)* (Azay-le-Brûlé).
Brosse-Gallet (Haute et Basse). *Brousse-Gallet (La)*.
Brosse-Gligault (La). *Brosse (La)* (Coulonges-Thouarsais).
Brosse-Guignard (La). *Brosse (La)* (Combrand).
Brosse-Guilgault (La) ; Brosse-Ligault (la). *Brosse (La)* (Coulonges-Thouarsais).
Brosse-sur-Sayvro (La). *Brosse (La)* (La Ronde).
Brosses (Les). *Brousse (La)* (Saint-Aubin-le-Cloud).
Brosses (Les). *Brousses (Les)* (Chantecorps).
Brosses (Les Grandes). *Brosses (Les)* (Faye-l'Abbesse).
Brosses (Grandes et Petites). *Brousse (La Grande)* (Saint-Romans-des-Champs).
Brosses de Foilabasse (Les). *Brosses (Les)* (Faye-l'Abbesse).
Brosses-Pérault (Les). *Brosses (Les)* (Clessé).
Brotellière (La) ; Brothelère (La). *Brotelière (La)*.
Brouce-Gramayro (La). *Brousse (La)* (Les Échaubrognes).
Brouce-Guillegaut (La). *Brosse (La)* (Coulonges-Thouarsais).
Brouces (Les). *Brosses (Les)* (Clessé).
Brouces de Fayelabasse. *Brosses (Les)* (Faye-l'Abbesse).
Brouhardière (La). *Brouardière (La)*.
Broussault (Le). *Brousseau (Le)*.
Brousse (La). *Bourse (La)* (Cours).

Brousse (La). *Bourses (Les)* (Boismé).
Brousse (La Haute). *Brosse (La Haute)* (Massais).
Brousse (La). *Brosse (La)* (La Ronde).
Brousse au Richard (La). *Brousse (La)* (Les Fosses).
Brousse-Colin (La). *Brousses-Colin (Les)*.
Brousse-Guillegault (La). *Brosse (La)* (Coulonges-Thouarsais).
Brousse-Morea (La). *Brosse-Moreau (La)*.
Brousses (Les). *Brosses (Les)*.
Brousses de Bonneuil (Les). *Brousses (Les)* (Vançais).
Brousses de Fayelabasse (Les). *Brosses (Les)* (Faye-l'Abbesse).
Brousses-Payraud (Les). *Brosses (Les)* (Clessé).
Broynère (La). *Brouinière (La)*.
Bruault. *Braud*.
Brueil (Le). *Breuil-sous-Argenton (Le)*.
Brueil (Le Grant et le Petit). *Breuil (Le)* (Luché-Thouarsais).
Brueil (Le). *Breuil (Le)* (Saint-Christophe).
Brueil Bernart (Le). *Breuil-Bernard (Le)*.
Brueil de Jay (Le). *Breuil (Le)* (Geay).
Brueil de Montigné (Le). *Breuil (Le)* (Montigny).
Brueilh Maloo (Le). *Breuil (Le)* (Deyrançon et Usseau).
Bruère aux Nonnains (La). *Bruyère (La)* (Saint-Laurs).
Bruères (Les). *Bruyères (Les)*.
Bruère-Vincent (La Vieille). *Bruyère (La)* (Saint-Laurs).
Bruhères (Les). *Bruyères (Les)* (Vasles).
Bruil (Le). *Breuil (Le)*.
Bruil-Bernart (Le). *Breuil-Bernard (Le)*.
Bruilh (Le). *Breuil (Le)* (Sauzé-Vaussais).
Bruillac (Le). *Breuillac*.
Bruille (La). *Breuille (La)*.
Bruillebont. *Breuilbon*.
Bruillenc. *Brûlain*.
Bruil Mayraut. *Breuil-Mérault*.
Bruissière. *Bressuire*.
Brulen ; Brulenc ; Brulencum ; Brulent ; Brulentum. *Brûlain*.
Brulium. *Breuil (Le)* (Saint-Éanne).
Brullain en Prahet. *Brûlain*.
Brullebon. *Breuilbon*.
Brullencum ; Brullent. *Brûlain*.
Brumateria. *Brunetière (La)* (Fenioux).
Brunerie (La). *Bernerie (La)* (Ménigoute).
Brunetère (La). *Brunetière (La)* (Vautebis).

TABLE DES FORMES ANCIENNES. 311

Brunettière (La). *Brunetière (La)* (Sainte-Blandine).
Bruoil ; Bruoil-Chisé. *Brieuil-sur-Chizé.*
Bruslain ; Bruslin. *Brûlain.*
Bruyère aux Grosles (La) ; Bruyère aux Nonnes (la). *Bruyère (La)* (Saint-Laurs).
Bruyères de Verrinne (Les) ; Bruyères du Chilleau (Les). *Bruyères (Les)* (Vasles).
Bruyl de Luché (Le). *Breuil (Le)* (Luché-Thouarsais).
Bruyl Doyen (Le). *Breuil (Le)* (Saint-Éanne).
Bruyl de Prailles (Le). *Breuil (Le).*
Bruyllac. *Breuillac.*
Bruylle (La). *Breuille (La).*
Bruyllebon. *Breuillon.*
Bruyl Rioto (Le). *Breuil (Le)* (Saint-Germier).
Bryaudyère (La). *Briaudière (La).*
Brye. *Brie.*
Buaillea ; Buailleau, Buayllerie (La). *Bevillas.*
Buccellum ; Buccau (le) ; Bucellum ; Buceu (le). *Busseau (Le).*
Buchai. *Boussais.*
Bucheillerie (La). *Buchellerie (La).*
Bucol. *Busseau (Le).*
Buferie (La). *Bufferie (La).*
Buffageace. *Bufageasse.*
Buffeballe. *Buffebale.*
Bugniacum. *Saint-Maixent-de-Beugné.*
Buguo (Lau). *Beugnon (Le)* (Saint-Paul-en-Gâtine).
Bugnouère (La). *Bignonnière (La).*
Bugnum ; Bugnun. *Beugnon (Le)* (Mazières-en-Gâtine).
Bugnus. *Bouin.*
Buigné. *Saint-Maixent-de-Beugné.*
Buignon (Le). *Beugnon (Le)* (Mazières-en-Gâtine).
Buignon-en-Gâtine (Le). *Beugnon (Le).*
Buignonnet (Le). *Beugnonet (Le)* (Le Beugnon).
Buisseira ; Buisseria ; Buissière (La). *Boissière-en-Gâtine (La).*
Bulicotum. *Ulcot.*
Bunuiacum. *Bouin.*
Buordère (La). *Buardière (La).*
Burgaudère (La). *Burgaudières (Les)* (Azay-sur-Thouet).
Burgus novus. *Bournaud.*
Burgus novus. *Bourgneuf* (Prailles).
Burgus novus. *Bourgneuf (Le)* (Saint-Paul-en-Gâtine).
Burgus subtus Auream Vallem. *Borc-sur-Airvault.*
Burinière (La). *Burenière (La).*
Burnière (La). *Beurnière (La)* (Massais).

Burraudère (La). *Béraudière (La).*
Burrelière (La). *Burlière (La)* (Allonne).
Burretière (La). *Burlière (La)* (Pamplie).
Buschelerie (La). *Buchellerie (La).*
Busseia. *Boesse.*
Busseria. *Boissière (La Grande-).*
Buxa. *Boesse.*
Buxeria. *Boissière (La Grande-).*
Buxeria. *Boissière (La Petite-).*
Buxeria. *Boissière-en-Gâtine (La).*
Buxeria. *Boissière-Thouarsaise (La).*
Buxeria Parva. *Boissière (La Petite-).*
Buxeris in Gastina. *Hôpiteau (L').*
Buygnon (Le). *Beugnon (Le).*
Buzé. *Buzay.*
Buzenère (La). *Busenière (La).*
Buziacum. *Boussais.*
Buzotère (La). *Buzotière (La).*
Byardière (La). *Biardière (La).*
Byart. *Biard* (Prailles).
Bye (La). *Bie (La)* (Courlay).

C

Cabane des Rouchis (La). *Cabanne (La)* (Sansais).
Cacotière (La). *Cracotière (La).*
Cadalonis nemus. *Châlon* (Parc-).
Cadourie (La). *Cadorie (La).*
Caffardcio (La). *Bagneux.*
Caillelère (La) ; Caillotère (La). *Caillère (La).*
Caillerex (Les). *Caillères (Les).*
Caillonyère (La). *Caillonnière (La)* (Exireuil).
Caintray. *Xaintray.*
Cairée (La). *Quairée (La).*
Caireux (Le). *Quaireux (Le).*
Cairfour (Le). *Quairfour (Le).*
Calca rubea. *Chausseraie.*
Calcoia. *Chaussée (La)* (Le Pin).
Caliacum. *Chaillé* (Saint-Martin-lez-Melle).
Caligarubea ; Caligua rubea. *Chausseraie.*
Calleria (La). *Caillerie (La).*
Calracinse, Calriacinse (vicaria). *Chauray.*
Calveria. *Chauverie (La).*
Cambola. *Chambelle.*
Campaniacum ; Campanola. *Champagné-sur-Béronne.*
Campbrocel. *Chambroutet.*
Campdinarium. *Champdeniers.*
Campelli ; Campellus. *Champeaux.*
Campi. *Champs (Les)* (Chavagné).
Campidonis ; Camplinarium ; Campodinarium ; Campolinario. *Champdeniers.*
Campoigné. *Champigny* (Sainte-Verge).

Campus Barzela. *Chambardelle.*
Campus Bonus. *Chambon.*
Campus Brostelli ; Campus Brustolus. *Chambroutet.*
Campus de Castellario. *Châtelier* (Champ du).
Campus Linarius. *Champdeniers.*
Campus Romani ; Campus Romard *Champ-Romard.*
Campus Roseti. *Champ-Roset.*
Cancelada. *Chancellée.*
Cantacorvus. *Chantecorps.*
Cantamerla ; Cantamerula ; Canta Merula. *Chantemerle* (Moutiers-sous-Chantemerle).
Cantamerlus. *Chantemerle* (Bouillé-Loretz).
Cantaud. *Cantault.*
Cantault (Grand et Petit). *Cantcau.*
Cantelou. *Chanteloup* (Bessines).
Cantelupus. *Chanteloup* (Moncoutant).
Cante Merula. *Chantemerle* (Moutiers-sous-Chantemerle).
Cantheau. *Canteau.*
Cantuluppum. *Chanteloup* (Moncoutant).
Cantumerula. *Chantemerle* (Moutiers-sous-Chantemerle).
Cantus Corvi. *Chantecors.*
Capella. *Chapelle-Pouilloux (La).*
Capella. *Chapelle-Largeau (La).*
Capella (La). *Chapelle-Thireuil (La).*
Capella Baston. *Chapelle-Bâton (La).*
Capella Bertrandi. *Chapelle-Bertrand (La).*
Capella de Alona. *Abbaye (L').*
Capella de Polios ; Capella de Polyos. *Chapelle-Pouilloux (La).*
Capella Gaudini ; Capella Gaudin. *Chapelle-Gaudin (La).*
Capella Largea ; Capella Largeau ; Capella Largent. *Chapelle-Largeau (La).*
Capella Sancti Stephani. *Chapelle-Saint-Étienne (La).*
Capella Sancti Laurencii. *Chapelle-Saint-Laurent (La).*
Capella Seguini. *Chapelle-Séguin (La).*
Capella Tiroil ; Capella Tirolis. *Chapelle-Thireuil (La).*
Capitolium. *Chadeuil.*
Caput Vultone ; Caput Vultonæ ; Caput Vultunne. *Chef-Boutonne.*
Caquigniaux (Les). *Caquinières (Les).*
Caremière (La). *Carimière (La)* (Pompaire).
Caresmère (La). *Carimière (La)* (Chantecorps).
Cariontières (Les). *Caillottère (La).*
Carlattières (Les). *Écarlatière (L').*

312   TABLE DES FORMES ANCIENNES.

Carniacus. *Charnay.*
Carromyère (La). *Carimière (La)* (Pompaire).
Carrie (La) ; Carrie de Massay (la). *Carie (La)* (Massais).
Carrière de Marbre (La). *Marbrière (La).*
Carriera. *Charrière (La).*
Carte-Charchenay (La). *Charchenay.*
Carteron (Le). *Quarteron Moine (Le).*
Carthe (La). *Carte (La)* (Celles).
Carvillu. *Carville.*
Carvium. *Cherveux.*
Casiacus. *Chizé.*
Cassanas. *Chassignoles.*
Castella. *Château (Le).* (Saint-Jouin-de-Marnes).
Castellaria ; Castellarium ; Castellaria (Vetera). *Châteliers (Les)* (Fontperron).
Castellon. *Châtillon-sur-Thoué.*
Castellum Tizun. *Château-Tizon.*
Castrobordin ; Castrum Bordini. *Château-Bourdin.*
Castrum novum. *Châteauneuf.*
Castrum Tyson. *Château-Tizon.*
Castrum Voltunna. *Chef-Boutonne.*
Castusiocus. *Châtinlieu.*
Catalogne ; Catheloigne ; Cathelongne. *Cathelonge.*
Catucière (La). *Cacussière (La).*
Caucerocc. *Chausserais.*
Caulnay ; Caulniacinsis vicaria. *Caunay.*
Causeroe. *Chausseroie.*
Cavaniacus ; Cavanias. *Chavagné.*
Cavitonium (*Chef-Boutonne*).
Cayrai. *Quéray.*
Cecongne (La), *Cigogne (La).*
Cele ; Cella. *Celles-sur-Belle.*
Cellæ. *Celle* (Sainte-Verge).
Celle (La). *Selle (La)* (La Chapelle-Bâton).
Celle. *Celles* (Sainte-Verge).
Cellula. *Celles-sur-Belle.*
Cenans ; Cenant. *Cenan.*
Censaium. *Sansais.*
Ceusay, *Sanzay.*
Censsay. *Sansais.*
Cepeia. *Laspois.*
Ceppaye (La). *Laspoix.*
Ceppaye (La). *Aspoix (L').*
Ceppaye (La Veille). *Espoir (L').*
Cerçay ; Cerceyum ; Cerceium. *Cersay.*
Cereçay ; Ceresay ; Cereseyum ; Ceresoyum ; Cerezayum. *Cerizay.*
Cerezeaux ; Cerezeoys. *Cerzeau.*
Cerizier (Le). *Cerisier (Le)* (Beaulieu-sous-Parthenay).
Cerscos ; Cersiolum. *Cerzeau.*
Cerssay. *Cersay.*
Cervaux. *Serveau (Le).*
Cervaux. *Cerveau.*

Cerveau (Le). *Serveau (Le).*
Cerveaux. *Cerveau.*
Cervelière (La). *Servelière (La).*
Cerzeaux ; Cerzeoulx. *Cerzeau.*
Cerzet. *Cerzé.*
Cevrea ; Cevreau ; Cevreaux. *Sevreau.*
Cevret. *Sepvret.*
Chaalum boscus. *Châlon (Parc-).*
Chaban-Moine. *Chaban-le-Moine.*
Chabanne. *Chabannes.*
Chabaus. *Chaban* (Chauray).
Chabaus ; Chabanz. *Chaban-le-Moine*
Chabanz. *Chaban* (Chauray).
Chabirandère (La). Chabirondère (La). *Chabirandière (La)* (Largeasse).
Chaboces. *Chabosse.*
Chabocière (La). *Chabossière (La)* (Le Tallud).
Chabornière (La). *Chabournière (La).*
Chabossère (La). *Chabossière (La).* (Saint-Georges-de-Noisné).
Chabolière (La). *Chabossière (La).* (Saint-Georges-de-Noisné).
Chaboussant. *Chaboussan.*
Chaboutière (La). *Chabautière (La).*
Chaboutière (La). *Chaboucière (La).*
Chabrougne. *Échaubrognes (Les).*
Chacayum. *Chassée (La)* (Thouars).
Chadalonis boscus; Chadelonis nemus. *Châlon (Parc-).*
Chaenie. *Chêne (Le)* (Bagneux).
Chafan. *Chaffaud (Le)* (Bouin).
Chaffau ; Chaffault (Le); Chaffaut (Le); Chaffaux (Le). *Chaffaud (Le)* (Saint-Varent).
Chagnais (Les). *Chagnée (La)* (Bessines).
Chaguay (La). *Chagnaye (La)* (Adilly).
Chagnaye (La). *Chenaye (La)* (Frossiue).
Chagnaye (La). *Chagnée (La)* (Coulon).
Chagnayes (Grandes et Petites). *Chagnée (La)* (Brûlain).
Chagné (La). *Chagnée (La)* (Chef-Boutonne).
Chagnée (La). *Chenaye (La).*
Chagnée (La). *Chagnaye (La)* (Adilly).
Chagnelo (La). *Chaignelle (La).*
Chagnelière (La). *Chanelière (La).*
Chagnerie (La). *Chaignerie (La).*
Chaid. *Chey.*
Chaigne (Le Petit). *Chêne (Le Petit).*
Chaigne (Le). *Chêne (Le).*
Chaignoea (Le). *Chaigneau (Le)* (Noiretorre).
Chaigne Chabtrand (Le). *Chabirandière (La)* (Largeasse).
Chaignée (La). *Chenaye (La)* (Frossiue).
Chaignée (La). *Chenaye (La).*
Chaigne-Rou ; Chaigne- Rond (Le). *Chaigneron (Le).*
Chail (Le). *Chails (Les).*
Chaillevie (La). *Chalerie (La).*

Chaillé-lez-Niort ; Chaillé. *Chaillé.*
Chaillochère (La). *Maison-Neuve (La)* (Vautebis).
Chaillou. *Chaloue.*
Chaillyé. *Chaillé.*
Chainebaudière (La). *Chambaudière (La).*
Chaintres. *Chaintre (La)* (Saint-Germain-de-Longue-Chaume).
Chais. *Chey.*
Chaisnellière (La). *Chaignelière (La)* (Le Chillou).
Chait ; Chaix ; Chay. *Chey.*
Chalandeau. *Chalendeau.*
Chalantonnière (La). *Charontonnière (La).*
Chaletière (La). *Charletère (La).*
Chaligné ; Chalignoc ; Chalingné. *Chaligny.*
Challandeau. *Chalendeau.*
Challerie (La). *Chalerie (La).*
Challigny. *Chaligny.*
Challon (Parc). (*Parc-Châlon*).
Challonnère (La). *Chalonnière (La)* (Rouvre).
Challusson. *Chalusson.*
Chalonnère (La). *Chalonnière (La)* (Exireuil).
Chalopinèrs (La). *Chopinière (La)* (Cirière).
Chaloppinère (La). *Chalopinère (La).*
Chaloux. *Chaloue.*
Chalungiæ. *Coulonges-sur-l'Autise.*
Chalyé. *Chaillé* (Niort).
Chamaillart de Nyort. *Chamaillard* (Bessines).
Chamailleria (La). *Chamaillère (La).*
Chamauds. *Chaumeau.*
Chambaudière (La). *Chennebaudière (La).*
Chambel ; Chamboulles. *Chambelle.*
Chambernaud ; Chambernault. *Champberneau.*
Chamberou. *Chambron.*
Chambes ; Chambles. *Chambre (La)* (Missé).
Chambespin. *Champépin.*
Chambor ; Chambort. *Chambord* (Saint-Aubin-le-Cloud).
Chamborium ; Chambors. *Chambord* (Secondigny).
Chamborts (Petit et Grand). *Chambord (Grand et Petit)* (Puy-Saint-Bonnet).
Chambourter ; Chambrotet. *Chambroutet.*
Chambretier. *Champbertier.*
Chambrilles *Chambrille.*
Chambro. *Chambron (Le).*
Chambroignes. *Échaubrognes (Les).*
Chambrunt. *Chambron (Le).*
Chamdener ; Chamdenier. *Champde-*

TABLE DES FORMES ANCIENNES. 313

Chamdener ; Chamdenier. *Champdeniers.*
Chameliers ; Chamellier. *Chamelier (Le).*
Chamer. *Chamier.*
Champaigné. *Champagné.*
Champaigné. *Champigny* (Argenton-l'Église).
Champanier. *Champagné-sur-Béronne.*
Champbernaut. *Champberneau.*
Champberon. *Chambron (Le).*
Champbertram. *Chambertrand.*
Champbon. *Chambon.*
Champboril. *Chambouveuil.*
Champbort. *Chambord.*
Champbouroil. *Chamboureuil.*
Champbron. *Chambron.*
Champclairot. *Champ-Clairot.*
Champ-d'Alloux. *Champ-Dalloux.*
Champdener ; Champdenier ; Champdenyers. *Champdeniers.*
Champdevant ; Champ de Veault. *Champdevaux.*
Champdiner. *Champdeniers.*
Champeaus. *Champeaux.*
Champegné. *Champigny* (Sainte-Verge).
Champeigné. *Champigny.*
Champelerie (La). *Champenoise (La).*
Champelli. *Champeaux.*
Champeniacum. *Champigny* (Argenton-l'Église).
Champenoiserie (La). *Champanoiserie (La).*
Champespin. *Champépin.*
Champfou. *Champfercu.*
Champieaux (Le). *Champeau (Le).*
Champigné. *Champigny* (Sainte-Verge).
Champignonière (La). *Championnière (La).*
Champmaillard. *Chamaillard* (Bessines).
Champ-Margou ; Champmorgoux ; Champmorgous. *Champmargou.*
Champmorin. *Champ-Morin.*
Champolmné. *Champigny* (Sainte-Verge).
Champoizeau ; Champoizeaux. *Champoiseau.*
Champolly. *Champoly.*
Champosea. *Champoiseau*
Champoullant. *Champolan.*
Champozea ; Champozeau. *Champoiseau.*
Champ-Pépin. *Champépin.*
Championère (La). *Championnière (La).*
Champ-Raitault. *Champ-Ratault.*
Champrambaut ; Champranhault. *Champraimbault.*
Champ Romain. *Champ-Romard.*
Champron. *Champ-Rond.*
Champrouart. *Arnou (L').*
Champroy. *Champ-Roy.*

DEUX-SÈVRES.

Champs (Les). *Champ (Le)* (La Chapelle-Thireuil).
Champs Pétrés (Les). *Humeaux (Les Trois).*
Champtbroutet. *Chambroutet.*
Champtebuzain. *Chantebuzin.*
Champtecor ; Champtecorps ; Champtecors. *Chantecorps.*
Champtegro. *Chantegros* (Faye-l'Abbesse).
Champtelou ; Champteloup. *Chanteloup* (Moncoutant).
Champtemerle. *Chantemerle* (Moutiers-sous-Chantemerle).
Champvoysin. *Champ-Voisin.*
Chamtrouvé. *Champ-Trouvé.*
Chanai. *Chenay* (Mairé-l'Évescault).
Chanais. *Chanay.*
Chanbertrand. *Champ-Bertrand* (Villiers-en-Plaine).
Chanbron (Le). *Chambron (Le).*
Chandaloux. *Champ-Dalloux.*
Chandeiners. *Champdeniers.*
Chandellière (La). *Chandellerie (La).*
Chandenier. *Champdeniers.*
Chandevent. *Champdevant.*
Chandiner. *Champdeniers.*
Chandoiseau. *Chantoiseau* (Los Échaubrognes).
Chandurère (La). *Chandurière (La).*
Chanellière (La). *Chaignelière (La)* (Saint-Loup).
Chaney. *Chenay.*
Chanfayau. *Champfoyeau.*
Changeant. *Changeons.*
Chanpeas. *Champeaux.*
Chanroumard. *Champ-Romard.*
Chantebusain. *Chantebuzin.*
Chantebusain (Le Vieil). *Emberjatière (L').*
Chantebuzain ; Chantebuzein. *Chantebuzin.*
Chantecoquou. *Chantecoucou.*
Chantecor ; Chantecorp ; Chantecors ; Chantecour. *Chantecorps.*
Chanteoruhault ; Chantegruau. *Chantegros* (Saint-Martin-de-Saint-Maixent).
Chanteloux. *Chanteloup* (Saint-Clémentin).
Chantelier ; Chantelou. *Chanteloup* (Aigonnay).
Chantemelle. *Chantemerle* (Moutiers-sous-Chantemerle).
Chantereine. *Chantraine.*
Chanteroup. *Chanteloup* (Saint-Pierre-à-Champ).
Chautignee ; Chantigny. *Chantigné.*
Chaours. *Chour.*
Chapeleria (La). *Chapellerie (La).*
Chapella (La). *Chapelle-Thireuil (La).*

Chapella de Polios. *Chapelle-Pouilloux (La).*
Chapelle Baston (La). *Chapelle-Bâton (La).*
Chapelle de Notre-Dame du Sable (La). *Chapelle (La)* (La Chapelle-Bâton).
Chapelle de Pouiloux (La). *Chapelle-Pouilloux (La).*
Chapelle de Vaugénérault (La) ; Chapelle de Vaugénéraud (la) ; Chapelle de Vaulgénéraud (la). *Chapelle (La)* (Bougon).
Chapelle Godin (La). *Chapelle-Gaudin (La).*
Chapelle Largeault (La) ; Chapelle Lorgeail (la). *Chapelle-Largeau (La).*
Chapelle Pouliou (La). *Chapelle-Pouilloux (La).*
Chapelle-Sainte-Catherine près Parthenay (La). *Maladerie (La).*
Chapelle-Saint-Lorans. *Chapelle-Saint-Laurent (La).*
Chapelle Tireil (la) ; Chapelle Tireuil (la) ; Chapelle Tircuil (la) ; Chapelle Tiroeil (la) ; Chapelle Tiroil (la). *Chapelle-Thireuil (La).*
Chapellière (la). *Chapelière (La).*
Chapelonnière (La). *Chapronnière (La).*
Chaponière (La). *Chaponnière (La).*
Chappelle Bertran (La). *Chapelle-Bertrand (La).*
Chappelle Gauldin. *Chapelle-Gaudin (La).*
Chapponières (Les). *Chaponnière (La).*
Chappronnyère (La). *Chapronnière (La).*
Chapronière (La). *Chaponnière (La).*
Chaptauderie (La). *Châteaudric (La).*
Charabot. *Écharbot.*
Charay. *Chauray.*
Charbonelère (La). *Charbonnelière (La).*
Charcenay. *Charchenay.*
Charcuil lez Nantheuil. *Chareuil (Le).*
Charoya. *Charrière (La).*
Charfait. *Charrefait.*
Charière (La). *Charrière (La).*
Charignec. *Chérigné.*
Charnai. *Charnay.*
Charoignère (La). *Charnière (La).*
Charoulière (La). *Charouillères (Les).*
Charpenterie (La). *Charpantrie (La).*
Charpentrie (La). *Charpanterie (La)* (Lamairé).
Charrantonnière (La). *Charantonière (La).*
Charray. *Chauray.*
Charrère (La) ; Charreria. *Charrière (La).*
Charrolière (La). *Charouillière (La).*
Charroulière (La). *Charoulière (La)* (La Chapelle-Saint-Laurent).

40

314   TABLE DES FORMES ANCIENNES.

Charroulière (La). *Charouillière (La)* (Coulonges-Thouarsais).
Charruel. *Charruella.*
Charruellière (La). *Charoulière (La)* (La Chapelle-Saint-Laurent).
Charrulière (La). *Charouillière (La).*
Charrye (La). *Charrie (La)* (Verruye).
Charrynière (La). *Charrinière (La).*
Charterie (La). *Chartrie (La).*
Charveau. *Charruault.*
Charuclère (La). *Charoulière (La)* (Saint-André-sur-Sèvre).
Charussère (La). *Charussière (La).*
Charusson. *Chalusson.*
Charveios ; Charvoos. *Cherveux.*
Chasgnesle. *Chaignelle (La).*
Chasgnolet. *Chagnollet.*
Chasiachum. *Chizé.*
Chaslom (Parc). *Chalon (Parc-).*
Chaslonnière (La Petite). *Chalonnière (La)* (Exireuil).
Chaslot (Parc). *Chalon (Parc-).*
- Chaslou. *Chaloue.*
Chasmyer. *Chamier.*
Chasnay ; Chasnay le Vieil. *Chanay.*
Chassagne (La). *Chassaigne (La).*
Chassays. *Chassée (La)* (Les Aubiers).
Chasseigne (La). *Chassaigne (La).*
Chasseignoles. *Chassignoles.*
Chassères. *Chasserat* (Cirière).
Chasseries (Les). *Échasserie (L').*
Chasson. *Chachon.*
Chastcancuf. *Châteauneuf* (Vitré).
Chasteatizon. *Château-Tizon.*
Chasteau (Le Petit). *Château (Le Petit-)* (Béceleuf).
Chasteaubourdin. *Château-Bourdin.*
Chasteau Gaillard. *Gaillard.*
Chasteau Gaillard. *Château-Gaillard* (Nanteuil).
Chasteaujon. *Châteaujon.*
Chasteauneuf en Gastine ; Chasteauneuf en Thouargois. *Châteauneuf* (Largeasse).
Chasteautizon. *Château-Tizon.*
Chasteignoroie (La). *Châtaignoraye (La).*
Chasteillon. *Châtillon* (Boussais).
Chasteler (Le). *Châtellier (Le).*
Chastelers (Les). *Châtellier (Le)* (Mauzé-sur-le-Mignon).
Chastelers (Les). *Châteliers (Les)* (Fontperron).
Chastelier Montbault (Le). *Châtelier (Le)* (Sanzay).
Chasteliers (Les). *Châteliers (Les)* (Fontperron).
Chastellier (Le). *Châtellier (Le)* (Cirière).
Chastellers (Les). *Châtelier (Le)* (Noireterre).

Chasteliers (Les). *Châteliers (Les)* (Fontperron).
Chastellers (Les). *Châtelliers (Les)* (Vienney).
Chastellet (Le). *Châtelet (Le)* (Louzy).
Chastellier (Le). *Châtellier (Le).*
Chastellier au Roux (Le). *Châtellier (Le)* (Noireterre).
Chastellier-Pairé (Le). *Pairé (La Pérate).*
Chastelliers (Les). *Châtelliers (Les).*
Chastelliers (Les). *Châtellier (Le)* (Fenioux).
Chastelliers (Les). *Châtellier (Le)* (La Ferrière).
Chastenay. *Châtenay* (Saint-Aubin-le-Cloud).
Chastenay (Le). *Herpinière (L')* (L'Enclave).
Chastenet le Rond. *Châtenet* (Saint-Vincent-de-la-Châtre).
Chasteney (Le). *Chatenay* (Saint-Léger-lez-Melle).
Chastengeraye (La). *Châtaigneraie (La)* (Saint-Amand).
Chastillon (La Mothe de). *Châtillon* (Boussais).
Chastinlieu. *Châtinlieu.*
Chastonnet. *Châtonnet.*
Chastre (La). *Châtre (La)* (Vasles).
Chastre. *Saint-Vincent-de-la-Châtre.*
Chataudérie (La). *Châtaudrie (La).*
Chateabordin. *Château-Bourdin.*
Chateau Daitz. *Chataudet.*
Château de Salbart. *Salbart.*
Châteaugaillard. *Château-Gaillard.* (Saint-Jouin-sous-Châtillon).
Château-Germain. *Germain.*
Châteauroy. *Château-Rouet.*
Château Salbart. *Salbart.*
Chateautison. *Château-Tizon.*
Châteignier (Le). *Châtaigner (Le)* (Combrand).
Châtillon. *Châtillon-sur-Thoud.*
Châtelier-Berlo (Le). *Châtellier (Le)* (Chambroutet).
Châteliers (Les). *Châtelier (Le)* (Clussais).
Châtellier Montbault (Le). *Châtellier (Le)* (Sanzay).
Châtelliers (Les Petits). *Châtelliers (Les)* (Chantecorps).
Châtelliers (Les Grands). *Châtellier (Le Grand)* (Périgné).
Châtelliers (Les Petits). *Châtelliers (Les)* (Saint-Éanne).
Châtelliers (Les). *Châtelier (Le)* (Secondigny).
Châtillon en Parthenay. *Châtillon-sur-Thoué.*

Chatinslieu. *Châtinlieu.*
Chatmer. *Chamier.*
Chatonet. *Châtonnet.*
Chatoygueroye (La). *Châtaignoraye (La)* (Secondigny).
Châtre (La). *Saint-Vincent-de-la-Châtre.*
Chatreles. *Chatreuil.*
Chatressac. *Châtresac.*
Chatte (La). *Treslebourg.*
Chaubroignia. *Échaubrognes (Les).*
Chauceroc. *Chausseraie.*
Chauceroe. *Chausseroie.*
Chauceroia ; Chauceroie. *Chausseraie.*
Chauceroie. *Chausseroie.*
Chauceroye. *Chausseraie.*
Chauceroye. *Chausseroie.*
Chauchenière (La). *Chaussinière (La).*
Chauffours. *Chauffour* (Saint-Christophe).
Chaufour. *Chauffour* (Douillé-Saint-Paul).
Chaulerie (La). *Cholerie (La).*
Chaume (La). *Chaume-de-Mont (La).*
Chaume du Château (La). *Chaume-à-Peltier (La).*
Chaumelière (La). *Chaumitière (La).*
Chaumenière (La). *Chaumière (La).*
Chaumes (Les). *Chaumes de Malassis (Les).*
Chaumes (Les). *Chaume (La)* (Messé).
Chaumes (Les). *Chaume (La)* (Prahecq).
Chaumière (La). *Chaumitière (La).*
Chaupetières (Les). *Chaufetières (Les).*
Chaurai ; Chaurais ; Chauresium ; Chaurraium ; Chaurray. *Chauray.*
Chausmes (Les). *Chaume (La)* (Fayel'Abbesse).
Chausmes (Les). *Chaumes (Les)* (Boismé).
Chaussea (La). *Chaussée (La)* (Gourgé).
Chaussée (La). *Chaussée-Faubert (La).*
Chausseraye ; Chausserû ; Chausseroie. *Chausseraie.*
Chausseray. *Chausseroie.*
Chausseroye ; Chausse Roye. *Chausseraie.*
Chausse Roye ; Chausseroys. *Chausseroie.*
Chauvelère (La). *Chauvelière (La).*
Chauvelière (La Grand). *Chauvelière (La)* (Saint-Lin).
Chauvellière (La). *Chauvelière (La)* (Moulins).
Chauvère (La). *Chauvière (La)* (Vernou-en-Gâtine).
Chauverye (La). *Chauverie (La).*
Chauvière (La). *Chauvière-Rochère (La).*
Chauvières (Les). *Chauvière (La)* (Vernou-en-Gâtine).

TABLE DES FORMES ANCIENNES.

Chauvignière (La). *Chauvinière (La)* (Xaintray).
Chauvinère (La). *Chauvinière (La)*.
Chauvinière (La). *Chauvelière (La)* (Neuvy-Bouin).
Chauvries (Les). *Chauverie (La)*.
Chauvynère (La). *Chauvinière (La)*.
Chauvynière (La). *Chauvinière (La)* (Xaintray).
Chavacone. *Chef-Boutonne*.
Chavaigné. *Chavagné*.
Chavaignerie (La). *Chavagnerie (La)*.
Chavan ; Chavanz. *Chavant*.
Chavegnies. *Chavagné*.
Chaveigné ; Chavennes ; Chavigné. *Chavigny*.
Chavonère (La). *Chaonnière (La)*.
Chavron. *Champ-Rond*.
Chazoiz. *Chazay*.
Cheboutonne. *Chef-Boutonne*.
Chebrelle. *Chevrelle (La)*.
Chochavila. *Chicheville* (Saint-Paul-en-Gâtine).
Chechiacus. *Chiché*.
Cheftonne ; Chefvoutonne. *Chef-Boutonne*.
Cheillas (Le). *Chillas (Le)*.
Cheix ; Cheiz. *Chey*.
Chel ; Cholis ; Chelium. *Chail*.
Chem. *Chizé*.
Chemelier. *Chamelier (Le)*.
Chemollière (La). *Chemillière (La)*.
Chemignardière (La). *Chamillardière (La)*.
Chemillère (La). *Chemillière (La)*.
Chemin aux Marchans. *Chemin-des-Marchands*.
Chemin Chastellain. *Chemin-Châtelain*.
Chenais. *Chenay* (Mairé-l'Évescault).
Chenayum. *Chenay*.
Chêne. *Chennes*.
Chêne (Le). *Chaine (La)* (Bessines).
Chenelières (Les). *Chagnelière (La)*.
Chêne-Pain. *Chaignepain*.
Chenerye (La). *Chênerie (La)*.
Chenet. *Chenay* (Mairé-l'Évescault).
Chenettes. *Chenettes (Les)*.
Chenez. *Chêne (Le)* (Nueil-sous-les-Aubiers).
Chenis. *Chêne (Le)* (Bagneux).
Chenis (Terra de). *Chennes*.
Chenmort. *Chienmort*.
Chenno. *Chennes*.
Chennelières (Les). *Chenelière (La)* (La Pérate).
Chenpau. *Champeaux*.
Chenpdenier. *Champdenier*.
Chenstra (La). *Cheintre (La)*.
Chenultière (La). *Chenouillière (La)*.
Chenuly. *Chenully*.
Cheptière (La). *Chebetière (La)*.

Cherchaicum. *Cerzay*.
Cherconnay. *Charconnay*.
Cherpantrie (La). *Charpenterie (La)* (Lamairé).
Cherpières (Les). *Charpières (Les)*.
Cherpinière (La). *Chapellerie (La)*.
Chersay. *Charzé*.
Cherveaux ; Cherveios. *Cherveux*.
Chervelière (La). *Chervelières (Les)*.
Cherveos ; Cherveox ; Chervous. *Cherveux*.
Cherveux le Viel. *Cherveux-le-Vieux*.
Chervex ; Cherviex ; Chervio ; Chervios ; Cherviox ; Chervix ; Chervox. *Cherveux*.
Cherzay. *Charzé*.
Chesdeau. *Épine (L')* (Chey).
Chesec ; Chosecum ; Chesiacum. *Chizé*.
Chesnaye (La). *Chenaye (La)* (Fressine).
Chesne (Le). *Chennes*.
Chesne (Le Petit). *Chêne (Le Petit)*.
Chesoz. *Chizon*.
Chesse (La). *Chaise (La)* (Germond).
Chevalerie (La) ; Chevalerye (la) ; Chevallerie (la) ; Chevallerye (la). *Chevallerie (La)*.
Chevallière (La). *Chevelleris (La)*.
Chevay. *Chevais*.
Cheveras. *Cherveux*.
Cheverie (La). *Chevric (La)* (Boussais).
Chevetonne ; Chevotonne ; Chevotonum ; Chevoutonne. *Chef-Boutonne*.
Chovreoux. *Cherveux*.
Chevres. *Chevrie (La)* (Saint-Varent).
Chevrochière (La). *Chevrochère (La)*.
Chevrote (La). *Chevrotte (La)*.
Chez-Ballon. *Chez-Ballan*.
Chez-Boucher. *Chez-Bouchet*.
Chez-Carteau. *Chez-Cothereau*.
Chez-Carteau. *Chez-Quartaut*.
Chez-de-Ville. *Chéteville*.
Chèze (La). *Chaise (La)*.
Chèzes (Les). *Chaises (Les)*.
Chez-Febvrier. *Chez-Février*.
Chez-Genti. *Chez-Gentil*.
Chez-Jarrige. *Jarriges (Les)*.
Chez-la-More. *More (La)*.
Chez-les-Marlonges. *Merlonges (Les)*.
Chez-Perçan. *Chez-Parçon*.
Chez-Piolet. *Piollet (Le)*.
Chez-Portes. *Merlonges (Les)*.
Chicé ; Chicheacum ; Chicheium. *Chiché*.
Chichin. *Six-Chiens*.
Chiechien. *Chichein*.
Chiefvetonno ; Chiefvroultpnno. *Chef-Boutonne*.
Chieloup. *Chiloup*.
Chièvre Penduc. *Humeaux (Les Deux)*.

Chilhum. *Chillou (Le)*.
Chillau (Le) ; Chillea. *Chilleau (Le)* (Vasles).
Chilleou (Le). *Chillou (Le)*.
Chillou (Le). *Chaillou (Le)* (Chey).
Chillou (La). *Chilleau (Le)* (Vasles).
Chillou des Bois (Le). *Chillou (Le)*.
Chilloua (Le) ; Chillouax (le) ; Chillouays (le). *Chillois (Le)*.
Chilloup. *Chiloup* (La Chapelle-Bâton).
Chilloyes. *Chillas (Le)*.
Chillum. *Chillou (Le)*.
Chillum. *Chilleau (Le)* (Vasles).
Chiloup. *Chillou (Le)* (Traye).
Chilvais (Le). *Chillois (Le)*.
Chimacrière (La). *Chamacrière (La)*.
Chimbaudière (La). *Archambaudière (L')*.
Chinniacus. *Chizé*.
Chiron (Le). *Tour-du-Chiron (La)*.
Chiron d'Estivault (Le). *Chiron (Le)* (Voultegon).
Chiron Gerehoure (Le). *Chiron (Le)* (Nueil sous-les-Aubiers).
Chiron-Moreau. *Chiron (Le)* (Ardin).
Chiron Raguedeau (Le) ; Chirons Raguidea (les). *Chiron (Le)* (Coulonges-Thouarsais).
Chironnail (Le). *Chironnail (Le)*.
Chisay ; Chisé ; Chisec ; Chisech ; Chisek ; Chisesgium ; Chiset ; Chisey ; Chisiacum ; Chisiacus ; Chisic ; Chisicus ; Chisié ; Chissec ; Chizay ; Chizec ; Chiziacus. *Chizé*.
Choatère (La). *Chouattières (Les)*.
Chocaroia. *Chausseraie*.
Choceroe. *Chausseroie*.
Choeron (Le). *Touveron (Le)*.
Cholletère (La); Chollotière (La). *Choltière (La)*.
Chollonnyère (La). *Cholonière (La)*.
Chonanchère (La). *Chemanchère (La)*.
Chopes. *Choupe*.
Chopetière (La). *Chebetière (La)*.
Choppinière (La). *Chopinière (La)* (Pierrefitte).
Choppinière (La). *Clopinière (La)* (Luché-Thouarsais).
Chorcez. *Chource*.
Chorray. *Chauray*.
Chospes. *Choupe*.
Choumeau. *Chaumeau (Le)*.
Chouppes. *Choupe*.
Chource. *Sourches*.
Chours. *Chour*.
Chourses. *Chource*.
Choussière (La). *Choisière (La)*.
Choux Sauvant. *Chaussauvent*.
Christianeria. *Crétinière (La)* (Saint-Paul-en-Gâtine).

316 TABLE DES FORMES ANCIENNES.

Chupins (Les). *Chez-Chupin.*
Chyron (Le). *Tour-du-Chiron (La).*
Chyron Perdria (Le). *Chiron (Le)* (Cerizay).
Cibaudère (La) . *Cibaudière (La)* (Exoudun).
Cicaudière (La). *Sicaudière (La).*
Ciconia. *Cigogne (La).*
Ciec. *Sciecq.*
Cierce. *Circé.*
Ciet. *Sciecq.*
Cigoigne (La). *Cigogne (La).*
Cillé. *Scillé.*
Cinpère (La). *Cimpère (La).*
Cinq-Borderies (Les). *Ménardière (La)* (Luché-Thouarsais).
Cinteraium. *Xaintray.*
Cintière (La). *Saintière (La).*
Cintrai ; Cintrais ; Cintray ; Cintrayum ; Cintreyum. *Xaintray.*
Ciraudière (La). *Siraudière (La).*
Ciré. *Ciry.*
Cirères. *Cirière.*
Cirsiacum. *Cerzé.*
Cisceh. *Chizé.*
Civrau. *Civreau.*
Clairia. *Clairias.*
Clairière (La). *Clérelle (La)*
Clarens. *Clairin.*
Claud (Le). *Claudy (Le).*
Clauday. *Clodis (Le).*
Clausus. *Clos (Le).*
Clavaud. *Claveau* (Combrand).
Clavea ; Claveaux. *Claveau* (Clavé).
Clavelière (La). *Clavellière (La).*
Clavelle (Basse). *Claveau* (Sainte-Pezenne).
Clavellerie (La). *Chevellerie (La).*
Clavières. *Clavé.*
Claysset. *Clessé.*
Clazais. *Clazay.*
Clémanchère (La). *Clémenchère (La)* (Allonne).
Cleraye. *Clairé.*
Cler-Buisson (Le). *Clair-Buisson (Le)*
Clergerie (La). *Clairgerie (La).*
Clergerye (La). *Clergerie (La).*
Clérin. *Clairin.*
Clessay. *Clessé.*
Cleuzy (Le). *Claudis (Le).*
Clièle (La). *Clielle (La)* (Frontenay).
Clipson ; *Clisonius. Clisson* (Boismé).
Cloadium. *Clossay.*
Clocayum ; Clochaium ; *Clociachum ;* Clociacum. *Clussais.*
Cloppinère (La). *Clopinière (La)* (Luché-Thouarsais).
Closdiz (Le). *Clodis (Le).*
Clossais. *Clossay.*
Clossayum. *Clussais.*
Clos vicecomitis. *Clos-du-Vicomte (Le).*

Clothai ; Clothaium ; Clotiacum. *Clussais.*
Clouc-Millon (Le). *Clos-Millon (Le).*
Cloudy (Le). *Cloudis (Le).*
Cloudy (Le). *Clodis (Le).*
Cloudy Bousreau (Le) ; Cloudys Bourreau (le). *Clouzy (Le)* (Lezay).
Clousdys (Le). *Rouvre.*
Clousea (Le). *Cluseau (Le).*
Clouseaux (Les). *Clouzeau (Le)* (Vançais).
Clousy (Le). *Clouzy (Le)* (La Ronde).
Clouzeau (Le). *Cluseau (Le).*
Clouzy (Le). *Claudis (Le).*
Cluseau (Le). *Clouzeau (Le)* (Vançais).
Clussay. *Clussais.*
Cluzeau (Le). *Cluseau (Le).*
Cobcheium. *Souché.*
Cocardère (La) ; Cocartière (La). *Mortagne.*
Codra. *Coudre (La)* (Parthenay).
Codrai (Le); Codray en Poitou (le) ; Codreium. *Coudray-Salbart (Le).*
Codroella. *Coudrelle (La).*
Codroy (Le). *Coudrais (Le)* (Louin).
Codunium. *Exoudun.*
Cognonnère (La) ; Cognonnière (la) ; Cognougnère (la). *Cononière (La).*
Cogulois. *Goguelais.*
Cohanna (Grossa) ; Coigna. *Coigne.*
Coignonnère (La). *Cononière (La).*
Coillart. *Couillard.*
Coinderie (La). *Coindrie (La).*
Coizière (La). *Coistère (La).*
Coldra. *Coudre (La).*
Colongiæ. *Coulonges-Thouarsais.*
Colletière (La). *Coltière (La).*
Collinère (La). *Collinière (La).*
Collonges Thoarçoises ; Collumgæ. *Coulonges-Thouarsais.*
Colnagum ; Colniacum ; Colniacus. *Caunay.*
Colomps. *Coulon.*
Colongæ. *Coulonges-sur-l'Autise.*
Colonges Toarsoyses. *Coulonges-Thouarsais.*
Colongia. *Coulon.*
Colongia. *Coulonges-sur-l'Autise.*
Colongiæ. *Coulon.*
Colongium. *Coulonges-sur-l'Autise.*
Colonia. *Coulonge.*
Coloniæ ; Colonna ; Colons ; Colonus. *Coulon.*
Coloysère (La). *Coulaisière (La).*
Coltière (La). *Collet ière (La).*
Colturetas. *Couturette.*
Columber (La). *Colombier (Le)* (Saint-Germain).
Colunges ; Colungia ; Colungiæ. *Coulonges-Thouarsais.*
Coluns. *Coulon.*

Combaudères (Les). *Combaudières (Les).*
Combaudière (La) . *Cambaudières (Les).*
Combauldières (Les) . *Combaudières (Les).*
Combe (La). *Combes (Les)* (Paizay-le-Tort).
Combelle (La). *Chambelle.*
Comberay ; Comberé. *Combré.*
Combes-Tredoux en Azay (Les). *Combe (La)* (Azay-sur-Thoué).
Combran ; Combren ; Combrennium. *Combrand.*
Compairé ; Compayré. *Compéré.*
Comportatum. *Comporté.*
Couai ; Conaicum. *Caunay.*
Conais. *Caunay* (La Couarde).
Conay ; Conayum. *Caunay.*
Conbault (Le). *Combault (Le).*
Conciacus. *Conzay.*
Condogerie (La). *Condaugerie (La).*
Coniacum ; Counay. *Caunay.*
Connilière (La). *Cornilière (La).*
Connonière (La). *Cononière (La).*
Conollium. *Bonneuil* (Sainte-Soline).
Conpidenarium. *Champdeniers.*
Consay. *Conzay.*
Constantinère (La) . *Constantinière (La).*
Contaut. *Coutant.*
Contrie (La). *Cointrie (La).*
Convol. *Bonneuil* (Sainte-Soline).
Conzai ; Conzaium. *Conzay.*
Coppox (Château de). *Mottes (Les).*
Coquardère (La). *Mortagne.*
Coquetière (La). *Cacquetière (La)*
Corbellière (La). *Corbetière (La).*
Corbenacus. *Courbanoy.*
Corberive. *Courberive.*
Corbinère (La). *Corbinière (La).*
Coreayum. *Coursay.*
Corchardières (Les). *Échardière (L').*
Corde (La). *Bouzon.*
Cordinères (La). *Cordinière (La).*
Corgniou (Le) ; Corgnou. *Corniou.*
Corlaère (La). *Courlaire (La).*
Corlé. *Courlay.*
Corleere (La). *Courlaire (La).*
Corleu. *Courlu.*
Corllé. *Courlay.*
Cormenarium ; Cormener (le) ; Cormenerium ; Cormer ; Cormerium. *Cormenier (Le).*
Cormelle. *Cornuette.*
Cornay ; Corné. *Cornet.*
Cornoille (La). *Cornuère (La).*
Cornullière (La). *Cornelière (La).*
Corolaye (La). *Crolaye (La).*
Corraut. *Courault (Le).*
Cors. *Cours.*

TABLE DES FORMES ANCIENNES. 317

Corinium. *Courteil (Le)*.
Cortinère (La). *Courtinière (La)*.
Cosdra. *Coudre (La)*.
Cosdray Salbart (Le) ; Cosdrayum. *Salbart.*
Cosdrée (La). *Coudrée (La)*.
Cosdroy (Le). *Coudrais (Le)* (Chanteloup).
Cosnai. *Caunay.*
Cossonnière (La). *Cossonnerie (La)*.
Costans. *Coutant.*
Coste (La). *Côte (La)*.
Costères ; Costerixe. *Coutières.*
Costes (Les). *Côtes (Les)*.
Costura. *Couture (La)* (Aigonnay).
Costura. *Couture-d'Argenson.*
Costure (La). *Couture (La)*.
Côtés (Les). *Côté (Le)*.
Cothinère (La). *Cotinière (La)* (Nanteuil).
Couarde (La). *Faugeré.*
Couberterie (La). *Combertières (Les).*
Coudraie-Noyère (La). *Coudrais-Noyers (La)*.
Coudray Lo). *Coudrais (Le)*.
Coudray-Berlot (Le). *Coudrais (Le)* (Étusson).
Coudray de la Barre (Le). *Coudrais (Le)* (Saint-Léger-lez-Melle).
Coudraye (La). *Coudray (Le)* (Coulonges-Thouarsais).
Coudrays (Le) ; Coudray Salbart ; Coudray Salcbert ; Coudray Sallebart (le). *Salbart.*
Coudré-Chauvam (Le) ; Coudré-Chauvyn (le). *Coudré (Le)* (Pamprou).
Coudré-Dangireau (Le) ; Coudré de la Ripaille (le). *Coudré (Le)* (Nanteuil).
Coudré de l'Épine (Le). *Coudré (Le)* (Rom).
Coudretz de Faye (Le); Coudré des Fayes (le). *Coudré (Le)* (Saint-Éanne).
Couharde (La). *Couarde (La)*.
Couhé (Le Petit-). *Boissec* (Exoudun).
Couigne (Grosse et Petite). *Coigne.*
Coulaizières (Les). *Coulaisière (La)*.
Coulaudière (La). *Claudière (La)*.
Couldray (Le). *Coudrais (Le)*.
Couldray (Le). *Coudray-Salbart (Le)*.
Couldray-Chauvin (Le). *Coudré (Le)* (Pamprou).
Couldray de la Rippalle (Le). *Coudré (Le)* (Nanteuil).
Couldray Salbert ; Couldray Salebart (le). *Salbart.*
Couldraye (La). *Bagneux.*
Couldrays (Le). *Coudray (Le)* (Coulonges-Thouarsais).
Couldré (Le). *Coudré (Le)* (Nanteuil).
Couldre (La). *Coudre (La)* (Coulonges-Thouarsais).

Couldré de Faye (Le). *Coudré (Le)* (Saint-Éanne).
Coullaisières (Les) ; Coulloizières (Les). *Coulaisières (Les).*
Coullombier (Le). *Colombier (Le)*.
Coullombiers. *Colombier (Le)* (Le Tallud).
Coullon. *Coulon.*
Coullonges les Réaulx. *Coulonges-les-Royaux.*
Coullons. *Coulon.*
Coulloys. *Écoulois.*
Couloigne. *Culoigne.*
Couloizère (La). *Coulaisière (La)*.
Coulomber (Le). *Colombier (Le)* (Saint-Porchaire).
Coulombier (Le). *Colombier (Le)*.
Coulonges en païs de Thouarçoys ; Coulonges le Thouarçois ; Coulonges Thouarçoises ; Coulonges Touarsayses. *Coulonges-Thouarsais.*
Coulonges los Réaux ; Coulonges les Royaulx. *Coulonges-les-Royaux.*
Coulonges -lez- Thouará. *Coulonges-Thouarsais.*
Coulons. *Coulon.*
Coultures d'Argenson. *Couture-d'Argenson.*
Counay. *Caunay.*
Coup (Le). *Coût (Le)* (Largeasse).
Coupignee. *Coupigny.*
Couportige. *Coubortige.*
Coups (Les). *Coûts (Les)* (Saint-Aubin-le-Clou).
Cour (La). *Cour-de-Terland (La)*.
Courançay. *Couransay.*
Couraus. *Courault (Le)*.
Couraz ; Couraz. *Couras.*
Courbanaye. *Courbanay.*
Courbaudry (La). *Courbaudière (La)*.
Courbrive. *Courbrive.*
Cour de Breilbon (La). *Cour (La)* (Germond).
Cour de Maigné (La). *Cour-de-Magné (La)*.
Cour de la Seinboire (La). *Cour (La)* (La Chapelle-Largeau).
Cour de Vasles (La). *Cour (La)* (Vasles).
Cour de Vôché (La). *Cour (La)* (Boesse).
Coureau. *Courault (Le)*.
Coureil devant. *Courdevant.*
Courgee ; Courget. *Courgé.*
Courgniou. *Turbe (La)*.
Courjauderie (La). *Courjoderie (La)*.
Courjé. *Courgé.*
Courlaye ; Courlé. *Courlay.*
Courleu. *Courlu.*
Courlydevant. *Courdevant.*
Cournaudière (La). *Quernodière (La)*.
Cournaulière (La). *Cournolière (La)*.

Courneau. *Courneaux (Les)*.
Courollaye (La). *Courollée (La)*.
Courollaye (La). *Crolaye (La)*.
Courpière (La). *Croupière (La)*.
Courpigny. *Coupigny.*
Courtais (Le). *Courteil (Le)*.
Court d'Augé (La). *Cour-d'Augé (La)*.
Court d'Exnudun (La). *Sauvagère (La)*.
Court de Magné (La). *Cour-de-Magné (La)*.
Court de Saevre (La). *Cour-de-Saivre (La)*.
Courteil Brunet (Le). *Courteil (Le)*.
Courteil Brunet (Le). *Saumon.*
Courteuil (Le). *Courteil (Le)*.
Courtille. *Courtil (Le)*.
Courtiou (Le). *Courtiou-de-Courgé (Le)*.
Courtiou-Boulhier (Le). *Courtiou-Boutier (Le)*.
Courtiou-Garriau (Le). *Courtiou-Jarrius (Le)*.
Courtiou Moreau (Le). *Geay* (Souvigné).
Courtiou près le boys Pincau (Le). *Courtiou de Bois-Pineau (Le)*.
Cous. *Coût (Le)* (Saint-Amand).
Couschec. *Cauché* (Nanteuil).
Cousday (Le). *Couday (Le)*.
Cousdray (Le). *Coudrais (Le)* (Louin).
Cousdre (La). *Coudre (La)*.
Cousdrelle (La). *Coudrelle (La)*.
Cousdrey de la Ripaille (Le). *Coudré (Le)* (Nanteuil).
Coussay ; Coussay (Le Petit). *Coussaye (La)* (Saint-Germier).
Cousséa (La). *Coussays (La)* (Saint-Georges-de-Noisné).
Coussorignac. *Salignac.*
Coust (Le). *Coût (Le)*.
Coust (Le). *Cellier (Le)*.
Coustans. *Coutant.*
Coustard ; Coustart. *Coutard.*
Coustault (Le) ; Coustaulx (les). *Coteau (Le)*.
Coustaulx (Les). *Coutault (Le)*.
Coustaulx (Les). *Coutaux (Les)*.
Couste (La). *Côte (La)*.
Couste Pellée. *Côte-Pelée (La)*.
Coustères. *Coutières.*
Coustes (Les). *Côtes (Les)*.
Couslière ; Coustiers. *Coutières.*
Coustollet (Le). *Côtelet (Le)*.
Cousis (Les). *Cellier (Le)*.
Cousture (La). *Coutura (La)*.
Cousture. *Couture-d'Argenson.*
Cousture (La Petite). *Couture (La)* (Saivre).
Coutancière (La). *Cotancière (La)*.
Coutantière (La). *Coutancière (La)*.
Coutault (Ler). *Coutaux (Les)*.

TABLE DES FORMES ANCIENNES.

Couteau-Richer. *Coteau-Richer (Le)*.
Coutinère (La). *Cotinière (La)* (Azay-le-Brûlé).
Couts (Les). *Coût (Le)* (Pompaire).
Couts (Les). *Coût (Le)* (La Pérate).
Couture en Aiffres (La). *Couture (La)* (Aiffres).
Coutures. *Couture-d'Argenson*.
Couvent. *Convan*.
Coux. *Cours*.
Coux (Le). *Coût (Le)* (Saint-Amand).
Coux (Les). *Coût (Le)* (La Pérate).
Couzinière (La). *Cousinière (La)* (Cours).
Coyderie (La). *Coindrie (L...*.
Coyne. *Coigne*.
Cozay. *Coussaye (La)* (Saint-Germier).
Craignères (Les). *Crânières (Les)*.
Crailienyère (La). *Crétinière (La)*.
Cras (Les). *Gas (Le)*.
Crasgnères (Les). *Crânières (Les)*.
Craspé. *Crêpé*.
Cravent. *Crévant*.
Cravoys (Les). *Écravoy*.
Crazerix. *Crezières*.
Crecesté. *Crezesse*.
Cremilhes. *Cremille* (Saint-Loup).
Cremillas. *Cremille* (Sainte-Radegonde).
Cremilles. *Boissec* (Exoudun).
Cremilles ; *Cremillez*. *Cremille*.
Crenuère (La). *Crénière (La)*.
Crepec ; *Crepet*. *Crépé*.
Cresères ; *Crésière*. *Crezières*.
Crespé ; *Crépé*.
Crespelle (La). *Crêpelle (La)*.
Crespellière (La). *Crépellière (La)*.
Crespinière (La). *Crépinière (La)*.
Creuze (La). *Creuse (La)*.
Creuze (La Grand). *Creuse (La)* (Brelou).
Creuze de Brelou (La) ; Creuse en Saint-Carlais (la). *Creuse (La)* (Brelou).
Crevent. *Crévant*.
Crezesses. *Crezesse*.
Crezezia. *Crèle*.
Crissé. *Cressé*.
Crochela ; Croci (Domus de). *Crèche (La)*.
Croisee. *Croizette (La)*.
Croisic. *Croisé* (Sainte-Pezenne).
Croir (La). *Croix-Lucet (La)*.
Croix au Fourestier (La). *Croix-Fourestier (La)*.
Croix Baret (La). *Croix (La)* (Sainte-Néomaye).
Croix-de-Biart (La). *Biard (Le Pont)* (Louin).
Croix de Lorraine (La). *Salle (La)* (Coulonges-Thouarsais).
Croix-Lussay. (La) *Lusay* (Bouillé-Loretz).

Croix-Nallin (La) ; Croix-Naslin (la). *Croix-Nalin (La)*.
Croix (La). *Croix (La)* (Exoudun).
Croixé. *Croisé*.
Crollaye (La). *Crolaye (La)*.
Crolou. *Croloux*.
Croslay (La). *Crolaye (La)*.
Crotte (La). *Grotte (La)*.
Croulaye (La). *Crolaye (La)*.
Crousson (Le) ; Croyson. *Crouzon*.
Croyssonnère (La). *Cressonnière (La)*.
Crozillère (La). *Crouzelière (La)*.
Crubtella. *Croûtelle*.
Crussich. *Cressé*.
Crux monachorum. *Croix-des-Pèlerins (La)*.
Croyon. *Créon*.
Cruzolière (La). *Crouselière (La)*.
Cryon. *Créon*.
Cuçon. *Étusson*.
Cudrelle (La). *Coudrelle (La)*.
Cueille de Saint-Maixent (La). *Cueille-Poitevine (La)*.
Cuiller ; Cullor ; Cullés. *Culié*.
Culma. *Chaume (La)* (Caunay).
Culnagum ; Culnia ; Culniacum. *Caunay*.
Culq (Le). *Cul (Le)*.
Cultura. *Couture (La)* (Snivre).
Culturas (Villa ad). *Couture-d'Argenson*.
Cunoliense (Coenobium). *Bonneuil* (Sainte-Soline).
Cunsayum. *Conzay*.
Cunvol. *Bonneuil* (Sainte-Soline).
Cupelé ; Cupellé. *Cupié*.
Curbenacus. *Courbanay*.
Curciacum. *Coursay*.
Curia de Augeyo. *Cour-d'Augé (La)*.
Curleyum. *Courlay*.
Currentia. *Couransay*.
Cursay. *Coursay*.
Curtis de Terniaco. *Cour (La)* (Azay-le-Brûlé).
Custodia. *Garde (La)*.
Cybaudière (La). *Cibaudière (La)* (Exoudun).
Cyconia. *Cigogne (La)*.
Cyntrai. *Xaintray*.
Cyreuil. *Exireuil*.
Cyrières. *Cirière*.
Cyron. *Ciron (Le)*.
Cyrondre (La) ; Cyronnière (La). *Cironnière (La)*.
Cyvreau. *Civreau*.

D

Daillon. *Dillon*.
Dambrunière (La) *Dambinière (La)*.

Damoisan. *Domazan*.
Dandelerie (La). *Dandellerie (La)*.
Daune-la-Franche. *Bellotière (La)*.
Daroterie (La). *Charloterie (La)* (Saint-Maxire).
Daruiz. *Hervis*.
Daubeugnou. *Beugnon (Le)*.
Davied. *Davier*.
Davières (Les). *Davière (La)*.
Daviette. *Davier*.
Davyère (La Petite). *Davière (La)* (Mazières-en-Gâtine).
Davyet. *Davier*.
Dayllon. *Dillon*.
Day-Rançon. *Deyrançon*.
Défand (Le). *Deffand (Le)*.
Défeind (Le). *Défand (Le)*.
Deffans (Les). *Deffand (Le)*.
Deffant (Le). *Deffent (Le)*.
Deffends (Les). *Motte-des-Deffands (La)*.
Deffens (Le). *Deffand (Le)*.
Deffens (Le). *Deffent (Le)*.
Deffens (Les). *Deffand (Le)*.
Deffunt (Le).*Deffand (Le)* (Le Vanneau).
Defoys (Les). *Audefois*.
Dohors. *Douhault*.
Deillon. *Dillon*.
Delinières (Les). *Delinière (La)*.
Dômé. *Daymé*.
Denelière (La). *Dénelière (La)*.
Denezai. *Denezay*.
Denisière (La). *Denizière (La)*.
Dennazunh *Domazan*.
Dens (La) ; Dent (la). *(Ladent)*.
Desmicio (La). *Dimerie (La)*.
Desmorandières (Les). *Mourandière (La)*.
Dessars. *Sart*.
Deux-Hameaux (Les). *Hameaux (Les)*.
Dexmé. *Dimé*.
Dexmerie (La). *Dimerie (La)* (Exireuil).
Dey Ranrou. *Deyrançon*.
Dhoue (La). *Douve (La)* (Lezay).
Diley. *Dilay*.
Dillono. *Dillon*.
Diobeuil (Le). *Guiaubau*.
Dislar ; Dislay. *Dilay*.
Dissiacus. *Dessé*.
Diva. *Dive (La)*.
Diva ; Dives. *Bandouille* (Saint-Martin-de-Mâcon).
Divise (La). *Devise (La)* (Gript).
Dixlay. *Dilay*.
Dixmé. *Dimé*.
Dodinière (La). *Daudinière (La)*.
Doemolinæ ; *Doemolinum*. *Démoulines*.
Doibtz (Le). *Doit (Le)*.
Doignon (Le). *Dognon (Le)*.

TABLE DES FORMES ANCIENNES.

Doigut. *Louin (Le)*.
Doigonnelière(La). *Drigonnelière (La)*.
Doimons. *Daymé*.
Doinardières (Les). *Humeaux (Les Deux-)*.
Domainz ; Domoinæ ; Domonia. *Daunia*
Domus Itorii. *Maisontiers*.
Doncuyl. *Donneuil*.
Donelière (La). *Dénelière (La)*.
Donelière (La). *Donnelière (La)*.
Donnelière (La). *Donnière (La)*.
Donnière (La). *Daunière (La)*.
Dorbelère (La) ; Dorbellio (la) ; Dorbellière (la). *Durbellière (La)*.
Dorbigné. *Orbigny*.
Doreteria. *Dortière (La) (La Ronde)*.
Doretière (La). *Dortière (La)*.
Dorgizière (La). *Dorgisière (La)*.
Dorillé. *Grise (La)*.
Dorinère (La). *Dorinière (La)*.
Dorou. *Douron*.
Dorretère (La). *Dortière (La) (La Ronde)*.
Dortère (La). *Dortière (La)*.
Dos. *Doux*.
Dosdane. *Dos-d'Ane*.
Douces (Les). *Douves (Les)*.
Doué. *Donné*.
Douetlière (La). *Doutière (La)*.
Dougnon (Le). *Doignon (Le) (Saint-Getais)*.
Douhé. *Douet*.
Douhenère (La) ; Doulienyâre (la). *Daunière (La)*.
Douher (rivière). *Ouère (L')*.
Doulcetère (La). *Doucetière (Le)*.
Doulo (Le) ; Doulou (le). *Dôlo (Le)*.
Doulterie (La). *Douilleterie (La)*.
Doulx. *Doux*.
Dourbellière(La). *Durbellière (La)*.
Dousselère (La) ; Doussetière (la). *Doucetière (La)*.
Doux d'asne. *Dos-d'Ane*.
Douz ; Dox. *Doux*.
Doygnons (Les Bois). *Doignon (Le) (Vasles)*.
Doz. *Doux*.
Drac. *Drahé*.
Draudière (La). *Drouère (La)*.
Draye ; Dréhée. *Drahé*.
Draigné. *Durigné*.
Drigonelère (La). *Drigonnelière (La)*.
Drillerie (La). *Deillerie (La)*.
Dronnière (La). *Draunière (La)*.
Drouenère (La). *Dronnière (La)*.
Druile (La). *Dreille (La)*.
Duberie (La) ; Dubrye (La). *Dubrie (La)*.
Duchesne. *Chez-Duchesne*.
Duemoline ; Dumoline. *Démoulines*.

Duracium. *Thouars*.
Durbelière (La). *Durbellière (La)*.
Durip. *Hurit*.
Dussenjus. *Dessanjeux*.
Dye. *Die*.

E

Eaine ; Eane. *Anne*.
Ébaupinais. *Ébauptnaye (L')*.
Ébcaupain. (L') *Ebaupin (L')*.
Échaubrogne. *Échaubrognes(Les)*.
Échaurigué. *Échorigné*.
Échelles (Les). *Magnou (Le) (Lezay)*.
Écherbot. *Écharbot*.
Echireyum. *Échiré*.
Éclusette. *Écluzettes (Les)*.
Écluzeau (L'). *Écluseau (L')*.
Ecolonii (Villa). *Coulonges-sur-l'Autise*.
Edobit *Daubis*.
Effre. *Aiffres*.
Effrez (Les). *Effres (Les)*.
Égonières (Les). *Égondières (Les)*.
Egmi (L'). *Aigrée (L')*.
Eiffrez (Les). *Effres (Les)*.
Eldini (Molinarium). *Tins (La)*.
Eldinus. *Audin*.
Elecoria. *Élusière (L')*.
Elemosinaria *Aumônerie(L')(Prahecq)*.
Elemosinia. *Aumône (L')*.
Émerières (Les). *Émerière (L')*.
Enareiacum. *Narçais*.
Enciener. *Encrué*.
Enciguy. *Ensigné*.
Encrenyer : Encrevé. *Encrué*.
Endrollet. *Androllet*.
Enessio ; Enestio; Enexio. *Saint-Jouin-de-Marne*.
Enfermerye (L'). *Infirmerie (L')*.
Engibault; Engibaut. *Angibeau*.
Engoulevent. *Égoulevent*.
Enguillerie (L'). *Anguillerie (L')*.
Enixio. *Saint-Jouin-de-Marnes*.
Enjoberteria. *Angeberlières (Les)*.
Enjorant. *Enjouran*.
Enjouinière (L'). *Angevinière (L') (Mazières-en-Gâtine)*.
Enuezay. *Denezay*.
Ensaygnee ; Ensigny. *Ensigné*.
Eneionense (Cœnobium). *Saint-Jouin-de-Marnes*.
Enssigné. *Ensigné*.
Euterna. *Entruan*.
Enterrez. *Enterré (Saint-Martin-de-Saint-Maixent)*.
Épagne. *Épanne (Faye-sur-Ardin)*.
Épaillard. *Paillards (Les)*.
Épannes. *Épanne (Faye-sur-Ardin)*.
Épeaudière (Les). *Éponneries (Les)*.
Épcava (L'). *Épave (L')*.

Épéchair (L'). *Épéchère (L')*.
Épiunie (L'). *Épinay (L')*.
Épinay des Rivières (L'). *Épinay (L') (Saint-Porchaire)*.
Épinay-Limousin (L'). *Épinay (L') Vouitegon)*.
Épinée (L'). *Épinay (L')*.
Épiquerelle (L'). *Piquerelles (Les)*.
Épois (Les). *Époix (Les)*.
Époix (L'). *Puy (Le) (Breuil-Chaussée)*.
Eppeigné. *Épigny*.
Equiranda. *Guirande (La)*.
Érable(L'). *Airable (L')*.
Eraudière (L'). *Héraudière (L')*.
Ericho ; Ericium ; Erichun ; Eriçon ; Ericonium ; Ericum ; Eriçun ; Ericzon. *Hérisson*.
Érip. *Aiript*.
Érisson. *Hérisson*.
Erpinière (L'). *Herpinière (L')*.
Ers (L'). *Lers*.
Ervau. *Atrvault*.
Esbaupinaie (L'). *Ébaupinaye (L')*.
Esbeaupin (L'). *Ébaupin (L') (Courlay)*.
Eschaceries (Les). *Échasserie (L')*.
Escharbot sur le Thoué. *Écharbot*.
Eschasserie (L') ; Eschasseries (les). *Échasserie (L')*.
Eschaubrognes ; Eschaubroygne. *Échaubrognes (Les)*.
Eschiré. *Échiré*.
Eschobrogne. *Échaubrognes (Les)*.
Esclopegenest. *Éclope-Genest*.
Esclusetæ ; Esclusotes. *Écluzettes (Les)*.
Escoçai. *Écoussais*.
Escoines. *Écoine*.
Escolays. *Écoulois*.
Escorest. *Écourais*.
Escorchart. *Écorchard*.
Escorcins (Les). *Écorsins (Les)*.
Escoubleau. *Égoubleau*.
Escoulloys. *Écoulois*.
Escouray. *Écourais*.
Escozai ; Esezozy. *Écoussais*.
Escravois. *Écravoy*.
Escunboil. *Écoubleau*.
Escurais. *Écourais*.
Esfre. *Aiffres*.
Esgière (L'). *Aiguière (L')*.
Esglaudière (L'). *Églaudière (L')*.
Esgonnay. *Aigonnay*.
Esgréc. *Aigrée*.
Esguière (L'). *Éguière*.
Esmoultyère (L'). *Limonnière*.
Esnardière (L'). *Lénardière*.
Espaigné. *Épigny*.
Espanes ; Espania ; Espaunes. *Épanne*.
Espeau (L'), *Épaud (L')*.
Espeigné. *Épigny*.
Esperon ; Esperons ; Esperum. *Épron*.

Espervier. *Épervier.*
Espinace ; Espinace (L'). *Espinasse (L').*
Espinay (L') ; Espinaye (l') ; Espinée (l'). *Épinay (L').*
Espoir (L'). *Aspoix (L').*
Esricon. *Hérisson.*
Essact. *Esset.*
Essars (Les). *Essards (Les).*
Essars de la voie Bergeresse (Les) ; Essarts (les). *Essards (Les)* (Villiers-en-Bois).
Essartum. *Essard (L').*
Essept. *Esset.*
Essoudung. *Exoudun.*
Essyrolium. *Exireuil.*
Estambé ; Estanbé. *Étambé.*
Estanchet. *Étanchet (L').*
Estang (L'). *Étang (L').*
Estauraire (l.'). *Étorière (L').*
Esteil (L'). *Éteil (L').*
Estival ; Estivallo. *Vaux (Les)* (Chef-Boutonne).
Estivault ; Estivaux. *Étiveau.*
E, orière (L'). *Étorière (L').*
Estré. *Aintré.*
Estrées ; Estrie. *Étries.*
Estriefs (Les). *Étrés (Les).*
Estrinière (L'). *Tremière (La).*
Estries. *Étries.*
Estriposeau. *Tripozeau.*
Estrys. *Étries.*
Estuchum. *Étusson.*
Estueil (L'). *Éteil (L').*
Étanbé. *Étambé.*
Etang de Glenay (L'). *Étang (L')* (Saint-Varent).
Etaubé. *Étambé.*
Éteuil (L'). *Éteil (L').*
Ethère (L'). *Léther.*
Étrie. *Étries.*
Exars (Les). *Essards (Les)* (Souvigné).
Exchasseries (Les). *Échasserie (L').*
Excopiacus. *Coupigné.*
Exdobit. *Daubis.*
Exionensis locus . *Saint-Jouin-de-Marnes.*
Exirolium. *Exireuil.*
Exodum ; Exodun ; Exodunium ; Exodunum ; Exoldun ; Exoudenium . *Exoudun.*
Expautum. *Épaud (L').*
Expoix (Les). *Époix (Les).*
Exsars (Les). *Essards (Les)* (Souvigné).
Exsoldun ; Exsudunium ; Exuldunensis vicaria ; Exuldunus. *Exoudun.*

F

Fabvrelière (La). *Favrelière (La)* (Saint-Martin-du-Fouilloux).

Fagniou. *Foignioux.*
Faia. *Faye.*
Faia. *Faye (La).*
Faia. *Faye-sur-Ardin.*
Faia ; Faia monachalis Faia (Monjaut.) *Foye-Monjault (La).*
Faigneux ; Faignoux. *Foignioux.*
Faiha villa. *Foye (La).*
Failabesse. *Faye-l'Abbesse.*
Faiola. *Fayolle.*
Faiola. *Fiaule.*
Faiolo. *Fayolle.*
Fairand. *Féron.*
Faiste (La). *Feste (La).*
Faix (Les). *Faix (Le).*
Falorderia. *Fallourdière (La).*
Farinau. *Farineau.*
Fasché. *Fâché.*
Faubertière (La). *Foubertière (La).*
Faucherie (Le). *Foucherie (La)* (Missé).
Faugeray. *Faugiret.*
Faugère. *Faugery.*
Faugère. *Fougère.*
Faugeré. *Faugerit.*
Faugeré. *Faugery.*
Faugeré. *Fougerit.*
Faugères. *Fougère.*
Faugeretz. *Faugiret.*
Faugère Massacré (La). *Fougère (La)* (La Chapelle-Bâton).
Faugères (Les). *Fougères (Les).*
Faugères (Les). *Faugiret.*
Faugères-Clos. *Faugères.*
Faugères Neufves (Les). *Fougères (Les)* (Adilly).
Faugerey (Le). *Faugerais (Les).*
Faugerit. *Faugery.*
Faugerosa . *Saint-Maurice-la-Fougereuse.*
Faugery. *Fougerit.*
Faulgère. *Fougère.*
Faulgère Contantin (La) ; Faulgère Massacré (La). *Fougère (La)* (La Chapelle-Bâton).
Faulgery. *Faugerit.*
Faulgery. *Faugery.*
Faulgiòre. *Fougère.*
Favaud. *Faveau (Le).*
Faverie (La). *Favrie (La).*
Favrière (La). *Favrière (La).*
Favrelère (La). *Favrelière (La).*
Favrolière (La). *Favrière (La).*
Favrolière (La). *Fauvelière (La).*
Favrellière (La). *Favrelière (La).*
Favrère (La). *Favrière (La).*
Faya. *Faye.*
Faya. *Faye-l'Abbesse.*
Faya. *Faye-sur-Ardin.*
Faya Abbatissæ ; Faya Labasse. *Faye-l'Abbesse.*
Faya monachalis. *Foye-Monjault (La).*

Faya Nayri. *Fénery.*
Faye (La). *Foye (La).*
Faye (Petit et Grand). *Faix (Le).*
Faye (La Petite) . *Chalonnière (La)* (Exireuil).
Faye Bancheron. *Faye (La)* (Bretignolle).
Faye-Barrault (La). *Foye (La)* (Clazay).
Faye en Gastine. *Faye-sur-Ardin.*
Faye Garot (La). *Faye-Garreau (La).*
Fayelabasse ; Faye la Basse. *Faye-l'Abbesse.*
Faye les Saint-Maixent. *Faye.*
Faye Monjau (La) ; Faye Monjault (la). *Foye-Monjault (La).*
Fayen. *Fuant (Le).*
Faye Nesry. *Fénery.*
Faye Richart. *Fief-Richard.*
Fayes-Poisses (Les). *Faix (Le).*
Faynery. *Fénery.*
Fay sur Ardin ; Faye sur Hardin. *Faye-sur-Ardin.*
Faye sur Aubigny. *Faye.*
Fayette (La). *Fayette.*
Fayole. *Fayolle.*
Fayolles. *Fiolle.*
Fayron. *Féron.*
Fazelière (La) ; Fazillère (la). *Fuzillière (La).*
Fé (Le). *Fief (Le)* (François).
Féan (Le). *Fuan (Le).*
Féaulle. *Fiaule.*
Feis-Poisson (Les). *Faix (Le).*
Felé ; Feletz ; Folié. *Flé* (Saint-Christophe-sur-Roc).
Fénérix. *Fénery.*
Fenestra. *Fenêtre (La).*
Fenestra. *Fenêtreau.*
Fonestre (La). *Fenêtre (La).*
Fenils ; Fenios ; Feniosium . *Fonioux.*
Feniou. *Fenioux* (Brelou).
Fenouillière (La). *Fenouillère (La).*
Fenyhou ; Fenyos. *Fenioux.*
Fouyou. *Fenioux* (Brelou).
Feodum Xantonense. *Saintonge (Fief).*
Féolle. *Fiolle.*
Féolles (La). *Fiole (La).*
Féolles. *Fayolle.*
Féolles. *Fiolle.*
Férard sur le Thoué. *Forge de la Meilleraye (La).*
Fère de Regné (La). *Regné.*
Ferfand (Le). *Ferfant.*
Ferginoau. *Forgineau.*
Ferlaudière (La). *Frelaudières (La).*
Ferlière (La). *Frelière (La).*
Formandière (La). *Frémaudière (La).*
Fárole ; Féroles. *Férolle.*
Férollière (La). *Férolière (La).*
Ferraguère (La). *Faraguère (La).*

TABLE DES FORMES ANCIENNES. 321

Ferraria. *Ferrière (La)*.
Ferrariæ. *Ferrières*.
Ferraudière (La). *Fraudière (La)*.
Ferrechat. *Ferchat*.
Ferrelère (La). *Frelière (La)*.
Ferrère (La). *Ferrière (La)*.
Ferrères ; Ferreriæ. *Ferrières*.
Ferretère (La). *Fertière (La)*.
Ferrière (La). *Frénière (La)*.
Ferrolière (La). *Férolière (La)*.
Ferrolles. *Férolle*.
Ferrond (Le Haut). *Féron (Le Haut)*.
Ferronnère (La). *Ferronnière (La)*.
Ferryère (La). *Ferrière (La)* (Fontperron).
Fougereusia. *Fougereuse (La)*.
Foynery. *Fénery*.
Ficheraco (La). *Figeasse (La)*.
Fié Communau. *Fief-Communault (Le)*.
Fief-Bouhet. *Pied-Bouet*.
Fief-Bréchou. *Chiloup* (Saint-Martin-de-Saint-Maixent).
Fief-Chauvin. *Chiron-Blanc (Le)*.
Fief Communaud ; Fief Communos. *Fief-Communault (Le)*.
Fief d'Amaillou (Le). *Breuil de la Maucarrière (Le)*.
Fief de Nyort, *Chamaillard*.
Fief de Xanctonge. *Saintonge (Fief)*.
Fief Dubois. *Villeneuve* (Assais).
Fief du Jeau. *Fief-au-Jau (Le)*.
Fief l'Évesque. *Fief-l'Évêque*.
Fief-Gillet. *Grellet (Fief)*.
Fief-Lomeau. *Rumeau (L')*.
Fief-Martinet (Le). *Roches (Les)* (Noiroterre).
Fief Pignare ; Fief Pignarre. *Fief-Pignaire*.
Fief Royal. *Sèchebecq*.
Fielaudère (La). *Ferlandière (La)*.
Fié l'Évesque. *Fief-l'Évêque*.
Figerace (La). *Figeasse (La)*.
Fillolière (La). *Fiolière (La)*.
Finiacum. *Fenioux*.
Fiouzet (Le). *Flouzet (Le)*.
Fiermiliacum, l. ind. de la vigueric de Melle.
Fizolière (La). *Fuzelière (La)*.
Flacria ; Flaeziacus ; Flagiacum ; Flaheziacum ; Flaiciacus. *Clazay*.
Flaie. *Gué-de-Flaye (Le)*.
Flaizeis ; Flaiziacus. *Clazay*.
Flaye en Verruies. *Flé*.
Flazay ; Flazcis ; Flazois. *Clazay*.
Fléez. *Flé* (Verruye).
Fleuré. *Fleury*.
Fley. *Gué-de-Flaye (Le)*.
Flez. *Flé* (Verruye).
Florec. *Fleury*.
Flory. *Pied-Fleury*.
Floyre. *Fleury*.

Flubeau. *Flubeaux (Les)*.
Foateaus (Les). *Fouetteau (Le)*.
Foghre. *Fougères (Les)* (Scillé).
Foilabasse. *Faye-l'Abbesse*.
Foillardes (Les). *Fouillardes (Les)*.
Foillos ; Foilloux (le). *Fouilloux (Le Grand)*.
Foirio (La). *Foye-Henri (La)*.
Fois. *Faye-sur-Ardin*.
Fois (La). *Foye (La)*.
Foix. *Faye-sur-Ardin*.
Folet. *Villefollet*.
Follosium. *Fouilloux (Le)*.
Follos-Rossel ; Follos-Rossos. *Fouilloux (Le)* (Pressigny).
Follosum. *Fouilloux (Le Grand)*.
Follye (La). *Folie (La)*.
Folosium. *Fouilloux (Le)*.
Foluns. *Fouilloux (Le)* (La Mothe-Saint-Héraye).
Fonbaslin. *Pombalin*.
Fonbelle. *Fombelle*.
Fonberard. *Fombard*.
Fonberner. *Fontbrenier*.
Fonblanche ; Fonblanche (Lo Petit). *Fomblanche*.
Fonbouc. *Fombouc*.
Fonbrard. *Fombard*.
Fonbrenier. *Fontbrenier*
Foubrion. *Fombriand*.
Fronclérouin. *Fonclairouin*.
Fonclousa (La); Fonclouzo (la). *Foncluse*.
Fond Briand. *Fombriand*.
Fondechain. *Fondechien*.
Fondelouze (La). *Foncluse*.
Fond de moulin. *Fondemoulin*.
Fondfroide. *Fontfroide*.
Fondmarin. *Faux-Marin*.
Fondoutat. *Bois-Vignaud*.
Fondqairou. *Fontperron*.
Fondsnuires (Les). *Fontnoirie*.
Fonfoulet. *Fonfollet*.
Fonfraire ; Fonfrairou ; Fonfrairoux ; Fonfrayrou ; Fonfrérou. *Fonfréroux*.
Foufroide. *Fontfroide*.
Fonivou. *Fond-Nivoux*
Fonpairon ; Fouperron ; Fonperun. *Fontperron*.
Fonraimier. *Fonramier*.
Fons Adæ. *Font-Adam*.
Fons albus. *Fomblanche*.
Fons Allant. *Fontenalen*.
Fonsbelard. *Fombard*.
Fonshouillaud *Fombriand*.
Fonsbuldoria. *Fombedoire*.
Fonscuverte. *Fontcouverte*.
Fons de Chien. *Fondechien*.
Fons frigidus. *Fontfroide*.
Fons Petri. *Fontperron*.

Fontadam. *Font-Adam*.
Fontadellière (La). *Fontauxelière (La)*.
Fontagnou (Le). *Fontainioux (Le)*.
Fontaine aux Aremberts (La). *Fontaine (La)* (Clicy).
Fontaine Aymer (La). *Fontaine-Amère (La)*.
Fontaine Brahier (La) ; Fontaine Bray (La). *Fontaine-Braye*.
Fontaines. *Fontaine (La)* (Montalembert).
Fontaines (Les). *Fontaine (La)* (Saint-Georges-de-Noisné).
Fontana (La). *Fontaine (La)*.
Fontanelo (La). *Fontenelle (La)* (Romans).
Fontanellæ. *Fontenille*.
Fontanils ; Fontaniosum. *Fonteniou (Le)*.
Fontarnaux. *Fontarnault*.
Fontaubert. *Beugnonet (Le)* (Le Beugnon).
Fontaudam. *Font-Adam*.
Fontbele ; Fontbelle. *Fombelle*.
Fontberard. *Fombard*.
Fontberler. *Fontbrelier*.
Fontblanche. *Cibaudière (La)* (Exoudun).
Fontblanche ; Fontblanche (Le Petit). *Fomblanche*.
Fontbrener *Fontbrenter*.
Fontbriand. *Fonbriand*.
Fontchâtré. *Fonchâtré*.
Fontegna. *Fontagneau (Le)*.
Fontellerie (La). *Pouffontellerie (La)*.
Fontenaium. *Fontenay*.
Fontenalan. *Fontenalen*.
Fontenalle (La). *Fontenelle (La)* (Romans).
Fontenamy (La). *Fontaine-Amère (La)*.
Fontenay près Thouars ; Fontenci. *Fontenay*.
Fontenciles ; Fontenellæ. *Fontenille*.
Fontenelle (La). *Fontenille (La)*.
Fontenelles (Les). *Fontenelle (La)* (Breuil-Bernard).
Fontenes (Les). *Fontaine (La)* (Saint-Georges-de-Noisné).
Fontenesum. *Fonteniou (Le)*.
Fontenetum l'Abattu. *Frontenay*.
Fonteniou (Le) ; Fonteniou-Rolland (le). *Fontenioux (Le)*.
Fontenieux (Les) ; Fontenioux (le) ; Fontenioux (les). *Fontenioux (Le)*.
Fontenioux (Les) ; Fontenioux-Rolland (le). *Fontenioux (Le)*.
Fonteny (Le). *Fonteniou (Le)*.
Fontenioux ; Fontenium; Fonteniz. *Fontenil (Le)*.

DEUX-SÈVRES. 41

TABLE DES FORMES ANCIENNES.

Fonternault. *Fonterneau.*
Fontfrayroux. *Pontfréroux.*
Fontfrède. *Fontfroide.*
Fonthenyos. *Fonteniou (Le).*
Fontinière (La). *Fantinière (La).*
Fontis (Villa). *Pied-de-Fond.*
Font-Marin. *Fontmorin.*
Fontmorte. *Fond-Morte.*
Fontnain. *Fondnain.*
Fontnoyre (La). *Fontnoire*
Fontornable. *Fontournable.*
Fontoudet. *Bois-Vignault.*
Fontpeiron ; Fontpeyron. *Fontperron.*
Font Ramey ; Fontraymer ; Fontraymier. *Fonramier.*
Fontverines ; Fontverrine ; Fontveyrines ; Fonverines. *Fonverine.*
Fonzillière (La). *Fonsillière (La).*
Fonzternable. *Fontournable.*
Forbant. *Fourbeau.*
Forc. *Fors.*
Forcaldis (locus). *Foucaud (Fort).*
Forchefère. *Fourchefière.*
Forcheliniers. *Fourchelimiers.*
Foresta. *Fomblanche (Saint-Léger-lez Melle).*
Foresta; Foresta super Separim. *Forêt-sur-Sèvre (La).*
Forest (La). *Forêt (La).*
Forêt de Jaye (La). *Forêt (La) (Geay).*
Forest de Montpancier (La). *Forêt-Montpensier (La).*
Forest de Rom (La). *Forêt (La) (Rom).*
Forest du Roy (La Grand). *Chizé (La Forêt de).*
Forest en Sainte-Verge (La). *Forêt (La). (Sainte-Verge).*
Forestrie (La). *Forêtrie (La).*
Forest sur Cèvre (La) ; Forest sur Saivre (la) ; Forest sur Sayvro ; Forest sur Scayvre ; Foreta. *Forêt-sur-Sèvre (La).*
Foreterie (La). *Forêtrie (La).*
Forêt Monpansier (La). *Forêt-Montpensier (La).*
Forêt sur Seyvre (La). *Forêt-sur-Sèvre (La).*
Forgœ. *Forges (Les). (Saint-Aubin-de-Baubigné).*
Forge. *Forges (Fief de).*
Forges. *Forges (Les).*
Forges (Les). *Chambonneau.*
Forges au Goy (Les). *Forges (Les)(Souvigné).*
Forges-Plessis (Les). *Forges (Les) (Ménigoute).*
Fornax Calidos; Fornax Calidus. *Fort-Foucaud (Le) (Niort).*
Fornis Messent (Les). *Fournil (Le) (Les Aubiers).*

Fornix Calida. *Foucaud (Fort).*
Forny (Le). *Fournil (Le).*
Fors (Le Petit) ; Fort. *Fors (Saint-Laurs).*
Fortenchère (La). *Fortanchère (La).*
Fortescu ; Fortescuy. *Fortécu.*
Forz. *Fors.*
Fossa. *Fosse (La) (Saint-Martin-de-Sanzay).*
Fossæ ; Fossas. *Fosses (Les).*
Fossé (Le). *Foussais (Les).*
Fosse Fotue (La). *Fosse-Foutue (La).*
Fosses (Les). *Fossés (Les).*
Fosses d'Épanne (Les). *Fosse (La) (Faye-sur-Ardin).*
Fossos. *Fossés (Les).*
Fouateaux ; Foueteau (le) ; Foueteaux (les). *Fouetteau (Le).*
Foucaud. *Foucault.*
Foucherie (La). *Faucherie (La).*
Foucherie (La). *Faugerit.*
Foucherie Dugastz (La). *Foucherie (La) (Azay-sur-Thoué).*
Foucherye (La). *Faucherie (La).*
Foucquetière (La). *Fouctière (La).*
Foucraire (La). *Fourelle (La).*
Fougeacière (La). *Fougeassière (La).*
Fougeray (Le) ; Fougeré. *Faugerais (Les).*
Fougeré. *Faugeré.*
Fougeré. *Fougerit.*
Fougerouse (La). *Fougereuse (La).*
Fougères. *Fougère.*
Fougeretz. *Faugiret.*
Fougery. *Fougiret (Le).*
Fougiret. *Fougeret (Le).*
Fougniard. *Fougnard.*
Fouilhoux (Le). *Fouilloux (Le Grand).*
Fouilloux-Rousseau (Le). *Fouilloux (Le) (Pressigny).*
Fouilhouzet. *Flouzet (Le).*
Foulgereuse (La). *Fougereuse (La).*
Foulhoux-Rousseau (Le). *Fouilloux(Le) (Pressigny).*
Fouilloux (Le). *Fouilloux (Le Grand).*
Foulquetière (La). *Fouquetière (La).*
Foulye (La). *Folie (La).*
Fouquetrie (La). *Fouctière (La).*
Fouquetrie (La). *Foulquière (La).*
Fourault. *Foureau.*
Fourbault. *Fourbeau.*
Fourchefère. *Fourchefière.*
Fourchelimier ; Fourchelymiers. *Fourchelimiers.*
Fourchière. *Fourchefière.*
Fourest (La). *Fomblanche (Saint-Léger-lez-Melle).*
Fourest (La). *Forêt (La).*
Fourest (La). *Forêt-sur-Sèvre (La).*
Fourest de Jay (La). *Forêt (La) (Geay).*
Fourest de Monpancer (la) ; Fourest

de Monponcer (La) ; Fourest de Monponsser (la). *Forêt-Montpensier (La).*
Fourest de Saincte Vierge (La). *Forêt (La) (Sainte-Verge).*
Fouresterie (La) ; Fourestrye (la). *Forêtrie (La).*
Fourest sur Soyvre (La). *Forêt-sur-Sèvre (La).*
Fouretterie (La). *Forêtrie (La).*
Fourmaudère (La). *Frémaudière-Écureuil (La).*
Fournil Messant (Le). *Fournil (Le) (Les Aubiers).*
Fourny (Le). *Fournil (Le).*
Fouschardière (La). *Fouchardière (La).*
Fouscherie (La). *Foucherie (La) (Puy-Saint-Bonnet).*
Fouscherière (La). *Fourchière (La).*
Foussay. *Foussais (Les).*
Fousse d'Épanne (La). *Fosse (La) (Faye-sur-Ardin).*
Fousse Foutue (La). *Fosse-Foutue (La).*
Fousse Logée (La). *Fld (Saint-Christophe-sur-Roc).*
Fousses (Les). *Fosses (Les).*
Foussetto. *Faussettes (Les).*
Foy (La). *Foye (La).*
Foy Henri (La). *Foye Henri (La).*
Foye la Basse ; Foy l'Abesse. *Faye-l'Abbesse.*
Foyllosium . *Saint-Martin-du-Fouilloux.*
Foy Mongiot (La) ; Foymonjauld (la) ; Foy Monjeau (la). *Foye-Monjault (La).*
Foy sur Ardin. *Faye-sur-Ardin.*
Fracines. *Fressines.*
Fragnaie ; Fragnaye (la) . *Fragnée (La).*
Fragne (Le). *Frêne-Chabot (Le).*
Fragnée (La). *Fragnaie (La).*
Fragnelère (La). *Fragnelière (La).*
Fragneleria. *Fragnaie (La).*
Fraisgnais (La). *Fraignais (La).*
Fraignaye (La). *Fragnaie (La).*
Fraignaye (La). *Fraignais (La).*
Fraigne (Le). *Frêne (Le).*
Fraigne (Le). *Frêne-Chabot (Le).*
Fraigné (Grand et Petit) . *Freigne (Grand et Petit).*
Fraigneau (Le) ; Fraignée (la). *Fragnée (La).*
Fraignelière (La). *Fragnelière (La).*
Fraisseignes. *Fressine.*
Fraizonnière (La). *Frizonnière (La).*
Frances ; Françoy. *François.*
Francum feodum ; Francus. *Fief-Franc.*
Frapinerie (La) ; Frappinère (la) ; Frappinière (la). *Frapinière (La).*

TABLE DES FORMES ANCIENNES. 323

Frard. *Forge de la Meilleraye (La).*
Frasgne (Le). *Frêne (Le).*
Frasgnea. *Fragnée (La).*
Frasgneau. *Fraigneau.*
Frauberteria. *Fraubertière (La).*
Fraux (Les). *Freau (Le).*
Fraygnaye (La). *Fragnaie (La).*
Frayesines ; Frazina. *Fressine.*
Fréchat. *Ferchat.*
Fredeffons. *Froid-Fonds.*
Fregeox. *Fréjou.*
Fregne. *Frêne (Le).*
Freguea. *Fraigneau.*
Fregnes. *Freigne (Grand et Petit).*
Froidevau. *Frétevaux.*
Freisgne (Le). *Frêne (Le).*
Freignes (Le Grand) ; Freignier (Grand et Petit) ; Freiguis. *Freigne (Grand et Petit).*
Frelandère (La) ; Frelandière (la) . *Ferlandière (La).*
Frémaudière Écureux (La) ; Frémaudère Escureou (la) ; Frémaudière Escureulx (la). *Frémaudière-Écureuil (La).*
Fremière (La). *Fermerière (La).*
Frémodière (La). *Frémaudière (La).*
Frenaye (La). *Frenaie (La).*
Frenesium ; Frennei ; Freunes. *Freigne (Grand et Petit).*
Fresches (Les). *Fraiche (La).*
Fresnay (La). *Frainaie (La).*
Fresne (Le). *Frêne (Le).*
Fresne-Chabot (Le). *Frêne-Chabot (Le).*
Frésonnère (La). *Frizonnière (La).*
Fressigne ; Fressines. *Fressine.*
Frestosdère (La). *Fretaudière (La).*
Fretefond. *Froid-Fonds.*
Frétevault. *Frétevau.*
Frétevault. *Frétevaux.*
Fretis (Le). *Frintis (Le).*
Fretodère (La). *Frétaudière (La).*
Frézonnière (La). *Frizonnière (La).*
Frigida Fontana. *Froid-Fonds.*
Frigida Vallis. *Frétevaux.*
Frodière (La). *Fraudière (La).*
Froidefont. *Froid-Fonds.*
Fromaudère (La). *Frémaudière (La).*
Fromaudère Escureou (La) ; Fromaust. *Frémaudière-Écureuil (La).*
Fromentinière (La). *Chennes.*
Frontanayum ; Frontaniacus ; Frontonai ; Frontenai-Labattu ; Frontenay-Labbatu ; Frontenaium ; Frontenaium l'Abattu ; Frotenajacum ; Frontenaium ; Frontenetum ; Frontoniacum ; Frontigniacum. *Frontenay.*
Frontum. *Fronton.*
Fros (Les). *Froux (Les).*
Frotefond. *Frédefont.*

Froud. *Freaux.*
Frous (Les). *Freau (Le).*
Frous (Les). *Ferroux.*
Froz. *Froux (Les).*
Frucheboys. *Fruchebois.*
Fruntenay. *Frontenay.*
Fruntun. *Fronton.*
Fuan (Le). *Fuant (Le).*
Fuont (Le). *Fuan (Le).*
Fulcherosæ ; Fulgerosa ; Fulgerosia. *Fougereuse (La).*
Fulgerius Clausus. *Faugères.*
Funtanellum. *Fontenelles (Les)* (Les Échaubrognes).
Furfan ; Furfannum ; Furfans ; Furfant ; Furvant. *Ferfant.*
Fussillière (La). *Fuselière (La).*

G

Ga (Le Petit). *Gas (Le)* (La Chapelle-Gaudin).
Gadrazières (La). *Grédazière (La).*
Gagemont. *Gagemon.*
Gaignerie (La). *Napaude (La).*
Gaignerie (La Vieille). *Gagnerie (La).*
Gaignerie du Breuil-en-Boismé (La) . *Bordes (Les).*
Gaillardrie (La). *Gaillarderie (La).*
Galande (La) ; Galandelière (la) ; Gallandière (la). *Galandières (Les).*
Gallardon. *Galardon.*
Gallemoterie (La). *Gallemettrie (La).*
Gallochonnière (La). *Gaillochonnière (La).*
Galterie (La). *Galtrie (La).*
Galtière (La). *Galtière (La).*
Galucherie (La). *Galichée (La).*
Gandonnière (La). *Gondonnière (La).*
Gandussière (La). *Gondissière (La).*
Gapintier. *Gapinier.*
Garaiz (Les). *Égarère (L').*
Garaudière (La). *Gouraudière (La).*
Garçay. *Garsais.*
Garda. *Garde (La).*
Garellère (La). *Garrelière (La).*
Garendelière (La) ; Garendelière (la). *Garandelière (La).*
Garerongnière (La). *Garonnière (La).*
Gereynerie (La). *Garennerie (La).*
Gargnounière (La). *Garnonnière (La).*
Garinère (La). *Garnière (La).*
Garinère (La). *Guérinière (La).*
Garleschière (La) ; Garlichère (la). *Grelechère (La).*
Garmentarius ; Garmenter ; Garmentyer. *Garmentiers.*
Garnaudeau. *Chiré.*
Garnerie (La). *Gagnerie (La).*
Garnerie (La). *Gainerie (La).*
Garnerie (La). *Gannerie (La).*

Garognière (La) ; Garoognière (la). *Garonnière (La).*
Garotère (La). *Garotière (La).*
Garrelère (La). *Garrelière (La).*
Garsandère (La) ; Garsaudière (la) . *Garsandière (La).*
Garsay. *Garsais.*
Gas (Le). *Gât (Le).*
Gas (Les). *Gâts (Les).*
Gaschaignart. *Gachignard (Le).*
Gasche (La). *Gâche (La).*
Gaschept. *Gachet.*
Gascherie (La). *Gâcherie (La).*
Gaschet. *Gachet.*
Gaschetère (La). *Gachetière (La).*
Gascluzeau. *Gacluzeau (Le).*
Gascoignole ; Gascoignolle. *Gacougnolle.*
Gascoillère (La). *Gacoillère (La).*
Gasconeria. *Gaconnière (La).*
Gasconille ; Gasconolie. *Gacougnolle.*
Gasconnière (La). *Gaconnière (La).*
Gascougnière (La) . *Gaconnière (La)* (Saint-Jouin-de-Melly).
Gascougnolle. *Gacougnolle.*
Gascougnollère (La). *Clergerie (La).*
Gascougnollère (La). *Gacougnollières (Les).*
Gascougnolles. *Gacougnolle.*
Gasnerie (La). *Gagnerie (La).*
Gasnerie (La). *Gannerie (La).*
Gaspelière (La). *Gaptière (La).*
Gast (Le). *Bretinière (La).*
Gast (Le). *Gas (Le).*
Gast. *Gât (Le).*
Gast Bruvetie (Le). *Gât-Brunet (Le).*
Gastaudière (La). *Gâthaudière (La).*
Gastebinère (La). *Gâtevinière (La).*
Gastebourse. *Gâtebourse.*
Gastennère (La) ; Gastevinière (la). *Gâtevinière (La).*
Gastère (La) ; Gastière aux chats (la). *Gâtière (La).*
Gastina. *Gâtine* (Pierrefitte).
Gastinau. *Gâtineau.*
Gastino (La). *Gâtine (La).*
Gastine (La). *Gâtine* (Chambroutet).
Gastine. *Gâtine* (Fenioux).
Gastinea. *Gâtineau.*
Gastinuoses ; Gastinia. *Gâtine (La).*
Gasto (Terra de veter). *Gât (Le)* (Bretignolle).
Gastouillère (La). *Gatouillère (La).*
Gasts (Le). *Gât (Le)* (Boismé).
Gasts de Malespino (Les). *Gâts (Les)* (Vantebis).
Gastz (Le). *Gât (Le)* (Bretignolle).
Gastz (Les). *Gâts (Les).*
Gastz de Bouin (Les). *Gas (Le)* (Nouvy-Bouin).
Gataudière (La). *Gatheaudière (La).*

TABLE DES FORMES ANCIENNES.

Gatines. *Gâtine* (Chambroutet).
Gatière (La). *Gâtières (Les)*.
Gats Charbonnier (Les). *Gâts (Les)* (Exireuil).
Gattinière (La). *Gâtevinière (La)*.
Gaubardière (La). *Gauberdière (La)*.
Gaucelynère (La). *Gosselinière (La)*.
Gaucherye (La). *Gaucherie (La)*.
Gauchignard (Le). *Gachignard (Le)*.
Gaud (La). *Lagault*.
Gaudelière (La). *Guidelière (La)*.
Gauderière (La). *Gaudrière (La)*.
Gauffraye (La) ; Gauffrère (la) ; Gaufraire (la) ; Gaufrère (la). *Gauffraire (La)*.
Gaulcherie (La). *Gaucherie (La)*.
Gaulderye (La). *Gauderie (La)*.
Gault (La). *Lagault*.
Gaumondère (La). *Goumandière (La)*.
Gauraire (La). *Goraire (La)*.
Gauschière (La). *Gaucherie (La)*.
Gautolière (La). *Gautellière (La)*.
Gautrait. *Gautré*.
Gautrescho (La). *Gautrèche (La)*.
Gautret. *Gautré*.
Gautrillère (La). *Gautrelière (La)*.
Gauts (Les). *Égault (L')*.
Gauvaignère (La) ; Gauvanière (la). *Gouvonnière (La)*.
Gavarciacum *Javarzay*.
Gaynardère (La). *Guignardière (La)*.
Gaz Arnaud (Les). *Gâts (Les)* (Les Échaubrognes).
Gazelières (Les). *Gazelière (La)*.
Geais ; Gee. *Geay*.
Gédallière (La). *Gidalière (La)*.
Gée. *Geay*.
Geffardière Goulart (La). *Geffardière (La)*.
Gelesnerie (La). *Genellerie (La)*.
Gelinère (La). *Gélinière (La)*.
Geloussière (La) ; Gelouzère (la). *Gelousière (La)*.
Gelouzère (La). *Jelosière (La)*.
Gemelli. *Juneaux (Les)*.
Genais. *Genay*.
Genaudère (La). *Genaudière (La)*.
Genay. *Genais*.
Gendrère (La). *Gendrière (La)*.
Gendrouère (La). *Gendronnière (La)*.
Gendronnière (La). *Jandronnière (La)*.
Gendrouère (La). *Gendronnière (La)*.
Genest (Le). *Genêt (Le)*.
Geneste (La). *Genête (La)*.
Geneston ; Geneton. *Genneton*.
Genetteau ; Genetteaux (Les). *Génesteau*.
Genetton. *Genneton*.
Genoilhé ; Genolhet ; Genolhiec ; Genolliacum ; Genollicum ; Genoulhet. *Genouillé (Le)*.

Gentrai. *Gentray*.
Georgainnes (Pont de). *Villemontet*.
Gerariou. *Jardrioux (Les)*.
Gerbaudie (La). *Gerbaudris (La)*.
Gerbière (La). *Gercherie (La)*.
Gerçay. *Jarzay*.
Géré. *Géris*.
Gergeon. *Georgeon*.
Germaen. *Germain*.
Germenère (La) ; Germinière (la). *Germenière (La)*.
Germon. *Germond*.
Germondière (La). *Germandière (La)*.
Germonère (La). *Germenière (La)*.
Germont. *Germon*.
Germont. *Germond*.
Germonville. *Violière (La)*.
Germundum. *Germon*.
Germundum ; Germunt. *Germond*.
Gersay. *Jarzay*.
Gerseaux. *Jarceau*.
Gerssay. *Jarzay*.
Gertiers (Les). *Jettières (Les)*.
Gervazai. *Javarzay*.
Gerzai ; Gerzais. *Jarzay*.
Gestière (La). *Gétière (La)*.
Gestivière (La). *Gétivière (La)*.
Gey (Petit). *Geay (Le Petit)*.
Gey (Grand). *Geay (Le Grand)*.
Geyerie (La). *Égérie (L')*.
Goyrande (La). *Guirande (La)*.
Gibaudère (La). *Gibaudière (La)*.
Gibergère (La). *Gilbergère (La)*.
Gidallière (La). *Gidalière (La)*.
Giffardière (La). *Geffardière (La)*.
Gilberdière (La). *Gilbertière (La)*.
Gilbertière (La). *Gilbertière (La)*.
Gilbrotière (La). *Gilbertière (La)*.
Ginchau. *Inchauds (Les)*.
Ginchère (La). *Inchères (Les)*.
Girardère (La) ; Girardoria ; Girardie (la). *Girardière (La)*.
Giraudère (La) ; Girauderia. *Giraudière (La)*.
Girberlière (La). *Gilbertière (La)*.
Girbourgière (La). *Girbourgère (La)*.
Giretière (La). *Giltelière (La)*.
Girézière (La). *Giraisière (La)*.
Girovardière (La). *Girouardière (La)*.
Gisbertière (La). *Gilbertière (La)*.
Glandes. *Glande (Coulon)*.
Glasmière (La). *Glamière (La)*.
Glaudières (Les). *Églaudière (L')*.
Glenayum. *Glenay*.
Glenegon. *Glennegon*.
Glennai ; Glennlacus. *Glenay*.
Gocherie (La). *Gaucherie (La)*.
Godère (La). *Gaudière (La)*.
Goderie (La). *Gauderie (La)*.
Godinère (La). *Gaudinière (La)*.
Godinière (La). *Gaudinerie (La)*.

Godinière (La). *Gaudinière (La)*.
Godrandière (La). *Gaudrandière (La)*.
Godrie (La). *Gauderie (La)*.
Goffrère (La) ; Goffrière (la). *Gauffraire (La)*.
Goguelois. *Goguelais*.
Goicelinère (La) ; Goisselinière (la). *Gosselinière (La)*.
Golière (La). *Gaulière (La)*.
Gondesnère (La). *Gondinière (La)*.
Gondoynère (La). *Gondonnière (La)*.
Gondremière (La). *Gandermière (La)*.
Gonnay (Les). *Aigonnay*.
Goos. *Goux*.
Gorbeiller ; Gorbeillerie (la). *Gourbcillerie (La)*.
Gord (La). *Gorre (La)*.
Gordon. *Gourdon*.
Gorgé ; Gorgiacum ; Gorgié. *Gourgé*.
Gorgines (Pont de). *Villemontet*.
Gorgium. *Gourgé*.
Gornayum. *Gournay*.
Gorre (La). *Gord (La)*.
Gorrichonnère (La). *Gorchonnière (La)*.
Gorrinère (La). *Guérinière (La)*.
Gorroucère (La) ; Gorroussière (la). *Grossière (La)*.
Gort (La). *Gord (La)*.
Gouréc. *Gourais (Le)*.
Gourère (La). *Goraire (La)*.
Gourgié. *Gourgé*.
Gourjaudière (La). *Loubigné* (Exoudun).
Gourraudière (La). *Gouraudière (La)*.
Gourre (La). *Goure (La)*.
Gourry. *Gaury (Le)*.
Goursaudière (La). *Garsandière (La)*.
Goursselinière (La). *Gosselinière (La)*.
Gourt (La). *Goure (La)*.
Gousinère (La). *Cousinière (La)* (Largeasse).
Goussay (Le Grant). *Coussaye (La)* (Saint-Germier).
Goust. *Goux*.
Goute (La). *Goutte (La)*.
Goutevifve. *Goule-Vive*.
Gouynère (La). *Gouinière (La)*.
Gouzinière (La). *Cousinière (La)* (Largeasse).
Goynère (La). *Gouinière (La)*.
Goyse. *Goize*.

TABLE DES FORMES ANCIENNES.

Goziot. *Gouziot.*
Grâces (Les). *Chapelle-de-Grâce (La).*
Graimbaudière (La). *Grainbaudrie (La).*
Graineterie (La). *Greneterie (La).*
Grais (Les). *Aigrée.*
Grancaium. *Granzay.*
Grange (La Petite). *Grange (La)* (Pamprou).
Grange (La). *Granges-Saint-Cyprien (Les).*
Grange (La). *Morinière (La)* (Nanteuil).
Grange (La). *Vésière (La).*
Grange à Gaudin (La). *Toit-à-Gaudin (Le).*
Grange au prévost de Ternon (La). *Grange (La)* (Mazières-en-Gâtine).
Grange au Prieur (La). *Grange (La)* (Pamprou).
Grange aux Moines (La). *Grange (La)* (Mazières-en-Gâtine).
Grange Bontemps (La). *Grange-Montant (La).*
Grangæ. *Grange* (Sainte-Pezenne).
Grangæ. *Granges (Les)* (Gourgé).
Grange d'Amaillou (La). *Grange (La)* (Amaillou).
Grange de Clazay (La). *Grange (La)* (Clazay).
Grange du Ternant (La). *Grange (La)* (Mazières-en-Gâtine).
Grange Doiré (La). *Grange-d'Hoiré (La).*
Grange Doiré (La) ; Grange Doyree (la) ; Grange d'Oyrie (la). *Grange-d'Oiré (La).*
Grange du Portault (La). *Grange-du-Portail (La).*
Grange du Prévostmoyne (Lt). *Grange-aux-Moines (La).*
Grange Perogyer (La). *Grange (La)* (Saint-Georges-de-Noisné).
Grange Salette (La). *Salette.*
Grange Saint-Pierre (La). *Grange (La)* (Molle).
Granges. *Grange (La)* (Deyrançon).
Granges-lez-Saint-Maixenz (Les Petites) *Granges (Les)* (Exireuil).
Grangiæ. *Grange (La)* (Deyrançon).
Grandchamps. *Grand-Champ.*
Grand Mauduyt (Le) ; Grandmodoit ; Grand Moduit (le) ; Grandmouduit. *Mauduit (Le Grand).*
Grand Ric. *Grand-Ry.*
Grands-Champs (Les). *Grand-Champ.*
Grands-Maisons (Les). *Grandes-Maisons (Les).*
Grant-Vaud ; Grandvaux. *Grand-Vault.*
Grandzay. *Granzay.*
Granerye (La). *Grannerie (La).*
Granmauduit. *Mauduit (Le Grand).*

Granry. *Grand-Ry.*
Gransay. *Ganzay.*
Grant Maudoit ; Grantmauduit. *Mauduit (Le Grand).*
Grant Vau. *Grand-Vault.*
Granzai ; Granzaium ; Granzaicum. *Granzay.*
Gratesolle. *Foureau.*
Gravault. *Grand-Vault.*
Gréchounière (La). *Gorchonnière (La).*
Grefve de Puyschaut (La). *Grève (La)* (La Coudre).
Grelougo (La). *Grelouse (La).*
Grembauderie (La). *Grainbaudrie (La).*
Grenaudère (La). *Garnaudière (La).*
Grenoillère (La) ; Grenoillière (la). *Grenouillère (La).*
Grenouillon ; Grenoullon. *Grenouillon.*
Grenonère (La) ; Grenonnière (la). *Grenière (La)* (Clazay).
Grenouères (Les) ; Grenounière (la) ; Grenounières (les). *Grenière (La)* (Foutperron).
Grés (Le). *Grais (Le).*
Greslon (Le) ; Greslons. *Grélons (Les).*
Greu (La). *Grue (La).*
Greuhe (La). *Groie (La)* (Saint-Germier).
Grezeza. *Créle.*
Griffereux. *Grifferus.*
Grifferus. *Grifferus.*
Grimaudère (La). *Grimaudière (La).*
Grip ; Grippo. *Gript.*
Gript ; Grit. *Grip (Le).*
Grivière (La). *Guérivière (La).*
Grox. *Groie-de-Soignon (La).*
Grochère (La). *Groichère (La).*
Grocs. *Groies-de-Drahé (Les).*
Groia. *Groie (La).*
Groichière (La). *Groichère (La).*
Grois (La). *Grue (La).*
Grois (Les). *Groies (Les).*
Groischère (La). *Groichère (La).*
Groix-l'Abbé (La). *Groie-l'Abbé (La).*
Groizardière (La). *Groizardières (Les).*
Grolier (Le). *Grolle (La).*
Grollère (La) ; Grollière (la). *Grolière (La).*
Grollière (La). *Girolière (La).*
Grosboys. *Grosbois.*
Groselerii ; Groselers ; Grosellers (les). *Groseillers (Les).*
Grossière (La). *Groussière (La).*
Groslières (Les). *Grolières (Les).*
Grostière (La). *Grossetière (La).*
Groua (La). *Groie (La)* (Chail).
Grouillère (La). *Grolière (La).*
Grousnière (La). *Grossinière (La).*
Grouzeliers (Les). *Groseillers (Les).*
Groye (La). *Groie (La).*

Groye (La). *Grue (La).*
Groy Périnet (La). *Groie-Périnette (La).*
Groyes (Les). *Groies (Les).*
Groye sur Soignon (La). *Grue (La)* (Saint-Martin-de-Saint-Maixent).
Groys (Les). *Grais (Les).*
Groys (Les). *Groies (Les).*
Gruaudère (La). *Gruaudière (La).*
Grue (La). *Groie (La)* (Saint-Germier).
Grugière (La). *Grugère (La).*
Gruhe de Soignon (La). *Grue (La)* (Saint-Martin-de-Saint-Maixent).
Grumeaux. *Jumeaux (Les).*
Gruzardière (La). *Grusardière (La).*
Gruzeliers (Les). *Groseillers (Les).*
Guacougno'lo. *Gacougnolle.*
Guaitière (La). *Guétrière (La).*
Guarangerie (La). *Grangerie (La).*
Guaronnère (La). *Garnonière (La).*
Guarviacus. *Cherves.*
Guas (Le). *Gâts (Les)* (Allonne).
Guasta Sazinie. *Gâts (Les)* (Vaulebis).
Guastina. *Gâtine* (Pierrefitte).
Guastine (La). *Gâtine (La).*
Guces. *Goux.*
Gué (Le). *Guy (Le).*
Gué aux Riches (Le). *Gué-au-Riche (Le).*
Gué de Sanson (Le). *Gué (Le)* (Sansais).
Guclerie (La). *Greslerie (La).*
Guémandière (La). *Guinemandière (La).*
Gué-Martigné (Le). *Martigny* (Sainte-Ouenne).
Guémoreau. *Gué-Moreau (Le).*
Guénégault. *Guinégaud.*
Guénullerie (La). *Guineillerie (La).*
Guerche (La) ; Guerchia. *Guierche (La).*
Guernerye (La). *Garennerie (La).*
Guerouette (La). *Grouette (La).*
Guerrandère (La) ; Guerrandrye (la). *Guérandière (La).*
Guerrynère (La). *Guérinière (La).*
Guesdau. *Guédau (Le).*
Gueure (La). *Ligueure (La).*
Guichardère (La). *Guichardière (La).*
Guidorium. *Guidiers.*
Guiffaudière (La). *Guifardière (La).*
Guigniardière (La). *Guignardière (La).*
Guignefole. *Guignefolle.*
Guilbeon. *Guilbeau.*
Guillaudrye (La). *Guillauderie (La).*
Guillebaudière (La). *Guilbaudière (La).*
Guillerie (La). *Dillerie (La).*
Guilletère (La). *Guilletière (La).*
Guilletère (La). *Guillotière (La).*

TABLE DES FORMES ANCIENNES.

Guillotière (La). *Altière* (*L'*) (Fontperrou).
Guillière (La). *Guillère* (*La*).
Guillochère (La). *Guyochère* (*La*).
Guillotlière (La). *Guillotière* (*La*).
Guillonère (La) ; Guilloneria ; Guilonia. *Guillonnière* (*La*).
Guillotère (La). *Guillotière* (*La*).
Guinaeria. *Guinaire* (*La*).
Guinebrandière (La). *Guignebrandière* (*La*).
Guinefole. *Guinefolle*.
Guinefolière (La). *Guifolière* (*La*).
Guinefolle. *Gaudinière* (*La*) (Les Aubiers).
Guinegaus. *Guinégaud*.
Guionère (La). *Guionnière* (*La*).
Guioneria. *Guionnières* (*Les*).
Guionnère (La) ; Guionnyère (la). *Guionnière* (*La*).
Guiraeria ; Guirroyre (la). *Guiraire* (*La*).
Guischardière (La). *Guichardière* (*La*).
Guisneray (La). *Guignecraye* (*La*).
Guisayère (La). *Guittière* (*La*).
Guiversay. *Saint-Sauveur-de-Givre-en-Mai*.
Guirreaux (Les). *Girardière* (*La*) (Socondigny).
Gundoin (Terra). *Gondonnière* (*La*).
Gurdiniacus. *Gournay*.
Gurgiacum ; Gurgium. *Gourgé*.
Gurnegause. *Guinégaud*.
Guslandière (La). *Jusselandière* (*La*).
Guydiers. *Guidiers*.
Guyerche (La). *Guierche* (*La*).
Guygnardère (La). *Guignardière* (*La*).
Guygnayre (La). *Guinaire* (*La*).
Guygnebrandère (La). *Guignebrandière* (*La*).
Guy Guyonneau (Le). *Villevert*.
Guynardère (La). *Guignardière* (*La*).
Guynayre (La). *Guinaire* (*La*).
Guyonnère (La) ; Guyonnière (la). *Guionnière* (*La*).
Guyotère (La). *Guillotière* (*La*).
Guyraire (La) ; Guyroire (la). *Guiraire* (*La*).
Guysbertières (Les). *Guibertières* (*Les*).
Guystière (La). *Guittière* (*La*).
Guytardière (La). *Guitardière* (*La*).
Guytonnière (La). *Guitonnière* (*La*).
Gybaudière (La). *Gibaudière* (*La*).
Gyffon. *Giffon*.

H

Habits (Les). *Habittes* (*Les*).
Habitus de Maingotti ; Habitus de Mannihitoti. *Habit* (*L'*).
Hais. *Haye* (*La*).

Hairaudières (Les). *Airaudières* (*Les*).
Ham ; Haut. *Hanc*.
Haute. *Ante*.
Hardilleux. *Ardilleux*.
Hardin. *Ardin*.
Harnaudières (Les). *Arnaudières* (*Les*).
Harquenée. *Déceleuf*.
Harsis (Les). *Arcis* (*Les*) (Loublande).
Haraseis. (Les). *Harsis*.
Hasle (La). *Halle* (*La*).
Haubier. *Aubier*.
Hautiors (Les). *Authiers* (*Les*).
Haye Bonneau (La) ; Haye Drezé (la) ; Haye d'Uzé (la). *Haye* (*La*) (Les Échaubrognes).
Haye Poupelinière (La). *Haye* (*La*) (Largeasse).
Heane. *Anne*.
Helemosina Jacquelini. *Aumône* (*L'*).
Hensio. *Saint-Jouin-de-Marnes*.
Hentum. *Hanc*.
Heome. *Anne*.
Héraudière (L'). *Airaudière* (*L'*).
Héraudières (Les). *Airaudières* (*Les*).
Herbaudère (L'). *Herbaudière* (*L'*).
Herbergerie (Haute et Basse). *Rebergerie* (*La*).
Herbertelleries (Les). *Abételleries* (*Les*).
Herbertère (La). *Herbertière* (*L'*).
Hercies (Les). *Arcis* (*Les*) (Combrand).
Hericiun ; Hericius ; Herico ; Heriçon ; Hericon. *Hérisson*.
Hérigondeau (L'). *Lhérigondeau*.
Hérisset ; Hérisson-Château. *Hérisson* (Lhoumois).
Hérisson en Gâtine ; Hérizon en Thouarçoys. *Hérisson*.
Hermecent. *Hermecin* (*L'*).
Hermitage (L'). *Ermitage* (*L'*).
Hermitan ; Hermitanum. *Hermitain* (*L'*).
Hersis (Les). *Arcis* (*Les*) (Pougne).
Héruy. *Hervis*.
Hervault. *Airvault*.
Horvy. *Hervis*.
Hestivalis (Villa). *Vaux* (*Les*) (Chef-Boutonne).
Hétrochon. *Étrochon*.
Heurip. *Hurit*.
Houry. *Hurie*.
Hobbé ; Hobier ; Hobiers. *Aubier*.
Hoirvau. *Airvault*.
Holère (L). *Laulière*.
Holères (Les). *Houillères* (*Les*).
Hommeaulx (Les Trois). *Humeaux* (*Les Trois*).
Hommeaux (Les Deux). *Humeaux* (*Les Deux*).
Homme Thibault (L'). *Homme-Thebaut* (*L'*).

Hopitau (L'). *Hôpiteau* (*L'*) (Roussais).
Hopitault (L'). *Hôpiteau* (*L'*).
Hopitaux (L'). *Hôpiteau* (*L'*).
Hopitoleries (Les). *Hoptolleries* (*Les*).
Horbigny. *Orbigny*.
Hort de Poitiers (L'). *Lort-Poitiers*.
Hospitaleries (Les) ; Hospitalières (les) ; Hospitolières (les). *Hoptolleries* (*Les*).
Hostel Rémond (L'). *Coindrie* (*La*) (Mauzé-Thouarsais).
Hostise (L'). *Autise* (*L'*).
Hôtel-Resmond (L'). *Puydoré*.
Houère (L'). *Ouère* (*L'*).
Houlière (L'). *Laulière*.
Houlmeaux (Les) ; Houmeaux en Coudré (les). *Houmeaux* (*Les*).
Houmes (Les). *Hommes* (*Les*).
Houroux. *Oroux*.
Housches (Les). *Ouches* (*Les*).
Houslières (Les). *Houillères* (*Les*).
Hoyrvault. *Airvault*.
Hozai. *Ozé*.
Huchelou. *Écheloucq*.
Humeau-Jouanne (L'). *Homme-Jouanne* (*L'*).
Hydriacus. *Irais*.
Hyspania ; Hyspaniæ. *Épanne*.
Hyvernière (L'). *Livernière*.

I

Igeault. *Ijeau*.
Igernai. *Isernais*.
Igoria. *Ligueuré* (*La*).
Inçay ; Inceps. *Ainçay*.
Infirmerie de l'abbaye de Celles (L'). *Infirmerie* (*L'*) (Vitré).
Insay ; Insçay. *Ainçay*.
Insernaeus. *Isernais*.
Insula. *Ile* (*L'*).
Insula Raaudi. *Irleau*.
Inter aquas (Ecclesia). *Saint-Martin-d'Entraigues*.
Interré. *Enterré*.
Iraicus ; Iray ; Iraye ; Iré. *Irais*.
Irelau ; Irlaud ; Irlaut. *Irleau*.
Iriconium. *Hérisson*.
Isernai ; Isernay ; Iscruia. *Isernais*.
Islay. *Dilay*.
Isle (L'). *Ile* (*L'*).
Isle Bapaume (L') ; Isle Bapaulme (l'). *Ile-Bapaume* (*L'*).
Isle de Sazais (L'). *Ile* (*L'*) (Brie).
Isleroyau (L'). *Irleau*.
Isles (Les). *Iles* (*Les*) (Échiré).
Isles (Les). *Ile* (*La Petite*).
Issay. *Issais*.
Issé. *Issais* (Rom).
Issidonium ; Issodunium. *Exoudun*.

TABLE DES FORMES ANCIENNES. 327

Izardère (L'). *Linsardière.*
Izernay. *Isernais.*

J

Jabarre. *Gabard.*
Jacoprie (La). *Jucauprie (La).*
Jadolium. *Chadevil.*
Jae ; Jaec. *Geay.*
Jaguynère (La). *Jaguinière (La).*
Jahe ; Jahec. *Geay.*
Jaille (La). *Guillauderie (La).*
Jaillière (La) ; Jalère (la). *Jallière (La).*
Jamonères (Les). *Jamonnières (Les).*
Jamounelère (La). *Jamoulière (La).*
Jaudinière (La). *Jauducière (La).*
Jantray. *Gentray.*
Janvre-Coussaye (La). *Coussaye (La)* (Saint-Georges-de-Noisné).
Jaquelinière (La). *Jacquelinière (La).*
Jarcuniacus. *Jaguin.*
Jarge (La). *Parge.*
Jario ; Jarie (la). *Jarrie (La).*
Jarlière (La). *Jarretière (La).*
Jarlle. *Jarle.*
Jarnezay. *Javarzay.*
Jarrellière (La). *Jarrelière (La).*
Jarrie (La) ; Jarry. *Jarries (Les)*
Jarrye (La). *Jarrie (La).*
Jars (Les). *Jards (Les).*
Jarsay. *Jarzay.*
Jarselières (Les). *Jarzelières (Les).*
Jarzoys. *Jarzay.*
Jassail le Cotal ; Jassais. *Jassay.*
Jau. *Ijeau.*
Jaubertère (La). *Jaubretière (La).*
Jaubertin. *Joubertin (Le).*
Jaufretière (La). *Jauffretières (Lcc).*
Jaulin. *Jaulain (Le).*
Jaulinière (La). *Jaunelière (La).*
Jaulnière (La). *Jaunière (La).*
Jaunaces. *Jaunasse.*
Jaunai ; Jaunaium ; Jauneium. *Jaunay.*
Jaunelière (La). *Jonnetière (La).*
Jauniacum. *Jaunay.*
Jauzellière (La). *Jauselière (La).*
Javarziacum ; Javersais ; Javersayum. *Javarzay.*
Jay ; Jaye. *Geay.*
Jayldres. *Jadre.*
Jaytière (La). *Gétière (La).*
Jayum. *Geay.*
Jellouzière (La). *Gelousière (La).*
Jelouzière (La). *Jelosière (La).*
Jemmeaulx. *Jumeaux (Les).*
Jenanchère (La). *Genanchère (La).*
Jenchaudière (La). *Juchaudière (La).*
Jenchère (La). *Jinchère (La).*
Jeollière (La). *Jolière (La).*
Jeu. *Pas-de-Jeu.*

Jeule. *Jule.*
Jey. *Geay.*
Jinchère (La). *Inchères (Les).*
Jobelinière (La). *Joblinière (La).*
Jobetère (La) ; Jobetière (la). *Jobtière (La).*
Jobretet. *Joubertet.*
Joccus ; Jocus. *Pas-de-Jeu.*
Joec. *Geay (Le Grand).*
Joec ; Johec. *Jouhé.*
Joheonnère (La). *Jaunière (La).*
Joigère (La). *Jonchère (La).*
Joit. *Joug (Le).*
Jollière (La). *Jolière (La).*
Jollonnière (La). *Jalonnière (La).*
Jollônnière (La). *Jolonnière (La).*
Jonelère (La). *Jaunelière (La).*
Jorvalière (La). *Journalière (La).*
Josberteria. *Jobtière (La).*
Joselière (La). *Jauzelière (La).*
Josselinère (La). *Jousselinière (La).*
Jotterie (La). *Lotterie (La).*
Jou (Le). *Joue (Le).*
Jou. *Pas-de-Jeu.*
Joubardière (La). *Jubardière (La).*
Joubertère (La). *Joubertière (La).*
Joubertrye (La). *Jouberteris (La).*
Jonbetère (La). *Jobtière (La).*
Joubretière (La). *Joubertière (La).*
Jouc (Le). *Joug (Le).*
Joudoynière (La). *Joudonnière (La).*
Joué. *Jouhé.*
Jouellière (La). *Joalière (La).*
Jouela ; Jouelcau. *Jouteaux (Les).*
Jouffraire (La) ; Jouffrayère (la) ; Jouffrèore (la). *Jauffrère (La).*
Jouhec ; Jouhet. *Jouhé.*
Jouhetoa. *Jouteaux (Les).*
Jouinyère (La). *Jouinière (La).*
Jounanchère (La). *Genanchère (La).*
Jounelère en Novi. *Jaunelière (La)* (Neuvy-Bouin).
Jouuellière (La). *Jalonnière (La).*
Jounières (Les). *Jaunières (Les).*
Jourlière (La). *Javretière (La).*
Journelère (La) ; Journellère (la). *Journalière (La).*
Jourr aière (La) ; Journelyère (la). *Jonnetière (La).*
Joussendère (La). *Jussandière (La).*
Joussomière (La). *Joussamière (La).*
Joussonot. *Joussanneau.*
Joutteau. *Joutteaux (Les).*
Jouyzère (La) ; Jouynière (la). *Jouinière (La).*
Joy ; Joye. *Geay (Le Grand).*
Joyuière (La). *Jouinière (La).*
Juchaudere (La) ; Juchaudière (la). *Juchaudière (La).*
Juchecorp ; Juchecorps ; Jucor. *Juscorps.*

Juderie (La). *Judrie (La).*
Juigné. *Jugny.*
Juillé. *Jule.*
Juillé. *Jules.*
Juinière (La). *Jouinière (La).*
Juliacum. *Juillé.*
Julles. *Jule.*
Julliacum. *Juillé.*
Jumeaux. *Jumeaux (Les).*
Jusecors. *Juscorps.*
Justière (La). *Jutière (La).*
Juvinière (La). *Julinière (La).*
Juzerie (La) ; Juzie (la). *Judrie (La).*

K

Kabanas (Villa ad). l. ind. de la viguerie de Melle.
Kabannas. *Chabannes.*
Kaciacus. *Chiché.*
Kampolius. *Champoly.*
Kampus clausus. *Clos-Bouchet (Le).*
Kassannas. *Chassignoles.*
Kastellœ. *Châtelliers (Les)* (Fontperron).
Kéreau (Le). *Quaireau (Le).*
Krovillu. *Carville.*

L

Labbée. *Abbaye (L').*
Labbée-les-la-Crepelle. *Crépelle (La).*
Labbiet. *Habit (L').*
Labbis. *Abbaye (L').*
Labita. *Habittes (Les).*
Labit Magot ; Labit Maugot. *Habit (L').*
Labourgère. *Aubourgère (L').*
Labye. *Sable (Le).*
Lacepaye. *Laspoix.*
Lacus Morine. *Lac-Morin.*
Lagarayre. *Égarère (L').*
Laguillon. *Aiguillon (L').*
Laiglaudère. *Églaudière (L').*
Laigné. *Leigné.*
Laigne. *Lhoumots.*
Laiguec. *Leigné.*
Laiguiacum. *Ligné.*
Laiguière. *Aiguière (L').*
Laiugné. *Leigné.*
Lairauldière. *Ayraudière (L').*
Lairbaudière. *Herbaudière (L').*
Lairegondeau. *Lhérigondeau.*
Lajaon ; Lajon. *Ageon (L').*
Laleaumère. *Laimière (La).*
Laleu ; Laleuf. *Alleu (L').*
Lalhier ; Lalier ; Lallier. *Allier (L')* (Cours).
Laliguolière. *Lignottière (La).*
Lalyer. *Allier (L')* (Saint-Médard).

TABLE DES FORMES ANCIENNES.

Lamaez. *Lamoi.*
Lamariacum. *Lamairé.*
Lambaon (Le). *Lambon (Le).*
Lamberatière (La) ; Lamberjatère ; Lamberjatlière. *Emberjatière* (*L'*).
Lambertère (La). *Lambertière (La).*
Lambertière (Fief de) . *Touche (La)* (Breuil-Chaussée).
Lambourgère. *Aubourgère (L').*
Lambraudère. *Braudière (La)* (Saint-Lin).
Lambrejatière. *Emberjatière (L').*
Lamfermerye. *Infirmerie (L').*
Lan. *Lens.*
Lanberjatière (La). *Emberjatière (L').*
Lnubon (Le). *Lambon (Le).*
Laubrejatière. *Emberjatière (L').*
Lancères ; Lancerlæ ; *Lancières.* Lancière.
Landa. *Lande (La).*
Landa ; Lande (la). *Landes (Les)* (Chantecorps).
Lande (La Petite). *Lande (La)* (Clavé).
Landa basse. *Lande (La)* (Les Échaubrognes).
Landebrandier. *Audebrandier (L').*
Lande de Parthenay (La). *Lande (La)* (Gourgé).
Landefraire ; Lande Fresne. *Landefrère.*
Lande Saint-Georges (La). *Lande (La)* (Gourgé).
Landes de l'Aynardère (Les). *Landes (Les)* (Chantecorps).
Landes Mocquet (Les) ; Landes Priolea (les). *Landes (Les)* (Saint-Aubin-de-Baubigné).
Landouzière. *Landuzière.*
Landraudière. *Andraudières (Les).*
Landrière (La). *Laudrière (La).*
Landrodière. *Andraudières (Les).*
Langebertières (Les) . *Angebertières (Les).*
Langevinière. *Angevinière (L')* (Messé).
Langibaudère. *Gibaudière (La).*
Langlée. *Longlée.*
Lanuerie. *Annerie* (*L'*).
Lans. *Lens.*
Lapheriacus. *Chavayné.*
Lapis in Pictonibus. *Saint-André-de-Niort.*
Lapopinaye. *Ébaupinaye (L').*
Lapparent. *Laparent.*
Larchambaudère. *Chambaudière (La)* (Vernou-en-Gâtine).
Larchambauderière. *Chambaudière* (*La*) (La Chapelle-Saint-Étienne).
Larchambaudière. *Archambaudière (L').*
Larchenauld ; Larchenault ; Larcheneaud. *Archeneau (L').*

Larcherie . *Archerie (L')* (Saint-Germier).
Lardière (La) ; *Lardcyria. Lardière (La).*
Lardézière. *Ardésière (L').*
Lardilière. *Ardilé (L').*
Lardinière (L'). *Ardinière (L').*
Lardoenière. *Ardonnière (L').*
Lardoisière. *Ardoisière (L').*
Lardoynère. *Ardonnière (L').*
Lardoysère. *Ardoisière (L').*
Largondea. *Lhérigondeau.*
Largouillerie. *Regouleries (Les).*
Larmenaudère . *Hermenaudière* (*L'*) (Verruye).
Larnolère. *Arnollières (Les)* (Amaillou).
Larnolère. *Renouillère (La).*
Larnou-Sicard. *Arnou (L').*
Larnoyère. *Arnollières (Les)* (Terves).
Larogneuse. *Rogneuse (La).*
Lartigault. *Artigaud (L').*
Lasne-Bouilière. *Ane-Boulère (L').*
Laspaix. *Laspois.*
Laspois. *Laspoix.*
Laspoix. *Laspois.*
Laspoye. *Laspoix.*
Lasepaie. *Espoir (L'),*
Lasepaye. *Laspoix.*
Lasie en Gastine. *Absie (L').*
Lassepais. *Laspois.*
Lassiette. *Assiette (L').*
Lasterie. *Lasterye. Latrie.*
Lastrie. *Latris* (Vouhé).
Lattrie ; *Lattrye. Latrie* (Vouhé).
Lauber. *Laubier.*
Laubergère. *Aubergière (L').*
Laubergière. *Auberyère (L').*
Lauberrière. *Aubrière (L')* (Saint-André-sur-Sèvre).
Laubertère. *Aubertière (L').*
Laubertère. *Audebertière (L').*
Laubespin. *Aubespin* (La Forêt-sur-Sèvre).
Laubespin - Chever . *Aubespin* (Les Fosses).
Laubinerie. *Aubinière (L').*
Laubounière. *Aubouinière (L').*
Laubourgère ; Laubourgère. *Aubourgère (L').*
Laubourgère. *Bourgère (La).*
Laubouynière. *Aubouinière (L').*
Laubregère. *Aubregère (L').*
Laubretière. *Audebertière (L').*
Laubrière. *Aubrière (L').*
Laucherie. *Oucherie (L').*
Laudairie. *Chapellerie (La).*
Laudairie. *Laudérie.*
Laudardière. *Loudardière.*
Laudbergère. *Audebergère (L').*
Laudbergère. *Bergère (La Haute).*

Laudebertière. *Audebertière (L').*
Laudemarère. *Eau-de-Marière (L').*
Lauderaudère. *Andraudière (L').*
Laudérie. *Audérie (L').*
Lauderye. *Laudérie.*
Laudigerie. *Audégerie (L').*
Laudonère. *Audouinière (L')* (Courlay).
Laudonnière ; Laudouinière. *Audonnière (L'),*
Laudouinière ; Laudouynère. *Audouinière (L')* (Saivre).
Laudouynière ; Laudoygnère, *Audouinière (L')* (Courlay).
Laudoynère. *Audonnière (L')* (Chiché).
Laudoyrie. *Laudérie.*
Laugerie ; Laugeril. *Augerie (L')* (Allonne).
Laugrenère ; Laugrenière ; Laugrenère. *Augrenière (L').*
Laujardière. *Augeardière (L').*
Laujardière. *Aujardière (L').*
Laujardière. *Loujardière.*
Laulnaye. *Mareuil.*
Laulnée. *Aunée (L').*
Laultremond ; Laultremont *Lautremont.*
Lauma. *Osme (L').*
Laumarière. *Aimerière (L').*
Laumellerie . *Hommellière* (*L*) (La Couarde).
Laumône. *Aumône (L')*
Laumônerie . *Aumônerie (L')* (Bressuire).
Laumosnerye. *Aumônerie (L')* (Théuczay).
Launay. *Aunay (L').*
Launay. *Aunée (L').*
Launay Bonnet. *Launay* (Saint-Marsault).
Launays. *Aunay (L')*
Laupitault. *Hôpiteau (L')* (Boussais)
Lauraire. *Auraire (L').*
Lauraire. *Orère (L').*
Laurayre. *Lauraire.*
Laurelle. *Lorelle.*
Laurenelère (La). *Laurancière (La).*
Laurère ; Laurrière. *Laurière (L').*
Laurrières. *Aurière (L').*
Laussandière. *Lossendière.*
Lautaissière ; Laulaizière. *Autaisière (L').*
Lautremond. *Lautremont.*
Laultize. *Autise (L').*
Lauvrardière. *Louvardière.*
Lauvregneuse ; Lauvrigneuse. *Lauvrgneuse.*
Lavau ; Lavaud. *Lavault.*
Lavaud. *Vault (La)* (Chantoloup).
Lavaud (Grande et Petite). *Vault* (*La*

TABLE DES FORMES ANCIENNES.

Grande et Petite) (La Chapelle-Thireuil).
Lavault. *Lavaux.*
Lavault Bossard. *Lavault* (Vançais).
Lavaux ; Laveau. *Lavault.*
Lay. *Lais.*
Laydetrie (La). *Laydet (Le fief).*
Laygne. *Lhoumois.*
Laygné. *Leigné.*
Laylló. *Allier (L') (Cours).*
Laymarère. *Lémarière.*
Laymerière. *Aymerière (L').*
Laymelière. *Émetière (L').*
Laynerie. *Ainerie (L').*
Layrablaye. *Itablais.*
Layrable. *Airable (L').*
Layraude. *Ayrande (L').*
Layraudère. *Airaudières (Les).*
Layraudère. *Héraudière (L').*
Layre. *Lair.*
Layregondea. *Lhérigondeau.*
Lays. *Lais.*
Laziacus *Lezay*
Lobaupinaye. *Ébaupinaye (L').*
L'bniguet ; Lebrignet. *Loubigné.*
Lécouts. *Coûts (Les) (Vançais).*
Loeng. *Lens.*
Légerie (La). *Égérie (L).*
Legeuyre ; Legueure. *Ligueure (La).*
Léguillon du bourg Chasion. *Aiguillon (L').*
Leguyre. *Ligueure (La).*
Leigne. *Ligny.*
Leignes. *Leigné* (Saint-Martin-de-Saint-Maixent).
Loiguère. *Ligueure (La).*
Lelmorière. *Émarière (L').*
Lembrejatière. *Chantebuzin.*
Lembrejatière. *Emberjatière (L').*
Lémerière. *Aimerière (L').*
Lemgna. *Leigné*. (Saint-Martin-de-Saint-Maixent).
Lénounière. *Limonnière.*
Lemousinère (La) ; Lemousinère (la). *Limousinière (La).*
Lemousinère (La). *Mousinière (La).*
Lemouzinière au Gast (La). *Limousinière (La)* (Vernou-en-Gâtine).
Lempgnes. *Leigné* (Saint-Martin-de-Saint-Maixent).
Lempniacus. *Leigne (La).*
Lénardière. *Énardière (L').*
Lenbroyoère. *Ambrouinière (L').*
Lenbroynère. *Embruinière (L').*
Lendraudère ; Lendrodyère (La). *Andraudières (Les).*
Lenfermerie. *Infirmerie (L').*
Lengebertière. *Angebertières (Les).*
Leugevinière. *Angevinière* (Mazières-en-Gâline).

DEUX-SÈVRES.

Lengua. *Leigné* (Saint-Martin-de-Saint-Maixent).
Lenjoberlère *Angebertières (Les).*
Lentillé. *Nantilly.*
Lenz. *Lens.*
Lépine. *Épine (L').*
Lepinier. *Pinier (Le).*
Léraudière. *Ayraudière (L').*
Léraudière. *Rodière (La).*
Lerbaudère ; Lerbaudière. *Herbaudière (L').*
Lerbergement-de-Saint-Maixent. *Milan.*
Lergondeau. *Lhérigondeau.*
Lermenaudière. *Hermenaudière (L').*
Lermessain. *Hermecin (L').*
Lermitain ; Lormitou. *Hermitain (L').*
Lernaium. *Lernay.*
Lerpinière ; Lerpynyère. *Herpinière (L')* (L'Enclave).
Lers. *Lair.*
Lervallière. *Revallière (La).*
Lès. *Lais.*
Lesay. *Lezay.*
Lesbaupinaye. *Ébaupinaye (L').*
Lescariotère ; Lescariotyère. *Curiotières (Les).*
Lescarlatière. *Écarlatière (L').*
Lescaryottière. *Cariotières (Les).*
Leschacerie ; Leschasserie. *Échasserie (L').*
Lesclaucherie. *Esclaucherie (L').*
Lesgarayre. *Égarère (L').*
Lesglaudère. *Églaudière (L').*
Lesgné. *Leigné.*
Lesgonnère. *Égonnière (L').*
Lesmarière. *Émerière (L').*
Lesmelotière ; Lesmellotère. *Lemnotière.*
Lesmerière ; Lesmerières. *Aimerière (L').*
Lesmeryère. *Émerière (L'.)*
Lesmonère ; Lesmounière. *Limonnière.*
Lespaignea. *Pagneux (Le).*
Lespaus. *Aspoix (L').*
Lespinasse. *Espinasse (L').*
Lespinay ; Lespinaye. *Épinay (L').*
Lespine. *Épine (L').*
Lespinée ; Lespinoie ; Lespinoye. *Épinay (L').*
Lespois. *Laspois.*
Lespoy. *Époix (Les).*
Lesquariotère. *Cariotières (Les).*
Lesralère. *Itallière (L').*
Lesrandière. *Airaudières (Les).*
Lesrière. *Airière (L').*
Lesserton. *Esserton (L').*
Lestauget. *Étanchet.*
Lestant. *Étang (L') (Bouin).*
Lestauraire. *Étorière (L').*
Lestière. *Laitière (La).*

Lestieuil. *Éteil (L').*
Lestorayre ; Lestorière. *Étorière (L').*
Lestorère ; Lestorière. *Étorière (L').*
Létaurie. *Étaurie (L').*
Lou (La). *Alleu (L')* (Thorigné).
Lougné. *Leugny.*
Lougné. *Lugné.*
Lousseray. *Lusseray.*
Levrardière (La). *Vérardière (La).*
Levraudière (La). *Levraudière (La).*
Loxarton. *Esserton (L').*
Loxtorière. *Étortière (L').*
Leygué. *Leigné.*
Leygnee. *Ligné.*
Leygnes. *Leigné* (Saint-Martin-de-Saint-Maixent).
Leyssé. *Loizé.*
Lezai ; Lezaium ; Lezayum ; Lezeiacus ; Leziacus. *Lezay.*
Lhabit Manget. *Habit (L').*
Lhermessain. *Hermecin (L').*
Lhermitau. *Hermitain (L').*
Lhomelière. *Hommellière (L').*
Lhommaye ; Lhommois ; Lhomois. *Lhoumois.*
Lhopitau ; Lhopitault. *Hôpiteau (L')* (Boussais).
Lhor de Poictiers ; Lhort de Poictiers. *Lort-Poitiers.*
Lhosme du Moulin. *Homme-du-Moulin (L').*
Lhospitault. *Hôpiteau (L')* (Saint-Martin-du-Fouilloux).
Lhoumoye ; Lhoumoys. *Lhoumois.*
Lhouscherie. *Oucherie (L').*
Lhumau. *Humeau (L').*
Lhumeau. *Lineau (Le)* (Romans).
Libardo. *Libardon.*
Libaudère (La). *Libaudière (La).*
Libaudières (Les). *Libaudière (La)* (La Chapelle-Saint-Étienne).
Libiniacus. *Loubigné* (Exoudun).
Liborlère (La) ; Libournère (la). *Libortière (La).*
Lié (Le Vieux et le Petit). *Lié (Le Vieux et le Jeune).*
Lierre (La). *Alière (L').*
Ligayne. *Ligaine.*
Ligeonne (La). *Ligonne.*
Ligeria ; Ligerie (la). *Légerie (La).*
Ligerou. *Ligron.*
Ligneo. *Leigné.*
Lignoium (Vetus). *Ligron.*
Liguayne. *Ligaine.*
Liguerre. *Aiguière (L').*
Liguesne. *Ligaine.*
Ligueuro. *Touche-Poupart (La).*
Liguyre. *Ligueure (La).*
Lilea. *Lileau. Illeau (L').*
Lileau ; *Ilot (L').*
Limalougiæ. *Limalonges.*

42

330 TABLE DES FORMES ANCIENNES.

Limoilleau. *Limouillas.*
Limonière ; Limonnère. *Limonnière.*
Limons. *Limon.*
Limor. *Limort.*
Limouillon. *Limouillas.*
Limouzinière (La). *Limousinière (La).*
Limozinère sur Sèvre (La). *Limouzinière (La)* (Vernou-en-Gâtine).
Limozinière (La). *Limousinière (La).*
Linalos. *Lineau (Le)* (Romans).
Linau. *Lineau.*
Linaud (Le). *Lineau (Le).*
Linauds (Les). *Lineau (Le)* (Les Aubiers).
Linault. *Lineau.*
Linault (Le). *Lineau (Le)* (Romans).
Linaulx Jousseaume (Les). *Lineau (Le)* (Nueil-sous-les-Aubiers).
Linaus (Les). *Lineau (Le)* (Saint-Porchaire).
Linaux (les) ; Lineaux ; Lineaux (les). *Lineau (Le)* (Nueil-sous-les-Aubiers).
Liners. *Ligners.*
Liners. *Liniers.*
Linotière. *Lintière.*
Lingaudère. *Lingaudière (La).*
Lingné. *Leugny.*
Lingremaillière ; Lingremalière. *Ingremaillère (L').*
Linguandère (La). *Lingaudière (La).*
Liniers. *Ligners.*
Linières (Les Grans). *Linière* (Saint-Aubin-le-Cloud).
Linots Jousseaulmes (Les). *Lineau (Le)* (Nueil-sous-les-Aubiers).
Linvonnière. *Ivronnière (L').*
Liolière. *Iolière (L').*
Lisle. *Isle (L').*
Lisle. *Isles (Les)* (Saint-Georges-de-Noisné).
Lislea. *Ilot (L').*
Lisleau. *Illeau (L').*
Lisleau. *Ilot (L').*
Livoys. *Livois.*
Livronnière. *Ivronnière (L').*
Lizières (Les). *Lisières (Les).*
Lobatère (La). *Loubatière (La).*
Lobeilliacum ; Lobilhé ; Lobilhiacum ; Lobiliacum ; Lobillé ; Lobilliee. *Loubillé.*
Loblanda. *Loublande.*
Lobortera (La). *Aubertière (L').*
Loberzai. *Laubreçais.*
Locquetère (La) ; Locquetière (la). *Margot (Le).*
Lodairie. *Laudérie.*
Lodonière. *Audonnière (L')* (Nueil-sous-les-Aubiers).
Loge Boiceau. *Lorge-Boisseau.*
Loge Morcillon (La) ; Loge Morillon (la). *Loge (La)* (Mauzé-Thouarsais).

Logerie. *Augerie (L').*
Logerie. *Ogerie (L').*
Loges (Les). *Loge (La)* (Moncoutant).
Loges Boissées (Les). *Loges-Boussy (Les).*
Loges de Vermette (Les). *Loges (Les)* (La Chapelle-Gaudin).
Logiis (Feodum de). *Loges (Les)* (Ensigné).
Logue Péroguy (La). *Loge (La)* (Coulonges-Thouarsais).
Loigne. *Ligny.*
Loing. *Louin.*
Loisee ; Loiseeq. *Loizé.*
Loisses (Les). *Lèses (Les).*
Lolivet. *Olivette (L').*
Lolivrie. *Oliverie (L').*
Lomaye. *Lhoumois.*
Lomaye. *Loumois.*
Lomaye. *Oumois (L').*
Lombrye (La). *Loubrie (La).*
Lommaye ; Loumaye. *Lhoumois.*
Lonay. *Launay.*
Lonhon (Le). *Lambon (Le).*
Londères ; Londières. *Londière.*
Longays (Les) ; Longeays (les). *Longeais (Les).*
Longeville. *Longueville.*
Longueraire (La) ; Longue Rayre (La) ; Longuerraire (La). *Longraire (La).*
Longueville. *Longueville.*
Longueville en Étusson. *Longueville* (Étusson).
Lonin. *Louin.*
Lonnay ; Lonnaye. *Launay.*
Looin ; Loong ; Loonum. *Louin.*
Lopital d'auprès Mauléon. *Temple (Le).*
Lopitau do puy de Neyron ; Lopitault. *Hôpiteau (L')* (Boussais).
Lopitault de la Boixière-en-Gâtine. *Hôpiteau (L').*
Loppitau. *Hôpiteau (L')* (Boussais).
Lorberie. *Lorbrie.*
Lorbitelle. *Orbitelle (L').*
Lorbrie. *Orberie(L').*
Lorbrye. *Lorbrie.*
Lor de Poictiers. *Lort-Poitiers.*
Lorentière (La). *Laurancière (La).*
Lorgeboisseau. *Lorge-Boisseau.*
Lorgère. *Orgère (L').*
Lorgné ; Lorgnec ; Lorignet ; Lorigny ; Lorneg ; Lorniacum. *Lorigné.*
Lort-de-Poictiers ; Lort de Poictiers-lez-Saint-Maixent. *Lort-Poitiers.*
Losbartère. *Aubertière (L').*
Losme *Homme(L').*
Losme. *Osme (L').*
Losme. *Puits-de-l'Aume.*
Lospital de Puy Neiron. *Hôpiteau (L')* (Boussais).

Lospitau de Mauléon. *Temple (Le).*
Lospitau du Puy Néron ; Lospitau de Puyneyron. *Hôpiteau (L')* (Boussais).
Lospitault. *Hôpiteau (L').*
Lospitaut. *Hôpiteau (L')* (Saint-Martin-du-Fouilloux).
Lottize. *Autise(L').*
Loubatère (La). *Loubatière (La).*
Loubigny. *Loubigné.*
Loubilhee. *Loubillé.*
Loublardère. *Lambillardière.*
Loublaude. *Loublande.*
Loubotère (La). *Loubatière (La).*
Loubressay. *Laubreçais.*
Loucherie. *Oucherie (L').*
Louchotte. *Ouchette (L').*
Loudérie. *Audérie (L')* (Largeasse).
Louerie (La). *Lourie (La).*
Louhin. *Louin.*
Louizière (La). *Louisière (La).*
Louliere. *Oullière (L').*
Loumay ; Loumaye. *Lhoumois.*
Loumeau. *Ormeau (L').*
Loumeau *Houmeau (L').*
Loumellerie. *Hommellerie (L).*
Loung. *Louin.*
Lourcerie. *Ourserie (L').*
Loursaudère. *Lussaudière.*
Lourselière (L'). *Oussetière (L').*
Lourserie ; Lourserye. *Ourserie (L').*
Lourssaudère. *Lussaudière.*
Lousche. *Ouche (L').*
Lousche-aux-Chales. *Chales (Les).*
Louscherie. *Oucherie (L').*
Lousmeau. *Houmeau (L').*
Louslière. *Loulière.*
Lousmée. *Homme (L').*
Lousmée. *Lhoumée.*
Lousy. *Louzy.*
Louxaudière. *Lussaudière.*
Louzi en Thoarçoys. *Louzy.*
Loyng. *Louin.*
Loys (Les). *Lois (Les).*
Lozi ; Loziacum. *Louzy.*
Lubiliacum. *Loubillé.*
Lubiniacum. *Loubigné.*
Luc. *Luc (Le).*
Luçay. *Lussay.*
Lucayum. *Lussay.*
Luceray. *Lusseray.*
Lucère (La). *Lucière (La).*
Lucère (La). *Lussière (La).*
Luceriæ. *Lucière (La Petite).*
Luchee. *Luché-sur-Briouæ.*
Lucheium. *Luché-Thouarsais.*
Luchet ; Luchiacum. *Luché-sur-Brioux.*
Luchioum. *Luché-Thouarsais.*
Lucière (La). *Lussière (La).*
Lucis (Terra de duobus). *Luc (Le)* (Saint-Martin-de-Sanzay).

TABLE DES FORMES ANCIENNES.   331

Lucron (Villa). *Ligron.*
Lucyère (La). *Lucière (La).*
Lugô. *Lugée.*
Lugué ; Lugny. *Leugny.*
Luguotière. *Luctière (La).*
Luigné. *Leugny.*
Luigne. *Louin.*
Luisselère. *Luisselière.*
Luizières (Les). *Élusière (L').*
Lumeau. *Marché (Le)* (Secondigny).
Lunalonga ; Lunalongo. *Limalonges.*
Lunardère (La). *Lunardière (La).*
Lunières (Les). *Lunière (La).*
Lupæ de Botræ. *Loubatière (La)* (La Ronde).
Lupchiacus. *Luché-sur-Brioux.*
Lupiniacum. *Loubigné* (Exoudun).
Luque. *Luc.*
Lusaium ; Lusay ; Lusayum. *Luzay.*
Lusaudière. *Lussaudière.*
Luseray. *Lusseray.*
Lusiacum. *Luzay.*
Lussaudère. *Lussaudière.*
Lussaudière. *Ussaudière (L').*
Lussay. *Lussais.*
Lussayum. *Lussay.*
Lusseleire. *Luisselière.*
Lusseraye. *Lusseray.*
Lussière (La). *Lucière (La).*
Lussolière ; Lussolières. *Ussolière (L').*
Luxay. *Lussais.*
Luxeray ; Luxeria. *Lusseray.*
Luxières (La). *Lucière (La).*
Luygné. *Leugny.*
Luygné. *Lugné.*
Luzais. *Luzay.*
Luzi. *Louzy.*
Lybonnière (La). *Libonnière (La).*
Lymonnière. *Limonnière.*
Lymons. *Limon.*
Lynaulx Badotz. (Les). *Lineau (Le)* (Les Aubiers).
Lyonnière (La). *Lionnière (La).*
Lysambardère. *Izambodère (L').*
Lyvernière. *Livernière.*
Lyvois. *Livois.*

M

Maacon. *Saint-Martin-de-Mâcon.*
Maceriæ. *Mazières-en-Gâtine.*
Maceriolus. *Mazières-sur-Béronne.*
Machat ; Machaicum. *Massais.*
Machart. *Machard.*
Macheries. *Mazières-en-Gâtine.*
Macignac. *Massigny.*
Macquetière (La). *Mactière (La).*
Madalayne (La) ; Madelaine (la). *Madeleine (La).*
Madeleine (Prieuré de la). *Maison-Dieu (La).*

Madouèro (La). *Madoire (La).*
Madronas. *Marnes.*
Maduèro (La). *Madouère (La)*
Maeroc. *Mairé-Lévescault.*
Maeret (La). *Lamairé.*
Magault. *Magaud.*
Magnardière (La). *Mougnardière (La).*
Magnec ; Magnet. *Magné.*
Magni. *Magny (Le).*
Magniacum. *Magné.*
Magniacus. *Magné* (Aigonnay).
Magnigoste ; Magnigouste. *Ménigoute.*
Magniouz (Le). *Magnou (Le).*
Magnis. *Magny (Le).*
Magnonnère (La). *Magnonnière (La).*
Magnonnerie (La). *Magnonnière (La)* (Chey).
Magnou (Le). *Magnoux (Le).*
Magnoul (Le). *Magnou (Le).*
Magnus Campus. *Grand-Champ.*
Magny-sur-Beaumont (Le) ; Magny sur Laurayre (le). *Magny (Le)* (Clazay).
Mahonnère (La Grant). *Mahonnière (La).*
Maié. *Mayé.*
Maigné ; Maignec. *Magné.*
Maignère (La). *Magnère (La).*
Maignerie (La). *Magnerie (La).*
Maigni (Le). *Magny (Le)* (Clazay).
Maignio. *Magnoux (Le).*
Maigniou (Le). *Magnou (Le).*
Maignis (Le). *Magny (Le)* (Clazay).
Maignounère (La) ; Maignonnière (la) ; Maignonnyère (la). *Magnonnière (La).*
Maignou (Le). *Chapelle (La)* (La Mothe-Saint-Héraye).
Maignou (Le). *Magnou (Le).*
Mailhé ; Maillé ; Maillé (le). *Maillé.*
Mailleroux. *Mailleroue.*
Mainardière (La). *Ménardière (La).*
Maingaultère (La). *Mingotière (La).*
Maingodus. *Magot.*
Mainigouelo. *Ménigoute.*
Mairaudoria. *Marandière (La).*
Mairé (Le). *Lamairé.*
Mairé (Le). *Méré.*
Mairec. *Mairé-Lévescault.*
Maireg. *Mairé.*
Mairé-Lévescaut ; Mairé-Lévesquau. *Mairé-Lévescault.*
Mairetus. *Mairé.*
Mairiacum. *Mairé-Lévescault.*
Mairiacus. *Mairé.*
Mairière (La). *Brunencheliere (La).*
Mairière (La). *Mairé (La).*
Maisgnerye (La). *Magnerie (La).*
Maisnil ; Maisnile. *Ménie (La).*
Maison (La Petite). *Maisons (Les Petites)* (Clavé).

Maison (La Petite). *Maisons (Les Petites)* (Verruye).
Maisonais. *Maisonnais.*
Maisoncelles. *Maisoncelle.*
Maison-Dieu de Partenay (La). *Maison-Dieu (La).*
Maisonuès. *Maisonnais.*
Maison Neufve (La). *Maison-Neuve (La).*
Maison-Neuve (La). *Girardière (La)* (L'Enclave-de-la-Martinière).
Maison Neuve. *Maisons-Neuves (Les).*
Maison Neuve Maulay. *Maulay* (Saint-Loup).
Maisons-Blanches (Les). *Maison-Blanche (La)* (Loubillé).
Maisouscelles ; Maisonsel. *Maisoncelle.*
Maisouthiers ; Maisou Ythiers ; Maisuns Iters. *Maisontiers.*
Malabry. *Malabrit.*
Malabryt. *Malabry.*
Maladrerie de Partenay (La). *Maladerie (La).*
Maladrerie (La). *Taillepied.*
Maladrie (La). *Maladerie (La)*
Mala Spina. *Malépine.*
Malenoue. *Malnoue.*
Maleon ; Maleonium. *Châtillon-sur-Sèvre.*
Malescrte. *Malscrpe.*
Malespine. *Malépine.*
Malessarte. *Malscrpe.*
Malet. *Mallet.*
Malevau ; Malevaut. *Malvault.*
Malhubrit ; Mallabrit. *Malabry.*
Malle. *Melle.*
Mallebranchère (La) . *Malbranchère (La).*
Mallee. *Melle.*
Malleo ; Malleonium. *Châtillon-sur-Sèvre.*
Mallerosse. *Mailleroue.*
Malli ; Mallicum. *Maillé.*
Mallinerie (La). *Malinerie (La).*
Maloleone (Castellum de). *Châtillon-sur-Sèvre.*
Malrepast. *Maurepas.*
Malserte. *Malscrpe.*
Malsiacus. *Mauzé-sur-le-Mignon.*
Malum Consilium. *Monconseil.*
Malum Pertusum. *Maurepas.*
Malum Traversum. *Montravers.*
Malus Leo. *Châtiolln-sur-Sèvre.*
Malvaudrie (La). *Malvauderie (La).*
Malveault. *Malvault.*
Manchet. *Marichet (Le).*
Mandegault. *Mandegaud.*
Mandrau (La). *Moindreau (La).*
Mandraut. *Mindrault.*
Mangottière (La). *Mingotière (La).*
Manière (La). *Magnère (La).*

Manigoste ; Manigouste ; Manigoute. *Ménigoute.*
Mantelleria (La). *Mantelière (La).*
Manygoste. *Ménigoute.*
Maquelière (La) *Maclière (La).*
Maquelin (Le). *Marclin (Le).*
Marais (Le) ; Marais de Lezay (les). *Marais (Les).*
Marandère (La). *Marandière (La).*
Maranzay ; Maranzé. *Maranzais.*
Marccium. *Marchais (Les).*
Marcelère (La). *Marchetière (La).*
Marchais (Les). *Marché (Le).*
Marchais-Rabits (Les). *Marchais (Les)* (Saint-Pierre-à-Champ).
Marchandière (La) . *Marchanderie (La).*
Marchay (Le) ; Marchays (le) . *Marchais (Le).*
Marchays. *Marchais (Les).*
Marche de Brion (La). *Marche (La).*
Marchés Trutet (Les). *Marchais Trutet (Les).*
Marches (Le Petit). *Marchais (Le Petit).*
Marciliacus (Villa). *Marcilly.*
Marcillé. *Marsilly.*
Marclemue ; Marclengne ; Marclenne ; Marclennes. *Marclaine.*
Marconay (La Motte de). *Épine (L')* (Chérigné).
Marcussau. *Martusseau.*
Marcusson. *Marcusson.*
Mardouillère (La) . *Margoulières (Les).*
Mardres ; Mardun. *Mardre.*
Marenicum. *Marigny.*
Marenziacus. *Maranzais.*
Maresium. *Marais (Les)* (Lezay).
Mareuil (Le). *Moreuil (Le).*
Marez (Les). *Marais (Les).*
Marfondière (La). *Marsaudières (Les).*
Marfondière (La). *Mirfondière (La).*
Marguoc. *Marigny.*
Mariacum ; Maricum. *Lamairé.*
Mariacum episcopalem ; *Mariacus. Mairé-Lévescault.*
Marière (La). *Marières (Les).*
Marigné ; Mariguoc. *Marigny.*
Marinzagum. *Maranzais.*
Marlouges (Les). *Merlonges (Les).*
Marmot. *Marmette.*
Marnæ. *Marnes.*
Marnerie (La). *Monnerie (La).*
Marnciæ. *Marnes.*
Marniacus. *Marigny.*
Maroil. *Mareuil (Le).*
Marois (Les). *Marchais (Le)* (Nueil-sous-les-Aubiers).
Marole. *Marolle.*

Marolium. *Mareuil (Le),* riv.
Maronzay. *Maranzais.*
Marotère (La). *Marotière (La).*
Marouziacum. *Maranzais.*
Maroys (Les). *Marais (Les).*
Marquelaine. *Marclaine.*
Marquisère (La); Marquizière (la). *Marquisière (La).*
Marrière (La). *Marière (La).*
Marrinières (Les). *Mornières (Les).*
Marrelère (La). *Mariolière (La).*
Marsatière (La). *Massatrie (La).*
Marsaudère (La) ; *Marsaudière (la) . Marsaudières (Les)* (Saint-Amand-sur-Sèvre).
Marses. *Marsay* (Théneezay).
Marsetière (La). *Marchetière (La).*
Martelère (La) ; Martelière (la). *Martelerie (La).*
Martellère (La) ; Martellerie (la) ; Martellerye (la). *Martelière (La).*
Martellière (La). *Martelerie (La).*
Martellière (La). *Martelière (La).*
Martigné. *Martigny.*
Martinère (La). *Martinière (La).*
Martogère (La). *Martaugère (La).*
Martreio. *Martrière (La).*
Martreuil. *Assonne (L').*
Maruillère (La). *Marelière (La).*
Masbouet (Le). *Mabouet (Le).*
Mascigné ; Masciguec ; *Masciguiacum ; Masciniacum. Massigny.*
Mascone ('Ecclesia de) ; Mascons. *Saint-Martin-de-Mâcon.*
Masdre. *Mardre.*
Masère. *Mazières-sur-Béronne.*
Maseriæ. *Mazières-en-Gâtine.*
Masgny. *Magny (Le).*
Maslerant. *Melleran.*
Masonerie (La). *Masurie (La).*
Massay. *Massais.*
Massay ; Massee. *Messé.*
Massien. *Massient.*
Massigué ; Massiniaca (Villa). *Massigny.*
Massins. *Mazin.*
Massonne (La). *Maponne (La).*
Massuyeu. *Massient.*
Mastinerie (La). *Matinerie (La).*
Masus. *May (Le).*
Masus Romaniacus. *Saint-Romans-lez-Melle.*
Materiæ. *Mazières-en-Gâtine.*
Mateyum. *Massais.*
Matheriæ. *Mazières-en-Gâtine.*
Mathière (La). *Matière (La).*
Matriacus. *Mairé-Levescault.*
Matriticum. *Lamairé.*
Mats (Lo). *Mars (Le).*
Matthère (La). *Matière (La).*
Maucaurière (La). *Maucarrière (La).*

Mauconseil (Le Grand). *Monconseil (Le Grand).*
Maucourrière (La). *Maucarrière (La).*
Maucouvert. *Monconverte.*
Maucoyrère (La). *Maucarrière (La).*
Maulay ; Maulayum. *Maulais.*
Maulconseil (Le Petit) . *Monconseil (Le Petit).*
Mauleion ; Mauleo ; Mauleonium ; Mauleum. *Châtillon-sur-Sèvre.*
Maullay ; Maullayo. *Maulais.*
Maulnay. *Mannay.*
Maulrière (La). *Maurière (La).*
Maulrivet. *Maurivet.*
Maulteré. *Mautré.*
Maulyium. *Châtillon-sur-Sèvre.*
Maunai ; Maunayum. *Maunay.*
Maunegrère (La). *Monégrière (La).*
Mauneium. *Maunay.*
Maupertus ; Maupertuy. *Maupertuis.*
Maupetitère (La). *Maupetitière (La).*
Mauquoyrère (La) . *Maucarrière (La).*
Mauregaine ; Maureguaine ; Mauriguegne. *Morguaine.*
Maurrière (La). *Maurière (La).*
Maurriette. *Moriette (La).*
Mauriette. *Mauriette.*
Mausaycus. *Mauzé-Thouarsais.*
Mausé ; Mausé (le Veil) ; Mauseacus ; Mausec ; Mauseie ; Mauseium. *Mauzé-sur-le-Mignon.*
Mauseium. *Mauzé-Thouarsais.*
Mausi (Castrum) ; Mausiacum ; Mausiacus. *Mauzé-sur-le-Mignon.*
Maussolière (La). *Moussolière (La).*
Maustré. *Mautré.*
Mausy. *Mauzé-sur-le-Mignon.*
Mautoré. *Mautré.*
Mauteru. *Monteru.*
Mautheró ; Mautrée. *Mautré.*
Mauxpertuis. *Maupertuis.*
Mauzay ; Mauzé (le Vieil) ; Mauzé (castrum) ; Mauziacus. *Mauzé-sur-le-Mignon.*
Maxien (Le Grand). *Massient.*
May (Le). *Maye (Le).*
Mayo (La). *Met (Le).*
Maylayeam. *Melleran.*
Maynardère (La) ; Maynardère (la). *Ménardière (La).*
Maynardière-Vandel (La). *Ménardière (La)* (Luché-Thouarsais).
Maynaudière (La). *Menaudière (La).*
Mayndrouse. *Moindrouse.*
Maynnardère (La). *Ménardière (La).*
Mayré. *Motte-de-Saint-Denis-de-Mairé (La).*
Mayré. *Mairé-Lévescault.*
Mayré (La). *Lamairé.*

TABLE DES FORMES ANCIENNES.

Mayrec. *Mairé.*
Mayrec ; Mayriec. *Mairé-Lévescault.*
Maysleran. *Melleran.*
Maysoncelles. *Maisoncelle.*
Maysonnays. *Maisonnais.*
Mazain. *Mazin.*
Mazeires ; Mazères. *Mazières-en-Gâtine.*
Mazères. *Mazière* (La Boissière-Thouarsaise).
Mazeriæ. *Mazières-sur-Béronne.*
Mazeriæ. *Mazières-en-Gâtine.*
Mazerolles. *Mazerolle.*
Mazières. *Mazière* (La Boissière-Thouarsaise).
Mazins. *Mazin.*
Mazurie (La). *Masurie (La).*
Mazzozetia. *Massotière (La)*
Mébretant. *Mébertrand.*
Médavi. *Mondavid.*
Medilum ; Medolus. *Melle.*
Mœnye (La). *Ménie (La).*
Megallant. *Migalant.*
Megaudum. *Migaudon.*
Megon. *Mougon.*
Meiglô. *Mélier.*
Meigné. *Magné.*
Meillé. *Mélier.*
Meiller. *Maillé* (Villefollet).
Meilleran. *Melleran.*
Meillerais (La). *Meilleraye (La).*
Meiteierie (La). *Métairie (La).*
Melay. *Melet.*
Melesiart. *Melzéard.*
Mella. *Melle.*
Mellé. *Melé.*
Melleium. *Melle.*
Melleraie (La) ; Melleroie (la). *Meilleraye (La).*
Melleziar. *Melzéard.*
Mellum. *Melle.*
Melonnière (La). *Menonière (La).*
Melziar ; Melziard. *Melzéard.*
Memitière (La). *Mémetière (La).*
Menantelère (La) ; Menautelères (les). *Menantelière (La).*
Menantère (La). *Menantière (La).*
Menaudère (La). *Menaudière (La).*
Mendraut. *Mindrault.*
Menigouste ; Menigout. *Ménigonte.*
Menonnère (La). *Menonière (La).*
Menotrie (La). *Menotterie (La).*
Menottières (Les). *Lemnotière.*
Meollière (La). *Miolière (La).*
Meotulum. *Melle.*
Méraudière (La). *Marandière (La).*
Merçay. *Mursay.*
Meré ; Meriacum. *Mairé.*
Mérilec ; Mérilly. *Mérillé.*
Merle-Fougereuse. *Fougereuse (La).*
Merlère (La). *Meurlière (La).*

Merlié. *Mérillé.*
Mesbretand. *Mébertrand.*
Meschinardière (La). *Michenardière (La).*
Mese. *Missé.*
Mesle. *Melle.*
Mesloran. *Melleran.*
Mesleray (La) ; Mesleraye (la). *Meilleraye (La).*
Meslié. *Mélier.*
Mesnagerie (La). *Ménagerie (La).*
Mesnardière (La). *Ménardière (La).*
Mesrée (La). *Lamairé.*
Messey. *Missé.*
Mestaierie (La). *Métairie (La).*
Mestairie (La). *Lière (La).*
Mestivière (La) ; Mestyverie (la). *Métiverie (La).*
Metalium ; Metalum ; Metdalum. *Melle.*
Metelière (La). *Martelière (La).*
Metère (La) ; Metères (Les). *Métière (La).*
Methulum ; Metlum. *Melle.*
Mette (La). *Met (La).*
Metulensa (Vicaria) ; Metulia ; Metulinsis (pagus) ; Metullum ; Metulum. *Melle.*
Meufflet ; Menflet. *Mufflet.*
Meules ; Meulle ; Meulles. *Meule.*
Meurelère (La) ; Meurelière (la). *Meurlière (La).*
Meyriacum. *Mairé-Lévescault.*
Miaulray. *Miauray.*
Mibretin. *Mibertin.*
Michelère (La) ; Michellière (la). *Michelière (La).*
Michentière (La). *Michintière (La).*
Michotlière (La). *Michollières (Les).*
Migaland ; Migallan ; Migallant. *Migalant.*
Mignaudière (La). *Miaudière (La).*
Mignée. *Migné.*
Migonnière (La). *Mignonnière (La).*
Milaurois (Le). *Miaurais.*
Milayront. *Millairon.*
Milepied. *Millepieds.*
Miletière (La). *Miltière (La).*
Millan. *Milan.*
Millanchoire. *Millancherie (La).*
Millau. *Milleau (Le).*
Millé (Le Grand). *Milly (Le Grand).*
Milleau. *Millaud (Le).*
Millé. *Saint-Jouin-de-Milly.*
Millé au Chevalier (Le). *Milly (Le Grand).*
Mille Auray. *Miaurais.*
Milleium. *Saint-Jouin-de-Milly.*
Millepin. *Billepain.*
Milleray (La). *Meilleraye (La).*
Milletière (La). *Miltière (La).*
Milliers. *Maillé* (Villefollet).

Milon. *Milan.*
Mimetière (La). *Mémetière (La).*
Mioray ; Miorray ; Miourray. *Miauray.*
Miraudcrie (La). *Mirauderie (La).*
Miremon ; Miresmon. *Miraimon.*
Mirfouillet. *Millefouillet.*
Mirray. *Miauray.*
Miserit. *Miseré.*
Misonary. *Mizauderie (La).*
Misotour. *Misotoux.*
Misremon. *Miraimon.*
Misseria. *Missé.*
Mizaulonde. *Mizotteau.*
Mizeré. *Miseré.*
Mizollière (La). *Mizoltière (La).*
Mocarière (La) ; Mocquarière (la). *Maucarrière (La).*
Mocquerat. *Maucrat.*
Moellière (La). *Moulière (La).*
Mœnie (Le). *Moinie (La).*
Mogon. *Mougon.*
Moignarderie (La). *Mougnardière (La).*
Moinardière (La). *Moinardières (Les).*
Moinie (La). *Moinerie (La).*
Moiny (La). *Moinie (La).*
Moiré le Bois. *Moiré.*
Molay. *Moulé.*
Molendina. *Moulins.*
Molendina Jousserant. *Moulin-Jousserant.*
Molendinum apud Sanctum Clementinum situm. *Moulin-du-Bourg-de-Saint-Clémentin (Le).*
Molendinum novum. *Moulin-Neuf (Le).*
Moles. *Meule.*
Molgonus. *Mougon.*
Molinettes (Les). *Morinettes (Les).*
Molin Josseran (Le). *Moulin-Jousserant.*
Molin neuf (Le). *Moulin-Neuf (Le).*
Molinote (La). *Moulinotte (La).*
Molins. *Moulins.*
Mollais ; Mollay. *Maulais.*
Mollendina. *Moulins.*
Molléon. *Châtillon-sur-Sèvre.*
Mombrim. *Saint-Léger-de-Montbrun.*
Monasteria. *Moutiers-sous-Chantemerle (La).*
Monasteria. *Moutiers.*
Monay. *Maunay.*
Monay. *Monnée.*
Mouay. *Mounée.*
Monbazon. *Monbason.*
Monbrum. *Saint-Léger-de-Montbrun.*
Monbuffon ; Monbufon. *Montbuffant.*
Moncea (Le) ; Monceaux. *Monceau.*
Moncelloys. *Moncelay.*
Monchouer. *Montcoué.*
Moncincum. *Monzais.*
Moncionnaire (La). *Maussionnière (La).*

334 TABLE DES FORMES ANCIENNES.

Moncoirière (La). *Maucarrière (La)*.
Moncostant ; Moncostanz. *Moncoutant*.
Moncoué ; Moncouer ; Moncouher. *Montcoué*.
Moncoustans. *Moncoutant*.
Munderose. *Moindrouze*.
Monea ; Moueie. *Monnée*.
Monerie (La). *Aumônerie (L')* (Secondigny).
Monfarmier. *Monfermier*.
Monfaulcon. *Monfaucon*.
Mongauguier. *Mongaudier*.
Mongonium. *Mougon*.
Mongrière (La). *Monégrière (La)*.
Monguimer ; Monguymer. *Monguimier*.
Monière (La). *Mounère (La)*.
Monjay. *Monzais*.
Monnaye. *Maunay*.
Monnaye. *Moundé*.
Monnerie (La). *Aumônerie (L')* (Saint-Amand).
Monnet. *Moinier (Le)*.
Monuie. *Monit*.
Monneye ; Monnoyes ; Monoye. *Monnée*.
Monpalaix ; Monpaleix. *Monpalais*.
Monpansier ; Monpencer. *Monpensier*.
Monquoi. *Montcoué*.
Mourimière. *Mérimier*.
Mons Achertus. *Montabert*.
Mons Airardi. *Monterrard*.
Mons Aramberti. *Montalembert*.
Mons Constancii ; Mons Constantis, Mons Contantius. *Moncoutant*.
Mons Coerius. *Montcoué*.
Monsellais (Le) ; Monselloys. *Moncelay*.
Mons en Prahecq. *Monts*.
Mons Bremberti ; Mons Heremberti. *Montalembert*.
Mons Monbrini. *Saint-Léger-de-Montbrun*.
Mons. *Mont*.
Mons. *Montaigu*.
Mons Paladius. *Monpalais*.
Nons Rostitus. *Puy-Rôti*.
Monssea (Le). *Monceau (Le)*.
Montageu. *Montaigu*.
Montail ; Montaille. *Monteil*.
Montalin. *Montaillon*.
Montardi ; Montardie. *Monthardt*.
Montavembert. *Montalembert*.
Montbrum ; Montbrung. *Saint-Léger-de-Montbrun*.
Montchevrier. *Monchevrier*.
Montcoutant. *Moncoutant*.
Mont-de-Millon (Le). *Milan*.
Monte albo (Vinea de). *Peu-Blanc (Le)*.
Montebrunum. *Saint-Léger-de-Montbrun*.
Monteclo ; Monteclocq ; Monteclot. *Montillot*.

Montée (La). *Montée-Blanche (La)*.
Montelière (La). *Mantelière (La)*.
Montenault. *Montenau*.
Monterouge. *Montée-Rouge (La)*.
Montes. *Mont*.
Monteuil. *Monteil*.
Montfaucon. *Monfaucon*.
Montfermier. *Monfermier*.
Montfumier. *Monfumier*.
Montgaudier ; Montgauguer ; Montgauguier. *Mongaudier*.
Monthouil (Le). *Monteil*.
Moutiacum. *Mont*.
Montifaud. *Montifaux*.
Montifault ; Montifaut ; Montiffault. *Montifau*.
Montignac (Le Grand). *Puy-de-Salles (Le)*.
Montignac ; Montignacum ; Montigny. *Montigné*.
Montimon. *Montimont*.
Montiniacum. *Montigné*.
Montiniacum. *Montigny*.
Montinicum. *Montigné (Pamprou)*.
Montoireau. *Montereau*.
Montornau. *Montourneau*.
Montors. *Montours*.
Montournant ; Montournau. *Montourneau*.
Monpalais. *Monpalais*.
Montralenbert. *Montalembert*.
Montrayme. *Monraime*.
Monts. *Mont*.
Montygné. *Montigny*.
Montymond. *Montimont*.
Montz. *Mons*.
Montz Freteau. *Monfreteau*.
Monzay. *Monzais*.
Moquoyrière (La). *Maucarrière (La)*.
Moquoyrière (La). *Salle-Guibert (La)*.
Morandère (La). *Morandière (La)*.
Morandière (La). *Mourandière (La)*.
Moraudière (La). *Marandières (Les)*.
Morelière (La). *Marelière (La)*.
Morepas. *Maurepas*.
Morestellère (La). *Moretellière (La)*.
Morgayne. *Morguaine*.
Moriette. *Moriette (La)*.
Morinère (La). *Morinière (La)*.
Morinette (La). *Morinettes (Les)*.
Morisetrye (La). *Morisetterie (La)*.
Morlère (La) ; Morlière (la). *Morelière (La)*.
Mormartin (La). *Mort-Martin (La)*.
Mornerye (La). *Monnerie (La)*.
Mornesinère (La). *Morsinières (Les)*.
Mornière (La). *Mournière (La)*.
Mornière (La). *Morinière (La)* (Le Pin).
Morrelière (La). *Morelière (La)*.
Morrière (La). *Maurtère (La)*.

Morsinières (Les). *Morsinières (Les)*.
Mortaigne ; Mortaigue. *Mortaigre*.
Mortais. *Mortay*.
Mortefons ; Mortefont ; Mortefonte. *Mortefond*.
Morte souris. *Montsouris*.
Mortevieille ; Mortevielle. *Morteveille*.
Morthiers ; Mortiers. *Mortay*.
Mortiers. *Mortier*.
Mort Vezinère (La) ; Morvezinière. *Morzinières (Les)*.
Mosgon. *Mougon*.
Mosinère (La). *Mousinière (La)*.
Mosnerie (La). *Aumônerie (L')* (Secondigny).
Mosnerie (La). *Monnerie (La)*.
Mota. *Motte (La)*.
Mota. *Motte-Jacquelin (La)*.
Mota. *Mothe-Saint-Héraye (La)*.
Mota. *Motte-aux-Gentilshommes (La)*.
Mota de Maloleone . *Mothe-des-Defandz (La)*.
Mota de Malo Leone. *Motte-du-Fief-l'Évêque (La)*.
Mota Sancte Alaye ; Mota Sancte Ileaye ; Mota Sancti Aredii. *Mothe-Saint-Héraye (La)*.
Mote (La). *Motte (La)*.
Mote Adhillé (La). *Motte (La)* (Azay-sur-Thoué).
Mote apud Faiam (La). *Motte (La)* (Faye-sur-Ardin).
Mote Bormaut (La). *Motte-Bourneau (La)*.
Mote Brisson (La). *Motte-Brisson (La)*.
Mote d'Alompue (La). *Motte (La)* (Saint-Jouin-de-Marnes).
Mote ou chasteau de Germond (La). *Mottes (Les)*.
Mote Sainct Éloy ; Mote Sainct Héraye ; Mote Sainte Heraye ; Mote Saint-Héraye (la). *Mothe-Saint-Héraye (La)*.
Motha. *Motte-aux-Gentilshommes (La)*.
Mothe (La). *Motte (La)*.
Mothe (La). *Motte-aux-Gentilshommes (La)*.
Mothe (La Grande). *Motte (La Grande)* (Saint-Aubin-le-Clou).
Mothe aux Pinthier. *Motte-au-Pintier (La)*.
Mothe Bachelon (La). *Motte (La)* (Ulcot).
Mothe Barret (La). *Motte-Barret (La)*.
Mothe Brisson (La). *Motte-Brisson (La)*.
Mothe Bruslain (La). *Motte-du-Bois (La)*.
Mothe Charoulière (La). *Charoulière (La)* (La Chapelle-Saint-Laurent).
Mothe de Beaumont (La). *Motte (La)* (Clazay).
Mothe de Coppoux (La). *Mottes (Les)*.

TABLE DES FORMES ANCIENNES. 335

Mothe de Coursay (La). *Coursay.*
Mothe de Germond (La). *Mottes-de-Germond (Les).*
Mothe de la Boixère en Gastine (La). *Motte-de-la-Boissière (La).*
Mothe de la Roche (La). *Motte (La)* (Saint-Loup).
Mothe de Mairé (La) ; Mothe de Saint-Denis de Mairé (la). *Motte-de-Saint-Denis-de-Mairé (La).*
Mothe de Saint Héraie (La). *Mothe-Saint-Héraye (La).*
Mothe des Isles (La). *Iles (Les)* (Échiré).
Mothe et Saint Eraye (La). *Mothe-Saint-Héraye (La).*
Mothe Genouillé (La). *Genouillé (Le).*
Mothe le Roux (La). *Motte-le-Roux (La).*
Mothe-Rataud (La). *Motte (La)* (Allonne).
Mothe Rouceau (La) ; Mothe Rousseau (la). *Motte (La)* (La Ronde).
Mothe Saint-Denis (La). *Motte-de-Saint-Denis-de-Mairé (La).*
Mothe Sainte Héraye (La) ; Mothe Sainte Raye (la) ; Mothe Saint Héray (la). *Mothe-Saint-Héraye (La).*
Mothe Saint-Jouin (La). *Motte (La)* (Saint-Jouin-de-Marnes).
Mothes Couppoux et Brisson (Les). *Mottes (Les).*
Mothes de Germond (Les). *Mottes de Germond (Les).*
Motoyr. *Moutiers.*
Motte (La). *Mothe (La).*
Motte (La). *Motte-Jarrière (La).*
Motte-aux-Pinthiers (La). *Motte-au-Pintier (La).*
Motte-Bouillé (La). *Bouillé* (Saint Varent).
Motte-Coppoux (La) ; Motte Couppox (la). *Mottes (Les).*
Motte de Beaumont (La). *Motte (La)* (Clazay).
Motte Limousin (La). *Mort-Limousin.*
Motte Rousseau (La). *Motte (La)* (La Ronde).
Mottes Brisson (Les). *Motte-Brisson (La).*
Mottes Coupoux (Les). *Mottes (Les).*
Motte-Tuffaud (La). *Motte-Tuffeau (La).*
Motte Xenteray (La). *Mothe-Saint-Héraye (La).*
Mottreau (Le). *Motreau (Le).*
Moucoaulx. *Monceau.*
Mouchedunc. *Mouchelune.*
Moucleris (La). *Mouclerie (La).*
Mougnarderie (La) ; Mougnardrie (la). *Mougnardière (La).*
Mougnouguière (La). *Magnonnière (La).*

Mouherie (La). *Mouère (La).*
Mouilhepain. *Mouillepain.*
Mouillepain. *Courtière (La)* (Azay-sur-Thoué).
Moulières (Les). *Mouillères (Les).*
Moulin-Bouton (Le). *Petitière (La).*
Moulin de Cizelle. *Moulin-de-Six-Ailes (Le).*
Moulin de la Joffraye (Le). *Moulin-Neuf* (Azay-sur-Thoué).
Moulin de Narçay (Le). *Moulin (Le)* (Loubillé).
Moulin des Renardières (Le). *Moulin-de-Saint-Paul-de-Parthenay (Le).*
Moulin du Bourc (Le). *Moulin-du-Bourg-de-Saint-Clémentin (Le).*
Moulin du Tau près Pysot (Le). *Moulin-à-Tan (Le).*
Mouliner (Le) ; Moulinier (le Grand). *Moulinier (Le).*
Moulin neuf du pas des Roues (Le). *Moulin-Neuf (Le)* (Saint-Liguaire).
Moulin Petit. *Moulin (Le Petit).*
Moulin Peyrault. *Moulin-Pairault.*
Moulins (Les). *Démoulines.*
Moulins Jousserant. *Moulin-Jousserant.*
Moulins Neufs (Les). *Moulin-Neuf* (Échiré).
Moullaye ; Moullé. *Moulé.*
Moulles. *Meule.*
Moullières (La). *Moulière (La).*
Moullière (Le Grand). *Moulière (La)* (Luché-Thouarsais).
Moullières. *Moulière (La).*
Moultonnerye (La). *Moutonnerie (La).*
Mounich. *Monic.*
Mouquellerie (La). *Mouclerie (La).*
Mouré. *Murat.*
Mourepas. *Maurepas.*
Mourestellère (La). *Moretellière (La).*
Mourier. *Murat.*
Mourinère (La). *Morinière (La).*
Mourters. *Mortay.*
Mousnerio (La). *Monnerie (La).*
Mousseaux. *Monceau.*
Moutardy. *Moutardie.*
Mouthier ; Moutlé. *Moutiers.*
Moutraversium. *Montravers.*
Moultier. *Moutiers.*
Mouray. *Monzais.*
Mouzière (La). *Limousinière (La).*
Mouzinière (La). *Mousinière (La).*
Mouzyn. *Monzais.*
Moyo (La). *Mois (La).*
Moynaudère (La). *Menaudière (La).*
Moynès (Le). *Moinie (La)* (Thénezay).
Moyne Mort (Le). *Moine-Mort (La).*
Moyounère (La) ; Moynye (la). *Moinie (La).*
Moyré (Le Grand et Petit). *Moiré.*
Mozaleria. *Morellerie (La).*

Mozay. *Mauzé* (Échiré).
Muclet. *Mufflet.*
Mudardère (La). *Muzardière (La).*
Mueles. *Meule.*
Muissotière (La). *Mussotière (La).*
Mulectière (La). *Miltière (La).*
Mulotérie (La). *Mulotrie (La).*
Mulotière (La). *Mulottière (La).*
Munponcer. *Monpensier.*
Muntinée. *Montigny.*
Murcatum ; Murçay ; Murciacus. *Murçay.*
Murières (Les). *Lémarière.*
Murziacum. *Mursay.*
Myaurray. *Miauray.*
Myemande (La). *Mimande (La).*
Mygalant. *Migalant.*
Mymardère (La). *Mimardière (La).*
Myorray ; Myouray. *Miauray.*

N

Naene. *Saint-Georges-de-Noisné.*
Naigresau. *Négresauve.*
Nainec. *Saint-Georges-de-Noisné.*
Nairaudière (La). *Noiraudière (La).*
Nalière (La). *Nallière (La).*
Nallerie (La). *Natterie (La).*
Naucrevier. *Encrevé.*
Nancrevier. *Nencrevier.*
Nantolium ; Nantoyl. *Nanteuil.*
Napode (La). *Napaude (La).*
Narçay. *Narçais.*
Naslière (La). *Nallière (La).*
Natolinensis (Vicaria). *Nanteuil.*
Nauciacus. *Nossais.*
Naullière (La). *Naulière (La).*
Nausiacus. *Noizé.*
Nay (Le). *Net (Le).*
Nayo (La). *Nais (La).*
Nayne. *Saint-Georges-de-Noisné.*
Nayron (Le Grand). *Nairon.*
Nayvoire (La). *Nivoire (La).*
Nazelles. *Nazelle.*
Nefvy. *Neuvy-Bouin.*
Négresauve ; Negresseaulve. *Négresauve.*
Negrerye (La). *Négrerie (La).*
Nègrevaux. *Négrevau.*
Négrie (La). *Négrerie (La).*
Nemus Poverellum. *Bois-Pouvreau.*
Nemus Secundiniaci. *Abbaye-des-Bois (L').*
Nepvoire (La). *Nivoire (La).*
Nepvy. *Neuvy-Bouin.*
Nerlieu ; Nerlieu ; Nerlu ; Nerluc. *Noirlieu.*
Néron (Le). *Nairon.*
Nertaire. *Noireterre* (Saint-Généroux).
Norum. *Nairon.*

TABLE DES FORMES ANCIENNES.

Nerveau (Le). *Noirveau (Le).*
Nesdes. *Naide.*
Neuchaize ; Neuchèse ; Neuchèze. *Neuchaise.*
Neueil soubs les Aubiers. *Nueil-sous-les-Aubiers.*
Neufchaises ; Neufchèse ; Neufchèze. *Neuchaise.*
Neufchèze. *Grelet (Fief).*
Neufvy. *Neuvy-Bouin.*
Neuil. *Nieuil.*
Nevi ; Nevie. *Neuvy-Bouin.*
Névoire (La) ; Névoyre (la). *Nivoire (La).*
Neyde *Naide.*
Neyron (Le Petit). *Nairon.*
Nezay. *Denezay.*
Nieuil-les-Aubiers. *Nueil-sous-les-Aubiers.*
Niger locus. *Noirlieu.*
Nigra terra. *Noireterre.*
Niolium ; Niolum. *Nueil-sous-les-Aubiers.*
Niorcium ; Niordum (castrum) ; Niorth ; Niorthum ; Niortinse (castrum) ; Niortinsis (pagus) ; Niortinsis (vicaria) ; Niortium ; Niorto (villa) ; Niortum. *Niort.*
Niron. *Néron.*
Nirsonnières. *Arsonnyères (Les)*
Nivelle (La). *Tour-Nivelle (La).*
Noaysé. *Noizé.*
Nobletère (La). *Noblettère (La).*
Nocayum ; Nociacus. *Nossais.*
Nocquetterye (La) *Noeterie (La).*
Noe (La). *Noue (La).*
Noelère (La). *Naulerie (La)*
Noellière (La). *Naulière (La).*
Noeres *Noues (Les) (Beaulieu-sous-Bressuire).*
Noeronde. *Noue-Ronde (La).*
Noertere. *Noireterre.*
Noes (Les). *Noues (Les).*
Noes Roddart (Les) *Rodard.*
Nogerot. *Nougerat (Le).*
Nohe de la Musaugrinère (La). *Noue (La) (Les Aubiers).*
Nohe Rajole (La). *Noue-Rajole (La).*
Nohes de Saint-Loup (Les). *Noues (Les) (Saint-Loup).*
Noillon (Le). *Noilon (Le).*
Noiordo. *Niort.*
Noircheneau. *Archeneau (L').*
Noirtaire. *Noireterre (Saint-Généroux).*
Noirterre. *Noireterre.*
Noirvcault (Le Grand). *Noirveau (Le).*
Nois (Le). *Nais (Le).*
Noisé. *Noizé.*
Nollière (La). *Naulière (La).*
Nossay. *Nossais.*

Notre-Dame des Rosiers ; Notre-Dame des Roziers. *Rosiers (Les).*
Notre-Dame de Grâce. *Grasse.*
Notre-Dame-de-Réconfort. *Maranzais.*
Notre-Dame des Bois. *Abbaye des Bois (L').*
Notre-Dame du Breuil-Bernard. *Pugny.*
Nouelère (La). *Noulière (La).*
Noue Sèche (La). *Fief-Bernard.*
Nouhe (La). *Noue (La).*
Nouhelière (La). *Naulière (La).*
Nouhes (Les). *Noues (Les).*
Nouillon (Le). *Noillon (Le).*
Noulerie (La). *Naulerie (La).*
Noulière (La). *Naulière (La).*
Nouray (La). *Nouraye (La).*
Nousière (La) ; Nouzières ; Nouzilière (la). *Nouzière (La).*
Noviacum. *Neuvy.*
Noviacus ; Novic ; Novit. *Neuvy-Bouin.*
Noy (Le). *Nais (Le).*
Noyne. *Saint-Georges-de-Noisné.*
Noyrchenauld. *Archeneau (L').*
Noyron. *Nairon.*
Noyrou. *Néron.*
Nucheze ; Nuchèzes. *Neuchaise.*
Nueil sur les Aubiers. *Nueil-sous-les-Aubiers.*
Nulleria (La). *Naulière (La).*
Nuiort. *Niort.*
Nyeuil ; Nyoil. *Nueil-sous-les-Aubiers.*
Nyon *Nion.*
Nyorcium ; Nyort ; Nyorth ; Nyortum. *Niort*
Nyvardière (La). *Nivardière (La).*

O

Obligné ; Obignec. *Aubigné.*
Obersay (L'). *Laubreçais.*
Oircvau. *Airvault.*
Oirum. *Oiron.*
Oirval ; Oirvault. *Airvault.*
Olbereuse ; Olbreuze. *Olbreuse.*
Olère (La). *Laulière.*
Olgerius. *Augeoire (L').*
Ollivière (L'). *Olivière (L').*
Ombrails (Les). *Ombrails (Les).*
Onglée (Haute et Basse). *Longlée.*
Oratorium. *Orouz.*
Orbeiacum. *Orbé.*
Orbeigné. *Orbigny.*
Orboium ; Orbiacum. *Orbé.*
Orbigué. *Orbigny.*
Orcanye. *Béceleuf.*
Orfeule ; Orfoilles *Orfeuille.*
Orgouillerie (L'). *Regouleries (Les).*
Orillé. *Grise (La).*

Oriolère (L'). *Oriolière (L').*
Orionium ; Orionum. *Oiron.*
Oriou. *Orioux.*
Ormeas (Les). *Ormeaux (Les).*
Orphouille. *Orfeuille.*
Orquenie ; Urquennie. *Béceleuf.*
Ororium. *Orouz.*
Orronium. *Oiron.*
Ors (Les). *Eaux (Les).*
Ortum ; Ortum Pictavis ; Ortus Pictavis. *Lort-Poitiers.*
Orvau. *Airvault.*
Osches. *Ouches (Les).*
Osdevrins (Les). *Eaux-de-Vrin (Les).*
Oseium. *Ozé.*
Osma (Villa), 1. ind. de la viguerie de Melle.
Ostarderia. *Tardière (La).*
Ouairov. *Oiron.*
Oubrière (L'). *Aubrière (L') (Seillé)*
Oueron. *Oiron.*
Ouervault. *Airvault.*
Ouillères (Les). *Ouillères (Les).*
Oumeau (L'). *Houmeau (L').*
Ourour ; Ouroux. *Orouz.*
Ouslière (L'). *Loulière.*
Ouyme. *Ouimes.*
Oyreval ; Oyrevau ; Oyrevaud ; Oyreveau. *Airvault.*
Oyron ; Oyrum. *Oiron.*
Oyrvau ; Oyrvault ; Oyrvcault. *Airvault.*
Oyzellet. *Uzelet.*
Ozai. *Ozé.*
Ozais. *Auzay (Sanzay).*
Ozelet. *Uzelet.*

P

Paçai ; Pacayum ; Pachay. *Passais.*
Pacto d'Oix. *Pate-d'Oie.*
Pageria (La). *Pagerie (La).*
Pagerie (La). *Peugerie (La).*
Pagneaux (Les). *Pagneux (Le)*
Pagnière (La). *Pagnère (La).*
Paigland. *Peigland.*
Paignerie (La). *Poignerie (La).*
Paillaudère (La). *Paillaudiere (La).*
Paillaudrie (La). *Pataudrie (La).*
Paillerye (La). *Paillerie (La).*
Pailles. *Paille (La).*
Paillière (La). *Paillère (La).*
Painière (La). *Pennière (La).*
Pairatto (La). *Pérate (La).*
Pairay. *Pairé.*
Pairé-Moulina. *Moulinard.*
Puirière (La Petite et Grande). *Perrière.*
Pairigné. *Périgné.*
Pairigné. *Périgny.*
Pairinière (La). *Périnière (La).*

TABLE DES FORMES ANCIENNES. 337

Paisé le Chat. *Paizay-le-Chapt.*
Paisenère (La). *Pézinière (La).*
Paisré. *Péré.*
Paistraudière (La). *Pétraudière (La).*
Paizacum. *Paizay-le-Chapt.*
Paizé le Tort ; Paiziacum. *Paizay-le-Tort.*
Palace. *Palains.*
Palains. *Palain.*
Palaiz (Le). *Palais (Le).*
Paleins. *Palain.*
Palerie (La). *Palaire (La).*
Palesium. *Palais (Le).*
Paliua. *Palluau.*
Pallais ; Pallais (Le). *Palais.*
Pallay (Le Petit et Grand). *Palais (Le).*
Pallays (Le). *Palais (Le).*
Pallère (La). *Palaire (La).*
Pallin. *Palain.*
Pallu (La). *Palud (La).*
Palu. *Pallu.*
Paluau. *Palluau.*
Paludo (De). *Pallu.*
Paluz. *Palud (La).*
Pampalie. *Pamplie.*
Pampeia. *Pompois.*
Pampelia ; Pampelie. *Pamplie.*
Pampelière (La). *Pimpelière (La).*
Pampoel ; Pampouille. *Pampouil.*
Pamprianum ; Pampro. *Pamprou.*
Pampro. *Pamprou (Le).*
Pamprolium ; Pamproul. *Pamprou.*
Pauassac. *Panessac.*
Panays. *Paunay.*
Pandillonnière (La). *Brosses (Les (Pougne).*
Panes ; Panes (les). *Épanne.*
Pannesac ; Paunezacq. *Panessac.*
Panperdu. *Pain-Perdu.*
Panpro ; Panprou. *Pamprou.*
Papaudère (La). *Papaudière (La).*
Papinère (La). *Papinière (La).*
Paponière (La) ; Paponnère (La). *Paponnière (La).*
Papotère (La). *Papotière (La).*
Parçni. *Parsais.*
Parçay. *Parçais.*
Parchumbaut. *Parchimbault.*
Parcq (Le). *Parc (Le) (Rom).*
Pardandale ; Pardandalle. *Chalendeau.*
Paronches (Les). *Paranches (Les).*
Parentière (La). *Parantière (La).*
Parie (La). *Parée (La).*
Paris. *Touche-Pâris (La).*
Parnay. *Parnais.*
Paroit. *Parsais (Louzy).*
Paroudeau. *Parandeau.*
Parpaudière (La). *Boirie (La).*
Parpauldière (La). *Parpaudière (La).*
Parrellère (La). *Parlière (La).*

Parressac. *Périssac.*
Parsay ; Parssay. *Parsais.*
Partanaium ; Partanayum ; Partanium; Partenacum ; Partenaicum. *Parthenay.*
Partenaisière (La). *Parthenaisière (La).*
Partenaium. *Parthenay.*
Partenaizière (La). *Parthenaisière (La).*
Partenay. *Parthenay.*
Partenay le Vieil ; Partenay le Vieux. *Parthenay-le-Vieux.*
Partenoium ; Partenotum ; Parteniacum ; Partennay ; Parthanaicum ; Parthenacum ; Parthenaium ; Partheneium ; Parthoniacum. *Parthenay.*
Partheniacum (Vetus). *Parthenay-le-Vieux.*
Parthinincum ; Partiniacum. *Parthenay.*
Partiniacum (Vetus). *Parthenay-le-Vieux.*
Pasgerie (La). *Pagerie (La).*
Pasguiet (Le). *Pas-du-Guet (Le).*
Pasnai. *Paunay.*
Pas Nègre. *Pas-Noir (Le).*
Passay. *Passais.*
Passebernyère (La) ; Passe Bernyère (la). *Passebernière (La).*
Passebois. *Guandusson.*
Passe Dernière (La). *Passebernière (La).*
Passus Vetularum. *Pavillon (Le).*
Pastaère (La) ; Pastayro (la) ; Pasteire (la). *Pataire (La).*
Pastelière (La) ; Pastellière (la) ; Pastilière (la). *Patelière (La).*
Pastures (Les). *Poture (La).*
Pasty (Le). *Pâtis (Le).*
Patère (La). *Pataire (La).*
Patociis (De). *Petosse.*
Patriniacus. *Paunay.*
Paumaeria. *Pomaire (La).*
Paumeroux. *Pommeroux.*
Pauvre Mère (La). *Pauvrenière (La).*
Paux (Le). *Pot (Le).*
Payloup (Grand et Petit). *Pouloup (Grand et Petit).*
Payratte (La). *Pérate (La).*
Payré. *Pairé.*
Payré (Le). *Pairé (Le).*
Payré (Le Petit). *Pairé (Le) (Nueil-sous-les-Aubiers).*
Payrères. *Perrière.*
Payrigniacum. *Périgné.*
Payron. *Perron (Le).*
Payron (Le). *Poiron (Le).*
Paysais le Chapt. *Paizay-le-Chapt.*
Paysancière (La). *Pesantière (La).*

Paysantière (La). *Plaisantière (La).*
Payx. *Paix.*
Payzay le Tort. *Paizay-le-Tort.*
Péagerie (La). *Pagerie (La).*
Peaglai. *Peigland.*
Peau (Le). *Peaux (Les) (Saint-Pierre-à-Champ).*
Peauglant. *Peigland.*
Peaulx-le-Poictou (Les) ; Peaux (les Grande et Petits). *Peaux (Les) (Saint-Pierre-à-Champ).*
Pebernant. *Puy-Berland.*
Pécolée (La). *Pécoulée (La).*
Peiglan. *Peigland.*
Paillevezin ; Peilvezin. *Appelvoisin (Cerizay).*
Peirata ; Peiratte (la). *Pérate (La).*
Peire (La). *Pierre (La).*
Peiré. *Pairé.*
Peiré (Le). *Ile (L') (Saint-Maixent).*
Peiré de Coulonges (Le). *Pairé (Le) (Coulonges-les-Royaux).*
Peiron (Le). *Poiron (Le).*
Peirun (Le). *Perron (Le).*
Peisantère (La). *Pesantière (La).*
Pelege (La). *Pleige (La).*
Peleterie (La). *Pelletrie (La).*
Palevezin. *Pellevoisin.*
Pelevoisin. *Appelvoisin (Cerizay).*
Pellegerie (La). *Pergellerie (La).*
Pellecoilhe ; Pellecolle. *Pellouaille.*
Pelleterie (La). *Pelletrie (La).*
Pelletorie (La). *Gât (Le) (Bretignolle).*
Pellevezin. *Appelvoisin (Cerizay).*
Pellevicini. *Appelvoisin (Saint-Paul-en-Gâtine).*
Pellevoisin. *Appelvoisin (Cerizay).*
Pellevoysin. *Pellevoisin.*
Pellissounière (La). *Plissonnière (La).*
Pellotte Celor (La). *Garde (La) (Secvret).*
Pellouellle ; Pellouelle ; Pelœlla ; Peloilla. *Pellouaille.*
Pelouailhe. *Piedlouaille.*
Polvoisin. *Appelvoisin (Cerizay).*
Pelvoisin. *Appelvoisin (Saint-Paul-en-Gâtine).*
Pelvoisin. *Pellevoisin.*
Pempelie. *Pamplie.*
Penaudrie (La). *Pinauderie (La).*
Pensée (La). *Passée (La).*
Pepernantim. *Pompérain (Saint-Romans-lez-Melle).*
Pepinière (La). *Pépinière (La).*
Pépinson. *Puy-Pinçon.*
Pépirault ; Pépyrault. *Puy-Pirault.*
Péraillard. *Puyraillard.*
Pérajou. *Pérajoux.*
Pérajou. *Puyrajou.*
Perata. *Pérate (La).*
Pérate (La). *Souil (Le) (Exoudun).*

338   TABLE DES FORMES ANCIENNES.

Pérathe (La) ; Péralte (la). *Pérate (La).*

Péray. *Pairé.*

Perchay (La) ; Perchaye (la). *Perchée (La).*

Porches (Les). *Porches (Les).*

Perchimbault. *Parchimbault.*

Perdondalle. *Chalendeau.*

Perdrillière (La). *Perdilière (La).*

Péré. *Pairé.*

Péré (Le). *Pierrière (La)* (Vanzay).

Péré (Le). *Poirier (Le).*

Percague (La). *Pirague (La).*

Peredandale. *Chalendeau.*

Péré de Coulonges (Le). *Pairé (Le)* (Coulonges-les-Royaux).

Peredius (Villa). *Péré* (Marigny).

Perefleta ; Porefilte. *Pierrefitte.*

Peregorge. *Paireyorge (La).*

Perclée. *Pierlay.*

Perelère (La). *Partière (La).*

Pérer (Le). *Péré (Le)* (Bretignolle).

Perer (Le). *Poirier (Le).*

Perers. *Pairé.*

Pereto (Villa). *Pairé* (Chef-Boutonne).

Pereyo (De). *Pairé* (Coulonges-les-Royaux).

Pergelerie (La). *Pergellerie (La).*

Périères. *Perrières.*

Perières. *Priaires.*

Périgné. *Périgny.*

Periginacum. *Périgné.*

Périne (La). *Pairine (La).*

Périssac (Hôtel de). *Couarde (La)* (Saint-Vincent-de-la-Châtre).

Perjaudrie (La). *Perjaudière (La).*

Perlère (La). *Partière (La).*

Pernelères (Les). *Pernellières (Les).*

Pernenges ; Pernengiis (De). *Pernange.*

Pernère (La). *Pernière (La).*

Péronère (La). *Perronnière (La).*

Péron Sant Mayssant (Le). *Villedieu-du-Perron. (La).*

Perot. *Perrault (Le Petit).*

Pérotelerye (La). *Pérotellerie (La).*

Pérotelière (La). *Protellerie (La).*

Perot neuf. *Pairot (Le)* (Fors).

Perray (Grand et Petit) ; *Perré* (le Petit). *Pairé (Le)* (Nueil-sous-les-Aubiers).

Perriaudère (La). *Priaudière (La).*

Perrière (Vieille). *Perrière.*

Perronère (La). *Périnière (La).*

Perrons (Les). *Perron (Le Grand et Petit).*

Perrotellerie (La). *Protellerie (La).*

Perrotière (La). *Pérotière (La).*

Perrotine. *Perotine.*

Persinchère (La). *Pressainchère (La).*

Pertenay ; Pertiniacum. *Parthenay.*

Pertiniacum (Vetus). *Parthenay-le-Vieux.*

Perusia. *Péruse.*

Pesantère (La). *Pesantière (La).*

Peschellerie (La). *Péchellerie (La).*

Pesrault. *Pairault.*

Pesré. *Péré.*

Pestonnère (La). *Poitonnière (La).*

Petentin. *Pelentin.*

Petit Chaigne (Le). *Petit-Chêne (Le).*

Petit-Château de Béceleuf (Le). *Petit-Château (Le)* (Béceleuf).

Petit Chesne (Le). *Petit-Chêne (Le).*

Petitère (La) ; *Petiteria. Petitière (La).*

Petra (Villa). *Pierre-Levée (La)* (Bessines).

Petra (Villa). *Saint-André-de-Niort* (quartier).

Petra cooperta. *Pierre-Couverte (Le Pin).*

Petrafleta, Petrafixa. *Pierrefitte.*

Petraria. *Pierrière (La)* (Souvigné).

Petra - Vigereau. *Pierre-Levée (La)* (Exireuil).

Pétrollière (La). *Pétrolière (La).*

Petucias. *Petousse.*

Petuciis (De) ; Petuscias ; Petuliis (de). *Pétosse.*

Peubacher. *Pied-Bâché.*

Peu Bruneau. *Puybernaud.*

Pou-Chauvet. *Puy-Chauvet.*

Peu de Miauré (Le). *Puy-de-Miauray (Le).*

Poufoullard. *Pied-Foulard.*

Peujet. *Peuget.*

Peuliaume. *Puyliaume.*

Poulx (Le). *Peu (Le).*

Poulx Arnault. *Puy-Arnaud (Le)*

Peu Mirambeau (Le). *Mirambeau.*

Founau. *Ponneau.*

Peunau. *Peunault.*

Peuraillart. *Puyraillard.*

Peux (Le). *Peu (Le).*

Peux (Le). *Puy-Frogier.*

Peux Belin (Le). *Puy-Belin.*

Peux de Maulnay (Le). *Maunay.*

Peux Foullard. *Pied-Foulard.*

Peuxmaus. *Peument.*

Peux Morillon. *Puy-Morillon.*

Peux Nau. *Peunault.*

Peuygouazard. *Puygazard.*

Peylovezin. *Appelvoisin* (Saint-Paul-en-Gâtine).

Peyrate (La); Peyratte (la). *Pérate (La).*

Peyratte (La). *Souil (Le)* (Exoudun).

Peyré ; Peyré. *Pairé.*

Peyré (Le). *Pairé (Le).*

Peyré. *Péré.*

Peyré (Le). *Poirier (Le).*

Peyré de la Villedieu (Le) ; Peyré de la Ville-Dieu des Ponts de Vaulx

(le) ; Peyré des Pons de Vaulx (le). *Pairé (Le)* (Breloul).

Peyre Folle (La). *Pierre-Folle (La).*

Peyre levée (La). *Pierre-Levée (La)* (Nanteuil).

Peyrères. *Perrière.*

Peyrinière (La). *Périnière (La).*

Peyron (Le). *Perron (Le).*

Peyron (Le). *Poiron (Le).*

Peyron Saint Maixent (Le) ; Peyrons Saint Mayssent (le). *Villedieu-du-Perron (La).*

Pezay le Tort. *Paizay-le-Tort.*

Phellé ; Phlé. *Flé* (Saint-Christophe-sur-Roc).

Piaguot. *Puy-à-Guet.*

Piardière (La). *Pierdière (La).*

Piaugé. *Piogé.*

Picadoret. *Picadoré.*

Picardize. *Picardie (La).*

Picaudère (La). *Picaudière (La).*

Piccotière (La). *Picotière (La).*

Pichenone. *Pochinière (La).*

Picocu. *Puy-Cocu.*

Picquantyn. *Puy-Cantin.*

Picquemière (La). *Piquemière (La).*

Pictavineria. *Vacheresse (La).*

Pied-Chauvette. *Chauvet* (Gournay).

Piedalmort. *Pied-d'Almort.*

Pied-Bachet. *Pied-Bâché.*

Pied d'Asnemort. *Pied-d'Almort.*

Pied-de-Grotte. *Pied-de-Grolle.*

Pied-Limouzin. *Pied-Limousin.*

Pied-Louet. *Pillouet.*

Piedmou ; Piedmoux. *Pied-Mou.*

Pied-Paillé. *Puy-Paillé.*

Pied Verdin. *Puy-Verdin.*

Piéfourré. *Pied-Fourré.*

Piéraillard. *Puyraillard.*

Pierre Feact (La). *Pierre (La)* (Voultegon).

Pierrefleto, Pierrefilte ; Pierrefyte. *Pierrefitte.*

Pierre Mobille (la). *Gentray* (l.-d.).

Pierre-Pain. *Lhérigondeau.*

Pierresec. *Piersay* (Verruye).

Pierrière (Le Vieux). *Perrière.*

Pigace. *Pigache.*

Pigerat. *Pigerate. Pigeratte.*

Pigué. *Pugny.*

Pignolière (La). *Pinolière (La).*

Pijollière (La). *Pijolière (La).*

Pilcuvert. *Pierre-Couverte (La).*

Pilière (La). *Pellière (La).*

Pilière (La). *Pitière (La).*

Pilières (Les). *Pillière (La).*

Pillaudrie (La). *Paillaudrie (La).*

Pillemilz ; Pillemyl. *Pilmil.*

Pillières (Les). *Pillière (La).*

Pillotoria (La). *Pilotière (La).*

Pilouet. *Pillouet.*

TABLE DES FORMES ANCIENNES.

Pilotère (La). *Pilotière (La)*.
Pilotères (Les). *Pilotières (Les)*.
Pilouet. *Pillouet*.
Pinatirie (La). *Pinatrie (La)*.
Pinau (Le Fief). *Oriou*.
Pinaudrie (La). *Pinaudière (La)*.
Pinçonnière (La). *Pinsonnière (La)*.
Pin de Rouvre (Le). *Pin (Le) (Rouvre)*.
Pinellière (La). *Pinelière (La)*.
Pinère (La). *Pinière (La)*.
Pinferrière (La). *Pinfcrière (La)*.
Pinière (La). *Pépinière (La)*.
Piniochère (La). *Pinachère (La)*.
Pinnatrie (La). *Pinatrie (La)*.
Pinpelière (La). *Pimpelière (La)*.
Pin-Perdue. *Pain-Perdu*.
Pin sur Augé (Le). *Pin (Le) (Augé)*.
Pinus. *Pin (Le)*.
Pioger (Le) ; Pioger ; Piogier (le) ; Piorger. *Piogé*.
Piossay ; Piouçay. *Pioussay*.
Piouzonnière (La). *Pixonnière (La)*.
Pirafita. *Pierrefitte*.
Pirandré (La). *Pirandrie (La)*.
Pirariis (Villula de). *Priaires*.
Pirauderie (La). *Pérauderie (La)*.
Pirelé. *Pierlay*.
Piriariis (De). *Priaires*.
Pirlée (La). *Pierlay*.
Pirouthis. *Puy-Rôti*.
Pirravaux. *Puyraveau*.
Pislières (Les). *Pillière (La)*.
Pispolle (La) ; Pissepolle. *Pissepaule (La)*.
Pizoneria. *Pixonnière (La)*.
Place (La). *Vergne (La) (Verruye)*.
Placis aux moines de Grandmont (Le). *Bonshommes (Les Grands)*.
Plaesseiz (Le). *Plessis (Le)*.
Plaict (Le). *Plait (Le)*.
Plaigna. *Plaine (La)*.
Plainanière (La). *Plénanière (La)*.
Plaine. *Plaine (La)*.
Plainière (La). *Plainelière (La)*.
Plaisseis (Le). *Plessis (Le)*.
Plaisseis d'Alonne (Le). *Plessis (Le) (Allonne)*.
Plaisseis près Serezay (Le). *Plessis (Le) (Cerizay)*.
Plaisseiz d'Alone (Le). *Plessis (Le) (Allonne)*.
Plaisseys Rousseau (Le). *Plessis (Le) (Cerizay)*.
Plaissis (Le). *Plessis (Le)*.
Plaissis Cherchemond (Le). *Plessis (Le) (Vausseroux)*.
Plaissis d'Allonne (Le). *Plessis (Le) (Allonne)*.
Plaissis Séneschal (Le). *Plessis-Sénéchal (Le)*.
Plana. *Plaine (La)*.

Planays. *Planier*.
Planche Arnaut (La). *Planche-Arnaud (La)*.
Planiers. *Planier*.
Planistres (Le). *Plénitre (Le)*.
Plaseys (Le). *Plessis (Le)*.
Plasnié. *Planié*.
Plassière (La). *Placière (La)*.
Playceys (Le). *Plessis (Le)*.
Playcoyx Oliver (Le). *Plessis-Olivier (Le)*.
Playne (La). *Plaine (La)*.
Playsseyz Rosseau (Le). *Plessis (Le) (Cerizay)*.
Pleigne (La). *Plaine (La)*.
Pleisseis de Bourc (Le). *Plessis-Bourg (Le)*.
Pleisseys (Le). *Plessis (Le)*.
Plénanère (La) ; Plénasnère (la) ; Plénanière (La).
Plénistre (Le). *Plénitre (Le)*.
Plent (Le). *Plait (Le)*.
Pleseix (Le). *Plessis (Le)*.
Plessais Guienof (Le). *Plessis-Guineuf (Le)*.
Plessays (Le). *Plessis (Le)*.
Plessays Oliver (Le). *Plessis-Olivier (Le)*.
Plesse (La) *Plessis (Le)*.
Plesseis (Le) ; Plesseis ou Proust (le). *Plessis-aux-Grolles (Le)*.
Plesseiz (Le). *Plessis (Le)*.
Plesseys aux Rogiers (Le). *Plessis-Rouget (Le)*.
Plesseys Olivier (Le). *Plessis-Olivier (Le)*.
Plesseys-Viette (Le). *Chaumusson*.
Plessias (Le) ; Plessiasse. *Plessis-Asse (Le)*.
Plessis (Le). *Chaumusson*.
Plessis (Le). *Plessis-Sénéchal (Le)*.
Plessis-asse. *Plessis-Asse (Le)*.
Plessis au Proust (Le). *Plessis (Le) (Combrand)*.
Plessis aux Prousts (Le). *Plessis-aux-Grolles (Le)*.
Plessis Bastard (Le). *Plessis-Bâtard (Le)*.
Plessis Bertaut (Le) ; Plessis Bretault (le). *Plessis (Le) (Saint-Marsault)*.
Plessis Cherchemond (Le) ; Plessis Cherchemont (le) ; Plessis Cerchemont (le). *Plessis (Le) (Vausseroux)*.
Plessis-Coureil (Le). *Plessis (Le) (La Forêt-sur-Sèvre)*.
Plessis d'Allonne (Le). *Plessis (Le) (Allonne)*.
Plessis d'Augé (Le). *Plessis (Le) (Augé)*.
Plessis de Velluyre (Le) ; Plessis de Veluyres (le). *Plessis (Le) (Le Tallud)*.

Plessis Fouchart (Le). *Plessis (Le) (Largeasse)*.
Plessis-Gareau (Le). *Plessis (Le) (Élusson)*.
Plessis-Neuf (Le). *Plessis (Le) (Clessé)*.
Plessis-Prévôt (Le). *Plessis-aux-Grolles (Le)*.
Plessis Rataud (Le) ; Plessis Ratault (le) ; Plessis Rateau (le). *Plessis (Le) (Le Tallud)*.
Plessis Ripoullain (Le). *Plessis (Le) (Saint-André-sur-Sèvre)*.
Plessis-Robin (Le). *Plessis (Le) (Moncoutant)*.
Plessis Rougier (Le). *Plessis-Rouget (Le)*.
Plessis Tristan (Le). *Plessis-Tristant (Le)*.
Plessis-Viette (Le). *Chaumusson*.
Plessois (Le). *Plessis-Tristant (Le)*.
Plessois Bastard (Le). *Plessis-Bâtard (Le)*.
Plessois Oliver (Le). *Plessis-Olivier (Le)*.
Plessois Prunart (Le). *Plessis-Prunard (Le)*.
Plessy (Le). *Plessis (Le)*.
Plessy-Cicault (Le). *Plessis-Sicot (Le)*.
Plessy Nau (Le). *Plessis-Naud (Le)*.
Plet (Le). *Plait (Le)*.
Pleysseis (Le). *Plessis-Bourg (Le)*.
Plez. *Plet (Le)*.
Plibbocius ; Pliboc ; Plibocius ; Plibos ; Plibotius ; Pliboux ; Pliboz. *Plibou*.
Pliet (Le). *Plet (Le)*.
Plomb (Le). *Plan (Le)*.
Podium. *Puy-Rouleau*.
Podium Aiglant. *Peigland*.
Podium Chenin. *Puichenin*.
Podium de Dos. *Pied-de-Doux*.
Podium de Enrupe. *Pied-de-Luppe*.
Podium de Nayron. *Hôpiteau (L') (Boussais)*.
Podium Galanti. *Peigland*.
Podium Grignon. *Puy (Le) (Mazières-sur-Béronne)*.
Podium Manguerelli. *Puy-Manguereau (Le)*.
Podium moncrium. *Puy-Rouleau*.
Podium Paillet. *Puy-Paillé*.
Podium Rajos. *Puyrajou*.
Podium Rajos ; Podium Ravel. *Puyraveau*.
Podium Sancti Boneti. *Puy-Saint-Bonnet (Le)*.
Podius Sulzen. *Pied-Pouzon*.
Pofons. *Pouffond*.
Pohetère (La). *Poitière (La)*.
Poi. *Peu (Le)*.
Poibocinus. *Puybolin*.
Poichenin. *Puichenin*.

TABLE DES FORMES ANCIENNES.

Poictevinère (La) ; Poictevinière (la). *Poitevinière (La).*
Poictonnière (La). *Poitonnière (La).*
Poictyère (La). *Poitiers (La).*
Poigier (Le). *Piogé.*
Poiguardrye (La). *Pougnarderie (La).*
Poigne. *Pougne-Hérisson.*
Poigneou (Le). *Poinière (La).*
Poignes. *Pougne-Hérisson.*
Poilarun. *Puyleron.*
Poilevezin. *Appelvoisin (Cerizay).*
Poillé. *Pouillet.*
Poillé. *Paulier.*
Poillière (La). *Poilière (La).*
Poinault. *Poinot.*
Poinçay. *Pioussay.*
Poinctevinière (La). *Poitevinière (La).*
Poinottière (La). *Poinotière (La).*
Point Poizin. *Pied-Pousin.*
Poirian. *Poirion (Le).*
Poirost (Le). *Perron (Le).*
Poisguenière (La). *Podinière (La).*
Poisnière (La). *Poinière (La).*
Poissière (La) ; Poistière (la). *Poitière (La).*
Poiteguinère (La). *Podinière (La).*
Poivendre. *Poivendre.*
Poix (Le) ; Poix (le). *Puy (Le).*
Polaine (La). *Palenne (La).*
Polhos ; Polios. *Pouilloux.*
Pollié. *Pollier.*
Pollier. *Paulier.*
Pomerais (La) ; Pomeray (la) ; Pomeraye (la) ; Pomerera ; Pomeria. *Pommeraye (La).*
Pomoria. *Sainte-Radegonde-de-Pommiers.*
Pomerie (La). *Ponnerie (La).*
Pomferère (La). *Pinferière (La).*
Pommer (le). *Pommier (Le).*
Pommiers. *Pommier.*
Pompae ; Pompay, *Pompois.*
Pompère. *Pompaire.*
Pompérin. *Pompérain.*
Pomperre ; Pompeyre. *Pompaire.*
Pompro. *Pamprou.*
Ponay. *Paunay.*
Poncerot (Le Petit). *Poncereau* (Voultegon).
Ponchaude. *Pont-Chouette.*
Poncier (Le). *Ponsier (Le).*
Pond (Le). *Pont (Le)* (Verruye).
Ponpaium ; Ponpée ; Ponpeye ; Ponpoieum ; Ponpoix ; Ponpoy. *Pompois.*
Ponprou. *Pamprou.*
Ponserais ; Ponseray. *Poncereau.*
Pons unitus. *Pont-d'Ouin.*
Pons Vallium ; Pons Vallis. *Pont-de-Vault.*

Pontburet. *Pont-Duret.*
Pont d'Angles (Le). *Pont d'Angle (Le).*
Pont de Cosse. *Pont (Le)* (Amuré).
Pont de Courlay (Le). *Pont (Le)* (Courlay).
Pont de Saevre (Le) ; Pont de Salvres. *Pont-de-Saivre.*
Pont de Vault (Le) ; Pont de Vaux (le). *Pont-de-Vault.*
Pontdoin ; Pont d'Oing ; Pont Douin ; Pont Douing. *Pont-d'Ouin.*
Pontereau (Le) ; Ponterellum. *Pontreau (Le).*
Ponthiou ; Pontil. *Ponthioux.*
Pontios. *Ponthiou.*
Pontioux. *Ponthioux.*
Pont Péager. *Pont-Pager.*
Pont-Pourain. *Pied-Pousin.*
Pontrau (Le) ; Pontrault (le). *Pontreau (Le).*
Pont Soudain ; Pont Soudin (le). *Pont-Soutain.*
Pontyou. *Ponthioux.*
Pontysard ; Pont Ysard ; Pont Yssard. *Yssard (Pont).*
Pooillet. *Pouillet.*
Popardus de Tuscha. *Touche-Poupart (La).*
Popelère (La). *Poupelière (La).*
Popelinière (La) ; Popellinière (la). *Poupelinière (La).*
Popotière (La). *Papotière (La).*
Porc-Chenu (Le) ; Porchenu. *Porcheneuve (La).*
Porcherière (La). *Pourchière (La).*
Porère (La). *Poraire (La).*
Poroux (Le). *Puyroux (Le).*
Porraeria ; Porraheria ; Porrayre (la) ; Porreria. *Poraire (La).*
Porcerie (La). *Porerie (La).*
Porroyre (La) ; Porroyre (la). *Poraire (La).*
Porta biseria. *Porte-Bizière (La).*
Porta Domini. *Saint-Liguaire.*
Portal (Le). *Portail-Rouge (Le).*
Porteau (Le) ; Portault (le). *Porteau (Le).*
Portault (Le). *Portail (Le)* (Lorigné).
Portaut. *Porteau (Le).*
Portebizière. *Porte-Bizière (La).*
Porte Chenu (La). *Porte-Chesneau (La).*
Porte Guillaume Neufchèse (La). *Porte (La)* (Vasles).
Port-Laydet. *Laydet (Le Fief).*
Portrot. *Pontrot (Le).*
Porzay. *Porzais.*
Posciolis; Posolio (Villa), 1. ind. de la viguerie de Melle.
Possardère (La). *Poussardière (La).*

Postfontis (villa). *Pied-de-Fond.*
Potère (La). *Poterie (La).*
Pouct (Le). *Puy (Le).*
Pouffons. *Pouffond.*
Pougnardrie (La). *Pougnarderie (La).*
Pougnes. *Pougne-Hérisson.*
Pougnetère (La). *Pointière (La).*
Pouignes. *Pougne-Hérisson.*
Pouillé ; Pouillé. *Paulier.*
Pouillé. *Pouilly.*
Pouilly. *Paulier.*
Poulenière (La). *Poulinière (La).*
Poullerie (La). *Poulerie (La).*
Poullioux. *Pouilloux.*
Poumer (Le). *Pommier (Le).*
Poupinoderie (La). *Popinaudière (La).*
Poupirault. *Puy-Pirault.*
Pourgère (La). *Pougère (La).*
Pouseau ; Pousoux. *Pouzou.*
Pouvrelière (La). *Pauvrelière (La).*
Pouvremière. (La) ; Pouvrenère (la) ; Pouvrenière (la). *Pauvrenière (La).*
Pouzai ; Pouzay. *Pouzais* (Béceleuf)
Pouzay (Petit et Grand). *Pouzais* (Ardin).
Pouzeox. *Pouzou.*
Poyagle ; Poyglient. *Peigland.*
Poynière (La). *Poinière (La).*
Poynotère (La) ; Poynotière (la) ; Poynottière (La) ; *Poinotière (La).*
Poyré (Le). *Poiré (Le).*
Poyré (Le). *Poirier (Le).*
Poyré Bérart (Le). *Pairé (Le)* (Nueil-sous-les-Aubiers).
Poyrier (Le). *Poirier (Le).*
Poyron (Le). *Perron (Le).*
Poyron (Le). *Poiron (Le).*
Poyrons (Le Grand et Petit). *Poiron (Le Grand et Petit).*
Poytevinère (La). *Poitevinière (La).*
Poyvendre. *Poivendre.*
Poziciacus. *Pioussay.*
Pozolium. *Pouzou.*
Praailles ; Praaillies ; Praales. *Prailles* (Saint-Martin-de-Sanzay).
Praalæ ; Praalle. *Prailles.*
Praec ; Praecum. *Prahecq.*
Praelo (La). *Prêle (La).*
Praeles ; Praelæ. *Prailles* (Saint-Martin-de-Sanzay).
Praeliæ ; Praeliæ. *Prailles.*
Prahé (La). *Prée (La).*
Prahé ; Prahue ; Prabés. *Prahecq.*
Prahelæ. *Prailles.*
Prahelæ. *Prailles* (Saint-Martin de-Sanzay).
Prahet ; Prahie ; Praïc. *Prahecq.*
Prailhes. *Prailles.*
Prailhes. *Prailles* (Saint-Martin-de-Sanzay).
Praitum. *Prahecq.*

TABLE DES FORMES ANCIENNES.

Pratuli. *Préau (Le)* (La Pérate).
Pratum Sancti Martini. *Fousse-Martin (Le Pré de)*.
Pravlies. *Prailles* (Saint-Martin-de-Sanzay).
Préa (Le). *Préau (Le)*.
Préchappon. *Préchapon*.
Prechaye (La). *Perchée (La)*.
Preciguó ; Precigni ; Precigniacum ; Preciniacum. *Pressigny* (Verruye).
Predellère (La). *Perdilière (La)*.
Preil (Le). *Prruil (Le)*.
Preiller; Preillet. *Prillet*.
Pré le Beau. *Prélebeau*.
Prémart. *Primard*.
Pré Mégnier (Le). *Pré-Monier*.
Prenange ; Prenauges. *Pernange*.
Prenanges. *Prenange*.
Pré Raud. *Préreau*.
Préron. *Promp (Le)*.
Près (Les). *Pré (Le)* (Fenioux).
Preseigné. *Pressigny*.
Presmart. *Primard*.
Pressciance. *Pressigny*.
Presseigny. *Pressigny* (Verruye).
Pressent (Le). *Pressou (Le)*.
Pressigné. *Pressigny*.
Pressigné en Gastine. *Pressigny* (Verruye).
Pressoir Bachelier (Le). *Pressoir (Le)*.
Pressorium. *Pressou (Le)*.
Pressou Bachelier (Le). *Pressoir (Le)*.
Pressou (Petit et Grand). *Pressou (Le Haut)*.
Pressouer (Le). *Pressoir (Le)* (Thouars).
Pressouer Bachelor (Le). *Pressoir (La)*.
Pressous (Le) ; Pressoux (le). *Pressou (Le)*.
Prévayzalière (La). *Prévezalière (La)*.
Prévorant. *Prévoirault*.
Prévezallière (La). *Prévezalière (La)*.
Prévostère (La) ; Prévoustère (la) ; Prévoustière (la). *Proutière (La)*.
Prey. *Prahecq*.
Pricé. *Prissé-le-Grand*.
Prières. *Priaires*.
Primant ; Primar. *Primard*.
Primauderie (La). *Primaudrie (La)*.
Princhardries (Les). *Princhardrie (La)*.
Prinsay. *Prinçais*.
Prioratus de Bosco Pulverelli. *Bonshommes (Les Grands-)*.
Priscic. *Prissé-le-Grand*.
Prissaium. *Prise (La)*.
Prissec. *Pré-Sec (Le)*.
Prisset (Le). *Prissée (La)*.
Pristiniacum. *Pressigny*.
Prolain ; Prollain. *Proulin*.
Prouette. *Prouet*.
Proulais. *Proulin*.

Proustière (La). *Proutière (La)*.
Prouté (La). *Proutet*.
Prouvaireau. *Prévoirault*.
Prouvoisière (La). *Prévoisière (La)*.
Prueil (Le). *Preuil (Le)*.
Pruigné. *Preigné*.
Prulile (La). *Preuil (Le)*.
Prulenc. *Brûlain*.
Prunerye (La). *Prunerie (La)*.
Psalmondière (La). *Salmondière (La)* (Vouillé).
Puchau. *Pucheau*.
Puchenin. *Puichenin*.
Pudéry. *Puydéry*.
Pudion. *Puyguyon*.
Puget. *Peuget*.
Pugne. *Pougne-Hérisson*.
Pugné ; Pugnec ; Pugneium ; Pugnicum. *Pugny*.
Pugnie. *Pougne-Hérisson*.
Pugnis. *Pugny*.
Pui au Maitre (Le). *Puy-au-Maitre (Le)*.
Pui Baché ; Puibaschier. *Pied-Bâché*.
Puibertin. *Puy-Bertin (Le)*.
Puiblain. *Puy-Belin*.
Pui Cantiu. *Puy-Cantin*.
Puidoré ; Puidorré. *Puydoré*.
Puifleury; Puiflouri. *Puy-Fleury*.
Puifort. *Puy-Fort*.
Puifoullard. *Pied-Foulard*.
Puigadoret. *Picadoré*.
Puigné ; Puigny. *Pugny*.
Puigreffier. *Puy-Greffier (Le)*.
Pui Guittonneau. *Puy-Guitonneau (Le)*.
Puijan. *Puy-Jean*.
Puillarge. *Puy-Large*.
Puilimousin. *Pied-Limousin*.
Puillevoisin. *Pellevoisin*.
Puilouer. *Pillouet*.
Pui Maigreau. *Puy-Manguereau (Le)*.
Puimichenet. *Puymichenet*.
Pui Mogner (Le). *Puymonnier*.
Puimorillon (Le). *Puy-Morillon*.
Puipaillé. *Pied-Paillé*.
Puipaillé. *Puy-Paillé*.
Puiraveau ; Puiraveault. *Puyraveau*.
Puiravcault. *Puyravault*.
Puire à Vaus. *Puiraveau*.
Pui Regnart ; Puirenard. *Puyrenard*.
Pui Robin. *Puy-Robin*.
Pui Roland. *Puyraland*.
Puisant. *Puisan*.
Puis Bourain. *Puy-de-Bourin*.
Puischemin. *Puy-Chemin*.
Puis Dauché. *Puy-d'Anché*.
Puis d'Asnemort (Le). *Pied-d'Almort*.
Puisec. *Puy-Sec*.
Puisfrouin. *Pied-Frouin*.
Puisinière (La). *Peziniére (La)*.
Puisiron. *Puy-Ciron*.

Puismans. *Poument*.
Puit (Le). *Puy (Le)*.
Puitareau. *Puytaraud*.
Puiterré. *Puyterré*.
Puit Routes. *Puy-Rôti*.
Puitsterray. *Puyterré*.
Puizan. *Puisan*.
Pujau (Le fief). *Oriou*.
Pulcher Campus. *Beauchamp* (Tillou).
Pulchra Vallis. *Beauvais* (Rorthais).
Pulière (La). *Puilière (La)*.
Pulières (Les). *Pouilières (Les)*.
Pulziaea (Villa). *Piozay*.
Pupion. *Puy-Pion*.
Puroulleau. *Puy-Rouleau*.
Purveault. *Puyraveau*.
Putefon. *Pied-de-Fond*.
Puteus fontis. *Pouffond*.
Puteus Merderius. *Puymerdier*.
Puy (Le). *Peu (Le)*.
Puy (Le). *Puy-Arnaud (Le)*.
Puy (Petit). *Chavigny*.
Puy (Le). *Puy-de-Bouin*.
Puy (Le). *Puy de la Foillée (Le)*.
Puy (La). *Puy-Richard*.
Puyagait ; Puy Agait ; Puyaguet. *Puy-à-Guet*.
Puyaglan. *Peigland*.
Puy-Arbert. *Puy-Albert (Le)*.
Puyardy. *Puyhardy*.
Puy Argnault (Le) ; Puy Arnauld ; Puy-Arnault (le) ; Puy Arnault (le). *Puy-Arnaud (Le)*.
Puy au Large (Le). *Puy-Large*.
Puy au Maistre (Le). *Puy-au-Maitre (Le)*.
Puy Baché ; Puy Bacher ; Puy Bachier ; Puybachier ; Puybasché ; Puy Bascher. *Pied-Bâché*.
Puy Belin (Le) ; Puybelin. *Puy-Belin*.
Puy-Bobinet (Le). *Bobinet*.
Puy Bolin. *Puybolin*.
Puy-Bouet. *Puyboils*.
Puy-Boulain. *Puybolin*.
Puy Bourgeuil. *Puy-Bourgueuil*.
Puy-Bourracier (Le). *Puybourassier*.
Puy Bouyer (Le). *Puy-d'Anché*.
Puy Breneau. *Puybernaud*.
Puy Buort. *Puy-Biord*.
Puy Cudoret. *Picadoré*.
Puy Cendrou. *Peu (Le)* (Prahecq).
Puychault. *Pichaut*.
Puychaut. *Pucheau*.
Puychemyn ; Puychenin. *Puichenin*.
Puychévrier. *Puichévrier*.
Puychoreau. *Pichoreau*.
Puycoqu. *Picocu*.
Puycoqu. *Puy-Cocu*.
Puycoqueu-Joussaulme. *Picocu*.
Puy Dallemort (Le) ; Puy d'Almort. *Pied-d'Almort*.

TABLE DES FORMES ANCIENNES.

Puydanché. *Puy-d'Anché.*
Puydari. *Puydéry.*
Puy d'Asnemort (Le) ; Puy d'Asnemort (le). *Pied-d'Almort.*
Puydayri ; Puydayris. *Puydéry.*
Puy de la Cru (Le). *Puy-de-la-Grue (Le).*
Puy de la Guarde (Le). *Garde (La) (Vausseroux).*
Puy de Maunay (Le). *Maunay.*
Puy de Noiron (Le) ; Puy de Noyron (le). *Hôpiteau (L') (Boussais).*
Puy de Piliers (Le). *Rivault (Le) (La Bataille).*
Puy de Prahoc (Le). *Peu (Le) (Prahecq.)*
Puy de Saint-Mur (Le). *Puy-Saint-Mur.*
Puy des Fousses (Le). *Puy-des-Fosses (Le).*
Puy des Retz de Coudré. *Coudré (Clussais).*
Puy du Bruin (Le). *Puy-du-Brun.*
Puy-Fleury, Puyflori. *Pied-Fleury.*
Puyforger. *Puy-Frogier.*
Puyfort. *Puy-Fort*
Puyfrabert. *Chevallerie (La) (Saint-Georges-de-Noisné).*
Puyfreger ; Puyfroger (le). *Puy-Frogier.*
Puy-Frouin; Puy Frouin. *Pied-Frouin.*
Puy Glaume (Le). *Puyliame ; Puy-Liaume.*
Puygné ; Puygneyum ; Puygny. *Pugny.*
Puygreffier ; Puygriffer. *Puy-Greffier (Le).*
Puy Guyon. *Puyguyon.*
Puyhardi. *Puyhardy.*
Puy Hereault (Le). *Puy-Arnaud (Le).*
Puyjehan. *Puy-Jean.*
Puy Jordain. *Puy-Jourdain.*
Puyjourdain. *Bouchet (Le) (Louzy).*
Puy Jourdin (Le). *Puy-Jourdain.*
Puylairon ; Puylauron. *Puyleron.*
Puylemousin *Pied-Limousin.*
Puy l'Érau. *Puyleron.*
Puy Limousin ; Puylimouzin ; Puy Limouzin. *Puy-Limousin.*
Puymairre. *Puymarri.*
Puy Manguerea (Le). *Puy-Manguereau (Le).*
Puymary (Le) ; Puymeurre. *Puymarri.*
Puy Mirembeau (Le). *Mirambeau.*
Puymollet. *Pied-Mollet.*
Puy-Morin. *Pied-Morin.*
Puy Neau. *Punault.*
Puynier (Le). *Pinier (Le).*
Puyoger ; Payogier. *Piogé.*
Puypaillé ; Puypailler ; Puypallier ; Puy-Paillé,

Puy Pinsson. *Puy-Pinçon.*
Puypirault ; Puy Pireaut. *Puy-Pirault.*
Puy Ravault ; Puy Ravenu. *Puyraveau.*
Puyreguard ; Puyrenard. *Puyrenard.*
Puyreveau. *Puyraveau.*
Puyront. *Puyrond.*
Puy Roty. *Puy-Rôti.*
Puy Rouey. *Roche-Puy-Rôti (La).*
Puyrouleau (Le). *Puy-Rouleau.*
Puy Rousti ; Puy Routly. *Puy-Rôti.*
Puys (Le). *Puy-de-Miauray (Le).*
Puysaintmur. *Puy-Saint-Mur.*
Puy-Saint-Pierre (Le). *Puy (Le) (Saint-Germain-de-Longue-Chaume).*
Puys-Assis (Le). *Peu (Le) (Vasles).*
Puys Bachier. *Pied-Bâché.*
Puysbelin. *Puy-Belin.*
Puys Bourgail. *Puy-Bourgueuil.*
Puys de la Garde (Le). *Peu-de-la-Garde (Le).*
Puys d'Enffer (Le). *Puy-d'Enfer (Le).*
Puys de Terroys. *Puyterré.*
Puys de Veluché (Le). *Veluché.*
Puysfourré. *Pied-Fourré.*
Puysmont. *Peument.*
Puys Morillon. *Puy-Morillon.*
Puys Rajeau. *Pérajoux.*
Puysraveau. *Puyraveau.*
Puys Robin. *Puy-Robin.*
Puyssec. *Puysec.*
Puytarault ; Puytaraut. *Puytaraud.*
Puyterray ; Puy Terray. *Puyterré.*
Puy Théraut. *Puytaraud.*
Puytigné. *Putigny.*
Puy-Vandre. *Poivendre.*
Puzant. *Puisan.*
Pyat. *Etat.*
Pynier (Le). *Pinier (Le)*
Pyozay. *Piozay.*
Pyssepolle (La). *Pissepaule (La).*
Pyssot (Le). *Pissot (Le).*

Q

Quacussière (La). *Cacussière (La).*
Quainbaigne. *Cubagné.*
Quaingé. *Quingé.*
Quairai. *Quéray.*
Quanaudrie (La). *Coinaudrie (La).*
Quantault. *Cantault.*
Quantinière (La). *Cantinière (La) (Mazières-en-Gâtine).*
Quaquinières (Les). *Caquinières (Les).*
Quarroère (La). *Quéroire (La).*
Quarta. *Carte (La).*
Quarte (La). *Chantebuzin.*
Quarte (La). *Carte (La) (Gourgé).*
Quarteron (Le). *Carteron (Le).*
Quartes (Les). *Cartes (Les).*
Quartes de Bouvyl (les). *Cartes (Les) (Verrines-sous-Celles).*

Quartier (Le). *Cartier (Le).*
Quayray. *Quéray.*
Quayrea (Le). *Quaireux (Le).*
Quayrelère (La). *Cartière (La).*
Quaysray. *Quéray.*
Quentinère (La). *Cantinière (La) (Mazières-en-Gâtine).*
Quepineria. *Capinière (La).*
Quérai (Le). *Quéray.*
Quercus. *Chêne (Le).*
Quercus super Verrucam. *Chêne (Le) (Verruye).*
Quérée (La). *Quairée (La).*
Quéreux (Le). *Quaireux (Le).*
Quergère (La). *Quéroire (La).*
Quérie (La). *Quairie (La).*
Quérochère (La). *Quérochère (La).*
Quérochière (La). *Quérochère (La).*
Quéroir (Le) ; Quesray. *Quéray.*
Queue d'Ajasse. *Queue-d'Agcasse.*
Quingolum. *Quingé.*
Quinquangrousse ; Quinquengrousse ; Quiquengrosse. *Quincangrousse.*
Quodreium. *Salbart.*
Quoinaudière (La). *Couauderie (La).*
Quonay. *Caunay.*

R

Rabané. *Puy-d'Enfer (Le).*
Rabeillère (La). *Rebellerie (La).*
Rachonnière (La). *Rochefichonnière (La).*
Raclis (Le). *Rallis (Le).*
Raconnère (La). *Raconnière (La).*
Radulfi (Terra). *Roulière (La) (Verruye).*
Raenfreria. *Ranfraire (La).*
Raffos (Le) ; Raffou (le). *Raffoux (Le).*
Rafichon (Hébergement de) ; Rafichonnière (la). *Rochefichonnière (La).*
Rafou (Le). *Rafoux (Le).*
Ragacia. *Largeasse.*
Raifanes. *Réfanne.*
Raimondière (La). *Rémondière (La).*
Raittière (La). *Raitière (La).*
Raizard. *Rézard.*
Rajace (La) ; Rajacia ; Rajaciacum. *Largeasse.*
Rajasse (La). *Largeasse (Saint-Aubin-de-Baubigné).*
Ralère (La). *Raillère (La).*
Raliamière (La). *Reniamière (La).*
Ralière (La). *Raillère (La).*
Rambaudère (La). *Rambaudière (La).*
Ramberlère (La) ; *Rambertière (La).*
Rambertère (La) ; Rambertière (la). *Rimbretière (La).*
Rambourgère (La). *Rembourgère (La).*

TABLE DES FORMES ANCIENNES. 343

Ramefort. *Romefort.*
Rampaire (La) ; Rampierre (la). *Rempierre (La).*
Rampolius. *Champoly.*
Rampson. *Rançon.*
Rampulli. *Champoly.*
Ransenz. *Rançon.*
Ranbaud. *Rambault.*
Ranbaudière (La). *Rambaudière (La).*
Rancons. *Rançon.*
Randère (La). *Randière (La).*
Ranfrère (La). *Ranfraire (La).*
Ransannium. *Rançon.*
Raou. *Réau.*
Raoulère (La Petite). *Roulière (La Petite).*
Raoulère Guiot Claveau (La). *Roulière (La)* (La Chapelle-Bertrand).
Raoulière (La). *Roulière (La).*
Raphichonnière (La). *Rochefichonnière (La).*
Rarauna. *Rom.*
Rasclemet. *Raclemet.*
Raslière (La). *Raillère (La).*
Rasnyère (La). *Rainière (La).*
Rastaux (Les). *Ratou.*
Rastellère (La) ; Rastellères (les). *Ratelière (La).*
Ratelères (Les) , Ratelières (les). *Ratelière (La).*
Rateria ; Ratorie (La Petite). *Raterie (La).*
Ratier (Le Grand). *Ratier.*
Ratière (La). *Ratières (Les Hautes et Basses).*
Ratours (Les) ; Ratout (le) ; Ratoux (les). *Ratou.*
Ratrye (La). *Raterie (La).*
Rauderies (Les). *Rauderie (La).*
Rauranum. *Rom.*
Rayctère. *Rétière (La).*
Raymondère (La) ; Raymondière (la). *Raimondière (La).*
Raymondière (La). *Rémondière (La).*
Raymonnière (La). *Raimonnières (Les).*
Raynaud ; Raynou. *Reinou.*
Raynère (La). *Rainières (Les).*
Razerolles. *Riberolles.*
Razillière (La). *Razelière (La).*
Ré (La). *Règle (La).*
Ré (Le). *Ry.*
Ré (La Grant). *Ry (Le Grand).*
Réatère (La). *Raitière (La).*
Réaudières (Les). *Raudières (Les).*
Reaudrie (La). *Raudrie (La).*
Réaut. *Rault.*
Rebaizolière (La). *Rebesolière (La).*
Rebardère (La). *Rebardière (La).*
Rebatterie (La). *Rebaterie (La).*
Rebec. *Arbec.*
Rebecq. *Rebec.*

Rebereis. *Ribray.*
Rebillardyère (La). *Rebillardière (La).*
Reblères. *Riblaire.*
Recreus ; Recreux. *Recreu.*
Reculie (La). *Herculée (L').*
Redouillard. *Drouillard.*
Redraize (La). *Redresse (La).*
Reffaue ; Reffanes ; Reffanne ; Reffannes. *Réfanne.*
Regaldanum. *Rigaudon.*
Regeasse (La). *Largeasse.*
Regnardère (La) ; Regnardière (la). *Renardière (La).*
Regnaudière (La) ; Regnauldière (la). *Renardière (La).*
Regné. *Reigné.*
Régné. *Rigny.*
Reguec. *Reigné.*
Regneium ; Regniacum. *Rigné.*
Regnier. *Reigné.*
Regourdayne. *Rigourdaine.*
Regraterie (La) ; Regratrie (la). *Regatterie (La).*
Reguaret (Le). *Reguéret (Le).*
Rehorlois. *Rorthais.*
Reigle (La). *Règle (La).*
Reigné ; Reigué Loudairie. *Rigné.*
Reigoet. *Reigné.*
Reignière (La). *Rainière (La).*
Reille (La). *Règle (La).*
Reinbertière (La). *Rambertière (La).*
Reinbretière (La). *Rinbretière (La).*
Reissia. *Saint-Georges-de-Rex.*
Rejacia ; Rejasse (la). *Largeasse.*
Relandière (Grande et Petite). *Relandières (Les).*
Remborgère (La). *Rembourgère (La).*
Remigières (Les). *Remigère (La).*
Remoire (La). *Rimoire (La).*
Rémondière (La). *Raimondière (La).*
Renardère (La). *Renardière (La).*
Renarderie (La) ; Renardière (la). *Renardrie (La).*
Renaudère (La). *Renaudière (La).*
Renborgère (La). *Rembourgère (La).*
Renclère (La). *Renelière (La).*
Rénerie (La). *Rainerie (La).*
Renfray (Le) ; Renfrayre (la). *Ranfraire (La).*
Rengizière (La). *Rangizière (La).*
Renié. *Reigné.*
Rénière (Petite et Grande). *Rainières (Les).*
Renuelière (La). *Renelière (La).*
Renolère (La). *Renolière (La).*
Renolière (La). *Renaulière (La).*
Renolière (La). *Renolières (Les)* (Chauteloup).
Renolière des Champs (La). *Renolière (La)* (Vernou-en-Gâtine).
Renolière (La). *Renolière (La).*

Renoulère (La). *Renaulière (La).*
Renouzière (La). *Renousière (La).*
Repairoux ; Reparou. *Repéroux.*
Repastairault ; Repatereault. *Arpatereau.*
Répaudière (La). *Ripaudière (La).*
Repeirou ; Repeiroux. *Repéroux.*
Repenoux (Grand et Petit). *Repenou (Le).*
Repérou ; Repoyroux. *Repéroux.*
Reppoussonnière (La). *Repoussonnière (La).*
Resatelière (La). *Ressatelière (La).*
Resmonnyère (La). *Rémonnière (La).*
Ressegère (La) ; Ressegière (la). *Ressagière (La).*
Ressia. *Saint-Georges-de-Rex.*
Ressilières (Les). *Ressiguières (Les).*
Restière (La). *Raitière (La).*
Restière (La). *Rétière (La).*
Resurrection (La). *Pont d'Ouin.*
Retail Hervy (Le). *Fourbeau.*
Retallium. *Retail (Le).*
Retardière (La). *Retaudière (La).*
Retargerie (La). *Minières (Les).*
Rethaudière (La). *Retaudière (La).*
Retourné sur Dives. *Retourné.*
Reuigny. *Rigné.*
Reulle (La). *Règle (La).*
Revaudière (La) *Rivaudière (La)*
Revelère (La). *Rouvelière (La).*
Revercerie (La). *Renverserie (La).*
Reverdrie (La). *Verderie (La).*
Reverserye (La). *Renverserie (La).*
Revestison (La) ; Revustizon (la) ; Revestizonia (la) ; Revêtizou Chabot (la). *Revétizon (La).*
Reveytison (La). *Revétizon (La)* (Celles).
Revolisan (La). *Revétizon (La).*
Reygnec. *Reigné.*
Rezère (La). *Rezière (La).*
Rhy. *Ry.*
Ribaère (La). *Riboire (La).*
Ribardière (La). *Rebardière (La).*
Ribayre (La). *Riboire (La).*
Ribbleria. *Riblerie (La).*
Riboc. *Rebec.*
Riberay. *Cour-de-Ribray (La).*
Riberes ; Riberex. *Ribray.*
Riberola. *Riberolles.*
Riblères ; Riblerez. *Riblaire.*
Ribleria. *Riblerie (La).*
Ribotière (La). *Ribotière (La).*
Ribouère (La). *Riboire (La).*
Ribrai ; Ribraye. *Ribray.*
Ribraye. *Cour-de-Ribray (La).*
Ribrolle. *Riberolles.*
Richardières (Les). *Chambrille.*
Richeria. *Richerie (La).*
Ricos ; Ricoux. *Ricou.*

TABLE DES FORMES ANCIENNES.

Ridjeu (Petit). *Ridejeu (Petit)*.
Riffon (Le). *Riffon*.
Rigale. *Rigalle*.
Rigaldanus. *Rigaudon*.
Rigalle. *Brassay*.
Rigallier. *Rigollier*
Rigaudan ;-Rigaudans ; Rigaudanum ; Rigaudens. *Rigaudon*.
Rigaudière (La). *Rigauderie (La)*.
Riglière (La). *Riglaire (La)*.
Rigné sous Vrère ; Rigneum. *Rigny*.
Rigny. *Rigné*.
Rigny sous Vrère. *Rigny*.
Rigourdayne. *Rigourdains*.
Rimbaut. *Rimbault*.
Rimonnière (La). *Rimonière (La)*.
Rimotou. *Rimotteau*.
Rinaud. *Rinan*.
Rinherlières (Les). *Rimbretière (La)*.
Rinchardière (La). *Richardière (La)* (Vautebis).
Riollières (Les). *Riollière (La)*.
Riortière (La). *Réortière (La)*.
Ripail (La). *Ripaille (La)* (Lezay).
Ripaille. *Ripaille (La)* (Nanteuil).
Ripairoux. *Repéroux*.
Riparfond. *Riparfonds*.
Ripau (Le). *Ripaux*.
Ripaudière (La). *Ripaudières (Les)*.
Ripauldière (La). *Ripaudière (La)*.
Ripères. *Ripère*.
Ripérou. *Repéroux*.
Ripierre (La). *Ripère*.
Ripoiroux. *Repéroux*.
Rippaille (La). *Ripaille (La)* (Nanteuil).
Ripparia. *Rivières (Les)* (Saint-Éanne).
Ripparoux. *Repéroux*.
Rippault. *Ripaux*.
Ripprefont ; Riprefont. *Riparfonds*.
Rivau (Le) ; Rivaud (le) ; Rivaus (le). *Rivault (Le)*.
Rivaux (Les). *Rivault (Le)* (Vasles).
Riveau (Le). *Rivault (Le)*.
Rivère (La). *Rivière (La)*.
Rivères sur la Dive ; Rivette. *Rivet*.
Rivière (La). *Rivières (Les)*.
Rivière d'Artenay (La). *Rivière (La)* (Vouillé).
Rivière d'Homme (La). *Rivières (Les)* (Chanteloup).
Rivière Fraper (La). *Rivière (La)* (Moulins).
Rivière Joliot (La) ; Rivière Julliot (la) ; Rivière Julliotte (la). *Rivière (La)*.
Rivière Saloubef. *Rivière (La)* (Moulins).
Rivodanum. *Rigaudon*.
Rivollet (Le). *Pignon (Fief)*.
Rivollière (La). *Rivollerie (La)*.
Rix (Grand). *Ry (Le Grand)*.

Roaudère (La). *Rauderie (La)*.
Robelère (La) ; Robellère (la) ; Robelière (la). *Robelière (La)*.
Robins (Les). *Chez-Robin*.
Robynyère (La). *Robinière (La)*.
Rocafaton. *Rochefaton (La)*.
Rocha. *Roche-aux-Enfants (La)*.
Rocha Aynardi. *Rochénard (La)*.
Rochæ Engraille. *Roche (La)* (Argenton-l'Église).
Rochafauton. *Rochefaton (La)*
Rocha Helio. *Roche-Élie (La)*.
Rocha Malemontis. *Roche (La)* (Chauray).
Rochardère (La). *Richardière (La)* (Vautebis).
Rocha super Fayam. *Roche-Piché (La)*.
Rocha Taisont. *Roche (La)* (Paizay-le-Tort).
Rochavelle. *Rocheavelle (La)*.
Rocha Vinosa. *Roche-Vineuse (La)*.
Rochay (La). *Rochais (Le)*.
Rochay (Haut et Bas). *Rocher (Le Haut et Bas)*.
Rochaye. *Rochais (La)*.
Roche (Haute et Basse). *Roche (La)* (Amailloux).
Roche (La). *Roche-de-Fourbeau (La)*.
Roche (La). *Roche-du-Halais (La)*.
Roche (La). *Roche-Palais (Lo)*.
Roche (La). *Roche-Savari (La)*.
Roche (Grande et Petite). *Roches (Les)* (Noireterre).
Roche (La). *Roches (Les)* (Bilazais).
Roche-Alon (La). *Roche-Halon (La)*.
Roche-Audebaud (La). *Roche-Audebault (La)*.
Roche au Coup (La). *Roche-au-Cou (La)*.
Roche au Faye (La). *Roche (La)* (Boismé).
Roche au Fort (la) ; Roche au Fort (La Basse) ; Roche Auffort (la). *Roche (La)* (Clessé).
Roche au Moine (La). *Roche (La)* (La Coudre).
Roche au Murc (La). *Roche-aux-Murs (La)*.
Roche aus Feyez. *Roche (La)* (Boismé).
Roche aux Enfans (La). *Roche-aux-Enfants (La)*.
Roche Aymeri Arnault (La). *Roche (La)* (Saint-Sauveur-de-Givre-en-Mai).
Roche Bardin (La). *Roche (La)* (Limalonges).
Roche Bardoul (La). *Roche (La)* (Bretignolle).
Roche Belet (La). *Roche (La)* (Largeasse).
Roche Birault (La). *Roche-Biraud (La)*.

Roche Caillouneau (La). *Roche (La)* (Argenton-l'Église).
Roche Cauthin (La). *Roche (La)* (Cherveux).
Roche d'Aubigné (La). *Roche-d'Aubigny (La)*.
Roche Davi (la) ; Rochedavy (La). *Roche-David (La)*.
Roche de Boris (La). *Roche-de-Boril (La)*.
Roche de Chaurray (La). *Roche (La)* (Chauray).
Roche de Cherveulx (La). *Roche-du-Pinier (La)*.
Roche de Comboré (La). *Roche-de-Combré (La)*.
Roche Debours (La). *Boux (Le)*.
Roche Diablère (La). *Roche-Diablière (La)*.
Roche d'Élie (La). *Roche-Élie (La)*.
Roche de Fourbault (La). *Roche-de-Fourbeau (La)*.
Roche de Leray (La). *Roche (La)* (Ménigoute).
Roche de Lusay (La). *Roche-de-Luzay (La)*.
Roche de Maurepas (La). *Roche (Lo)* (Combrand).
Roche de Maupertuis (La) ; Roche de Maupertuiz (la). *Roche (La)* (Amailou).
Roche de Naido (La) ; Roche de Nesde (la). *Roche-de-Combré (Lu)*.
Roche de Palléo (La). *Roche-Palais (La)*.
Roche de Pichier (La). *Roche-Piché (La)*.
Roche de Pueil (La). *Roche (La)* (Saint-Jouin-de-Milly).
Roche de Saint-Lain (La). *Roche (La)* (Saint-Lin).
Roche de Serezay (La). *Roche (La)* (Cerizay).
Roche de Som (La). *Roche-du-Lié (La)*.
Roche de Thénezay (La). *Roche (La)* (Thénezay).
Roche du Fort (La). *Roche (La)* (Clessé).
Roche du Gast (La). *Roche-des-Gasts (La)*.
Roche du Gué (La). *Roche-du-Guy (La)*.
Roche du Maine (La). *Champdeniev*.
Roche du Plessis Pichier sur Augé (La). *Roche-du-Plessis (La)* (Augé).
Rochoette (La). *Rochette (La)*.
Roche Eslie (La). *Roche-Élie (La)*.
Rochesnard (La) ; Roche Esnard (la) ; Roche Esnart (La). *Rochénard (La)*.
Roche Eudon (La). *Roche-Hudon (La)*.
Roche Eynart (la). *Rochénard (La)*.
Rochefacton (La). *Rochefaton (La)*.

TABLE DES FORMES ANCIENNES. 345

Roches Fallourd (Les) ; Roches Fallourt (les) *Roches* (*Les*) (Courlay).
Rochefatton (La). *Rochefaton* (*La*).
Rochefichonière (La). *Rochefichonnière* (*La*).
Rochefolet ; Rochefoullet. *Rochefollet* (*La*).
Rochefoux. *Rochefou*.
Roche-Gabart (La). *Roche-Gabard* (*La*).
Roche Galhain (La). *Roche-Galouin* (*La*).
Roche Goupillaud (La) ; Roche Goupillon (la). *Roche-Goupilleau* (*La*).
Rochegratton (La). *Roche-Graton* (*La*).
Roche Hellie (La). *Roche-Élie* (*La*).
Roche Jacquelein (la) ; Roche Jaquelin (la). *Roche-Jacquelin* (*La*).
Rochejavelle ; Roche-Javelle (la). *Rocheavelle* (*La*).
Roche Lambert (La) ; Roche Lembert (la). *Roche* (*La*) (Mauzé-Thouarsais).
Roche Maheu (La). *Roche* (*La*) (Breuil-Chaussée).
Roche Malmonde (La) ; Roche Malemonde (la). *Roche* (*La*) (Chauray).
Roche Maupertuis (La). *Roche* (*La*) (Amailloul).
Roche Maurepas ; Roche Meaurepas (la). *Roche* (*La*) (Combrand).
Rochemenue. *Roche-Menue* (*La*).
Roche Méry Arnault (La). *Roche* (*La*) (Saint-Sauveur-de-Givre-en-Mai).
Roche-Michault (La) ; Roche Michea (la). *Roche-Micheau* (*La*).
Roche Morot (La). *Roche-Marot* (*La*).
Roche Musangrin (La). *Roches* (*Les*) (Les Aubiers).
Roche Nadou (La). *Roche-Nadoux* (*La*).
Roche Nivellon (La) ; Roche-Nyvelon (la). *Roche-Neulon* (*La*).
Roche Pailler (La). *Roche-Paillé*.
Roche Penil (La). *Roche* (*La*) (Saint-Jouin-de-Milly).
Rochepicher (La) ; Roche Picher (la) ; Roche Pichier (la). *Roche-Piché* (*La*).
Roche Piet Rôti (La) ; Roche-Pirou (la). *Roche-Puy-Rôti* (*La*).
Roche Puy Rousti (La) ; Roche Puyrousty (la). *Roche-Puy-Rôti* (*La*).
Roche-Quentin (La). *Roche* (*La*) (Cherveux).
Roche-Raffichouière (La). *Rochefichonnière* (*La*).
Rochereo. *Rochoux*.

Rocherie (La). *Roucherie* (*La*).
Roche-Rimbault (La). *Roche-Rimbaud* (*La*).
Roche Roffin (La). *Roche-Ruffin* (*La*).
Rocheroux. *Rochou* (La Coudre).
Roche Rufin (La). *Roche-Ruffin* (*La*).
Roche Saint-Thibault (La). *Roche* (*La*) (Mello).
Roche Savarit (La). *Roche-Savari* (*La*).
Roche sous Fourbault (La). *Roche-de-Fourbeau* (*La*).
Roche Taullay (La) ; Roche Taullé (la). *Roche-Taulaye* (*La*).
Roche Temer (La). *Roche* (*La*) (Mauzé-Thouarsais).
Roche Tollay (La). *Roche-Taulaye* (*La*).
Roche Udon (La). *Roche-Hudon* (*La*).
Roches. *Roche* (*La*) (Boismé).
Roches (Les). *Roche* (*La*) (Maulais).
Roches Arguchon (Les). *Roches* (*Les*) (Geay).
Roches Beaudin (Les) ; Roches Bodins (les). *Roche-Baudin* (*La*).
Roches de Geay (Les). *Roches* (*Les*) (Geay).
Roches de Maulay (Les). *Roche* (*La*) (Maulais).
Roches Gilbert (Les). *Roches* (*Les*) (Noirelerre).
Roches Guytton (Les). *Roches-Guitton* (*Les*).
Roches Migeon (Les) ; Roches Mugeon (Les). *Roche* (*La*) (Cirière).
Roches neves (Les). *Roches-Neuves* (*Les*) (Chambroutet).
Roches Racusson (Les). *Roches* (*Les*) (Geay).
Rochete. *Rochette*.
Rochete (La). *Rochette* (*La*).
Rochettan. *Rochetan*.
Rochette-Brimaut. *Rochette*.
Rochettes (Les). *Rochette* (*La*) (Viennay).
Rochevineuse ; Rochevyneuse. *Roche-Vineuse* (*La*).
Rochonnière (La). *Richonnière* (*La*) (Loubillé).
Rodari ; Roddart. *Rodard*.
Rodom (Vicaria) ; Redomno ; Redoniosis (Vicaria). *Rom*.
Roestais ; Roetaix ; Roeteys. *Rorthais*.
Roffignet. *Ruffigny*.
Rohan-Rohan. *Frontenay*.
Roherie (La). *Rourie* (*La*).
Roheteys ; Rohetoys ; Rohosteri (Decima) ; Rohosterium. *Rorthais*.
Roiffonnes (Les Vieilles et les Jeunes). *Réfanne*.

Roimunderia. *Raimondière* (*La*).
Roirie (La). *Rairie* (*La*).
Rolanderie (La). *Rollandrie* (*La*).
Rolandière (La) ; Rollanderia. *Rollandière* (*La*).
Rollet (La). *Ralet* (*Le*).
Romagué. *Romané*.
Romagnee. *Romagné*.
Romani (Domus Petri). *Romelière* (*La*).
Romaniacus. *Romané*.
Romans (Veil) ; Romans (Vetulus) ; Romant (Vieux). *Romans* (*Vieux*).
Romanz. *Romans*.
Romayre (La). *Rimoire* (*La*).
Romium. *Rom*.
Rommans. *Romans*.
Ronde (La Petite). *Ronde* (*La*) (Saint-Hilaire-la-Palud).
Rondellorye (La). *Bois-Dongirard*.
Rondellière (La). *Rondelière* (*La*).
Ronnolère (La). *Renolère* (*La*).
Ronnum. *Rom*.
Ronza. *Ronce* (*La*) (Pamprou).
Ronze (La). *Ronce* (*La*).
Room ; Roomum ; Roon. *Rom*.
Roonze (La). *Ronce* (*La*) (Pamprou).
Roquemitère (La). *Audouinière* (*L'*) (Courlay).
Rosche (La). *Roche* (*La*).
Rosche Gilebert (La). *Roche-Gilbert* (*La*).
Rosche près de Serezay (La). *Roche* (*La*) (Cerizay).
Rosselière (La). *Rousselière* (*La*).
Rossillon. *Roussillon*.
Rorlays. *Rorthais*.
Rorvre. *Rouvre*.
Rotandières (Les). *Rataudières* (*Les*).
Rotemont (Le). *Rothemont* (*Le*).
Rothai ; Rothays. *Rorthais*.
Rothemond. *Rothemont* (*Le*).
Rothmantium ; Rotmancium ; Rotmandum ; Rotmantium. *Romans*.
Rotonda. *Ronde* (*La*).
Rotte Monts. *Rothemont* (*Le*).
Rotures (Les). *Roture* (*La*).
Roty (Le). *Rôti-Gareau* (*Le*).
Roty (Le). *Roty-Naud* (*Le*).
Rôty-Bordage (Le). *Bordage-Rôti* (*Le*).
Rouartais (Le). *Rorthais* (Breuil-Chaussée).
Roucelière (La). *Rousselière* (*La*) (Vasles).
Roucère (La). *Roussière* (*La*) (Verruye).
Rouelays ; Roueleys. *Rorthais*.
Rouffigné ; Rouffiguiacum. *Ruffigny*.
Rougerye (La). *Rougerie* (*La*).
Rouhère (La). *Rouère* (*La*).
Rouherie (La). *Rourie* (*La*).

DEUX-SÈVRES.

44

TABLE DES FORMES ANCIENNES.

Rouhertays ; Rouhetoys ; Rouhortois. *Rorthais*.
Rouilière (La Petite). *Roulière (La Petite)* (Saint-Pardoux).
Rouillère (La Petite). *Roulière (La)* (Verruye).
Rouilliardière (La). *Roulardière (La)*.
Rouillière (La). *Roulière (La)*.
Rouillonère (La). *Rouillonnière (La)*.
Roulière (La Grande). *Roulière (La)* (Mazières-en-Gâtine).
Roulière (La). *Roulière (La)*.
Roulière Gourfaut (La). *Roulière (La)* (Voultegon).
Roullière (La). *Roulière (La)*.
Roumaigné. *Romagné*.
Roumaire (La). *Rimoire (La)*.
Roumofort. *Ramefort*.
Rouorlais. *Rorthais*.
Roure ; Roures. *Rouvre*.
Rouscherie (La). *Roucherie (La)*.
Rouslière (La). *Roulières (Les)*.
Rousseille (La). *Roussille (La)*.
Roussellinières (Les). *Rousselinière (La)* (Féuery).
Roussellère (La). *Rousselière (La)*.
Roussellerye (La). *Rousselière (La)* (La Chapelle-Gaudin).
Roussellière (La). *Rousselière (La)*.
Roussère (La). *Roussière (La)*.
Roussetière (La). *Roustière (La)*.
Roussetterie (La). *Rousselterie (La)*.
Rousseuil. *Russeil*.
Rousseylon. *Roussillon*.
Roussière Monit (La). *Roussière-Mony (La)*.
Roussigle (La). *Roussille (La)*.
Roustan. *Rochetan*.
Roustiz (Les). *Routiers (Les)*.
Roustures (Les). *Roture (La)*.
Routays. *Rorthais*.
Routemond. *Rothemont (Le)*.
Routhe (La) ; Routte (La). *Route (La)*.
Rouziers (Les). *Rosiers (Les)*.
Rovre. *Rouvre*.
Roya. *Réax*.
Royas (Le). *Roya (Le)*.
Royau (Le). *Royou (Le)*.
Roylle (La). *Règle (La)*.
Roysteis. *Rorthais*.
Ruau ; Ruau (Le). *Ruault (Le)*.
Ruau de Rigné (Le). *Ruault (Le)* (Rigné).
Rubrio. *Rouvre*.
Rucayum. *Russay*.
Rueau (Lo). *Ruault (Le)*.
Ruclile (La). *Règle (La)*.
Ruffanes. *Réfanne*.
Ruffigné. *Ruffigny*.
Rugaudan. *Rigaudan*.
Ruhe (La). *Rue (La)*.

Ruichardière (La). *Richardière (La)* (Vautebis).
Ruilho (La). *Règle (La)*.
Ruisseaux. *Ruisseau*.
Ruisset. *Russette*.
Rumontium. *Romans*.
Rupis Lamberti. *Roche (La)* (Mauzé-Thouarsais).
Rupis Malemonde. *Roche (La)* (Chauray).
Rupis nova. *Rocheneuve*.
Ruptit. *Rompis (Le)*.
Ruslière (La). *Rulière (La)*.
Russeau. *Ruisseau*.
Rutman. *Romans*.
Ruyau de Regné (Le). *Ruault (Le)* (Rigné).
Rypaud. *Ripaux*.
Rypaudère (La). *Ripaudière (La)*.
Ryvalier (Le) ; Ryvaller (le). *Rivalier (Le)*.
Ryvollerie (La). *Rivollerie (La)*.

S

Sable (Le). *Chapelle (La)* (La Chapelle-Bâton).
Sablère (La). *Sablière (La)*.
Sables de l'Hernay (Les). *Sables (Les)*.
Sabotinère (La). *Sabotinière (La)*.
Saebria. *Saivre*.
Saesine (La). *Saisine (La)*.
Saevre ; Saèvre ; Saevres. *Saivre*.
Sagitia. *Sayette (La)*.
Saigné. *Soigné*.
Saint Amant. *Saint-Amand-sur-Sèvre*.
Sainta Maria dous Portes Dé. *Saint-Liguaire*.
Saint-André-de-Saint-Mesmin. *Saint-André-sur-Sèvre*.
Saint Araye. *Saint-Héraye*.
Saint Aubin de la Plaigne ; Saint Aubin do Playn ; Saint-Aubin-du-Plaen ; Saint Aubin du Plen. *Saint-Aubin-du-Plain*.
Saint-Aubin-le-Clouc ; Saint Aubin le Cloux ; Saint-Aulbin. *Saint-Aubin-le-Clou*.
Saint Bardoux. *Saint-Pardoux*.
Saint Benest ; Saint Benoist ; Saint Benoist des Umbres. *Saint-Benoit*.
Saint Blaise. *Haye (La)* (Les Échaubrognes).
Saint Blaise de la Moinie. *Moinie (La)*.
Saint Blaise de Saint-Germier. *Saint-Germier*.
Saint Boire (La). *Semboire (La)*.
Sainte Catherine de la Trappe. *Moinie (La)*.
Saint Charde ; Saint Chardes. *Saint-Chartre*.

Saint Christofle ; Saint Christofle sur Rocq. *Saint-Christophe-sur-Roc*.
Saint Ciro de la Lande. *Saint-Cyr-la-Lande*.
Saint Clémentin. *Ménaréière (La)* (Luché-Thouarsais).
Saint Crestofle ; Saint Cristophe. *Saint-Christophe-sur-Roc*.
Saint Cypriain-lez-Bressuire , *Saint-Cyprien*.
Saint Cyprien. *Chamaillard (Bessines)*.
Saint Cyprien près Bressuire. *Saint-Cyprien*.
Saint Denys. *Saint-Denis*.
Saint Éasne. *Saint-Éanne*.
Saint Éloy. *Saint-Éloi*.
Saint Enoeil. *Saint-Neuil*.
Saint Éraye. *Saint-Héraye*.
Saint Estienne la Sigogne . *Saint-Étienne-la-Cigogne*.
Saint Eutropo de Moyré. *Moiré*.
Saint Faziou propo Metullum. *Saint-Faziol*.
Saint Flaurans ; Saint-Fleurant. *Saint-Florent*.
Saint Genès des Habits. *Habittes (Les)*.
Saint George de la Lande. *Lande (La)* (Gourgé).
Saint George de Ré ; Saint Georges de Resse ; Saint Georges de Rex. *Saint-Georges-de-Rex*.
Saint Germain en Gastine ; Saint Germen . *Saint-Germain-de-Longue-Chaume*.
Saint Germer. *Saint-Germier*.
Saint Gilles de Saint Coutant. *Saint-Coutant*.
Saint-Girault ; Saint-Giraut. *Saint-Giraud*.
Saint Godan. *Saint-Gaudent*.
Saint Gouard. *Saint-Goard*.
Saint Ilaire près d'Augé. *Saint-Hilaire* (Augé).
Saint Iléane. *Saint-Éanne*.
Sainthière (La). *Saintière (La)*.
Saint Hilaire de la Pallu ; Saint Hilaire la Palux. *Saint-Hilaire-de-la-Palud*.
Saint Hilaire sur Augé. *Saint-Hilaire* (Augé).
Saint Hilairo sur Chizé. *Saint-Hilaire-de-Ligné*.
Saint Hillaire sur Augié. *Saint-Hilaire* (Augé).
Saint Jacques de Thouars ; Saint-Jasme. *Saint-Jacques-de-Montauban* .
Saint Jean de Bouneval les Thouars. *Saint-Jean-de-Bonneval*.
Saint-Join-de-Marnes. *Saint-Jouin-de-Marnes*.
Saint Join de Millé ; Saint Join de Milly ;

TABLE DES FORMES ANCIENNES. 347

Saint Jouin de Millé ; Saint Joyn de Millé. *Saint-Jouin-de-Milly.*
Saint Laen ; Saint Lain. *Saint-Lin.*
Saint-Laur. *Saint-Laurs.*
Saint Layn ; Saint Leen. *Saint-Lin.*
Saint Legayre ; Saint-Léger. *Saint-Liguaire.*
Saint Léger de Montbruys ; Saint Léger de Montbrun ; Saint Léger du Monbrun. *Saint-Léger-de-Montbrun.*
Saint Léger près Melle. *Saint-Léger-lez-Melle.*
Saint Léon. *Saint-Lin.*
Saint Léonard des Bruyères. *Saint-Léonard.*
Saint Ligaire. *Saint-Liguaire.*
Saint Lors. *Saint-Laurs.*
Saint Lou. *Saint-Loup.*
Saint Macire. *Saint-Mazire.*
Saint Maymin. *Saint-Mesmin-la-Ville.*
Saint Maixent. *Milan.*
Saint Marc de la Lande. *Saint-Mard-de-la-Lande.*
Saint-Mars. *Saint-Marc.*
Saint Mars en Gâtine ; Saint Mars la Lande ; Saint Mars près Saint Antoine de la Lande. *Saint-Mard-la-Lande.*
Saint Martin Dantraigue. *Saint-Martin-d'Entraigues.*
Saint Martin de Berlou. *Saint-Martin (Brelou).*
Saint Martin de Chevrettes. *Saint-Martin (Prailles).*
Saint-Martin-de-Livrée. *Saint-Rémy.*
Saint Martin de Mascon. *Saint-Martin-de-Mâcon.*
Saint Martin de Noysé les Baillargeaux. *Noizé.*
Saint Martin Dentregues. *Saint-Martin d'Entraigues.*
Saint-Martin-des-Baillargeaux. *Noizé.*
Saint-Martin-de-Senzay. *Saint-Martin-de-Sanzay.*
Saint-Martin-des-Pierrois. *Pierrois (Cersay).*
Saint Martin du Fouilloux. *Saint-Martin-du-Fouilloux.*
Saint-Martin-les-Pamprou. *Pamprou.*
Saint Martin lez Saint Maixent. *Saint-Martin-de-Saint-Maixent.*
Saint Martin lez Niort. *Saint-Martin (Sainte-Pezenne).*
Saint Martin Mascon. *Saint-Martin-de-Mâcon.*
Saint Martin près Melle. *Saint-Martin-lez-Melle.*
Saint Martz de la Lande. *Saint-Mard-la-Lande.*
Saint Maurice de Mairé. *Mairé.*

Saint Maurice de Mairé Lévescault. *Saint-Maurice-de-Mairé.*
Saint Maurice des Moutiers. *Moutiers-sous-Chantemerle (Les).*
Saint Maurice près Niort. *Mairé.*
Saint Maurice sur Niort. *Saint-Maurice-de-Mairé.*
Saint Maxaire. *Saint-Maxire.*
Saint Maxent ; Saint Maxiien. *Saint-Maizent.*
Saint Méart ; Saint-Médard. *Saint-Mard-la-Lande.*
Saint Médard de Fonville. *Saint-Médard.*
Saint Mesrot. *Saint-Mérot.*
Saint Morice en la châtellenie de Niort. *Saint-Maurice-de-Mairé.*
Saint Nicolas du Châtellier. *Saint-Nicolas (Genneton).*
Saint Nicolas du Roc ; Saint Nicolas de Thouars. *Saint-Nicolas (Saint-Jacques de Montauban).*
Saint Oinne. *Sainte-Ouenne.*
Saint Paoul en Gastine. *Saint-Paul-en-Gâtine.*
Saint Pardoul ; Saint Pardoulx. *Saint-Pardoux.*
Saint Père (La). *Cimpère (La).*
Saint Philebert ; Saint Philibert. *Saint-Philbert.*
Saint Pierre à Champs. *Saint-Pierre-à-Champ.*
Saint Pierre de Diers. *Guidiers.*
Saint Pompin. *Saint-Pompain.*
Saint Porchère ; Saint Pourchaire. *Saint-Porchaire.*
Saint Prix ; Saint Project. *Saint-Projet.*
Saint Rémi. *Couransay.*
Saint Rémy de la Plaine. *Saint-Rémy.*
Saint Rémy en Gastine. *Saint-Rémy (Verruye).*
Saint-Roch. *Saint-Roc.*
Saint Romain des Champs. *Saint-Romans-des-Champs.*
Saint Romain près Melle ; Saint Romans ; Saint Romans près Melle. *Saint-Romans-lez-Melle.*
Saint Romné. *Saint-Rémy (Verruye).*
Saint Roumans des Champs ; Saint Roumant des Champs. *Saint-Romans-des-Champs.*
Saint Roumanz lez Melle. *Saint-Romans-lez-Melle.*
Saint Ruhe. *Sainte-Rue.*
Saint Salveur. *Saint-Sauveur-de-Givre-en-Mai.*
Saint Sauveur (Terre de). *Notre-Dame-de-Niort (quartier).*
Saint-Sauveur-de-Givre-en-May ; Saint Sauveur de Gyvre en May. *Saint-Sauveur-de-Givre-en-Mai.*
Saint Siforien ; Saint-Siphorien. *Saint-Symphorien.*
Saint Tenoeil. *Saint-Neuil.*
Saint Théasne. *Saint-Éanne.*
Saint-Thibaud ; Saint Thibaut. *Saint-Thibault.*
Saint Valière. *Saint-Valère.*
Saint Varans ; Saint Varant ; Saint Véran ; Saint Vérand ; Saint Vérans ; Saint Vérend. *Saint-Varent.*
Saint Vincent de la Chastre. *Saint-Vincent-de-la-Châtre.*
Sainte Angroisse. *Sainte-Ambroise.*
Saint Anne. *Saint-Éanne.*
Sainte Catherine de Martigné. *Martigny (Sainte-Ouenne).*
Sainte Esanne. *Saint-Éanne.*
Sainte-Eugénie. *Sainte-Ouenne.*
Sainte Héraye de la Mothe. *Mothe-Saint-Héraye (La).*
Sainte Maigrine. *Sainte-Macrine.*
Sainte Marie Madeleine de Bernegoue ; *Saint-Martin-de-Bernegoue.*
Sainte Momaile ; Sainte Monnaye ; Sainte Néomale ; Sainte Néomaye ; Sainte Néomaye près Saint-Maixent ; Sainte Nomaye ; Sainte Néommaye ; Sainte Nommée ; Sainte Onomoye en Poitou. *Sainte-Néomaye.*
Sainte Ouanne. *Sainte-Ouenne.*
Sainte Pessine ; Sainte Pezaine ; Sainte Pezanne. *Sainte-Pezenne.*
Sainte Radegunde de Pomiers ; Sainte Ragunt de Pomer. *Sainte-Radegonde-de-Pommiers.*
Sainte Rhue ; Sainte Rue. *Sainte-Rue.*
Sainte Souline ; Sainte Soulline ; Sainte-Soulyne. *Sainte-Soline.*
Sainte Verdre ; Sainte Vierge. *Sainte-Verge.*
Saisina. *Saisine (La).*
Saivera. *Saivre.*
Saivre (La). *Sèvre-Niortaise (La)*
Saivres. *Saivre.*
Saizay. *Sazais (Saint-Hilaire-la-Palud).*
Saizine (La). *Saisine (La).*
Saizinière (La). *Sézinière (La).*
Salas. *Salles.*
Salæ. *Salles (Les).*
Salbeires (Les) ; Salboires (les) ; Salbouère ; Salbouères (les). *Salboire.*
Salbronia. *Échaubrognes (Les).*
Salcido. *Sauzé-Vaussais.*
Sale (La). *Salle (La).*
Salebouères (Les). *Salboire.*
Sale Guibert (La). *Salle-Guibert (La).*
Sale Pelichum (!a). *Salle (La) (Mauzé-Thouarsais).*
Saletins ; Saletis (Ecclesia de). *Salette.*

TABLE DES FORMES ANCIENNES.

Saleuz. *Salbœuf.*
Sales. *Salles.*
Saliequottière (La) ; Salictière (la). *Salitière (La).*
Saliniacum. *Séligné.*
Salle (La). *Guionnière (La).*
Sallé (Le). *Puy-Salé (Le).*
Sallebeuf. *Bessière (La).*
Sallebœuf. *Salbœuf.*
Sallebouères (Les). *Salboire.*
Salle de Fenioux (La). *Salle (La)* (Fenioux).
Salleignes. *Salignac.*
Sallette ; Sallettes. *Salette.*
Salles en Saint Maixent ; Salles les Saint Maixent. *Salles.*
Salligniacum. *Séligné.*
Salmonnais. *Grize (La).*
Salmora ; Salmoza. *Saumore.*
Saltiacus. *Sauzé-Vaussais.*
Saltus, *Sault (Le).*
Salubrium. *Soulièvre.*
Salvagère (La). *Sauvagère (La).*
Salvia, *Salles.*
Salviniacum. *Souvigné.*
Samson, *Senson.*
Sanans. *Cenan.*
Sançay. *Sançais.*
Sançay. *Sansais* (Vanzay).
Sancta Aredia. *Saint-Héraye.*
Sancta Audoena. *Sainte-Ouenne.*
Sancta Blandina. *Sainte-Blandine.*
Sancta Caterina. *Sainte-Catherine.*
Sancta Eugenia ; Sancta Euginia. *Sainte-Ouenne.*
Sancta Genovefa. *Sainte-Geneviève.*
Sancta Katerina de Bercorio. *Sainte-Catherine* (Bressuire).
Sancta Magrina. *Chapelle-Sainte-Macrine.*
Sancta Magrina. *Sainte-Macrine.*
Sanctæ Mariæ (Capella). *Rosiers (Les).*
Sancta Neomadia. *Sainte-Néomaye.*
Sancta Oanna ; Sancta Oannia. *Sainte-Ouenne.*
Sancta Pazanna ; Sancta Pecignia ; Sancta Pecinna ; Sancta Peclina ; Sancta Pesana ; Sancta Pezina ; Sancta Pisana ; Sancta Piscina. *Sainte-Pezenne.*
Sancta Radegundis. *Sainte-Radegonde-de-Pommiers.*
Sancta Sabina *Sainte-Sabine.*
Sancta Solina. *Sainte-Soline.*
Sancta Valeria. *Saint-Valère.*
Sancta Virgana. *Sainte-Verge.*
Sancti Martini (Curtis). *Saint-Martin-de-Saint-Maixent.*
Sanctissimus Clementinus. *Saint-Clémentin.*

Sanctus Abraxius, in vicaria Niortinse. L. ind.
Sanctus Adjutor Maxentius ; Sanctus Agapitus. *Saint-Maixent.*
Sanctus Albinus. *Saint-Aubin-de-Daubigné.*
Sanctus Albinus. *Saint-Aubin-du-Plain.*
Sanctus Albinus Clausus. *Saint-Aubin-le-Clou.*
Sanctus Albinus de Platuis. *Saint-Aubin-du-Plain.*
Sanctus Albinus prope Partiniacum. *Saint-Aubin-le-Clou.*
Sanctus Amancius ; Sanctus Amandus. *Saint-Amand-sur-Sèvre.*
Sanctus Andreas super Separim. *Saint-André-sur-Sèvre.*
Sanctus Andreas Thoarcii, Sanctus Johannes de Bonavallo de Graile, et Valle de Gilles. *Saint-Jean-de-Bonneval.*
Sanctus Annarius. *Saint-Éanne.*
Sanctus Aradius. *Saint-Héraye.*
Sanctus Audoenus. *Saint-Ouen.*
Sanctus Aunarius. *Saint-Éanne.*
Sanctus Bardulphus. *Saint-Pardoux.*
Sanctus Caprasius. *Dessines.*
Sanctus Christophorus. *Saint-Christophe-sur-Roc.*
Sanctus Ciricus ; Sanctus Ciricus juxta Tortenayum. *Saint-Cyr-la-Lande.*
Sanctus Clemens ; Sanctus Clementinus. *Saint-Clément.*
Sanctus Constantius. *Saint-Coutant.*
Sanctus Cristoforus. *Saint-Christophe-sur-Roc.*
Sanctus Cyprianus. *Saint-Cyprien.*
Sanctus Dyonisius. *Saint-Denis.*
Sanctus Enanus. *Saint-Éanne.*
Sanctus Eredius. *Saint-Héraye.*
Sanctus Faziols ; Sanctus Faziolus. *Saint-Faziol.*
Sanctus Filibertus. *Saint-Philbert.*
Sanctus Florencius ; Sanctus Florentius. *Saint-Florent.*
Sanctus Gaudencius ; Sanctus Gaudentius. *Saint-Gaudent.*
Sanctus Gaudinus. *Chapelle-Gaudin (La).*
Sanctus Gelasius ; Sanctus Gelazius. *Saint-Gelais.*
Sanctus Genardus ; Sanctus Genardus de Noliaco. *Saint-Génard.*
Sanctus Generosus. *Saint-Généroux.*
Sanctus Georgius de Nainiaco. *Saint-Georges-de-Noisné.*
Sanctus Georgius de Ressia ; Sanctus Georgius de Rexia. *Saint-Georges-de-Rex.*

Sanctus Germarus. *Saint-Germain-de-Longue-Chaume.*
Sanctus Germerius. *Saint-Germier.*
Sanctus Gilasius. *Saint-Gelais.*
Sanctus Goarius. *Saint-Goard.*
Sanctus Hilarius. *Saint-Hilaire.*
Sanctus Jacobus de Thouarcio ; Sanctus Jacobus de Toarcio ; Sanctus Jacobus de Monte Alboini. *Saint-Jacques-de-Montauban.*
Sanctus Jovinus de Malleonio. *Saint-Jouin-sous-Châtillon.*
Sanctus Johannes Evangelista et sancti Martinus et Jovinus. *Saint-Jouin-de-Marnes.*
Sanctus Johannes Molgonensis (*Mougon*).
Sanctus Jovinus. *Saint-Jouin-de-Marnes.*
Sanctus Jovinus de Maleleone. *Saint-Jouin-sous-Châtillon.*
Sanctus Junianus Mairiaceusis. *Mairé-Lévescault.*
Sanctus Karrilelphus. *Saint-Carlais.*
Sanctus Lambertus prope Mallionem ; Sanctus Lambertus prope Mauleum. *Saint-Lambert.*
Sanctus Laurentius ; Sanctus Laurentius prope Buccilum ; Sanctus Laurus. *Saint-Laurs.*
Sanctus Lenin ; Sanctus Leanus. *Saint-Lin.*
Sanctus Legarius. *Saint-Liguaire.*
Sanctus Leo. *Saint-Lin.*
Sanctus Leodegarius. *Lamairé.*
Sanctus Leodegarius. *Saint-Liguaire.*
Sanctus Leodegarius. *Saint-Léger-lez-Melle.*
Sanctus Leodegarius de Montbruno. *Saint-Léger-de-Montbrun.*
Sanctus Leodegarius super Severim. *Saint-Liguaire.*
Sanctus Lupus. *Saint-Loup.*
Sanctus Macirrius. *Saint-Maxire.*
Sanctus Macssensius. *Saint-Maixent.*
Sanctus Marcialis. *Saint-Marsault.*
Sanctus Martinus de Corona. *Saint-Martin* (Sainte-Pezenne).
Sanctus Martinus de Machum. *Saint-Martin-de-Mâcon.*
Sanctus Martinus de Niortello. *Saint-Martin* (Sainte-Pezenne).
Sanctus Martinus de Sanzayo ; Sanctus Martinus de Sunzai ; Sanctus Martinus de Xanzayo. *Saint-Martin-de-Sanzay.*
Sanctus Martinus des Foyllous ; Sanctus Martinus du Fouillous. *Saint-Martin-du-Fouilloux.*
Sanctus Martinus extra villam Nyorti *Saint-Martin* (Sainte-Pezenne).

TABLE DES FORMES ANCIENNES. 349

Sanctus Martinus in vicaria Metulo ; Sanctus Martinus prope Metulum. *Saint-Martin-lez-Melle.*
Sanctus Martinus prope Nyortum. *Saint-Martin* (Sainte-Pezenne).
Sanctus Martinus Vertavensis vel Sanctus Jovinus Hensionensis. *Saint-Jouin-de-Marnes.*
Sanctus Mascilius ; Sanctus Mascirius; Sanctus Mathias. *Saint-Maxire.*
Sanctus Mauricius. *Saint-Maurice-de-Mairé.*
Sanctus Mauricius de Fulgerosa. *Saint-Maurice-la-Fougereuse.*
Sanctus Mauricius juxta Niortum. *Saint-Maurice-de-Mairé.*
Sanctus Maxentius ; Sanctus Maxhentius. *Saint-Maixent.*
Sanctus Maximus. *Saint-Mesmin-la-Ville.*
Sanctus Maxencius. *Saint-Maixent.*
Sanctus Medardus. *Saint-Mard-la-Lande.*
Sanctus Medardus. *Saint-Médard.*
Sanctus Nicholas prope Thoarcium. *Saint-Nicolas* (Saint-Jacques-de-Montauban).
Sanctus Nicolas. *Saint-Nicolas.*
Sanctus Pardulphus. *Saint-Pardoux.*
Sanctus Paulus ; Sanctus Paulus in Gastina ; Sanctus Paulus prope Absia in Gastina. *Saint-Paul-en-Gâtine.*
Sanctus Petrus de Campis. *Saint-Pierre-à-Champ.*
Sanctus Philibertus. *Saint-Philbert.*
Sanctus Pompeanus ; Sanctus Pompeianus ; Sanctus Pompeynus ; Sanctus Poupeianus. *Saint-Pompain.*
Sanctus Porcharius. *Saint-Porchaire.*
Sanctus Projectus ; Sanctus Projectus. *Saint-Projet.*
Sanctus Remeius ; Sanctus Remigius. *Saint-Rémy.*
Sanctus Romanus. *Saint-Romans-des-Champs.*
Sanctus Romanus. *Saint-Romans-lez-Melle.*
Sanctus Romanus de Campis. *Saint-Romans-des-Champs.*
Sanctus Romanus juxta Metulum. *Saint-Romans-lez-Melle.*
Sanctus Salvator de Giversayo. *Saint-Sauveur-de-Givre-en-Mai.*
Sanctus Saturninus. *Saint-Maixent.*
Sanctus Stephanus apud Cyconiam ; Sanctus Stephanus de Sigonia et de Bellavilla. *Saint-Étienne-la-Cigogne.*
Sanctus Symphorianus. *Saint-Symphorien.*

Sanctus Theobaldus. *Saint-Thibault.*
Sanctus Veranus. *Saint-Varent.*
Sanctus Vincentius Gharianensis. *Chérigné.*
Sanctus Vincentius de Castro. *Saint-Vincent-de-la-Châtre.*
San Garnier. *Saint-Germier.*
Sanguinière (La). *Sanguinières (Les).*
Sansay. *Sansais.*
Sanslin. *Salin.*
Sanzais. *Sansais.*
Sanziacus. *Sanzay.*
Saousé. *Sauzé-Vaussais.*
Sapinaudère (La). *Sapinaudière (La).*
Sappinière (La). *Sapinière (La).*
Sapynaudyère (La). *Sapinaudière (La).*
Sarcillé ; Sarcillum. *Moine-Mort (Le)* ou *Sarcillers (Les).*
Sard. *Sart.*
Saregnee. *Sérigny.*
Sargetière (La). *Sergetière (La).*
Sarpe (La). *Serpe (La).*
Sarrauderie (La). *Sarauderie (La).*
Sarraudière (La). *Saraudière (La).*
Sars. *Sart.*
Sarsonnère (La) ; Sarsonnière (La). *Sarconnière (La).*
Saugé en Bagnault. *Saugé* (Exoudun).
Saugerialum. *Faugery.*
Saugié près de Saint-Maixent. *Saugé* (Saivre).
Saulée Themer (La). *Saulaie (La).*
Saulgé. *Saugé* (Exoudun).
Saullaye Écoubleau (La). *Saulaie (La).*
Saulmore. *Saumore.*
Saulnerie (La). *Saunerie (La).*
Sault au Bergier (Le). *Sault (Le)* (Romans).
Saulvagière (La). *Sauvagère* (La).
Saulve. *Sauve.*
Saulvemont. *Courteil (Le).*
Saulvemont. *Saumon.*
Saulx (Grand et Petit). *Sceaux (Les).*
Saulze (Le). *Sauze (Le).*
Saulzé. *Sauzé-Vaussais.*
Saumor (La) ; Saumor ; Saumore (la) ; Saumort. *Saumore.*
Saunay. *Sonnay (Le Petit).*
Sauneria. *Saunerie (La).*
Sauquère (La). *Soctière (La).*
Sauray ; Saurray ; Saurraye. *Saurais.*
Sausigny. *Sousigny.*
Sauvages (Les). *Sauvage (Le).*
Sauvagière (La). *Sauvagère (La).*
Sauve. *Salles.*
Sauvemont. *Seauvemont.*
Sauvemunt ; Sauvemon ; Sauvemond ; Sauvemont. *Saumon.*

Sauvete. *Sauvette.*
Sauvigné ; Sauvigniacum. *Souvigné.*
Sauzaia ; Sauzay (La) ; Sauzeia. *Sauzaie (La).*
Sauzetus. *Sauzé-Vaussais.*
Savardière (La) ; Savarieria. *Savarière (La).*
Savra. *Hermitain (L')* (forêt).
Savrelles. *Sauvelle*
Savres. *Saivre.*
Sayete (La). *Sayette (La).*
Saysine (La). *Suisine (La).*
Sayvre. *Saivre.*
Sayvre (Ln). *Sèvre-Nantaise (La).*
Sazai. *Sazais.*
Sazaium. *Sazay* (Saint-Hilaire-la-Palud).
Sazay , Sazé. *Sazais* (Brie).
Saziliaco (Villa) *Sauzée (La)* (Saint-Léger-lez-Melle).
Saziliacum. *Sarcillers (Les).*
Sazilincum. *Saziliers* (Saint-Martin-de-Saint-Maixent).
Saziliacus ; Sazillé. *Moine-Mort (Le)* ou *Sarcillers (Les).*
Sazina : Sazine (La). *Saisine (La).*
Sçayvre (La). *Sèvre-Niortaise (La).*
Sceillé. *Scillé.*
Scelle (La). *Selle (La).*
Scelles *Celles* (Sainte-Verge).
Sceyvre (La). *Sèvre-Nantaise (La).*
Seihecq. *Scrocq.*
Scoraicus. *Écoussais.*
Scupchiacus. *Souché*
Seaulmont. *Saumon.*
Seault (Petit et Grand). *Sault (Le Petit et Grand).*
Sébaudière (La). *Cibaudière (La)* (Exoudun).
Sèche Bec. *Sèchebecq.*
Sec en Gastine (La). *Absie (L').*
Secondigné. *Secondigny-en-Gâtine.*
Secondignee. *Secondigné.*
Secondigné en Gâtine. *Secondigny-en-Gâtine.*
Secondigné sur Chizé. *Secondigné.*
Secondigniacum. *Secondigny-en-Gâtine.*
Secondigny ; Secondigny sur Chizé ; Secondinec ; Secundignee. *Secondigné*
Secundigneium ; Secundigniacum ; Secundigniacus. *Secondigny-en-Gâtine.*
Secundigniacus ; Secundiniacum. *Secondigné.*
Secundiniacum. *Seconigny-en-Gâtine.*
Secundinus. *Secondigné.*
Sédinière (La). *Séguinière (La).*

350   TABLE DES FORMES ANCIENNES.

Séc (La). *Scie* (*La*).
Socte (La). *Sayette* (*La*).
Séette (La). *Assiette* (*L'*).
Segelliers (Les). *Ségetiers* (*Les*).
Segondigné. *Secondigny*.
Segondigné ; Segondignee. *Secondigné*.
Segondigniacum ; Segondiné. *Secondigny-en-Gâtine*.
Segondyné, *Secondigné*.
Seguinère (La). *Séguinière* (*La*).
Segundigné. *Secondigné*.
Segundigné. *Secondigny-en-Gâtine*.
Segundignec. *Secondigné*.
Segundigniacum. *Secondigny-en-Gâtine*.
Segundigniacus ; Segundiniacum. *Secondigné*.
Segundiniacum. *Secondigny-en-Gâtine*.
Seigoigne (La). *Cigogne* (*La*).
Seilhé ; Seillé. *Scillé*.
Seipvre (La). *Sèvre-Nantaise* (La).
Seiutière (La). *Saintière* (*La*).
Seint Jouyn de Mauléon. *Saint-Jouin-sous-Châtillon*.
Seint Meissent. *Saint-Maixent*.
Selené ; Selenoc ; Selenicum ; Séligny ; Seligniacum ; Seliuniacum. *Séligné*.
Selle. *Celles* (Sainte-Verge).
Selle. *Celles-sur-Belle*.
Selle Fontbrelier (La). *Selle* (*La*) (La Chapelle-Bâton).
Selleigné. *Séligné*.
Selles. *Celles-sur-Belle*.
Selligny. *Séligné*.
Semoussay. *Drousse-Semousset* (*La*)
Semoussay. *Semoussais*.
Senan ; Senans. *Cenan*.
Senbrandère (La). *Sembrandière* (La).
Senchien. *Sanschien*.
Senciacus. *Sansais*.
Seulin. *Salin*.
Sen-Moixont. *Saint-Maixent*.
Senolium ; Senollium. *Seneuil*.
Sensciacus. *Mothe-Saint-Héraye* (La).
Sensciacus. *Sansais*.
Sensiacum. *Mothe-Saint Héraye* (La).
Senssay. *Sanzay*.
Senstiacus. *Sansais*.
Sensuerie (La). *Sansurie* (*La*).
Senszai. *Mothe-Saint-Héraye* (La).
Senzaium. *Sanzay* (Saint-Martin-de-Sanzay).
Senzaium ; Senzay. *Sanzay*.
Seovemont ; Seoyvemont. *Saumon*.
Separa ; Separis. *Sèvre* (*La*).
Sepaye (La). *Laxpois*.
Sepiacum. *Sevreau*.
Seple (La). *Assiette* (*L'*).
Sepvre (La). *Sèvre* (*La*).
Sepvrea ; Sepvreau. *Sevreau*.

Serain. *Serin*.
Serbiers (Les). *Esserbier* (*L'*).
Seresiacum ; Serezai ; Serezay. *Cerizay*.
Serezée à Lorgné (La). *Cerisais* (*La*).
Serezey. *Cerisay*.
Sérigné. *Chérigné*.
Sérigné. *Sérigny*.
Serizay. *Cerizay*.
Serizer (Le). *Cerisier* (*Le*) (Beaulieu-sous-Parthenay).
Sersay. *Cerzay*.
Servans (La terre aux). *Gillettère* (*La*).
Servea (Le). *Serveau* (*Le*).
Servea. *Cerveau*.
Servetère (La) ; Servitière (la). *Servetière* (*La*).
Serzé (Grand et Petit). *Cerzé*.
Serzeau ; Serzeaux. *Cerzeau*.
Sesina. *Saisine* (*La*).
Seste (La). *Sayette* (*La*).
Seurin. *Surin*.
Severa. *Saivre*.
Severa. *Sèvre-Niortaise* (*La*).
Severie (La). *Sevrie* (*La*).
Severis. *Sèvre-Niortaise* (*La*).
Séveron (Le). *Cébron* (*Le*).
Sevra. *Saivre*.
Sèvre Nantoise (La). *Sèvre-Nantaise* (La).
Sevrés ; Sevret. *Sepvret*.
Sevria. *Sèvre* (*La*).
Sevriacus. *Sèvre-Niortaise* (*La*).
Sevron (Le). *Cébron* (*Le*).
Seyvre (La). *Sèvre Nantaise* (*La*).
Sezaicus. *Sazais* (Brie).
Sicaudère (La). *Sicaudière* (*La*).
Sichien. *Six-Chiens*.
Siec. *Scieca*.
Sièvre. *Saivre*.
Sigogne (La). *Cigogne* (*La*).
Sigoigne (Grande et Petite). *Cigognes* (Les).
Sigoure (La). *Ségour* (*La*).
Sigourgner, *Cigonier* (*Le*).
Sihec ; Sihecq. *Scieca*.
Silaniacum. *Séligné*.
Silères. *Cirière*.
Sillé. *Scillé*.
Sillersmothais. *Silliers-Mothais* (*Les*).
Sillet. *Scillé*.
Silvinec. *Souvigné*.
Sime (Le). *Cime* (*La*).
Simenaudière (La) ; Simenodière (la). *Simnaudière* (*La*).
Similiacus. *Sémelier* (*Le*).
Simpère (La). *Cimpère* (*La*).
Simonère (La) ; Simonière (La). *Simonnière* (*La*).
Sintray. *Xaintray*.
Sirères ; Sicerix. *Cirière*.
Sirolium. *Exireuil*.

Siron (Le). *Ciron* (*Le*).
Sisciacus. *Mothe-Saint-Héraye* (La).
Sivra. *Civrac*.
Sobererum. *Soulbrois*.
Socsium. *Soussais*.
Sochec ; Sochet. *Souché*.
Socquetière (La). *Soctière* (*La*).
Socts (Le). *Soc* (*Le*).
Sodans. *Soudan*.
Sogneluz. *Seneuil*.
Soldana ; Soldanum. *Soudan*.
Solèvre. *Soulièvre*.
Solgiacus. *Saugé* (Saivre).
Sollièvres ; Solobria. *Soulièvre*.
Soltière (La). *Saultière* (*La*).
Solubrium. *Soulièvre*.
Solviniacum. *Souvigné*.
Sompcessay. *Semoussais*.
Sompnay. *Sunay*.
Sompnonum. *Sompt*.
Sonayum. *Sonnay* (*Le Petit*).
Sonbraudière (La). *Sembrandière* (La).
Sonnay. *Sunay*.
Sonnayum (Parvum). *Sonnay* (*Le Petit*).
Sonnerie (La). *Saunerie* (*La*).
Sopiacum. *Souché*.
Soray. *Saurais*.
Sorberoy ; Sorbereyum ; Sorbroy. *Soulbrois*.
Sordeis. *Sourdis*.
Sorinère (La). *Sorinière* (*La*).
Sornière (La). *Sarnière* (*La*).
Sorpt. *Sort*.
Sorray. *Saurais*.
Soryère (La). *Sorinière* (*La*).
Sostor ; Soter ; Soters ; Sother ; Sotyers. *Soutiers*.
Sotz (Les). *Soc* (*Le*).
Soubdain ; Soubdanr. *Soudain*.
Soublièvre. *Soulièvre*.
Soubray. *Soulbrois*.
Soubz (Les). *Soc* (*Le*).
Soubzliepvre. *Soulièvre*.
Soubztiers. *Soutiers*.
Souchardère (La). *Souchardière* (*La*).
Souchaud (Le). *Suchaud*.
Souchay ; Souchec ; Souchet. *Souché*.
Soudans. *Soudan*.
Souczay. *Sanzay*.
Soulaye Écoubleau (La). *Saulaie* (*La*).
Soulbray ; Soulbroy. *Soulbrois*.
Souley (Le). *Souci* (*Le*).
Soulebroy. *Soulbrois*.
Soulèvre. *Soulièvre*.
Souligny. *Souligné*.
Soulletière (La). *Soultière* (*La*).
Soulliepvre. *Soulièvre*.
Soullier (Le). *Soulier* (*Le*).
Soumessay ; Soumoussay. *Semoussais*.
Sounay. *Sanzay*.

TABLE DES FORMES ANCIENNES.

Sourberry ; Sourbray ; Sourbroy. *Soulbrois.*
Sourdy (Le). *Sourdet (Le).*
Sourichaude. *Sourichauve.*
Sournay. *Saurais.*
Souslièvre. *Soulièvre.*
Soussigny. *Sousigné.*
Soussy (Le). *Souci (Le).*
Soustiers ; Souters. *Soutiers.*
Soutillière (La). *Soutillerie (La).*
Souveigné. *Souvigny.*
Souvignee ; Souvignoyum ; Souvigny. *Souvigné.*
Souvygny. *Sauvigny.*
Souxy (Le). *Souci (Le).*
Sour (Les). *Soc (Le).*
Souzaye (La). *Sauzaie (La).*
Souzigné ; Souzigny. *Sousigny.*
Sovigné ; Sovignee ; Sovigniacum. *Souvigné.*
Soyvre (La). *Sèvre-Nantaise (La).*
Sozaye (La). *Sauzaie (La).*
Sozière (La). *Sauzière (La).*
Spautum. *Épaud (L').*
Staubeium. *Étambé.*
Stelleria. *Étaurie (L').*
Stivalis. *Vaux (Les) (Chef-Boutonne).*
Stuchum. *Étusson.*
Subchiacum. *Souché.*
Suerin. *Surin.*
Suirimeau. *Surimeau.*
Sulière (La). *Soulière (La).*
Sunay. *Sonnay (Le Petit).*
Sunzaicum. *Saint-Martin-de-Sanzay.*
Surderia. *Sourdière (La).*
Surelière (La). *Sorlière (La).*
Surin. *Surimeau.*
Sur le Boys de Maulnay ; Sur-le-Boys. *Sur-le-Bois.*
Surrim ; Surrin. *Surin.*
Surymeau. *Surimeau.*
Sus (Le). *Sus (Le Petit).*
Sustière (La). *Sutière (La)*
Suyray ; Suyré. *Suiré.*
Suyrim. *Surin.*
Suyrin. *Surimeau.*
Suyrin. *Surin.*
Sybaudière (La). *Sibaudière (La).*
Syc (La). *Absie (L').*
Syé ; Syec ; Syet. *Sciecq.*
Symnaudère (La). *Simnaudière (La).*
Symonnère (La). *Simonnière (La).*
Syntrayum. *Xaintray.*
Syvera. *Sèvre-Nantaise (La).*

T

Tablex (Les). *Tablet (Le).*
Taconeria ; Taconnère (la). *Taconnière (La).*
Taffateries (Les). *Tafeteries (Les).*
Tail de Béart (Le). *Tail (Le) (Saint-Aubin-de-Baubigné).*
Taillé (La). *Taillée (La).*
Taillées (Les). *Taillies (Les).*
Taillepé ; Taillepié. *Taillepied.*
Taillis (Les). *Taillies (Les).*
Taimée. *Taimé.*
Tais (Le). *Tay (Le).*
Taisé. *Taixé.*
Taison. *Taizon (Bagneux).*
Taisonnière. *Tessonnières.*
Taissum. *Taizon (Bagneux).*
Taisum. *Taizon.*
Taixoulletière (La). *Touxattière (La).*
Tallepé. *Taillepied.*
Tallu (Le) ; Tallud sur Thoué (le) ; Talu (le) ; Talucium ; Taluz (le). *Tallud (Le).*
Tamisière (La). *Tamiserie (La).*
Tannesay. *Thénezay.*
Tannesue. *Tennesue.*
Tapun. *Tapon.*
Taraillé. *Terraillé.*
Tartale (La). *Tartaille (La).*
Tartsifume. *Tard-y-Fume.*
Tarva ; Tarvia. *Terves.*
Tarzai ; Tarxay. *Terxé.*
Tascha (La) ; Tasche (la) ; Taschia. *Tâche (La).*
Tasiacensis (Villa) ; Tasiacus. *Taixé.*
Taubé. *Étambé.*
Taulay. *Roche-Taulaye (La).*
Taullé. *Taulay.*
Taupeleria ; Taupellère (La). *Taupelière (La).*
Tauxché. *Tauché.*
Tavellère (La). *Tavelière (La).*
Taxoneriæ. *Tessonnières.*
Taysson. *Tesson.*
Tectum. *Thoud (Le).*
Teiglassom. *Tillasson.*
Teil (Le). *Tail (Le).*
Teil Daubanie (Le) ; Teil Gobert (le). *Teil (Le) (Limalonges).*
Teilh (Le). *Teil (Le).*
Teilhaye (La). *Tillay.*
Teilhé ; Teilhiz. *Teillé.*
Teillaie (La). *Tillay.*
Teillau (Le). *Teillou (Le).*
Teillaye (La). *Tillet (Le).*
Teillé (Le). *Teillé (Lezay).*
Teillerolle (La). *Tillerolle (La).*
Teillou. *Tillou.*
Tellium. *Teil (Le).*
Tello. *Tillou.*
Temple de Mauléon (Le) ; Templum prope Mallencansi ; Templum Sancti Salvatoris prope Malleonem. *Temple (Le).*
Temps (Le). *Etang (L') (Scillé).*

Tendron. *Fosse-à-Tendron (La).*
Teneaciensis 'Vicaria) ; Tenecciaciensis (Vicaria) ; Teneses. *Thénezay.*
Tenessue. *Tennesue.*
Tenexæ ; Tenezay. *Thénezay.*
Tenias. *Tenis (Les).*
Terlaye. *Trelay.*
Termellière (La). *Trémeillère (La).*
Ternant. *Ternand.*
Ternontum. *Ternant.*
Terras (Le). *Terra (Le).*
Terrietère (La). *Territière (La).*
Territière (La). *Tritière (La).*
Terruan ; Teruan ; Terven. *Entruan.*
Terveria. *Terves.*
Terzais ; Terzay. *Terzé.*
Tésé. *Taixé.*
Tesmé. *Taimé.*
Tessonnière ; Tessonnières (les). *Tessonnières.*
Teste noire (La). *Tête-Noire (La).*
Teszé. *Taixé*
Teublerie (La Petite) . *Tuilerie (La) (Chantecorps).*
Texerie (La). *Tesserie (La).*
Teyllis (Prioratus de) ; Teyllou. *Tillou.*
Toysé ; Thaese ; Thaisé ; Thaizé ; Thasiacus. *Taixé.*
Thaulay. *Taulay.*
Thay (Le). *Tay (Le).*
Thebaudère (La) ; Thebaudière (la). *Thibaudière (La).*
Thébaudrie (La). *Thébaudière (La).*
Thébaudrie (La) . *Thibaudrie (La) (Saint-Georges-de-Noisné).*
Thebaut (La Terre). *Thibaudrie (La) (Nueil-sous-les-Aubiers).*
Theil (Le). *Tay (Le).*
Theil (Le). *Teil (Le).*
Theme. *Tenye.*
Thenazaium ; Thenezayum. *Thénezay.*
Thenessuc ; Thenesue. *Tennesue.*
Thenie. *Tenye.*
Theors. *Thiors.*
Thervan. *Entruan.*
Therve. *Terves.*
Thesfordère (La). *Tiffardière (La).*
Thessounières. *Tessonnières.*
Theza ; Thezay ; Thézé. *Taixé.*
Thibaudère (La). *Thibaudière (La).*
Thibaudière (Le) . *Thibaudrie (La) (Saint-Georges-de-Noisné).*
Thibaudières (Les). *Thibaudière (La) (Vasles).*
Thibauldère (La). *Thibaudière (La).*
Thibaulderye (La) . *Thibaudrie (La) (Saint-Georges-de-Noisné).*
Thibauldière (La). *Thibaudière (La).*
Thibœuf. *Thibœuf.*
Thiffordière). (La) .*Tiffardière (La*

TABLE DES FORMES ANCIENNES.

Thimarière (La) ; Thimarrière (la). *Timarière (La)*.
Thimerye (La). *Thimerie (La)*.
Thiphalia. *Tifaille (La)*.
Thiron (Le). *Tiron*.
Thizay. *Tizay*.
Thoarcinsis (Pagus); Thoarcis. *Thouars*.
Thoarium. *Thoué (Le)*.
Thoarius minor. *Thouaret (Le)*.
Thoars ; Thoart ; Thoartium ; Thoarz. *Thouars*.
Thocié. *Thoué*.
Thoer ; Thoerium ; Thoerius. *Thoué (Le)*.
Thollay. *Taulay*.
Thonans. *Cenan*.
Thorigneium. *Thorigny-sur-le-Mignon*.
Thorigny. *Thorigné*.
Thosche au Neyr (La). *Touche-au-Noir (La)*.
Thouarcium ; Thouard ; Thouardum. *Thouars*.
Thouaré. *Thoiré*.
Thouaret ; Thouaret (le). *Thouaré*.
Thouartium. *Thouars*.
Thouer ; Thouet (le). *Thoué (Le)*.
Thouvaye. *Touvois*.
Thouwars ; Thouwart. *Thouars*.
Thoyré. *Thoiré*.
Thubliers (Los). *Tublier*.
Thudelle (La). *Tudelle (La)*.
Thué. *Thuie (Petite et Grande)*.
Thurye (La). *Tucrie (La)*.
Thusca d'Aigonæa. *Touche (La) (Aigonnay)*.
Thuscha Gileberli. *Touche-Guibert (La)*.
Thyne (La). *Tine (La)*.
Tibaudère (La). *Thibaudière (La)*.
Tibœuf. *Thibœuf*.
Tiélerie (La). *Tuilerie (La) (Saint-Georges-de-Noiselé)*.
Tieublerie (La Vieille) ; Tieublerye (la). *Tuilerie (La) (Chantecorps)*.
Tifalia. *Tifaille (La)*.
Tiffault. *Tiffaud (Le)*.
Tiffonnières (Les). *Tiffonnière (La)*.
Tiffordère (La) ; Tiffordière (la) ; Tifordière (la). *Tiffardière (La)*.
Tiffornières (Les), *Béchereau (Exireuil)*.
Tihorz. *Thiors*.
Til (Le). *Teil (Le)*.
Titière (La). *Tiltière (La)*.
Tiliolum. *Tillou*.
Tilium. *Teil (Le)*.
Tilliolensis (Vicaria) ; Tilliolum. *Tillou*.
Tillouz (Le). *Teillou (Le)*.
Tillouz (Le). *Tilleau (Le)*.
Timarère (La). *Timarière (La)*.
Tindeule. *Teinteure*.
Tine (La). *Audin*.

Tinne. *Tine (La)*.
Tinnefort. *Tinefort*.
Tinuière (La). *Tinière (La)*.
Tiors. *Thiors*.
Tisé. *Tizay*.
Tisoneria ; Tisonnière (la). *Tizonnière (La)*.
Titiacus. *Tizay*.
Tizoneria ; Tizonnère (la) ; Tizonnière. *Tizonnière (La)*.
Toarchinæ (Condita) ; Toarciacum (Castrum) ; Toarcinse (Castellum) ; Toarcis (Castellum) ; Toarcium ; Toarecca. *Thouars*.
Toariolus. *Thouaret (Le)*.
Toarium. *Thoué (Le)*.
Toars ; Toart. *Thouars*.
Toarum (Fluvius). *Thoué (Le)*.
Toarz. *Thouars*.
Toches (Les). *Touches (Les) (Le Breuil-Bernard)*.
Tocheys, Touches (Les) (Saint-Germier).
Tocdus ; Toer ; Toerium. *Thoué (Le)*.
Tofardère (La). *Tiffardière (La)*.
Toharcinsis (Pagus) ; Toharcium. *Thouars*.
Toiret (Le). *Thouaré*.
Tollay. *Taulay*.
Tonbechastea. *Tombe-Château*.
Tonclère (La) ; Tonnière (la). *Tonnelière (La)*.
Torcerie (La). *Torcallerie (La)*.
Torcerie (La). *Torserie (La)*.
Torchonnère (La). *Torchonnière (La)*.
Torgenœ ; Torgnœ. *Thorigny-sur-le-Mignon*.
Torgniacus. *Thorigné*.
Torguie. *Thorigny-sur-le-Mignon*.
Torgnié ; Torigné. *Thorigné*.
Torignæ ; Torignœ. *Thorigny-sur-le-Mignon*.
Torigny. *Thorigny (Coulon)*.
Toriniacus ; Torniacus. *Thorigné*.
Torsaizerye (La). *Torserie (La)*.
Tortenay ; Tortiniacus ; Tortoniacum. *Tourtenay*.
Tortron. *Tourteron*.
Tortrouère (La). *Torterouère (La)*.
Tortuniacus. *Tourtenay*.
Toscha. *Touche (La)*.
Toscha de Aygonæis. *Touche (La) (Aigonnay)*.
Toscha Nigri. *Touche-au-Noir (La)*.
Tosché. *Tauché*.
Tosche de Vales (La). *Touche (La) (Vasles)*.
Touaillère (La). *Couaillère (La)*.
Touars. *Thouars*.
Touchaimont. *Touche-Aimond (La)*.
Touchau. *Touchaud*.
Touche (La). *Authiers (Les)*.

Touche (La). *Touches (Les) (Saint-Aubin-le-Clou)*.
Touche Allerie (La). *Touche-Allerit (La)*.
Touche au Prestre (La). *Touche-Guérie (La)*.
Touche Aurry (La). *Touche-Aury (La)*.
Touchebaud (La). *Touche-Beau (La)*.
Touche Beaujeau (La). *Touche (La) (Mazières-en-Gâtine)*.
Touche Béluneau (La). *Touche (La) (Verruye)*.
Touche Berrier (La). *Touche (La) (Coulonges-Thouarsais)*.
Touche Chévrier. *Touche-Chévrier (La)*.
Touche d'Aigonnay (La). *Touche (La) (Aigonnay)*.
Touche Mollier (La). *Morelière (La)*.
Touche Nérou (La). *Touche-Noiron (La)*.
Touches (Les). *Touche (La) (Boismé)*.
Touches (Les). *Touche (La) (Breuil-Chaussée)*.
Touches Bouteyg (Les) ; Touches Boutaing (les). *Touches (Les Basses) (Nueil-sous-les-Aubiers)*.
Touches Toupineau (Les). *Touches (Les) (Thorigné)*.
Touchia. *Touche (La)*.
Touer (Le) ; Touez (le). *Thoué (Le)*.
Touhars. *Thouars*.
Tounevrière (La). *Tournevrière (La)*.
Toupinière (La). *Taupinière (La)*.
Tour de Prailie (La). *Pinier (Le)*.
Tour la Plesse. *Tour (La) (Mazières-sur-Béronne)*.
Tournelais ; Tournelaye ; Tournelays ; Tournellay. *Tournelay*.
Tournerie (La). *Tonnerie (La)*.
Tourtron. *Tourteron*.
Touschatière (La). *Touchottière (La)*.
Touschaudes (Les). *Touchaude (La)*.
Touschaut (Le). *Touchaud (Le)*.
Tousche (La). *Touche (La)*.
Tousche (La). *Touches (Les)*.
Tousche Amor (La). *Touche-Amé (La)*.
Tousche Aury (La) ; Tousche Aurry (la). *Touche-Aury (La)*.
Tousche aux Piletz (La) ; Tousche aux Pillots (la). *Touche (La) (Breuil-Chaussée)*.
Tousche aux Renaudères (La). *Touche-Beau (La)*.
Tousche Barré (La). *Touche-Barré (La)*.
Tousche Chevrer (La) ; Tousche Chévrier (la). *Touche-Chévrier (La)*.
Tousche d'Aygonnoys (La). *Touche (La) (Aigonnay)*.
Tousche de Baussay (La). *Touche (La) (Baussais)*.

TABLE DES FORMES ANCIENNES. 353

Tousche de Courlé (La). *Touche (La)* (Courlay).
Tousche de Germond (La Grand). *Touche (La)* (Germond).
Tousche d'Hillerin (La). *Touche d'Hillerin (La)*.
Tousche de Vilers (La). *Touche (La)* (Matières-sur-Béronne).
Tousche du Bois Allonnet (La). *Touche (La)* (Amaillou).
Tousche en Maisoueis (La). *Touche (La)* (Maisonnais).
Tousche Gilbert (La) ; Tousche Gilibert (la). *Touche-Guibert (La)*.
Tousche Gon (La). *Touche-Gond (La)*.
Tousche Haurry (La). *Touche-Aury (La)*.
Tousche l'Abbé (La) *Touche-l'Abbé (La)*.
Tousche Orry (La). *Touche-Aury (La)*.
Tousche Poupart (La). *Touche-Poupart (La)*.
Tousche Richart (La). *Touche (La)* (Les Échaubrognes).
Tousche Touppineau (La). *Touches (Les)* (Thorigué).
Tousches (Les). *Touche (La)* (Boismé).
Tousches (Les). *Touches (Les)*.
Tousches aux Couchins (Les). *Touches-Cochin (Les)*.
Tousches de Lezay (Les). *Touches-Lezay (Les)*.
Tousches Thoupinerve (Les). *Touches (Les)* (Thorigné).
Touselandère (La) ; Touselondère (la). *Touche-Landière (La)*.
Tousotière (La). *Touzottière (La)*.
Touverii (Fluvius). *Thoué (Le)*.
Touwars ; Touwart. *Thouars*.
Touzelattière (La). *Touzatlière (La)*.
Toyson (La). *Toison (La)*.
Tract ; Trahec ; Trahy. *Traye* (Coutières).
Tramblaye (La); Trambloye (la). *Tremblaye (La)*.
Traolleria. *Triolerie (La)*.
Trapa ; Trappa. *Trappe (La)* (Rorthais).
Trappes. *Trappe (La)* (Saint-Martin-lez-Melle).
Traubé. *Étambé*.
Tray. *Traye* (Coutières).
Trays. *Traye*.
Traynière (La). *Trainière (La)*.
Trays. *Traye*.
Trebece (La) ; Trebasse (la). *Trebesse (La)*.
Treboire (La). *Triboire (La)*.
Tréguegnière (La). *Tréguignière (La Grande)*.
Treia. *Traye*.
Treil (Le). *Treuil (Le)*.

DEUX-SÈVRES.

Treil-Bois. *Treille-Bois*.
Treilbourg. *Treslebourg*.
Treilles-Bois (Les). *Treille-Bois*.
Treize-Voyes. *Tresvdes*.
Trelan. *Terlan*.
Trelaye ; Trelée. *Trelay*.
Trellebourg. *Treslebourg*.
Tremblaye Barlot (La). *Tremblaye (La)* (Le Pin).
Trembloya Simon (La). *Tremblaye (La)* (Les Aubiers).
Trément ; Trémond ; Trémondz ; Tremonz ; Tremunt ; Tremunz, *Trémont*.
Trenoillé. *Treneuillé*.
Trequenière (La). *Terquinière (La)*.
Tréquinière (La). *Traquinière (La)*.
Tréquinière (La) ; Tréquinière (La Grande). *Tréguignière (La Grande)*.
Tresbourg. *Treslebourg*.
Trese Voyes. *Tresvdes*.
Tresrebourg. *Treslebourg*.
Tresseauve ; Tresseove. *Tressauve*.
Tresvielle. *Tresvdes*.
Treuil des Chasteliers (Le), *Treuil (Le)* (Exireuil).
Treuilh (Le). *Treil (Le)*.
Trevins Ravert ; Trevint ; Trovintium ; Trevyn. *Trevin*.
Trey. *Traye* (Coutières).
Tribouère (Le). *Triboire (La)*.
Trichonère (La) ; Trichonnère (la). *Tréchonnière (La)*.
Triguenière (La). *Tréguignière (La Grande)*.
Trionensis (Villa). *Triou*.
Triposeau. *Tripozeau*.
Troictère (La). *Truitière (La)*.
Troignière (La). *Trognerie (La)*.
Trois Molins (Les). *Trois-Moulins (Les)*.
Tronneria ; Tronnière (la). *Trounière (La)*.
Trouaire (La) ; Trouère (la). *Trovère (La)*.
Troya. *Traye*.
Troytère (La) ; Truhetère (la) ; Trutière (la). *Truitière (La)*.
Trutte (La). *Trute (La)*.
Tryc (Le). *Latrie (Vouhé)*.
Tryoux. *Triou*.
Tuaudière (La). *Taudière (La)*.
Tuarz. *Thouars*.
Tublerie (La). *Tuilerie (La)* (Chantecorps).
Tuchœ de Broute. *Touches-de-Broute (Les)*.
Tuffau. *Tuffeau*.
Turanchière (La). *Touranchère (La)*.
Tureaisière (La) ; Tureoizière (la). *Turquaisière (La)*.
Turgeault. *Turgeau (Le)*.

Turic (La). *Tueric (La)*.
Turlay (La) ; Turlaye (la). *Turlais (La)*.
Turpinère (La). *Turpinière (La)*.
Turquoisière (La). *Turquaisière (La)*.
Turris Chabot. *Tour-Chabot (La)*.
Turtininous. *Tourtenay*.
Turturonnum. *Tourteron*.
Tusca Alercici. *Touche-Allerit (La)*.
Tusca Caprarii ; Tusca Caprasii. *Touche-Chévrier (La)*.
Tusca Nigri. *Touche-au-Noir (La)*.
Tuscha. *Touche (La)*.
Tuscha au Vigéraus. *Touches (Les)* (Saint-Germier).
Tuscha de Agonasio ; Tuscha de Augones ; Tuscha de Aygoneis ; Tuscha de Aygonès. *Touche (La)* (Aigonnay).
Tuscus de Exirolyo. *Touche (La)* (Exireuil).
Tybaudère (La). *Thibaudière (La)*.
Tyndoyre. *Teindeure*.
Tynefort. *Tinefort*.
Tyoson. *Taizon* (Bagneux).

U

Uissoa. *Usseau*.
Ulcectes ; Ulescot ; Ullecot. *Ulcot*.
Ulmelli. *Houmeaux (Les)*.
Ulmelli. *Humeau (L')*.
Ulmelli. *Ormeaux (Les)*.
Ulmum Archembaut. *Houmeau (L')* (Saint-Martin-de-Saint-Maixent).
Ulmus. *Ormeau (L')*.
Ulmus Benedicti. *Ormeaux (Les)* (Mauzé-Thouarsais).
Umelli. *Humeau (L')*.
Undactus. L. ind. du pays de Brioux.
Urçay ; Ursais ; Urseium. *Ursay*.
Usmo. *Houmeau (L')*.
Usmo villa. *Ouimes*.
Ussellum ; Uyssea. *Usseau*.

V

Vaales ; Valbis. *Vasles*.
Vacherasia ; Vacherasse (la) ; Vacherece (la). *Vacherasse (La)*.
Vacherye (La). *Vacherie (La)*.
Vadum divitis. *Gué-au-Riche (Le)*.
Vairee. *Vairé*.
Vairollière (La). *Vérolière (La)*.
Vaislière (La). *Vellière (La)*.
Valcolor. *Vaucouleurs*.
Valandroit. *Vaulandroit*.
Valans ; Valant. *Vallans*.
Valaudroie. *Vaulandroit*.
Valectes. *Valette*.
Valens ; Valenz. *Vallan*.

45

TABLE DES FORMES ANCIENNES.

Valer. *Vallière (La)*.
Valerius ; Vales. *Vasles*.
Valetes ; Valetis (Terra de). *Valette*.
Valières. *Vallière*.
Valigné. *Valigny*.
Valis. *Vasles*.
Vallandière (La), *Valandière (La)*
Vallant. *Vallans*.
Vallas ; Valle. *Vasles*.
Vallectes. *Valette*.
Vallée (Basse). *Vallées (Les Basses)*.
Vallée de Chasteau Tizon (La). *Vallée (La) (Souvigné)*.
Vallos. *Vasles*.
Vallotes. *Valette*.
Vallotte (La). *Valette (La)*.
Vallottes. *Valette*.
Vallez. *Vasles*.
Vallière (La). *Vellière (La)*.
Vallis. *Vaux (Les)*.
Vallis Coloris ; Vallis Colorata. *Vaucouleurs*.
Vallis lupina. *Volbine*.
Vallis Milvi. *Vaulemis*.
Vallis renardi. *Vaurenard-en-Taizon*.
Vallis Sororis ; Vallis Sororum. *Vausseroux*.
Vallis Thobis. *Vautebis*.
Vallis Viridis. *Vauvert*.
Vallons (Les). *Vallon (Le)*.
Val Rocher (La). *Vault (La) (Chanteloup)*.
Valtière (La). *Valletière (La)*.
Vancaium ; Vancay ; Vancayum. *Vançais*.
Vandelogne. *Vandeloigne*.
Vanellum. *Vanneau (Le)*.
Vannes (Les Grandes et Petites). *Vanne (La Grande et Petite)*.
Vansay ; Vanxay ; *Vançais*.
Vanzai. *Vanzay*.
Varane (La). *Varanne*.
Varannes. *Varanne (Saint-Cyr-la-Laude)*.
Varayne (La). *Varenne (La)*.
Vareua ; Varenne ; Varenue (la) ; Varennes. *Varanne*.
Varennes Lepvrault. *Varanne (Saint-Cyr-la-Laude)*.
Varenssay. *Varançay*.
Vascherie (La). *Vacherie (La)*.
Vaslon. *Vallon*.
Vaslinière (La). *Valinière (La)*.
Vastina. *Gâtine (La)*.
Vau (La). *Lavault*.
Vau (La). *Vault (La) (La Chapelle-Thireuil)*.
Vau (La). *Lavaux*.
Vaubalier; Vaubaliers. *Vauballier*.
Vauballiou (La). *Vauballion*.
Vaucerout. *Vausseroux*.

Vauciacus ; Vauciagum. *Vaussais*.
Vaucouleur. *Vaucouleurs*.
Vaudelaigne. *Vandelaigne*.
Vaudorré. *Vaudoré*.
Vaugelie. *Vaugely*.
Vaugoiry. *Vaugoirie*.
Vaulabine ; Vaulbine. *Volbine*.
Vaulcerou. *Vausseroux*.
Vauldelaigue ; Vauldeloigne. *Vandelaigne*.
Vaulebrine. *Volbine*.
Vaulifer ; Vaulifet ; Vauliffer ; Vaullifer. *Vaulifier*.
Vaulmoreau. *Vaumoreau*.
Vaulseroux. *Vausseroux*.
Vaultebis ; Vaulthebis. *Vautebis*.
Vaulubine. *Volbine*.
Vaulx (La). *Vault (La)* (Thénezay).
Vaulx (Les). *Vaux (Le)* (Vitré).
Vaureguard. *Vaurenard*.
Vau Richer (Le). *Vault (La)* (Chanteloup).
Vaurry. *Vaury*.
Vauselus. *Vauzelle*.
Vauserour. *Vausseroux*.
Vaussault (La). *Vausseau (La)*.
Vaussay. *Vaussais*.
Vausselles. *Vauzelle*.
Vausserour. *Vausseroux*.
Vauthebis. *Vautebis*.
Vauthion. *Vaulion*.
Vauviaux. *Vauviault*.
Vaux (La Grand). *Vault (La Grande) (La Chapelle-Thireuil)*.
Vauxeroux. *Vausseroux*.
Vauxlemy (Le). *Vaulemie*.
Vauzella ; Vauzelles. *Vauzelle*.
Vauzeroulx, *Vausseroux*.
Vayré. *Vairé*.
Vayrie (La); Vearia (la). *Verrie (La)*.
Veau (La). *Lavault*.
Veau (La). *Vaux (La)*.
Veau Baillon (La). *Vaubaillon*.
Veauzelle. *Vauzelle*.
Vécère (La) ; Voceria ; Voceria (la). *Bessière (La)*.
Vecogaut. *Voultegon*.
Vedona. *Vonne (La)*.
Vedrina ; Vedrinas. *Verrines*.
Vée (La). *Voie-Basse (La)*.
Vée Morte. *Veillemorte*.
Veil Bruil ; Veil Bruyl *Vibreuil*.
Veilfons *Vieillefonds*.
Veilhon. *Veilion*.
Veille Buère (La). *Ville-Beurre (La)*.
Veillefons *Vieillefonds*.
Veilleville. *Vieille-Ville*.
Veillos Vignes (Les) *Vieilles-Vignes (Les)*.
Voilpin ; Veil Pin. *Vieilpain*.
Veilpont. *Vieux-Pont (Le)*.

Veiluire. *Verruye*.
Veinerias. *Vinerie (La)*.
Voiraleria. *Véralière (La)*.
Voireras. *Vrère*.
Veirines. *Verrines*.
Velbruil. *Vibreuil*.
Vellion. *Veillon*.
Velloneria (La). *Villenière (La)*.
Velvetus. *Vert (Le)*.
Vençay. *Vançais*.
Vandelenne. *Vandelaigne*.
Vandelenne; Vendelinha. *Vandeloigne*.
Vendellaignes. *Vandelaigne*.
Vendeloigne. *Vandelaigne*.
Vendelougne. *Vandeloigne (La)*.
Vendolenia. *Vandelaigne*.
Vendouloigne. *Vandeloigne (La)*.
Vensay. *Vançais*.
Venzaicus ; Venzayum ; Venziacus. *Vanzay*.
Venziacus. *Vezançay*.
Veona. *Vonne (La)*.
Véquaire (La) ; Véquère (la). *Vétière (La)*.
Véraillière (La). *Véralière (La)*.
Verauzais. *Vezançais*.
Verdeil. *Verdeuil*.
Verderie (La). *Verdrie (La)*.
Verdoil. *Verdeuil*.
Verdoizière (La). *Verdoisière (La)*.
Verdonnière (La) ; Verdonnie (la). *Verdonnière (La)*.
Verdonnois. *Verdonnière (La)* (Magné).
Verdozère (La). *Verdoisière (La)*.
Verdron. *Verdroux*.
Vordueil. *Verdeuil*.
Verduneis ; Verdunès. *Verdonnière (La)* (Magné).
Verduniacus. *Verdonnier*.
Verduniacus. *Verdonnière (La)* (Magné).
Verduyl. *Verdeuil*.
Vérenier (La). *Vérinière (La)*.
Vérères. *Verrie (La)*.
Verères. *Verrière (La)*.
Vererias. *Vrère*.
Vergebeault. *Verger-Beau (Le)*.
Verger (Le). *Verger-Garreau (Le)*.
Vergers (Les). *Verger (Le) (La Chapelle-Bâton)*.
Vergezayum. *Vergezay*.
Vergié (Le). *Verger (Le)*.
Vergier (Le). *Boussais*.
Vorgier (Le). *Verger (Le)*.
Vorgiers (Les). *Verger (Le) (La Chapelle-Bâton)*.
Vorglé. *Vrillé*.
Vergnaires (Les). *Vernières (Les)*.
Vergnais (Les Grands). *Vergnaies (Les Grandes)*.

TABLE DES FORMES ANCIENNES.

Vergnais l'Abbé (La). *Vergnaie-l'Abbé (La).*
Vergnais Ménard (La). *Vergnaie (La)* (La Chapelle-Largeau).
Vergnais Bastard (Les). *Vergnaies-Bâtard (Les).*
Vergnaudière (La). *Vergnaudières (Les).*
Vergnaudière (La) ; Vergnaudières (les). *Vrignaudières (Les).*
Vergnaye (La). *Vergnaie (La).*
Vergnaye (La). *Vergne (La)* (Saint-Sauveur-de Givre-en-Mai).
Vergnaye Burot (La). *Vergnaie-Bureau (La).*
Vergnaye Ronde (La). *Vergnaies (Les Grandes).*
Vergne (La). *Vergne-Samoyau (La).*
Vergneau (La). *Vergnaie (La)* (Rorthais).
Vergne aux Aymards (La). *Vergne (La)* (Le Tallud).
Vergne Berther (La). *Vergne (La)* (Ardin).
Vergne Blanche (La). *Vergne (La)* (Azay-sur-Thoué).
Vergne Boulleau (La). *Vergne (La)* (Verruye).
Vergne du Pommer (La). *Vergne (La)* (Exireuil).
Vergne Petit Bourmaut (La). *Vergne (La)* (Chantecorps).
Vergne Samoyca (La). *Vergne-Samoyau (La).*
Vergners. *Vernier.*
Vergnes (Les). *Vergne (La)* (Le Tallud).
Vergneye (La). *Vergnaie (La).*
Vergneye (La). *Vergnaie Sorin (La).*
Vergniais (La). *Vergnaie (La)* (Le Puy-Saint-Bonnet).
Vergnière (La Petite). *Vergnaie (La)* (Gourgé).
Vergnonère (La). *Vergnonière (La).*
Vergord ; Vorgort. *Vergot.*
Vérie (La). *Verrie (La).*
Vérie (La). *Voierie (La).*
Veriliacum. *Vrillé.*
Vérine en Rom *Verrines* (Rom).
Verines. *Verrine.*
Vérines. *Verrines.*
Verines. *Vrine.*
Vérines en Rom. *Verrines* (Rom).
Vermenies ; Vermenye. *Vermenie.*
Vermotes. *Vermette.*
Vermetterye (La). *Brandes (Les)* (Saint-Varent).
Vermettes. *Vermette.*
Vernaium. *Vernay.*
Vernais Barbrau (La). *Vergnaie-Barbereau (La).*

Vernais Bureau (La). *Vergnaie-Bureau (La).*
Vernais Sorin (La). *Vergnaie-Sorin (La).*
Vernei ; Verney ; Verneyum. *Vernay.*
Verniers (Les). *Vergnais (Les)* (Nueil-sous-les-Aubiers).
Vernol. *Vernou-en-Gâtine.*
Vernolière (La). *Vernollière (La).*
Vernolium. *Vernou-en-Gâtine.*
Vernus. *Vernou.*
Verré. *Vairé.*
Verroc. *Vaury.*
Verronière (La). *Vernière (La).*
Vercreria (La). *Verrie (La).*
Verrères. *Verrière.*
Verreuia. *Verruye.*
Verrières. *Verrière.*
Verrine. *Verrines* (Rom).
Verrines. *Verrine.*
Verrinyère (La). *Vérinière (La).*
Verroca ; Verrua ; Verruca. *Verruye.*
Verruca (Vetus). *Verruye (Le Vieux).*
Verruia. *Verruye.*
Verruies. *Touches (Les)* (Thorigné).
Verruye. *Étang (L')* (Combrand).
Verruyes. *Verruye.*
Verruyes. *Touches (Les)* (Thorigné).
Veruca. *Verruye.*
Verynes près de Grip. *Verrines* (Marigny).
Vesche. *Vèche.*
Vespoix. *Époix (Les).*
Vesquère (La). *Vétière (La).*
Vesré. *Vairé.*
Vassière (La). *Vésière (La).*
Vetegou. *Voultegon.*
Vétérines. *Verrines* (Rom).
Vetrinæ. *Vrine.*
Vetus Villa. *Vieille-Ville.*
Velzin. *Vezin.*
Vexère (La) ; Vexière (la). *Bessière (La).*
Veyerie (La). *Verrie (La).*
Veyriues. *Verrine.*
Veyrines. *Verrines* (Rom).
Vezançay ; Vezançai. *Vezançais.*
Vezins. *Vezin.*
Vezonnière (La). *Vasonnière (La).*
Vezansaium. *Vezançais.*
Vialère (La). *Vialère (La).*
Vialère (La). *Viollières (Les).*
Valeria *Vialière (La).*
Viandère (La). *Viandière (La).*
Viannaium. *Viennay.*
Vibruoil. *Vibreuil.*
Vicxinona. *Vandeloigne (La).*
Vieil Chant. *Vieil-Champ.*
Vieilfons ; Vieillefons ; Vieillefont (la). *Vieillefonds.*

Vieille Morte ; Vieille Mothe *Veille-morte.*
Vieillet. *Veillet.*
Vieilmoulin. *Vieux-Moulin (Le).*
Vicilpin. *Vieilpain.*
Viel Breil ; Viel Brueil. *Vibreuil.*
Vielère (La). *Vialère (La).*
Vielère (La). *Viollières (Les).*
Vielfons ; Viellefons. *Vieillefonds.*
Vielleronrie (La). *Vidonerie (La).*
Vielnai ; Vienay. *Viennay.*
Viennay. *Vionnais.*
Viennoy. *Viennay.*
Vieta ; Viete. *Viette.*
Vieux Pont. *Vieux-Pont (Le).*
Vigelère (La) ; Vigilière (la). *Vigelière (La).*
Viglé. *Villiers* (Thorigné).
Viguaio (La). *Vergnaie (La)* (Nueil-sous-les-Aubiers).
Vignardères (Les). *Vignardières (Les).*
Vignaud (Le). *Vignault (Le).*
Vignauderie (La). *Vignaudrie (La).*
Vignault (Le Grand). *Vignault (Le)* (Cerizay).
Vignaut (Le). *Vigneau (Le)* (Saint-Coutant).
Vigneau (Le). *Vignault (Le).*
Viguaux (Les). *Vigneau (Le)* (Fenioux).
Vigne Avantouroux (La) ; Vigne Avantouroux (la) ; Vigne Aventuroire (la). *Vigne-Ventureux (La).*
Vignes au Maignou (Les). *Vignes (Les)* (Saivre).
Vigne Vantureulx (La) ; Vigne Ventureu (la). *Vigne-Ventureux (La).*
Vignonère (La) ; Vignonière (la) ; Vignonnère (la). *Vignonnière (La).*
Viiz. *Viz.*
Vilaine. *Villaine.*
Vilanère (La). *Villonnière (La).*
Vilanneria. *Villenière (La).*
Vilaret in Bosco. *Villiers-en-Bois.*
Vilate (La). *Villate (La).*
Vilbouin. *Villebouin.*
Vilène. *Villaine.*
Vilenère (La). *Villonnière (La).*
Viler ; Vilers. *Villiers-en-Plaine.*
Vilers. *Villiers-sur-Chizé.*
Vilers in Niorto ; Vilers lez Nyort. *Villiers-en-Plaine.*
Vilert. *Villiers* (Thorigné).
Vile Soffrayn. *Ville-Souffrante (La).*
Vilotère (La). *Villetière (La).*
Vilgais ; Vilgué. *Villegué.*
Villa. *Vaillé.*
Villabbé. *Villabé. Vilabé.*
Villa de Flec. *Villefollet.*
Villa Dei de Comblé. *Villedieu-de-Comblé (La).*
Villa Dessast. *Ville-des-Eaux.*

Villatloce ; Villa Folet ; Villafolet ; Villa Foleti. *Villefollet.*
Villaines. *Villaine.*
Villa Media ; Villannyen. *Villemain.*
Villanera ; Villaneria (la). *Villanière (La).*
Villanova. *Villeneuve.*
Villa Osma. *Voine.*
Villaret. *Virollet* (Brioux).
Villaris ; Villaris Latronorum ; Villares Latronorum *Villiers-sur-Chizé.*
Villa Soffrent *Ville-Souffrante (La).*
Villayunes. *Villaine.*
Villeberstière. *Villebretiers.*
Villebeurre. *Ville-Beurre (La).*
Villeboen ; Villebohen ; Villebouaen ; Villebouain ; Villeboucn ; Villebouhain ; Villebouyn ; Villeboyn. *Villebouin.*
Ville Boyrie ; Ville Boyrit. *Ville-Beurre (La).*
Villebretier. *Villebretiers.*
Villechesse. *Ville-Sèche (La).*
Villedazas. *Ville-des-Eaux.*
Ville-Dieu (La). *Villedé.*
Villedieu de Comblée. *Villedieu-de-Comblé (La).*
Villedieu de Coux (La) ; Villedieu des Coustz (la). *Ville-Dieu-Décourts.*
Villedieu des Ponts de Vaux (La). *Villedieu (La)* (Brelou).
Villedieu du Péron (La) ; Villedieu du Pesray (la). *Villedieu-du-Perron (La).*
Villedieu du Pont de Vaux (La). *Villedieu (La)* (Brelou).
Villefa ; Villefas ; Villefax. *Villefat.*
Villefolet ; Villefoulet. *Villefollet.*
Villegay ; Villegaye. *Villegué.*
Villegois. *Vilgois.*
Villegoye. *Villegué.*
Villeguay (Le Grand). *Vilgois (Le Grand).*
Villeguaye. *Villegué.*
Villejasme. *Villejame.*
Villomauaut *Villemanan.*
Villemoulée. *Villemontat.*
Villenère (La). *Villenière (La).*
Villeneufve. *Villeneuve.*
Villeneuve (La Basse). *Villeneuve (Les Aubiers).*
Villeneuve (La). *Robinière (La)* (La Mothe-Saint-Héraye).
Villeneuve d'Amaillou. *Villeneuve (Amaillou).*
Villeneuve de Fousse Aigue. *Villeneuve (Cherveux).*
Villeneuve en Assay. *Villeneuve (Assais).*
Villeneuve l'Abbé. *Villeneuve (Amaillou).*

Villena ; Villene ; Villenne ; Villennes. *Villaine.*
Villennière (La). *Villonnière (La).*
Villenova. *Villeneuve.*
Villenouve. *Villeneuve (La Chapelle-Gaudin).*
Villepeinte. *Villepointe.*
Villermat. *Vilermat.*
Villers. *Villiers.*
Villers. *Villiers-en-Plaine.*
Villers ; Villers Chissé. *Villiers-sur-Chizé.*
Villers de Nemore. *Villiers-en-Bois.*
Villers sur Chisie. *Villiers-sur-Chizé.*
Ville Seiche. *Ville-Sèche (La).*
Villes Neuves (Les) *Villeneuve (Les Aubiers).*
Villier (Le). *Villiers (Les Aubiers).*
Villers les Bois. *Villiers-en-Bois.*
Villiers Monbrun. *Villiers (Saint-Léger-de-Montbrun).*
Villiers en Plénier. *Villiers-en-Plaine.*
Villonnière (La). *Vignollière (La).*
Villotère (La). *Siraudière (La)* (Terves).
Vilmontée. *Villemontée.*
Viluière (La). *Villenière (La).*
Vimeur. *Vimeurs.*
Vinay. *Viennay.*
Vindolemin. *Vandelaigne.*
Vinerium *Vivier (Le)* (Geay).
Vingnandère (La). *Vignonnière (La).*
Vinière (La). *Vignère (La).*
Viobria. *Coubortige.*
Violère (La). *Violière (La).*
Violières (Les). *Viollières (Les).*
Violère (La). *Violière (La).*
Viollette (La). *Violette (La).*
Viollière (La). *Violière (La).*
Vionais. *Vionnais.*
Vircayum. *Virsay.*
Viré. *Vernay.*
Virefont. *Villefollet* (Neuvy-Bouin).
Vire Folet. *Villefollet* (Moncoutant).
Virfollet. *Villefollet.*
Virilincum. *Vouillé.*
Virleban. *Virelebanc.*
Virollet ; Virolet. *Virollet* (Villiers-en-Bois).
Virolet aux Groles. *Virolet* (Brioux).
Virurci Lege (de). *Virollet* (Nueil-sous-les-Aubiers).
Vis. *Vix.*
Vitrai. *Vitray.*
Vitraium , Vitray ; Vitrayeus ; Vitrec. *Vitré.*
Vitriacus. *Vitray.*
Vitriacus. *Vitré.*
Vivaria. *Vivier (Le)* (Saint-Jouin-sous-Châtillon).

Viveria. *Vivier (Le)* (La Mothe-Saint-Héraye).
Viverium. *Vivier (Le)* (Geay).
Viviées (Les). *Vivier (Le)* (Sanzay).
Vivihier (Le). *Vivier (Le)* (Geay).
Voacœi ; Voachai ; Voaciacum. *Vausais.*
Voë ; Vohé. *Vouhé.*
Voium. *Voum.*
Voilhé Leherez. *Bouillé-Loretz.*
Voillec ; Voillot. *Vouillé.*
Voirie (La). *Rollandrie (La)* (Tourtenay).
Voirie (La). *Verrie (La).*
Volec. *Vouillé.*
Volée (La). *Vollée (La).*
Volgce. *Vouillé.*
Voltonna ; Voltoune. *Boutonne (La).*
Volubine. *Volbine.*
Voluché. *Veluché.*
Vonçay. *Vançais.*
Vonenellum. *Vanneau (Le).*
Vonsayum, *Vançais.*
Vontiacus. *Vanzay.*
Vonziacus. *Vançais.*
Vonziacus. *Vanzay.*
Votegon. *Voultegon.*
Votunne. *Boutonne (La).*
Vouilhé ; Vouilhé ; Vouilhiacum. *Vouillé.*
Voulne (La). *Vonne (La).*
Voulte (La). *Voûte (La).*
Voultonne (La Vieille). *Boutonne (La).*
Voultour (Le). *Vautour (Le).*
Vousgné. *Vouhné.*
Voussay. *Vaussais.*
Vouste (La). *Voûte (La).*
Voûte de Limor (La). *Voûte (La)* (Clussais).
Voûte de Mairé (La). *Voûte (La)* (Mairé-l'Évescault).
Voutes (Les). *Voûte (La)* (Boussais).
Vouthe (La). *Voûte (La)* (Prahecq).
Voutoune (La). *Boutonne (La).*
Voutour (Le). *Vautour (Le).*
Vouylhé. *Vouillé.*
Vouzaillière (La). *Vexallière (La).*
Voye (La). *Voie (La).*
Voye à la Chastellayne (La) ; Voye Châtellaine (La). *Chemin-Châtelain (Le).*
Voye Fourche (La). *Lavaux-Fourche.*
Vozaieus. *Vaussais.*
Vredelière (La). *Verdilière (La).*
Vredonnère (La). *Verdonnière (La).*
Vregnaye (La). *Vergnaie (La).*
Vregnonneyre (La). *Vergnonnière (La).*
Vrères. *Vrère.*
Vrignaudère (La). *Vrignaudières (Les).*
Vrignaudière (La) *Vergnaudières (Les).*

TABLE DES FORMES ANCIENNES.

Vrignaudière (La) ; Vrignaudière en Saint Haubin (la). *Vrignaudières (Les)*.
Vriguée (La). *Vergnaie (La)* (Vernou-sur-Boutonne).
Vrignée Ronde (La). *Vergnaies (Les Grandes)*.
Vrignonnère (La). *Vergnonière (La)*.
Vrines ; Vrinne. *Vrine*.
Vucolor. *Vaucouleurs*.
Vulmenie. *Vermenie*.
Vultaconnum ; Vultegunt ; Vulteguntum. *Voultegon*.
Vultona ; Vultone ; Vultonia ; Vultonna ; Vulturnna ; Vultumnis ; Vulturnum ; Vulturna. *Boutonne (La)*.

Vurmenie. *Vermenie*.
Vuturnum. *Boutonne (La)*.
Vy. *Vix*.
Vynaterie (La). *Vinatrie (La)*.
Vyolères (Les). *Viollières (Les)*.
Vyvier (Le). *Vivier (Le)*.

W

Waciaco. *Vaussais*.
Wullogonum. *Voultegon*.
Wulturni aqua. *Boutonne (La)*.

X

Xainthéray. *Xaintray*.

Y

Ydraicus. *Irais*.
Yjau. *Ijeau*.
Ynçay. *Ainçay*.
Yray. *Irais*.
Ysart (Le Pont). *Lissardière*.
Ysernayum ; Yserniacum. *Isernais*.
Yajau. *Ijeau*.
Yssayum. *Issais*.
Yssodunium ; Yssouldun. *Exoudun*.

Poitiers. — Société française d'Imprimerie et de Librairie.

ADDITIONS ET ERRATA.

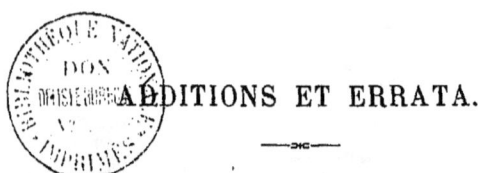

P. 1. Art. Absie (L'), ajoutez : *Lascée en Gastine*, 1421 (arch. St-Loup).
P. 2 Art. Ageon (L'), *lire* : c^{on} de Parthenay. Le siège de la c^{ne} de la Boissière-Thouarsaise a été transféré à l'Ageon par délibération du Conseil général du 19 août 1896.
P. 16. Art. Barotière (La), voy. Barrotière (La).
P. 17. Art. Bartières (Les), voy. Barretière (La).
P. 18. Art. Bas-Mauzé (Le), voy. Mauzé (Le Bas).
P. 24. Art. Belleville, c^{ne} des Hameaux, *lire* : c^{ne} de Thouars.
P. 26. Art. Bertin, voy. Bertrin.
P. 31. Art. Boesse (La), *lire* : c^{ne} de la Couarde, et voy. Bosse (La).
P. 35. Art. Boissière-Thouarsaise (La), *lire* : h. c^{ne} de l'Ageon.
P. 40. Art. Bouchage, *lire* : Bouchage (Le).
P. 41. Art. Bouchetière (La), voy. Bouchotière (La).
    Art. Bouctière (La), *lire* : c^{ne} de la Couarde.
P. 43. Art. Bouquetière (La), c^{ne} de Mazières-en-Gâtine, voy. Bouctière (La).
    Art. Bourdeillerie (La), *lire* : c^{ne} de St-Éanne.
P. 44. Art. Bourgneuf (Le), c^{ne} des Hameaux, *lire* : c^{ne} de Thouars.
P. 60. Art. Cambaudières (Les), voy. Combaudières (Les).
P. 65. Art. Chalopinière (La), voy. Chopinière (La).
P. 66. Art. Chambroutet, ajoutez : *Chambrutet*, 1419 (arch. St-Loup).
P. 72. Art. Charletère (La), voy. Chaltière (La).
P. 85. Art. Chizé, ajoutez : *Chissé*, 1300 (gr. Gaut.) et *Chizezium*, 1598 (Font. III, 37).
P. 95. Art. Coulay, ajoutez : *Coullé*, 1435 (arch. St-Loup).
P. 103. Art. Doux, ajoutez : N.-D. de Doux est N.-D. d'Or.
P. 103. Art. Dreille (La), ajoutez : *La Dreuille*, 1469 (arch. St-Loup).
P. 107. Art. Épiquerelle (L'), voy. Piquerelles (Les).
P. 110. Art. Faye-l'Abbesse, ajoutez : *Faie la Vineuse*, 1447 (arch. St-Loup), et *Faie l'Abbasse*, 1447 (id.).
P. 136. Art. Grand-Village (Le), voy. Village (Le Grand).
    Art. Grange (La), c^{ne} de Niort, voy. Grange.
P. 147. Col. 2, ajoutez : Ivernière (L'), quartier, c^{ne} de la Chapelle-Bâton.
P. 151. Art. Joyeuse-Garde (La), ajoutez : 1646 (arch. hôp. Niort, B. 3).
P. 156. Art. Lhoumée, voy. Homme (L').
P. 170. Art. Marmette, voy. Lineau (Le).
P. 182. Art. Monnerie (La), c^{ne} des Moutiers-sous-Chantemerle, ajoutez: *La Mousnerie*, 1469 (arch. St-Loup).
P. 184. Art. Morelière (La), c^{ne} de Largeasse, ajoutez : *La Mourelère*, 1448 (arch. St-Loup).
P. 193. Art. Niort, ajoutez : *Niortellum*, 1200 (mém. soc. stat., t. V). — Ce nom nous semble devoir s'appliquer, non pas à la ville de Niort, qui, dans un texte de même date, s'appelle *Niortum* (voy. art. Saint-Martin), mais au faubourg actuel du Port.
P. 200. Art. Pamplie, ajoutez : *Panpellie*, 1469 (arch. St-Loup).
P. 204. Art. Panne (La Vieille), ajoutez : *La Vielle Panne* (Cass.).
P. 207. Art. Petit-Village (Le), voy. Village (Le Petit).
P. 209. Art. Pied-Bourgueil, voy. Puy-Bourgueuil.
P. 216. Art. Pomerie (La), c^{ne} de Chiché, ajoutez : *La Paumeyrie*, 1468 (arch. St-Loup).
P. 240. Art. Roches-du-Vieux-Fourneau (Les), c^{ne} de Niort, voy. Roches (Les).
P. 255. Art. Saint-Maxire, ajoutez : *St-Massire*, 1345 (arch. V. G. 130).
P. 287. Art. Vault (La), c^{ne} de Chanteloup, ajoutez : *La Vau Rechier*, 1469 (arch. St-Loup).
P. 301. Art. Anteruan. *Entruau* : lire : *Entruan*.
P. 319. Art. Enterna. *Entruau* : lire : *Entruan*.

Poitiers. — Société Française d'Imprimerie et de Librairie.

www.ingramcontent.com/pod-product-compliance
Lightning Source LLC
Chambersburg PA
CBHW050419170426
43201CB00008B/461